2012

溧阳年鉴

LIYANG ALMANAC

中共溧阳市委员会
溧阳市人民政府 主办

方志出版社

图书在版编目（CIP）数据

溧阳年鉴.2012 / 《溧阳年鉴》编纂委员会编.--
北京：方志出版社，2012.8
ISBN 978-7-5144-0546-0

Ⅰ.①溧… Ⅱ.①溧… Ⅲ.①溧阳市-2012-年鉴
Ⅳ.①Z525.33

中国版本图书馆CIP数据核字（2012）第191928号

溧阳年鉴（2012）

编　　者：《溧阳年鉴》编纂委员会
责任编辑：李志瑜

出 版 者：方 志 出 版 社
（北京市东城区夕照寺14号院富瑞苑公寓6层）
邮编　100061
网址　http://www.fzph.org
发　　行：方志出版社发行部
（010）67120966-6008
经　　销：新华书店总店北京发行所
法律顾问：北京市大禹律师事务所
印　　刷：常州市武进第三印刷有限公司

开　　本：889×1194　　1/16
印　　张：32.375
字　　数：908千
版　　次：2012年8月第1版　　2012年8月第1次印刷
印　　数：0001～3000册

ISBN　978-7-5144-0546-0/K·443　　**定价**：200.00元

《溧阳年鉴》编纂委员会

名誉主任 盛建良

主　　任 苏江华

副 主 任 汤如军　闵建平　张爱文

委　　员 曹　俊　史　萍　王新民　周荣春　周志清　潘益明　朱红新
朱洪伟　沈　伟　戴忠平　夏火林　徐军芳　柳建平　蒋丰年
蔡红兵　范国华　张夕仙　陆卫林　陈波涛　蒋进章　陈少文
王海保　沈新章　冯晓兴　刘国力

溧阳市地方志办公室

主　　任 徐军芳

副 主 任 刘国力

《溧阳年鉴》编辑部

主　　编 徐军芳

副 主 编 刘国力　孙渊灿

统　　稿 莫　俊

栏目编辑 徐军芳　刘国力　殷国富　孙渊灿　董文博　莫　俊　袁　杰
芮金川　晋阿彬　陈　莉　尹少鹏　虞燕娟　陈莉莉

编　　务 花　敏　杨海松　虞双金　汤俊琦　崔　浩　沈黎敏　汤　莉
周武俊　万冀春　张雅玲

特约摄影 周国翃　查文君　史裕华　蒋　琦

宣传专版设计 袁　杰　陈　莉　张雅玲

英文要目翻译 莫　俊

地区生产总值(亿元)

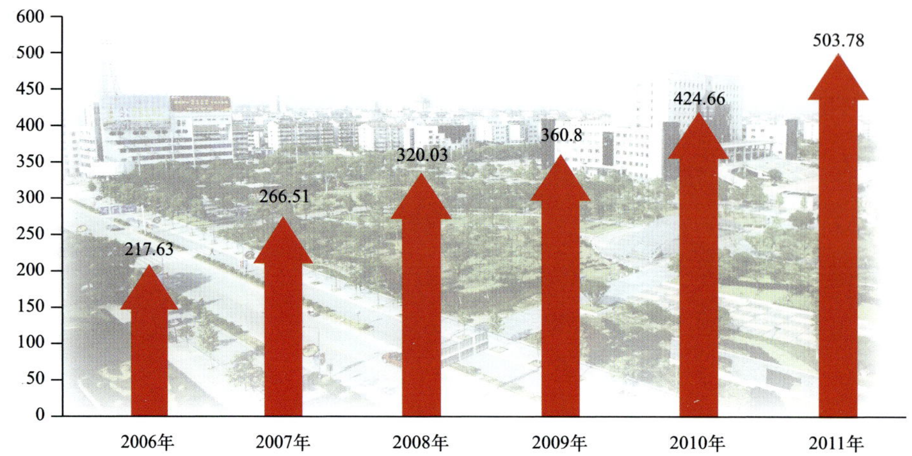

人均地区生产总值(元)

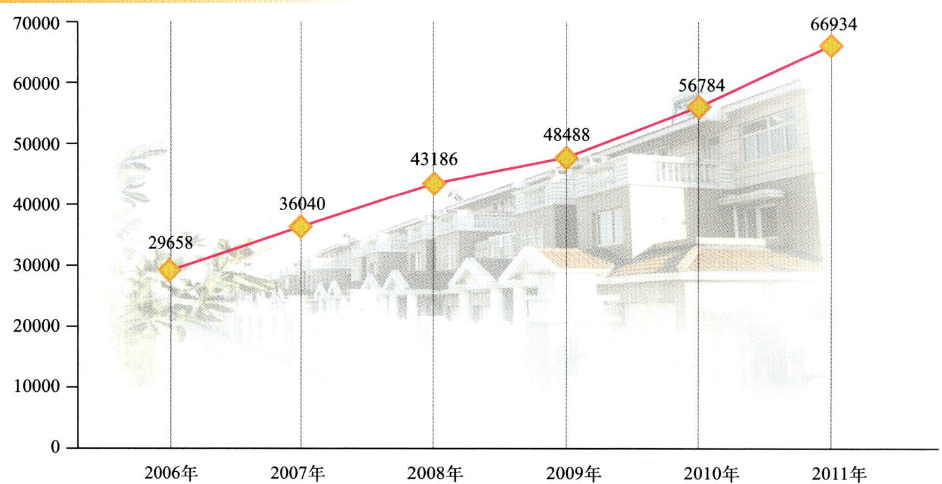

财政收入(亿元)

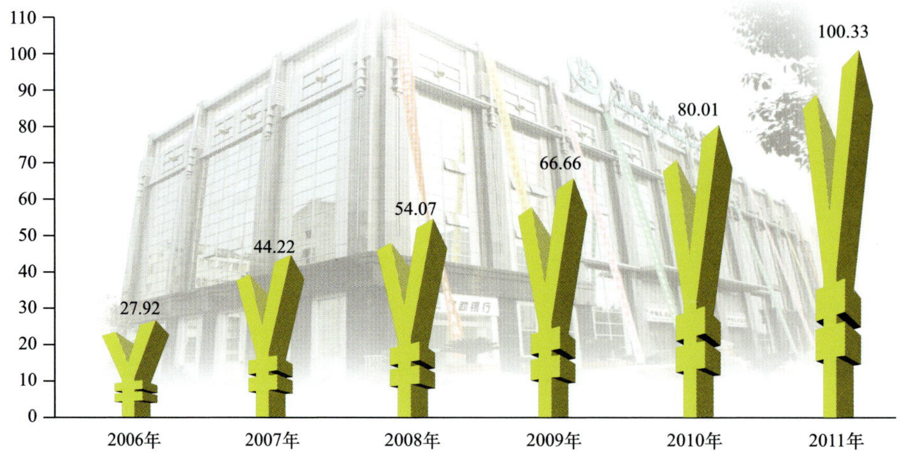

三次产业构成（%）

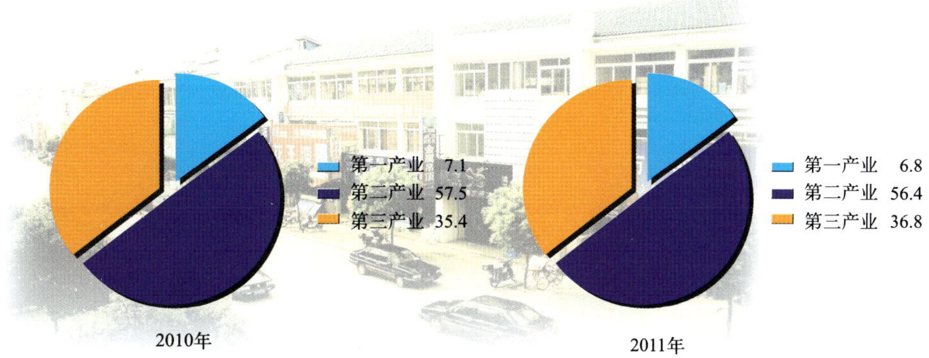

农林牧渔业总产值（亿元）

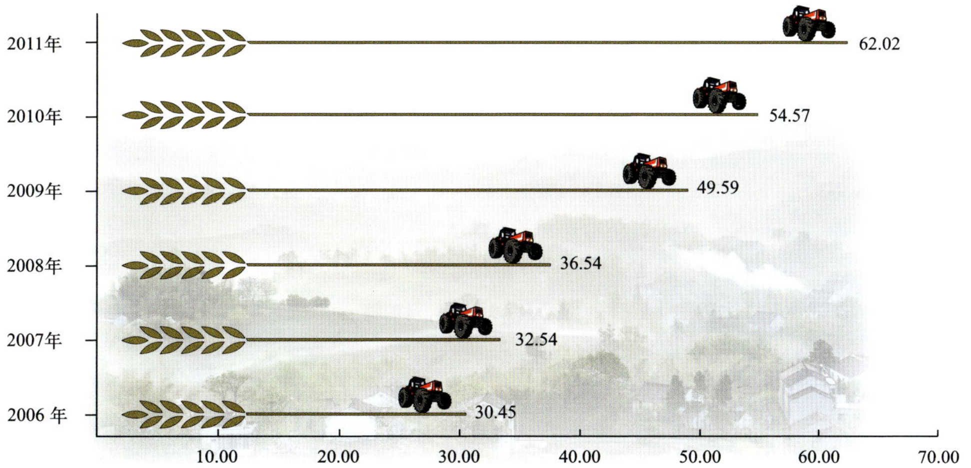

粮食总产值（万吨）

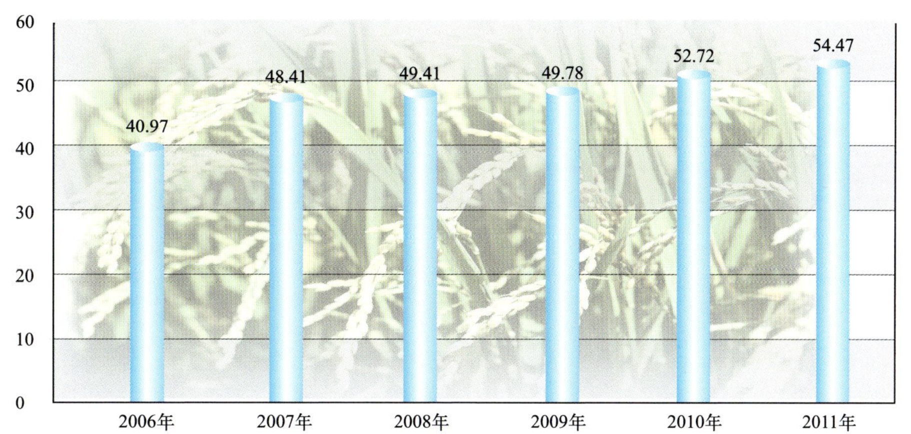

茶叶总产量(吨)

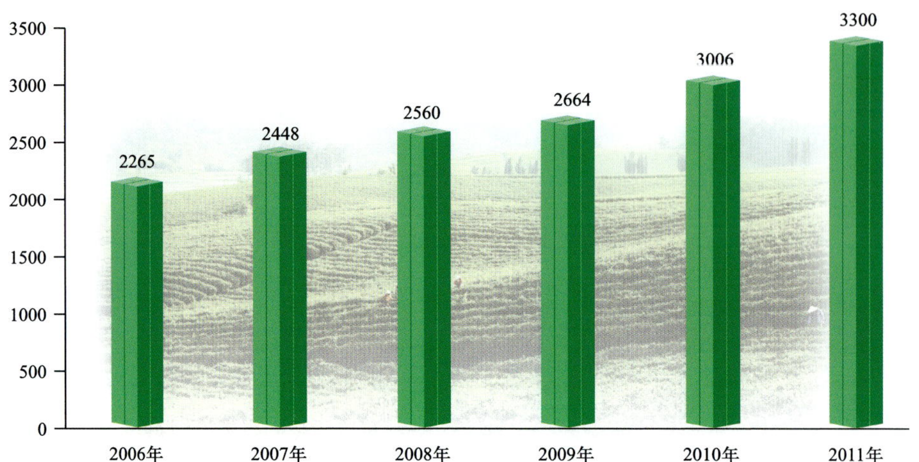

工业总产值(亿元)

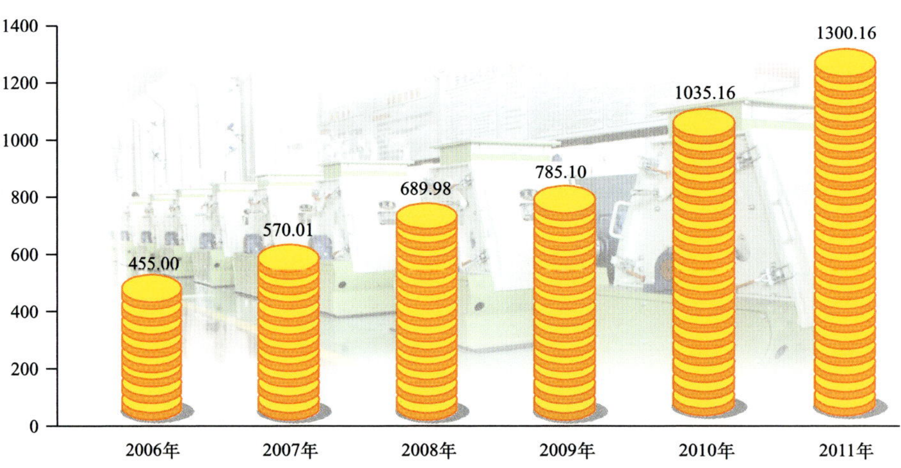

工业利税总额（亿元）

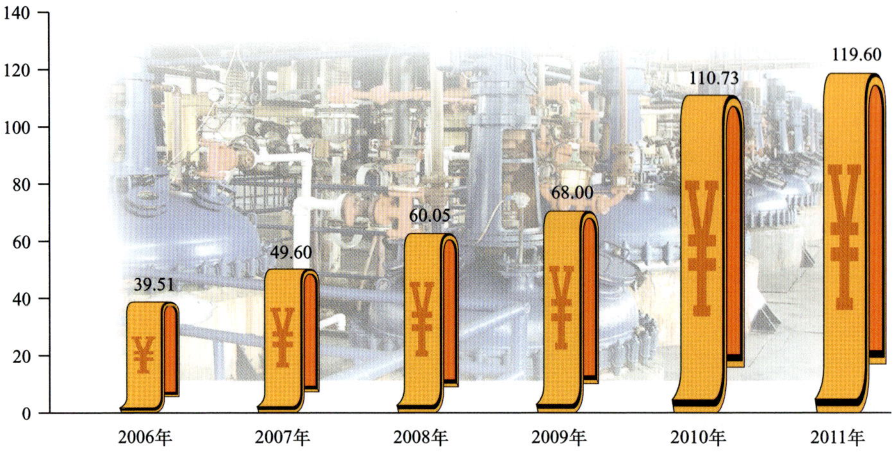

经济社会发展主要数据

出口总额（万美元）

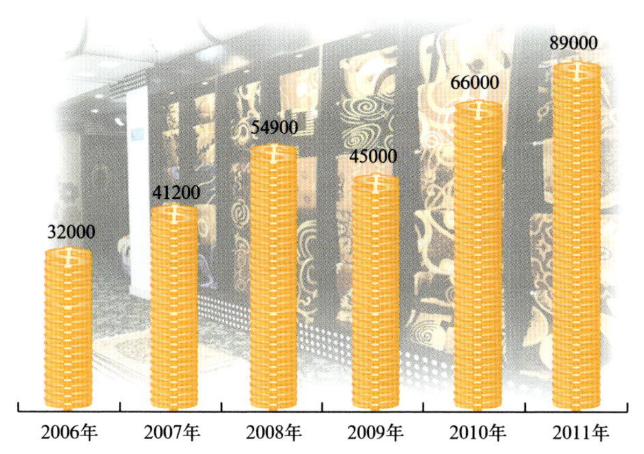

社会消费品零售总额（亿元）

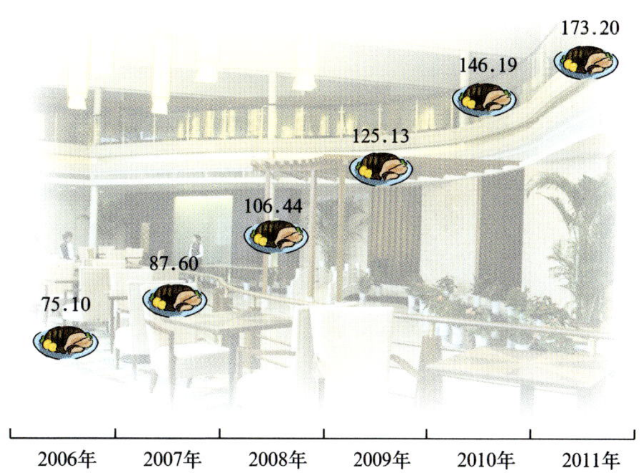

城镇在岗职工平均工资（元）

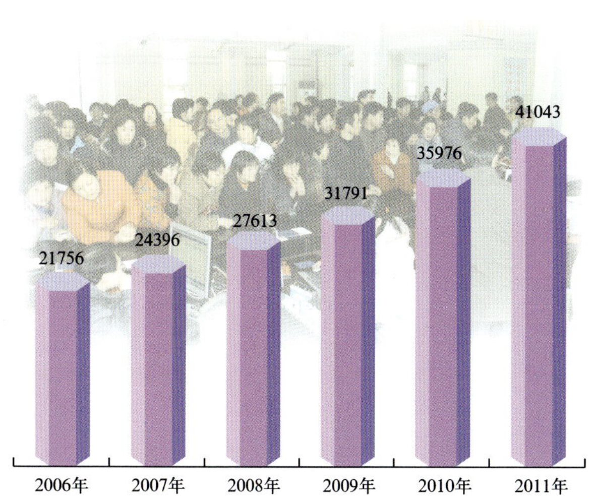

农民人均纯收入（元）

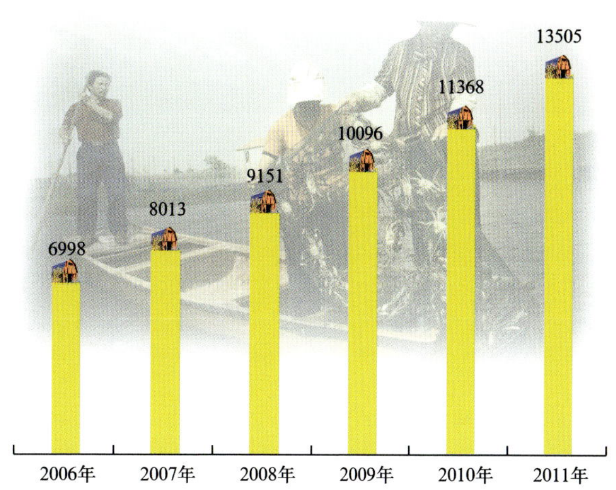

2012 年 3 月 1 日，中共常州市委书记阎立（左三）到溧阳调研考察经济工作

2011年8月7日，常州市代市长姚晓东（右二）到溧阳调研

2011 年 10 月 12 日，溧阳“中国长寿之乡”授牌仪式暨新闻发布会在天目湖宾馆举行

2011 年 11 月 25 日，中国驻澳大使史明德（右一）到溧阳进行中澳生态科技园项目前期考察

2011 年 2 月 10 日，市委、市政府召开全市深入开展创先争优“五比五看”活动表彰暨推进大会

2011 年 2 月 23 日，“溧阳网络问政”信息平台正式启动

2011 年 4 月 22 日，江苏溧阳抽水蓄能电站主体工程开工仪式

2011 年 4 月 24 日，溧阳市第一届全民读书节启动仪式

2011 年 4 月 26 日，市委召开全市党建工作会议

2011 年 6 月 26 日，溧阳市纪念建党 90 周年表彰大会暨大型红歌会在体育场举行

2011 年 6 月 28 日，中国共产党溧阳市第十一次代表大会在人民电影院举行

2011 年 7 月 24 日，陈毅长子陈昊苏（左四），钱树根上将（左三），江苏省委常委、宣传部部长杨新力（左二）等为陈毅元帅诗词将军法书碑廊剪彩

2011年8月2日，国信集团江苏软件园天目湖基地项目签约仪式

2011年9月17日，交通运输部推进城乡道路客运一体化发展现场会在溧阳召开

2011 年 11 月 5 日，江苏上上电缆集团三代核电 AP1000 核岛电缆交付仪式

2011 年 12 月 15 日，全国水利风景区建设与管理工作会议在溧阳召开

2011 年 11 月 28 日，波士顿电池（江苏）有限公司锂离子电池项目开工仪式

2012 年 1 月 6 日，市委、市政府召开全市工业百亿企业暨纳税功勋企业表彰大会

2012 年 1 月 29 日，市委、市政府召开全市“千亿园区百亿镇”创建动员大会

2012 年 3 月 5 日，市委、市政府召开创建江苏省文明城市表彰大会

2012 年 3 月 24 日，江苏中关村科技产业园开园暨项目签约仪式

2012 年 4 月 11 日，溧阳市千名少儿书法现场表演比赛

2012 年 4 月 26 日，第八届天目湖旅游节暨第十二届中国溧阳茶叶节开幕式在市体育场举行

2012 年 4 月 27 日，溧阳经济开发区工业项目集中开工仪式

扩大就业

卫生惠民工程

扩大就业。新增就业11000人，失业人员再就业1872人。**提高保障标准**。农村五保对象集中供养标准提高到4400元，分散供养标准提高到3000元，城市居民低保标准提高到360元，农村居民低保标准提高到250元。**推进卫生惠民工程**。新建、改造村卫生室40所，全面实施国家基本药物制度。**提高城乡客运一体化水平**。新建、改建农村公路100公里，新增、更新城市公交车30辆，新增镇村公交车30辆。**开展菜市场综合整治**，提升全市菜市场管理水平。**推进老城改造**。完成4个老小区和部分老城区以及背街小巷改造工程。**启动城市防洪工程**，构建城区防洪大包围。**推进城市设防建设**。建设公安交通指挥中心（市应急中心）。**提高城乡供水治污一体化**。实施城区污水收集管网建设，保障城乡居民饮水安全。**推进殡葬改革**。对城乡困难群众、重点优抚对象基本丧葬服务费实行补贴，制定出台《关于进一步深化全市殡葬改革工作的实施意见》。

提高保障标准

老城改造

城乡客运一体化

菜市场综合整治

城乡供水治污一体化

溧阳经济开发区
溧阳市溧城镇

溧阳经济开发区、溧城镇是溧阳市经济、政治、文化中心，位于江苏省西南端，长江三角洲西部，东临无锡、苏州、上海，西接南京，南近杭州，北靠常州，是苏、浙、皖、沪三省一市毗邻地区重要的商品集散地和水陆运输枢纽，104 国道、宁杭高速、扬溧高速、常溧一级公路、芜太运河穿境而过，水陆交通便利，区位优势明显，是上海、南京、杭州三大都市圈的"后花园"，长三角经济区的"生力军"。

溧城镇始建于公元 903 年，千年底蕴，使得古镇人杰地灵、政通人和，历史文化源远流长，是江苏省百家名镇之一，行政区域总面积 155.2 平方公里，下辖 30 个行政村、42 个社区居委会，常住人口 29.47 万人。

2006 年溧城镇与溧阳经济开发区合并以来，不断创新理念、抢抓机遇、锐意进取，社会事业成效明显，经济保持又好又快发展。经济开发区工业园建成区面积 30 平方公里，区内拥有企业 2200 多家，其中工业企业 1000 余家，已形成冶金、输变电、机械装备制造、新能源、生

物医药等主导产业，成长为长三角地区先进制造业的重要配套基地。为实现跨越发展，开发区与北京中关村协商，争取在开发区设立江苏省中关村科技产业园，其规划面积达 40 多平方公里，倾力打造“五园一区”，暨软件产业园、健康产业园、绿色能源产业园、电子信息产业园、高端装备及通用航空产业园和低碳社区。

2011年，区镇围绕“紧跟苏锡常、同步现代化”战略定位，紧扣“二次创业、三年翻番”目标，凝心聚力，争先抢位，经济建设和社会事业齐头并进，进入一个全新的发展阶段。区镇完成GDP222.3亿元，同比增长22.1%；实现纳税销售812.16亿元，同比增长56.9%；完成工业有效投入103亿元，同比增长26.3%；实现财政收入19.23亿元，其中一般预算收入8.8亿元，同比分别增长26.5%、31.3%；溧阳经济开发区在全省综合排名24位。区镇先后荣获全国创建文明乡镇工作先进村镇、全国体育活动先进单位、江苏省文明镇、江苏省平安家庭创建活动示范乡镇、常州市“双拥”工作先进单位、常州市社会治安综合治理先进集体等荣誉称号。

得天独厚的区位优势，四通八达的水陆交通，日趋完善的产业基础，周到优越的服务环境，使经济开发区、溧城镇成为投资创业，安居生活的一方乐土。区镇将以优惠的政策、优良的环境、优质的服务，笑迎八方客商宾朋，携手共创美好明天。

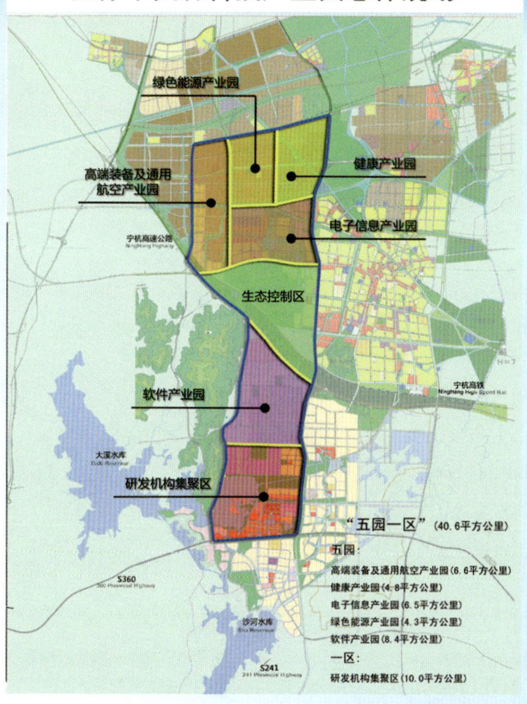

江苏申特钢铁有限公司

正昌集团

农业生态园鸟瞰

上上集团

华朋集团

开发区全貌

天目湖旅游度假区
天目湖镇

市委书记盛建良出席园区企业奠基仪式

2012 年 5 月 17 日，江苏省省长李学勇到天目湖镇（区）考察

天目湖镇和台湾省南投县水里乡签约

天目湖旅游度假区、天目湖镇位于溧阳市南部，距离上海、南京、杭州、苏州、无锡、常州等长三角主要大中城市在 200 公里以内，241 省道纵贯全镇南北，宁杭高速公路溧阳南道口和即将建成通车的宁杭城际高速铁路溧阳站临近镇工业园区，交通十分便捷，风景宜人的首批国家 4A 级旅游区——天目湖就座落在镇（区）西南部。全镇总面积 239 平方公里，辖 14 个行政村、5 个居委会，总人口72527 人。近年来，天目湖镇坚持“工业强镇、旅游兴镇、生态美镇 ”战略，认真落实科学发展观，加快结构调整，强化环境保护，实现了镇（区）经济社会又好又快发展。

实力天目湖。先后荣获全国环境优美镇、中国改革十大最具投资价值的开发区、江苏省首批生态旅游示范区、江苏省卫生镇、江苏省十佳旅游景区、常州市新型小城镇、常州市外向型经济十强镇、常州市农业十强镇

等称号，2011 年被确立为省农业现代化建设示范镇。2011 年，全镇实现地区生产总值 30.6 亿元，完成财政收入 4.58 亿元，完成工业纳税销售 61.7 亿元，实现农业总产值 5.3 亿元，开发高效农业基地 5 万多亩，旅游接待游客 630 万人次，实现旅游收入 7.5 亿元。

休闲天目湖。传统的江南水乡与现代生态文明相融合，造就了天目湖优美的休闲环境，“水甜、茶香、鱼头鲜”合称为“天目湖三绝”。以绿色、生态、休闲为主的现代农业与旅游业实现了完美对接；完成天目湖景观提升工程，先后成功举办了第四届天目湖旅游节和一期溧阳乡村旅游博览会，十思园景区成功创建“全国休闲农业和乡村旅游示范点”。天目湖已跻身全国第二批 4 个国家级旅游度假区试评单位行列。

生态天目湖。巩固水源地保护五大类十八项目标任务取得的成效，编制《天目湖水源地生态环境保护总体规划》，通过清除湖内杂草、实施生态拦截、控制迎水面农业开发、环湖农村生态户厕改造、反硝化生态治理试点等工程，建设 2000 米生态驳岸等措施，全力打造山青水秀的新天目湖。确保了空气质量达国家一类、水质达国家二级饮用水标准，实现了“山青、水秀、地绿”的预期目标。

江苏安靠智能输电工程科技股份有限公司

布勒（常州）机械有限公司厂区

农业生态园春色

溧阳市安全生产监督管理局

LIYANGSHI ANQUAN SHENGCHAN JIANDU GUANLIJU

局长 宋永红

市长苏江华检查安全生产

溧阳市安全生产监督管理局成立于2001年，设有5个职能科室——办公室、法规科、危化科、一科和二科，2个下属事业单位——培训中心和安全生产监察执法大队，承担着全市安全生产的综合管理及安委办日常工作，依法行使国家安全生产综合监督管理职权，组织安全生产大检查并指导协调市政府有关部门及镇（区）的安全生产工作，依法组织、协调安全生产事故的调查处理工作，负责全市安全生产信息发布及伤亡事故调查统计和安全生产行政执法工作。

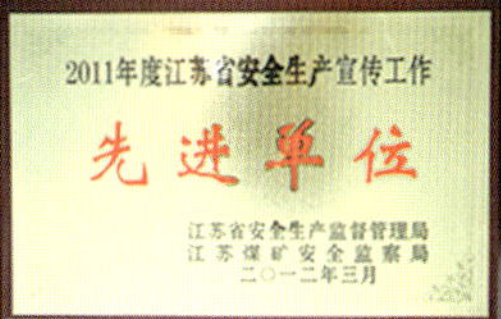

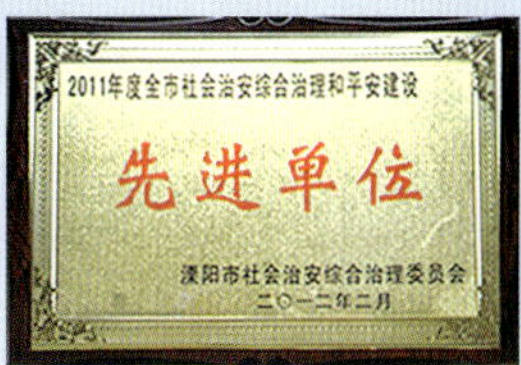

全市安全生产工作会议

近年来，市安监局在市委、市政府和上级局的正确领导下，坚持“安全第一、预防为主、综合治理”的方针，以深入开展“安全生产年”活动为主线，切实加强组织领导，层层落实安全责任，认真开展安全生产执法检查和专项整治行动，狠抓事故隐患整改，强化安全文化氛围，努力探索解决安全生产领域深层次矛盾和问题的新举措。“十一五”以来，全市安全生产事故起数和死亡人数实现“双下降”。市安监局连续四年在常州市年度安全生产目标考核中被评为优秀等次，先后7次被省、市表彰为“安全生产先进单位”、“安全生产先进集体”。2011年，非煤矿山首次实现零死亡，全市安全生产基础稳步加强，安全生产形势逐年好转。

安全是生命的基石，安全是幸福的源泉，安全是发展的保障！在党的十八大召开之际，市安监局将会继续巩固发展安全生产良好势头，全面做好2012年安全生产各项工作，促进安全生产形势持续稳定好转，为全市经济快速发展、社会和谐稳定、群众安康幸福保驾护航！

签署安全生产目标责任状

安全生产检查现场

《民生聚焦》直播现场

安全生产月开幕仪式

“安全生产月”宣传咨询日

金恒投资控股集团

董事长 薛惠玶

江苏金桥流通中心步行街一景

江苏金桥流通中心中央商务区

江苏金桥流通中心

广德建材市场

江苏金恒投资有限公司成立于 2006 年 10 月，注册资金 1 亿元，总资产约 8.5 亿元人民币，旗下子公司有：金桥投资（香港）有限公司、天目湖国际饭店（五星）、江苏金桥建筑安装工程有限公司、江苏金桥市场发展有限公司、广德建材市场、溧阳联星混凝土有限公司、溧阳申大置业发展有限公司、溧阳东都市场有限公司、溧阳广厦物业有限公司，涉及范围主要有市政基础建设投资经营，工业项目、房地产开发投资，商品混凝土生产和新型建材研究开发，水泥予应力管桩、水泥混凝土制品、钢结构、钢结构件生产安装，建筑工程总承包，资产租赁，物业管理、商品市场运营等多个领域。

多年来，在市政府关心下投资开发的景鸿花园、金桥家园住宅小区曾多次被评为“市级示范小区”、“园林式居住小区”等荣誉称号，为市民提供了和谐舒适的居住环境。全资子公司天目湖国际饭店以五星级豪华酒店应有的豪华设施、优质服务享誉国内外；而投资的混凝土、东都市场、物业公司也为溧阳的经济建设贡献着一分力量。

公司坚持“立足品质、重誉守信、创优争先、追求卓越”的管理方针，以科学、规范、人性化管理为手段，相信在董事长薛惠玶先生的领导以及全体员工共同努力下，公司必将有更为璀璨的明天。

金恒大厦

溧阳联星混凝土有限公司

江苏金桥建筑安装工程有限公司

东都市场有限公司

溧阳广厦物业有限公司

景鸿花园一角

江蘇天目建設集團有限公司

董事长、党委书记：周天喜

发挥专业优势，

不断创新超越

江苏省建筑业
百强企业
（二〇一〇年度）

信用(合同)AAA级企业
CREDIT (CONTRACT) AAA GRADE ENTERPRISE
(2011－2012)
常州市企业信用(合同)评审委员会

江苏天目建设集团有限公司创建于1958年，于1995年10月组建省级集团，总注册资本2亿元人民币，总资产近8亿元人民币，拥有8个子公司：溧阳市天目房地产开发有限公司、江苏天目建设集团钢机有限公司、江苏天目建设集团江南建筑设计院有限公司、江苏天目建设集团兴业工程有限公司、江苏天目建设集团电梯工程有限公司、江苏天目建设集团溧阳市常兴环保工程有限公司、江苏天目建设集团溧阳市建筑劳务有限公司、江苏天目检测有限公司，公司具有独立的对外经济技术合作经营权，施工区域辐射全国各省、直辖市及海外，现具有机电安装、房屋建筑总承包一级资质，钢结构、地基基础、机电设备安装等专业承包一级资质，市政、冶炼、消防、装饰装修等二级资质，电力工程施工总承包三级资质，建筑劳务资质，锅炉安装Ⅰ级、起重安装A级、电梯安装A级及压力管道安装等特种资质；公司现有职工近5000人，各类技经人员600多人，其中中、高级工程技术人员256人，一、二级国家建造师200多人，年均完成国内外施工产值50–60亿元人民币。

公司管理成效突出，专业管理和综合管理都具较高水平。已通过ISO9001质量体系、OHSAS18001职业健康安全体系及ISO14001环境管理体系的认证，多年来连续荣获"全国优秀施工企业"、"全国用户满意安装企业"、"江苏省'重合同、守信用'企业"、"江苏省建筑业最佳企业"、"江苏省特级AAA资信企业"、"江苏省知名建设承包商"、"江苏省建筑业百强企业"等荣誉称号。

公司始终坚持以"忠于职守，无私奉献，勇于开拓，争创一流"的企业精神，以"承一项工程，树一片信誉，辟一方市场"的经营宗旨，上下齐动、左联右合、内炼外拓、不断进取，先后承接了一大批远近闻名的高、大、新、特工程。近年来，公司获得了国家级优质工程9项、国家级市政金杯工程5项、省市级优质工程及省市级文明标化工程数十项、国家级工法2项、省级工法8项，取得了较好的经济效益和社会效益。同时，公司在海外建筑市场上也屡有突破，先后参加了印尼、越南、俄罗斯、纳米比亚、新加坡、以色列、缅甸、日本、柬埔寨等国家和地区的工程建设。

公司将一如既往地恪守企业宗旨，诚信拓业，务实奉献，不断提升服务水平，在经济建设和社会发展大潮中再展雄姿。

7.

6.

5.

1. 南水北调中线京石段应急供水（获省级工法）
2. 新扬子起动安装（获安装"扬子杯"）
3. 柬埔寨援外项目（获"云南省境外优质工程一等奖"）
4. 上海中船三井
5. 上海陆家嘴
6. 南京福润广场
7. 常州惠民大厦
8. 溧阳燕河湾小区
9. 张家港恒东热电
10. 成府路机电设备安装（获"国家优质工程银质奖"）
11. 北京首都机场
12. 江阴苏龙热电厂（"中国安装优质工程"）
13. 桐昆集团浙江恒通化纤(获"中国安装优质工程")

溧阳市
建筑强县(市、区)
江苏省人民政府
二〇一一年四月

溧阳 LIYANG 江苏省建筑强市

地 址(Add)：江苏省溧阳市天目路天目建设大楼　邮 编(P.c)：213300
电 话(Tel)：0519-87926006　87926010　87926000(Fax)
Http://www.jstmjt.com　E-mail：office@jstmjt.com

江苏五星建设集团有限公司

董事长 总经理 张云奎

江苏五星建设集团有限公司创建于1964年，经过40多年的发展，取得了房屋建筑工程施工总承包壹级资质和建筑装修装饰工程、钢结构工程、机电设备安装工程、防腐保温工程、城市及道路照明工程等专业承包以及市政公用施工总承包和房地产开发资质。公司通过了ISO9001：2008质量体系认证，GB/T28001-2001健康安全体系认证，GB/T24001-2004环保体系认证，并成为“AAA”级信用企业，“银行信得过”企业等等。

公司注册资本10100万元，资产总额达61831万元，固定资产15071万元，技经人员达400多名，其中高、中级技术人员100多名，项目经理160多名，年施工产值达40多亿元，下辖上海、南京、无锡、苏州、镇江、常州、天津、嘉兴、六安、成都、海阳、广州、五星钢结构公司、装璜装饰公司、凯浪置业公司、亮化公司和文化传媒公司等数十个分（子）公司。

多年来，公司全体员工发扬“诚信敬业，团结拼搏，勇于开拓，务实进取”的企业精神，坚持走质量一科技一效益型发展之路，建立了具有自身特色的质量保证和管理体系。在工程质量、安全生产和文明施工等方面硕果累累，先后承建了溧阳市体育馆工程；溧阳市燕河湾小区11万平方米安置房工程；无锡市鸿山经济园开发有限公司鸿运苑C区（六期三区）安居房住宅小区二标段；山东海阳大厦工程；海阳宝龙城一期酒店工程；安徽六安市金安区妇幼保健院新院病房综合楼（含医技楼）工程；四川绵竹市汉旺镇第二小学（含幼儿园）灾后重建工程项目；镇江中远置业有限公司东郡华庭一期项目，工程造价20600万元；天津金发科技股份有限公司二期厂房工程，工程造价18436万元；无锡市新区旺庄街道办事处旺庄

公司承建的无锡市春城花园

溧阳 LIYANG 江苏省建筑强市

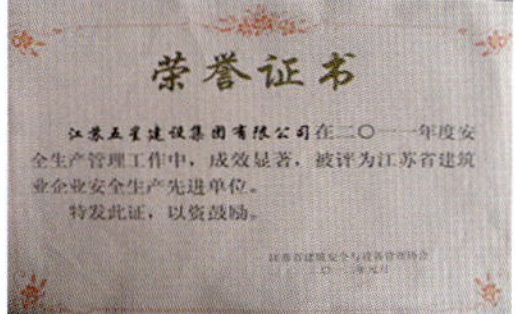

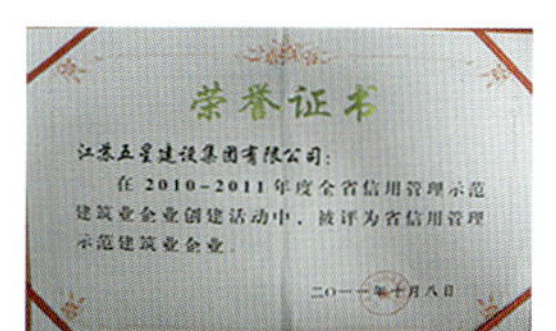

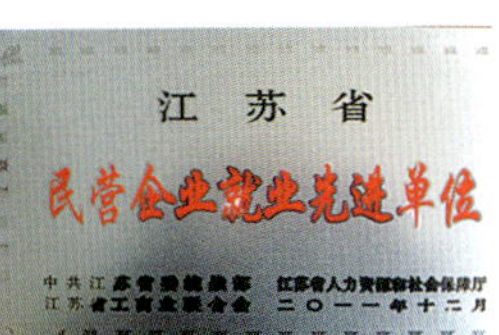

公司承建的无锡丁村地块安置房项目

公司在建项目

公司承建的无锡市江南坊三期项目

公司承建的溧阳市体育中心体育馆项目

街道联心嘉园南区安居房四标段工程，工程造价 12075 万元；无锡星洲置业发展有限公司鸿山尚院房地产开发项目，工程建筑面积 102680 平方米，工程造价 24619 万元；常州市恒福置业有限公司青龙紫云地块，框剪 34 层；无锡融科智地房地产开发有限公司 XDG-2009-69 号地块工程，工程造价 26917 万元；芜湖建设投资有限公司安徽新芜经济开发区绿庄标准化厂房工程，工程造价 21385 万元等，承包的工程连续几十项被评为"省市级文明工地"，连续多年获得江苏省"扬子杯"、无锡市"太湖杯"、镇江市"金山杯"、常州市"金龙杯"等奖项。连续多年被评为江苏省安全生产先进企业、常州市质量和安全生产管理先进集体、全国优秀施工企业、江苏省建筑业优秀企业、常州市建筑业优秀企业，溧阳市"五强企业"、溧阳市"十佳企业"等。

面对新的建筑产业政策和建筑市场规则五星人将以追求卓越为目标，开拓进取、与时俱进，竭诚为各地客户提供优质服务，并欢迎所有新老朋友携手并肩，共铸五星公司辉煌的明天。

公司承建的山东海阳观海大酒店项目

公司承建的无锡市质量技术监督局直属单位检测用房项目

公司承建的无锡市惠山新城中心学校项目

公司承建的广州金发科技股份有限公司项目

瑞峰建设

江苏瑞峰建设集团有限公司

[瑞]气祥和 · 勇攀高[峰]

RUIFENG CONSTRUCTION

董事长：缪文峰

[企业简介]

江苏瑞峰建设集团有限公司始创于1994年5月，公司原名为溧阳市欣盛建筑安装工程总承包有限公司，是“建筑之乡”溧阳市的“十佳企业”、“五强企业”。公司以房屋建筑工程施工总承包壹级为主项资质，以机电设备安装专业承包壹级、钢结构专业承包贰级、地基与基础工程专业承包贰级、市政公用工程施工总承包贰级、装修装饰工程专业承包三级为增项资质的综合性施工企业。

公司下辖新加坡、上海、天津、昆山、苏州、无锡、常州、镇江、南京等分公司，现有职工3858人，各类技经人员383人，其中高级职称15人，中级职称168人；各类建造师（项目经理）82人，其中一级建造师18人、二级建造师35人。企业注册资金12118万元，现有各类机械设备1230台（套），年施工能力在30亿元以上。

2003年1月，公司由原市属全民企业改制为有限公司后，充分发挥企业的信誉优势、技术优势、人才优势、资金优势和新体制、新机制优势，内强素质，外树形象，积极开拓业务，不断强化管理，公司先后通过了ISO9001质量管理体系认证、ISO14001环境管理体系认证和GB/T28001职业健康安全管理体系认证。通过认证，进一步规范企业内部的管理程序，为企业的顺利发展奠定了基础。

近年来，公司顺时应势，抢抓发展机遇，朝着做大做强的目标，积极、稳妥地拓展市场。公司承建的无锡中南家园二期征地拆迁安置房工程、无锡厚桥花苑安置房及配套设施工程一标段14万平方米、无锡新城小学、鸿桥北苑二期拆迁安置房分别获得无锡市文明工地、江苏省建筑施工文明工地、无锡市太湖杯优质工程；2010年公司承建的5万平方米镇江红星桃花源小区工程荣获镇江市级优质结构及镇江市文明工地；公司的机电安装业务在地方建筑市场上独树一帜，其中空客A320天津总装线基础设施滑行道工程荣获2010年度天津建设工程“金奖海河杯”奖，其它在天津参与建设的工程先后获建设部"鲁班奖"和天津市"海河杯"等荣誉。近年来公司研发的《钢管剩磁的消磁施工工法》、《多排多向旋喷搅拌加劲（扩头）组合支护桩施工工法》、《注芯配筋复合保温剪力墙砌体施工工法》、《框剪结构高层建筑应用多向多重折叠爆破成套技术进行限位坍塌拆除的施工工法》、《燃气管道的氮气置换施工工法》等八项技术被审定为省级工法。公司研发的《一种避免大体积混凝土裂缝形成的浇筑方法》发明专利、《一种附着式整体脚手架的安全控制系统》、《一种悬挑式双排脚手架》、《一种塔式起重机用安全装置》三项实用新型专利已获国家知识产权局审核通过。

公司连续多年安全生产无事故。公司连年被常州市政府评为"重合同　守信用"企业，江苏省建行“AAA”级企业信用等级以及溧阳市建安系统“十佳企业”、“五强企业”。

常州南甸园：群体面积 19.2 万平方米，其中 4 幢 26 层，14 幢 18 层(市优质工程、市文明工地)

常州府琛广场

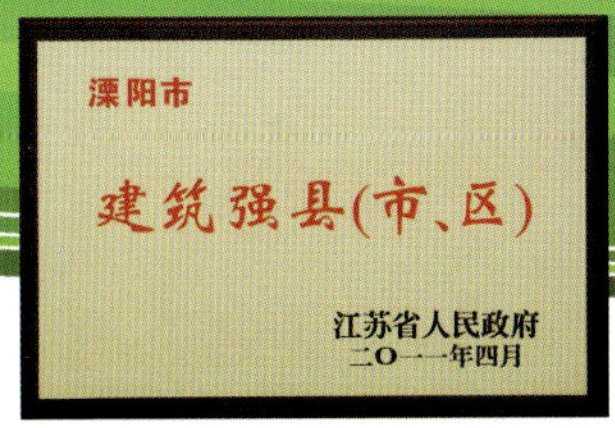

溧阳 LIYANG 江苏省建筑强市

国家一级资质企业

National 1st Qualification Enterprise

无锡中南家园（面积10.8万平方米，4幢33层）

无锡新城小学（3.6万平方米，省文明工地）

镇江臻君豪庭（4幢32层）

瑞峰，引领新的建筑典范

RUIFENG CONSTRUCTION

Jiangsu Ruifeng Construction Group Co.

地 址：江苏省溧阳市平陵中路 216 号

电 话：0519-87212771 / 87261952(Fax)

Http: //www.RFJSJT.cn

常州天禄商务广场：群体面积 21.8 万平方米,高层住宅

无锡厚桥花园（一期19万平方米，7幢32层，2期35万平方米）

常州泰盈八千里（3幢30层）

无锡广石家园（面积4.97万平方米，2幢32层）

溧阳市昆仑房地产开发有限公司

董事长、总经理王建国(中) 副总经理史美峰(左) 朱小松(右)

凤仪湾

龙盛园高楼沿河(施工中)

公司新办公楼(施工中)

二十年前是昆仑房地产公司成立和江苏省溧阳经济开发区破土建设的日子。2012 年，我们迎来了溧阳市昆仑房地产有限公司二十周年华诞和公司改制十周年的日子。二十年昆仑，二十载奋斗。公司始终本着“开拓、奉献、务实、创新”的企业精神，坚持诚实、守信的经营原则，着力培养以质量为核心，以服务为保障的“昆仑”品牌。成立昆仑公司是开发区按市委市政府要求，主要任务是负责溧阳经济开发区首期 0.8 平方公里“五通一平”的基础设施、道路、绿化、金梧、银梧桥、大型标准厂房、写字楼，开发区管委会大楼、综合楼及土地的开发和建设。公司成立初期，在区内建设资金严重不足的情况下，实行“以房养区，以地生财，滚动发展”的开发思路，规划建设了 30 万平方米的国家级优秀示范小区 --- 昆仑花园，利用企业平台，银行贷款、发放债权、职工集资和政府的优惠政策(农转非购房优惠政策)狠抓区内基础设施建设，为溧阳经济开发区首批进入十一家省级开发区行列作出了积极贡献。

20 年以来公司相继开发建设了昆仑花园、昆仑西苑、昆仑东苑、古道巷小区、昆仑顺达花园、竹墅园、昆仑南苑、北大街拆迁改造北门小区、凤仪湾、龙盛园，精心打造了建筑面积达 5.2 万平方米，占地面积 280 亩，117 幢公寓，会所、管理中心的天目湖金桥国际高档公寓区。同时还承担建设了市政府大楼、昆仑小学、昆仑实验幼儿园、彩虹幼儿园、昆仑菜场、和平北路、图塘路、昆仑花园路、人民北路、北大街路、竹墅路、北河沿路等一批公益性项目。累计完成开发建设商品住宅面积达 90 余万平方米，成立了溧阳市第一家物业公司，引进了第一家社区医院，为改善溧阳城市面貌，城区向北拓延，提高市民居住质量作出了积极贡献。感到欣慰的是以昆仑命名的企业、服务业已有数千家之多，城北一片繁荣景象。

20 年来公司累计上缴各项税金已超过 1.6 亿元；热心慈善公益事业，累计捐款 200 多万元，捐款助学贫困学生二十余名。辛勤的付出和企业奋力拼搏的精神向溧阳人民和社会交上了一份合格画卷，“ 昆仑 ” 品牌已为人们所熟知和信赖，由此也获得了众多主要殊荣。连续十年被省人民政府授予：AAA 级重合同守信用单位；江苏省房地产业综合实力五十强；2005 年度被常州授予溧阳市前十名纳税大户；2005---2006 年度常州市明星企业称号；2008 年被市委、市政府授予溧阳市首批诚信建设示范单位；溧阳市慈善总会副主席单位；常州市 2011 年度房地产诚信企业；连续多年被溧阳经济开发区管委会、溧城镇人民政府评为三产纳税贡献奖，为政府财政和社会事业作出了积极的贡献。

二十年，昆仑从默默无闻走向了现在的壮大，我们庆幸，我们骄傲，但我们要保持清醒的头脑，绝不自满，要以此为起点，以百倍的信心，万分的努力，精诚团结，再接再励，不断提高产品的质量和科技含量，努力把公司建设成为文明和谐，具有社会良好影响力的知名公司，再创昆仑品牌的辉煌！

溧阳市第一糖烟酒有

LI YANG SHI DI YI TANG YAN JIU YOU

公司董事长总经理：陶洪昌

溧阳市第一糖烟酒有限公司是溧阳地区酒类经营知名企业，主要经销茅台、五粮液、水井坊、五粮春、长三角、金六福等名酒，公司茅台专卖店、五粮液专卖店是销售国家名酒的形象窗口，也是消费者购买名酒的首选窗口，“要买放心酒，到第一糖烟酒”已成为广大消费者的共识，品牌赢得市场，诚信赢得信誉。

创新，就是为了实现新的梦想，创新，就是为了保证企业的可持续发展，公司秉承“诚

限公司
XIAN GONG SI

信经营、品牌发展”的经营理念，开拓的地方品牌长荡湖（经典、盛典、尊典）系列酒上市以来，以高品位的酒质，先后被评为江苏省酒类市场放心酒，溧阳市优秀旅游商品，溧阳市创新旅游商品，并被确认为2008一村一品国际研讨会，2009年天目湖中欧经济论坛，2010年第十一届中国溧阳茶叶节暨第六届天目湖旅游节，2011年第七届天目湖旅游节暨溧阳乡村旅游博览会，2012年第十二届中国溧阳茶叶节暨第八届天目湖旅游节等指定接待用酒，长荡湖酒商标被认定为常州市知名商标，目前已成为各级地方政府、社会团体、广大消费者接待、宴请、馈赠的首选地方名酒。

发展是永恒的主题，诚信是永远的承诺，值此2012年溧阳年鉴刊发之际，溧阳市第一糖烟酒有限公司董事长总经理陶洪昌向关心支持帮助公司发展的各级领导，各界同仁表示真诚的感谢！

地址：溧城西大街38号
电话：0519—87281988

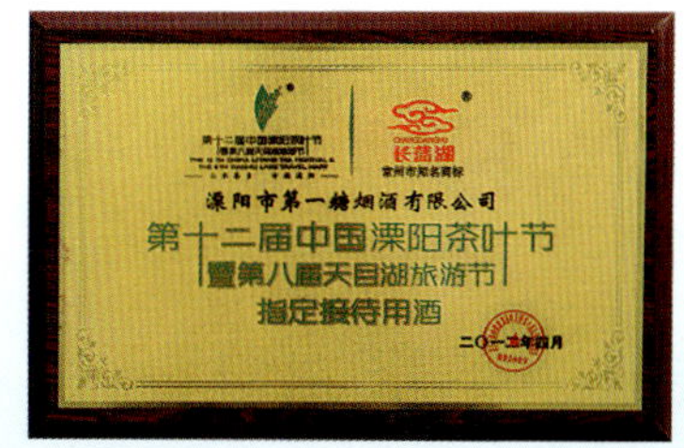

行长朱志忠参加经信系统市级人大代表投票选举

中国农业银行
AGRICLTURAL BANK OF CHINA

中国农业银行股

大行德广
伴您成长

2011年，中国农业银行股份有限公司溧阳市支行依据“发展、转型、提质、增效”的工作方针，紧扣市场发展脉搏，广筹资金扩大经营规模，负债规模连年创新高。年末，全行各项存款余额达102.36亿元，比年初净增11.38亿元，存款增量居四大国有商业银行首位，全行的储蓄净增5.35亿元，实现了储蓄存款快速稳定增长。

2011年，农行溧阳市支行积极支持地方经济，加快经济结构调整，坚持科学的发展观来指导信贷工作，不断创新信贷产品，重点支持建材、机电、交通、旅游、基础设施等优势企业项目的发展。全行新增实体贷款9.1亿元，累计清收不良贷款2970万元。围绕零售大行的打造目标，在银行卡、电子业务等方面下大力气，年末，全行银行卡发卡量达35.4万张。深入贯彻落实“服务三农”政策，高度重视服务“三农”工作，年末，全行共对991户农户累计发放小额贷款1.27亿元。

农行溧阳市支行始终秉持“以客为先”的理念，不断深入转型工作，进一步提高服务效率和质量。完成营业部、城东、溧城、和平支行原址装修的申报工作，完成景鸿支行、天目路支行和苏浙皖边界市场自助银行的装修工作并投入使用，完成全行所有网点标识标牌更换工作，网点的布局进一步完善，为更好的服务客户打下坚实基础。

常州农行来支行召开规范化服务推进会

2012年工作会议暨五届六次职代会

支行工会领导前往困难职工家中送温暖

“公众宣传日”支行开展金融知识宣传活动

份有限公司溧阳市支行

员工开展“学雷锋 送温暖”金融知识宣传活动

青年员工开展金融知识理论写作讨论

第二届“农行杯”作文比赛颁奖典礼

一道亮丽风景线——支行新聘女保安

中国农业银行

中国建设银行
China Construction Bank

溧阳支行

王芳行长到一线送清凉

王芳行长(右二)陪同总行领导调研为民服务创先争优工作

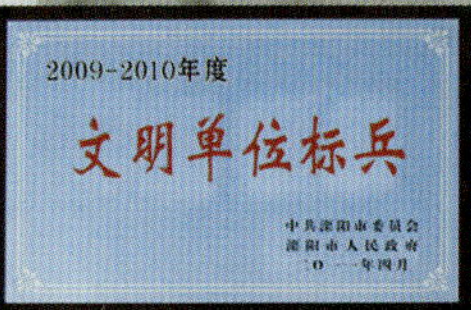

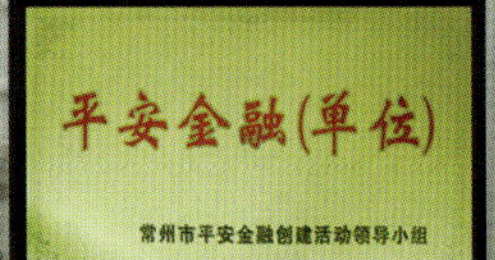

中国建设银行股份有限公司溧阳支行，前身为中国人民建设银行江苏省溧阳县支行，成立于 1983 年，目前下辖 12 个营业网点，其中 1 个营业部，7 个二级支行、1 个分理处、3 个储蓄所，内设 5 个部门。全行在岗员工 192 人，平均年龄 35.6 岁，其中研究生 2 人，大学本科 83 人，大学专科 80 人，拥有工程师 6 人，经济师 52 人，会计师 46 人，统计师 1 人，金融理财师（AFP）10 人。现已开办主要业务有本外币各类存贷款、国际业务、财务顾问、理财规划、代理基金、代理保险、黄金业务、债券业务、工程造价预决算审核和代收费等商业银行的全部资产负债业务和中间业务。

自 1983 年成立以来，伴随着改革开放的春风，溧阳市经济不断发展腾飞，建行溧阳支行走过了 29 年的风雨征程。近年来，支行在上级行党委的领导下，在市委市政府的高度重视和大力支持下，在市银监办和市人行的有力指导下，牢固树立科学发展观，按照“始终走在中国经济现代化的最前列，成为世界一流银行”的战略愿景，坚持“以客户为中心、以市场为导向”的经营理念，全行各项业务实现了又好

警示教育报告会

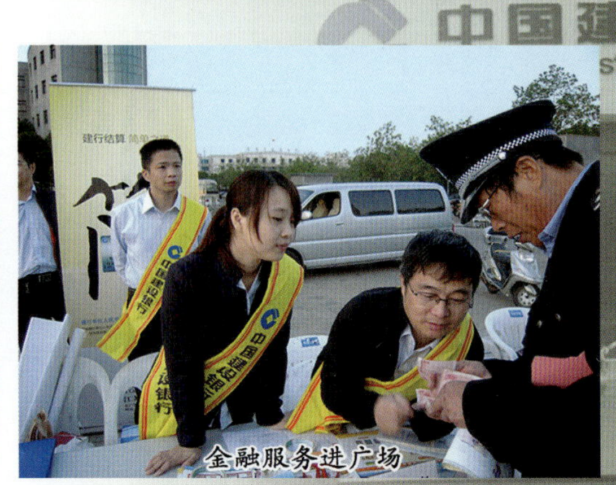
金融服务进广场

善建者行

银企对接

省分行党建现场交流会

又快发展，截至 2011 年底，全行一般性存款余额 71.3 亿元，各类贷款余额 52.7 亿元，实现考核利润 1.3 亿元，完成中间业务收入 9165 万元，不良贷款率仅为 0.024%，各项指标均居于溧阳当地银行前列，成为溧阳当地最具市场竞争力和价值创造能力的商业银行之一。

支行先后荣获建设银行总行“先进基层党组织”、“模范职工之家”、“文明单位”、“案件专项治理先进集体”、“青年文明号”等荣誉称号，被地方政府授予“常州市单位治安保卫工作先进集体”、“平安金融示范单位”等荣誉称号，并多次被评为常州市文明单位，取得了企业发展和文化创建双丰收。

案件防控专题讲座

青年员工“登瓦屋 迎旺季”

建党 90 周年红歌赛

五四青年节晚会

学习雷锋日

《溧阳年鉴》（2012）审稿单位

（按篇目先后为序）

市委办
市人大办
市政府办
市政协办
市人武部
市委组织部
市委宣传部
市委统战部
市委政法委
市纪委办
市委党史工委
市志办
市统计局
市气象局
市文明办
市委农工办
市台办
市委党校
市级机关工委
市委老干部局
市保密局
市信访局
市档案局
市政府法制办
市行政服务中心
市外事办
市政府侨办
民盟溧阳市基层委员会
市工商联
市总工会
团市委
市红十字会
市妇联
市科协
市侨联
市文联
市民防局
市公安局
市检察院
市法院
市司法局
市商务局
海关溧阳办事处
国检局溧阳办事处
溧阳经济开发区管委会
溧城镇政府
天目湖旅游度假区管委会
天目湖镇政府
市旅游局
市规划局
市国土局
市住建委
常州市住房公积金管理中心溧阳分中心
市城管局
市重大办
市环保局
市农林局
市水利局
市经信局
市建工局
市交通运输局
市邮政局
市供电公司
中国电信溧阳分公司
中国移动溧阳分公司
中国联通溧阳分公司
市粮食局
市烟草局
市盐务局
市供销总社
市财政局
市国税局
溧阳地税局
市审计局
人行溧阳市支行
常州银监分局溧阳监管办事处
工行溧阳支行
农行溧阳市支行
中行溧阳支行
建行溧阳支行
农发行溧阳市支行
江南银行溧阳市支行
交行溧阳支行
中信银行溧阳支行
江苏银行溧阳支行
华夏银行溧阳支行
招商银行溧阳支行
邮政储蓄银行溧阳市支行
溧阳浦发村镇银行
人保财险溧阳支公司
中国人寿溧阳支公司
人寿财险溧阳支公司
太保财险溧阳支公司
太保寿险溧阳支公司
东海证券溧阳营业部
市发改委
溧阳工商局
市安监局
溧阳质监局
市人社局
市科技局
市地震局
市教育局
市文广体局
溧阳广播电视台
市卫生局
市食品药品监管局
市民政局
市老龄办
市残联
市人口计生局
市民宗局
市关工委
埭头镇政府
上黄镇政府
戴埠镇政府
别桥镇政府
竹箦镇政府
上兴镇政府
南渡镇政府
社渚镇政府

编辑说明

一、《溧阳年鉴》是由中共溧阳市委、溧阳市人民政府主办，《溧阳年鉴》编纂委员会组织实施，中共溧阳市委宣传部、溧阳市地方志办公室共同承办的综合性资料工具书，于2005年创刊，国内外公开发行。

二、《溧阳年鉴》（2012）以邓小平理论、“三个代表”重要思想为指导，深入贯彻科学发展观，旨在全面反映溧阳市基本自然状况和政治、经济、文化等社会各方面基本面貌，系统汇集溧阳市在“绿色崛起，跨越发展”进程中所取得的巨大成就，为各级领导决策和管理、社会各界人士及中外投资者认识溧阳提供客观、翔实的最新信息资料。

三、《溧阳年鉴》（2012）设特载、溧阳概况、大事记、中共溧阳市委员会、溧阳市人民代表大会、溧阳市人民政府、政协溧阳市委员会、中共溧阳市纪律检查委员会、民主党派•工商联•社会团体、军事•政法、开放开发、旅游、城乡建设•环境保护、农业•水利、工业、建筑业、交通•邮政•供电、信息化建设、商贸流通、财政•税务•审计、金融业、综合管理、科学技术、教育、文化•新闻、体育、卫生、社会生活、镇（区）概览、人物•先进集体、文件摘要、统计资料、附录等33个类目，全书90.8万字。

四、《溧阳年鉴》（2012）记载的地域范围以现行溧阳市行政区划为界，凡在溧阳市境内的各镇（区）、场圃、机关、团体、企事业单位等，不论其归属，均在记述范围之内；记载时间为2011年度，部分条目适当向前追述，特载、大事记、先进个人、先进集体、图片收录至2012年4月。

五、《溧阳年鉴》（2012）采用分类编辑法编辑，主体内容分为类目、分目、条目3个层次，以条目为记载实体。对条目间的交叉重复现象，一般分清主次和区别视角加以记述。为方便读者查阅，《溧阳年鉴》设有目录、索引等检索系统。

六、《溧阳年鉴》（2012）全书彩色印刷，图文并茂。制作系列公益专版，充分展示溧阳率先发展、科学发展、和谐发展的新成就；选择在全市及市以上有影响、成绩突出的党政群机关、企事业单位刊登宣传专版，扩大宣传效应；收录随文图片近千幅，增强可读性与信息量。

七、《溧阳年鉴》（2012）的“人物•先进集体”类目包括新任市领导、新闻人物、先进个人、先进集体等分目。其中“新任市领导”收录2011年8月至2012年7月新任的中共溧阳市委书记、副书记、常委，市人大常委会主任、副主任，市政府市长、副市长，市政协主席、副主席；“新闻人物”收录2011年1月至2012年4月受到省部级表彰的溧阳市先进人物。

八、《溧阳年鉴》（2012）采用的稿件均由各镇（区）和有关部门提供，并经单位领导审核。文中所列数据，由于统计口径不同而存差异，请读者在引用时加以注意。

九、《溧阳年鉴》（2012）是全体撰稿、编辑、审稿人员辛勤劳动的结晶，在征编过程中得到了全市各镇（区）和有关部门的热情支持，在此深表谢意。由于本书涉及范围广，信息容量大，加之编者认识、能力所限，疏漏欠妥之处在所难免，恳请广大读者批评指正，以利于《溧阳年鉴》进一步提高编纂质量。

溧阳市部分机构全称、简称对照表

简　　称	全　　　称
市委	中国共产党溧阳市委员会
市人大（常委会）	溧阳市人民代表大会（常务委员会）
市政府	溧阳市人民政府
市政协	中国人民政治协商会议江苏省溧阳市委员会
市纪委	中国共产党溧阳市纪律检查委员会
市人武部	中国人民解放军江苏省溧阳市人民武装部
市法院	溧阳市人民法院
市检察院	溧阳市人民检察院
市委办	中国共产党溧阳市委员会办公室
市人大办	溧阳市人民代表大会常务委员会办公室
市政府办	溧阳市人民政府办公室
市政协办	中国人民政治协商会议江苏省溧阳市委员会办公室
市委组织部	中国共产党溧阳市委员会组织部
市委宣传部	中国共产党溧阳市委员会宣传部
市委统战部	中国共产党溧阳市委员会统一战线工作部
市委政法委	中国共产党溧阳市委员会政法委员会
市委农工办	中国共产党溧阳市委员会农村工作办公室
市委研究室	中国共产党溧阳市委员会研究室
市委“两新”组织工委	中共溧阳市委新经济社会组织工作委员会
市级机关工委	中共溧阳市委市级机关工作委员会
市直属机关党委	中国共产党溧阳市直属机关委员会
市委老干部局	中国共产党溧阳市委员会老干部局
市台办	中国共产党溧阳市委员会台湾工作办公室 溧阳市人民政府台湾事务办公室
市委党校	中国共产党溧阳市委员会党校
市委党史工委	中共溧阳市委党史工作委员会
市委机要局	中共溧阳市委机要局
市委外宣办	中共溧阳市委对外宣传办公室
市保密局	溧阳市国家保密工作局
市文明委（办）	溧阳市精神文明建设指导委员会（办公室）
市编委（办）	溧阳市机构编制委员会（办公室）
市综治委（办）	溧阳市社会治安综合治理委员会（办公室）
市法治办	溧阳市依法治市领导小组办公室
市重大项目办	溧阳市重大项目办公室
市外办	溧阳市外事办公室
市接待办	溧阳市接待办公室
市政府研究室	溧阳市人民政府研究室
市政府新闻办	溧阳市人民政府新闻办公室
市政府金融办	溧阳市人民政府金融工作办公室
市民宗局	溧阳市民族宗教事务局
市志办	溧阳市地方志办公室
市发改委	溧阳市发展和改革委员会
市经信局	溧阳市经济和信息化局
市文广体局	溧阳市文化广电体育局
市食品药品监管局	溧阳市食品药品监督管理局
市人社局	溧阳市人力资源和社会保障局
市科技局	溧阳市科学技术局
市老龄委（办）	溧阳市老龄工作委员会（办公室）
市住建委	溧阳市住房和城乡建设委员会
市建工局	溧阳市建筑工程管理局
市茅办	溧阳市茅山老区开发办公室
市农机局	溧阳市农业机械管理局
市爱卫会（办）	溧阳市爱国卫生运动委员会（办公室）
市人口计生局	溧阳市人口和计划生育局
市环保局	溧阳市环境保护局
市安监局	溧阳市安全生产监督管理局
市城管局	溧阳市城市管理（行政执法）局
市园林局	溧阳市园林绿化管理局
市侨办	溧阳市人民政府侨务办公室
市政府法制办	溧阳市人民政府法制办公室
市供销总社	溧阳市供销合作总社
团市委	中国共产主义青年团溧阳市委员会
市青联	溧阳市青年联合会
市妇联	溧阳市妇女联合会
市科协	溧阳市科学技术协会
市文联	溧阳市文学艺术界联合会
市侨联	溧阳市归侨侨眷联合会
市工商联	溧阳市工商业联合会
市残联	溧阳市残疾人联合会
民盟溧阳总支	中国民主同盟江苏省常州市委溧阳总支部
市老促会	溧阳市老区开发促进会
市关工委	溧阳市关心下一代工作委员会
市国税局	溧阳市国家税务局
溧阳地税局	常州市溧阳地方税务局
溧阳工商局	常州市溧阳工商行政管理局
市国土局	溧阳市国土资源局
溧阳质监局	常州市溧阳质量技术监督局
市烟草局（烟草营销部）	江苏省溧阳市烟草专卖局（江苏省烟草公司常州市公司溧阳营销部）
国检局溧阳办事处	常州出入境检验检疫局溧阳办事处
中国电信溧阳分公司	中国电信股份有限公司溧阳分公司
中国移动溧阳分公司	中国移动通信集团江苏有限公司溧阳分公司
中国联通溧阳分公司	中国联合网络通信有限公司溧阳市分公司
市盐务局（盐业分公司）	溧阳市盐务管理局（江苏省苏南盐业有限公司溧阳分公司）
两劳检察院	常州市天目湖地区人民检察院
中华曙猿管理处	江苏溧阳中华曙猿遗迹保护区管理处
海关溧阳办事处	常州海关驻溧阳办事处
人行溧阳市支行	中国人民银行溧阳市支行
常州银监分局溧阳监管办事处	中国银行业监督管理委员会常州监管分局溧阳办事处
工行溧阳支行	中国工商银行股份有限公司溧阳支行
农行溧阳市支行	中国农业银行股份有限公司溧阳市支行
中行溧阳支行	中国银行股份有限公司溧阳支行
建行溧阳支行	中国建设银行股份有限公司溧阳支行
农发行溧阳市支行	中国农业发展银行溧阳市支行
江南银行溧阳市支行	江苏江南农村商业银行股份有限公司溧阳市支行
交行溧阳支行	交通银行股份有限公司常州溧阳支行
中信银行溧阳支行	中信银行股份有限公司溧阳支行
江苏银行溧阳支行	江苏银行股份有限公司溧阳支行
华夏银行溧阳支行	华夏银行股份有限公司溧阳支行
招商银行溧阳支行	招商银行股份有限公司溧阳支行
邮政银行溧阳市支行	中国邮政储蓄银行溧阳市支行
浦发村镇银行	溧阳浦发村镇银行股份有限公司
东海证券溧阳营业部	东海证券有限责任公司溧阳南大街证券营业部
人保财险溧阳支公司	中国人民财产保险股份有限公司溧阳支公司
中国人寿溧阳支公司	中国人寿保险股份有限公司溧阳支公司
人寿财险溧阳支公司	中国人寿财产保险股份有限公司溧阳支公司
太保财险溧阳支公司	中国太平洋财产保险股份有限公司溧阳支公司
太保寿险溧阳支公司	中国太平洋人寿保险股份有限公司溧阳支公司
溧阳经济开发区	江苏省溧阳经济开发区
水西纪念馆	新四军江南指挥部纪念馆
市疾控中心	溧阳市疾病预防控制中心
市妇保院	溧阳市妇幼保健院
省溧中	江苏省溧阳中学
市职教中心	江苏省溧阳市职业教育中心
市城管大队	溧阳市城市管理行政执法大队
市环卫处	溧阳市环境卫生管理处
市航管处	溧阳市航道管理处
市运管处	溧阳市运输管理处

目　　录

特　　载

溧 阳 概 况

大　事　记

中共溧阳市委员会

溧阳市人民代表大会

溧阳市人民政府

政协溧阳市委员会

中共溧阳市纪律检查委员会

民主党派·工商联·社会团体

军 事 · 政 法

开放开发

旅　游

城乡建设·环境保护

农 业·水 利

工 业

建　筑　业

交通·邮政·供电

信息化建设

商 贸 流 通

财政·税务·审计

金 融 业

综合管理

科 学 技 术

教　　育

文化·新闻

体 育

卫　　生

社　会　生　活

镇（区）概览

人物・先进集体

文件摘要

统计资料

附 录

索 引

宣 传 专 版

Main Contents

Special Record

A Survey of Liyang

A Chronicle of Major Events

Liyang City Committee of the Communist Party of China

Liyang City People's Congress

Liyang City People's Government

Li yang City Committee of the Chinese People's Political Consultative Conference

Li yang City Commission for Discipline Inspection of the Communist Party of China

Democratic Parties、Association of Industry and Commerce、Community Groups

Military、Politics and Law

Opening and Development

Tourism

City and Country Construction & Environmental Protection

Agriculture & Water Conservancy

Industry

Building Industry

Transportation · Post and Telecommunication · Electric Supply

Information Developments

Commerce and Trade Circulation

Finance · Taxation · Auditing

Banking Industry

Synthesis Management

Science Technology

Education

Culture and News

Sports

Health

Social Life

Town (Area) Overview

Figures · Advanced Collectivity

Documents Abstract

Statistics

Appendix

Index

特　　载

栏目编辑　莫　俊　袁　杰

凝心聚力促发展　真抓实干谱新篇
为率先基本实现现代化而努力奋斗（摘要）

——在市委十一届二次全体（扩大）会议上的讲话

中共溧阳市委书记　盛建良

（2011年12月29日）

这次市委全体（扩大）会议的主要任务是，深入贯彻落实党的十七届六中全会、中央和全省经济工作会议以及常州市委十一届二次全会精神，回顾总结今年以来各项工作，研究部署2012年主要任务，进一步动员全市上下凝心聚力、抢抓机遇，真抓实干、乘势而上，为溧阳率先基本实现现代化打下坚实基础。

下面，我代表市委常委会向全委会报告工作，请予审议。

一、“十二五”发展实现良好开局

今年以来，我市积极应对国内外复杂经济形势，牢牢把握“紧跟苏锡常，同步现代化”的目标定位，全力推进40项重点工程（工作），全市经济社会继续保持平稳健康的发展态势。

（一）突出发展要务，经济实力不断跃升

全年实现地区生产总值500亿元（预计数，下同），同比增长17.7%；完成财政收入100亿元，其中一般预算收入36.3亿元，同比均增长25%。

工业经济做大做强。围绕工业纳税销售“三年翻一番、五年翻两番”目标，实施工业经济三年跃升计划，强力推进工业经济总量攀升。全年完成工业纳税销售1250亿元，同比增长43.5%，社渚镇率先成为超百亿镇，申特钢铁、上上电缆、新时代铜业、金峰水泥4家企业纳税销售超百亿元，其中申特钢铁超350亿元。全市纳税销售超亿元企业125家，超10亿元企业12家，超50亿元企业6家，入库税金超亿元企业达7家。华朋变压器公司荣获“中国工业行业排头兵企业”称号。建安业快速发展，全年建筑施工产值、劳务收入分别突破350亿元和100亿元，天力集团和鹏程钢结构公司承建工程相继获“国优工程”，天目集团等4家企业入选全省百强建安企业，我市首次被评为江苏省“建筑强市”。

现代农业加快提升。启动实施农业现代化工程，全市吸引“三资”13.2亿元开发农业，新增高效农业面积9.2万亩、高标准农田6万亩，新认定无公害农产品、绿色食品、有机食品101只，国家地理标志登记保护农产品1只。粮食单产再创新高，我市被评为全国粮食生产先进县。农业产业化步伐加快，曹山现代农业示范区等项目有序推进，溧阳现代农业产业园被评为省级现代农业产业园区，全福牧业和苏浙皖边界市场被认定为省级农业产业化龙头企业。农村“三大合作”不断深化，新增农民专业合作社132家、土地股份合作社7家。

现代服务业特色彰显。积极引导制造业企业实施“主辅分离”，华朋集团、国强镀锌等15家企业成功分离出非核心业务。商贸业持续发展，苏浙皖边界市场改扩建、上河城商业街、平陵广场等重点项目加快建设，月星家居、沃尔玛超市相继开业。大力推进天目湖国家级旅游度假区、AAAAA级旅游景区、国家生态旅游示范区“三区同创”工作，天目湖跻身全国4个国家级度假区试点行列，成功举办第七届天目湖旅游节暨溧阳乡村旅游博览会，南山竹海二期建成开放，十思园景区创建成“全国休闲农业和乡村旅游示范点”，新四军江南指挥部纪念馆列入全国红色旅游经典景区。全年接待游客920万人次，实现旅游总收入82亿元，分别增长27.3%和22.4%。溧阳荣获“中华最佳休闲度假旅游城市”称号。

（二）突出结构调整，发展质效得到优化

有效投入结构趋优。牢固确立“投入是发展之纲、投入是创新之源”的观念，紧抓招商引资，快推项目建设。全年新增工商注册外资项目48个、工商登记注册外资7亿美元、实际到账外资4亿美元；完成全社会固定资产投资305亿元，其中工业投入238亿元，分别增长20.3%和22.3%，波士顿锂电池、绿成纸业、二十八所房车基地、顺风光电等16个总投资5亿元以上大项目有序实施。扎实推进节能降耗，全年实施重点节能与循环经济项目8个，完成节能监测企业36家，淘汰落后用能设备68台（套）。

要素资源加快集聚。加快载体建设。确立了以经济开发区、别桥北山工业园、上兴工业园、南渡新材料工业园为重点的“一区三园”发展格局，积极推进“区镇共建”，着力做强溧阳经济发展主阵地。推进人才集聚，获常州市领军型海归人才创业资助项目19个，资助总额突破3000万元，3人被评为省“双创人才”，10名省“科技镇长团”成员来我市挂职。强化金融创新，新成立5家农村小额贷款公司，企业债券成功发行，金源锻造、瑞阳化工上市工作加快推进，招商银行、华泰证券来溧开设分支机构。加强国土资源管理，深化农村土地综合整治，积极盘活存量土地，向上争取8个重大项目“独立选址”和“点供”用地计划。全年完成供地7855亩，其中工业用地6043亩。

科技创新步伐加快。围绕抢占技术制高点、提升企业自主创新能力，大力发展创新型经济。全市研发经费支出8.8亿元，占GDP比重达2.3%，完成高新技术产业产值400亿元(省口径)，同比增长57%，占规模以上工业产值的34.7%。组织实施各类科技计划项目166项，培育省高新技术产品135只、高新技术企业7家，创建省工程技术研究中心4家。江苏软件园天目湖基地项目正式签约。组织参加9次大型产学研对接活动。全年专利申请量、授权量分别达2933件和1842件，其中发明专利申请量达688件，分别增长50.4%、106%和96%。我市荣获“全国科技进步考核先进县（市）”称号，并成功创建全国科普示范市。

（三）突出协调发展，城乡环境明显提升

生态保护持续加强。全面启动生态文明示范区建设，全市建成国家级生态镇2个、生态村1个，经济开发区创建成省级生态工业园。深入推进天目湖水源地生态保护工作，启动上游生态湿地和库体清淤扩容工程，新增退耕还林1600亩、退渔还湖200亩。水泥、化工、重金属等行业环境专项整治持续推进，整治水泥企业10家，关停化工企业5家、蓄电池组装企业16家。

城市建设不断拓展。科学编制城西片区发展战略规划和东环路地区概念性城市设计。扎实推进燕山新城建设和旧城改造，东大街改造、文化新村等4个老小区综合整治以及背街小巷建设等工作顺利结束。全面完成城区污水管网改造工程。加快交通基础设施建设，宁杭铁路客运专线、104国道一级公路改造、芜申运河城区先导段、宁杭高速西互通连接线等工程加快实施，常溧高速项目正式启动。强化城市环境综合整治，城市面貌持续改观。

新农村建设扎实推进。启动天目湖镇强镇扩权和南渡镇中心镇试点工作，全面推进村级“五有一责”建设，建成村级综合服务中心165个，减少集体收入低于50万元的经济薄弱村55个。农村基础设施进一步完善，升级改造农村公路100公里，改造农危桥100座，新开通镇村公交线26条，溧阳城乡道路客运一体化发展经验在全国推广。农村水利建设得到加强，完成沙河、大溪、前宋和9座小水库除险加固工程。实施城乡环境卫生三年整治行动，全市95%以上的自然村建立了生活垃圾统筹处理机制，城中村、城郊村环境明显提升。

（四）突出民生民本，人民生活持续改善

民生实事惠及全民。切实加强以改善民生为重点的社会建设，全市城镇居民人均可支配收入26348元，农民人均纯收入13600元，分别增长15%和19.6%。就业再就业工作持续加强，全市新增城镇就业1.1万人，失业人员再就业1872人，城镇登记失业率为2%。职工养老、医疗、失业三大保险覆盖率稳定在98%以上，居民养老保险、“新农合”参保率均达100%，“低保”、“五保”全面提标。慈善事业健康发展，基金规模达2.4亿元。加强住房保障，新建廉租房100套、公租房700套，租赁补贴200户。积极发展老龄事业，对全市80岁以上老年人发放尊老金，溧阳被命名为“中国长寿之乡”和“全国敬老先进单位”。

社会事业不断进步。扎实开展群众性精神文明创建和第三届“十佳百优文明市民”评选活动，省级文明城市创建实现“四连冠”，埭头村被评为全国文明村。群众性文体活动蓬勃开展，“焦尾琴的故事”、“祠山庙会”入选省级非遗保护名录，溧阳被评为“中国民间文化艺术之乡”。优化整合教育资源，成立光华初中等3家教育集团，第二实验小学等一批重点工程有序推进。深化医药卫生体制改革，基本药物制度全面实施，全市基层医疗机构药品价格平均下降25%以上。完成农村数字电视整体转换，在网数字电视用户达16万户。党管武装工作扎实有效，双拥工作进一步加强，圆满完成征兵任务，民兵高炮训练获全省“双优”。人口与计划生育工作成效明显，我市被评为江苏省人口协调发展先进市。

社会保持和谐稳定。扎实推进“平安溧阳”、“法治溧阳”建设，强化社会管理综合治理，启动实施“设防城市”建设三年规划和“六五”普法宣传，依法惩处违法犯罪活动。深入开展矛盾纠纷排查，强化信访调处责任落实，全市信访形势总体平稳，我市先后被评为全省社会治安综合治理先进集体和法制宣传教育先进县（市），连续7年成为“江苏省社会治安安全县（市）”。

（五）突出改革创新，党的建设继续加强

强化思想政治建设。在全市领导干部中大兴学习调研之风，认真组织开展“领导干部下基层”活动，深入基层问政于民、问需于民，提高市委决策的科学性和民主性。强化理论武装，不断健全党委（党组）中心组学习制度，市委理论学习中心组被确定为全省学习型党组织创建示范点。科学应对突发舆情，优化网络问政平台，逐步规范舆情预警、处置、监管等机制，网络诉求得到及时、理性、有效表达。

强化干部队伍和基层组织建设。圆满完成市、镇两级党委换届和埭头、竹箦、社渚三个镇的省委公推直选试点工作，制定实施新一届市委常委会议事规则和党代表任期制试行办法。不断深化干部人事制度改革，坚持正确用人导向，强调以实绩论英雄，围绕发展配干部，采用“两推一票决”、“两推一测试”方式在全市差额选拔科级后备干部151名，面向村党组织书记、大学生村干部和选派至一线锻炼干部选拔副科职领导6名。深入开展创先争优活动，累计为群众办好事实事8200多件，进一步密切了党群、干群关系。

强化党风廉政建设。深入推进“效率溧阳”建设，出台机关作风建设“十个严禁”，大力开展严控公款消费、“庸懒散”等五大专项治理，全面推进五星级机关服务品牌和服务经济优胜单位创建活动。推行行政权力网上公开透明运行，“民生聚焦”栏目受理咨询投诉办结率、群众满意率均在99%以上。深化反腐倡廉建设，坚持惩防并举，严肃查处违纪违法案件，在非公企业和社会中介机构中设立预防腐败室的做法受到上级肯定。

二、准确把握2012年工作总体要求和重点任务

2012年，是加快推进率先基本实现现代化的重要之年，也是党的十八大召开之年，做好明年的工作，责任和意义重大。前不久中央和省相继召开了经济工作会议，对当前经济形势进行了全面分析，作出了科学判断，认为明年经济形势总体将更为严峻复杂。就溧阳而言，当前经济社会发展面临着内外两方面的压力和挑战。从外部发展环境看，国际金融危机、债务危机、社会危机“叠加冲击”，世界经济下行风险日益加大。同时，国内经济发展的不确定、不稳定因素增多，通胀压力与经济回落相互交织，国家宏观调控政策面临更多“两难”选择。从溧阳实际情况看，我市面临加快经济转型和保持经济快速发展双重任务，在转型中促发展的压力加大。发展层次上，我市产业结构偏重、创新能力偏弱和新兴产业爆发力不强等薄弱环节愈加突出，持续增长后劲不足；要素制约上，融资难、供地紧、环保严、电力缺、用工荒等多种不利因素相互交织，导致全市中小企业甚至一些骨干企业经营困难，效益下降；区域竞争上，面对南通组团等后发地区咄咄逼人的赶超态势和东部先进地区快马加鞭的发展势头，我市在全省的发展排位面临“慢进则退”的危险。对此，我们必须有清醒的认识，切实增强忧患意识、风险意识和责任意识。

困难和挑战并不可怕，我们必须直面存在的矛盾和问题，增强勇于面对困难的信心和勇气，提升应对挑战的能力和水平。我们要全面辩证地看待当前形势，充分认识经济发展的基本面和长期趋势没有改变，发展中仍有很多有利条件和积极因素。发达国家的金融动荡促使国际资本、产业和技术寻找新“出路”，为我市提供了承接产业转移，推动产业升级的机遇；随着国家实施一系列新兴产业发展规划和市场优胜劣汰的加剧，倒逼企业进行自我调整和自主创新，为我们转方式、调结构提供了有利时机；经过多年的持续快速发展，溧阳经济基础、综合实力大大增强，一批本土企业正逐步释放新的能级，一批新兴项目正逐步成长为中坚力量，溧阳又正处于城市化的加速期，随着交通设施进一步改善，区位优势将进一步凸显，溧阳加快发展的趋势将不可逆转。所有这些，都有利于我们克服困难，战胜挑战。总之，即将到来的2012年既是充满诸多挑战的一年，也是蕴藏着重大机遇的一年。只要我们坚定发展信心，善于在变局中把握机遇，在逆境中主动作为，在挑战中勇于担当，就一定能推动全市经济社会发展实现新的跨越。

2012年全市经济社会发展的指导思想是：深入贯彻落实科学发展观，牢牢把握“紧跟苏锡常，同步现代化”的目标定位，以“转型升级攻坚年、园区建设突破年、工业发展效益年、现代农业推进年、城市建设拓展年、民生改善提升年、文明创建巩固年、和谐稳定促进年”八大主题年活动为抓手，深入解放思想，坚定必胜信心，加快跨越赶超，在更高起点推动全市经济社会又好又快发展，为率先基本实现现代化奠定坚实基础。

要做好明年的工作，全市必须“把握总基调、突出主抓手、营造好环境”。

——把握总基调。就是要坚持稳中求进、又好又快的工作导向，着眼于“稳”，立足于“进”，以进促稳、好中求快、又好又快。按照市第十一次党代会提出的目标任务，统筹推进各方面工作，在稳增长、调结构、惠民生、促改革、保稳定方面取得更大成效。

——突出主抓手。就是要围绕确定的“八大主题年”活动，加快实力跃升，加快转型升级，加快民生改善。要毫不动摇实施“工业强市”战略，推进资源整合，提升载体功能，在做大总量中提升质量，在加快发展中转型升级。要更加注重依靠科技创新推动科学发展，大力发展战略性新兴产业和现代服务业，进一步放大特色农业优势，在调结构中促“快进”。要注重提高发展的包容性，坚持发展经济与改善民生有机统一，切实办好涉及民生的大事要事，全面提升人民群众生活水平和质量。

——营造好环境。就是要十分珍惜和全力以赴保护好溧阳良好的生态环境，为溧阳的长远持续发展夯实基础；要积极防范和化解可能出现的社会矛盾和风险，为经济发展创造良好的社会环境；要切实改进机关作风，强化效能建设，让服务发展、服务群众、服务企业成为全体机关干部的自觉行动，努力营造一流的发展软环境。

2012年全市经济社会发展的主要目标是：地区生产总值增长15%以上；财政收入和地方财政一般预算收入增长18%以上；全社会固定资产投资增长20%以上，其中工业投入增长22%以上；工商登记注册外资和实际到账外资分别增长14.3%和12.5%；城镇居民人均可支配收入增长12%，农民人均纯收入增长16%；

围绕上述总体要求，按照率先基本现代化目标时序进度，明年要重点抓好以下几方面工作：

（一）扎实推进工业发展，进一步提升核心竞争力

工业是溧阳经济发展的主体，也是我市率先基本实现现代化的关键支撑，要以打造“千亿园区、百亿镇区、百亿企业”为经济工作的重要抓手，在扩大总量和提升质量中进一步做强工业经济。

一要乘势而上发展大产业。坚持以调高调优调强为基本取向，促进传统产业提升发展、主导产业高端发展、新兴产业壮大发展。继续提升金属冶炼及加工、输变电设备、机械装备制造及新型建材等传统产业，充分发挥集聚优势和品牌优势，延长产业链，提升附加值，不断提高集群化程度。高度重视传统产业的技术改造，加大对先进装备投入的资金补助力度，引导传统产业不断改进工艺、更新装备、提高质量、增加效益，走内涵式发展道路。加快实施“新兴产业千亿工程”，瞄准动力电池、通用航空、健康产业、高端智能装备等一批潜力巨大的新兴领域，大力引进一批行业龙头企业，加快扩大新兴产业规模，到2013年全市新兴产业纳税销售突破1000亿元。进一步提升建筑安装业，支持龙头企业开发应用各种新技术、新工艺，不断增强全市建筑安装业的核心竞争力，力争2012年全市建筑业施工产值达400亿元，实现劳务收入120亿元，创省优以上工程20只、国家专利工程和鲁班奖（国优工程）各1项。

二要坚持不懈引进大项目。坚持内外资并举，突出招大引强，瞄准世界500强企业、跨国公司、国资央企和战略投资者，以举办“第十二届中国溧阳茶叶节暨第八届天目湖旅游节”为契机，力争通过举办一系列高层次、高质量、高水平的经贸活动，着力引进一批附加值高、产业链长的龙头带动型项目，确保全年工业投入300亿元，引进总投资超亿美元外资项目3个以上、总投资超10亿元项目15个以上。要加强对招商知识的学习，深入研究全市的产业定位，有针对性地开展产业招商、专题招商和小分队招商，同时，注重以商引商、以企引商，提升招商工作的专业化程度。要强化对引资项目的跟踪服务，进一步完善领导联系、专人负责、政策支持、要素保障等各方面的项目服务机制，加快推进波士顿锂电池、旭坤新能源、精英电脑、安德里茨机械等一批重点工业项目建设。

三要全力以赴构筑大载体。围绕创建省级重点经济开发区，继续汇全市之智、聚全市之力支持开发区建设，整合全市资源，强力推进“区镇共建”，推动重大项目向开发区集聚，更好地发挥开发区在全市对外开放、产业集聚、经济发展中的引领作用，确保2012年经济开发区在全省的排名前移2位，力争进入前20位，工业纳税销售达1150亿元，力争1200亿元。优化“一区三园”格局，加快编制统一的园区建设规划和产业布局规划，以更大的气魄推进开发区大拆迁、大建设，确保2012年投入40亿元用于基础设施建设，完成至少100万平方米拆迁、建设100万平方米安置房。别桥北山工业园、上兴工业园、南渡新材料工业园“三园”基础设施建设投入均超1亿元。同时，高度关注镇域经济发展，天目湖镇区要加快转型步伐，有序推进“退二进三”，与经济开发区形成优势互补，联动发展，其他镇要按照强化特色、错位发展、发挥比较优势的思路，全力做大经济规模，优化发展质态，增强综合实力，2012年上兴、天目湖、戴埠、别桥、竹箦等镇工业纳税销售超百亿元，到2013年社渚、上兴等镇超双百亿元，其余各镇均达百亿元。

四要集中力量培育大企业。把握宏观经济形势，紧盯产业发展趋势，有针对性地制订完善企业扶持政策，推动各类优质资源向骨干企业集聚，鼓励引导企业上规模、上水平。进一步优化企业发展的要素保障，更加注重资本运作，加强银企对接的组织力度，积极引导企业优化贷款结构，提高资金使用效率，通过企业上市等途径，扩大直接融资比例，力争2012年实现企业上市2家以上。加强土地保障，积极做好工矿废弃地复垦调整利用试点工作，加快盘活土地资源，全力争取“独立选址”和“点供”计划，积极推进标准厂房建设，大幅度提高投资密度和强度。要鼓励企业通过兼并、租赁、联合、重组等多种方式，做大规模、做强实力，努力培育一批规模化的企业集团、专业化的行业冠军。同时，大力实施“微小企业进规模”工程，引导中小企业走“小而专、小而高、小而特”的发展之路，力争2012年实现纳税销售超亿元企业150家，其中超10亿元企业20家、超50亿元企业8家、超百亿元企业5～6家。

（二）扎实推进转型升级，进一步提升产业发展层次

牢固树立“早转型早主动、早转型早得益”的理念，以创新为驱动，加快优化产业结构，提升产业层次，努力构筑长远发展的战略优势。

一要着力增强创新驱动能力。突出江苏软件园天目湖基地和中关村华东新兴产业园两大创新平台建设，高点定位，加快实施，着力打造苏南地区的高智力密集区和科技成果转化高地。鼓励和引导企业围绕技术研发、成果孵化、高新技术产业化等重点，加大科技投入，切实提升企业“两站两中心”的功能和产出效益，努力以技术优势抢占产业制高点。确保2012年实施重点科技计划项目80项，新增科技孵化器5万平方米、省级以上科技创新平台3家、高新技术企业8家。进一步推动产学研合作，按照“扩大合作领域，前移合作接口，提高合作成效”的思路，重点深化与清华大学、南京大学等高校的合作，注重发挥“科技镇长团”作用，帮助和引导企业加快自主创新，提升企业竞争力。

二要着力推进农业现代化进程。对照全省农业现代化工程6大类21项指标，深入实施农业产业发展能力提高、科技进步支撑、服务体系健全等七大工程，全力争创全省率先基本实现农业现代化的先行区。继续创新农业投入机制，实施农业规模化生产、产业化经营、社会化服务、品牌化建设，引导农业向二、三产业拓展延伸，提升农业综合效益。加快推进现代农业产业园、农产品加工集中区、农产品市场体系“三大载体”建设，大力发展设施园艺业、规模畜牧业、特色水产业和休闲观光农业，重点提升溧阳现代农业产业园、曹山现代农业产业园、前马荡特种水产养殖示范园等重点园区建设水平，积极构建现代农业产业体系，确保2012年新增高效农业面积5万亩以上。大力开展新型农民培训，以专业大户、农民专业合作组织为重点，加快培育现代农业生产经营主体。

三要着力提升服务业贡献份额。把加快现代服务业大发展作为产业优化升级的重点，大力推动服务业与制造业融合，深入推进服务业“主辅分离”，突出抓好金融、现代物流、科技服务、文化创意、商贸流通等重点行业，加快推进苏浙皖边界市场改扩建、苏浙皖物流中心二期、江苏金桥流通中心、华达物流等重点项目，促进服务业发展提速、比重提高、竞争力提升。突出发展旅游业，注重提升乡村旅游发展水平，围绕“三区同创”目标，加快推进天目湖山水园景区提升、天目湖游客集散中心等重点工程，抓紧实施瓦屋山、水西村红色文化旅游区、天目湖十思园等AAAA级景区创建工作，努力构建南北联动、全域一体的旅游发展格局，力争2012年全市接待游客1100万人次，旅游总收入突破100亿元。依托“中国长寿之乡”品牌，编制溧阳市养老服务产业规划，积极发展养老产业，着力打造华东地区综合性社会养老产业示范基地。

四要着力构建人才发展高地。坚持把人才作为转型升级的第一资源，深入实施《溧阳市中长期人才发展规划纲要》，围绕重点产业和重点领域的发展需要，面向基层和企业经营管理一线，通过有针对性的教育培训和实践锻炼，着力培养和造就一批能够突破关键技术、具有自主知识产权的创新型人才，一批依靠核心技术自主创业的科技型企业家。深入推进中国科协海智服务基地溧阳工作站建设，以常州实施“龙城英才”计划为契机，加大对重大创新项目的奖励力度，放大“引进一批人才，培育一个经济增长点，发展一大产业”的链式效应，真正做到高层次创新创业人才“引得进、留得住、用得好”，确保2012年引进领军型创新创业人才12名、高层次研发人才25名、海外人才60名。

（三）扎实推进城市化进程，进一步提升城乡协调发展水平

围绕建设生态宜居的现代城市目标，以更高的起点、更大的力度推进城市建设，全面加快城市化进程，同步促进城乡之间公共资源均衡配置和生产要素自由流动，实现城乡共同繁荣。

一要加速提升城市能级。按照“拓展规模、完善功能、彰显个性、提升形象”的总体要求，坚持以规划引领城市建设，努力构筑新、老城区协调联动、互为促进的城市发展新格局。新城建设要加速拓展，拉开框架。打通东环路，建设东大门，加快启动联结东西、沟通南北的道路建设。抓紧实施东环路、南大街和燕山路南延伸、天目湖明珠大道和迎宾大道东延伸等骨干路网建设，推动城市向南扩张，加快建设燕山新城，拓展城市新空间。要引进大企名企进驻，建精品名品工程，打造城市名片。城西与城北工业园形成西北联动，城园一体格局，打造溧阳产业新城。城东完善基础设施和配套功能，加快片区改造，做好与东环路的连接工程，整治“脏乱差”，建设东大门，迅速提升东片区形象，为溧阳城市未来长远发展奠定基础。老城改造要彰显特色，快提品质。按照改造成片、实施成线、建设成景、整体协调的原则，启动实施旧城改造三年行动计划，明年重点推进原溧城污水处理厂、书院巷等11个地块改造。要注重挖掘溧阳特有的历史文化，突出打造以护城河为中心的老城区江南水乡风格。继续加快老小区整治步伐，完成荷花新村、燕山南村等老小区环境综合整治，切实改善老城区群众的居住环境。

二要加紧完善基础设施。进一步优化纵横交错、快速便捷的交通路网结构，确保宁杭铁路客运专线、常溧高速公路、芜太运河溧阳段、宁杭高速西互通连接线、西部大外环改建等重大项目按计划推进。强化环境设施建设，加快农村污水管网延伸，扩大污水收集处理范围。大力实施城市防洪工程，推进市河清淤、景观美化，着力形成水清、景美的城市水环境。坚持建管并重，实现网格化城管，提升管理效率。重视发挥社区居委会等基层组织在城市管理中的基础性作用，增强群众参与城市管理的积极性和有效性。大力实施城市交通畅通工程，加快建设城区停车设施，有效提升城市主干线畅通率。

三要加快新农村建设。深入推进天目湖镇强镇扩权和南渡镇中心镇试点工作，积极开展现代化小城镇建设试点，促进农村人口有序向城镇转移。进一步整合农村

土地资源，积极启动“万顷良田建设工程”二期建设，加快农村土地流转制度改革，促进农业承包经营使用权更大范围流转。加强以水利为重点的农村基础设施建设，开展中小河流治理，实施农村饮水安全工程，加快小水库除险加固步伐。扶持壮大村集体经济，不断提升村级综合服务中心功能，到2012年年底，全市所有行政村集体收入基本达到50万元以上，初步建成村级信息综合管理和服务平台。

（四）扎实推进生态建设，进一步提升环境质量

生态是溧阳最宝贵的资源，必须以提升环境质量为核心，坚定不移加强环境保护和综合治理，努力实现经济持续增长、污染持续下降、生态持续改善。

一要更加注重生态文明创建。组织实施《生态文明建设规划》，全力做好国家环保模范城市复核迎检工作，巩固国家生态市建设成果。深入推进生态文明建设试点，广泛开展生态村、绿色学校等基层生态创建活动，启动经济开发区创建国家级生态工业园区工作。加强环境监管，全面推进环境监察、监测、辐射、宣教、信息、应急等六个标准化建设，不断提升环境监控和预警水平。

二要更加注重环境修复治理。深入开展天目湖水源地环境保护工作，进一步控制农业面源污染，重点抓好湿地建设和生态修复，积极实施沙河水库库体上游清淤扩容工程，减少内源污染释放量。对照“六整治六提升”的要求，全力推进村庄环境整治行动，确保2012年完成1270个村庄环境整治任务。全面落实农村环境卫生长效管理措施，抓好城乡垃圾统筹处理，力争自然村生活垃圾统筹覆盖率保持在98%以上。要按照“源头严堵、路面严查、责任严究”的要求，以“铁”的决心、“铁”的手段、铁面无私开展超限超载治理，压降超载矿石运输车肇事事故，全面制止因超限超载对生态环境和道路的破坏。

三要更加注重推进节能减排。大力发展循环经济，加强源头约束，严控新上高耗能项目。强化水泥、钢铁等行业落后产能和高耗能用能设备的淘汰力度，全面开展节能监测和能源审计，推进清洁生产和资源综合利用，确保2012年完成强制性清洁生产企业审核27家。强化工程减排，重点抓好南方水泥、天山水泥、金峰水泥、申特钢铁脱硝工程和规模畜禽养殖场污染防治设施建设。深入实施排污权有偿使用和交易制度，逐步建立科学合理的环境资源补偿机制，以节能减排的紧约束倒逼企业快转型。

（五）扎实推进民生改善，进一步提升群众幸福指数

坚持积极而为、量力而行的原则，更加主动地改善民生，加快推进以十件实事为重点的民生幸福工程，切实提高人民群众的幸福感和满意度。

一要突出惠民主题，办好民生实事。坚持教育优先发展，加大教育投入，实施溧阳中等专业学校三期、文化小学扩建等一批重点工程，大力推进素质教育，积极争创省义务教育优质均衡改革发展示范区。完善公共卫生体系，深化医药卫生体制改革，加快建设市人民医院新院，努力提升全市医疗卫生设施水平。启动城市“十分钟体育健身圈”建设，促进全市体育活动蓬勃开展，增强群众体质。强化党管武装工作，深化全民国防教育和民兵预备役建设，高标准建好市国防园工程。加强住房保障，加快廉租房、公租房建设，扩大保障覆盖面。大力发展慈善事业，认真做好弱势群体帮扶工作，确保全年落实慈善救助金不少于1200万元，受惠群众2.8万人次以上。

二要紧扣增收重点，改善群众生活。抓好创业富民，加大创业扶持力度，认真做好创业小额担保贷款和小额担保贷款政府贴息的相关服务工作，确保2012年净增私营企业800家，个体工商户3000家，新增注册资本90亿元。抓好就业富民，积极开展就业援助活动，有序开发公益性岗位，努力帮助城镇下岗失业人员、零就业家庭、城镇失业人员等就业困难对象实现再就业。抓好保障富民，大力推进社保扩面，健全居民基本养老、医疗保险，新型农村合作医疗保险和被征地农民基本生活保障等制度，并根据上级统一部署和实际情况适时提高有关标准。突出农民增收工作，着力在保障农民土地权益、发展农民专业合作、加强集体资金资产资源管理、落实粮食直补等惠农政策等方面加大力度，不断拓宽农民增收渠道。

三要繁荣先进文化，倡导文明新风。深入贯彻党的十七届六中全会精神，全面深化文化建设。强化宣传思想文化战线“主战线、主阵地、主力军”的作用，充分发挥文化引领风尚、教育人民、服务社会、推动发展的作用，加快建设文化凝聚力和引领力强、文化事业和文化产业强、文化人才队伍强的文化强市。巩固省级文明城市创建成果，着力加强创建的制度化建设和长效化管理，确保文明创建常态化、持久化。深入推进社会公德、职业道德、家庭美德、个人品德建设，征集提炼并大力弘扬新溧阳精神。以争创全国文化先进单位为抓手，加快制定文化（体育）产业发展规划，整合规范各类公共文化资源，加快推进传媒大厦、博物馆等公共文化设施建设，力争2012年全市文化产业增加值占GDP比重有较大提高。

四要强化管理创新，维护社会稳定。积极推进社会管理创新，加强和改进新形势下的群众工作。以创建省“平安县（市）”、“法治县（市）”为载体，加快完善预防、排查、处置、保障相结合的维稳工作机制，落实各级维稳责任。积极开展社会稳定风险评估工作，实现“应评尽评”。大力推进“和谐安民工程”，继续实施设防城市三年规划，深化平安社区建设，完善现代治安防控体系。加强应急管理建设，提高应对突发公共事件的能力和水平。建立健全安全生产长效管理机制，提高安全生产监管水平，确保全市社会大局和谐稳定。

三、全面加强党的建设

率先基本实现现代化的宏伟目标已摆在我们面前，使命光荣、任务艰巨。面对新形势、新要求，全市各级党

组织要以提高执政能力为主线，着力打造一支“敬业、忠诚、清廉”的干部队伍，努力为全市改革发展稳定提供坚强保障。

（一）强化思想理论武装，坚定信念引领发展。思想政治建设是党的建设的基础和灵魂。要牢牢把握率先发展、科学发展、和谐发展的时代主旋律，全面奏响“紧跟苏锡常，同步现代化”的发展最强音，引导广大干部群众切实把心思集中到发展上来，把力量聚集到发展上来，把行动统一到发展上来，在全市形成万众一心、团结拼搏、奋发进取的强大合力。要围绕建设学习型党组织，努力创新各类学习载体和学习形式，不断加强调查研究，广泛开展“双创双争”活动，每个领导干部要通过深学科学理论、博学现代知识、多学先进经验，不断开辟解放思想的新空间，树立适应时代要求的新观念，探索加快溧阳发展的新路子。要进一步健全网络舆情快速反应和协调引导机制，积极探索新形势下舆情处置的方法和手段，疏导民心，弘扬正气。

（二）加强干部队伍建设，提升能力推动发展。新形势下，加快一个地区发展，不仅是比实力，更是比干部的能力。要以市镇两级人大、政府和市政协换届为契机，真正把对待工作有激情、谋划工作有思路、推进工作有实绩，想干事、会干事、干成事的优秀干部选拔到领导岗位上来。进一步深化干部人事制度改革，加大竞争性选拔干部力度，从优秀的村支部书记、大学生村干部、事业站所负责人、挂职锻炼干部和企业管理经营人才中差额选拔副科职领导。不断完善干部培养使用机制，继续选派干部到重点工作一线实践锻炼，加强公务员交流轮岗，盘活用好各个年龄段的干部资源。要建立健全评价考核制度，积极探索和完善组织评价、群众评价、社会评价和自我评价“四位一体”的干部考核评价模式，坚持把考核结果作为干部管理和使用的重要依据，着力形成“看德才、凭实绩、重公论”的用人导向。

（三）提升基层党建水平，固本强基服务发展。基层组织强，人心就能凝聚，发展就有动力，大局就会稳定。要围绕固基强村三年行动目标，推进村级“五有一责”建设行动，切实加强村干部队伍建设，确保“双强”型村党组织带头人比例达90%。大力实施“大学生村干部青春成才计划”，为新农村建设培养后备力量。深入开展“两新”组织“组建攻坚活动”，主动适应党员流向新变化，创新组建形式，努力实现党组织全覆盖。充分依托基层党组织的领导核心，推动村（社区）自治组织、各类民间组织和社会团体的作用发挥，构建基层党组织的管理和运行新机制。认真实施党代表任期制，全面推行“党代表工作室”工作，探索党代表在党代会闭幕期间作用发挥的途径和方式。深入开展创先争优和“领导干部下基层”活动，建立健全长效机制，积极发挥党员服务发展、示范带动作用，密切党同人民群众的联系。

（四）深化党风廉政建设，勤政廉政保障发展。风气正、人心顺，发展才有保障，社会才能和谐。要全面审视机关服务理念、服务水准和服务效率，巩固提升专项治理工作成果，深入开展五星级机关服务品牌和服务经济优胜单位创建活动，持之以恒推进机关作风建设。要坚持标本兼治、综合治理、惩防并举、注重预防的方针，全面推进惩防体系建设。每一位党员干部要时刻自警自励、自重自醒，牢牢守住思想道德的底线、党性原则的防线和法规纪律的界线，大力发扬特别能吃苦、特别能战斗、特别能奉献的实干作风，少谋人多谋事，少应酬多应对，干好每一天、做好每一件、成就每一年。要进一步加大查办案件工作力度，严肃查处违纪违法行为，努力营造风清气正、政通人和的良好局面。

同志们，溧阳的发展正处在新的阶段，新的形势催人奋进，新的征程任重道远。让我们更加紧密地团结起来，深入贯彻落实科学发展观，坚定信心，振奋精神，锐意进取，真抓实干，为实现“紧跟苏锡常，同步现代化”目标而努力奋斗，以经济社会发展的优异成绩迎接党的十八大胜利召开！

溧阳市人民代表大会常务委员会工作报告（摘要）

——在溧阳市第十五届人民代表大会第一次会议上

溧阳市人大常委会代理主任　袁再保

2012年3月28日

一、市十四届人大常委会主要工作回顾

市十四届人大常委会履职的四年多，是我市有效应对国际金融危机，加快转变经济发展方式，积极推进科学发展的四年，是我市综合实力大幅提升、城乡面貌显著改善和人民群众得到更多实惠的四年，也是我市民主法制建设持续推进，人大工作取得重大进展的四年。四年多来，市人大常委会在市委的正确领导下，紧紧依靠全体代表和全市人民，围绕大局，扎实工作，锐意创新，开拓进取，依法履行各项职权，各项工作在历届基础上取得了新的进展和新的提高，为促进全市经济社会科学发展、和谐发展、跨越发展作出了积极贡献。

（一）紧扣第一要务，致力服务大局，促进经济又好又快发展

四年多来，市人大常委会把助推科学发展作为人大履职的第一要务，聚焦全市中心工作，坚持服务大局、突出重点、务求实效的原则，充分发挥常委会在全市经济发展中的保障和促进作用。

1．关注经济运行，推动持续增长。常委会密切关注全市宏观经济走势和经济发展中出现的新情况、新问题，围绕提高经济运行质量和效益、保持经济持续快速健康发展的总体目标，从深度和广度上不断增强对经济工作的监督和推动力度。2008年，面对年初严重雨雪冰冻灾害和全球金融危机带来的严峻挑战，常委会通过听取和审议政府专项工作报告、专题调研、组织视察等方式，就经济工作提出了大量切实可行的意见和建议。其中，紧紧抓住金融危机中企业运行困难这个突出问题，深入企业、相关管理部门和部分金融单位进行调研，了解企业生产经营情况，督促有关部门扎实开展“千人帮百企，携手渡难关”活动，有效优化了企业的发展环境。2009年，面对前所未有的困难和矛盾，我市作出了一系列保增长促发展的决策部署。常委会把推动这些决策部署的贯彻落实作为监督工作的重中之重，运用多种监督形式，加强跟踪监督，推动工作改进，督促并支持政府积极有效应对金融危机。其中，及时听取了全市金融工作情况汇报，并组织对土地开发整理和供电工作进行了视察，努力化解资金、土地等要素瓶颈制约，力促经济企稳回升。2010年，常委会全力支持政府积极主动应对后国际金融危机时代的复杂局面，专门听取和审议了全市工业园区建设情况汇报，建议政府及相关部门抓住经济加快复苏、投资日趋活跃的大好机遇，围绕“园区争先”目标，高起点、高标准推进园区建设，加快提升园区承载能力，为迎接新一轮发展建强载体。2011年，面对日益激烈的区域竞争，常委会将调结构、抓创新、促转型作为工作主线，有针对性地听取和审议了全市产业转型升级和科技创新等情况汇报，就加快结构调整、促进产业转型、放大特色优势、优化创新环境等方面的工作提出了意见和建议。此外，常委会每年在听取政府上半年工作情况汇报前都深入各镇（区）、各部门和相关企业进行调研，正确把握全市经济发展的总体态势，在审议时结合年度经济工作重点，对存在的问题有针对性地提出审议意见。四年多来，市政府及有关部门认真落实常委会审议意见，始终将上项目、促投入、快转型、提效能、优环境作为经济工作的重要抓手，积极应对宏观环境变化，创新发展思路，加大工作力度，全市经济总量和运行质量不断迈上新台阶。

2.关注产业结构，推动协调并进。常委会紧紧围绕加快转变经济发展方式这一主线，坚持协调发展理念，推动一、二、三产业齐头并进，为加快构建我市现代产业体系积极建言献策。一是助推现代农业优质发展。四年多来，常委会把巩固和加强农业基础地位，调整产业结构，增加农民收入作为监督重点，认真贯彻中央关于建设社会主义新农村的各项方针政策，先后对“一村一品”工程、高效农业发展、现代农业开发、农业产业化发展、农产品集中加工区以及农业产业园区建设等工作进行专题审议，提出切实可行的建议。通过市镇两级政府积极努力，全市现代农业发展迅猛，农村基础设施逐步完善，农民增收渠道不断拓宽，为率先基本实现农业现代化奠定了坚实的基础。二是助推工业经济转型发展。鉴于重点工业项目建设影响力大、带动力强、辐射面广，常委会每年都开展专题视察，详细了解项目推进情况，就部分项目建设进展较慢等问题提出针对性建议。针对我市工业经济中存在的总量偏低、结构偏重等困难和问题，深入开展调查研究，就提升传统产业、扩张优势产业、培育新兴产业提出了一系列有针对性的对策措施，全力推动我市工业经济扩量提质。三是助推现代服务业提速发展。为进一步加快我市服务业发展步伐，常委会先后组织对全市金融、旅游、现代物流、房地产和物业管理等一批现代服务行业发展以及部分现代服务业重点项目进展情况开展视察和调研，要求政府明确产业定位、健全政策体系、落实保障措施，推进服务业发展提速、比重提高、结构提升。其中，着眼于我市的城市特质、比较优势和发展定位，专题听取全市旅游工作情况汇报，并开展乡村旅游工作视察，建议政府大力推进旅游和文化融合发展，进一步提升我市旅游产业的品质品位。四年多来，在市政府及各相关部门的努力下，全市三次产业比重进一步优化，结构日趋合理，呈现出协调并进、量质齐升的良好态势。

3.关注预算执行，推动依法理财。财政的正常运行是经济和社会发展的重要保障。四年多来，常委会在坚持对财政预决算进行程序性审查监督的同时，着力改进和完善监督方式，促进预算监督由以程序性为主向程序性和实质性并重转变。着眼于为人代会审查预算提供有效依据，提前介入年度财政预算的编制工作，及时提出修改建议，保证预算安排的合法性与合理性。通过努力，近几年综合预算管理得到加强，部门预算编制的科学性和透明度有了提高，部门决算、预算执行审查监督取得实质性进展，公共财政框架体系趋于完善。此外，为提高财政资金使用绩效，常委会还对水利、农业、科技等专项资金使用管理情况进行了专题询问，督促政府各有关部门建立健全专项资金监管制度，构建全方位、全过程的监督制约体系，加强对财政专项资金的跟踪问效，促进专项资金使用管理科学化、规范化和高效化。

（二）紧扣为民宗旨，致力民生幸福，促进发展成果全民共享

四年多来，市人大常委会始终将民生幸福作为一以贯之的责任追求，围绕事关社会和谐稳定，事关人民群众切身利益的突出问题开展监督，努力使改革发展成果在更多领域、更广范围、更高层次上得以共享。

1.聚焦城乡统筹，提升生活品质。依法加强城乡规划工作，是统筹城乡发展，改善城乡人居环境和投资环境的龙头工程，常委会听取和审议了城乡规划法贯彻执行情况汇报，对规划的前瞻性、科学性、系统性、民本性，执行规划的严肃性以及镇村规划编制等需要特别关注的问题作了重点强调，对我市城乡建设事业依法有序健康发展起到了积极的促进作用。同时，常委会以加快城市基础设施建设，增强城市综合服务功能，改善城乡环境质量为监督重点，相继对南拓西延工程、老城改造、市容管理、城乡环境整治、公共设施配套以及城市防洪等议题进行工作调研和审议，就停车难、私搭乱建、城中村治理、公共场所被占用、公建配套布局不合理、小区物业费收缴难、城市低洼区内涝等问题提出针对性建议，得到了政府的高度重视，并相继被纳入政府重要议事日程。

2.聚焦民生改善，发展社会事业。教育是百年大计。四年多来，常委会在听取和审议全市教育工作情况汇报的基础上，围绕不同的侧重点对教育工作开展调研、视察和检查，提出了整合教育资源、促进教育公平、优化教育结构、深化素质教育、保障校车安全等一系列意见和建议，为我市教育事业高位均衡优质发展起到了积极的推动作用。为促进人民群众看病难、看病贵的问题得到有效改善，督促政府按照保基本、强基层、建机制的原则，深化全市医药卫生体制改革，大力提升基本医疗和公共卫生服务水平，使群众享受更优质、更便捷、更实惠的医疗卫生服务。重视人民群众文化生活需求，对全市文化产业发展情况进行专题审议，实地视察广电事业发展情况，要求政府大力发展公共文化事业和文化产业，完善公共文化服务体系，提升公共文化产品供给能力和服务水平。听取和审议了镇村公交通达、交通建设等专项工作汇报，建议政府及主管部门加快构建城乡一体化的交通运输体系，以现代化的路网、运网体系服务人民群众安全便捷出行。此外，常委会还对科普、计生、民族宗教、外事、红十字、国防教育、侨务和台湾事务等方面工作积极建言献策，并支持督促政府将每年的“十件实事”办好办实。在市政府的重视下，我市各项社会事业都取得了新的进展。

3.聚焦平安稳定，创新社会管理。维护好广大人民群众生命财产安全是最大的民生。随着人民群众对食品安全问题的日益关注，常委会先后两次就食品安全监督管理工作开展监督，要求政府及相关部门积极履行食品安全法赋予的职责，理顺监管体制，落实监管责任，增强监管合力，切实保障各个环节的食品安全。全力推进“平安溧阳”建设，相继对治安防控体系建设、禁毒工作、道路交通安全管理、监所安全管理、消防工作、安全生产、社区矫正、公安“三项建设”及队伍建设等工作开展调研、视察和执法检查，针对存在问题，提出改进意见，推动了相关工作的开展，有效促进了我市安全生产形势和社会治安秩序的持续稳定。听取和审议了全市大调解工作情况汇报，督促加快构建覆盖全市的大调解网络，着力增强预防和化解社会矛盾纠纷的能力和水平。高度关注弱势群体，多次听取审议社会救助、社会保障、法律援助以及残疾人、妇女、老年人、失地农民等特殊群体权益保障的工作情况汇报，及时反映他们的呼声，提出相应的意见和建议。

4.聚焦生态文明，推动长远发展。常委会始终把生态文明建设作为监督工作的一大重点，连续多年跟踪监督。为全面提升我市的生态文明水平，常委会审查批准了《溧阳市生态文明建设规划》，作出了相关决议，要求政府通过重视生态意识、生态经济、生态环境、生态人居、生态行为和生态制度等生态文明核心要素的建设，着力构建高效的自然生态体系和文明的社会生态体系。同时，常委会积极拓宽监督视角，通过加大对工业污染源治理、固废污染防治、矿业整治等工作的监督力度，督促政府和相关部门强力推进节能减排工作，加强源头治理和过程控制，促进企业推行清洁生产和绿色经营，努力实现经济效益、社会效益和生态效益的有机统一。常委会一直把水源地保护和水环境整治工作作为关注的焦点和工作的重点，开展连年不断、锲而不舍的跟踪监督，要求政府坚持铁腕治污、科学治水，并就体制机制完善、保护措施落实、资金保障、执法管理等方面提出针对性的意见建议，得到了市政府和有关镇（区）、部门的高度重视和有效落实。

5.聚焦民意诉求，抓好信访工作。常委会把信访接办作为联系群众、掌握民情、稳定社会、促进和谐的重要渠道，把民意诉求作为确定法律监督和工作监督议题的重要途径，不断健全人大信访工作运作机制。四年多来，共受理人民群众来信来访416件，其中来信235件，接待来访群众181批840人次，所有群众信访都在规定的时间内及时交办。在有关部门的大力支持和配合下，一些群众反映强烈的问题得到了依法处理和妥善解决。

（三）紧扣民主法治，致力公平正义，促进依法治市不断深化

四年多来，市人大常委会围绕“法治溧阳”建设目标，坚持把促进法律法规的贯彻实施、建立和维护良好社会秩序作为履行法律监督职责的重要任务，努力为全市经济社会发展创造良好的法治环境。

1.深化普法教育，弘扬法制理念。法制宣传教育是推进依法治市的基础性工作，常委会对此十分重视，结合监督“五五”普法规划实施和“六五”普法规划编制，不断加强法制宣传教育，着力提高全社会法治水平。常委会适时听取和审议普法和依法治理工作，及时协调解决普法工作中遇到的困难和问题；督促检查各单位学法用法制度的落实，积极参与“五五”普法工作的考核验收。此外，常委会还充分利用执法检查、举办法制讲座、配合上级人大来溧开展立法和执法调研等机会，会同有关部门、新闻媒体组织开展普法宣传教育工作，有效提升了普法教育的针对性与实效性。

2.深化执法检查，保障法律实施。常委会把保障法律法规正确执行作为开展法律监督的重点，注重围绕中心工作有计划、有重点地开展执法检查。四年多来，常委会先后在全市范围内开展了对劳动合同法、就业促进法、水污染防治法、安全生产法等涉及全市改革发展稳定大局的法律法规执行情况的检查。为确保执法检查的实效，常委会积极探索改进执法检查的途径与方法，将听取汇报、实地检查、专家参与、座谈讨论、会议审议等方式有机地结合起来，拓展检查层面，增强检查深度，加大督促整改力度，较好地实现了执法检查力度与效果的有机统一，有效促进了法律法规在我市的遵守和执行。

3.深化依法行政，建设法治政府。常委会注重从深化体制改革，转变政府职能，规范行政权力运行，强化权力监督制约的角度出发，通过听取审议政府依法行政工作、内控机制和“三合一”平台建设、行政复议、行政处罚自由裁量权规范化管理等专项报告，致力于促进政府构建结构合理、配置科学、程序严密、行为规范、公开公正、制约有效的行政管理体系。常委会扎实开展对政府部门的工作评议，在听取部门专项工作汇报的基础上，对其进行满意度测评，提出针对性建议、意见，促使被评议部门优化服务，提升效能，严格依法行政。常委会认真履行对政府规范性文件的备案审查职能，四年多来，按照法律规定的审查范围、标准和操作程序，对市政府报送备案的20余项规范性文件依法进行了审查。

4.深化司法监督，促进公正司法。常委会切实加强对法院、检察院工作的检查和监督，督促和支持司法机关公正司法。常委会在每年听取和审议“两院”上半年总体工作情况汇报的基础上，先后就民商事审判、执行工作、反渎职侵权、民行检察、司法队伍建设以及基层法庭和检察室建设等方面工作进行了重点审议，努力推动“两院”在规范司法行为、加强司法监督、促进司法公正、提高司法效率上取得实实在在的成效。常委会还通过组织代表对“两院”有关工作进行视察、观摩庭审等活动，增强司法工作的透明度，促进司法作风转变。

5.深化人事监督，提供组织保障。常委会立足于党管干部和依法任免相统一的原则，突出完善制度、规范程序和任后监督三项重点，对人事任免和监督工作进行了积极探索和改进。规范并严格执行组织提名、任前法律知识考试、拟任职发言、颁发任命书等制度，有效提高了任免工作的民主性、公开性和规范化程度。四年多来，常委会共依法任免国家机关工作人员213名，为我市国家机关正常运转提供了组织保障。

（四）紧扣工作主体，致力履职尽责，促进代表作用更好发挥

四年多来，市人大常委会将支持、规范和保障代表依法履职作为代表工作的重点，不断创新代表工作的思路、方法、载体和机制，代表在反映民意、参政议政中的主体作用得到进一步发挥。

1.优化保障服务，促进参政议政。常委会根据各时期的中心工作，制定代表学习培训计划，丰富学习培训的内容和方式，着力提高代表履职能力。加强与代表的联系，及时向代表寄送各种资料刊物，专门召开政情通报会，切实保障代表知情知政权。认真组织代表开展人代会前视察调研，为代表审议大会各项工作报告、更好地提出议案建议做好准备。丰富和充实闭会期间的代表活动，组织代表分批列席常委会会议，参与执法检查、视察、专题询问等重要活动，为保障代表依法履行职务，行使代表权利提供支持。深入推进“一个载体、两项制度”建设，建成规范化的“人大代表之家”77个，完善了“代表接待选民日”，“代表向选民述职、选民评议代表”等一系列活动机制，不断深化和完善代表履职平台，为提高代表的履职实效夯实基础。在市、镇两级全体人大代表中先后实施了常州市“双百双千”和溧阳市“三百”行动计划，开展了“五个一”代表主题活动，代表活动的多样性和实效性有了进一步提高。加大对代表履职的宣传力度，开展集中采访市人大代表活动，借助广播电视新闻媒体，充分展示代表风采，为代表履职营造良好的社会舆论氛围。

2.优化督办机制，提升办理质量。常委会把办好议案建议作为体现人民当家做主、保障代表依法履职的重要工作来抓，加大力度，改进方法，努力实现议案建议办理从“答复型”向“落实型”转变。对本届以来历次人代会上代表提出的380多件建议、批评、意见，及时进行分类梳理，召开交办会督促“一府两院”及有关单位办理落实。为规范和保障代表建议的有效办理，不断完善办理程序，健全办理机制，加强跟踪反馈，在实践中总结并形成了常委会领导分工督办、代表视察检查、代表与政府及部门领导面对面协商、评比代表建议办理先进单位等一系列行之有效的督办代表建议的办法，形成办理、监督、激励环环相扣的工作机制，对落实代表的建议发挥了积极的作用。四年多来，代表提出的关于农村养老保险、上兴自来水供水、城乡居民出行等一大批事关我市经济社会发展大局和人民群众切身利益的问题得到重视和较好解决，办理工作的面商率、解决率和代表满意率逐年提高。

3.优化联系指导，推动互动共进。常委会充分履行工作指导职责，每年年初印发关于镇人大工作的指导意见，对镇人大依法开展主席团活动、履行监督职能、组织代表活动、督办代表意见建议、加强自身建设等方面提出了指导性意见。定期召开常委会领导与镇人大之间的联系座谈会，交流各镇人大工作情况，掌握镇人大工作动态，帮助协调解决镇人大工作中出现的实际问题，积极争取各级各部门对镇人大工作的支持和关心，不断优化基层人大工作环境。通过邀请镇人大主席分批列席常委会会议、举办镇人大主席培训班、组织外出学习考察等形式，为从事镇人大工作的同志丰富人大知识、拓宽工作思路、提高工作水平搭建平台。四年多来，各镇人大认真履行职能，积极探索，扎实工作，在监督工作、代表工作、自身建设等方面取得了较好的成效，有力推动了全市人大工作的发展。

4.优化组织推进，依法换届选举。全市市、镇两级人大换届选举工作于2011年11月全面启动。在市委的统一领导下，常委会严格按照省、常州市人大常委会的部署，组成市、镇两级选举委员会，深入开展选举前工作调研，科学制定选举方案，大力营造舆论氛围，动员选民广泛参与，认真抓好骨干培训，精心组织代表候选人与选民见面，及时掌握工作动态，研究并妥善处理各种新情况和新问题，推动换届选举工作依法有序进行。通过各方的共同努力，全市共依法选举产生市人大代表281名、镇人大代表880名。两级人大代表总体结构更趋合理，整体素质和履职能力有所提升，为新一届市镇两级人大依法行使职权奠定了良好基础。

（五）紧扣自身建设，致力效能提升，促进作风形象创优争先

四年多来，市人大常委会以能力建设为先导，以制度建设为基础，以形象建设为依托，加强学习、注重调研、解放思想、创新思路，不断提高依法履职的能力和水平。

1.强化能力建设，提升履职水平。常委会始终把学习放在自身建设的重要位置，围绕建设学习型机关的目标要求，结合学习实践科学发展观、“五比五看”争先创优等主题活动，深入开展岗位大练兵，增强了全体机关干部学习业务知识、提高工作本领的主动性和自觉性。强化监督法、代表法、地方组织法等法律和人大业务知识的学习掌握，自觉做到审议检查先学法，讨论问题不离法，行使职权依据法，提出意见符合法，有效提升了法律素质和业务水平。深入贯彻落实市委召开的“全市人大工作会议暨人大常委会设立30周年纪念大会”会议精神，认真钻研和探索新时期人大工作的特点和规律，着力推动人大工作与时俱进，保证了各项法律法规和政策在人大工作中的贯彻落实。

2.强化制度建设，提升履职效能。以贯彻实施监督法为主线，规范监督程序，完善操作流程，分别制订了听取和审议专项工作报告、监督计划和预算执行情况、执法检查、规范性文件备案审查等工作流程图；坚持立、改、废并举，全面梳理和修订了《溧阳市人民代表大会常务委员会议事规则》等八项制度。坚持与时俱进、开拓创新，严格对照法律规定，立足工作实践，制订并实施了常委会会议分组审议制度和重点审议发言制度、专题询问制度、工作评议制度和审议意见跟踪监督制度，拓宽了依法行使监督权的范围和领域，有效提高了常委会的监督实效。积极落实市委关于加强机关效能建设的要求，完善了机关内部管理的一系列规章制度，促进了常委会及机关工作的规范化、制度化，提高了工作效率和服务水平。

3.强化形象建设，转变履职作风。常委会坚持将深入基层、深入实际、深入群众开展调查研究，作为履行各项职能的基础和前提，使依法行使职权的过程成为调查研究的过程、集中民智的过程，撰写出有质量的调研报告120余篇，为依法履职提供了科学依据和决策参考。按照市委的统一部署，扎实开展机关作风建设、五星级机关服务品牌创建、走村入户进万家和领导干部下基层等活动，对内增强合力，对外树优形象，常委会机关形成了各司其职、团结协作、协调运转的良性工作机制。改版发行了《溧阳人大》期刊，成功开通了“溧阳人大”网站，积极拓展报刊、杂志、电视、电台等宣传阵地，人大工作宣传平台不断得到新的完善。深入开展我市人大常委会设立30周年纪念活动，积极参加各类人大理论工作研讨会，广泛宣传人大工作新成果，充分彰显了我市人大工作的生机与活力。

在总结过去工作，肯定基本成绩的同时，我们也清醒地认识到，对照社会主义民主政治建设的要求，对照人民群众的热切期望，常委会工作还存在一定的差距和不足，主要表现在：法律规定的监督形式运用得还不够充分，监督工作的针对性、实效性还需进一步增强；讨论决定重大事项的工作机制有待进一步健全，对决议、决定、审议意见的跟踪监督有待进一步加强；服务代表的水平和代表活动的实效仍需进一步提高。这些差距和不足，都需要在今后工作中引起重视，并认真研究解决。

二、市十四届人大常委会的履职体会

各位代表，市十四届人大常委会已经圆满完成了自己的历史使命。四年多来的工作实践，使我们对坚持和完善人民代表大会制度，积极发挥人大常委会在推动科学发展、促进和谐稳定中的重要作用有了更加深刻的认识和体会：

——必须牢固树立核心意识，始终坚持党的领导。四年多来，常委会始终把坚持党的领导贯穿于人大工作的各个方面，确保市委工作部署、工作重点、工作思路在人大工作中得到体现。市委把人大工作作为党的工作的重要组成部分，大力支持人大及其常委会依法行使职权，专门召开全市人大工作会议并出台了《关于进一步加强和改进人大工作的意见》，有力地推动了全市人大工作的开展。实践证明，只有始终不渝地坚持、依靠党的领导，人大工作才能保持应有的生机和活力。

——必须牢固树立中心意识，始终坚持科学发展。四年多来，常委会自觉把围绕中心、服务大局、促进发展作为人大工作的着力点，从人大的性质和工作特点出发，找准人大工作与中心工作的结合点，根据改革开放和经济建设的重大决策、重要部署，制订计划，确定重点，对涉及全市经济社会发展的重大事项，及时作出决议决定予以规范，并通过听取工作汇报、开展视察和执法检查等形式实施监督，有力促进了我市经济社会的持续健康发展。实践证明，只有坚持发展第一要务，在发展中谋划工作，在大局下履行职责，人大工作才能发挥应有的作用，才能取得更大的成效。

——必须牢固树立民本意识，始终坚持执政为民。四年多来，常委会坚持把对人民负责、替人民说话、为人民谋利作为人大工作的基本准则，最大限度地回应人民诉求，实现人民愿望。坚持把人民群众反映强烈的热点、难点问题作为监督重点，把与人民群众利益紧密相关的法律法规的贯彻执行情况作为检查对象，站在广大人民群众的立场上，认认真真地办事，切切实实地解决一些问题。实践证明，只有坚持把人民群众的根本利益放在首位，顺应民心、反映民意、贴近民生、维护民利，人大工作才能得到人民群众的拥护和支持。

——必须牢固树立主体意识，始终坚持依靠代表。四年多来，常委会坚持把代表工作作为一项基础性工作来抓，不断探索开展代表工作的新路子，研究加强代表工作的新举措，促进代表作用的有效发挥。制订出台了关于提升代表素质、密切代表联系、加强代表工作、规范代表活动、发挥代表作用的相关制度，搭建拓展了代表知情知政、参政议政、助政督政的平台和载体，支持、规范和保障了全体代表依法有效履行职责。实践证明，只有充分发挥代表主体作用，紧紧依靠全体人大代表，才能畅通民主渠道，夯实人大工作基础。

——必须牢固树立法治意识，始终坚持依法办事。四年多来，常委会按照民主集中制原则，完善议事程序，严格依法办事，把集体研究、集体决定、集体行使职权贯穿于各项工作中，坚决维护宪法和法律的权威。正确处理与“一府两院”的关系，既依照法律规定对“一府两院”实施规范监督，又积极支持和有效促进“一府两院”开展工作。实践证明，只有依法行使职权，才能确保常委会工作既不越位、又不缺位，才能形成人大与“一府两院”协调互动、和衷共济的工作合力。

——必须牢固树立创新意识，始终坚持与时俱进。四年多来，常委会以监督法为依据，立足工作实际，及时总结实践经验，大胆借鉴理论成果，不断改进人大工作。突出表现在：通过重点审议发言、分组审议等审议方式的创新，有效提高了常委会会议审议质量；通过工作评议、专题询问、审议意见交办反馈等监督方式的创新，进一步增强了监督工作实效；通过常委会领导分片联系、基层人大定期交流等市镇两级纵向联动形式的创新，进一步实现了市镇人大工作互动并进。实践证明，只有按照法律精神和时代要求，大胆实践，与时俱进，才能使人大工作在探索中前进，在开拓中发展，在创新中提高。

各位代表，市十四届人大常委会各项工作取得的成绩和进展， 是在中共溧阳市委的正确领导下，市人大常委会全体组成人员和全体人大代表共同努力的结果，是“一府两院”及有关方面协同工作的结果，也是全市人民大力支持的结果。在此，我谨代表市十四届人大常委会，向所有关心、支持人大工作的同志和各界人士表示衷心的感谢和崇高的敬意！

三、关于对新一届人大常委会工作的建议

各位代表，市第十一次党代会为我们描绘了未来五年溧阳发展的宏伟蓝图。新的形势、新的任务对人大工作提出了更高的要求，也为人大常委会依法履职提供了广阔的舞台。我们建议新一届市人大常委会，要高举中国特色社会主义伟大旗帜，认真贯彻党的十七届五中、六中全会和下半年将要召开的党的十八大精神，坚持用科学发展观统领人大工作，牢牢把握“紧跟苏锡常，同步现代化”的目标定位，紧紧抓住事关经济社会又好又快发展的重大问题和人民群众最关心、最直接、最现实的利益问题，认真履行人大常委会的各项职权，着力在促进经济社会协调发展上有新的业绩，在推动解决群众切身利益问题上有新的作

为，在保障社会公平正义上有新的提高。

（一）围绕中心，服务大局，促进发展方式转变

牢牢把握事关全市经济社会全局性、根本性、长远性的关键问题、关键环节，加大依法监督力度，努力在推动科学发展上取得新的进步，在推动转变经济发展方式上取得实质性进展。规范重大事项决定权的行使方式、实现途径和运作程序，适时作出决议决定，通过法定程序使市委重大决策转化为全市人民的共同意志。突出经济运行调节、做大经济总量、构建现代产业体系、提升科技创新能力等工作重点，围绕“千亿园区百亿镇”创建、农业现代化、“三区同创”、文化产业发展等工作，深入调查研究，积极问计献策，推动工作落实，促进我市加快转型升级、跨越赶超步伐。着眼于加快城市化进程、提升城乡统筹协调发展水平，有针对性地加强对城市建设、新农村建设、生态文明建设等工作的监督，提出可行性、建设性的意见和建议。同时，深化对计划和预算的审查监督，推动完善符合科学发展的公共财政体系建设。

（二）立足根本，改善民生，切实保障和谐稳定

继续把实现好、维护好、发展好最广大人民群众的根本利益作为人大工作的出发点和落脚点，围绕社会保障普惠化、公共服务均等化、社会管理法制化的工作目标，进一步加大监督力度，着力改善民生民计，切实维护社会和谐稳定。突出就业、教育、医疗、住房和社会保障等民生事业，通过听取和审议专项工作报告、开展执法检查、组织视察调研等形式，努力增进民生福祉，不断提升人民群众的幸福指数。围绕“法治溧阳”和“平安溧阳”建设，加强司法监督，促进依法行政、公正司法。继续选择群众普遍关注的重点、热点、难点问题开展专题询问，更好地维护群众切身利益。做好规范性文件备案审查工作，维护国家法制统一。改进和加强信访工作，畅通人民群众合法表达利益诉求的渠道。加强对常委会决议、决定和审议意见的跟踪监督，依法及时向社会公开监督情况，提高人大监督工作的实效性和透明度。

（三）突出主体，提升活力，努力夯实工作基础

进一步加强和改进代表工作，规范、保证和支持代表依法履行职务。针对换届后新代表较多的实际，加强代表学习培训，促进代表工作交流，不断提高代表参与管理国家和社会事务的意识和能力。丰富和充实闭会期间代表开展活动、履行职务的新途径、新形式，进一步增强代表活力，发挥代表主体作用。健全代表服务保障和激励约束机制，不断创新工作方法，拓宽代表知情知政渠道。认真做好代表议案审议和建议办理工作，完善督办制度，加大督办力度，切实推进实际问题的解决。进一步密切常委会与代表、代表与群众的联系，不断构建完善了解民情、反映民意、集中民智的工作机制。继续把镇人大工作纳入人大整体工作中通盘考虑，坚持上下联动，进一步加强与镇人大的联系和指导，整体推进地方国家权力机关建设。

（四）完善制度，优化作风，不断提升履职水平

坚持把改进工作方式、转变工作作风、增强工作实效作为自身建设的重点来抓，主动适应形势发展的需要，不断提升常委会的履职能力和工作水平。继续完善工作运行机制，用制度理事，依制度行权，积极探索人大工作的特点和规律，促进人大工作的科学化、规范化。切实加强对人大制度和人大工作的宣传，展示人大工作的新成果、新经验、新活力，积极推进我市民主政治建设。坚持以提高素质和增强效能为重点，全面加强机关建设，营造风清气正、昂扬进取的工作氛围，更好地发挥集体参谋助手和服务保障作用。

各位代表，今后五年是我市又好又快推进“两个率先”，在新起点上开创科学发展新局面的重要时期。我们坚信，新一届市人大及其常委会在全体代表的共同努力下，在全市人民的大力支持下，一定能够不辱使命，不负重托，在历届工作的基础上，继续开创我市人大工作的新局面。让我们继续高举中国特色社会主义伟大旗帜，在中共溧阳市委的正确领导下，解放思想，锐意进取，扎实工作，为实现“紧跟苏锡常，同步现代化”而努力奋斗！

政府工作报告（摘要）

——在溧阳市第十五届人民代表大会第一次会议上

溧阳市人民政府代市长　苏江华

2012年3月27日

过去四年工作回顾

本届政府组成以来，在中共溧阳市委的正确领导下，在市人大、市政协的监督支持下，深入贯彻落实科学发展观，团结依靠全市人民，克难奋进，开拓创新，较好地完成了市第十四届人大各次会议确定的目标任务。2011年，全市实现地区生产总值503.8亿元，是2007年的1.9倍，年均增长17.3%，人均GDP超过1万美元[1]；完成地方一般预算收入37.1亿元，是2007年的2.3倍，年均增长22.9%。四年累计完成全社会固定资产投资1001.5亿元，年均增长20%。溧阳在全国县域经济基本竞争力百强县（市）中的排位由2007年的第47位上升到第40位。

——过去四年，是综合实力显著跃升的四年。工业经济实现新跨越。2011年，全市完成工业纳税销售收入1267.8亿元，是2007年的2.4倍，纳税销售收入超亿元工业企业从54家增加到121家，其中，申特钢铁、上上电缆、新时代控股、金峰水泥等4家企业纳税销售收入超百亿，华朋集团等7家企业纳税超亿元。累计实施总投资亿元以上工业项目138个，完成工业投入764.4亿元，江苏溧阳抽水蓄能电站、江苏绿成等一批重大项目顺利推进。新增中国驰名商标3只、省著名商标17只、省名牌产品31只。建筑业取得新业绩。2011年，全市完成建筑业施工总产值375.7亿元，实现劳务收入116.5亿元，均为2007年的2.8倍。实现“鲁班奖”和“国优工程”零的突破，被命名为江苏省“建筑强市”。现代农业彰显新特色。累计吸引“三资”43.9亿元投入农业开发，全市高效农业总面积达52.8万亩、高标准农田达40万亩。水稻单产实现“六连增”。拥有无公害农产品、绿色食品、有机食品366只，居全省前列。天目湖白茶、溧阳白芹、溧阳（三黄）鸡获国家农产品地理标志登记保护。天目湖现代农业产业园区被评为省级现代农业产业园区。获得“全国粮食生产先进县”、“中国名茶之乡”称号，被列入全省农业现代化工程试点市。服务业获得新突破。累计完成服务业增加值575.6亿元、实现社会消费品零售总额549.4亿元，年均各增长18.3%。累计投入旅游开发50亿元，2011年全市接待游客901万人次，实现旅游总收入86.4亿元。“三区同创”[2]全面推进，天目湖跻身国家旅游度假区试点行列，御水温泉建成国家AAAA级景区，乡村旅游业创造了全国“溧阳模式”，被评为“中国旅游竞争力百强城市”、“中华最佳休闲度假旅游城市”、“中国十大最具幸福感休闲城市”，天目湖镇被授予“全国特色景观旅游名镇”称号。商贸流通业更加繁荣，苏浙皖边界市场提档升级，沃尔玛、金鹰、月星家居等一批知名商业企业入驻溧阳。金融服务创新优化，新设立商业银行分支机构6家，组建农村小额贷款公司7家，成功发行政府平台企业债券，创建成“江苏省金融生态优秀县”。

——过去四年，是发展活力显著增强的四年。各项改革深入实施。政府机构改革全面完成，市政府机构由34个精简到25个，乡镇行政事业机构有效整合。医药卫生体制改革、文化管理体制改革等扎实推进。园区体制全面创新，形成“一区三园”[3]发展新格局，建立区镇共建新机制。经济开发区实现“二次创业、三年翻番”，综合实力在全省省级开发区的排位由第33位上升到第24位。“固基强村”三年行动计划有力实施，全市行政村由288个优化合并到175个，全面消除集体经济年收入20万元以下经济薄弱村。农村“三大合作”加快发展，累计新增农民专业合作社329家、土地股份合作社28家。在全省率先完成集体林权制度改革。天目湖镇被列为全省经济发达镇行政管理体制改革试点镇，天目湖镇、南渡镇被列为常州“中心镇”。对外开放不断深化。累计实际利用外资13.2亿美元，美国波士顿锂电池、德国朗盛、瑞典阿法拉伐、台湾钢锐等一批优质企业落户。2011年，全市完成外贸进出口总额10.4亿美元，创历史最好水平。成功举办2008“一村一品”国际研讨会、天目湖中欧经济论坛等国际性会议，圆满举办中国溧阳茶叶节和天目湖旅游节，与美国联合市、荷兰莱瓦顿市缔结为友好城市。创新能力持续增强。2011年，全市完成高新技术产业产值408.7亿元，年均增长32.2%，高于规模工业产值增幅9个百分点。全社会研发投入占GDP的比重达2.18%。累计申请发明专利1464件，引进海外人才218名、领军型创业项目45个。拥有“两站三中心”[4] 40家。溧阳市高新技术创业中心、天目湖机电创业园被评为省级孵化器和省小企业创业基地，正平公共技术服务平台成为全省中小企业服务示范平台。连续4次获得“全国科技进步考核先进县（市）”称号，被评为“全国科普示范市”。全民创业氛围浓厚，累计新增私营企业2980家，个体工商户12952户，新增注册资本276.8亿元。要素保障扎实有力，共有65个项目列入常州市级以上重点项目，向上争取各级各类扶持资金23.3亿元，通过复垦整理、增减挂钩、争取点供等方式，供地2.88万亩。

——过去四年，是城乡面貌显著变化的四年。城市建设稳步推进。完成城市总体规划修编，实施城市“南拓西延”发展战略。燕山新城加快建设，西片区路网体系基本形成，城市框架逐步拉开，建成区面积从19.9平方公里扩大到27.5平方公里。累计完成城区拆迁208万平方米，开工建设安置房104万平方米，开发商品房286万平方米。完成东大街等26条道路、平陵街等15条背街小巷和文化新村等6个老小区的改造，完成西城等8个农贸市场提档升级。基础设施全面加强。累计完成交通建设投资55亿元，新建、改建公路838.5公里，全市公路总里程达2705公里，每百平方公里公路密度176公里，公路通达深度、密度、等级标准全省领先。宁杭铁路客运专线溧阳段、芜申运河溧阳先导段、常溧高速、104国道改扩建等重点工程快速推进。连续8年被评为“全省农村公路建设先进县（市）”，城乡客运一体化、农村公路建管养模式成为全国典型。完成沙河、大溪、前宋以及50座小水库除险加固和燕山河整治工程，清淤河道506.5公里，清淤河塘4898个，防汛抗旱能力进一步增强，战胜了六十年未遇的特大旱灾。新建市第二污水处理厂和10座集镇污水处理厂，建成城区污水主、支管网158公里，初步形成覆盖全市的污水处理网络。累计新建、扩建220千伏变电所4座、110千伏变电所11座，开工建设500千伏溧阳变，全市变电容量实现翻番。新增天然气用户3.6万户。城乡环境持续改善。市容环境综合整治深入开展，城市长效管理机制不断完善。新增城区绿化面积158公顷，城市绿地率达38.4%，燕山公园建成开放，被评为“全国绿化模范县（市）”。开展“整治村庄环境、共建小康家园”专项行动，所有行政村达到“三清一绿”[5] 标准，城乡生活垃圾实现统筹处理。深入开展天目湖水源地保护、矿业整顿和化工整治三大行动，累计退耕还林还草3.6万亩、生态清淤105万方，关闭石灰企业、轧石企业、矿山宕口192家，关闭全部30条机立窑水泥生产线，关停化工生产企业59家。绸缪化工园区整体转型。长荡湖网围整治全面完成。国家生态市创建通过环保部工作考核，经济开发区成功创建省级生态工业园区，全面启动生态文明建设。超额完成“十一五”节能减排任务。

——过去四年，是社会事业显著进步的四年。坚持教育优先发展，财政累计投入教育资金达29.6亿元。完成市六中、后六中学新建、第二实验小学改扩建等一批重点工程。教育质量不断提升，2011年高考二本以上录取率超全省计划20个百分点。义务教育优质学校从24所增加到57所，优质学校比例达80%以上。在全省率先通过教育现代化建设水平评估，被评为江苏省义务教育均衡发展先进县（市、区）。医疗卫生事业健康发展。国家基本药物制度全面实施，基层医疗卫生机构药品价格平均下降25%以上。完成上黄、戴埠、别桥镇卫生院异地重建和天目湖镇卫生院改扩建工程，所有村卫生室达省级标准。被评为“全国农村中医工作先进市”、“江苏省农民健康工程先进县（市、区）”。食品药品安全监管、人口计生等工作持续加强，被命名为“省食品安全示范市”、“省‘十一五’人口协调发展先进县（市）”。老龄事业发展成绩显著，被评为“中国长寿之乡”，荣获“全国敬老模范单位”称号。文化体育事业加快发展，市文化艺术中心、体育馆建成开放，被命名为“中国民间文化艺术之乡”，“全国全民健身活动先进单位”、“江苏省体育强市”。“蒋塘马灯”入选国家级非遗保护目录，5个项目列为省级非遗项目。被命名为“焦尾琴故里”，新四军江南指挥部纪念馆建成“全国爱国主义教育示范基地”、被评为“全国红色旅游经典景区”。有线电视实现村村通，数字电视覆盖率达90%以上。

——过去四年，是人民生活显著改善的四年。2011年，全市城镇居民人均可支配收入、农民人均纯收入分别达26418元和13505元，年均分别增长12.5%和13.9%，城乡居民收入比缩小到1.96∶1。城乡居民人均储蓄存款36606元，比2007年年末翻了一番。落实积极的就业政策，城镇登记失业率逐年下降，2011年年末控制在2.1%以内。社会保障实现扩面提标，城镇职工基本养老、医疗、失业“三大保险”综合覆盖率稳定在98%以上，新型农村合作医疗和城镇居民医疗保险参保率保持100%，居民养老保险基本实现全覆盖，被征地农民社会保障问题得到妥善解决。累计发放居民基础养老金、尊老金1.93亿元。累计增加廉租房实物配租520套、租赁补贴800户，发放经济适用房货币化补贴5620万元，全面启动公租房建设。全市慈善基金规模达2.4亿元，累计发放救助金6000多万元，惠及困难群众16万余人次，获得“全国白内障无障碍市”称号。文明创建深入人心，省文明城市创建实现“四连冠”，埭头村被评为全国文明村。扎实推进“平安溧阳”、“法治溧阳”建设，大力实施“和谐安民”工程，全面启动“设防城市”建设，连续8年成为“江苏省社会治安安全县（市）”。深入开展“三项排查”[6]、“走村入户进万家”和“领导干部下基层”等活动，建立完善“大防控”、“大调解”、“三级便民信访服务”等工作模式，有效化解各类矛盾纠纷。严格落实安全生产责任制，深化重点行业领域专项整治，安全生产形势持续稳定好转。

——过去四年，是政府自身建设显著加强的四年。依法行政进一步加强。修订完善《政府工作规则》，健全政府决策机制，建立市人大代表、政协委员列席市政府常务会议制度。累计办理市人大代表议案、建议385件、政协委员提案538件，办结率100%。政府信息公开和行政权力网上公开透明运行工作成绩显著，被列为依托电子政务平台加强县级政府政务公开和政务服务国家试点及“省级依法行政示范点”。行政效能进一步提升。实施“效率溧阳”建设工程，严格执行机关作风“十个严禁”[7]，积极开展“五比五看”创先争优、“五星级”机关服务品牌评比等活动。强化涉企行为监督，设立150家企业效能监察点。深化行政审批制度改革，大力推行限时办结制、超时默许制和缺席默认制，窗口审批事项承诺时限提速70%以上。廉政建设进一步强化。认真落实党风廉政建设责任制、“一岗双责”制，用制度管人、制权、理事的机制不断健全。开展工程建设领域突出问题专项治理，对政府投资总额1000万元以上的工程项目设立预防腐败室。进一步加强财政审计、经济责任审计和固定资产投资审计，全面开展“小金库”专项治理，严格控制公费出国（境）、公务接待和会议等一般性财政支出，政府资金使用效益进一步提高。坚持办好“民生聚焦”系列栏目，不断创新“市长信箱”办理机制，着力解决群众关心的热点难点问题。

此外，粮食购销、供销合作、气象服务、妇女儿童、残疾人、统计、民防、邮政、通信、海关、国检、烟草、盐务、防震减灾、外事、市志、档案、新闻出版、科普、红十字、侨务和台湾事务等工作取得了新的成绩，国防动员与国防教育、征兵、“双拥”创建、民兵预备役建设等工作继续加强，民族宗教工作保持稳定。

各位代表，四年的成绩来之不易，积累的经验尤为宝贵。回顾四年来的发展历程，我们深切体会到，实现全市经济社会又好又快发展，政府工作必须始终坚持“五个不动摇”：

一是必须始终坚持加快发展不动摇。四年来，我们面对国际国内形势的深刻变化，始终坚持发展第一要务，非常时期行非常之为、尽非常之责，积极应对国际金融危机冲击，全力破解用地、拆迁、融资、审批等难题，工业经济三年翻番，重大项目取得突破，有力推动了经济社会平稳较快发展。

二是必须始终坚持转型升级不动摇。四年来，我们立足市情，因地制宜，坚持工业强市战略，不断深化科技创新，加快推进转型升级。大力推动传统产业优化提升、新兴产业集聚发展，充分发挥高效农业、建筑安装、生态旅游等特色优势，推动了三次产业协调并进。

三是必须始终坚持以人为本不动摇。四年来，我们坚持把保障和改善民生作为政府工作的出发点和落脚点，加大城乡统筹力度，大力实施民生保障工程，坚持每年为民办好“十件实事”，着力解决了一批群众最关心、最直接、最现实的民生问题，切实做到发展为了人民、发展依靠人民、发展成果由人民共享。

四是必须始终坚持生态立市不动摇。四年来，我们牢固确立“绿水青山就是金山银山”的理念，把生态建设与环境保护作为落实科学发展观、构建和谐社会、提升区域核心竞争力的重要着力点，矢志不渝走生态立市之路，着力营造水更清、天更蓝、空气更清新的生态环境。

五是必须始终坚持凝心聚力不动摇。四年来，我们在市委的坚强领导下，团结依靠全市人民，充分发扬脚踏实地、埋头苦干的工作作风，始终保持昂扬向上、奋发有为的工作激情，出实招、办实事、求实效，做到上下合心、合拍、合力，形成了政通人和、安定团结的大好局面。

各位代表，四年来政府工作所取得的成绩，凝聚着全市人民的智慧和汗水。在此，我谨代表市人民政府，向全市人民，向市人大代表、政协委员，向民主党派、工商联、人民团体、离退休老同志、无党派及社会各界人士，向驻溧阳部队指战员、武警官兵和公安干警，向所有参与、关心和支持溧阳建设和发展的海内外投资者和朋友们，表示衷心的感谢和崇高的敬意！

在肯定成绩的同时，我们也清醒地认识到发展中存在的问题和不足，主要表现在：经济总量还不够大，综合竞争力还不够强；经济结构性矛盾依然突出，新兴产业发展相对滞后；城乡规划、建设和管理有待加强，城市形象和功能亟待提升；社会事业发展与人民群众的需求还存在一定差距，社会管理创新需要加强，机关作风和效能建设还需强化等等。这些问题我们将高度重视，认真研究并切实加以解决。

今后五年工作展望

各位代表，今后五年，是我市全面实施“十二五”规划、率先基本实现现代化的关键时期。站在新的起点，溧阳将迎来工业化加速跃升、城市化加速推进、农业现代化加速实现的崭新阶段。机遇与挑战并存，希望与困难同在。必须发扬时不我待、只争朝夕的精神，登高望远、追求卓越，以开拓创新的思路，负重奋进的毅力，奋发有为的精神，努力开创我市经济社会发展的新局面。

今后五年政府工作的总体要求是：坚持以邓小平理论和“三个代表”重要思想为指导，深入贯彻落实科学发展观，紧紧围绕“紧跟苏锡常，同步现代化”的总目标，牢牢把握“整体不滞后、局部当先行、特色更彰显”的总要求，深入推进现代产业体系、创新能力、民生工程、生态文明、城镇化和社会管理创新“六大建设”，开拓奋进，务实创新，着力打造经济发达、生态优美、文化繁荣、社会和谐、人民幸福的新溧阳，率先基本实现现代化。

主要预期目标是：

——经济实力大跨越。到2016年，全市实现地区生产总值1100亿元以上，年均增长17.5%；完成地方一般预算收入85亿元，年均增长18%。五年累计完成全社会固定资产投资2800亿元，其中工业投入2100亿元，累计实际利用外资36亿美元。全面完成“千亿园区百亿镇”创建任务，全市工业纳税销售收入达4800亿元。

——产业层次大提升。紧紧抓住建设苏南自主创新示范区的重大机遇，加快“创新驱动”步伐，全力推进江苏中关村科技产业园建设，加快发展新兴产业，巩固提升传统产业。全面形成以高新技术产业为先导、先进制造业为主体、现代农业为基础、现代服务业为带动、旅游业为特色的产业发展新格局。全市高新技术产业产值占规模以上工业产值的比重达45%以上，新兴产业占规模工业比重达48%以上；全社会研发投入占GDP的比重达2.8%以上，科技进步贡献率达60%以上。

——城乡面貌大变化。高起点规划、大手笔推进新城建设与旧城改建，突出城市风格塑造和功能区建设，着力提升城市品质，将溧阳打造成“山水特色、功能齐备、宜居宜业的现代生态城”。到2016年，全市建成区面积超过40平方公里，集聚人口40万人以上，城市化水平达65%。加大城乡统筹发展力度，繁荣发展农村经济，完善农村公共服务体系。全面完成所有自然村的村庄环境整治任务，明显改善农村生产生活条件。

——生态环境大改善。深入推进生态文明建设，初步建立高效的自然生态和文明的社会生态体系，低碳、环保、节约的产业结构、增长方式、消费模式基本确立，生态文明意识普遍增强。空气质量优良天数比例超过95%，林木覆盖率达30%，Ⅲ类以上地表水比例达60%以上，单位地区生产总值能耗、主要污染物排放强度等完成上级考核目标。

——社会事业大发展。建立健全“终身教育、就业服务、社会保障、基本医药卫生、住房保障、养老服务”六大体系。培育引进一批高端教育、医疗、养老服务机构，建成市人民医院新院、博物馆、全民健身中心、新闻传媒大厦等重要基础设施，促进公共服务加快实现优质化、均等化。繁荣壮大文化产业，提升文化竞争力，文化产业增加值占国民生产总值（GDP）比重达6%。不断加强和创新社会管理，进一步增强群众安全感和幸福感。全市城镇居民人均可支配收入、农民人均纯收入年均分别增长14.9%和15%，城镇登记失业率控制在4%以内。

2012年工作安排

2012年全市经济社会发展的主要预期目标是：地区生产总值增长15%以上；地方一般预算收入增长18%以上；全社会固定资产投资增长20%以上，其中工业投入增长22%以上；城镇居民人均可支配收入、农民人均纯收入分别增长12%和16%；城镇登记失业率控制在4%以内；万元GDP能耗降幅、主要污染物减排等约束性指标完成上级下达任务。为实现上述目标，主要抓好以下八方面工作：

一、突出转型升级攻坚年，着力在构建现代产业体系上求突破

加快培育新兴产业。抓紧深化新兴产业发展规划，加快发展先进装备制造、新能源、新材料、动力电池、通用航空、软件产业、健康产业等战略性新兴产业。坚持政策上倾斜，资金上扶持，用地上优先，促进各类要素向新兴产业集中。按照“形成规模、快出成效、放大效应”的要求，着力引进一批行业龙头企业和产业链关键环节上的知名企业，加快形成新兴产业集群，有效提升全市产业层次水平。全市新兴产业纳税销售收入达700亿元以上。

加快提升传统产业。坚持以调高调优调强为基本取向，加快推进传统产业“改造提升、集聚发展、节能减排、淘汰落后”四大工程。积极引导传统产业充分发挥自身优势，通过提高装备水平、延伸产业链、提升附加值等措施，促进金属冶炼及加工、机械装备制造、输变电设备、新型建材等四大传统支柱产业向高端化、集聚化、特色化方向发展。

加快发展特色产业。大力发展以旅游业为核心的现代服务业。以“全国一流，全域一体”为目标，以“三区同创”为抓手，构建“一核三线四组团”[8]的大旅游格局。实施天目湖山水园景观提升、天目湖游客集散中心、乡村旅游提档升级等重点工程。办好“第十二届中国溧阳茶叶节暨第八届天目湖旅游节”。全年接待国内外游客超过1000万人次，旅游总收入突破100亿元。进一步拓展“中国长寿之乡”品牌效应，推进社会化养老服务与养老产业发展。深入实施工业企业“主辅分离”[9]。推进苏浙皖边界市场改扩建、苏浙皖物流中心二期等项目建设，加快形成市场物流集聚区。进一步提升建筑业核心竞争力，完成建筑业施工总产值400亿元，实现劳务收入120亿元，争创“鲁班奖”或“国优工程”1项。

二、突出园区建设突破年，着力在夯实经济发展载体上求突破

全力建设“一区三园”。牢固确立“一区三园”承载全市产业发展的核心功能区地位。完善园区建设规划，大力推进基础设施建设，着力提升园区形象与功能。加快建设江苏中关村科技产业园，充分发挥“中关村”品牌、科技、人才、项目等资源优势，全面提升溧阳品牌形象和产业水平。经济开发区当年投入建设资金20亿元以上，完成100万平方米拆迁、100万平方米安置房建设；别桥北山工业园、上兴工业园、南渡新材料工业园基础设施建设投入均超过1亿元。深入推进区镇共建，积极引导大项目、好项目进驻“一区三园”。加快编制天目湖产业发展规划，将天目湖作为承载全市现代服务业发展的集聚区，以旅游业为带动，大力发展总部经济、科技金融、科技地产、服务外包、高端商务、信息软件、健康养老等现代服务产业。

全力推进产业招商。围绕全市生产力布局，重点结合“一区三园”规划，明确产业定位，依托产业地图，按照“大项目——产业链——产业集群”的招商思路，转变招商方式，开展产业招商。全年组织新能源、新材料、电动汽车、通用航空、软件产业、健康产业、半导体照明产业等20场左右专题招商活动。积极对接世界500强、央企国企、百强民企、上市公司等。鼓励现有企业增资扩股，吸引上下游企业，延长产业链。大力培养引进专业招商人才，充分挖掘溧阳在外人才人脉资源，快速提升招商引资工作的组织化水平和专业化程度。全年完成工商登记注册外资8亿美元、实际到账外资4.5亿美元，引进总投资超1亿美元项目3个，新增工商登记注册外资3000万美元以上项目7个。

全力整合要素资源。坚持土地指标跟着大项目、好项目走，提高土地投资强度和产出效益。把盘活存量用地、建设标准厂房作为集约发展的重要途径，全市盘活存量土地2000亩，建设标准厂房30万平方米以上。积极做好工矿废弃地复垦调整利用试点工作，大力推进“万顷良田”建设工程。整合投融资平台，有效支持重点项目建设和重点企业发展。组建2家农村小额贷款公司，积极引进外地金融、保险、证券机构来溧阳设立分支机构。创建创投、风投、担保、融资租赁、产业基金等科技金融企业4家以上。加快推进企业上市，不断优化企业融资渠道。

三、突出工业发展效益年，着力在量质并举又好又快上求突破

坚持做大工业总量。围绕工业纳税销售收入“三年翻一番、五年翻两番”目标，以打造“千亿园区百亿镇”为主抓手，深入实施工业经济五年规划、三年计划，扩大总量、提升质量、增加效益，提高工业经济竞争力。加大对中小企业扶持力度。全年完成工业纳税销售收入1600亿元，力争达1800亿元，其中经济开发区超1100亿元，上兴、戴埠、别桥、竹箦等镇力争超百亿。全市实现纳税销售收入超亿元工业企业150家，其中，超10亿元企业20家、超50亿元企业8家、超100亿元企业5家、超300亿元企业1家。

加快推进重点项目。坚持项目带动战略，以项目为依托加大有效投入，进一步提高新兴产业投资和先进装备投入占比，调整优化产业结构，加速新型工业化进程。全力抓好226个当年投资1000万元以上固定资产投资项目，完成全社会固定资产投资374亿元。突出抓好100个总投资1亿元以上工业项目，加快推进波士顿锂电池、安德里茨饲料机械、布勒研发中心及生产基地等一批重点项目，完成工业投入286亿元。强化重点项目服务保障，建立健全重点项目、重点企业市领导、部门挂钩服务制度，对全市所有工业项目建设过程中的行政事业性收费实行全额减免，千方百计为项目推进创造良好环境。

大力推动科技创新。强化企业科技创新主体地位，鼓励引导企业围绕技术研发、成果孵化、高新技术产业化等重点，加大科技投入，促进技术升级，提高产品技术含量和附加值。实施重点科技计划项目80项，新增科技孵化器10万平方米，新增省级以上科技创新平台3家、高新技术企业8家。积极推进江苏软件园天目湖基地建设。进一步推动产学研合作，不断深化本地企业与高校、科研院所的深层次合作，吸引高校、科研院所相关机构落户溧阳。充分发挥“科技镇长团”优势，帮助和引导企业加快自主创新，提升企业核心竞争力。大力引进创新创业人才，力争引进“千人计划”项目5个以上，引进领军型创新创业人才20名、高层次研发人才25名、海外人才60名。

四、突出现代农业推进年，着力在加快农业现代化上求突破

加速农业现代化进程。围绕到2014年在全省率先基本实现农业现代化的目标，全面推进农业产业发展能力提高、科技进步支撑、设施装备提升、服务体系健全、经营机制创新、生态环境改善、支持保护保障等7大工程。全市实现农林牧渔业增加值37.9亿元；新增高效农业面积5万亩以上；农业综合机械化水平达85%；农业科技进步贡献率达66.5%。着力提升江苏省溧阳现代农业产业园区、溧阳市曹山现代农业产业园区等建设水平，规划实施国强现代农业产业园区等重点园区建设，前马荡特种水产养殖示范园区争创省级现代渔业产业园区。

加速农村环境面貌改善。全力开展1270个自然村的村庄环境整治，集中整治农村生活垃圾、生活污水、乱堆乱放、工业污染源、农业废弃物和疏浚河塘，提升农村公共设施配套、绿化美化和村庄环境管理等水平，促进农村面貌有效改善，长效管理机制有效健全。加快农田水利基础设施建设，继续实施好“中央财政小型农田水利重点县”项目，实施茶亭河、大溪河等中小河流治理，在全省率先全面完成小水库除险加固任务。加快延伸和完善城乡三级公交网络，不断提升城乡客运服务水平。

加速农村改革步伐。继续发展农村“三大合作”，新增农民专业合作社40家、农户入社率达65%以上。大力推进农村土地流转和农业适度规模经营，整合多方资产、资源、资金，培育经营主体，新增土地股份合作社30家、土地流转面积1.5万亩、农业适度规模经营面积4.5万亩。实施富民强村工程，不断壮大农村集体经济，全面消除村级集体经济年收入50万元以下行政村。实施“百千万”帮扶工程，确保茅山老区5个镇60个村实现农民收入、村级实力、镇级能力“三个增加”。积极推进天目湖经济发达镇行政管理体制改革试点工作。

五、突出城市建设拓展年，着力在提升城市形象品位上求突破

健全城市规划体系。围绕要素集聚、土地集约、区域协调、城乡统筹，深入开展城市发展规划研究。加快城市空间拓展步伐，开展城南片区概念规划及城市设计，助推城市南翼加速发展。编制、修编综合交通、通信、环卫、公交、燃气等专业规划，进一步完善城市配套功能。开展绿地系统规划修编，精心打造城市绿轴。全面梳理城市重要公共设施资源，科学编制公共设施布局规划，推动公共设施资源均衡有效配置。

不断完善城市功能。加快推进宁杭铁路客运专线溧阳段、西环路建设，年内建成通车，同步投运溧阳、瓦屋山火车站；大力推进常溧高速、芜申运河溧阳先导段等重点工程，加快实施东环路建设，构建更为快捷完善的大交通体系。加大燕山新城开发建设力度，加快推进燕河湾、望湖景苑、燕阳嘉苑等安置小区和燕山南路、迎宾路、南大街等主干道路建设。完善城市区间道路，实施台港路、龙亭路东延伸、建设路西延伸，完成东升路改造、奥体大道、清泓路等道路建设工程和博爱桥改建工程。推进城市防洪、排污工程建设，新建雨、污水管道18公里。

大力推进旧城改建。按照“改造成片、实施成面、建设成景、整体协调”的原则，注重挖掘溧阳特有的历史文化，突出老城区江南水乡风格，形成一批景观亮点，实现旧城年年有更新、三年显成效、五年大变样。从今年起，用3年左右时间基本完成以凤凰路、昆仑南路、南环路、清溪路围合的旧城区域和城市南入口地区总规划面积约6平方公里的旧城改建任务，今年重点推进清安南村、三和王家村等11个地块改建。

加强城市精细化管理。坚持把城市长效管理作为一项基础性、长期性工作，加大城市精细化管理力度。深入推进市容环境综合整治，全面实施城区市容环境卫生网格化管理，推进数字化城管平台建设。大力实施城市交通畅通工程，对城市道路实施等级化管理，优化城区停车设施建设和管理，确保城市主干线畅通率达100%。

六、突出民生改善提升年，着力在提高人民幸福指数上求突破

努力办好十件实事。1.扩大就业。新增就业11000人，失业人员再就业1200人，免费培训农村劳动力5500人、失业人员3500人。2.保障扩容。知青半家户和六十年代精减下放职工养老补贴标准由每人每月150元提高到200元，被征地农民保养金标准由每人每月130元提高到180元，第四年龄段被征地农民养老金标准由每人每月170元提高到212元，居民养老保险基础养老金标准由每人每月60元提高到70元。从2012年1月1日起，对全市低保家庭中肢体、精神、视力、智力四类一、二级重度残疾人发放重残补贴金，补贴金标准为城镇每人每月80元、农村每人每月60元。3.文教卫惠民。启动城市“十分钟体育健身圈”建设，新建体育设施35处，更新健身器材40套；图书馆、文化馆、镇文体站免费向公众开放。将学前教育经费纳入财政预算，学前教育生均公用经费不低于200元，享受公益学前教育的幼儿占幼儿总数的80%。基本公共卫生服务补助经费人均增加到45元，服务项目扩大到10类41项；新农合筹资标准提高到人均325元，住院费用实际补偿比例提高到50%以上。4.住房保障。新建廉租房100套，完成廉租房实物配租100套，租赁补贴200户，新建公租房700套。5.老小区整治。完成荷花新村、城中花园一区、燕山南村四区等12个老小区的综合整治，全面完成市区58座公共厕所的提档升级。6.城市防洪。完成新村枢纽、窑头枢纽和茶亭河改道拓浚工程，启动实施蒋家荡枢纽、油榨头节制闸、花园头节制闸和茶亭河节制闸工程。7.超限超载治理。实行铁腕治超，在全市新建6个治超检查站，开展常态化整治，确保大型矿山、重点企业源头管理派驻率达100%，拼装改装车辆整治率达100%，超限超载车辆整治率达90%以上，全市干线公路优良率达95%以上；建立城区超载管控网络，全面遏制城区抛洒滴漏和超载现象。8.农村群众饮水安全。全面实施天目湖、戴埠、上兴、南渡、社渚等镇符合通水条件的自然村（20户以上）集居群众自来水建设工程，基本解决全市农村群众饮用水安全问题。9.农村交通提升。按有效路面达6米，两侧各3米的绿化及涵洞接长、路桥同宽、安保设施同步到位的标准对全市175个行政村351公里农村公路全面实施提档升级；完成30座农危桥改造，更型市镇公交车30辆，新增镇村公交车20辆，镇村公交实现行政村全覆盖；完成106公里西部大外环和竹簧至竹簧农场、社渚至社渚农场道路改建工程。10.村庄环境整治。完成全市50%的村庄环境整治任务，其中规划保留村庄以“六整治、六提升”[10]为主要内容，普遍达到《江苏省村庄环境整治分类标准》中的二星级“康居乡村”标准，并创建13个三星级“康居乡村”；非规划保留村庄以“三整治、一保障”[11]为主要内容，达到《江苏省村庄环境整治分类标准》中的“环境整洁村庄”标准。

加快发展教育卫生事业。加强教育基础设施建设，溧阳中专三期完成主体工程，社渚小学秋季开学投入使用，实施文化小学、东升小学改扩建和昆仑实验幼儿园、戴埠幼儿园重建工程，有序推进校舍安全工程。大力发展学前教育，不断提高学前教育的保障水平和保教质量。深入推进教育优质均衡发展，积极创建省义务教育优质均衡发展示范区。高度重视学生安全工作，切实加强校车安全管理，强化学校周边环境综合治理。提高医疗卫生服务水平。加快公共卫生服务体系建设，完成社渚镇卫生院异地重建和竹箦镇卫生院扩建工程，开工建设市人民医院新院、马垫卫生院、溧阳血站、上兴镇卫生院。深化医药卫生体制改革，加快推进医疗卫生资源整合，鼓励和引导社会资本举办医疗机构，积极做好基层医疗卫生机构债务清理化解工作。深入开展爱国卫生运动，确保顺利通过国家卫生城市复审。加强食品药品安全监管力度，切实保障人民群众饮食用药安全。继续稳定适度低生育水平，建立完善人口和家庭公共服务体系，深入实施家庭健康促进工程，不断提升人口计生优质服务水平。

七、突出文明创建巩固年，着力在提升社会文明程度上求突破

加强精神文明建设。巩固省级文明城市创建成果，加强制度化、长效化管理，确保文明创建常态化、持久化。把提高市民素质放在重要位置，加强社会公德、职业道德、家庭美德、个人品德建设，全面推进群众性精神文明创建。加强社会信用体系建设，推进政务诚信、商务诚信和社会诚信。征集提炼并大力弘扬新溧阳精神，积极为经济社会发展提供强大的精神动力。深化民兵预备役建设，抓好国防动员工作，高标准建好市国防园工程。

深化生态文明建设。全面实施生态文明建设规划，完成天目湖等6个镇国家生态镇更名，创建省级生态村6个，启动经济开发区国家级生态工业园区创建工作。确保高质量通过国家环保模范城市复核。全面推进环境监察、监测、辐射、宣教、信息、应急等六个标准化建设，进一步提升环境监控和预警水平。继续加强水源地保护工作，建设天目湖湿地公园，实施沙河水库上游清淤扩容工程。狠抓节能减排。严控新上高耗能项目，加快淘汰水泥、钢铁等行业落后产能和高耗能设备，着力抓好水泥行业脱硝工程建设，积极推行排污权有偿使用和交易制度。完成能源审计企业15家，实施重点节能和循环经济项目8项，完成强制性清洁生产企业审核25家。

推动文化事业发展与繁荣。全面推进全国文化先进县（市）创建。加强文化阵地建设，启动博物馆、新闻传媒大厦建设，加快社区文化活动中心建设，推进镇文体站、村综合文化活动室提档升级。大力发展文化产业，制定完善文化产业发展规划和扶持政策，启动水西村红色文化旅游区建设，积极创建国家级体育产业基地，确保文化产业增加值占GDP比重提高到2.48%以上。繁荣文化事业，大力挖掘传统文化，切实加强文物和非遗保护，加快推进省级历史文化名城建设；大力发展群众文化，深入推进“文化三送”和广场文艺活动。全面启动第十八届省运会备战工作，办好环太湖国际自行车赛溧阳段比赛等重大赛事。

八、突出和谐稳定促进年，着力在优化发展环境上求突破

创新社会管理。围绕基层基础、社会矛盾预防化解等六大体系建设，推进社会管理创新30项重点工作。深化“平安溧阳”、“法治溧阳”建设，全面实施社会稳定风险评估，完善预防、排查、处置、保障相结合的维稳工作机制，确保社会和谐稳定。全面推进“六五”普法工作，营造良好的法治环境。深入推进“设防城市”建设，完善社会治安防控体系，始终保持对各类违法犯罪活动的高压态势。坚持安全生产属地管理原则，全面开展行业标准化建设，积极推行安全生产责任保险制度，严格“打非治违”，坚决遏制重特大事故的发生。

转变机关作风。深入开展“三解三促”[12] 活动。深化“效率溧阳”建设，全面开展“服务发展星级单位”考评，牢固确立“支持企业天经地义、服务企业关爱有加”的理念。大力提升机关服务效能，努力打造一流软环境品牌。不断完善重大决策公众参与、专家论证制度，自觉接受人大和政协监督，主动听取民主党派、工商联、无党派人士和社会各界意见，提高政府决策科学化、法治化和民主化水平。强化政府绩效管理，始终保持快节奏、高效率、满负荷的工作状态，发扬“5+2”、“白＋黑”工作精神，对项目推进、工作协调、问题处置做到迅速、及时、有效。

强化廉政建设。全面落实党风廉政建设责任制，加快推进惩治和预防腐败体系建设。继续加大对财政性资金、政府性投资项目、领导干部履行经济责任的监管力度，强化审计监督。深入开展治理商业贿赂和工程建设领域突出问题等专项工作，严肃查处违法违纪行为，树立清正廉洁的政府形象。

雄关漫道真如铁，而今迈步从头越。各位代表，回顾过去，我们豪情满怀，取得的成绩令人鼓舞；展望未来，我们信心百倍，描绘的蓝图催人奋进。让我们在中共溧阳市委的正确领导下，进一步解放思想、锐意进取，只争朝夕、苦干实干，为溧阳率先基本实现现代化而努力奋斗！

注　释：

[1] 地区生产总值年均增长17.3%，人均GDP超过1万美元：地区生产总值年均增幅按现价计算，人均GDP按常住人口，以2011年人民币对美元全年平均价折算，实际值为10363.4美元。

[2]“三区同创”：天目湖创建国家旅游度假区、国家AAAAA级旅游景区、国家生态旅游示范区。

[3]“一区三园”：将别桥北山工业园、上兴工业园、南渡新材料工业园纳入经济开发区统一规划建设范围，统一编制产业布局规划，统一布点企业。

[4]“两站三中心”：企业博士后科研工作站、企业院士工作站，企业技术中心、工程技术研究中心、工程中心。

[5]“三清一绿”：清垃圾、清粪污、清河塘和村庄绿化。

[6]“三项排查”：排查社会矛盾纠纷、治安突出问题、公共安全隐患。

[7]“十个严禁”：严禁推诿扯皮，敷衍塞责；严禁利用职权故意刁难，吃拿卡要；严禁工作期间擅离职守；严禁用公款相互吃请，奢侈浪费；严禁上班时间玩电脑游戏、炒股等；严禁工作日午间饮酒，酒后驾车；严禁参与赌博，放高利贷；严禁参加低俗活动，生活腐化；严禁传播谣言，搬弄是非；严禁拉帮结派，影响团结。

[8]“一核、三线、四组团”：“一核”是指依托交通枢纽的便利（高铁站、客运站）与城市发展远景规划，加快城区与天目湖两大区域的融合，形成溧阳旅游核心功能区；“三线”是指旅游大环线、南北线和东西线，大环线：连通上上线（上兴至上黄）—东环线（埭头至李家园）—新平横线（李家园至平桥）—西环线（平桥至汤桥）—北山线（汤桥至后周），形成全市旅游交通的大环线。南北线：从瓦屋山景区到南山竹海景区，104国道、溧戴路纵贯溧阳南北，串联瓦屋山、天目湖、南山竹海等主要旅游景区，重点突出山野田园观光。东西线：自东北向西南，239省道横穿溧阳东西，串联长荡湖、大石山农庄、大溪水库、前宋水库等新开发区域，保护利用溧阳特有的民俗文化，重点突出乡村文化体验；“四组团”是指南山、瓦屋山、长荡湖、曹山四个组团。

[9]“主辅分离”：企业根据产业发展规律及产业分工将其生产流程中的一个或几个服务环节从原企业中分离出来，设立独立的法人企业，以促进本企业及相关行业的技术进步、产业升级和效率提高。

[10]“六整治、六提升”：整治生活垃圾、生活污水、乱堆乱放、工业污染源、农业废弃物、疏浚河塘；提升公共设施配套水平、绿化美化水平、饮用水安全保障水平、道路通达水平、建筑风貌特色化水平、村庄环境管理水平。

[11]“三整治、一保障”：整治生活垃圾、乱堆乱放、河塘卫生，保障农民基本生活需求。

[12]“三解三促”：领导干部下基层“了解民情民意、破解发展难题、化解社会矛盾，促进干群关系融洽、促进基层发展稳定、促进机关作风转变”。

政协溧阳市常务委员会工作报告（摘要）

——在市十三届政协全体委员会议上

政协溧阳市委员会主席 崔国伟

2012年1月5日

2011年工作回顾

2011年，市政协在中共溧阳市委的正确领导和市政府的大力支持下，高举爱国主义、社会主义旗帜，以科学发展观为统领，深入学习贯彻党的十七届五中、六中全会精神，牢牢把握团结民主两大主题，紧紧围绕“紧跟苏锡常，同步现代化”的目标定位和全市工作中心，坚持科学发展，坚持履职为民，坚持务实进取，切实履行各项职能，为促进全市经济社会又好又快发展作出了积极贡献。

一、立足发展着眼全局，协商参政的实效性进一步增强

我们把促进科学发展作为履行职能的第一要务。一年来，议发展大事，谋发展良策，建发展诤言，切实发挥了协商参政的作用。

议大事，整体协商规范有序。十三届四次会议期间，组织委员认真讨论政府工作报告等，坦诚发表意见建议；围绕维护校园周边环境安全、加快健全公共卫生服务体系、优化女性创业环境、加强城中村管理、推进社区建设等问题征集大会发言材料6篇，进行大会发言。市委、市政府主要领导亲临会议听取意见和建议，与委员们共商发展大计，给全体委员以很大的鼓舞和鞭策。会后，及时将委员们的意见建议归纳整理，报送市委、市政府，得到高度重视和积极采纳。

谋良策，专题协商扎实深入。2011年，市政协常委会根据市委交办的政治协商课题，深入开展调研，积极建言献策。献计工业园区提档升级。为进一步加快转变我市经济发展方式，推动工业园区化、园区产业化、产业集群化，提升产业层次，促进工业园区提档升级，我们召开了由市发改委、经信、经济开发区、天目湖旅游度假区等部门和部分企业负责人参加的座谈会，广泛听取了推进我市工业园区提档升级的意见和建议。并赴武进、昆山和太仓学习考察了工业园区提档升级的成功经验和做法。在此基础上，形成了《创新管理、加强集聚，努力推动工业园区提档升级》的调研报告，提出了强化规划引导，明确产业发展主方向、创新管理机制，构建园区发展好环境、培育骨干龙头，引领产业发展快集聚、实施创新工程，培植区域发展新优势四个方面十三条建议。市委盛建良书记批示：此调研材料很有深度及针对性，建议也很有理性的思考。建言社会化养老工作。为进一步推进我市社会化养老服务工作，建立协调发展的社会化养老服务体系，市政协组织部分常委、委员和相关部门负责人，对埭头、戴埠等镇的养老服务情况进行了视察调研，召集相关部门和镇、村养老机构负责人召开座谈会，广泛听取了意见和建议，并赴南京市栖霞区、宜兴市进行了考察学习。在政协常委会专题协商的基础上，向市委、市政府报送了《以朝阳之心做夕阳之事——关于进一步加强我市社会化养老工作的调研和思考》的建议。市委盛建良书记批示：调研有深度，思考有高度，建议有力度。《溧阳通讯》全文刊发了这两份政协常委会调研材料。

2011年7月29日，市政协召开常委会议，听取市政府苏江华代市长关于我市上半年经济社会发展情况的通报。政协常委们围绕通报的情况展开了热烈的讨论，提出了推动工业企业加快发展、多渠道扶持流通企业、整合建筑企业，打造建筑强市、加大城市建设力度、切实发挥民主党派职能等建议。苏江华代市长认真听取了建议。

建诤言，重点协商富有成效。充分发挥主席会议重点协商的职能作用，做到月月有安排，次次有重点。一年来，先后就经济开发区、民政、城管、科技、信访、卫生、行政服务、教育等工作进行协商议政。政协领导们认真听取相关部门的工作情况通报，实事求是地提出意见和建议，形成会议纪要10期，提出建议50余条，推动了相关工作的开展和落实。根据市委统一部署和安排，市政协领导班子成员还认真参与创建省文明城市、信访接待、平安法治县市创建、领导干部下基层活动等专项工作或检查活动。

二、拓宽渠道注重实效，民主监督的针对性进一步体现

我们着力拓展监督渠道，强化监督效果，紧扣群众普遍关心的问题开展多层次、宽领域的民主监督。

强化提案办理抓落实。市政协十三届四次会议期间，共收到委员提案153件，审查立案136件。坚持重点提案督办工作制度，确定了关于在燕山公园开辟溧阳历代名人园、改扩建茶叶市场、推行双向转诊制度、帮助有工作能力的残疾人就业等8件提案为主席会议和政协分管领导督办提案，高位推动提案办理工作。通过提案交办会、承办单位座谈会、提案答复座谈会、上门走访等方式，密切提案人与提案承办单位的联系，有力地促进了相关问题的解决。2011年11月，市政协召开主席会议对重点提案“关于燕山公园开辟历代名人园”的办理落实情况进行了跟踪督办，取得良好效果。截至2011年11月上旬，136件委员提案已全部办理完毕，其中，所提问题和建议已经解决和基本解决的70件，占立案总数的51.47%，提案办理满意和基本满意率为100%。

关注社情民意促和谐。进一步健全完善了政协社会舆情信息收集、整理、分析、反馈等工作机制，通过建立社情民意信息员队伍、加大发动委员力度等方式和利用溧阳政协网站、网络问政平台，拓宽层面，扩展视角，积极反映社情民意。共收到社情民意信息28条，向市委、市政府报送《社情民意》信息13期，其中11期得到市领导批示，促进了一些委员和群众关注问题的解决。

立足优化环境求突破。优化发展环境是市委、市政府近年来十分关注的一项重点工作。组织全体委员在全会期间对我市部门单位进行民主测评。根据工作需要，向公、检、法、质监、税务等有关单位推荐20多名参政议政能力强的委员担任特邀监督员，鼓励他们积极参与咨询听证、民主评议、执法检查等活动。委员们认真反映群众呼声，大胆提出批评建议，促进了政风行风的进一步改善和部门服务效能的进一步提高。市政协常委会成员列席了市委十一届二次全体（扩大）会议。部分政协委员列席市政府常务会议，听取了规范土地市场加强土地出让管理的实施意见、城镇廉租住房保障办法、“十二五”住房保障规划、加快保障性安居工程建设的意见、建立国家基本药物制度的实施方案、发展现代服务业、实施工业经济五年规划三年计划等重要问题的情况通报。

三、突出重点注重质量，委组工作的基础性进一步发挥

专委会和委员联络组是政协工作的重要基础。加强对委组工作的指导和协调，保证委组工作年初有计划，季度有活动，活动有成效，委组在政协工作中的基础作用得到切实发挥。

广泛开展调查研究。各委组按照市政协工作要点部署，把专题调研作为一项重点工作来抓，定课题负责人、定执笔人、定完成时间，围绕党政关注和群众关心的重点、热点、难点问题，精心组织调研，形成调研报告25篇，提出可操作性的意见建议150多条，为党政部门科学决策提供参考。社会事业法制委员会、经济科技委员会、学习和文史委员会、提案委员会认真配合常委会搞好专题调研；学习和文史委员会针对提升我市乡村旅游品位和档次，完成了《溧阳乡村旅游发展的转型升级》的调研报告；政法组围绕法院执行难问题，通过走访了解和深入分析主、客观原因，形成了《试析执行难的现状与对策》的调研报告；城建交通组围绕燕山新区医疗卫生合理布局和定位这一课题，在学习借鉴外地先进经验的基础上形成了《关于燕山新区医疗功能定位的思考》的调研报告；教育组通过实地走访、专题座谈等形式调研了我市职业教育与学生就业的现状，撰写了《关于我市职业学校学生就业情况的调研报告》，对我市中职学生就业存在的问题提出了合理化建议；医卫组关注精神疾患群体面临的公共卫生和社会问题，形成了《溧阳市精神疾患防治康复现状、问题和对策》的调研报告；文体新组紧贴文化产业发展开展调研，形成了《关于进一步加快我市文化产业发展的调查与思考》的调研报告；社会福利保障组围绕公共卫生服务和基层医疗服务深入开展调研，形成了《关于推进我市基本公共卫生服务均等化的调研与思考》、《关于完善基层医疗机构管理服务体制对策研究》两篇调研报告；工青妇组对农民工精神文化生活和青年就业创业进行深入调研，形成了《溧阳市新生代农民工精神文化生活调查报告》、《关于我市青年就业创业服务体系建设情况的调研与思考》两篇调研报告；经贸一组为破解我市工业经济总量小，竞争力弱，工业转型升级面临国内外压力大的难题，在深入调查研究的基础上形成了《对溧阳工业结构转型升级的调查与思考》的调研报告；经贸二组针对我市农田水利建设中存在的主要问题，经过深入调研和分析，形成了《对我市农田水利主要现状的初步调查与分析》的调研报告；科技环保组认真调研我市城区管网建设情况，形成了《我市城市地下管线的现状与思考》的调研报告；农业组撰写的《溧阳市中小企业信用担保机构运行情况的调查与思考》的调研报告，针对当前融资担保公司在运行和发展过程中存在的问题和发展困难，提出了具体建议；港澳台侨组针对我市留学人员创业园存在的政策措施、投资环境、载体环境、宣传等方面的不足，组织委员深入园区和企业开展调研，形成了《关于我市留学人员创业园发展的情况调研》的调研报告；民族宗教组关心新形势下党外代表人士队伍建设工作，深入分析党外代表人士基本现状和存在问题，形成了《关于重视和加强新形势下党外代表人士队伍建设的实践与思考》的调研报告；溧城组撰写的《立足长远发展，破解企业用工难题的思考》的调研报告，为解决我市经济开发区企业用工难问题提出了切实可行的对策建议；埭头上黄组与市民盟的有关同志一起，围绕溧阳文化创意产业的创新发展这一课题，系统了解了溧阳的特色旅游资源和文化资源，形成了《融合溧阳北片文化资源，打造长三角特色文化创意产业》的调研报告；天目湖组服务我市大旅游开发战略大局，形成了《创新思路、抢抓机遇，以

"三区同创"推动溧阳绿色崛起》的调研报告，助推镇区旅游发展和经济转型升级；戴埠组撰写的《溧阳旅游资源整合研究》的调研报告，从溧阳旅游资源的现状特点着手，分析了旅游资源整合的可行性，提出了建立观光、生态、文化、餐饮、度假旅游线的建议。南渡组围绕新材料企业的发展开展调研走访，积极向党委政府建言献策；社渚组撰写的《傩文化传承的现状与思考》的调研报告，为我市把传统文化与旅游相结合提出了好的对策建议；竹箦组撰写的《因地制宜深化农村巡防，稳步推进打造平安乡村》中提出的"建立一个机制、织好两张网、解决好五个问题"的建议，被市公安局、市政法委等部门采纳并应用于实际工作中，有效提高了农村社会治安防控能力；上兴组组织委员深入各村了解农村土地流转问题现状，认真分析成因和对策建议，形成了《规范土地流转方式促进现代农业发展的调研与思考》的调研报告；别桥组针对北山工业园区基础设施建设、塘马水库水源地保护等一些重大事项进行调查研究，向镇党委、镇政府提出建议意见，取得良好实效。

切实关注民生民情。各委组发挥群众基础广泛的优势，深入群众，关心群众，在服务群众、回报社会中更好地促进社会和谐。教育组组织委员和城区优秀教师团队开展大规模送教下乡活动，受到上兴镇中小学校老师的热烈欢迎；医卫组积极发挥专业特长，组织委员到竹箦镇前马村开展义诊和健康咨询活动，并到敬老院送医送药，受到了当地群众的赞扬；工青妇组在"六一"前夕组织委员到戴埠镇横涧小学为5名家庭困难的学生送去学习用品和书籍；社会福利保障组委员捐款6000元救助市职高贫困学生，又一次见证了人间温情；城建交通组捐款8000元，及时为患病的同学送上了政协委员的一片心意；农业组将委组活动与"领导干部下基层活动"相结合，组织委员到戴埠镇同官村为贫困家庭捐款帮助解决生产生活燃眉之急；工商联组委员积极争当溧阳创建省级文明城市工作的义务工作者，协助主管部门做好宣传服务；民族宗教组积极帮扶少数民族困难家庭，资助上兴镇练庄村的15位品学兼优的少数民族学生每人1000元的助学金；溧城组委员共捐款19.5万元，用于扶贫帮困、捐资助学等社会公益事业；别桥组委员捐款5万元设立教育奖励资金，对全镇中小学优秀生给予奖励；天目湖组委员自发捐款2700元，资助天目湖中心小学3名贫困学生；竹箦组委员参与基层矛盾纠纷排查调解工作，排查出社会矛盾隐患30件，并成功进行了调解，维护了当地社会的稳定。徐志群委员个人捐款14.5万元用于助学支教和社会事业。王新华委员得知我市血站出现"血荒"后，及时在餐饮企业中发出了献血倡议，带头组织本企业53名职工无偿献血，为血站解决燃眉之急。据不完全统计，各委组开展送医、送教、送科技文化下乡及各种慈善活动达30多次，捐款总额达100余万元。

充分展示委员风采。全体政协委员围绕市委、市政府的决策部署和工作要求，弘扬实干精神，为推动溧阳率先基本实现现代化主动作为。芮震球委员锐意创新，率先推行电子商务，溧阳烟草公司被全国烟草系统评为全国十大先进单位示范点；施春俊委员带领市红十字会的同志积极推进慈善事业，市红十字会被评为江苏省红十字会系统先进集体；朱云委员的企业产品被评为"优质金奖铸件产品"，为进入国外市场创造了条件。陈建华委员成立的小额贷款公司，帮助企业解决资金3亿多元；陈拉克委员积极应对严峻经济形势，企业得到长足发展，并和杨亚平委员分别为企业互保资金4000多万元。王宇鹏委员充分利用自身有利条件，开设平价商店让利于民，同时帮助近200人解决了就业问题。史伟光委员积极组织我市文化体育项目申报工作，争取项目引导资金310万元。霍益民委员积极弘扬传统文化，苏园成为天目湖畔一道靓丽的风景。朱新华、戴康福、方木林三位委员获江苏省劳动模范荣誉称号；王芳委员被授予第五届"中国建设银行突出贡献奖"；王新华委员荣获"江苏省杰出餐饮企业家"称号；魏继川委员被民盟中央授予先进个人称号；王春仙委员获得"江苏省建设系统优秀工会工作者"称号；刘福根委员被省教育厅评为江苏省基础教育课程改革先进个人，葛艳明委员被评为"十一五"创业创新十大功臣；潘荣华、朱顺才委员被评为"十一五"岗位建功十佳人物。绝大部分委员立足本职，辛勤工作，展示了一方政协委员务实进取的良好形象。

四、把握主题汇聚人心，团结民主的广泛性进一步彰显

坚持把团结和民主贯穿于履职的始终，不断扩大团结面，努力增强包容性，工作整体合力得到进一步加强。

坚持团结民主，密切合作共事。加强与民主党派、工商联、无党派人士和社会各界人士联系，通过谈心交友，沟通思想，增进合作共事的感情。邀请民主党派参加政协的专题协商和重大调研活动，鼓励他们利用政协平台，积极献计献策，发表政见，推动有序政治参与，努力营造民主协商、平等议事的政治氛围。密切联系港澳台同胞、海外侨胞、少数民族和宗教界人士，通过各种渠道加强交流。市委统战部、工商联及时组织开展走访私营企业、视察宗教场所等活动，进一步加强团结、增进共识，为构建和谐社会提供广泛的力量支持。

加强联谊交流，扩大对外宣传。热情接待上级和兄弟政协来溧学习考察100余批次，适时组织对外交流，增进了友谊，开阔了视野，密切了联系，促进了政协工作的开展。如，2011年9月，我们协助常州市政协做好六省十二市政协横向联系活动在我市的学习考察活动，并借此机会积极宣传溧阳，扩大了溧阳的影响。学习和文史委员会认真做好《溧阳风光摄影集》的编辑出版工作，邀请我市有影响力的摄影工作者参加创作活动，力求展示溧阳最美的风光。该影集已于2011年12月正式出版。文史资料第二十三辑《溧阳地名故事》的编纂工作正在有条不紊按计划进行中。发动文史通讯员为省政协《江苏乡镇企业史》和常州市政协《名城常州》的编辑出版做好组稿工作。在《江苏政协》、《常州政协》发表宣传溧阳、宣传溧阳政协和委员风采的文章18篇。

五、夯实基础强化服务，自身建设的科学性进一步提升

一年来，我们高度重视自身建设，促进政协工作再上新台阶。

理论学习不断深化。一是领导班子带头学。认真组织科学发展观、党的十七届五中、六中全会精神和胡锦涛总书记在庆祝建党90周年大会上的讲话精神的集中学习，以政协领导班子的学习带动机关和委组的学习，切实做到与市委思想上同心、目标上同向、工作上同步。在2011年11月市委召开的领导干部研讨会上，市政协各位领导都作了很好的发言。会议结束后，市委专门挑选其中有代表性的两篇材料印发至全市副科级以上领导学习。二是委员集中学。通过委组活动、新委员培训会、专题讲座和发放省市政协期刊等形式，重点学习党和国家的方针政策、人民政协理论、统战知识及经济社会发展的有关知识，使委员们对人民政协性质、地位、作用更加明确，责任感、使命感进一步增强。2011年2月，市政协以座谈会的形式，对新任委组长、政协委员进行了培训，帮助他们尽快进入工作角色。9月，市民盟会员及部分政协委员听取了省政协常委、原省政协副秘书长丁泽生主讲的政协提案知识专题培训。在常州市政协第九次政协理论研讨活动中，市政协理论研究会、办公室和研究室积极发动委员们撰写了44篇论文参与评选，20篇论文获得常州市政协的表彰，市政协蝉联组织奖。三是机关干部全面学。我们把打造“学习型机关”作为机关建设的重要目标，坚持集中学习与自学相结合，积极参加各类培训学习。

队伍建设不断强化。一是激发创先争优意识。在全体委员中开展了以“练硬功、谋良策、比实绩”为主题的创先争优活动，激发委员干好本职、做好政协工作的热情，调动委员参与全市经济社会建设的积极性和创造性。政协委员们以实际行动，发挥了在本职工作中的带头作用、政协工作中的主体作用、界别群众中的代表作用。二是完善载体平台建设。坚持市政协领导联系委组和走访委员制度，通过召开座谈会、上门约访等形式，不断加强同委员的联系。建立委员履职档案，对委员参加活动、出席会议、撰写提案、建言献策等方面情况进行量化考核。

服务效能不断优化。进一步推进机关效能建设，开展了以“心系委员、情牵发展”为主题的服务品牌建设活动，增强机关干部的服务意识、团结意识、效率意识，营造讲规范、讲质量、讲效率、讲协作的浓厚氛围，着力打造“学习型、服务型、创新型、和谐型”政协机关，机关管理和服务水平进一步提高。切实加强机关党组织建设，组织开展了纪念建党90周年系列活动。市政协机关党总支连续多年获得先进基层党组织荣誉称号。在领导干部下基层活动中，机关干部深入到结对镇村，通过召开座谈会，调研走访等方式，排查信访、安全、治安等问题，帮助做实事7件。如帮助上黄镇上黄村建设了健身广场、帮助原南门社区修复平整了居民活动广场、帮助上兴镇步村修建了防渗渠等，政协机关帮助戴埠同官村协调解决了综合服务中心立项问题。市政协促进经济发展委员联谊会积极组织工业、农业、流通三个分会开展活动，真诚倾听委员企业的呼声和诉求，倾心尽力为企业服务，真心实意为企业排忧解难，鼓励企业家增强发展信心。

各位委员，2011年市政协工作所取得的成绩，是市委正确领导，市政府及有关部门大力支持的结果，是政协各参加单位和全体委员共同努力的结果，是政协离退休老领导老同志关心支持的结果。在此，我谨代表市政协常委会，向关心支持政协工作的各位领导、全体政协委员、各界人士、各有关单位表示衷心的感谢！

2011年已经过去，新的一年已经到来，市政协将在中共溧阳市委的领导下，深入贯彻落实科学发展观，牢牢把握“紧跟苏锡常，同步现代化”的目标定位，认真履行政协职能，动员组织广大政协委员，团结社会各族各界，凝聚人心，汇聚力量，谋发展、促和谐，为加快建设繁荣富裕、文明和谐的新溧阳作出新贡献。市政协各级组织和全体政协委员要突出科学发展，促进我市经济发展方式转变。坚持把履行职能的眼光，定位在推动我市科学发展上，围绕溧阳市委十一届二次全体（扩大）会议提出的“转型升级攻坚年、园区建设突破年、工业发展效益年、现代农业推进年、城市建设拓展年、民生改善提升年、文明创建巩固年、和谐稳定推进年”八大主题年活动，加强对经济社会发展中深层次问题和矛盾的分析，多想科学发展大事，多谋科学发展大计，激发全市各界群众谋发展、求突破、促转型的热切愿望，为提升我市综合竞争力献计出力。要突出富民惠民，促进人民群众幸福指数提高。要把群众关心的民生问题作为政治协商的重点议题，把群众反映强烈的热点问题作为民主监督的重要内容，把群众期盼解决的难点问题作为参政议政的重要方面，做到积极关注民生，大力推动民富；深悟民意，多立为民之论，让人民群众共享改革发展的成果。要突出务实创新，促进政协工作科学化水平提升，使政协委员履责的内生动力得到最大程度激发，政协组织蕴藏的智力资源得到最大程度展现，政协工作的文化底蕴得到最大程度丰富，为政协工作科学发展提供智慧支撑。要平稳有序，搞好政协换届工作。这次换届是我市政治生活中的一件大事。要在市委的领导下，按照《政协章程》有关规定，积极主动参与，广泛民主协商，严格工作程序，扎实做好政协换届的各项筹备工作，确保市政协换届工作圆满成功。各位政协委员要正确对待个人进退留转，换届不松劲，始终保持良好的精神状态，做到思想不乱、人心不散、工作不断，一如既往地做好本职工作，一如既往地履行好委员职责，共同努力完成本届政协的各项任务。

各位委员，同志们，新形势赋予新任务，新目标赋予新使命。让我们在中共溧阳市委的领导下，深入贯彻党的十七届五中、六中全会和市第十一次党代会、市委十一届二次全体（扩大）会议精神，同心协力，扎实工作，最大限度地调动社会各界的积极性和创造性，最大程度地凝聚各方面的智慧和力量，为促进溧阳经济社会科学发展、和谐发展、跨越发展而努力奋斗！

最后祝各位领导、全体委员新年快乐，身体健康，万事如意！

溧阳市政协2011年提案工作情况报告

（2012年1月5日在市十三届政协全体委员会议上）

市政协十三届四次会议提案工作，在市委、市政府的关心和大力支持下，在全体政协委员以及各承办单位的共同努力下，较为圆满地完成了各项工作任务，并取得了一定成效。为认真总结经验，推动工作，更好地发挥政协提案建言献策、参政议政的作用，现将十三届四次会议以来提案工作情况报告如下：

2011年工作回顾

市政协十三届四次会议以来，共收到提案153件，经审查立案136件（其中内容相近的29件合并为12件处理）。提案中，经济建设和城建交通方面58件；科教文卫方面26件；民主法制方面17件；劳动人事方面8件；人民生活及其他方面27件。2011年3月24日，市政府召开了提案交办会议，立案提案分别交由政府办等50个承办单位办理。截至2011年11月上旬，已全部收到办理复文，在136件提案中，已经解决和基本解决的70件，占总数的51.47%；正在解决或列入计划准备解决的58件，占总数的42.65%；因政策等原因或其他因素，目前尚不能解决的8件，占总数的5.88%。委员满意和基本满意率为100%。

一年来的提案工作，为我市经济社会平稳较快发展发挥了积极作用。

一、把握重点，围绕经济发展出谋划策。委员们紧密联系经济建设这个中心，围绕经济可持续发展、生态环境保护、旅游业发展、城乡和区域协调发展等方面的问题，深入调研，提出了许多好的意见和建议，对我市经济发展起到了积极的推动作用。如：王宇鹏委员提出的关于“规范我市农资市场”的提案，市工商局及时落实，专门制订了《农资市场规范化管理方案》，通过专项整治和规范化管理，努力为老百姓营造放心的农资消费环境；严旭华委员提出的关于“加强我市地下管网规划建设监管”的提案，对我市地下管网建设普遍存在的缺乏科学规划和有效监管，造成的重复建设、资金浪费和安全隐患等问题提出了针对性的建议，得到市委、市政府的高度重视。市政府根据有关法律法规，结合城市建设实际，出台了《关于开展全市地下管线普查工作的通知》、《溧阳市管线工程规划管理办法》等文件，对进一步摸清地下管线现状，规范地下管线规划、施工、管理等工作提出了进一步的要求；葛芙妹委员提出的关于“加强对工业园区配套生活设施建设”的提案，市规划局积极采纳，目前，在工业园区规划设计时都相应规划布局了商业金融、行政办公、教育科研、职工宿舍等配套设施。天目湖工业园区作为全市试点，2011年进行了首期230套职工公租房的建设，随着经济的发展，我市工业园区内的各项配套设施将不断得到完善；另外，如陈宝夫、戴阿保委员提出的“加速培育打造溧阳茶叶市场规模”、朱开国委员提出的“积极发展微型企业，鼓励全民创业热情”、宋益华委员提出的“‘十二五’期间建立塘马水库水源地保护长效机制”等提案，分别受到了发改委、人社局、环保局等单位的高度重视，并得到了较好的落实。

二、关注热点，围绕社会事业发展献计献策。文化教育、医疗卫生、劳动就业、社会保障等社会事业关系着广大群众的切身利益，同时也是委员提案关注的重要方面。如：钟群娟等委员提出的关于“加强农村文化建设”的提案，所提建议得到采纳，2011年市文广体局为全市175个行政村的农家书屋配送图书7万余册，在开展的农村“文化三送”活动中，完成送戏下乡80场、送电影下乡3744场、送书下乡3万余册，并且不断加强农村文化队伍建设，为农村群众组织了“新春戏曲周”、“健康大拜年”、“闹元宵”等喜闻乐见的文体活动，进一步丰富活跃了农村群众精神文化生活；黄志娟委员提出的关于“切实加强道德和感恩教育，促进青少年健康成长”的提案，所提出的在学校教育、家庭教育和社会教育中增设中华民族优秀传统文化和感恩教育内容的建议，被教育部门采纳并得到了实施；张琴委员提出的“积极推行双向转诊制度搞活社区医院发展”的提案，卫生局根据相关政策的要求，研究出台了《溧阳市医疗机构双向转诊实施方案（试行）》，将逐步加强该项工作。另外：沈田春等委员提出的“关于在燕山公园开辟历代名人园的提案”、胡雪芹等委员提出的“加强社区（村）健身场所建设，满足群众健身需求”、黄志娟委员提出的“将天目湖旅游度假区内社区居委会纳入城区管理体系由市财政提供经费保障”等提案，都得到了较好的落实。

三、破解难点，围绕社会和谐稳定建言献策。委员们从惠民、便民、利民的角度出发，围绕平安溧阳建设、群众生产生活和改善人居环境等方面积极反映社情民意，致力改善民生，促进社会和谐。如：戴秀芳、管伟东、童瑛等委员提出的“加强对棋牌室管理的提案”，市公安局开展了广泛深入的调查摸底工作，并针对存在的问题加强了日常检查，对违法问题加大了打击力度，规范我市棋牌室、茶吧的经营秩序；邵良等委员提出的“关于加快市区危旧房改造的建议”，作为重要民生工程被市委、市政府列入了2011年“为民办十件实事”之一的旧城改造项目中，与之相配套的《溧阳市市区危旧房改造管理方案》、《关于加快市区危旧房改造工作实施意见》等文件即将出台，老城区改造总体规划已编制完成，2011年老城区4个地块的综合整治改造工作也已经结束，计划在五年内将完成对老城区的全面改造；潘荣华委员提出的“关于完善医疗纠纷第三方调解的提案”，由政法委主导，牵头综治、司法、财政、卫生等部门进一步完善了我市医患纠纷人民调解工作实施方案，医疗责任险的招标工作也已完成，2012年1月1日起，全市公立医疗机构将全部纳入医疗责任险范围，使医疗纠纷的处理更合理和公正；张夕仙委员提出的“关于帮助有工作能力的残疾人就业的提案”，市残联面对残疾人就业存在的社会重视程度不够、就业面窄、福利企业数量少以及残疾人就业不稳定等问题，积极采取多种措施和办法，2011年共安置残疾人就业126名（其中个体就业7名，集中安置就业94名，按比例安排就业25名），最大限度为残疾人就业提供了支持。另外，邹启东等委员提出的“关于建立农村村级联防队的建议”、陈蓉等委员提出的“加强校园周边环境治理，确保学生人身安全”、蒋建平等委员提出的“关于对燃放孔明灯现象加强管理的建议”等提案，都取得了好的办理实效。

经验和体会

一年来，市政协常委会积极探索提案工作新思路、新方法，提案质量明显提高，办理方式不断创新，办理成效更加显著，重点开展了以下工作：

一、加强组织领导，进一步提高了提案质量。提案工作是政协的一项全局性工作，是政协履行职能的重要形式。在提案工作中，提案的质量是前提和基础，一件提案是否具有生命力，关键是看提案本身的质量。为了提高提案质量，帮助委员写好提案，我们采取了多种形式：一是做好“知情”服务工作。利用全体会议和委组活动，及时传达学习全市重要会议精神，并组织委员对我市的经济和社会事业工作进行视察调研，使委员们更多地了解我市经济发展和人民群众的需求，为委员知情悉政创造条件；二是学习培训提升履职能力。去年2月，市政协以座谈会的形式，对新任政协委员和委组长针对性地开展了政协理论知识和提案基础知识的学习培训，使新委员们进一步熟悉了政协工作。科技环保组还与市民盟一起邀请省政协专家举办政协提案专题培训班，为委员讲授提案知识和提案撰写技巧，提高撰写提案的能力与水平；三是提案征集提前到位。在全委会召开前两个月，及时向委员发出提案征集通知，提出撰写提案要求，在全委会召开前基本完成了提案的征集工作；四是提案初审确保质量。在全委会召开前，提案委将收到的提案初步梳理分类后，邀请主要的办理单位集中进行初审，对一些内容简单、问题重要的提案进行修改补充完善，既保证了提案的质量，也提高了提案分类和确定承办单位的准确性。

二、加大办理力度，进一步推动了提案落实。提案的提出是基础，办理落实是目的，只有不断提高提案的办理质量，使提案的建议落实见效，才能体现提案的价值，发挥提案应有的作用。在提案办理工作环节，我们注重提案的办理落实工作。一是全程跟踪。提案交办后，我们主动做好与办理单位和提案人之间的沟通联系，及时了解提案的办理情况和进度，协调解决办理中遇到的问题，形成了由主办单位牵头、提案委协调、协办单位配合的提案办理工作合力；二是适时催办。对办理工作进度慢的单位，市政协提案委会同市政府办公室督查科一起进行了督察和催办，确保提案件件有答复；三是重点督办。在136件立案提案中，市政协确定了“关于帮助有工作能力的残疾人就业的提案”、“关于加快市区危旧房改造的建议”、“关于积极推行双向转诊制度搞活社区医院发展的提案”等8件作为重点提案，分别由政协主席会议、政协领导进行督办。这些提案事关大局、涉及面广、贴近群众、关注民生，截至2011月17日，全部完成了8件重点提案的督办工作。通过采取与市政府、提案人联合开展跟踪视察、专题调研、座谈协商等多种形式，使委员的意见建议得到了较好的落实，并带动了提案办理整体质量的提高。

三、总结工作经验，进一步促进了提案工作整体水平。市政协于2011年12月14日召开了由市公安局、住建委、交通运输局、规划局、城管局、卫生局、教育局、文广体局等主要承办单位负责人参加的提案办理工作座谈会，会上各承办单位对提案办理工作进行了认真总结，交流了提案办理经验和一些好的做法。如公安局在提案办理中与委员进行座谈，对提案面对面逐一作出答复，并主动向委员进一步征求意见；住建委提案办理坚持“分级办理、统一扎口、层层负责、统一答复”的原则，确保领导力度到位、办理时间到位、答复意见落实到位；交通运输局在提案办理中坚持积极办理原则，履行主办单位与综合科室两次审核的流程，做好局主要领导、分管领导、主办单位与相关科室四方把关，确保提案办理工作层层有责任，件件有落实；规划局坚持“一把手亲自抓，分管领导直接抓，职能科室具体抓”的办理工作制度，办理过程中，局领导亲自赴委员单位或家中当面征求委员意见，办理后，还专门召开座谈会，专题汇报办理工作，与委员深入交流和沟通。

四、坚持示范引导，进一步调动了提案工作的积极性。为调动委员写好提案和承办单位办好提案的积极性，我们开展了优秀提案和提案办理先进单位的评选工作，提案委员会共推荐了14件优秀提案、7个承办先进单位、5个优秀承办件，将经市政协主席会议和常委会议审议通过后，在下次大会期间和会后的提案交办会上分别予以表彰奖励。

十三届四次会议以来，提案工作取得了不少新成绩，但仍存在着一些不容忽视的问题。如在提案工作的服务上做得还不够细致；对于联合办理的提案，有的协办单位有事不关己的态度，配合办理不力；有的承办单位不是把工夫花在如何研究落实委员提案上，而是花在如何想方设法通过解释等途径让委员对提案办理表示满意上。以上问题不同程度影响了整个提案工作的质量，需在今后的工作中加以研究解决。

2012年工作建议

在新的一年里，市政协常委会将坚持“围绕中心、服务大局、提高质量、讲求实效”的提案工作方针，切实加强制度化、规范化、程序化建设，进一步提高提案工作的科学化水平，努力为溧阳经济社会科学发展发挥更加积极的作用。

一、增强责任意识。要从人民政协的性质与任务高度来正确认识提案在履行政治协商、民主监督、参政议政职能中的作用，不断增强做好新形势下提案工作的责任感和使命感，努力形成领导重视、广泛参与、各司其职、协调有序的提案工作良好格局。

二、增强质量意识。要充分发挥政协委员主体作用和政协委组的基础作用以及党派团体、承办单位的重要作用，形成提案工作的整体合力。要多层次开展学习培训活动，努力提高提案工作的整体质量和水平。

三、增强服务意识。要切实抓好自身建设，不断提高为提案工作服务的水平，充分发挥政协在联系委员和承办单位之间的桥梁纽带作用，通过优质的服务，努力营造各方积极参与提案工作的良好氛围，促进提案意见建议落到实处。

四、增强创新意识。要不断探索提高提案工作水平的新方法、新途径，全面优化提案的征集、审查、办理和意见反馈等工作，进一步提升提案工作科学化水平。

溧阳概况

栏目编辑　尹少鹏　莫　俊

基本情况

【地理位置】 溧阳市位于长江三角洲西南部的苏、浙、皖三省交界处，地处北纬31°09′～31°41′，东经119°08′～119°36′，东邻宜兴，西与高淳、溧水毗邻，南与安徽省的广德、郎溪接壤，北接句容、金坛，南北长59.06公里，东西宽45.14公里，土地总面积1535.87平方公里。

境内有低山、丘陵、平原圩区等多种地貌类型。南部为低山区，属天目山脉延伸，山势较为陡峭，绝对高程在250米以上，比高（吴淞基面）在200米以上；西北部为丘陵区，属茅山余脉，冈峦起伏连绵；腹部自西向东地势平坦，为平原圩区，平均海拔3米。溧阳处于太湖湖西水网区，属太湖水系，境内之水及高淳、郎溪部分客水主要经南河、中河、北河注入太湖。

【行政区划】 2011年，溧阳市辖10个镇（区）：江苏省溧阳经济开发区（溧城镇）、天目湖旅游度假区（天目湖镇）、埭头镇、上黄镇、戴埠镇、别桥镇、竹箦镇、上兴镇、南渡镇、社渚镇。

【物产资源】 境内自然植被茂盛，森林覆盖率达21%。拥有耕地面积7.47万公顷，林地2.19万公顷，河流和湖泊2.84万公顷。溧阳盛产水稻、油菜、茶叶、蚕桑、白芹、板栗、西瓜、竹笋以及鲢鱼、鳊鱼、青鱼、草鱼、鲫鱼、螃蟹、白壳虾等，素有“鱼米之乡”、“丝府茶城”之誉。

境内有石灰岩、方解石、瓷石、膨润土、黏土、硅灰石、石英岩、石英砂岩、大理岩、建筑砂、煤炭等。其中石灰石、方解石、大理石、陶土、彩瓷石等储量均在亿吨以上，且品位优良，具有极佳的开采价值。

境内的天目湖旅游度假区、南山竹海风景区是享誉华东地区的旅游度假胜地；新四军江南指挥部纪念馆为全国爱国主义教育示范基地、省级文物保护单位；水母山化石产地保护区是震惊世界的“中华曙猿”化石发现地。其他旅游景点和历史遗迹还有：瓦屋山、高静园、凤凰公园、长荡湖湿地公园、天目铭汤温泉、龙潭森林公园、伍员山、平桥石坝、别桥淳化阁帖、合剌普华墓址、大石山摩崖石刻及东风、九龙沟生态农业观光带等。

【交　通】 溧阳水陆空交通便捷。宁杭高速、扬溧高速于此交汇，104国道、芜太运河和在建的宁杭铁路等横贯全境，距南京禄口国际机场68公里，有“三省通衢”之美誉。

【气候概况】 溧阳市气候属北半球亚热带季风气候，温和湿润，四季分明，雨量丰沛，日照充足。夏冬季历时长，冬冷夏热；春秋季短，春温多变，秋高气爽。2011年，溧阳市平均气温较常年偏高，高温日数偏多，降水量偏少，日照时数偏少。重大天气事件主要有高温和暴雨，由于其影响时强度相对较弱，破坏性不够强，防范措施得力，未造成灾害性影响。台风没有对全市造成大的影响。

气　温　年平均气温16.2℃，比常年偏高0.7℃，属偏高年份。年平均最高气温20.8℃，比常年偏高0.7℃；年平均最低气温12.6℃，比常年偏高0.7℃。年内，8月平均气温接近常年，1月、12月平均气温较常年偏低，其他各月平均气温均较常年偏高。年极端最高气温37.6℃，出现在5月20日和7月25日；全年日最高气温≥35.0℃的高温日21天，较常年多9天；年极端最低气温−7.8℃，出现在1月16日。

降　水　年降水总量为1135.6毫米，比常年偏少25.3毫米。年内，6月、8月降水量比常年同期偏多，其余各月降水量都较常年同期偏少。全年雨雪日（≥0.1毫米）125天，比常年少8天；雨量≥10.0毫米的降水日27天，比常年少10天；雨量≥25.0毫米的降水日13天，比常年多1天；雨量≥50.0毫米的降水日7天，比常年多4天。一日降水量极大值为86.1毫米，出现在6月18日。最长连续降水时段出现在8月19～31日，累计降水量173.7毫米。最长连续无降水时段出现在12月9～31日，持续23天。梅雨从6月14日开始，7月20日出梅，入梅和出梅分别较常年偏早4天和偏迟10天，梅雨期36天，梅雨量399.3毫米，比常年偏多159.3毫米。

日　照　年日照时数1685.5小时，与常年1932.9小时相比，偏少

247.4小时。

高　温　全年共出现35℃以上高温21天，其中5月份高温日数4天，最长连续高温日数4天（7月27～30日），极端最高气温37.6℃(5月20日、7月25日），高温天气出现较早，对全市工农业生产和群众生活造成了一定的影响。

暴　雨　全年出现单日暴雨天气7次。6月10日，日降水量83.3毫米。6月18日，日降水量86.1毫米。6月24日，日降水量72.8毫米。8月1日，日降水量50.1毫米。8月10日，日降水量58.0毫米。8月12日，日降水量55.4毫米。8月24日，日降水量52.5毫米。

（李　娟）

【历史沿革】 距今5000多年前，溧阳境内即有先民活动。春秋末期，楚吴边界就有溧阳地名。公元前221年，溧阳始建县制，区域包括今溧阳市大部以及高淳县和溧水县的东南部。自三国吴大帝黄武元年（公元222年）至唐高祖武德三年（公元620年）的近400年间，溧阳县域区划变化甚大，溧阳县曾两度被废，境内先后设置过屯田都尉和永平县、永世县、平陵县。唐高祖武德三年（公元620年），废永世县，并划溧水东部之地复置溧阳县，自此溧阳作为行政区域名连续沿用至今。元、明时期，溧阳曾升为溧州、溧阳府、溧阳路、溧阳州。民国时期，溧阳县先后隶属于江苏省行政公署、金陵道、江苏省政府、江苏省第一行政督察区（专员公署驻溧阳县）、江苏省江南行署管辖。1949年4月25日溧阳解放，建立县人民政府，先后属苏南行署武进行政分区、常州专署、镇江专署管辖。1983年3月实行市管县体制后，溧阳县属常州市管辖。1990年8月经国务院批准，撤销溧阳县，设立县级溧阳市。溧阳历史上曾有多座县治，自唐昭宗天复三年（公元903年）迁至溧阳城（今溧城镇）以来，距今已有1000多年。

【人文荟萃】 历史上溧阳曾引四方高士慕名前来。李白、张旭、朱熹、张孝祥、汤显祖和袁枚等名人，都曾在溧阳留下足迹、名篇。孟郊、仇远、陈鸿寿等人，在溧阳任职多年，把政绩、佳作留存于世。宋璟、陆游等人的后裔，钟情溧阳，也就定居于此。溧阳人杰地灵，人才辈出。春秋期间，史贞女搭救伍子胥的事迹广为流传。从东汉起，出任朝廷文臣武将的名人有史崇、史务滋、马一龙、史贻直等人；明清期间的状元有马世俊，榜眼有宋之绳、任兰枝，探花有陈名夏、黄梦麟、任端书。当代中国科学院学部委员、院士有经济学家狄超白，昆虫学家蔡邦华，化学家彭少逸，细胞生物学家翟中和，液体火箭发动机专家朱森元，物理学家沈学础和理论有机化学家吴云东；中国工程院院士有光学专家庄松林，内分泌学专家史轶蘩和小麦育种专家程顺和；电缆事业的创始人之一葛和林，新针灸学的开拓者朱琏，文史专家缪钺，女作家菡子，世界知名青年科学家吴柯，他们都建树卓越，誉满中外。

【地方特产】 溧阳茶叶　溧阳是闻名遐迩的茶乡。溧阳茶，有着悠久的历史，始于唐宋，盛于明清。1991年以来，十一届中国溧阳茶叶节的相继举办，使溧阳的茶文化得到了更好的传承和发扬。在茶叶节的推动下，溧阳茶的品种日趋多样，制茶工艺日益精湛，茶叶质量不断提高。全市大力发展茶叶无公害生产，截至2011年年底，200多只（次）茶叶在全国“中茶杯”、江苏省“陆羽杯”等名特优茶评比中获得殊荣，天目湖白茶被选定为人民大会堂特供茶，天目湖“富子”白茶入驻上海世博联合国馆。

溧阳白芹　白芹是溧阳传统的特色农产品，已有800多年的种植历史。在种植过程中，当地农民创造出一套水芹旱育、一次性深培土的培植技巧，培育出的白芹晶莹透亮，茎鞘洁白，叶尖嫩黄，风味脆嫩爽口，微甜不腻，并含丰富的氨基酸，堪称江南一绝，成为馈赠亲朋好友的高档礼品。2005年溧阳白芹进入钓鱼台国宾馆，成为国宴菜肴。2006年9月16日，溧阳白芹获中华人民共和国原产地证明商标。2007年1月12日，溧阳市人民政府承担的“江苏省溧阳白芹标准化示范区”项目通过省质量技术监督局专家组的验收。溧阳白芹现已畅销京、沪、宁、杭、苏、锡、常等城市以及港澳台地区，且出口日本、韩国等国家。

溧阳板栗　溧阳丘陵山区盛产板栗，全市板栗面积10万余亩，是江苏省著名的干果生产基地。溧阳板栗果型大，皮壳薄，色泽悦目，肉质白而脆嫩，香味浓郁，以板栗为原料烹制的大栗烧鸡、大栗红烧肉、桂花糖大栗都是闻名遐迩的溧阳地方名肴。

长荡湖绒螯蟹　长荡湖（又名洮湖）所产的螃蟹，属长江水系中华绒螯蟹，是螃蟹家族中的名贵品种，青背白肚，螯强爪健。中秋过后，体大脂肥，红膏饱满，肉质细腻，维生素A含量极高的螃蟹上市，成为餐桌上的佳品。一品一尝，鲜美透顶，令人赞不绝口。溧阳市长荡湖水产养殖场生产的“可鲜可康”中华绒螯蟹具有“出国护照”——中华人民共和国出入境动物养殖企业注册证。长荡湖螃蟹不仅畅销上海、南京、广州、深圳、香港、澳门等地，而且走出国门，远销日本、韩国、新加坡以及欧美，深受海内外美食家的赞赏。用蟹黄做的蟹黄馒头（又称蟹黄小笼包），也是溧阳的名点。

天目湖砂锅鱼头　由江苏特级名厨朱顺才首创，采用天目湖中完全没有人工喂养的花鲢鱼头，用甘甜清冽的天目湖水，配以十多种佐料，置于专用的砂锅中，用文火久煨而成，汤色乳白如汁，清纯如雪；其香浓郁绕梁、馨雾升腾；其味肥而不腻，鲜而不腥。砂锅鱼头不仅味道鲜美，而且富含多种蛋白质、维生素和矿物质，经常食用能益智健脑，滋润养颜。天目湖砂锅鱼头成为溧阳天目湖蜚声四方的“三绝”之一，不仅在长三角地区声名远扬，而且已经成为江苏接待高级领导人以及重要外宾的招牌菜之一。1999年4月，天目湖宾馆一次性买断天目湖湖区砂锅鱼头原料大花鲢鱼头使用权，2000年初，经国家商标局注册了“朱顺才牌”商标。天目湖宾馆还积极实施外拓战略，不断输出鱼头烹饪技术和“朱顺才”品牌，先后在上海开分店，在北京、南京、兰州、石家庄等10多个城市设立连锁店。2002年11月，在中国第三届美食节上，“朱顺才牌”砂锅鱼头被中国饭店协会授予中国名菜称号。2004年11月21日，天目湖宾馆的天目湖牌天目湖砂锅鱼头获国家质量监督检验检疫总局授予的原产地标志。

溧阳乌米饭　乌米饭原为民间食品，唐代即有。溧阳乌米饭是把乌饭树叶捣烂、滤汁、泡糯米，晾干蒸煮而成，米粒紧缩，碧如坚珠。具有诱人的清香，乌黑的亮泽，劲道的口感。每天煮食一碗，能强筋骨、益气力，固精驻颜，被古人誉为“仙家服食”。

周城火锅　周城火锅又名周城羊肉火锅，是周城人的传统菜肴，以周城地产优质山羊肉为原料，采用传统配方及独特工艺制作而成，其肉质鲜美，风味独特，色、香、味俱佳，为古镇一绝。当地企业将其制成真空包装，销往常州、南京、上海等大中城市，深受各地消费者的青睐。

竹箦风鹅　竹箦风鹅以地产农家土鹅为原料，在继承传统工艺的基础上，采用扬州大学最新肉食品加工技术精制而成。生产全过程实行封闭式运行，不添加任何化学防腐剂，保持了传统风味鹅肉制品的“色、香、味、形”，原汁原味，食后回味无穷。

溧阳三黄鸡　这种鸡的特征为黄喙、黄毛、黄爪，故称。其体重一般达4.5千克（最重者可达5千克以上），故又称“九斤黄”。为蛋肉兼用型地方良种家禽。1只重1千克左右的鸡，将其放入一个大锅里，倒入能淹没鸡身的清水，同时放适量的葱、姜和黄酒，用大火烧开，撇去浮沫，再移至小火上焖10～20分钟，加适量食盐，鸡刚熟时，马上将锅端下，盖上锅盖放置一旁。待锅里汤凉爽后，再将鸡捞出，控去汤汁，在鸡的周身涂上香油即可。具有鲜、嫩、香、肥而不腻的口味特点。

溧阳扎肝　是过年的年菜，所以一般是一次做够，烧一大盆，待客时在饭锅里蒸热后上桌。取五花肉1块、猪肝1块、笋干2块、油豆腐2块，将五花肉、猪肝、笋干抓一起，外围用两块油豆腐夹住，左手拿好小肠的一头，从左到右将其绕3～4圈扎紧，剪断小肠，收好头。锅上大火，放冷水，扎肝烧沸，撇去浮沫，放入姜片、绍酒、葱结、精盐、酱油、白糖、转小火烧约1.5小时，捞去葱结、放味精即可出锅。具有口味咸鲜、荤中有素、柔中有脆、口感酥爽的特点。

北山地衣　“地衣鸡毛菜”，地道的溧阳农家菜。地衣是一种美食，凉拌、清炒或炖烧皆可，最适于做汤，别有风味，营养价值较高。餐厅取名为“情人的眼泪”，一道美味而浪漫的菜肴。

溧阳笋豆　咸鲜微甜、香酥适口，口味浓厚。净毛笋150克，老黄豆50克，精盐30克，味精20克，老抽30克，白糖20克毛笋洗净入锅焯水，捞出漂洗切丁，黄豆用清水泡1小时。锅上火，放水、黄豆、毛笋烧沸，加入调料改小火煮至七成烂，然后收汁，出锅冷却，晒干食用。

南山手剥笋　选用上品南山笋10根。特制绍菜根、秘制烧菜汁适量，将笋加工成大小均匀，焯水待用。将绍菜根、烧菜汁加秘制配方调汁后会同竹笋一起上笼蒸约两小时即可。

南山雁来蕈　咸鲜微甜、香味醇浓，味道鲜美。产于溧阳南山，又名“雁来菌”，食用菌的一种，生于农历二月者叫“桃花菌”，九月者叫“雁来菌”，以寒露时松花落地所生的最佳，味鲜美，有异香，是人们喜爱的山珍。雁来蕈100克、仔姜50克、酱油100克、白糖30克、色拉油500　克。将雁来蕈浸泡拣洗。锅上火，放酱油、雁来蕈、仔姜、白糖，烧沸，撇去浮沫，转小火烧半小时，起锅冷却后食用为佳。

【溧阳精神】　团结创业　实干兴市

【市民精神】　文明诚信　务实创新

【溧阳城市名片】　政治名片：新四军江南指挥部（威震江南　功在民族）；

经济名片：生态循环经济（发展生态循环经济　打造绿色环保溧阳）；

文化名片：孟郊与《游子吟》（感恩之城　大爱之乡）；

历史名片：人类发祥地（溧阳中华曙猿——距今4500万年前的人类祖先）；

民俗名片：跳幡神（千年神舞　祐你平安）；

人物名片：史贞女与伍子胥（诚信卓绝千古　感恩声凌浮云）；

美食名片：天目湖砂锅鱼头（鲜而不腥　肥而不腻　中华一绝　砂锅鱼头）；

观光名片：天目湖、南山竹海和瓦屋山

(1) 游憩天目湖，行走南山峰，山水绝佳处，诗情画意中

(2) 东湖南湖瘦西湖，太湖西湖天目湖

(3) 品天目湖绿茶，览南山竹风光

(4) 台湾有日月潭，溧阳有天目湖

(5) 中华小九华，溧阳瓦屋山

物产名片：天目湖绿色食品（自然精华　养生佳品）；

地域名片：苏浙皖三省通衢（长江三角中心城　华东三省通衢地）

【溧阳城市形象】　溧阳城市形象主题用语：

山水绝佳天目湖　感恩信义溧阳城

人类发祥地　生态好家园——中国溧阳

溧阳城市形象欢迎用语：

何时到溧阳　一见平生亲——中国溧阳欢迎您

敦厚如山　刚直如竹　纯净如水　清雅如茶——和谐溧阳欢迎您

中国游憩文化首选地——中国溧阳欢迎您

溧阳城市形象理念用语：

明礼诚信　尚善笃行　精业进取　开拓创新

溧阳城市形象旅游用语：

溧阳山水甲江苏　天目湖色秀江南

阅山阅水阅江南　品茶品竹品溧阳

七色文化旅游城　五季山水休憩地

溧阳城市形象外文用语：

Garden city Charming Liyang（田园城市　魅力溧阳）

Liyang,a city of many tradi tion（一个溧阳　万种风情）

A city of stories a land of beauty（一个充满着山水田园诗故事的城市）

【市树市花】　2004年10月，全市开展评选市树、市花活动。11月23日，经溧阳市十三届人大常委会第十四次会

议表决通过，作出《关于同意市人民政府“关于建议确定并命名溧阳市市树、市花的议案”的决定》，命名香樟树为溧阳市市树，桂花为溧阳市市花。

【溧阳八景】 天目山水，南山竹海，将帅雄风，瓦屋听禅，茶果飘香，石坝飞瀑，高静叩石，曙猿祖地。

【溧阳八俗】 鱼头也有身份证，水芹生长土里埋，白米煮出乌米饭，白茶有钱买不回，想挑西瓜不能拍，少儿挥笔写校牌，锣鼓幡神祈福来，高塔信手吊到位。

【天目湖八珍】 冬笋，板栗，乌饭，白茶，雁来蕈，香瓜藤，天目湖寿桃，爆炸瓜。

【天目湖八鲜】 砂锅鱼头，长荡湖蟹，长荡湖白壳虾，溧阳白芹，白鱼，田螺，红菱，刀鱼。 （文 扬）

经济发展

【综合经济实力】 2011年，全市实现地区生产总值503.78亿元，比上年增12.3%；人均地区生产总值6.69万元，比上年增长17.9%；按现行人民币汇率折算，人均地区生产总值超10000美元，达10363美元。从三次产业完成情况看，第一产业增加值34.49亿元，增长6.9%；第二产业增加值283.92亿元，增长11.7%，其中工业增加值257.58亿元，增长13.9%；第三产业增加值185.37亿元，增长14.2%， 三次产业比重由上年的7.1∶57.5∶35.4调整为6.8∶56.4∶36.8。全市财政总收入100.33亿元，比上年增长25.4%，其中地方一般预算收入37.13亿元，比上年增长28%。财政总收入占地区生产总值的比重达19.9%，比上年提高1.1个百分点。

【农　业】 2011年，全市完成农林牧渔业总产值62.02亿元，比上年增长13.7%。其中：农业总产值33.90亿元，增长19.5%；林业总产值0.91亿元，增长23.4%；畜牧业总产值6.44亿元，增长21.9%；渔业总产值18.81亿元，增长2.2%；农林牧渔服务业产值1.96亿元，增长9.5%。新增农业专业合作社130家，社员7.86万人；新增土地股份合作社7家；新增村级集体经济收入50万元以上村55个。

表1　2011年溧阳市主要农林牧业产品产量

产品名称	单　位	产　量	比上年增长（±%）
粮食总产量	吨	544735	3.3
其中：水稻	吨	381676	0.6
小麦	吨	137151	14.6
油料总产量	吨	20710	−21.6
其中油菜子	吨	18649	−23.6
茶叶产量	吨	3300	9.8
水果产量	吨	17639	10.5
蔬菜产量	吨	290719	10.1

【工　业】 2011年，全市实现工业总产值、产品销售收入分别达1300.16亿元、1271.01亿元，比上年增长25.6%、26.1%，实现工业利税总额119.60亿元、利润总额70.50亿元，比上年增长8.0%、8.5%。实现工业增加值257.58亿元，占全市GDP比重的56.4%。年纳税销售收入超1亿元企业121家，其中超10亿元企业10家、超50亿元企业6家，其中江苏申特钢铁有限公司、江苏金峰水泥集团公司、江苏新时代控股集团有限公司、江苏上上电缆集团有限公司4家企业超100亿元。工业纳税销售收入1267.81亿元，同比增长45.6%，工业税收占税收总额的比重54.5%，比去年同期提高5.2个百分点。全年工业用电量达48.87亿千瓦时，比上年增长20.9%。

支柱产业优势明显。年末全市销售收入超2000万元的规模工业企业327家。规模工业分别实现产值1152.05亿元、产品销售收入1137.07亿元、利税总额111.7亿元、利润总额66.45亿元，分别比上年增长29.5%、30.2%、9.1%和8.1%。规模工业实现的产值、销售收入、利税、利润分别占全部工业的比重达88.6%、89.5%、93.4%和94.3%。

新兴产业发展喜人。2011年度，全市五大产业规模以上企业共实现产值、销售、利税分别是604.79亿元、596.08亿元、63.69亿元，比上年分别增长33.2%、34.7%、27.5%，高于全市规模以上工业增幅分别达3.7个百分点、

表2　2011年溧阳市规模以上工业企业主要产品产量

产品名称	单　位	产　量	比上年增长（±%）
变压器	千伏安	66345765	20.3
电力电缆	千米	154155	3.9
服装	万件	1804	3.9
配合饲料	吨	338844	2.8
啤酒	千升	178449	−27.2
纱	吨	9910	−29.3
化学农药	吨	10830	−32.3
发电量	万千瓦时	132032	15.6
水泥	万吨	1838.06	−3.5
水泥熟料	万吨	1265	−10.8
生铁	万吨	193.45	27.3
钢材	万吨	304.86	31.4

4.5个百分点、18.4个百分点，其中装备制造业和新材料业产值增速分别达33.5%和44.3%，远高于规模以上工业平均水平。

节能降耗常抓不懈。2011年规模以上工业企业综合能耗419.3万吨标煤，同比增5.85%，万元产值能耗0.364吨标煤，同比下降18%。31家重点耗能企业综合能耗395.9万吨标煤，同比增4.32%，万元产值能耗0.5570吨标煤，同比下降15.37%。完成节能监测和节能专项监察审计企业36家，完成重点节能项目14项，淘汰落后用能设备50台（套），清洁生产审核报告完成14家，能源审计企业12家，完成循环经济试点企业2家，全面完成46家企业强制性清洁生产审核工作。

【建筑业】 2011年，全市建筑业施工产值375.7亿元，比上年增20%。实现劳务收入116.5亿元，增19.5%。全员劳动生产率为30.62万元/人，增10%。累计施工面积达2605.63万平方米，比上年增长39%；其中新开工面积1536.69万平方米，比上年增长45.2%；累计竣工面积1317.56万平方米，比上年增长51.4%。首次被江苏省人民政府评为“建筑强市”。

全年创省优以上工程25只，省级文明工地30只。江苏天力建设集团有限公司承建的武进礼合水厂工程获得国家市政工程“金杯奖”。

【固定资产投资】 全市完成全社会固定资产投资311.16亿元，其中工业投入234.16亿元，分别比上年增长22.7%和20.3%。

重点项目推进顺利。2个省级重点项目天目湖生态休闲文化创业产业园、苏浙皖物流中心二期共完成投资8.5亿元。11个常州市重点项目（含省级项目）共完成投资45.9亿元，243个市级重点项目完成投资273.3亿元。

工业投资快速增长，高新投资增势强劲。2011年全市工业投资完成234.16亿元，同比增长20.3%，占全社会比重75.3%。全市高新技术投资完成109.45亿元，同比增长144.3%，比去年同期提高34.7个百分点，占工业投资比重为46.7%，占比较去年同期提高23.7百分点。

房地产投资迅猛，交易增幅趋缓。2011年房地产业完成投资33.66亿元，同比增长52.5%，高于全社会投资增幅29.8个百分点；商品房施工面积328.34万平方米，同比增长89.4%；商品房销售面积79.16万平米，同比增长7.7%；商品房销售额44.54亿元，同比增长12.9%。

【商贸服务】 2011年，全市实现社会消费品零售总额173.20亿元，增17.4%。其中，城镇消费品零售额110.38亿元，增长20.1%；农村消费品零售额62.82亿元，增长13%。社会消费品零售额中，批发零售业零售额156.82亿元，增长16.6%；住宿餐饮业零售额16.38亿元，增长26.0%。全市限额以上批发零售企业食品饮料烟酒类、服装鞋帽针纺类商品零售额分别同比增长27.3%和50.6%；金银珠宝类、家具类零售额分别同比增长109.3%和18.7%；餐饮业继续保持快速发展态势，星级宾馆、饭店、快餐、农家乐构成的餐饮市场实现零售额10.99亿元，增长14.8%。苏浙皖边界市场提档升级，沃尔玛百货有限公司、金鹰国际购物中心、月星集团家居广场等一批知名商贸企业进驻溧阳。

【开放型经济】 2011年，全市实际到账外资4.01亿美元，工商登记注册外资8.05亿美元，分别增长13.3%和8.5%。完成新增工商注册外资超3000万美元的项目9个，其中制造业项目7个。完成外贸进出口总额10.4亿美元，其中出口8.9亿美元，分别增长58.6%和59%。新签外经合同额8100万美元，实现营业收入6425万美元。波士顿锂电池、上舜LED照明、安德里茨饲料机械、布勒研发中心及生产基地等5个总投资超1亿美元项目落户溧阳。

【旅　游】 2011年，全市围绕“全国一流、全域一体”发展定位，以天目湖“三区同创”为抓手，旅游业发展迈入快车道。成功举办第七届天目湖旅游节暨溧阳乡村旅游博览会、第七届天目湖旅游节国际户外嘉年华、第七届天目湖美食节等活动。被评为中华最佳休闲度假旅游城市和全国十大最具幸福感的休闲城市，入围中国“民族节庆奖”。天目湖旅游度假区完成AAAAA创建的申报和省级调研，御水温泉荣获“中国十大温泉”称号，十思园被评为全国休闲农业和乡村旅游示范点。天目铭汤孝子温泉成功创建国家AA级景区。全年接待国内外游客901万人次，实现旅游总收入86.4亿元，门票张数260万张，增长36.3%。

【交通运输】 2011年，宁杭铁路客运专线溧阳段、常溧高速公路、西环线工程有序推进。104国道上兴洋河至旧县老路拓宽段18.9公里建成通车。黄岗岭至南山竹海二期（改线段）工程已完工，完成投资4500万元。芜申运河溧阳先导段航道整治工程完成1650万元，桥梁工程下部结构桩基工程全部结束，累计完成投资1.02亿元。

更新城市出租车70辆、城市公交车30辆；所有出租车全部实现“油改气”；市区公交车空调化率超93%。新投入镇村公交30辆，开通镇村公交线26条，全市累计有镇村公交线105条，镇村公交车160辆。连续8年被评为全省农村公路建设先进县市，溧阳城乡客运一体化模式成为全国典型。

【邮电通信】 2011年，全市完成邮电业务收入6.96亿元，增9.4%。年末本地电话用户24.14万户，其中城市电话用户10.47万户，住宅电话用户17.83万户，其中农村电话用户13.82万户；年末移动电话用户78.16万户，增18.4%。互联网宽带接入用户累计12.04万户，增27.4%。

【金融保险】 年末，全市金融机构人民币各项存款余额541.8亿元，贷款余额367.1亿元，分别比年初增长18.8%和22.5%；实际新增贷款72.6亿元，其中工业贷款44.6亿元。新组建小额贷款公司5家，招商银行、华泰证券到溧阳开设分支机构。联合举办中小企业银企对接12次，签约7.4亿元，全年新增实质性信贷投资超120亿元。成功发行政府平台企业债券，创建成江苏省金融生态优秀县。

全年保险业务收入8.43亿元，比上年增长12.6%。其中，财产险收入3.07亿元，增长25.3%；寿险收入5.36亿元，增长6.3%。全年支付各类保险赔款1.78亿元，比上年增长7.7%。其中，财产险支出1.62亿元，增长8.3%；寿险支出0.16亿元，增长−7.8%。

社会事业

【科技创新】 2011年，全市完成高新技术产业产值408.68亿元，增62.3%，占全市总产值的比重为35.5%。新增省级科技创新平台5家，实施重点科技计划项目88项，其中省级以上重点项目44项，争取上级经费2564.86万元。新增高新技术企业7家，新认定省高新技术产品76只。新认定创新领航企业3家，创业先锋企业2家，新增江苏省民营科技企业98家。专利申请量和授权量分别达2933件和1842件，其中发明专利申请688件，增284件。知识产权区域示范工作顺利通过省知识产权局专项验收。

【教　育】 城南小学一期、戴埠小学建成投运，职教中心三期、社渚小学开工建设，新增省四星级高中1所，成功组建光华初中等3家教育集团。文化小学、东升小学、昆仑实验幼儿园改扩建工程启动。义务教育优质学校增加到58所，优质学校比例超80%。被评为江苏省义务教育均衡发展先进县市区。高考本科第二批以上达线2436人，达线率47.5%，提高2.18个百分点。

全市共有中小学78所，其中小学40所、中学38所；在校学生7.22万人，其中小学生3.73万人，小学学生毕业率100%；中学生3.49万人，初中学生毕业率98.7%；中职学校3所，在校学生0.95万人；幼儿园45所，其中民办17所，在园幼儿数1.82万人。

【卫　生】 启动新市级医院建设，社渚卫生院土建完成、进入内装饰阶段；别桥卫生院竣工。完成40所卫生室的新建和改扩建任务，所有村卫生室达省级标准。建立农村居民健康档案，已输录完成58万余份。国家基本药物制度全面实施，基层医疗机构药品价格平均下降25%以上。被评为全国农村中医工作先进市。

全市共有医疗机构215个，其中医院11个、卫生院18个。实有床位数2361张，卫生工作人员4255人，卫生技术人员3100人，其中，执业（助理）医师1326人，注册护士1196人，药师（士）159人。

【文化体育】 全年送戏下乡70场，送电影下乡3310场，送书下乡2.8万册次，组织广场主题文化活动21场，组织送文化下乡10场。全市单项体育协会23个、体育类民办非企业单位2个，体育协会90个，会员数量1万余名。溧阳市被命名为中国民间文化艺术之乡、江苏省体育强市。焦尾琴传说、祠山庙会列入江苏省第三批非物质文化遗产名录。全年体育彩票销售超1亿元，增幅超100%，列全省第一。

【公用事业】 2011年，全市完成西片区、东片区概念性城市设计，全面完成东大街、眠杨树路等城区道路改造和平陵街、城中路等背街小巷整治，以及文化新村、昆仑花园等老住宅小区改造。新增天然气用户1.2万户。公安交通指挥中心完成投入试运行。68套电子警察、18套高清卡口系统建设已基本完善。全市31个小区共64个探头的视频监控建设和5000户平安E家建设均已完工并通过竣工验收。公众安全感96%以上。

【环境保护】 全市深入开展容环境综合整治，新增城区绿化面积158公顷，城市绿地率达38.4%。年内有4个老住宅小区雨污分流改造工程通过竣工验收，11个老住宅小区雨污分流工程完成全部工程量。城乡生活垃圾实现统筹处理，处理农村生活垃圾13.21万吨。深入开展天目湖水源地保护、矿业整顿和化工整治三大行动。

人民生活

【人　口】 2011年年末，全市户籍人口达78.73万人，比上年增长0.74%，其中，男39.87万人、女38.86万人。常住人口75.58万人，比上年增长0.84%，其中，城镇人口39.01万人，城市化率为51.61%。总户数26.63万户，年内出生人口6312人，人口出生率为8.05‰，死亡人口2885人，死亡率为3.68‰，人口自然增长率4.37‰。

【就　业】 2011年，全市城镇新增就业11112人，城镇失业人员再就业2147人，就业困难人员再就业512人，城乡劳动者职业技能培训6543人，创业培训687人，扶持创业人数477人，创业带动就业人数2401人。城镇登记失业率逐年下降，年末控制在2%以内，连续7年下降。

【社会保障和社会福利】 2011年，全市城镇职工基本养老、医疗和失业“三大保险”综合覆盖率稳定在98%以上，新型农村合作医疗和城镇居民医疗保险参保率持续保持100%，居民养老保险缴费15.4万人，基本实现全覆盖。农村低保标准从每人每月210元提高到250元，城市低保标准从每人每月330元提高到360元。累计发放居民基础养老金、尊老金1.93亿元。累计增加廉租房实物配租400套、租赁补贴800套，发放经济适用房货币化补贴5620万元。全市慈善基金规模达2.4亿元，累计发放救助金6000余万元，受助困难群众达16万余人次。

【人民生活】 2011年城镇居民人均可支配收入26418元，增15.3%；农民人均纯收入13505元，增18.8%，城乡居民收入比缩小到1.96∶1。年末，全市城乡居民储蓄存款余额288.2亿元，人均储蓄存款36606元，比上年增加2951元，比2007年年末翻了一番。城镇居民人均消费性支出18081元，增21.3%；农村居民人均生活消费支出12839元，增9.5%。年末，每百户城镇居民家庭拥有电话（移动电话）274部，家用电脑87.6台，家用汽车26辆；平均每百户农村居民家庭拥有电话（移动电话）267部，家用电脑39台。

（陈佩翔）

组织机构与主要负责人名录

（2011年1月～2011年12月）

中共溧阳市委员会

书　记　韩立明（女）（至6月）
　　　　盛建良（6月任）
副书记　盛建良（至6月）
　　　　苏江华（6月任）
　　　　汤如军（6月任）
常　委　赵国兴（至6月）
　　　　杨　琪
　　　　闵建平
　　　　石伟东（至5月）
　　　　夏国浩（6月任）
　　　　周卫中（6月任）
　　　　张　超（5月任）
　　　　邵钦华（6月任）
　　　　张　宇（6月任）

溧阳市人大常委会

党组书记　韩立明（女）（至6月）
　　　　　盛建良（6月任）
副书记　袁再保
主　任　韩立明（女）（至6月）
代理主任　袁再保（6月任）
副主任　袁再保
　　　　高　峰
　　　　彭留双
　　　　赵忠保
　　　　沈福新
　　　　张　艳（女）
　　　　武宝林
　　　　赵国兴（1月任）

溧阳市人民政府

党组书记　盛建良（至6月）
　　　　　苏江华（6月任）
副书记　汤如军（至7月）
　　　　周卫中（7月任）
市　长　盛建良（至6月）
代市长　苏江华（6月任）
副市长　汤如军（至7月）
　　　　周卫中
　　　　夏国浩
　　　　彭　峻（至11月）
　　　　唐华新
　　　　张爱文
　　　　张培忠
　　　　蔡金龙（6月任）
　　　　陈　鹏（6月任，至12月）
　　　　王　龙（10月任）

政协溧阳市委员会

党组书记　崔国伟
副书记　凌奋宝
主　席　崔国伟
副主席　凌奋宝
　　　　马小其
　　　　王勤月（女）
　　　　罗志强
　　　　韩金红（女）
　　　　周建明
　　　　杨建忠
　　　　陆晓明

中共溧阳市纪律检查委员会

书　记　石伟东（至5月）
　　　　张　超（5月任）
副书记　郑丽萍（女）
　　　　芮立新

溧阳市人民武装部

党委第一书记　韩立明（女）（至6月）
　　　　　　　盛建良（6月任）
政　委　张　宇
部　长　倪为民（至3月）
　　　　丁国明（3月任）

溧阳市人民法院

党组书记、院长　张少平

溧阳市人民检察院

党组书记、检察长　许岳华

中共溧阳市委工作机构及直属单位

市委办公室
　主任　刘国新（至6月）
　　　　曹　俊（8月任）
市委组织部
　部长　杨　琪
市委宣传部
　部长　闵建平
市委统战部
　部长　罗志强
市民族宗教事务局
　局长　狄跃庆
市委政法委员会
　书记　赵国兴（至6月）
　　　　邵钦华（6月任）
市社会治安综合治理委员会办公室
　主任　戴忠平
市依法治市领导小组办公室
　主任　赵国兴（至6月）
　　　　邵钦华（6月任）
市委农村工作办公室
　主任　王新民（至8月）
　　　　夏火林（8月任）
市委机要局
（市国家保密工作局、市密码局）
　局长　董卫国
市委市级机关工委、直属机关党委
　书记　陈信保
市委新经济社会组织工作委员会
　书记　姚觉成（至8月）
市委老干部局
　局长　刘国新（至6月）
市信访局
　局长　宋志明
市委台湾工作办公室
　主任　陈伟星

市委党校
校长　韩立明（女）（至6月）
盛建良（6月任）
常务副校长　潘益明
市档案局（馆）
局（馆）长　周志清
市精神文明建设指导委员会办公室
主任　朱开国
市机构编制委员会办公室
主任　蔡卫平（至8月）
杨　琪（10月任）

溧阳市人大常委会办事机构

办公室
主任　史　萍（女）
财政经济工委、农业和农村工委
主任　张跃庆
内务司法工委、民族宗教侨务工委
主任　苏　嘉
教科文卫工委
主任　姜中华（至11月）
人事代表工委
主任　霍云霞（女）
环境资源城乡建设工委
主任　庄治斌
研究室
主任　杨　枫

溧阳市人民政府工作部门、办事机构及派出机构

市政府办公室
主任　曹　俊（至8月）
王新民（8月任）
市政府研究室
主任　宗荣庆（至10月）
市外事办公室
主任　周文光（至8月）
市接待办公室
主任　成　俊
市金融工作办公室
主任　张夕仙（女）（至2月）
赵　明（11月任）
市重大项目办公室
党组书记、主任　钱　栋
市政府法制办公室
主任　沈健清
市政府侨务办公室
主任　耿　伟
市发展和改革委员会
党委书记　潘荣福
主　　任　柳建平
市物价局
局长　潘荣福
市住房和城乡建设委员会
党委书记　魏苏仁（至4月）
主　　任　蒋丰年
市建筑工程管理局
局长　蒋丰年
市城市管理局（市城市管理行政执法局）
党委书记　陈志达
局　　长　刘学俊
市规划局
党组书记、局长　储利军
市民防局
党组书记、局长　黄建伟
市经济和信息化局
党委书记　夏火林（至8月）
蔡红兵（8月任）
局　　长　邵钦华
市中小企业局
局长　蔡红兵（至11月）
李国平（11月任）
市教育局
党委书记　陈黎明
局　　长　范国华
市科学技术局（市知识产权局）
党组书记、局长　蒋海清
市公安局
党委书记、局长　张培忠
政　　委　陈立群
市监察局
局长　郑丽萍（女）
市民政局
党委书记　翟德明
局　　长　王海保（至9月）
姚觉成（9月任）
市老龄工作委员会办公室
主任　朱梅琴（女）
市司法局
党组书记、局长　戴一平
市财政局
党组书记、局长　张夕仙（女）
市人力资源和社会保障局
党委书记　阮正华
局　　长　蔡卫平（至3月）
陆卫林（3月任）
市交通运输局
党委书记　陈波涛
局　　长　周建明
市水利局（市水务局）
党委书记　赵远（女）
局　　长　张旭平
市农林局
局长　蒋进章
市商务局
党委书记　王洪明
局　　长　陈少艾（女）
市卫生局
党委书记　朱法新（至9月）
局　　长　谢志强（至6月）
王海保（9月任）
常州市溧阳食品药品监督管理局
党组书记　郑志荣
局　　长　宋建国
市人口和计划生育局
党组书记、局长　杨文艳（女）
市审计局
党组书记、局长　高伟新
市安全生产监督管理局
党组书记、局长　宋永红
市环境保护局
党组书记、局长　吴志东
市粮食局
党委书记　汤敏骅
局　　长　史晓芳（至12月）
市供销合作总社
党委书记、主任　偰立昕
市统计局
党组书记、局长　沈新章
溧阳广播电视台
党委书记、台长　沈　伟
市文化广电体育局
党委书记　王万鹏
局　　长　朱洪伟
市旅游局
党组书记、局长　汤全明
市行政学校
校长　盛建良（至6月）
苏江华（6月任）
常务副校长　潘益明
市地震局
党组书记、局长　王　钢
市行政服务中心
党工委书记　孙龙斌（至2月）
姜竹旻（3月任）

管委会主任　孙龙斌（至2月）
　　　　　　奚　盛（3月任）

政协溧阳市委员会办事机构

秘书长　周荣春
办公室
　主任　周荣春
研究室
　主任　芮振华
提案委员会
　主任　黄幸福
学习和文史委员会
　主任　胡国勤（至7月）
经济科技委员会
　主任　谢琴芬（女）
社会事业法制委员会
　主任　伏儒海
海外联谊委员会
　主任　狄跃庆

社会团体

市工商业联合会（市总商会）
　党组书记　莫国庆
　会　　长　陆晓明
共青团溧阳市委员会
　党组书记、书记　史幸君
市红十字会
　会　　长　唐华新
　党组书记　施春俊（女）
市总工会
　党组书记、主席　包志宏
市妇女联合会
　主席　张雅萍（女）
市科学技术协会
　主席　严旭华（女）
市归侨侨眷联合会
　党组书记、主席　耿　伟
市文学艺术界联合会
　主席　赵善坚
市残疾人联合会
　党组书记、理事长　李小平

中共溧阳市委协助管理单位

溧阳市国家税务局
　党组书记、局长　曹　忠
常州市溧阳地方税务局（5月机构改革更名，前为溧阳市地方税务局）
　党组书记、局长　戚浩东（至5月）
　　　　　　　　　鞠洪亮（5月任）
常州市溧阳工商行政管理局
　党组书记、局长　方学军
溧阳市国土资源局
　党委书记、局长　王富康
江苏省电力公司溧阳市供电公司
　党委书记　葛　超
　总经理　陆立民
常州市溧阳质量技术监督局
　党组书记、局长　马伟明
江苏省溧阳市烟草专卖局
（江苏省烟草公司常州市公司溧阳营销部）
党组书记、局长、经理　芮振球
常州出入境检验检疫局溧阳办事处
　主任　姚琦华
常州海关驻溧阳办事处
　主任　汤建强（至7月）
　　　　蒋　勇（7月任）
溧阳市邮政局
　党委书记、局长　吕　靖
江苏省电信公司溧阳市电信局
（中国电信股份有限公司溧阳分公司）
　党委书记、局长、总经理　陈支农
中国移动通信集团江苏有限公司溧阳分公司
　总经理　郑德君
中国联合网络通信有限公司溧阳市分公司
　总经理　浦建卫
溧阳市气象局
　局长　管连和
溧阳市盐务管理局
（江苏省苏南盐业有限公司溧阳分公司）
　局长、经理　俞正洪
常州市天目湖地区人民检察院（7月机构改革更名，前为常州市社渚竹箦地区人民检察院）
　检察长　蔡和方（至11月）
　　　　　朱文俊（11月任）
江苏省溧阳地震台
　台长　王　钢
江苏溧阳中华曙猿遗迹保护区管理处
　主任　钱和金
常州市住房公积金管理中心溧阳分中心
　主任　吴鸿宾
中国人民银行溧阳市支行
（国家外汇管理局溧阳市支局）
　党组书记、行长、局长　冯晓兴
中国银行业监督管理委员会常州监管分局溧阳办事处
　主任　陈仲顺
中国工商银行股份有限公司溧阳支行
　党委书记、行长　朱丽萍（女）
中国银行股份有限公司溧阳支行
　行长　赵　静（女）
中国建设银行股份有限公司溧阳支行
　党委书记、行长　王　芳（女）
中国农业银行溧阳市支行
　党委书记、行长　朱志忠
交通银行股份有限公司常州溧阳支行
　行长　操文伟（至8月）
　　　　彭晓萍（女）（8月任）
中国农业发展银行溧阳市支行
　行长　刘建华
江苏江南农村商业银行溧阳市支行
　行长　沈一平
中信银行溧阳支行
　行长　马伟清
江苏银行溧阳支行
　行长　史　侃
中国邮政储蓄银行溧阳支行
　行长　恽红伟
浦发村镇银行溧阳支行
　行长　陈拥军
东海证券有限责任公司溧阳南大街营业部
　总经理　彭建福
中国人民财产保险股份有限公司溧阳支公司
　经理　赵慧娟（女）
中国人寿保险股份有限公司溧阳支公司
　经理　张小兰（女）
中国人寿财产保险股份有限公司溧阳支公司
　经理　狄志强
中国太平洋财产保险股份有限公司溧阳支公司
　经理　王益斌
中国太平洋人寿保险股份有限公司溧阳支公司
　副经理（主持工作）　潘　岩（10月任）

大　事　记

栏目编辑　陈　莉

2011年大事记

1月

8日　市政府与中国中材集团有限公司签订利用水泥窑无害化协同处置生活垃圾示范线项目协议。该项目设计日处理城市生活垃圾能力500吨。

9日　江苏省惩防体系建设检查考核组到溧阳考察惩防和预防腐败体系建设情况。

10日　溧阳市举行2010年度廉租住房入住仪式。2010年，全市共受理350户家庭的申请，经审核，对符合条件的258户低收入住房困难家庭实行廉租住房保障，其中90户实行实物配租、168户实行租赁补贴。

10～13日　政协溧阳市第十三届委员会第四次会议在市会议中心召开。

11～13日　溧阳市第十四届人民代表大会第四次会议召开。会议补选赵国兴为溧阳市第十四届人民代表大会常务委员会副主任。

14日　上黄镇水母山村、戴埠镇河西村、溧城镇杨庄村、天目湖镇天目湖村获江苏省“社会主义新农村建设先进村”称号。

15日　市委、市政府在南京举行溧阳经济社会发展情况汇报会。

20日　江苏省委常委、省政法委书记林祥国走访慰问天目湖镇敬老院的老人和该镇部分五保户、困难群众、老党员。

22日　交通运输部党组成员、驻部纪检组长杨利民视察溧阳春运工作，调研城乡公交一体化建设情况。

26日　最高人民检察院检察长曹建明在江苏省委常委、政法委书记林祥国和省人民检察院检察长徐安的陪同下调研溧阳基层检察工作。

2月

9日　常州市道德模范人物评选揭晓，溧阳工商行政管理局退休干部王秋生、溧城镇耆坊场社区居民顾年娣，社渚镇敬老院院长高明霞、溧城镇清溪路社区居委会主任陈萍，江苏上上电缆集团职工朱庆胜分别当选“文明风尚”、“为民奉献”、“创新创业”类常州市道德模范。

16日　江苏省社会矛盾纠纷调处成功率考核组考核溧阳社会矛盾纠纷调处工作，对溧阳市2010年社会矛盾纠纷调处成功率达99.29%的成绩表示肯定。

23日　溧阳市被江苏省发改委确定为全省首批4个低碳经济试点城市之一。

△　溧阳市2011－2015年度全国科普示范市创建工作推进会召开。

25日　新华社、中央人民广播电台、光明日报、经济日报、新华日报、江苏广电总台等媒体记者采访溧阳交通运输行业精神文明创建工作和镇村公交建设情况。

26日　市委、市政府授予南渡镇梅庄村村民虞菊伢诚实守信道德模范称号。

27日　农业部“百乡万户”调研组考察溧阳农业增效、农民增收、农村发展等“三农”工作。

3月

7日　市检察院公诉科和市地税局第三税务分局征收所获全国“巾帼文明岗”称号。

8日　天目湖御水温泉举行国家AAAA级景区揭牌仪式。

4月

6～8日　沙河、大溪水库除险加固工程通过省水利厅组织的竣工验收。

9日　全国政协专题调研组在溧阳视察调研。中共中央委员、全国政协社会和法制委员会副主任李学举，全国政协常委、副秘书长蒋作君，全国政协常委、社会和法制委员会委员李君如随队来到溧阳。

12日　全国人大财经委副主任委员汪恕诚在省人大常委会副主任孙永明的陪同下视察溧阳。

14日　江苏上上电缆集团有限公司分别与国核工程有限公司、上海核工程研究设计院、美国Qualtech公司签署AP1000自主化依托项目安全壳内电缆采购合同等。

20日　天目湖镇被评为“中国最佳乡村旅游镇”。

22日　江苏省“双学双比”、“巾帼建功”活动现场推进会在溧阳召开。省委常委、副省长黄莉新出席会议。

25日　市委书记韩立明会见日本大分县前知事、日本NPO法人大分“一村一品”国际交流推进会理事长平松守彦和日本非营利组织法人大分观光协会会长西太一郎，并共同栽种“友谊树”，纪念“一村一品”运动在溧阳的发展。

26日　溧阳市被省政府命名为“建筑强市”。1991年溧阳市被省政府命名为“建筑之乡”。

26日～5月28日　第七届天目湖旅游节暨溧阳乡村旅游博览会举办。活动期间，全市累计接待游客204万余人次，旅游综合收益达8.2亿元，旅游农庄收入3.1亿元。

5月

4日　市青年联合会第四届委员会第一次全体会议暨纪念五四运动92周年大会召开。

7日　江苏亚东涵田国际第七届天目湖旅游节国际户外嘉年华在涵田度假村开幕。

11日　江苏溧阳·四川成都建筑业合作交流会在四川省成都市举行。

15日　市第二十三届科普宣传周开幕式暨大型科普集市活动在市人民广场举行。

23日　溧阳市民兵高炮连在全省高炮实弹射击考核中首发命中飞机拖靶，获“实弹射击考核优胜单位”奖牌。

26日　全市人大工作会议暨人大常委会设立30周年纪念大会在市会议中心召开。

△　新四军江南指挥部纪念馆入选由国家发改委、中宣部、国家文物局等14个部委联合公布的全国红色旅游经典景区名录。

△　溧阳市获省旅游委员会授予的“江苏省旅游工作先进集体”称号。

6月

7日　溧阳市被中国科协评为“2011—2015年度全国科普示范县（市、区）”。

10日　溧阳蒋塘马灯舞入选国务院第三批国家非物质文化遗产名录，蒋塘马灯舞始于明朝嘉靖年间。

14日　由江苏省文联、中共溧阳市委、溧阳市人民政府主办，市委宣传部、市文广体局、市文联承办的“山河墨颂2011袁林山水画汇报展”在市文化馆美术展厅开展。

26日　溧阳市举行纪念建党90周年表彰大会暨“颂歌献给党”大型红歌会。

28～30日　中国共产党溧阳市第十一届代表大会召开。市委副书记、代市长苏江华主持开幕式。市委书记盛建良作《开启新征程共创新辉煌　为率先基本实现现代化而努力奋斗》的工作报告。会议表决通过《中国共产党溧阳市第十一次代表大会关于中国共产党溧阳市第十届委员会工作报告的决议》。会议选举产生中共溧阳市第十一届委员会委员、中共溧阳市纪律检查委员会委员、溧阳市出席常州市第十一次党代会代表。

30日　中国共产党溧阳市第十一届委员会举行第一次全体会议。会议选举盛建良、苏江华、汤如军、杨琪、闵建平、夏国浩、周卫中、张超、邵钦华、张宇为常委，盛建良为书记，苏江华、汤如军为副书记。

7月

1日　溧阳市被省政府授予“人口协调发展先进县（市）”称号。

△　溧阳市天目湖现代农业产业园区被省政府授予“江苏省现代农业产业园区”称号，这是溧阳市农业园区首次获此殊荣。

4～8日　市委书记盛建良、副书记汤如军率统战部、发改委、经济开发区、天目湖旅游度假区等部门和镇区相关负责人赴香港，参加系列招商推介会，举办2011中国溧阳（香港）城市产业推介会。

6日　中国船级社向江苏上上电缆集团有限公司颁发国内首张船用产品无石棉认可证书。

10日　溧阳市被评为“中华最佳休闲度假旅游城市”。

12日　招商银行股份有限公司溧阳支行开业。

23日　中国人民对外友好协会与溧阳市市委、市政府共同在水西村新四军江南指挥部纪念馆举行纪念陈毅元帅诞辰110周年活动暨“陈毅与张茜铜像”、“陈毅元帅诗词将军法书碑廊”落成仪式。中国人民解放军原副总参谋长钱树根上将，沈阳军区原司令员钱国梁上将、原副司令员宗顺留中将，军事科学院原政委张序三中将，国防科工委原副政委兼纪委书记葛焕标中将，陈毅长子、全国政协常委、中国人民对外友好协会会长陈昊苏及夫人秦昭女士，陈毅之子、标准国际投资管理公司董事长陈小鲁，江苏省委常委、宣传部部长杨新力，江苏省军区副政委刘战勤出席活动。

26 日 “溧阳债券发行实地调研会”在涵田度假村酒店举行。来自百年人寿、中英人寿、海富通基金、泰康资产等7家保险、基金机构的金融专家，就发行“溧阳市城市建设发展有限公司债券”作调研。

8 月

1 日 溧阳市获江苏省“五五”普法先进县（市、区）称号。

9 日 副省长史和平带领省经信委、科技厅、统计局、人行南京分行、省电力公司相关负责人调研溧阳工业经济运行情况。

20 日 2011全国县域经济百强县（市）揭晓，溧阳市排名第40位。

21 日 中国驻朝鲜大使刘洪才参观考察溧阳生态环境建设和旅游开发情况。

21～23 日 市委书记盛建良、代市长苏江华率领党政代表团赴武进、靖江、如皋、无锡滨湖区、宜兴等地考察学习。

9 月

3 日 中国美术院华东院揭牌仪式暨当代中国著名书画家作品（华东）特展开幕式在市天目湖国际村举行，李晋友、孙希岳、罗扬、王亚飞、周顺恺、王爱文、聂成文、马德春、赵立凡等著名书画家出席。

8 日 全国首家水资源保护巡回法庭在市水利（水务）局挂牌。

15 日 朗盛（溧阳）多元醇废弃焚烧炉装置落成启用，总投资近600万元。

△ 溧阳市老年大学举行建校20周年庆祝大会。

17 日 市委、市政府召开江苏省文明城市创建工作推进大会。

19 日 溧阳市被省金融稳定工作协调小组授予“金融生态优秀县”称号。

24 日 溧阳市“幸福家庭”志愿者活动启动仪式举行。

29 日 全省县级行政权力网上公开透明运行现场会在溧阳召开。

10 月

7 日 溧阳市天目湖镇苏园文化公司和天目湖镇桂林村分获“全国生态文化示范企业”和“全国生态文化示范村”称号。

12 日 中国老年学学会和市委、市政府举办“溧阳‘中国长寿之乡’授牌仪式暨新闻发布会”。

13 日 市政府与南京中医药大学、江苏康缘集团有限公司签订战略合作协议，构建政府—学校—企业战略合作关系。

19 日 江苏省军区副参谋长傅沿江、常州军分区司令员陈平、参谋长王宝玉检查溧阳征兵工作。

△ 江苏上上电缆集团有限公司被中国机械工业联合会授予“装备中国功勋企业”称号。

23 日～11 月 2 日 代市长苏江华率领代表团访问荷兰、德国、法国、瑞士等国家。代市长苏江华与荷兰莱瓦顿市市长费德克龙在莱瓦顿市博物馆正式签署建立友好城市协议，这是继日本白山市、美国联合市之后，荷兰莱瓦顿市成为溧阳市的第三个友好城市。

11 月

4 日 由溧阳市经济开发区、国睿集团有限公司和江苏现代低碳技术研究院共同合作的多能互补耦合功能系统示范工程项目签约。

5 日 江苏上上电缆集团有限公司采用完全自主技术研制的世界首批三代核电AP1000核岛电缆，成功交付业主三门核电有限公司。

9 日 全市低收入劳模补助金发放仪式举行，44名常州市级以上低收入劳模领取补助金。

23 日 中国新四军研究会第一副会长、南京军区原副司令员徐承云中将和沈阳军区原副政委潘瑞吉中将、江苏省军区原副司令员刘华健少将到溧阳水西村参观新四军江南指挥部纪念馆。

29 日 由中国饲料工业协会和江苏正昌集团共同举办的中国饲料工业协会第七届大型企业联谊会，以及正昌集团举行的SZLH1068环模制粒机交接仪式在溧阳举行，农业部副部长、中国饲料工业协会会长高鸿宾出席。

12 月

15 日 全国水利风景区建设与管理工作会议在溧阳市召开。

△ 溧阳市被文化部命名为“中国民间文化艺术之乡（少儿书法）”。

20 日 溧阳市四季度工业项目集中开工仪式暨溧阳二十八所系统装备有限公司系统装备研发与制造产业基地奠基仪式在经济开发区新区举行。

△ 溧阳市苏测公共技术联盟服务中心成立。

△ 溧阳市政府在南京召开《溧阳市基本实现农业机械化实施方案》专家论证会。

△ 溧阳市埭头镇埭头村获“全国文明村”称号。

22 日 由溧阳史氏历史文化研究会副会长、南京大学历史系博士生导师史全生教授编写的《史贻直评传》在埭头史侯庙举行首发仪式。

29 日 市委十一届二次全体（扩大）会议召开，市委书记盛建良作《凝心聚力促发展，真抓实干谱新篇，为率先基本实现现代化而努力奋斗》的工作报告。

2012年大事记

1月

6日　全市工业百亿企业暨纳税功勋企业表彰大会召开。

△　市政府与上海东方通用航空企业集团签订战略合作框架协议。

△　经中国优质农产品产品开发服务协会认定，天目湖白茶入选100个“2011消费者最喜爱的中国农产品区域公用品牌”产品。

13日　省委常委、常务副省长李云峰，副省长史和平到天目湖镇敬老院、埭头镇前六村慰问五保老人和部分困难群众。

16日　溧阳市神墩遗址、秦堂山遗址、牛场窑群、舍头桥、观莲桥等五处入选省第七批文物保护单位。至此，溧阳市省级文物保护单位增至10处。

△　溧阳市被省农业现代化建设领导小组列为全省农业现代化建设试点县（市、区），是常州地区唯一入选的县（市）。

2月

6日　副省长何权调研溧阳农村村庄环境整治工作。

9日　溧阳市获“江苏省文明城市”称号。至此，溧阳市已连续四次获此殊荣。

14日　溧阳市与江苏新誉集团有限公司共同建设开发的60万千瓦风电场项目签约仪式在天目湖宾馆举行。

16日　在交通运输部召开的全国交通运输行业创先争优活动推进视频会上，溧阳市交通运输局作为全国唯一的县（市）级交通运输部门，在会上作《让农民兄弟坐上满意公交》的交流发言。

26日　创建国家级体育产业（体育旅游）基地总体规划专家论证评审会召开。

29日　天目湖地区生态环境保护规划评审会在天目湖宾馆召开。

3月

5日　全市召开创建江苏省文明城市工作表彰大会。

6日　纪念“三八”国际劳动妇女节102周年暨“美在我家，村庄环境整治，巾帼在行动”推进大会举行。

15日　省军区副参谋长金川一行检查指导溧阳人民武装工作。

19日　中国医药集团总公司旗下企业——上海药物制剂工程研究中心有限公司与江苏联盟化学有限公司联合创办的“江苏天目湖药业有限公司”举行揭牌和合作项目签约仪式。

△　上海金纬机械（集团）有限公司项目落户溧阳经济开发区。

22日　市红十字会在溧城镇清溪路社区举行红十字博爱家园暨志愿者服务活动站授牌仪式。这是溧阳市首家红十字博爱家园。

23日　市志愿者协会二届一次理事（扩大）会议暨“学习雷锋好榜样——志愿有我、文明溧阳”志愿服务活动推进会举行。

△　南通大学附属溧阳医院揭牌仪式在市人民医院举行。

24日　中关村科技园区管委会和常州市人民政府共同举办的“江苏中关村科技产业园暨项目签约仪式”在溧阳市举行。

26～29日　市政协十四届一次会议召开，选举狄立新为政协主席，赵国兴、王勤月、罗志强、韩金红、陆晓明为政协副主席。

27～30日　市第十五届人民代表大会第一次会议召开，选举盛建良为市人大常委会主任，周建明、张艳、武宝林、马小其为副主任；选举苏江华为市人民政府市长，周卫中、夏国浩、唐华新、张爱文、蔡金龙、刘敏为副市长；张少平为市人民法院院长，周常春为人民检察院检察长。

4月

7日　水利部副部长矫勇视察溧阳水利工程建设情况。

7～10日　市委书记盛建良、市长苏江华率领全市党政代表团，赴大丰、连云港经济技术开发区、沭阳、江都、丹阳学习考察。

10日　溧阳市被省政府评为2011年度全省粮食生产先进单位。

11～12日　市领导苏江华、刘敏、王龙率市党政企代表团访问哈尔滨工业大学。溧阳与哈尔滨大学举行校地全面合作签约仪式。

17日　最高人民法院副院长黄尔梅视察溧阳市人民法院诉讼服务中心。

20日　江苏天目湖通用航空机场项目选址协调会在天目湖宾馆召开。

24日　市长苏江华在天目湖宾馆会见荷兰莱瓦顿市政府代表团，举行溧阳市与莱瓦顿市“2012—2015年可持续发展项目合作框架”协议签约仪式。

26日　由溧阳市人民政府主办的“县域基本现代化之路”论坛在天目湖宾馆举行。

△　南山长寿文化园举行揭牌仪式。

△　“中外博士教授溧阳行”活动暨签约仪式在市委党校举行，27名博士教授与溧阳市部分企业签订柔性工作协议。

26日～5月26日　第八届天目湖旅游节暨第十二届中国溧阳茶叶节举办，美国、荷兰、日本、德国、法国、奥地利及港澳台等嘉宾应邀参加。“两节”期间，全市累计接待人数235万人次，旅游综合收益9.8亿元；完成合资合作签约项目38项，投资总额24亿美元。

中共溧阳市委员会

栏目编辑　莫　俊　晋阿彬　陈莉莉

综　述

【概　况】 2011年，中共溧阳市委积极应对国内外复杂经济形势，牢牢把握“紧跟苏锡常，同步现代化”的目标定位，全力推进40项重点工程（工作），全市经济社会继续保持平稳健康的发展态势。全年实现地区生产总值503.78亿元，同比增长18.6%；完成财政收入100.3亿元，其中一般预算收入37.1亿元，同比分别增长25.4%和28%。

【经济实力不断跃升】 全年完成工业纳税销售1268亿元，增幅位居常州第一，社渚镇率先成为超百亿镇，4家企业纳税销售超百亿元，其中申特钢铁超350亿元。全市纳税销售超亿元企业121家，超10亿元企业12家，超50亿元企业6家，入库税金超亿元企业达7家。全市现有中国驰名商标6只、省著名商标26只、省名牌产品31只。启动实施农业现代化工程，吸引“三资”13.2亿元开发农业，新增高效农业面积9.2万亩、高标准农田6万亩。天目湖现代农业产业园区被评为省级现代农业产业园区，全福牧业和苏浙皖边界市场被认定为省级农业产业化龙头企业，曹山现代农业基地等一批重点项目有序推进。现代服务业加速发展，完成服务业增加值185.37亿元，实现全社会消费品零售总额171.65亿元，分别增长23.2%和17.4%。全年接待国内外游客920万人次，实现旅游总收入82亿元，分别增长27.3%和22.4%。“三区同创”全面推进，天目湖跻身全国第二批4个国家级旅游度假区试点行列。建筑业继续做大做强，全年建筑施工产值、劳务收入分别突破350亿元和100亿元，获“国优工程”2项，4家企业入选全省百强建安企业。

【发展质效得到优化】 完成全社会固定资产投资311.16亿元，其中工业投入234.16亿元，分别增长22.7%和20.3%，实施总投资5000万元以上重点工业项目160个，绿成纸业、新时代铜业、顺风光电等重大项目顺利推进。完成工商登记注册外资8.05亿美元，实际到账外资4.01亿美元。波士顿锂电池等5个总投资超亿美元项目顺利落户。确立以经济开发区、别桥北山工业园、上兴工业园、南渡新材料工业园为重点的“一区三园”发展格局，积极推进“区镇共建”，着力做强溧阳经济发展主阵地。新成立5家农村小额贷款公司，企业债券成功发行，金源锻造、瑞阳化工上市工作加快推进。全年完成高新技术产业产值400亿元，占规模以上工业产值的34.7%。获常州市领军型海归人才创业资助项目19个，3人被评为省“双创人才”，10名省“科技镇长团”成员来溧阳市挂职。江苏软件园天目湖基地项目正式签约。全年专利申请量、授权量分别达2933件和1842件，其中发明专利申请量达688件，分别增长50.4%、106%和96%。溧阳市荣获“全国科技进步考核先进县（市）”称号，并成功创建全国科普示范市。

【城乡环境明显提升】 实施城市“南拓西延”战略，扎实推进燕山新城建设和旧城改造，城市框架不断拉开，全面完成城区污水管网改造工程。加快交通基础设施建设，宁杭铁路客运专线、104国道一级公路改造、芜申运河城区先导段、宁杭高速西互通连接线等工程有序推进，常溧高速项目正式启动。国家生态市建设成果进一步巩固。全面启动生态文明示范区建设，经济开发区创建成为省级生态工业园。深入推进天目湖水源地生态保护工作，启动上游生态湿地保护和库体清淤扩容工程，开展水泥行业、化工企业等专项整治，一批环境污染突出问题得到有效遏制。新农村建设不断深入，开展天目湖镇强镇扩权和南渡镇中心镇试点工作，全面推进村级“五有一责”建设，建成村级综合服务中心165个，减少集体收入低于50万元的经济薄弱村55个。继续深化农村“三大合作”，新增农民专业合作社132家、土地股份合作社7家。农村基础设施进一步完善，实施镇村公路、城乡公交提档升级工程，溧阳城乡道路客运一体化发展经验在全国推广。

【人民生活持续改善】 切实加强以改善民生为重点的社会建设，全市城镇居民人均可支配收入26481元，农民人均纯收入13505元，分别增长15.3%和18.8%。保障体系更趋健全。职工养老、医疗、失业三大保险覆盖率稳定在98%以上，居民养老保险、“新农合”参保率均达100%，“低保”、“五保”全面提标，城镇登记失业率为2%。慈善事业健康发展，基金规模达2.4亿元。新建廉租房100套、公租房700套，租赁补贴200户；各项事业更趋协调。省级文明城市创建实现“四连冠”，溧阳入选“中国民间文化艺术之乡”。优化整合教育资源，成立光华初中等3家教育集团。基本药物制度全面实施，全市基层医疗机构药品价格平均下降25%以上。对全市80岁以上老年人发放尊老金，溧阳被命名为“中国长寿之乡”。社会保持和谐稳定。“平安溧阳”、“法治溧阳”建设扎实推进，启动实施“设防城市”建设三年规划和“六五”普法宣传，连续7年成为“江苏省社会治安安全县（市）”。

【党的建设继续加强】 圆满完成市、镇两级党委换届和埭头、竹箦、社渚三个镇的省委公推直选试点工作。不断深化干部人事制度改革，坚持正确用人导向，强调以实绩论英雄，围绕发展配干部，采用“两推一票决”、“两推一测试”方式在全市差额选拔科级后备干部151名，面向村党组织书记、大学生村干部和选派至一线锻炼干部选拔副科职领导6名。深入推进“效率溧阳”建设，出台机关作风建设“十个严禁”，大力开展严控公款消费、“庸懒散”等五大专项治理，全面推进五星级机关服务品牌和服务经济优胜单位创建活动。深入开展创先争优和领导干部下基层活动，累计为群众办好事实事8200多件，密切了党群、干群关系。

（陈建伟）

组织工作

【概　况】 2011年，市委组织部以党的十七届四中、五中全会精神为指导，认真贯彻落实市委十届十一次全会、市十一次党代会精神，突出市镇两级党委换届这一中心，以创先争优“五比五看”活动为载体，统筹推进干部队伍、人才队伍、基层组织建设和组织部门自身建设，以改革创新精神提升党的建设和组织工作科学化水平，为溧阳实现“硬碰硬转型升级、实打实开局起步”提供坚强组织保证和人才支撑。

【创先争优活动】 落实中央、省委和常州市委部署要求，紧紧围绕推动“十二五”开好局、起好步，在全市基层党组织和广大党员中，以“五比”活动为载体，继续广泛深入开展创先争优活动。以工作实绩比优秀。结合建党90周年先进基层党组织、优秀共产党员评选活动，突出表彰奖励了一批服务基层、无私奉献的优秀普通党员，利用党员先锋墙的形式广泛宣传优秀党员在平凡岗位上的不平凡工作业绩，在全市掀起了“扎根基层、服务群众”的学习热潮。以优质服务比效能。深入开展争创“群众满意窗口单位服务行业”活动，以群众满意、企业满意为标准，优化服务理念，提高服务水准。全市所有窗口服务单位以“为民服务创先争优”为主要内容开展主题争创活动。市行政服务中心等一批窗口单位创设了效率品牌，受到企业群众好评。以走村入户比奉献。继续深化“走村入户进万家”活动，全面开展“领导干部下基层”主题实践活动，市委、市政府领导率先垂范，吃农家饭，住农家屋，深入田间地头与农民一起劳动，与村民面对面促膝谈心，召开各类座谈会听取意见，引领全市党员干部纷纷用实际行动为走访群众解决实际困难，共为群众置办好事实事8193件，发放慰问金、慰问品折合人民币254.8万元，收集、解决、转办了一大批群众关注的热点难点问题。活动走出的是广大党员服务百姓的宗旨意识，比出了全体干部奉献群众的民本精神，赢得了人民群众的广泛欢迎。以知行比对比干劲。开展“先进基层党组织、优秀共产党员标准大家谈”、“学习杨善洲，争当贴心人”活动，各基层党组织对照要求，紧密结合自身实际展开讨论，重点回答好“与先进典型的差距在哪里”、“组织怎样创先进、党员怎样争优秀、怎样让群众得实惠”等问题。通过“先进党组织”、“优秀共产党员”标准的探讨，强化党员干部的主体意识和先锋意识，促使他们在“知”与“行”的比对中进一步提升素质，激发作为。以公开承诺比责任。深入开展基层党组织和党员公开承诺、领导点评工作，要求全市基层党组织和全体党员在推动基层党组织建设和党员立足本职、发挥作用、促进工作、服务群众上作出承诺，以承诺的公开化督促党组织和党员的作为。结合机关作风建设，推行部门公开承诺，全市68个党政机关部门分五批在《溧阳时报》、《溧阳电视台》就部门服务向社会作出公开承诺，接受群众监督，机关部门和党员干部的服务意识、责任意识不断增强。

【领导班子建设】 精心组织市镇党委换届工作。选优配强镇领导班子。认真做好干部考察，为换届人事安排打好基础。综合考虑镇党委领导班子年龄结构、知识结构、气质搭配、任职时间等方面因素，保持镇干部队伍的连续性、稳定性，真正把选好干部、配强班子落到实处。市委组织5个考察组对全市10个镇党委领导班子进行了换届考察，谈话对象达456人。考察中，对现任领导班子成员进行民主测评和民主评议，对新一届领导班子成员进行全额定向推荐。在此基础上，注重拓宽选人用人视野，把民主推荐比较集中的优秀公务员、事业站所负责人、企业经营管理人才、大学生村干部列入镇后备干部库。对照中组部《加强乡镇党委书记队伍建设的意见》的有关精神要求，重点选优配强镇党政一把手，差额选拔了缺额的镇党委领导班子成员。注重打通机关与镇干部的交流通道，实行优秀干部资源向乡镇基层倾斜的导向。在酝酿确定镇党委领导班子候选人时，明确要求把各镇前3位的优秀后备干部作为候选人预备人选，实现选举的充分竞争，真正做到好中选优，让现任干部有压力，后备干部有机会。严格履行换届程序，稳妥推进镇党委换届。在镇党委换届选举过程中，严格要求，认真把关，确保镇党委换届工作严格遵守选举工作有关规定，认真履行法定程序，做到步骤不减少，标准不降低、原则不放松。科学制定换届工作方案。从2010年下半年开始，就运用年度目标责任考核、科级干部年度考核及日常考核等途径，对全市镇党政领导班子及成员现状进行综合研判，为镇党委换届准备了第一手资料。2010年12月29日组织召开了全市镇党委换届工作座谈会，对全市换届工作进行了部署，下发了《关于认真做好镇党委换届工作的通知》。2011年4月，市委又专门召开常委会对镇党委换届工作进行了专题研究和安排，确定了换届工作的具体问题，制定了换届工作实施方案，明确了镇党委换届工作总体要求、领导职数设置、年龄界限、工作程序、时间安排和纪律规定等内容，为积极稳妥推进换届工作奠定了坚实基础。认真履行镇党委换届各项程序。在换届工作中，要求各镇党委要按照规定，及时做好镇党代会的有关请示报批工作，既不能简化，更不允许以其他方式取而代之，认真履行呈报审批程序，保证了选举工作的严密性。同时，成立了市领导带队的换届工作指导组，对镇党委换届选举过程进行了全面指导和督查，确保各镇党委换届程序规范，操作严谨，取得了很好的效果。结构优化素质提升，新一届镇党委领导班子战斗力显著增强。选举产生的89名镇党委委员中，男性83名，占93.2%，女性6名，占6.8%，其中新当选的8名镇党委委员中，1名来自市级机关部门中层干部，6名来自镇行政干部，1名来自村支部书记，年龄最小的33岁，最大的45岁，新一届镇党委班子年龄结构、知识结构、专业结构有了明显改善。新一届镇党委班子平均年龄为40.7岁，年龄最小的28岁，最大的51岁，比上届下降了2岁，年龄搭配老、中、青更趋优化，年龄结构更加合理。新一届镇党委班子成员100%具有大专以上学历，其中研究生学历5名，大学学历65名，大专学历19名，整体学历层次与上届相比有了明显提高，有利于推进溧阳市经济社会科学发展。镇党委班子成员中，实现了行政、经济、法律、教育、农林、政法等多专业合成的格局，与上届相比专业门类更齐全、专业人才更多，实现了班子成员专业构成的优势互补。另外，溧阳市10个镇党委都配备了专职副书记，党政领导班子中100%配备了女干部。做好市十一次党代会组织工作。认真配合上级组织部门做好市委换届人选考察工作。认真做好换届考察各项准备工作，编制参加民主推荐的领导干部名册，认真制定考察谈话工作方案，全力配合省委组织部和常州市委组织部对换届人选的考察。做好“两委”委员候选人和出席常州市党代会代表候选人考察工作。根据市委要求，集中力量对新进“两委”委员候选人和出席常州党代会代表候选人进行了深入考察，分组到各自工作单位听取意见，了解和掌握了候选人德能勤绩廉的基本情况。完成选举工作任务。选举工作日程确定后，立即着手编制组织组工作手册，对会议日程、代表团酝酿、选举组织等各个内容进行了细化，各项工作明确到人、责任到人。同时，认真撰写好主席团会议和大会的各类主持词，准备好大会发放的各类材料，印制大会选票，培训选举工作人员，制定各类突发情况预案，起草并报送相关请示报告、认真细致地做好了选举的各项组织工作，并在选举中首次采用计算机计票办法，节省了时间，提高了会议效率，取得了良好效果。在整个组织过程中，借鉴上届党代会的工作经验，对每个环节、每项工作逐项过关，确保了选举工作圆满完成。

【干部队伍建设】 注重提升干部队伍整体素质。全年共举办各类重点班次24个，培训人数2530人。配合中央、省委组织部和常州市委组织部调训干部35人次，其中处级干部12人次。继续推进境外培训品牌化建设。继续采取带课题培训的方式，举办溧阳市民营企业家后备人才新加坡培训班，进一步提高民营企业家后备人才队伍的整体素质。在学习培训期间，学员们围绕企业上市、竞争优势、转型升级等三个课题进行了分组讨论和研究，形成了一系列的学习成果，并在《溧阳时报》上专版介绍，面向全市干部群众汇报学习成果，使新加坡学习之行实现了“有备而去，满载而归”。继续规范在职自学制度。为解决工学矛盾，根据市委干部教育培训工作领导小组《关于实施市管领导干部在职自学年度考核的意见》（溧委办〔2010〕12号）要求，继续规范开展好45周岁以下市管领导干部在职自学考学制度。2011年考学的书目为：《聚合四大科技、提高人类能力》、《政府的本分》、《提问2011—中国百姓关注的十大民生问题》、《中国做对了什么——回望改革，面对未来》、《陈志武说中国经济》。开展干部教育培训需求调查。为切实增强干部教育培训工作的针对性和实效性，进一步提高干部教育培训的质量和效益，结合常州市开展的镇、街道党政正职轮训班问卷调查工作，对溧阳市20名镇党政正职进行了干部教育培训需求调查。创新干部教育培训管理办法，对重点班次培训工作探索实行办管分开的培训管理模式。2011年，相继举办了科级女干部复旦大学培训班、金融服务浙大培训班、舆情处置复旦大学培训班、党外干部培训班等重点班次14个。选派第四批年轻干部参加实践锻炼。为配合做好市各项重点工作，继续从市级机关选派第四批优秀年轻干部参加实践锻炼。通过各单位推荐，组织部初审，确定29名市级机关年轻干部人选，实践锻炼方向为征地拆迁、信访维稳、经济工作等，挂职实践锻炼时间为1年。同时，市委组织部还从乡镇抽调了4名年轻干部，上挂到发改、经信等单位进行学习锻炼。差额选拔科级后备干部。结合市、镇两级党委换届工作以及差额选拔试点工作继续深化的需要，“两推一票决”差额选拔正科级后备干部，其中镇党委书记后备干部20名、镇长后备干部20名、女性镇党委书记后备干部3名、女性镇长后备干部3名、市级机关正科职后备干部30名、35岁以下正科职后备干部5名。“两推一测试”差额选拔副科级后备干部，选拔出了70名副科级后备干部，为领导班子建设提供了充足的干部储备。加强重点工作督查工作。搭好督查工作班底。抽调21名同志成立市重点工作督组，分为经济类、民生类和环境类三个督查小组，理清职责，合理分工，确保工作推进有职有人。明确督查工作重点。把常州市重点督查工作的16个项目与溧阳40项重点工程作为督查工作的重点。严格把握督查重点时段和内容，按时序进度做好重点工程督查项目月报表上报工作。优化督查方式方法。以现场督查为主，预先与项目责任人取得联系，约定时间赶到现场。督查过程中多收集反映形象进度、反映矛盾问题、反映基层工作、反映现场督查的图片资料。对项目推进慢的、遇到矛盾问题多的，要深入走访了解，会商分析原因，组织相关单位协商会办对接矛盾问题，帮助提出解决方案，为项目推进积极寻找对策措施。强化督查痕迹管理。抓好项目月报表、记实台账、季度绩效考评表等材料的上报、收集、整理和汇总。2011年，常州市重点督查项目和溧阳市重点工程形象进度基本达到了预期要求。

【干部监督工作】 为确保换届工作顺利进行，按照市委教育在先、警示在先、预防在先的要求，采取新举措，切实增强党员干部的纪律观念、筑牢纪律防线，为市、镇两级党委换届营造了纪律严明、风清气正的换届环境。领导牵头、全方位部署。中央视频会议之后，市委立即召开常委会，专题学习中央视频会议精神和中央、省关于严肃换届纪律的相关文件，并对做好严肃换届纪律工作作了专题研究和部署。在镇党委换届工作座谈会上对换届纪律进行重点强调的基础上，市委专门召开了有256人参加的全市严肃换届纪律保证换届风清气正会议，传达中央“5个严禁、17个不准和5个一律”的纪律要求，对严肃换届纪律工作进行了再部署。会议期间，按照要求，将中央和省的两个《通知》及中央组织部干部监督局汇编的《严肃换届纪律警示教育案例选编》印成《学习资料汇编》小册子，发给全体与会人员，并发放和回收了《回执》和《严肃换届纪律情况调查问卷》，了解与会人员掌握“5个严禁、17个不准和5个一律”纪律要求的情况，以及是否有干部存在违反换届纪律的行为。全市召开公推直选试点镇报名人员严肃纪律会议，把严肃换届的纪律要求向报名人员讲清楚、讲明白。所有报名人员全部签订了“严肃换届纪律、杜绝违纪行为”承诺书，接受监督。细化措施，多层次展开。为确保换届工作顺利进行，溧阳市组织开展了“六个一”系列活动，即组织一轮培训，组织四套班子领导、全市正科职领导干部、组工干部、换届工作组学习换届纪律和相关政策；签订一套责任状，市委与全市10个镇（区）签订《责任状》，镇党委领导班子成员候选人集体签订《关于严肃换届选举纪律的承诺书；寄送一张贺卡，向全市1500余名副科级以上干部寄送一张廉政贺卡；刊发一封公开信，通过报纸、电视、网络等媒体，发表《致广大共产党员的一封公开信》；群发一组短信，依托“手机党校”、“手机廉政课堂”等党建平台，向全市4万余名党员干部群发一组短信；聘请一批监督员，聘请部分市党代表、人大代表、市政协委员、新闻媒体单位以及群众代表作为社会监督员。惩防并举，立体式构筑。在全市党员干部中组织开展了“提高选人用人公信度”主题活动，并将中央纪委、中央组织部印发的《坚决刹住用人上的不正之风——关于12起违规违纪用人典型案件的通报》函送给全市正科职以上领导干部，警示领导干部坚决抵制用人上的不正之风。同时，随函公布中央、省、常州及溧阳市的举报电话和举报网站，安排专人值守举报电话。3月17日，省严肃换届纪律检查组来溧阳市检查党委换届纪律工作，高度肯定了严肃换届纪律的有关做法。开展换届风气测评。在市、镇两级党委换届过程中，按照上级要求，发放换届风气测评表，共发放和回收测评表1600余份，根据测评结果来看，评价“好”的占总评价98%以上。在3个公推直选试点镇在民主推荐工作时，按照要求另外发放了“严肃换届纪律情况调查问卷”，根据反馈的情况来看，群众对纪律要求都已知晓，没有发现有违反换届纪律的情况。

开展民主集中制执行情况专项治理。认真贯彻实施四项监督制度，抓好制度的宣传培训工作，加强督促检查，规范镇区和市级机关部门党委（党组）选拔任用工作流程，完善党委（党组）选拔任用工作报告制度，继续推进“三责联审”工作，切实提升镇区和市级机关部门党委（党组）执行民主集中制的自觉性和主动性。并加强与纪委、法院、检察院、公安、审计、信访等部门的协调，充分发挥好各部门在干部监督中的作用。

【人才工作】 人才工作向纵深拓展。2011年，全市人才工作以落实全国、省、常州市人才工作会议精神和人才发展中长期规划纲要为主线，根据溧阳市科教兴市工作会议总体部署，按照“增强引导力、增强吸引力、增强转化力”的总体要求，突出“实打实开局起步，硬碰硬转型升级”工作主题，积极探索符合溧阳市实际的人才开发新路子。兑现人才政策，为一批引进优秀人才发放人才津贴、住房补贴、紧缺人才引进、培养补贴、科研项目资助等共计600多万元。发放一批引进高层次人才绿卡。持有人才绿卡的高层次人才可在户口落户、景区游览、就医、子女入学（托）、计划免疫、职业资格评定、公积金贷款、文献查询等方面享受各种优惠或免费服务，吸引集聚更多优秀人才来溧阳市开展服务。积极开展各项人才引进活动。举办了引进人才政策培训班，宣传溧阳市有关人才政策，介绍有关“两站三中心”创建、中小企业担保贷款等相关情况，支持引进高层次人才创新创业。积极组织申报常州市第八批领军型创新创业人才，共申报39个创业项目和1个创新项目，有15个项目进入到面谈阶段。做好省第三期“333高层次人才培养工程”培养对象期满考核和第四期推荐工作，共有11名第三期培养对象参加了考核，共推荐了26名高层次人才参加评审。积极配合上级组织部门对高层次人才的培训工作，共推荐2名科技企业家参加了北京大学培训班，2名领军型创新创业人才参加了无锡高层次人才培训班。举办2011“海外华侨华人高层次人才江苏行”溧阳段活动，邀请有专利技术或项目且有意赴溧阳创业发展的海外华人华侨来溧阳市考察交流，寻求合作发展。实施大学生立业促进工程，举办“产学研项目对接人才供需合作论坛”，邀请东南大学、南京理工大学等省内知名高校院所参加，为企业与高校院所搭建沟通交流平台。认真做好省“科技镇长团”衔接工作。全市共有11名科技镇长团成员，其中1人挂职市长助理，10人挂职在各个乡镇。认真组织好“千人计划”峰会邀请工作，邀请国家“千人计划”中的10名专家学者来常州和溧阳参观指导。

【基层党建工作】 基层组织建设水平整体提升。农村党建方面，继续深化以“五个好”创建为主题的“三级联创”活动，全面推进村级“五有一责”建设行动，探索实行“溧阳市村级党组织创先争优排行榜”。深入实施“双提升”工程，选树培育一批“双带”能力强的农村党员干部。年底前基本完成全市村综合服务中心建设工作，建成的服务中心建筑面积均在300平方米以上。深入开展“离退休党员干部牵手大学生村干部”主题实践活动，积极引导鼓励大学生村干部参与创业，已有45人通过各种形式创办项目20个，其中有5个项目已累计申请贴息贷款80万元，南渡镇李峰等一批村官被评为省市村官创业先进典型。社区党建方面，开展新一轮社区规范化建设，会同民政局等部门积极酝酿起草全市新一轮社区规范化建设相关实施意见，继续坚持义工服务日活动，不断完善义工服务制。机关学校党建方面，修改完善了《市级机关党建考核细则》，继续深入推进“党员示范岗”创建活动，组织万名机关党员干部开展“文明社区大家建，创先争优我带头”主题活动。严把党员发展关，2011年溧阳市共发展学生党员11人，其中省溧中5人、光华中学3人、职教中心3人。“两新”组织党建方面，采取党员覆盖行动、百日组建行动、素质提升行动等举措，推动非公企业党组织组建工作取得突破性进展。新建党组织150家，其中建立独立党支部63家，联合党支部87家，新建党组织的企业数达446家，组建率提高了19个百分点。选送18位支部书记参加省、常州市非公企业党组织书记素质提升示范培训班；举办非公企业党务工作者培训班，着力提升非公企业党务工作者素质。认真贯彻落实“全省千名民营企业家后备人才培养计划”，组织30余名民营企业家后备人才赴新加坡参加培训。

【党员教育管理】 健全党员教育管理工作机制。严格把关全市党员发展计划。年初全市各级党组织上报了党员发展计划，通过严格审核，对部分党委个别计划发展比例不符合要求的作了调整，通过严格把关，2011年全市计划发展新党员782名，其中35岁以下、女党员和高中以上学历等比例都有所提升，为有力支撑非公党建工作，加强两新组织党员发展工作，在保证质量基础上2011年发展非公企业党员数量较往年翻一番。创新机制做好农村女党员发展工作。年初以来，针对农村女党员发展工作相对滞后的现状，强化目标责任、推动督促落实，强化培养锻炼、推动素质提升，强化审核把关，推动规范有序。在工作落实上进一步完善党员发展工作目标考核责任制度，建立发展女党员预警制度；在教育培养上注重把女行业能手和非党员女干部培养成党员、把女党员培养成行业能手和女干部，着力提升女党员队伍的政治素质和业务技能；在素质保障上着重把好“六关”：即考察审查关、党员标准关、组织谈话关、入党手续关、党委审批关、党员公示关。做好纪念建党90周年有关工作。举办全市党史知识竞赛。结合学习型党组织建设和机关“道德讲堂”建设，组织发动全市党员干部、入党积极分子参加“党史励志、道德人生”主题知识竞赛，重温中国共产党90年的光辉历程，更加坚定了他们的共产主义信念。评选表彰先进。为纪念建党90周年，评选了全市各行各业的先进基层党组织、优秀共产党员、优秀党务工作者共100名先进典型，并举行建党90周年表彰大会给予热情表彰，号召全市广大党员学习先进，带头实践，争创佳绩。设置党员先锋墙。开展“展党员风采，建和谐溧阳”活动，通过在全市选树魏福生等各条战线的8个典型，在市内主要宣传窗口设置“党员先锋墙”，形成立足岗位、比学先进、争创一流的良好氛围。举办“颂歌献给党”大型红歌会。6月底，组织全市各行各业党员共18支代表队参加“颂歌献给党”大型红歌会，有力激发全市广大干部群众继承光荣传统、立志报效祖国的热情，营造浓厚的建党庆祝氛围。提升农村党员干部素质能力。围绕“培训一项内容、培育一批能人、做强一个产业、致富一方百姓”的目标，办好农村党员干部素质培训“田园课堂”，打造基层党建品牌。立足“一村一品”农业区域化发展，统筹考虑地域特点，实施分类施教，推进“田园课堂”特色技能培训，通过“田园课堂”的差异化培训，大大提高了农村党员的种养殖能力。把各类致富带头人、示范基地、合作组织全部纳入全市已有产业培训区，从涉农部门和经济部门抽调拔尖人才50多人，吸纳“田园课堂”负责人等乡土人才30多人，针对农产品专业化生产、规模化建设、系列化加工等知识举办产业项目培训。培育一批规模较大、发展趋势较好的“田园课堂”示范点作为常年开办培训的基地，整合资源为基地配设师资和设施，强化基地的实效培训和服务功能，使基地集人员培训、信息采集、农产品检测等多种功能于一身。发挥“田园课堂”基地的示范和辐射作用。办好党员远程教育村级站点。坚持差异化、特色化的远程教育站点建设方向，要求各农村站点结合自身实际，立足优势，形成工作品牌。2011年，全市村远程教育站点已形成政治思想教育类、技能素质培训类、精神文化服务类三大类品牌。针对村级资源薄弱现状，要求各村变“单打独斗”为统筹共建，积极开展部门合作、村企合作、村村合作，以远程教育站点为纽带，实现活动同开、资源共享，使远程教育培训辐射面更广，实用效果更强。制定以奖代补的保障激励制度，实现“村村创最优”，不断提档升级远程教育平台，大力推进村级网站“村村通”工程、新一轮远程教育平台建设和加强对站点的考核评议，制定了先进教学服务平台、示范终端站点、优秀站点管理员和学用标兵的具体标准，每年度进行考核评议，对表现突出的站点及管理员进行奖励表彰。深化党内关怀帮扶机制。深入做好困难党员补助工作，结合调查摸底、结合走访慰问、结合宣传发动，深入基层扎实做好补助慰问部署工作，积极营造党内温暖关爱的和谐氛围，结合走村入户进万家活动，走访慰问农村老党员和生活困难党员共2037名，发放补贴金额101.88万元。

【组织部门自身建设】 自身建设呈现新气象。扎实推进“讲党性、重品行、作表率”活动，深入开展“组工干部下基层”活动，努力建设“模范部门”和“过硬队伍”。突出思想建部。大力弘扬“对党忠诚、甘为人梯、公道正派、一身正气”为核心的组工精神。继续深化“弘扬铁军精神，争当组工尖兵”活动（做党性最强的组工尖兵，做善于学习的组工尖兵，做善待群众的组工尖兵，做推动发展的组工尖兵，做改革创新的组工尖兵，做注重品行的组工尖兵）；组织党性分析，开展“进组织部为什么，到组织部干了什么，在组织部和人家比什么，走出组织部留下什么”大讨论活动。突出能力强部。按照“标准高于其他干部、要求严于其他干部、行动先于其他干部”的要求，开设组工干部论坛，开展“组织工作服务科学发展”主题演讲；实行组工干部跟班培训制度，结合全市干部教育培训主体班次的举办，每期轮流安排2～3名组工干部跟班培训学习。办好周末课堂，定期邀请部门、镇区领导授课。继续挂职锻炼，安排组工干部到重点工作一线、信访一线挂职锻炼。突出形象立部。规范服务制度，健全完善首问责任、服务承诺等制度。增强服务意识，实行组织部门领导联系谈话制。提高服务质量，建立联系基层结对帮扶制度，深入开展“组织部长下基层、组工干部访民生”活动、党员义工日活动等，把工作的重心放在基层，把工作的过程放在抓落实上，把工作的目的放在求实效上。

（俞春荣）

宣传思想工作

【概　况】 2011年，溧阳市宣传思想文化工作在上级宣传部门的具体指导下，在市委的正确领导下，始终坚持以党的十七大和十七届五中、六中全会精神为统领，深入学习贯彻科学发展观，认真落实市委十届十一次全会的各项决策部署，按照“十二五”规划的总体要求和市委提出的“硬碰硬转型升级，实打实开局起步”工作主题，以建设社会主义核心价值体系为根本，以推动社会主义文化事业产业大发展大繁荣为目标，不断巩固壮大主流思想舆论，推动改革创新，提升工作水平，为实现“绿色崛起、跨越发展”，打造“品质溧阳”，提供了强大的思想保证和舆论支持。

【理论武装】 认真抓好各级中心组学习。2011年，市委中心组共组织集中学习12次、其中外出学习考察1次、辅导报告会9次、学习讨论会2次，为中心组各成员配备学习书籍4本，推荐学习读物20本。对上黄镇、邮政局、质监局等28各基层党委（党组）中心组学习进行了旁听，通过查看台账资料、旁听学习讨论和实地检查等方式加强基层党委（党组）中心的督查，督查结果表明基层党委（党组）中心组的学习内容实、形式新、效果好；组织农村党员干部冬训。通过邀请省、市专家作辅导报告、召开座谈会、组织参观交流、开展结对帮扶、召开冬训工作会议和下发冬训专题文件资料等形式，较好地达到了预期效果。全市各镇（区）共培训各级各类党员、干部、入党积极分子等3万多人，参训率达到98.2%以上，溧阳市农村冬训工作荣获江苏省农村冬训工作一等奖；创建理论武装品牌。扎实推进“理论惠民”工程建设。实施理论惠民“快捷通”，印发了理论惠民读卡6期近2万张。举办“濑江讲坛”，面向市民举办中华传统文化、礼仪知识讲座，特邀中央电视台著名节目主持人徐俐到溧阳作《提升自身素质形象》专题讲座。围绕建党90周年庆祝系列活动，开展了“党史励志、道德人生”党史知识竞赛；做好理论调研工作，编印《溧阳市2010年度理论调研论文集》，下发《2011年溧阳市重点调研课题指南》和《组织开展2011年全市调研工作的通知》等，33篇论文送交常州市参加优秀调研文章评选。

【舆论引领】 紧抓重点，做好主题教育新闻宣传。利用溧阳市内外多种媒体平台，在重要时段或主要版面开设“硬碰硬转型升级　实打实开局起步”专栏，突出“品质溧阳”和“提升党建工作科学化水平”两大宣传重点，采用观点领、领导谈、记者评、案例析等多种报道方式，及时把市委、市政府的工作要求与基层的生动实践有机结合起来，全面展示溧阳市工作的新思路、新举措、新发展、新经验、新典型、新面貌；关注热点，主题宣传掀起报道热潮。组织市内各类媒体开辟相应的专栏，加大对“两会”宣传报道的力度。抓好市委换届选举新闻宣传。利用电视、报纸、广播、网站的联动，用最短的时间向全市人民传播最权威、最翔实、最生动的党代会信息。抓好文明城市创建新闻宣传。各类媒体在重要位置和时段开设文明城市创建专栏，做到报纸每期有文字、电视每天有图像、广播每天有声音、网络每天有宣传，使文明城市的创建看得见、摸得着、感受得到；凸显亮点，加大重大节庆和重大题材宣传力度。围绕“清新溧阳，心灵故乡”的节会主旨，以深度报道、图文素描等形式，在《新华日报》上策划和退出专版，在《常州日报》上大容量、连续性地宣传报道溧阳举办旅游节暨旅博会的盛况，刊发了《从10元难卖，到30元俏销》、《农家乐旅游大升级》等系列报道。媒体发稿数量共计100余篇（条），其中中央级媒体发稿10篇，省级媒体发稿15篇。加大重大题材宣传力度，2011年，各级报刊头版新闻条数近100条（篇）；把握节点，做好日常新闻宣传工作。围绕市委、市政府中心工作，组织了第四届中国钢铁物流合作论坛。全市深入开展争先创优 五比五看活动表彰暨推进大会、市容环境综合整治、第六届天目湖旅游节暨溧阳乡村博览会、长寿之乡创建、文明城市创建等重要会议或活动的宣传报道工作。溧阳广播电视台成为央视二套、央视七套全国100家战略合作重点电视台之一。2011年，溧阳先后26次与央视合作，与央视二套合作拍摄播出《天目湖畔觅“三白”》和《南山竹海寻“三黑”》；与央视七套合作拍摄播出5档溧阳“一村一品”科技专题片和《走进长寿之乡～溧阳》访谈节目，并在溧阳建立《乡约》栏目拍摄基地；稳抓特点，妥善应对网络舆情和媒体监督。“网络问政”工作逐渐得到网民认可，“溧阳时空网”和溧阳“网络问政”平台作用明显。2011年，有80个部委办局在线工作，网友发帖回复办结率在75%以上。强化网络监管和舆情应对。坚持24小时值班制度，2011年共处理各类网络舆情信息1600多条，编发《舆情动态》52期、《网络重要舆情》26期。积极介入突发公共事件、网络新闻舆情事件的处理，有重大负面影响的网络舆情得到有效处置。

【精神文明】 深入开展文明城市创建工作。先后召开了迎接省级文明城市创建动员大会和文明城市创建工作推进会。健全文明城市创建领导机构，专门成立了以市委书记为组长、市长为第一副组长，5名常委、副市长为副组长，及各镇（区）书记、各相关职能部门主要领导组成的文明城市创建领导小组。对照《江苏省文明城市测评体系》，进行目标任务分解，明确相关职能部门的完成时限及工作内容，加强对文明城市创建知识业务培训，召开相关网络、热线电话、被查馆室、申报点单位以及宣传部内部人员分工等会议，进一步明确文明城市创建的要求和责任。围绕营造氛围，先后召开由12家媒体参加的文明城市创建新闻发布会。通过制作张贴宣传标语、电视宣传片、印发创建文明城市宣传画等方式，较好地提高了广大市民对创建文明城市的知晓率和认可度。抽调了素质较高的20名志愿者，对溧阳市广场、公园、车站、网吧等11类公共场合进行四次暗访实测。成立了公共环境、交通秩序、未成年人等6个检查组，由市领导带队对全市70多个单位和地段进行检查，并专门召开模拟检查情况通报会。通过这些办法和措施，溧阳市顺利通过了省和常州市的文明指数测评和检查，被命名为江苏省文明城市，在全省50个创建县（市）中排名第12位；深入开展公民道德教育实践活动。在原有的9个“道德讲堂”示范点基础上，市委宣传部从开展活动成效明显的讲堂中增加了国税局、烟草公司、燕山南苑等6个新示范点。山东省电视台《天下父母》栏目组专程前来挂牌“亲情教育基地”，省内外20多家媒体进行了报道。开展“第三届十佳百优文明市民”评选和组织江苏省、常州市道德模范推荐工作，方桂云被评为江苏省道德模范，虞菊伢荣登“中国好人榜”。市委宣传部还确立了50名先进典型，组织市作家协会的同志进行采访，形成高质量的典型经验材料，编印成册下发基层；狠抓未成年人工作。突出乡村学校少年宫建设，不断拓展未成年人活动阵地。从外国语学校、平桥小学、天目湖实验小学等示范点抓起，不断摸索和总结推广经验。常州市全国文明城市创建未成年人工作组在溧阳市外国语学校召开了常州市未成年人工作现场推进会，溧阳市外国语学校、平桥小学在会上作了经验介绍，为常州市迎接全国文明城市的检查打下了良好的基础。

【文化建设】 认真办好重大文化活动。在第七届天目湖旅游节暨溧阳乡村旅游博览会期间，围绕“清新溧阳，心灵故乡”主题，策划实施了第23届群众文化活动周暨第3届民间艺术节，举办了11项主题文化活动，充分展示了地方特色文化元素。以“庆祝建党90周年”为主题，在新四军江南指挥部纪念馆举办了纪念陈毅元帅诞辰110周年暨“陈毅与张茜铜像”、“陈毅元帅诗词将军法书碑廊”落成仪式。成功举办18支代表队（约3000多人）参加的“颂歌献给党”大型红歌会，将庆祝中国共产党成立90周年活动推向了高潮；健全公共文化服务体系。完成全市农村数字电视整体转换，整转用户达11.33万户。溧阳市被文化部命名为2011～2013中国民间文化艺术之乡。深入推进文化馆、图书馆、文化站免费开放工作。积极争创江苏省公共文化服务体系示范区，做好参评工作，市文化馆参评国家一级馆已通过省级检查，市体育馆举办中国乒超联赛以及各类大型文体活动9场，丰富了群众文体生活。市锡剧团大众影剧院加盟“苏演院线”。举办高雅艺术演出12场，新四军江南指挥部纪念馆完成碑廊、综合服务楼等项目建设，完成新四军廉洁思想教育馆二期工程建设，对新展览馆进行了维修改造；扎实开展文化惠民工作。认真抓好“文化三送”，全年完成送戏下乡80场，演出120余场，送电影下乡3744场（其中老区送电影1810场），送书4.5万册次，为“农家书屋”配送图书7万余册（价值106万元），天目湖桂林村农家书屋被省新闻出版局评为常州地区唯一一家“五星级农家书屋”。组织开展群众文化活动100余场；加快特色文化产业发展。新四军江南指挥部纪念馆被列为全国红色旅游经典景区，已编制了2平方公里的景区规划。积极组织申报2011年省文化产业、体育产业发展引导资金，2个项目获扶持资金130万元；大力推动文艺精品创作。2011年，溧阳市共有9部小说、散文集问世。围绕红色旅游区开发、组织大型舞台剧《水西往事》剧本创作，历史小说《风云塘马》、《血战塘马》、《罗忠毅传》、《廖海涛传》相继由解放军出版社、作家出版社出版。参加常州市第十届小戏、小品、曲艺大赛获二等奖2个、三等奖3个。歌曲《山水茶歌溧阳情》获江苏省市县代表性优秀歌曲大赛作品奖。广播电视节目制作技术质量取得历史性突破，在代表广电技术质量最高奖的国家级“金帆奖”、“金鹿奖”评比中，一个电视节目获得金帆奖二等奖，两个广播作品获得金鹿奖三等奖。溧阳首部电视情景剧《茶靡花开》顺利完成，推出首档方言类电视栏目《平陵茶馆》、首档少儿广播直播节目《少小有家》，开通溧阳第一大官方门户网站～溧阳时空网；切实加强文化市场管理。进一步加强执法力量，完成市文化行政执法大队组建。扎实推进网吧“单改连”工作，全市78家单位网吧全部签约连锁化经营。深入开展文化市场专项整治行动和“扫黄打非”行动，市场环境进一步好转；深入挖掘保护文化遗产。溧阳市5处文物点被列为第七批省级文物保护单位，2个非遗项目被列入省第三批非遗名录。配合常州市文物部门对江苏弘博热电有限公司热电厂一期工程进行考古发掘，取得一定成果，按要求做好第三次全国文物普查后续工作，全市征集文物及藏品488件，溧阳市被省文物局评为全省第三次全国文物普查调查资料档案工作先进单位。组织溧阳市第三批非物质文化遗产名录申报评审工作，公布18个项目。组织开展溧阳市新闻传媒大厦、博物馆和全民健身中心建设前期准备工作。

（虞双金）

精神文明建设

【概　况】 2011年，全市精神文明建设坚持认真贯彻党的十七届五中、六中全会精神，以创建省级文明城市为主线，以深入推进“广大市民的参与，看文明和谐谁最优”的“四心教育，六大工程”主题教育实践活动为抓手，把建设社会主义核心价值体系融入精神文明建设全过程，着力提高市民文明素质，培养文明新风。

【文明城市创建】 2011年，市文明办把江苏省文明城市创建作为重大工作来抓。成立了以市委书记、市长为正副组长。由各镇（区）书记以及各相关职能部门的主要领导为成员的文明城市创建领导小组。组建了综合协调、宣传活动、公共环境、交通秩序、未成年人工作、窗口行业等8个工作组。市委、市政府组织召开了全市性的文明城市创建动员大会。对照《2011年文明城市测评体系》进行了目标任务分解，并邀请省文明办领导到溧阳市进行专题辅导。加强对城市公共文明制度测评，市文明办抽调20名志愿者进行培训，先后4次组织对广场、公园、车站、主要道口、网吧等11处公共场合进行完整的测评，并将测评结果以市文明委文件形式进行通报。由市领导带队对全市70多个单位和地段进行模拟检查。并召开情况通报会。加强对创建文明城市的宣传力度，在溧阳广播电视台、《溧阳时报》以及相关网站开辟“创文明城市”专栏，重点报道文明城市创建知识、创建动态、创建经验和先进典型。组织编写创建省级文明城市《我知我行》宣传手册十万份并进行下发。在主要道口、大型广场设置大型广告、市区电子屏幕宣传文明城市创建。顺利通过省考核验收，被命名为江苏省文明城市，在全省50个创建县（市）排名第12位。

【道德讲堂建设】 以“道德讲堂”为平台，扎实开展公民道德教育实践活动，把思想道德建设的内容项目化、实践化，在巩固2010年道德讲堂成果的基础上，又进行了拓展，2011年全市共有道德讲堂145个。建立督察机制，规定由各牵头职能部门每月对直属的讲堂进行一次督察，及时发现好的凡人典型故事和灵活有效的宣传形式，全年共组织5次牵头职能部门进行观摩检查。建立激励机制，全年对7个牵头职能部门的整体工作情况进行考核，同时对道德讲堂、优秀宣讲员、优秀宣讲的凡人故事开展评选活动。建立宣传机制，在溧阳广播电视台、《溧阳时报》开辟“道德讲堂”专栏，宣传各地各部门开展“道德讲堂”的好做法好经验。在溧阳文明网上开设“道德点评台”。通过舆论媒体导向的引导作用，让更多的市民通过“道德讲堂”平台，不断提高自己的道德素养，进而促进社会的和谐发展。全市各“道德讲堂”举办各类报告会200多场次，受益10万多人次。

【典型选树】 在2010年开展“寻找身边的感动”和“道德模范评选”活动的基础上，进一步发动广大群众，在熟悉的人群中推举好人，先后推出了朱仲寅、顾年娣、俞福芝等一批市民先进典型，他们的先进事迹由宣讲员进行多场合宣讲，并通过媒体网络进行广泛宣传，发挥了良好的导向作用。精选30名身边先进典型事迹材料，组织市作家协会的同志进行采访，形成高质量的先进典型事迹材料，编印《做一个可爱的溧阳人》一书，下发到社区学校、机关企事业单位。完成了江苏省道德模范推荐工作，溧阳市方桂方在10月份正式当选江苏省道德模范。以助人为乐、见义勇为、诚实守信、敬业奉献、孝老爱亲为主题，在全市开展了第三届“十佳百优文明市民”评选活动，共评选出“十佳百优文明市民”76名，并在12月份召开了“十佳百优文明市民”颁奖大会。

【基层创建】 5月下旬，市文明办协同溧城镇在市人民广场举办了颇具规模的第五届社区邻里节启动仪式。在认真总结往届邻里节成功经验的基础上，以提炼群众乐于接受、便于接受的活动载体和形式为原则，着力提高活动的知晓率、参与率，每个社区都以“邻里乐、邻里情”为和谐社区目标，组织节目表演及各类活动。广泛开展志愿服务活动，积极推行志愿者服务中心建设，不断加强志愿者服务工作规范化、制度化，志愿者队伍不断壮大。2011年，镇（区）社区各类志愿者队伍180支，全市已注册的志愿者人数已达5万余名。进一步深化文明精神创建，提高窗口行业服务水平，在全市“窗口”服务行业开展“十佳文明示范窗口”评选活动，共评出“十佳文明示范窗口”10个，“十佳文明示范窗口”入围奖10个。

【未成年人思想道德建设】 围绕未成年人思想道德建设工作目标任务，扎实推进项目化管理，形成2011年度全市未成年人思想道德建设工作的36件实事并以市文明委的文件下发。紧紧围绕文明城市测评体系要求，把建设乡村学校、少年宫工作作为重要任务来抓，确定了外国语学校、平桥小学、天目湖实验小学、竹箦小学等5个示范点，5月中旬常州市文明委在溧阳市外国语学校召开了现场推进会。4月份协同教育局开展“童心向党”、“唱支歌儿给党听”歌咏活动，增强未成年人爱党爱国爱社会主义的热情。围绕“做一个可爱的溧阳人、争做美德少年”主题，开展第二届“美德少年”评选活动，并于12月中旬在别桥小学召开表彰大会。开展优秀童谣征集活动，全市共征集到各类童谣320多首，获常州市优秀童谣一、二等奖各1名，三等奖7名。

（杨海松）

统战工作

【概　况】 2011年，全市统战工作紧紧围绕 “紧跟苏锡常、同步现代化”目标定位，全面贯彻落实科学发展观，顺应形势，凝聚人心，汇聚力量，拓宽思路，强化措施，推进统战聚智聚力工程，促进了溧阳经济社会各项事业的发展。

【实施同心工程】 开展了统战知识问答、组织参观革命圣地等一系列纪念建党90周年活动；深入开展了党史、统战史，以及老一辈党外人士优良传统等方面的学习教育活动，引导统战成员不断增强与党共同奋斗，共创未来的使命感和自觉性。以“学公朴，做挚友”等主题教育活动为载体，引导民主党派成员、无党派人士树立和践行社会主义核心价值体系。引导非公有制经济人士致富思源、富而思进，争做合格的社会主义事业建设者。深入推进回报社会“感恩行动”和光彩事业，引导统战成员积极参与回报社会、感恩社会活动。据不完全统计，全市统战成员全年累计捐款捐物达200多万元，主要用于支持新农村建设及扶贫帮困助学活动，扩大了统一战线感恩行动的社会影响。

【多党合作政治协商】 进一步落实联谊交友、对口联系等各项工作机制，协助市委召开民主协商会、座谈会、情况通报会，搭建知情问政的平台，畅通民意表达的渠道。组织党外人士围绕溧阳市经济社会发展事业参观考察、专题调研。全年党外人士共提交人大建议、政协提案90余件。指导民盟溧阳市基层委员会开展“六好”和先进支部创建等活动。协助无党派代表人士联谊会完善有关工作制度。支持民盟和无党派联谊会开展“四下乡”等社会服务工作，扩大了社会影响力。开展党外中青年人才推荐工作，更新了党外人才队伍。注重加强党外后备干部的培养，推荐优秀党外后备干部到一线挂职锻炼。

【巩固民族宗教和谐局面】 全面开展少数民族情况调查：全市现有少数民族族种26个，1398户，2968人。筹措资金慰问困难少数民族家庭，开展帮困助学。建立少数民族法律援助站，为困难少数民族群众无偿提供法律援助。积极落实少数民族中、高考加分优惠政策。大力推进少数民族致富工程，表彰少数民族致富典型，启动新的少数民族致富项目，全市少数民族致富项目已形成“一镇一品”、“一镇多品”的格局，全年发放扶持资金12万元。积极推进“争创文明和谐场所，争做文明教职人员”活动，严格按照双创标准，加强了各宗教团体、场所和教职人员规范化管理。全市宗教界双创活动取得较好的成绩，报恩禅寺被评为江苏省“文明和谐宗教活动场所”，宝藏禅寺等3个宗教场所被评为常州市“文明和谐宗教活动场所”，市佛教协会沈田春会长被评为江苏省“文明教职人员”。重视和加强宗教界人士的政治学习和道风建设，开展了全市僧人、基督教义工等各类学习培训活动。引导宗教与社会主义社会相适应，发挥宗教在促进社会和谐方面的积极作用。依法管理宗教事务，严格宗教工作属地管理的原则，严格处置非法场所，做到方法得当，策略讲究，确保宗教领域平稳安全。

【促进非公经济健康发展】 在市委的高度重视下，周密部署安排工商联（总商会）换届工作，根据《关于开展非公有制经济代表人士综合评价工作的意见》，按照“凡进必评”的原则，牵头19个部门对拟担任新一届工商联执委以上班子成员，共75位代表人士进行了综合评价，确保了培养考察、选拔推荐、考核评价和安排使用做到科学化、制度化、规范化，圆满地完成了市、镇两级工商联组织换届工作。进一步深化“统战聚智聚力，校企合作共赢”产学研对接活动，组织全市33家企业参加了常州“统战支农惠农、校所企合作共赢”项目洽谈会和“企业高校行活动”，有23个项目与高校达成合作意向。走访非公企业近百家，完成了规模民营企业调研等多个专项调研，为中央统战部和全国工商联掌握民营经济发展动态提供了重要的基础性资料。推进实施“企业家关爱工程”、“企业家素质培训工程”。组织青年企业家参加省、常州市举办的各类培训。统战部和侨联通力合作，充分利用海外人才荟萃和联系广泛的优势，积极开展招商引资引智活动，加强与国内发达地区、港澳台及海外工商界的联系，组织港商参加2011中国常州（香港）城市产业推介说明会，为引进资金、技术、人才穿针引线、铺路搭桥，吸引多名国内外客商到溧阳投资兴业。

【拓展海外统战工作】 积极拓宽渠道，深交老朋友，广交新朋友，培育和发展了一支友好的海外侨界人士队伍。强化海外联系联络，热情接待来访客商，邀请一批海外客商出席了“2011溧阳接轨上海联谊会”。实施《海外人才为国服务计划》，推动海外专业人士回国创业和引进海外高层次人才，积极搭建创新创业良好平台，为溧阳经济社会发展服务。邀请专家作台海形势报告会。组织人员参与常州政协港澳台侨委员会赴台参观考察活动，加深与台湾溧阳同乡会联系。走访慰问黄埔同学40多人次，积极协调有关镇为他们解决实际困难，体现党和政府对黄埔同学的关怀。

【加强统战干部队伍建设】 扎实开展“效率统战”和“树统战干部形象，建党外人士之家”等活动，落实和完善各科室、工作人员岗位责任、党风廉政责任制，不断强化学习型、服务型、创新型、文明型机关建设，着力提升服务科学发展、服务基层、服务统战成员的水平，不断激发统战干部想干事、能干事、干成事的工作热情。2011年度市委统战部再次被评为“服务经济优胜单位”。健全镇（区）统战工作责任督察制度，形成了完善的基层统战工作机制，各镇（区）涌现了一批具有特色的统战工作亮点。常州市委统战部专门在溧阳市召开了基层统战工作现场会，推广了溧阳市镇（区）统战工作经验。对统战宣传信息工作实行量化考核，营造良好的舆论宣传氛围，先后有80多篇文章被《中国统一战线》等各级报纸杂志所采用，市委统战部被中央统战部表彰为“统一战线宣传先进单位”。 （王志松）

农村工作

【概　况】 2011年全市农村工作在市委、市政府的正确领导及上级条线部门的精心指导下，认真贯彻中央和省、市关于加强“三农”工作的决策部署，切实加强“三农”工作组织领导、政策扶持和改革创新力度，克服各种困难，保持了粮食增产、农业增效、农民增收、农村发展的良好势头，实现了“十二五”农业、农村发展良好开局，为全市经济社会发展作出了重要贡献。根据对溧阳市农村经济调查户的资料测算，2011年全市农村经济总收入1532.19亿元，比2010年增长28.4%，其中第一产业收入55.46亿元，比2010年增长15.2%，第二产业收入1404.39亿元，比2010年增长29.9%，第三产业收入72.34亿元，比2010年增长12.6%。一、二、三产业收入占总收入比重分别为3.6∶91.7∶4.7。全市农民人均纯收入达14886元（农业部系统农经年报数据），比2010年增长21.5%。

【稳定和完善农村基本经营制度】 严格按照《农村土地承包法》、《江苏省农村土地承包经营权保护条例》、《江苏省农村土地承包经营权流转办法》的要求，落实农副业承包合同。2011年，全市家庭承包面积68.2万亩，承包合同17.4万份。落实多种经营承包面积24.4万亩，承包合同1.9万份，承包上交金4553万元，比2010年增加631.4万元。

推进土地承包经营权流转。按照依法、自愿、有偿原则，坚持稳妥、有效引导和推进农村土地承包经营权流转。市级土地流转服务网站运转正常，全市10个镇（区）农村土地流转服务中心的服务水平得到了进一步提升。175个行政村均建立了村级土地流转服务站。土地流转服务中心（站）从搜集土地流转信息、提供不同等级土地流转的指导价、规范土地流转程序、完善土地流转后续工作等多方面提供有效、及时的服务。全市农村累计土地流转面积达29.54万亩，占全市耕地承包面积的43.3%以上，其中当年新增土地流转面积2.01万亩。各镇通过土地流转服务中心（站）流转的土地全部签订了统一的流转合同，同时在中心（站）建立了严格的台账资料。

发展农业适度规模经营。全市农村通过政策引导、资金扶持等措施，采取“大户经营”、“集体统一开发”、“龙头企业开发”、“农民专业合作社”等各种形式，发展多种形式的适度规模经营，促进农业生产经营模式创新。2011年全市新增规模经营面积8.37万亩，累计规模经营面积达71.55万亩，农业适度规模经营比重已实现80%的目标。

有效化解土地承包纠纷。在信访接待处理工作中，建立了来访有接待、信访有登记、件件有回复的信访工作机制和领导包案责任制。本着群众利益至上的原则，热情接待，耐心解释，准确答复，有效化解了多起土地承包纠纷。2011年共处理来信42封287人次、来访178批326人次。农村土地承包纠纷仲裁委员会受理仲裁15起，当年全部结案。通过信访调处和纠纷仲裁，维护了农民合法权益，群众满意度较高，促进了农村社会稳定。

【提高农业生产经营组织化程度】 农民专业合作社发展较快。围绕服务社员，富民增收这个主题，一手抓合作经济组织的数量发展，一手抓合作社的规范化建设。截止2011年底，全市累计在工商部门注册登记的农民专业合作社达442家（含联合社9家），入社社员11.07万人，农户入社率达55.9%，带动农户达15.68万户，占全市农户总数的79.2%，其中2011年新增农民专业合作社130家（含联合社3家），新增入社社员7.86万人。2011年全市共有129家农民专业合作社列入江苏省农民专业合作社名录，其中有17家合作社被省农委命名为“五好”（服务成员好、经营效益好、利益分配好、民主管理好、示范带动好）农民专业合作社示范社，有10家合作社被常州市委农工办命名为“三好三强”（组织建设好、制度执行好、社员口碑好、服务能力强、竞争能力强、增收能力强）农民专业合作社示范社。农地股份合作社呈现稳健发展的态势，各镇农地股份合作社都有稳步增长。到2011年年底，全市农地股份合作社累计达31家，其中当年增加土地股份合作社7家，股东成员6355个，其中农户6292户，入股土地面积22554亩。通过发展农户联合与合作，形成多元化、多层次、多形式经营服务体系，农村合作经济组织发展跃上新台阶。

【完善村庄环境建立长效管理机制】 村庄环境整治工作全面启动，成为全省13个试点县之一，已完成29个自然村环境整治任务。进一步加大农村环境卫生长效管理工作力度，强化组织领导，制定长效管理考核办法，将其作为对镇、村干部年度考核的重要内容。增加资金投入，完善环卫设施，市财政实行以奖代补：“五化三有”村奖3万元，“三清一绿”村奖2万元，市财政共计奖励397万元，镇财政按1:1匹配奖励。各镇还通过各种渠道筹措长效管理资金，2011年全市共落实长效管理资金2361.76万元。环卫基础设施投入增加，共建有垃圾房6122座，垃圾桶7934只，有垃圾清运机械327台（套）。充实保洁队伍建设，全市10个镇180个行政村（含农村社区）共配有专（兼）职保洁管护人员4196人。农村生活垃圾处理能力逐步增强，群众环境卫生意识有所提高，乱倒垃圾现象减少，村庄环境整治质量不断提升，做到无暴露垃圾和卫生死角、无露天粪坑，集镇公路、大道两侧、村中主要河道、公共绿地等重点区域环境整洁。各镇因地制宜创新管理机制，探索农村环境卫生管理市场化运作机制，实行村庄保洁公开承包制，向社会公开招聘专职垃圾清运员，通过公开竞聘承包，降低了管理成本，加强了保洁人员的责任心，全市垃圾收集量比2010年同期有了较大的增长。市农村环境卫生长效管理办公室组织相关部门按季对长效管理工作进行督察考核，逐项打分，对考核情况进行通报，并将一些镇、村行之有效的管理经验编发成工作简报，供各地借鉴、学习。

【完善农村基础设施】 市委、市政府出台了《关于全面推进城乡统筹发展的实施意见》，启动村级“五有一责”建设，建成村级综合服务中心165个。完成沙河、大溪、前宋和9座小水库除险加固工程，中央财政小农水重点县第一批项目顺利完成。364公里农村公路提档升级全面启动，城乡客运一体化模式成为全国典型。“万顷良田建设”一期工程通过验收，全省现场会在溧阳市召开。天目湖成为全国4个国家级旅游度假区试点单位之一，乡村旅游成为全国“溧阳模式”。

【控制和减轻农民负担】 落实“一事一议”财政奖补。根据江苏省农村综合改革领导办公室、农委、财政厅《关于做好2011年全省村级公益事业建设一事一议奖补工作的通知》要求，结合本市实际制订了实施方案，审批和验收建设项目。全市共有75个村实行一事一议筹资，筹集资金417.83万元，财政奖补1073万元，村集体资金1114.87万元，社会捐助资金等320.2万元，投入资金合计达到2925.9万元。全年新建项目113个，其中新建和维修村内道路77条计116.2公里；小型水利设施19座，新建提排灌泵站1座、水渠2条、圩堤4条1.85公里；植树造林5处计2860株；文化体育场所及设施3个；环境整治工程6个，整治面积14.5万平方米；自来水管网改造1个。农村公益事业建设受益农民23万人，促进了全市城乡统筹发展。

及时足额发放农业补贴。2011年粮食直补标准维持20元/亩不变，农资综合补贴提高到每亩81.5元。按省政府办公厅关于做好对种粮农民补贴的通知精神，各项补贴资金通过“中国农民补贴网”直接向农户发放，于2011年3月份全部兑付农户。全市共发放补贴资金8899.22万元，其中水稻直补资金1152.86万元，农资综合补贴6329.99万元，良种补贴1416.37万元，减轻了农民负担，提高了农民种田积极性。

政策性农业保险有新突破。2011年全市采取政府和保险经办机构共同承担赔付责任的“联办共保”模式，逐步建立起覆盖全市的农业风险防范体系。在确保大宗种植业和主要养殖业参保品种的基础上，重点开展了设施农业投保工作。全市保险水稻面积57.64万亩，小麦、油菜51.3万亩，能繁母猪11324头，高效设施农业2077亩，比2010年增加806亩。保费总额2153.5万元，其中各级财政补贴80%，农民承担20%。全年政府共补贴保费1722.8万元。2011年各种灾害理赔49户，赔付金额138.92万元，其中8户水稻理赔1.3万元，34户小麦、油菜理赔82.3万元，385头母猪理赔38.5万元，7户高效设施农业理赔16.82万元。农业保险增强了农业抗风险能力，提高了农村保障水平，有利于农业增效和农民增收，促进农村社会稳定，推动了新农村建设。

【经济薄弱村转化工作】 围绕“到2012年年底，全面消除村集体收入50万元以下经济薄弱村”目标，进行调研摸底，剖析问题，研究对策。市政府召开了全市经济薄弱村转化工作现场推进会，对经济薄弱村分别召开座谈会，制订脱贫措施，排出转化工作时间表。相关部门对各镇经济薄弱村转化工作进行督察，组织相关镇区到南京市六合区学习考察，撰写了《南京市六合区工业标准厂房建设情况考察报告》。市财政安排1000万元专项资金，实施薄弱村“项目”扶贫。分类排出集体经济薄弱村转化时间表，建立全市行政村经济社会发展综合排名考核机制。到2011年年底有55个村集体收入低于50万元的村已成功转化。

【农村金融服务】 2011年，溧阳市农业贷款信用担保中心适应全市农村经济发展的需要，围绕农业产业化和新农村建设，重点支持优质产品、优势项目和优良服务组织，解决农民贷款难、担保难问题，以促进农民增收，不断提升农村金融服务水平。2011年为133家农业企业提供担保贷款133笔，担保金额10311万元，比2010年增加1753万元，增长20.5%。通过规范运作，自身积累有所增长，担保中心当年上级奖励、补助等收入270万元，全部注入担保基金，增加担保基金盘子，中心资产总额达1969万元，净增率达107.9%，确保了国有资产保值增值，最高担保额度增加到10800万元。政府对农业贷款的担保增强了投资者投入农业项目的信心，带动了外商资本、民间资本、工商资本投资农业，到2011年为止，全市累计拉动农业投入资金超过20亿元，加快了农村经济发展。担保中心坚持“平等自愿、公平守信”的原则，在资金投放对象、范围、数额、期限及担保程序上严格把关，担保业务运转正常，到期还贷率达99.4%，年底在保责任余额10311万元，全年没有发生过一笔逾期归还的担保贷款。

【农村集体“三资”信息化监管工作】 为认真落实省纪办关于年内全省实现村级“三资”（农村集体资金、资产、资源）信息网络化监管全覆盖的要求，2011年8月市委办下发了《关于开展农村集体“三资”信息化管理工作的意见》，市成立了农村集体“三资”信息化管理工作领导小组，各镇（区）、村委成立了相应的领导小组和工作班子，具体组织农村集体“三资”信息化管理工作的实施，确保“三资”信息化监管工作的有序推进。10月底完成全市村级农村集体“清产核资”工作，明晰了集体产权，盘活了集体资产。全市村级集体资产总额为121950万元，负债总额为62116万元，所有者权益总额为59834万元。通过招标确定使用北京中农信达信息技术有限公司的农村“三资”信息化管理软件系统，各镇、村配置了“三资”信息化管理所需要的硬件（专用电脑、触摸屏、扫描仪、打印机、照相机等），选配了“三资”管理登记员，为“三资”信息化建设奠定了扎实基础。各村原来由太阳软件记录的账目导入“三资”信息化管理硬件系统，实物资产、资源和农副工各业承包合同，通过拍摄图片扫描输入电脑，11月份全市村级“三资”信息录入工作全面完成。依托电子信息监管平台，全市建立了民主、公开、透明、科学的管理方式，形成了产权明晰、权责明确、经营高效、监督民主、管理科学的管理体制和运行机制，促进集体经济发展壮大，推动农村党风廉政建设。

（杨国庆）

台湾工作

【概　况】 2011年，市台湾工作部门围绕市委“硬碰硬转型升级，实打实开局起步”的工作主题，以服务台商、服务台胞、服务台属、服务台企为抓手，推进和落实各项台湾工作。全年受理协调解决台资企业、台商、台胞、台属的困难和矛盾纠纷10多次。市台办被中台办宣传局评为对台宣传工作“先进单位”。

【溧台交流交往工作】 全年接待台胞36批184人次。其中，接待的重点考察交流团队有台湾南投县政府参访团、台湾宜兰县参访团、台湾常州“两岸情”摄影艺术交流团、“魅力常州”媒体采访团、台湾乡林集团考察团、台湾电电工会考察团、台湾光宝集团考察团等；接待的重要人士有台湾南投县政府秘书长陈正昇先生、台湾宜兰县“前民意代表”陈金德先生、台湾“世界华人摄影学会”副会长、台湾摄影学会名誉理事长翁庭华先生、台湾旺旺中时文化传媒副总经理白德华先生等；接待的台湾工商界知名人士有台湾亿光电子工业股份有限公司董事长叶寅夫先生及太太叶简文秀女士、台湾天福集团天福观光茶园有限公司总经理林伯琪先生、台湾天仁集团总裁李瑞河先生、台湾天仁茗茶董事长李明星先生等。全年组织并办理因公赴台考察交流团5批29人次，商务考察团6批22人次，跨地区赴台考察5批6人。4月，常务副市长汤如军率经贸考察团一行10人，赴台湾进行为期7天的考察与洽谈，先后拜访台湾大同尚志半导体、台湾亿光电子工业股份有限公司等多家企业，代表溧阳市与台湾均旺能源科技集团董事长吴光照签署总投资10亿美元的晶硅太阳能电池和薄膜太阳能电池项目《合作协议书》、与亿光电子签署了LED产业园项目的投资意向书；9月，市委书记盛建良率经贸考察团一行6人赴台湾考察，再次对以上项目进行跟踪推进；12月，代市长苏江华、副市长蔡金龙率经贸考察团赴台进行经贸考察，其间在台北组织举办溧阳—台北经贸恳谈会。全年新增台资企业3家，总投资3600万美元，合同利用台资2600万美元。

【举办台资企业政策法规讲座】 针对台资企业遇到的劳动争议增多、用工成本提高、劳动稽查力度加大、《中华人民共和国社会保险法》出台、纳税业务规范化等情况，帮助台资企业应对难题、规避风险，依法办事。6月8日，市台办邀请市人社局、国税局等部门领导和专业人员，为台资企业管理人员举办政策法规讲座，在溧阳近20家台资企业管理人员参加培训。市人社局专业人员重点对《劳动合同法》、《劳动争议预防》、《社会保险法》及有关政策法规知识进行详细解读；市国税局专业人员就有关税务政策和纳税服务等方面进行讲解。

【举办溧阳—台北经贸恳谈会】 12月6日，代市长苏江华、副市长蔡金龙率经贸考察团赴台进行经贸考察，期间在台北举办“溧阳—台北经贸恳谈会”，宣传推介溧阳，洽谈、推进有关合作项目，促成台湾精英电脑股份有限公司与溧阳经济开发区签约。洽谈会上，播放了介绍溧阳市概况的《投资热土，创业福地——溧阳》光碟。代市长苏江华在会上致辞，台商代表伍伸俊先生、杨慧玲女士分别讲话，介绍在溧阳创业成功经验。

【天目湖镇和水里乡签订交流合作备忘录】 5月14日～15日，由中共中央台办主办的“两岸乡镇市区长百人会”在江阴市举行。此次活动以“两岸乡镇携手掘金”为主题，来自海峡两岸的乡镇市区长及基层干部200余人参加。溧阳市天目湖镇（区）作为常州市唯一一个乡镇代表参加会议，会议期间，在副市长蔡金龙等人的见证下，天目湖镇镇长龚友强与南投县水里乡乡长江龙汉签订了交流合作备忘录，明确双方在经贸、文化、旅游、农业等方面进行合作。“两岸乡镇市区长百人会”结束后，南投县信义乡乡长史强、水里乡乡长江龙汉等应邀到天目湖镇参访。

【举办两岸关系形势报告会】 为学习宣传党的对台方针政策，了解当前海峡两岸形势，把思想和行动统一到党的对台方针政策和部署上来，10月18日，市委理论学习中心组在市会议中心举办学习专题报告会，省台办副主任石细云作了题为“当前两岸关系及苏台经济合作的情况分析”专题报告。报告会由市委常委、宣传部部长闵建平主持，市四套班子领导，各镇（区）理论学习中心组成员，市各部委办局、直属单位（含垂直管理部门）党政主要负责同志，市人大、政协内设机构正职领导等300多人到场聆听报告。会上，省台办石细云副主任围绕台湾选情分析，特别是围绕苏台经济合作的现状与展望等问题作了报告。

【“亿光溧阳粉红丝带基金”正式启动】 4月26日，溧阳市人民政府主办，天目湖旅游度假区管委会、溧阳市红十字会承办的亿光溧阳粉红丝带基金启动仪式在天目湖宾馆启动。这是大陆第一个由台湾人成立的医疗公益基金，发起人为台湾亿光文化基金会董事长、台湾知名声乐家叶简文秀女士，她捐赠10万元作为项目的启动资金。启动仪式上，叶简文秀女士接受溧阳市人民政府副市长、市红十字会会长唐华新颁发的名誉副会长荣誉证书。常州市红十字会常务副会长俞坚出席启动仪式。基金成立后，溧阳市贫困家庭的乳腺病患者可向“粉红丝带基金”申请资助。 （陈春芳）

史志工作

【概　况】 2011年，市委党史工委、市地方志办公室在市委、市政府的正确领导下，认真贯彻落实科学发展观，紧紧围绕全市实施“绿色崛起、跨越发展”战略目标，牢牢把握“紧跟苏锡常、同步现代化”的目标定位，深入推进全市创先争优“五比五看”活动，充分发挥史志部门“以史鉴今、资政育人”的根本任务，全面推进史志事业又好又快发展，为建设现代化溧阳作出新贡献。

【贯彻落实全国、全省党史工作会议和《意见》精神】 认真学习贯彻全国、全省党史工作会议精神以及中共中央《关于加强和改进新形势下党史工作的意见》、江苏省委《关于贯彻落实加强和改进新形势下党史工作的实施意见》文件精神，本着与时俱进、规范有序、开拓创新、求真务实和创建一流业绩、打造一流队伍的宗旨，制定了2011年史志工作要点，明确了年度工作的主要任务。根据全国、省和常州市党史工作要求，积极推进《中共溧阳地方史》的启动准备工作。2011年，市委党史工委通过学习先进县市、邀请专家指导、召开研讨会等形式，不断讨论、修改、完善形成了5编20章的党史二卷本的篇目，并在纲目设置上结合溧阳实际，突出地方特色。

【中国共产党成立90周年大型图片展】 2011年初，制定了图片展活动实施方案，并经多次修改完善。图片展以溧阳地方党史为主线，收集整理了2000余幅照片和相关资料，精选出234幅照片，设计制作了“古城曙光、浴血奋斗；溧阳解放、探索前进；改革开放、加快发展；跨越世纪、富民强市；辉煌成就、美好蓝图”5个版块、38个版面，通过各个时期真实的历史图片，配以简洁明了的文字说明，从各个不同的侧面，生动、形象、客观地展示了90年来，溧阳人民在中国共产党的领导下进行革命和建设的光辉历程，展现溧阳人民人才辈出、前赴后继，建设美好家园取得的丰硕成果。6月26日，《历史功绩，彪炳史册，科学发展，再创辉煌—溧阳市纪念中国共产党成立90周年大型图片展》在天目湖城市广场体育馆首次展出。“七一”期间，在市第十一届党员代表大会会场外、政府机关大厅进行了展览，《溧阳时报》、电视台等媒体进行了宣传报道，起到了较好的宣传教育效用。

【“党史励志、道德人生”知识竞赛】 为引导全市党员干部深入学习马克思列宁主义、毛泽东思想、邓小平理论和“三个代表”重要思想，全面落实科学发展观，重温中国共产党90周年的光辉历程，进一步掌握党史基本知识，更加坚定共产主义信念，掀起新一轮的党史学习高潮。根据市委要求，结合“学习型党组织”建设和机关“道德讲堂”建设，市委党史工委联合市委组织部、宣传部、机关工委等部门在全市开展“党史励志、道德人生”知识竞赛。市委党史工委具体负责知识竞赛初赛、复赛和决赛三个阶段的全部学习资料选编和竞赛试卷出题工作，参与竞赛现场的监考、试卷批阅、答疑仲裁等工作，并根据中国共产党成立90年以来的发展历程收集整理了300道党史知识问答题，汇编成题库，印发给参赛部门，还为每位参赛选手免费提供《中共溧阳市党史大事记》等参考书籍。

【“党史进讲堂”活动】 积极推进党史知识进机关、进企业、进学校、进村镇、进社区、进军营“六进”活动。7月份，配合市委宣传部邀请省委党校副校长桑学成到溧阳，为全市党委（党组）中心组全体成员作学习胡锦涛总书记“七一”讲话及党史知识专题报告会，重温党的辉煌历史。借助“手机党校”、“濑江讲坛”和“市民讲堂”等学习平台，面向全市干部群众讲授党史知识。通过多渠道的宣传学习，使广大群众体会到中国共产党解放并建设新中国的艰辛和党在溧阳创造的伟大奇迹，更加坚定跟党走中国特色社会主义道路的信念。

【《溧阳市志》总纂工作】 全市第二轮地方志编纂工作自2008年7月正式启动以来，市委市政府领导高度重视，承编单位认真履行职责，各项修志工作进展顺利，至2010年底，《溧阳市志》已基本定稿，收录入志人物200余人，初稿字数达300万字。2011年，正式进入市志总纂工作，市地方志办公室按照《溧阳市志》的编纂工作进程，制定了总纂目标、方案，建立总纂攻关小组，逐月有计划组织实施总纂志稿的评审会，排查梳理难点问题和薄弱环节，破解总纂难题。为了强化和提高《溧阳市志》编纂质量，体现溧阳市的地域特色、时代特点以及行业特色，市地方志办公室向省、常州市地方志办公室提出申请，对《溧阳市志（1986～2007）》篇目进行审定。11月10日，常州市第七次续志工作会议在溧阳市召开，专题研讨和评审《溧阳市志（1986～2007）》总纂篇目，常州、金坛、武进史志部门的有关领导和专家参加了评审。会后根据相关意见对篇目结构进行了适当调整和完善，形成新的市志篇目，并报常州市志办审定通过。

【打造《溧阳年鉴》文化品牌】 2010年12月，2011年版《溧阳年鉴》编纂工作正式启动，全市各撰稿单位按照市委、市政府的统一部署积极开展年鉴撰稿工作。2011年8月，2011年版《溧阳年鉴》由中央文献出版社出版发行。2011年版《溧阳年鉴》共设33个类目，共计126万字，该卷年鉴紧紧围绕2010年全市中心工作，全面记述了溧阳市基本自然状况和政治、经济、文化等社会各方面基本情况，充分反映了全市各行各业的新变化、新发展，特别是系统汇集了溧阳市在“绿色崛起，跨越发展”进程中所取得的新业绩。2011年版《溧阳年鉴》在注重反映2010年年度特色的同时，在卷首部分还增设了“纪念中国共产党成立90周年”系列宣传专版，分“古城曙光、浴血奋斗；溧阳解放、探索前进；跨越世纪、富民强市；改革开放、加快发展”4个版块、28个版面，精心挑选169幅照片，从各个不同的侧面，生动、形象、客观地展示了90年来，溧阳人民在中国共产党的领导下，进行革命和建设的辉煌历程，其中许多图片具有一定的历史保存价值。

2011年3月，2009版《溧阳年鉴》被常州市人民政府评为“第十一届哲学社会科学优秀成果三等奖”。2011年9月，2010版《溧阳年鉴》荣获“第五届全国年鉴编校质量检查评比一等奖”，这是《溧阳年鉴》自创刊以来获得的最高奖项。

【《江苏省志》、《常州年鉴》撰稿工作】 组织完成2011版《常州年鉴》溧阳篇的编纂工作。根据常州市政府办公室的要求和溧阳市政府的部署，市地方志办公室撰写完成2011版《常州年鉴》溧阳篇相关资料，共计1万余字。围绕溧阳“绿色崛起、跨越发展”的目标，在《常州年鉴》做了宣传溧阳政治、经济、城市、环境、生活、人文等方面的专版，充分展示宣传溧阳建设的新成就、新面貌。

完成《江苏省志》溧阳篇编纂工作。根据苏志办〔2009〕18号文件要求，以及常州市志办下发的修改意见，市地方志办公室对《江苏省志（1978～2008）》市县概况中“溧阳概况”的内容进行补充完善，对数据进行考证，准确翔实的展现溧阳的历史文化、经济发展、基础设施建设、科教文卫、风物特产和人民生活等，共计3万余字，已经报送给上级史志部门审定通过。2011年9月，《江苏省志（1978～2008）》市县概况中“溧阳概况”在常州史志部门举办的《江苏省志》市（县、区）志稿评审中荣获一等奖。

【基层史志工作业务指导】 市委党史工委、市地方志办公室把“创先争优”活动作为队伍建设的一项经常性工作常抓不懈，形成长效机制。把改善工作作风，提升品牌形象，作为做好史志工作的重要前提。加强对基层史志工作的业务指导，坚持上门业务指导，开展面对面的指导交流。召开市志和年鉴编纂工作座谈会，帮助各承编单位解决好第二轮修志和年鉴编纂中遇到的问题和困难。2011年，《溧阳市金融志》、《溧阳市卫生志》、《溧阳市电力工业志（1988～2002）》已经正式出版发行，《溧阳市军事志》、《溧阳市竹箦镇志》、《溧阳市工业志》顺利通过审查验收，市供销总社、交通局等单位基本完成部门志的编写工作。

【理论调研】 市委党史工委、市地方志办公室紧紧围绕市委、市政府的中心工作，充分发挥史志工作“以史鉴今、资政育人”的根本作用，把党史工作与现实服务紧密结合起来，不断强化服务意识。利用史志编纂过程中积累的资料优势，积极参加上级组织的理论调研工作，开展“鉴今”专题研究。组织党员干部深入基层，结合本职工作开展调研活动，撰写有质量、有业务借鉴作用的论文。借助上级信息宣传平台，积极向省史志信息网、《江苏党史工作信息》、《常州编史修志动态》等报送信息，多篇信息被选载刊登，其中《从溧阳走出的左联夫妇》、《立足新起点把握新形势开创新局面切实发挥党史工作鉴今育人的职能作用》、《共产党要珍爱自己的历史～学习党史人物札记》、《溧阳古刹胜因寺》在《龙城春秋》、《风采》和《溧阳时报》等报刊、杂志发表。（莫　俊）

党校工作

【概　况】 2011年，市委党校以邓小平理论和“三个代表”重要思想为指导，高举中国特色社会主义伟大旗帜，认真学习实践科学发展观，深入贯彻《党校工作条例》、《干部教育培训条例》和上级会议精神，牢固树立“大教育、大培训”的理念，紧紧围绕“十二五”规划和全市经济社会发展实际，着力抓好党校转型。干部培训、教学、科研及软硬件建设水平得到了有效提升。

【干部培训】 按照干部培训新的特点和要求，积极健全完善干部教育培训新体制，切实推进干部培训从素质教育向素质与能力相结合教育的转型，推动培训班管理规范化、程序化，干部培训效果有了较大提升。

2011年，市委党校会同组织、宣传等部门，认真落实市委干部培训工作计划，承办中青年干部培训班、科技创新与知识产权报告会、优秀村干部培训班等各类培训班20期，培训人数达2420人。会同团市委、机关党委、妇联联合举办或协助举办各种形式的培训班29期，共计培训3500多人次。

创新干部培训方式方法，不断加大考核管理力度，提升培训效果。充分发挥现有两家党员教育联系点的功能，主动配合相关部门和各镇区进行时事政治、法律法规、科学技术、党风廉政和基本国策等教育。积极探索与镇级部门联合举办专题培训班，为基层干部提供个性化的培训服务。

积极深化与中国浦东干部学院的合作，重点强化教学点建设。挖掘整理了天目湖生态农业园、玉枝特种茶果园艺场、桂林村新农村建设、曹山现代农业示范区等多处教学点资料，丰富了教学内容，受到中浦院和学员的好评，扩大了溧阳在全国的知名度。积极向中国浦东干部学院申请设立溧阳现场教学点，2011年分别接待了中浦院河北县（市、区）党政正职“提高领导科学发展和社会管理能力”培训班、中浦院“学习借鉴长三角改革发展经验、促进西部地区发展”专题培训班～新疆“农村改革与发展”培训班、中浦院“城市化和城市现代化”专题研究班～统筹城乡发展研究专题。

【理论调研】 2011年，市委党校继续发扬理论联系实际的优良学风，深入基层调查研究，注重合作搞科研，联合市相关部门，围绕溧阳市中心工作和全市经济社会发展过程中的热点、难点问题，开展课题研究。

全面启动了“市情市策民情民意调研”活动，集中全校师资力量，围绕城乡统筹总课题展开科学系统调研，成立了课题组，确立了“城乡规划”、“和谐溧阳”、“基层党建”、“一村一品”、“新型工业化”、“现代服务业”六大专题，组织党校教师深入一线开展调研活动。会同组织部和市委、市政府研究室，联合人民银行、国土局、科技局、规划局、民政局、信访局、机关党委、发改局等单位，对竹箦镇和天目湖镇就“城乡统筹”大课题，进行了相关调研活动。

积极主动组织全校专兼职教师做好科研和调研工作，每位教师都深入基层开展调研，2011年，全校共完成科研论文16篇，有3篇获奖，其中1篇在省党校论文评比中获优秀奖、1篇在常州组织部论文评比中获三等奖、1篇在常州市委党校论文评比中获优秀奖，《溧阳党校论坛》刊出调研文章14篇。将调研成果转化为现场教学和基层培训的课程，完成了十思园、玉枝、桂林村、溧阳曹山现代农业示范区的培训讲义。

成立了一个由3位老师组成的“对外宣讲工作小组”，积极参与建党90周年的宣讲工作，全年作专场讲座13次。

【队伍建设】 在师资力量的培养中，坚持“两手抓”：一手抓本校师资，通过内部学习、外出培训等方式，加强自身教师知识和素质的提升；一手抓好兼职教师（包括市内各部门优质教师、市外各高校和相关领域内专家学者）信息的储备工作。理论调研科在市总工会举行的评比中获得“学习型班组”荣誉称号。在全市“效率溧阳创品牌，机关服务争最优”主题实践活动中，树立了“阵地★智库”的品牌名称，明确了“党校既是学习党的各项理论和增强干部党性锻炼的重要阵地，也是为市委、市政府的决策提供参考意见的重要智库”的品牌内涵，并制定了相应的宣传计划和推进措施。

【内部管理】 学校制定了《部分工作目标硬考核及工作纪律抽查制度》，细化和明确了各岗位工作人员的职责和任务。在后勤保障中，市委党校按照“服务社会化、管理科学化、保障现代化”和“创收、创新、创品牌”的要求，充分利用党校的资源，提高资产利用率和学员满意率。按照后勤服务社会化的要求，创新学校后勤管理方式，对外服务功能得到进一步发挥，提升了服务档次。调整办公楼布局，充分提高了资产利用率。2011年，获得二季度溧阳市“服务经济优胜单位”和总工会“职工书屋”等称号。　（刘　敏）

市级机关党建

【概　况】 2011年是中国共产党成立90周年，也是溧阳加快转型升级的关键之年。在市委的正确领导下，市级机关各级党组织和广大党员干部深入贯彻落实科学发展观，紧紧围绕市委、市政府工作大局，积极探索机关党建围绕中心、服务大局的切入点和结合点，努力在融入中找准定位、在结合中发挥效能、在服务中彰显作为，各项工作都取得了新的成绩，为实现“十二五”良好开局作出了积极贡献。

【党建服务工作】 围绕“紧跟苏锡常，同步现代化”目标，牢固树立围绕发展抓党建、抓好党建促发展的理念，做到市委有号召、工委有行动；市委有要求、工委抓落实。始终把服务中心作为第一要务，不断优化服务软环境，在市级机关中积极开展“效率溧阳创品牌，机关服务争最优”服务品牌和文明窗口、文明行业创建活动，各基层党组织公开服务承诺，创新服务方式，优化服务措施，简化办事流程，提高办事效率，涌现出一批群众满意的文明窗口和文明行业。市财政局“理财为民”、计生局“诚信计生、阳光服务”、妇联“温馨娘家”、工商联“会员之家、政企之桥”、国税局“服务e

易佳捷”、地税局“绿色地税、满意到家”、工商局“效率工商、伴您成长”7个品牌荣获“五星级”服务品牌称号，这些党建服务品牌在服务大局中特色彰显，为把溧阳打造成办事态度最好、办事环节最少、办事节奏最快、办事水平最高、办事成效最优的投资热土作出了积极的贡献。

【创优争先活动】 深入推进创先争优活动，组织开展机关干部“五带头”承诺主题活动、青年党员进社区志愿服务活动。市级机关各级党组织积极争创先进基层党组织和党员示范岗，命名了270个党员示范岗，表彰了38个先进基层党组织和127名优秀共产党员；围绕建党90周年，举办了全市“党史励志、道德人生”知识竞赛，在党员干部中营造学习党史、崇尚文明、修身重德的浓厚氛围；组织166名队员参加“颂歌献给党”红歌会，用歌声追忆红色历史，用激情唱响红色精神；积极开展争创文明窗口、文明行业活动；深化“走村入户进万家”活动，开展“领导干部下基层”主题实践活动，帮助解决基层群众关注的热点、难点问题，为群众办好事、实事1000余件。

【学习型党组织建设】 机关各级党组织把学习型党组织建设与武装头脑、推动工作有机结合。研究制定本部门开展学习型党组织建设的实施意见或实施方案，把学习型党组织工作与部门业务工作紧密融合，通过举办专题讲座、交流研讨、演讲会等形式，开展丰富多彩的学习活动，增强学习的吸引力和感染力，不断提高机关党员干部学习的兴趣。机关干部以学增智、以学广才、以学敦品，政治意识、责任意识、大局意识进一步增强，党组织的创造力、凝聚力、战斗力明显增强。工委通过举办学习型党组织汇报交流会等形式，为基层党组织提供交流经验、做法、体会的平台。2011年，工委会同有关部门列席旁听了12个部门党组（中心组）学习活动。

【文明创建活动】 切实加强机关精神文明建设，充分发挥机关党建工作和群团工作在推进机关文明和谐中的作用，以省级文明城市复查为契机，加强机关文化建设，促进机关文明和谐。围绕《中国共产党党员领导干部廉洁从政若干准则》及其《实施细则》、公务员职业道德、文明礼仪及溧阳市机关作风建设“十个严禁”为主要内容，举办了市级机关工作人员行为规范和文明礼仪知识竞赛活动。通过竞赛的形式，学练结合、以赛促练，进一步提高广大机关党员干部的文明素养和道德素养，倡导科学、健康、文明的生活方式，打造风清气正、具有活力的机关形象。成立党员志愿者服务队，开展文明交通志愿服务活动。大力推进机关道德讲堂建设，召开道德讲堂建设现场观摩暨工作推进会。扎实抓好机关群团组织建设，举办了市级机关“工会杯”乒乓球邀请赛，组织机关干部义务献血等一系列丰富多彩的活动，活跃了机关氛围，增强了机关活力。

【组织建设】 扎实抓好《条例》和省委《实施办法》的贯彻落实，认真落实党建工作标准化细则要求，严格以制度规范党组织建设和党员教育管理，做到党建工作有计划、有落实、有检查、有考核。切实规范机关党组织到期换届直选，2011年新建党支部1个，完成17个支部的换届直选工作，共发展新党员19名，党员转正25名。举办了市级机关第十六期入党积极分子培训班，培训入党积极分子219名。同时，按照市委的部署，认真做好市直机关参加市第十一次党代会代表的选举工作。

（高震宇）

老干部工作

【概　况】 2011年，全市老干部工作在市委、市政府的正确领导下，在上级老干部局的关心指导下，坚持以邓小平理论和“三个代表”重要思想为指导，深入落实科学发展观，全面贯彻党的十七大和十七届五中、六中全会精神，紧紧围绕市委、市政府“紧跟苏锡常、同步现代化”工作目标，按照“硬碰硬转型升级、实打实开局起步”工作主题，以“情暖桑榆”机关服务品牌标准化建设为抓手，认真落实老干部政治、生活待遇，加强老干部党支部建设，以活动为载体促进老干部余热生辉，开创了溧阳市老干部工作的新局面。

【落实老干部政治待遇】 坚持老干部情况通报、阅读文件、走访慰问、参加组织生活和重要会议、重大活动等制度，做到重大决策让老干部参与，重要情况向老干部通报，重要活动让老干部参加，并有计划地组织老干部对经济社会发展情况进行参观考察，使老干部政治生活常态化。

两次情况通报。春节前夕，市委举行情况通报会，市委主要领导亲自向老干部通报2010年全市经济社会发展情况以及2011年工作目标和任务；7月份，考虑到夏季高温天气，老同志年龄、身体状况等原因，把市委主要领导的通报材料印成书面形式发给老干部阅读。两次辅导报告。5月份，市委老干部局邀请上海国际战略问题研究所吕蓬教授来溧为全市老干部作国际国内形势辅导报告；9月份，邀请市委党校王玉富副校长为全市老干部作胡锦涛总书记“七一”讲话专题辅导报告。两次参观考察。5月份，组织原四套班子老领导赴上海参观世博会中国馆、洋山深水港、环球金融中心等体现上海飞速发展的新项目；10月份，组织原四套班子老领导及地市级离休干部到天目湖工业园区参观中材重型机械有限公司、江苏安靠智能输变电工程科技股份有限公司以及江苏正平技术服务事务所等一批高新技术企业，使老干部亲身感受经济社会的发展进步，引导他们能够及时了解全局，始终紧跟形势。

【加强老干部党支部建设】 年初，市委老干部工作领导小组下发了《关于在全市离退休干部党组织和党员中深入开展创先争优活动的实施意见》，要求以创建“五好”离退休干部党支部、争当“四好”离退休干部党员为主要内容，充分发挥离退休干部党支部的战斗堡垒作用和离退休干部党员的先锋模范作用。机关党委离退休干部党支部书记、离休干部汤锡胜被评为全省“四好”离退休干部党员，市经信局纺织离退休党支部等6个支部被评为溧阳市“五好”离退休干部支部，陈洪元、史金海等10名老同志被评为“四好”离退休干部党员。5月份，市委组织部、老干部局和市委创先争优活动领导小组办公室联合启动了离退休党员干部牵手大学生村官活动，通过组织离退休党员干部与大学生村官结对，引导离退休党员干部发挥传帮带作用，促进大学生村官健康成长。

【落实老干部生活待遇】 市委老干部局坚持和完善“三个机制”并加强对全市“三个机制”运行情况的督查，创新落实老干部生活待遇的方式方法，督促对改制企事业单位老干部管理服务“五统”模式的落实。4月份，市委老干部局及时预算了本年度溧阳市改制企事业单位离休干部医疗统筹、生活补贴等经费，并与财政局沟通协调，划拨到位，有效地保障了改制企事业单位离休干部生活待遇的落实。5月份，组织全市200多名离休干部在市人民医院进行健康检查，及时更新老同志的健康档案。2011年是建党九十周年，为进一步体现党和政府对老干部的关怀，经上级统一部署，7月份，溧阳市全面提高了离休干部生活补贴标准、扩大了发放范围，并提高了离休干部的护理费标准。

【丰富老干部精神文化生活】 开展主题活动。为庆祝建党90周年，市委老干部局组织开展了系列庆祝活动，相继组织老干部参加了“与党同呼吸、共命运、心连心”征文活动、争做“四好”离退休干部党员网上自愿签名承诺活动、“党辰庆诗词吟诵会”活动等。“七一”前夕，在市高静园举办了“庆祝中国共产党建党九十周年——诗词书画摄影作品联展”。展出诗词书画摄影作品233件，其中，诗词70余首、书画123幅、摄影40幅。这些作品均以讴歌党的光辉历程和伟大成就为主题，既展示了老同志们的艺术成就，也体现了老同志们对党的热爱。加强中心建设。以老干部活动中心规范化建设为重点，不断改善物质条件，优化管理服务，为老干部提供良好的活动环境。增设了健身室和电脑室，更新了棋牌室的台凳和空调。元宵节，在老干部活动中心举行老干部元宵灯谜会，组织老同志们猜灯谜、唱京剧、玩游戏，为老干部们送上一份节日的祝福。发挥协会作用。棋牌协会分别在春季和秋季组织了扑克、象棋、麻将比赛。门球、钓鱼协会多次与周边县市(区)进行联谊赛。天目湖诗社全年出版《诗草》8期、《溧阳楹联》4期。摄影学会和南京老年摄影协会联合承办了“纪念建党九十周年——‘美康杯’南京、溧阳老年艺术摄影精品展”。通过开展这些适合老同志身心特点的健康有益的活动，既丰富了老干部晚年的精神文化生活，提升了生活质量，又集中体现了老干部老有所学、老有所为、老有所乐的精神风貌和追求。 （殷丽君）

机要、保密工作

【机要工作】 2011年，市委机要局（市密码管理局）在市委、市政府和上级业务部门的正确领导下，紧紧围绕服务溧阳经济社会发展大局，以贯彻落实中央《决定》和省委《意见》为主线，深入学习胡锦涛总书记等中央领导同志重要批示精神，以两个“绝对确保”为根本，推动机要管理科学化、规范化和制度化，不断提升机要工作水平和信息化密码保障能力，较好地完成了各项工作任务，并荣获常州市机要工作先进集体。

宣传机要工作。为积极争取市委领导对机要工作的关心和重视，推进机要工作又好又快发展，机要局及时主动向市委领导和分管领导汇报中央《决定》、省委《意见》和中央领导同志对机要工作重要批示精神，宣传新形势下机要工作的大政方针及密码技术在各行各业中的应用。在9月中旬和11月下旬，分别举办了“安全文电传输系统”应用工作座谈会和新任公务员培训班专题讲座，对机要工作的重要地位和意义进行了专题宣传。

提高机要通信服务和密码管理水平。确保密码绝对安全和通信绝对畅通是机要工作的永恒主题，为此，机要局从强化组织领导、严明工作纪律、严格制度管理入手，真正把“两个绝对确保”落到实处。严格执行机要工作责任制，机要局长履行“第一责任人”的职责，负责解决机要工作的有关重大问题，每项工作具体到人，分工明确，职责清楚。制度规范不断修订完善，新增了机要人员规范、通信办报工作规定和阅报须知等21条规章制度，从上到下形成了一整套严格的工作制度，做到全面覆盖，有章可循，有矩可守，切实增强了机要工作规章制度的针对性，加强了密码工作规章制度的执行力。进一步加强紧急重要电报译传办理工作。始终本着“优质、保密、高效”的原则，规范密码电报译传办和管理工作，归纳制订了“一登、二核、三看、四化”的工作措施。同时结合常州市机要通信“百日争优”竞赛活动，进一步提升机要干部办理紧急重要电报的精品意识和责任意识。

推进全市信息化密码保障步伐。深入贯彻国家密码管理局《关于在县乡使用商用密码开展信息化密码保障工作的意见》精神，以溧阳市安全文电传输系统为抓手，全面推进溧阳市县乡信息化密码保障建设步伐。切实加强安全文电传输系统管理工作，积极为机关单位用户提供技术指导。同时，深入基层部门开展调研，认真了解使用单位对安全文电系统的相关需求、有益意见和建议，并就系统应用推广工作进行大力宣传。科学规划全市信息安全基础设施建设、数字证书注册中心建设。

切实履行溧阳市《常州市电子政务内网》的管理职能。按照常州市电子政务内网建设的统一要求，全力协助市委组织部、市委统战部和市纪委等部门做好内网网络建设工作、应用服务升级工作。认真做好常州市电子政务内网数字证书的升级工作。

【保密工作】 2011年是“十二五”开局之年，市保密局认真贯彻落实胡锦涛等中央领导同志关于加强新形势下保密工作的重要指示精神，进一步加强保密法制宣传教育和监督检查工作，着力推进规范化管理，提高信息化条件下的保密防范能力和水平，为溧阳市率先基本实现现代化提供良好保密服务和安全保障。

开展保密宣传教育活动。2011年是实施“十二五”规划的第一年，也是

“六五”普法的启动年，为了巩固和发展“五五”普法工作取得的成果，进一步普及法律知识，增强全民的保密法制意识，市保密局制定并下发了《溧阳市“六五”保密法制宣传教育规划》。对“六五”普法教育的指导思想、工作目标、工作原则、主要任务和基本要求、实施步骤、保障措施提出了具体要求和部署。重点加强各级领导、涉密人员、公务员的保密教育，坚持把保密教育纳入党校、行政学校教学课程，会同组织人事部门将保密教育列入干部教育培训内容，对公务员进行党规保密培训，在全市中青年干部培训班和初任公务员培训班上，市保密局进行保密宣传专题讲座，并印发了《保密知识培训资料》，印发至每位参训人员。

加大保密指导督促检查力度。加强党政机关的信息安全工作，确保党和国家秘密和工作秘密安全。根据常州市委办公室在全市党委部门开展信息安全专项检查工作的通知精神，市保密局于2011年11月，在全市党政机关组织开展了信息安全专项检查工作，要求各单位对照《信息安全自查内容表》逐项进行检查，提高对网络泄密问题的发现和查处能力。在各单位自查、自纠的基础上，市保密局会同市委办、市政府办、市委机要局，组成联合检查组开展信息安全抽查；认真做好全国统一考试期间的试卷保密工作。按照“分级管理、责任到人”的原则，健全、完善全国统一考试（小高考和高考）期间的试卷安全保密工作人员职责，并派员全程督查试卷安全保密各个环节；加强政府信息公开保密审查督查工作。通过网上常规检查、集中检查等形式，对政府信息公开的保密审查工作进行督促检查，发现问题后及时纠正；市保密局还积极配合上级保密部门做好国家秘密载体印刷复制定点单位、保密废纸销毁单位的保密教育和年检工作，新增国家秘密载体印刷复制定点单位1家。（潘顺荣）

信访工作

【概　况】 2011年，信访工作在市委、市政府的高度重视和正确领导下，紧紧抓住领导干部接访、信访积案化解、绩效考核落实、体制机制创新等重点工作，狠抓工作落实，全市信访总量、集体上访数量、非正常上访数量、越级上访发生量呈现“四个下降”，信访秩序有明显好转。赴省、进京上访量继续在常州地区保持低位。成功调处省、常州一类、二类交办案。“七一”、“八一”驻京安保期间，均实现进京上访“零登记”。2011年，共办理人民群众来信来访3950件（次），同比2010年（5213件）下降24.2%，其中：人民来信567件，同比（704件）下降19.5%；接待群众来访495批3383人次，同比批次（551批）下降10.2%，人次（4509人）下降25%，其中集体上访124批2861人次，同比批次（143批）下降13.3%，人次（2926人）下降2.2%。2011年，全市共受理市长电话255件，受理信访复查28件，配合常州市局复核18件，发送信访动态信息60期，信访情况16期，人民建议11期。2011年，市信访局先后被常州市委、市政府评为“信访工作突出贡献”单位，被江苏省信访工作领导小组评为“全省信访系统优秀集体”。

【完善信访机制】 2011年，市委、市政府多次专题研究信访工作，并把定期以常委会形式研究分析信访工作、协调化解信访问题作为一项经常性制度纳入日常工作议程。市领导也多次在不同场合强调要像抓经济工作一样抓好信访工作，牢牢绷紧“稳定”这根弦。2011年，溧阳市再一次对今年以来的群众上访情况进行全面梳理和交办，确定31名重点人员和11起重点信访事项，并全部纳入市领导包案调处范围，建立起一个案子、一名市领导、一套班子、一个方案、一抓到底的“五个一”推进机制。同时，为充分发挥领导示范引领作用，积极推行领导“捆绑机制”，实行信访工作与市领导联系点及分工工作捆绑，由市领导带头深入基层开展调查研究，对重点疑难案件，及时召开专题会会办，促进案件的快查快办。

【落实信访工作责任】 从强化领导责任制入手，全面落实党政领导包案制度，以责任到位促进工作措施到位，促进信访问题妥善解决。各级党委、政府主要领导对社会矛盾化解工作均实现亲自抓、负总责，并通过与辖区镇、村层层签订信访维稳工作责任状，层层压实责任，推动工作得到落实，问题得到化解。2011年，全市各级领导在解决群众反映的热点难点问题方面，始终坚持亲力亲为、率先垂范，领导干部公开接访、带案下访、跟踪处访、包查重要案件等措施得到有效落实，一批疑难信访问题得到了有效的调处和化解。

【源头预防信访问题】 通过积极推行社会稳定风险评估、加大环境整治力度、强化工程项目管控等措施，努力解决经济社会发展中的不协调、不平衡、不可持续的问题，从源头上预防和减少信访问题的产生，切实做到控增量、防变量、减存量。同时，依托“三级便民服务”信访工作模式，进一步完善“经常排查、信息预警、事前预防、随时化解、应急处理”的工作机制，将“三项排查”工作制度化和常态化，促进工作重心从事后处理转移到事前排查调处，及时有效地化解矛盾纠纷，防止因决策不当引发新的社会矛盾。

【构建矛盾纠纷排查网络】 通过深入开展“三解三促”活动，促进信访工作关口前移，重心下移，实现“纵向到底”、“横向到边”，全面构建起以村（组）、（街道）、镇（区）为单元的网格化矛盾纠纷排查网络，做到镇有信访专门接待场所、专职信访接待人员，村有信访接待室、信访接待员和信访信息员，有利于地方党委政府进一步深入群众，发现群众关心的热点和难点问题，灵活运用法律、行政、经济等手段化解矛盾纠纷。同时，认真抓好初信初访的处理，努力把问题解决在初始环节，矛盾纠纷化解在萌芽状态，有效避免和减少群众越级上访的发生。

（陈水平）

档案工作

【概　况】 2011年，市档案局（馆）以党的十七届五中、六中全会精神为指导，全面落实科学发展观，紧紧围绕全市“硬碰硬转型升级、实打实开局起步”工作主题，实施“服务先行”战略，大力推动“三个体系”建设，努力提升市档案工作服务经济社会发展、服务人民群众的能力和水平，为实现“绿色崛起、跨越发展”战略目标发挥了积极的作用。局（馆）被市委、市政府表彰为2009～2010年度“溧阳市文明单位”，被常州市档案局评为常州市档案系统先进集体。

【档案资料收集】 将文件材料归档作为档案工作年检的重点内容，指导各单位按照《文件材料归档范围和文书档案保管期限规定》全面完成2010年度文件材料归档工作。加强服务，督促各有关单位切实做好档案移交工作，共接收15个立档单位的到期档案2697卷又55903件。加大重大活动（事件）档案、名人档案和地方性史料的征集力度，收集茶办、生态办等单位纸质档案338件、光盘15张、照片4张，征集家谱等地方性史料129册、光盘2张以及名人档案资料20多件。

【政府信息公开】 认真贯彻实施《中华人民共和国政府信息公开条例》，切实加强档案馆的政府信息公开场所建设，积极主动做好政府信息公开服务工作，累计接收、整理49个单位送交的政府公开信息纸质文本7700多件，供社会查阅利用。

【档案史料编研和开发利用】 认真编写溧阳市大事记，及时分发到有关部门。切实做好档案资料的查阅利用服务，共接待利用者2356人次，提供档案资料3314卷（件、册），出具证明1950份。充分挖掘利用馆藏资料，汇集编纂馆藏精品档案共20件，并向常州市局和省局进行申报，其中清光绪《溧阳县志》等8项珍贵档案文献已列入常州市首批珍贵档案文献。

【档案基础设施和业务建设】 协调、指导各部门、各单位加强档案馆（室）软硬件建设，健全制度，改善保管利用条件，加强档案整理、鉴定等基础业务工作，进一步提高全市档案基础管理水平。高度重视档案的安全保管工作，完善和落实档案安全保管的各项责任制度，确保馆藏档案的安全和规范。

【民生档案工作】 大力推进和加强“三个体系”建设，取得较好的成效，得到常州市人大常委会档案执法检查组和江苏省档案局安全保密工作检查组的充分肯定。进一步推进民生档案的规范化建设，积极收集整合民生档案资源，优先接收各部门各类民生档案进馆，共接收民生档案585卷又37580件，其中婚姻登记档案已接收至2010年度；进一步充实和完善了民生档案专题数据库，优先对婚姻登记等利用率高的民生档案进行全文数字化，完成了14.36万页婚姻登记档案的全文数字化。

【新农村建设和民营企业档案工作】 重点抓好行政村规范化建档工作的长效管理，积极督促指导行政村优化合并后被撤销村原有档案的归并与新建村档案工作的正常开展，进一步促进社会主义新农村建设档案工作全面发展。将民营企业规范化建档作为档案工作的一个重要组成部分，加强宣传和引导，对布勒机械、国强镀锌、上上电缆、立达电梯等企业档案人员进行现场培训，提高档案人员的业务能力，促进民营企业档案管理水平不断提升，推动民营企业实现规范化建档。

【档案工作规范测评】 深入实施《江苏省机关团体企业事业单位档案工作规范》，继续推进各部门各单位档案工作的规范化建设和等级测评，推动和促进档案工作整体水平的提高。指导服务32家单位通过档案工作规范省级测评及复查，其中五星级2家、四星级5家。

【爱国主义教育基地建设】 扎实推进爱国主义教育基地的巩固、提高工作，充分发挥自身优势，开展形式多样、生动活泼的教育活动，提高档案工作的社会知名度和影响力。联合市委党史工委举办《历史功绩彪炳史册 科学发展再创辉煌——庆祝中国共产党成立90周年图片展》，在市第十一次党代会期间展出，并在市政府大楼、有关中小学校进行巡回展出。通过宣传教育，引导广大干部群众深刻认识党的领导是历史的选择、人民的选择，进一步推动全市爱国主义教育和未成年人思想道德建设。

【档案信息化建设】 进一步督促各单位将信息化建设作为档案工作的重点，增添和改善有关设施设备及档案管理软件，建立健全目录数据库和全文数据库，加大电子文件归档管理工作和室藏纸质档案数字化工作的指导力度，优先确保涉及人、涉及民生的档案的数字化。2011年，局（馆）加大投入，购置大容量服务器和计算机等设备，安排专业人员开展馆藏重点民生档案、文书档案的全文数字化，完成所有婚姻登记档案以及部分重点文书档案共41.81万页的全文数字化，进一步推进了数字档案馆建设。完善和丰富溧阳档案信息网的内容，及时上传当月溧阳市大事记、档案工作文件和工作动态，进一步加强网上爱国主义教育基地建设，不断推进档案信息服务网络化进程，使档案网站成为宣传档案工作、开展档案信息和业务咨询服务的重要窗口。

【档案法制宣传】 认真实施《溧阳市档案工作年检办法》，对竹箦镇等22家单位的档案工作进行年检，确定市质监局等3个单位为优秀等级。参加全市科技、文化、卫生“三下乡”活动，积极宣传档案法律法规知识，发放民生档案查阅指南及档案知识宣传画。参加溧阳市第23届科普宣传周活动，发放《溧阳名人》等宣传图册，并就家庭建档、档案征集等开展现场咨询，进一步提高社会的档案意识。

【档案队伍建设】 根据部门需求，分系统开展业务培训和指导200多人次，提高档案人员的业务能力和工作水平。积极参加全省档案系统纪念建党90周年征文竞赛活动和“颂歌献给党”歌咏比赛，充分展现了市档案工作者昂扬向上的精神风貌。1人被省人力资源和社会保障厅、省档案局评为全省档案系统先进工作者，2人被常州市档案局评为常州市档案工作先进个人，1人获市级机关文明礼仪知识竞赛三等奖，1人被市级机关工委评为优秀共产党员。

（王 俊）

中共溧阳市委农村工作办公室

2011年全市农村工作在市委、市政府的正确领导及上级条线部门的精心指导下，认真贯彻中央和省、市关于加强“三农”工作的决策部署，切实加强“三农”工作组织领导、政策扶持和改革创新力度，克服各种困难，保持了粮食增产、农业增效、农民增收、农村发展的良好势头，实现了“十二五”农业、农村发展良好开局，为全市经济社会发展作出了重要贡献。根据对溧阳市农村经济调查户的资料测算，2011年全市农村经济总收入1532.19亿元，比2010年增长28.4%，其中第一产业收入55.46亿元，比2010年增长15.2%，第二产业收入1404.39亿元，比2010年增长29.9%，第三产业收入72.34亿元，比2010年增长12.6%。一、二、三产业收入占总收入比重分别为3.6：91.7：4.7。全市农民人均纯收入达14886元（农业部系统农经年报数据），比2010年增长21.5%。

主任　夏火林

严格按照《农村土地承包法》、《江苏省农村土地承包经营权保护条例》《江苏省农村土地承包经营权流转办法》的要求，稳定和完善农村基本经营制度，落实农副业承包合同。2011年，全市家庭承包面积68.2万亩，承包合同17.4万份。落实多种经营承包面积24.4万亩，承包合同1.9万份，承包上交金4553万元。有效引导和推进农村土地承包经营权流转。全市农村累计土地流转面积达29.54万亩，占全市耕地承包面积的43.3%以上。

截止2011年底，全市累计在工商部门注册登记的农民专业合作社达442家（含联合社9家），入社社员11.07万人，农户入社率达55.9%，带动农户达15.68万户，占全市农户总数的79.2%。2011年全市共有129家农民专业合作社列入江苏省农民专业合作社名录，其中有17家合作社被省农委命名为“五好”农民专业合作社示范社，有10家合作社被常州市委农工办命名为“三好三强”农民专业合作社示范社。

村庄环境整治工作全面启动，成为全省13个试点县之一，已完成29个自然村环境整治任务。2011年全市共落实长效管理资金2361.76万元。

市委、市政府启动村级“五有一责”建设，建成村级综合服务中心165个。完成沙河、大溪、前宋和9座小水库除险加固工程，中央财政小农水重点县第一批项目顺利完成。364公里农村公路提档升级全面启动，城乡客运一体化模式成为全国典型。“万顷良田建设”一期工程通过验收，全省现场会在溧阳市召开。天目湖成为全国4个国家级旅游度假区试点单位之一，乡村旅游成为全国“溧阳模式”。

根据江苏省农村综合改革领导办公室、农委、财政厅《关于做好2011年全省村级公益事业建设一事一议奖补工作的通知》要求，结合本市实际制定了实施方案，审批和验收建设项目。全市共有75个村实行一事一议筹资，筹集资金417.83万元，财政奖补1073万元，村集体资金1114.87万元，社会捐助资金等320.2万元，投入资金合计达到2925.9万元。全年新建项目113个；小型水利设施19座，新建提排灌泵站1座、水渠2条、圩堤4条1.85公里；植树造林5处计2860株；文化体育场所及设施3个；环境整治工程6个，整治面积14.5万平方米；自来水管网改造1个。

及时足额发放农业补贴。2011年粮食直补标准维持20元/亩不变，农资综合补贴提高到每亩81.5元。于2011年3月份全部兑付农户。全市共发放补贴资金8899.22万元，其中水稻直补资金1152.86万元，农资综合补贴6329.99万元，良种补贴1416.37万元，减轻了农民负担，提高了农民种田积极性。

2011年，溧阳市农业贷款信用担保中心围绕农业产业化和新农村建设，重点支持优质产品、优势项目和优良服务组织，解决农民贷款难、担保难问题，为133家农业企业提供担保贷款133笔，担保金额10311万元，比2010年增加1753万元，增长20.5%。

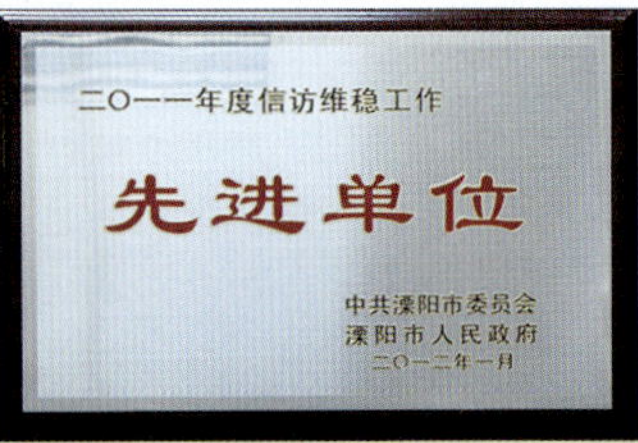

溧阳市人民代表大会

栏目编辑　袁　杰

综　　述

【概　况】 2011年，市人大举行人大常委会会议7次，主任会议5次，听取和审议政府、法院、检察院工作汇报25项，开展执法检查1次，视察10次，作出决定、决议21项，办理群众来信来访79件。

重要会议

【市第十四届人民代表大会第四次会议】 2011年1月11～13日在市人民电影院举行。市十四届人大常委会副主任袁再保作《溧阳市人民代表大会常务委员会工作报告》，市长盛建良作《政府工作报告》，市人民法院代院长张少平作《法院工作报告》，市人民检察院检察长许岳华作《检察院工作报告》。《关于溧阳市国民经济和社会发展第十二个五年规划纲要（草案）及2011年计划安排意见（草案）的报告》和《关于2010年财政预算执行情况和2011年财政预算草案的报告》作大会书面报告。会议审议上述工作报告，并作出相应的决议。会议补选赵国兴同志为市第十四届人大常委会副主任；补选霍云霞、史幸君、张雅萍同志为市人大常委会委员。

【市十四届人大常委会会议】 2011年，市十四届人大常委会共举行7次会议，听取和审议市政府、市法院、市检察院的工作情况汇报15项，依法任免国家机关工作人员职务83人次。

第二十次会议　2011年2月28日召开，讨论通过市人大常委会2011年工作实施意见；决定市人大常委会办公室、市政府、市法院有关人事任免事项。

全市人大工作会议暨人大常委会设立三十周年纪念大会　（市人大办 供稿）

第二十一次会议　2011年4月22日召开，听取和审议了市农林局局长蒋进章，市政协副主席、住建委副主任韩金红，市发改委主任柳建平受市政府委托分别作的《全市农业产业化发展情况汇报》、《城市房地产管理法贯彻执行情况汇报》、《医药卫生体制改革情况汇报》；审议通过了《溧阳市人民代表大会常务委员会关于询问的实施办法》（试行草案）等三项制度；决定市法院有关人事任免事项。

第二十二次会议　2011年6月22日召开，听取和审议了市财政局局长张夕仙，市审计局局长高伟新，市政府办公室副主任、研究室主任宗荣庆受市政府委托分别作的《2010年财政决算报告》、《2010年财政同级审计报告》、《全市行政部门内控机制及“三合一”平台建设情况汇报》；听取和审议了市食品药品监督管理局局长宋建国所作的《市食品药品监督管理局专项工作汇报》，并对该专项工作报告进行投票测评；审查批准了市政府“关于提请将上上电缆地块等旧城区改建项目纳入2011年度溧阳市国民经济和社会发展计划的议案”；决定市人大常委会、市政府、市检察院有关人事任免事项；决定接受韩立明同志辞去市十四届人大常委会主任职务，刘国新同志辞去市十四届人大常委会委员职务的请求；决定撤销谢志强市卫生局局长职务。

第二十三次会议　2011年8月31日召开，听取和审议了市人民政府代理市长苏江华代表市政府所作的《2011年上半年政府工作报告》、市政

溧阳市第十四届人大常委会第二十三次会议　　（市人大办 供稿）

府办公室受市政府委托所作的《关于市十四届人大第四次会议代表议案和建议、批评、意见办理情况的汇报》，听取和审议了市法院院长张少平作的《溧阳市人民法院2011年上半年工作报告》、市检察院检察长许岳华作的《溧阳市人民检察院2011年上半年工作报告》。决定市政府有关人事任免事项。

第二十四次会议　2011年10月27日召开，听取和审议了市教育局局长范国华，市妇女儿童委员会副主任、妇联主席张雅萍，市财政局局长张夕仙受市政府委托分别作的《全市教育改革与发展情况汇报》、《妇女权益保障法贯彻实施情况汇报》、《2011年1—9月份财政收支执行情况汇报》；听取和审议了市人大常委会执法检查组《关于检查〈中华人民共和国安全生产法〉贯彻实施情况的报告》；审查批准市政府"关于提请审议溧阳市生态文明建设规划的议案"；决定市政府、市法院、市检察院有关人事任免事项。

第二十五次会议　2011年11月16日召开，通过了市、镇两级人大换届选举有关事项；决定市人大、市政府有关人事任免事项。

第二十六次会议　2011年12月30日召开，听取和审议了市水利（水务）局局长张旭平所作的《市水利（水务）局专项工作汇报》；听取和审议了市财政局局长张夕仙受市政府委托所作的《关于2011年财政预算执行情况和2012年财政预算（草案）建议的汇报》；审查批准了市政府"关于提请审议2011年度财政预算调整方案（草案）的议案"、"关于提请审议预执行2012年度市本级一季度财政预算支出方案（草案）的议案"、"关于提请审议2012年市本级融资计划的议案"和"关于提请审议将老体育场地块等旧城区改建项目纳入2012年度溧阳市国民经济和社会发展计划的议案"；通过了溧阳市第十四届人大常委会代表资格审查委员会成员名单调整方案；决定市人大、市政府有关人事任免事项。

监督工作

【经济工作】 2011年，常委会紧扣"加快科学发展，转变发展方式"的主题主线，牢牢抓住发展第一要务，紧贴中心，融入中心，服务中心，充分发挥常委会在全市经济社会发展中的监督、支持和促进作用。第23次人大常委会会议在审议政府上半年工作时，针对面临的困难和矛盾，就提升精神状态、主攻项目投入、力推转型升级、突破要素制约、加强园区建设、优化发展环境等六个方面提出具体审议意见，对政府经济工作起到了积极的促进作用。常委会高度关注产业转型升级，围绕加快构建全市现代产业体系，组织人员深入调研，认真剖析矛盾困难，积极建言献策，着力推动三次产业协调并进、量质齐升。第21次人大常委会会议听取和审议了政府关于全市农业产业化发展情况汇报，建议政府及相关部门坚持用工业化的理念谋划农业，完善发展规划，加大扶持力度，培育龙头企业，实施品牌战略，拓宽营销渠道，不断加快推进农业产业化进程。第17次主任会议听取全市产业转型升级及工业投入情况汇报，就全市工业经济中存在的总量偏低、结构偏重等困难和问题，要求政府及相关部门坚持以调高、调优、调强为基本取向，以加快自主创新、提升核心竞争力为根本途径，提升传统产业、扩张优势产业、培育新兴产业，全力推动溧阳工业经济扩量提质。2011年，常委会还组织了对北山农业综合开发工作、全市重点工业项目进展情况、现代服务业重点项目进展情况和全市乡村旅游开发工作的视察，并提出大量切实可行的建设性意见和建议。

【财政工作】 2011年，常委会认真贯彻落实监督法和预算法的有关规定，着力改进和完善监督方式，依法推进预算管理逐步实现规范性、完整性、科学性和透明性。在第22次常委会会议上，审查批准了市政府2010年财政决算，同时结合同级审计反映的问题，要求政府及有关部门切实规范预算执行管理，优化支出结构，强化预算约束，从严控制支出，提高财政运行绩效。为加强预算监督，提高财政资金使用绩效，第24次人大常委会会议在听取和审议1～9月份财政预算执行情况汇报的同时，对农业专项资金、水利建设基金、科技"三项"经费使用管理情况进行了专题询问。常委会在前期深入调查、全面掌握情况的基础上，精选出17个群众普遍关注的热点问题，涵盖了三项专项资金使用管理的各个环节，政府领导及有关部门主要负责同志到会听取意见，实事求是回答询问，形成了良性互动的局面。通过此次询问，起到了推动政府及其有关部门改进工作、规范专项资金使用管理的作用。根据2011年度财政运行实际，第26次人大常委会会议审查批准了市本级财政预算调整方案，对2012年财政预算编制情况进行了初审。

【教科文卫工作】 2011年是深化医药卫生体制改革关键性的一年，为全面实施好深化医药卫生体制改革的各项任务，第21次常委会会议听取和审议了政府专项工作情况汇报，就制约改革深入进行的矛盾和问题提出了一系列意见建议，得到了政府的重视和采纳。全市医改工作取得了阶段性成效，制度框架基本形成，各项配套措施逐步完善，较好缓解了群众"看病难、看病贵"的问题。为促进全市教育事业继续保持高位均衡优质发展的良好势头，切实办好"让人民满意的教育"，第24次常委会会议听取和审议了全市教育改革与发展情况汇报，同时还专门组织开展了教育工作视察，围绕保障教育公平、整合教育资源、优化教育结构、深化素质教育、创新教育管理等方面提出了建设性的意见建议，并着重强调了教育安全的重要性，督促政府及相关部门切实加强校园、校车等方面的安全管理，杜绝安全隐患。科技创新是促进经济增长的源泉和转变经济增长方式的关键，第17次主任会议听取了政府关于全市科技创新工作的情况汇报，就进一步发挥科技创新对经济发展的支撑和驱动作用，不断增强发展的内生动力提出了一系列行之有效的对策措施。第19次主任会议还听取了红十字会工作情况汇报，要求不仅要加强支持保障、完善筹资机制、提高人道救助能力，而且要进一步加强宣传教育、完善管理机制、提高社会影响力和公信力。

【环资城建工作】 生态是溧阳最大的后发优势，常委会把生态文明建设作为监督工作的一大重点，连续多年跟踪监督。为全面提升溧阳的生态文明水平，常委会审查批准了《溧阳市生态文明建设规划》，作出了相关决议，要求政府通过重视生态意识、生态经济、生态环境、生态人居、生态行为和生态制度等生态文明核心要素的建设，着力构建高效的自然生态体系和文明的社会生态体系。为促进全市房地产业的健康发展，第21次常委会会议听取和审议了城市房地产管理法贯彻执行情况汇报，就强化市场监管、规范开发行为、优化物业管理、加强住房保障等方面问题，提出了具体的建议和要求，着力提高全市房地产开发水平，提升城市品位，改善人居环境。为进一步优化提升交通基础设施，积极构建现代综合交通运输体系，第18次主任会议听取了全市交通建设工作情况汇报，要求政府及相关部门积极推进要素资源汇聚，协调解决矛盾问题，落实"建养运管并重"措施，保障全市交通建设和发展的质量、规模、速度继续保持全省领先水平。第20次主任会议听取了固体废物污染环境防治法贯彻执行情况汇报，督促政府及相关部门切实贯彻落实固体废物的减量化、资源化、无害化原则，依法加强固体废物的监督管理，依靠科技力量不断提高固体废物处置和综合利用水平。

常委会矢志不渝推进以天目湖水源地生态环境保护为重点的饮用水水源地保护工作，组织视察了天目湖水源地保护工作，为有效遏制饮用水水质恶化的趋势、切实保障全市人民喝上"安全水"作出应有的努力。溧阳城市规模的不断扩大、人口的快速膨胀，广大市民对城市环境的要求不断提高，常委会积极顺应广大市民的期望，组织开展了城市管理工作视察，建议政府及相关部门抓紧启动数字化城管系统建设，实行网格化管理，加快城市现代化进程，进一步提升城市形象。常委会通过开展抗旱防汛工作视察，督促市政府及相关职能部门加强水利设施建设和管理，加快实施城市防洪大包围等工程建设，切实提高城市防洪能力。

【内务司法工作】 为进一步增强全社会自觉维护妇女合法权益的意识，第24次人大常委会会议听取和审议了妇女权益保障法贯彻执行情况汇报，建议认真贯彻落实男女平等基本国策，切实保障妇女在政治、经济、社会和家庭生活等方面的权益，积极营造男女平等、尊重妇女的良好社会氛围。围绕"老有所养、老有所医、老有所教、老有所学、老有所乐、老有所为"工作目标，第19次主任会议听取了政府关于老年人权益保障法贯彻执行情况汇报，要求积极营造尊老敬老社会风尚，加快完善养老服务体系，努力实现老龄事业与全市经济社会的协调发展。第20次主任会议听取了残疾人保障工作情况汇报，要求政府及相关部门坚持普惠加特惠，一般制度与专项制度安排相结合的原则，进一步推进残疾人"两个体系"建设，不断改善残疾人生存状况，逐步满足残疾人多元需求。

依法行政的本质是依法规范和制约行政权力。常委会在对各主要行政部门推进内控机制和"三合一"平台建设情况深入开展检查的基础上，第22次人大常委会会议听取和审议了政府的专题汇报，督促政府及有关部门坚持以规范权力运行为核心，结合"三合一"网络平台建设，积极健全完善权力运行制约监督机制，不断推动行政权力规范、透明、高效运行。加强社会管理创新，做好新形势下群众工作，实现社会和谐稳定，是政法机关的重要职责和使命。第23次人大常委会会议在

2011年度为民办十件实事实施情况汇报会 （市人大办 供稿）

听取和审议市人民法院和人民检察院上半年工作情况报告时，重点就基层法庭和检察室建设情况进行了审议，建议“两院”在继续坚持公正司法，提升司法工作水平和效率，为全市经济社会发展保驾护航的同时，进一步加强基层法庭和检察室建设，充分发挥基层在加强社会建设、创新社会管理中的前沿阵地作用，推动司法资源前移下沉，使司法服务更加贴近群众，促进矛盾纠纷在基层得到及时有效化解。公安信息化、执法规范化及和谐警民关系三项建设是继公安“三基”工程建设后，又一推动公安工作科学长远发展的重大工程。第16次主任会议在充分肯定市公安局“三项建设”所取得成绩的同时，建议公安机关继承和发扬密切联系群众的优良传统，积极推进社会管理创新，着力解决影响社会和谐稳定的源头性问题，进一步加强公安队伍建设和社会治安综合治理，不断提升人民群众的安全感和满意度。常委会组织开展社区矫正工作视察，积极推动全市社区矫正工作规范、有序、深入开展。

2011年，按照监督法规定，人大常委会严格规范性文件的备案审查，对市政府提交的《溧阳市城镇廉租住房保障办法》等5项规范性文件依法进行备案审查，规范性文件报送备案率、及时率、规范率均达到100%。

【执法检查工作】 2011年，常委会按照《中华人民共和国监督法》的有关规定，专门组织四个执法检查组对全市安全生产法贯彻实施情况开展了执法检查，对重点区域、行业和企业进行实地检查，并邀请相关领域的专家参加，及时梳理和提出相关问题，增强执法检查的针对性和实效性，为防止和减少安全生产事故，保障人民群众生命财产安全起到积极的促进作用。

【人事任免工作】 常委会本着对党、对人民高度负责的精神，坚持党管干部和依法任免干部的有机统一，继续依法完善任免程序，不断增强任免工作的严肃性、公正性和规范性。一年来，共依法任免国家机关工作人员83名。坚持拟任人员法律知识考试、任职表态发言、颁发任命书等制度，有效增强了被任命干部的法制意识、使命意识和责任意识。

代表工作

【概　况】 常委会采取多项措施，创新代表工作机制，充实代表活动内容，拓展代表履职空间，扩大代表履职效果，代表工作取得新成效。注意加强与代表的联系，及时通报有关情况，定期向代表发放文件、资料，并继续抓好代表培训，提高代表综合素质，为代表不断提升履职能力提供支持。积极搭建代表参政议政活动平台，不断拓宽代表知情知政渠道，组织代表列席常委会会议、参加执法检查、专题询问、工作评议和视察活动、参与审议政府半年度工作、列席市政府常务会议，组织代表旁听法院庭审，推荐代表担任政府部门行风监督员，努力为代表依法履行职务、行使代表权利提供支持。组织开展以“岗位履职尽一心、知情知政献一策、联系选区进一言、服务群众办一事、化解矛盾稳一方”为主要内容的“五个一”活动，深化“一个载体、两项制度”建设，激励和促进人大代表提升履职效能，使人大代表的桥梁纽带、参与决策和模范表率的作用得到有效发挥。坚持以代表小组为基本形式，以集体活动为主，不断创新活动形式，丰富活动内容，促进代表活动经常化、实效化。

【指导镇人大工作】 镇人大是人大工作的基础，是建设基层民主政治不可或缺的重要力量。常委会年初印发关于镇人大工作的指导意见，对镇人大依法开展主席团活动、履行监督职能、组织代表活动、督办代表意见建议、加强自身建设等方面提出了指导性意见。全力支持基层人大工作创新，定期召开镇人大工作座谈会，交流各镇人大工作开展情况，掌握镇人大工作动态，促进相互学习、共同提高，使市镇人大之间形成互动共进的良好局面。积极帮助协调解决镇人大工作中的实际问题，市委高度重视，在出台的《关于进一步加强和改进人大工作的意见》中就镇人大主席团建设提出明确要求，为促进全市镇人大工作开展提供有力保障。通过邀请镇人大主席分批列席常委会会议、举办镇人大主席培训班、组织外出学习考察等形式，为从事镇人大工作的同志丰富人大知识、拓宽工作思路、提高工作水平搭建平台。一年来，各镇人大切实增强履职意识，认真组织审议、评议、视察、调研等活动，工作的规范化、制度化和实效性有了进一步提高。

议案、建议及信访办理工作

【市十四届人大四次会议代表建议办理】 常委会把交办督办代表意见建议作为支持和保障代表依法履职的重要工作来抓。市十四届人大四次会议以来，代表们共提出108件各类意见建议，常委会及时对意见和建议进行分类，并向市政府进行交办。为切实增强办理工作实效，常委会积极完善督办机制，从交办环节开始，将跟踪督办贯穿于办理工作全过程，努力从指导思想、工作要求、工作措施和实际效果上推动办理工作从答复向落实转变，不断提高代表的满意率和建议的办成率。继续实行重点建议主任督办制度，选择“溧戴河清淤”等8件事关全市经济社会发展大局以及群众普遍关注的建议，由常委会领导牵头督办，取得较好的效果。在各承办单位的努力下，所有建议都在规定的期限内办理答复完毕，办结率达100%，满意、基本满意率达100%。

【信访办理工作】 常委会职能部门本着“事关群众利益无小事”的理念，按照“四个百分之百”的要求，认真受理群众的来信来访，耐心做好解释和疏导工作，积极督促有关部门切实解决群众的合法合理诉求。认真分析信访案件的类型、成因和发展趋势，及时将了解掌握的共性问题和倾向性问题进行系统归纳，为常委会确定监督议题提供了一定的参考依据。2011年，常委会共受理群众来信来访79件，其中，来信40件，接待来访群众39批135人次，在有关部门的大力支持和配合下，一些群众反映强烈的问题得到依法处理与妥善解决。　（市人大办）

溧阳市人民政府

栏目编辑　袁　杰　陈莉莉

综　述

【概　况】 2011年是“十二五”发展的开局之年。市政府在中共溧阳市委的正确领导下，在市人大和市政协的监督支持下，坚持“绿色崛起、跨越发展”战略，紧紧围绕“紧跟苏锡常，同步现代化”目标定位，深入贯彻落实科学发展观，依靠和带领全市人民，拼搏奋进，开拓创新，较好地完成了市十四届人大四次会议确定的目标任务，“十二五”规划实施迈出坚实的第一步。

【综合实力】 全市实现地区生产总值503.8亿元，比上年增长18.6%，人均GDP超过1万美元；财政总收入达100.3亿元，增长25.4%，其中地方一般预算收入37.1亿元，增长28%。

工业总量持续攀升。全市实现工业纳税销售1267.8亿元，增长45.5%，增幅位居常州市第一位。纳税销售超亿元企业121家，其中，超10亿元企业12家，超50亿元企业6家，申特钢铁超350亿元，上上电缆、新时代铜业、金峰水泥跨入百亿企业行列。入库税金超亿元企业达7家。华鹏变压器有限公司获“中国工业行业排头兵企业”称号。申报中国驰名商标2只、省著名商标4只、省名牌产品6只。全市建筑业施工总产值、劳务收入分别达375.7亿元和116.5亿元。实现“国优工程”零的突破，被命名为江苏省“建筑强市”。

现代农业加快发展。全市实现农业总产值62.02亿元，增长13.7%。粮食生产又获丰收，水稻单产再创历史新高，被评为全国粮食生产先进县。吸引“三资”13.2亿元开发农业，新增高效农业面积9.2万亩、高标准农田6万亩。农产品质量建设成效明显，新认定无公害、绿色、有机食品101只，溧阳（三黄）鸡成为全市第3只获地理标志登记保护的农产品。农业产业化进程不断加快，天目湖现代农业产业园区被评为省级现代农业产业园区，全福牧业和苏浙皖边界市场被认定为省级农业产业化龙头企业，曹山现代农业基地等一批重点项目有序推进。获得“中国果菜标准化建设十强市”和“中国板栗无公害科技创新示范市”称号。

服务业质态提升。全市完成服务业增加值185.4元，实现全社会消费品零售总额171.7亿元，分别增长23.2%和17.4%。旅游业加快发展，全年接待国内外游客901万人次，实现旅游总收入86.4亿元，分别增长26.7%和23.6%。“三区同创”全面推进，天目湖跻身全国第二批4个国家级旅游度假区试点行列。成功举办第七届天目湖旅游节暨溧阳乡村旅游博览会，南山竹海二期建成开放，十思园景区创建成“全国休闲农业和乡村旅游示范点”，新四军江南指挥部纪念馆列入全国红色旅游经典景区。获“全国十大最具幸福感的休闲城市”、“中华最佳休闲度假旅游城市”称号。积极引导制造业企业实施“主辅分离”，15家企业成功分离出非核心业务。商贸、物流业加快发展，苏浙皖边界市场改扩建、上河城商业街、平陵广场等重点项目加快建设，沃尔玛、月星家居等一批知名商业企业入驻溧阳。

【发展活力】 有效投入持续有力。完成全社会固定资产投资311.2亿元，其中工业投入234.2亿元，分别增长22.7%和20.3%，实施总投资5000万元以上重点工业项目160个，溧阳抽水蓄能电站、绿成纸业、新时代铜业、顺风光电等重大项目顺利推进，溧阳抽水蓄能电站主体工程开工，完成投资11.14亿元。金融服务不断深化，新成立5家农村小额贷款公司，招商银行、华泰证券到溧阳开设分支机构。全市金融机构年末人民币各项存款余额541.8亿元、贷款余额367.1亿元，分别比年初增长19.2%和22.7%。企业债券成功发行，金源锻造、瑞阳化工上市工作加快推进。全力做好用地服务保障工作，向上争取8个重大项目“独立选址”和“点供”用地计划。全年完成供地7855亩，其中工业用地6043亩。

开放开发不断加快。完成工商登记注册外资7亿美元，实际到账外资4亿美元。波士顿锂电池、上舜LED照明、安德里茨饲料机械、布勒研发中心及生产基地等5个总投资超亿美元项目顺利落户。完成外贸进出口总额10亿美元，其中出口8.6亿美元，均增长50%以上。对外劳务市场进一步规范，组建出国劳务服务中心。积极拓展对外交流，与荷兰莱瓦顿市正式缔结友好城市关系。统筹全市生产力布局，确立以经济开发区、别桥北山工业园、上兴工业园、南渡新材料工业园为重点的“一区三园”发展新格局，积极推进“区镇共建”。

创业创新成效明显。全民创业有力推进，民营经济加快发展，净增私营企业800家，个体工商户3000户，新增注册资本90亿元。科技创新成效显著，完成高新技术产业产值408.7亿元，增长58%，占规模以上工业产值的35.5%。组织实施各类科技计划项目166项，培育省高新技术产品135只、高新技术企业7家，创建省工程研究技术中心4家。江苏软件园天目湖基地项目正式签约。全年专利申请量大幅增长，发明专利申请量达688件，增长96%。获常州市领军型海归人才创业资助项目19个，资助总额突破3000万元，3人被评为省“双创人才”，10名省“科技镇长团”成员到溧阳挂职。全年组织参加9次大型产学研对接活动，全市企业与百余所高校院所建立了产学研合作关系。获“全国科技进步考核先进县（市）”称号，成功创建全国科普示范市。

各项改革稳步实施。继续深化农村“三大合作”，新增农民专业合作社132家、土地股份合作社7家，新增土地流转面积3万亩、规模经营面积5万亩。落实省级村级公益事业“一事一议”财政奖补项目75个，争取奖补资金1073万元。出台《关于全面推进统筹城乡发展的实施意见》，全面启动天目湖镇强镇扩权和南渡镇中心镇试点工作。医药卫生体制改革、文化体制改革深入推进，殡葬改革启动实施。

【城乡建设】 基础设施更加完善。累计完成交通建设投资18亿元。104国道上兴洋河至旧县段、黄岗岭至南山竹海改线段等一批重点新、改建工程竣工通车。宁杭铁路客运专线溧阳段、芜申运河溧阳先导段、常溧高速公路、西环线等工程有序推进。106千米溧阳西部大外环改造工程全面启动。东环线、溧阳港区溧城作业区、宁杭铁路溧阳综合客运枢纽等一批具有重大意义的交通工程先后通过立项及审查。完成220千伏余桥、扩建229千伏旧县、开工建设500千伏溧阳等输变电工程。人防地下指挥所完成建设，新增天然气用户1.2万户。

城市建设扎实推进。完成西片区、东片区概念性城市设计，深化燕山新区、中心城区城市规划，实现城区提升规划全覆盖。燕山新区安置房和道路建设加快推进，燕河湾安置小区主体工程完工。全面完成东大街、眠杨树路等城区道路改造和平陵街、城中路、黄家村巷等背街小巷整治，以及文化新村、昆仑花园、南安新村、江南小区等老小区提档升级，加快实施东升路改造和奥体大道、清泓路延伸工程。制定城乡一体化供水、治污规划，全面完成城区污水管网、东大街雨水管道和4个小区的雨污分流改造工程，中心水厂和天目湖镇至城区的污水收集主管网建设有序推进。强化城市长效管理，深入开展市容环境综合整治，燕山新区、城北垃圾中转站等一批环卫设施相继投入使用。

新农村建设不断深入。深入实施《固基强村三年行动计划》，全面推进村级“五有一责”建设，建成村级综合服务中心165个，减少集体收入低于50万元的经济薄弱村55个。农村环境卫生长效管理进一步加强，全面实施城乡环境卫生三年整洁行动，全市95%以上自然村建立生活垃圾统筹处理机制。被列入省村庄建设与环境整治第一批试点县。农村基础设施建设进一步完善，升级改造农村公路100千米、改造危旧农桥100座，364千米农村公路提档升级全面启动。增开26条镇村公交线，具备条件的行政村镇村公交通达率达100%，城乡客运一体化模式成为全国典型。水利建设继续加强，完成沙河、大溪、前宋和9座小水库除险加固工程。全国水利风景区建设现场会在溧阳召开。完成中央农田水利重点县第一批项目建设。抗旱工作取得全面胜利。

生态建设持续加强。全面启动生态文明示范区建设，《溧阳市生态文明建设规划》经市人大常委会审议通过并组织实施。经济开发区创建成省级生态工业园，建成国家级生态镇2个、生态村1个，天目湖桂林村被命名为第三批“全国生态文化村”。深入推进天目湖水源地生态保护工作，启动上游生态湿地和库体清淤扩容工程，新增退耕还林1600亩、退渔还湖200亩。大力推进水泥、化工、重金属等行业环境专项整治，深入推进禁燃区建设。长荡湖湿地保护与恢复工程全面完成。节能减排成效明显。全年实施重点节能与循环经济项目8个，完成节能监测企业36家，淘汰落后用能设备68台（套）。全面完成年度减排任务。

【社会事业】 惠民措施全面落实。城镇居民年人均可支配收入26418元，农民年人均纯收入13505元，分别增长15%和19.5%。为民办十件实事全面完成。发放水稻直补和农资综合补贴7483万元。城镇新增就业1.1万人，失业人员再就业1872人，城镇登记失业率控制在2%以内。职工养老、医疗、失业三大保险覆盖率稳定在98%以上，居民养老保险和“新农合”参保率继续保持100%。农村、城市低保，五保集中、分散供养对象年供养标准稳步提高。全年向8.6万人次困难群众发放物价补贴670万元。提高重残救助标准，向4227名重残对象发放救助金1055万元。加大慈善救助力度，全市慈善基金规模达2.4亿元，全年发放慈善救助金1200万元。加强住房保障，新建廉租房100套、公租房700套，租赁补贴200户。对全市80周岁以上老年人发放尊老金，建成居家养老服务站65个，被命名为“中国长寿之乡”和“全国敬老模范单位”。

社会事业协调发展。优质教育资源不断扩大，城南小学一期、戴埠小学建成投运，职教中心三期、社渚小学开工建设，新增义务教育阶段优质学校5所，省四星级高中1所，成功组建光华初中等3家教育集团。高考、职高对口单招均创历史新高，中考成绩位居常州市前列。卫生服务体系不断完善，新人民医院建设前期工作有序推进，别桥新卫生院建成投运，社渚镇卫生院完成主体工程，新建或改造40所村卫生室。基本药物制度全面实施，药品价格平均下降25%以上。疾病防控、卫生监督和食品药品安全监管工作得到新加强。“焦尾琴的故事”、“祠山庙会”入选省级非遗保护名录。完成农村数字电视整体转换，在网数字电视用户达16万户。国防动员、“双拥”、人武工作继续加强，民兵高炮训练获全省“双优”，征兵工作被省政府、省军区表彰为先进。被评为省人口协调发展先进市。

和谐局面不断巩固。文明创建深入人心，省文明城市创建实现“四连冠”，埭头村被评为全国文明村。“平安溧阳”、“法治溧阳”建设深入推进，多元化解矛盾机制逐步健全，全市信访形势总体平稳。启动实施“设防城市”建设三年规划和“六五”普法宣传。安全生产监管力度持续加强，目标考核连续4年被常州市政府评为优秀等次，安全生产形势持续稳定好转。依法严厉打击各类违法犯罪活动，公众安全感继续保持在常州地区前列。被评为全省社会治安综合治理先进集体和法制宣传教育先进县（市），连续7年成为“江苏省社会治安安全县（市）”。

【自身建设】 服务意识进一步增强。全面推进机关作风建设，严格执行“十个严禁”，深入开展涉企服务、民主集中制、“庸懒散”等五大专项治理行动。深化“效率溧阳创品牌，机关服务争最优”主题活动，大力推行“五星级”机关服务品牌评比、“服务经济优胜单位”评选和“千人评议”。扎实开展全市领导干部下基层活动。全面推进行政权力网上公开透明运行工作，被选为依托电子政务平台加强县级政务公开和政务服务国家试点城市。

依法行政进一步强化。认真贯彻《国务院关于加强法治政府建设的意见》，加快法治政府建设步伐，严格规范行政权力运行，不断加强政府工作的制度化、程序化、规范化。及时向市人大报告、向市政协通报政府工作情况，邀请市人大代表和市政协委员列席市政府常务会议。全年办理市人大代表建议108件、市政协委员提案136件，办结率100%。继续创新“市长信箱”办理机制，受理、办结来信1186封，办结率100%。

廉政建设进一步加强。认真落实党风廉政建设责任制，不断完善惩防体系建设。加强政府投资项目的监督检查，重点抓好２０个新增中央和省投资项目的监督检查。强化涉企行为监督，在１０家非公企业设立预防腐败示范点。集中开展公务用车、党政机关厉行节约等专项行动。建成新四军廉洁思想教育馆外馆。民生聚焦工作实行“声屏网报”四位一体模式，累计受理群众咨询投诉2448件，办结率达99.8%，群众满意率达99.4%。

重要会议

【市政府全体（扩大）会议】 2月14日，市政府召开全体（扩大）会议，贯彻落实市委十届十一次全体（扩大）会议和全市深入开展创先争优“五比五看”活动表彰暨推进大会精神，明确2011年各项主要经济指标考核目标，介绍2011年“经济、民生、环境”40项重点工程（工作），总结回顾2010年工作，重点部署2011年各项工作。

【常务会议】 2011年市政府共召开5次常务会议。

3月24日，市政府召开第19次常务会议，会议原则同意《2011年度镇（区）比发展～科学发展重点指标考核办法》、《2011年度镇（区）比发展—镇（区）目标管理考核办法》、《2011年溧阳市市级机关部门年度目标管理考核办法》、《关于2011年度全市开放型经济工作的考核奖励意见》、《关于2011年溧阳市工业投入和规模工业有效投入的考核意见》、《2011年年度目标任务书》，作修改完善后，提请市委常委会研究；会议原则同意《关于开展企业非核心业务分离发展生产性服务业试点工作的意见》、《关于市域供水、污水工程规划》，作修改完善后，由市政府行文执行；另外，会议还听取了《关于燕京观天下地块收购问题的汇报》并原则同意地块收购方案。

5月17日，市政府召开第20次常务会议，会议原则同意《关于进一步规范土地市场加强土地出让管理的实施意见》、《溧阳市国有土地上房屋征收与补偿暂行办法》、《溧阳市城镇廉租住房保障办法》、《溧阳市“十二五”住房保障规划》、《市政府关于加快保障性安居工程建设的意见》、《溧阳市“设防城市”建设三年规划》和《溧阳市关于建立国家基本药物制度的实施方案》，作修改完善后，由市政府行文执行；会议还原则同意了关于调整行政事业单位工作人员住房公积金计提基数的方案、关于对市镇机关2010年度工作中成绩突出的先进个人进行行政奖励和市公安机关执法勤务机构人民警察警员职务套改的方案。同时，会议还听取了全市一季度安全生产工作情况汇报，并就当前工作提出明确要求：一要进一步强化目标责任意识，确保时间、任务“双过半”；二要全力以赴推进项目建设；三要千方百计加快落实各项融资任务；四要认真抓好当前农业农村重点工作；五要加大工业生产服务保障力度；六要加快旧城改造推进力度；七要认真开展化工生产企业和水泥行业专项整治“回头看”工作。

8月8日，市政府召开第21次常务会议，会议讨论并审议通过了《关于上上电缆项目房屋征收的决定》。会议要求，市各有关部门要通力合作、密切配合，全面做好该地块各项房屋征收和补偿工作。

8月29日，市政府召开第22次常务会议，会议原则同意《溧阳市农业现代化工程建设实施意见》、《关于进一步加快经济开发区发展的意见》和《溧阳市区镇共建园区的意见》，作修改完善后，提请市委常委会研究；会议原则同意《溧阳市城市防洪规划》（修编），由市政府批复执行；会议原则同意《溧阳市生态文明建设规划》，提请人大审议。

11月19日，市政府召开第23次常务会议，会议原则同意《溧阳市安全生产“十二五”规划》和《关于对持独生子女父母光荣证退休的企业职工实行一次性奖励的补充意见》，作修改完善后，由市政府行文执行；会议原则同意《溧阳市2012年度财政性投资项目计划表》、《关于实施工业经济五年规划、三年计划的意见》、《2011年溧阳市国民经济主要指标完成预测及2012年目标设想》、《溧阳市2012年重点工程（工作）》和《2012年市政府为民办10件实事》，作修改完善后，报请市委常委会研究。 （市政府办）

法制工作

【概　况】 2011年，市政府紧紧围绕全市经济社会发展大局，以深入贯彻国务院《关于加强法治政府建设的意见》和省政府《关于加快推进法治政府建设的意见》为主线，全面推进依法行政，加快法治政府建设步伐，各项工作取得明显成效，为溧阳经济社会发展创造了良好的法制环境。

【坚持科学民主决策】 2011年市政府坚持并完善常务会议等集体决策机制，坚持科学决策、民主决策。根据《溧阳市人民政府工作规则》的规定，凡涉及全市国民经济和社会发展规划、财政预算、城市总体规划和发展战略、重大改革方案和政策措施、重要资源配置和社会分配调节、重大建设项目等关系全局的重大决策，都要由市政府常务会议讨论决定，或经市政府常务会议讨论通过后报请市委或人大常委会决定。随着依法行政工作的不断深入，市镇两级政府依法行政的理念不断强化，自觉把经济社会的发展规划、经济发展的方式转变、社会福祉的民生实事等重大事项纳入重大决策范围，严格按照《溧阳市人民政府工作规则》自觉启动民主审议、集体决定等运行机制。

【规范性文件管理】 切实加强规范性文件制定工作的程序性和严肃性，严格实施市政府规范性文件制订计划。年初，市政府办公室结合市政府重点工作下发2011年规范性文件制订计划，原则上未列入计划的不再重新安排制定发布。进一步加大合法性审查力度，在文件下发前坚持严格审核把关，确保市政府规范性文件的合法性和实效性。2011年，市政府共制定出台《溧阳市国有土地上房屋征收与补偿暂行办法》等规范性文件5件，全部经过法制办审核，及时提出审核意见，并按规定上报常州市政府和市人大常委会备案。根据实际情况变化，组织对规范性文件进行清理，全年共清理废止规范性文件23件。严格执行《政府信息公开条例》规定，文件出台后均通过市政府政务公开栏、市政府网站、市现行文件服务中心向社会公开。

【办理行政复议案件】 2011年，市政府共受理行政复议案件20件，经复议决定维持14件，当事人撤回4件，正在办理2件。在办理行政复议案件时，坚持严格依法办案，同时积极主动地做好协调工作，对当事人申请撤回的行政复议案件均经过协调，及时有效地化解了矛盾纠纷。努力做到“两个确保”，即确保把每一件行政复议案件都办成经得起法律和历史考验的铁案，确保法律效果和社会效果的有机统一。

【行政执法监督】 2011年，市政府在执法监督工作中，一方面抓好日常监督检查和开展专项法律法规贯彻实施情况检查，另一方面实施重点行政执法专项检查制度，对重点行政执法部门开展专项执法检查监督。7月，市政府法制办邀请人大、法院、检察院等单位对公安、环保、安监等多个执法部门进行专项检查，通过听取汇报、抽查案卷、集体评议等形式对执法行为做了全面检查，对检查中发现的问题向有关部门发出了《行政执法检查意见书》。同时，对以市政府名义作出的重大行政处罚等行政执法行为进行全程跟踪，并由市政府法制办直接组织主持相关的行政处罚听证工作，严格规范各项行政执法程序，及时向市领导提交听证意见书，为领导决策提供参考意见。行政权力网上公开透明运行法制监督系统建设完成，实现了对所有行政权力网上公开运行的全程监督，确保行政权力合法有效运行。9月，全省县级行政权力网上公开透明运行工作现场会在溧阳召开，溧阳的工作经验在全省推广。

【行政执法证件管理】 建立执法证件专人负责制，对全市各部门的行政执法证件的审查、办理、发放、核销、备案等情况实行动态管理，通过市三合一网络网站及时调整更新。2011年初，市政府法制办为全市各镇各部门1583名行政执法人员换发了执法证件，为271名行政执法人员核发了新证，同时注销了112张行政执法证件。3月22日至26日，根据全省统一换证安排，市政府法制办组织对全市271名新申领行政执法人员分三期进行集中培训，并安排了法律专业知识考试，考试成绩作为核发证件的主要依据。

【推进行政与司法良性互动】 2011年，市政府进一步加大行政调解工作力度，努力引导人民群众以理性合法的方式表达诉求，依法采取一切可能的方式和有效措施平衡各方利益，尽量通过行政调解、和解方式处理行政案件，力争把行政争议化解在初发阶段、化解在基层、化解在行政系统内部。在原有的以接受当事人投诉、信访而解决行政纠纷的基础上，更主动加强与法院的沟通与衔接，建立健全化解行政争

全市行政执法人员法律知识培训　　（市法制办 供稿）

议互动联动机制，政府办下发了《进一步完善化解行政争议互动联动机制的实施意见》，对进一步完善化解行政争议互动联动机制作了具体规定。2011年，市政府法制办共接受法院移送的以市政府或政府部门为被告的行政案件20件，经过调解，有11件纠纷得以化解，当事人向法院撤回了起诉，占到接受法院移送案件总数的55%。进一步落实行政机关负责人出庭应诉制度，每一起行政诉讼案件在开庭前，市政府法制办均通过电话提醒和督促行政机关负责人出庭应诉，2011年行政机关负责人出庭应诉率达到100%。

（刘纯洁）

行政服务中心

【概　况】 2011年，溧阳市行政服务中心紧紧围绕全市“紧跟苏锡常，同步现代化”工作目标，按照“全面开启‘十二五’，奋力实现新跨越”工作主题，紧扣全市“经济、民生、环境”40项重点工程，进一步创新行政服务举措，规范行政服务行为，着力打造“阳光行政、绿色服务、效率中心”服务品牌，不断提升行政服务品质，努力成为保障全市科学发展、服务广大人民群众的综合平台和亮丽窗口。一年来，“中心”共办理各类行政审批和行政服务事项58.2万多件，即办率达82%，提前办结率达99.8%，群众满意率达99%以上。“中心”被溧阳市委、市政府评为一至四季度“服务经济优胜单位”和年度“服务经济优胜单位”，“阳光行政、绿色服务、效率中心”服务品牌被评为溧阳市“五星级”机关服务品牌。

【创新行政服务举措】 深化窗口标准化建设。严格对照省文明城市创建标准，深化窗口标准化建设，并作为机关作风建设服务标准向社会公开承诺。积极开展ISO 9000质量管理认证工作，创建江苏省行政服务标准化试点单位；开展服务优化“三对接”。深入重点园区、重点镇区举行服务优化对接活动，签订对接协议。指派专人全程跟踪代理协办重点项目相关行政许可服务手续；推进“两集中两到位”。推进部门行政审批首席代表制，建立高效运作协调机制，提高“两集中两到位”覆盖面。

【完善行政服务功能】 打造“一窗一品”。积极配合市纪委、监察局“五星级”服务品牌创建活动，“中心”窗口亮出服务品牌，开展特色服务，形成行政审批“一窗一品”服务体系；规范“两个平台”。2011年公共服务平台共办件38.4万件，比2010年增长176%，方便企业和群众集中办理。行政权力网上公开透明运行“三合一”平台高效运转，得到上级相关部门的充分肯定。全省县级行政权力网上公开透明运行现场会在溧阳召开，并在全省推广经验。年底，溧阳市被确定为全国政务公开和政务服务试点城市；延伸“一号审批渠道”。制定项目保障和涉企服务工作方案并组织实施。扩大适用范围，行政审批与服务项目承诺期内提前办结率均为100%，行政许可类办件提速70%以上，重点项目审批提速80%以上。“一号审批渠道”所涉及的12个部门21个行政许可事项平均提速85%以上。

【提高行政服务效率】 多层次打造信息中心。改版升级“中心”网站和“OA办公系统”，增设户外电子显示屏和行政审批流程图，设立导服机构，开通手机廉政课堂，安装WORKWIN电脑监控软件。通过电子监察，对全市行政许可和行政服务事项进行网上咨询、网上下载、网上监察和网络互动；多途径打造效率中心。将一次性告知、联审会办、联合踏勘以及考核办法等38项业务工作制度和内部管理制度编印成册。与溧阳市监察局联合开展“效率中心创品牌，窗口服务争最优”竞赛活动，每季度评选5个“红旗窗口”和8名“服务之星”；多渠道打造廉洁中心。坚持教育倡廉，增强思想免疫力；网络传廉，增强学廉自觉性；环境育廉，营造廉荣贪耻氛围。开辟荣誉陈列室、廉政书架和廉政影视厅等廉政教育阵地，在“中心”窗口显著位置张贴廉政宣传标语50余幅，设置窗口服务评价器60余台。开展中层干部述职述廉述法活动，创建常州市廉政文化示范点。

【队伍建设】 提升活动教育影响力。开设“中心讲堂”。2011年，“中心讲堂”共举办十二期，参学人员1200人次。完善党工委理论学习中心组学习制度，以学习明思路、促工作。开展领导干部下基层活动，进行“走村入户进万家”，帮困助学20名学生，共捐资一万元；提升团队合作凝聚力。加强“中心”党建和领导班子建设。项目、园区、民生“三对接”服务和“效率中心创品牌，窗口服务争最优”主题实践活动分别被常州市委创先争优活动领导小组办公室评为“百件实事”和“百项活动”。窗口标准化建设被评为全市党建工作创新奖，两名窗口工作人员被评为全市“十佳百优文明市民”。召开全

全市行政服务工作会议　　（市行政服务中心　供稿）

市行政服务工作座谈会，举办“我们共同走过的历程”专场文艺演出，赴水西新四军江南指挥部纪念馆进行入党宣誓和重温入党宣誓仪式。工、青、妇等群团组织积极开展各类活动；提升服务网络辐射力。“中心”设立五个分中心和十个镇（区）服务中心，并选优配强行政审批服务代办员。通过调研指导、业务培训，对最新的政策法规、产业信息、审批流程及时传递和解读。

（葛　琪）

外事工作

【因公出国（境）审批工作】 2011年，市外事办坚持地方外事服务中央外事，地方外事服务地方经济建设的方针，从大局出发，以全市经济建设为中心，积极、稳妥地开展外事工作。共办理因公出国（境）43批，147人次。其中，上组团31批，47人次；自组团12批，100人次。

【友城工作】 逐步完善友城布局。10月26日，溧阳市代市长苏江华与荷兰弗里斯兰省莱瓦顿市市长费德克龙（Ferd.J.M.Crone）在莱瓦顿市博物馆正式签署建立友好城市协议，这标志着继日本白山市、美国联合市之后，莱瓦顿市成为溧阳市的第三个友好城市。友好城市关系的建立为两个城市政府间、双边贸易、民间交流搭建起一个良好的平台。此次签约仪式的成功举行，将进一步推动溧阳市与莱瓦顿市的友好关系，对于提升溧阳对外开放事业具有积极意义。积极打造交往品牌。2011年8月，市外事办和市教育局，组织第三批青少年交流团一行14人对日本白山市进行了为期9天的友好访问。其间，白山市市长作野広昭会见了交流团一行。通过学习打太鼓、手工制作金箔等日本传统艺术、吹奏、剑道、柔道、茶道等交流活动，增强双方在教育文化领域的交流实效，推动两市友好关系向前发展。10月，收集整理了全市中学生的书画作品30幅，参加白山市第十七届国际友城书画展。2011年，市外办被常州市外事系统授予友城工作先进集体称号。

【接待工作】 2011年，溧阳共接待国内外宾客21批、165人次。包括中联部部长王家瑞、中国驻瑞士大使吴恳、中国驻朝鲜大使刘洪才、中国驻奥地利大使史明德、越南中央对外部部长黄平君、毛里求斯地方政府与外岛事务部部长路易斯赫维艾米和博巴森荷津市市长诺伯特弗洛格特，英国巴希尔顿区、澳大利亚赫斯特威尔市、加拿大埃德蒙顿市、波兰亚尼亚古拉斯市、土耳其埃斯基谢希尔市、巴西圣保罗市、毛里求斯博巴森荷津市等民间团体和政府官员，马来西亚驻沪总领馆官员、香港特区政府驻上海办事处官员。还接待了白山市市长作野広昭、副议长寺越和洋率领的白山市友好访问团、日本石川县“少年之翼”青少年友好访问团和日本爱知县“平成遣中使”青少年友好访问团。经市外办推荐和省友协实地考察，溧阳的国家农业示范点翠谷庄园成为江苏省对外友好协会国际交流溧阳基地。　（市外事办）

侨务工作

【概　况】 2011年，溧阳市侨务工作在市委、市政府的正确领导下，在上级侨务部门的关心指导下，紧紧围绕市委“紧跟苏锡常，同步现代化”的目标定位，团结动员全市归侨侨眷和海外侨胞，在推进溧阳经济社会发展和促进侨务事业科学发展方面取得了新的进展。市侨办被江苏省侨办评为“全省侨务工作先进单位”。

【侨务经济工作】 服务招商引资，做好牵线搭桥工作。2011年，市侨办为江苏省溧阳经济开发区从香港引进了注册资本为2980万美元的江苏鑫盛矿业有限公司和注册资本为2880万美元的江苏鑫光仓储有限公司，两家公司已注册成功，共到账6000万美元。引进上海依亿自控科技工程有限公司在上兴镇投资成立江苏巴斯威节能科技有限公司，注册资本1600万元人民币，总投资1.08亿元人民币，已完成工商注册，正在修建厂房等基础设施。

服务招才引智，做好穿针引线工作。市侨办积极联络海内外专业人才，大力宣传溧阳高层次人才创新创业政策规定，吸引海内外高层次人才到溧阳发展。成功举办2011“海外华人华侨高层次人才江苏（溧阳）行”活动。来自美国、加拿大、日本等国家和地区的23位在新能源、新材料、生物医药、软件开发和通讯等领域卓有建树的海外博士相聚溧阳，参观考察了江苏省溧阳经济开发区和江苏省天目湖旅游度假区，与园区领导进行了面对面的洽谈，听取了溧阳市海归企业常州高特电子技术有限公司董事长高向阳博士和江苏恒太电子塑胶有限公司董事长潘文伟的创业介绍。参观了常州时创能源科技有限公司和江苏六合新能源设备科技有限公司两家海归企业。溧阳良好的生态环境和投资创业环境都得到了海外嘉宾的高度赞扬，有4个海归项目有意向到溧阳创业发展；组织侨界企业参加“校企对接”活动。在活动中成功牵线溧阳市蚕蛹饲料有限公司与留美博士后光泰娥进行技术合作，成立江苏欣诺生物科技开发有限公司，注册资本800万元人民币，进行蚕蛹食品深加工生产及出口；为海归企业争取资金支持。推荐留德硕士、溧阳通亿能源科技有限公司执行董事周燕军先生、美国动物营养博士韩彦明先生等5人申报常州市领军型海归人才，并促成留日博士赵景阳、张兴华博士、留美硕士孟佳伦、留加硕士赵建卫等申报第一批龙城英才计划。其中赵景阳博士获得300万元人民币资助，张兴华博士获得100万元人民币资助。市侨办重点宣传的常州高特电子技术有限公司董事长高向阳获江苏省“双创计划”2011年拟资助人选，正申报国家千人计划；参加创业之桥——第八届海外人才常州创新创业洽谈会。市侨办组织了市经济开发区等10家单位与海外华侨华人才专业人进行了项目对接洽谈，扩大了交往，宣传了溧阳；开展留创园发展情况调研。通过对溧阳留学人员创业园发展情况的调研，撰写了《关于我市留学人员创业园发展的情况调研》的调研报告。

【国外侨务工作】 市侨办积极拓展海内外联络联谊空间，加强与海外侨团、华侨华人的联系，培育和发展友好的海外侨务资源，努力实现侨务工作可持续发展。热情接待海外侨团到访。4月，接待了奥中友协创会主席、奥地利总统特聘顾问鲁家贤先生率领的奥中友协华人委员会代表团一行13人到溧进行商务考察，市委副书记汤如军在天目湖宾馆热情会见了代表团成员。6月，接待了巴西华人协会会长、巴西宇宙集团公司董事长吴耀宙先生为团长的巴中贸促会代表团一行13人，方激副团长与江苏国强镀锌等企业进行了商务会谈。常务副市长周卫中热情会见了代表团成员；积极参与“2011溧阳接轨上海联谊会”活动。市侨办受市委、市政府委托，邀请了奥中友协常务副主席、香港诸峰亿通投资集团董事长朱肖峰先生、巴西巴中商会副会长陈捷先生、南美旅游联合体经理王纯先生、通力计算机通信技术（上海）有限公司总裁梁钢先生等客商出席了“2011溧阳接轨上海联谊会”。朱肖峰先生作为嘉宾代表在会上进行了发言，盛赞了溧阳日新月异的发展变化；全力参与海外招商活动。市侨办根据市政府的部署和要求，积极配合发改委、商务局为“2011中国溧阳（香港）城市产业推介说明会”做好重点港商的邀请工作，经过精心物色和联系，邀请了香港溧阳同乡会会长庄竹青先生等5位港商和重点人士出席推介说明会；在全市开展在境外有工作、学习经历人员情况调查工作。为贯彻实施《海外人才为国服务计划》，加快推动海外专业人士回国创业和引进海外高层次人才，积极搭建创新创业良好平台，促进溧阳经济发展方式转变。市侨办联合市侨联、市工商联共同发文，在全市范围内开展在境外有工作学习经历或正在境外工作学习人员的情况调查工作，储备侨情资源。

【国内侨务工作】 市侨办始终坚持把侨法宣传、为侨服务、维护侨益作为工作的出发点和落脚点，努力协调关系、化解矛盾，及时帮助解决归侨侨眷和海外侨胞在生产生活中遇到的困难和问题。加大扶贫帮困力度，扩大优抚面。全年共走访慰问了近40户归侨侨眷和港澳同胞眷属，送去慰问金、慰问品共计25000元。帮助全市10位困难归侨侨眷家庭学生申请到“沈有国助学基金”31000元，有效缓解了他们学业上的经济压力；履行工作职能，落实涉侨政策。在全市拆迁工作中，涉及5户侨房拆迁安置补偿问题，市侨办十分重视，按照相关政策，积极与市重大办和拆迁公司协调，最大程度维护侨眷利益，确保了拆迁工作顺利进行。全年共受理来信来访17件（次），回复结案率100%，做到了侨界无集访和越级上访。为34批69人办理了赴港澳地区探亲的眷属身份认定，为他们出境探亲提供良好服务；参加市十四届人大常委会第十八次主任会议。市侨办在市人大常委会主任会议上汇报了《中华人民共和国归侨侨眷权益保护法》贯彻落实情况，提出了在贯彻执行保护法过程中也遇到的困难和问题，并就进一步加大中华人民共和国侨法宣传力度、提升侨胞权益保障水平和服务开放型经济建设等工作提出了意见和建议，得到会议的高度重视；认真组织开展“侨爱工程——送温暖医疗队活动”。10月，市侨办组织20位归侨侨眷参加了健康体检，开展了健康咨询服务活动，邀请了市人民医院周锡昌副院长授课，重点讲解中老年养生保健、饮食保健、糖尿病治疗等健康知识，并对归侨侨眷提出的健康问题给予一一解答。此次活动深受全市广大归侨侨眷的欢迎，产生了良好的社会反响；倡导公益事业，构建社会和谐。市侨办积极倡导侨界多位企业家联合向光华中学25位贫困生捐资助学，每名贫困生每年受助2000元，直到高中毕业；侨眷赵华保夫妇向新疆特克斯县捐资5万元资助贫困学生，为上沛中学5名学生送去助学金15000元；市侨商会副会长徐志群为市锡剧团捐资8万元，用于排演优秀传统锡剧《三看御妹》，为繁荣溧阳文化事业、丰富群众文化生活作出了贡献。

【侨务宣传工作】 市侨办运用多种渠道，不断拓宽侨务宣传工作面。向省市侨网、《常州日报》、《常州统战》、《溧阳时报》等媒体投稿30余篇，有力宣传了溧阳良好的投资环境及侨务工作情况；加强对溧阳侨网的维护工作，拓展栏目，丰富内容；积极配合做好溧阳市第七届天目湖旅游节暨溧阳乡村旅游博览会的外宣工作，在巴西主要的华文报刊《南美侨报》上专版宣传了溧阳，扩大了溧阳在海外的知名度及影响力；联合上海浦东高新技术企业家联合会在天目湖举办了“围绕创新驱动、转型发展，发挥两新组织智慧力量”专题讲座，并带领联合会62位来宾实地考察了经济开发区，他们被溧阳优越的地理位置，优良的产业基础，优美的人文、生态和投资环境所吸引，纷纷表示将根据自身企业的发展要求，积极谋求与溧阳的合作。

【侨务干部队伍建设】 市侨办始终贯穿能力建设这一主线，不断提高侨务干部的学习能力、服务能力和创新能力。自觉加强理论学习。认真学习党的十七届五中、六中全会精神、中央书记处对侨务工作的重要指示精神、胡锦涛总书记的重要讲话精神、国务院十二五侨务工作纲要、《中华人民共和国归侨侨眷权益保护法》等政策法规。认真学习贯彻省、市有关会议精神，围绕中心，服务大局，推动侨务工作新发展；扎实推进创先争优活动开展。市侨办按照市委《关于深入推进全市创先争优“五比五看”活动的意见》，结合侨务工作实际和目标任务，确立了“创先争优上水平，为侨服务立新功”活动主题，设立了“重学习，强服务”，“引资金、引智力”，“维侨益、促和谐”，“广联谊、强宣传”四大活动载体；结合实际开展五项专项治理。召开专题会议就机关作风建设进行动员布置，传达全市会议精神，统一思想，明确目标任务，强化落实责任，对民主集中制执行情况、涉侨服务、“庸懒散”、公款消费、“八小时外”行为规范等五个方面开展治理，内正风气、外塑形象，形成勤政、廉政、优政的良好风气；认真开展领导干部下基层活动。按照市委文件精神，市侨办认真制订了活动实施方案。从7月开始侨联领导走村到户，主动到群众家里，登门了解情况，征求意见，共走访了埭头镇邹家村10户家庭。并针对走访中了解到的邹家村道路拓宽资金不足的问题，与香港溧阳同乡会进行沟通，发动募捐活动。

（范建华）

政协溧阳市委员会

栏目编辑　袁　杰

综　　述

【概　况】2011年，市政协深入学习贯彻党的十七届五中、六中全会和市第十一次党代会精神，牢牢把握团结民主两大主题，紧紧围绕“紧跟苏锡常，同步现代化”的目标定位和全市中心工作，增强协商议政的实效性，提高民主监督的针对性，发挥委组工作的基础性，提高自身建设的科学性，为促进全市经济社会又好又快发展作出了积极贡献。

重要会议

【市政协十三届委员会全体委员会议】2012年1月5日下午在市公安局会议室召开，市十三届政协全体委员，各镇（区）党委、党工委书记参加会议。市委全体领导、市人大主要领导、市政府和市政协全体领导在主席台就座。会议听取了市政协主席崔国伟代表政协溧阳市十三届委员会常务委员会所作的2011年工作情况报告和市委书记盛建良的重要讲话。听取了代市长苏江华关于市政府2011年工作情况和2012年工作打算的通报。会上，全体政协委员对市级机关作风进行了民主评议。

【市政协第十四届委员会第一次会议】2012年3月26日～29日在市会议中心三楼会场召开，市四套班子全体领导和市法院、市检察院的主要负责同志参加开幕式并在主席台就座。市委书记盛建良作重要讲话。市政协主席崔国伟受市政协十三届委员会常务委员会委托，向大会作工作报告。市政协副主席凌奋宝向大会作十三届政协提案工作情况报告。会议表彰了2011年度先进委组、先进委员和优秀提案。会议审议通过《中国人民政治协商会议溧阳市第十四届委员会第一次会议决议》。市政协副主席韩金红向大会报告了市政协十四届一次会议提案审查情况。会议于3月29日下午召开第三次全体会议，选举狄立新为政协溧阳市第十四届委员会主席。赵国兴、王勤月、罗志强、韩金红、陆晓明为政协溧阳市第十四届委员会副主席。周荣春为政协溧阳市第十四届委员会秘书长。选举（以下名单按姓氏笔画排序）丁国明、王宏、王国平、尤夕妹、方莉、史云龙、吕红英、朱小波、伏儒海、华涛、许正福、芮振华、杨絮、杨建忠、李凯舟、沈俊、宋晓玲、张玲娣、张爱琴、张博赟、陈少华、陈建华、周俊华、荀云琴、钱炜、徐玉琴、徐志群、黄辉、黄东英、崔文敏、葛艳明、谢菊芬、谢琴芬、潘益明为政协溧阳市第十四届委员会常务委员。各镇（区）党委、党工委书记、有关部门主要负责同志、市政协老领导、老同志、在溧阳的常州市政协委员列席开幕式。

【市政协第十三届委员会常委会议】第二十次会议　2011年6月17日上午召开，专题协商加强全市社会化养老工作。副市长夏国浩到会并讲话。

第二十一次会议　2011年7月29日下午召开，听取代市长苏江华同志关于上半年全市经济社会发展情况的通报。

第二十二次会议　2011年9月21日上午召开，专题协商溧阳工业园区提档升级工作。市委常委、常务副市长周卫中到会并讲话。

第二十三次会议　2012年2月10日上午召开，审议通过了有关人事任免和换届人事安排事宜。

第二十四次会议　2012年3月14日下午召开，协商并通过了市政协十四届一次会议召开的时间、议程等有关事项，以及市政协十四届政协委员名单，提出了市政协十四届一次会议选举办法（草案），以及市政协十四届一次会议主席团成员、常务主席、秘书长、副秘书长、提案审查委员会、决议起草委员会建议名单；通过列席会议人员名单，讨论并原则通过了市十三届政协常委会工作报告和提案工作报告，协商通过了先进委组、先进委员、优秀提案、提案承办先进单位、优秀承办件名单等有关表彰决定，以及市政协2012年工作要点。

协商议政

【全委会议协商】在市政协十四届一次全会上，委员们认真听取和讨论了《政府工作报告》和其他报告，围绕破解企业“用工”难题、“三区同创”、规范城市地下管线、中小企业信用担保机构运行、农村水利、完善基层医疗机构管理服务体制、加快全市文化产业发展、乡村旅游发展转型升级、加强新形势下党外代表人士队伍建设等问题提出了意见和建议，市委书记盛建良、代市长苏江华和全体副市长到会听取建议，充分肯定了政协履职成效，表示将认真梳理、采纳委员们的各项建议，并尽可能地融入到具体工作中去。

【主席会议视察】 2011年度，市政协共召开10次主席会议，对经济开发区、民政、城管、科技、信访、卫生、行政服务、教育等工作进行协商议政。政协领导们认真听取相关部门的工作情况通报，实事求是地提出意见和建议，形成会议纪要10期，提出建议50余条，推动了相关工作的开展和落实。

【常委专题调研】 2011年度，市政协常委会根据市委提交市政协常委会的专题协商课题，对促进全市工业园区提档升级和加强全市社会化养老工作两个专题开展了重点调研。

工业园区提档升级专题　调研为进一步加快转变全市经济发展方式，提升产业层次，促进工业园区提档升级，市政协组织部分常委、委员和相关单位负责人对全市工业园区现状进行调研，召开了由市发改委、经信、经济开发区、天目湖旅游度假区等部门和部分企业负责人参加的座谈会，广泛听取了推进全市工业园区提档升级的意见和建议。并赴武进、昆山和太仓学习考察了工业园区提档升级的成功经验和做法。形成《创新管理、加强集聚，努力推动工业园区提档升级》的调研报告，提出强化规划引导，明确产业发展主方向、创新管理机制，构建园区发展好环境、培育骨干龙头，引领产业发展快集聚、实施创新工程，培植区域发展新优势四个方面十三条建议。市委书记盛建良批示：此调研材料很有深度及针对性，建议也很有理性的思考。

加强社会化养老工作专题　调研为进一步推进全市社会化养老服务工作，建立协调发展的社会化养老服务体系，市政协组织部分常委、委员和相关部门负责人，对埭头、戴埠等镇的养老服务情况进行视察调研，召集相关部门和镇、村养老机构负责人召开座谈会，广泛听取意见和建议，并赴南京市栖霞区、宜兴市进行考察学习。在政协常委会专题协商的基础上，向市委、市政府报送《以朝阳之心做夕阳之事——关于进一步加强我市社会化养老工作的调研和思考》的建议。市委书记盛建良批示：调研有深度，思考有高度，建议有力度。

【委组工作】 各委组按照每季度组织一次活动的要求，全年组织开展委组活动共达100余次，每次活动都做到有组织、有计划、有主题、有考核。各委组按照市政协工作要点部署，认真开展专题调研，定课题负责人、定执笔人、定完成时间，围绕党政关注和群众关心的重点、热点、难点问题，精心组织调研，形成调研报告25篇，提出可操作性的意见建议150多条，为党政部门科学决策提供参考。各委组发挥群众基础广泛的优势，深入群众，关心群众，在服务群众、回报社会中更好地促进社会和谐。据不完全统计，各委组开展送医、送教、送科技文化下乡及各种慈善活动达30多次，捐款总额达100余万元。

【文史工作】 配合完成省政协《江苏乡镇企业史》和常州市政协《名城常州》的组稿工作。编辑出版《溧阳风光摄影集》，全面、直观地展示了溧阳的秀美山川、自然景观。

【参政议政】 市政协领导通过列席市委常委会，参加四套班子联席会、政府工作通报会、市委理论学习中心组学习等方式充分发表意见建议，通过市重大节点筹备、重点项目督察、城市规划修编等重点工作，坦诚建言。

民主监督

【提案工作】 市政协十三届四次会议以来，共收到提案153件，经审查立案136件（其中内容相近的29件合并为12件处理）。提案中，经济建设和城建交通方面58件；科教文卫方面26件；民主法制方面17件；劳动人事方面8件；人民生活及其他方面27件。2011年3月24日，市政府召开提案交办会议，分别交由政府办等50个承办单位办理。将“关于帮助有工作能力的残疾人就业的提案”、“关于加快市区危旧房改造的建议”、“关于积极推行双向转诊制度搞活社区医院发展的提案”等8件列为重点提案，分别由政协主席会议、政协领导进行督办。这些提案事关大局、涉及面广、贴近群众、关注民生，通过采取与市政府、提案人联合开展跟踪视察、专题调研、座谈协商等多种形式，使委员的意见建议得到了较好的落实，并带动提案办理整体质量的提高。截至2011年11月上旬，全部收到办理复文，在136件提案中，已经解决和基本解决的70件，占总数的51.47%；正在解决或列入计划准备解决的58件，占总数的42.65%；因政策等原因或其他因素，尚不能解决的8件，占总数的5.88%。委员满意和基本满意率为100%。

【特邀评议工作】 全体委员在全会期间对全市部门单位进行民主测评。根据工作需要，向公、检、法、质监、税务等有关单位推荐20多名参政议政能力强的委员担任特邀监督员，参与咨询听证、民主评议、执法检查等活动。市政协常委会成员列席市委（扩大）会议。部分政协委员列席市政府常务会议，听取相关情况通报，提出意见和建议。

社情民意

【编发信息】 进一步健全完善了政协社会舆情信息收集、整理、分析、反馈等工作机制，通过建立社情民意信息员队伍、加大发动委员力度等方式和利用溧阳政协网站、网络问政平台，拓宽层面，扩展视角，积极反映社情民意。共收到社情民意信息28条，向市委、市政府报送《社情民意》信息13期，其中11期得到市领导批示，促进了一些委员和群众关注问题的解决。

【来信来访】 2011年度，共接待群众来信来访30余人次，认真做好宣传解释和疏导工作，将群众反映的有关问题及时转到相关部门，做到件件有交代，事事有回音，协助解决了一些涉及群众利益的实际问题。

（市政协办）

中共溧阳市纪律检查委员会

栏目编辑　袁　杰

综　　述

【概　况】 2011年，全市各级纪检监察机关认真贯彻党的十七大和十七届三中、四中、五中、六中全会精神，按照上级纪委和溧阳市委的部署要求，紧紧围绕发展大局，切实加强以保持党同人民群众血肉联系为重点的作风建设，切实加强以完善惩治和预防腐败体系为重点的反腐倡廉建设，大力推行工作创新，全面抓好工作落实，为全市经济社会又好又快发展提供了有力保证。

创优环境助推发展。以保障和服务科学发展为目标，自觉把纪检监察工作放在经济社会发展大局中去思考、谋划和推进。重点加强对加快转变经济发展方式、市镇两级党委换届等工作的监督检查，组织开展房地产开发、化工企业整顿、土地市场清理等专项督查，较好地发挥了纪检监察机关服务保障作用。以建设“效率溧阳”活动为抓手，通过开展机关服务品牌“五星级”创建标准化建设、“三合一”平台规范化管理等活动，积极营造公开公正环境。

惩防并举注重预防。始终把惩治与预防贯穿于反腐倡廉建设的全过程，统筹推进“教育、制度、监督、改革、惩处和纠风”等各项工作。在宣传教育、监督检查、查办案件等工作中，主动协调沟通，发挥各职能部门作用，形成党委统一领导、纪委组织协调、部门各负其责，共同推进党风廉政建设和反腐败工作的良好局面。通过建成新四军廉洁思想教育馆外馆，构建工程建设领域、机关事业单位、非公企业、社会团体及中介机构预防腐败室4个层面的预防体系，开展纪律教育学习月活动等工作，加强党性党风党纪教育，突出查办案件，加大纠风治乱力度，推进农村党风廉政建设，着力构建惩治和预防并重的惩防体系。

全市纪检监察工作会议　　（市纪委 供稿）

加强管理带好队伍。开展“为转型升级创优环境，为开局起步提供保障”主题实践活动，大力加强思想、组织、作风、能力、纪律和制度建设。按照“工作标准更高、创新意识更强、学习氛围更浓、队伍管理更严”的要求，坚持从严管干部、从严带队伍，突出政治纪律、办案纪律和保密纪律，进一步加强内部管理，建立健全工作制度，推进机关内控机制建设，强化机关作风建设。全市纪检监察干部模范遵守党的纪律和国家法律法规，自觉接受监督，在工作中坚持原则、敢于碰硬、勇于争先，树立了良好形象。

改革创新提升实效。市纪委立足实际，创新思路，在全市各个领域全面推行预防腐败工作受到中央纪委领导批示肯定。全市各基层纪委（纪检组）与时俱进，创新创优，在反腐倡廉实践中创造了许多好经验、好做法。如人社局的教育“友言在先”活动、溧城镇推行“六访”工作法、检察院实行的“四档合一”监督管理机制、工商局开展的风险案例教育活动、质监局实施的信息协同监管模式等等，有效提升全市反腐倡廉科学化水平。

【非公企业预防腐败示范点授牌仪式】2011年4月26日举行。中共常州市委常委、市纪委书记季忠正一行，溧阳市委常委、市纪委书记石伟东，市委新经济社会组织工委、市经信局和社渚镇相关领导，以及金峰水泥集团、正昌集团等10家企业代表参加授牌仪式。季忠正强调开展预防腐败工作，一要充分认识开展非公企业预防腐败工作的重要意义；二要认真把握非公企业预防腐败工作的关键环节；三要统筹推进非公企业预防腐败的各项工作。

【部门内控机制暨“三合一”网络平台建设工作调研】 2011年5月18日，市人大常委会副主任高峰一行调研部门内控机制暨“三合一”网络平台建设工作。市委常委、市纪委书记石伟东，市纪委副书记、监察局局长郑丽萍等市纪委领导班子成员和相关工作人员陪同调研。市人大常委会副主任高峰一行对全市推进部门内控机制工作给予充分肯定，同时希望今后从权力清理要全面彻底、风险点排查要准确到位、风险防控要严密科学、制度建设要有效管用、监督检查要严格有力等五个方面继续加大推进力度。

【常州市纪委书记沈斌一行到溧阳调研】 2011年7月8日，常州市委常委、市纪委书记沈斌一行到溧阳市纪委调研工作，溧阳市纪委、监察局领导班子全体成员参加了调研汇报会。溧阳市委常委、市纪委书记张超汇报了溧阳市情、溧阳市纪检监察干部队伍建设情况、溧阳市党风廉政建设和反腐败工作情况以及下一步工作打算。沈斌要求新一届纪委班子在新起点上担负新责任，进一步理清工作思路，明确工作重点，具体做到五个方面：一是对本地反腐倡廉总体形势准确把握，始终服从和服务于中心工作；二是始终坚持全面履行职责的理念，贯彻落实范燕青书记在常州市纪念建党90周年大会上的讲话精神，进一步鼓足干劲、创先争优；三是带领队伍加强学习、提升能力，树立自身良好形象；四是加强对党员领导干部的监督管理，促进各级干部不断改进作风；五是高度重视维护稳定，加强社会管理创新。

常州市纪委沈斌到溧阳调研工作 （市纪委 供稿）

【全市纪检监察机关查办案件工作座谈会】 2011年8月4日召开。会议主要任务是深入学习贯彻胡锦涛总书记“七一”重要讲话和中央、省、常州市纪检监察机关查办案件工作座谈会精神，以更加坚定的信心、更加坚决的态度、更加有力的举措推进查办案件工作，以反腐倡廉建设新成效促进经济社会新发展。市委常委、市纪委书记张超要求，全市纪检监察机关要进一步加大查办案件工作力度，保持惩治腐败强劲势头；要进一步增强执纪查案能力，提高查办案件工作科学化水平；要进一步加强查办案件工作组织领导，增强办案工作整体合力。

【省纪委党风室调研非公企业预防腐败工作】 2011年12月15日，省纪委党风室主任李苏建一行到溧阳专题调研非公企业预防腐败工作，常州市纪委副书记石伟东、党风室主任童宝玉，溧阳市委常委、市纪委书记张超等陪同调研。正昌、华朋、上上、国瑞税务师事务所等企业、中介组织相关负责人参加调研座谈。省纪委调研组认为溧阳市开展非公企业预防腐败工作立意新、谋划深，为保障非公企业健康发展做了一件打基础、利长远的事情。同时调研组希望，溧阳市非公企

非公企业预防反腐败示范点授牌仪式 （市纪委 供稿）

业要重视并发挥共产党员的先锋模范作用，把党员岗位建设成非公企业的“放心岗”，把非公企业中建立的预防腐败、纪律监督组织建设成企业与党政机关沟通联系的“连心桥”，把非公企业中党的纪律监督工作发展为保障非公企业健康发展的“助推器”，以改革创新精神扎实推进新时期反腐倡廉建设。

重要会议

【全市纪检监察工作会议】 2011年1月5日召开。会议的主要任务是回顾总结2010年度全市党风廉政建设和反腐败工作情况，研究部署2011年工作任务。市纪委委员、全市纪检监察干部参加会议。市委常委、市纪委书记石伟东总结2010年工作并部署2011年党风廉政建设和反腐败工作。市委书记韩立明出席会议，并作重要讲话，同时要求全市纪检监察机关和全体纪检监察干部要做到五个坚持：坚持围绕中心、服务大局；坚持突出重点、认真履职；坚持创新思路、改进方法；坚持统筹推进、健全体系；坚持自我提高、严格自律。

【建设“效率溧阳”工作会议】 建设“效率溧阳”活动领导小组成员会议 2011年1月14日召开。会议由市委常委、市纪委书记石伟东主持，市长盛建良出席会议，并作重要讲话。盛建良对2010年全市“部门服务促提升，效率溧阳创品牌”主题实践活动取得的成绩给予充分肯定，对2011年工作提出四“抓”要求，即：抓机关管理、抓干部队伍、抓制度建设、抓考核奖惩。

“效率溧阳创品牌，机关服务争最优”主题实践活动动员大会 2011年3月1日召开。会议的主要任务是贯彻创先争优“五比五看”活动推进大会精神，全面回顾总结2010年“效率溧阳”建设工作，部署今年各项工作。市委常委、常务副市长汤如军强调，2011年是“十二五”开局之年，溧阳发展面临着任务重、压力大、竞争激烈等实际问题，各级各部门要树立用心做事才能成事、执行到位才算落实、有效服务才是服务的理念，大力开展靠前服务、主动服务、高效服务、创新服务，为溧阳“十二五”开局之年经济社会健康快速发展提供坚强保证。

效率溧阳创品牌 机关服务争最优 主题实践活动推进会（市纪委 供稿）

“效率溧阳创品牌，机关服务争最优”主题实践活动推进会 2011年8月23日召开。会议的主要任务是迅速贯彻落实全市机关作风建设大会精神，总结全市上半年“效率溧阳创品牌，机关服务争最优”主题实践活动开展情况，部署下半年工作任务。市委常委、市纪委书记张超充分肯定了全市上半年“效率溧阳创品牌，机关服务争最优”主题实践活动所取得的成效，同时针对工作中存在的问题，就下阶段工作提出了四点要求：一是抓品牌创建的同时，更加注重服务实效；二是抓平台拓展的同时，更加注重功能发挥；三是抓监督考评的同时，更加注重效能问责；四是抓制度制定的同时，更加注重制度执行。全市各镇（区）、市级机关部门建设“效率溧阳”活动分管领导参加会议

【“三个全覆盖”工作推进会】 2011年8月5日召开。会议主要任务是贯彻落实省、常州市相关文件精神，进一步推进全市党务公开、村务监督委员会建设和农村集体“三资”信息化管理工作。市委常委、市纪委书记张超就切实做好“三个全覆盖”作动员讲话，提出三点意见：一要夯实公开基础，突出公开重点，扎实推进党务公开工作全覆盖；二要严格清资确权，加快平台建设，整体推进农村集体“三资”信息化管理工作全覆盖；三要明确职

全市“三个全覆盖”工作推进会（市纪委 供稿）

能定位，规范制度程序，全面推进村务监督委员会建设。市委常委、副市长夏国浩强调：一要统一思想，充分认识开展三个“全覆盖”工作的重要意义；二要注重实效，积极稳妥地全面推进党务公开工作；三要把握重点，扎实推进农村集体“三资”信息化管理工作；四要精心指导，全力抓好村务监督委员会建设工作；五要加强领导，确保“三个全覆盖”工作取得实效。

重点工作

【监督检查】 对20个新增中央和省投资项目开展监督检查，确保新增投资项目高效推进、资金安全和队伍廉洁。积极开展工程建设领域专项治理工作，围绕国土、交通、水利等领域突出问题，明确责任部门，落实具体措施，确保取得实效。会同规划、建设、环保等部门对房地产开发、化工企业整顿、土地市场清理等开展专项督察，对10家排污重点企业进行挂牌督办，对23个公开招标的政府投资项目进行资格审查和招标评标现场监督，对9起安全生产责任事故进行了调查处理。全市“三合一”网络平台共受理办件约120.2万件，办结率99.9%，社会满意率99%以上。有序推进党务、政务、村务公开工作，不断完善公用企事业单位办事公开制度，权力阳光运行机制逐步形成。

【专项治理】 集中开展公务用车问题、“小金库”问题及党政机关厉行节约等专项治理工作。深入开展食品药品专项整治工作，全年立案处罚132起；深入治理教育乱收费，先后2次对全市教育收费情况进行督察；对村级组织收费进行专项清理整顿，完善农民负担预决算等制度；继续纠正医药购销和医疗服务中的不正之风，全市所有公办医疗机构全面推进基本药物制度，并实行零差率销售。

【效率溧阳】 大力实施“效率溧阳创品牌，机关服务争最优”活动，制定机关服务品牌“五星级”创建标准，全市共有56个机关部门申报参与品牌创建活动。继续抓好服务经济优胜单位考评工作，按季度组织民主评议，年内将对10家优胜单位进行表彰。出台“十个严禁”规定，制定严控公款消费、八小时外行为规范、“庸懒散”等三个专项治理方案，不定期进行明察暗访。切实加大效能问责力度，对20名违反效能建设规定的人员进行了处理。

【廉政教育】 编印新四军廉洁语录读本，制作《风正扬帆正当时》宣传画册，建成新四军廉洁思想教育馆外馆。推进手机廉政课堂标准化建设，推动干部廉政教育向纵深发展，全市所有镇区和有关部门均已开通手机廉政课堂。充分发挥反腐倡廉讲师团作用，开展纪律教育学习月活动，市反腐倡廉讲师团成员到21家单位为2000余名党员干部作了廉洁从政辅导报告。以培育常州市级廉政文化教育示范基地为目标，开展形式多样的廉政文化创建活动。廉政歌舞《竹颂》参加了全省纪检监察机关纪念建党90周年文艺汇演和“清风扬帆”廉政文化周、常州市纪委“龙城清韵”文艺演出。

【查办案件】 2011年全市纪检监察机关立案124件，涉及乡科级干部8人，给予党纪处分100人、政纪处分20人，移送司法机关7人。其中，涉案金额10万元以上19件、百万元以上1件，通过办案挽回经济损失600多万元。

【信访审理】 发出“五卡”30余张，提高信访监督质效，纪检监察实名举报回复率100%，信访人满意度80%以上。通过舆情处置快速反应、分类转办、跟踪督办、规范回复、分析通报、责任追究六大机制，有效处置社会关注的“卫生局长微博开房”等多起热点网络舆情。大力实施“和谐审理、阳光处分”制度，开展审理助辩21件次，对38名受处分党员干部实施了定人帮助。探索推行“乡案联审”工作机制，有力提高了审理人员的业务水平。

【民生聚焦】 健全完善电台、电视台、网络、报纸“四位一体”联动机制，受理群众咨询投诉2485件，办结率达99.8%，群众满意率99.4%以上，有效处置热点网络舆情11起。对基层站所进行集中评议，发放调查问卷1500份，群众满意率达85%以上。督促被评议单位针对意见和建议落实整改措施，健全长效机制，各单位工作作风明显好转，服务质量明显提高。

【基层党风】 部署推进全市农村集体“三资”信息化管理、村务监督委员会建设和党务公开等“三个全覆盖”工作。稳步实施村（社区）惩防体系信息化“555”工程，深化“双评制”管理、选聘基层党内民主监督员等工作。选取13个重点单位，开展落实党风廉政建设责任制检查考核暨述职述廉活动。

【自身建设】 组织30名纪检监察干部赴中纪委杭州培训中心参加业务学习，开展查办案件工作研讨，不断提高实战能力。机关日常运行实行层级管理、分级负责。重视落实查办案件工作纪律和保密纪律，明确岗位职责要求，保证安全文明规范执纪。组织机关全体干部到市国防训练中心开展准军事化训练，全方位磨炼意志品质。重视发挥机关党总支和工会的作用，定期组织党员干部集中政治学习，适时开展联谊、团拜等活动，激发主动性，增强凝聚力。

【预防腐败】 在政府投资工程、机关事业单位、非公有制企业、社会团体及中介机构四个层面设立预防腐败室，构建全方位预防体系。政府投资1000万元以上工程建设项目设立26个预防腐败室，各镇、各部门纪委（纪检组）增挂预防腐败室牌子，正昌集团等10个非公企业预防腐败示范点和国瑞税务师事务所等一批中介机构预防腐败试点单位抓紧探索实践，常州电视台《廉政时空》栏目专题制作播出了“预防腐败的溧阳探索”。

（市纪委）

民主党派·工商联·社会团体

栏目编辑　陈莉莉

中国民主同盟溧阳市基层委员会

【概　况】 2011年，民盟溧阳市基层委员会(以下简称盟市委)，在市委、市政府的正确领导，上级民盟的大力支持和市委统战部的指导帮助下，所属教育、文化、科技、人民医院、中医院5个支部的全体盟员，紧紧围绕市委、市政府提出的"紧跟苏锡常、同步现代化"的目标定位和工作部署，与时俱进、立足本职、自觉践行"立盟为公，参政为民"的工作宗旨，切实加强民盟的思想建设、组织建设、作风建设和制度建设，认真履行参政议政和民主监督职能，各项工作成效显著，为溧阳市的经济社会建设作出了积极贡献。在民盟常州市第十二次代表大会上，盟市委所开展的工作得到充分肯定和高度评价。据统计，有22位盟员被评为先进工作者，35篇论文在市级以上刊物录用发表，被国家级刊物录用发表的论文有8篇。

【自身建设工作】 切实加强自身建设，是民盟的优良传统，是适应不断发展新形势、更好地履行参政党职能的迫切需要，也是建设新世纪（新时期）高素质参政党的内在要求。2011年，盟市委始终把坚持中国共产党的领导和坚持走社会主义道路作为立盟之本。

在思想建设上，扎实开展达标支部、先进支部的创建活动、以政治交接为主的学教活动和"学公仆，做挚友"的学习活动。盟市委坚持每月一次、各支部每季度一次的集中学习制度，坚持集中学习与个人自学相结合。重点组织学习党的十七届六中全会文件精神和全国统战工作精神；重温盟章、盟史；学习《中国的政党制度》、《全面建设小康社会，开创中国特色社会主义》、《树立和落实科学发展观》等重要文章。学习中，发扬民盟的优良传统，坚持理论联系实际，紧跟形势，联系现实。为了方便盟员学习，年初分别给盟员赠订《中央盟讯》、《江苏盟讯》、《常州盟讯》、《群言》等学习材料，并通过《溧阳时报》、电视台、《常州盟讯》、《统战通讯》等舆论宣传，及时反映民盟的学习活动情况。6月，以建盟70周年和常州民盟成立60周年为契机，积极参加各项纪念活动。完成纪念册有关资料的收集报送工作、送审调研材料和论文15篇（份）、书画摄影作品6件、精心排练歌伴舞节目《美丽的心情》参加常州民盟的文艺汇演。7月，召开民盟离退休老同志纪念中国共产党建党90周年座谈会；重视横向交流学习，积极与周边基层组织开展联谊交流。8月，组织民盟基层委员会委员及各支部主委参观嘉兴南湖党的一大会址，接受革命传统教育。学习活动紧扣主题、突出重点、内容丰富、形式多样，从而提高全体盟员的政治思想素质。

在组织建设上，盟市委认真贯彻执行《关于民主党派组织发展若干问题座谈纪要》精神，依照"发展是为了工作，在工作中发展，巩固与发展相结合"原则，注重"质与量"，做到积极、稳妥、有序地发展盟员。与市委统战部一起对入盟积极分子进行外调考察，征求听取所在党组织的意见，发展5名新盟员，年龄最小的仅28周岁。既优化了年龄结构和专业结构，又增添了新生力量和内在活力。

在制度建设上，随着盟组织的不断壮大，为把盟工作做得更细更实，各项活动开展得更有特色，盟市委对各支部提出"四个一"的工作要求，即"一个提案（建议）、一个调研课题、一件社情民意、为民办一件好事"。盟市委坚持每月一次及各支部每季度一次的集中学习制度，坚持下基层走访调研制度，坚持新盟员的岗位培训制度，坚持对盟员的考核考评制度。

【参政议政工作】 作为民主党派第一要务的参政议政工作，范围广、内容多、要求高，是一个社会系统工程。2011年，盟市委把参政议政作为主要工作抓手，且常抓不懈。注重调查研究，紧紧围绕市委、市政府的中心工作，密切关注经济和社会发展中的问题，积极认真搞好社会调查，为献计献策提供依据。3月，先后组织撰写《营造城市滨水景观　彰显江南水乡风貌——溧阳城市水系环境的调研与思考》、《关于切实加强户外广告设置管理的调查与思考》等5篇调研报告，为有关部门的决策及措施落实提供有力的依据，得到市委和统战部门的高度评价。教育支部的《整合光华高级中学和市三中教育资源，满足人民对优质教育资源的需求，提升溧阳教育办学水平》调研报告，被推荐在政协溧阳市第十三届委员会第四次会议上作交流发言。2011年，盟市委通过提案和建议案形式，就社会经济建设和群众关心关注的热点难点问题，积极反映社情民意，建言献策，提出政协提案和人大代表建议案23件。民盟集体提案《关于尽早筹建溧阳市博物馆的建议》，市领导十分重视，相关职能部门摆上议事日程；黄东英提出的《关于推进法治文化建设，提升城市文化品位，在燕山公园嵌入法治文化元素，将燕山公园打造成法治文化公园的提案》，该建议已在燕山公园的规划建设过程中加以提炼吸收；芮志莲的《加快推行城区生活垃圾分类收集试点工作的建议》、唐银芳的《关于整合我市职业教育资源的几点建议》、《关于加强农村治安管理的建议》等提案，都得到市政府有关部门的高度重视，并在逐步落实之中。

注重盟员参政议政能力的提升。主委撰写的《加强民主党派自身建设，提高参政议政质量和水平》一文在民盟常州市第六次统战理论研讨会上获得二等奖、在常州市第九次政协工作理论研讨会上获得优秀奖。黄东英撰写的《政协提案中的民意分析》一文在常州市第九次政协理论研讨会上获得三等奖、在民盟常州市第六次统战理论研讨会上获得优秀奖；撰写的《草本民意步入正义之阶梯——谈网络民意与刑事自由裁量权的衔接与融合》入选市法院优秀调研成果奖。

注重信息化建设。2011年，各支部不仅组织撰写调研报告、集体提案、社情民意信息和代表建议，同时利用《江苏政协》、《常州统战》、《溧阳统战》、《溧阳时报》、溧阳时空网等途径，发送有关盟务工作方面的论文和信息29篇（条）。2011年，初步完成民盟网站开通的前期准备工作。

【社会服务工作】 2011年，盟市委把“送文化下乡”和“扶贫帮困”等主题活动，作为服务社会、服务基层、服务民生的重中之重，始终贯穿于全年工作之中，开展跟踪服务和定点服务的系列活动。

提升服务内涵创特色。盟市委为进一步探索民盟社会服务工作的新形式和新内容，整合社会服务资源、落实社会服务工作的长效机制，将戴埠镇确定为社会服务基地定点镇，建立长期的对口结对联系点，进行定期和不定期的指导服务，5月21日举行社会服务定点镇的启动揭牌仪式，5个支部分别与所在镇的结对定点单位开展送教、送医、送科技、送文化等指导服务活动，受到当地干群的赞誉和欢迎，电视台、《溧阳时报》等新闻媒体进行专题报道。教育支部一行12人赴戴埠初中、高级中学开展结对活动和教学支援交流工作，开设英语、历史、化学师范课及语文作业指导课，为农村中学提供教学示范和专业支持，实现城乡教育资源互补，增进城乡教师相互学习和交流，从而提高服务学校、服务基层、服务农村的热情。3月，科技支部一行16人由沈俊带队，赴陶峰山庄开展调研服务活动，帮助山庄二期开发出谋划策。谢菊芬主委利用掌握的园林专业知识，为二期工程作园林方面的布局设计；现代设计院沈俊院长运用建筑专业知识，对大石山新一期工程建设，提出设计布局方面的建议。7月，科技支部与市供销社蚕茧公司深入到深溪村调研蚕桑生产情况，通过实地考察桑田和养蚕情况，与蚕农面对面座谈交流沟通，在了解实情的基础上，从关注农村发展、关心农民需求的角度，把该村当做生产基地作为扶持对象，在技术上精心指导、在服务上全程跟踪、在项目资金贷款上给予帮助。12月，科技支部与统战部领导来到社渚瑞丰农业生态园开展业务技术指导，协调解决在发展中遇到的瓶颈，妥善处理生态园茶厂厂房施工中的困难。文化支部协同市文化馆、锡剧团，排练歌舞、小品、器乐演奏、锡剧折子戏等10个文娱节目，到戴埠等地慰问演出，观看干群近3000人。5月，中医院支部一行在高静园组织医疗实践活动，参加的有民盟在职人员和已退休人员，涉及的专业有内科、外科、骨伤科、妇产科眼科和儿科等，服务患者，配备5000余元药品。人民医院支部和中医院支部赴戴埠医院和敬老院，开展送医送药活动，为戴埠医院实施手术案例一则、为敬老院60多位老人检查身体，进行及时免费治疗，送去近3000元的医疗药品，赢得当地群众和社会各界的好评。

开展“捐资助学献爱心”活动。“扶贫帮困献爱心”活动是民盟服务社会系列活动之一。2011年，盟员通过各种渠道捐款达11.8万元，对30多名贫困学生进行帮困助学。9月13日，盟市委在戴埠镇开展“金秋助学”活动，5个支部的全体盟员共擎义举，捐资2.16万元，在戴埠镇中心小学、横涧中学、红武村、松岭村等开展“一对一”扶贫助学活动，32名同学获得助学金。盟员陈云波还专门成立了“溧阳市承典爱心助学协会”，一次捐款7.5万元，帮助25名贫困学子园了大学梦。文艺慰问、科技咨询、送医下乡、下乡支教、扶贫捐赠等社会活动已形成系列化，充分展示出盟员服务社会的精神面貌和关注关爱民生的实际行动。

（谢菊芬）

溧阳市工商业联合会

【概　况】 2011年，市工商联紧紧围绕市委、市政府提出的“绿色崛起、跨越发展”战略目标和“硬碰硬转型升级、实打实开局起步”工作主题，全面落实科学发展观，深入贯彻市第十一次党代会精神，以精心打造“会员之家，政企之桥”服务品牌为抓手，充分发挥统战性、经济性、民间性的优势，注重宣传培训，强化组织建设，创新服务举措，完成了年度各项目标任务，为推动全市非公经济快速健康发展作出了积极的贡献。

【换届工作】 2011年，根据《中华全国工商业联合会章程》规定，在市委的统一领导和市委统战部、常州市工商联的指导下，通过精心组织、周密安排，7月至9月初全面完成10个镇级商会的换届工作。10月27日至28日，市工商联在会议中心召开第九次会员代表大会，选举产生常委35名，执委75名。陆晓明当选为溧阳市工商联（总商会）主席（会长），莫国庆、黄小琴（女）、王玉林、杨建忠、黄富军、徐贵生、袁国强、史国生、史和平、许云生、张焰庆、蒋志平、丁志鸿、钱俊、陆瑛（女）、沈祖富、姚圣法等17位同志为溧阳市

溧阳市工商业联合会（总商会）第九次会员代表大会（市工商联 供稿）

工商联（总商会）副主席（副会长），黄小琴兼任秘书长。

【组织建设】 2011年，市工商联高度重视基层商会作用的发挥，以完善制度、强化引导为抓手，推动基层商会规范健康发展。巩固现有行业、异地商会的发展成果，因地制宜地加大其建设力度。7月，成立由在苏州创业或工作的溧阳籍人士组成的溧阳苏州商会。8月，中共市委办公室以溧委办〔2011〕47号文件转发市委统战部、市工商联《关于加强工商联基层组织建设的意见》，确保工商联基层组织建设稳步推进。截至年底，全市共有镇级商会10个、行业商会12个、异地商会3个、其他商会2个。全年新发展会员近200家，会员总数超2000家。

【宣传工作】 2011年，市工商联通过各种形式加强《中共中央国务院关于加强和改进新时期工商联工作的意见》（中发〔2010〕16号）文件的宣传，推动《意见》的贯彻落实。利用《溧阳商报》、《溧阳商会网》、电子显示屏幕等自有宣传阵地，加强与电视台、报社等主流媒体合作，及时向会员提供更多、更新的政策、法规、经济资讯信息，宣传和报道会员企业和企业家的典型事迹。调整自办会刊《溧阳商报》的办报风格，通过与《溧阳时报》合作，利用报社资源来提升会刊档次。利用工商联换届之际，编印了反映工商联五年来工作和会员企业风采的《溧阳工商联五年工作巡礼》画册和《溧商文集》，制作了基层商会宣传展板。在溧阳电视台开辟“工商联风采”专栏，宣传报道基层组织建设及企业家风采共15期。

【培训工作】 2011年，市工商联认真落实《全市民营企业家“五比五看”争优创先暨素质提升行动方案》，采用“请进来”或“送出去”的方式，加快对企业家和中高层企业管理人才的培养和锻炼，全年共举办各类培训5期。指导基层（行业）商会依据自身特点开展培训，纺织商会的《管理真相》知识讲座、土特产商会的《新资源食品管理办法》培训班、茶业商会的《茶树种植》培训班，各具特色，针对性强，为提升行业发展信心发挥了作用。

【维权工作】 2011年，市工商联充分利用消费者维权投诉联络站和溧阳市纳税人维权服务中心的平台作用，为物资再生利用行业企业争取到相关扶持政策，提升该行业的发展信心。11月，溧阳市国家税务局、地方税务局整合原有11个纳税人之家，在市工商联挂牌成立“溧阳市纳税人之家”，构建税务机关和纳税人沟通交流新平台。

【联络服务工作】 2011年，市工商联通过左右联动，横向联系，搭建对外对内联络服务平台。充分发挥“联”字功能，加强与政府部门的沟通和联系。利用换届工作之际，聘请住建委、环保局、人社局等13个政府部门的同志担任工商联工作顾问；举办“真情面对面”座谈会、联谊会5次，会同相关部门举办企业宣传活动2次。以不断拓展对外交流通道为目标，积极开展各类经济活动；组织民营企业前往上海、浙江、安徽等地开展招商联谊活动；受部分企业家会长夫人和女企业家的委托，组团赴厦门进行考察；此外，还组织相关基层（行业）商会、会员企业赴欧洲、南美、朝鲜等地参观考察，帮助企业家开阔视野，走向世界。加强与省、常州市及周边县（市）区工商联的联谊，接待世界华人工商促进会、宁波市鄞州区工商联、上海商会、广西来宾市、湖北英山县等考察团10批200多人次。

【走访调研工作】 2011年，市工商联坚持主席走访执委和主席联系点制度，全年共走访企业近500家。充分发挥参政议政助手作用，组织工商联组政协委员就溧阳市民营企业转型升级工作、行业发展等热点、难点问题深入调查研究，鼓励大家对民营企业发展过程中存在的各种情况，多提意见和建议，为科学决策提供依据。市两会期间，时任市长的盛建良同志参加了市政协工商联组委员分组讨论，委员们提出的许多建议得到了盛市长的赞同。全年完成上级部署的各类专项调研活动4次，调研上报各类调研表共150份。

【光彩活动】 2011年，市工商联引导非公企业积极创造就业岗位，与人社局、总工会等部门一起通过三方会议，共同推动劳动关系协调机制建设、协调处理投资者利益和劳动者权益的关系。会同总工会联合举办市“和谐杯”乒乓球比赛，丰富企业文化生活，促进企业和谐劳动关系建设；组织会员企业继续参与“千企帮百村”及扶贫帮困助学活动，全年通过光彩事业促进会这个平台，有9家企业向相关村定向捐赠各类扶持资金53万元；组织8家会员企业与2011年录取高等院校、家庭贫困的8名大学生结对助学，捐赠首笔助学金1.6万元，圆了寒门学子的大学梦。此外，各基层商会和会员企业积极参与爱老助老，扶贫助学等公益活动，用自己不同的方式，表达致富不忘社会的美好情愫。据不完全统计，商会组织、企业家个人全年累计捐款捐物达300多万元，其中，上海、苏州、无锡等3家异地商会在春节期间向溧阳特困群众学生捐赠资金就达20多万元。

（杨秀华）

溧阳市总工会

【概　况】 2011年，在市委和上级工会的正确领导下，市总工会紧紧围绕市委、市政府“紧跟苏锡常，同步现代化”工作目标和“五比五看”创先争优工作要求，以科学发展为主题，以加快转变经济发展方式为主线，充分发挥工会自身优势，团结带领广大职工，积极投身经济、社会建设主战场，为推进溧阳市经济、社会和谐快速发展作出了贡献。2011年市总工会获全国工会系统“五五”普法先进单位；被江苏省总工会评为“全省工会新闻舆论宣传工作优秀单位”、县以上工会财务会计工作竞赛二等奖、县以上工会经费收缴“双过半”表彰单位；获常州市总工会2009～2010年度“四有五好”工会财务工作竞赛评比先进单位；获溧阳市2006～2010全市法制宣传教育先进单位、2009～2010年度市文明单位标兵。

【创争主题教育】 2011年，市总工会深入开展“当先锋、促转型，我为‘十二五’做贡献”主题教育活动。指导和促进企业工会普遍开展“学习型班组”、“学习型职工”评选活动；推进职工书屋建设；开展“争当文明职工”活动。表彰江苏申特钢铁有限公司焦化厂焦炉车间点检小组等100个班组为“溧阳市学习型班组”；表彰盛春风等100名职工为“溧阳市学习型职工”；命名江苏上上电缆集团有限公司等50个单位的职工书屋为“溧阳市职工书屋示范点”，其中创省“职工书屋示范点”2家和常州市“职工书屋示范点”8家。

发挥女职工创争作用，组织开展“我的岗位我做主、我与企业同成长”主题实践活动。3月，举办“我的岗位我做主、我与企业同成长”女职工演讲比赛，集中展示女职工风采。组织开展“五一巾帼标兵岗”、“五一巾帼标兵”争创活动，评选表彰在“双争”活动中涌现出的20个“五一巾帼标兵岗”和20名“五一巾帼标兵”。

4月，组织召开庆“五一”暨“建功‘十二五’，创新促发展”推进动员大会，表彰一批在各条战线上涌现出的先进集体和先进个人，并号召全市职工为“十二五”贡献智慧和力量。全市各条战线150余位工会工作者和先进模范人物代表参加会议。市总工会主席包志宏向大会作了工作报告，溧阳市昆仑经济开发区溧城镇总工会、江苏华朋集团有限公司工会等4个单位和个人分别在大会上作了交流发言，市委常委、组织部部长杨琪出席会议并作重要讲话。

【职工文体活动】 组织举办“红歌迎党庆”广场职工歌咏大赛，全市有15个系统的65名歌手参加预赛，16名歌手参加决赛；组织80多名职工组成的合唱团，到常州恐龙城大剧院，参加常州市总工会组织职工大合唱活动，《香格里拉》、《越来越好》的演唱获得广泛好评，市总工会获优秀组织奖；组织第十届“工会杯”职工扑克比赛和“工会杯”职工乒乓球比赛；组织推荐百余幅职工摄影作品，参加常州市总工会的职工摄影巡回展；围绕市“十二五”规划，组织开展“争当主力军，奉献十二五”职工读书征文活动，收到76个单位93位作者的97篇来稿，经评委会评审，13人获等级奖，8人获优秀奖；组织万名职工参加省“十二五”规划知识竞赛活动，1人获一等奖，2人获二等奖，5人获三等奖，20人获优秀奖，市总工会被省总评为“优秀组织奖”。举办“职工迎新春联欢会”，演出京剧、锡剧、黄梅戏、歌舞、器乐诗朗诵等26个文艺节目；组织送文化、送戏下社区活动22场次等。

【经济技术创新活动】 2011年，市总工会开展以“促转型、当主力”为内容的科技创新竞赛活动。组织开展以“三小”、“五手”为内容的经济技术创新活动，推进企业技术革新，技术攻关，引导广大职工以小革新降能耗、以小发明求实效、以小创造促提高；在自己的本职岗位上争当革新能手、技术能手、操作能手、节约能手、服务能手。对在工作岗位上涌现出的80名各类创新能手进行表彰。组织职工在科技创新、技术攻关项目申报备案；推荐职工科技创新、技术攻关项目、操作工法等20余项参加常州市级评审。其中，江苏华鹏变压器有限公司的330千伏及以上超高压变压器可靠性保证技术获常州市十大职工科技创新成果奖；江苏沙河抽水蓄能发电有限公司的励磁系统国产化改造等7个项目获常州市职工科技创新项目（课题）优秀攻关奖；江苏正昌集团有限公司和溧阳罗地亚稀土新材料有限公司分别获常州市职工职业技能大赛和职工科技创新竞赛优秀组织奖。

【职业技能竞赛活动】 2011年，市总工会广泛开展岗位练兵、名师带徒、技术比武、技能比赛等活动。以竞赛提高职工创新意识，以竞赛激发职工创造活力，以竞赛促进职工科技、技能素质提升，先后组织举办“动物采样监测技术”、“桥式起重司机”技能比赛。组织选拔技术尖子参加常州市第十届职工职业技能比赛，有4个项目获比赛名次。其中，市检察院孙娟同志获“法律文书”比赛第三名、溧阳天目湖宾馆史红娟同志获“旅游业厨师（白案）”比赛第四名、市环境监测站蔺鑫平同志获“环境监测”比赛第四名、市巾帼服务中心黄雪华同志获“家政服务员”比赛第七名。

【重点工程竞赛活动】 2011年，市总工会组织江苏国信溧阳抽水蓄能电站等8个重点工程项目，开展比质量，赛工程质量最优；比进度，赛工程进度最快；比创新，赛科技成果最多；比节约，赛成本控制最好；比廉政，赛施工风气最正，比人才，赛队伍面貌最佳；比安全，赛重大事故为零；比和谐，赛工资发放最全等“八比八赛”为内容的创优立功竞赛活动，加快重点工程重点项目建设步伐，促进重点工程项目早日发挥效益。2011年，市交通工程建设管理处宁杭高速溧阳西互通连接线工程等8个项目被评为溧阳市“重点工程项目创优立功竞赛”优胜单位；授予中国水利水电第十二工程局有限公司项建明等7位同志为优秀项目经理荣誉称号。11月，市交通工程建设管理处被评为2010～2011常州市重点工程项目创优立功竞赛先进集体，江苏国信溧阳抽水蓄能电站陈洪来等三位同志被评为2010～2011常州市重点工程项目创优立功竞赛先进个人。

【“工人先锋号”创争活动】 2011年，市总工会把创建“工人先锋号”作为班组建设、推进经济转型发展的重要举措，广泛组织发动全市企事业单位的车间、科室、工段、班组，结合本产业、本行业、本单位实际情况，按照一流工作、一流服务、一流业绩、一流团队的要求，深入开展“工人先锋号”创争活动。江苏金峰水泥集团有限公司供应科等20个班组获常州市“工人先锋号”称号；江苏上上电缆集团低压分厂线芯班等50个班组获得溧阳市“工人先锋号”称号。

【劳模先进工作】 2011年，市总工会深入基层，民主推荐评选全国五一劳动奖章、省劳模、常州市劳模、“五一”劳动奖章、“五一”劳动奖状。2011年，1位同志获全国五一劳动奖章荣誉称号，8位同志获江苏省劳动模范荣誉称号，8位同志获常州市劳动模范荣誉称号，1位同志获常州市“五一”劳动奖章荣誉称号，常州宝丽丝纤维有限公司等3个单位获常州市“五一”劳动奖状荣誉称号。市总工会联合市农工办、电视台，将2011年新当选的8位省劳模和8位市劳模的先进事迹拍摄成辑，在电视台新闻栏目中播放。

关心劳模生活。为省（部）级以上劳模发放慰问金、特殊困难劳模发放困难补助金128500元，为常州市以上劳模发放慰问金65700元。联合农工办等有关部门，制定出台《关于提高常州市级以上劳动模范待遇的实施意见的通知》和《关于开展常州市级以上低收入和特殊困难劳动模范享受待遇申报工作的通知》，明确低收入劳模生活困难补助金和特殊困难劳动模范帮扶金申报的要求、条件和申报的程序。2011年，全市361位常州市级以上劳模中有43位劳模被确认为低收入劳模和特殊困难劳模。11月9日，在溧阳宾馆金陵厅举行仪式，为43位低收入劳模和特殊困难劳模发放生活困难补助金382258元。11月，筹措资金7.8万余元，为全市369位常州市级以上劳模免费体检。

发挥劳模创新创造作用。发动全市两届的全国、省、常州劳模开展“合理化建议”征询活动；深化“劳模创新工作室”创建活动，搭建劳模领军、职工参与的创新平台，组织创建潘洪强和芮火才等二个“劳模创新工作室”，为“劳模创新工作室”授牌，并为每个“工作室”发放启动资金10000元；开展劳模“三走进”活动，举办劳模创新创造技能、创新工作法等技能培训班，推广劳模创新实用技能。

【劳动保护工作】 2011年，市总工会深入开展“安康杯”竞赛活动。组织开展“安全生产月”活动；开展安全生产检查、职业健康、安全心理咨询等活动，改善职工劳动条件和工作环境，提升职工劳动保护意识；组织在重点行业、高危（如化工、建筑）企业推行“1+3”安全监控工作体系；组织开展“安全在我心中”、“安全歌曲大家唱”等职工安全文化活动；组织“送清凉、送安全、送法律”、“送安全、进百企”活动，向一线职工赠送防暑降温用品8万余元，赠送各类安全生产相关法律、法规图书和宣传资料6000余份；组织开展“企业劳动保护工作合格、示范工会”创建活动，46家企业成功创建常州市级劳动保护工作合格工会。2011年，全市有292家企事业单位参加“安康杯”竞赛活动。市供电公司被评为全国“安康杯”竞赛优胜企业。5月，市总工会、市安监局联合表彰溧阳二十八所系统装备有限公司等30个溧阳市“安康杯”竞赛优胜企业。

【扶贫帮困工作】 2011年，市总工会以特困职工申报审核为重点，开展扶贫帮困送温暖工作。发动各级工会认真做好困难职工的调查摸底申报工作，全市有189名职工被确定为特困职工，市总工会为189名特困职工颁发“特困职工证”和每人1200元生活补助金，并建立特困职工档案；深化“走村入户进万家”活动，为结对镇村、社区提供资金、信息、技术咨询帮扶；对一些特困职工、困难劳模、困难工会干部、伤病职工进行上门慰问；开展农民工节日平安返乡活动，与企业工会共同组织车辆，协调运输服务，为农民工平安返乡做好服务工作，并送上慰问品。2011年，市总工会为各种困难结对帮扶、生活救助、医疗救助、困难职工节日慰问等发放救助金、慰问品50余万元。

【资助就学活动】 市总工会举行第十六次“资助就学”仪式，对30名被高校录取的困难学生进行资助，其中，向17名达一本分数线并被高校录取的学生每人资助2000元、13名达二本分数线被高校录取的学生资助1000元，向2008年至2010年受资助学生中获奖的54名学生各发500元奖学金；向2009年和2010年确定的96名受资助的学生，每人继续资助1000元。同时，劳模张强生同志出资设立的劳模帮扶基金出资8万元，资助刚录取大学的11名困难学生。11月18日，市总工会举行第十七次“资助就学”仪式，对2011年9月份被省溧中、光华高级中学录取的44名困难家庭子女，给予每人1000元的资助。

【创业就业促进行动】 2011年，市总工会继续推进“创业就业五年行动”规划，资助一批创业者，扶持一批小企业，以创业带动更多职工就业。为鼓励创业企业做强做大，市总工会针对规模较小、资金较困难的创业企业进行重点扶持，开展“百万贷款”贴息活动。11月，举办“百万贷款”贴息帮扶仪式，为9家困难创业企业每家发放10万元贷款标准的贴息，帮助缓解资金困难。组织走访15家创业企业，对企业的生产经营情况、发展过程中遇到的困难、职工的工资福利等情况进行调研，同时，推荐7家经营管理规范、职工工资福利待遇较好、有发展前景的创业企业评选常州优秀创业企业，其中1家受到常州市总工会表彰，6家企业得到常州总工会的资助。开展“春风送岗行动”，组织免费技能培训、职业介绍、法律政策咨询等，为下岗失业人员实现充分就业。全年各类就业培训276人，就业帮扶795人，实现再就业216人。

【和谐劳动关系创建活动】 市总工会继续深化和完善企业职代会和厂务公开制度，加强民主管理制度规范化运作，分类指导各类企业务实开展厂务公开工作，2011年，各类企业实行厂务公开率达87%，100人以上企业职代会建制率达90%。推进企业普遍开展工资集体协商，开展以百企示范、千企提升、万企覆盖的“百千万”工资协商专项行动、“百日要约”工资集体协商提升行动，进一步扩大工资协商覆盖面，推进要约履行率。开展和谐劳动关系企业创建活动，以“情系员工、职企共赢”为服务品牌，推进以“建功十二五、创新创发展”为主题的“六为”系列活动。组织开展和谐劳动关系先进企业评选，24家企业被评为“常州市和谐劳动关系先进企业”，其中，江苏正昌集团有限公司被评为“全国模范劳动关系和谐企业”。

【法制宣传咨询】 市总工会加强法制宣传教育，强化法律监督，制定印发全市工会系统法制宣传教育第六个五年《规划》；联合有关部门举办广场法律宣传咨询活动；组织“三送”活动，发放《工会法》、《劳动法》、《劳动合同法》等法律法规资料8000余份；坚持“12315”热线电话、“主席接待日”、“劳动争议”、“三方驻会”等制度，全年接待来信来访83人次，涉及政策咨询21起，涉及工伤待遇、劳动合同、工资、福利争议等方面9起，并全部得到妥善解决。

【工会组织建设】 2011年，市总工会集中开展工会组织建设“提升年”行动。重点推进镇（区）、村以及工业园区、工业集中区企业按照“三个同步”的要求普遍建会，集中排查应建未建企业，推进企业普遍建立工会组织。2011年，新建独立工会组织106家，覆盖企业工会组织96家，发展会员9103名。推进完善镇（区）工代会工作，全市10个镇（区）分别召开工代会，选举产生新的一届镇（区）工会领导班子，促进各镇（区）总工会规范化建制。按照分组分片联系基层制度，制定下发各镇区工会组织规范化建设目标考核细则，把目标考核与下拨经费挂钩。联合市委组织部制定下发《关于推进“四统筹一创争”进一步加强党建带工建工作的实施意见》，开展“三个一百”的评选、考评、表彰活动，即100个“模范职工之家”、100个“模范职工小家”、100名优秀工会干部，推进基层工会创先争优。组织工会干部培训，镇、村两级工会干部业务培训180人次，新当选工会干部上岗培训175人次。

（周民强）

中国共产主义青年团溧阳市委员会

【概　况】 2011年年末，全市共有直属团（工）委43个，团员40272名。2011年，团市委在市委和上级团组织的正确领导下，深入贯彻落实科学发展观，紧紧围绕“绿色崛起，跨越发展”战略和“紧跟苏锡常，同步现代化”目标定位，按照“两个全体青年”要求和市第二十二次团代会的总体部署，全面履行共青团四项基本职能，大力实施“青春光辉工程”，全力推进“育人引航、兴业建功、成长成才、夯基强团”四项青春计划，努力拼搏，真抓实干，各项工作取得新的成效。受到市委、市政府和上级团组织的充分认可，先后获得溧阳市2011年第一、二、三、四季度“服务经济优胜单位”、2011年“服务经济优胜单位”、创建江苏省文明城市工作先进集体，常州市优秀团委、常州市少先队工作先进集体、常州市共青团创新创优项目二、三等奖 、2011年度团省委团属报刊宣传工作先进单位等荣誉称号。

【开展“助推转型升级”活动】 2011年，团市委以服务促进全市各类企业转型升级、打造“品质溧阳”为重点，开展“汇聚青春力量、助推转型升级”活动。

深化青年智力返乡工程。举办大型招聘会，共有100多家企业进场招聘，提供近400个就业岗位，吸引1000余人前来咨询应聘，招聘会现场免费为青年提供求职登记、政策法规咨询等服务；组织溧阳籍大学生开展第四届大学生暑期文化节系列活动，通过参观新四军江南指挥部、关爱弱势群体、慰问老党员、走进企业行、文艺汇演等活动，提升大学生青年综合素质，激发他们热爱家乡、奉献社会的热情；成立溧阳籍大学生高校同学会，建立南京、苏州、上海、北京、海外等地区分会，促进溧阳学子对家乡的了解，增强服务家乡的感情。

开展产学研科技项目对接。6月，联合市委组织部、科技局、青商会等单位共同举办“溧阳共青团助推转型升级峰会暨产学研项目对接人才供需合作论坛”，邀请南京理工大学等10余所省内知名高校和科研院所，与本市近100家企业对接，签订《共青团助推转型升级全面合作协议》；促成南渡镇与常州大学签署《全面合作（意向）协议书》，在绿色化工、新能源、新材料等领域展开全面合作。

收集企业转型升级信息。主动深入各类企业，向全市300余家规模以上企业征集技术难题49个、人才需求信息近100条。

广泛创建青年文明号。围绕企业转型升级和维护青年工人利益，全市共12家单位创建常州市级青年文明号，33家单位创建溧阳市级青年文明号。

推进青年创业小额贷款工作。加强与江南银行合作，为7位创业青年成功办理创业贷款1300多万元。

深化招商引资青春行动。在第七届天目湖旅游节暨溧阳乡村旅游博览会期间，积极与省侨办团委开展结对共建，在《南美侨报》等海外华文媒体整版宣传推介溧阳。加大团青干部赴经济一线地区挂职锻炼和团青组织招商引资争取目标任务责任制等制度的落实力度，努力使团青组织在招商引资和项目推进服务中有新作为。

开展青年助推转型升级典型评选。2月，联合市委组织部、宣传部、市人社局、市供电公司等单位开展“供电杯”、溧阳市“十佳青年科技之星”和“转型升级杰出青年职工”评选活动，评选产生“十佳青年科技之星”和“优秀青年科技之星”各10名，“青年岗位能手”32名，“转型升级杰出青年职工”26名，动员全市广大青年立足本职岗位，投身创新实践，践行创先争优，为实现“绿色崛起、跨越发展”贡献力量。

【推进“城乡文化快递”试点工作】团市委创新引导农村青年的工作思路，大胆探索符合青年实际需求的引导路径。根据农村青年在职业背景、社会阅历及思想意识方面的特点，印发《溧阳市农村青年文化需求调查问卷》2000余份，全面了解农村青年基本情况及文化需求。在广泛调研的基础上，制定《实施意见》和《结对共建意见》，根据各镇（区）团（工）委申报的“城乡青年文化快递”特色工作项目，给予各镇3000～5000元的工作经费扶持。依托市青少年文化中心、市图书馆等建立市级青年文化超市1个，各镇（区）团（工）委整合现有资源，创建10个镇（区）文化超市，18个村（社区）文化超市。青年文化超市功能齐全，涵盖文化书籍、视听资料、电教设备、健身场所、棋牌娱乐等内容。5月19日，团市委与常州大学开展结对共建推进会暨图书捐赠仪式，常州大学捐赠图书13000余册，并通过基层团组织广泛发动筹集3万余册图书充实青年文化超市。依托青年文化超市阵地，将镇区特色文化内涵和农村青年思想引领进行有机结合，举办“青年心向党”文化沙龙活动，溧城镇、天目湖镇、竹箦镇等团委把本镇特色文化内涵与青年文化超市建设有机结合，开展形式新颖、内容丰富的沙龙活动，累计500余名农村青年参与。通过城乡结对共建的形式，开拓青年文化超市阵地，建立健全运行机制，并开展特色文化活动丰富超市内涵，有效推进城乡文化快递工作。

【关爱困难青少年行动】 深化希望工程“圆梦行动”。2011年，团市委通过向上争取、动员爱心人士捐助、社会化运作等方式共筹集资金12.5万元，资助35名贫困学生圆梦大学，取得良好的社会效应。8月25日，市委常委、组织部部长杨琪在团市委同志的陪同下，专程来到别桥镇和上黄镇，走访慰问受助贫困大学生代表。开展“暖心行动”。多渠道筹集资金10万元，通过青联小组结对走访、实地慰问的形式，资助200名贫困学生每名500元。推进“捐出一张废纸 奉献一片爱心”慈善公益活动，全年共捐献废纸66.9吨，折合善款8.4万余元，成功资助3名贫困家庭先天性心脏病儿童实施手术治疗。

【关注重点青少年行动】 1月，以“新生代农民工的社会融入”为主题，团市委开展“共青团与人大代表、政协委员面对面”活动。向务工青年代表印发调查问卷，听取人大代表、政协委员有关意见，形成《关于建立促进我市青年就业创业工作体系的建议》及《关于加大力度规范市场服务与公益服务，促进新生代农民工就业的建议》的议案和提案，得到相关政府部门高度重视。充分发挥预防、未保“两办”职能，推进重点青少年群体社会管理创新省级试点工作，先后召开全市预防、未保工作联络员会议和工作推进会，合力优化青少年成长环境。

围绕服务市委“社会管理创新建设”，探索重点青少年群体帮扶机制，建立溧阳市希望工程重点青少年群体帮扶专项资金——溧阳青联“春晖”资金，资金规模达11.4万元，资金遵循“勤俭节约、专款专用”的原则用于资助和奖励品学兼优的贫困家庭青少年群体。深入实施“真心助成长，爱心促和谐”为主题的“暖心行动”，重点开展“帮扶结对、生活关怀、亲情陪伴、成长指导、家庭关注”五项行动。8月11日，团省委权益部部长郑海龙一行到溧阳市调研重点青少年群体服务管理和预防犯罪试点工作——服刑在教人员未成年子女帮教服务工作，充分肯定溧阳团市委前期开展的各类基础性工作，并对下一步工作提出了意见和建议。

【开展青年志愿者活动】 团市委在全社会积极弘扬“奉献、友爱、互助、进步”的志愿精神，结合全市重点工作，大力深化志愿者品牌。加大投入和综合协调，完善志愿者中心建设，为工作的开展提供阵地保障。全面完成志愿者分会梳理、39000名城市志愿者注册等工作，壮大志愿者队伍。重点围绕全市重大活动开展志愿服务，先后组织青年志愿者开展“服务乡村旅游展现青年风貌”，“服务红色旅游传承水西精神”、“青春铸品质文明我先行”等主题志愿活动，加强革命传统教育，大力营造崇尚文明的社会氛围。10月，为贯彻市委、市政府关于创建省文明城市的总体部署，开展“共建共享文明城青年‘号手’在行动”主题实践活动，组织全市100余家青年文明号与全市城区所有居民小区进行结对，通过开展文明展示传递、文明社区体验、文明示范服务等活动，强化志愿服务意识，为传播社会文明新风贡献力量。动员开展“我为文明创建加一分”志愿服务，全市80余名志愿者组成巡查队在各自责任路段进行巡视，清理路面显眼垃圾和小广告，制止车辆乱停放，劝阻其他不文明行为，为创建省文明城市作出积极贡献。

【加强基层团组织建设】 全面完成全市镇（区）团组织格局创新，共计增补兼职团委副书记29名、团委委员11名，有效加强基层团组织工作力量。通过深入调查摸底，将全市规模以上的非公有制企业和新社会组织登记造册，根据全团部署，持续开展“非公团建”工作，全面完成非公经济组织建团150家、社会组织建团8家的年度目标任务。加强青联组织建设，成功召开市青联四届一次全委会暨五四纪念大会，选举产生新一届领导班子，并对“十佳青联委员”进行表彰；创新组织设置，成立荣誉委员联谊会，不断完善团的外围组织。扎实开展领导干部下基层和团干部基层大走访活动，累计走访青年40余人，召开各类座谈会8次，搜集青年的现实需求、关注问题、对团工作建议40余条，进一步提升共青团干部密切联系青年、服务青年的良好形象。全年开展各类团队干部培训4期，坚持以会代训、专题培训和学习参观相结合，把团干部大培训工作落到实处。

【加强青年自组织建设】 持续帮扶汇众社义工协会，指导其顺利完成换届，切实解决工作资金、场地问题。2011年，汇众社义工协会在团市委的协助下开展水库环保宣传、消防安全宣传、关爱孤寡老人、“3·12”植树等活动，参与活动的社会网民义工达300余人次，取得良好的社会效应。加强外语协会指导力度，举办以“结友谊之花展城市之光”为主题的第二期英语沙龙，邀请常州大学4名外教和协会英语爱好者进行面对面交流，在提升外语交流能力的同时，加强本市外语人才之间的交流、联系和合作。

（宋春燕）

溧阳市红十字会

【概　况】 2011年，市红十字会在市委、市政府的正确领导和省、常州市红十字会的具体指导下，认真贯彻中国红十字会总会、江苏省红十字会的文件精神，开拓创新，扎实工作，狠抓救护培训，积极开展人道救助和社会服务活动，充分发挥红十字会在政府人道领域的助手作用，全面打造富有溧阳特色的红十字品牌，积极加强各镇、医院、学校红十字会工作基础建设，取得明显的成绩。2011年，全市红十字会基层组织有126个，会员达11万人，组织机构日趋健全，红十字志愿队伍不断壮大，标志着溧阳市红十字事业进入蓬勃发展的新时期。2011年，市红十字会被中国红十字会评为“宣传工作先进集体”，被江苏省红十字会评为“宣传工作先进集体”，获得“常州市红十字系统考核先进单位”称号、“常州市红十字系统工作创新奖”。

【成立天目湖景区红十字会】 4月，市红十字会在全国率先成立天目湖景区红十字会。此举得到全国人大常委会副委员长、中国红十字会会长华建敏的亲笔批示和肯定。成立揭牌仪式被纳入第七届天目湖旅游节暨溧阳乡村旅游博览会活动版块，江苏省红十字会会长吴瑞林、常务副会长潘宗白，常州市红十字会常务副会长俞坚和溧阳市四套班子主要领导参加揭牌仪式。天目湖景区红十字会的成立在溧阳红十字发展史上是一大创举。

【成立亿光溧阳粉红丝带基金】 特邀台湾知名声乐家、亿光文化基金会董事长简文秀，捐资15万启动省内首家关爱乳腺病患者的“亿光溧阳粉红丝带基金”。基金成立以来，救助五例乳腺癌患者，发放救助金30000元。

【成立2支红十字紧急救援队】 5月，在天目湖山水园、南山竹海景点分别成立红十字水上紧急救援队、红十字山地紧急救援队，增加景区应对突发险情的应急能力，使救援队在第一时间完成险情的初步处理，并及时会同景区、消防、公安、医院有效处理险情。救援队8月联合海事等部门在天目湖水域开展水上紧急搜救演练活动，极大增强队员们应急救援的水平。

【设置38个红十字急救点】 8月，以溧城主城区12个交通岗亭为试点，设立红十字急救点，配备红十字急救箱，帮助交巡警在第一时间内有效解决可能出现的意外情况，在此基础上，市红十字会分期分批对交巡警进行急救知识培训，为广大市民的出行提供多重紧急救护保障。同时，在天目湖景区26处游客集散区和进入口设置红十字医药箱，大力提升景区处理突发事件的能力，倡导紧急情况下的科学救护。

【创办《溧阳红十字》专刊】 9月，《溧阳红十字》专刊正式创办，以这份刊物为平台和载体，进行红十字组织管理、人道救助、爱心典型的广泛宣传，为日益发展的红十字事业增加人道宣传、经验交流的新渠道。

【创办乡镇白血病救助基金】 9月，由社渚镇红十字会发起，以17余万元的启动资金创办社渚镇“黄丝带爱心基金”，这是常州市首家专项救助贫困家庭白血病患者的乡镇爱心基金。在基金成立仪式上，向该镇19名白血病患者发放首批爱心基金。

【人道救助】 为了公平有序地开展救助工作，市红十字会严格按照《李春平博爱救助基金管理和使用办法》开展救助工作。2011年，对全市24名15周岁以下贫困家庭白血病患者进行救助，每人发放3000元救助金，重点救助造血干细胞移植成功的白血病患者华治国5万元。2011年，共救助贫困家庭白血病患者和其他重病患者96人，发放救助金26.09万元。

【“蓝天助学”工程】 2011年，市红十字会继续在全市各个学校推行“蓝天助学”工程。助学活动中共有36名外来务工人员子女和部分家庭特困难学生得到救助，救助标准为每人500元。开展此项活动的目的就是想让全社会的爱心人士和爱心企业加入到崇高的爱心行动中来，共同关注外来务工人员子女，共同关注特困群体，让外来务工人员子女和溧阳儿女一样同在一片蓝天下，公平享受教育资源，共同享受溧阳和谐发展的成果。

【博爱助残助老助孤】 2011年，市红十字会给予孤、老、残等困难弱势群体关怀和帮助。春节、中秋节、敬老日，市红十字会带着慰问品、慰问金走访慰问敬老院老人，给予孤寡老人温馨的问候。六一、中秋节、春节，市红十字会带着慰问金、慰问品来到市慧心康复中心，为智障残疾儿童送上节日的祝福。

【救护培训和保健教育】 普及卫生救护和防病保健知识是红十字会应履行的职责。2011年，市红十字会对全市机动车驾驶员定期分批进行卫生救护知识培训；深入学校、社区、旅游公司对红十字青少年、社区居民和景区工作人员进行卫生救护知识培训。培训采用观看电视录像带、老师讲课示范、老师学员互动等形式，通过培训使更多的人基本掌握止血、包扎、固定、搬运和心肺复苏等一般卫生救护知识和技能。在“红十字博爱周”期间，市红十字会紧紧围绕总会确定的“携手人道促和谐，志愿服务为民生”主题，抓住“5·8”世界红十字日、“5·12”全国防灾减灾日两大契机，开展丰富多彩的系列宣传活动，印发2000份红十字宣传资料，有效展示溧阳市红十字会的风采。

【红十字志愿服务】 2011年，全市已有1015名造血干细胞志愿者血样进入中华骨髓库，市人民医院的蒋科医生是本市非血缘关系造血干细胞志愿者捐献成功的第一人；社区志愿服务活动成效显著。建立并发展富有生机和活力的社区红十字志愿服务活动站是红十字工作在社区创造性开展的有效载体，全市已建立清溪路社区红十字志愿者服务站、天目湖社区红十字志愿者服务站、美景天城社区红十字服务站、北门社区红十字志愿者服务站、燕山南苑社区红十字志愿者服务站，其中溧城镇清溪路社区红十字志愿服务活动站赢得广泛好评；学校红十字志愿服务活动蓬勃发展。2011年，江苏省溧阳中学、溧阳市第二中学、市外国语学校红十字会、实验小学红十字会、平陵小学红十字会、燕山中学红十字会志愿服务工作成效显著，成为全市红十字青少年工作的典范。

（陶新月）

溧阳市妇女联合会

【概　况】 2011年,全市各级妇联组织在省、常州市妇联指导和市委、市政府的正确领导下，紧紧围绕“紧跟苏锡常，同步现代化”的工作目标，不断创新工作载体，以联系妇女、服务妇女、教育妇女、维护妇女儿童合法权益为根本任务，谋求工作新思路、新举措，乘势而上，全面推动溧阳市妇女工作再上新的台阶。顺利通过国家、省和常州市“十一五”妇女儿童各项工作的达标验收，二十项涉及妇女权益和民生指数的指标，台账资料齐全，数据翔实，为十一五妇女儿童两个规划监测评估工作的顺利推进提供了依据。

【完成督察和调研任务】 根据市十四届人大常委会对政府《妇女权益保障法》颁布20周年贯彻实施工作的要求，市妇联在十四届人大第二十四次常委会上作了专题汇报。并根据常委会提出的审议意见，递交了《关于妇女权益保障法》办理落实情况的报告。

【联动激励转型】 2011年，市妇联与市委组织部、市科技局联合开展“巾帼科技创新联盟行动”，明确“巾帼科技123工程”的活动目标，即用三年时间在全市范围内培育10个“巾帼科技创新示范基地”和“‘三八’巾帼科技创新型企业”；20名巾帼科技创新岗位建功女性人才；30名科技创新创业女企业家和现代农业女能手。通过现场推进会等形式分别命名四个农村妇女创业项目为溧阳市“巾帼科技创新示范基地”、两家女性创办的企业为溧阳市“巾帼科技创新型企业”，并分别给予3万～5万元的科技资金支持。以科技创新女性典型和创新型企业的先进事迹，激发女企业家们创新创业的热情，激励女性创办的企业逐步转型升级。

【搭建学习交流平台】 2011年，市妇联特邀南京大学经济学范从来教授和央视《中国新闻》著名女主播徐俐作“全面提升素质、推动转型发展”专题报告会；举办“《弟子规》与现代企业管理”专题讲座；积极创造条件，组织女干部和部分女企业家赴上海复旦大学进行集中封闭式培训；到珠三角等先进发达地区参观交流；在女企业家中开展“走进企业、共谋发展”活动，先后开展女企业家协会农业组、工业组、服务业组小组交流活动，邀请相关职能部门领导参与交流，为企业发展出谋划策，增强女企业家之间以及政企之间的联系，真正发挥协会桥梁作用。通过各种手段和形式引导创业女性提升企业文化，优化产业结构，在加快发展现代产业体系中增强核心竞争力。

【积极培训农村妇女】 充分发挥省级巾帼示范培训基地作用，把9月份农闲季节定为“农村妇女实用技术培训月”，市、镇、村三级妇女组织通过自办或联办的方式，举办各种农村实用技术培训20多期，培训人次2000余人；面向175个行政村、42个社区妇代会主任，举办基层妇女干部业务知识专题讲座，积极培育带头创业致富，带领妇女群众共同致富。

【助推妇女创业】 2011年，市妇联继续推进妇女小额担保贷款工作，从省妇联争取到50万元，进一步放大贷款额度，扩大受益妇女群体。全市共发放妇女小额贴息贷款2040万元，受益城乡妇女78人次。成功承办全省“双学双比”、“巾帼建功”活动现场推进会，省委常委、副省长黄莉新率领常州市委、溧阳市委、市政府主要领导以及省“双学双比”、“巾帼建功”领导小组成员等70余人实地参观妇女小贷项目、妇女创业企业以及“三八”示范基地，对本市女企业家、女能手进行大胆实践、艰苦创业的精神风貌和创业成果给予高度评价和肯定，极大地推动了城乡妇女创业致富的热情。

【品牌促进就业】 2011年，本着“急政府所急、想妇女所需、补市场所缺、做我们所能”的宗旨，市妇联在常州辖市区率先引进了受到国家人力资源和社会保障部表彰的家庭服务项目“好苏嫂”家庭服务品牌。“好苏嫂”溧阳店作为溧阳巾帼家庭服务业标准化的品牌形象，为推动溧阳家庭服务业转型、推进城乡女性创业就业、促进家庭服务行业规范化、规模化、专业化发挥积极作用，成为妇联组织积极参与社会管理、公共服务和服务妇女创业就业新的抓手。

【开展主题教育活动】 充分发挥妇女儿童活动中心阵地作用，开展科学家教进万家、家庭美德大讲堂等讲座十余场，以提升社区家庭妇女的文明素质和科学家教的理念，为提升市民的综合素质，创建文明城市作出了积极的努力。针对农村妇女政治素养低，发展农村女党员难等客观问题，广泛开展“千家万户颂党恩”主题宣传教育活动，要求村妇代会每年向村委推荐至少一名妇女作为发展对象，强化农村女党员的培养力度。

【关注弱势群体】 2011年，通过妇儿工委的积极协调，解决了竹箦中学孤贫女生韩欢的户口落户问题，让一个孤贫女孩获得了新生；举办“爱心共助春蕾”恳谈会，向一直关注支持“春蕾计划”这一公益活动的社会各界爱心人士征求建议，再次向社会发起倡议，为全市新增的近百名贫困学生结对助学，超过半数的贫困学生已结对成功；开展“爱在涌动，放飞梦想”帮教活动，组织女企业家与监狱签订用工协议，解决有就业需求的刑满妇女的就业问题，解除服刑妇女的后顾之忧，被评为溧阳市法制宣传教育工作十件好事之一；开通12338维权专线，专人接听解疑。2011年，市妇联共参与婚姻家庭、邻里纠纷、人身伤害、合适成年人刑事案件等各类案件陪审、调解218起，排查婚姻家庭矛盾隐患39起，为20多名妇女提供法律援助，在法院提请妇联调解的10起离婚案中，经过妇联调解员耐心细致的劝解，最后有6对夫妻达成了庭前和解，撤销了离婚诉颂，有力促进了社会和家庭的和谐稳定。（王 金）

溧阳市科学技术协会

【概 况】 2011年，溧阳市科协以党的十七大和中国科协第八次代表大会精神为指导，牢牢把握坚持为经济社会发展服务、为提高市民科学素质服务、为科技工作者服务、加强自身建设的工作定位，积极宣传贯彻落实《中华人民共和国科学技术普及法》和《全民科学素质行动计划纲要》，团结全市广大科技工作者，广泛开展科普活动，推动学术交流，加强机关效能建设，为全市实施“紧跟苏锡常，同步现代化”战略目标，实现“十二五”良好开局和促进经济社会又好又快发展作出了积极贡献。2011年，市科协荣获2006～2010年度江苏省全民科学素质工作先进集体、江苏省科普宣传先进集体、常州市科协系统2006～2010年度宣传工作先进集体、2009～2010年溧阳市文明单位荣誉称号，同时获常州市科协系统综合考评一等奖和溧阳市2011年第四季度服务经济优胜单位。

【创建2011～2015年度全国科普示范市】 5月27至30日，中国科学技术协会第八次全国代表大会在北京人民大会堂隆重开幕，市科协主席严旭华同志作为江苏省代表团正式代表出席大会。在大会上，中国科协对2011～2015年度全国科普示范县（市、区）进行命名表彰，溧阳市荣获“2011～2015年度全国科普示范市”称号。通过创建全国科普示范市，市各部门各单位将科普工作作为提高广大人民群众科学素质的重要途径和推进经济社会发展的基础性工作加以重视，加强组织领导，完善工作机制，强化保障条件，积极落实各项创建目标任务，取得了显著成效。

【科普宣传周、科普日活动】 5月15至21日，围绕“携手建设创新型城市——科技改变生活，创新成就未来”的科普周主题 ，在全市范围内组织开展第二十三届科普宣传周活动。市各部门、各镇（区）高度重视，切实加强领导。各市级学会和镇（区）科协通力合作，以《科普法》和《全民科学素质行动计划纲要》为指导，按照“精心组织、讲求实效”的要求，针对“五大类”重点人群，广泛发动，密切配合，分工负责，发挥自身优势，全市百余个部门单位，共3480多名干部及科技工作者参加了活动。科普周期间全市举办大型科普集市活动、科普报告会、向市老年大学赠书暨科普教育基地挂牌仪式、创建“防护型社区”暨民防工作站社区活动仪式、防震应急疏散演练、青少年科学教育活动、科普宣传栏展示、科普文艺演出等各类活动110多项，举办科技培训班48期，受训人数达3648人次，展出科技版面380余块，推广先进实用技术21项，优良品种6个，义诊4318人次，发放各种科普资料141627份。整个活动主题鲜明、重点突出、内容丰富、干部群众积极参与，社会反映良好，在全市营造了良好的科普氛围。

9月17日至23日，围绕“倡导生态文明，共建生态溧阳”科普日主题，组织全市科协系统各级组织、各部门、单位和社会团体，广泛开展科普大篷车进校园、科普进社区、农民健康教育活动、农村实用技术培训、全国科普日科普挂图展览活动等全国科普日活动。活动中全市共悬挂横幅17条，举办科普报告（讲座）13场次，科普宣传图板展览21次，举办科技致富培训班11次，接受培训的农民有550多人次，发放宣传资料76000多册（份），科普画廊展出科普挂图250多张，展出科普展板55块（次），参与科普活动的科普志愿者390多人次，直接参与全国科普活动日活动的领导、科技人员、群众2.9万多人次，全市科普日期间受益群众有69000多人。

【开展防辐射、识碘盐科普宣传活动】 针对日本“3·11”大地震引发的核辐射担忧和抢购食盐潮，市科协迅速行动起来，担当科普宣传的先锋队。3月17日，在征得市委和市政府同意后，向全体市民发布《公告》，宣传防辐射和食盐供应以及食用碘盐并不能抗辐射的科学道理。在此基础上，又加紧制作八块宣传栏，分别放置在溧阳人流最为密集的大统华、大润华两个超市门前，向公众宣传预防核辐射知识以及放射防护中的碘盐知识。同时，溧阳市科协还组织地震局、卫生局、民防局、教育局等相关职能部门，发挥他们在防辐射、识碘盐等方面的专业作用，进社区、到学校，利用网络、平面媒体和电视台等，进行相关科学知识的宣传教育，澄清谬误，稳定人心。

【举办《天目湖科普大讲堂》】 围绕学术前沿理论、国内外最新学术资讯，溧阳发展的前瞻性思考，溧阳经济社会发展中的热点难点和重点问题等，创办了《天目湖科普大讲堂 》，全年共组织讲座3次，邀请国务院应急专家组成员、中国安全生产科学研究院学术委员会主任刘铁民教授，东南大学经济管理学院院长徐康宁教授、省知识产权局副局长黄志臻等多位专家来溧讲学，全市包括四套班子领导在内各级领导干部、规模企业法人代表和有关科技工作者近1000人次参加讲座，为提高对转变经济发展方式的认识、推动溧阳经济转型升级打下良好的思想基础。

【企业院士工作站建设】 2011年，在已建江苏华鹏变压器有限公司、江苏弘博新材料有限公司、溧阳德维透平机械有限公司三家企业院士工作站的基础上，加强与梁维燕、吴云东、闻邦椿、方志远等院士工作站的联系，积极为企业做好项目服务。3月，市科协联合有关部门，推动江苏天目湖生态农业有限公司与新疆农科院哈密瓜研究中心合作共建院士工作站，“哈密瓜之母”——中国工程院院士吴明珠亲自率领科研团队签约，为溧阳市率先实现农业现代化创造一个新平台。

【民营企业科协建设】 指导江苏弘博新材料有限公司、江苏上上电缆集团有限公司二个企业成立企业科协，在企业科协成立仪式上分管科技工作的王龙副市长到会并讲话。这也是溧阳市第一次在民营企业中成立科协组织，民营企业科协工作取得突破性进展。

【开展“关怀行动”】 进行对科技人员状况的专项调查与分析，反映科技人员的诉求和心声，为市委市政府制定科技工作和科技人才工作政策提供依据。12月15日是中国科协会员日，王龙副市长带领市科协领导班子成员到常州时创能源科技有限公司、江苏安靠智能输电科技工程股份公司等企业走访慰问符黎明、陈晓鸣等科技人员。

【加强科普基地建设】 通过市科协申报推荐，周城汤山茶厂获省科普惠农兴村先进单位奖，溧阳市青虾养殖协会被省科协命名为省科普惠农服务站，吴楚农耕文化园、曹山紫竹林生态园分别被常州市命名为优秀科普教育基地、科普教育基地。为加大对涉农科普教育基地的支持力度，2011年度对10个优秀科普教育基地实施科普项目奖补20万元，5个重点科普项目奖补31万元，支持加大基地科普基础设施建设，促进科技生产、科普惠农等工作的开展。

【召开学会工作会议】 6月30日，组织召开溧阳市学会工作会议，全面总结回顾学会工作，对如何进一步提高学会工作提出要求，对有关工作作出具体布置，并对8个学会工作先进集体和16名先进个人进行表彰。

【开展论文征集评比】 为活跃学术氛围，鼓励广大科技工作者从事科研，促进创新型城市建设，2月，市科协对征集到的147篇2006～2010年市优秀科技论文进行评比表彰，其中《长寿命中压交联电力电缆结构及性能的探讨》等5篇优秀科技论文为一等奖，《大型变压器器身压紧装置结构及工艺》等10篇优秀科技论文为二等奖，《20KV输配电系统及系统用变压器分析》等15篇为三等奖和《粗细调变压器设计》等41篇科技论文为优秀奖，共127名论文作者受到表彰。另外，参加常州市第十一次自然科学优秀科技论文评选活动，共征集参选论文31篇。其中，有1篇论文获二等奖、2篇论文获三等奖。

【加大重点学术活动支持】 为进一步加强溧阳市科协学术交流活动平台建设，充分调动各市级学会、协会、研究会、企业事科协开展学术交流活动的积极性，活跃学术思想，促进学科发展，推动自主创新，2011年，市科协制定出台《溧阳市科协学术活动重点项目经费资助管理办法》，为市中医学会等四个单位符合条件的学术重点项目给予总计5.50万元的经费资助。

（汤国荣）

溧阳市归侨侨眷联合会

【概　况】 2011年，市侨联在市委、市政府的正确领导和上级侨联的关心指导下，以党的十七大和十七届五中、六中会全会精神为指导，紧紧围绕市委“紧跟苏锡常，同步现代化”的目标定位，团结动员全市归侨侨眷和海外侨胞，在推进溧阳经济社会发展和促进侨联事业科学发展方面取得新的进展。在常州市第八次归侨侨眷代表大会上，溧阳市侨联、溧城镇侨联被评为侨联系统先进集体；江苏德盛食品有限公司、溧阳曙光置业有限公司被评为优秀侨界企业；常州高特电子技术有限公司董事长高向阳被评为海归创业创新人才；狄永兴、王瑞林、甘志泉被评为常州市侨界先进个人；葛秀峰、张莉被评为常州市侨联工作先进个人。市侨联主席、党组书记耿伟当选为常州市侨联第八届委员会副主席。市侨联被评为“2011年度常州市侨联宣传报道工作先进单位一等奖”。

【维护侨益】 全年共走访慰问近40户归侨侨眷和港澳同胞眷属，送去慰问金、慰问品共计25000元。帮助溧阳市10位困难归侨侨眷家庭学生申请“沈有国助学基金”31000元，有效缓解经济压力。妥善处理5户侨房拆迁安置补偿问题，最大程度维护侨眷利益，确保拆迁工作顺利进行。开展“侨爱工程——送温暖医疗队”活动，组织本市20位归侨侨眷参加健康体检及健康咨询服务活动，受到广大归侨侨眷的欢迎。全年共受理来信来访17件（次），回复结案率100%，做到侨界无集访和越级上访。

【服务发展】 注重项目引进。为江苏省溧阳经济开发区从香港引进注册资本为2980万美元的江苏鑫盛矿业有限公司和注册资本为2880万美元的江苏鑫光仓储有限公司，两家公司都已注册成功，共到账6000万美元；引进上海依亿自控科技工程有限公司在上兴镇投资成立江苏巴斯威节能科技有限公司，注册资本1600万元人民币，总投资1.08亿元人民币，已完成工商注册，正在修建厂房等基础设施。注重人才引进。成功举办2011“海外华人华侨高层次人才江苏（溧阳）行”活动，来自美国、加拿大、新加坡、日本等国家和地区的23位海外博士到溧阳参观考察。组织侨界企业参加“校企对接”活动，在活动中成功牵线溧阳市蚕蛹饲料有限公司与留美博士后光泰娥进行技术合作，成立江苏欣诺生物科技开发有限公司，注册资本800万元人民币，进行蚕蛹食品深加工生产及出口。组织市经济开发区等10家单位参加创业之桥——第八届海外人才常州创新创业洽谈会，与海外华侨华人士专业人士进行项目对接洽谈。推荐留德硕士、溧阳通亿能源科技有限公司执行董事周燕军先生、美国动物营养博士韩彦明先生等5人申报常州市领军型海归人才，并促成留日博士赵景阳、张兴华博士、留美硕士孟佳伦、留加硕士赵建卫等申报第一批龙城英才计划。其中赵景阳博士获得300万元人民币资助，张兴华博士获得100万元人民币资助。常州高特电子技术有限公司董事长高向阳获江苏省“双创计划”2011年拟资助人选，正申报国家千人计划。市侨联通过对全市留学人员创业园发展情况的调研，撰写《关于我市留学人员创业园发展的情况调研》调研报告，并联

海外华人华侨高层次人才江苏（天目湖）行　　　　（市侨联　供稿）

合市侨办、市工商联共同发文，在全市范围内开展在境外有工作学习经历或正在境外工作学习人员的情况调查工作，储备资源。

【维护侨益传递关爱】 全年共走访慰问近40户归侨侨眷和港澳同胞眷属，送去慰问金、慰问品共计25000元。帮助溧阳市10位困难归侨侨眷家庭学生申请"沈有国助学基金"31000元，有效缓解经济压力。妥善处理5户侨房拆迁安置补偿问题，最大程度维护侨眷利益，确保拆迁工作顺利进行。开展"侨爱工程—送温暖医疗队活动"，组织本市20位归侨侨眷参加健康体检及健康咨询服务活动，受到广大归侨侨眷的欢迎。全年共受理来信来访17件（次），回复结案率100%，做到侨界无集访和越级上访。

【参政议政】 2011年，市侨联向市人大常委会主任会议汇报溧阳市《归侨侨眷权益保护法》贯彻落实情况，提出在贯彻执行《保护法》过程中遇到的困难和问题，并就进一步加大《侨法》宣传力度、提升侨胞权益保障水平和服务开放型经济建设等工作提出了意见和建议，得到会议的高度重视。侨界人大代表、政协委员围绕党委、政府的中心工作和侨界群众关心的热点、难点问题，以提案的方式反映侨界群众的愿望和呼声，进一步发挥侨界参政议政和民主监督的作用。在市"两会"上，侨界政协委员共提交提案15件，内容涵盖社会保障、城市规划建设和管理、环保、经济科技、精神文明建设等多个方面。

【海外联谊】 全年共接待海内外人士来访20余批，100余人次。接待奥中友协创会主席、奥地利总统特聘顾问鲁家贤先生率领的奥中友协华人委员会代表团；接待巴西华人协会会长、巴西宇宙集团公司董事长吴耀宙先生为团长的巴中贸促会代表团；接待由上海张江高科技园区综合委员会党委书记葛龙官率领的上海浦东高新技术企业家联合会一行，并举办"围绕创新驱动、转型发展，发挥两新组织智慧力量"专题讲座；邀请奥中友协常务副主席、香港诸峰亿通投资集团董事长朱肖峰先生、巴西巴中商会副会长陈捷先生、南美旅游联合体经理王纯先生、通力计算机通信技术（上海）有限公司总裁梁钢先生等客商出席"2011溧阳接轨上海联谊会"，朱肖峰先生作为嘉宾代表在会上进行发言。组织部分侨界政协委员、侨联委员、侨商会会员赴泰国、新加坡、马来西亚进行交流联谊，拜访各地重要侨团，与当地华侨华人共叙乡情、亲情、友情，大力宣传本市的发展，动员他们为溧阳的经济社会发展作贡献。

【对外宣传】 市侨联运用多种渠道，不断拓宽侨务宣传工作面。向省市侨网、常州日报、常州统战、溧阳时报等媒体投稿30余篇，有力宣传溧阳市良好的投资环境及侨务工作情况。积极配合做好溧阳市第七届天目湖旅游节暨溧阳乡村旅游博览会的外宣工作，在巴西主要的华文报刊《南美侨报》上专版宣传溧阳，扩大溧阳在海外的知名度及影响力。加强对溧阳侨网的维护工作，拓展栏目，丰富内容。

【公益事业】 市侨联积极倡导侨界多位企业家联合向光华中学25位贫困生捐资助学，每名贫困生每年受助2000元，直到高中毕业；侨眷赵华保夫妇向新疆特克斯县捐资5万元资助贫困学生，为上沛中学5名学生送去助学金15000元；市侨商会副会长徐志群为市锡剧团捐资8万元，用于排演优秀传统锡剧《三看御妹》，为繁荣本市文化事业、丰富群众文化生活作出了贡献。

【队伍建设】 自觉加强理论学习。认真组织学习党的十七届五中、六中全会精神、中央书记处对侨务工作的重要指示精神、胡锦涛总书记的重要讲话精神、国务院十二五侨务工作纲要、《归侨侨眷权益保护法》等政策法规及省、市有关会议精神。扎实推进创先争优活动开展。结合侨联工作实际和目标任务，确立"创先争优上水平，为侨服务立新功"活动主题，设立"重学习，强服务"，"引资金、引智力"，"维侨益、促和谐"，"广联谊、强宣传"四大活动载体。认真开展专项治理。召开专题会议就机关作风建设进行动员布置，传达全市会议精神，统一思想，明确目标任务，强化落实责任，对民主集中制执行情况、涉侨服务、"庸懒散"、公款消费、"八小时外"行为规范等五个方面开展治理，内正风气、外塑形象，形成勤政、廉政、优政的良好风气。认真开展领导干部下基层活动。市侨联领导走村到户，主动到群众家里，登门了解情况，征求意见，共走访埭头镇邹家村10户家庭，并针对走访中了解到的邹家村道路拓宽资金不足的问题，在香港溧阳同乡会进行沟通，发动募捐活动。

（张　莉）

溧阳市文学艺术界联合会

【概　况】 2011年，市文联在市委、市政府的关怀领导和上级文联部门和市委宣传部的具体指导下，认真贯彻落实党的十七届五中、六中全会精神，以科学发展观统领全市文学艺术发展全局，以庆祝中国共产党成立90周年为契机，围绕中心，服务大局，精心创建和组织实施各项文艺活动，全力打造“品质文艺”和“惠民文艺”。扩大影响，锻炼队伍，为丰富市民文化生活，提升城市文化品位，繁荣文艺事业作出了积极的贡献，并赢得上级部门的充分肯定。2011年，溧阳市文联在省文联评选中荣获“省优秀成果奖”。

【服务中心工作】 2011年，根据市委统一部署，积极组织开展“效率溧阳”品牌创建、领导干部下基层等活动；组织书法家协会、音乐家协会、舞蹈家协会、戏剧家协会和“夕阳红”老年艺术团等开展“文艺三进工程”活动，编辑出版《做一个可爱的溧阳人》一书，组织文艺家走进乡镇开展“走进北山”、“走进别桥”等专题采风活动。与市司法局等部门共同举办“天目湖生态水杯”全市少儿书法（法律格言）大赛，与市文广体局等单位联合举办“游子吟”江苏名家主题书画展，与市教育局、科协等部门举办“走进科普基地、享受阳光生活”溧阳市青少年体验夏令营活动，与市文明办等单位联合组织“创建文明城 争做文明人”广场文艺晚会，与市委宣传部、文广体局等单位共同举办“清新溧阳心灵故乡”乡村旅游文化征文活动；与团市委等部门举办“溧阳水务杯”“品味新溧阳、体验和谐美”为主题活动的水文化摄影比赛。

【“红色七月风”系列活动】 2011年，全市开展“红色七月风”系列活动，配合组织部出版完成“创先争优”风采录《天目湖》特刊，举办“迎七一展风采”大型书、画、摄影联展活动，开展以“歌颂党、歌颂祖国”为主题的第三届“农行杯”中学生现场作文大赛，组织市音乐家协会参加常州市兰陵歌手大奖赛活动，溧阳市3名歌手跻身前10强。与组织部、宣传部等部门联合举办大型红歌赛，开展以“群众舞台群众秀”为主题的“天虹杯”庆建党90周年红歌赛，组织市少儿书法家协会举办“庆祝建党90周年溧阳市健康杯少儿书法作品展”。

【“迎七一展风采”联展活动】 为隆重纪念中国共产党建党90周年，歌颂党90年来所走过的光辉历程与辉煌成就，7月1日，市委宣传部和市文联等部门在市文化艺术中心联合举办“庆建党90周年书法美术摄影联展”活动。市文联书法家协会、美术家协会、摄影家协会的会员们精心创作作品183幅，风格各异、精彩纷呈，是历史以来联展参展作者和作品最多的一次，充分展示市广大文艺工作者的责任意识和创造精神，为繁荣和发展文艺事业起到积极的推动作用。

【文艺活动】 2011年，全市文艺界用文学、音乐、舞蹈、书法、美术、摄影等多种文艺形式共同展示溧阳文学艺术的丰硕成果。

市作家协会组织会员到溧阳市社渚天淼山庄、平桥青峰山、北山、南山竹海及高淳慢城等地开展采风活动；在溧阳乡村旅游节期间，配合市旅游局出版完成《情调溧阳》博文集。

市书法家协会邀请当代著名书法家周祥林、张公者到溧阳为会员作书法交流讲座；组织会员参与常州市主办的多项展览，在常州市刘海粟美术馆开幕的“一路上有你——常州城市管理十年掠影书画摄影展”和“庆祝中国共产党成立90周年诗书大展”中，本市多名会员的书法作品入展。

市音乐家协会和江苏概念传媒联合承办天目湖鱼美人选秀活动；山东电视台《天下父母》亲情教育基地在溧阳苏园揭牌，应承办方苏园邀请，市音乐家协会进行文艺节目表演。

市舞蹈家协会为溧阳浦发银行创作编排的歌舞《走进新农村》参加全省浦发银行在江苏电视台举办的“庆祝党的生日”文艺比赛，获得一等奖。在庆祝建党90周年华诞之际，承办“时刻准备着、永远跟党走”大型广场文艺晚会。

市美术家协会在配合市“长寿之乡”宣传活动中，选送6幅省级以上会员的中国画作品参加中国“夏邑首届长寿文化节”，作品被收藏；选送10幅作品参加全国“法制宣传暨廉政建设书法摄影作品”展评选活动。

市戏剧家协会和市锡剧团春节期间，在大众影剧院共同举办“溧阳市第四届迎新春戏剧展演周”活动；全年在溧阳范围内共演出八十多场，其中公益性演出四十多场；举行“天润杯”溧阳市首届戏曲节票友戏曲大赛。

市摄影家协会组织选送作品分别参加“江苏省庆祝建党90周年大型摄影作品巡回展”、“常州市庆祝建党90周年大型摄影作品巡回展”；和有关部门联合举办“溧阳美好家园”、“春舞茶乡”、“美丽的长荡湖”等主题摄影比赛；配合市政协组织创作拍摄《溧阳风光》画册。

市老年摄影学会与江苏省老年摄影学会联合举办《溧阳天目湖自然风光和生态农业旅游摄影艺术展览》南京巡回展暨摄影作品学术交流会，为进一步推介溧阳、宣传溧阳起到重要作用。

市电影电视家协会电影放映出现质的飞跃，全部实现数字化，和全国同步放映，给电影爱好者创造了很好的观影平台。

市民间文艺家协会在乡村旅游博览会期间，组织民间手工艺人展示草鞋、蒲鞋、老虎鞋等，为旅博会增光添彩。配合文化局申报焦尾琴和祠山祭鼓两个项目，2011年，该项目成功申报省级非物质文化遗产项目。

【文艺交流和展示】 2011年市文联先后与高邮市文联、上海市虹口区文联、高淳县文联结为共建友好单位，为促进两地群众文化交流和建设起到推动作用；配合常州市开展常州台湾“两岸情”摄影艺术交流活动，不仅加深台湾日月潭和天目湖姐妹花的浓厚情谊，更是对宣传溧阳经济起到了很好的推动作用；首次邀请著名的中国锡剧名家、中国戏剧梅花奖得主、国家一级演员倪同芳到溧阳交流联谊。

（丁月辉）

表3

2011年文学艺术创作主要成果和部分获奖作品

类别	作者	作品名称	出版、发表、入选、展出、获奖情况
文学	赵善坚	《老村纪事》（散文集）	南京大学出版社出版
	赵善坚	《放纵沙漠》（散文）	选入《江苏散文双年鉴》
	汤全明	《走读溧阳》（散文集）	南京大学出版社出版
	史剑新	《凤凰谷》（长篇小说）	作家出版社出版
	杨远芝	《诗神》（诗集）	中国文联出版社出版
	杨远芝	《紫藤花集》（诗集）	中国文联出版社出版
	徐云峰	《禅的午后》（散文集）	作家出版社出版
	陈云秋	《琉璃梦那么冷》（长篇小说集）	作家出版社出版
	程思良	《迷宫》（闪小说集）	吉林人民出版社出版
	王苏阳	《户撒刀》（短篇小说）	发表于《上海文学》
	韦菊仙	《秋日读秋白》（散文）	发表于《雨花》
音乐	滕春芳	《又见西柏坡》	获“兰陵歌手”大赛美声组二等奖
	朱　平	《黄河渔娘》	获“兰陵歌手”大赛民族组三等奖
	朱雅琦	《红旗飘飘》	获“兰陵歌手”大赛通俗组三等奖
	潘振新	《一千零一夜的祝福》	获昆山市千灯镇全国征歌优秀创作奖
舞蹈	戴洪才、石寿华	《储大钱奔小康》	获省第二届“莲花奖”社会舞蹈创作金奖
	陈玥、徐沪君等17人	《储大钱奔小康》	获省第二届“莲花奖”社会舞蹈最佳优秀表演奖
	石寿华、戴洪才、史莉静	《文具盒里的童画》、《吉祥颂》	获全国第七届“爱我中华”青少年音乐、舞蹈比赛创作金奖
	华方也、张吕凤格、独　唱	《卓玛》、《说唱脸谱》、《妈妈格桑拉》等	获全国第七届“爱我中华”青少年音乐、舞蹈比赛表演金奖
	江　慧、姚芊亦、周馨怡、徐濮瑶、独　唱	《卓玛》、《说唱脸谱》、《妈妈格桑拉》等	获全国第七届“爱我中华”青少年音乐、舞蹈比赛表演银奖
美术	蒋晓林	粉画作品	日本举办个展
	朱富平、蒋晓林、程安中	粉画作品	入选由中国美协主办的“中国第二届粉画大展”，作品被苏州美术馆永久收藏
	程安中	山水作品	获“孙膑杯”全国书画名家邀请展一等奖，作品被菏泽市美术馆永久收藏
	段贵卿	工笔花鸟	入选“江苏省第二届徐悲鸿画展”
	刘琴芳	工笔画	入选“庆祝建党九十周年江苏省美术作品展”
摄影	王晓云	摄影作品	获国内最高奖项，入选“中国第十四届国际摄影艺术展览”
	潘清华	摄影作品	获由中国摄影家协会和农业部农村社会事业发展中心联合主办的“首届全国农民摄影大展”佳作奖
	邹　伟	《秋天的回忆》	获全国尼康·眩影视界比赛二等奖
	王正荣	《齐心合力》、《抢荷包》	入选中国原生态国际摄影展
	车保华	《美丽山村》	获江山如画·庆祝建党90周年全国政协摄影展最佳作品奖
	沈佳宾	《魅力古村》	获江山如画·庆祝建党90周年全国政协摄影展优秀奖
	周福荣	《银河落九天》	获第二届“花都水城浪漫武进”全国摄影大赛优秀奖
	车保华	《水乡》	获第二届“花都水城浪漫武进”全国摄影大赛优秀奖
	周福荣	《山村的早晨》、《村里来了摄影师》	在中国摄影报发表
书法	凌　丹	刻字作品	获中国书法家协会主办的“全国第十届书法篆刻作品展览”提名奖
	朱国平	书法作品	入展“全国第十届书法篆刻作品展览”、入展中国书协主办的“全国首届书法手卷展”、入展中国书协和江苏省人民政府联合举办的第三届“林散之奖”书法展览
	杨兴慧	刻字作品	入展由国际刻字联盟和中国书法家协会主办的“第二届国际刻字展”，入展中国书协主办的“全国刻字艺术精品展”
	黄　晖	书法作品	入展中国书协主办的第二届中国书法兰亭雅集“兰亭书法双年展”、获《书法导报》主办的“首届全国手卷书法作品展”优秀奖
	吴琦慰、彭建勋、朱国平、黄晖等	书法作品	入展由省文联等单位主办，并在我市展出的江苏名家笔墨绘颂“游子吟”主题书画作品邀请展等
	彭建勋	书法作品	在宜兴市美术馆举办个人书法展
	石　钢	书法作品	在常州刘海粟美术馆举办书法展
	石　枫	书法作品	在溧阳举办了个人书法展
	虞浩忠	书法作品	在溧阳举办了个人书法展
戏曲	张　静	锡剧	在上海兰心大戏院举办了“‘动静相宜　张弛有度’张静个人锡剧演唱会”
影视	朱　林	新闻	采制的展示溧阳民俗的新闻在大年初一中央电视台的《新闻联播》里播出
	陈　江	《溧阳印象》	获江苏省广播电视局“金鹿奖”一等奖
	蒋俊洪、张辉、陈江	溧阳时空网（网络电视台）项目建设	获省广播电视局科技创新三等奖
民协	蔡崇富	山歌	作为达人在中央电视台七套《乡约》栏目走进溧阳中，登台表演
	史建明	介绍溧阳风物	中央电视台七套《乡约》栏目走进溧阳
	邓超、史建明	介绍溧阳方言风俗，推介民间文艺	溧阳电视台《平陵茶馆》栏目

省委常委、副省长黄莉新在全省“双学双比、巾帼建功”活动现场会上参观妇女创业项目

省妇联主席张京霞视察桂林村“妇女儿童之家”

溧阳市妇女联合会

部署开展“巾帼创新业、建功十二五”主题活动

2011年以来，溧阳市妇女联合会紧紧围绕市委、市政府“紧跟苏锡常、同步现代化”奋斗目标，服务大局，主动作为，不断创新工作载体，以联系妇女、服务妇女、教育妇女、维护妇女儿童合法权益为根本任务，谋求工作新思路、新举措，抢抓机遇，乘势而上，全面推动全市妇女工作再上新台阶。市妇联先后获得江苏省2006-2010年实施妇女儿童发展规划先进集体、江苏省家庭教育工作先进集体、江苏省妇联维护妇女权益示范岗、2011年度常州市妇联重点工作考核特等奖及创新成果特等奖、溧阳市2011年度目标管理考核“创新成果奖”、溧阳市创建江苏省文明城市工作先进集体等荣誉称号。

举办“三八架金桥·春风送岗位”大型女性专场招聘会

引进“好苏嫂”家政服务门店

召开“巾帼科技创新联盟”推进会

溧阳市科学技术协会

2011 年，溧阳市科协以党的十七大和中国科协第八次代表大会精神为指导，牢牢把握坚持为经济社会发展服务、为提高市民科学素质服务、为科技工作者服务、加强自身建设的工作定位，团结全市广大科技工作者，大力开展科普活动，全市全民科学素质工作被授予 2006-2010 年度江苏省先进集体，市科协荣获溧阳市委、市政府 2009-2010 年度文明单位称号，同时获常州市科协系统 2009-2010 年度宣传工作先进集体。2011 年，全市认定省级科普惠农服务站 1 家（青虾养殖协会）、省科普惠农兴村先进单位 1 家（汤山茶厂），新认定常州市级优秀科普教育基地 1 家（吴楚农耕文化园）、常州市级科普教育基地 1 家（曹山紫竹林生态园）、常州市青少年科学教育特色学校 2 家（上兴中心小学、别桥中心小学）。

科普周期间全市举办了大型科普集市活动、科普报告会、向市老年大学赠书暨科普教育基地挂牌仪式、创建“防护型社区”暨民防工作站社区活动仪式、防震应急疏散演练、青少年科学教育活动、科普宣传栏展示、科普文艺演出等各类活动 110 多项，举办科技培训班 48 期，展出科技版面 380 余块，推广先进实用技术 21 项，发放各种科普资料 141627 册（份）。

围绕溧阳经济社会发展中的热点难点和重点问题等，创办了《天目湖科普大讲堂》，全年共组织讲座 3 次，邀请国务院应急专家组成员、中国安全生产科学研究院学术委员会主任刘铁民教授，东南大学经济管理学院院长徐康宁教授、省知识产权局副局长黄志臻等多位专家来溧阳讲学，为提高对转变经济发展方式的认识、推动溧阳经济转型升级打下了很好的思想基础。

3 月份，市科协联合有关部门，推动江苏天目湖生态农业有限公司与新疆农科院哈密瓜研究中心合作共建院士工作站，“哈密瓜之母”——中国工程院院士吴明珠亲自率领科研团队前来签约，为溧阳市率先实现农业现代化创造了一个新平台。

指导服务江苏弘博新材料有限公司、江苏上上电缆集团有限公司两个企业成立了企业科协，这也是溧阳市第一次在民营科技型企业中成立科协组织，民营企业科协工作取得了突破性进展。

科协主席吕胜中在第二十四届科普周开幕式上讲话

天目湖生态农业有限公司与新疆农科院哈密瓜研究中心合作共建院士工作站

溧阳市全民科学素质工作领导小组召开工作会议

首家民营企业科协组织弘博新材料科协成立

刘铁民教授作《安全生产事故预防与应急救援》专题讲座

军事·政法

栏目编辑 尹少鹏 莫 俊

人民武装

【概 况】 2011年，全市武装工作在上级党委和首长机关的指导帮助下，在溧阳市委、市政府的大力支持下，紧紧围绕军分区赋予的任务，紧紧按照确立的基本思路，紧紧摁住关键环节，狠抓各项工作落实，全面建设保持良好发展势头，取得了较好成绩。被省军区表彰为“先进旅团单位”、“征兵工作先进单位”、高炮实弹射击“双优胜”单位。

【完成常州市委常委议军会会务保障任务】 1月24日，常州军分区党委第一书记、市委书记范燕青带领常州市委全体领导和市国动委全体成员，在市人武部召开了常州市委常委议军会。为确保此次会议圆满召开，市人武部进行了认真的准备，较好地为会议召开提供了优质服务，并受到与会领导的一致好评，同时也较好地向常州市领导展示了溧阳市人武部全面建设的风采。

【参加全省防空兵部（分）队实弹战术考核】 4～5月，市人武部以军事斗争准备为牵引，以提高全市防空作战能力为目标，组建市民兵双37高炮连，进行为期45天的强化训练。从4月中旬起，采取联训、帮训、带训等方式，组织民兵高炮连集中施训，重点抓好班、排技术协同和连战术协同训练，使全体人员熟练掌握高炮业务技能。5月14～25日，全连官兵进驻南京军区某高炮射击场，接受全省防空兵部（分）队实弹战术考核，获“实弹射击优胜单位”、“战术演练优胜单位”的好成绩。

【召开溧阳市委常委议军会】 8月19日，市委常委议军会在驻溧73196部队召开。市四套班子主要领导、国动委成员单位领导及各镇（区）党委书记共60余人参加会议。市人武部部长丁国明对2010年武装工作进行了总结，对下一步武装工作进行了部署。市人武部政委张宇传达学习上级有关党管武装工作文件精神，各镇（区）党委书记进行了口头或书面述职。会上对市人武部提请市委常委研究的问题进行议定，明确武装工作在全市考评体系中由以往的2分值提高到5分值；市民兵训练基地迁址重建；对部分武装干部进行了调整交流。

【保障日遗化武运输任务】 根据省军区下发《南京周边地区日遗化武运输有关情况》的指示要求，市人武部按要求将运输时间、地点、路线、车队编成及车牌标志通报地方政府。12月19日模拟物运输及22日实弹运输时，协调高速公路交警4辆警车、20余名交警、消防中队1辆消防车10名消防官兵沿途保障，协调高速公路服务区为运输车队提供专门独立的停车场和就餐区，圆满地完成了运输车队途经溧阳境内的相关保障任务。

【筹划市国防园建设】 2011年，市委、市政府、市人武部多次召开国防园建设专题会议，研究确定市国防园建设方案。确定围绕知识性、教育性、参与性、体验性、实践性，建成具有时代性、超前性、综合性的国防园。新国防园完成方案论证，规划用地6.67公顷，规划建筑面积约2000平方米。

【开展全民国防教育系列活动】 2011年，市人武部依据国家和军队有关规定，按照“培养军队情结、强化军事技能、塑造军人形象”的基本思路，在市教育局的大力支持下，顺利完成了全市13114名初、高中学生的军训任务。8月中旬，组织全市党政领导、国动委成员单位和市纪委共30多人开展了“军事日”活动。在第十个全民国防教育日来临之际，组织全市中小学生开展了以“富国强军、共筑长城”为主题的千人签名活动，增强和提高了各级领导和广大师生的国防观念和国防意识。

【参加全省无线电报务技术竞赛】 8月23～25日，江苏省无线电报务技术竞赛在南京举行，选派市中等专业技术学校参赛人员刻苦训练、奋力拼搏，代表常州取得了全省团体优胜单位第三名、胡倩个人获全能第二名、发报第四名、音频抄报第六名、沈珈琪获汉字输入第三名、周斌获干扰报抄收第四名、马超群教员被评为优秀教员。市人武部协调常州军分区、市政府对获奖单位和个人进行隆重的奖励，激发了广大师生的国防观念和爱国爱军热情，起到了良好的社会效应和军事效应。

【组织民兵应急维稳分队骨干集训】 2011年6月，市人武部集中利用20天时间，在市民兵训练基地，组织总计450余人次的民兵抗震、抗洪、森林防火、防化、防空、应急维稳骨干等专业分队集训。7月，在常州市组织的民兵应急维稳分队骨干集训考核中，取得第一名。（王建平、黄永华）

人民防空

【概　况】 2011年，全市民防工作在常州市民防局和市委、市政府、市人武部的坚强领导下，紧紧围绕新时期人防建设融入经济社会发展战略和全市“硬碰硬转型升级，实打实开局起步”工作主题，紧扣人防建设目标任务，突出工作重点，强化工作落实，以人防战备建设为主线的“两防一体化”建设得到整体推进，人防组织指挥、通信警报、防护工程建设等重点工作得到有效落实，取得明显的成绩，较好地完成年度各项目标任务。获全省民防工作成绩突出县（市）民防局。

【指挥通信建设】 市民防局按照“把指挥机构健全、指挥设施建优、人防队伍建强”的目标思路，着力提高人防组织指挥建设水平和通信保障能力。加强组织指挥机构建设，健全战时人防指挥机构和指挥协同保障机制，进一步明确职责任务，熟悉组织指挥的方法、程序和内容。认真组织开展人防信息数据采集，及时充实完善《溧阳市人民防空应急行动方案》等计划方案，加强战时城市人口疏散与接收安置的对应对接工作，认真组织与天宁区的对接活动，深入探讨人口疏散与接收安置的有效途径和方法。

加强人防专业队伍建设，按时完成人防专业队年度组织整顿和训练任务，人防专业队组织健全，队员结构优化，遂行应急任务的快速反应能力有新的提高；加强通信保障能力建设，按照人防信息化建设的要求，不断完善指挥通信信息系统建设，定期联训联调，保持通信设备的良好技术性能，严密组织年度警报试鸣，主城区警报音响覆盖率达100%。有力有序地推进人防指挥所建设，完成工程的土建、装饰、装潢、机电设备安装等项目建设。

【人防工程建设与管理】 着眼防空防灾需要，着力打造城乡兼容、工事掩蔽与疏散隐蔽相配套的防护体系，加大人防“结建”政策的执行力度，全年新立项10.4万平方米，完成年度325%；新开工9.9万平方米，完成年度计划354%；在建13.1万平方米，完成年度计划374%；新竣工3.5万平方米，完成年度计划159%。加大工程建设统筹的调控力度，合理布局安排人防专业队工程建设，提高专业工程建设比重，在“以建为主”前提下，筹集人防易地建设费2000万元，完成年度计划167%。

加大工程开发利用的推进力度，在人防工程数量不断增加的情况下，积极协调帮助建设和使用单位开发利用人防工程，全市人防工程开发利用和完好率达到95%以上。把人防工程纳入防灾体系建设，完成人防工程应急避险场所实地标志标注工作。

【“两防”一体化建设】 市民防局按照省民防局民防工作进社区“十个一”建设标准，丰富创建内涵，延伸创建触角，全力推进“防护型”社区建设和创新社会管理有机融合。在完成嘉丰社区民防工作进社区试点的基础上，按照“围绕一个中心，把握五个重点，实现十有目标”的原则，完成8个社区在建立组织机构、制订防灾预案、设置应急避难场所、配备应急器材、普及应急逃生知识等方面的社区民防工作建设。

启动疏散基地建设，积极与市民政、建设、园林、地震等部门协调，加紧进行燕山公园近郊疏散基地和城市中心避难场所建设的规划工作，充分整合利用公园宽广的地幅、山林、绿地等资源，建设近郊疏散基地和城市中心应急避难场所。

【基层基础建设】 市民防局坚持“抓基础、抓落实”的基本工作思路，把基础建设作为一项经常性工作来抓，强化人防工程建设管理，坚持依法建设理念，严格落实“结建”政策，对人防工程建设质量监管全面推行并严格落实“分节点控制 全过程监督”管控新机制，不断提高和规范人防工程建设管理水平。强化工程管理环节，全面落实人防工程管理责任主体，推广使用人防工程维护管理手册，加强巡查和督察，积极拓展人防工程的平时利用，不断提高人防工程的“三个效益”。

强化基础管理，抓好人防工程建设、经费筹集、人防法制建设，人防国有资产、人防综合实力统计工作。严格执行行政征收规定和人防财务制度，搞好经费和资产管理，加强财务核算，规范人防经费预（决）算。强化镇（区）人防，建立健全基层人防工作机制，推进镇（区）人防工作全面开展，确保人防法规制度在人防工作向镇（区）延伸中得到全面覆盖与落实。3月，市民防局与各镇（区）人防办签订2011年镇（区）人防工作目标责任书。12月，市民防局组织对全市各镇2011年度人防工作目标完成情况进行集中考核。

【开展“创先争优”活动】 市民防局把全市“五比五看，创先争优”活动与机关作风建设有机融合，与争创“好班子”建设相结合，切实加强领导班子的组织建设、思想建设、作风建设，按照党风廉政建设的要求，落实党建工作要求和民主集中制，坚持党内“三会一课”和民主生活会、理论学习制度，强化经常性教育，不断提高领导班子的整体素质。

深入推进民防部门机关效能建设与“准军事化”建设的有机统一，把思想政治、指挥通信、工程管理、财务管理、政策法规、战备值班等具体工作目标与创建活动有机结合起来，不断加强信息化条件下防空和各种自然灾害的防灾救灾培训和专门训练，使“准军事化”建设目标更加具体化、制度化、规范化。按照“部门服务创品牌、效率溧阳争最优”，推出“有为民防”服务品牌，公开服务举措和承诺，有力促进机关作风建设，激发大家干事成事的热情和积极性，以抓好工作落实为重点，创造性地完成好各项工作任务。

【人防宣传教育】 市民防局着力营造人防建设的良好社会氛围，积极开展形式多样的人防宣传教育活动，把人防宣传教育与防灾救灾知识教育、普法教育、全民国防教育、中学生人防知识教育有机结合起来。年内，共举办人防政策业务培训二期，组织开展大型集中宣传活动2次，制作展示宣传人防政策知识、反映人防建设成果图板24块，发放居民应急手册等相关资料3000多份，发放中学生人防知识课本9000余册，利用《溧阳时报》等主流媒体进行人防政策知识的系列报道。

积极开展人防工作动态宣传报道，全年共向各级各类媒体投稿报送信息100余条目，其中，《江苏民防》录用3篇，《江苏民防信息》录用2篇，《常州民防信息》录用31篇，常州民防网站录用28条，市政府门户网站录用24条，获常州市民防局“2011年民防信息宣传先进单位”。（陆裕庚）

政法和社会治安综合治理（平安与法治建设）

【概　况】 2011年，全市各级各部门坚持以党的十七大和十七届三中、四中、五中、六中全会精神为指引，忠实履行第一责任，主动服务第一要务，正确处理改革、发展、稳定的关系，以深入推进社会矛盾化解、社会管理创新、公正廉洁执法、基层基础建设、政法队伍建设等重点工作为抓手，坚持高标准严要求，加强领导增强责任，齐抓共管形成合力，健全机制完善制度，开拓创新务求实效，全面落实政法综治各项工作措施，有效解决影响社会和谐稳定的源头性、根本性、基础性问题，努力提升平安溧阳、法治溧阳建设水平，为全市“紧跟苏锡常、同步现代化”工作大局提供了有力的保障。先后被评为“2006～2010年全省社会治安综合治理先进集体”、“2010年度全省社会治安综合治理先进县（市）”和“2006～2010年全省法制宣传教育先进县（市）”。

【组织领导】 市委常委会多次听取全市政法综治和平安法治建设重点工作的汇报，对年度政法工作要点、深入推进法治县（市）创建、切实做好信访维稳工作、开展社会稳定风险评估、全面推进多元化解社会矛盾纠纷机制建设等一系列问题进行专题研究，提出明确意见。市委、市政府将“和谐安民工程”纳入全市2011年40项重点工程内容，明确“整合完善全市治安监控系统，加强重点人群管控，提升老小区安防设施建设水平，公众安全感达96%以上”等7个方面的目标任务。6月底，在市第十一次党代会上，明确将“社会管理创新”作为今后5年全市必须加快推进的“六大建设”目标之一，突出“加快社会管理创新建设，在促进社会和谐上迈出新步伐”，工作重点是抓基层强基础、突出源头治理和强化思想引导，努力探索符合溧阳特色、体现时代特征、顺应科学发展、满足人民需求的社会管理新路子，加快构建“党委领导、政府负责、社会协同、公众参与”的社会管理工作新格局。

责任落实到位。继续把政法综治、平安法治建设和信访维稳工作纳入全市镇级目标管理考核和市级机关目标管理考核内容，市、镇、村逐级签订了平安建设目标责任书和信访维稳工作责任书。全市以领导责任制为龙头、目标管理责任制为抓手、部门管理责任制为纽带、“一票否决”制、责任查究制和综治警示制等相配套的责任制体系得到进一步完善，有效增强了各级各部门抓综治和平安建设的工作责任。市综治委对两家工作存在漏洞，导致发生重大案件的单位实施“一票否决”。

部署推动到位。通过召开全市政法工作会议、市委政法委全体委员会议、全市“六五”普法暨深化平安法治建设动员大会、法治溧阳建设工作例会等形式，传达贯彻上级精神，加强各阶段政法综治和平安法治建设工作的交流、研究、部署和推进。市综治委命名表彰2010年度全市社会治安综合治理和平安建设先进单位22家、先进个人28名。进一步完善市综治委成员单位与基层镇（区）、重点村（社区）联系点挂钩共建制度，有效形成全市综治和平安建设工作合力。

【维护稳定】 建立健全日常化的信访维稳机制。继续实行信访维稳联席会议、市党政领导挂钩镇维稳工作、三级便民信访、领导信访包案和党政领导干部信访接待日以及信访维稳“一岗双责”、责任追究等制度机制。全市19名重点信访人员和10个方面的重大不稳定因素全部调整落实党政包案领导，并实行一包到底。同时，针对全国“两会”、建党九十周年等特殊敏感时期，积极收集研判社会面舆情信息，切实加强对重点人群、重点人员的教育管控和重点信访案件的化解处置。全市信访形势继续保持平稳可控局面，实现信访总量、集体上访数量、非正常上访数量、越级上访数量“四个下降”，信访秩序明显改善。

建立健全源头化的矛盾预防机制。进一步加大社会稳定风险评估推进力度，在将此项工作纳入综治年度考核体系的同时，举办社会稳定风险评估工作业务培训，为开展风险评估工作提供有效的保证。完成全市报备稳评项目30个，为确保相关重点工程、重点项目的顺利推进和实施提供有效的保障。完善社会矛盾纠纷排查化解长效机制，强化对社会风险源、风险点的滚动排查和突发事件应急处置，并通过定期召开镇区政法委书记例会等形式，排查分析信访突出问题和不稳定因素，切实做到对社会矛盾“发现得早、化解得了、控制得住、处理得好”。

建立健全多元化的纠纷化解机制。以开展领导干部下基层“三解三促”活动为契机和抓手，变群众上访为领导下访，体察了解民情民意，依法解决利益需求和矛盾纠纷，营造良好的社会氛围。立足“事要解决”，深入推进多元化解矛盾机制建设，充分发挥司法机关、行政机关、社会组织和社会各方面的力量，完善诉讼、仲裁、行政调处、人民调解、商事调解、行业调解以及其他非诉讼纠纷解决方式之间的衔接机制，多部门联动，逐个化解疑难矛盾。2011年，全市社会矛盾纠纷调解率达100%，调解成功率达99%。

【平安建设】 深入推进防范体系建设。5月17日，市政府召开第二十次常务会议，专题研究通过了《溧阳市“设防城市”建设三年规划》，着力构建与溧阳“山水城市、小康社会”发展定位、功能相适应的现代防控体系，确保全市平安建设综合绩效继续位居全省前列，努力将溧阳建成全省乃至全国社会治安状况最好的县（市）之一。深入推进“和谐安民提升工程”，全市人防、技防、设施防效能不断提升。推进城区老小区安防改造，在全市城乡推广“平安E家”入户工程。加强群防群治，进一步深化“红袖标工程建设”，并结合治安状况，开展形式多样的治安巡防活动。强化校园周边治安整治和安防网络建设，确保校园安全稳定。

深入推进严打整治斗争。全市政法机关充分发挥主力军作用，坚持严打方针不动摇，始终保持对严重影响人民群众生命财产安全的涉黑涉恶等有组织犯罪、杀人等严重暴力犯罪和“两抢一盗”、电信诈骗等多发性侵财犯罪的严打高压态势，坚持“命案必破、挂牌必盯、逃犯必追、现场必勘、现行必打”。全市相继组织开展了“春季攻势——涉车犯罪专项整治”、追逃犯“清网行动”、“亮剑行动”、“控警情、抓现行”百日大巡防、“打四黑除四害”等专项行动和专项斗争，全市刑事案件发案得到有效控制，综治和平安建设年度考核绩效名列常州地区第一，公众安全感连续多年名列常州地区前茅。

深入推进重点地区整治。通过前期调研，确定溧城镇湾里社区为全市治安重点地区。经深入细致的摸底，排查出侵财性案件多发、九小场所流动人口发案多等三个方面的治安突出问题。针对这些问题，专门制订了整治工作方案。相关单位落实专门力量进行整治，一方面，坚持“以打开路、以打促防、以打促治”，加强对突出治安问题的打击整治；另一方面，不断完善治安防控体系，加强巡防和技防建设，由社区投资10万余元自建监控系统。同时，深入开展社区内场所检查、整治活动，并加强对外来人口、出租房屋的服务管理。

【社会管理】 市委政法委按照常州市的统一部署，积极组织全市各级各部门特别是政法系统开展“社会管理创新年”活动，并做好常州市交办的社会管理创新试点项目——安置小区社会化管理的探索与实践和溧城镇作为常州市社会管理创新综合试点镇工作。在全市全面推广公安城管联勤巡防机制，增强社会面巡防力量，提高街面见警率，提升群众安全感。9月27～29日，举办了全市公安城管联勤工作业务骨干培训班。

市公安局通过召开社会管理创新工作推进会，力求建成9大类24个社会管理创新示范点。分别是：治安户政管理3个、虚拟社会管理3个、网上作战3个、应急指挥3个、安全监管3个、和谐警民关系3个、规范执法3个、服务经济2个、维护稳定1个。同时，重点推出了办理好每一个小案件、化解好每一起小纠纷、处理好每一次小救助、清除好每一处小隐患等“八件民生小事”。

市检察院强化四项平台建设，推动社会管理创新。强化“派驻检察官”平台建设，突出法律监督触角向下延伸。强化“乡镇检察室”平台建设，突出查办和预防职务犯罪向下延伸。强化“QQ城乡快线”平台建设，突出参与社会管理向下延伸。强化“文明接待示范窗口”平台建设，突出矛盾化解向下延伸。

市法院结合自身职能，以服务民生、服务大局为出发点，加强社会管理创新。开展集中司法鉴定活动，省法院专门在溧阳法院召开推介会，向全省法院推广其经验做法。建立完善速裁、速执机制，提高案件审判、执行的效率和质量，维护当事人合法权益。建立国内第一家水资源保护巡回法庭，实行行政、民事、刑事三审合一，支持公益诉讼。

市司法局加强与信访局的沟通协调，进一步建立健全律师参与接访接待与调解工作长效机制，严格规定律师参与接访调解工作的四项原则和九条纪律。不断提升法律援助的管理水平和服务质量，扩大法律援助覆盖面，做到应援尽援。

【法治创建】 以创建2010～2011年全省法治县（市）先进单位为载体，大力推进依法治市进程。在依法行政方面，大力建设服务型、阳光型政府，全市行政权力网上公开透明运行“三合一”平台建设考核验收名列常州市第一。9月29日，全省县级行政权力网上公开透明运行现场会在溧阳市召开，市政府、市住建委工作经验得到全省推广。深入推进行政机关负责人行政诉讼出庭应诉制度，出庭应诉率达100%。

在公正司法方面，大力推进公正司法示范点创建活动，共命名市公安局杨庄派出所等10个“溧阳市公正司法示范点”。全面推行执法档案制度，市检察院“四档合一”执法档案工作经验得到省、常州市检察院的交流推广。加强执法监督，市委政法委集中组织开展政法系统执法巡查活动，及时督促整改存在的问题和不足，推动化解涉法涉诉信访问题。9月初，中央政法委到溧阳调研，对全市公正廉洁执法给予充分肯定。

在法制宣传教育方面，顺利启动“六五”普法，加强法制副村长、大学生村官等普法队伍建设。深入开展“法律六进”、法制宣传教育“十件好事”评选、农民工学法活动周、法律格言少儿书法进校入村等活动。坚持党委中心组学法、人大任命干部和非人大任命领导干部法律知识任职资格考试等常态化工作制度，切实增强领导干部法治意识。

在基层民主政治建设方面，按照全省统一部署，顺利完成第九届村委会换届选举工作。在9月26日召开的江苏省第九届村委会换届选举工作会议上，溧阳市作了交流发言。认真落实“四民主、两公开”，全面推进村务监督委员会建设和参事制、双票制、票决制，大力开展民主法治村（社区）创建，“三制”做法得到全国普法办宣传推广。全市省级“民主法治村（社区）”创建率达21.5%。

在法治惠民方面，市依法治市领导小组继续以为民维权办实事为抓手，高度关注、努力解决老百姓关心、社会关注的突出问题，集中力量积极推进“加强法制宣传教育，依法保护天目湖水源地”、“坚持依法治校，保障流动人口子女入学权利”等2011年法治溧阳建设十件实事。

【基层综治】 加大基层综治平台建设力度。2011年，市综治办对各镇（区）政法综治中心和镇村两级综治办规范化建设进行了两次专项督察，特别是对村级综治办采取逐个过堂的方式进行了检查，有效掌握了第一手资料。全市“一中心两办”规范化建成率达95%以上，为政法综治和平安法治建设各项工作措施在基层的落实奠定了坚实的基础。5月15日下午，市综治委专门召开了部门综治平台规范化建设现场推进会，在市法院、检察院、公安局、人社局、妇联、国土局等21个涉及矛盾多、维稳压力大的市综治委重点成员单位中，大力开展部门综治平台规范化建设。

加大政法综治队伍建设力度。深入贯彻落实市委《关于进一步加强政法部门干部管理工作的意见》，继续履行好市委政法委协管政法综治干部职能，积极参与相关干部考察工作。根据中央和省、常州市政法委的统一部署，组织开展“发扬传统、坚定信念、执法为民”主题教育实践、“忠诚、为民、公正、廉洁”的政法核心价值观教育等活动，并结合实际，组织开展了第二届“溧阳市十佳政法干警”评选、全市政法系统队列方队岗位练兵竞赛等活动，切实加强政法队伍思想政治、业务能力和纪律作风建设，政法队伍的凝聚力和战斗力得到进一步提升，涌现出了全省法院优秀法官韦建军等一批先进典型。

加大基层系列平安创建力度。贯彻落实《溧阳市基层系列平安创建的实施意见》，加强部门协调和联动，齐抓共管，以点带面，提升平安溧阳建设整体质效，有效夯实基层维稳基石。平安电力、平安校园建设顺利通过上级检查验收；深化平安景区建设，交通、治安、110接警“三合一”模式得到广泛好评；深入开展平安镇（区）、平安家庭、平安医院、平安市场、平安金融、平安边界等多个类型的基层创建活动，实现了基层创安全覆盖；积极开展“溧阳市十佳平安示范村（社区）”评选活动，溧城镇前棠社区、天目湖镇古县村、埭头镇埭头村、上黄镇上黄村、戴埠镇牛场村、别桥镇小石桥村、竹箦镇竹箦村、上兴镇吐祥村、南渡镇联盟村、社渚镇丁山村被授予“溧阳十佳平安示范村（社区）”称号。

【舆论宣传】 以开展“综治宣传月”、“综治宣传日”、“政法综治工作好新闻评选”、“平安法治溧阳建设集中宣传推进月”等活动为载体，充分利用“溧阳平安法治网”、“溧阳普法网”等网络平台、市广播电台《普法时空》、《972畅通之声》、电视台《平安溧阳、法治同行》、《溧阳警方》等专题、专栏节目以及街头咨询服务活动、板报横幅标语、大型宣传牌、手机短信等形式，丰富政法综治宣传内容，增强宣传实效，扩大工作影响，有效形成平安法治溧阳建设各级重视、各界支持、全民参与的良好社会氛围。由市综治办推荐的《一片冰心在玉壶——溧阳市天目湖镇妥处群体性事件纪事》、《溧阳市检察院三份风险研判报告出炉始末》、《溧阳上兴：创新五联机制共建平安边界》分别被评为常州市社会治安综合治理优秀新闻作品一、二、三等奖。

加强法治文化建设。按照省、常州市的统一部署，扎实开展“社会主义法治文化建设年”活动，切实将法治文化建设与旅游文化、校园文化、企业文化、廉政文化、行业文化、传统文化、机关文化、社区文化建设和文明创建等有机结合起来，着力推进了天目湖景区法治文化建设，组织开展景区法治文化导游词征集等活动。结合第二届“溧阳市十佳政法干警”评选活动，开展全过程宣传，历时半年多，在全市形成了广泛的影响。积极培植法治文化示范点，建成了“丁家园交通安全主题公园”、“交通街法治宣传一条街”、“高山岗法治文化农庄”等一批法治文化示范点。

加强政法综治创新。市委政法委根据《溧阳市政法工作创新创优奖励办法（试行）》的精神要求，切实加强政法工作创新典型的培植和创新成果的汇集，组织开展了全市政法工作创新创优成果评选活动，通报表彰了“天目湖镇、竹箦镇推行公安巡防、城管执法联勤联动新机制，切实维护社会和谐稳定”等一批溧阳市级创新成果。“溧阳市公安局通讯信息采集应用平台”被评为常州市第五届政法工作创新奖十佳成果，“溧阳市法院水资源保护巡回法庭”、“溧阳市工商局编撰小问题大风险读本、创新岗位风险教育手段”被评为常州市第五届政法工作创新奖优秀成果。

（沈　超）

公　安

【概　况】 2011年，全市公安机关在市委、市政府和上级公安机关的坚强领导下，以建党90周年安保工作为主线，围绕“紧跟苏锡常，同步现代化”的目标定位，践行“民生警务”理念，狠抓队伍和业务建设，有力维护了全市社会治安大局持续稳定，首次获得常州市县级公安机关年度综合绩效考核第一名。

【维护社会稳定】 圆满完成建党90周年、全国城乡客运一体化会议等重大安保任务30余次。积极化解各类矛盾纠纷3600余起，积极开展“净网行动”，查处网上不良和违法信息1800余件，有效维护了互联网络“绿色”环境。市公安局连续三年被评为“全市信访维稳工作先进单位”。

【平安建设】 2011年，全市深入开展“春季攻势”、“治理涉车犯罪”、“清网行动”、“控警情、抓现行”百日大巡防等专项行动，查获各类刑事作案成员创历史新高。其中，逮捕628人，同比上升4.8%；抓获在册网上逃犯88名，追回率94.6%；破获各类刑事案件1189起，“八类”案件破案率达92.8%，位居常州地区前列。全面推进“设防城市”建设，启动道路监控“3·20”工程建设，进一步深化警务改革和社区（农村）警务建设，配齐配强145名驻村（社区）民警。全市刑事立案、“八类”案件、“两抢”案件同比分别下降11%、14.8%、28.4%。相继开展“常安”系列和“零点突查”等集中检查20余次，检查各类废旧金属回收站、网吧、典当（寄卖）行970家次，清理整顿“五小”场所4000余家次，查处违法违规场所49家，收缴赌博游艺机537台、淫秽出版物200余套，查处涉娼、涉赌人员同比分别增加139.3%和35.1%。公众安全感连年名列常州地区前茅。

【创新服务】 大力推进社会管理创新，成立创新项目组9个，汇集创新项目25个，相关项目荣获公安部第二届全国公安基层技术革新优秀奖；“设防城市”、“民生警务”、“平安景区”等特色亮点工程在中国警察网、《人民公安报》进行推广交流；深入开展“大走访”开门评警、“走村入户进万家”爱民实践活动。年内，走访慰问群众7200

余户，为群众办理好事1300余件，捐款捐物40万余元。成立重点项目警务室2个，“境外人员服务站”1个，“外来人员服务办公室”10个，主动走访企业3700余家，征求各类意见建议1200余条，为企业办实事316件，解难题112个。严厉打击合同诈骗、职务侵占、侵犯知识产权等涉企违法犯罪活动，挽回经济损失1400余万元，企业总体满意率达96%。深化道路交通安全“三个整治”，集中开展水泥行业“治超”行动，1100余辆矿山运输车整改率达100%，全市道路交通事故同比下降7%；进一步落实消防安全三级管理规定，全市火灾事故同比下降4%；切实加强危化物品管理，全年未发生危险物品丢失、被盗案件。

【规范执法】 狠抓基层单位执法安全和内务管理规范化建设，按照“四区十室”和“双达标”功能设置标准，投入1900万元，新建派出所2个，迁建派出所2个，改建派出所5个，标建派出所12个。强化执法技能培训，组织基层法制员跟班轮训16批次30余名，组织民警旁听庭审6批次167名，组织网上考试7000余人次，750余名民警全部通过了基本级执法资格考试。制定出台执法规范化建设联席会议制度、常态化明察暗访机制等规范性文件8个，开展网上巡查接处警60727起、案件7741起，组织专项执法检查15次，及时发现整改问题400余条，确保执法安全“零事故”。年末，市公安局顺利通过全省县级公安机关执法规范化建设验收，再次被常州市政府评为“法制宣传教育先进集体”。

【队伍建设】 以学习贯彻落实党的十七届五中、六中全会精神为要求，以“审计整改年”、“涉案财物专项治理”、“迎接政风行风评议”工作为抓手，深入开展“三联五促”主题活动，大力推进反腐倡廉和机关作风建设。坚持“轮训轮值、战训合一”，全年组织各类培训50场次2000余人次，民警参训率达100%；组织民警开展篮球、羽毛球比赛和“走遍溧阳、强警健体、爱我家乡”等文体活动，队伍凝聚力得到进一步提高；先后有35个先进集体、45名先进个人受到省、市表彰。省综治委确认群众对溧阳市公安机关满意率居常州地区首位。 （严笑蓉）

检　察

【概　况】 2011年，市检察院在市委和上级检察机关的正确领导下，在市人大及其常委会的有力监督下，在市政府、市政协和社会各界的关心支持下，以邓小平理论和“三个代表”重要思想为指导，深入学习实践科学发展观，全面贯彻落实党的十七大和十七届五中、六中全会精神，紧紧围绕经济发展的工作大局，以深入推进三项重点工作为载体，认真贯彻落实最高人民检察院曹建明检察长来院视察时讲话精神，全面履行法律监督职能，各项检察工作稳步统筹推进。先后获“全国检察机关文明接待示范窗口”、“全国巾帼文明岗”、“全国优秀青少年维权岗”等称号。

【服务大局】 服务经济转型升级。紧紧围绕全市中心工作，充分发挥打击、监督、教育、预防等职能作用，加大对扰乱经济秩序，影响转变经济发展方式犯罪的打击力度，共办理破坏市场经济秩序犯罪案件36件47人，为促进全市经济发展转型升级提供了司法保障。在市委、市政府确定了本市2011年“经济、民生、环境”40项重点工作（工程）后，市检察院及时深度跟进，加强对涉及民生、基建等重大工程项目进行同步监督的力度。

保障新农村建设顺利开展。进一步加大对涉农职务犯罪案件的查办力度，依法打击涉及“三农”问题的犯罪活动，共查办涉农职务犯罪案件6件6人，提升了乡镇机关工作人员的廉洁自律意识，净化了乡镇政务环境，取得了较好的办案效果。

维护企业合法权益。继续推进办理涉企案件的“六个一”工作机制，做好案后服务工作，切实做到“三个有利于”：有利于促进企业生产发展、有利于保护企业合法权益、有利于维护社会和谐稳定。通过深入开展打击侵犯知识产权和制售假冒伪劣商品的专项行动，加强对全市知名品牌的保护，为企业健康发展提供法律服务，共审查起诉该类案件5件5人，实现了打击犯罪与服务发展的有机统一。

积极参与社会管理。寻求检察工作与参与社会管理工作的切入点，深化关爱教育基地建设，努力实现涉罪外来人员平等保护的“同城待遇”，进一步完善附条件不起诉工作机制，成功办理首例7名青少年附条件不起诉案件，借助QQ视频接待会同相关单位对全市所有社区矫正对象进行考察监督，未发生一起脱、漏管现象，进一步加强未成年人思想道德建设，与上兴镇老河村委联合开展共创“未成年人零犯罪村”的“三进一助”活动，有效预防和减少青少年犯罪。

【刑事检察】 全年共受理各类提请批捕案件411件612人，依法批准逮捕或决定逮捕386件578人；不（予）批准逮捕28件45人，受理提捕件数和人数与去年同期相比分别上升2.5%和下降11.9%；共受理移送审查起诉642件976人，同比分别上升14.4%和3.1%；经审查，向法院提起公诉593件906人，相对不起诉17件22人，报送常州市院审查起诉9件9人。

突出打击重点。针对社会治安形势的新情况新问题，深入开展打黑除恶、打击赌博犯罪、网络淫秽色情犯罪等专项行动，重点打击严重暴力犯罪、多发性侵财犯罪。共批准逮捕故意杀人、抢劫、绑架、强奸等严重暴力犯罪55件65人，提起公诉59件67人；批准逮捕盗窃、抢夺、诈骗等多发性侵财案件160件241人，提起公诉212件336人。

坚持适时介入重大案件。强化派驻检察官平台建设，加大对公安机关办理重大案件介入力度，提高办案质量，共介入重大复杂、重大突发性恶性案件50件，其中2月3日晚发生的抢劫杀人，犯罪嫌疑人黄某在嫖娼后杀人抢劫，分管检察长带领承办人第一时间赶到现场，引导侦查，及时提出取证要求和建议，保证案件顺利进行。

确保案件质量。通过“三级审批制”等制度，严把案件事实关、证据关、定性关和程序关，正确区分罪与非罪、此罪与彼罪，确保案件质量，无错捕错诉、无超期羁押、无无罪判决案件，所办案件的实体正确率、程序合法率、有罪判决率均为100%。同时经过审查，发现公安机关移送审查起诉的案件有9件不构成犯罪，建议公安机关撤回，避免案件的错诉。

贯彻宽严相济的刑事政策。执法办案中坚持“两减少、两扩大”原则，共对22人作出不起诉决定，无逮捕必要不捕案件14件15人，判处非监禁刑和缓刑216人，占法院判决已决人数24.6%。

【查办和预防职务犯罪】 结合贯彻中办发〔2010〕37号文件《关于转发中央纪委、中央政法委、中央组织部，最高人民法院、最高人民检察院，公安部、监察部、司法部，国务院法制办〈关于加大惩治和预防渎职侵权违法犯罪工作力度的若干意见〉》精神，加大依法惩治和预防贪污贿赂、渎职侵权等职务犯罪案件的工作力度，深入群众反映的热点领域，集中精力查办窝串案，查办职务犯罪工作取得阶段性成果，共立案查办15件职务犯罪，其中受贿8件、贪污1件、行贿1件、挪用公款案件2件、介绍贿赂案件1件、渎职犯罪2件，通过办案追缴赃款赃物及为国家挽回经济损失达200多万元。以全国“清网行动”为契机，成功抓获和劝返在逃的犯罪嫌疑人各一人归案，用阶段性的工作成果推动了反腐败斗争的深入开展。

突出民生领域，加大查办案件力度。积极响应最高检关于加大查办和预防民生领域职务犯罪专项行动，共查处该类职务犯罪案件9件9人，占查办案件总数的81.8%。其中查办的市污水收集系统工程窝案3件3人，涉案金额达40余万元，有效保障了重大民生工程建设顺利开展。

严抓案件质量，确保执法规范文明。按照高检院各项要求，坚持以证促进的办案思路，进一步规范执法行为，严格办案流程，强化快速突破案件的能力，落实各项办案制度，自觉接受内外监督，提高办案水平，所办案件在侦查中没有出现一例违规违法行为，没有一起出现安全事故，没有一起被投诉和上诉。

坚持惩防并举，推进预防职务犯罪工作。共开设法律讲堂8次，召开各类预防座谈会5次，接受各类预防咨询180余次，提供行贿犯罪档案查询1200余次，参与招投标200余次，发现因不符合招投标条件，建议取消招投标资格10个单位。组织相关单位开展廉政教育，建成“溧阳市预防职务犯罪警示教育基地”，成为全市开辟反腐倡廉建设的新阵地。深入开展职务犯罪侦防一体化机制建设，继续在根源上查找发案规律，将预防职务犯罪工作向体制化深度推进，共完成预防调查报告15篇。

【控告申诉检察】 妥善处理信访接待，全年共受理首次信访94件，同比增长3.2%。其中来信81件，来访13件；控告、举报类63件，占67.02%，申诉类31件，占32.98%。通过落实首办责任制等各种措施，基本得到妥善处理，没有引发新的矛盾。在检察工作中坚持群众利益无小事原则，通过领导包案与全院联动相结合、依法办案与释理疏导相结合、沟通协调与检务公开相结合等方法，成功化解了一起历时一年多的涉检信访案件，取得良好的法律效果和社会效果，受到市委政法委领导的高度肯定。推行信访双向承诺机制，即在处理本院管辖的信访案件，与来访人在自愿的基础上签订《双向承诺书》。市检察院向来访人承诺公平、公正地处理来访事项，并在规定的期限内办结并答复来访人；来访人向市检察院承诺在办理期间不得就同一事项重复上访或者越级上访。全年共与18起信访案件的信访人签订双向承诺书，均得到有效办结。

【诉讼监督】 强化立案、侦查、刑事审判监督。严把案件审查关，在适时介入中的程序和实体监督，强化捕诉衔接，突出做好对有案不立、有罪不究、以罚代刑、降格处理、放纵犯罪的监察。共立案监督19人，追捕38人，追诉漏犯45人。积极构建和完善刑事司法和行政执法相衔接工作机制，共建议行政执法机关向公安机关移送案件9件11人。多渠道加强审判监督，召开检法联席会议，就量刑建议工作达成共识，开展年度刑事案件专项自查工作，依法提起抗诉3件3人。

强化监管执法和刑罚执行监督。结合创建“一级规范化驻所检察室”活动，突出做好羁押时限、留所服刑、减刑、假释、保外就医的审核工作，对其中10人不符合减刑条件的情况提出不予报请的建议，开展集体帮教5次，受教育在押人员达到2000余人次，向被监督单位发出纠正违法通知书14份，书面检查建议5份，提出口头纠正违法3条，口头检察建议30条，均得到了被监督单位的采纳和回复，纠正率达100%。推行将在押人员羁押表现纳入量刑情节管理规定，配合监管场所联合进行安全检查10次，单独安全检查34 次。

强化民事行政诉讼监督。共办理各类民行申诉案件76件（含上年积存4件），向上级院提请抗诉1件，建议提请抗诉7件；向法院发出再审检察建议3件，法院均已采纳，执行监督12件，办理支持起诉、督促起诉12件，检法合作为10名农民工讨回工资11万余元，为国家挽回损失2800万元，其余5件正在审理中。探索实行“1357”民行接待工作法，充分利用不提请抗诉、不立案、不建议提请抗诉法律文书说理等机制解决各类群众诉求，共办理各类息诉案件36件。加强与市法院沟通协调，共同出台《关于建立民事行政审判与民事行政检察工作衔接机制的实施意见（试行）》，在最高人民检察院《民行检察工作情况》上转发。

【队伍建设】 坚持政治强检，积极响应各级党委和上级检察机关的号召，深入开展学习实践科学发展观和争先创优活动，扎实推进“发扬传统、坚定信念、执法为民”的主题教育实践活动。紧密结合建党90周年，扎实开展主题宣讲教育以及形式多样的“读红书、唱红歌、看红影”等活动，有序推进“濑江道德讲台”示范点工作，组织开展“党史励志、道德人生”为主题的读书活动，以及“感悟党史、坚定信念”红色诗歌朗诵会，组织干警赴西柏坡、瞿秋白纪念馆，瞻仰革命先烈，重温党的光辉历史，提高干警执法为民的政治觉悟。突出班子建设，强化领导素能培训，带领全院干警强化争先创优意识和集体荣誉感，以良好的竞争状态全身心投入工作。

建立廉政风险防控机制。制定《关

于实施岗位廉政风险管理工作的意见》，根据各部门和干警岗位设置、职责定位等情况，确定风险登记和防控措施以及防范承诺，制定部门和个人的风险防控流程图，并载入执法档案，建立电子信息监控平台，对干警廉洁自律情况进行常态化和动态化监督管理，以制度管人、管事，确保检察队伍不出问题，确保检察事业科学发展。

完善“大案管”案件质量监督模式。统一案件进出口，强化案件监督管理，完成办案预警提示系统等十项建设，提高办案效率。9月，常州市检察机关案件监督管理工作现场推进会在市检察院召开。

拓展外部监督制约渠道。扎实开展“检察开放日”活动，邀请人大代表、政协委员、城乡居民、企业职工、学生等群众代表来院视察观摩，听取对检察工作的意见和建议。主动走访基层群众，检察长定期下访下巡，开展检察长电视访谈，及时公开检察工作中的重大活动和工作情况。组织邀请人民监督员、特约检察员监督评议2件拟不诉的自侦案件、2件附条件不起诉案件听证会，参与案件回访13次，参与“入所前谈话”6次，参与对43件公诉案件进行评查，不断改进检察工作，提升检察公信力。

深入推进检察文化建设。结合争创常州检察文化示范院活动，积极实施文化强检战略，着力构建溧阳检察特色文化体系，全方位拓展检察文化的丰富内涵。开展形式多样的主题沙龙活动，出版《溧阳检察志》，建成院史陈列室、廉政教育基地，组织青年干警主题交流等团体活动，培养干警积极健康的生活方式。大力实施素质工程，深化岗位练兵多样化形式，引导干警争当尖子人才，探索“检校共建”教育管理模式，通过“请进来、走出去”的方式，让干警接受新理念、新思维的熏陶，提升干警文化素养，检察队伍的整体素质有了新的提高，未出现违法违纪现象。 （赵俊峰）

审　判

【概　况】 2011年，市法院认真落实科学发展观，坚持“为大局服务、为人民司法”工作主题，落实“六个注重”、“八项工程”新要求，全力推进三项重点工作，全面履行宪法和法律赋予的职责。全年共受理各类案件10948件，审结10502件，同比增长7.14%；结案标的额8.34亿元，同比增长18.8%。市法院行政庭、立案庭被市委政法委命名为溧阳市“公正司法示范点”。少年庭被评为“省优秀青少年维权岗”，市法院被评为全市“综治和平安建设先进单位”。

【服务大局】 2011年，市法院围绕全市“十二五”发展规划和2011年市委、市政府的中心工作，出台了《溧阳法院关于为溧阳市实现“十二五”科学发展目标提供司法服务和保障的意见》和《溧阳法院为全市40项重点工程（工作）提供司法服务的若干意见》，并狠抓各项司法服务举措的落实。严厉打击危害企业利益的违法犯罪行为，尤其是在审理一批非国家工作人员受贿案中，及时向企业发出防范建议，为企业发展保驾护航。

【刑事审判】 全年共受理各类刑事案件580件，审结560件，判处被告人839人，其中审结危害人身财产权益的“两抢一盗”等多发性案件187件304人，有效增强人民群众生命和财产安全感。对犯抢劫罪、盗窃罪的赵求生等4名被告人暴力犯罪和重大侵财犯罪，依法判处十年以上有期徒刑。依法惩处贪污、贿赂犯罪，维护公职人员的职务廉洁性，共判处贪污贿赂案件14件14人。

【民商事审判】 妥善审理婚姻家庭、损害赔偿、社会保障、医疗纠纷以及拆迁补偿、农村土地承包等涉及民生案件，依法解决好人民群众最关心、最直接、最现实的利益问题；稳妥处理拖欠工人工资纠纷、医疗纠纷、保障合同纠纷及劳动争议纠纷等案件，进一步强化民商事审判的规范调解功能，促进全市经济社会的全面协调和可持续发展。全年共审结各类民商事案件7100件，结案标的金额5.16亿元，在促进经济发展、修复社会关系和救助弱势群体等方面作出应有的贡献。

【行政审判】 全年共受理行政诉讼案件69件，审结69件；非诉行政执行审查案件187件，结案185件。依法支持行政机关依法行政，继续实行行政审判年报制度，年初将2010年市法院行政审判中发现的问题及对策建议抄送市政府。高度重视行政机关负责人出庭应诉制度，全年行政机关负责人出庭应诉率达100%。认真开展行政诉讼源头治理工作，先后与卫生局、人社局、工商局、城管局等相关部门座谈交流解决相关问题共12次。

【执行工作】 不断加大执行力度，深入扎实开展集中清理执行积案活动。与公安、工商、税务、国土等单位建立执行联动机制，出台相关意见，成立执行联动领导小组，完善协助执行的组织网络和工作规范。创新执行方法，出台《关于建立速执工作机制的若干规定》，提升执行效率，案件平均执行天数同比缩短17天。开通官方微博，实施网上抓老赖行动，加大执行威慑机制。全年共执结各类案件2409件，执行标的额2.78亿元。

【诉讼服务工作】 2011年，市法院“门诊式”诉讼服务中心被确定为省级诉讼服务中心建设试点单位。按照省级试点单位和“2011年度法治溧阳建设实事工程项目”申报要求，改造建设了4000平方米左右的集立案受理、诉讼服务、诉前调解、诉调对接、案件速裁为一体的“门诊式”诉讼服务中心。全年诉讼服务中心共立案10410件，收转材料 708件、案件查询1570人次、法律咨询1740人次、判后答疑755人次、约见法官754人次，较好地满足当事人的司法需求。

【法医学集中鉴定】 认真开展法医学集中鉴定活动，全年共组织集中鉴定活动24次，鉴定724人2897个项目，为当事人节约鉴定成本22万余元。

【速裁工作】 市法院速裁中心现有工作人员24名，占全院总人数的11.82%，审理的民商事案件数占全院总数的36.77%。审判人员人均结案超过200件，平均审理天数30.28天，比全院平均审理天数低8.24天。9月，在全省法庭工作会议上，市法院就速裁工作的机制、做法、成效等作大会交流发言，获得一致好评。

【综治工作】 成立参与社会治安综合治理领导小组，认真落实综治领导责任制、综治目标管理责任制、一票否决制、责任追究制以及综治考评问责制等制度。积极开展“农民工学法活动周”活动，发放各类普法宣传资料500余份，取得良好社会效果。全面落实少年审判教育、感化和挽救方针，制定出台《关于合适成年人参与刑事诉讼的若干意见》，聘请7名同志为参与未成年人刑事诉讼工作的合适成年人，全面推进合适成年人参与涉罪未成年人案件的审理工作。会同司法行政及基层组织认真开展庭前调查，为51名未成年被告人指定了辩护人，对20名未成年被告人判处非监禁刑。积极参与社区矫正工作，对判处非监禁刑的未成年人实行“月报”制度。

【涉诉信访工作】 全力做好重大活动期间的稳控工作，确保在“两会”期间无进京涉诉信访案件的发生。高度重视万起案件评查工作，出台《溧阳法院2011年万起案件评查活动方案》，实行专人专案，确保30起案件的顺利评查。对于全国人大、中央政法委、最高法院等上级机关交办的121件涉诉信访、重点案件，化解率达100%，位居常州法院系统第一名。

【首发“禁止令”】 5月3日，市法院刑庭审理了一起非法行医案件，对被告人杨某判处有期徒刑3年，缓刑5年，并处罚金人民币2万元，并禁止被告人在缓刑考验期限内从事诊疗活动。这是自5月1日《刑法修正案（八）》正式施行以来市法院发出的首张缓刑“禁止令”。

【与镇区开展和谐共建活动】 5月18日，市法院在文化新村、钱家社区建立法官联系点，积极创建“无讼社区”。与市司法局等单位召开诉调对接推进会，相关业务庭与6个村委签订《和谐共建协议》，两个法庭着手与18个公安派出所、10个司法所建立“庭所共建”关系。

【常州市执法监督巡视汇报会在市法院召开】 9月8日，常州市委政法委牵头组成执法监督巡视组来溧阳开展工作，并在市法院召开汇报会。市委政法委、法院、检察院、公安局分管领导参加会议。会上，各单位分别向巡视组汇报了执法情况、经验做法、存在问题及下步工作计划。巡视组随机抽取相关案件的卷宗和执法台账、记录等资料进行认真评查，并分别邀请人大代表、政协委员、律师、人民陪审员、监督员、基层群众和政法干警等召开座谈会，听取意见和建议。

【全国首家水资源保护巡回法庭成立】 9月8日下午，市法院水资源保护巡回法庭在市水利（水务）局挂牌，副市长夏国浩和市法院院长张少平共同为该法庭揭牌。该法庭扎口市法院行政审判庭，主要负责辖区内危害水资源安全案件的审理与执行。水资源保护巡回法庭的成立在全国尚属首家。

【交通事故集中宣判暨法制宣传活动】 11月2日上午，市法院与市公安局在平安驾校联合开展了主题为“维护道路交通安全，惩治交通违法犯罪”的集中宣判暨法制宣传活动，对5名被告人进行集中宣判，并为驾校学员作法制讲座。 （牟华礼）

司法行政

【概　况】 2011年，全市司法行政工作认真贯彻党的十七届五中、六中全会精神，紧紧围绕市委、市政府确定的“紧跟苏锡常，同步现代化”的目标定位和上级司法行政部门的工作任务，深化三项重点工作，以争创全省优秀司法局为目标，创新思路，重点突出，主动作为，实现了司法行政工作跨越式发展。溧阳市被江苏省委、省政府授予“2006～2010年全省法制宣传教育先进县（市、区）”，司法局被江苏省司法厅命名为“江苏省优秀司法局”，被常州市委、市政府评为“五五”普法先进单位。获2011年度溧阳市目标管理考核三等奖，机关支部被评为省政法系统先进基层党组织，公证处创建成为“江苏省文明公证处”，天目湖律师事务所被省司法厅评为“双促双助”先进集体。

【大调解】 规范市矛盾纠纷调处服务中心的运作程序，建立多元矛盾纠纷解决机制，深化完善人民调解与行政调解、司法调解对接工作，加强市镇两级调处中心、村（社区）、行业、专业调委会建设，加大《人民调解法》的宣传培训力度，开展争创“优秀调解能手”活动。圆满完成了全国“两会”、建党90周年、国庆等重点节庆期间的维稳任务。建立医患纠纷调解与赔偿机制，通过招投标程序将中标的保险公司作为医患纠纷赔偿给付主体，医患矛盾纠纷的第三方调处工作取得初步成效。积极协调、组织和指导全市接边地区认真开展联防联调工作，召开溧阳高淳边界地区第八次会议和苏皖五县（市、区）接边地区联防联调工作会议。

加强对矛盾纠纷的排查、预防、化解和调处工作，全市各类调解组织共调处矛盾纠纷4220件，调解成功率达99%以上，劝阻群体性上访153批次1014人次。对达成的人民调解协议，增加司法确认程序，有力地保障了调解协议的效力。市调处服务中心直接调处各类重大、疑难、复杂的矛盾纠纷80余件，成功调处了淘宝商城40余名商户集访纠纷，并得到市领导批示表扬，有多起纠纷的当事人送来锦旗表示感谢。全市社会矛盾纠纷调解成功率在常州科学发展观考评中位居第一名。

【社区矫正和安置帮教】 完善与法院、监狱等部门的交付衔接机制，加强对流动社区矫正对象的管理与帮扶，加大异地委托管理工作，进一步完善评估工作机制，规范审前调查、假释环境评估工作程序，实行分级分类监管工作机制。全年新接收矫正对象244名，按期解矫151人，矫正对象比上年实际增加93人，全市社区矫正对象在册479名。

健全刑释解教人员信息沟通机制，严格必接必控制度，对重点人员实现无缝对接，通过落实结对帮教、跟踪帮教、分类帮教等措施，确保不发生脱管漏管现象。全年共接收195名刑释解教人员，其中187名刑释人员，8名解教人员，帮教率和安置率均保持在95%以上。

【法律服务】 通过编印《律师管理工作资料汇编》，统一印制《律师事务所函》，统一律师事务所和法律服务所卷宗等，一系列规范化管理措施得到省、常州市律协领导充分肯定。积极组织律师、基层法律工作者开展“促转型、促升级；助稳定、助发展”活动，各法律服务小组经常组织对相关企业进行法律知识培训，对执法部门卷宗进行个案点评；组建的“破产重组律师团”，在多次深入调研的基础上提出的有关方案得到法院、管理人、债权人的充分肯定。编印的《法律问题解答》、《常明律师》等，每月向顾问单位和工业园(区)、企业免费赠阅，为房地产开发公司提供《法律意见书》等。全年全市律师、基层法律服务工作者代理案件5789件。

积极引导法律服务人员参与党委、政府领导接访工作，参与社会矛盾纠纷化解调处工作，成立交通事故律师调解团。在已办结的案件中，全市律师事务所调解结案率达 32.8%。市法律援助中心全年共接待群众来访来电5000余人次，办理法律援助案件323件，为困难群众和弱势群体避免和挽回经济损失1120余万元。公证处围绕中心，服务大局，积极主动在工程招投标、城市建设和改造、征地拆迁等方面主动、依法做好公证服务，全年共办理各类公证事项2440件，有效地预防和减少了民事纠纷，维护了当事人的合法权益。

【法制宣传】 在深入调研和广泛征求修改意见建议的基础上，由市委、市政府下发了《关于在全市公民中开展法制宣传教育的第六个五年规划》，召开了全市“六五”普法动员大会，提出了今后五年法制宣传教育工作的总体要求和目标任务。认真落实领导干部学法用法和非人大任命领导干部任前法律知识考试制度，组织开展“农民工学法活动周”、“送法下乡”、“全市少儿法制书法大赛”等活动，重点对象法律素养得到有效提升。切实加强法治文化建设，完成法制宣传一条街建设，将法治文化与旅游文化相结合，把旅游农庄作为法治文化建设试点，自创剧本编排的小品《转变》参加了常州市法治文艺汇演，邀请了全市10多名书法名家，开展了法治文化书法作品现场创作活动。提高基层民主法治建设水平，丰富基层法治实践，为每个行政村配备了一名“法制副村长”，使普法教育与依法治理并举共进，全市常州市级以上民主法治示范村（社区）创建率达63.6%。

【基层基础建设】 积极开展省级规范化司法所建设“回头看”活动，指导各镇司法所积极开展争创省优秀司法所活动，上兴司法所获“江苏省优秀司法所”称号。重点加强司法所信息化建设和独立办公用房建设力度，戴埠镇司法所实现独立办公用房，埭头镇司法所与市基层法庭全面加强了“庭所共建”活动。法律援助中心机构设置成为全额拨款的事业单位，被评为全省首批“法律援助合格窗口”，市民族宗教事务局法律援助站成为常州地区首家为少数民族群众服务的法律援助机构，市公证处被市委政法委命名为“公正司法示范点”。投入30余万元，建成社区矫正管理教育服务中心，利用该平台经常性地开展社区矫正对象入矫教育、“禁止令”执行宣告仪式和心理矫正等一系列工作，向社会公开招聘11名专职社区矫正工作者充实到各乡镇和市社区矫正管理教育服务中心。大力推进司法行政信息化建设，全系统专用网络系统和综合业务平台建成并投入使用。

【队伍建设】 深入开展创先争优、公正廉洁执法、“发扬传统、坚定信念、执法为民”以及争创“群众满意的窗口服务单位”等主题实践活动。健全完善律师诚信档案，全体律师举行诚信执业宣誓并签订《溧阳市律师诚信公约》。完善投诉查处工作机制，加强法律服务行风建设。坚持市局中心组的学习和每周全局干部职工的政治学习，有针对性地组织开展理论学习和调研，组织各类教育培训，开设了每月一次的“司法行政业务讲堂”，形成全系统人人参与讲，个个参与学的良好氛围。加强党风廉政和机关作风建设，开通“手机廉政课堂”，举办廉政建设报告会，“三步并进倡廉工作法”被评为2011年度全市纪检监察工作创新奖。加强律师行业的党建工作，在无党员的律师事务所指派了党建联络员，实现律师行业党组织的全覆盖，党总支顺利完成换届选举。认真落实市委、市政府及市纪委有关加强机关作风建设的文件精神，行风建设得到进一步加强。对外宣传和政务信息工作位列常州地区前列，司法行政社会影响力不断扩大。

（蒋军明）

全市“六五”普法暨深化平安法治建设动员大会　（市司法局 供稿）

溧阳市民
溧阳市人民防

省民防局局长苏振远来溧阳调研社区民防工作站建设情况

班子团结奋进、工作开拓创新

常州军分区参谋长大校王宝玉来溧阳调研民防进社区工作

2011 年，市民防（人防）工作在市委、市政府、市人武部和常州市民防局的坚强领导下，以科学发展观和第六次全国人防工作会议精神为指导，紧紧围绕新时期人防建设融入经济社会发展战略和全市“紧跟苏锡常，同步现代化”目标定位，紧扣人防建设目标任务，抓重点、攻难点、创亮点，取得了明显成效。人防指挥中心项目建设如期完成并实现暨定目标，人防工程建设、经费筹集增速增幅创历史新高，人防组织指挥、基础管理等常态化建设得到进一步巩固和深入，“民防工作进社区”、“人防工程及应急避险场所标识标注”等省年度重点工作得到较好落实，率先在城市社区中开展了“防护型社区”创建工作，其做法和经验得到省、市民防局的肯定和推广，以人防战备建设为主线的全面建设得到新的提升。在省、市民防局组织的年度综合考评中，溧阳市民防局获全省民防工作成绩突出县（市）民防局，常州市民防工作目标考核优胜单位。

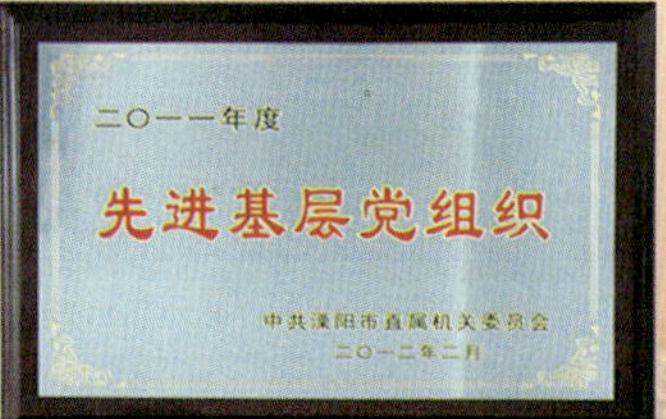

防 局
空办公室

天宁－溧阳防空疏散与接收对接工作会议

常州市民防局党委副书记金绍斌调研溧阳民防局反腐倡廉建设工作

溧阳市城市人民防空袭方案修订工作会议

市民防局组织开展人防政策宣传咨询活动

年度人防专业队伍整组工作会议

常州市社区民防工作站建设观摩会在溧阳召开

嘉丰社区应急疏散隐蔽演练

溧阳市公安局

市委书记盛建良调研公安工作

市长苏江华慰问酷暑下的一线执勤交警

2011年，市公安局在市委、市政府和上级公安机关的坚强领导下，以建党90周年安保工作为主线，围绕“紧跟苏锡常，同步现代化”的目标定位，践行“民生警务”理念，狠抓队伍和业务建设，有力维护了全市社会治安大局持续稳定，首次获得了常州市县级公安机关年度综合绩效考核第一名。维护稳定方面积极化解各类矛盾纠纷3600余起，积极开展“净网行动”，查出网上不良和违法信息案1800余件，有效维护了互联网络“绿色”环境。市局已连续三年被评为“全市信访维稳工作先进单位”。深入开展“春季攻势”、“治理涉车犯罪”、“清网行动”、“控警情、抓现行”百日大巡防等专项行动，查获各类刑事作案成员创历史新

市委常委、公安局长张培忠做客“中国警察网公安局长面对面”栏目

深入推进“320”工程

落实消防安全三级管理

听民声
访民意
察民情
排民忧
解民难

高，其中，逮捕628人，同比上升4.8%；抓获在册网上逃犯88名，追回率94.6%；破获各类刑事案件1189起，其中，“八类”案件破案率达92.8%，位居常州地区前列；深化道路交通安全“三个整治”，集中开展水泥行业“治超”行动，1100余辆矿山运输车整改率达100%，全市道路交通事故同比下降7%；进一步落实消防安全三级管理规定，全市火灾事故同比下降4%；切实加强危化物品管理，年内未发生危险物品丢失、被盗案件。大力推进社会管理创新，成立创新项目组9个，汇集创新项目25个，相关项目荣获公安部第二届全国公安基层技术革新优秀奖；“设防城市”、“民生警务”、“平安景区”等特色亮点工程在中国警察网、《人民公安报》进行推广交流；市局共有35个先进集体、45名先进个人受到省、市表彰。省综治委确认群众对溧阳市公安机关满意率居常州地区首位。

践行“民生警务”，促进民生幸福

加大投入，推进“四区十室”规范化建设

加强校车安全管理

开展水泥行业“治超”行动

“清网”行动抓获在逃14年案犯

西柏坡重温入党誓词

最高人民检察院检察长曹建明来院视察

2011年，溧阳市人民检察院深入贯彻落实科学发展观，着力推进三项重点工作，全面履行法律监督职能，各项检察工作稳步统筹推进。一是围绕中心，服务大局，有效保障经济平稳较快发展；二是依法履职，规范办案，积极维护平安和谐社会秩序；三是服务群众，保障民生，全力维护人民群众合法权益；四是以人为本，争先创优，努力打造一流检察干警队伍；五是立足服务、固本强基，大力推进检务保障建设步伐。先后获得“全国检察机关文明接待示范窗口”、“全国巾帼文明岗”、“全国优秀青少年维权岗”、“最高人民检察院一级规范化驻所检察室”等荣誉称号，被常州市人民检察院确定为检察文化建设示范院，最高人民检察院检察长曹建明来院视察时对该院工作给予了充分肯定。

溧阳市人民检察院“青春畅想·激情人生”青年干警座谈交流会

检察院

进行法制宣传

邀请社会各界代表观摩检察工作

平陵法官在开展现场研讨

对未成年人开展法制讲座

红色诗歌朗诵

出版《溧阳检察志》

出庭支持公诉

溧阳市人民法院

企业向市法院赠送锦旗

2011年，市法院坚持“为大局服务、为人民司法”工作主题，认真贯彻落实“六个注重”、“八项工程”的新要求，全力推进“社会矛盾化解、社会管理创新、公正廉洁执法”三项重点工作，全面履行宪法和法律赋予的职责，各项工作取得了新的进展。一年来，共受理各类案件10948件，同比上升5.88%；办结10502件，同比增长7.14%；结案标的额8.34亿元，同比增长18.8%；收、结案数和结案标的均创该院历史之最。

围绕市“十二五”科学发展规划和2011年市委、市政府的中心工作，出台了《溧阳法院关于为溧阳市实现“十二五”科学发展目标提供司法服务和保障的意见》和《溧阳法院为全市40项重点工程（工作）提供司法服务的若干意见》，并狠抓各项司法服务举措的落实。

成立全省首家“水资源保护巡回法庭”，对于侵害水资源的案件，实行行政、民事、刑事“三审合一”，有效保护辖区内水资源

成立水资源保护巡回法庭

“合适成年人参与刑事诉讼工作”人员聘请仪式

交通事故诉调、公调对接座谈会

开展法院开放日活动

档案工作五星级标准复查

的安全，促进溧阳“绿色崛起、跨越发展”战略的顺利实施。

严厉打击暴力犯罪和重大侵财犯罪，对犯抢劫罪、盗窃罪的赵求生等4名被告人，依法判处十年以上有期徒刑。依法惩处贪污、贿赂犯罪，维护公职人员的职务廉洁性，共判处贪污贿赂案件14件14人。

认真开展法医学集中鉴定活动，先后组织了24次集中鉴定活动，鉴定724人2897个项目，为当事人节约鉴定成本22万余元。

利用“和谐共建”平台，定期了解各镇区存在的劳动争议、土地流转等潜在纠纷，商讨应对措施。充分发挥特邀人民调解员的作用，加强人民调解室的调解工作，形成3+2+1（3名法官+2名人民调解员+1名书记员）的工作模式。

争取多方支持，出台《关于进一步完善人民法院执行联动机制的意见》，建立完善了执行联动机制。创新执行方法，出台《关于建立速查速执工作机制的若干规定》，有效提升了执行效率。

交通事故案件集中宣判

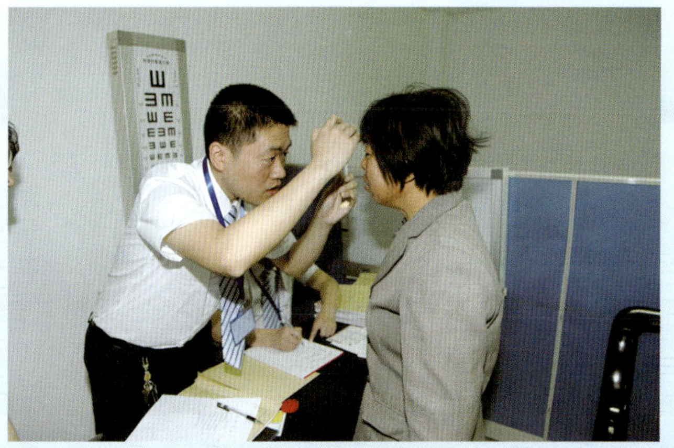

法医学集中鉴定

法警大队岗位大练兵

开展诉讼服务进社区活动

常州市天目湖地区人

changzhoushitianmuhudiqurenminjianchayuan

最高人民检察院检察长曹建明视察该院

2011–2012年，天目湖地区院紧紧围绕上级的各项工作部署和总体要求，按照制定的工作思路和提出的“六个一”工作目标，牢固树立“三个维护”有机统一的监所检察工作理念，积极推进各项工作，取得一定成效。

一、强化监管活动监督，维护改造秩序的安全稳定。坚持以制度化的形式不断规范收监出监检察工作。两年来，共开展收监检察8323人次，出监检察8146人次，确保了收出监活动的依法规范。

把重大节假日、重大活动期间的监管安全工作放在重点，建立了重点检察制度。两年来，定期深入“三大现场”开展安全防范检察487次，有效堵塞了监管安全漏洞，减少了安全隐患。

提高专项检察工作的针对性和有效性，以集中审议立项、项目责任推进等形式减少任意性、提高计划性，提升了监督实效。两年来，共开展各类专项检察34次。

妥善办理服刑人员控告申诉。通过开启检察官信箱、开展检察官谈话、检察官接待等形式，进一步拓宽了服刑人员合理诉求的控告申诉渠道。

常州市人大在检察长朱文俊（中）陪同下视察常州监狱

二、强化刑罚执行监督，保障监管环境的公平正义。严厉打击刑事犯罪，两年来，共办理服刑人员又犯罪案件5起。坚持做到“一案一思考、一案一评析、一案一总结、一案一建议”，帮助监狱健全管理机制。

依法查办和预防职务犯罪。加大对关键部门和重点岗位的职务犯罪案件、侵犯服刑人员合法权益的职务犯罪案件的线索排摸和查处力度。两年来，共在监狱民警中集中开展法制教育、警示廉政教育9次，受教育人数1458人。

深化减刑、假释同步监督。两年来，共对监狱呈报的7775件减刑，1876件假释进行了逐案检察，提出不予提请意见92件，均被采纳；对法院裁定的7688件减刑、1786件假释进行了逐案审核。

规范保外就医监督。突出走访考察环节，全面掌握监外执行实况，上半年，对监狱呈报83件保外就医案件进行了监督审查，对35名保外服刑人员进行走访考察，提出收监执行意见5条，均被采纳。

执法通报会

三、强化权力保障监督，推进工作机制创新创优。探索减刑、假释庭审监督试点工作，通过外出学习考察取经、深入开展理论研究、积极汇报工作进展、加强沟通联系，探索减刑假释案件庭审监督的规范化模式，促成了省内首次减刑假释案件公开审理庭。这一工作受到了社会各界的广泛关注，《检察日报》、《江苏法制报》先后进行了报道。

推进服刑人员民事权利保障工作。开展服刑人员民事权利维护现状大调查活动，对发放的600余份调查问卷及时汇总分析归纳，定期深入监区开展生活卫生检察、劳动工伤检察、食品安全检察，着力保障各项基本权利的实现。针对服刑人员权利维护的薄弱环节，开展“老、病、残”专项

民检察院

减刑、假释案件首次庭审

检察官走进直播室

防暑降温检察

检察，制定有针对性的计分考核标准提高减刑假释比例。积极开展检察官巡回接待、法律帮助进社区活动，集中受理控告申诉，拓宽了权利维护的渠道。

四、强化队伍自身监督，提升公正廉洁执法水平。加强思想政治建设，依托干警自我教育课堂、党小组学习、院务科室会等多种载体，引发干警对政法干警核心价值观的感性认识和理性思考，提升自觉主动献身检察、服务群众、服务大局的意识。

加强业务能力建设。通过参加业务培训、岗位练兵、技能竞赛、研讨交流、考察学习、知识测试等途经，努力提高干警的实战能力。

加强纪律作风建设。积极邀请人大代表、政协委员、民盟盟员等视察指导工作，反映汇报工作，公开检务、检况，主动接受监督。强化执法办案和各项工作纪律的落实，开展控告申诉案件质量评查，对流程管理、志表建立、立卷归档等进行专题检务督查。

两年来，天目湖地区院被最高人民检察院评为“第四届全国先进基层检察院”、连续第三次被省检察院评为“全省检察机关先进基层检察院”、被常州市人民政府记集体二等功 1 次。两驻监检察室连续第三次被评定为“全国第三届一级规范化检察室”（全省唯一）和“全国第三届二级规范化检察室”；驻常州监狱检察室被表彰为“全省十佳派驻检察室”。院党支部连续第六年被评为“先进基层党组织”。全院 20 名干警获得 27 人次的各种表彰奖励。

食品安全检察

节日安全检察

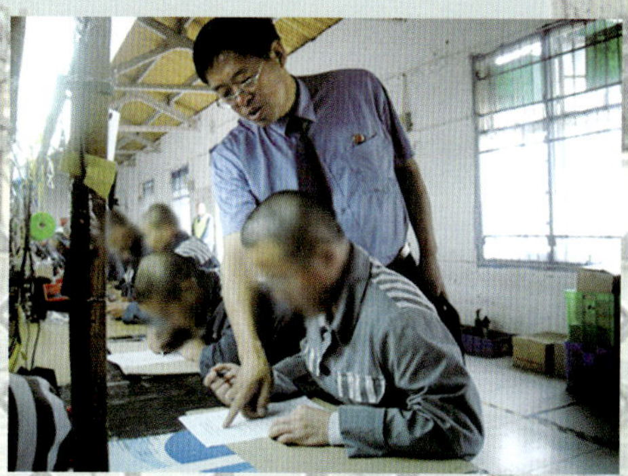
发放调查问卷

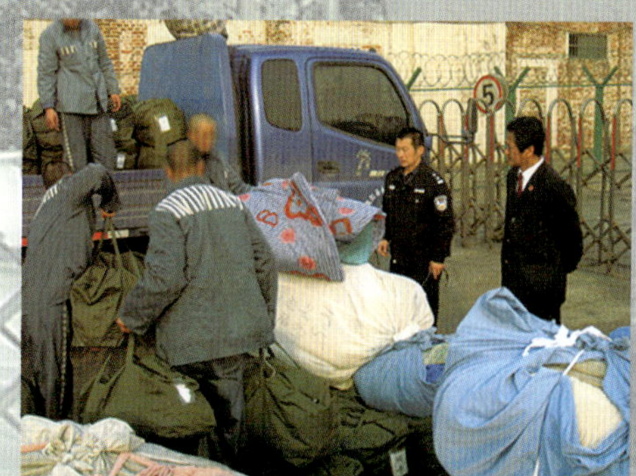
搬迁检察

开 放 开 发

栏目编辑　虞燕娟　晋阿彬

开放型经济

【概　况】 2011年，溧阳市商务局按年初制定的目标任务，结合本单位实际，深入贯彻落实科学发展观，积极开展创先争优活动，充分发挥商务工作在经济发展中的引擎作用，努力实现"十二五"商务工作良好开局，各项工作取得较好的成绩。

【利用外资】 2011年，全市新批注册项目47个，新批工商注册外资8.045亿美元，完成任务指标（8亿美元）的100.57%，与2010年相比增加8.56%。注册外资1000万美元及以上项目22个，合计注册外资4.67亿美元，占总量的58.05%。全市实际到账外资4.014亿美元，完成任务指标（4亿美元）的100.36%，与2010年相比增加13.3%。当年新批当年到账22624.65万美元，占56.36%；2011年前批准2011年到账17517.74亿美元，占43.64%。

【招商引资】 2011年，市商务局组织参加2月上海招商周、5月和10月莱瓦顿友城项目考察、7月香港城市产业推介会等招商活动、常州"9·28"经贸活动周等20多场境内外规模招商活动，以产业招商为依托，组织对口企业对接洽谈，建立起稳定而深入的合作关系。全年在日本、德国驻外机构的基础上，在荷兰聘请首位欧洲经贸顾问，直接引导和扶持一大批企业走出国门，拓展市场、引进技术设备。与荷兰弗里斯兰省的省会城市、新能源城市——莱瓦顿在沼气系统、太阳能船、玻璃温室、污水处理等项目上开展全面合作。

2011年，市商务局注重为镇（区）提供包括项目信息、招商资料、业务培训和项目协调等方面的服务。组织全市招商引资专题培训、LED产业知识专题讲座、现代都市农业垂直整合主题讲座等，邀请镇区和企业参加。在与境外企业、专家、招商精英的互动中交流学习，更新产业知识，提高招商引资业务水平。

创新机制，做强园区。建立积极的政策扶持导向。针对全市实际情况，参与制定出台《关于进一步加快经济开发区发展的意见》、《关于实施区镇共建园区的意见》一系列文件，从政策支持、资金扶持、优化服务等方面全力推进溧阳市开放型经济发展。强化产业招商，促进产业集群。围绕产业定位，深化主题招商和产业招商，推动企业集群和产业集聚。从服务环境、政策环境入手，把帮助企业解决实际问题作为最大的成效全力推进。建立外资项目跟踪服务机制，为项目提供"绿色通道"、"绿色走廊"，做到一站式、保姆式服务。为进入经济开发区的制造业项目开通"一号审批渠道"，办理时限比法定时限缩短80%以上，严格执行超时默许制和缺席默认制。

【对外贸易】 2011年，全市实现进出口总值10.4亿美元。其中，出口8.9亿美元、进口1.5亿美元，同步分别增长58.6%、59%和56.4%，分别完成全年任务的130%、127.2%和150%。其中7月份单月出口10246万美元，创历史新高。全年办理对外贸易经营者备案登记30家，变更25家。

2011年，全年签订外经合同额7800.57万美元，完成营业收入6726.12万美元，分别占年计划的101.31%和114%。同比增加9.3%和13.1%，溧阳市出国劳务服务中心顺利设立，并通过省级验收。

【市场运行调节】 2011年，全市家电下乡产品销售36616台，销售额9191万元，分别比上年同期增长40.66%和46.96%；全市家电以旧换新销售新家电65253台、销售额23866万元，分别比上年同期增长8.7%、7.94%。

定点屠宰和食品安全。全市生猪定点屠宰14万头，处理病害猪498头。生猪屠宰监察大队出动1672人次、331车次进行执法检查行动，没收不合格生猪产品511公斤。

【表彰开放型经济先进单位】 溧城镇政府、埭头镇政府、上兴镇政府和社渚镇人民政府被市政府授予"溧阳市开放型经济先进集体"称号。

江苏华鹏变压器有限公司、溧阳罗地亚稀土新材料有限公司、溧阳维多生物工程有限公司被市政府授予"溧阳市外贸出口先进企业"称号。

市商务局被中共溧阳市委员会、溧阳市人民政府评为"2011年度创新成果奖"。　（尤林方）

表4 2011年溧阳市出口贸易情况

项　　目	单位	数值	比上年增(%)	占出口总额(%)
自营出口总额	万美元	89014	59.0	
其中：外资企业出口	万美元	55431	113.8	62.2
生产企业出口	万美元	30413	12.1	34.2
流通企业出口	万美元	3170	-3.8	3.6
出口国家地区				
其中：美国	万美元	10059	57.1	11.3
欧盟	万美元	25182	201.5	28.3
东盟	万美元	8761	23.0	9.8
出口主要大类				
其中：机器机械	万美元	23457	38.3	26.4
化工产品	万美元	38654	154.0	43.4
纺织原料及其制品	万美元	8566	8.7	9.6
一般贸易出口	万美元	82277	71.3	92.4

表5 2011年溧阳市招商引资情况

项　　目	单位	数值	注册外资	单　位
新批项目	个	47	80453.3327	万美元
其中：制造业项目	个	28	64599.8175	万美元
服务业项目	个	11	11553.51	万美元
农业项目	个	8	4300	万美元

表6 2011年溧阳市招商引资情况

项　　目	单位	数值	合同外资数	单　位
新批项目	个	47	80453.3327	万美元
其中：中外合资项目	个	7	3428.683	万美元
中外合作项目	个			万美元
独资项目	个	40	77024.6497	万美元
国家和地区				
其中：中国香港地区	个	23	36564.4	万美元
中国台湾地区	个	4	2890	万美元
美国	个	4	2130.013	万美元
加拿大	个			万美元
菲律宾	个	1	2000	万美元
其他	个	15	36868.9175	万美元

（尤林方）

海　　关

【概　况】 2011年，常州海关驻溧阳办事处（以下简称海关办事处）在常州海关党组的正确领导下，以科学发展观为指导，全面贯彻落实两级海关关长会议、工作会议精神和常关党组“六从六抓”的总体要求，按照“五有科室”创建目标和“务实、创新、发展”的工作思路，强化管理，创先争优，较好完成全年各项工作任务。

2011年，海关办事处监管进出口货物1899吨，同比下降59.5%；征收税款935.6万元，同比下降66.4%，其中，一般贸易征税811.3万元，加工贸易内销补税122.9万元，同比分别下降68.9%和33.9%；办理加工贸易合同备案163份，备案金额3769万美元，同比分别增长24.4%、8.9%；核销合同126份，同比下降20.2%；新增注册企业67家，其中三资企业15家，非三资企业52家，同比分别增长87.5%、30.0%。

【通关监管工作】 继续落实报关预审和复核制度，深化业务研讨和业务复查制度，强化报关数据质量意识、商品归类意识和税收征管意识，坚持依法征收和应收尽收。针对溧阳办事处监管现场特点，深入研究和开拓“属地申报、口岸验放”的通关作业模式。

【提升加工贸易质量】 海关办事处通过对重点加工贸易企业和重点商品进行跟踪分析和调研，将有关分析和调研的结果反馈相关业务岗位，形成监管合力，从而规范企业行为，增强经办关员的责任心，促进和提高加工贸易的监管质量。

强化加工贸易手册管理，确保手册到期核销率，明确分片包干责任，采取定期对到期手册情况进行监控分析，将责任分解落实到人，切实做好到期手册的催报和预警工作，确保到期手册报核率。

【台账管理】 清理办事处业务、行政管理的各类基础台账。对业务操作文件进行归并管理，建立专门文档，分门别类地对相关文件进行整理归并。按照档案管理规范要求，对报关单证、加工贸易备案及核销等各类业务单证进行统一整理和归档；对文书、财务档案按照新的要求重新装盒，合计整理记账凭证457盒，会计账簿42盒，会计报表50卷，有效提升了办事处的基础管理质量和水平。

【专项稽查】 2011年，业务部门联合企业稽查部门，对年内到期的11家减免税企业开展专项核查，通过核查转专项稽查1家，移交缉私部门1家，案值260余万元。

【调研服务】 海关办事处领导带队先后走访溧阳市溧城镇（开发区）等5个重点乡镇和10家重点进出口企业，了解地方政府及企业对海关工作的需求及企业在进出口中遇到的困难，有针对性地做好服务。根据调研情况，年内举办3次业务培训，有60余家企业、120余人次参加。为有关乡镇提供招商政策咨询、公共型保税仓库设立政策咨询等个性服务，得到地方政府和企业的一致好评。

【助推重点企业类别升级】 通过召开企业宣讲会，向辖区进出口企业集中解读《企业分类管理办法》，明确企业类别升级的条件、程序及A类、AA类企业所享受的便捷通关措施等，让更多企业了解和熟悉企业类别调整的条件及措施。主动走访辖区管理类别为B类管理的重点企业，了解其经营管理及资信情况，针对不同企业特点和内部管理状况，提出具有针对性的规范化管理意见和建议，引导企业进一步规范自律。征求地方党政部门对海关企业分类管理工作的意见和建议，充分发挥地方政府协管和参谋作用，增强企业分类管理工作的社会效果。2011年，溧阳地区新增适用A类管理企业2家，海关A类管理企业增加至9家。

【规范管理】 以抓好业务和贸易统计数据质量为基础，确保类统计数据完整、准确，拓展统计信息和分析渠道，深挖统计信息内容，丰富统计工作的表现形式。

2011年，海关办事处着眼于办事处业务实际，以溧阳地区进出口贸易和重点进出口商品为分析点，坚持将宏观与微观相结合，全力发挥好统计预警监测和服务作用，组织对本地区进出口贸易特点、商品结构、主要商品开展统计调研和分析，较好地发挥了统计预警和服务功能。全年编发统计信息11篇、各类统计分析16篇。

【内控机制建设】 结合业务实际和岗位设置情况，建立科室电子台账，制定单证复核涵盖科室职能范围内所有业务或管理活动所涉及的单证或资料的措施，制定全员考核量化分解指标，与月度绩效考核挂钩，增强关员执行内控的自觉性和责任心。组织全员参加内控知识考试、认真学习手册及长效内控各类文件、规定，明确各岗位的防控节点和防控措施，增强“三个风险”的防范意识和效能。定期对HL2008系统和监督管理内控系统的风险提示和处置督办指令进行归纳和分析，剖析存在的内在原因及可能存在的廉政和执法风险，提出进一步改进和完善的措施。

【创先争优工作】 溧阳办事处支部从实际出发，提出以“四个一”(学读一本好书、研究一个课题、精通一项业务、树立一面旗帜)为抓手，推进办事处创先争优、“三岗创建”活动的开展。每月工作讲评时，每位党员对各自“四个一”活动的进展情况进行说明，或交流读书心得、或沟通业务技能、或通报课题进展、或剖析与先进差距。通过深入结对乡村、社区进行调研，实地走访村民，了解民情民意、宣传政策规定等方式，深化创先争优成果。

（沈沛云）

出入境检验检疫

【概　况】 2011年，常州检验检疫局溧阳办事处全面贯彻党的十七届五中、六中全会精神，坚持以科学发展观统领全局，以推动科学发展为主题，以服务加快转变经济发展方式为主线，结合溧阳市“硬碰硬转型升级、实打实开局起步”工作主题，坚持“绿色崛起、跨越发展”战略，唱响质检工作“抓质量、保安全、促发展、强质检”的主旋律，从实际出发，因地制宜，努力为溧阳市外向型经济发展保驾护航。

2011年，溧阳办事处接受进出口货物报检3736批，金额28964.56万美元，其中出口货物报检3590批，金额25690.66万美元；进口报检146批，金额3273.90万美元。为企业减免各类检验检疫费用约16.88万元。

签发各类证书2819份，签证金额17462.7万美元，其中签发一般原产地证书322份，签证金额2029.39万美元；签发普惠制原产地证书836份，签证金额6414.92万美元，签发区域性优惠原产地证书636份，签证金额5026.56万美元；对外证书1025份，签证金额3991.83万美元。企业可减免境外关税约915万美元。与上年同期相比，接受出口报检批次下降13.93%，金额上升17.27%。

【检验检疫工作】 围绕“依靠政府、联合部门、抓住企业、监管产品”的工作方针，加强与地方政府和各部门的联动，及时向地方政府各相关部门通报检验检疫信息。每月以数据汇总及文字小结的方式向地方政府及时通报检验检疫工作状况，以便各级领导及时掌握全市检验检疫工作及外经贸工作的信息。充分利用溧阳的媒体、网络宣传检验检疫政策法规，及时通报预警信息，对国外新政策、新要求向广大进出口企业进行宣传。

【检企联动】 为了完善服务对象交流平台，建立检企互动QQ群，溧阳地区所有报检企业均加入该互动群，互动群使检企联动、检企沟通零距离。组织相关人员利用各种途径进行优惠原产地证的宣传，帮助企业用活用足优惠原产地政策，使广大进出口企业获得更大实惠。与海关、商务等部门联合派员进行招商引资宣讲，举办检企交流座谈会，邀请企业负责人、报检员与办事处工作人员共同交流探讨，征询企业意见与建议，定期开展窗口满意度调查。

【服务城市建设】 2011年，溧阳市被列为全省首批低碳经济试点的4个城市之一，常州检验检疫局溧阳办事处获知相关信息后，向政府相关部门建言献策，鼓励企业开展低碳论证和碳足迹认证等建议，得到政府各相关部门的认可和重视。办事处就此与溧阳市政府及经信局等相关部门进行沟通，争取进一步发挥检验检疫的平台作用，为溧阳的低碳城市建设出谋划策。办事处将各项工作与低碳认证工作相结合，加强宣传和引导，鼓励企业开展相关工作，为把溧阳建设成为绿色低碳的生态城、宜居宜业的创新城、山清水秀的旅游城而努力。

（杨 剑）

江苏省溧阳经济开发区

【概况】 江苏省溧阳经济开发区成立于1992年，位于溧阳市东部，是溧阳市政治、经济、文化、金融和商贸的中心。全区行政区域面积155.21平方公里，户籍人口31.43万人，园区规划面积70平方公里，建成区面积30平方公里。

截至2011年年底，开发区有企业2300余家。其中，工业企业1400余家。2011年全年，开发区完成GDP222.3亿元，同比增长22.1%。实现纳税销售812.16亿元，同比增长56.9%。完成工业有效投入103亿元，同比增长26.3%。实现财政收入19.23亿元，同比增长26.5%。其中，一般预算收入8.8亿元，同比增长31.3%。完成工商注册外资2.5亿美元，实际利用外资2亿美元，同比分别增长48.4%和9.9%。

开发区为入区企业提供完备的"九通一平"基础设施和海关、商检、污水处理、商务中心、邮局、银行等系列配套功能。园区风电设备产业园、生物医药园、高新技术创业中心等特色园区已成规模，形成输变电、机械冶金、先进装备制造、生物医药、新能源、新材料等为主导产业的工业体系。

开发区在全省综合排名24位。江苏申特钢铁有限公司、江苏上上电缆集团有限公司、江苏华朋集团有限公司分别荣获"中国民营企业500强"、"中国制造业企业500强"。

（谢 杰）

镇工业集中区

【天目湖工业园】 天目湖工业园位于溧阳市区南部，于2003年5月经溧阳市人民政府批准成立，总规划面积18平方公里。其中，工业12平方公里，商居配套6平方公里。园区承担全市高科技产业基地和城区副中心的双重招商、建设和管理任务。2006年年初，园区又在田家山新辟0.5平方公里中小企业区，作为对主园区的有效补充。

2011年，天目湖工业园加快推进园区重点工业项目，高标准打造优质载体，提升园区的服务工作，实现经济快速发展。截至2011年年底，园区历年累计完成拆迁25个自然村1216户，4846人，总拆迁面积22.8633万平方米，拆迁安置总面积29.0783万平方米。累计投入公共基础设施建设资金11.39亿元，完成工业区5.8平方公里"七通一平"基础设施建设和项目进区，区内工业总投资累计142亿元，完成商居区2.3平方公里的市政建设及商居开发。

入驻园区企业150家。其中，工业企业142家（田家山中小企业区12家）、房地产开发企业 8家。进区企业中有外资企业25家（房地产5家）。进区工业企业中投产的131家，在建和即将开工的11家。进区房地产企业中完成或即将完成开发的5家、正在开发的2家，准备开发的1家。进驻企业中高新技术企业6家，销售超亿元以上工业企业20家。拥有顺风光电、瑞士布勒、台湾亿光集团、台湾永冠集团、中材国际、北京航天万源、鹏程钢构、江苏安靠、江苏大峘集团等国内外知名企业。

区内工业总投资累计142亿元，基础设施建设累计投入资金超10亿元，实现高标准"七通一平"配套设施建设，其中工业建成区5.8平方公里，商居配套区2.3平方公里。累计引进外资4.15亿美元。2011年园区实现工业有效投入21.8亿元，应税销售61.6亿元。

（张鸿浩）

【溧阳经济开发区北山工业园】 溧阳市经济开发区北山工业园位于扬溧高速公路后周道口附近，处于别桥镇中心区域，地理位置优越，交通便捷，是全市重点发展的镇级工业园区之一，规划总面积12平方公里，建成面积5平方公里。按照溧阳市政府"一区三园"的产业定位，结合别桥新镇的建设规划，园区以主导产业、发展空间、功能区块、基础设施、配套设施及生态保护为主要内容，科学编制和修订园区规划，加快实施园区向南、向东拓展的进程。

园区2008年建园，累计投入资金2亿多元，首期5平方公里的开发项目基本到位。其中包括道路、土地平整、自来水、电力、天然气、道路绿化、港口等建设，2011年投入5000多万元，完成道路建设10千米，完善污水、雨水管网、线杆入地、道路绿化等配套设施建设，使园区内道路建设总长度达20多千米。投入使用的11万伏变电所年内新增1台主变，实行2万伏双回线路。已规划的22万伏变电所开工在即，具备承载大项目的能力。

园区建设立足于发扬传统产业优势，不断优化产业结构，在做优汽车零配件、轨道交通、金属材料等传统产业的基础上，通用航空、绿色建筑、海工装备等一批新兴主导产业相继入园。截至2011年年底，园区内进驻企业20多家，在建新办企业10家，在谈项目6个。2011年内2个总投资都在1亿美元以上重大项目的洽谈成功（注册资本3000万美元的富新科技即将开工；与山河智能装备集团合作的通用航空产业项目的注册和审批工作正在进行）。

2011年园区完成纳税销售34.5亿元，园区内企业纳税销售超亿元的企业达10家。其中，万兴特种建材有限公司2011年纳税销售10.7亿元。

（龚志新）

【溧阳经济开发区北郊工业园】 溧阳市经济开发区北郊工业园的前身是别桥镇绸缪精细化学工业园，是当时江苏省唯一一家通过省级环评的县（市）级化工园区。随着国家对各类企业发展要求的不断提升，化工类企业的转型升级成为当前园区发展的重中之重，溧阳市政府为此特提出"坚决整治、坚决转型"工作要求。

园区在开发和建设中，加大对区内高污染、高能耗、高排放、低效益、低产出等"三高两低"企业的整治力度，在2010年关闭16家化工企业的基础上，着力于化工企业"只做减法"。

推动园区内产业升级与集聚，入驻企业20多家，产业定位于以海洋工程装备、机械加工、环保设备等，江苏广源金属有限公司、江苏中鹏机械有限公司等5家企业已正式投入生产。江苏富民新材料有限公司等5家企业在建，园区内规划新建的5万平方米标准厂房建设全面启动。截至2011年年底，园区内转型工作初步取得成效，全年园区产值9.5亿元。（龚志新）

【埭头镇工业园区】 埭头工业园区是溧阳市唯一“江苏省”、“常州市”重点镇级工业园区，园区以“产域一体、专业定位”为发展理念，总规划面积15平方公里，建成8平方公里。

截至2011年年底，园区有重庆啤酒集团常州天目湖啤酒有限公司、江苏军荣集团公司等160多家入驻企业。区内有日本、加拿大、美国、比利时、瑞典、阿联酋等外商投资企业近20家。2011年新入驻骏益科创园、鹏程住工有限公司、深圳硅谷动力有限公司等19家企业。（李 丹）

【溧阳市经济开发区上兴园区】 溧阳市经济开发区上兴园区自2003年5月建设，截至2011年3月，征用土地3800余亩，铺浇水泥路面10万平方米，园区内“五通一平”全部到位，征地和基础设施总投入2.5亿元。

园区引进企业40余家，培育国强公司、盛杰机械、盛德电子、阳帆机电等一批骨干企业。2011年，园区企业纳税销售50多亿元，占全镇销售的75%以上。

2011年3月，上兴镇党委政府确立开发东园区的战略决策。上兴工业园区被纳入全市“一区三园”联动开发总体部署，东园区规划总面积2平方公里，需建设永兴大道、通港大道、横二路、南环路、纵一路、纵二路、纵三路、纵四路等道路总长10977米，征用土地3000亩，总投资约3.5亿元。

（芮元林）

【上黄镇工业园区】 2011年，全镇工企业总数170多家。其中，亿元销售以上企业7家、5亿元以上1家、2000万元以上规模企业16家。支柱产业为建材，支撑产业为电梯行业、机电冶金和风力发电配件设备，新兴产业为电子科技和新材料。

工业集中区规划建设4.6平方公里，建成2平方公里，入驻企业30家。其中，美国、中国香港等企业4家。区内占地1000亩、研发生产高亮度LED和砷化镓物联网等半导体芯片的科技创业园在建。区内自来水、污水管网、电力、通讯、天然气、道路、路灯“七通一平”全部到位。

（倪 军）

【南渡新材料工业集中区】 南渡新材料工业集中区被市委、市政府纳入省级溧阳经济开发区“一区三园”范畴统一规划建设，集中区环评于11月4日通过省环保厅审核，确认集中区规划面积为3.93平方公里，产业定位以有机硅、多元醇、氨基模塑料为主，上下游延伸产品为辅，形成新材料研发、生产及应用开发的产业链。

截至2011年年底，有进区企业26家。其中，龙头企业弘博新材料、乔尔集团、瑞阳化工、朗盛（溧阳）多元醇、强林生物在同行业中处于领跑地位。园区拥有院士工作站2家、博士工作站2家和省级研发平台2个。

2011年，区内新材料工业集中区完成纳税销售23.2亿元，占全镇销售总量的63.5%，新材料产业基地初具雏形。集中区内纳税销售超亿元新材料企业有7家（江苏弘博新材料有限公司、溧阳乔森塑料有限公司、常州乔尔塑料有限公司、江苏兰天化工有限公司、江苏瑞阳化工股份有限公司、朗盛（溧阳）多元醇有限公司、江苏力强化工有限公司）。

（施留平）

【戴埠镇机械工业园】 戴埠镇机械工业园区交通便捷。104国道、241省道、宁杭城际铁路、宁杭高速公路、扬溧高速公路纵横交错，距宁杭高速入口7公里，溧戴公路直通市区。

工业产业园区基础设施日臻完善。道路、供水、排水（污）、供电、电信（宽带）、有线电视、天然气、土地平整等“七通一平”全部到位。工业园地质承载力高，尤其适合机械类工业企业建设。

工业产业园以先进装备制造业、机械制造业为主导产业，重点培育以机械装备制造为主导产业，重点培育以机械制造为龙头的产业链，以此拉长拓宽，区内形成成套机械设备、热处理、金属表面处理、污水处理、模具、冲压、锻造、锻打、物流、机械外加工中心和机械配套大市场等配套产业，以降低投资者的配套成本。

工业产业园根据自身发展定位，瞄准“大、好、高、外”项目，拟承接先进装备制造业、机械制造业、精密铸造、机电一体化、汽车及零部件制造以及家用电器、新材料等相关企业。

园区注重产业链条的培育，在入驻机械类企业中，主要有工程机械、起重机械、环保机械、食品机械、矿山机械、核电机械、印刷包装机械、精密铸造件、机电冲压件、数控机床电子仪表、电子电器、模具、汽车零部件和配件等。截至2011年底，工业园累计签约落户机械类企业80多家。

（雷灵灵）

城区建设（莫 俊 摄）

旅　　游

栏目编辑　芮全川　晋阿彬

综　述

【概　况】 2011年，溧阳旅游工作坚持以科学发展观为指导，紧紧围绕“绿色崛起、跨越发展”的战略目标，确定了“旅游文化提升年”的工作主题，注重培育项目精品，推进资源整合，创新营销理念，优化旅游环境，大力推进天目湖创建国家级旅游度假区、AAAAA级旅游景区和国家生态旅游示范区工作，实现旅游业快速、健康、持续的发展。2011年，全市接待国内外游客901.31万人次，实现旅游总收入86.37亿元，旅游增加值40.52亿元，门票张数260万张，同比分别增长24.5%、27.17%、27.52和36.28%，旅游业已成为溧阳市国民经济的支柱产业。2011年，溧阳先后获得“中华最佳休闲度假旅游城市”、中国“十大最具幸福感的县（市）级城市”和“江苏省旅游工作先进集体”称号。全市拥有A级景区8家（其中AAAA级景区3家）、全国工农业旅游示范点7家、江苏省四星级旅游农庄7家（其中包括4家全国农业旅游示范点）、省级自驾游基地2家；旅行社16家，其中全国百强国内旅行社1家；星级饭店22家（其中五星级3家、四星级6家、三星级9家、二星级4家），拥有5600多张床位。

宣传促销

【概　况】 2011年，市旅游局增设市场开发科。在旅游宣传、促销活动、节庆组织、宣传品制作、溧阳旅游品牌及荣誉申报等方面都取得显著的工作成效，一些工作创造了溧阳旅游乃至全省旅游的第一。2011年，溧阳被授予“中华最佳休闲度假旅游城市”、“中国最佳山水文化旅游城市”、“中国最佳魅力乡村旅游城市”、“2011中国最具幸福感的休闲城市”等称号，入围中国“民族节庆奖”，已成为长三角最具吸引力的生态旅游、休闲度假目的地。

精品开发。积极组织旅游景区、农庄开展创级创点活动，休闲旅游产品大幅提升，对游客吸引力进一步增强。御水温泉在成为长三角首家AAAA级温泉景区的基础上，参加由央视网、中国网络电视台、蛙悟旅游点评网等媒体主办的“中国十大温泉”评选活动，经过全国近千万人次的网络与手机短信投票，秉承南山竹海的大气磅礴，兼备皇家温泉的雍容华贵，当选为中国十大温泉，奠定了华东首选温泉度假地的特殊魅力和行业地位。天目铭汤温泉被评为国家AA级景区，全年新增省级四星级旅游农庄3家。全市现拥有景区（点）18家，其中AAAA级景区3家。抓住举办七届天目湖旅游节、乡村旅游博览会和大分溧阳乡村旅游发展研讨会的机遇，整合旅游资源，推出以天目湖为核心的精品休闲度假线路，大力推介溧阳“二日游”旅游产品。

节庆活动。第七届天目湖旅游节期间，市旅游局成功举办了“一村又一品”溧阳大分乡村旅游发展研讨会、乡村旅游博览会、天目湖涵田国际户外嘉年华（2011）、第七届天目湖美食节暨第四届江苏溧阳农家菜烹饪大赛、第五届溧阳旅游商品展销评比会、南山竹海登山节、天淼山庄桃花节等系列活动。第七届天目湖旅游节在确立溧阳乡村旅游在全国的独特地位、示范意义的同时，取得了良好的节庆效益，有力地拉动了溧阳交通、零售业、服务业等相关行业，进一步推动了全市旅游市场呈现良好增长态势。旅游节期间，累计接待人数204万余人次，旅游综合收益8.2亿元，旅游农庄收入达3.1亿元，同比分别增长29.8%、30.9%和67.8%。2011年，还与天目湖管委会、文化广电体育局及有关旅游企业，联合举办“清新溧阳、魅力飞扬”广场文艺晚会、2011世界时尚小姐大赛中国总决赛（江苏赛区选拔赛）开幕式等活动，都取得较好的宣传效果。

促销活动。组织旅游企业参加各类国际国内旅游交易会，策划采风活动等形式，进行促销活动，溧阳城市形象和天目湖知名度大幅提高。对中西部、西南部客源市场展开重点促销。4月、9月、10月，分别组织人员参加2011西安旅交会、桂林国际旅交会、昆明国际旅游交会，发放各种旅游宣传资料15000多份，扩大了溧阳旅游的影响力；加大对主要客源地市场促销力度。3月份，组织人员参加2011（江苏南京）浙江旅交会；与华东媒体记者联盟合作，邀请华东地区知名博主到溧阳采风，利用知名博客宣传溧阳旅游，并从中选取51篇博文，摘选部分网友的评论，汇总编辑、出版发行《情调溧阳》博文集。8月份，中国散文学会和江苏

中国散文学会“中国溧阳文学之夏”采风活动　　（市旅游局　供稿）

报纸副刊编辑协会分别组织40多位国内知名作家和记者到溧阳采风；在各类报刊、杂志上发表文章30余篇。在《东方之旅》、《假日自助游》、《自游天下》等媒体专题推介溧阳美景美食，进一步提升了溧阳旅游美誉度。

新闻宣传。年初，在《上海地铁快线》、《华东旅游报》、《东方文化周刊》、《江苏旅游通讯》、《常州日报》等报刊上，以新闻的形式，集中宣传溧阳旅游；抓住天目湖宾馆集团推出“花轿‘抬’鱼头”创新宴会服务模式的亮点，在《中国旅游报》、《华东旅游报》、《江苏旅游通讯》、《常州日报》、《溧阳时报》等媒体同时进行新闻报道。4月份，邀请中国旅游研究院专家，对溧阳乡村旅游发展进行调研活动，形成《江苏省溧阳市乡村旅游发展模式研究》调研报告，在国内权威旅游杂志发表，认为溧阳农庄型乡村旅游模式是江苏乃至全国的典范，为打造溧阳乡村旅游品牌起到巨大的促进作用。旅游节期间，在《中国旅游报》、香港《文汇报》刊发了溧阳乡村旅游专版；在《中国旅游报》开辟“解读溧阳乡村旅游发展模式”专栏，刊发13篇由国内知名旅游专家、教授、媒体人和旅行商等撰写的文章；同时，在《华东旅游报》、《常州日报》、《莫愁》、《苏友》、《东方文化周刊》等报刊、杂志和国内多家知名媒体，刊发溧阳旅游的相关报道达130余条，在国内权威搜索引擎上的相关网页达1500多篇。10月份，中央电视二台财经频道《消费主张》“淘乐进行时”栏目来溧阳市，拍摄制作以白汤（砂锅鱼头）、白茶、白芹和乌米饭、溧阳扎肝、雁来蕈为代表的溧阳美食专题片，并于11月份分两期在黄金时段播出。11月份，溧阳当选全省唯一“2011中国最具幸福感的休闲城市”后，在《新华日报》、《扬子晚报》、《华东旅游报》、《江苏旅游通讯》、《常州日报》、《溧阳时报》等主流平面媒体和央视网、人民网、新华报业网、龙虎网、中国江苏网、新加坡联合早报网等知名网络媒体及溧阳电视台进行了高密度的新闻宣传报道，对溧阳城市、溧阳旅游产生了广泛的宣传效应。2011年，各级各类媒体刊发溧阳旅游新闻稿200余篇。

广告宣传。2011年，全市旅游广告宣传投入3000余万元。邀请长三角四家电视台在溧阳联合创作拍摄《欢喜兄弟自驾游之溧阳篇》旅游情景剧，在江苏电视台、浙江电视台、湖州电视台、无锡电视台四家轮番播出，全方位展示了在不同人眼中所折射出溧阳旅游独特的魅力，上海热线网、上海旅游网、东方网、爱驾网等网络媒体报道了这次活动。江苏电视台于4月、11月，在溧阳拍摄《户外圣地溧阳》、《溧阳养生长寿宴》专题片，并分别在中国旅游栏目持续播出1个月。同时，组织天目湖集团公司、旅游公司，投入大量经费，在CCTV－4《海峡两岸》及《走遍中国》栏目、《东方卫视》、《浙江之声》、《苏州电视台》、《无锡电视台》、《宜兴电视台》等主流电视媒体，宣传溧阳旅游城市形象和天目湖旅游品牌；在北京西客站、北京机场、上海铁路站等客流集散中心，进行户外广告宣传；在《扬子晚报》、《现代快报》、《旅游时报》、《都市快报》、《钱江晚报》、《姑苏晚报》、《湖州日报》、《南湖晚报》等江浙沪主流报刊和东方网、携程网、同程网、百度、扬州网等主流门户网站高密度推介溧阳旅游产品。

宣传品制作。组织编印了《休闲溧阳自驾游指南【2011】》3万册，春夏秋冬四季旅游路线折页12000份，出版旅游博文集——《情调溧阳》5000册，发放到旅游企业和主要客源地，进一步提升溧阳旅游与“天目湖”品牌的知名度、吸引力。《情调溧阳》旅游博客文集由上海三联书店出版发行，这是顺应时代潮流，利用博客文章强时效、高互动、大海量特点进行旅游营销的有益尝试。与中央电视台、江苏电视台、浙江电视台等合作，2011年拍摄制作了《天目湖边寻“三白”》、《南山竹海寻“三黑”》、《欢喜兄弟自驾游之溧阳篇》、《户外圣地溧阳》、《溧阳养生长寿宴》等影像宣传资料。整理提供并被录用大量旅游图文资料的《2011溧阳年鉴》已出版发行，《溧阳市行政区域地图册》正在印刷出版之中。根据各类不同人群和季节的景观特点，按照春日寻芳游溧阳、夏日消暑游溧阳、秋季采摘游溧阳、冬季养生游溧阳，重新组合、编排出版溧阳旅游四季最佳游线，重点推出溧阳二日、三日游游线路，纳入旅行社团队运行计划。

【第七届天目湖旅游节暨溧阳乡村旅游博览会】 5月28日晚，第七届天目湖旅游节暨溧阳乡村旅游博览会闭幕式在天目湖城市广场体育馆举行。省旅游局副局长詹庚庆、溧阳市常务副市长周卫中及社会各界1万多群众参加了闭幕式盛会。詹庚庆为市政府获得“江苏省旅游工作先进集体”授牌。由江苏洲际文化传媒组织，伍佰、王小虎、侯旭、海鸣威等众多明星加盟的激情演绎让晚会现场变成欢乐的海洋。

自4月28日旅游节和博览会开幕以来，全市围绕溧阳乡村旅游发展，举办了“一村一品”溧阳大分乡村旅游发展研讨会，探索总结了全国乡村旅游发展“溧阳模式”，开展了乡村旅游商品展销评比、第七届天目湖美食节、第六届南山竹海登山节、天目湖涵田国际户外嘉年华等一系列丰富多彩的活动。期间，全市接待游客204万余人次，旅游综合收入达8.2亿元，其中，旅游农庄收入达3.1亿元。溧阳白茶等特色农副产品交易增长，许多经贸项目签约，18个项目进行了集中开工。

【“一村又一品”溧阳大分乡村旅游发展研讨会】 4月26日，“一村又一品”溧阳大分乡村旅游发展研讨会在天目湖御水温泉度假酒店举行。国家旅游局原巡视员邵春主持研讨会。研讨会由中国旅游协会休闲农业与乡村旅游分会、中国旅游报社、江苏省旅游局联合主办、溧阳市人民政府承办，旨在解析溧阳乡村旅游发展的成功模式，拓宽乡村旅游发展思路，促进乡村旅游这一新兴旅游业态健康发展。

研讨会上，市委书记韩立明作了题为《发展乡村旅游 建设幸福家园》的演讲。中国旅游协会休闲农业与乡村旅游分会副秘书长张越，中国旅游研究院区域旅游与规划研究所负责人马晓龙，日本大分县前知事、日本NPO法人大分“一村一品”国际交流推进协会理事长平松守彦，日本NPO法人大分观光协会会长西太一郎等也发表了演讲。上海社科院、南京师范大学旅游科学研究所、中华户外网、华东媒体旅游记者联盟、河海大学区域经济研究中心等单位的专家、学者，围绕“乡村旅游”这一话题进行了交流探讨。省旅游局副局长周旭在研讨会上解析并总结了乡村旅游发展的“溧阳模式”，认为溧阳的乡村旅游已成为江苏乃至全国的典型，确立了溧阳乡村旅游在全国的独特地位和示范意义。

【天目湖国际户外嘉年华】 “第七届天目湖旅游节国际户外嘉年华（2011）”于5月6～8日在溧阳激情登场。本次户外活动的盛会由溧阳市旅游局、中华户外网联合策划举办，将大石山旅游农庄、涵田度假村、燕山公园、天目湖御水温泉等景区（点）串联成一条自驾游线路。

“第七届天目湖旅游节国际户外嘉年华（2011）”精彩纷呈，在山地自行车赛、国际半程马拉松赛、皮划艇比赛、户外美食烹饪大赛等精彩赛事之外，还在风景优美的涵田度假村举办了盛大的开幕式晚会，并特别推出最顶级、奢华的户外体验——免费露营全球顶级度假酒店（涵田度假村）、免费接受高尔夫文化培训、免费享受国内顶级温泉（天目湖御水温泉）等活动，吸引了来自江苏、浙江、上海、安徽、江西、山东等地的上千名驴友欢聚溧阳。江苏电视台等媒体全程跟踪报道了这次户外嘉年华活动。

【第七届天目湖美食节暨第四届江苏溧阳农家菜烹饪大赛】 5月18日，第七届天目湖美食节暨第四届江苏溧阳农家菜烹饪大赛在天目湖国际酒店举行。江苏省烹饪协会常务副秘书长彭东生、常州市旅游局副局长许正虎、市政协副主席马小其、常州市旅游局调研员贺一新、市旅游局局长汤全明等领导出席。广德、郎溪、句容、溧水、丹阳、宜兴、金坛、武进等周边兄弟县（市、区）旅游局的领导，省内外部分餐饮企业的总经理、餐饮总监、行政总厨、厨师长、厨师，溧阳市各星级饭店、旅游农庄和部分镇（区）负责人、厨师及旅游学校师生等300余人参加了活动。

第七届天目湖美食节暨第四届江苏溧阳农家菜烹饪大赛共收到参赛单位40多家，特色菜肴近600道，最后精心挑选了18家单位、菜肴306道参加正赛。经7位评委认真评审、公正评选，制作“竹韵”的溧阳天目湖宾馆等7家单位获得白金奖，制作“养生农家宴”的扬子国际大酒店等7家单位获得金奖，制作“山珍湖鲜宴”的溧阳花果山农庄等4家单位获得银奖。

【溧阳市旅游商品展销评比会】 4月21日，市旅游局组织了第五届溧阳市旅游商品专家评审会，共有9只旅游商品获奖，获奖的作品综合了旅游商品的纪念性、文化性、礼品性和组合功能性。溧阳市阳光礼品中心的文房四宝获得金奖；溧阳市立发经贸有限公司的白茶礼盒、溧阳市天目湖湖风苑土特产销售中心的茶叶包装组合获得银奖；溧阳市幽香苏茶有限公司的幽香苏茶世博组合、溧阳市第一糖烟酒有限公司的长荡湖白酒、溧阳市天目湖保健品有限公司的天目湖虫草胶囊获得铜奖；天目云露茶业有限公司的白茶礼盒、溧阳市擎云广告有限公司的礼品邮册、溧阳市天目湖肉类制品有限公司的御膳乳鸽煲获得优秀奖。

【溧阳被授予“中国最佳山水文化旅游城市”等称号】 2011年1月，经国际文化旅游促进会、中国县域经济协会、中国旅游品牌协会专家团综合评审，溧阳以良好的区位优势、丰富的旅游资源、深厚的人文底蕴、优美的生态环境、成熟的旅游产品、完善的旅游要

一村又一品溧阳·大分乡村旅游发展研讨会　　　（市旅游局　供稿）

素、富有魅力的乡村旅游，被授予“中国最佳山水文化旅游城市”和“中国最佳魅力乡村旅游城市”、“中华最佳休闲度假旅游城市”称号。

【溧阳“两节”入围“最具国际影响力节庆奖”】 2011年10月，由市旅游局申报，经网络投票、专家评定，中国溧阳茶叶节、天目湖旅游节入围“最具国际影响力节庆奖”。评选活动由国家民委、国家旅游局、国际节庆协会指导，中国人类民族学研究会、国际节庆协会中国主办，《中国民族报》、《中国旅游报》、《中国文化报》、中华节庆网等协办。溧阳“两节”入围“最具国际影响力节庆奖”，将对溧阳打造节庆品牌、弘扬民俗文化、推动旅游产业发展产生积极影响。

【溧阳市被授予“中国最具幸福感的休闲城市”称号】 10月下旬，在中国旅游协会组织的“2011中国休闲城市发展综合评价”中，溧阳市被授予“中国最具幸福感的休闲城市”称号。

9月上旬以来，溧阳市旅游局主动与中国旅游协会衔接，积极开展申报活动，从城市基本情况、居民幸福评价、城市休闲资源、城市休闲业态发展情况、城市在休闲领域取得的成绩、提高居民幸福感的主要措施、实现经济社会可持续发展的主要做法、执行以人为本的服务理念等八个方面，向中国旅游协会介绍溧阳休闲旅游发展情况，展示溧阳作为“中国优秀旅游城市”、“中国长寿之乡”和“文明城市”的靓丽风貌，得到“2011中国休闲城市发展综合评价”专家评审组的充分肯定。

【省电视台拍摄溧阳养生长寿宴】 11月3～4日，江苏电视台中国旅游栏目在王新华家乡菜馆、十思园，专题拍摄溧阳养生长寿宴，通过宣传推介溧阳美食，积极打造溧阳美食乐园、休闲天堂、长寿之乡品牌。

今年7月，溧阳被评为中国长寿之乡，溧阳市旅游局会同溧阳美食文化协会，以王新华家乡菜馆为基地，组织专门班子，在溧阳农家菜的基础上整理长寿宴菜谱。经过3个月的整理、构思，推出了溧阳养生长寿宴系列，扩大了溧阳作为长寿之乡的文化内涵。

江苏电视台中国旅游栏目拍摄溧阳养生长寿宴　　（市旅游局　供稿）

溧阳养生长寿宴分春、夏、秋、冬四季设计，每季三套菜谱，每套24道菜肴，全年共计288道菜肴。每套按主菜差异再分设三款不同档次的宴席。宴席命名可按季节的初、中、晚，或按主题菜品，或按应季花卉果实来命名。可谓是“季季不同、席席有别”，每一季，“食客”们都可以紧跟季节的循环，时时尝鲜。

【省报纸副刊编辑协会组织记者到溧阳采风】 8月5日～7日，由江苏省报纸副刊编辑协会原会长王劭、常务副会长何敏翔带队，组织全省13个省辖市27家报纸副刊的30余名记者，开展“人文江苏溧阳行”采风活动。他们乘船游天目湖、登临龙兴岛，坐缆车赏竹海美景、攀上吴越弟一峰，泡御水温泉，兴游十思园、翠谷庄园等乡村旅游点，品尝砂锅鱼头等溧阳美食，一路上对溧阳的旅游景点和城乡面貌赞不绝口：山美水美人美，是绿色仙境、人间天堂，真想在溧阳安个家。记者们纷纷表示，要多写几篇美文，把溧阳如画般的美景和广大读者一起分享。

【中国散文学会组织知名作家到溧阳采风】 8月12～14日，中国散文学会组织《中国文化报》文艺部主任、中国散文学会常务副会长红孩、《天津文学》杂志社执行主编张映勤、澳门大学中文系主任、《父亲》编辑委员会主任朱寿桐、中国人民解放军国际关系学院政治部原主任、著名军旅作家罗光辉、南京大学出版社总编金鑫荣、江苏教育出版社前社长徐中文等8位国内知名作家到溧阳开展“中国溧阳文学之夏”采风活动。

采风组一行游览了天目湖山水园、南山竹海，参观了翠谷庄园、苏园等旅游农庄，体验了御水温泉，对溧阳的山水之美、生态之好和完善的旅游功能、强烈的旅游品牌意识留下了深刻影响，同时建议深入挖掘地方特色文化、丰富旅游文化内涵、提升旅游文化品位。

【央视拍摄溧阳“淘乐进行时”】 10月19～24日，中央电视台二套财经频道《消费主张》来溧阳拍摄“淘乐进行时”专题节目。

在为期一周的拍摄期内，先后在天目湖山水园、南山竹海、十思园、苏园、五谷园、深山水寨、王新华家乡菜馆、涵田度假城酒店等景区、旅游企业，全面拍摄了溧阳美景美食及传说。摄制以溧阳著名特产、美食——“三白”（砂锅鱼头、白芹、白茶）和“三黑”（乌米饭、雁来蕈、溧阳扎肝）为主线，以穿越情景剧的故事叙述方式，生动展现在溧阳的“淘乐”的情形。

【东方文化周刊来溧采风】 11月17～18日，由凌亚涛副社长、周敏主编带队，东方文化周刊社一行18人到溧阳采风，资深媒体人扎西、老克等参加了活动。

采风组在快乐家园，听取了潘建华总经理牵头26家农户，成立江苏省首家富民资产专业合作社，依托南山竹海，带动村民发展“农家乐”致富的情况介绍；在南山竹海，乘坐了地面缆车，游览了以“鸡鸣三省区、竹苑文化情”为主题的历史文化区—鸡鸣村、竹文化园、黄金桥、熊猫馆；在御水温泉，体验了竹海山野中的各类泡池。

【《情调溧阳》面世】 4月20日，溧阳第一本旅游博客文集——《情调溧阳》，由上海三联书店出版发行。这本博文集由溧阳市旅游局、华东媒体旅游记者联盟联合编著。市旅游局邀请上海、南京、杭州等溧阳旅游主要客源地的媒体记者、旅游从业人士、文学爱好者分两批到溧阳采风写作；同时，组织部分溧阳作家撰写旅游博文。从中选取51篇博文，摘选部分网友的评论，配以精美的图片，编印《情调溧阳》博文集。

上海市旅游局原局长王乃粒、上海市创意产业协会旅游专业委员会主任朱渊澄、台湾资深媒体人杰克周等参加采风活动，对天目湖、南山竹海的开发建设和溧阳乡村旅游发展赞许有加，对溧阳美食、溧阳民俗感悟颇多，撰写的多篇博文入选《情调溧阳》。

【《休闲溧阳——自驾游指南〔2011〕》出版】 由市旅游局编写的《休闲溧阳—自驾游指南〔2011〕》旅游画册于4月中旬出版，发行30000册。《休闲溧阳—自驾游指南〔2011〕》集旅游风光、旅游服务于一体，由“游在溧阳、吃在溧阳、住在溧阳、购在溧阳、娱在溧阳、投资溧阳、行在溧阳”等7部分组成，包括旅游线路推介、地方特色与民俗、特色餐馆、溧阳经典名菜、住宿设施、休闲娱乐场所、实用电话名录、风光摄影作品等内容。

【旅游宣传折页发行】 4月初，市旅游局编印发行了溧阳首份图文并茂的系列旅游宣传折页。四个折页按照春日寻芳游溧阳、夏日消暑游溧阳、秋季采摘游溧阳、冬季养生游溧阳编排，涵盖了天目湖、南山竹海、御水温泉、瓦屋山、长荡湖、十思园、翠谷庄园、吴楚农耕文化园、大石山旅游农庄等主要景区（点），将为第七届天目湖旅游节进一步营造节庆氛围、推介溧阳旅游、服务来溧游客产生积极作用。

【溧阳谋划“水城”旅游建设】 11月10日下午，市委常委、副市长夏国浩带领市旅游局、水利局、规划局、城管局、文联等部门的领导，乘坐摩托艇现场踏勘溧阳城区的水道，谋划溧阳“休闲水城”项目。夏市长指出，溧阳“团城”及城区外围河道构成的水系，是城区发展滨水休闲商务旅游的依托，要借鉴台儿庄水城、南通濠河等国内知名旅游项目的成功经验，把城区水利建设、滨水商业街建设、水上运动休闲、文化底蕴的挖掘等有机结合起来，通过几年的努力，打造一个比较成熟的滨水商务休闲旅游项目，推动城区作为溧阳旅游核心组团的发展。

【中国旅游研究院专家调研溧阳乡村旅游】 4月8～11日，中国旅游研究院专家组一行5人，对溧阳乡村旅游发展进行调研活动。专家组考察了十思园、翠谷庄园、吴楚农耕文化园、大石山旅游农庄、玉枝农庄、天目湖山水园、南山竹海、李家园村、快乐家园等，召开了旅游、农林、规划、国土、文化、环保等部门领导座谈会。市旅游局局长汤全明、副局长何建荣等陪同考察。中国旅游研究院专家组对溧阳乡村旅游发展给予高度评价，认为溧阳农庄型乡村旅游模式是江苏乃至全国的典范。

【国家女子手球队参观新四军江南指挥部纪念馆】 10月5日，为迎接伦敦奥运会亚洲选拔赛的国家女子手球队队员在溧阳市进行紧张的封闭式训练之余，所有集训队员来新四军江南指挥部纪念馆参观学习。参观活动中，队员们通过讲解员介绍和图文实景展览，看到了70年前革命先辈的英雄事迹，对粟裕的“麻绳就是麻药”尤为动容。队员们纷纷表示，要学习革命先辈的英雄事迹，发扬艰苦奋斗、排除万难的革命精神，把这种精神融入到到平时的训练比赛中，顽强拼搏，为国争光。

【召开全市旅游发展推进动员大会】 12月31日上午，溧阳市召开全市旅游业发展暨“三区同创”动员大会。市委书记盛建良在会上就如何全力推进“三区同创”，加快建设旅游强市作重要讲话，市委副书记、代市长苏江华首先在会上作动员报告。

“十二五”期间，市委、市政府提出了溧阳率先基本实现现代化“整体不滞后、局部当先行、特色更彰显”的总体要求，将现代旅游业作为彰显溧阳率先基本实现现代化的最主要特色与亮点，确立的全市旅游产业发展的指导思想和总体目标是：坚持以科学发展观为指导，以“全国一流、全域一体”为目标，以天目湖“三区同创”为抓手，坚持“政府主导、部门联动、行业融合、分类指导”的原则，整合旅游资源和旅游要素，优化旅游功能空间，造就“七彩”溧阳旅游。即水西村红色教育之旅（赤）、社渚镇民俗风情之旅（橙）、瓦屋山宗教文化之旅（黄）、南山竹海养生长寿之旅（绿）、史侯祠埭头寻根之旅（青）、天目湖亲水览胜之旅（蓝）、状元阁科举文化之旅（紫）。到“十二五”末，完成旅游投入100亿元，建成1个国家级旅游度假区、2～3个省级旅游度假区，1个AAAAA级景区，10个AAAA级景区，2～3个国家休闲农业与乡村旅游示范点、3～4个省级乡村旅游示范点，将溧阳建设成为宁杭山水田园休闲带上的核心旅游目的地，国内一流的休闲度假旅游目的地。到2015年，全市主要旅游经济指标比2010年翻一番，实现旅游总收入150亿元，接待游客1600万人次，旅游直接就业人数增长30%以上。

【省旅游局到溧阳开展乡村旅游精品示范点验收工作】 3月7日，江苏省旅游局综合法规处顾斌副处长带队，对天目湖生态农业园创建江苏省四星级乡村旅游精品示范点工作进行考核验收。验收组在对生态园进行现场踏勘检查的基础上，听取天目湖生态农业园董事长沈祖富详细汇报了创建工作情况、生态园未来的发展计划及目前建设中存在的困难和建议。最后，验收组对天目湖生态农业园乡村旅游精品示范点创建工作给予了高度肯定。

【旅游局调研挂钩村旅游开发】 11月10日，市旅游局领导到挂钩村～天目湖镇三胜村、吴村进行旅游开发调研，会商如何通过发展旅游加快致富步伐。在与村委会负责人座谈的基础上，旅游局领导实地察看了三胜村拟开发农庄地块、吴村退耕还林湿地、伍员山蓄能电站拆迁新村。汤全明局长在与村委负责人座谈时指出：三胜要充分发挥依托天目湖山水园、十思园两大景区的优势，利用好存量资产，建设乡村旅游服务设施，吸纳村民就业，造福一方百姓；吴村要着眼长远，制定旅游发展规划，在为蓄能电站建设做好配套服务、增加农民受益的同时，谋划乡村旅游的整体开发建设。

【天目湖获“省级生态旅游示范区”称号】 2011年1月，天目湖旅游度假区从全省22家申报单位中脱颖而出，被省旅游局、环保厅评为江苏省首批3家“省级生态旅游示范区”之一。

市旅游局会同天目湖旅游度假区认真贯彻《全国生态旅游发展纲要(2008～2015年)》和《江苏生态省建设规划纲要》，加强生态环境的保护和修复，实施景观提升工程，完善旅游基础设施和配套服务设施，提高景区管理水平 ，大力开展生态旅游示范点创建工作，取得显著成效。

【首届瓦屋山场地越野赛】 12月17日，由市旅游局、文化广电体育局、竹箦镇人民政府主办的首届“瓦屋山鸿鑫电缆”杯汽车场地越野赛在瓦屋山开赛。来自数十个车队的111位车手在越野赛场上一展身手。

本届比赛为场地障碍赛，涵盖了飞车台、双边桥、波浪路、炮弹坑、闪电勾、内侧坡、三连坑、沟渠弯、乱石阵、颠簸路、沙坑、外侧破、轮胎坑、深水坑、三驼峰、回形弯等多种障碍地形。同时，本次比赛分为英雄组和友谊组两个组别，其中友谊组又分为A组、B组和女子组。各路选手或驾驶着精心改装的越野车，或驾驶着原装越野爱车都一同在惊险刺激的赛道上一决高下，展示着场地越野赛的无穷魅力。

【溧阳成为唯一的一个同时拥有礼茶品牌、示范点的县级市】 12月6日，遴选出的长三角城市群茶香文化体验之旅20个礼茶品牌和40个示范点中，十思园的“富子牌”白茶、苏园的“一盏清茗酬知音”项目体验之旅，成功入选长三角城市群茶香文化体验之旅茶礼品牌、示范点。溧阳是唯一的一个同时有礼茶品牌、示范点长入围三角城市群茶香文化体验之旅的县级市，受到业内同行和专家学者的高度评价。

2011年长三角城市群茶香文化体验之旅区域专项产品研发和推广活动，是由上海市旅游局、江苏省旅游局、浙江省旅游局和安徽省旅游局共同主办，上海市人民政府发展研究中心、长江三角洲城市经济协调会办公室、上海长江开发促进会、长三角城市群旅游专题合作工作小组、项目推广战略媒体、专项产品组团旅行社共同合办的一个重要活动，旨在通过挖掘江南独特的茶院、茶乡、茶园、茶馆、茶艺、茶市、茶会、茶席等茶文化旅游资源，让中外游客亲身体验和感受江南茶文化。

旅游开发

【概 况】 2011年，市旅游局围绕创建国家级旅游度假区、国家级生态旅游示范区及国家AAAAA级景区的发展定位，坚持高起点规划，高品位设计，高标准建设，坚持以旅游项目建设为龙头，加快推进旅游产业转型升级，实现以观光旅游为基础，休闲度假旅游为重点，特色旅游为补充的旅游产品新格局。2011年，全市旅游开工建设项目30个，总投资83.27亿元，实际完成投资14.83亿元。其中，常州市考核项目有天目湖游客集散中心、南山竹海二期、十思园景区及天目湖国际广场。

【《溧阳市旅游发展总体规划》初稿设计完成】 2011年，市政府邀请江苏省社会科学院、中科院南京地理与湖泊研究所，对《溧阳市旅游发展总体规划(2011～2020)》进行修编，以对溧阳旅游的开发现状及产品结构进行重新诊断把脉，提出新的开发构想和改造思路，明确溧阳旅游新的定位、布局和形象，对提升改造后的旅游资源进行客源市场定位、营销推广战略制订等；并在此基础上，对溧阳未来拟重点发展的旅游项目，编制出项目策划书。2011年12月下旬，该规划初稿在经过两轮专家论证后，进入最后修改完善阶段，计划在2012年3月底前完成评审。

【天目湖旅游度假区入围国家级旅游度假区】 我国自1992年确定首批12家国家级旅游度假区后，一直未再进行新的评定工作。2011年1月，这项评选工作重新启动，并在全国按类型选择了4家比较成熟的旅游度假区进行试评，天目湖旅游度假区顺利入围。

【天目湖游客集散中心】 为进一步加快天目湖的发展，配套和健全各项旅游服务功能，有序组织天目湖景区入口旅游人车流线，有效提升天目湖景区品质。5月上旬，天目湖镇党委、政府研究决定，由江苏天目湖集团公司对天目湖景区入口原百花广场（现更名为天目湖游客集散中心）地块进行投资建设。项目由南京长江都市建筑设计股份有限公司规划设计，项目位于天目湖百花广场规划范围，占地面积20万平方米。建设主要内容有：游客服务、展示中心、生态公厕、生态停车场、入口处广场、道路、绿化景观和水面景观等。

项目总投资约1亿元人民币，建设期限为2011年6月～2012年6月，2011年，已完成投资约3000万元。

【南山竹海二期】 为使南山竹海景区进一步向人文景观的方向拓展，提高景区文化内涵和品位，南山竹海二期项目本着贴近主题、体现自然生态的宗旨，确定建设奥地利地面缆车、古村落展示、竹文化展示、熊猫馆四个参与性项目的建设，计划总投资0.85亿元。2011年1～10月，投资0.87亿元，完成了项目建设，并已投入运行。

【御水温泉跻身“中国十大温泉”】 3月12日，天目湖御水温泉获得“中国十大温泉”称号。

由央视网、中国网络电视台、蛙悟旅游点评网等媒体主办的“中国十大温泉”评选活动，于2011年1月4日开赛，根据知晓度、美誉度、服务质量、游客数量等评介指标，经过来自全国近千万人次的网络与手机短信投票，天目湖御水温泉秉承南山竹海的大气磅礴，兼备皇家温泉的雍容华贵，一举入围，正式当选为中国十大温泉。

【十思园景区】 项目总投资50亿元人民币，由江苏天目湖生态农业有限公司投资建设，建设期为10年，项目规划区域20平方千米，以天目湖生态农业示范园为基础，建成一个集酒店商务区、会展交易区、教育培训区、一村一品展销区、生态科技产业园区、文化创意产业园区、综合服务区、新农村示范区及AAAA级旅游区于一体的生态休闲文化创意产业园区。2011年1～12月，完成投资3亿元人民币，主要完成文化产业和旅游总体规划方案初步设计、二大水库的审批立项、道路施工建设及绿化养护施工、新农村（十思感恩村）建筑主体。

【天目湖国际广场】 项目总投资3.5亿元人民币，总建筑面积约10万平方米，由江苏皇珈置业有限公司投资建设，主要建设内容为商业娱乐、度假公寓及经济型酒店等，建设期为2010年2月～2013年10月。2011年1～12月，已完成投资1.2亿元。现温泉酒店主楼已经封顶，酒店内墙进行粉刷。

【水西村启动国防园项目建设】 11月20日上午，市委副书记、代市长苏江华、市委常委、副市长夏国浩、市委常委、人武部政委张宇、副市长张爱文等领导在水西村现场办公，并就国防园（民兵训练基地）的建设、红色旅游的开发、统筹规划打造国家AAAA级旅游区等问题，进行了座谈。

苏江华就国防园的选址建设，提出了“四个一体”、“四个加快”的工作要求：定位一体化。国防园建设要和新四军纪念馆的红色教育功能一体化；规划一体化。要结合水西红色旅游的开发一体规划，把国防园纳入红色旅游的大规划中通盘考虑；功能一体化。纪念馆和国防园的配套设施、功能要一体化安排，公共服务功能共享，避免重复建设；运作一体化。以后建议组成一个班子对水西红色旅游区进行统一运作，确保良性运行，实现“以园养园”。在具体工作上，近期要做到“四个加快”：加快规划设计、加快土地性质调整、加快相关配套设施建设、加快资金安排。

【天目铭汤跨入“AA”行列】 12月中旬，天目铭汤孝子温泉被评为国家2A级旅游区，成为长三角屈指可数的温泉景区。据《溧阳县志》记载，孟郊，唐贞元十六年任溧阳县尉，为孝敬慈母，接至溧阳，亲身奉养。千古传诵的《游子吟》即为当时迎接孟母而作。相传孟母皮肤疾患多年，疮毒搔痒难耐，到溧阳后孟郊常用此泉为其母淋浴洁身。皮肤疾患不觉自然痊愈。后经考证，此泉为含有多种矿物质的优质温泉。天目铭汤温泉度假村采用此泉供宾客享用，疗养洁身，形成特有的温泉文化，铭汤孝子温泉开发较早，是全国唯一一家“孝”文化主题温泉。

旅游管理

【概　况】 2011年，市旅游局以整顿和规范旅游市场秩序、强化旅游行业管理为内容，加大依法治旅力度，不断优化旅游发展环境，营造良好的旅游氛围。通过规范旅游企业的经营行为，强化旅游行业服务，提升旅游服务接待水平，全市旅游环境得到了进一步提升。突出重点时段的监管。在各个黄金周、小长假前夕，市旅游局都组织检查组，加大了对全市旅游区（点）、旅游饭店、旅行社、乡村旅游服务接待实施、农家乐的旅游安全大检查。针对检查中发现的问题，检查组在现场提出了整改要求，及时下发检查通报，督促受检单位及时整改，排除安全隐患，对不符合规范化要求的单位取消评定资格；对已经评上的单位，现在不符合规范化要求的给予取缔，并下达文件公布。积极开展安全宣传教育工作。要求所有的星级宾馆，组织人员观看消防演练的纪录片，提升广大旅游从业人员的安全防范意识，安全做到人人抓，个个管。由安监局、旅游局举办的全市纯旅游行业安全管理人员培训班，要求各旅游企业的法人代表、总经理、分管安全的副总、安全负责人、安管员进行全面培训，并进行考核，发放了安全生产资格证，各旅游企业每年定期举行组织参安全管理知识考试和现场消防演练；全年未发生任何旅游安全事故；对22家星级饭店进行了年度安全考核，指导涵田度假村酒店、天目辉煌温泉度假酒店酒店等申星饭店的整改工作；常州市第二批旅游特色餐馆评定，对全市有规模上档次的30多家社会餐饮单位进行筛选评定，新华厨、万家灯火大酒店、天目湖碧波园大酒店、快乐家园酒店、锦汇江南大酒店获得殊荣；常州市首次旅游接娱乐场所评定乡村旅游服务接设施的评定圆满落幕，溧阳新华盛会休闲中心、蓝岛咖啡、皇家永利歌舞娱乐场所、壹号公馆休闲会所、激情百度连锁机构溧阳分店榜上有名。组织开展导游年审工作。对全市导游进行年审工作，200余名导游员全部通过年审。进一步规范旅游市场秩序。加大旅游执法检查力度，每逢小长假期间，市旅游局执法大队都要深入景区进行检查，查处“黑导”、“野导”，进一步净化了旅游市场。进一步加强旅游行风建设。旅游局机关加强行政效能建设，组织机关人员学习培训，强化服务意识，提高工作效率。采取多种形式，分层次培训旅游从业人员，提升全市旅游服务水平。在全市旅游行业开展精神文明创建活动，提高旅游服务质量，倡导游客文明出游。同时，检查景区旅游服务质量，对游客满意度情况进行调查，2011年中，游客对山水园、南山竹海景区的满意度分别达到95。5%和97.5%，对景区服务人员的满意度分别达到92.5%和93.5%。处理各类旅游咨询、投诉76起，其中，投诉圆满解决率达100%。

【天目湖旅行社跻身“全国国内游十强”旅行社】 国家旅游局《2010年度全国旅行社统计调查情况公报》，溧阳市天目湖旅行社，跻身于全国国内游十强旅行社，全国第八，江苏第一。

天目湖旅行社多次获得“全国百强”旅行社称号，此次跻身于全国国内游十强旅行社，进一步提升了溧阳市

表7

溧阳市星级饭店

单位名称	星级	地　　址	电　话
天目湖宾馆	五星	天目湖旅游度假区	87168888
溧阳宾馆	五星	西大街118号	87222777
天目湖国际饭店	五星	天目湖中心大道8号	87989999
华天度假村	四星	天目湖旅游度假区	87165999
静泊山庄	四星	天目湖旅游度假区	87169999
溧阳假日酒店	四星	罗湾路99号	87199999
皇廷国际大酒店	四星	燕山中路9号	83106888
扬子国际大酒店	四星	溧城镇安顺路8号	87928888
涵田度假村酒店	四星	天目湖旅游度假区	87178888
天目水庐宾馆	三星	天目湖旅游度假区	87981798
水悦山庄	三星	天目湖旅游度假区	87167888
虹枫美食休闲度假村	三星	天目湖旅游度假区环湖东路2号	87167666
望湖岭山庄	三星	天目湖旅游度假区环湖东路1号	87982798
江南大酒店	三星	平陵中路268号	87166666
云海宾馆	三星	燕山路33号	87179666
李家园大酒店	三星	戴埠镇李家园村388号	87938777
翠谷庄园	三星	南山竹海旅游区旁	87933888
天目辉煌温泉度假酒店	三星	平陵西路352号	87668888
交通大酒店	二星	西大街142号	87160777
翠竹园宾馆	二星	天目湖旅游度假区	87169000
天目湖大酒店	二星	天目湖旅游度假区迎宾大道301号	87980396
香峰山庄	二星	戴埠镇黄岗岭村	87931579

表8

溧阳市旅行社

单　位　名　称	地　　址	电　话
天目湖旅行社	天目湖旅游度假区	87980000
阳光国际旅行社	平陵中路251号	87225688
华天假日旅行社	东大街182号	87201600
山水国际旅行社	平陵中路212号	87290077
东方旅行社	清溪路商业街4区19～20号	88328282
蓝天国际旅行社	平陵中路319号	87203376
交通旅行社	西大街142号	87208266
春秋旅行社	燕园88号	87221995
青年国际旅行社	新省溧中对面	87260036
康辉旅行社	和平南路5号1幢1号	87251260
天马旅行社	平陵中路214号	87123333
奔马假日旅行社	天目路41号	87927700
金旅旅行社	新华街1号	87289288
九洲国际旅行社	育才路88号	87036996
天目湖探索旅行社	天目湖牌楼东侧	87978777
天目湖人和假日旅行社	天目湖商业中A－B101	87988966
南京康辉旅行社溧阳分公司	福田中心2505	80689393
无锡百事通旅行社溧阳分公司	杨家院7号楼后街13号	87387598
常州风光旅行社溧阳门市部	财产保险公司二楼	87237332

旅游品牌的竞争力，为率先建成旅游强市作出了贡献。

【涵田度假村酒店被评定为四星级旅游酒店】 2011年6月，涵田度假村酒店对照四星级酒店的标准，对硬件设备设施进行了全面改造，建立健全酒店管理机制，管理服务水平明显提升。6月，该酒店顺利通过江苏省旅游局的验收，成为溧阳市第六家四星级饭店。

【天目辉煌温泉度假酒店被评定为三星级旅游酒店】 天目辉煌温泉度假酒店对照三星级酒店的标准，在硬件实施设备得到完善的基础上，加强员工的星级服务培训，建立健全酒店管理机制，管理服务水平明显提升，9月，该酒店顺利通过常州市旅游局的验收，被评定为三星级旅游饭店。

【3家农庄被评定为江苏省四星级乡村旅游区（点）】 12月，溧阳市天目湖蓓茗休闲山庄有限公司、和平生态园有限公司和平桥深水山庄有限公司被评为江苏省四星级乡村旅游区（点）。至今，溧阳省级四星级乡村旅游区（点）已达到7家，其他4家分别是：翠谷庄园、大石山旅游农庄、吴楚农耕文化园、江苏天目湖生态农业园有限公司（十思园）。

【溧阳第二批常州市旅游特色餐馆评定】 6月，溧阳第二批“常州旅游特色餐饮”评定工作圆满结束，荣膺单位是：溧阳万家灯火大酒店、快乐家园饭店、锦汇江南酒店、新华厨大酒店、天目湖碧波园大酒店。

【溧阳首批常州市旅游休闲娱乐场所评定】 12月，市旅游局根据常州市旅游局要求，对照旅游休闲娱乐场所标准，对全市范围内的上档次的休闲娱乐场所进行全面排查摸底，经过经营单位自评，市旅游局核查，首批荣膺单位为：溧阳新华盛会休闲中心、蓝岛咖啡、皇家永利歌舞娱乐场所、壹号公馆休闲会所、激情百度连锁机构溧阳分店。

【举办安全培训班】 11月23日，市旅游局与市安全生产监督管理局在天目

表9　溧阳市星级乡村旅游服务单位

单位名称	星级	地　　址	电　话
快乐家园酒店	四星	戴埠镇南山竹海风景区旁	87935788
环秀山庄	四星	李家园村马地240号	87935918
山泉农庄	三星	李家园村马地191号	87935087
逸鸣山庄	三星	李家园徐家干大浪圩水库	87967979

表10　常州旅游休闲娱乐产所

单位名称	地　　址	电　话
新华盛会休闲中心	昆仑南路29号	87172999
蓝岛咖啡	罗湾路330号	80681717
皇家永利歌舞娱乐场所	锦汇商业广场	87250333
壹号公馆休闲会所	罗湾路447号	68698888
激情百度连锁机构溧阳分店	金谷广场大门处	80989333

表11　常州市旅游特色餐馆

单位名称	地　　址	电　话
新华厨	朝阳街188号	87260888
快乐家园酒店	戴埠镇南山竹海风景区旁	87935788
万家灯火大酒店	燕山菜场东面	87272179
锦汇江南酒店	锦汇商业广场	87688777
碧波园大酒店	天目湖旅游度假区	87168899

辉煌温泉度假酒店，举办了全市旅游经营单位负责人和安全管理人员安全资格培训班，有近80人参加了此次培训并进行了考试。

全国工农业旅游示范点

全国工业旅游示范点：江苏水电科普园

全国农业旅游示范点：大石山旅游农庄、吴楚农耕文化园、天目湖玉枝农庄、翠谷庄园农业生态休闲有限公司、天目湖生态农业有限公司（十思园）和花果山农庄。

国家等级景区

国家AAAA级景区：天目湖旅游度假区、南山竹海、御水温泉。

国家AA级景区：瓦屋山、新四军江南指挥部纪念馆、高静园、凤凰公园、天目铭汤孝子温泉。

（陈卫君）

天目湖旅游度假区

【概　况】 天目湖旅游度假区位于江苏省溧阳市南部，是国家首批AAAA级旅游度假区。总规划面积320平方千米，其中三分之二以上为植被繁茂的丘陵山区，自然山水资源丰富，坐拥沙河、大溪两座国家级大(二)型水库。气候环境适宜度假，空气质量达到国家一级标准，水资源一直保持国家饮用水Ⅱ级标准，被赞誉为“江南福地、绿色仙境”。天目湖三绝“水甜、茶香、鱼头鲜”更是远近闻名。区内拥有山水园、南山竹海、御水温泉三大景区，全国工农业旅游示范点7家，全国休闲农业与乡村旅游示范点1家，江苏省四星级乡村旅游点2家。2011年，被国家旅游局确定为国家级旅游度假区创建试点单位之一，被住房和城乡建设部和国家旅游局评为全国特色景观旅游名镇，被省旅游局评为江苏省首批生态旅游示范区。

2011年，天目湖旅游度假区在上级旅游部门的关心和支持下，坚定不移地突出旅游主导产业，以“三区同创”为目标，围绕生态、休闲、度假的主题，大力推动旅游产品转型升级，提升旅游服务质量和档次，使旅游业得到了快速、健康发展。

科学编制规划，加快转型升级。委托上海同济城市规划设计研究院编制《天目湖旅游度假区景观体系规划及天目湖镇总体规划》，从旅游度假角度对景观体系进行规划和控制，科学处理开发与资源保护的关系；对天目湖镇（区）规划结构及功能分区、交通体系、项目设施、用地布局进行统筹规划。为解决天目湖旅游从观光向休闲度假的转型升级、天目湖工业园向现代服务业的转型等问题，委托上海福睿智库公司对天目湖产业发展战略进行研究，根据天目湖镇的具体情况，正确选择切合实际的经济发展方向和发展模式，科学确定天目湖未来发展的最新主题和方向，明确区域发展战略定位、产业发展重点、具体的实施路径。

以“三区同创”为目标，完善旅游基础设施。按国家AAAAA级景区要求，投资1亿元建设天目湖游客服务中心。中心占地面积20万平方米，建筑面积近10000平方米，内部由多功能服务区、展示中心、生态停车场以及五星级公厕及配套设施等四大功能区组成，2012年竣工投运，将成为度假区内所有旅游产品对外展示的重要平台；投资6亿元实施山水园精品提升工程。2011年，投入6000万元，完成山水园创建AAAAA景区提升规划，完成厕所、游客等候区及龙兴岛码头改造等；投资3.5亿元启动天目湖城市广场旅游综合体项目建设，2011年完成投资1.2亿元，港中旅维景国际酒店正式落户天目湖城市广场。

加大宣传促销，提升品牌知名度。3月1日至10月19日，在CCTV−1（精品套播）、CCTV−4《海峡两岸》、CCTV−4《走遍中国》，以及在北京西客站北广场北出口LED电子显示屏投放10秒天目湖形象宣传广告。在上海东方卫视投放天目湖形象广告。在《香港文汇报》上进行天目湖整版宣传。与新华日报合作开展《江苏最美的地方推选》评选活动。5月26日，《爱猜电影》剧组来天目湖拍摄，以寻找天目湖最美景点为主题，通过水上运动、乘坐小火车等活动，以旅游娱乐的形式把天目湖美景展示在视屏上。

2011年，天目湖旅游度假区接待

游客630万人次，比2010年增长26%，旅游直接收入7.22亿元，比2010年增长20%，实现旅游总收入45亿元。

【天目湖御水温泉成为国家AAAA级旅游区】 2011年2月，天目湖御水温泉景区被评为国家AAAA级旅游景区。这是继山水园景区、南山竹海景区之后，又一家旅游景区成为国家AAAA的旅游区。至此，天目湖旅游度假区已有3家国家AAAA级景区。同年，天目湖文化创意产业园获得全国休闲农业与乡村旅游示范点称号，天目湖倍茗山庄、深水山庄获得江苏省四星级农庄称号。

【天目湖御水温泉获中国十大温泉称号】 3月12日，在由央视网及蛙悟点评网联袂举办的中国十大温泉评选现场，江苏天目湖御水温泉从国内数百家温泉中脱颖而出，被授予"中国十大温泉"称号。天目湖御水温泉是入选十大温泉中最年轻的一家温泉。

【沙河、大溪水库除险加固工程顺利竣工】 4月6日～8日，江苏省水利厅组织由水利部太湖流域管理局、水利部大坝安全管理中心、省水利厅、常州市发改委、常州市财政局、常州市水利局等单位人员来溧阳检查检验沙河、大溪除险加固工程。由于溧阳除险加固工程工作报的早、做的实，顺利通过了验收。沙河、大溪水库位列全省六座大型水库行列，也是溧阳市最重要的水利工程，集水面积分别为147平方千米和90 平方千米，总库容分别为1.086亿立方米和1.13亿立方米，经多年运行，病险问题不断出现，为及时解决水库存在的问题，经上级批准，对两座水库进行除险加固。资金列入中央扩大内需基建项目，总投资分别为1.3228亿元和1.5042亿元。并分别于2008年10月和2009年9月开始施工，经过近3年的施工，现已顺利完成。

【天目湖镇牵手台湾南投县】 在5月13日至15日举办的以"两岸乡镇携手掘金"为主题的第二届两岸乡镇市区长会上，天目湖镇作为常州市唯一一个乡镇与南投县水里乡签订了交流合作意向书，明确两地将在经贸、文化、旅游、农业等方面进行广泛合作。这是继溧阳天目湖和台湾南投日月潭建立交流合作关系协议后溧阳与南投的再度牵手，旨在优势互补，扩大交流，加强合作，共同发展。

【《爱猜电影》摄制组到天目湖拍摄风景】 5月26日，中央电视台六套《爱猜电影》摄制组到天目湖拍摄湖光山色美景。天目湖作为常州最美景点之一，与常州恐龙园、春秋淹城和嬉戏谷共同入选外景拍摄地。这次拍摄工作在山水园、南山竹海两地取景，以寻找天目湖最美景点为主题，通过水上运动、乘坐小火车等活动，用旅游娱乐的形式，把天目湖美景展示在银屏上。

【江苏省首届茶艺观摩交流活动在天目湖举行】 5月18日上午，江苏省首届茶艺观摩交流活动在美丽的天目湖畔——苏园隆重举行，此次活动由江苏省茶叶学（协）会主办，溧阳市工商业联合会茶业商会承办，旨在打响茶品牌，弘扬茶叶文化，推动茶产业的发展。

【五星"维景"Metro park正式入驻天目湖城市广场】 7月10日天目湖城市广场与港中旅维景酒店正式签约，中国港中旅集团全资子公司港中旅酒店有限公司携其旗下国际顶级品牌——五星"维景"Metro park正式入驻天目湖城市广场。五星"维景"Metro park的入驻对完善天目湖旅游载体建设，带动商贸繁荣和经济发展，打造长三角首选度假休闲旅游目的地将具有重大的战略意义。

【《乡约》栏目摄制组走进"长寿之乡"溧阳】 9月27日，中央电视台七套《乡约》栏目摄制组到天目湖南山竹海景区录制节目，宣传溧阳得天独厚的自然环境和有利健康长寿的食物。在节目录制现场，溧阳市还与《乡约》栏目组举行了《乡约》栏目溧阳拍摄基地的揭牌仪式，双方建立了宣传合作关系。

【大熊猫落户南山竹海】 9月20日，两只国宝大熊猫"壮妹"和"奥运"在工作人员的精心护送之下，正式落户南山竹海。为了迎接熊猫的到来，南山竹海景区特别打造了一个集观光、游览、科普等众多功能为一体，占地面积1000多平方米的熊猫馆。国宝熊猫的落户为南山竹海增加了新的景点，使游客提高了兴趣。

【天目湖景区红十字会成立】 4月26日，天目湖景区红十字会成立揭牌仪式在山水园景区广场举行。天目湖景区红十字会的成立，将为游客安全旅游提供了保障。遵循"生态天目湖，大爱红十字"的主题，竭诚为游客服务。

【"第七届天目湖国际户外嘉年华"隆重举行】 "第七届天目湖旅游节国际户外嘉年华（2011）"于5月6日至5月8日隆重举行，活动内容包括山地自行车赛、国际半程马拉松赛、皮划艇比赛、户外美食烹饪大赛等精彩赛事。

【亿光溧阳粉红丝带基金正式启动】 亿光溧阳粉红丝带基金是主要救助乳腺癌患者，同时兼顾其他特困重病患者救助的专项公益基金，基本原则：遵循量入为出、公开透明、尊重捐方意愿、体现救助效益，该基金由溧阳市红十字会管理和使用，同时接受台湾亿光文化基金会董事长简文秀和社会监督，并由溧阳市审计局、市监察局专项审计和监督。

【天目湖镇一座清代古桥"露出水面"】 2011年，天目湖镇杨村村委陆齐村西北约800米处的天目湖中，露出一座单孔石拱桥，东南—西北走向，采用纵联分节砌法，由天子石和青砖建成，南侧两侧各有桥额石一块，南侧桥额经清洗辨认，上面刻有"南汇桥/乾隆甲寅年/重建"字样，北侧桥额刻有"南汇桥"字样，证实该桥重建于清代乾隆五十九年（1794），距今已有220余年的历史。经测量，现在露出水面的部分长18米，宽3.8米，桥身上层的青石板已经全部消失。但该桥的石缝中发现有起连接作用的"腰铁"，能把拱石连接成一个紧密整体，增强了桥的稳定性和可靠性，这在溧阳古桥建筑工艺上并不多见。 （张鸿浩）

城乡建设·环境保护

栏目编辑　芮金川　莫　俊

城乡规划

【概　况】 2011年，在市委、市政府的正确领导下，在全社会的普遍关心和支持下，城乡规划工作紧扣"紧跟苏锡常、同步现代化"的工作主题，围绕全市40项重点工程，全力实施"规划提升年"工程，努力实现城乡规划各项工作新突破，促进城乡规划工作水平再上新台阶，为"十二五"开好局、起好步，打下坚实的基础。

【各项规划研究】 紧紧围绕事关城乡建设发展的全局问题、重大问题，超前谋划城市发展的新思路、新空间，在引领经济社会发展、配置空间资源、协调空间格局等方面，发挥了重要的积极作用。拓展城市空间。完成了城西片区重点区域9.55平方千米概念性城市设计，同时完成了主城片区向城西片区过渡区域的清安片区城市设计，进一步深化"西延"；向南完成燕山路、南大街等道路南延规划方案研究，完成燕山新区景观规划及管线综合设计，编制建筑文化公园概念规划及客运综合体站前广场景观规划，开展燕山公园周边功能策划研究，加快推进"南拓"；向东完成东环路地区概念性城市设计，对接东环路提升东大门，促进"东优"；中心城区继续推进城市设计深化工作，确保主城区城市设计三年全覆盖，促进城市空间形态"完形"；加快园区发展。开展了"一区三园"规划研究，将别桥北山工业园、上兴工业园、南渡新材料工业园统一编制产业布局规划，找准发展定位，加快要素集聚，推进全市"两区五园"向"一区三园"优化。其次，完成市经济开发区整合规划、汽车城规划、昆仑片区概念性城市设计，加快打造"产业新城、城市新区"。配合天目湖镇开展总体规划修编，完善320平方千米旅游度假区景观规划，重新审视天目湖工业园区规划，做好江苏软件园前期策划调研、规划研究和工业园区公租房规划设计，做好镇污水管网、茶亭河改道等专业规划，确保天目湖的吸引力、承载力和集聚力全面加强。

【研究旧城更新规划】 从"旧城更新、交通改善、历史传承"三位一体角度出发，针对性的旧城综合交通改善专项规划研究，为全市旧城更新改造提供目标导向和实施方案。此外，在梳理重点公共设施建设项目（学校、医院等）发展布局上，对市区重大公共设施项目的功能整合开展可行性研究，在规划层面实现城市资源的均衡配置。对旧城更新改造规划，强调旧城区更新改造的整体性、系统性和可行性，规划主要目标和任务是充分挖掘旧城区发展潜力，寻求提升旧城区城市职能的途径和旧城更新模式、机制，明确旧城更新的整体方向、空间策略、计划安排、实施方案以及政策配套，并从策略规划、方案规划、行动规划、政策规划等方面入手，形成从理念到实施的全程指导，为今后旧城更新改造组织和推进提供切实可行的技术依据。

【"一环一带"城市设计及团城风貌保护规划】 按溧阳市山水城市的特色定位，完成"一环一带"（城中河、护城河）滨水地区城市设计及团城风貌保护规划，对团城水系进行整体规划，突出营造现代城市滨水景观和传统水乡古城风貌格局。规划局在前期充分调研、分析研究基础上，确立了开展"一环一带"滨水地区城市设计及团城风貌保护规划工作，内容包括："一环一带"滨水地区的城市设计工作，主要从空间环境、文化传承、城市品牌、功能与产业、特色与保护、管理与控制等多方位、多角度着手，努力营建集地域、历史、文化、时代品质为一身，水、景、城、园相互因借；旅游文化与宜居城市相结合的具有浓郁地域人文精神、充满时代品质、富于城市形象特色、环境宜人的城市滨水地区及团城风貌新形象，实现环境改善、功能升级、活力散发、文化传承、特色突显等重要发展目标。对滨水地带整体空间的谋划主要解决三大问题，即赋予意义，彰显特色，营造场所。规划主要研究内容包括城中河滨水景观的打造、道路交通体系梳理、土地利用与功能引导、公共空间设计、旅游与产业策划等；对团城地区开展风貌保护规划。团城是展示城市历史文化最主要的空间载体，承载着无数溧阳人的精神情感，规划一方面要明确团城保护、继承与发展的目标，文化传承的方向，提出历史文化、历史遗存保护策略，古城风貌重塑的手段方法等；另一方面对团城及其周边环境的控制引导，约束此类区域开发建设行为，以符合团城风貌保护与建设要求。

【完善规划体系】 对各专项规划、控规、城市设计进行系统整合，在已完成西片区、南片区相关整合规划的基础上，编制的旧城更新改造规划、旧城综合交通改善规划和“一环一带”滨水地区城市设计及团城风貌保护规划，相关成果都统一整合到旧城更新改造规划中。在已完成主城区控规全覆盖基础上，根据建设时序，有计划组织编制单元控制性详细规划报批工作，确保上位规划的落实和衔接，将规划目标任务落实到相应地块和项目，为规划管理提供切实可行的依据。加强详细规划编制，全年完成了30个地块的修建性详细规划的审核及报批工作，规划总用地面积达157.2万平方米，规划总建筑面积达204.2万平方米，完成237个地块规划建设条件的研究及制订，在详细规划的指导下，特别是老城区改造方案的前期介入，拆迁安置方案征集审核、重要节点地段项目的规划审定，使一批新兴项目高起点、高标准顺利开工实施，提升了城市品质和居住环境。加强村镇规划工作，按城乡统筹、城乡一体工作思路，加快完善各镇总体规划修编并形成成果，上兴、埭头、南渡三镇的总体规划已报批；积极推进各镇近期建设用地范围内控规编制，各镇均委托编制了重点片区1平方千米以上控规，并形成中间成果；同时，为高起点打造新镇区，各镇委托编制新镇城市设计。为切实提高村镇农民的居住水平，开展了村镇农民优秀住宅设计方案征集活动并形成成果，下步将以连环画册的形式免费印发至各镇村，供广大村民在建房时选择套用。

【规划制度建设】 完善制度建设，制定《建设项目建筑面积及容积率指标计算补充规定》、《建设项目日照分析管理暂行规定》、《管线规划管理意见》、《建设工程规划核实办法》、《规划管理联动会商制度》等技术文件和管理规定，针对商业综合体、住宅改商业、商业办公项目的规划管理，进行调研并研究举措，通过建章立制保障规划工作的规范高效，进一步促进依法行政水平的提高。加强公共参与，做好规划专刊、溧阳时报专版、规划专题片定期宣传报道，畅通对外联系桥梁，全年份制作各类刊报、专题片16期、刊登各类图文信息100余条。充分利用网站、市民规划师、公示栏等形式，向社会、向市民公开规划，主动接受公众监督，让市民走进规划，全年份公示各类项目112个，拍摄现场公示照片223张。结合建党90周年，开展“规划让溧阳更美好”的“规划四进”活动、通过规划进“社区、园区、小区、广场”，发放规划图件及办事手册，现场咨询交流，引导公众从被动参与到主动参与。加快数字进程，信息化工作继续在县级市中保持领先，第二次应邀参加全国信息化工作年会，并发表交流论文；完成规划网站改版升级和局业务档案整理数字化工作，完成规划展示馆策划方案征集等前期工作；完成地形图测绘约80平方千米，成功开展了拆迁房产测算工作；开展城市规划用地范围内地下管线普查工作并完成初步成果，普查长度约1600千米。

【优化规划管理】 实行办公会集体研究和技术会审会制度，规范审批程序，严格审批制度，重大项目及重点地段的规划、设计经评审小组，评审并按程序上报批准后方可实施。全年组织专家咨询会2次，组织市评审会13次，评审项目94个（是历年最多一次），组织技术会审会7次，会审项目18个。优化审批流程，缩减审批时间，天目湖经济开发区和昆仑经济开发区内的工业项目、拆迁安置房项目授权规划分局现场受理、直接发证，做到随到随办、随报随批，全年共核发选址意见书133份，建设用地规划许可证150份，批准用地面积406.5万平方米，核准的用地量已超去年近100万平方米；建设工程规划许可证832份，批准建筑面积448.5万平方米，批准的建设量已超2010年近120万平方米。批准各类管线长44公里。公开规划服务六项承诺，对审批时限、审批流程、项目收费、勤政廉政等社会关注、百姓关心的环节通过媒体向社会公开承诺内容，并公布监督电话，接受社会监察。对重点项目制定落实机制，细化各部门工作任务，建立重点项目推进月报制，加强工作督查。实行重点项目专人负责制，深化落实首问负责制和超时责任追究制。拓宽投诉渠道。改革信访来信批转流程，缩短办理答复时间，专题召开人大代表、政协委员议案办理工作和服务工业项目代表座谈会，广泛接受社会的监督和评议，全年共承办市人大代表建议8件，市政协提案22件，人民来信28件，论坛回答网友咨询231次，提前办结率和满意率均达100%。

（任东明）

国土资源管理

【概　况】 2011年，市国土资源管理工作在市委、市政府和上级国土资源部门的领导下，围绕“紧跟苏锡常，同步现代化”的工作目标，坚持服务与监管并重，着力转变资源管理和利用方式，提高国土资源对经济社会全面协调可持续发展的保障能力，较好地完成了各项工作任务。

【总体规划和农田保护】 土地利用总体规划。溧阳市土地利用总体规划修编工作顺利完成。在编制过程中，多次组织市有关单位、部门进行讨论，根据市领导和各部门的反馈意见，对规划成果进行了反复修改，于2011年5月，通过了省国土资源厅组织的专家组评审。根据专家组的意见进行了修改，于6月中旬，上报江苏省人民政府，经批准开始启用土地利用规划。主要完成的规划成果有：《溧阳市土地利用总体规划（2006～2020年）成果》、《溧阳市规划大纲、大纲图册、大纲说明》、《溧阳市10个镇土地利用总体规划成果（2006～2020年）》。

基本农田和耕地保护工作。参考第二次全国土地调查工作成果和工作要求，常州市下达的基本农田指标6.1272亿平方米已经在土地利用总体规划图上定位。

市政府与各镇人民政府签订了年度基本农田和耕地保护责任书，市国土资源局和各国土所也签订了基本农田和耕地保护责任书。根据第二次全国土地调查工作要求，基本农田保护面积已经落实到各镇土地利用总体规划图上。

【建设用地管理】 城乡建设用地增减挂钩工作。根据国土资源部、省国土资源厅督查组要求，完成了溧阳市(2007～2010年)申报的城乡建设用地增减挂钩试点和农村土地整治清理数据填报工作，省国土资源厅督察组进行了实地抽查。申报一个"城乡建设用地增减挂钩项目推进经费"项目，申请2011年度城乡挂钩项目推进经费800万元，获得省财政厅和省国土资源厅批准，项目经费已下达至竹箦、上兴、社渚、南渡、别桥等镇。开展了2011年度的城乡建设用地增减挂钩前期工作，在上半年初步落实拆旧地块的基础上，10月份进一步落实溧城等10个镇50个拆旧地块，拆旧地块总面积139.2公顷，预计可复垦成农用地118.7公顷，年内约完成拆旧复垦53.33公顷。

各类用地手续的报批、办理工作。土地征收（用）报批工作。全市共计上报并经批准征收（用）土地198宗，总面积512.07公顷。其中，村镇建设12个批次，193宗地，面积337.29公顷；独立选址项目5个，面积174.77公顷。审批临时用地20宗，总面积0.64公顷，其中耕地面积0.61公顷；报批设施农业36家，涉及建设使用土地10.86公顷，其中耕地面积1.54公顷；审批农村宅基地合计111户，面积9504平方米。

单独、独立选址项目的土地预审工作。预审溧阳市市级项目25个。开展了平陵变电所、社农变电所、晶阳变电所、溧阳港区码头、金桥国际商贸城、溧阳监狱本部改扩建项目及江苏弘博热电联产项目等7个省级项目土地预审工作，预审用地面积105.3712公顷。

独立选址项目的用地计划申请工作。申请了220千伏后周变电所用地计划3.1996公顷。2010年，申请的104国道溧阳西段改扩建工程、宁杭高速公路溧阳西互通连接线工程及溧阳市中心水厂及大溪、前宋2个水库用地计划已经下达，用地总面积175.1398公顷。

2011年，省国土资源厅下达新增用地指标76公顷（其中农用地转用62.67公顷），通过争取"独立选址"、"点供"和城乡建设用地增减挂钩指标，极大地缓解了土地供需矛盾。

【土地复垦开发整理】 耕地占补平衡项目。2011年，溧阳市选入省土地开发整理耕地占补平衡项目28个，规划设计总面积553.17公顷，新增耕地面积168.81公顷。经过工程技术措施，28个项目已全面竣工，6月底通过常州市国土资源局全面验收、8月通过省国土资源厅抽查，项目全部合格，确认新增耕地面积168.75公顷。

省以上投资项目。南渡镇梅庄村土地整理项目，规划总面积699.07公顷，设计新增耕地面积40.27公顷，省国土资源厅于2008年12月下拨预算奖金1824万元。该项目于2008年11月15日开工建设，2011年7月对项目方案进行了变更，至年底，项目工程全部竣工。别桥镇土地整理项目，2009年底申报，规划总面积978.87公顷，设计新增耕地面积30.43公顷，省国土资源厅于2010年11月，下拨预算资金2604万元；2011年7月，对项目方案进行了变更，至年底，项目工程全部竣工。

申请省投资土地整理项目。市国土资源局组织上兴镇余巷、赵沛等行政村有关人员，就余巷村、赵沛村土地整治项目有关事宜进行了专题研究部署。7月中旬，申报了上兴镇余巷、赵沛村土地整治项目，规划项目建设规模为1005.17公顷，新增耕地面积21.18公顷，项目总投资4116.81万元。年底，项目可行性研究报告通过省国土资源厅评审，资金预计于2012 年下达。

申报2012年耕地占补平衡项目。4月中旬，市国土资源局根据省国土资源厅补充耕地项目库建设标准，对2012年各镇（区）预报的项目进行实地调查汇总，编制初步规划设计和预算方案。至年底，申报2012年全市耕地占补平衡项目34个，总面积995.97公顷，设计新增耕地面积287.04公顷。10月中旬，全省农村土地整治示范建设项目实施工作现场会在溧阳召开，溧阳市对示范项目实施情况和工作措施作了经验介绍，得到了省国土资源厅和试点地区领导的高度评价，作为典型在全省推广。

【万顷良田建设工程】 万顷良田建设工程涉及的2个安置小区建设工程基本结束。省国土资源厅批准的2个安置区用地面积10.19公顷（占用2010年度挂钩指标），其中，南渡安置小区用地5.96公顷，上兴安置小区的用地4.23公顷。按照"万顷良田建设工程"试点工作方案的整体要求，建成2个安置小区安置房共51幢，总建筑面积14.57万平方米（含坡屋顶、车库和储藏室）。0.76万平方米的公共配套建筑已经完工。

腾空安置拆迁。1月，上兴镇陶村村11户已完成拆迁安置入住自建房。年末，2个安置区的安置房和车库、储藏室已全部分配到户，拆迁农户已搬迁腾空，所有腾空旧房由拆迁公司拆除完工。

拆旧地块土地整理情况。农用地土地整理已基本结束，水利配套工程正在建设之中（硬质化渠道基本完工），绿化工程正在建设，部分建设用地整理工程正在实施之中。

【土地利用】 2011年度，全市总供地218宗，面积523.64公顷，应收土地出让金345995.75万元。其中，挂牌出让土地154宗，面积268.649公顷，其中工业用地挂牌出让114宗，面积202.733公顷，成交金额5亿元；经营性用地挂牌出让40宗，面积65.916公顷，成交金额20.785亿元；存量土地补办出让36宗，面积192.72公顷；划拨供地28宗，面积40.71公顷。

【土地经营与土地市场】 土地收购储备。科学制定2011年度土地收储计划，有序实施收储地块运作。全年，与各镇（区）签订土地收储协议123份，其中经营性用地30份、工业用地93份；收储土地总面积达212.05万平方米，其中经营性用地48.54万平方米，工业用地163.51万平方米；收储成本6.87亿元。

加强土地市场建设。根据土地出

让计划与要求，做好国有建设用地使用权和露采矿山采矿权招标拍卖挂牌活动实施工作。2011年度，全市挂牌出让土地154宗，面积268.649公顷。其中，经营性用地挂牌出让40宗，面积65.916公顷，成交金额20.785亿元；工业用地挂牌出让114宗，面积202.733公顷，成交金额5.0亿元。挂牌出让矿山采矿权2座，开采面积51.5万平方米，开采量1203万吨，成交价金额3693万元。全年共办理土地使用权抵押登记664宗，抵押面积达1.4万平方米，抵押金额77.82亿元。

起草《关于进一步规范土地市场加强土地出让管理的实施意见》等规范性文件，切实加强市场建设，为土地市场健康运行提供政策保障。积极做好土地咨询、土地宣传和土地招商工作，精心制作了2011年度《土地招商册》。

用地清理、土地出让金清欠。由市纪委牵头，对全市存量建设用地情况、未经批准擅自改变土地用途和土地出让金欠缴情况进行了专项清理。

存量建设用地清理。全市存量建设用地总量为212.42公顷，其中闲置土地78.81公顷，批而未供土地133.20公顷；年内全市共盘活存量建设用地17宗，面积40.93公顷。

土地出让金清欠。截至2011年12月31日，全市欠缴土地出让金总额为11.49亿元。欠缴土地出让金的最主要原因是地块拆迁不到位，未能及时交地，导致企业拖欠出让金。为加强出让金征收力度，建立与检察、监察部门信息共享制度，实行追缴出让金联动机制，2011年，共征收陈欠土地出让金8.57亿元。

擅自改变土地用途清理。全市乡镇擅自改变土地用途清理整顿工作全面开展。根据乡镇土地用途变更实施方案，已办理用途变更手续9宗，土地面积25080平方米，收缴土地出让金1395万元。

地价动态监测。根据省国土资源厅《关于全面建立全省城镇地价季度动态监测与基准地价更新制度的通知》要求，与业务协作单位合作，开展全市地价动态监测工作、土地分等定级和基准地价更新工作，基准地价更新成果通过省国土资源厅组织的专家评审。

【矿产资源管理】 2010年度，开展矿山企业年检和采矿许可证换证工作，共有30家矿山企业（其中2家地热利用企业），30家砖瓦窑厂参加了年检。对砖瓦厂许可证到期的企业，办理采矿许可证换证手续。按上级部署，对市域内9个探矿权进行全面梳理和年检。对上黄镇大笠山建筑石料灰岩矿区、社渚镇长山建筑石料灰岩矿区进行公开挂牌。2011年，共收取采矿权出让价款2.72亿元，资源补偿费1104.4万元，开采保证金436.5万元，矿山恢复治理保证金477.8万元。

矿产资源开发利用的监督管理。根据每月矿山现场监理情况，对不按开发利用方案组织生产，不实施分层开采以及越界、越层、超量开采，存在较大安全隐患的矿山企业实施停产整顿。2011年，共下发矿山停产整改通知书25份，作出了严肃处理。结合2010年采矿权年检，对所有在采矿山全年消耗的资源量进行测算，对照合同约定收足各项规费，对部分越界越层开采企业，按市政府会议纪要精神补收规费并进行处罚。

矿产资源规划修编。根据省政府〔2009〕143号文件要求，组织对《溧阳市矿产资源总体规划》进行修编。这次修编工作的指导思想除了要符合上级政府的要求，还要结合建设"绿色溧阳、生态溧阳"的要求，进一步扩大禁采区、禁采带范围，加强对山体资源的保护。

地质灾害防治工作。制订地质灾害防灾预案，下发加强汛期地质灾害预防工作的通知，对关闭矿山等灾害隐患点进行严密监控，做好预防工作。

【地籍管理】 完成全市2010年土地利用变更调查工作及统计汇总数据的整改上报工作，通过省级和部级的现场核查，变更准确率在全省名列前茅。确保了全市第二次土地调查数据的真实性和准确性，完善全市第二次土地调查工作城镇部分的土地调查工作。

日常地籍管理。围绕土地产权管理核心，强化土地登记，认真做好日常地籍管理工作，办理国有土地使用权登记发证9383宗（本），登记面积523.93万平方米；农村宅基地登记发证687宗（本），登记面积14.39万平方米。办理土地使用权抵押登记506宗地，土地使用权抵押金额达60.81亿元。

【执法监察】 土地执法监察。开展第十一次土地矿产卫片执法检查工作，会同各镇、各有关部门，全面落实卫片执法整改工作的各项措施。对卫片执法检查涉及的635个图斑、270.67公顷土地进行了全面调查，对发现的问题，及时明确整改方案，坚决做到依法依规查处违法用地，切实规范建设用地审批供应行为，严格维护法律的严肃性。继续推进土地执法长效机制。市政府与所辖10个镇政府首次签订依法

溧阳市土地市场清查工作会议　　（市国土局 供稿）

用地目标责任书，明确职责，量化考核标准，细化奖罚措施。建立了土地执法监管联合办公制度，由公安、城管、国土等部门集中办公，挂牌成立“土地执法联合办公室”，形成土地执法监管整体合力。坚持严密监管、立足预防的原则，加大土地执法巡查力度，遏制新增违法违规用地行为，年内开展日常动态巡查360多次，发出停工通知书60余份，发出责令限期整改违法行为通知书20多份，发出限期整改新增违法用地抄告函50多份。共立案查处土地违法案件10件，涉及土地面积24.74公顷。

信访工作。全年接待来信来访93件，其中来信72件，比2010年同期数的84件减少16.7%；来访21件40人次，案次比2010年同期数的13件增加了61.5%，人次比2010年同期的18人次增加了177.8%，个访案件较上年同期增加31.6%，个访人次比上年同期增加41.9%；出现了两次集访案件，较上年同期增加200%。来信来访中，涉及省级12件、常州市局16件、溧阳市的60件；未经批准擅自占地、非法取土、毁田撂荒的30件；土地权属争议方面的3件，征地拆迁安置补偿方面的29件，矿山开采纠纷类的11件；揭发批评、咨询建议、其他类的15件。全年办结信访回复93件，回复率为100%；年内受理配合其他部门办理信访复查10件，办结10件；配合上级办理信访复核4件。

土地执法模范市创建工作。扎实推进“土地执法模范市”创建工作，认真按照创建活动的部署和要求，在去年创建土地执法模范市工作基础上，以落实土地执法监管“长效机制”和“共同责任”为主线，以创建“土地管理示范村”为基础，以创建“土地执法模范镇”为抓手，继续利用各种机会，大力宣传国土资源的法律法规，进一步完善、加强各项土地管理及执法监察工作，有效地推进土地管理工作。通过宣传发动，群众的土地管理法律法规意识明显增强，保护耕地、依法用地的观念深入人心，节约集约用地、合理利用土地已在全社会达成了共识，全市创建“土地执法模范市”活动取得了良好效果。

【信息化建设】 溧阳市国土资源“一张图”工程一期建设。“一张图”是基础地理、土地利用现状、土地利用规划、基本农田、地价、遥感监测以及国土资源政务等多源信息的集合，与土地的计划、审批、供应、补充、开发、登记、执法等行政监管系统叠加，共同构建统一的土地资源综合监管平台，实现土地资源开发利用的“天上看、网上管、地上查”动态监管的目标，全面提高国土资源管理与服务水平。市国土资源局与南京国图信息工程有限责任公司合作，于2010年8月开始建设，2011年11月完成软件制作和修改调试工作；于2011年12月建成，进入培训和试运行阶段。工程总投资189万元。建设完成土地利用规划、建设用地审批、土地供应、土地开发整理项目、执法监察、土地收储等数据库、建成建设用地预审、建设用地报批审查、建设用地供地、土地利用动态监管、土地开发整理、土地利用规划、综合事务、土地收储等信息系统。

网站建设。市国土资源局以内网建设为基础，门户网站建设为重点，政府专网建设为突破口，全面推进网站建设。进一步整合了网站信息资源，提高网站服务功能；进一步优化了网页，切实提高网站的交互能力；以国土资源文化建设为契机，加强网站国土知识栏目的建设；采取多种措施，保证网站安全、运行畅通。将社会关注的热点、难点、焦点问题和与公众密切相关重大事项等内容全面、准确地上传到网站上进行公开，落实政务公开、行政为民、联系群众、审批提速，以接受社会监督、推进廉政建设、展示部门形象。全年，国土门户网站发布各类信息2100条；同时，上传至“中国溧阳”、“常州国土资源局”网站39条和50条信息。

阳光政务建设。推进建设精简、高效、廉洁、公平的政府运作模式，配合溧阳政府网站，做好国土部门信息公开工作，年内主动公开各类国土资源信息84条，发布工作动态46条，完善了“工程建设领域项目信息公开和诚信体系”平台国土局网页，土地使用权审批和出让、矿业权审批和出让等涉及工程建设领域的项目信息，在新的平台上及时、全面公开。

舆情监测。市国土资源局在做好国土资源管理的宣传和信息公开工作的同时，认真做好舆情监测工作，及时了解群众的呼声，正确引导舆情民意，切实解决百姓的困难。专人负责浏览相关网站，在第一时间发现问题，及时协调沟通，在最短的时间内，解答网民提问，回应网民声音。全年，通过挂号信、电子邮件、网上留言、电话回复等方式，处理国土门户网站电子信访40件、政府门户网站“依申请公开”1件、“常州网络发言人问政”5件、“溧阳网络问政”问政3件。

【队伍建设】 党风廉政教育。市国土资源局始终把廉政教育作为反腐倡廉的基础性工作，常抓不懈。积极开展“效率溧阳创品牌，机关服务争最优”的主题实践活动。市国土局党委召开了第二次以贯彻落实《党员领导干部廉洁从政若干准则》为主题的专题民主生活会。邀请市检察院领导开设预防职务犯罪课，旁听有关国土资源违法案件的庭审过程。通过多种形式，营造廉政文化的良好氛围。开展廉政风险排查，以“两整治一改革”专项行动为契机，把风险点查找和防范管理作为切入点，在重点环节认真查找问题，分析原因，制定整改措施，汇编成册了国土系统廉政风险防控模式。

制度建设。认真落实党风廉政建设责任制，突出集体决策制度。对国有土地出让、土地复垦整理、土地评估、重要人事调整等工作，坚持集体会审，全年土地使用权出让集体审议小组共形成会议纪要100余份。加强和改进人事管理制度，起草了《溧阳市国土资源局中层干部任用条例》，根据岗位干部的实际情况，从有利于工作大局出发，对少数干部进行了不胜任调整和提醒谈话。

政风行风建设。通过《溧阳时报》、电视台等新闻媒体，对规范行政行为，转变工作作风，优化发展环境向社会作出8条公开承诺，公开投诉电话和联系人。构建公开透明运行的“三合一”信息平台，上网运行行政事务2284件。积极开展民主评议工作，市国土资源局主要领导结合国土资源工作，向各镇领导、人大代表、政协委员，以及企业代表、村干部等进行现场述职，回答代表问询，听取代表建议。

土地管理业务培训。先后举办了土地利用、土地勘测、土地执法等方面的业务培训，提升干部职工的专业技术能力。（史宏群）

城乡建设

【市政建设】 2011年，完成市政工程总投资7600万元，全面完成了东大街改造、眠杨树路以及平陵街、城中路、黄家村巷等背街小巷建设，东升路改造初步完成一期快车道工程建设，奥体大道、清泓路延伸完成路基施工，累计完成道路修复面积16500 平方米，有效地保障了“两节”的顺利进行。积极协调“川气东送”项目的入境工作，建设中压管道31千米，新增天然气用户10000多户，工商用户343户，新增出租车油改气392辆。全年新建路灯139盏，改造854盏，全面着手城区60条道路的LED节能路灯的改造工作。

【住房保障】 2011年，全市完成房地产开发实际投资34.67亿元，商品房新开工面积142万平方米，竣工面积85万平方米，销售面积84万平方米。办理经济适用房550户，发放金额725万元，新建廉租房120套，完成廉租房实物配租221户，累计租赁补贴338户，新建公租房100套（间），全市完成700套（间）。

【工程建设】 2011年，完成了城南小学的代建工作；北水西三期多层房屋和部分小高层已竣工，完成了工程量的90%；景盛苑二期正进行主体施工；东盛苑二期正进行基础施工，西片区拆迁安置房建设正进行规划方案设计，累计开工建设安置房20万平方米，竣工10万平方米。

【老城改造】 2011年，投入资金1200万元，全面完成了文化新村、昆仑花园、南安新村、江南小区的老小区改造工作，改造工作得到了居民的高度评价。原化肥厂宿舍区、污水处理厂周边地块2个老城改造项目已完成前期立项、规划用地、土地预审等前期手续，规划方案经过专家讨论，初步设计方案已形成，正抓紧施工图设计。

【房产管理】 2011年，完成房屋产权登记21744宗，登记面积1112万平方米，房屋抵押登记7001宗，面积1303万平方米；完成白蚁防治面积320.5万平方米，城乡新建项目白蚁预防率达98%； 受理装饰装修审定、审批1871户，积极创新服务平台，房产管理全面实行数字化管理，投入资金200余万元，完成公房维修32项，涉及住户130户。

【建筑市场】 全年完成发包工程208项，工程造价49.83亿元，通过招标工程造价平均下浮8.6%；累计受监工程512只，面积440万平方米，其中新受监工程110只，面积237万平方米，竣工工程96只，面积132万平方米，全面推广使用商品混凝土，加强建筑节能产品的市场准入，确保建筑节能材料的有序推广；严格安全生产责任制，建立了建设、施工、监理单位“三合一”的安全保障体系。（姜春晓）

住房公积金管理

【概　况】 2011年，常州住房公积金管理中心溧阳分中心牢牢把握“服务住房保障、促进住房公积金和谐发展、加快全市住房小康进程”的主题，以科学发展观为统领，以“工作创新、服务创优、管理创效”为目标，紧紧围绕上级要求和结合本部门的工作实际，重抓扩面工作，住房公积金制度的覆盖面逐步扩大，各项工作取得新成绩。全年新增开户单位97个，完成年度计划的161.67%，较上年增长25.97%；新增扩面人数7729人，完成年计划的154.58%，较上年增长33.31%；应缴职工人数4.1万人，完成计划的102.71%，较上年增长11.87%。全年归集住房公积金3.28亿元（不含结转利息），完成年计划的112.98%，较上年增长22.85%；提取公积金1.73亿元，是年计划的123.23%，较上年增长41.55%；归集净增1.55亿元，较上年增长5.44%，归集余额为10.69亿元，较上年增长19.85%，归集率98.43%，提取率52.66%。加大贷款发放力度，提高住房公积金制度的惠及面，积极支持地方住房保障。全年发放个人贷款981户2.5亿元，金额完成全年计划的156.16%，较上年增长8.88%；个贷资金回笼1.21亿元，是计划的85.11%，与上年持平；个贷净增1.29亿元，较上年增长18.35%，年末个人贷款余额8.96亿元，较上年增长16.74%，个贷率83.87%。年末逾期贷款为零。住房公积金个贷率为83.87%，积极支持地方廉租住房建设，实现的增值收益其中计提廉租住房补充资金617.34万元，截至到2011年，累计已提供1,741万元廉租住房补充资金。

住房公积金政策推介会　　（住房公积金管理中心溧阳分公司　供稿）

【归集管理】 3月，市政府出台了《关于加快推进溧阳市各类企业建立住房公积金制度的实施意见》（溧政发〔2011〕32号）文件。文件的出台对各类企业建立住房公积金制度起到行政推动，为地区营造良好的建缴氛围起到积极的促进作用。分中心加大执行力度，以认真落实政府文件为抓手，积极实施扩面重点工作，以维护职工住房公积金合法权益为核心，推进住房公积金制度向外资、民营、私营等非公企业延伸；以市政府常务会议讨论2011年度机关事业单位的基数调整工作为依据，有效地落实溧阳机关事业单位的基数调整。分中心积极和财政协调，落实会议精神，和溧阳市财政局分别发文，规范机关事业单位的基数调整：机关事业单位职工的工资组成由财政文件确认，按分中心文件规定执行住房公积金的缴存比例和15%的新职工住房补贴比例。经过多方协调，市中医院等一批事业单位开始为新职工缴存住房补贴。全年基数调整单位参调率90%，个人参调率97.6%；新增托收单位110家，到年末累计单位托收率75%。

【扩面工作】 市政府的32号文件《关于加快推进我市各类企业建立住房公积金制度的实施意见》出台后，分中心积极行动，利用电视、报纸和网站等多种媒体进行宣传，对上年度利税前100名内的未建缴重点企业发放催建函和文件；召开扩面推介会，对与会企业，重点进行文件传达和政策宣传，提高单位和职工的建缴意识；对重点企业主动上门宣传。到企业走访，进行催建催缴，全年走访企业120家，发送催建函372份、催缴函20份，一些地区知名和新进驻企业相继建缴住房公积金，其中华鹏电器、沃尔玛、溧阳宾馆、华晨路桥等8家企业，建缴人数超过100人以上；开利地毯、大润发、维多生物和月星家居等实行逐年建缴的企业，新增人数也有了进一步扩大；加大部门全员参与力度。部门负责人抓总责，业务科室发挥主导，其他科室积极配合，成立两个扩面小组，把扩面任务责任到人，努力齐抓共管；加大社会力量进行扩面。依托银行的资源优势，对银行扩面实行激励机制，促进政策宣传和扩面推进，安顺燃气公司通过中国银行的宣传，新开户超过100人，和江南银行一道到金峰水泥催建，与农行一道到溧阳中材集团、南方水泥等企业催建，其中南方水泥新开户780人，为全年新增建缴人数最多的单位。通过宣传和社会力量的积极参与，提高企业缴纳住房公积金的社会影响力。

【贷款管理】 住房公积金个人贷款，已成为全市居民筹集购房资金的重要渠道之一，对带动全市居民住房消费，改善职工住房条件，促进全市房地产经济平稳健康发展起到积极的促进作用。全年共签约了阳光城市、紫金华府、奥体国际等15个楼盘的期房贷款合作协议，发放的住房公积金个人贷款中，期房、现房和二手房贷款的金额占比分别为75.88%、1.32%和22.8%，户均贷款25.47万元，户均年限13.45年，分别较上年增长8.2%和2.82%。主要原因是：关注房地产市场行情。积极把握房地产市场的住房供需情况，及时掌握开发楼盘的进展，对符合期房合作项目的新楼盘，上门办理，为顺利、高效地开展个贷业务打下基础；做好贷款新政策的宣传，加强与担保公司合作，加大对开发公司、受托银行和相关部门的政策宣传和协作力度，对相关工作人员进行政策的培训；职工的还贷压力得到缓解。全年新增逐月提取还贷1635户2382人，到年末，累计逐月提取还贷户数占贷款职工数的82%。

【规范管理】 加大规范管理提高执行力。各类业务严格按照授权范围执行，以ISO 9001质量体系执行并通过年度复审为契机，重新梳理内部管理和各项流程，对归集、提取、个贷、财务、印章管理等各类业务，认真地进行自查自纠，确保落实到位。严格执行业务的三级审批和特殊业务办理。制定岗位绩效考核，责任到人，职责明确，窗口人员实行持证上岗，实行综合柜员制。加强档案达标管理，累计进行各类管理、业务等档案整理归档约7100件，达到江苏省档案三星，促进了分中心档案管理的规范化建设；加强风险防范确保资金安全。对重点环节进行审核，进行定期和不定期抽查，抽查率每月不低于业务量的20%，并做好台账记录。加强重点内容督察力度，确保规定落实到位。及时进行资金核对，确保账账相符。对逾期贷款除通过短信、电话和邮件等方式催收以外，对逾期次数较多的还通过上门催收，控制逾期贷款，通过以上规范管理，确保资金安全运行。

【服务效能】 加强服务规范提高。通过对管理制度、业务政策和服务技能的培训，员工的业务素质和综合服务能力明显提升，形成“个个努力服务创优、人人代表中心形象”的理念，借助窗口人员上岗考试的契机，组织全体分中心员工重新系统学习服务规范，窗口服务形象得到进一步提高。加强窗口服务的巡查和服务情况反馈的督查，确保了员工窗口服务用语和行为规范化；努力精简办事程序。取消了职工提取和贷款需由单位盖章确认的程序，随着住房公积金储存卡发放到位，从8月份起，窗口业务除了住房公积金转移需单位盖章外，其他业务可以凭本人身份证和储存卡办理；住房公积金提取，实行集中提取，做到不断完善便民举措；努力营造良好的服务环境。完善服务流程，服务大厅内设置新的服务标志、安置自动查询机和排队取号系统，确保整洁有序的办理环境，提高了办件效率；妥善处理投诉和信访。妥善处理了江苏华晨路桥公司等职工信访事宜，有350多位职工缴纳住房公积金，职工的合法权益得到维护；主动上门服务。对10家开发公司的35名销售人员和7家公积金贷款承办银行的15名信贷员，分别进行2次业务培训，提高了业务合作单位的政策水平。对申请签订期房合作协议的楼盘，会同担保公司联合进行现场查勘，符合签约进度的送协议上门，确保职工及时进行贷款申请和办理；继续发挥网上平台作用。分中心网站发布住房公积金政策动向和审批后期房房源上网，通过网站平台，为职工答疑释惑，答复率为

100%。住房公积金的服务努力做到一次性告知，一站式办理，一次性办结，使分中心的服务创优社会认知度逐步提升。（潘瑶 张晶）

城市管理

【概况】 2011年，市城市管理局根据“城区品质提升行动”工作要求和年初提出的“抓住六个突破口，做到六个不断，实现城市管理工作再上新台阶”总体工作目标，紧扣市容环境卫生、市容市貌秩序、园林绿化管理、户外广告规范、队伍形象建设等5方面工作重点，集中精力，聚集人力，不惜财力，形成合力，城市净化、序化、美化、亮化水平不断提高，促进了城市管理事业又好又快发展。

强势推进市容环境综合整治。3月8日，市政府召开市容环境综合整治行动动员大会后，市城管局作为市容环境卫生管理的职能部门，始终把扎实开展环境综合整治行动作为工作中的重中之重，通过精心组织，广泛动员，周密部署，落实责任，各项整治活动进展顺利，并收到了良好效果。强化组织领导，采取局领导靠前抓、职能部门具体抓、执法队员和作业人员现场抓“三位一体”的工作措施，一级抓一级，层层抓落实，确保全面高质量完成任务；突出工作重点，在12项专项整治中，由城管局牵头负责的整治项目就有6个，配合整治项目有3个。为此，在全系统内进行了广泛动员，统一思想，明确任务，落实责任，各部门高效运转，昼夜奋战，各项整治任务有序推进；严格督促检查，城管局进一步完善了局领导带队督察制度，抽调精干人员，组成三个督察组，每天不间断地对市容环境综合整治行动的进展及存在的问题进行巡查，专项整治期间，共排查问题2179件，经整理归类为735件，涉及23个部门和单位，整改2026件，整改率为93%；做好城管委办公室日常工作，负责对城市长效管理周督察、月考核、月点评工作。全年共组织月考核8次，月点评5次，督察出问题1215件，整改1208件；加大宣传力度。一方面与新闻媒体联系，对市容环境综合整治行动中涌现出的先进典型、好的做法进行宣传报道，对存在的问题进行曝光；另一方面，加强与各部门的沟通协调，及时了解情况，每日以简报的形式对各部门整治的进展情况进行通报。

积极创建常州市级市容管理示范路。2011年度中，市城管局积极开展常州市市级示范路和达标路的申报工作，按照“创新管理、夯实基础、文明执法、典型示范”的原则，对照标准、确定目标、制订计划、扎实推进，克服基础条件差的现状，组织高标准的集中整治，确保燕山路、安顺路、南大街、罗湾路4条创建道路的顺利验收。

深入开展常州市城管创优活动。2011年度中，市城管局认真贯彻常州市《关于开展城市管理创优活动的通知》精神，以创优活动统领日常工作，专题召开工作会议，部署年度城管创优工作，局印发了《关于开展2011年度城管创优活动的通知》，各部门围绕创优目标，加强组织领导，层层落实工作责任，健全日常工作制度，强化日常执法巡查，完善长效管理措施，促进了城市管理工作的深入开展，城管创优工作开创了新局面。

重大活动，市容保障有力。2011年度中，国家环保模范城市复查、国家生态城市检查、省级文明城市检查等各类创建活动接踵而至。围绕各项市容保障任务，城管系统顾全大局，不分工作分内分外，上下联动，攻坚克难，以市民反映的热点、难点为重点，精心组织、周密安排，领导干部身先士卒；机关干部、执法队员、环卫园林工人群策群力，风雨无阻，日夜兼程，顶烈日、冒酷暑，战高温，开展了全方位的市容环境卫生综合整治。为保障重大活动和营造节日氛围，全年，在市区主要街道两侧悬挂了1500多对彩旗、灯笼，布置花卉小品185多万盆。

城乡生活垃圾，统筹扎实推进。牵头制定了《溧阳市2011年度城乡生活垃圾统筹处理工作考核办法》，坚持每季度明察暗访，加强对各镇区业务指导和衔接，镇村生活垃圾收运体系进一步完善，所有行政村95%以上的自然村建立垃圾保洁、收运制度，建立长效管理机制。全市各镇区垃圾收运量又有新突破。2011年，全市各镇区垃圾收运量达11.3万吨，较去年同期增长11%，城乡生活垃圾统筹处理日趋规范化、制度化和长效化。

居民小区、城中村、城郊村目标管理考核成效明显。起草出台了《市政府办公室关于印发溧阳市2011年度居民小区、城中村、城郊村环境卫生目标管理考核办法的通知》；做好对居民小区、城中村、城郊村每周一次的日常督察，将督察中发现的问题及时反馈至溧城镇，并做好督促整改工作；会同溧城镇组织开展好每季度的考核检查评比工作，重点对各居民小区、城中村、城郊村区域内的环境、绿化管养、清扫保洁、楼道卫生等方面进行检查，及时下发考核通报，并加强对整改措施的督察，确保村和小区环境卫生面貌得到有效改观。同时，继续配合好工商局做好市区农贸市场及周边环境卫生管理；继续配合好农工办做好农村村庄整治。

【环境卫生管理】 以环卫服务竞赛为载体，环卫作业质量进一步提升。完善道路保洁体系，实行错时上班、快速保洁、快速收运、清扫保洁人员和协管员“一体化”管理，道路保洁水平整体上得到了提高；健全垃圾收运体系，通过上门收集、巡回收集、夜间收集等垃圾收集方式，有机结合互为补充的办法，进一步缩短垃圾在市区滞留时间；加大环卫监察力度，严控偷运乱倒建筑垃圾和工程渣土行为，垃圾乱堆放、车辆带泥行驶和泼、洒、滴、漏的现象明显减少；强化40余万平方米河道的常态化保洁力度，全年清运水上垃圾2000余吨；加大对城市墙立面“牛皮癣”的清除力度，加强主要街道非机动车辆的停放管理，确保头尾一致，停放有序；规范垃圾焚烧和垃圾填埋作业过程，做好设备维护和改造，确保安全生产、达标排放。全年共清运、处理垃圾17万吨，垃圾日产日清率100%，垃圾无害化处理率100%。

【市容秩序管理】 以开展专项整治为抓手，市容市貌秩序进一步改善。全年，共出动执法队员26000余人次，执法车辆20000余车次，查处各类违章

24600起，发放《停止违法（章）行为通知书》1120份、《停工（核查）通知书》654份、《责令改正通知书》1750份、《城市管理温馨告知书》5500余份。多措并举，建立健全城市管理长效机制。加强对菜场、商场、市场周边环境的整治力度。切实加大巡查次数，采取定岗和机动相结合、徒步和车辆相结合、片区和中队相结合的“三结合”的日常巡查制度，一经发现违法违章行为，及时制止，力争将各类违章遏止在萌芽状态；开展“三占”专项整治活动。通过调查摸底、宣传整改、依法查处、督办查处、总结验收五个步骤的有序推进，有效地遏制了占道洗车、占道制作、占道经营等“三占”违法行为，确保市容市貌秩序井然、城市道路功能完好；做好学校周边环境整治。尤其是在高考、中考期间，印发了《温馨告知书》，逐一分发到城区施工单位及沿街门店，做好宣传教育工作。对考场及考生所住宾馆等周边的流动摊点、占路宣传促销、门店噪声污染等行为进行清理取缔。实行24小时值班制度，做到第一时间出现场、及时制止、严厉查处；加大规划管理和清临拆违力度。进一步加大日常巡查力度，建立巡查日志，对规划区内的各类建设项目，实行全过程的跟踪监察；对各类违法建设，切实做到及时发现、及时制止、及时拆除，对影响较大后果较大的违法建设一拆到底，不留一丝后遗症。同时，进一步加强受理中心及直属中队、镇区中队的联动，形成管理合力，堵住以往镇村规划管理的盲区。2011年，查处违法建设677起，拆除违章建筑557处，共16430余平方米。

【户外广告管理】 以完好整齐美观为标准，户外广告管理进一步规范。对城区主干道两侧破烂不堪、杂乱无章、多层设置等不符合设置要求的户外广告进行专项整治。全年，发放户外广告限期整改通知书500份，当事人自行更新门头广告100余块，自行拆除户外广告45块。组织了4次行政强拆和2次司法强拆，共计拆除户外广告200余块；开展高速公路沿线户外广告的专项整治。对宁杭、扬溧高速控制区外的79块广告牌全部进行了整治，拆除了不符合省规范的5块高炮广告牌，其余的74块全部进行了出新，并建立了高速公路沿线户外广告台账，落实长效管理措施；实施灯光亮化工程建设。根据市政府2011年楼宇照明建设工作座谈会精神，积极协调、督促市区23家单位实施灯光亮化工程。至8月底，亮化工程基本完工，成为溧阳市一道亮丽的风景；为加强户外广告和标志设置管理，规范广告标志设置行为，维护城市容貌，经与相关部门征求意见，起草《溧阳市户外广告标志标志设置管理规定》；为规避风险，保障安全，协调11家单位28块楼宇广告牌，承保了户外广告牌第三者责任险，每一块户外广告投保1680元，共计投保47040元。如遭遇自然灾害导致他人的人身及财产安全受损，每块每次可获赔40万元，总额400万元。

【园林绿化管理】 以扮靓城市家园为目标，城市绿化品位进一步提高。针对2011年持续高温干旱天气，积极采取措施，切实把抗旱保苗工作落到实处；同时，认真抓好苗木修剪和病虫害防治工作，确保了城市绿化的整体效果；严格开展绿色监察，做好各类开发建设项目的规划绿地跟踪管理。全年，共查处60多起损坏、占用绿化的违法案件，追缴赔偿资金40余万元；验收各类绿地约5.6万平方米，确保了规划绿地的应建到位；强化公园管理，完善基础设施、丰富绿色景观、强化环境管理，开展民间大鼓舞表演、太极拳表演、健康教育宣传月、送电影惠民工程、少儿书画展等益民活动。3月份，在高静园举办了溧阳市第十七届迎春兰花展暨“城管杯”精品兰花展；7月份，在凤凰公园举办了城管局首届荷花展。2个花展的举办，在为群众提供赏心悦目的园林环境展示的同时，丰富群众业余文化生活，提升了城管部门形象，更为溧阳城市品质的大提升注入了清新的气息。

【基础设施建设】 投资425万元，新建了城北垃圾中转站；投资400万元，新建了燕山新区垃圾转运站。2座转运站的建成投运，进一步完善了城乡生活垃圾收运体系；投资985万元，新建了环卫停车场；投资800万元，完成了垃圾填埋场三期库区建设。三区库区的建成，缓解了填埋库区紧张的压力；积极配合中材国际，利用水泥窑无害化协同处置生活垃圾项目建设，12月下旬，分选车间主体结构已经完工；完成了新一轮环卫专业规划的编撰；投资650万元，对沧屿公园进行了改造；投资250万元，完成了14000平方米的新建道路绿化，累计完成了13000余米垂直绿化，其中2011年完成2000余米。完成了15000平方米的街头零星绿地建设，同时完成代建绿化7300余平方米；投入60余万元，建造了城管执法大队食堂。

【管理执法机制】 城市管理执法机制不断创新。实行分类管理，在高峰时段、人流量大、重要交通结点等重点区域实行专人定岗管理；一般区域实行巡回管理，利用机动力量，加强巡查，及时发现、及时制止各类违法行为，确保良好的市容环境卫生和交通秩序；实行差别管理，把强化管理与为民服务有机地结合起来，寓管理于服务之中，建立亲民执法机制。对职业流动摊贩，采取“一宣传、二警告、三处罚”管理模式；对双职工下岗等生活困难户，积极与工商、卫生等有关部门协调，帮助他们办理有关证照，为他们再就业创造条件。为方便群众生活，在不影响交通和市容的巷口、住宅小区、支街道规划了110个便民点。合理、有序规范管理夜排档、自行车、西瓜摊、修鞋摊等150个疏导点。全年，查处无证摊贩、马路市场及店外出摊、占道经营3020余起，其中教育整改2660余起、处罚仅360起；健全镇区中队管理机制，不断加强对镇区中队的业务指导，提高执法队员正确运用法律知识解决实际问题的能力，规范文明执法行为；建立联合机制，与各镇区政府和社区居委会、村委会以及公安、工商、建设、环保等职能部门加强联系与沟通，建立健全联席会议、告知、信息反馈、联合会审等制度，进一步整合资源，形成齐抓共管的局面。

创设平台，不断扩大公众参与城管途径。加强百名城管义务信息监督员的互动与管理，做好反馈信息的登记、汇总及处理回复工作。组织了第一届城管义务信息监督员的总结表彰，聘请了第二届城管百名义务信息监督员，并作了工作部署。全年，共收到信息监督员反馈信息123条，其中市城管局职能范围内的93条，已解决落实85条，涉及其他部门、单位职能范围内的问题30条，通过协调，大部分问题都得到解决；做好新增门店单位的市容环卫责任书的签订，市容环卫责任人、责任区的履约率进一步提高；全面落实“信访工作负责制”，积极处理市民通过各种渠道反映的问题，本着高度负责的态度，做到急事急办、特事特办、难事办好、好事办成。尤其是在议提案的办理过程中，把代表、委员的意见和建议作为群众对城管工作要求的集中反映，把议提案办理作为推进作风建设的有效契机。全年，共受理政协人大提案（建议）28件、人民来信、市长信箱等各类信访件68件，民声聚焦件120件，对群众反映的问题，均能做到认真对待，及时高质量地完成办理回复。

【队伍建设】 加强班子建设，发挥模范表率作用。坚持把行风建设作为城管生命线工程来抓。从抓党委班子自身建设作表率入手，一级抓一级，一级带着一级干，一级做给一级看；严格执行中心组学习制度，每月专题或利用办公会，组织中心组人员学习，交流学习体会，运用学习成果指导工作；进一步完善领导班子工作规则，坚持民主集中制，实行重大事项集体研究制度，充分发挥班子成员的集体智慧，做到集思广益，正确决策；严格实行个人分工负责制，各负其责、各尽其职，班子成员有责有权，大胆开展工作，条线工作取得明显进步。班子成员之间注重加强相互交流、相互沟通，营造了相互尊重、相互信任、相互支持、平等相处的坦诚和谐氛围，维护了班子的整体形象。按照市委、市政府的统一部署，积极开展“领导干部下基层”工作。局领导深入基层了解情况，听取意见，指导工作，了解群众所思、所盼、所想，与基层干部群众一起商量解决实际问题，受到基层干部群众的欢迎。开展主题教育，加强政治思想教育。组织广大干部职工围绕服务城市经济发展、推动城市管理工作又好又快发展目标，在系统内广泛地开展了“创先争优”、“五比五看”、“部门服务促提升、效率溧阳创品牌”等主题实践活动，进一步确立了全体干群“亲民、爱民、为民”的宗旨意识。通过层层召开民主生活会、工作座谈会以及邀请南京师范大学教授来局组织党史学习辅导，深入排查全体干群在精神状态、改革创新、工作作风方面存在的问题。

规范权力运行，强化机关效能建设。以党员干部廉政教育活动为载体，切实加强全局党员干部廉政教育工作。确保“人员、时间、效果”三到位；以提高反腐倡廉制度执行力为重点，从源头上构建城市管理惩防体系。制定并严格落实《城管局关于构建惩治和预防腐败体系的实施办法》，出台了《城管局效能监察实施意见》。2011年中，局纪委先后对2名机关效能作风不实、履职不好的干部进行了诫勉谈话，并调整了工作岗位，帮助党员干部认清不足、理清思路；以机关效能建设为根本，不断加强机关部门作风建设。进一步规范行政权力运行，重点对局系统14项行政许可权力审批事项运行情况进行监控，最大限度地减少操作人员办事的随意性，对违反规定的异常情况进行预警，及时发整改通知采取纠错措施，达到防范效果。全年，权力运行、行政监察、法制监督的“三合一”平台工作运转没有一起亮黄灯、红灯的现象，在全省“三合一”现场会上，市城管局作为唯一的单位在现场会上作执法操作演示，受到了领导的肯定。强化业务培训，注重工作技能提高。1月份以来，开展了各种类型、各种层次的培训。执法大队建立了大队、中队、法制员三级培训体系，确保每个队员每年培训120学时，培训覆盖面达100%。通过实施法制培训制度和军体轮训制度、开展执法理论研讨和案卷评查活动等，进一步提高了队员的业务素质和执法水平。环卫处在各个工种开展了岗位练兵、岗位竞赛、示范岗创建，积极参加常州首届环卫行业保洁员技能大赛，1名选手获得大赛第一名，其余参赛的3名选手也获得大赛前5名；园林局根据绿化管理的季节特点，适时地组织了花灌木修剪、草坪管理、病虫害防治、行道树等技术含量高、操作性强的管理内容开展专题培训。既学理论常识，也学实践操作；培训的对象从局属单位扩展到社会化管养和在建工程施工单位。

【城管宣传】 整合宣传资源，引导城管舆论导向。制订了“溧阳城管”整体宣传方案，在新闻媒体、电台、电视台开辟城管专题栏目，宣传城市管理动态信息、业务管理知识与法规，做到每周有报道、每季度有专栏。全年共制作电视专栏节目48期，《溧阳时报》登载专题报道56篇，编写市容环境综合整治简报51期。抓住城管成立10周年的契机，拍摄城管宣传片1部、制作展板25块，成功举办江苏省城管系统文化建设年象棋、围棋比赛，获得了省厅领导及兄弟市县的好评，树立了溧阳城管的良好形象。通过多途径、多视角的深入宣传，潜移默化地改变了市民群众对城市管理的印象，让他们了解城市管理，理解城市管理，主动成为城市管理的一员。

（陈松涛）

燕山新区

【概　况】 燕山新区东临城东大道，南临宁杭铁路客运专线（以下简称宁杭客专），西至241省道，北至永平大道，规划面积5.6平方千米，规划居住人口7.7万人，是溧阳市依托宁杭高铁站点建设的历史机遇，在城区南部打造的融居住、文化、商务、交通集散于一体的，充满生机与活力的城市交通枢纽、南部景观门户和功能齐全的现代化城区。燕山新区的开发建设由市重大项目办公室下辖的溧阳市燕山新区建设发展有限公司以市场化方式加以推进。

【新区开发】 安置小区建设。2011年，建筑面积68万平方米的3个安置小区建设，按照“工期提前六个月、质量勇创金龙杯”的工作部署扎实推进。截至年末，燕河湾小区23幢楼主体工程全部完成；燕阳嘉苑23幢楼中有16幢楼完成主体工程量的100%，2幢楼完成主体工程量的95%，5幢楼完成主体工程量的40%；望湖景苑小区24幢楼中有6幢楼完成主体工程量的50%，8幢楼完成主体工程量的20%，4幢楼完成主体工程量的10%，6幢楼在地下一层施工。

规划设计。2011年，燕山新区和美国21 C T景观设计公司合作，继续对新区城市景观规划进行深化设计，城市景观概念规划基本定稿。景观规划将区域内“山”、“水”、“站”元素有机整合，依托水系生态休闲带，突显滨水风貌特色，构建了一山（燕山）、一湖（燕湖）、一站（宁杭高铁溧阳站）、两轴（景观绿轴、商业景观轴）、四河（燕山河、茶亭河、罗庄河、燕河）的大景观格局，实现了人、水、城和谐统一的目标取向。同时，做好优秀规划设计案的奖项参评工作，燕山片区城市设计与控制性详细规划获得2011年度江苏省优秀勘察设计二等奖（常州市唯一）。

资金运作。截至2011年年末，燕山新区总融资15亿元，实际到账资金8亿元。为了使有限的资金发挥最大的效益，新区在资金使用上实行严格的成本控制。本着勤俭节约的原则推进新城开发建设各项工作，严格控制非生产性支出；突出工程建设过程中监理、跟踪审计、公司预审会议及预防腐败室等监管力量的多重防控，确保每一笔资金都正常拨付、合理拨付；加速推进安置小区建设，通过工期提前，节约相关成本800余万元。

招商工作。2011年，燕山新区充分发挥各类招商项目推介会、座谈会等相关活动对招商工作的乘数效应，走出去，请进来，积极拓展招商项目储备，全年新增项目储备7个，年末项目储备总数达36个。同时，依托自身区位优势，以优化城市布局、拉动地块增值为导向，分析评估当前市场环境、建设条件、经济效益及投资回收等要件，重点做好对高端酒店、城市综合体等项目的论证、包装工作，和喜达屋昌明香港控股有限公司就喜来登酒店项目达成初步意向。

“和谐新区”建设。2011年，燕山新区采取“三线并举、条块结合、包干到人、多元化解”的方法，扎实推进“和谐新区”建设。建立镇村组三级联络人组织网络，通过定期不定期收集反馈信息，及时掌握社情民意。创新群众工作方法，精心打造“我的家园我做主”、“效率新城直通车”、“今晨七点有约”、“温暖送到家”等涉民平台，将服务触角向基层延伸，真心面对群众，听民意、察民忧、解民困，以实实在在的工作赢得群众对新区建设工作的理解和支持。健全信访工作机制，构建“大信访”工作格局，妥善化解社会矛盾和处置各类突发事件，全年共接待群众来访370多起，回复人民来信和“民生聚焦”意见建议近200封，在网上论坛回复和跟帖近200篇，做到事事有回音，件件有落实，在全国“两会”等重大时期，无人赴省进京上访，日常时期未发生到市政府大规模集访事件。

【政府代建】 2011年，根据市政府工作要求，江苏省溧阳中等专业技术学校（原职教中心）三期扩建工程和溧阳市人民医院新院建设工程，由溧阳市燕山新区建设发展有限公司子公司燕山新城房地产开发有限公司实施代建。溧阳中专三期扩建工程用地面积80326平方米，建筑面积60291平方米，总投资2.24亿元，其中建筑投资1.4亿元。截至年末，已完成地质勘探、施工图设计、土地对下补偿及地上附着物对下补偿、现场施工用水用电、临时围墙、现场清表、监理和施工单位招标等前期工作。

溧阳市人民医院新院位于溧阳城区西片区5#号地块，按三级医院标准设计建设，规划用地108654平方米（含血站），建筑面积185000平方米（其中地下39500平方米），设置床位1200张，总投资约11.1亿元，是溧阳历史上政府投资最大的单体建设项目。截至年末，已完成项目建议书编制及评审、发改委项目建议书审批、项目用地及选址、环境影响评审、可行性报告编制、可行性报告专家评审、可行性报告批复、用地方案图审批、用地规划许可证审批等前期工作。

【旧城改造】 7月7日，市旧城改造建设指挥部在燕山新区召开第一次会议，明确东门污水处理厂东侧改造地块建设工作，由溧阳市燕山新城房地产开发有限公司组织实施。该项目位于东升路北侧，昆仑东苑南侧，马垫赵家村西侧，昆仑南路东侧，规划总用地面积138775平方米，规划总建筑面积（不含地下、半地下空间等不计容积率部分的建筑面积）316341平方米，涉及被征收住户870户。8月22日，市东门旧城改造执行指挥部挂牌进行现场办公。截至年末，市东门旧城改造执行指挥部已完成地块初步规划、地块拟征收房屋调查、地块开发成本测算等前期工作。（市重大办）

环境保护

【概　况】 2011年全市环境质量基本保持稳定，主要指标二氧化硫、二氧化氮和可吸入颗粒物年均浓度均达到《环境空气质量标准》的二级标准，全市达到“优”和“良”的天数分别为83天和266天，空气优良率达95.6%，饮用水源地沙河、大溪水库水质保持在Ⅱ类水标准，饮用水源水质达标率100%，全市水域功能区水质达标率为100%，噪声功能区达标率100%。

【生态文明建设】 《溧阳市生态文明建设规划》经省环保厅组织的专家评审后于10月27日通过市人大常委会审议并批准组织实施。配合常州市开展生态市创建工作，顺利通过环保部工作考核。继天目湖旅游度假区成功创建第一批省级生态旅游示范区后，溧阳经济开发区成功升级为省级生态工业园区。编制完成太湖流域一、二级保护区农村环境连片整治方案。深化生态文明系列创建，社渚镇、竹箦镇更名为国家生态镇，天目湖桂林村被命名为国家生态村，建成省级生态村3个、常州市级生态村10个、省级绿色学校2所、常州市级绿色学校3所、省级绿色社区1个、常州市级绿色社区1个。

【主要污染物减排】 “十二五”污染物减排在原有的化学需氧量和二氧化硫两个指标外，新增了氨氮和氮氧化物两项指标，减排范围由工业点源和城镇污水处理厂扩大到交通和农业领域。全年组织实施减排项目15个，分别减少化学需氧量、氨氮、二氧化硫、氮氧化物排放332吨、17.4吨、234吨、6738吨，较好完成了年度减排任务。建成36个农村生活污水处理设施，全年实施测土配方施肥面积99.8万亩，推广商品有机肥1.6万吨，减少化肥施用3185吨。完成强制性清洁生产审核企业38家，核发排污许可证200张，推广排污权有偿使用企业6家。争取到位省级环保引导资金、减排资金和专项资金共计954万元。

【饮用水源地保护】 加强饮用水源监测，对天目湖（沙河、大溪水库）取水口及上游来水断面实行每周一次的监测频次，按月编制水质分析报告，掌控水质变化动态，对各镇饮用水源保持每季度不少于一次的监测频次，确保全市饮用水源安全。启动新一轮天目湖饮用水源地生态环境保护工程，修编《第二轮天目湖饮用水源地生态环境保护工作行动方案》，2011年投资2100多万元组织实施了退耕还林、退渔还湖、生态反硝化沟、生态驳岸、鱼塘综合整治等工程。加强流域巡查力度，强化沿湖宾馆、饭店以及景区督察力度，对两大水库周边及上游来水累计巡查135次。积极配合中科院南京湖泊所编制《天目湖生态环境保护总体规划》。

【项目管理】 全年共预审和审批项目377个，否决污染严重、不符合产业政策和功能区规划的项目10个。2011年溧阳市昆仑热电、电子方舱、顺风光电、弘博热电、苏浙皖边界市场、金桥国际等一批重大项目相继通过省环保厅审批，南渡新材料工业集中区规划环评通过省环保厅审查，成为全省自2009年《规划环境影响评价条例》实施以来首个通过审查的新材料工业集中区。组织评定196家企业环境行为信息，建立企业环境信用修复机制，为23家企业修复信用。完成“三同时”竣工验收项目81个，核准试生产项目23个。

【环境监察】 环保专项行动。年内开展了水泥、铅酸蓄电池、化工、PVC塑料稳定剂等行业以及禁燃区、黑臭河道等专项整治行动。对全市10家水泥企业开展粉尘、噪声专项整治，定厂到人切实做好跟踪服务工作，指导督促各水泥生产企业编制“一厂一策”污染治理方案。全市水泥企业共投入1.5亿余元，经综合整治后，粉尘排放强度明显降低，厂界噪声值明显下降，企业的环境面貌均有不同程度的改善。严格按照国家铅蓄电池企业整治要求，细致排查全市21家蓄电池组装企业，出台溧阳市蓄电池生产企业环境专项整治验收规程和验收标准、蓄电池生产企业停产关闭转产转行政策意见。截止2011年年底，溧阳市21家铅蓄电池组装企业中有7家被取缔关闭，11家停产整治，3家通过常州市验收恢复生产。原绸缪化工园区内已关闭的16家企业全部实施了设备拆除工作，保留的9家企业基本完成了整治工作，园区实现整体转型。天容化工、龙沙化工、华晶电子和溶解乙炔全面关闭停产。禁燃区建设任务基本完成，年内拆除和改造高污染燃料设备92台。开展了以驳岸、截污、清淤、疏浚、绿化为主要内容的河道综合整治工程，完成经济开发区污水管网铺设；区内企业雨污分流整治；半夜浜、强埠南北河、别桥扁担河、后周河综合治理，专项行动有声势、有效果。

危险废物和辐射监管。规范化整治全市35家危险废物监管重点源，专项检查46家危化品生产企业和3家危险废物处置单位，督促51家企业与有资质的单位签订危险废物焚烧处置协议，全市固废、医疗废物处置率100%。推进污泥无害化处置，在全市污水处理厂和污泥处置单位的贮存场所、处置设施安装视频监控14套。由溧阳中材环保有限公司投资600万元的水泥窑协同处置污泥项目建成投运，可日处理120吨。有效处置外来固废非法倾倒，及时发现并妥善处理南京红太阳集团公司、常州市振东新型节能建筑材料厂和金坛市荣盛建材厂外来固废非法倾倒事件3起。建立了全市危险废物企业管理信息系统。对生产、销售和使用放射性同位素、射线装置的单位现场监督检查121厂次，完成电离辐射项目竣工环保验收13家。

环境执法。全年进行现场检查4012厂次，出动执法人员9858人次，立案查处各类环境违法行为183起，移送法院强制执行31起，责令77家企业限期整改、14家企业限期治理、16家企业停产整治，督促65家企业补办环评审批手续。联合市监察局对久拖未决的突出环境问题实行挂牌督办，制定了《溧阳市突出环境违法问题挂牌督办和责任追究办法》，理顺工作机制，规范工作程序，对2个常州市级和10个溧阳市级突出环境问题实行挂牌督办。

信访维稳。落实24小时值班制度、信访接待日制度、信访包案制度等一系列信访工作制度，开展大接访活动，推行“四访工作法”，坚持“五个及时”（及时受理、及时交办、及时与投诉人沟通、及时赴现场调查、及时进行回复），为环境监察人员统一配发了信访便民联系卡。全年共受理各类信访1095起，办结信访1095起，结案率100%，满意率96.3%，全年无重大环境信访事件发生。办结议提案13件，被评为全市议提案办理先进单位。

【环境监测】 对国控、省控、市控重点污染源强化监督性监测，全年共获得各类有效监测数据73126个，质控数据6850个，自动监测数据52800个，出具各类监测报表、报告1100份，与2010年相比监测有效数据、质控数据和报表报告均有明显增加。对全市26个水环境功能区32个监测断面进行监测，水质略有好转。对交通噪声25个点位和区域噪声121个点位进行监测，年平均值分别为68.1dB（A）和55.2dB（A），均比2010年有所下降。对列入小康考核的6个断面和别桥断面（不作为考核）与常州监测中心每月进行2次同步采样分析。对全市16条河流的24个断面及各区域周边重点监控企业进行定期和不定期的预警监测902次。

【环境宣传】 重点利用“6·5”世界环境日、科普宣传周和“12·4”法制宣传日进行宣传，制作展板15块，发放宣传手册1000份，发放环保袋2100余只，发表新闻信息445条，其中省级以上媒体录用106条。 （詹国平）

溧阳市现代建筑设计院有限公司

起点，源自高瞻远瞩的智慧；成功，始于山高水远的酝酿。

溧阳市现代建筑设计院有限公司成立于 1975 年，前身是溧阳市建筑设计院，位于溧阳市建设路 8 号。公司现有职工 88 人，国家一级注册师 7 人，其中具有中级职称以上的技术人员 56 人。公司的业务范围涉及建筑设计、工程勘察、规划设计、市政设计、景观设计、园林景观施工、房地产开发等专业领域。公司始终坚持以人为本、以科技进步为先导，不断深化改革、开拓创新，坚守“诚信服务、质量第一、追求卓越、立足长远”的宗旨，追求社会效益、环境效益和经济效益的统一。

董事长 院长 沈 俊

起点，源自高瞻远瞩的智慧；成功，始于山高水远的酝酿。公司致力于创造灵性空间，以激情构筑梦想，为创意增添动力，以睿智的眼光、超越时代灵魂的创作形成了自己的风格和优势，创作出了大量的设计精品。近年设计的部分作品有：溧阳市政府大楼、市人民法院、市卫生局、市职教中心、溧阳中专三期、西片区拆迁安置地块、嘉丰新城、龙泉山庄、天目湖城市广场、新四军纪念馆、假日酒店、苏浙皖边界市场、茗仕嘉苑、天目湖虹枫老年福利中心、天目湖报恩禅寺、大石山温泉度假酒店、大石山陶峰旅游农庄、安徽灵璧县政府大楼、南通锦绣前程小区、宿迁老年福利中心、丹阳佰威商城、金坛茅山银发大学、溧水廻峰家园小区、溧阳上上电缆厂、江苏盛大新材料有限公司、溧阳市新力化纤有限公司新厂区、江苏兴盛风能科技有限公司、江苏明月建陶等。2012 年初，设计院与南京华东建筑设计院合作，在本院内部设立华东院常州分院，期待与甲级大院的合作为溧阳的城市建设贡献更多精品，引领和带动溧阳设计市场质的飞跃。费尽心思筑高楼，欲为城市添秀色。设计院将不断深化改革、开拓创新，凭实干加热情、聪明加才智，励精图治，不断提高专业技术水平，以一流的装备、一流的设计、一流的服务为城乡建设做出努力！

大石山温泉度假酒店鸟瞰图

安徽灵璧县政府大楼

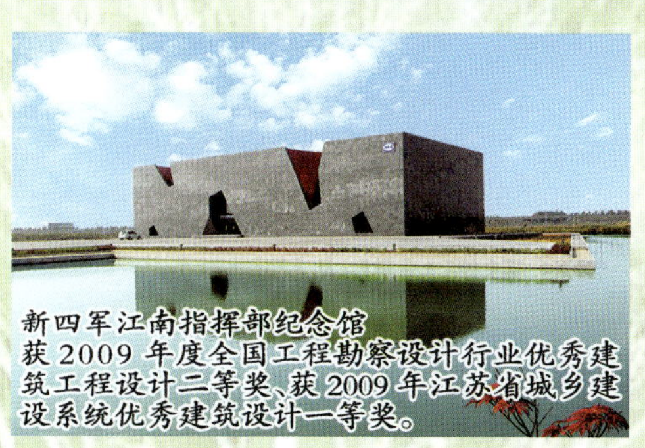

新四军江南指挥部纪念馆
获 2009 年度全国工程勘察设计行业优秀建筑工程设计二等奖、获 2009 年江苏省城乡建设系统优秀建筑设计一等奖。

西片区拆迁安置地块鸟瞰

溧阳市

专题培训

储利军局长参加民生聚焦

零距离问政

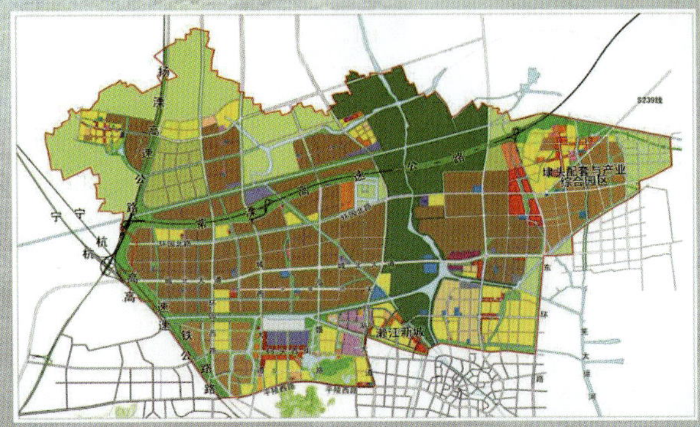

道德讲堂

2011年，溧阳市城乡规划工作在市委、市政府的正确领导下，在全社会的普遍关心和支持下，全力实施“规划提升年”工程，着力提升规划理念、体制机制和工作方法，着力提升规划调控、依法行政，管理创新能力，努力实现城乡规划各项工作新突破，促进城乡规划工作水平再上新台阶。

规划研究水平进一步提升。加快了“南拓西延”发展战略目标进程，完成了城西片区重点区域9.55平方公里概念性城市设计、清安片区城市设计，进一步深化“西延”；向南完成燕山路、南大街等道路南延规划方案研究、燕山新区景观规划及管线综合设计等，加快推进“南拓”；开展了“一区三园”规划研究，完成市经济开发区整合规划、汽车城规划、昆仑片区概念性城市设计，加快打造“产业新城、城市新区”；针对性的开展了旧城更新规划研究、旧城综合交通改善专项规划研究，着力解决当前旧城改造中环境不佳、交通拥堵、文化缺失等突出问题。

规划体系进一步完善。构建规划一张图，对各专项规划、控规、

城西片区城市设计

一区三园统筹规划

规划局

宋志明书记走访贫困户

"一环一带"滨水地区城市设计

三河映象(凤凰公园及周边)

城市设计进行系统整合,编制的旧城更新改造规划、旧城综合交通改善规划和"一环一带"滨水地区城市设计及团城风貌保护规划相关成果都统一整合到旧城更新改造规划中,全年完成了30个地块的修建性详细规划的审核及报批工作,完成237个地块规划建设条件的研究及制订,在详细规划的指导下,特别是老城区改造方案的前期介入,拆迁安置方案征集审核、重要节点地段项目的规划审定,使一批新兴项目高起点、高标准顺利开工实施,提升了城市品质和居住环境。

规划服务的主动性进一步增强。优化了规划审批流程,天目湖经济开发区和昆仑经济开发区内的工业项目、拆迁安置房项目授权规划分局现场受理、直接发证,做到随到随办、随报随批;向全社会公开了规划服务六项承诺,改革信访来信批转流程,缩短办理答复时间,专题召开人大代表、政协委员议案办理工作和服务工业项目代表座谈会,广泛接受社会的监督和评议。

戴埠特色街区城市设计

清安片区城市设计

东环路周边地区城市设计

省委书记罗志军来溧阳市调研村庄环境整治工作

溧阳市

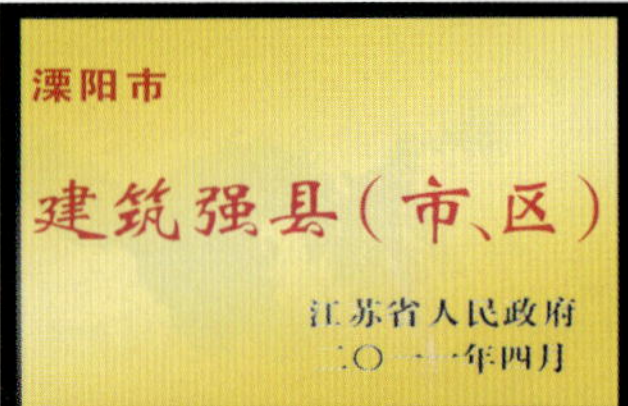

2011年，是全市城市建设工作迎难而上的一个丰收之年、辉煌之年，在市委、市政府的正确领导下，紧紧围绕市委、市政府“紧跟苏锡常、同步现代化”的目标定位和“实打实创优服务、硬碰硬真抓实干”的工作主题，以科学发展观统领全局，突出抓好民生工程建设，着力加快建筑业转型升级，全面提升机关服务水平，城市功能得到不断提升，建筑业经济得到快速发展，优质高效服务有新提高，实现了“十二五”规划的良好开局，为全市经济社会发展作出了积极贡献。

全市建筑业完成施工总产值375.66亿元，同比增长35.9%，完成地税收入6.91亿元，占全市地税总额的24.9%，实现建筑业增加值93.9亿元，占全市GDP份额的18%，实现利润16亿元。全年完成市政工程总投资7600万元，累计完成道路修复面积16500平方米，新增天然气用户10000多户，工商用户343户，新增出租车油改气392辆。全年新建路灯139盏，改造854盏，全面着手城区60条道路的LED节能路灯的改造工作。完成房地产开发实际投资34.67亿元，商品房新开工面积142万平方米，竣工面积85万平方米，销售面积84万平方米。办理经济适用房550户，发放金额725万元，新建廉租房120套，完成廉租房实物配租221户，累计租赁补贴338户，

住建委主任蒋丰年(左)在南京领取“中国建筑之乡”奖牌

常务副市长周卫中慰问“川气东送”南渡－溧阳门站工程一线员工

东风桥新貌

平陵广场

住房和城乡建设委员会

住建委机关工作会议

新建公租房 100 套(间)，全市完成 700 套(间)。城区累计完成房屋征收面积 15 万平方米，动迁住户 722 户。

在 2011 年度全省“建筑强市”评选中，溧阳市首次被命名为江苏省“建筑强市”，溧阳市住建委先后荣获江苏省建筑业管理先进单位、江苏省住房保障优质服务窗口、江苏省住房和城乡建设统计先进单位、江苏省建设工程招标投标工作先进集体、江苏省墙材革新工作先进单位、江苏省“十一五”期间村庄建设整治先进单位、江苏省房屋拆迁管理规范化优秀达标单位等荣誉。

局长 刘学俊

党委书记 陈志达

文明城市从我做起

溧阳市城市管理(行

LIYANGSHICHENGSHIGUANLI(XINGZHENGZHIFA)JU

2011 年，在市委、市政府正确领导下，市城管局根据“城区品质提升行动”工作要求和年初提出的“抓住六个突破口，做到六个不断，实现城市管理工作再上新台阶”总体工作目标，紧扣市容环境卫生、市容市貌秩序、园林绿化管理、户外广告规范、队伍形象建设等五方面工作重点，坚持以改善城区市容环境、提高人居环境质量、彰显溧阳形象和魅力为己任，强化措施，务实奋进，有序开展各项城市管理工作，城市管理水平迈上了新台阶。

市城管局强势推进市容环境综合整治，市容环境面貌显著改观；城乡生活垃圾统筹体系不断完善，垃圾收运率不断提高，农村环境面貌得到明显改善；城中村、居民小区、城郊村环境卫生目标管理考核工作有序进行；进一步落实市容环境卫生责任区制度，实现城市管理的长效化、精细化；以完好整齐美观为标准，户外广告管理进一步规范；以扮靓城市家园为目标，城市绿化品位进一步提高；城市管理执法机制不断创新，加强执法队伍建设，健全乡镇中队管理机制；进一步落实“百名城管义务信息监督员”参与城市管理机制，增强全民城管意识；行政许可、行政处罚工作更加规范，进一步完善了《溧阳市城市管理局实施行政许可制度规定》、《溧阳市城市管理局行政许可工作规程》、《溧阳市城市管理局行政许可责任追究办法》等一系列配套规章制度，同时认真做好“三合一”平台行政

燕山公园

道路绿化

设西瓜临时销售点标志牌

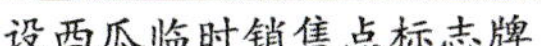

销毁假证

环卫工人洗刷道路

城市管理与您同行

政执法）局

为城管共建班授课

权力网上运行工作；大力推进城市基础设施建设，完善城市功能，完成了城北垃圾中转站、燕山新区垃圾中转站项目建设；完成了垃圾填埋场三期库区建设；新建了环卫停车场；积极配合中材国际利用水泥窑无害化协同处置生活垃圾项目建设；完成了对沧屿公园的改造；完成了 14000 平方米的新建道路绿化，这些工程的建成将进一步优化城市生活环境，提升城市的综合竞争力。

近年来，市城管局多次被评为团结、廉政、开拓好班子，城乡建设先进集体；连续多年被省建设厅评为城管创优优胜单位；生活垃圾焚烧炉获得了 2 项国家专利；行政执法大队率先进入全省达标先进行列，女子中队荣获全国“巾帼示范岗”和“三八红旗集体”荣誉称号。

队列训练

接受市民赠送锦旗

执法宣传活动

水上垃圾吊装站

主任 杨志栋

书记 吴鸿宾

常州市住房公积金管理

2011年，溧阳住房公积金管理中心按照“紧跟苏锡常，同步现代化”的战略目标，以科学发展观为指导，以落实“提高住房公积金制度的覆盖面和受益面，支持职工住房保障”为落脚点，按照“服务住房公积金缴存对象，促进住房公积金业务发展，确保资金安全运行”的工作思路，以“工作创新、服务创优和管理创效”为目标，结合“精细化管理”的要求，紧紧围绕年度目标，全体员工团结协作，克难求进，超额完成全年各项目标任务，住房公积金事业取得平稳、良性、高效的发展，为推进全市住房保障、发展住房金融、促进住房小康和地方经济健康发展作出努力。

住房公积金委托金融业务工作会议

住房公积金政策推介会

住房公积金管理行政推动取得重大突破、制度落实力度加大，以《市政府关于加快推进我市各类企业建立住房公积金制度的实施意见》（溧政发〔2011〕32号）文件精神为指导，加大住房公积金制度推进力度，积极服务住房保障。业务注重管理创新、服务加强升级创优，紧抓扩面重点工作，按照“广覆盖、低门槛、先进入、后提高”原则，积极进行宣传发动、召开政策推介会和走访相关企业，企业建缴住房公积金的积极性有了较大提高，住房公积金制度的覆盖面逐步扩大，全年实现新增扩面人数 7729人，较上年增长33.31 %；全年归集住房公积金3.28亿元，较上年增长22.85%；有50000人次提取使用住房公积金实现购建住房。加大贷款发放力度，提高住房公积金制度的惠及面，积极支持地方住房保障，全年共签约阳光城市、紫金华府、奥体国际等15个楼盘的期房贷款合作协议，向981户家庭发放个人贷款2.5亿元，金额较上年增长8.88 %，贷款发放带动住房销售面积11.18万平方

接受服务单位赠与的锦旗

职工业务培训

中心溧阳分中心

CHANGZHOUSHIZHUFANGGONGJIJINGUANLIZHONGXINLIYANGFENZHONGXIN

米。进一步支持廉租住房建设，2011年为溧阳市提供廉租住房补充资金617万元，累计达到1741万元，提供的廉租房建设补充资金在省内县级市中位于前列，有力地促进地方住房保障建设进程。

努力加强服务规范，提高优质服务意识，以“规范、高效、廉洁、便民”的服务宗旨，严格执行办事承诺制、首问负责制、一次性告知制。形成“个个努力服务创优，人人代表中心形象”的服务理念，努力精化办事流程和缩短办事时限，制定系列便民举措，切实提高服务效能，住房公积金服务形象得到较大提升。

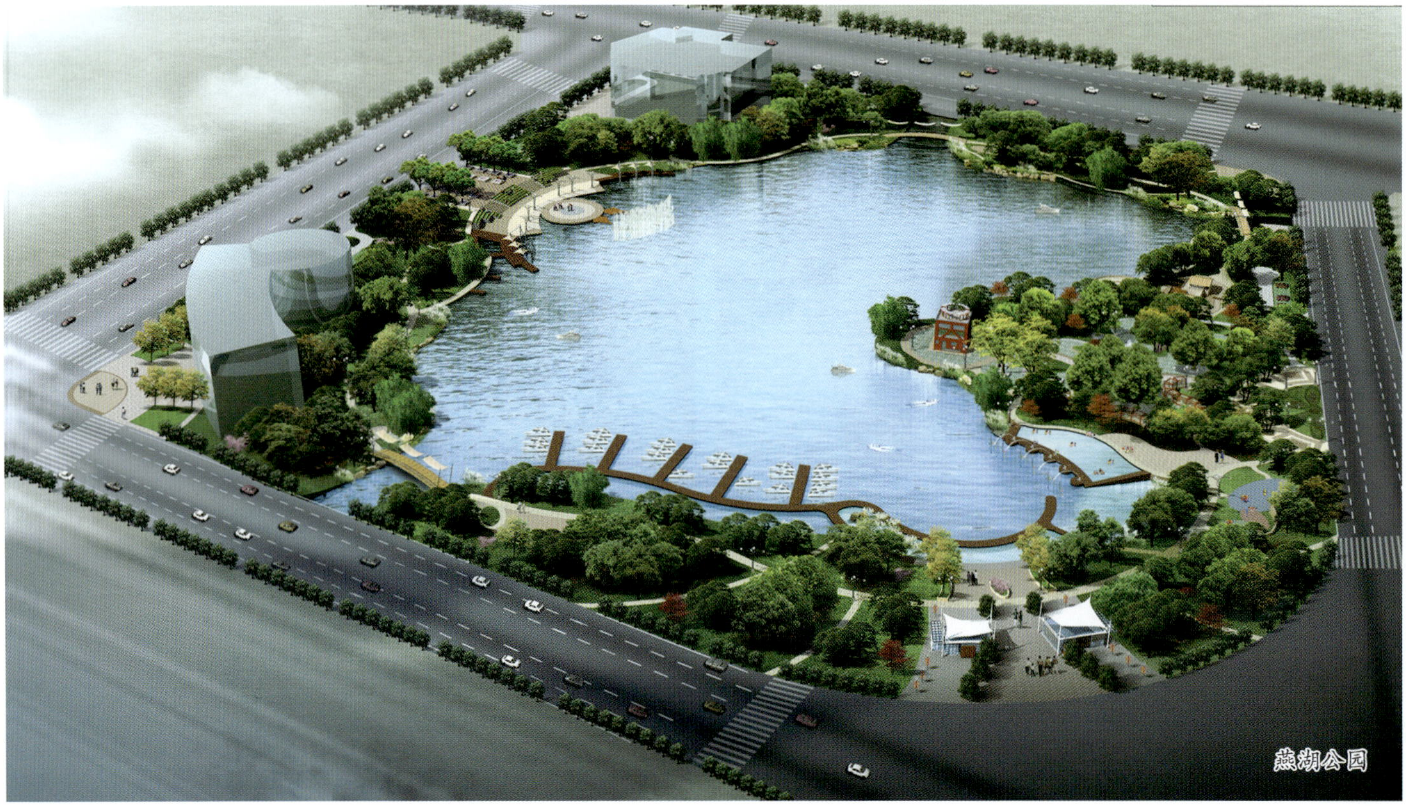
燕湖公园

溧阳市燕山新区建设发展有限公司

Jiangsu Liyang Yanshan New District Construction and Development Co., Ltd.

Add：中国·江苏省溧阳市燕山新区燕鸣路 Yanming Road, Yanshan New District, Liyang City, Jiangsu province, China
Tel：0519-87808598　Fax：0519-87808833

总经理 陈金伟

2012年将按照城市南拓西延发展战略，紧扣“紧跟苏锡常　同步现代化”和率先基本实现现代化的目标要求，全面推进新区各项开发建设。

东门旧城改造整体鸟瞰

人民医院鸟瞰

燕河湾安置小区

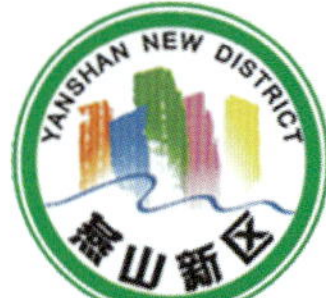

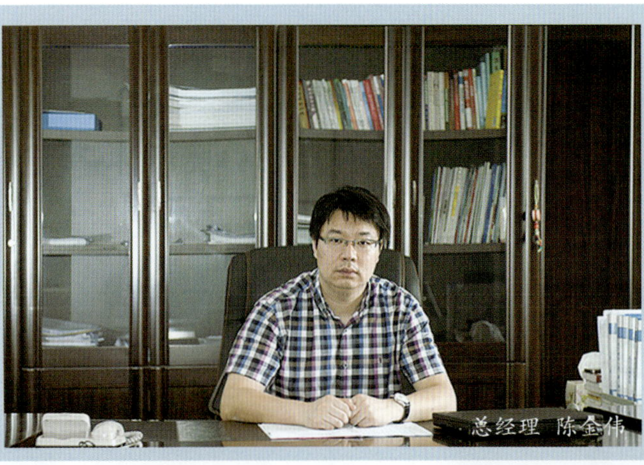

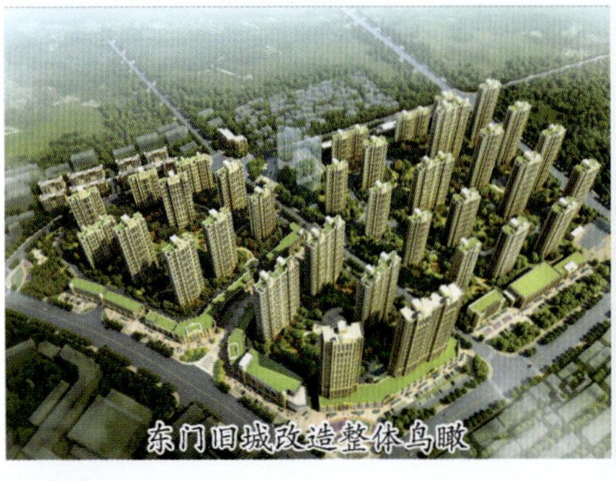

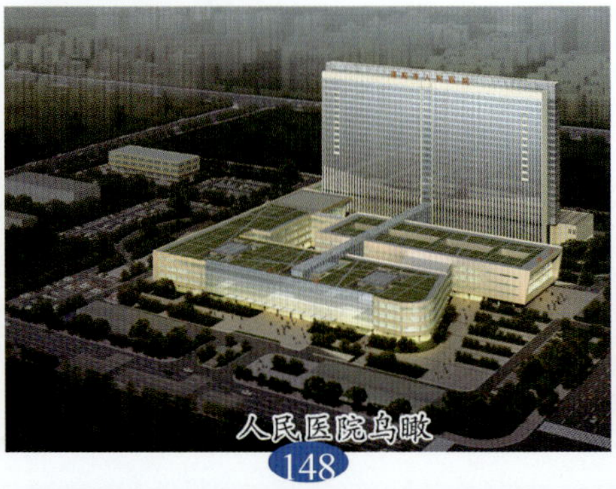

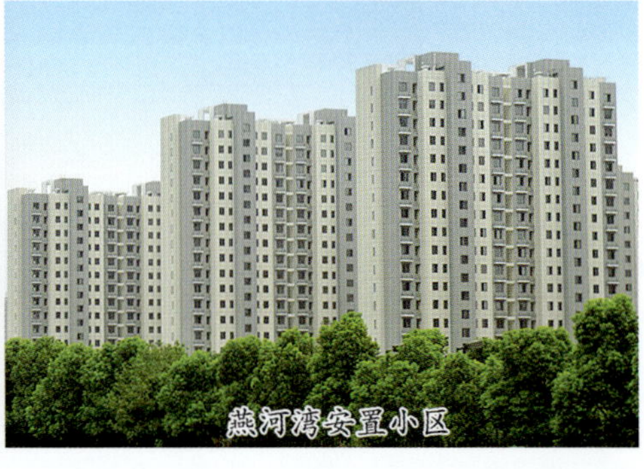

燕山新區 溧陽新城

南大街街景设计

一、加快项目建设

1、安置房建设。按照工期和质量并重的原则推进安置房各项建设工作。燕河湾、燕阳嘉苑和望湖景苑三个小区分别于2012年9月、2013年3月及9月交付。

2、骨干道路建设。燕山南路、燕城大道、燕鸣路、南大街、迎宾路及育才路启动建设，2012年底前实现通车运行。

3、燕湖公园建设。以茶亭河、罗庄河改造为重点的“二河一湖”完成设计工作，年底启动土方开挖和节制闸坝建设，初步拉开公园水系雏形。

二、突出规划引领

1、完善街景设计。重点做好南大街和燕城大道两条主要的商业轴线街景设计，结合设计，做好道路周边地块的产业布局，尤其实施好总部经济大楼、建筑文化主题公园等项目的规划与建设。

2、谋划公共设施。具有汇聚人气的教育、卫生、公园等公共项目拉动效应明显，在前期充分调研、论证的基础上加大新区中学、小学、医院等项目的布局和规划设计工作。

三、强化招商拉动

只有引进知名品牌企业的入驻，才能最大限度提升区域的影响力和市场号召力。结合地块出让和道路建设的契机，充分利用市级层面的招商推介会，加大在城市综合体、文化创意产业和品质房地产方面的推介力度，力争引进大企名企进驻，全面提升新区品质。

四、谋划资金运作

1、继续银行融资。积极与相关金融机构筹划新开发项目的包装对接。

2、优化建设方式。采取延长付款期限方式，缓解资金压力。

3、运作土地出让。条件成熟的土地，加大招商力度，加快土地拍卖，谋求土地权益。

中专新校区透视图

燕山大道透视图

农 业·水 利

栏目编辑　尹少鹏

农业综述

【概　况】 2011年末，全市农林牧渔业现价总产值62.02亿元，较去年同比增长13.65%。其中：农业产值达33.90亿元，占农林牧渔业总产值的54.66%，较去年同比增长19.54%；林业产值0.91亿元，占农林牧渔业总产值的1.47%，较去年同比增长23.39%；畜牧业产值6.44亿元，占农林牧渔业总产值的10.38%，较去年增长21.94%；渔业产值18.81亿元，占农林牧渔业总产值的30.33%，较去年同比增长2.23；农林牧渔服务业产值1.96亿元，占农林牧渔业总产值的3.16%，较去年同比增长9.49%。实现农林牧渔业现价增加值34.49亿元，比上年增长14.29%，其中农业增加值20.83亿元，比上年增长20.48%；林业增加值0.34亿元，比上年增长21.35%；牧业增加值2.13亿元，比上年增长38.46%；渔业增加值9.64亿元，比上期基本持平；农林牧渔服务业增加值1.55亿元，增长10.19%。

（张林燕）

【农业综合开发】 2011年，全市申报国家农业综合开发项目10个，项目总投资15265.66万元，财政资金2908万元。其中：土地治理项目4个，投资3203.06万元，财政资金2514万元；产业化财政补助项目3个，投资1812.6万元，财政资金240万元；产业化经营贷款贴息项目3个，投资10250万元，财政资金154万元。申报省级丘陵山区综合开发项目16个，中标12个，总投资6511万元，财政资金1995万元；申报市级农业综合开发项目5个，中标5个，总投资420万元，财政资金65万元；申报市级休闲观光农业项目6个，中标5个，总投资360万元，财政资金90万元；申报市级外向型农业项目3个，中标3个，总投资229万元，财政资金55万元；全年累计农业综合开发面积约0.29万公顷；吸引“三资”13.23亿元投资农业开发项目，实际利用外资4389.13万美元。（葛惠兴）

【一村一品】 2011年，全市围绕建设现代农业和促进农民增收，以“村村创一品、品品兴一村”为主题，依托资源，因地制宜，坚持创新，积极发展“一村一品”。形成了一个全市“大品”，即天目湖品牌，实现以天目湖为核心的生态旅游业收入70亿元，全市冠天目湖品牌的工农产品收入40亿元。“一村一品”专业村、专业园快速发展，全市形成“一村一品”专业村63个、“一村一品”专业园107个。天目湖镇被农业部认定为全国“一村一品”休闲观光示范镇。形成两个农业产业精品，高效水产业、园艺业产值分别达18.81亿元和15.8亿元。通过深入推进“一村一品”，带动农民种养理念的转变、收入和致富本领的提高、农村环境的改善和现代特色农业的快速发展。发展“一村一品”使全市农民人均纯收入增加350元，同比增长13.5%。（朱　廷）

【农民培训】 2011年，全市农民培训工作包括农业实用技术培训、职业农民培训、农民创业培训、农业信息技能培训和农村劳动力培训阳光工程，涉及全市175个行政村，近1.5万农民。全年累计开展各类培训605期，培训农民43993人次。受训农民基本上掌握了1～2项实用新技术，对各自的农业生产起到了积极的推动作用。

农业实用技术培训　在全市175个行政村中展开培训，每个行政村培训3期，每期培训安排1项技术，每期培训时间不少于半天。全年累计开展农业实用技术培训561期，培训农民12193人、40376人次。

职业农民培训　每期培训安排4天，培训内容分相关法律法规、创业技能、专业知识、信息收集与发布等四大模块。全年累计开展培训16期，培训农民1715人。其中，水产养殖技术培训2期、245人；农民经纪人培训4期、425人；设施农业培训4期、485人；村干部培训4期、350人；农民专业合作组织负责人培训2期、210人。

农民创业培训　选派职业农民培训学员到江苏农林职业技术学院参加全省农民创业培训班。培训班分4期举行，培训农民200人。其中：茶叶培训班1期、培训50人；粮油种植培训班1期、50人；设施蔬菜培训班1期、培训50人；畜禽养殖培训班1期、50人。

职业技能鉴定培训　全年开展7期、鉴定人数590人。其中：蔬菜园艺工1期，鉴定人数207人；农产品经纪人2期，鉴定人数183人；茶叶加工工1期，鉴定人数50人；农艺工1期，鉴定人数50人、蔬菜园艺工1期，鉴定人数50人；畜禽养殖工1期，鉴定人数50人。

农业信息技能培训 在全市5个点开展培训，全年累计开展培训10期，培训农民412人。培训激发了农民学电脑、用电脑的信心，促进了农村信息化建设。

劳动力转移培训阳光工程 举办培训班7期，培训农民700人。其中：农民经纪人培训2期、200人；设施农业培训1期、100人；村干部1期、100人；农民专业合作组织负责人1期、100人；蔬菜园艺工培训1期、100人；病虫专业防治员培训1期、100人。

（沈玉兰）

【农业信息化建设】 2011年，农业信息化服务工程在现代农业建设中发挥着重要作用，全市农村行政村宽带覆盖率100%，乡镇农业信息服务体系健全率100%，部级“三电合一”、省级“四电一站”项目、12316三农热线工作站、镇村信息服务点等服务平台和载体对农业市场竞争主体提供信息服务的覆盖率82%，成功组织49家农业龙头企业在江苏农业商务网建立自己的网站，农业电子商务展示了溧阳特色和各自企业形象。

【农业标准化建设】 2011年，全市围绕农产品质量安全建设，提高农业标准制定和农业标准化生产示范基地建设水平，加大“无公害农产品、绿色食品和有机农产品”（简称“三品”）认证力度，农业标准化工作取得显著成效。年末，全市累计有效期内的江苏省级农业地方标准27个，常州市级农业地方标准11个，农产品质量企业标准311个。全市共有11个企业15只产品通过常州市名优农产品认定，100只农产品通过无公害农产品认证，2只农产品通过绿色农产品认证。

表12 **2011年溧阳市通过无公害农产品、有机农产品认证**

认证类型	企业名称	产品名称
无公害农产品	溧阳市凤凰山茶果专业合作社	西兰花
无公害农产品	长荡湖水产良种科技有限公司	西瓜、哈密瓜、厚皮甜瓜、薄皮甜瓜
无公害农产品	常州日日春农业科技开发有限公司	茶叶
无公害农产品	常州日日春农业科技开发有限公司	青菜、南瓜、丝瓜、毛豆、辣椒、枣、番茄等蔬菜类
无公害农产品	常州日日春农业科技开发有限公司	杨梅、葡萄、梨、蓝莓
无公害农产品	溧阳市航宇瓜果蔬菜专业合作社	番茄、茄子、辣椒、青椒、黄瓜等蔬菜类
无公害农产品	溧阳市航宇瓜果蔬菜专业合作社	桃、黄皮西瓜、网纹甜瓜、厚皮甜瓜等水果类
无公害农产品	常州绿州百菜园农业投资有限公司	溧阳白芹
无公害农产品	常州绿州百菜园农业投资有限公司	番茄
无公害农产品	常州绿州百菜园农业投资有限公司	黄瓜
无公害农产品	溧阳市戴埠旭霞茶果场	茶叶
无公害农产品	溧阳市宁丰园艺科技有限公司	葡萄
无公害农产品	溧阳市宁丰园艺科技有限公司	草莓
无公害农产品	溧阳市宁丰园艺科技有限公司	番茄
无公害农产品	溧阳市国宝农业生态园	芹菜
无公害农产品	溧阳市天目湖镇亳上瓜果协会	草莓
无公害农产品	江苏全福农牧实业有限公司	肉鸡
无公害农产品	溧阳市洪运蔬菜种植有限公司	大白菜
无公害农产品	溧阳市洪运蔬菜种植有限公司	小青菜
无公害农产品	溧阳市洪运蔬菜种植有限公司	乌油菜
无公害农产品	溧阳市洪运蔬菜种植有限公司	菜苔
无公害农产品	溧阳市天目湖爱凤蛋鸡养殖场	天目苏美鸡蛋
无公害农产品	溧阳市欣龙生态农业发展有限公司	桃花鸡鸡蛋
无公害农产品	溧阳市欣龙生态农业发展有限公司	桃花鸡
无公害农产品	溧阳市水西渔业专业合作社	异育银鲫
绿色食品	溧阳市寿春茶果场	天目湖白茶
绿色食品	溧阳市天目湖东苑茶果场	天目东苑寿眉（绿茶）

表13 **2011年溧阳市被评为常州名优农产品**

企业名称	产品名称
重庆啤酒集团常州天目湖啤酒有限公司	天目湖啤酒
溧阳市周城火锅有限公司	周城牌羊肉火锅
江苏德盛食品有限公司	米果
溧阳市云塔畜禽肉制品有限公司	中式香肠
溧阳市云塔畜禽肉制品有限公司	酱麻鸭
溧阳市正昌油脂有限公司	正昌牌食用油
溧阳市天目湖保健品有限公司	天目湖螺旋藻精片
溧阳市天目湖保健品有限公司	天目湖蜂王浆冻干粉
溧阳市社渚阿林食品厂	风鹅
溧阳市社渚阿林食品厂	老鸭煲
溧阳市寿春茶果场	天目湖白茶
溧阳市天目湖满山跑绿壳蛋鸡散养场	绿壳鸡蛋
溧阳市天目湖茶叶研究所	天目湖白茶
溧阳市天目湖茶叶研究所	天目湖翠柏茶
溧阳市天目湖燕山茶园有限公司	蓓茗牌茶叶

种 植 业

【概　况】 2011年，全市坚持以粮食增产、农业增效、农民增收为目标，在稳定粮食生产的前提下，进一步调优种植业生产结构。全市稻谷40420公顷、小麦26360公顷、油菜籽9960公顷，总产量稻谷381666吨、小麦137151吨、油菜子18649吨，平均单产分别为

9442.5千克／公顷、5203.5千克／公顷和1872千克／公顷；稻谷、小麦总产分别比上年增0.6%和14.6%。其中水稻生产，总产实现8连增，单产连续四年突破9000千克／公顷，首次超过常州市水稻平均单产水平，在全省水稻面积10万亩以上县（市）中居第五位，较上年上升5个名次。

【粮油作物良种推广】 2011年，全市稻、麦、油良种应用面积74080公顷，良种覆盖率97.6%。主要示范、推广应用三级米以上的优质水稻品种3个，小麦优质专用品种3个，优质杂交油菜品种2个，粮油作物平均优质化率达90.6%。水稻生产杂交中籼稻以丰两优1号为主，单季晚粳稻主推武运粳23。小麦主推扬麦16、扬麦17、扬辐麦4号。油菜主推秦优系列和油研系列。

【轻简高效栽培技术推广】 2011年，全市推广机插高产高效精确定量农艺配套技术34130公顷，单产增加531公斤／公顷，每公顷增效1712元。全面推广小麦群体质量栽培技术，面积26360公顷。推广油菜免耕摆栽稻草全量还田技术4200公顷，每公顷增效3203元。

【重大农业科技项目】 2011年，由市科技局牵头、市作栽站承担并完成了"国家粮食丰产科技工程—长江下游（江苏）粳稻丰产高效技术集成研究与示范"项目。项目紧紧围绕"高产、优质、高效、安全、生态"十字方针，着重抓好选用高产良种、培育适龄壮秧、提高机插质量、精确定量施肥、精确定量灌溉、病虫害无害化防治等综合技术措施，达到提高单产水平和经济效益的目的。项目区实施面积27320公顷，平均单产9717公斤／公顷，增产2.91%，新增总产3.33万吨，新增9332.51万元。

市作栽站承担实施江苏省农业三项更新工程"机插秧高产栽培集成技术的研究与应用"项目。项目通过设立核心区、示范区和辐射区，研究水稻机插秧超高产规律和技术，着重解决大面积平衡高产相关问题，探索水稻机插秧高产栽培集成技术在大面积水稻生产中的推广应用，有力地推进全市水稻生产水平的提高，实现农业增效、农民增收目标。项目实施总面积12760公顷，平均单产10053公斤／公顷，总产12.8万吨；项目区水稻平均用N量为289.5公斤／公顷，比对照减少45公斤／公顷，减13.45%。氮肥当季利用率40.8%，比对照增10.3%。项目区当季平均用水量折算为5475吨／公顷，比对照区减少2625吨／公顷，节水率32.4%。项目区农药使用总量为11250克／公顷（商品药剂量），比对照减少2775克／公顷，减24.67%。项目区病虫防治效果平均为98.7%，病虫害损失率2.2%。项目区累计增收3946.23万元。

【农技服务】 2011年，全市从事粮油和经济作物的农技推广人员208人，其中市级61人、镇级147人。在开展农技服务中，坚持抓好粮油基础产业，稳定水稻面积的基础上，扩麦缩油，培育建设优质粮油生产基地，推广优质高产良种配套技术、新型轻简栽培技术和测土配方施肥技术，加强病虫草综合防治。大力开展麦油高产增效创建活动，促进大面积平衡增产。

全市组织实施农业部油菜万亩区1个，经省农委组织的专家组实割测产，单产3526.5公斤／公顷，顺利通过验收，获省考核A级；农业部小麦万亩区1个，平均实产6106.5公斤／公顷。作为全省水稻高产增效创建整体推进县（市）之一，全市组织实施水稻万亩区12个，其中部、省级各5个，自建2个；建设重点丰产方30个，其中，参加常州市水稻高产竞赛8个；境内公路沿线建立机插稻高产示范带，涉及91个行政村；实现整镇推进2个，整村推进46个；全市水稻高产增效创建面积达26.50万亩，占水稻面积的65.6%。12个水稻万亩区平均实产10501.5公斤／公顷，其中部级南渡万亩区经省农委专家组实割实测验收，平均单产11207.3公斤／公顷，顺利通过验收，获省考核A级。整建制推进，对提高水稻单产，促进大面积平衡增产起到了积极的推动作用。坚持抓好农技信息服务，继续抓好农情哨、病虫哨和土肥哨，发布《溧阳农技》、《病虫情报》等农技资料35期（次）、1.18万余份，各镇发布各种农技信息5.83万余份。

溧阳市作物栽培技术指导站参与实施的埭头镇前六小麦百亩丰产方获常州市小麦百亩方创高产竞赛活动一等奖，南渡镇南渡小麦百亩丰产方、溧城镇蒋店小麦百亩丰产方均获常州市小麦百亩方创高产竞赛活动二等奖，别桥镇后周小麦百亩丰产方获常州市小麦百亩方创高产竞赛活动三等奖；溧城镇蒋店村油菜百亩丰产方获常州市油菜百亩方创高产竞赛活动一等奖，竹箦镇濑阳油菜百亩丰产方、社渚镇河口油菜百亩丰产方分获常州市油菜百亩方创高产竞赛活动二、三等奖；溧城镇方里水稻百亩丰产方、埭头镇前六水稻百亩丰产方均获常州市水稻百亩方创高产竞赛活动一等奖，南渡镇庆丰水稻百亩丰产方、社渚镇河口水稻百亩丰产方、上黄镇坡圩水稻百亩丰产方均获常州市水稻百亩方创高产竞赛活动二等奖，天目湖镇天目湖水稻百亩丰产方、别桥镇镇东水稻百亩丰产方、竹箦镇道人渡水稻百亩丰产方均获常州市水稻百亩方创高产竞赛活动三等奖。（李建卫）

2011年溧阳市主要农作物生产情况

表14

类　别	面　积（千公顷）	比上年（±%）	总　产（吨）	比上年（±%）	单　产（千克／公顷）	比上年（±%）
夏粮	27.37	9.4	139326	14.3	5092.5	4.2
其中小麦	26.36	9.8	137151	14.6	5203.5	4.4
秋粮						
其中稻谷	40.42	−1.1	381676	0.6	9442.5	1.8
油菜子	9.96	−16.7	18649	−23.6	1872	−8.3

水产业

【概　况】 2011年，全市水产业严格按照高产、高效、优质、生态、安全的要求，坚持以科学发展观为指导，以渔业增效、渔民增收为目标，切实转变渔业发展方式，以水产品质量安全、渔业安全生产为重点，调优渔业产业结构，推进现代渔业的产业化进程，加快高效渔业规模化建设，强化渔业特色发展优势，保持稳定发展的良好态势。全市水产养殖总面积14666.67公顷，其中特种水产品养殖面积10108公顷。全年水产品养殖总产量6500万千克，其中特种水产品产量1858万千克，水产品总产值18.81亿元。

【高效设施渔业】 2011年，全市水产业立足资源优势和产业特色，通过政府引导、部门规划、市场拉动、项目带动、养殖户联动等措施，注重基础建设、突出主导品种、创新养殖技术，大力推进高效设施渔业规模化建设进程。以万亩现代渔业园区、千亩标准化基地、百亩示范区为抓手，大力开展标准化鱼池改造，微孔管道增氧、循环水养殖工程等物质装备建设，有效提升园区、基地设施装备，推行标准化生产与管理，提高渔业综合生产能力。

重点建设前马荡特种水产、三塔荡青虾万亩渔业园区2个，天火同人青虾、友才高效渔业、杨庄河蟹、前马荡特种水产、缪氏大闸蟹等千亩标准化基地5个，天火同人、陈强、天龙湖苗种繁育基地3个。新建、改造标准化池塘公顷2106.67公顷，安装微孔管道增氧设施566.67公顷，全年新增高效渔业面积2833.33公顷，其中亩效益5000元以上的设施渔业面积666.67公顷。年末，全市建成高效渔业面积11000公顷，亩效益5000元以上的高效设施渔业面积2053.33公顷。

【生态渔业建设】 2011年，通过对渔业资源的生态养护和增殖保护常态化，天目湖、大溪等饮用水源地，采用定期放流土著、生态鱼类，“以渔活水”、“生态养护”，改善渔业生态环境。在长荡湖、天目湖增殖放流三次，共投放夏花鱼种280万尾、冬片鱼种19万尾、1.6万千克。长荡湖网围整治全面完成，长荡湖网围监管有序开展，生产秩序良好。实施三期池塘循环水养殖工程，建设实施点26个，建设面积873.33公顷，实现经济发展与改善生态环境的“双赢”，起到示范带动作用，促进资源的高效利用和渔业经济的可持续发展。新建五期池塘循环水养殖工程15家，建设面积456.67公顷。

【渔业科技创新建设】 2011年，通过深入实施渔业科技入户工程，促进科技创新、成果转化、成果集成展示和技术服务平台建设，在全市7个镇及市水产良种场、长荡湖南管区45个行政村实施渔业科技入户工程，遴选培育示范户420户，辐射带动6000多户养殖户，带动面积8000公顷以上。全年组织举办各类渔业科技培训65期，受训人数5200人次，发放技术资料、书籍2万多份，提高渔业从业人员的科技水平和法律法规意识。深入开展“太湖1号”青虾、黄颡鱼、沙塘鳢、食用蚌等新品种苗种繁育、试验示范与推广应用，为渔业生产方式转变提供科研和技术保障。集成推广应用池塘循环水养殖、微孔管道增氧、养殖池塘水环境控制、河蟹青虾标准化养殖等一批新技术。

【水产品质量安全建设】 2011年，深入开展水产品质量安全知识宣贯与培训，制定水产品质量安全专项整治实施方案，有计划开展水产品质量安全专项整治，包括水产苗种生产企业专项检查、规模养殖场专项检查及渔业投入品专项检查等。

严抓水产品质量安全建设主体，通过与渔业企业、专业合作组织、规模养殖户签订水产品质量安全责任状，指导建设主体如实及时填写水产养殖“三项纪录”，建设水产品质量安全监测点12个、病害测报点12个、渔业生产合法性审查单位18家，采用不定期上门督查、抽检等检打联动手段，提高养殖户质量安全意识，使水产品质量安全控制常态化。

注重质量和品牌意识培育，积极引导基础条件良好的养殖户开展“三品”认证和品牌创建，制定主导品种标准化养殖模式和技术标准，培育优势产业和优秀品牌。新申报无公害水产品基地11家，申报面积3273.33公顷，新增无公害产品33只。积极培育“溧阳青虾”品牌和“天目湖”有机鱼品牌。强化执法监管，积极配合部、省、市农检等部门的定期定点抽检，增加自行不定期抽检和不定期抽查活动，对养殖水产品尝试开展全程、随时抽检，及时了解、掌握水产生产质量控制情况。共接受上级抽检3批次，57个样品，监测合格率100%。加强水生动物病害测报体系建设，积极开展水生动物疫病防治站的建设和运行，建立相对稳定的病害测报点，培育相对专业的病害测报员和检测员，开展水生动物的病害测报及预测预报工作，为水产品质量监测监控提供基础保障。

【渔政监督管理】 2011年，根据省、市统一部署，结合全市水域滩涂养殖

2011年溧阳市渔业主要指标

表15

项　目	单　位	指　标	比上年（±%）
水产养殖面积	公顷	14666.67	0
高效渔业面积	公顷	11000	21.77
水产品总产量	万千克	6500	34.02
水产品产值	亿元	19.60	48.48
特种水产品养殖面积	公顷	10108	4.57
特种水产品养殖产量	万千克	1858	16.12
河蟹养殖面积	公顷	7552	9.88
河蟹产量	万千克	918.8	27.01
青虾养殖面积	公顷	2142	69.87
青虾产量	万千克	401.2	9.02

规划，全面开展养殖水域调查登记、换证、系统发证工作，对10个镇区143个行政村发放养殖证339本，养殖发证面积14346.67公顷（不包括长荡湖网围养殖），完成水域滩涂养殖换发证工作。

切实开展水产品质量安全专项执法，养殖生产合法性审查专项执法、苗种生产许可专项执法等活动，加强苗种生产许可、捕捞许可管理，坚持文明执法，强化执法监督。积极调处渔业污染事故、协助处理渔业纠纷，维护渔业生产者的合法权益。共调查处理渔业污染事故13次，挽回养殖户损失27.6万元，协助处理渔业纠纷5起。狠抓渔业安全管理，打造平安渔业，市渔港监督和渔船检验站组织开展全市范围的渔业生产安全大检查2次，在渔业重要港口、事故易发河道树立宣传牌、警示牌等，发放渔业安全宣传资料5000余份。

全面开展渔业机动船舶2011年换证检验工作，抓紧落实“四合一”证书换发信息管理系统建设工作，确保油价补贴发放工作能顺利进行。切实执行好渔业惠民政策，顺利完成2010年机动渔船油价补贴发放工作，全市共有1894艘渔船享受，共发放财政补贴资金536.1832万元，发放渔业旱灾补助资金290万元，补助农户1181户，国有场圃3家，补助面积4723.87公顷。

（张国娣）

畜　牧　业

【概　况】 2011年，全市畜牧兽医工作坚持以科学发展观为指导，紧紧围绕建设现代畜牧业这一中心任务。按照“抓规模、突亮点、强基础、保安全”和“质量提升、效益增长、环境改善”的工作方针，突出“规模、效益、安全、环保”四大主题，深入推进畜禽规模养殖标准化、生态化建设，构建现代化畜牧业生产体系。继续加强重大动物疫病防控长效机制建设，加大动物卫生监督执法工作力度，扎实开展畜产品质量安全监控体系建设，不断完善优化兽医体制改革后的管理制度建设，使全市畜牧业进入持续健康发展轨道。

【现代畜牧业建设】 全市畜牧业围绕实现农业现代化的目标，以发展优质、高效、生态、安全的畜牧业为抓手，创建三类示范场，不断提高规模养殖比重，大力推进现代畜牧业建设。6个养殖场获“江苏省畜牧生态健康养殖示范场”称号、3个养殖场获“江苏省畜禽良种化示范场”称号、3个养殖场获“江苏省动物防疫规范达标示范场”称号，生猪、肉禽、蛋禽、奶牛规模比重分别达65.2%、92.1%、80.01%、100%。

【畜牧兽医工作】 2011年，全市畜牧生产依靠“项目引导、多方投入、加强基础、规模发展、保障供给、科学管理”的思路，协助有关企业申报省、市高效设施农业项目、生猪标准化养殖场建设项目、‘菜篮子’畜产品生产项目，大力发展规模养殖，搞好生态健康养殖。在畜牧产业、市场行情良好形势助推下，全市畜牧兽医工作者共同努力，畜牧业产值突破10亿元，达10.02亿元。江苏全福农牧实业有限公司争创为省级龙头农业企业，“溧阳鸡”被农业部认定为农产品地理标记。率先在全市开展畜牧兽医行业提升活动，在全系统开展“三问”（工作问责、干部问廉、作风问实）及“五个一”工程（唱响一支歌、开展一场讨论、练好一身本领、树好一身形象、建好一套机制）活动。

【动物防疫工作】 加强和提高对动物防疫和防控的认识。在春防、夏季消毒、秋防工作中，为全面提高全市养殖户的防疫意识，在全市范围内通过发放“明白纸”宣传、走访养殖户、开展技术培训班等多种形式，提高全民防疫意识，使广大干群认识到重大动物疫病防疫防控的重要性和必要性，真正从思想上提升防疫责任性的高度。

推动和落实动物防疫的各项措施。在春、秋季突击防疫和夏季大消毒等各项工作中，全市共用去猪W苗34.61万毫升，猪蓝耳病疫苗31.16万毫升，猪瘟疫苗32.19万头份，免疫生猪共计44.8万头次，牛羊W苗11.375万毫升，免疫牛1391头份，羊4.12万头份。用去鸡新城疫苗421.7万羽份，D苗381.75万毫升，免疫鸡509.84万羽，鸭26.29万羽，鹅14.76万羽，应免密度达100%。发放猪、羊、牛新型二维码标志10.3万只，挂标率及免疫档案配套使用率100%。发放消毒药品2850公斤，其中福消1540公斤，消毒宝典410公斤，蓝毒杀900公斤。完成各项防疫活动，达到预期的防疫效果，全市重大动物疫病防疫密度达到省、市规定的要求，为确保全市无重大动物疫病的发生和流行，奠定了坚实的基础。

做好流行病学调查和实验室监测工作。一方面对突发疫病特别是对夏季高热病进行流行病学调查，了解疫病的发生、传播、流行等整个过程，及时寻找解决的方法，定期不定期地进行风险评估，向上级主管部门及时反馈本地区的疫情信息。另一方面按照年度监测计划在全市各镇进行采样月

表16　2011年溧阳市畜牧业主要指标

项　　目	单　　位	指　　标
生猪出栏	万头	13.6
生猪存栏	万头	7.52
能繁母猪	万头	1.13
家禽出栏	万羽	1505
家禽存栏	万羽	245
羊存栏	万只	1.78
羊出栏	万只	2.9
兔存栏	万只	2.12
奶牛存栏	头	281
猪肉产量	吨	10200
禽肉产量	吨	23735
羊肉产量	吨	450
蜂蜜产量	吨	72

监测和集中监测，及时了解基层防疫的效果，共采样监测禽流感885头份，鸡新城疫826头份，猪瘟、猪口蹄疫、猪高致病性蓝耳病各712头份，牛羊口蹄疫192头份，对监测结果进行通报，以督促加强防控重大疫情。8月，省农委组织的全省兽医实验室检测能力比对工作中，实验比对结果全部正确，在全省县级市中遥遥领先。9～11月，开展包虫病流行病学调查工作，在三个镇九个村开展包虫病的现况调查，共采集全粪便180份。在定点屠宰场检查500头屠宰猪肝、肺包虫病荷囊情况，调查屠宰场家畜销售、购入和屠宰等流动情况，撰写全市包虫病流行病学调查追溯分析总结报告。

【组织落实主题活动】 组织开展采样监测大比武活动，各部门精心准备，制定活动流程、内容及评分细则，积极组织基层防疫员和规模养殖场防疫人员培训，组织广大基层防疫人员和规模场防疫员对动物防疫法和相关疫病的特性、防疫方法等方面进行培训，培训100多人次，在培训的基础上筛选出8人参加常州比赛，1人被选拔参加省级比赛。对照省、市要求，结合全市实际情况，疫控中心继续完善兽医实验室建设与监测能力达标创优活动，增添仪器设备，完善各种制度和台账，顺利通过省疫控中心组织的考核验收工作。

【常规监管】 以农产品质量安全监管为核心，全面监管全市动物养殖、屠宰流通行业，保证全市肉食品质量监管工作有效开展，市所与屠宰场、规模饲养场、检疫人员均签订防疫责任状。结合专项活动加强法制宣传，印制各项宣传资料400余份，发放给各相关养殖、屠宰场。全年共检疫生猪10.118万头、家禽214.65万只，检出病害猪157头、家禽900只，均进行无害化处理。组织行政执法检查186次，出动执法人员656人次，查处动物防疫违法案件5起，罚款2357元。

【监督专项管理】 开展以规范产地检疫和屠宰检疫为目标的专项治理行动，进一步强化对养殖户（特别是规模养殖户）和屠宰场生猪贩运户的监督管理，促进各检疫报检点按照规定开展产地检疫工作，规范动物检疫规程，对符合申报条件的每一批次动物或动物产品，依法严格按时到点、到户或到指定地点实施检疫，采取有效措施提高辖区内产地检疫率，确保申报检疫的动物100%检疫。

根据农业部《动物防疫条件审查办法》，严格按照《动物防疫法》和《行政许可法》的要求，对全市的四类场所动物防疫条件合格证的审核，高标准、严要求监督相关场所完善动物防疫设施设备，将规模养殖场产地检疫规范工作纳入审核范围，做到一场一案卷，认真审核，做好行政许可把关工作，共审核相关场所35个。

做好动物诊疗机构的审批及管理工作，维护正常的动物诊疗秩序，规范动物诊疗行为，保障公共卫生安全。根据省、市文件要求，全市开展宠物诊疗市场专项整顿活动，办理"动物诊疗许可证"的宠物诊疗机构5家。规范动物检疫合格证明等动物卫生监督证章标志使用和管理，做好新旧检疫证明使用衔接，市动物卫生监督所组织动物卫生监督所行政执法人员对全市各镇动物检疫人员进行统一培训，顺利实施新旧证的对接。

根据省农委《关于开展2011年全省农产品质量安全整治行动的通知》（苏农质〔2011〕4号）精神，全市开展生鲜乳专项整治活动。围绕生鲜乳生产、购销和运输等三个关键环节，加强奶牛养殖企业监管，加强生鲜乳质量安全监测，建立奶牛养殖情况定期报告制度。

【"瘦肉精"专项整治】 自3月25日起，全市实施《溧阳市"瘦肉精"专项整治行动方案》，根据行动方案对全市各镇的生猪定点屠宰场畜禽养殖场进行全面检查，检查覆盖面100%。全市各镇对生猪养殖场进行瘦肉精检测793份，对全市各生猪定点屠宰场生猪瘦肉精检测1177份，均未发现阳性。为做好全市的肉食品质量监管，杜绝"瘦肉精"生猪出现，对全市各生猪屠宰点的生猪贩运户进行一次摸底调查，进行备案管理，签订责任状加强管理，从源头保证全市生猪贩运质量安全，从而使全市上市肉食品质量安全有保证。

【畜禽养殖质量安全】 全面提高兽药、饲料生产经营单位和人员的素质，组织一次兽药经营法规培训。饲料生产单位根据各自情况每季度不少于一次，全年四次。全市现有持证的兽药经营单位，均通过省、市的GSP认证验收，其覆盖率100%，位居全省第一。积极协助饲料企业申领饲料及饲料添加剂预混料生产许可证，为企业做好验收前的准备工作。全年已为两家企业申报验收，其中一家已领到证，还有一家正等农业部审核发证。

全面规范兽医饲料生产、经营行为。对照许可条件及相关的法律法规，对全市的兽药经营，饲料生产企业进行行政监管。共抽检三个批次28个兽药样品、五个批次96个饲料样品、对18个规模养殖场（含水产饲料场）26个品种的自配料，全部合格。根据省、市相关文件及局领导的要求，加大兽药、饲料生产经营的整治力度，制定专项整治方案。对因政策因素或经营不良的16家单位的"兽药经营许可证"在本人申请的前提下，劝其注销，对养殖户的举报进行积极参与调解，涉及行政处罚的配合局执法大队做好工作。

【科技入户工程】 按照省畜牧科技入户工程要求和市农林局的总体安排，及时成立科技入户工程工作领导小组和专家组。遴选35名指导员和700户科技示范户，层层签订科技入户示范工程技术指导服务合同。各个专家组成员按照科技示范实施方案要求，深入养殖户家中，组织观摩，开展培训指导，切实将科技入户工作做到实处。

【开展为农服务"两个创建"活动】 "两个创建"，即省农委《争创群众满意的服务窗口活动》和常州市农委《提升畜牧兽医队伍整体素质形象活动》。为基层兽医站统一制作相关制度、岗位牌、"一对一"责任服务，建立健全台账管理制度，制定《畜牧兽医工作行为规范（或准则）》。全市十个镇畜牧兽医站的"两个创建"工作按照活动方案（或意见）有条不紊的开展，各阶段性的实施成效较为明显。

【提升兽医队伍形象】 着力抓好兽医的行政管理及医德医风建设，规范兽医队伍的行为和改善为农服务的态度，坚定市农林局荣誉高于一切，不断强化思想作风建设，努力提高工作效能，力求做到“组织放心、百姓称心、本人安心”。组织人员积极参与常州市农委开展的兽医队伍素质形象整体提升活动，按照提升活动的整体部署，积极开展业务学习，强化自身素质，提升全市兽医队伍素质形象。 （姜军华）

林特产业

【概　况】 2011年，全市林业生产投入力度持续高涨，林业生产技术服务和信息指导更加完善，绿色溧阳建设更上一台阶，森林资源总量和生态环境质量得到进一步提升，森林资源林政管理、林地管理、生态公益林管护、森林防火、森林病虫害防治等工作有序开展。全市完成成片造林487.08公顷，完善农田林网1000公顷，森林覆盖率28.34%。

【重点绿化工程】 2011年，以科学发展观为指导，立足全市人口、资源、环境和社会经济发展实际，扎实推进绿色溧阳建设，加快全市城乡绿化步伐，全面提高城乡绿化建设水平。

围绕国际森林年和全民义务植树运动30周年两大主题，溧阳市绿化委员会制定了2011年溧阳市全民义务植树活动实施方案，对2011年全民义务植树活动进行工作部署。通过挂宣传横幅、绿化建设成就图片展、《溧阳时报》刊登溧阳绿化造林专版、溧阳电视台播放滚动宣传字幕、副市长电视讲话等进行广泛宣传，精心组织，把全民义务植树活动搞得有声有色。全市参加义务植树共43.2万人次、植树116万株，植树成活率、保存率、尽责率均在95%以上。全民义务植树活动点包括“机关干部义务植树基地”、“青年人才林”、“平安林”、“职工林”、“巾帼林”、“教育林”、“市民共建林”7个，总面积达33公顷，栽植树种有红叶石楠、广玉兰、紫玉兰、白玉兰、红枫、黄山栾树、香樟、女贞、桂花等。

溧阳市长荡湖湿地保护与修复工程（一期），完成实际投资2259万元，实际支付工程款1693万元，其中可行性研究费用35万元，湖滨滩地生态修复918万元，上黄河出湖河口、河道及中干河南支流河道形态改造740万元。各镇区及时开展村庄绿化示范村工程建设，全市50个行政村的绿化任务全面完成，绿化示范村工程建设累计投入资金430余万元，新建公共绿地8700平方米，栽植乔木10.78万株，村内主要道路、河道绿化率98%以上。各镇坚持绿化提升与农村环境综合整治相结合，与河塘清淤相结合，与道路建设相结合，加大村旁、宅旁、河旁、路旁绿化造林力度，改善了农村环境，加快庭院经济的发展，得到居民的一致认可。

溧阳市绿化办投入古树保护资金30余万元，对部分古树进行有针对性的处理，主要包括：戴埠镇金山里村千年朴树驳岸和覆土处理；溧城镇城中派出所门口的银杏树硬质铺装去除和表土更新，修建不锈钢围护；龙潭林场的金钱松清园，修建铁丝网围护；溧城镇沙涨村的多株古树营养液吊注。

全市着力抓好罗湾路、台港路、格林花园西侧、燕山河等道路、河道绿化工程；格林花园北侧等城市绿化工程；燕山美林、阳光巴黎、格林花园等居住区绿化。城市绿化工程新增城市绿地面积21公顷，栽植乔木近万株、灌木65万株、草坪11万平方米、绿篱2000余米。

【森林防火】 2011年，全市认真贯彻执行“预防为主、积极消灭”的方针，狠抓森林防火组织领导体系建设、森林防火基础设施建设、森林防火各项制度建设及野外火源管理制度等各项制度建设，牢牢掌握森林防火工作的主动权，有效控制森林火灾的发生。全市配备森林防火专项护林员158名，投入森林防火经费460多万元，开辟防火通道25公里，建设防火工程阻隔网2公里，购置灭火弹5000只，油锯2台，风力灭火机15台，二号工具1000把，防火服120套，树立防火警示宣传牌220块。全市现有灭火弹12000只，油锯35台，风力灭火机65台，二号工具2600把，灭火专用车辆2台，其他灭火器材200余件。 （朱俊洪）

茶果业

【概　况】 2011年，全市茶园总面积为4410.87公顷，开采茶园3703.32公顷，茶叶产量412吨，茶叶产值37651万元，其中天目湖白茶面积为1340.67公顷，产量109吨，产值2.6亿元。全市现有果树5545.5公顷，产量18701吨，产值9095万元，新发展水果种植20.01余公顷，其中葡萄12公顷，梨5.33公顷，中国樱桃2公顷，其他0.667公顷。

【茶事活动】 参加2011年第十八届上海国际茶文化旅游节“中国名茶”评选活动，组织10家企业参展，8家企业参评，8只茶全获金奖。溧阳市天目湖玉园农业开发有限公司生产的玉园牌天目湖白茶当选为“上海国际茶文化旅游节指定专用白茶”。

组织9家企业参加2011年中国茶叶学会举办的第九届“中茶杯”全国名优茶评比活动，9只茶样在参加评比活动的585只绿茶茶样中脱颖而出获得一等奖。

2011年5月18日，由江苏省茶叶学（协）会主办、溧阳市工商联合会茶业商会承办的“江苏省首届茶艺观摩交流活动”在溧阳苏园举办，有8支茶艺队参加茶艺展示，茶艺师们用娴熟的泡茶技艺将玻璃杯、玻璃盖碗、紫砂壶、陶碗与外形各异、风格千姿百态的扁形茶、针形茶、卷曲形茶有机结合，充分展示茶文化的魅力。

8月11～16日，中央电视台《阳光大道》栏目组在溧阳进行“中华茶艺技能比拼——赢在溧阳”节目录制。参加比拼的12组选手分成绿茶、红茶、青茶三组进行初赛，初赛通过辨茶认茶、茶艺表演、才艺表演三场比拼，小组第一名进入决赛，小组第二名进行复赛后优胜者进入决赛，最后决出冠、亚、季军。全市有2组选手参加此次比拼，分别获得亚军和季军。

【参加果品评比】 全市有1只葡萄样品参加江苏省第四届"中山杯"优质葡萄（早中熟品种）评比活动，在21个品种、93个样品中获银奖。

"一村一品"葡萄专业园 （市农林局 供稿）

【农业部项目通过验收】 协助江苏省天目湖农业生态有限公司，完成农业综合开发农业部专项项目"茶树良种繁育基地建设项目"的检查验收。2011年9月，完成农业部项目"溧阳市国家级茶叶标准化示范县建设项目"的考核验收。

【技术服务与培训】 在市农林局农林网上编发"溧阳茶果信息"7期，通过企信通发手机群发信息64条，总计8840只次号码。在生产季节深入车间进行现场制茶培训与指导，培训一线制茶工近1000人次。组织企业参加江苏省葡萄协会举办的葡萄种植技术培训班，组织企业到郑州果树研究所和重庆常绿果树研究所考察学习。为规范、合法宣传使用"天目湖"这一公共品牌，制定天目湖商标使用管理规则，签订18份、23个企业准许使用"天目湖"商标。 （陆玉虹）

蚕 桑 业

【概 况】 2011年，全市蚕桑生产在2010年持续回升的基础上，又进入波动阶段，上半年生丝价格突破每吨41万元，农村春茧平均收购价格每公斤44.4元。下半年秋茧收购，生丝价格跌到每吨30万元，秋茧收购价格下降到每公斤26.2元。鲜茧价格的大幅波动，对蚕农的生产积极性影响很大。全市桑田面积仍维持在667公顷，全年发种7410张，生产蚕茧5454担，蚕茧收入1023.9万元，分别比2010年增585张、-437担、89.2万元、增幅为8.57%、-7.41%、9.54%。产量下降的原因是由于生产期间气候长期干旱无雨，桑叶气孔吸收空气中有毒尘埃积累致毒，造成春、秋两季部分蚕农饲养时出现不同程度的中毒现象而减产。但全年平均茧价仍有每公斤37.5元，超过去年的每公斤32元。

【蚕种管理】 由于2010年生产气候异常，全省制种没有完成计划，而秋茧价格却创历史新高，激发了蚕农的饲养热情，2011年春种的供需矛盾突出。1月，全市开始布置春种收缴工作，在春节前统计全市所需春种数量，与省蚕种管理所和有关蚕种场提前沟通落实，由省公司从外省调进1100张新品种，弥补全市春季饲养蚕种缺口的生产难题。认真仔细做好桑芽印模工作，合理安排蚕种出库时间，确保春蚕生产时叶、蚕相对平衡。用微电脑测控技术管理催青，在促进蚁蚕强健的基础上，提高蚕种的一日孵化率95%以上，防止孵化损失，从多方面入手维护春蚕生产的顺利进行。

【生产管理】 与正常年份相比，2011年全年气候以干旱少雨为主。春蚕生产前旱象已现，由于降雨量偏少，空气中有毒尘埃积累被桑叶叶孔吸附，全省发生三龄小蚕大面积中毒现象。全市的桑园主要集中在南山，远离城镇和工厂，桑树受污染面小。生产上采用不摘路边叶、尘埃叶、大蚕期喷水洗叶、提前添食解毒药液等措施，除圩区桑园饲养的蚕有少量的中毒现象外，全市绝大部分的蚕种仍获丰收。全市春蚕发种4250张，产茧3400担，平均张产40公斤，产值754.8万元，平均单价每公斤44.4元，春茧价格处于历史最高位，较大幅度地提高了蚕农收入。

针对全年气候干旱少雨，七、八月份有连续多天日最高气温超35℃的气候特点，根据气候补偿规律，预期冬季冷空气来临会较正常年份提前，全市在中晚秋蚕的饲养布局上作出调整。采用比上年提前三天发种，以避开中秋大蚕期受低温冲击、防止蚕大面积发病或不结茧现象发生。实践证明，此项布局较正确，在气温降至20℃前，全市的中晚秋蚕已全部上蔟且顺利化蛹。中晚秋共发蚕种3160张，产茧2054担，平均张产32.5公斤，产值269.1万元，平均茧价每公斤26.2元，比春茧价格降18.2元，降幅40.9%。

全年饲养品种除春蚕从外省调进的1100张汉中新品种外，春蚕均为春蕾×锡昉，秋蚕为苏菊×明虎。承担苏南测报中心任务，为本市和周边县市提供桑病虫简报五期300多份。蚕期中跟踪生产进度印发技术资料三次200份，到二个蚕桑重点村举办现场培训，培训人员150人次。

【科研项目】 与溧阳苏豪蚕种有限公司合作申报的省高效农业项目《工厂化稚蚕共育(人工饲料)中心基地建设》通过省级验收，小蚕期用人工饲料喂养、三龄后分发到农村桑叶饲养的新的饲养方法在市天目湖镇塘东村全面推广，取得良好效果。申报的省农业三项工程《新蚕品种苏豪×钟晔育繁推关键技术的研究》已制定出三级原种及一代杂交种生产标准和技术操作规程，在农村进行第一次推广试养，项目进展顺利。市蚕桑站与市蚕茧公司、溧阳市民盟基层委员会合作成立横涧蚕桑生产基地，合作申报的基地项目《农桑14号新品种的引进和推广》获市科技局2011年立项支持，从浙江调进5万株农桑14号作为基地新品种桑现已完成栽植工作，生产物资的支持、生产技术的指导、基地蚕茧的单收单烘等工作由三家单位协商分工承担。

（滕国琴）

蔬 菜 业

【概　况】 2011年，全市蔬菜生产总面积10400公顷（包括西甜瓜），有机食品原料基地约400公顷，总产量约32.2万吨，总产值7.1亿元，申报无公害产品认证20个，注册或使用的商标15个，制作外包装、实行产品规范化标签、标志管理的产品20只，研制或实施的农业标准12项。申报创建1个省级园艺作物标准园，4个常州市级园艺作物标准园，获一等奖1项、三等奖3项，新品种、新技术、新材料在蔬菜生产中得到充分运用，凸显生产效益。溧阳白芹无公害标准化生产技术应用率99%。

【规模特色蔬菜基地】 2011年，全市规模特色蔬菜基地分别是：联创集团有机蔬菜生产基地、苏台蔬菜园艺专业合作社、南渡食用菌工厂化生产基地、上兴台商投资企业（江苏茂裕通生物科技有限公司）、绿洲园艺科技有限公司和别桥金品生物科技开发有限公司。

【高效设施蔬菜】 2011年，全市高效设施蔬菜效益激增。天目湖南钱村草莓+秋西瓜，草莓收入20万元/公顷、秋西瓜收入5万元/公顷，每公顷综合效益25.5万元。勤农蔬菜开发有限公司白芹+黄豆，白芹收入22万元/公顷、黄豆收入2.8万元/公顷，每公顷综合效益24.8万元。溧城镇马垫村大棚番茄+水瓜+叶菜，番茄收入17万元/公顷、水瓜收入4.8万元/公顷、叶菜收入2.8万元/公顷，每公顷综合效益24.6万元。南渡食用菌工厂化生产每日装料8000筒，日产金针菇2000公斤循环生产，产品热销南京、常州等城市。别桥金品生物科技开发有限公司首批铁皮石斛获得丰收，拥有自主知识产权的组培育苗进入生产阶段。

【实施“三新工程”】 2011年，全面实施蔬菜业“三新工程”。品种更新工程：引进成功推广小霞樱桃番茄、福欲得黄瓜、红颊草莓、青春宝辣椒、紫龙白茄、60天花菜等20余个新品种，取得明显的经济效益。设备更新工程：防虫网、遮阳网、喷管及膜下滴灌、有机质营养钵育苗、绑蔓枪等得到进一步推广应用。技术更新工程：设施蔬菜优质高产栽培技术，蔬菜病虫害综合控防技术在生产实践中广泛应用，对设施环境科学控制等技术全面更新。

【技术指导】 2011年，全市培育科技示范户1200户，遴选科技示范带人600户，比上年增加383户，精选市镇技术指导员60名，科技示范户入户率90%以上，与上年相比亩增收节本10%以上。新增3个一村一品专业村，为720户开通农业致富手机报。利用农林网及一线通发布蔬菜信息145条，配合溧阳电视台，《溧阳时报》多次报道农技内容，积极配合中央电视台第七套农业节目《科技苑》栏目制作讲解《推广应用“物理防治”取代“化学防治”的种菜方法》在黄金时段播出，组织农业企业人员到外地观摩学习，经常组织本地区有关人员横向学习交流，邀请和配合专家教授为农民进行大规模培训。

【质量安全体系建设】 2011年，全力做好农产品（蔬菜）质量安全执法年部署的各项工作。深入基地科学诊断病虫害，强化蔬菜生产以防为主的绿色防控体系建设，重点加强农业投入品管理和田间档案的督察指导，召开各种形式的座谈会，发放相关资料。通过省农产品检测中心和常州市级农检部门对全市70只蔬菜样品的检测，合格率均达100%。（彭士明）

农业机械化

【概　况】 2011年，全市以提高机插秧水平为抓手，全面提升水稻种植机械化水平。全面推进水稻高产创建活动的有序开展，积极开展农机打假护农活动，进行农机安全生产综合整治，认真开展科技入户工作，选择2500户农机科技示范户，认真做好农机购置补贴工作。全年新增乘坐式插秧机191台、中拖144台、秸秆还田机207台，水稻机械化种植水平93%，其中机插秧86%、三麦机收水平99%、水稻机收水平96%；维修、保养各类农机具1.42万台（套）。全市总动力51.2万千瓦，农业综合机械化水平80.86%。

【安全生产管理】 2011年，全市根据《中华人民共和国道路交通安全法》，按照“三个加强、两个规范”的要求，农林、交通、公安、安监等部门联合对上路拖拉机交通安全进行专项整治。成功创建“省级平安农机示范市”，创建“平安农机镇”6个，平安农机合作社2个，确保全市农机安全形势总体平稳。

【落实购置补贴政策】 2011年，市农林局把各级农机购置补贴工作列入惠民工程、民心工程，加强组织领导，明确责任到人，安排专人，确保整个工作保质保量完成。全市共补贴各种机具4126台，其中，乘座式插秧机191台、油菜联合收割机7台、大中型拖拉机144台、秸秆还田机械207台、田园管理机20台、植保机776台、水产养殖机1061台、微孔曝气式增氧机250套。实际享受补贴农民1540人，其中农机专合作社68个。总销售金额达5460万元，其中：中央和省财政1650万元、常州市财政146.45万元、县财政270.8万元、乡镇财政20万元、农民自筹3372.75万元。

【专业合作社发展】 2011年，根据《农民合作社法》要求，经工商部门注册登记的农机专业合作70家，其中2家农机合作联社，5家特色农机合作社，注册资金1.12亿元，参加社员6261人，拥有各种农业机械5296台套，农机作业服务收入12249万元。参加省农机局星级评比，获五星级的农机合作社5个，四星级的8个，三星级的6个。

（荆和平）

水　　利

【概　况】 2011年，全市水利工作迎来了重要的历史发展机遇，中央和省委两个一号文件，将水利工作提升到“不仅事关农业农村发展，而且事关经济社会发展全局中；不仅关系到防洪安全、供水安全、粮食安全，而且关系到经常安全、生态安全、国家安全”的战略高度，明确了“力争今后10年全社会水利年平均投入比2010年高出一倍”的投入政策，向全党全社会发出了大兴水利、加快水利现代化建设的明确信号。围绕推进水利现代化，全局上下以一号文件为指针，群策群力、创新思路、负重奋进。4座水库成功创建省级规范化管理单位，市水利局被省水利厅评为全省水利工作先进单位、全省水利政策法规工作先进单位，被省防汛抗旱指挥部评为全省防汛抗旱先进集体，被溧阳市委、市政府授予“国家生态市建设先进单位”、2009～2010年度文明单位标兵。

【水利投入政策】 市委、市政府高度重视中央和省委两个一号文件关于水利投入政策的落实，以溧政发〔2011〕20号文件明确，从2011年1月1日起，全市范围内出让的各类土地，按土地出让总价的5%提取水利建设资金。市水利局抢抓水利发展机遇，拓宽水利投入渠道，争取市政府同意成立了市水利发展投资有限公司和市污水管网有限公司，作为专门融资平台，整合水利资产，开展融资业务，加强水利工程建设资金保障。

【水利建设规划】 在完成“十二五”水利发展规划的基础上，先后完成了城市防洪规划的修编、千亩以上圩堤建设规划、农村水利建设规划、中小河流治理规划、第二轮小水库除险加固规划等10余个水利专项规划以及子规划。积极做好项目对接，有7条河道列入国家中小河流治理计划、10座小水库列入江苏省“十二五”小水库除险加固规划。

【水库除险加固】 2011年上半年完成了沙河、大溪、前宋水库和龙虎坝等9座小水库的除险加固建设及24座水库除险加固工程的竣工验收。11月，最后一批10座小水库除险加固工程开工建设。全市水库除险加固工作走在全省前列。

【农村水利建设】 全面完成中央小型农水重点县第一批竹箦、埭头、社渚镇项目区项目，共完成进排水涵28座、灌排站79座、排涝站14座、建设高标准农田4300亩、田间配套工程2516座。11月，第二批溧城、别桥、戴埠镇和河口部队项目区项目顺利建设。全年清淤河道33条76公里、塘坝达标建设44座、加固塘坝160座，完成全市农水补助项目泵站5座、涵洞7座、水源工程14座。

【城市防洪工程建设】 经过紧张前期工作，12月28日，市政府举行溧阳市城市防洪工程暨中小河流治理开工仪式，新村枢纽、窑头枢纽工程、茶亭河改道拓浚治理开工建设。

【城市污水治理工程建设】 全市建成管网52公里，完成15个居民小区的雨污分流改造，天目湖到城区污水管网项目建设落实并开工，完成城市企业污水纳管处理40家。加强污水收集处理管理，市二污厂年处理污水1405万吨，污水处理效能由72.5%提升到77.8%。

【水利工程管理】 加快河道长效管护扩面增效，管护河道达到169条707公里，4座水库成功创建省级规范化管理单位，14座水库堤坝白蚁危害达到基本控制标准。水库管护工作走上常态化轨道，水库管护工作成效走在了全省前列。

【水政水资源管理】 利用电视、横幅、宣传画等多种形式，宣传《防洪法》等行业法律法规。切实做好涉水工程项目的审查审批，加强行政审批工作，所有许可审批、行政处罚全部进入“三合一”平台。建成了水资源信息系统一期工程，设立了水资源保护巡回法庭，全年执法巡查218次，查处违法水事行为24起，其中立案查处3起。

加强节水减排，推动申特钢铁、熊猫针纺、燕山南苑社区完成节水技术改造并创建成省级节水型企业（社区）。推进市二污水处理厂中水回用项目建设，年制售中水948万吨，初步形成了“政府主导、企业（市民）参与、技术驱动”的节水工作机制。

【水利普查】 根据国务院开展第一次全国水利普查的要求，市政府成立了溧阳市全国第一次水利普查领导小组及其办公室，六个普查工作组八个普查专业300多名普查人员认真、细致、负责工作，如期完成了外业调查、清查对象名录和外业数据采集，台账录入工作正在加快进行，在国家和省普查办的抽查、检查中受到一致好评。

【防汛抗旱】 1～5月，全市遭受了新中国成立以来同期最少降雨，面雨量仅148.5毫米，比历史同期减少65%，导致了严重旱灾。25座水库基本干涸，山丘区小塘坝大部干涸，全市近20万亩农田面临无水栽插，13万人面临饮水困难。在市委、市政府的高度重视和坚强领导下，坚持全市统筹，科学调度水源，确保饮用水供给，坚持不等不靠，加大抗旱投入，全市投入抗旱经费1330余万元，清理河道75条92.5公里，开挖引水沟45.3公里，架设机泵454台套，力保农业生产用水。坚持因地制宜，调整作物布局，尽可能减少农业损失，坚持沟通协调，积极争取援助，关键时刻争取到省防指24台套抗旱电动支援、200万元抗旱设施添置费补助和100万元抗旱补助，争取到常州市防指200万元补助，增强了全市抗旱能力。加强应急准备，落实45台近200立方米运水能力的送水车辆保缺水群众生活。坚持主动宣传，加强正面引导，通过电视报道、民生聚焦解答、网络论坛跟帖等方式及时通报全市水情和抗旱措施落实情况，确保了大旱期间没有出现民心恐慌和社会秩序的波动，抗旱工作成效得到了市委、市政府的高度肯定。

（周　龙）

溧阳市农林局

LIYANGSHINONGLINJU

2011年，市农林局围绕市委、市政府提出的“紧跟苏锡常、同步现代化”目标定位，以“现代农业重点突破年”为抓手，以创先争优活动为载体，全面推进农业现代化建设工程。

全年实现农业总产值62.02亿元，吸引“三资”投入农业13.2亿元。全市高效农渔业面积发展到52.82万亩，市粮食总产同比增加1.76万吨，粮食单产505.8公斤/亩，列全省第四位。茶叶产值达4亿元，天目湖白茶成为增收亮点，2万亩茶园面积实现产值2.6亿元，天目湖白茶被评为“中国著名农产品区域公用品牌”百强品牌。天目湖现代农业产业园晋升为省级现代农业产业园。溧阳鸡成功申报农产品地理标志登记保护，成为继天目湖白茶、溧阳白芹后的第3只地理标志保护产品。

2011年，溧阳获得全国农业标准化示范县、中国果菜标准化建设十强市、中国板栗无公害科技创新示范市等多项荣誉。

白芹种植

兰花培育

硕果累累

茶园飘香

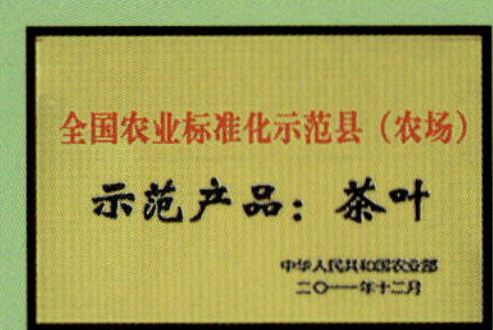

全国农业标准化示范县（农场）
示范产品：茶叶
中华人民共和国农业部
二○一一年十二月

2011年全省农经农业系统工作效能考评
优秀奖
江苏省农业委员会
二○一二年一月

授予溧阳市农林局
2011年度江苏省渔业工作
先进单位
江苏省海洋与渔业局
二○一二年一月

2011年度全省农机化科技创新与推广工作
先进单位
江苏省农业机械管理局
二○一二年一月

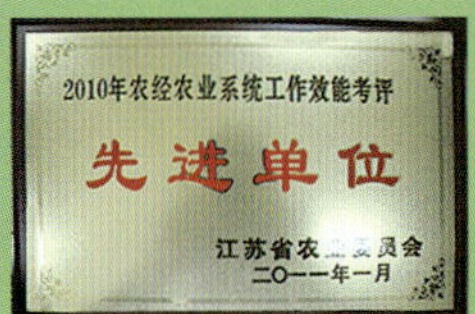

2010年农经农业系统工作效能考评
先进单位
江苏省农业委员会
二○一一年一月

2011年度绿色江苏建设
植树造林先进县(市、区)
江苏省林业局
二○一二年一月

全福牧业

溧阳市水利局

溧阳市城市防洪工程暨中小河流治理开工典礼

2011.2.28

省水利厅吕振霖厅长出席溧阳市城市防洪工程暨中小河流治理开工典礼仪式

原水利部副部长翟浩辉在局长张旭平（前右）陪同下视察大溪水库除险加固工程

2011年，全市水利工作迎来了重要的历史发展机遇，中央和省委两个一号文件，将水利工作提升到“不仅事关农业农村发展，而且事关经济社会发展全局中；不仅关系到防洪安全、供水安全、粮食安全，而且关系到经常安全、生态安全、国家安全”的战略高度，明确了“力争今后10年全社会水利年平均投入比2010年高出一倍”的投入政策，向全党全社会发出了大兴水利、加快水利现代化建设的明确信号。围绕推进水利现代化，全局上下以一号文件为指针，群策群力、创新思路、负重奋进。4座水库成功创建省级规范化管理单位，市水利局被省水利厅评为全省水利工作先进单位、全省水利政策法规工作先进单位，被省防汛抗旱指挥部评为全省防汛抗旱先进集体，被溧阳市委、市政府授予国家生态市建设先进单位、2009-2010年度文明单位标兵称号。

大溪水库主坝

中央小型农田水利重点县竹箦镇大山口水库灌区改造

前宋水库

苏园 SUYUAN

董事长 总经理 霍益民

在天目湖北岸，有水溪蜿蜒连绵，绕茶山而去，当地人称之为沙溪，是沙河水库和大溪水库之间的一条纽带。苏园，就坐落在沙溪河畔。

从空中看沙河和大溪两座水库妙比一双天目，苏园便是这眉清目秀间那俊俏的一颗美人痣。苏园，是天目湖景区一座真正意义上的仿古园林。其古典园林风格的设计，使之成为天目湖畔的又一神来之笔。

苏园，是一个以茶文化为主题的会所，含江南烟雨之秀色，蕴小桥流水之闲逸。但苏园并不把自己禁锢在茶文化的枷锁里，琴棋书画、史记典故，在茶的淡香之中，融洽成无所不函的中华文化。

苏园，自建立之初，就注重文化的传播和弘扬。曾展出国家重点文化工程——29张古代名琴复制成果，重点展示了东汉著名文学家、音乐家蔡邕在溧阳亲手制作的焦尾琴复制品，通过举办全国古琴文化论坛，聚会古琴名家新秀，培养古琴艺术人才，形成斫琴、抚琴、赏琴、听琴、藏琴等系列古琴主题文化。

用完茶膳，夜宿苏园，独享月下的幽静，隐有“半壁山房待明月，一盏清茗酬知音”的清幽。晨品幽香茶，诵读先贤经典，一种简约的文人浪漫主义情怀油然而生。

苏园建园之初，就是以“集禅、茶、文化于一体”为宗旨，禅离不开茶，茶离不开文化，而文化的结晶可以说是一种禅。在几年的实践与积累中，苏园为弘扬中华传统文化、传承中国古典哲学、劝善世人、净化世风等方面，做了大量工作，并得到社会各界一致好评。从2009年11月开始，苏园就在大力弘扬传统文化，通过举办“弘扬中华传统文化 做有道德的中国人”公益交流会，把中华传统美德——孝道文化大力向社会推广，祈愿每个来到苏园的人通过学习中国传统文化，能过身心和谐、家庭和谐，从而实现社会和谐。

值得一提的苏园传统文化交流会，至今已成功举办20期公益交流会、5期《弟子规》亲子夏令营、3期传统文化·企业高层管理研修班、3期企业内训、1期儒学文化研习班，参加学员近4000人。所有这些活动全是公益性质，没有收取学员一分钱报酬。苏园至真至诚的付出，得到了学员的肯定，也感动了前来学习的学员，他们把在苏园重新找回的自我带回生活当中，给家庭、给身边的亲朋好友做出来了一个有五千年文明传承的中国人该有的形仪。通过学习，不仅给了自己一个和谐幸福的家庭，也给社会一个重新正确认识传统文化的平台。苏园，以其独特的文化品位，亮丽于美丽的天目湖畔。

而今，苏园已成为溧阳文化典范窗口。2010年12月2日，江苏省作家协会创作基地正式在苏园挂牌，同时，溧阳市委宣传部在苏园举办了第二届文艺家读书班活动；2011年3月29日，山东电视台金牌栏目《天下父母》——全国首个以弘扬孝道文化为主题的栏目在苏园设立了《天下父母》亲情教育基地，这是《天下父母》栏目在江苏设立的首个亲情教育基地；2011年9月23日，在鞍山市举办的第四届生态高峰论坛上，苏园被评为“全国生态文化示范企业”。

苏园地址：溧阳市天目湖镇桂林村上珠岗桥旁（溧阳市天目湖景区东园路8号）

联系电话：0519—87986789

400-881-3018

溧阳市玉莲生态农业开发有限公司

溧阳市玉莲生态农业开发有限公司，创建于2000年春，是溧阳市最早引种白茶的生产企业。园区规划总面积8000亩，其中核心区开发面积5000亩，计划总投资1.2亿元，资产总额为6000万元。年产优质白茶15000公斤，亩产值达2.6万元，产品销售收入达3900万元，创利税1500万元。现已成为本地区茶园面积、加工规模、茶叶品牌颇具知名度的白茶产业化龙头企业。

公司董事长总经理陈正涛与茶叶界泰斗于观亭合影

园区位于风景秀丽的国家4A级天目湖旅游度假区内，茶园四周，群山环抱，苍翠如海，云雾缭绕，鸟语花香，山青水秀，环境优美，是供人们深呼吸的天然氧吧。天目山余脉的南山独特小气候和天然富硒土壤，是玉莲白茶生长的“黄金宝地”。

企业在天目湖镇（241省道117公里处）新建茶叶清洁化加工标准厂房10000平方米，配置先进的茶叶加工机械设备。拥有5000平方米玉莲山庄综合服务区，内设玉莲白茶展示区、茶文化展览区、品茗区、培训中心、会议接待中心、宾馆、餐厅、客房，设施先进，功能齐全，环境幽雅，清静舒适，能接待游客、团队、会议300余人。

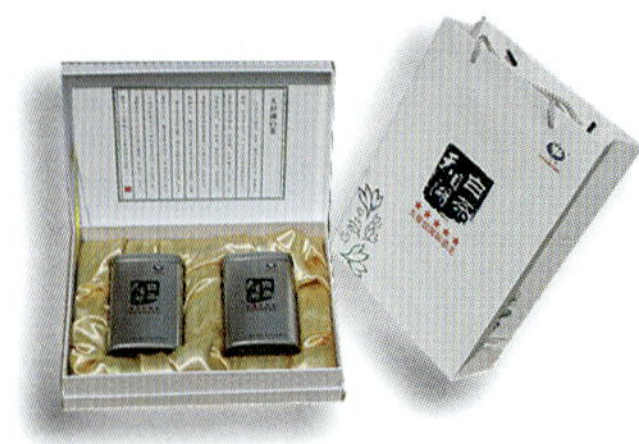

企业先后被江苏省科技厅认定为“江苏省农业科技型企业”和常州市认定的“常州市农业高新技术企业”，也是“江苏省溧阳高效农业科技园”的骨干企业之一。一贯以人为本，尊重人才和知识，现有职工36人，林、茶、果专业技术人员9名，其中高级职称5名，并与南京农业大学茶叶研究所、江苏省农科院园艺所和江苏丘陵地区镇江所等科研院校建立产、学、研长期合作，技术力量雄厚，承担完成了国家级、省级、常州市级等科技项目10项，已引进白茶、果树、名贵苗木等新品种36个，获天目湖白茶外观设计专利2项，成功研制“玉莲白茶、白茶碧螺春和白茶金毫（红茶）”等新产品。

企业生产作业和加工制作严格执行绿色有机管理标准。2003年白茶基地通过了无公害农产品产地认定和产品认证，2004年就获得“有机茶原料生产证书、有机茶加工证书、有机茶产品认证证书和有机茶标志准用证”，2007年企业通过了ISO9001质量管理体系认证和QS认证，2009年玉莲牌商标被认定为“常州市知名商标”，2010年又认定为“江苏省著名商标”，企业信用等级为江苏银行AAA级。

“玉莲”牌白茶， 2004、2007、2010年被评为“常州市名优农产品”；2005年、2011年评为全国“中茶杯”一等奖、特等奖；获第十二届、第十三届江苏省“陆羽杯”特等奖；2006年获江苏名牌产品证书；2004年被评为中日韩国际茶文化节茶王赛“五星级国际茶王”称号；2004-2006年连续3年被上海国际茶文化节评为“金奖”；2003、2005、2007年荣获中国溧阳茶叶节名特茶评比“特等奖”，被指定为中国溧阳茶叶节唯一礼品白茶，享有永久冠名权；2007年被选为人民大会堂“特供茶”及被评为“市先进农业科技示范园区”、“常州市科普教育基地”、“溧阳市科普教育示范基地”；2008年获“一村一品”国际研讨会评比金奖和农产品行业“诚信企业”；2010年“玉莲白茶”评为“常州市名牌产品”，2011年评为“江苏省优质产品”，2012年“玉莲白茶”被市政府选为第十二届中国溧阳茶叶节礼品白茶。

工 业

栏目编辑 莫 俊 晋阿彬

综 述

【概 况】 2011年，全市经信系统按照市委、市政府的统一部署，深入贯彻落实科学发展观，紧紧围绕年度工作主题，以新型工业化为方向，以转型升级为主线，扎实推进工业经济跃升、有效投入提高、重点项目推进和节能减排等重点工程，全市工业经济总体保持平稳较快发展的良好态势，实现了“十二五”发展良好开局。

全市完成工业总产值1300.16亿元，同比增长25.5%。实现销售收入1271.01亿元，同比增长26.1%。工业纳税销售1267.81亿元，增长45.6%。完成工业投入234.16亿元，同比增长20.3%。9项常州市重点工业项目完成年度投资39亿元。全市160个总投资5000万元以上工业重点项目完成年度投资140亿元。

【工业经济保持较快增长】 2011年，全市经信系统积极应对国内外复杂经济形势，切实加强目标管理和运行监测分析。拟定全市工业经济年度主要目标，分解落实并定期下达到各镇区。认真落实全市40项重点工程工业经济主要目标任务，定期做好经济指标完成进度的情况通报和对标分析，加强任务倒排，强化挂钩督察，促进对标赶超，做到以月保季、以季保年，确保年度各项目标任务全面完成。同时，突出重点，排定当年重点新增长点企业，并在全市工业规模企业和重点新增长点企业中选择100家重点企业，进行跟踪（监测）。坚持定期召开镇区、重点企业经济运行分析会议，结合汇总百家重点企业生产经营情况，每月形成工业经济运行分析报告，供领导决策参考，在促进经济较快增长的同时，实现培大育强新的突破。

全年纳税销售超亿元企业121家，其中，超10亿元企业10家，超50亿元企业6家，超100亿元企业4家（申特钢铁、金峰水泥、新时代铜业、上上电缆），超300亿元企业1家（申特钢铁），新增规模以上企业30家。入库税金超亿元企业达7家（申特、华朋、上上、金峰、三元钢铁、罗地亚稀土、国强）。申特、上上、金峰、国强入选中国民营企业500强，申特钢铁在中国企业500强、中国制造业500强中排位进一步前移。

【后劲投入持续增强】 年初经过反复调研，排定全年160个总投资5000万元以上工业重点项目，实施项目全过程动态跟踪管理，对亿元以上工业项目实行领导挂钩联系制度，及时协调解决项目推进中遇到的困难和问题，并把协调绿成纸业等重大项目作为日常重点工作之一。强化项目日常巡查、定期督查和季度核查“三查”机制，不

华朋集团 （市经信局 供稿）

断加大项目推进力度。进一步完善有效投入考核办法，落实有关扶持政策，促进绿成纸业、波士顿锂电池、顺风光电和固态照明等一批大项目、好项目的建设实施，以及新时代铜业、上上电缆、绿成包装、科华机械等一批项目的建成投产，其中新时代铜业当年投产，当年销售上百亿规模。

【转型升级成效明显】 突出科学规划引领。结合全市国民经济和社会发展“十二五”规划纲要，通过反复调研论证，组织编制了“十二五”工业发展规划、“一先两新”产业发展规划及节能规划等。研究起草并以市委文件形式下发《关于实施工业经济五年规划、三年计划的意见》等，促进工业经济跨越发展。加快创新体系建设，着重加快创新创业平台建设，推动企业应用新技术、新工艺改造提升传统产业，不断调整优化产品结构和产业结构。

全年培育省级企业技术中心1家（金源锻造）、市级技术中心2家（维多生物、调角器总厂），有11只新产品通过省级鉴定。经济开发区高新技术创业中心被省中小企业局认定为小企业创业示范基地。全年培育高成长型中小企业14家（常州市级认定 11家、省级认定3家），培育中小企业公共技术服务平台1家。

促进“两化”深度融合。着力培育和加快建设“两化融合”示范区、试验区以及一批“两化融合”示范企业、试点企业，树立典型、以点带面，推动信息化和工业化在更广范围、更深层次、更高水平深度融合。推进培育省两化融合试点企业8家，常州市两化融合示范企业2家、试点企业14家，升级企业100家。

【节能降耗扎实推进】 围绕上级下达溧阳市“十二五”期间万元GDP综合能耗及2011年万元GDP综合能耗（下降4.5%）的目标要求，在钢铁、建材、化工、纺织印染、热电、铸造等高耗能行业实施能效水平对标达标等多项节能管理活动，倒逼高耗能行业企业实施节能降耗和循环经济，促进企业“节能、降耗、减污、增效”；加强节能执法力度，逐步规范企业能源管理、能源计量和能源统计制度，各项节能重点工程全面完成。全年实施重点节能与循环经济项目8项，自愿清洁生产审核企业14家，重点用能单位能源审计12家，重点用能单位节能监测36家，重点用能单位淘汰落后用能设备50台套以上；扎实做好有序用电工作，重点控制高耗能及淘汰落后企业用电，保证重点企业、高科技企业和优势企业用电；化工整治后续完善工作扎实推进。第二轮化工整治以来，全市已有32家化工生产企业关闭到位或已进入关闭程序。2011年着重做好关闭企业的关闭完善和后续工作，加大近城区群访矛盾集中的化工企业整治力度，调整化工产业布局，推进南渡新材料工业集中区环评批复及化工企业改造提升工作。

【服务发展彰显实效】 积极转变职能、发挥功能、提高效能，围绕重点工业项目、重点工业企业、重点新增长点“三个重点”，狠抓提供指导、争取扶持、跟踪服务“三个环节”，搭建产业信息咨询、企业发展服务、融资担保“三个平台”，全力构筑新型服务体系，创新服务内容，提升服务水平，切实为企业提供贴心服务、优质服务和高效服务。

加强融资担保。全市五家担保机构新增注册资本0.65亿元，新增担保482笔，总额12.6亿元，在保435笔，余额11.3亿元。其中市经信局工业担保中心新增担保119笔，金额5.7亿元，在保110笔，余额5亿元。市工业担保中心不断创新业务内容和服务方式，充分利用省信用再担保体系主办机构的平台，为溧阳市中小企业提供再担保和增信业务，为江苏国强镀锌实业有限公司发行中期票据提供了3000万元担保。在货币政策从紧的宏观环境下，极大地支持了中小企业的发展；强化政策扶持。全面落实市委、市政府《关于加快科技创新，促进经济转型升级的若干政策意见》等政策措施，草拟科技创新经济转型升级专项引导资金、促进小企业发展等配套扶持政策。积极向上争取各种扶持，认真组织和支持企业申报各类奖励和专项资金，全年向上争取项目资金和专项引导资金近2000万元，超额完成1182万元目标；着力调查研究。把调查研究作为日常工作的一项重要内容，为市委、市政府发展工业经济出台政策、科学决策提供真实准确的依据。在组织编制“十二五”工业发展规划及一先两新产业发展规划的基础上，相继撰写了《招工难，难在何处》、《我市发展循环经济的实践与思考》等10多篇有质量的调研文章，上述两篇分别被市委《溧阳通讯》、市政府《政情通报》录用刊登。为深入贯彻落实市第十一次党代会精神，加快做大经济总量，推进新型工业化进程，在充分调研的基础上，草拟了关于全市工业经济五年规划、三年计划的实施意见供市委、市政府研究决策，为促进千亿园区百亿镇创建和工业经济再上台阶出谋划策。 （郑正辉）

乔森塑料有限公司 （市经信局 供稿）

2011年溧阳市工业企业产品销售收入前100家企业

表17

序号	企业名称	序号	企业名称
1	江苏申特钢铁有限公司	51	江苏汇大科技有限公司
2	江苏新时代铜业有限公司	52	溧阳市埭头振达钢铁有限公司
3	江苏上上电缆集团有限公司	53	溧阳市新力化纤有限公司
4	江苏国强镀锌实业有限公司	54	江苏天容集团股份有限公司
5	江苏华鹏变压器有限公司	55	溧阳市飞跃电梯配件有限公司
6	溧阳罗地亚稀土新材料有限公司	56	溧阳锦宏纺织有限公司
7	溧阳市宏峰水泥有限公司	57	江苏富利不锈钢精密焊管有限公司
8	江苏金峰水泥集团有限公司	58	常州九天协安化工有限公司
9	江苏正昌集团有限公司	59	溧阳市鹏程彩钢有限公司
10	溧阳市三元钢铁有限公司	60	溧阳市利达有机硅科技有限公司
11	溧阳市新金峰水泥有限公司	61	江苏上齿集团有限公司
12	溧阳市万兴特种建材有限公司	62	溧阳市荣鑫轧钢有限公司
13	江苏溧阳南方水泥有限公司	63	江苏宏光钢铁有限公司
14	江苏扬子水泥有限公司	64	江苏中远机械设备制造有限公司
15	溧阳市中材重型机器有限公司	65	溧阳市中山有机玻璃有限公司
16	常州市盛东钢业有限公司	66	溧阳市立洋纺织有限公司
17	溧阳军荣旅游用品有限公司	67	溧阳市上黄轧钢厂
18	江苏金源锻造股份有限公司	68	江苏盛昌钢铁有限公司
19	溧阳市三维铸造有限公司	69	溧阳市新光实业公司
20	布勒（常州）机械有限公司	70	溧阳安顺燃气有限公司
21	江苏弘博新材料有限公司	71	溧阳市永兴轧钢有限公司
22	溧阳市鹏程钢构有限公司	72	江苏苏阳电工机械有限公司
23	江苏开利地毯股份有限公司	73	常州宝丽丝纤维有限公司
24	重庆啤酒集团公司常州天目湖啤酒有限公司	74	溧阳市力士汽车配件制造有限公司
25	溧阳市华力金属有限公司	75	江苏三益化工有限公司
26	溧阳市科华机械制造有限公司	76	江苏安靠超高压电缆附件有限公司
27	江苏瑞阳化工股份有限公司	77	溧阳福山铸业有限公司
28	溧阳市宏瑞精密铸造有限公司	78	溧阳市鑫溧起重机械工程有限公司
29	溧阳维多生物工程有限公司	79	溧阳市嘉雄不锈钢设备有限公司
30	江苏钢锐精密机械有限公司	80	溧阳市丰林精密锻压件有限公司
31	江苏全福农牧实业有限公司	81	常州乔尔塑料有限公司
32	溧阳市四方不锈钢制品有限公司	82	瑞那斯铝业（常州）有限公司
33	溧阳市鑫源铜业有限公司	83	常州市佰目合金有限公司
34	江苏冶建防腐材料有限公司	84	溧阳市振东水泥有限公司
35	江苏鑫林钢铁有限公司	85	常州亚泰焊材有限公司
36	江苏竹箦阀业有限公司	86	溧阳市开成毯业有限公司
37	江苏省溧阳市云龙化工设备有限公司	87	溧阳好利医疗用品有限公司
38	常州市宏豪制钢有限公司	88	江苏天禾迪赛诺制药有限公司
39	江苏联盟化学有限公司	89	江苏省社渚轴承有限公司
40	江苏云源钢结构工程有限公司	90	溧阳市金昆锻压有限公司
41	江苏力强化工有限公司	91	溧阳市大禾建材有限公司
42	溧阳兰天化工有限公司	92	溧阳市荣达饲料设备有限公司
43	溧阳市金利宝胶粉制品有限公司	93	溧阳市乔迪塑料有限公司
44	江苏新华机电设备制造有限公司	94	溧阳市乔森塑料有限公司
45	江苏省溧阳市汽车座椅调角器总厂	95	江苏沙河抽水蓄能发电有限公司
46	溧阳市东方水泥有限公司	96	溧阳市南亚塑胶有限公司
47	江苏保龙机电制造有限公司	97	溧阳市盛杰机械有限公司
48	江苏天目建设集团钢机有限公司	98	溧阳市佳禾电子材料有限公司
49	溧阳二十八所系统装备有限公司	99	溧阳市宝丽来塑胶纺织有限公司
50	溧阳市东发纺织有限公司	100	江苏德盛食品有限公司

2011年溧阳市工业企业产品实现利税总额前100家企业

表18

序号	企业名称	序号	企业名称
1	江苏申特钢铁有限公司	51	江苏省溧阳市云龙化工设备有限公司
2	江苏国强镀锌实业有限公司	52	溧阳福山铸业有限公司
3	江苏上上电缆集团有限公司	53	溧阳锦宏纺织有限公司
4	江苏金峰水泥集团有限公司	54	江苏三益化工有限公司
5	溧阳罗地亚稀土新材料有限公司	55	江苏开利地毯股份有限公司
6	江苏华鹏变压器有限公司	56	溧阳市鹏程彩钢有限公司
7	溧阳市宏峰水泥有限公司	57	江苏富利不锈钢精密焊管有限公司
8	江苏新时代铜业有限公司	58	江苏盛昌钢铁有限公司
9	江苏正昌集团有限公司	59	溧阳市金利宝胶粉制品有限公司
10	江苏溧阳南方水泥有限公司	60	溧阳市埭头振达钢铁有限公司
11	重庆啤酒集团公司常州天目湖啤酒有限公司	61	溧阳市新光实业公司
12	溧阳市万兴特种建材有限公司	62	江苏天目建设集团钢机有限公司
13	溧阳市中材重型机器有限公司	63	江苏上齿集团有限公司
14	江苏扬子水泥有限公司	64	常州九天协安化工有限公司
15	江苏金源锻造股份有限公司	65	溧阳二十八所系统装备有限公司
16	溧阳市三元钢铁有限公司	66	溧阳市嘉雄不锈钢设备有限公司
17	布勒（常州）机械有限公司	67	溧阳联星混凝土有限公司
18	溧阳市鹏程钢构有限公司	68	溧阳市立洋纺织有限公司
19	江苏安靠超高压电缆附件有限公司	69	江苏保龙机电制造有限公司
20	江苏鑫林钢铁有限公司	70	溧阳市东发纺织有限公司
21	溧阳市三维铸造有限公司	71	常州乔尔塑料有限公司
22	江苏弘博新材料有限公司	72	溧阳市开成毯业有限公司
23	溧阳军荣旅游用品有限公司	73	溧阳市力士汽车配件制造有限公司
24	溧阳市科华机械制造有限公司	74	溧阳市乔森塑料有限公司
25	江苏省前峰服饰有限公司	75	溧阳安顺燃气有限公司
26	江苏瑞阳化工股份有限公司	76	溧阳市丰林精密锻压件有限公司
27	江苏全福农牧实业有限公司	77	常州亚泰焊材有限公司
28	江苏汇大科技有限公司	78	江苏宏光钢铁有限公司
29	常州市宏豪制钢有限公司	79	溧阳市盛杰机械有限公司
30	常州时创能源科技有限公司	80	溧阳市利达有机硅科技有限公司
31	溧阳市鑫源铜业有限公司	81	江苏苏阳电工机械有限公司
32	江苏冶建防腐材料有限公司	82	溧阳市虹翔机械制造有限公司
33	溧阳维多生物工程有限公司	83	溧阳市宝丽来塑胶纺织有限公司
34	溧阳市华力金属有限公司	84	溧阳市新力化纤有限公司
35	江苏云源钢结构工程有限公司	85	溧阳市振东水泥有限公司
36	江苏沙河抽水蓄能发电有限公司	86	江苏联盟化学有限公司
37	江苏新华机电设备制造有限公司	87	溧阳市永兴轧钢有限公司
38	溧阳兰天化工有限公司	88	江苏兴盛风能科技有限公司
39	溧阳市四方不锈钢制品有限公司	89	江苏云源环保工程有限公司
40	溧阳市荣鑫轧钢有限公司	90	溧阳市飞跃电梯配件有限公司
41	常州市盛东钢业有限公司	91	江苏中远机械设备制造有限公司
42	江苏竹箦阀业有限公司	92	江苏泽诚化工有限公司
43	江苏省溧阳市汽车座椅调角器总厂	93	溧阳市上黄轧钢厂
44	江苏力强化工有限公司	94	江苏冠宇机械设备制造有限公司
45	溧阳市宏瑞精密铸造有限公司	95	溧阳市乔迪塑料有限公司
46	溧阳市新金峰水泥有限公司	96	朗盛（溧阳）多元醇有限公司
47	江苏天容集团股份有限公司	97	溧阳市东晨服饰制伞有限公司
48	溧阳市中山有机玻璃有限公司	98	溧阳市南亚塑胶有限公司
49	溧阳市东方水泥有限公司	99	溧阳新钢川空气体有限公司
50	江苏钢锐精密机械有限公司	100	溧阳市大禾建材有限公司

表 19

2011 年溧阳市工业企业期末资产总计前 100 家企业

序号	企 业 名 称	序号	企 业 名 称
1	江苏申特钢铁有限公司	51	江苏新华机电设备制造有限公司
2	江苏金峰水泥集团有限公司	52	江苏省前峰服饰有限公司
3	江苏上上电缆集团有限公司	53	朗盛（溧阳）多元醇有限公司
4	江苏华鹏变压器有限公司	54	溧阳二十八所系统装备有限公司
5	溧阳市新金峰水泥有限公司	55	江苏力强化工有限公司
6	江苏国强镀锌实业有限公司	56	江苏兴盛风能科技有限公司
7	溧阳市宏峰水泥有限公司	57	常州宝丽丝纤维有限公司
8	江苏新时代铜业有限公司	58	江苏竹箦阀业有限公司
9	江苏正昌集团有限公司	59	溧阳市力士汽车配件制造有限公司
10	江苏溧阳南方水泥有限公司	60	江苏三益化工有限公司
11	江苏弘博新材料有限公司	61	江苏云源钢结构工程有限公司
12	江苏钢锐精密机械有限公司	62	溧阳市振东水泥有限公司
13	溧阳军荣旅游用品有限公司	63	溧阳市乔森塑料有限公司
14	江苏金源锻造股份有限公司	64	溧阳市宏瑞精密铸造有限公司
15	溧阳罗地亚稀土新材料有限公司	65	溧阳市立洋纺织有限公司
16	溧阳市中材重型机器有限公司	66	溧阳市南亚塑胶有限公司
17	江苏天容集团股份有限公司	67	溧阳市天煜港湾机械有限公司
18	溧阳安顺燃气有限公司	68	溧阳市新建重型机械有限公司
19	江苏扬子水泥有限公司	69	江苏鑫林钢铁有限公司
20	溧阳市鹏程钢构有限公司	70	溧阳市盛杰机械有限公司
21	江苏开利地毯股份有限公司	71	溧阳爱克斯箱包有限公司
22	溧阳市三维铸造有限公司	72	常州乔尔塑料有限公司
23	布勒（常州）机械有限公司	73	江苏天目建设集团钢机有限公司
24	江苏瑞阳化工股份有限公司	74	溧阳市埭头振达钢铁有限公司
25	江苏保龙机电制造有限公司	75	江苏省社渚轴承有限公司
26	溧阳市万兴特种建材有限公司	76	江苏苏阳电工机械有限公司
27	溧阳水务集团有限公司	77	溧阳市新光实业公司
28	溧阳市华力金属有限公司	78	溧阳华晶电子材料有限公司
29	江苏汇大科技有限公司	79	溧阳市圣泰重型机械有限公司
30	重庆啤酒集团公司常州天目湖啤酒有限公司	80	溧阳联星混凝土有限公司
31	江苏冶建防腐材料有限公司	81	溧阳市立达电梯有限公司
32	江苏上齿集团有限公司	82	溧阳市金昆锻压有限公司
33	江苏省溧阳市云龙化工设备有限公司	83	溧阳市飞跃电梯配件有限公司
34	江苏联盟化学有限公司	84	溧阳市利达有机硅科技有限公司
35	江苏沙河抽水蓄能发电有限公司	85	溧阳市四方不锈钢制品有限公司
36	常州市盛东钢业有限公司	86	江苏威司顿印刷科技有限公司
37	溧阳市科华机械制造有限公司	87	溧阳新钢川空气体有限公司
38	江苏天禾迪赛诺制药有限公司	88	溧阳市昆达金属制品有限公司
39	江苏安靠超高压电缆附件有限公司	89	溧阳市恒祥特钢机械制造公司
40	溧阳市三元钢铁有限公司	90	溧阳市鹏程彩钢有限公司
41	溧阳市东方水泥有限公司	91	溧阳市丰林精密锻压件有限公司
42	溧阳市金利宝胶粉制品有限公司	92	溧阳市鑫源铜业有限公司
43	溧阳市新力化纤有限公司	93	溧阳市开成毯业有限公司
44	溧阳市巨神助剂化工研究所有限公司	94	江苏冶建锌业有限公司
45	溧阳维多生物工程有限公司	95	江苏盛昌钢铁有限公司
46	江苏全福农牧实业有限公司	96	江苏南方通达铁塔有限公司
47	溧阳市东发纺织有限公司	97	江苏精能建设工程有限公司
48	江苏省溧阳市汽车座椅调角器总厂	98	溧阳市华晨混凝土有限公司
49	江苏德盛食品有限公司	99	溧阳市虹翔机械制造有限公司
50	溧阳市昆仑热电有限公司	100	江苏强林生物能源有限公司

电子信息、通信设备与新材料等新兴产业

【概　况】 2011年，溧阳市战略性新兴产业实现销售收入423亿元，同比增长42.2%，占全市工业的比重为33%。其中，新能源产业销售收入为26亿元，同比增长40%，占全市工业销售比重为2%；新材料产业实现销售收入76亿元，同比增长88%，占全市工业销售比重达6%。

【溧阳罗地亚方正稀土新材料有限公司】 是由溧阳市稀土总厂、北大方正集团、法国罗地亚电子与催化剂材料公司联合组建的企业，占地面积126000平方米，其中建筑面积36800平方米，企业总资产4.5亿元。

公司拥有轻、中、重稀土分离生产线，年分离稀土矿15000吨，位居全国第一，属国家高新技术产业。由稀土延伸产品三基色粉、稀土金属、钕铁硼永磁、稀土电机构成的产品链已全面进入产业化阶段。目前正开发生产铈锆汽车尾气净化剂及特种物理性能的钇铕、钇铽、光学级镧基、钕基材料等高新技术产品。

公司拥有ISO 9002国际质量体系认证证书，产品质量可靠，主要销往中国港台地区和日本、美国、西欧等国家。

【江苏冶建防腐材料有限公司】 坐落于江苏省溧阳市溧城镇东郊工业园区，宁杭高速、扬溧高速、104国道、镇广公路贯穿全境。公司主要生产TH系列硅酸锌涂料、防火涂料、耐高温涂料、长效环氧沥青玻璃鳞片防腐涂料、高档内外墙涂料、超低表面处理涂料、工业地坪涂料、喷射无机纤维防火护层材料、硅酸乙酯等产品，是一家专门从事高科技涂料研究、开发、生产和施工的高科技企业。作为造船行业、石油化工行业、机车行业、钢结构行业配套的科技型企业，产品覆盖全国各省、市、区200多家大中型企业，是军工企业的定点配套工厂。

TH系列防腐涂料具有优异的耐油、耐海水、耐高温、防腐蚀、防静电等性能。无苯、无毒、无“三废”污染，节能环保，产品质量居国际领先水平。与佐敦、海虹、IP国际、中涂、式码等跨国公司涂料均可配套使用，性能优异，属于我国几种车间底漆中最好的品种之一。公司生产的TH－2型硅酸锌车间底漆，是中国发明专利产品，该产品通过中国CCS、德国GL、法国BV、挪威DNV、英国LR等国船 级社认证，美国ABS认可。公司生产的TH－1、TH－2、TH－7硅酸锌防腐涂料，荣获93中国高新技术博览会金奖、93江苏省科技进步三等奖、常州市科技进步二等奖、94中国新技术、新产品博览会金奖、95国家级新产品、97中国专利新技术新产品金奖、联合国发明创新奖、军工企业信得过产品、97质量信得过产品、首届国际爱因斯坦新发明新技术(产品)博览会国际最高荣誉金奖。TH－22 型环氧玻璃鳞片长效重防腐涂料耐盐雾达10000小时，2002年荣获江苏省科技成果三等奖。

企业被评为AAA级资信企业、常州市科研型工厂、江苏省高新技术企业。公司通过ISO 9001:2000质量体系认证、ISO 14001:2004环境体系认证和GB/T18001:2001职业健康安体系认证，2006年“天虎”商标荣获江苏省著名商标称号。公司拥有一支技术过硬、经验丰富、训练有素的产品技术服务队伍，专门负责提供产品配套方案、涂料施工工艺及24小时的售后服务。

【溧阳市新力化纤有限公司】 坐落在溧阳经济开发区城北工业园，毗邻风景秀丽的天目湖旅游度假区。公司占地面积76000平方米，厂房面积55000平方米，拥有职工550人。

公司是集科研、开发、生产、销售为一体的化纤新材料企业，产品覆盖FDY、POY、DTY、DT四大类共100多个品种，20D－300D纤度范围内的复合、异形、有色和新视觉新材料的开发不断取得新成果。产品被广泛用于剑杆、喷气、喷水、片梭等各类高速梭织机和高速针织机。公司现有纺丝车间、加弹车间、牵伸车间三大主车间，引进德国巴马格公司、日本村田公司、法国ICBT公司的设备及配套部分先进的国产设备，建成年生产能力10万吨的长丝生产基地。

【江苏天目固态科技照明有限公司】 是一家由国内成功企业与台湾固态照明股份有限公司合作投资兴办，集研发、设计、生产、销售、安装、服务于一体的专业从事LED室内照明、LED路灯、LED景观照明的高科技企业。台湾固态照明股份有限公司是台湾亿光电子集团成员之一，亿光电子是当今世界LED封装龙头，产量世界第一，掌握全球LED30%的专利。该项目总投资2亿美元，第一期投资3000万美元，该项目力争通过3～5年的努力实现年销售20亿元人民币，致力打造中国应用照明生产示范基地，把溧阳市打造成LED全国第一个县级生态照明样板城。

【常州乔尔塑料有限公司】 紧靠104国道和宁杭高速公路，距南京禄口国际机场仅60公里，交通非常便利。占地面积33000平方米，总投资8000万元人民币，引进欧洲著名企业生产装置和专利技术，是一家环保型民营企业。公司拥有一批中高级科研技术人员，已成功研发多颜色、多用途、压模、注塑颗粒料、脲醛树脂、三聚氰胺脲醛树脂、环保脲醛树脂系列，在中国氨基模颗粒塑料行业处于领先地位。

2011年，公司被评为江苏省高新技术企业，获准成立省级工程技术中心，并获得国家火炬计划项目。乔尔牌高档复合UFC（颗粒）料被认定为常州市名牌产品、常州市高新技术产品、江苏省高新技术产品。“乔尔塑料”商标被认定为常州市知名商标。公司被省物价局认定为价格诚信企业，被省技术质量监督局认定为质量信用A级企业，并获得银行资信等级AAA级企业等多项荣誉。

公司已获授权专利13项，其中发明专利4项，实用新型9项。产品质量已达到美国UL认证标准，德国DIN 7708第三部分标准和国标GB 13454－92以及ISO 9001:2008、ISO 14001:2004国际质量、环境两大体系认证。2010年纳税销售超过亿元，2011年实现销售收入1.45亿元。　（施雷平）

【江苏弘博新材料有限公司】 原名江苏兄弟化学有限公司，是由溧阳锦汇置业发展有限公司投资兴建的法人独资有限责任公司，注册资本2亿元人民币，位于溧阳市南渡新材料工业园区。公司年产60kt有机硅单体，技改项目总投资6亿元人民币，占地面积15.8万平方米，建筑面积8.8万平方米，定员400名左右，主要致力于混合甲基环硅氧烷（DMC）、八甲基环四硅氧烷（D4）等有机硅单体及相关有机硅系列新型材料的生产、销售和研发。产品广泛应用于航空航天、军工化工、机械制造、电子电气、建筑建材、医疗护理等众多领域，享有“工业味精”的美誉。

公司聘请国内外有机硅行业知名专家及顾问数十名，拥有中高级专业技术人员近百名，中层管理干部及技术人员全部实行年轻化、专业化、技能化。公司自成立以来，就高度重视技术创新和技术进步，通过“院、校、所”联动到“产、学、研”结合，于2010年9月成立了江苏省企业院士工作站和合资合作研发平台，同时不断加大科技投入，积极开展课题攻关。2010年10月公司被评为江苏省民营科技企业与常州市民营科技企业；2011年10月25日，公司成立了溧阳市首家民营企业科协组织——江苏弘博新材料有限公司科学技术协会。

公司于2009年9月份一次性开车达产、达标，从9月份试车到年底正常生产4个月左右，在生产经营方面创造了中国有机硅行业的开车奇迹。公司在确保正常生产的同时，通过对工艺、设备等技术优化改造和升级，将本体60kt/a单体装置提升至100kt/a生产能力，于2011年底全面完成，一次性开车达产、达标，预计2012年可实现年销售收入人民币7亿元以上。为了提升企业竞争力，公司已经规划并启动了单体100kt/a的二期扩建项目，最终在园区形成200kt/a甲基氯硅烷生产规模，届时市场份额将进一步扩大，约占华东地区的50%，国内市场的10%。此外，公司正筹划在有机硅单体成功运行的前提下，与国内外有机硅厂商和研发机构在材料领域开展更广泛和深层次的合作，进一步拓宽下游产业链的发展空间。如一期20kt/a特种硅烷聚合物（线性107胶）；与德国瓦克公司技术同步的工程用高档酸性胶（酸性胶及大板胶）项目；2kt/a硅橡胶板生产线项目，以及30MW弘博热电工程将于2012年底竣工。在快速提升装置产能的同时，公司更加注重产业链的布局和产业技术储备，以提高产品附加值为经营核心，追求“低污染、低风险、高产出”的经营理念，尽快、尽早地与国际跨国公司接轨。

公司先后被评为2008年度第三产业税费贡献大户、银行信得过企业、2010年度溧阳市光彩之星、2011年廉风调研示范单位、溧阳市安全生产协会常务理事单位、常州市易制毒化学品行业协会理事单位；2011年2月10日，公司董事长蒋旭明先生获“十一五”创业创新十大功臣荣誉称号。

（施雷平）

江苏弘博新材料有限公司 （市经信局 供稿）

【朗盛（溧阳）多元醇有限公司】 朗盛为全球特殊化学制品领导者，2011年实现销售收入87.75亿欧元，目前在30个国家设有生产设施或办事机构，全球员工16390人。朗盛公司在全球的生产基地共有47处，核心业务是塑料、橡胶、中间体和特殊化学品的研发、制造和营销。

朗盛集团于2009年6月份宣布收购江苏多元醇化学有限公司的业务和生产资产，并于2009年9月份完成了对江苏波力奥化工有限公司的收购。新的法人实体朗盛（溧阳）多元醇有限公司也由此成立并于9月份正式投入运营。主要生产用于制造润滑剂、油漆和涂料的三羟甲基丙烷（TMP）、双三羟甲基丙烷（Di-TMP）和甲酸钙。工厂由朗盛高品质工业中间体业务部负责运营管理，该业务部是全球领先的农用化学品、聚合物、表面涂料和颜料用原材料制造商之一。

新公司投资总额为4900万美元，注册资本1650万美元。公司成立以来，朗盛集团累计投入近7000万元人民币用于环保、消防及员工工作条件改善，其中包括投资近1000万元人民币的废水后处理装置和投资近600万元人民币焚烧炉装置。2011年投入使用的还有新建员工餐厅及浴室。体现了朗盛环保优先、员工优先的公司理念。

（施雷平）

【溧阳市乔森塑料有限公司】 成立于2009年7月，现有员工185人，高级管理人才3名，中级以上技术职称12人。公司注册资本4000万元人民币，占地面积55000平方米。距南京禄口国际机场仅60公里，交通非常便利。

公司设计建造年产4万吨高压氨基模颗粒料生产线，项目总投资1.75亿元，分三期建设。项目一期工程已于2009年12月底竣工。现已建房面积为45000平米。已有两条生产线于2010年3月正常生产；项目二期工程总投入达1.2亿元；第三期工程已全部投入运行。三期工程竣工后，公司将成为国内外最大的氨基模颗粒料生产企业，不仅打破了原先氨基模塑料（颗粒）主要由国外进口的局面，而且可以大量出口，在国际市场中占有一席之地。

公司被评为“常州民营科技企业”、“常州市高新技术产品认定企业”、“江苏省民营科技企业”，已通过“ISO 9001:2008质量认证”和“ISO 14001:2004环境认证”，并获得“AAA企业信用等级证书”。2010年实现销售11036万元，2011年实现销售12459万元，纳税273万元。

（施雷平）

【江苏晶瑞半导体有限公司】 成立于2010年7月29日，总投资超过1.8亿元人民币，是专业从事氮化镓基LED外延片、高亮度红黄绿蓝LED芯片、霍尔传感器以及无线射频芯片研发、生产和销售的中外合资高新技术企业。

晶瑞半导体有限公司坐落于江苏省溧阳市上黄科技创业园，产业化基地面积超过100亩，一期工程将建成1000级与10000级现代化洁净厂房6000平方米，拥有世界顶级的LED外延生长设备和4英寸化合物半导体芯片生产线，公司将严格按照国际质量管理体系进行运作，具备年产50亿颗高亮度红绿蓝LED芯片、1亿颗霍尔传感器以及无线射频芯片的生产能力，预计至2013年底，二期工程建成投产后公司每年将为用户提供100亿颗高亮度红黄绿蓝LED芯片。公司产品广泛应用于包括手机、电脑和大屏幕彩电在内的平面显示、交通信号灯、路灯、家庭和办公室照明、汽车电子、工业控制、无线传感网等领域。

晶瑞半导体有限公司由拥有丰富研发与产业化经验的留学归国学者与企业管理专才共同创建，“尊重人才、专注科技”的发展理念使公司的研发与量产团队汇集了来自北美、欧洲、日本和新加坡半导体技术领域的精英力量，公司注重自主知识产权与科技创新，与国内著名研究机构与大学建立了联合研发实验室。（倪　军）

输变电设备制造业

【概　况】 2011年，溧阳市输变电设备产业实现销售收入160亿元，同比增长36.7%，在全市工业经济中继续保持着领先地位。输变电行业主要靠龙头规模性企业带动发展，上上电缆集团生产的特种电缆和华朋集团的特种变压器等产品在国内外具有很大的知名度和很高的市场占有率。输变电产业销售收入占全市工业的比重达13%。

【江苏上上电缆集团】 是一家集科、工、贸为一体的省级企业集团、国家大型企业、国家重点高新技术企业。集团资产总额50多亿元，占地面积62万平方米，拥有员工3000名，2011年实现销售近120亿元（含税销售），不含税销售101亿元，2012年1～4月份已实现销售23.9亿元。企业经济效益综合指数在中国电线电缆行业名列前茅。

“上上牌”电线电缆产品涵盖超高压、高压、中压、低压，塑料、橡胶等特种电缆，是一家电线电缆专业性生产企业。集团的研发能力、生产规模、综合素质位居中国电缆行业的前列，拥有国家级企业技术中心、博士后科研工作站和江苏省特种电线电缆工程技术研究中心。“上上牌”电线电缆是行业内首批荣获“中国名牌”、“国家免检产品”两项殊荣的电缆企业，“上上”商标被认定为“中国驰名商标”。“上上”品牌当选为“中国机械工业最具影响力品牌”。上上先后被评为“装备中国功勋企业”、“中国机械工业百强企业”、“中国企业信息化500强企业”、“全国守合同重信用企业”、“全国质量管理先进企业”、“全国卓越管理先进企业”、“机械工业现代化管理企业”、“中国大企业竞争力500强”、“中国制造业500强”等荣誉称号。

2011年，集团大力实施“精、专、特、外”的发展战略，不断加大科技创新、品牌建设和产品开发的力度，企业核心竞争力持续提升。集团一号工程世界首堆首批AP1000三代核电核岛电缆圆满交付；超高压电缆项目全面投产，将形成2000公里/年的生产能力，使得上上超高压电缆生产处于国内领先水平；35千伏及以下塑力缆、橡缆生产规模位居全国第一，核电缆在国内市场占有率达70%以上，已成为中国核电缆名副其实的第一供应商。

（谢　杰）

【江苏华朋集团】 是由江苏华鹏变压器有限公司、江苏华朋特种电源设备有限公司、溧阳市华鹏电器有限公司、溧阳市华朋房地产开发有限公司等企业组成的省级集团公司。

江苏华鹏变压器有限公司是江苏华朋集团的核心企业，始建于1967年，占地25.8万平方米，资产总额32.08亿元，2011年实现销售51亿元，2012年1～4月份已实现销售10.6亿元。公司是国家定点生产电力变压器和特种变压器的专业制造企业，2009年获得了国内机械行业质量奖的最高奖项——全国机械工业质量奖。公司为国家重点高新技术企业、2005～2011连续七年被评为中国工业行业排头兵企业、中国机械工业企业核心竞争力100强企业、全国机械工业质量效益型企业、江苏省百家重点培育发展企业、江苏省质量管理优秀企业、江苏省两化融合示范企业、江苏省创新型企业、江苏省高新技术企业。公司在全国变压器行业十强企业排序中名列前茅，其中2005、2006、2008、2009年名列第一位，2007年名列第二位。

公司建有博士后科研工作站、院士工作站、博士后技术创新中心、省级技术中心和江苏省高压智能变压器工程中心，并已通过了质量、环境和健康安全三大体系认证。110千伏级及以下油浸式变压器和干式变压器均为中国名牌产品，“华鹏”商标为中国驰名商标。220千伏、110千伏产品、风电产品、配电产品及干式变压器产品产销量均位居全国前列。风电产品市场占有率国内领先，2011年产销售占市场总需求的20%以上。公司自主研发的500千伏级超高压电力变压器通过国家级鉴定，其性能水平达国际先进；S13、14型节能环保配电变压器已能正式批量生产；自主研发的48脉波干式整流变压器为国际首创。

华鹏产品不仅广泛用于国内各大火电厂、水电站、核电站、风电场、特高压、轨道交通、航天航空、石油化工、高层建筑等各个领域，而且还远销北美、欧洲、东南亚、中东、非洲等40多个国家和地区。（谢　杰）

【江苏安靠智能输电工程科技股份有限公司】 创建于2011年，注册资本5000万元，前身是成立于2004年的江苏安

江苏安靠智能输电工程科技股份有限公司 （市经信局 供稿）

靠超高压电缆附件有限公司为国家首批新标准认定的高新技术企业和国家重点高新技术企业。公司占地10万多平方米，是目前国内同行业投资规模最大的企业，也是目前国内唯一能生产500千伏超高压电缆附件产品的厂家。公司已完成110～500千伏电缆连接件试验报告40多个；有25只产品被评为国家重点新产品和省高新技术产品；承担国家级火炬计划3项；承担省级科技攻关计划和省级火炬计划各2项；承担省级重大科技成果转化项目1项；拥有和已受理专利共27项，其中发明专利6项。安靠牌电缆附件被评为江苏省名牌产品。2011年公司实现销售1.4亿元，上缴税收3150万元，实现净利润4650万元。

江苏安靠将致力于超特高压领域智能输电系统的研究、工程设计及总包工程，由单一的设备研发制造企业向现代制造服务型企业转变，成为国内领先、世界知名的超、特高压电缆输电系统方案供应商。借助高端产品所创造的品牌优势，向整个超、特高压电缆输电系统延伸，形成以超、特高压智能电缆附件为核心技术的安靠智能输电系统工程集团。 （张鸿浩）

工程机械制造业

【概 况】 2011年，溧阳市机械制造业实现销售收入181亿元，同比增长32%。主导产品有风电设备、节能环保设备以及农牧机械设备，业内拥有中材集团、正昌集团等一批规模企业。机械装备业销售收入占全市工业的比重为14%。

【江苏正昌集团】 是以饲料工业为主体的中国最大的饲料机械加工设备和整厂工程制造商之一。公司成立于1918年，至今已有90多年的历史。正昌集团现有员工1500余人，各类科技人员占公司总人数的45%以上，下属20个分支企业，海内外30多家服务机构。

正昌集团已全面通过ISO 9001国际质量体系认证、ISO 14001环境管理体系认证、欧洲CE认证和俄罗斯GSOT-R认证。业务遍及东南亚、中东、非洲、欧洲、大洋洲、南美洲的80多个国家和地区。正昌拥有5900多家制粒机用户，7000多台套制粒机广泛运用于世界各地。在国内外已完成2200余座整厂工程项目，项目涉及饲料机械成套设备、仓储、干燥成套设备、牛羊饲料成套设备、秸秆再生能源成套设备、农副产品综合利用、整体养殖、繁育项目、禽肉食品加工、复混肥工程成套项目、垃圾处理环境工程项目等领域，在农业产业化综合开发方面积累了丰富经验。 （谢 杰）

【江苏保龙机电制造有限公司】 是机械工业部、化学工业部定点生产浮选机的专业厂家，中国重型机械协会矿山机械分会会员企业，中国重型机械协会洗选设备专业委员会会员企业，中国林业机械协会会员企业，中国造纸学会会员企业。公司总资产8000万元，员工800人，其中各类专业技术人员共200余人，配有各种机械加工设备和多种精、大、稀加工设备，拥有科学准确、完备齐全的检测技术和手段。公司于2002年通过ISO 9001:2000国际质量认证和注册，多次被授予“重合同守信用企业”、“私营企业二十强”、“‘AAA’资信企业”、“银行信得过单位”等荣誉称号，并连年被评为科研型企业。

公司综合技术力量雄厚，多年来致力于矿山机械、林业机械、农牧饲料机械、冶金机械、电工机械等产品的研发工作。近年来，数名国内资深林业机械专家加盟保龙，成功开发了林业机械造纸、人造板生产企业备料工段成套设备，鼓式、盘式削片机，木片摇筛，再碎机，刨片机，打磨机等。板式给料机系列产品国家标准均由公司执笔制订；

江苏正昌集团 （市经信局 供稿）

KYF型、XCF型浮选机被国家经贸委列为国家级新产品；CLF型浮选机、林业机械定向结构板生产线被评为国家“八五”科技攻关重大成果；CLG型浮选机、PN ф 800～ф 1600端轴式收排放线机被列为省级火炬计划项目并获得市科技进步奖；多只产品通过省、部级鉴定。公司自行研制成功的BX2113/11型鼓式削片机能耗低、产量高、技术先进，填补了国内该项目空白。

公司生产的矿山机械主要有国内最先进的选矿用7种机型，38种规格的系列浮选、破碎机和通用输送设备，广泛应用于铜、钼、铅、锌、锡、铁、锶、金、银等金属矿山、磷矿和水泥生产等行业。产品畅销全国并远销东南亚与非洲，深受用户好评。

【溧阳二十八所系统装备有限公司】 是中国电子科技集团公司第二十八研究所控股的科技企业，为二十八所系统装备生产基地。公司成立于2003年，位于溧阳城区东南部，紧靠宁杭国道及宁杭高速公路，占地面积55亩，厂房建筑面积27000平方米，员工400人。

公司具有一整套完整的现代企业管理制度，在产品结构上延续二十八所以前方舱、装车及系统集成等业务的基础上，不断开拓新的领域，生产和销售电子产品、机械产品、软件产品及相关信息化产品，并承接工程项目。公司购置了一批从英国、德国、美国进口的先进数控加工设备和方舱大板生产线（具有二台13米、一台6米大板压机），形成了系统装备批生产能力，年生产方舱及装车1000余台。

【江苏新华机电设备制造有限公司】 位于溧阳市别桥镇兴城西路8号，是一家民营科技型企业，成立于1994年8月，公司占地面积133300多平方米，建筑面积50000多平方米，注册资金1500万元，员工380余人，其中中高级以上技术人员占总人数的25%。

公司主要从事各种机械零部件研发制造、机械设备及电气控制系统研发制造、起重设备研发制造及安装。公司现拥有大型龙门镗铣床数控加工中心数台及各种数控设备，基本形成了从事各种设备钢结构、机加工、钣金、涂装等一系列加工能力。已获得发明专利和实用型专利各15个，与来自世界各地的一些优秀企业建立了长期的合作关系，产品广泛应用于造纸机械行业、食品包装机械行业、木工数控机械行业、电力设备行业、环保设备行业和矿山行业等领域。

2007年公司与西安理工大学合作，设计、开发和制造太阳能光伏设备，开发出TDR−80型、TDR−90型、TDR−95型单晶炉产品。2010年公司又投资6300万元用于产能扩建，新征土地100多亩，扩建厂房12000平方米，添置大功率G8020HD−DC030和G4020HD−IPG2000数控激光切割机各1套，添置AtLas B255020三坐标测量设备1台，为持续保持和提高产品质量提供了可靠的保障。通过扩能目前已具有年产单晶炉设备500台、非标产品20万余件的生产能力，2010年实现销售收入16543万元，2011年实现销售收入20593万元，利税达2085万元。

（龚志新）

【江苏省溧阳市汽车座椅调角器总厂】 坐落于溧阳市别桥镇绸缪村，占地面积38700平方米，建筑面积28600平方米，各类技术人员200余人。公司是中汽公司汽车座椅零部件定点生产企业、中汽协会成员单位、江苏省重合同守信誉企业、江苏省高新技术先进企业、民营科技型企业。

该厂创建于1987年。前身是溧阳绸缪机械厂（乡镇企业），1994年5月进行产权制度改革，变更为民营企业并改为现名。总厂拥有世界一流的设备，有韩国自动弹簧机1台，日本精冲机2台，（MORI公司600T400T）精加工数控机床4台，真空淬火炉、渗碳淬火炉各1台，自动绒簧机1台，韩日自动化生产线2条，机器人2台，慢走丝线切割、数控加工中心设备等。主要产品有汽车座椅调角器、滑轨、气弹簧、减震器等，年生产能力500多万台套，产品畅销全国所有重点汽车厂，市场覆盖面达80%。“力乐”牌系列产品通过清华大学汽车工程系、长春汽车研究所、国家客车质量监督检验测试中心等国家级权威机构检测，均认定达合格及以上标准，多个产品获国家专利，并多次获得全国科技新产品博览会金奖、银奖。总厂一直保持着与一汽、二汽、哈飞、昌飞、金杯、夏利、北汽、柳微、长安、金龙、中通、亚星、黄海、大宇以及五十菱、长城皮卡系列等200多家企业的合作，为这些企业提供汽车配套产品，其中部分产品还出口印度、葡萄牙等国家。江苏省溧阳市汽车座椅调角器总厂已成为我国汽车零部件生产的巨型企业。自2002年以来，公司纳税销售收入每年超亿元，并且每年完成国地税入库超千万元。2011年产值25732万元，增长16%，销售收入17541万元，增长4.7%，利税1859万元。

总厂已通过ISO 9001:2000国际质量体系认证。2002年获得中国专利十五成就展中国最佳项目，2002年被评为用户满意产品，2003年HFS340汽车座椅调角器高速机构被评为国家重点新产品，2006年获得中国汽车座椅调角器质量公认十佳品牌，同时被江苏省科技厅认定为高新技术企业。

（龚志新）

【江苏云源钢结构（云源环保）工程有限公司】 始建于2006年10月，原坐落在别桥镇湖边村，2009年5月公司投资8000多万元，在溧阳经济开发区北山工业园开辟了1个新厂区。公司原占地面积20000平方米、厂房3800平方米；新厂区占地面积86800平方米，建筑面积32000平方米，其中：新建生产厂房26000平方米，办公楼3200平方米，职工宿舍2800平方米。职工680余人，其中工程技术人员80余人。

公司是一家主要从事环保工程、钢结构工程、输变电工程施工，输变电设备及配件、钢结构、环保机械设计、制造、安装销售等的民营企业，主要生产产品有220千伏及以下输电铁塔、变电站构架、光伏太阳能支架配套设备、厂房钢结构、储罐、管道、脱硫塔、脱硝主体、渣井、渣仓非标设备等。具有年产100万吨硫黄制酸、磷氨、普钙、除尘器（布袋、电除尘以及重力除尘）非标等产品制作安装的能力，并可根据用户的设计要求进行加工生产。公司长期与大型企业建立稳固的合作关系，坚持走“设计、制作、安装”一体化的经营之路。

公司于2011年3月一次性通过

ISO 9001质量管理体系、环境管理体系、职业健康安全体系认证，企业先后被授予全国质量安全信誉AAA级优秀施工企业、江苏省民营科技企业、常州市民营科技企业等荣誉称号。2010年实现销售收入12000万元，2011年实现销售收入23000万元，增长92%，实现利税1200万元。（龚志新）

【江苏省溧阳市云龙设备有限公司】 位于溧阳市埭头工业集中区云龙路1号，1965年建厂，是一家主要从事各种压力容器、搪玻璃设备、薄膜蒸发器的设计、开发、生产和经营的集团化企业。占地面积12万平方米，建筑面积6.2万平方米，拥有专业的不锈钢、特材和稀有金属制造车间。公司现有职工人数500余名，其中，拥有大中专学历人员150余名，具有高级工程师和高级技师11名，工程师（中级）55名，各类持证焊工100余名。拥有总资产4亿元，年可实现销售8亿元人民币。

公司为国家级高新技术企业，江苏省高新技术企业，拥有江苏省级工程中心和技术中心。承担国家火炬项目5个，国家级重点新产品6个，国家省攻关项目2个，拥有国家专利10个，其中发明专利2个，超低温奥氏体搪玻璃反应釜达到国际领先水平，填补了国内空白。公司拥有ISO 9001-2008国际质量体系认证证书，美国机械工程师协会颁发的ASME证书，欧盟颁发的CE证书，国家A1级压力容器制造许可证，国家A1级设计许可证。

公司是中石化、中石油、中化、神华集团和德国拜耳工程公司、法国德希尼布工程公司、美国美盛沃利工程公司、美国福斯特威纳工程公司、美国M＆L工程公司、美国FMC工程公司的物资采购指定供应商。公司参加了第一套中国国产化大化肥、镇海石化30万吨合成氨52万吨尿素项目的配套装置。曾获得中国李鹏总理亲笔签署的嘉奖状，并受到中国国务院重大技术装备领导小组的表彰。

公司主要生产各种A1类不锈钢、钛、稀有金属、特材、各种复合材料的压力容器和各类塔设备、各类热交换器、各类薄膜蒸发器、反应容器、贮存容器、各类搪玻璃设备、各系列高效除尘环保设备。产品出口美国、欧盟、日本、以色列、韩国、新加坡、巴西、伊朗、印度、印度尼西亚、泰国、马来西亚、叙利亚、阿曼、巴基斯坦、埃及、沙特、土耳其、阿联酋等国家和地区。（李　丹）

【溧阳市飞跃机电有限公司】 位于溧阳市上黄镇常溧(219)公路以西一公里处，创建于1987年，占地10万平方米，建筑面积6万平方米。公司现有员工600余名，其中工程技术管理人员占40%。公司业务主要覆盖电梯、轨道交通、新能源3大领域，正筹备进入航空、重工领域。公司专业生产各种电梯配件，拥有数控激光切割机、数控落地镗铣床、数控龙门镗铣床、数控立式车床等专业大型设备，已具备从数控下料、焊接、焊后热处理、数控精密机加工、表面处理及涂装、精密装配等综合性生产能力。现为上海三菱电梯有限公司定点外协件配套厂家。产品销往全国各大电梯厂家，深受广大用户信赖。2009年公司新立项的风力发电设备部件生产扩能项目，总投资达4800万元，新建厂房15000平方米，投产后可年生产风力发电部件8000吨。2011年公司实现销售收入1.46亿元，利税1400多万元。（倪　军）

【江苏申芝机电设备有限公司】 位于溧阳市上黄镇山下村。公司成立于1988年，占地4.8万平方米，建筑面积2.8万平方米，是一家主要从事电梯配件生产的民营企业。公司主要产品有各种电梯开门机、轿厢、导靴、层门装置、称重装置、防振装置、电梯上、下梁、油压缓冲器、绳头组合等，是上海东芝、沈阳东芝、上海崇友、上海八幡五金等公司的主要配套厂家。公司生产设备齐全，技术力量雄厚，拥有一批具有丰富经验的生产、设计和管理人员。公司运用了ERP管理系统，并通过了ISO 9001:2000国际质量体系认证，产品质量可靠，多次被中国质量管理协会用户委员会和中国质协建设机械用户委员会评为“用户满意”单位，被江苏省科技厅评为“江苏省民营科技企业”，并连续多次被常州市评为“重合同，守信用”企业。（倪　军）

【溧阳中材重型机器有限公司】 成立于2007年12月26日，由上市企业中国中材国际工程有限公司与溧阳市重型机械厂有限公司总经理吴建宏共同出资成立，集中国中材国际在国内外水泥建设市场上的技术、研发、市场、品牌优势和以溧阳市重型机械厂有限公司强大的机加工能力、优秀的员工队伍等诸多优势于一身，是中国中材国际在长三角地区的重型水泥装备制造基地。公司通过产学研相结合的方式，加速了科技成果转化，科技成果创新效益明显，取得了良好的经济、社会效益，其主要产品为破碎机、板喂机、堆取料机、辊压机、立磨、矿渣磨、回转窑、生活垃圾焚烧处理等环保节能设备。

公司占地面积530亩，建筑面积104000平方米；拥有8米立车、TJK6920数控镗铣床、GMC4×16米数控镗铣床、6.5×20米筒体车床等各类大中型机加工设备80台套，拥有员工728人，形成了年产日产5000～10000吨新型水泥生产线装备6.93万吨的制造能力。

公司为江苏省高新技术企业，公司所生产的破碎机、板喂机为江苏省高新技术产品，产销量位居业内第一。堆取料机、辊压机、立磨、回转窑等产品拥有自主知识产权，市场占有率达到了20%以上，位居业内前三。2011年公司实现销售收入6.92亿元，实现利税9200多万元，呈现出良好的发展势头。（张鸿浩）

【布勒（常州）机械有限公司】 位于溧阳市天目湖工业园勤业路8号，占地面积155000平方米，建筑面积50000平方米，固定资产6590万元，职工480人。公司始建于2004年4月，前身是私营企业江苏保龙农牧机械有限公司，2006年3月与瑞士布勒控股股份公司合资成立布勒（常州）机械有限公司（布勒公司控股80%），变更为中外合资企业。公司总投资2亿元人民币，注册资本8000万元人民币，固定资产7126万元人民币。2004年5月成立以来，在合同销售收入及利税方面年年都在加速增长：2005年实现销售3760万元，实现利税61万元；2007年实现销售突破1亿元，实现利税2383万元；2009年实现销售收入19510万元，利税3032万元；2011年实现销售收入50024万元，利税8075万元。主要设备有大型激光切割机、进口叉车、数控折弯机、数控火焰切割机、剪板机、数控机床等，专业生产粮油机械、饲料机械、牧草机械、干燥机械、港口机械及工业电器控制柜等产品。拥有5个国家技术专利，在广大客户特别是正大集团、希望集团等重要客户中树立了良好的声誉。公司技术力量雄厚，已完成第一批瑞士技术转让，可为客户提供贴心的技术服务，包括工厂和成套生产线规划设计、生产问题诊断、操作维修培训、配件供应和维修服务。公司2008年获"国家高新技术企业"称号，2009年成立博士后科研工作站、江苏省级外资研发中心。（张鸿浩）

【江苏钢锐精密机械有限公司】 由台湾上市公司永冠国际股份有限公司控股投资，总投资11500万美元，注册资本累计达6000万美元，主要从事兆瓦级大型风力发电机组轮毂、传动系统、偏航系统以及火力发电机组、注塑机、大型水泥机械、车床、汽车零部件、大型蝶阀等产品专用铸件的生产和销售。江苏钢锐精密机械有限公司由三期组成，一期和二期主要是各类设备生产，三期是铸件精加工和钢结构组装。一期、三期已竣工投产，年产各类铸件7万吨，年加工能力3600吨，二期扩能计划2012年5月份开工建设。2011年实现销售3.4亿元，比2010年增长48.6%。

（张鸿浩）

【江苏上齿集团有限公司】 是一家从事汽车、工程车螺旋锥齿轮和圆柱齿轮的专业单位，为中国齿轮专业协会常务理事单位、中国质量检验协会团体会员单位、中国汽车零部件企业信用指数样本企业和江苏省高新技术企业。公司占地面积200亩，建筑面积6.7万平方米，拥有包括美国格里森公司产800G六轴联动数控磨齿机、250HC数控铣齿机和M＆M3525齿轮测量中心在内的国内外先进技术装备近400台套，年生产齿轮200万套。

公司开发生产的五十铃齿轮、亚细亚客车驱动桥齿轮和商务车齿轮先后被评为国家重点新产品和江苏省高新技术产品。公司产品品种覆盖重、中、轻、微等各种汽车车型和多种工程车车型，品种规格多达200多种。公司主导产品被多家主机厂评为免检产品，其中"上溧"牌汽车、工程车螺旋锥齿为国家免检产品和中国齿轮十佳名优品牌，具有较高的市场知名度。2011年实现销售2.7亿元，同比增7.2%。

（张鸿浩）

【溧阳市力士汽车配件制造有限公司】 为原江苏力士集团公司改制后的股份制企业，现有员工300多人，其中工程技术人员60多人，公司占地面积80亩，建筑面积4.1万平方米，拥有金加工设备208台，其中大型高精度设备36台。冲压及精冲设备32台，总吨位达9000余吨。2011年销售达2亿元，同比增21.4%。

公司是生产汽车配件的专业厂，是江苏省定点生产汽车配件的重点企业，已有三十年历史。公司主要产品有手动、电动等各种型号汽车座椅调角器、滑道及汽车玻璃升降机；各类汽车底盘冲压结构件；车身、车厢结构件、覆盖件；汽车前、后桥总成，具有独立的产品开发、模具制造及冲压、焊接、金加工的生产能力。近三十年来为南京跃进NJ131、NJ136、IVECO、CABSTA、NJ1042、西班牙件等各类车型生产汽车配件500多个品种，年生产能力达600万件。（张鸿浩）

【溧阳圣泰重型机械有限公司】 是2006年投资设立的外商独资企业，公司占地面积15万平方米，建筑面积6万平方米，其中厂房面积4万平方米，仓库面积2000平方米，办公面积3000平方米，场地仓库面积10000平方米，绿化面积达25000平方米。公司主要生产风力发电设备、大型环保设备、大型钢结构设备以及大型机械设备的加工，年生产能力20000吨级以上。

2011年公司拥有员工105人，其中拥有持证电焊工人57人，电焊工持证率达100%，技术部高级工程师1名，国家助理工程师2名，江苏省中级工程师两名，高级管理人员2名，管理人员大专以上学历达78%。2011年公司销售收入达14821万元，实现利税1600万元。（张鸿浩）

【江苏鹏程钢结构有限公司】 成立于2001年，注册资金1.01亿元，总资产达5.76亿元，有生产基地2个，占地17万平方米，生产厂房近10万多平方米，钢结构生产流水线8条，配备国内较先进的生产设备。公司拥有一流的技术和先进的机械设备及完善的组织管理机构，是中国质量检验协会团体会员单位和中国建筑金属结构协会会员单位。现在员工有600多名，其中中高级技术人员87名，一级建造师12名，二级建造师15名，三级项目经理12名，其他中高级技术职称48名。年生产轻重钢结构制品十多万吨。2011年销售收入6.4亿元(含彩钢)。

公司产品畅销华东地区，施工队伍遍及大江南北，涉及钢铁、冶金、化工、电力、轻工以及民用建筑领域，参与建设了青岛流亭机场、浙江长兴电铲厂、南京国际金融中心、无锡茂业城二期68层钢结构建筑工程，京沪高铁无锡火车站、安徽广电中心一期工程、赤道几内亚700套钢结构房屋、印度腾达电厂、广州亚运场馆、广州火车站、上海宏力电子公司、马钢、南钢、沙钢、华西钢厂、无锡雪丰钢厂、宁波建龙钢厂、江苏申特钢厂、昆山台塑南亚化工等企业的基建项目。其中南京国际金融中心53层超高层建筑获得上海市最高质量奖"金刚奖"，公司还获得上海港务公司上海港外高桥港区六期供电照明及E-RTG供电工程的"金刚奖"。

2004年公司通过了GB/T9001：2000质量管理体系和GB/T28001：2001安全管理体系认证。2010年获得了中国建筑金属结构协会颁发的"中国钢结构金奖"(最高荣誉奖)。企业还先后获得"溧阳市先进私营企业"、"常州市重合同守信用AAA企业"、"全国质量信得过企业"、"全国钢结构百强企业"、"江苏省质量守信誉诚信施工单位"、"江苏省明星企业"、" 江苏省百强企业"、"江苏省钢结构十强企业"等荣誉称号。（张鸿浩）

【溧阳市科华机械制造有限公司】 成立于1994年，注册资金2144万元，专业生产汽车涡轮增压器部件、各类液压泵阀和工程机械配件。公司拥有跻身世界500强前列的跨国公司霍尼韦尔、博格华纳、康明斯、卡特彼勒等关键客户。2011年公司年产值2.5亿元。公司是江苏省高新技术企业，2000年通过ISO 9002国际质量体系认证，2004年通过TS16949国际质量体系认证，近年来，公司先后荣获常州市“民营科技型企业”、“工商免检企业”、“诚信纳税户”、“私营明星企业”、“私营企业二十强”、“江苏省高成长型中小企业”、“江苏省科技型中小企业”、“江苏省两化融合试点单位”等称号，公司的银行信用等级为AAA级。

公司拥有世界先进、国内一流的FCMX智能化生产流水线以及德、日、瑞士等国进口的世界最先进检测设备。2010年应用K/3 ERP管理软件，高起点推进企业资金流、信息流、物流信息数据的全程受控、全面共享，以ERP系统为载体，实现了基础管理信息化改造。

公司累计获得3项发明专利授权，23项实用新型专利授权，省级高新技术产品实现的销售额，在近3年来平均达到公司年度销售总额的65%以上。

公司产品广泛行销于国内外汽车行业、工程机械行业和液压件行业，大量出口美、欧、日、韩等国家和地区，出口额达到总销售额的35%以上。

（吕　杰）

【溧阳市虹翔机械制造有限公司】　为1990年建办的私营企业，是集铸造、精密铸造、金加工为一体的机械加工企业。

公司拥有自动线砂型铸造、熔模精密铸造、覆膜砂精密铸造、负压实型铸造（即消失模铸造）四条生产线，铸造技术实力雄厚，拥有进口的国际先进设备，能生产多种牌号不锈钢铸件、铸钢件、球墨铸铁铸件和灰铁铸件，年生产能力20000吨铸件。主要产品有汽车前后轿铸件及出口齿轮箱体、工程机械铸件、不锈钢铸件等，为大中型汽车车轿厂配套供货，齿轮箱体等专供出口美国、意大利、德国等欧美国家。

（吕　杰）

生物医药和精细化工业

【概　况】　生物医药和精细化工业是技术含量较高，应用范围较广，有发展前途的产业。溧阳的生物医药和精细化工呈现以下态势。生产规模大，龙头企业多。2011年，溧阳维多生物工程有限公司销售收入3.2亿元，江苏联盟化学有限公司销售收入2.5亿元，江苏瑞阳化工股份有限公司销售收入4.1亿元；产品门类多。能生产生物医药产品、农用化工产品、化学试剂等多个大类几百个产品，其中有些产品的质量居国内领先水平。

【溧阳维多生物工程有限公司】　注册成立于2002年1月，注册资本金7000万元人民币。生产中心占地100亩，建筑面积10000平方米，总投资8000万元。维多是集开发、生产、销售及技术支持为一体的食品添加剂专业生产提供商，主要从事生物技术以及化工技术产品的研究、开发、生产及销售，涉及领域包括食品配料、氨基酸、维生素、营养品、医药中间体等。当前主要产品为阿斯巴甜、L－苯丙氨酸、α－氧代异己酸钙等。

公司于2003年7月正式投产，2007年实现产值2.4亿元人民币，出口创汇2151万美元。产品80%以上出口，畅销巴西、哥伦比亚、墨西哥、南非、尼日利亚、伊朗、以色列、俄罗斯、乌克兰、越南、泰国、菲律宾等20多个国家和地区，在拉美、非洲、中东、东欧、东南亚均建立了完善的分销网络，阿斯巴甜国际市场占有率达20%。

公司管理人员和技术人员主要以清华、北大、浙大、南大、南京工业大学、西安交大等高校的本科生、硕士生和博士生为主，平均年龄30岁，是一个年轻和富有朝气的团队。公司的技术支持来自维多诺朗（Nutralab）实验室。实验室由维多公司自行组建，拥有1000平方米实验空间、尖端技术设备以及一个由30名富有专业经验与创新精神的科技人员组成的研发团队。诺朗实验室主要从事化工合成、生物合成、提取与分离技术的研究。实验室先后自主开发了安赛蜜、阿斯巴甜、L－苯丙氨酸、α－氧代异己酸钙等产品，各项理化指标均达到或超过FCC Ⅳ标准，质量达到国际先进水平。

公司于2004年被江苏省科技厅认定为“江苏省高新技术企业”；于2007年被科技部认定为“国家火炬计划重点高新技术企业”；连续两年被常州市人民政府授予“技术创新前十名企业”。

【江苏联盟化学有限公司】　创建于1991年，拥有多年的PVC复合稳定剂开发和生产经验，占地面积80000平方米，拥有固定资产8000万元。2008年实现销售收入2.8亿元，产品覆盖率全国最高。

联盟化学主营各种PVC稳定剂，年生产能力达26000吨，产品主要是LF–S5001系列复合稳定剂，广泛应用于PVC塑钢异型材的生产制造及PVC塑料管材、PVC薄膜、人造革、灯箱广告膜、PVC电缆料等产品，产品品质卓越，尤其表现在析出性、耐候性、适应性，以及加工性能和制品物理性能上，特别在进口挤出设备上表现尤为突出。

2000年联盟化学根据国际PVC稳定剂的发展趋势开始研发无毒环保型钙锌稳定剂，并于2005年成功推向市场，其稳定性能已达到国际同类产品水平。

【江苏天禾迪赛诺制药有限公司】　是以合约加工为主要产业的高科技集团企业。公司建立了完善的质量控制系统，已通过SFDA的GMP认证ISO 9001：2000国际质量管理体系认证，业务范围涵盖研发、生产、注册、销售的整个药品价值链，拥有涵盖心脑血管、皮肤类、抗生素、营养类等100多个药物品种。对于国际市场，公司以应对公共健康危机用药为主线，以国际cGMP为标准，不断满足客户从起始原料、中间体、原料药到制剂的各种需求。对国内市场，公司以心脑血管用药、皮肤用药、新一代抗生素为主，大力发展制剂业务，通过品牌规划与品牌定位等整合。

迪赛诺公司创建于1996年，总部坐落在上海浦东张江高科技园区，在中国拥有7处专业化的生产基地，是一家以药物制剂、原料、中间体和营养产品的高科技公司。天禾迪赛诺制药成立于2006年10月，由江苏天禾制药有限公司，上海迪赛诺药业投资有限公司，香港迪赛诺药业公司共同投资组建。公司注册资本1000万美元，拥有大输液，小针，片剂，胶囊剂，颗粒剂，软膏剂等10个剂型，100多个品种批文。

公司现有5个车间全部通过GMP认证。公司主要产品为武都力（复方盐酸阿米洛利片）、盐酸拉贝洛尔、希尔生（二硫化硒洗剂）、甲氧沙林片（溶液）、乳糖酸克拉霉素片、甘油果糖注射液等。公司在溧阳城北工业医药园区新征200亩用地，计划用3年时间，总投资3亿元打造一个全新的现代化医药生产企业。

【溧阳市巨神助剂化工研究有限公司】 位于溧阳市经济开发区，专业从事精细化工、纺织助剂、医药原料及中间体、成品药、有机硅及与此相配套的彩印包装等产品的研究、开发、生产，是集科工贸于一体的高科技化工制药企业，拥有自营进出口权，生产的纺织助剂、原料药及医药中间体、成品药畅销全国各地并出口日本、美国等国家。

公司具有一流的实验设备、良好的科研氛围，同时与国内知名院校建立了科研合作关系，多数产品达到国内先进水平，部分产品达到国际先进水平。公司投资2亿元，拥有设备先进、配套齐全的研究室和生产车间，具有完善的质量保证体系和健全的质量控制制度，拥有5套进口高压液相色谱仪、气相色谱和多套紫外分光光度计等高效高灵敏度的分析仪器。公司精细化工、纺织助剂已通过ISO 9001质量体系认证，医药原料及中间体、成品药已全部通过GMP认证。

【溧阳市中山有机玻璃有限公司】 坐落于溧阳经济开发区北山工业园内，占地面积42533平方米，建筑面积9889平方米，职工73人，技术人员21人。

公司始建于2005年1月，主要从事有机玻璃、甲基丙烯酸甲酯、甲基丙烯酸、硫酸铵等的生产与销售，年生产能力26800吨。产品广泛应用于纺织、黏合剂、建筑材料（涂料和混凝土外加剂）等领域，主要销往江苏、浙江、上海、北京、湖北、山东、广东等地，国内市场占有率达到20%以上。2010年实现销售收入12105万元，2011年实现销售15788万元，年增长达30%，当年利税达1050万元。

公司引进先进的生产工艺，坚持科学的现代化管理，产品质量达到国内先进水平，公司于2006年通过了ISO 9001:2000质量管理体系认证。2007年荣获“溧阳市和谐劳动关系”称号，2008年荣获“溧阳市先进私营企业”和“溧阳市女职工工作先进集体”称号，自2009年始连续3年被评为溧阳市“银行信得过企业”，2011年被评为常州市“信用（合同）AAA企业”。

（龚志新）

【江苏瑞阳化工股份有限公司】 前身为溧阳市瑞阳化工有限公司，2001年11月成立，坐落于江苏省溧阳市南渡新材料工业集中区强埠片区，是研发、生产和销售季戊四醇系列产品的江苏省民营科技型企业、国家级高新技术企业。2007年12月原溧阳市瑞阳化工有限公司完成股份制改造，企业整体改制为江苏瑞阳化工股份有限公司。同年公司通过ISO 14001环境管理体系、ISO 9001质量管理体系、GB/T2800职业健康安全管理体系等系列认证。

公司积极开展产学研合作，与湘潭大学、湖南化工学院等高校联合进行高素质科技人才的培养，同时与中科院成都有机化学有限公司、常州化学研究所、北京理工大学、北京化工大学等科研院所和高校实现有效对接，加强研发合作，并正在联合开发高档季戊四醇产品及其下游新材料产品，不断的科技创新为企业的发展注入强劲的动力。公司以企业自身建设的江苏省季戊四醇新材料工程技术中心、博士后科研工作站和常州市级企业技术中心为平台，积极开展新产品、新工艺、新技术的研究开发。目前公司已研究开发出新产品4个、新工艺5项、新技术5项。近年来公司共承担国家火炬计划、重点新产品计划4项，省火炬计划和科技成果转化项目3项，市科技攻关计划2项；申请了6项专利技术，5项专利技术已获授权，其中发明专利1项；通过了2项科技成果鉴定；参与制订《工业用季戊四醇》国家标准，正在主持制订《双季戊四醇》和《三季戊四醇》全国行业标准。企业被授予江苏省科技中小型企业、创新型试点企业和常州市民营科技企业，2009年5月通过新标准认定为国家高新技术企业。

经过10年的发展，公司在江苏溧阳和内蒙古赤峰各有一个生产基地，总部位于江苏溧阳。目前具有年产工业用季戊四醇32000吨、双季戊四醇3000吨、三季戊四醇工业化生产装置。季戊四醇总产能居国内第二、全球第三，其中高档产品双季戊四醇和三季戊四醇产能全球第一。季戊四醇系列产品生产技术和产品质量占据国内领先地位，达到国际先进水平。公司单、双、三季戊四醇产品均被评为江苏省高新技术产品、江苏省名牌产品和国家重点新产品；三季戊四醇产品更是填补了国内空白，全球仅有瑞阳化工和另一家国外公司能够生产三季戊四醇。公司是国内季戊四醇行业中品种最齐、结构最优、核心竞争力最强的新材料企业。公司拥有总资产6.32亿元（其中母公司4.73亿元），员工人数近1000人。2011年实现销售收入7.3亿元（其中母公司4.09亿元），净利润2985万元，出口创汇1900万美元。公司自2002年投产至今，年销售收入增长了二十多倍，企业实现了高速成长。

公司先后获得“全国质量信用企业”、“江苏省循环经济试点单位”、“江苏省创新型试点企业”、“常州市清洁生产先进企业”、“常州市创新型试点企业”、“信用AAA级企业”、“A级纳税企业”、“劳动保障诚信企业”、“环保工作先进集体”、“科技创新先进集体”及“常州市科技进步奖”等多种荣誉和奖项。（施雷平）

【江苏力强化工有限公司】 位于南渡镇强埠工业园区内，距104国道南渡入口处9公里，该企业前身是由原酚醛厂（1989年投产）、电玉粉厂（1992年投产）和甲醛厂（1994年投资）三厂合建而成，工厂于2000年完成了企业转制，改名为溧阳市力强化工有限公司，2005年更名为江苏力强化工有限公司，现有职工225人，技术人员37人。公司各类产品检测手段齐全，设备精良，主导产品均采用国家标准和国外先进标准。

公司占地面积21万平方米，建筑面积14万平方米，公司年生产能力为甲醛100000吨、电玉粉（氨基模塑料）9000吨和酚醛树脂（酚醛模塑料）12000吨。公司按照GB 13454—92生产的“科力牌”电玉粉经加热加压塑制后的制品无味，具有良好的物理机械性能、绝缘性能和良好的自熄及防霉性能。适宜塑制日用电器制品、各式纽扣、瓶盖、机械配件及餐具等，各种颜色齐全；公司按GB 1404-95生产的“力洋牌”酚醛模塑料具有良好的可塑性，适宜于一般模压加工成型。注塑粉适用于注塑机，其工艺性能良好，制品具有光亮平滑的表面，有良好的机械电性能，能抵抗一般油类及有机溶剂，可适用于制造一般工业用的制品及零件，如各类型的工业电器开关及零件，仪表壳、电话机壳及零件、纺织机件零件、汽车零件等，防湿热酚醛模塑料(防湿、防盐霉）适用于热带制造电器及其零件；公司按GB/T9009-1998生产的“百强”牌甲醛溶液质量优，经江苏省产品质量监督检验研究院多次监督抽查，均达一等品。产品主要用于制取聚甲醛树脂、酚醛树脂、脲醛树脂的原料，也是染料、医药和农药等原料。

公司年产值1.3亿元，出口粉全年达5000t左右，国内市场占有率、覆盖率在同行业中名列前茅。2008年酚醛模塑料被评为江苏省名牌产品，氨基模塑料、酚醛模塑料通过ISO 9001:2000版认证验收、ISO 14001:2004标准验收，2009年7月份公司被评为常州市和江苏省民营科技企业，2009年4月份被常州市节约用水办公室评为常州市节水先进单位，被江苏省水利厅、江苏省发改委评为江苏省节水型企业，公司还获得常州市“文明单位”、“明星企业”、“全国百强化工企业”、“全国乡镇化工先进企业”等荣誉称号。（施雷平）

建材工业

【概 况】 2011年，溧阳市建材产业实现销售收入161亿元，同比增长48.4%，建材行业占全市工业销售收入的比重为13%。龙头企业是金峰集团。

【江苏金峰水泥集团有限公司】 是江苏省最大的水泥生产企业，近年来，通过不断地技改扩能，公司先后建设了9条新型干法旋窑水泥熟料生产线(1条2500t/d、8条5000t/d)，并且全部配套纯低温余热发电系统。

公司秉承“团结拼搏、科技兴企，以人为本、和谐共赢”的企业精神，2011年集团实现销售107.8亿元，利税11.2亿元，其中利润达7.75亿元。公司“金峰牌”商标于2010年获得江苏省著名商标称号，生产的“金峰牌”普通硅酸盐水泥取得了国家产品质量认证、质量管理体系认证和环境管理体系认证，并获得“江苏名牌产品”、“国家免检产品”等荣誉称号。公司为溧阳市纳税超百亿元企业，连续多年被评为全国私营企业纳税百强企业和江苏省私营企业纳税大户。

公司先后被省、市授予“江苏省建材行业优秀企业”、“江苏省卓越绩效先进企业”、“江苏省民营企业纳税大户”、“江苏省民营企业就业先进单位”、“重合同、守信用企业”、“常州市文明单位”、“常州市技改投入前十名”、“常州市五星级明星企业”、“常州市优秀民营企业”、“溧阳市纳税超亿元企业”、“突出贡献奖”、“AAA级信用企业”、“银行同业会信得过企业”等荣誉称号。（陆 平）

【江苏扬子水泥有限公司】 坐落于上黄镇山下村，毗邻溧阳、金坛、宜兴三市交界处，为上黄镇工业年产值最大的企业。公司固定资产总投资达5亿元，占地面积45万平方米，在职员工550多人，其中中、高级职称技术人员106人。

公司始建于1985年，多年来公司通过强化科学管理，产品质量不断提高、产品成本不断下降、产品结构不断优化、企业积累不断增加。目前拥有日产2500吨的新型干法熟料生产线二条，年生产水泥240万吨，其主导产品“长荡湖”牌32.5和42.5等级硅酸盐水泥，先后荣获“产品质量国家免检”、“江苏省名牌产品”、“产品质量认证”、“质量管理体系认证”、“ISO 14001认证”等荣誉，产品畅销于苏、锡、常、沪等经济发达地区。2011年实际生产水泥269万吨，实现销售收入9.14亿元，利税4400多万元。（倪 军）

【溧阳市东方水泥有限公司】 位于上黄镇周山村，注册资本1200万美元，总投资2980万美元，由远东国际投资有限公司、苏州新欣投资有限公司、溧阳市金辉建筑材料厂共同出资组建。公司建成于2003年，占地面积6.7万平方米，现有员工167人，其中具有中、高级技术职称的专业技术人员20余人。公司拥有一条日产2500吨水泥熟料生产线，可年生产水泥熟料90万吨。该生产线采用了国家建材行业大力提倡推广的“国产化、低投资”的新型干法工艺，生产全过程采用了集散型计算机控制系统。从2009年起，由葡萄牙西姆泊水泥集团全资收购，成为外商独资企业。2011年共生产水泥熟料78万吨，实现销售收入1.6亿元。

（倪 军）

【江苏溧阳南方水泥有限公司】 原为溧阳市汉生特种水泥有限公司，现隶属于央企中国建材集团（CNBM）旗下的南方水泥，总资产12亿元，技术人员360名。

公司拥有6000T/D、3000T/D新型干法水泥熟料生产线各一条，水泥熟料年生产规模300万吨，2011年公司实现销售收入9.12亿元。公司已通过ISO 9002质量管理体系认证和ISO 14001环境管理体系认证。主导产品为“苏特”牌系列硅酸盐水泥为国内名牌产品，是国家级水泥免检产品，被广泛用于国家重点工程，销售网络覆盖华东地区。公司低碱水泥一举中标杭宁高速铁路工程，公司成为杭宁高速铁路工程水泥供应的主要供应商。

公司秉承南方水泥“绩效、和谐、责任”的企业文化，恪守“追求企业活动与环境协调统一”的环境方针，技术力量雄厚、自动化程度高、质量控制可靠、经济技术指标先进、环保设施齐全，在水泥行业产业结构调整、发展循环经济和节能减排中发挥了重要带动作用。（陆 平）

食品加工和制造业

【概 况】 溧阳的食品加工业以天目湖啤酒为龙头，拥有以天目湖啤酒为主的酒类系列产品，以果蔬原汁、矿泉水、植物蛋白饮料为主的饮料系列产品，以畜禽水产深加工为主的香肠、羊肉火锅、天目湖鱼头、风鹅等生熟制品，正步入良性发展期。

【重庆啤酒集团常州天目湖啤酒有限公司】 位于江苏省溧阳市郊埭头镇，新常溧公路旁，水陆交通十分便捷。公司创建于1984年，现有固定资产5亿元，占地面积21万多平方米，其中建筑面积8万多平方米，年生产能力28万吨啤酒，是一家集产、学、研相结合的科研型企业。2011年销售收入3.6亿元，利税9000万元。

公司作为江南大学（原无锡轻工大学）的教研基地，一直受到全国著名酿造专家顾国贤教授及其他专家的指导和支持。多年来，公司充分利用“轻大”的技术优势，不断创新。在江苏市场率先推出了“6°P低醇”、“8.8°P全麦芽”、“易开盖菠萝啤酒”、“头道麦汁酿造”等系列啤酒，取得了良好的经济效益和社会效益。其中“6°P低醇啤酒”直接发酵研制的技术在国内处于领先地位，产品填补了国内空白。

用“天目湖”水酿造的天目湖啤酒，已被国家绿色食品发展中心认定为酒类中为数不多的绿色食品之一。“绿色食品”天目湖啤酒，清亮、自然纯正，产品畅销苏、锡、常、镇、徐、淮、扬、沪、宁等大中城市。

公司拥有多条世界先进水平的啤酒生产线和自动分析检测仪器，同时还拥有丰富的人力资源，凭着一流的设备、一流的管理，产品质量上乘、风味稳定，先后获得“江苏省质量信得过产品”、“江苏省著名商标”、“绿色食品”、“国家重合同守信用企业”等荣誉称号。1997年一次性通过了ISO 9000国际质量体系认证，2005年又通过了环境ISO 14001认证，被“北京人民大会堂宾馆”指定为“特供啤酒”。

（李　丹）

【江苏德盛食品有限公司】 系泰国德盛集团于1998年投资3000万美元兴建的大型食品厂，占地150000平方米。公司生产以糯米，粳米为主要原料的天然营养食品，产品包括日式米果、仙贝、鱼皮果仁等膨化类系列产品。公司引进全套日本米果、仙贝、鱼皮果仁生产线，长期聘请日本专家指导生产，实行科学管理和严格的质量控制程序，在中国率先通过HACCP体系认证、ISO 9001质量管理体系、ISO 14000环境管理体系认证、欧盟KOSHER证、中国绿色食品认证及欧盟ECCORT有机加工、有机销售认证。

公司年产米果8500吨，鱼皮果仁花生等4000吨，是中国同行业生产规模最大、质量最好的生产厂家。产品远销美洲、欧洲、中东、日本、澳大利亚等国家和地区，市场信誉卓越。

【江苏全福农牧实业有限公司】 成立于2008年6月12日，位于革命老区溧阳市竹箦镇。公司注册资金为2亿元人民币，占地面积 300 亩，建筑面积30000平方米。公司包括肉品厂、饲料厂、孵化厂、5个养殖基地和污水处理厂。肉品厂于2009年11月6日开始投产运行。生产设备满足生产工艺流程和卫生要求，设备全部国产化，具有技术领先的优势。

屠宰车间确保操作工艺、卫生检验符合要求并具有技术先进、经济合理、节约能源等特点。污水经管道全部接入污水处理厂，达到零排放，有效保护环境。年宰杀家禽1500万余只，加工能力达20万吨。企业在生产过程中执行严格的品质管理和检验制度，产品完全符合国家标准。

公司在经营发展中，秉承“繁荣地方经济，致富一方百姓”的理念，采用“公司+农户”的经营模式，生产出让消费者满意、放心的食品。

（吕　杰）

金属冶炼和加工业

【概　况】 2011年，溧阳市金属冶炼及加工产业实现销售收入620亿元，同比增长85.4%，占全市工业企业销售收入的比重达49%。龙头企业是申特钢铁集团。

【江苏申特钢铁有限公司】 是一家集焦化、烧结、球团、石灰、炼铁、炼钢、轧钢、制氧、发电、洗煤为一体的钢铁联合企业，总投资50多亿元。公司坐落于溧阳昆仑经济开发区内，水陆运输方便快捷。公司总占地面积150万平方米，建筑面积40万平方米，建有年吞吐能力达1000万吨级的厂区码头和60万吨的仓储基地。主要产品有：方坯、圆管坯，规格150×150～220×220；HRB335\HRB335E、HRB400\HRB400E、HRB500\HRB500E螺纹钢，规格Φ10～Φ40；HPB235圆钢，规格Φ10～Φ22。可年产烧结矿400万吨、铁水320万吨、钢坯330万吨、成品材330万吨、石灰30万吨、成品焦100万吨、洗精煤200万吨、发电7.6亿度。

公司现有员工4500余人，其中各类技术人才和专业人员占30%以上。公司连年被常州市政府评为“五星企业”、“特殊贡献企业”、“文明单位标兵”，2010年被评为“江苏省节能先进企业”、“中国企业五百强第398位”、并成为江苏省330家重点工业企业之一。公司坚

江苏申特钢铁有限公司　　（市经信局　供稿）

持低碳发展理念，积极履行节能环保社会责任，实施清洁生产，发展循环经济，追求可持续发展。公司为“产品质量国际信用3A级单位”和“质量信用守信企业”，已通过ISO 9001质量管理体系认证和ISO 14000环境管理体系认证。

公司生产的400MPa及500Mpa高强度螺纹钢属国家重点鼓励和推广产品，已通过香港、迪拜等地区产品的质量认证，产品畅销国内外。注册商标“申特”牌螺纹钢连续两年被中国质量监督管理学会等权威部门推荐为“中国同行业最具影响力品牌”，并获得“上海名牌”荣誉称号，申特螺纹钢广泛用于上海市重点工程和标志性建筑，如上海虹桥枢纽工程、A15及A16高速公路、崇启大桥、东方明珠、金贸大厦、东海大桥、环球金融中心、秦山核电站等。公司已形成技术开发、生产、营销、物流配送、售后服务一套完整的运营机制，产品远销全国及东南亚、中东、非洲等十几个国家和地区。

公司秉承“以人为本、外抓市场、内练苦功、质量为本、效益争先”的管理理念，为员工打造健康舒适的工作与生活环境，形成办公楼、生产区、生活区、运动休闲区相对独立和谐的格局，建成45万平方米的绿化带和5万平方米的景观河道，公司的绿化面积达33%以上，成为新型、绿色、生态、环保、节能的现代化钢铁企业。申特热心社会公益事业，先后向“希望工程”、汶川地震灾区伸出援手。

【溧阳三元钢铁有限公司】 建于2001年12月，占地面积15万平方米，员工380余人，总资产达2亿元，坐落于溧阳市溧城镇西郊，南临104宁杭国道，北倚西山运河。

公司现有二条生产线，一个金加工的辅助车间，半连轧生产线由北京科技大学承担设计，年产量可达25万吨，为冶金部推广模式。全连轧生产线主要设备为粗轧机组。整个21台轧机42根轧辊全部用十字万向联轴器与齿轮分配箱连接，具有效率高、能耗低、噪音低等特点，属国内外先进的传动方式，整个生产工艺流程中，仅有钢坯排序及成品打捆，吊运等采用手工，其他工序全部是机械化、自动化操作。公司有完善的检验设备和计量装置，理化实验室有WZ-1000A、WA-300万能材料实验和完整的钢材化验设备（光谱分析仪），为计量合格单位。

2003年3月通过ISO 9001质量管理体系认证，同年11月通过“苏元”商标注册，2002～2004年公司获得溧阳市溧城镇人民政府授予的“十强规模”企业和“贡献大户”企业称号，2004年获得常州市名牌产品称号和江苏省质量信得过产品荣誉证书，2005年荣获江苏省常州地区二星级明星企业。

【常州盛东钢业有限公司】 成立于1992年，注册资本3000万元人民币，员工300人，年产量100万吨以上，年销售总额5亿元。公司拥有6条热轧螺纹钢专业生产线，并销售联营厂的线材。产品主要为热轧螺纹钢HRB335 10—25mm各规格产品，畅销华东地区。

公司采用热轧带肋钢筋的生产工艺，主要生产过程为钢坯加热轧制、剪切、冷却精整、收集捆扎。原料钢坯均来自国内大型钢厂（海鑫、沙钢、安钢等），轧制设备采用230型—500型热轧机。螺纹钢具有一定的强度(抗拉强度、屈服强度)、延性(延伸率)、焊接性能、冷弯性能以及与混凝土有较好的附着力等。

公司于2003年底通过ISO 9001：2000标准认证，在全公司建立了一整套完善的质量保证体系。公司加强金属流量控制，严格控制钢材的出炉温度和轧制温度，保证钢材负差保持-8%的标准，避免了轧钢过程中产生的轧辊掉块、麻点所带来的质量影响。产品质量稳定，获得江苏省质量稳定证书，多次被评为江苏省用户满意产品、常州市名牌产品。

【江苏金源锻造股份有限公司】 始建于1997年5月，地址为溧阳市平陵西路868号，占地面积17.2万余平方米，建筑面积7.5万平方米。主营业务为金属材料锻压、塑性成形工艺及材料技术开发，长期专注于高速重载齿轮锻件的研发、生产和销售，主要服务于高端齿轮市场，为电力设备、工业设备和运输设备等重大装备制造业配套。

公司设有3个厂区、8个职能部门及一个技术开发中心，并配备可完成金相、力学、探伤、化学分析的理化试验室，配置了处于国际先进水平的直读光谱仪、金相显微镜等检测设备。拥有从下料、加热、锻造到热处理、机加工一整套流程的生产设备200余台套，其中配有国内技术水平领先的45MN自由锻液压机、40T数控操作机及其配套的70T锻造行车、50T起重行车，拥有国际领先水平的程控式温控天然气炉窑32台、热处理炉25台、各类大小锤锻设备17台。最大锻造钢坯60吨、生产锻件最大吨位为40吨。

公司年产锻件能力达5万吨，产品广泛应用于发电设备、动车、船舶、冶金设备、港口机械、重型机械等装备制造业，已覆盖全国20多个省市，部分产品出口至荷兰、加拿大、美国、印度、日本、西班牙、德国等国家。公司产品质量稳定、可靠性高，多次被客户授予“优秀供应商”和“最佳供应商”等荣誉称号。

公司员工350余人，技术力量雄厚，其中高级工程师6人，各类专业技术人才46人，建有江苏省企业技术中心，江苏省3MW及以上级风电精密齿坯工程中心、江苏省大型锻件成形与控制工程技术研究中心也处于建设中。通过自主研发和产学研合作，成功开发了8项高新技术产品，多个项目获得省市级科技奖项。公司通过了质量、环境和职业健康安全管理体系认证，在业内通过了CCS的风电准入认证，并获得中国、韩国、挪威、法国、德国、美国、日本和意大利八大船级社的认可，通过通用电气、博世力士乐、阿尔斯通、歌美飒、维斯塔斯等国际知名企业的合格供方认证。

【江苏盛昌钢铁有限公司】 坐落在宁杭高速溧阳西出口处，成立于1994年，现已发展成为一家颇具规模的钢铁生产企业。公司注册资金1000万元，占地面积50亩，拥有ф430、ф350、ф280、ф250三条轧机生产线，主要生产扁钢、异型扁钢等热轧型材，年生产能力10万吨以上。公司产品规格齐全，畅销上海、江苏、浙江、安徽、江西、福建等地区，并远销澳大利亚、菲律宾、印度、马来西亚等国家。

【溧阳市金昆锻压有限公司】 成立于1996年，占地面积近3万平方米，具备年产1.5万～2万吨锻件生产能力，已通过ISO 9001质量体系认证，产品80%以上销往美国、新加坡、德国、荷兰等地。

公司专业生产国内外饲料机械配件，已建成环模、压辊、传动轮等产品规模化生产线，承接各类材质锻件加工及粗、精车加工，产品主要涉及工程机械、港口船舶机械、汽车工业、矿山机械、冶金化工机械、铁路设备、减速机械、液压机械、起重运输机械等行业。

公司有2.5米辗环机1架,4吨、2吨电液锤各1台,1吨空气锤1台，750kg空气锤4台,锯床15台,行车20架,热处理电炉10台,车床(630以上)30台,钻床16台(包括普钻8台,自动钻5台,立钻2台,攻钻两用机1台),滚齿机8台,刨床1台,数控铣床1台。公司建立了完善的质量保证体系，拥有大量的行业专业质检员，从购料、生产到成品、包装每一个环节都进行严格的控制管理，坚持给客户提供物美价廉的产品、稳定的供应保障和完善的售后服务，2004年被授予江苏省质量服务诚信AAA级单位。

【江苏新时代控股集团有限公司】 成立于2009年12月，公司以铜制品为主导产业，其中涉及房地产、大型物流、酒店旅游、金融、国际贸易等行业。公司坐落于江苏省溧阳市经济开发区城北工业园泓枫路8号，园区内交通十分便利，104国道、239省道、241省道贯穿开发区全境，芜太运河、丹金溧漕河（国家三级航道）在区内纵横交错、相互贯通。

公司年产30万吨高精电工铜材项目已经全面建设完成，并于2010年12月起陆续投产，主要生产低氧铜杆、无氧铜杆、铜线、铜排、扁线、丝包线、电磁扁线、高精铜板等产品，项目选用国内最先进的外组合连铸连轧技术和设备，工艺高效，有利于节能、环保。公司注册资金6.5亿元人民币，已通过ISO 9001:2008质量管理体系认证。

2011年，公司实现了铜制品生产销售104亿元，预计2012年公司将实现销售收入150亿元人民币，电解铜板国外采购将达80亿元人民币。公司将率先巩固在电线电缆行业市场的领先优势，将采用一流的设备、一流的技术、一流的管理，顺应行业的变化趋势，增加适用变电，变压器设备的高端铜排生产量。至“十二五”末，集团公司将成为全省乃至全国规模最大品种齐全的铜制品供应商之一，也将成为集房地产、大型物流、旅游、餐饮、金融、贸易为一体的大型综合性集团公司。

（谢　杰）

【溧阳市万兴特种建材有限公司】 是由江苏天舜金属材料集团有限公司全额投资的独立法人企业。公司坐落于溧阳经济开发区北山工业园，占地面积160000平方米，建筑面积49000平方米。现有员工600余人，其中本科以上学历50余人，专业技术人员45人，高级工程师10人。

公司始建于2004年3月，是一家专业从事PC钢棒、钢绞线、紧固件、高速铁路预埋件等金属制品生产与销售的集团企业。具有年产12万吨预应力钢绞线、8万吨预应力钢丝线、6万吨预埋件、10万吨预应力钢棒的生产能力。是全国屈指可数的预应力钢绞线和预埋件的生产基地。产品广泛应用于铁路、桥梁、电力、高层建筑等行业。公司生产的预应力混凝土用钢丝、钢棒、钢绞线、桥梁紧固件、镀锌钢绞线、钢芯铝绞线用镀锌钢丝经国家权威部门检测，各项性能及技术指标均超过了国家标准，质量达到国内先进水平，已成为铁道部首批检验合格的预应力混凝土用钢丝生产企业、混凝土钢棒桥梁紧固件定点生产企业，被国家多项重点工程如秦沈高速铁路、青藏铁路、上海磁悬浮工程所采用。生产的预应力混凝土用钢棒被评为常州市名牌产品，公司一次性通过ISO 9001质量管理体系、环境管理体系、职业健康安全体系认证，企业先后被授予中国建材市场协会“质量、服务、信誉AAA示范企业”、“江苏省质量信得过企业”、“江苏省高成长型中小企业培育推荐企业”、“江苏质量诚信AAA级品牌企业”、“常州市两化融合示范企业”、“常州市建材行业明星企业”、“常州市民营经济发展中小企业行业小巨人培育企业”等荣誉称号。产品由中国人民保险公司提供产品责任（质量）保险。2010年实现销售收入10.48亿元。2011年实现销售收入10.70亿元。

（龚志新）

【江苏鑫林钢铁有限公司】 成立于1984年6月，前身为溧阳市别桥轧钢厂，拥有全国生产许可证办公室颁发的钢筋混凝土用热轧钢筋生产许可证。公司地处溧阳经济开发区北山工业园福山路5号，占地面积26696平方米、建筑面积16000余平方米，固定资产8500万元，注册资本金2000万元。

公司是一家主要从事钢压延热轧加工的生产型企业，现拥有ф520*1/ф300*4/ф300*8；ф520*1/ф365*8轧机生产线二条，ф3200mm煤气发生炉二套，ф3400mm二段式煤气发生炉二套，30*3.5m、24.5*6.5m蓄热式加热炉各一套，68*7步进式冷床二套，理化检测及其他辅助设施齐全。具有年产60万吨钢材的生产能力，主要产品有钢筋混凝土用热轧钢筋（不含钢坯）、普通热轧钢筋HRB335、HRB400、HRB335E、HRB400E（10–25mm）热轧光圆钢筋、HPB235、HPB300（10–22mm）直条钢筋等。公司全面贯彻ISO 9001:2008的质量管理体系，强化企业内部目标管理，产品质量稳定、规格比较齐全，畅销苏、浙、沪、皖等地。

公司自2000年始连年被常州市评为信用（合同）AAA级企业，先后获得金融系统信得过企业和别桥镇十强企业、龙头企业、纳税销售超亿元企业等荣誉，2010年销售收入21500万元，2011年销售收入33765万元，增长57%，利税1580万元。（龚志新）

【常州市宏豪制钢有限公司】 始建于2003年11月，坐落于溧阳经济开发区北山工业园（别桥镇绸缪村），公司占地面积31000平方米，建筑面积7000平方米，职工89人，其中各类技术人员17人，现有注册资本金1000万元。

公司是一家以优质扁钢，翼缘板为主，普碳圆钢及型钢为辅的生产贸易型企业。在原配置10吨龙门吊2台，5吨行车3台的基础上，添置了热金属探测器、万能试验机等先进生产和检测设备。企业拥有φ550，φ500，φ450，φ360，φ250等多条轧机流水生产线，年产量在20万吨以上。产品资源丰富，品种规格齐全，生产的“热轧扁钢”荣获常州市知名商标“宏豪”品牌，产品广泛用于造船、钢结构、电力、汽车大梁板、邮电通信、市政、公路、桥梁、钢格板（栅）及车辆制造等领域，畅销北京、上海、江苏、浙江、安徽、江西、湖南等地区，并远销东南亚、中东、欧美、澳大利亚等海外地区，年出口额在5000万元以上。专利产品曾用于东海大桥和2008北京奥运会主体育场“鸟巢”等国家重点工程。

公司于2007年通过“中国船级社认证公司ISO 9001:2000质量认证”，企业先后获得“先进私营企业”、“银行信得过企业”、“信用（合同）AAA企业”、“最具学习型企业”等荣誉称号。自2008年始，年纳税销售均超亿元，2010年实现销售收入19966万元，2011年纳税销售20338万元。

（龚志新）

【丰林精密锻压件有限公司】 由两个子公司鞍山市丰林精密锻压件有限公司和溧阳市丰林精密锻压件有限公司组成，是生产汽车及工程机械驱动桥盆角齿锻件和精坯的专业公司。企业现已通过ISO/TS16949:2002认证，盆角齿轮年生产能力50000吨，员工350人。盆角齿产品近30个系列，260余个品种，重点为一汽解放、二汽东风和中国重汽等大型企业提供配套产品。

公司自主设计研制出国内先进的立式碾压机（锻件锻造的主要设备），生产出的锻件产品内部组织致密，并具有流线型组织，可提高齿轮的使用寿命。公司还配套各种数控机床等冷加工设备，可为用户提供盆角齿精坯产品（除齿形外，全部加工完成）。

（李　丹）

【溧阳市四方不锈钢制品有限公司】 坐落于溧阳市埭头镇画诗路，占地面积60000多平方米，建筑面积45000平方米，职工450人，其中科技人员180人。

公司始建于1995年，注册资本1000万元，2009年与全球行业龙头企业瑞典阿法拉伐公司成立合资公司，公司专注于卫生泵、阀门、管件的制造，不断在卫生级流体产品领域进行专业化投资、研发、扩大生产规模，已经发展成为国内行业中的知名品牌。公司的生产规模、装备水平、专业化程度、市场占有率等均在国内处于领先水平。公司的卫生级产品标准有DIN、3A、ISO、IDF、SMS、BS、DS、BPE可供选择，具有卓越的性价比，LYSF品牌产品已经大批量出口到美国、欧洲等发达国家，得到国内外中高端市场客户的认可。

公司是中国食品工业协会推荐企业，2007年被认定为江苏省高新技术企业，2009年被评为江苏省名牌产品、江苏省著名商标，纳税A级信用企业，企业资信等级AAA级，2011年公司实现销售收入2.1亿元人民币，利税2100万元，总资产9000多万元。

（李　丹）

【常州亚泰焊材有限公司（常州亚泰焊割科技有限公司）】 坐落在江苏省溧阳市埭头镇工业园内，是国内专业研发、生产与销售各类焊接材料及焊接、切割的重点企业之一。现有员工300多人，其中高级专业技术人员40余人，均拥有曾经在国内外同类著名企业长期工作的经历，并具有专业研发的综合实力。公司拥有独立的产品研发部，并与国内多所著名大专院校开展联合研发项目，专门从事新技术的研究和新产品的开发。

公司自2004年投产以来，形成了生产CO_2实芯气保焊丝，埋弧焊丝，氩弧焊丝，大型数控切割设备和自动焊接中心为主的核心产品，外贸出口占公司销售额的50%以上，公司焊材年产量达3.5万吨，设备达到500余台（套），年产值将达到5亿元人民币。

近年来，亚泰先后获得江苏质量诚信AAA级品牌企业、中国信用企业认证体系示范单位、银行信得过企业、先进私营企业、民营科技企业、诚信单位、光彩之星、工人先锋号、模范职工小家等荣誉称号。（李　丹）

【溧阳爱瑞特精密铸锻有限公司】 位于溧阳市戴埠工业园区，占地40亩，总投资450万美元，为瑞典独资企业。公司现拥有员工200余人，其中高级工程师6名、专业技术人员20名，是以铸、锻、热处理，机加工为主的专业生产型企业。

公司精密铸造日产25吨，年产7500吨，可生产各种牌号的合金钢、普碳钢（可熔炼浇钢、灰铁、球墨铸铁），并且拥有不同吨位的中频炉生产线。铸造年产模铸件1000吨，拥有1000吨、630吨、300吨摩擦压力机各一条生产线。热处理日调质能力为15吨，年产量500吨，拥有热处理全自动网带炉一条生产线。拥有不同规格加工中心及数控机床20台，通用设备30余台，可生产有色金属及黑色金属复杂件的机械加工。（雷灵灵）

【江苏冶建锌业有限公司】 创建于2007年，是一家集生产、加工和销售高性能锌制品的民营科技型企业。

公司自主开发国内首家采用清洁能源天然气作为燃料的锌粉生产炉，取代原先国内普遍采用的煤和煤气，大大提高了锌粉生产过程中温度的稳定性和持续性。是国内唯一一家采用知名品牌0号锌锭（金属锌含量99.995%）作为原料，生产出来的锌粉具有金属锌含量远超同类产品、锌粉产量大、铅铬等杂质含量极低、环保健康等特性。企业还投资引进了目前国内最先进的锌粉分级设备和实验室检测设备，可以根据客户要求精确的生产出各种规格的锌粉产品。锌粉年产能达20000吨，主要应用于化工、涂料、制药和冶金等行业。

公司在注重提高锌粉质量、发展企业规模的同时也逐步规范企业各项管理，公司已顺利通过ISO 9001认证并严格执行，并且通过了江苏省环保局首批“清洁生产”项目审核合格企业。

（雷灵灵）

【溧阳市三维铸造有限公司】 成立于2003年，占地面积190593平方米，固定资产3.8亿元，是经过民政、国税部门核准的福利企业，注册资本为5000万元人民币，主要生产经营各种铁合金。公司现有208立方米高炉设备二台，60平方米带烧一台，50平方米盘烧一台，年产生铁23万吨，产值5亿多元。

公司秉承诚信谦和，客我两便的经营理念，严格贯彻ISO 9001:2008国际质量管理体系标准，拥有先进的检测手段，可信的质量保证，倡导企业发展与环境并重。（施雷平）

【溧阳市上黄轧钢厂】 位于上黄镇坡圩村98号，成立于2003年12月，占地面积20570平方米，建筑面积4000平方米，注册资本1280万元，企业性质为有限责任公司。主要生产设备有420轧机一台，350轧机4台，300轧机10台，续加热炉一台，55米*8米步式冷库一台。2008年获国家颁发的热轧带肋钢筋生产许可证。2011年，共生产钢材6万吨，实现销售收入2亿元，实现利税500万元。（倪　军）

【江苏国强镀锌实业有限公司】 始建于1998年10月，位于溧阳西隅上兴镇，占地1600余亩，注册资金27580万元，拥有员工2600余人，总资产35亿元，是以钢管制造加工为主，集商业、物流、金融、房地产、农业开发为一体的大型民营企业。

公司主要产品分为六大类：钢管类、镀锌制品类、高速公路护栏类、铸锻件、高铁声屏障、中日合资钢板桩。公司拥有各类生产线70余条，具备200万吨以上的年综合生产能力，已成为全国最大的高速公路设施产品制造企业以及华东地区最大的钢管制造基地之一。2011年，公司实现销售53亿元，利税1.2亿元。

历年来，公司被评为“全国民营企业500强”、“中国交通百强企业”、“连续5年工业行业排头兵企业”、“江苏省平安企业”、“常州市五星级明星企业”、“溧阳市纳税超亿元企业”，获得“中国交通企业品牌产品”、“江苏省名牌产品”、“中国驰名品牌”等荣誉证书。（芮元林）

江苏国强镀锌实业有限公司　（市经信局　供稿）

【江苏省社渚轴承有限公司】 始建于1971年，是专业从事圆锥滚子轴承生产的国有中大型企业，是原国家机电工业部最早定点生产圆锥滚子轴承的制造企业之一。企业拥有锻造、车加工、热处理、磨加工、滚子、保持架、装配七个专业生产车间，在国内圆锥滚子轴承生产企业中排名第15位。全厂占地面积29.7万平方米，生产厂房面积12万余平方米，从业人员1000余人，其中工程技术人员130余人，现有主要生产设备900余台。已具有10mm≤D≤400mm公、英制系列圆锥滚子轴承年生产能力700万套（其中D≥120mm年生产能力200万套）。产品广泛应用于减速机、运输机械、工程机械、冶金机械、矿山机械、起重机械和农用机械，产品畅销国内26个省、市、自治区，远销欧美、东南亚等11个国家和地区。产品国内市场占有率在5%以上。“球星牌”商标被评为“江苏省著名商标”，“球星牌”轴承被评为“江苏省名牌产品”，并多次荣获“江苏省质量效益型企业”和“江苏省重合同守信用企业”称号。2011年实现销售收入1.47亿元，利润422万元。（陆　平）

【江苏昆达锌业有限公司】 位于江苏省溧阳市社渚镇工业园区，占地45000平方米，厂房面积44666.89平方米，固定资产5000万，主要生产间接法氧化锌（99.7）、锌粉(80)、锌粉(120)、锌粉(325)、锌粉(400)、锌粉(500)、锌粉(600)、锌粉(800)、锌粉(900)、锌粉(1000)、锌粉(1200)、锌粉(700)、锌粉(200)、锌粉(2000)、热熔压敏胶，是江苏省最大的氧化锌、锌粉生产基地。

公司生产的“天目湖”牌氧化锌、锌粉和热熔压敏胶通过了国家产品质量认证和ISO 9001:2000质量管理体系认证，是江苏省“重合同、守信誉”单位，荣获“常州市著名商标”称号，公司产品远销多个国家和地区，2011年销售收入1.05亿元。（陆　平）

【江苏大峘集团溧阳冶金工程技术有限公司】 是由江苏大峘集团有限公司投资创建的高科技项目。公司主要从事喷煤系统、球团系统、烧接系统、水渣系统研发、生产和组装，其中喷煤系统中的核心设备——中速磨煤机引进德国技术自行生产。公司注册资本4000万元，总投资1.3亿元，年产各类冶金设备7000吨，占地面积50亩，建筑面积为16000平方米。2011年实现销售8300万元，同比增162.3%。

江苏大峘集团是集工程设计、工程咨询、设备制造、设备成套及工程总承包为一体的大型技术工程公司，先后总承包了数十套高炉喷煤、高炉水渣超细粉、特殊钢电炉冶炼等工程，并为国内外冶金企业炼铁、炼钢、环保、自动化等项目提供60余万吨具有国际先进水平的产品，部分产品已进入欧美等发达国家。（张鸿浩）

纺织服装业

【概　况】 纺织服装业是溧阳的传统产业，也是溧阳的主要出口创汇产业之一，同时更是高就业、广富民的产业。目前，地毯、箱包两大系列产品发展迅猛。2011年，军荣集团销售收入超25亿元，开利地毯销售收入3.9亿元，东发纺织销售收入2.7亿元。

【江苏开利地毯股份有限公司】 是融地毯的专业设计、研发、生产、销售和服务于一体的现代化企业，已通过ISO 9001:2000质量体系认证。公司所生产的“天目湖”地毯，品质精良、图案新颖，为宾馆和饭店豪华的气派锦上添花。国内首创的仿手工、工艺真丝、高支纯毛、纯棉地毯获得常州市科技进步奖。独家生产的差别化丙纶高纬密提花毯、高圈雪尼尔家用毯在国内外市场上独占鳌头，为你的家庭居室平添一份温馨和幸福。

2003年，公司分别从美国、英国、日本引进6台多功能电子提花簇绒设备，其中美国超级提花簇绒设备生产的各式产品填补了国内空白。先进的簇绒地毯设备可满足不同用户的创意，利用多种纺织原料组合生产高、中、低档工程、房间、汽车装饰、家用装饰毯产品。

公司拥有6000吨六色清晰网络BCF长丝、4000吨三色BCF长丝及200万平方米威尔顿编织提花地毯、300万平方米簇绒地毯和1500吨加捻定型的生产能力。生产的真丝、纯毛、腈纶、混纺、尼龙、雪尼尔、PP.BCF直捻纱、网络纱等多种原料及规格的地毯远销美国、韩国、日本、加拿大、新西兰等国家。

【江苏军荣集团】 位于苏浙皖交界的江苏省溧阳市埭头镇工业园，成立于1992年，是一家集各种箱包生产制造、研发和进出口贸易于一体的大型综合性集团企业，先后通过了ISO 9001:2000和ISO 14001:2004质量、环境认证。集团公司下属溧阳市埭头片区、溧阳市后六片区、溧阳市天目湖片区、宜兴市新芳片区、安徽省郎溪经济开发区片区、安徽省宣城市狸桥片区和安徽省灵璧县片区七大生产基地，拥有员工5000余名，年生产总值超25亿元人民币。

集团公司拥有钢丝钢架、EVA片、塑料件、拉杆以及箱包面料、涂层等配套成龙的生产能力，配件自给率达70%以上。专业生产各式EVA软箱、旅行拉杆箱、化妆箱、包袋以及ABS系列旅行箱包等1000多个款式品种，产品全部外销，主要销往中东、南非、欧美等50多个国家和地区。

2008年江苏军荣集团被国家发改委指定为“国家箱包出口示范基地”；近年来，集团公司还多次获得先进民营企业、银行信得过企业、农业部质量AAA企业、免检企业、江苏省出口名牌企业以及地方突出贡献奖等荣誉称号；自2008年起，江苏军荣集团有限公司被中国工业经济联合会、中国工业报连续4年评为“皮箱、包（袋）制造行业排头兵”企业；2010年12月，集团公司生产的“JUNRONG”牌旅游箱包荣获“江苏名牌产品”称号。

（李 丹）

【溧阳开成毯业有限公司】 成立于2003年6月，坐落于南渡镇永安路161号，公司占地面积43236.6平方米，建筑面积20876.67平方米，现有职工300人，注册资金6125万元，是集地毯及其材料的专业设计、研发、生产、销售和服务于一体的专业地毯制造商，已通过了ISO 9001:2000质量管理体系认证、ISO 14001:2004环境管理体系认证。

公司规模位于中国地毯行业前列，是目前国内最具实力、最具规模的专业地毯制造商之一，拥有一批高素质的技术人才、经验丰富的生产能手及专业的设计队伍。主要生产簇绒地毯与方块毯，产品适用于商用、工程用、民用等多种领域，其中方块毯是2012年引进新设备投资生产的新产品，所生产的簇绒地毯总销量位居国内前三甲。

公司致力于研发创新，打造以研发和生产技术为中心的双重并举格局，致力于为客户提供工程及售后服务的整体解决方案，销售网络遍布全国各个省市。 （施雷平）

【常州宝丽丝纤维有限公司】 创建于2003年6月，是以研发生产和销售化纤针织纱线为核心业务，集纺纱、捻线、染整于一体的中外合资企业，公司具有独立的自营进出口权，产品远销10多个国家和地区。

企业位于溧阳市社渚镇工业园区，占地面积70094平方米，建筑面积54378.71平方米，现有员工350人，其中各类专业技术人员80人，具有中、高级职称的技术人员10人。注册资本4700万元人民币，现有固定资产7109万元。

公司拥有各类长丝、短丝倍捻机、复台机，月生产能力可达300吨。作为染整基地，公司同时拥有筒子缸、喷缸两条染色生产线，能完成筒子染色、绞纱染色以及配套成纱等工艺。筒子染色月生产100吨，绞线染色月200吨，配套成纱每月可生产300吨。主要产品为人造丝、针织纱、金属纤维（银纤维）、蚕丝宝纱线、珍珠纤维混纺纱线等系列产品，2011年销售收入1.63亿元。

常州宝丽丝纤维有限公司以“产优质产品、创优秀品牌、当行业先锋”为宗旨，满足客户多样化的需求，以一流品质、一流品牌赢得市场。

（陆 平）

【溧阳广道针织有限公司】 建于2001年，占地面积26000平方米，总建筑面积达11000平方米。公司现有职工458人，其中技术人员38人，管理人员76人。年产各类针织毛衫300万件，2011年产值达8246万元。

公司固定资产7000万元，拥有各类全自动电脑横机200台，生产设备齐全，工艺完善，产品质量稳定，是集织造、水洗、绣花、印花、成衣等一条龙专业生产各类针织服装的股份制企业。产品远销日本、美国、澳大利亚、瑞典、法国欧洲等国。公司主要客户有：H.M、家乐福、华特、迪士尼、凌志等著名公司。

公司连续二年被溧阳市授予“先进基层党组织”、常州市“优秀基层党组织”，连续二年被市政府授予安全文明单位；连续二年被常州市工商局私营个体协会授予“光彩之星”称号；连续二年被镇政府授予“纳税大户”，被市政府授予“巾帼示范岗”等光荣称号。 （陆 平）

【溧阳东发纺织有限公司】 是一家中外合资企业。公司占地面积1120亩，建筑面积7万平方米。公司拥有自动数控JW—911喷水织机200多台套，年产量5600万米；PVC热贴数控sr—4F1830设备的生产流水线二条；引进台湾6M冷贴PVC自动生产线二条；PE120型涂塑生产线二条，年生产能力6000万米。产品有牛津革、提花革、麻丙革、人造革四大系列400多个品种，广泛用于各种系列的箱包、旅游用品、沙滩椅、野营床、服装等。2011年实现销售2.7亿元（含东宇箱包），同比增68.4%。

（张鸿浩）

【溧阳市东晨服饰制伞有限公司】 是中国最大规模的专利卡通伞制造商，现有员工1286人，具有25年的制伞经验及丰富丝印工艺技术，拥有150多种外观、实用专利伞，月生产量60000打。公司位于著名的“制伞之乡”苏南竹箦镇，毗邻国家AAAA级旅游区——天目湖及宁杭高速公路，距禄口机场仅60公里。产品以其造型优美、质优价廉、符合环保、安全等要求而畅销全球。

（吕　杰）

造纸印刷、塑料制品、仪器仪表、日用杂品及其他行业企业选介

【立诚集团（绿成集团）】 位于江苏溧阳经济开发区三期工业园区。项目总占地1200亩，总投资达46亿元人民币，包括江苏省绿成纸业有限公司、江苏至诚纸业有限公司、江苏绿成包装有限公司、溧阳市昆仑热电有限公司搬迁移建等。公司项目全面采用了世界一流的设备与技术。所有项目全面投产后年产值可超百亿元。

江苏省绿成纸业有限公司是一家中外合资企业。公司注册资本6000万美元，总投资9990万美元。采用世界一流设备与技术，以废纸为原料，生产牛皮箱板纸，高强瓦楞纸等高级包装用纸。该项目投产后年产可达50万吨。

江苏至诚纸业有限公司是一家内资企业。公司注册资本1亿元人民币，总投资32亿元人民币。采用世界一流设备与技术，用废纸制造生产牛皮箱板纸、高强瓦楞纸等高级包装用纸。该项目投产后，年产可达120万吨。

立诚包装有限公司总用地面积204亩，注册资本4.2亿元人民币，总投资10.5亿元人民币。该项目引进亚洲最先进、最宽幅度的意大利、德国核心技术2000mm 6+1柔版预印机，以及德国进口的BHS瓦楞纸板生产线，具有明显的行业技术领先优势、节能降耗优势和规模效益优势。项目年产值约20亿元人民币。

溧阳市昆仑热电有限公司搬迁移建项目，占地面积约130亩，总投资4.3亿元。该项目选用西门子技术的反动式背压汽轮发电机组，采用热电联产技术，主机参数选择高温高压，可节约燃煤15%，完全符合国家有关节能政策。

公司于2010年4月开工建设，2011年立诚包装有限公司开始投产运营，项目总计划于2013年9月全面竣工投产。

【溧阳安顺燃气有限公司】 成立于2000年6月18日，是集天然气销售、储配、管道安装、维修于一体的合资企业，公司以国家“西气东输”工程为契机，积极推进溧阳市天然气利用工程建设，已累计完成投资3.8亿元，建设中压管线380多公里，管网基本覆盖全市各镇（区），拥有天然气门站一座，天然气加气母站一座，标准站一座，发展民用户3.8万多户，工商用户460多户。

在利用绿色能源——“天然气”的同时，安顺公司遵循“以社会效益求生存，以企业效益求发展”的经营理念，为客户供应安全、可靠的管道燃气，并提供亲切、专业和高效的服务。公司拥有完整的生产、生活、办公基地及专家楼、职工食堂等，还给引进的外地人才提供良好的工作环境、完善的福利体系和食宿条件。

【江苏威司顿印刷科技有限公司】 坐落于山明水秀的天目湖、南山竹海风景区，总投资800万美元。公司产品包括印刷版材、印刷用化学材料、高端水性上光油、印刷用水胶套等多个大类几百种产品。公司所生产优质产品覆盖印前、印中、印后加工多个环节，可以全面系统地为客户提供优质的印刷材料和售后服务支持。（雷灵灵）

【溧阳金利宝胶粘制品有限公司】 为香港金诚（亚洲）有限公司在溧阳市天目湖工业园区投资的外商企业。公司总投资为2950万美元，注册资本为2000万美元。公司的主要产品为不干胶纸和不干胶膜产品，主要用于电子类、日化类、食品类、玩具类、一般包装类的标签和贴纸。总公司品牌“KING LABEL”作为胶粘业界的一个重要新生品牌，亚洲市场占有率位居第一。

公司占地面积63亩，建筑面积3万平方米，于2008年正式投产，共引进6条生产线，年生产规模不干胶膜9000万平方米。2011年实现销售2亿元，同比增17.8%。（张鸿浩）

【溧阳市南亚塑胶有限公司】 位于天目湖茶亭集镇，占地面积88亩，建筑面积4万平方米。拥有固定资产1.2亿元，生产各类箱包面料和灯箱薄膜，公司产品国内销往十多个省市，国外销往二十多个国家和地区。公司于2008年投资5000万元，新建厂房8000平方米，新增设备高速经编机20台，开发新产品—宽幅经编布，主要用于经编箱包织物、灯箱织物、专业数码喷绘广告材料，宽度可达6米，年产量可达2亿平方米，2011年实现销售1.2亿元。

（张鸿浩）

【江苏竹箦阀业有限公司】 始建于1972年，是中国阀门协会会员、中国五金制品理事单位、江苏名牌产品企业、江苏省著名商标企业，通过了ISO 9001:2000质量管理体系、GB/T28001—2001职业健康安全管理体系、ISO 14001-2004环境管理体系认证、美国石油协会API-6D认证及欧盟CE认证和中国船级社CCS认证，具有国家特种设备制造许可证和自主出口经营权，产品荣获2006年国家免检产品称号。

企业是国家阀门标准GB/T12232、GB/T12233、GB/T8464、水嘴标准QB1334和管螺纹标准GB/T7306、GB/T7307、GB/T12716的主要起草单位，是中国石化物资源市场成员单位、中国石油天然气集团公司一级供应网络成员单位、国家电力公司电站配件供应网络成员，产品由中国人民财产保险公司质量承保。

（吕　杰）

（注：以上具体企业选介中的数据由于统计口径原因，可能有所偏差，仅供参考）

溧阳市经济和信息化局

省委书记罗志军调研溧阳市重点企业江苏上上集团

市委常委、政法委书记、经信局局长邵钦华下基层调研

市经信局开展“学习善思型、创新善谋型、高效善为型”机关创建活动。

2011年，全市经信系统按照市委、市政府的统一部署，深入贯彻落实科学发展观，紧紧围绕年度工作主题，以新型工业化为方向，以转型升级为主线，扎实推进工业经济跃升、有效投入提高、重点项目推进和节能减排等重点工程，全市工业经济总体保持平稳较快发展的良好态势，实现了“十二五”发展良好开局。全市完成工业总产值1300.16亿元，同比增长25.5%；实现销售收入1271.01亿元，同比增长26.1%；工业纳税销售1267.81亿元，同比增长45.6%；完成工业投入234.16亿元，同比增长20.3%；9项常州市重点工业项目完成年度投资39亿元；全市160个总投资5000万元以上工业重点项目完成年度投资140亿元。

自2010年新一轮政府机构改革以来，市经信局积极履行部门职责，为全市工业经济发展出谋划策，获得社会各界的广泛好评，连续荣获市委、市政府颁发的“突出贡献奖”、“创新成果奖”、“服务经济优胜单位”和“信访维稳先进集体”等荣誉称号。

2012年，全市经信系统将牢牢把握“紧跟苏锡常，同步现代化”的目标定位，紧紧围绕八大主题年活动，以工业经济五年规划、三年计划为指引，以产业转型、企业升级为重点，坚持总量扩张和质量提升并举，强力推进重大项目建设和培大育强企业，促进千亿园区百亿镇创建，为实现“十二五”全市工业纳税销售“三年翻一番、五年翻两番”夯实基础。力争全年工业总产值达1880亿元，产品销售收入和纳税销售均达1800亿元；工业投入达300亿元；经济开发区工业纳税销售超1100亿元，新增上兴、戴埠、别桥、竹箦4个百亿镇。

二〇一一年度
服务经济优胜单位
中共溧阳市委员会
溧阳市人民政府
二〇一二年一月

二〇一一年度信访维稳工作
先进单位
中共溧阳市委员会
溧阳市人民政府
二〇一二年一月

江苏弘博新材料

公司董事长蒋旭明先生
获"十一五"创业创新十大功臣荣誉称号

江苏弘博新材料有限公司（原注册名江苏兄弟化学有限公司）是由溧阳锦汇置业发展有限公司投资兴建的法人独资有限责任公司，注册资本 2 亿元人民币，公司位于溧阳市南渡新材料工业园区。公司年产 60kt/a 有机硅单体技改项目总投资 6 亿元人民币，占地面积 15.8 万平方米，建筑面积 8.8 万平方米，定员 400 名左右，主要致力于混合甲基环硅氧烷(DMC)、八甲基环四硅氧烷(D4)等有机硅单体及相关有机硅系列新型材料的生产、销售和研发。产品广泛应用于航空航天、军工化工、机械制造、电子电气、建筑建材、医疗护理等众多领域，享有"工业味精"的美誉。

公司综合提炼自身及外围各方面的优势，吸收了众多有机硅专家的加盟，目前聘请的国内外有机硅行业知名专家及顾问数十名，拥有中高级专业技术人员近百名，中层管理干部及技术人员将全部实行年轻化、专业化、技能化，这些为公司在科技攻关及产品研发方面奠定了坚实的基础。

公司于 2009 年 9 月份一次性开车达产、达标，从 9 月份试车到年底正常生产 4 个月左右，在生产经营方面创造了中国有机硅行业的开车奇迹。公司在确保正常生产的同时，通过对工艺、设备等技术优化改造和升级，将本体 60kt/a 单体装置提升至 100kt/a 生产能力，于 2011 年底全面完成，一次性开车达产、达标，预计 2012 年可实现年销售收入人民币 7 亿元以上。为了提升企业竞争力，公司已经规划并启动了单体 100kt/a 的二期扩建项目，最终在园区形成 200kt/a 甲基氯硅烷生产规模，届时市场份额将进一步扩大，约占华东地区的 50%，国内

董事长蒋旭明向溧阳市委书记盛建良(右)汇报公司发展规划

中科院吴云东院士视察工作

市场的10%。此外，公司正筹划在有机硅单体成功运行的前提下，与国内外有机硅厂商和研发机构在材料领域开展更广泛和深层次的合作，进一步拓宽下游产业链的发展空间。如一期20kt/a特种硅烷聚合物（线性107胶）；与德国瓦克公司技术同步的工程用高档酸性胶（酸性胶及大板胶）项目；2kt/a硅橡胶板生产线项目，以及30MW弘博热电工程将于明年底竣工。在快速提升装置产能的同时，公司更加注重产业链的布局和产业技术储备，以提高产品附加值为经营核心，追求“低污染、低风险、高产出”的经营理念，尽快、尽早地与国际跨国公司接轨。未来五年，在综合规模、经济效益、可持续竞争力等方面努力跻身于国内同行业前三甲。

公司自成立以来，就高度重视技术创新和技术进步，通过“院、校、所”联动到“产、学、研”结合，于2010年9月成立了江苏省企业院士工作站和合资合作研发平台；同时通过不断加大科技投入，积极开展课题攻关，推动了企业的较快发展。2010年10月公司被评为江苏省民营科技企业与常州市民营科技企业；2011年10月25日，公司成立了溧阳市首家民营企业科协组织——江苏弘博新材料有限公司科学技术协会。历年来，公司先后被评为2008年度第三产业税费贡献大户、银行信得过企业、2010年度溧阳市光彩之星、2011年廉风调研示范单位、溧阳市安全生产协会常务理事单位、常州市易制毒化学品行业协会理事单位；2011年2月10日，公司董事长蒋旭明先生获“十一五”创业创新十大功臣荣誉称号。

公司本着为员工创造机会、为人才创造平台、为社会创造价值、为股东创造回报的经营理念，将努力书写国内有机硅材料领域的新篇章。

我市首家民营企业科协组织——弘博新材料科协成立

江苏上齿集团

江苏上齿集团座落在江苏溧阳天目湖工业园区溪缘路 6 号。集团前身为上海汽车齿轮总厂（现为上海汽车变速器有限公司）直接经营管理的五大分厂之一，始建于 1994 年 12 月，是经过上海市汽车工业集团公司批准，并由上海汽车齿轮总厂投资的螺旋锥齿轮专业工厂。2004 年 4 月实施了股权结构调整，改名为江苏上齿集团有限公司。现主要产品：为汽车、工程车、工业减速箱配套的螺伞齿轮、圆柱齿轮及减速箱总成。公司占地面积 20 多公顷，总资产 4.5 亿元、净资产 2.8 亿元、固定资产 2.73 亿元，目前已具备年生产螺旋锥齿 80 万套、圆柱齿轮 20 万只、减速机 1200 台的能力。

公司现有切齿设备及滚检研齿设备 160 多台，70％左右为美国格里森公司生产的设备。并拥有代表当今国际齿轮行业先进水平的美国格里森 800HC 凤凰磨齿机和 M＆M 精密系统公司的 3525 齿轮测量中心。

同时，公司设有由常州市经济贸易委员会认定的企业技术中心，并与全国相关大专院校和科研机构紧密合作，先后开发了 100 多种产品，这些产品的开发满足了各类用户的需求。其中集团开发的五十铃螺旋锥齿轮被认定为江苏省高新技术产品，上溧牌汽车及工程车螺旋锥齿轮被评为江苏省名牌产品，“上溧”商标被评为常州市知名商标。公司注重产品质量和诚信经营，始终坚持“以人为本、质量创效、以诚为信，顾客至上”的质量方针。先后通过了 ISO9000、ISO/TS16949 质量管理体系认证。

近年来，公司根据市场发展趋势定位产品目标市场，在巩固老用户的基础上拓展新用户，同时注重国外市场的开发。目前，销售市场包括重庆庆铃、江淮车桥、江西江铃、安凯车桥、东风柳汽、方盛车桥等国内配套企业，以及美国、意大利、土耳其、德国等国际市场。公司在轻型卡车用驱动齿轮行业市场占有率约为 15％，皮卡车及 SUV 驱动齿轮行业的市场占有率约为 10％，中重型卡车驱动齿轮市场占有率约为 2％。

集团非常重视与客户之间的技术质量合作，在全国各地建有完善的销售服务网络，并充分发挥自营进出口的优势，积极开拓国际市场，适应车辆配套零部件全球化采购的趋势，为产品在国内外市场上具有一流的竞争力而不懈的努力。

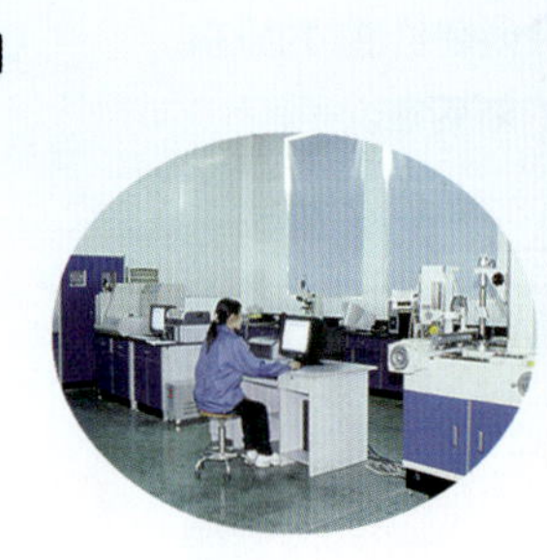

江苏鹏程钢结构有限公司

董事长　史蒙杰

江苏鹏程钢结构有限公司成立于 2001 年，已有多年钢结构制作、安装历史。公司注册资金 1.01 亿元，总资产达 6.36 亿元，有生产基地 2 个，占地 17 万平方米，生产厂房近 10 万多平方米，轻重钢结构及钢箱梁生产流水线 8 条，配备国内较先进的生产设备。现在员工有 800 多名，其中中高级技经人员 80 多名。年生产轻重钢结构制品十多万吨，2011 年销售收入 6 亿元。2009~2011 年连续被评为江苏省钢结构十强企业。

公司产品涉及钢铁、冶金、化工、电力、轻工以及民用建筑领域，并有部分产品出口东南亚和中东地区。近年来公司承建或参建了许多国内重点工程，如：广州亚运会自行车馆、南京国际金融中心、马钢、沙钢、高达六十八层的无锡茂业城、江苏申特钢厂、印度腾达电厂等；质量和服务获得了业主和合作方的高度赞扬。2011 年公司加大向海外市场发展的步伐，在和韩国浦项制铁的合作中，韩方通过对公司产能、质量、安全、员工素质等方面的考核后，终于达成合作协议，签订了印尼综合钢厂项目的钢结构制作合同，合同造价 1700 多万美元，成为公司真正意义上的海外协作项目，也为公司积极开拓海外市场打下了基础。2010 年公司承建的上海港外高桥港区六期煤改电钢结构工程获得了上海市“金钢奖”，获得了建设部颁布的国家级钢结构工程质量“金奖”。

多年来公司重视引进和培养技术人才的同时，还重视掌握国内外钢结构行业的发展趋势。既有一流的技术，又有先进的机械设备及完善的组织管理机构。2004 年公司通过了 GB/T9001-2000 质量管理体系和 GB/T28001-2001 安全管理体系认证。2010 年获得了中国建筑金属结构协会颁发的“中国钢结构金奖”工程的最高荣誉。同时企业先后获得“溧阳市先进私营企业”、“常州市重合同守信用 AAA 企业”、“全国质量信得过企业”、“全国钢结构百强企业”、“江苏省质量守信誉诚信施工单位”、“江苏省明星企业”、“江苏省百强企业”、“江苏省钢结构十强企业”等荣誉称号。

公司参建的国家大剧院的钢结构制作和安装

公司参建的张家港沙钢集团的钢结构制作和安装

公司参建的马钢新区炼钢工程高炉框架的制作和安装

公司参建的南京国际金融中心的钢结构生产和安装

公司参建的广州奥运场馆自行车滑轮极限运动中心的钢结构制作和安装

建　筑　业

栏目编辑　芮金川

建筑施工

【经济指标】 2011年，全市建筑业完成施工总产值375.66亿元，比上年增长35.9%，劳务收入116.45亿元，比上年增长35%，实现建筑业增加值93.9亿元，占全市GDP份额的18%，全市建筑业、房地产业完成地税收入12.43亿元，其中建筑业完成地税收入6.91亿元，房地产业完成地税收入5.52亿元，分别占全市地税总额的24.89%和19.88%；建筑业从业人员11万余人，全员劳动生产率达34万元／人；实现利润16亿元，同比增长89%，农民人均纯收入的28%来自建筑业。在2011年度全省“建筑强市”评选中，溧阳市首次被命名为江苏省“建筑强市”。这些成绩的取得，充分说明了作为优势产业、支柱产业和富民产业，建筑业在溧阳市经济社会发展中发挥了极其重要的作用。

【企业实力】 全市一级资质企业完成施工产值308亿元，占全市总产值的82%，上缴税费占全市建筑企业的85%以上。共有48家企业施工产值超亿元，其中13家企业产值超10亿元，华能集团、宏大集团、五星集团、溧阳建设集团产值超20亿元，天目集团产值超30亿元，龙海集团产值超40亿元。在江苏省建筑业百强企业评选中，龙海集团被评为“综合实力50强企业”；天目集团、华能集团被评为“安装类10强企业”；鹏程钢结构公司被评为“钢结构类10强企业”‘恒通公司董事长戴康福同志获得了“时代功勋第八届感动中国十大突出贡献奖”，同时被评为江苏省劳动模范。

【市场布局】 溧阳建筑队伍足迹遍及全国30个省、自治区、直辖市，外省施工亿元以上份额的省份有27个，以沪宁线为主阵地的市场完成施工产值203亿元，以京津鲁为主的北方市场完成施工产值52亿元，其中龙海集团在天津市场完成产值超过10亿元。全年签订外经合同额7700万美元，完成营业额4900万美元，业务遍及非洲、南美洲、东南亚等15个国家和地区。高端市场有突破，全年在建29层以上高楼104只，比2010年增加50只，建筑面积超10万平方米的工程24只，其中宏大集团承建31层以上项目24只。

【优势产业】 安装业是溧阳市建筑业的优势项目，2011年完成施工产值103亿元，占全市建筑业总产值的27.5%，实现利润7.2亿元，占全市建筑业利润的45%。传统安装业更是从吊装、起重延伸到电梯、锅炉、电力设备、钢结构等领域，全年完成各类电梯安装10万多台，市场占有率达60%，200吨以上大吨位锅炉安装、30万立方米以上特大煤气罐安装市场占有率超过70%，大跨度、大吨位特大龙门吊起重安装更是达世界领先水平，全年安装300吨以上龙门吊项目200多台，基本垄断了全国市场。

【多元发展】 全市建筑企业着力实施结构调整，大力向先进制造业、现代服务业、农业生态旅游等领域延伸发展，全年完成多元化产值超过20亿元。天目湖建安公司筹资50亿元，创办了集生态农业、现代旅游业为一体的江苏天目湖文化产业园；鹏程钢结构公司投资10亿元，合资兴办了江苏友邦新型建材有限公司，年产值已经突破4亿元，筹建中的江苏鹏程住宅工业科技发展有限公司，5年内年产值将超50亿元，同时准备上市。五星集团、茂盛集团、正方园集团等企业成功开发了一批房地产项目，兴办了一大批工业、酒店等实体经济，实现了建筑业“一业为主，多业并举”的格局。

建筑管理

【科技创新】 全年获国家级工法1项，省级工法13项，其中天目集团、华能集团研发的超大型龙门起重机整体提升安装施工工法获得了国家级工法(升级版)；华能集团开发的“跟携法刚柔铰接装置”、天力集团开发的高压钠灯电子镇流器定时调光电路及其工作法等5项技术获得了国家发明专利；和平集团开发的建筑施工液压爬升脚手架等5项技术获得了国家实用新型专利；正方园集团承建的无锡市环境监控中心工程被评为“2011年全国建筑业绿色施工示范工程”，同时该公司获得全国QC活动成果奖一项，省级QC活动成果奖2项；华能集团的每小时260吨的干熄焦系统工程成套安装技术获得中国安装科技进步一等奖，同时该公司1项科技获得中国安装科技进步二等奖。

【工程质量】 全市共获省级以上优质工程13只，市级优质工程28只。天力集团承建的武进礼合水厂工程获得了国家市政工程“金杯奖”，鹏程钢结构公司承建的上海港外高桥港区六期供电照明钢结构工程获得国家“钢结构金奖”，华能集团承建的首钢京唐钢铁有限公司一期二步干熄焦工程和天目集团承建的国电宿迁热电有限公司热网一期管道工程获得“中国安装之星”，五星集团承建的上海文洋汽配有限公司办公楼工程被评为省外“扬子杯”。

【安全生产】 全行业坚持“安全第一，预防为主”的方针，不断健全安全生产长效机制，严格落实安全生产责任制，各建筑企业从提高职工的安全防范意识和技能入手，开展形式多样的安全教育、培训活动，制定出台了安全生产标准化管理制度，切实提高施工现场安全管理。全年创建省级文明工地30只，市级文明工地57只。瑞峰集团承建的无锡市新城小学工程、五星集团承建的江苏生命科技创新园总部楼工程被授予“江苏省文明工地”称号。

【“清欠”工作】 坚持清理防范并举原则，建立健全了长效管理机制，切实维护建筑企业和农民工的合法权益，促进了建筑市场健康有序发展。由于受国家宏观经济和银行贷款控制等因素，2011年共接待90起农民工工资上访事件，已协调拖欠农民工工资1000多万元，涉及人数1000余人，涉及的起数、金额、人数较往年有大幅度上升，由于处理及时，措施得当，没有发生一起恶性讨薪事件和越级上访，确保了社会和谐稳定。

【服务水平】 制定《溧阳市建筑业发展“十二五”规划》，明确全市建筑业今后发展的目标、任务和具体工作措施，并在鼓励外拓市场、加大人才培养和引进力度、支持企业设备投入、加强银企合作等方面，明确了一些实实在在的扶持政策。同时，出台了《建筑业企业发展若干奖励办法》，加快特级资质企业组建，加快构筑建筑业融资平台，加快设计院、研发中心、检测中心建设步伐。各职能科室不断优化服务，帮助企业分析市场形势，捕捉市场信息，不断提高企业市场开拓能力和内部管理水平，在省外取消安全监督费、省内降低收费标准的情况，各驻外办事处进一步创优服务，主动做好与地方主管部门的沟通联系，积极为企业协调关系、排忧解难，实现了经济效益和社会效益的“双赢”。

溧阳市建筑业2011年度十佳企业

1.江苏龙海建工集团有限公司
董事长 张龙海
2.江苏天目建设集团有限公司
董事长 周天喜
3.江苏宏大建设集团有限公司
董事长 陈志斌
4.江苏五星建设集团有限公司
董事长 张云奎
5.江苏溧阳建设集团有限公司
董事长 吕永武
6.江苏天力建设有限公司
董事长 史俊生
7.江苏华能建设工程集团有限公司
董事长 宋小华
8.江苏苏南建设集团有限公司
董事长 花新华
9.江苏瑞峰建设集团有限公司
董事长 缪文峰
10.江苏正方园建设集团有限公司
董事长 吕树宝

鹏程钢结构公司承建的国家钢结构金奖工程
(市住建委 供稿)

溧阳市建筑业2011年度十佳项目部
(排名不分先后)

1.江苏龙海建工集团有限公司
蒋建国项目部
2.江苏天目建设集团有限公司
赵文斌项目部
3.江苏宏大建设集团有限公司
刘加春项目部
4.江苏五星建设集团有限公司
倪新民项目部
5.江苏溧阳建设集团有限公司
施建友项目部
6.江苏天力建设有限公司
刘阿平项目部
7.江苏华能建设工程集团有限公司
孙国优项目部
8.江苏苏南建设集团有限公司
史龙生项目部
9.江苏瑞峰建设集团有限公司
张强生项目部
10.江苏正方园建设集团有限公司
王忠华项目部

溧阳市建筑业2011年度十佳职工
(排名不分先后)

1.沈崇良 江苏龙海建工集团有限公司
2.王国春 江苏天目建设集团有限公司
3.宗国强 江苏宏大建设集团有限公司
4.王国民 江苏五星建设集团有限公司
5.陈志平 江苏溧阳建设集团有限公司
6.狄国忠 江苏天力建设有限公司
7.卢建平 江苏华能建设工程集团有限公司
8.王伟华 江苏苏南建设集团有限公司
9.马敏生 江苏瑞峰建设集团有限公司
10.吕四东 江苏正方园建设集团有限公司

2011年度工程建设省级工法

表20

工 程 名 称	完 成 单 位	主要完成人
超大型龙门起重机整体提升安装施工工法	江苏天目建设集团有限公司 江苏华能建设工程集团有限公司	史胜海、史红卫、周天喜、宋 健、孙保兴
大型进口立磨安装工法	江苏天目建设集团有限公司	黄志斌、陈洪民、杜建伟、宗治国、汤文俊
散装涨接锅炉安装工法	江苏龙海建工集团安装工程有限公司 江苏龙海建工集团有限公司	史建伟、狄雄伟、姜 荣、朱云飞、周 瑜
双面自粘防水卷材施工工法	江苏和平建设集团有限公司	翟国平、史永广、程 文、史和平、何金城
聚丙烯静音管道施工工法	江苏正方园建设集团有限公司	张军阳、周 方、李庆东、季 军、陈纯春
点式架空木地板施工工法	江苏和平建设集团有限公司	瞿启忠、邱 欣、丁海峰、卞飞亚、史和平
燃气管道的氮气置换施工工法	江苏天力建设有限公司 江苏瑞峰建设集团有限公司	史加强、施亚平、纪洪林、潘晓杰、崔晓均
260t/h干熄系统工程安装工法	江苏华能建设工程集团有限公司	谈志勤、谈永忠、周吉恩、谈志祥、陶 健
无粘结预应力混凝土灌注抗拔桩施工工法	江苏天腾建设集团有限公司	胡明亮、韩春斌、杨 波
自防水直立锁缝彩钢屋面板施工工法	江苏宏昌建设集团有限公司	唐景林、吴永军、钱良兵、孔清水、谈怀华
带疏水层的防潮地下室施工工法	江苏溧阳建设集团有限公司	唐景林、吴永军、钱良兵、孔清水、吕永武
单壁螺纹塑料套管现浇混凝土桩施工工法	江苏苏南建设集团有限公司	
下承式平台桁架模板施工工法	江苏苏南建设集团有限公司	
城市小口径管道顶管施工工法	江苏龙海建工集团安装工程有限公司 江苏龙海建工集团有限公司	尤波涛、万 华、朱云飞、史建伟、宋 轲

2011年度建筑施工省级以上文明工地

表21

工 程 名 称	施 工 单 位	项目经理	获奖名目
无锡市环境监控中心	江苏正方园建设集团有限公司	王中华	全国建筑业绿色施工示范工程
南郊宾馆周边地块开发项目15＃房	溧阳市天目湖建筑安装工程有限公司	祝雅敏	江苏省文明工地
南郊宾馆周边地块开发项目16＃、17＃房及地下室	溧阳市天目湖建筑安装工程有限公司	赵 云	江苏省文明工地
镇江市中心血站采供血业务楼	溧阳市晶鑫建筑安装工程有限公司	王可相	江苏省文明工地
溧阳北水西花园三期二标段	溧阳市晶鑫建筑安装工程有限公司	蒋正福	江苏省文明工地
无锡物流外包基地建安工程	江苏正方园建设集团有限公司	商庆纯	江苏省文明工地
京沪高铁无锡东站配套基础设施（停车楼）	江苏正方园建设集团有限公司	吕树宝	江苏省文明工地
镇江四海家园11＃、12＃住宅楼工程	江苏五星建设集团有限公司	董国华	江苏省文明工地
亨盛压力容器厂地块拆迁安置房工程2标段	江苏五星建设集团有限公司	张云奎	江苏省文明工地
江苏生命科技创新园D1、D2总部楼	江苏五星建设集团有限公司	汤 骏	江苏省文明工地
美灵苑工程项目	江苏五星建设集团有限公司	崔 明	江苏省文明工地
溧阳市燕河苑小区南片标段工程	江苏五星建设集团有限公司	王 成	江苏省文明工地
五星大厦工程	江苏五星建设集团有限公司	秦汉荣	江苏省文明工地
蓝天新苑二期一标段	江苏天腾建设集团有限公司	蒋晨曦	江苏省文明工地
溧阳市燕河湾小区北片标段工程	江苏天目建设集团有限公司	汤文俊	江苏省文明工地
星港大道东侧、月季路东侧地块一标段	江苏天力建设有限公司	胡永辉	江苏省文明工地
无锡市新城小学工程	江苏瑞峰建设集团有限公司	谈晓啼	江苏省文明工地
凯旋城南侧地块廉租房和公共组平房工程（金泽家园）建筑四标段（1＃、2＃、3＃）	江苏龙海建工集团有限公司	王建林	江苏省文明工地
大连理工大学常州研究院	江苏龙海建工集团有限公司	虞福庆	江苏省文明工地
一汽解放公司无锡柴油机厂新基地一期工程	江苏龙海建工集团有限公司	姜 荣	江苏省文明工地
无锡国家粮食储备库信息服务大楼	江苏溧阳建设集团有限公司	施建友	江苏省文明工地
西圩盛景华庭安置房7、8、9、12、13、16幢住宅楼及地下车库	江苏溧阳建设集团有限公司	陈志平	江苏省文明工地
吾爱人家一标段	江苏宏大建设集团有限公司	王中平	江苏省文明工地
灯芯绒厂地块改造项目（新城金郡）一标段	江苏宏大建设集团有限公司	杨宗云	江苏省文明工地
阳光龙庭一期一标段	江苏宏大建设集团有限公司	王小军	江苏省文明工地
盛世豪庭高层1＃、2＃、3＃、4＃楼、商业1＃、2＃楼及人防	江苏宏大建设集团有限公司	万再仁	江苏省文明工地

续表 21

工 程 名 称	施 工 单 位	项目经理	获奖名目
地下室	江苏宏大建设集团有限公司	王中平	江苏省文明工地
清水湾花园三期三标	江苏恒通建设工程有限公司	戴康福	江苏省文明工地
蓝天新苑二期二标段（16＃、18＃及车库）	江苏和平建设集团有限公司	姜位国	江苏省文明工地
徐州城置国际花园城二期一标段	常州东华建筑安装工程有限公司	李锁富	江苏省文明工地
溧阳市北水西花园三期Ⅰ标段			

2011 年度建筑施工专利

表 22

名 称	专利权人	发 明 人	类 型	专利号
跟携法刚柔铰接装置	江苏华能建设工程集团有限公司	史胜海、史红卫	发明专利	ZL 2002 1 0301027.3
高压钠灯电子镇流器的定时调光电路及其工作方法	江苏天力建设有限公司	骆中心	发明专利	ZL 2007 1 0019587.0
高压钠灯电子镇流器的压控调光电路及其工作方法	江苏天力建设有限公司	骆中心	发明专利	ZL 2007 1 0019586.6
高压钠灯电子镇流器的启动输出限流电路	江苏天力建设有限公司	陈秀清	发明专利	ZL 2006 1 0007509.4
电子镇流器	江苏天力建设有限公司	陈秀清	发明专利	ZL 2006 1 0007508.X
建筑施工液压爬升脚手架	江苏和平建设集团有限公司	史和平、翟国平、杨洪钧、程 文 汤 炜、陈 凯、吴 丰、周 俊	实用新型	ZL 2010 2 0271477.0
聚丙烯排水管道安装专用接口器	江苏正方园建设集团有限公司		实用新型	
双塔式水浴除尘器	江苏天目建设集团溧阳市常兴环保工程有限公司	杨骏跃、张志春	实用新型	ZL 2010 2 0262689.2
离心对流式高效旋流分离器	江苏天目建设集团溧阳市常兴环保工程有限公司	杨骏跃、解建平	实用新型	ZL 2010 2 0225865.5
地埋分散式无动力生活污水处理装置	江苏天目建设集团溧阳市常兴环保工程有限公司	杨骏跃、张志春、邵小红、解建平	实用新型	ZL 2010 2 0616665.2

2011 年度建筑施工省级以上优质工程

表 23

工 程 名 称	施 工 单 位	项目经理	获奖名目
武进区域供水二期工程礼河水厂工程	江苏天力建设有限公司	刘阿平	市政金杯示范工程
上海港外高桥港区六期供电照明及 E－RTG 供电钢结构	江苏鹏程钢结构有限公司	史小平、芮建民	中国钢结构金奖
首钢京唐钢铁责任有限公司一期二步干熄焦工程	江苏华能建设工程集团有限公司	谈志勤	中国安装之星
国电宿迁热电有限公司－热网一期管道工程	江苏天目建设集团有限公司	宋章根	中国安装之星
金源大厦商务楼			
戚墅堰行政、外商、社区服务中心	江苏正方园建设集团有限公司	宋立新	扬子杯
怀德名园居住小区西北角商住楼 40＃ 房及地下室	江苏宏大建设集团有限公司	刘加春	扬子杯
	江苏龙海建工集团有限公司	吕伟民	扬子杯
汉旺镇第二小学			
上海文洋汽配有限公司新建厂房办公楼工程	江苏五星建设集团有限公司	谈新和	扬子杯
绿洲华庭霞飞苑二期一标工程 39＃ 楼	江苏五星建设集团有限公司	朱国华	省外扬子杯
常州西电变压器有限责任公司 400 吨固定龙门吊安装工程	溧阳市茂盛建筑工程集团公司	崔盛庆	省外扬子杯
	江苏天目建设集团有限公司	陈海燕	苏安杯
扬州国裕船舶制造有限公司 800 吨*150 米龙门起重机吊装工程	江苏天目建设集团有限公司	袁俊红	苏安杯
热网二期管道工程	江苏天目建设集团有限公司	宋章根	苏安杯

（姜春晓）

龙海建工

江苏龙海建工集团有限公司

江苏龙海建工集团有限公司地处苏浙皖交界溧阳市，公司前身为溧阳市建工集团有限公司，是溧阳市首家市属全民一级资质国有企业，2002 年 10 月企业改制，并于 2003 年 6 月经省体改委批注升级为省级企业集团，更名为江苏龙海建工集团有限公司。企业总资产 5.8 亿元，公司现有职工 10000 多人，各类技经人员 1000 多人，其中中高级职称 580 人，一级建造师 50 多人，二级建造师 100 多人。公司被建设部核定为房屋建筑工程、市政公用工程施工总承包一级，机电设备安装、钢结构、装饰装修、锅炉安装、地基与基础等专业承包一级资质；同时具有消防设施、压力管道、电梯安装、起重机械、化工石油管道、火电设备安装及建筑智能化等施工资质，形成了门类齐全的施工能力。公司还具有商务部授予的对外工程承包签约权。

公司始终以优质高效、良好服务为企业宗旨，赢得了社会各界的广泛赞誉，连续多年被评为江苏省建筑业百强企业综合实力（总承包类）50 强，江苏省“建筑业最佳企业”、江苏省“质量管理优秀企业”、江苏省“重合同守信用”企业，常州市“最佳企业”、连续八年被评为资信“AAA”企业、曾被中国企业家协会评为“中国优秀企业”。企业通过了 ISO9001：2008 质量管理体系、ISO14001:2004 环境管理体系、GB/T28001-2001 职业健康安全管理体系的认证。

公司下属五个子公司，下辖 40 多个分公司，现年施工产值已突破 50 亿元，企业各项技术经济指标在同行业中处于领先地位。公司始终坚持“诚信守法，质量第一；优化环境、预防污染；以人为本、安全生产；持续改进、追求卓越”的管理方针，强化施工质量管理，近年来先后荣获“白玉兰”、“扬子杯”和“军队一等奖”等各类奖项 100 多项，荣获省级工法 5 项，QC 成果奖 10 多项。

董事长张龙海在安徽滁州菱溪苑安置小区开工典礼上发言

我们将继续秉承“质量为本，以诚取信”的经营理念，不断扩大市场覆盖面，将企业打造成产业结构多元化，经营管理集约化，整体运行集团化的综合性施工企业。

荣誉证书

江苏龙海建工集团有限公司：

被评为二〇〇九年度江苏省建筑业百强企业综合实力（总承包类）50强。

特发此证，以资鼓励。

江苏省住房和城乡建设厅 江苏省统计局 江苏省商务厅

二〇一〇年六月

LONGHAI GROUP CONSTRUCTION ENGINEERING

中国人民解放军第二军医大学附属长海医院科教楼（鲁班奖参建项目）

常州怀德名园 40 号综合楼（江苏省扬子杯）

上海 61398 部队中心大楼（“白玉兰”杯、江苏省外“扬子杯”）

一汽解放锡柴重型柴油机惠山基地竣工庆典

上海世博会日本馆钢结构

常州科教城创研港1号楼

芦村污水处理厂升级改造工程

无锡市妇幼保健院门、急诊楼

北京来广营立交桥

江苏利港电力有限公司设备安装

地　址：江苏省溧阳市码头街 173 号
电　话：0519–87291158　　87290030 (Fax)
E–mail：LYJG1234@163.com　　Http:// www.jslhjg.com

江苏苏南建设集团有限公司

苏南建设

董事长：花新华

江苏苏南建设集团有限公司犹如一颗璀璨的明珠，崛起在中国苏南大地，公司始建于 1993 年 2 月，企业前身是江苏著名的"建筑之乡"溧阳市的重点骨干企业——溧阳市建筑基础工程总公司。2001 年 7 月，企业改制组建了江苏苏南建设集团有限公司。现公司是一家集建筑、基础、钢结构、装潢装饰、机电安装、市政公用一体的综合性施工企业。

公司现拥有国家一级房屋建筑工程施工总承包资质和一级专业地基与基础、一级装修装饰、二级钢结构以及市政公用工程施工总承包、防腐保温、机电设备安装工程施工承包等资质。

集团公司现有干部职工 3549 名，各类技经人员 346 名，其中中高级职称 180 名，一、二级建造师（项目经理）138 名。企业拥有注册资本金 7200 万元，固定资产净值 6298 万元，各类施工机械 1865 台套，公司在上海、南京、苏州、无锡、常州、镇江、徐州、以及山东、安徽、天津、武汉、海南、福建等省内外大中城市设立了 18 个分公司和 106 个项目部，年施工产值达 20 亿元以上。

集团公司历经十多个春秋，遵循"质量第一、信誉至上、信守合同、开拓奋进、争创一流"的企业精神，企业资信等级为 AAA 级，连续多年被省市授予优秀企业，十佳标兵和"重合同，守信用"的荣誉称号，在苏南一带享有较高的声誉，并在全国各地的工程建设中树立了良好的企业形象。

近年来，集团公司相继承揽和完成了一大批"高、大、新"的规模工程，并取得了良好的社会信誉。公司承建的"南京亚都锦园"二幢 19 层基础、土建工程施工总承包工程，被评为江苏省优质工程、省文明工地和"扬子杯"工程；承建的南京"百合果园"二期二幢高层住宅基础、土建总承包，建筑层数 28 层，亦获省优质工程、扬子杯工程称号；镇江丹徒大港中学体育馆工程、苏州"长三角钢材交易市场"工程、常熟沙家浜 108 幢别墅群工程、太仓"华侨花园"高层住宅区桩基、土建工程、江苏顺安置业有限公司住宅小区（1～2）期桩基及围护工程、苏州金华盛纸业有限公司桩基工程、常州戚墅堰青洋花园二期 19 层高层住宅工程、溧阳东华园小区 100000 ㎡住宅工程、溧阳京香大厦写字楼框架 16 层工程、南京羽舜国际物流中心 01 栋 52000 ㎡框架商业楼工程、昆山宗仁卿纪念医院医疗大楼第一期新建工程等均获得市优质工程和市文明工地。

集团公司各专业施工证照手续完备，各工种机构配套齐全，各级管理网络健全，管理制度完善，施工设备先进，企业整体施工实力雄厚，集团公司将以深化改革为动力，以全新的理念和优质的服务与社会各界同仁携手合作、开拓奋进、努力拼搏，宏扬苏南精神，营造苏南品牌，争创一流成绩，争作一流贡献，为"建筑之乡"，再创新的辉煌！

品牌苏南 · 诚信无限

1. 突尼斯馆

2. 斯洛文尼亚馆

3. 埃及馆

4. 摩洛哥馆

上海 · 世博

集体荣获上海市建设工程金属结构"金钢奖"

Shanghai World Expo

It has collectively won "Diamond Prize" of metal structure of Shanghai construction project.

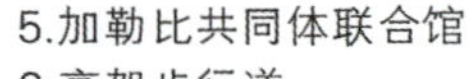

5.

6.

7.

5.加勒比共同体联合馆

6.高架步行道

7.阿尔巴尼亚馆

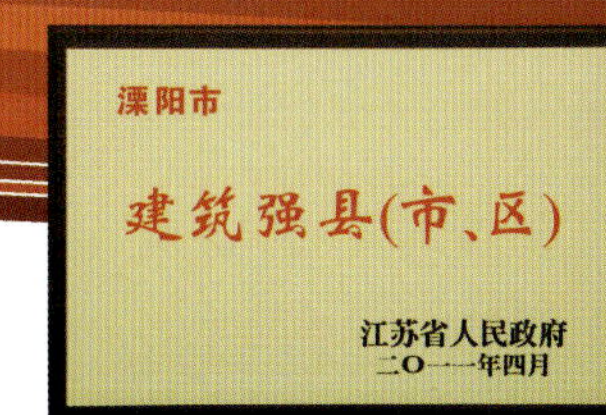

溧阳 LIYANG

江苏省建筑强市

安徽省灵璧县奇石小镇
—A楼工程、博物馆工程
获国家"AAA级安全文明标准化诚信工地"、
安徽省"黄山杯"

Qishi Town Lingbi County of Anhui Province
—— Building A project and Museum Project
It has won national "AAA honest construction site with security, civilization and standardization", and "Huangshan Cup" of Anhui Province

资质荣誉

苏南建设 SU'NAN CONSTRUCTION

Qualifications and Honors

AAA
江苏苏南建设集团有限公司承建的
奇石小镇-A楼工程荣获
AAA级安全文明标准化诚信工地
中国建筑业协会
二〇一〇年六月

实力铸舟，信念为帆，
传承苏南精神，盛铸苏南前景，
决胜千里之巅

京沪高速铁路

苏锡常段部分基础工程

中国南极长城站改建工程

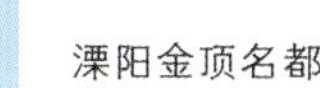

溧阳金顶名都

句容市郭庄镇空港大道一、二期道路工程

常州莱蒙都会国际商业街区C区基础工程

溧阳望湖景苑

地　址：江苏省溧阳市燕山路33号
电　话：0519-87210598 / 87210549(Fax)
E-mail：lysnjs@126.com
HTTP：// www.sunan-js.com

江苏恒通建设工程有限公司

jiangsuhengtongjianshegongchengyouxiangongsi

老挝国防部后勤总局局长接见戴康福董事长

董事长戴康福和国际合作伙伴合影

董事长戴康福在海外项目现场

董事长戴康福在施工工地现场

江苏恒通建设工程有限公司（原溧阳市恒通建筑安装工程有限公司）成立于 1993 年 5 月，具有房屋建筑工程施工总承包二级资质，并具有《中华人民共和国对外承包工程资格证书》。2003 年 1 月通过 ISO9001：2000 质量管理体系认证。本公司现有职工 1499 人，其中具有高中初级技术经济职称人员 168 人，拥有各类施工机械装备 240 台（套），注册资金 5280 万元人民币。公司下辖中国恒通建设工程（纳米比亚）有限公司、纳米比亚成功建设有限公司、纳米比亚金狮投资有限公司、AR-HENGTONG（哈萨克斯坦）有限公司、老挝建设集团有限公司、恒通集团香港国际有限公司 6 个境外企业和赤道几内亚、新加坡、加纳、越南、美国 5 个国外项目部和南京、连云港、常州、镇江、北京等 5 个国内分公司。

1996 年底以来，公司充分发挥"建筑之乡"优势，依照"立足本地、服务全国、走向世界"的发展战略，成功地开拓了纳米比亚建筑市场。取得了溧阳建安业零的突破，为溧阳建安行业承包国际工程开了一个头，拓宽了溧阳市建安业对外发展的新路，公司受到溧阳市委、市政府的高度赞扬。在多年的实践中，我们已在承包国际工程和投标报价及管理方面积累了丰富的经验。公司先后承建了纳米比亚 NDC 工业园 A、B、C、EOC 多个工业厂房和纳米比亚高等法院装璜、建筑师别墅、城市超级市场、OSHAKATI 北部体育中心体育馆、RUNDU MEDICAL 医疗仓库和阿当圭皮革城、矿藏能源部行政楼宿舍、奥莫沙帝职业培训中心、莫考索青年活动中心、翁丹瓜警局宿舍附加工程等 24 个境外工程项目，工程合格率 100%，受到外方的一致好评，赢得了信誉。公司把握好在纳米比亚发展机遇，继续巩固纳米比亚建筑市场的同时，努力开拓其他国家和地区的建筑市场。

董事长戴康福（左一）荣获江苏省劳动模范

2007年11月公司与赤道几内亚共和国政府签订了700套公共住宅房工程建设项目，该工程合同额为7400万美元，合同工期为30个月，该工程已于2007年12月18日正式举行了开工奠礼。2009年4月29日在老挝承接老挝国家首条沙湾拿吉－老堡总长220公里电气化铁路的第一标段总造价7亿美元的工程项目。以境外工程承包成功带动建筑劳务输出，公司至今已成功地向美国关岛、日本、苏丹、新加坡、纳米比亚、安哥拉、赤几输出了建筑劳务，累计外派人员2400人(次)。

近年来，公司在积极开拓国际建筑市场的同时，根据自身力量、特长，内强素质，外塑形象，强化管理，狠抓改革，从市场的需要和企业的实力出发，加强“高、大、难、险”特种作业的施工，以专业特色参与市场竞争。

公司一贯坚持“质量第一、信誉第一”的经营方针，为了适应新形势需要，我们不断加强业务培训，提高干部职工的业务水平和管理水平，并采用请进来、送出去的方针，为企业发展培养人才，派人参加各种培训学习，提高企业整体水平，扩大对承接工程业务，适应国际工程承包。

近年来，公司荣获全国“守合同，重信用”企业、“2010年度全国先进施工企业”、“2010年度全国建设施工安全生产先进单位”、“中国企业诚信经营示范单位”、“中国诚信民营企业”、江苏省人民政府“重合同、守信用”企业、江苏省建筑业“优秀企业”、“江苏省知名建设承包商”、中国对外承包工程商会“AA”级信用企业、江苏省建行“AAA”级企业信用等级、常州市“开放性经济先进企业”、常州市“外经合作先进单位”、溧阳市“外经合作先进企业”等荣誉。目前，公司管理制度健全，施工队伍精良，是一个素质强、信誉好、管理严、技术精的建安企业。公司将进一步抓住机遇发展企业，弘扬企业的无私奉献精神，树立敢于争先，永无止境的雄心壮志，不断确立新的目标和追求，团结一致，奋力开拓，为开创新的国际市场而努力奋斗，为溧阳建安业的辉煌作贡献。

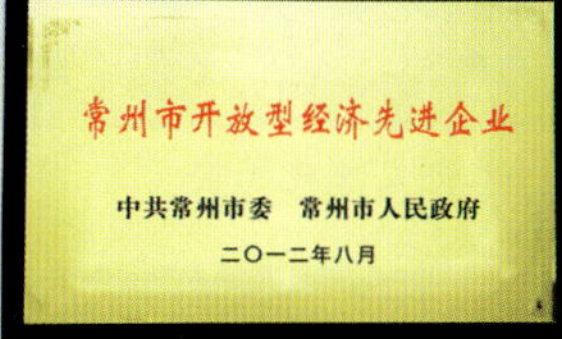

交通·邮政·供电

栏目编辑　虞燕娟

交通建设

【基础设施建设】 2011年，全年完成交通基础设施建设投资18.2亿元。104国道上兴洋河至旧县段、黄岗岭至南山竹海改线段、溧阳站站前路与241省道交叉连接线、青墩上跨桥连接线、瓦屋山站前路等一批新、改建工程竣工通车；宁杭铁路溧阳段、芜申运河溧阳先导段、常溧高速、西环路、104国道旧县至新昌改线段、溧阳站站前路加快推进；106公里西部大外环改造工程全面启动；东环路、西环路、溧阳港区溧城作业区、宁杭高速溧阳东互通、宁杭铁路溧阳综合客运枢纽等一批对溧阳发展具有重要意义的交通基础设施项目先后通过交通运输部、省发改委立项及预工可审查，落实104国道溧阳改线段、西环路1360亩土地指标。

【农村公路提档】 以"扩大成果、完善设施、提升能力、统筹城乡"为原则，新建、改建农村公路100公里，改造危旧农桥59座。立足民生，自我加压，把351公里镇到行政村道路提档升级作为新增的民生工程全面启动，路面由4米沥青（水泥）路拓宽到6米，两侧各增3米绿化带，完善提升的农村道路为村庄整治、生态农村、新农村建设，推进基本现代化打下扎实基础。

【绿化工程】 提请政府出台《关于加强"绿色交通"通道建设》文件，国、省、县、乡、村道两侧绿化标准全面提高。高标准完成北山线、戴横线92公里绿化提升工程，水西节点绿化及配套工程，新四军主题雕塑及村名文化石建设工程。西部大外环两侧各10米、农村公路两侧各3米绿化土方工程快速推进。新增提升绿化627亩，投入资金2500万元，形成道路节点有景有花、路边有林有绿、村村都有景观石的"绿色交通"网，使每条公路都让人体会到"人在车中坐，车在画中游"的感觉。

交通运输

【城乡客运】 深入推进公交惠民。城市公交、市镇公交、镇村公交全面提升，更新城市公交70辆、出租车70辆，新增镇村公交30辆、长途客车20辆，新开、优化城市公交线5条、镇村公交线26条，新建电子站牌100只、智能化公交候车亭24只。市区公交空调率95%以上，市镇公交、镇村公交空调率100%，出租车"油改气"100%。符合道路条件的行政村100%通上"一元制"镇村公交，城乡客运一体化走在全国前列。

2011年9月，交通运输部在溧阳市召开全国推进城乡道路客运一体化发展现场会，副部长冯正霖、副省长史和平等领导参加会议，市委书记盛建良作典型交流发言，会议通过现场观摩和经验交流，全面推广溧阳城乡客运一体化发展经验。

【运输管理】 加大运输市场秩序整治，组织开展非法营运、非法改装、长途班车站外带客等专项整治活动，促进运

交通运输部推进城乡道路客运一体化发展现场会　（董晓俊　摄）

输市场有序发展。出台《出租车驾驶员信誉质量考核管理办法》，出租车驾驶员规范经营、文明服务明显提高。完善农村客运站设施配置和规范管理，推进“江苏快客”、“江苏快修”品牌创建，2家客运企业、6家维修企业被评为AAA级企业，5条中长途班线创成“江苏快客”品牌。

加强水上运输管理，成功实施水上搜救25次。驾培行业实行智能化管理，培训学员2.1万人次。配合公安部门，开展超限超载整治活动，确保辖区道路、航道安全畅通。完成春节、“十一”黄金周等重大节假日运输保障工作。

【港口码头整治】 全面规范内河港口码头经营管理，提请政府出台《关于开展全市港口码头综合整治的实施意见》，开展联合执法和专项整治行动，拆除违章码头48个，规范危险品码头8家，有效打击和遏制了港口码头的违法经营行为，同时委托省交规院对各镇港区进行规划设计。

交通文明

【文明创建】 开展“让出行满意，为党旗增辉”等创先争优主题实践活动，创建30个党员示范点和示范岗，推选“十佳服务之星”、“十佳的士之星”、“十佳岗位标兵”。交通系统继续被评为省文明行业、文明单位，被溧阳市委、市政府授予“十一五”建功立业特别贡献奖，客运公司创建成省文明单位标兵，被常州市政府授予“五一劳动奖状”，公路处被评为全省“优胜公路站”，溧城海事所被评为省基层海事所视觉形象建设试点单位。启动实施“车在溧阳好行，事在交通好办”品牌建设，“民情日记”、“公交爸爸、公交妈妈”等全省首创服务品牌得到上级交通部门的高度肯定，交通运输部组织新华社、中央人民广播电台等16家中央级媒体到溧阳市集中报道。

【民生实事】 坚持以“服务人民、奉献社会”为宗旨，实实在在办实事、做好事、解难事，高标准完成交通向社会承诺的十件实事。认真做好扶贫和结对帮扶工作，全年安排87万元专项资金，对17户“走村入户”挂钩对象和399户交通困难职工进行扶贫帮困。继续实施客运行业驾驶员“关爱工程”，开展客运行业风险资金筹集和处置工作，有效维护交通稳定。

【廉政建设】 推进“三合一”平台建设，深化教育、制度、监督三位一体的惩防腐败体系，层层签订廉洁承诺书，建立重要岗位廉政风险防控机制，进一步规范权力运行，实现所有行政权力全流程网上运行。有针对性地开展廉政教育、警示教育，强化纠风治乱，切实加强交通服务企业、服务基层、服务群众的能力，杜绝损害群众利益的行为，交通系统干部职工的思想作风、工作作风有了新变化，交通廉洁形象有了新提升。 （董晓俊）

濑水双娇 （闵庚富 摄）

邮　　政

【概　况】 市邮政局下设四个专业局以及遍布全市城乡的39个邮政服务窗口，履行为全社会提供邮政通信普遍服务的义务。2011年，溧阳市邮政局按照建设“中国特色邮政事业”要求，以党的十七大和省市邮政工作会议精神为指导，坚持以科学发展观统领全局，把发展作为第一要务，以效益型增长为工作主题，围绕发展方式的转变和经济结构调整，推进体制机制改革和实体化运作，增强企业核心竞争力，提高科学发展能力，营造和谐的发展氛围，实现主营业务持续增长、公司价值持续提升、员工收益持续增加。

【营销管理】 2011年，市邮政局加大营销费的管理力度。严格执行省公司的“额度管理、集中掌控、用途透明、直接支付”十六字方针，杜绝二次分配小金库，让支局切实做到按需支用，将有限的额度用到经营发展最需要的地方。2011年将各项变动成本在综合实绩的基础上，核定本年的年度计划，分解到各责任部门，由各部门负责人再层层分解，严格监管。修理费和印制费在收入大幅增加的情况下比上年同期减少250万元，增收节支措施取得成效。

【业务发展】 2011年，按常州局下达指标口径统计，溧阳市邮政局实现总业务收入7332.44万元，完成计划的101.26%，同比增长29.13%，其中代理金融实现业务收入4681.24万元，完成计划的106.44%，同比增幅44.38%；邮政类（邮务类）业务实现收入2042.49万元，完成计划的91.63%，同比增幅44.38%；速递物流类业务实现453.38万元，完成计划的102.11%，同比增幅33.26%。邮政储蓄平均余额24.5亿元，较上年净增3.1亿元，增幅14.5%。全年完成“转型增效”活动保险10600万元，完成常州市局下

纪念第42届世界邮政日现场业务宣传 （市邮政局 供稿）

达计划的103.09%。

全年，市邮政局在超额完成业务收入指标的前提下，收支差额再创新高，完成971.51万元，完成计划的100.01%，同比增幅235.89%。全面完成常州局下达的计划。

2011年，苏邮惠民连锁店建设率先建成加盟店86个，开通代缴电费、电信费、手机费；代售移动充值卡、电费充值卡，福利彩票和各类分销商品；能够实现航空客票和常州站汽车票实时出票。全年产生交易笔数50359笔，金额739.6077万元；分销物流70多万元。

【窗口服务软硬件环境建设】 市邮政局改善窗口服务软硬件环境，力求服务质量有所提升。人民广场和前马支局网点完成改造，网点环境得到改善。全年总包邮件损失数0个，给据邮件损失数0件，城市通邮率100%，机要邮件失密率为零，邮政运输设备完好，重大以上事故案件0件。

【绩效考核】 完善二级部门绩效考核考核体系。以计划为基础，对二级部门实行百分制绩效考核办法。对投递员以流转额为基础加里程费、机动车辆补贴费和非邮件酬金分配的办法予以计酬，专职营销员实行三级管理（底薪＋津贴＋酬金）办法，各级管理人员实行系数考核和绩效考核结合全局平均数的办法进行。

2011年10月，为充分发挥邮政投递网络优势，积极拓展邮政客户资源，激发投递人员发展邮政业务的潜能，体现效率优先，鼓励多劳多得，调动投递人员开展多元化经营活动，实现投递员转型，溧阳局制定《投递人员营销业绩计分办法》，每月对投递员营销业绩进行统计，对每月完成200元以上业务收入的投递员实行绩效奖励。在投递员队伍中掀起“比学赶超，人人争优”良好局面。

【员工培训】 市邮政局组织职工参加各项培训。全年各项培训5600多人次，培训总课时35000多课时；新取得邮政技能鉴定证书103本，持双证人数84人。市邮政局鼓励职工参加在职教育，全年新取得本专科证书32本。对新增非全日制员工进行培训，45人参加保险代理资格证考试，44人取得资格证书，通过率97.8%。

2011年，市邮政局创新出版连环画《新四军在江南》和教辅《效率读名著》等图书，形成良好的社会形象。《新四军在江南》连环画的出版，曾被赞誉为是溧阳市文化建设的创举，是全市社会道德建设和爱国主义教育宝贵财富。 （钱恩民）

供　　电

【概　况】 2011年，市供电公司坚持以服务好地方社会经济发展作为工作的立足点，以市委、市政府的统一部署作为工作的结合点，以服务中体现自身的社会责任作为工作的切入点，不断提高供电服务质量，规范供电服务行为，提升供电服务水平，为全市经济发展提供坚强的电力保障。

2011年，全社会用电量56.5572亿千瓦时，同比增长19.7%；工业用电量48.8742亿千瓦时，同比增长20.9%。全市两大支柱行业水泥制造业、黑色金属冶炼及压延加工业增速分别达13.26%、24.02%，通用及专用设备制造业、金属制品业等用电保持高速增长，增速分别达69.88%、97.07%，化学原料及化学制品制造业同比下降10.45%。全年最高网供负荷为102.3万千瓦，同比增长37.54%，最大日供电量1837.96万千瓦时，同比增长21.44%。

【电网建设】 2011年，投运220千伏余桥、110千伏王家输变电工程，新增主变容量36万千伏安；扩建220千伏旧县变、110千伏绸缪变，增加主变容量24.3万千伏安。开工建设500千伏溧阳输变电工程、220千伏后周输变电工程，预计2012年建成投运。

【电网运行管理】 公司加强与社会各界的沟通，积极向市委、市政府汇报供电情况，加大宣传用电形势，与企业客户及时沟通用电信息，开展有序用电工作。坚持供电抢修队伍24小时全天候响应机制，尤其在恶劣气象等情况下，公司能够实行多梯队应急抢修，保证及时处理各类电力故障，确保全市可靠有序用电。做好迎峰度夏工作，及早对可能出现的新情况、新问题进行分析研究，加快实施电网建设改造项目。公司加强电网运行管理，合理调整电网运行方式，在电力负荷出现高峰期间开展电网隐患排查、红外线测温、设备特巡、负荷预估等措施，保证电力设备的可控在控，确保迎峰度夏期间不出现低电压的情况。

【供电服务】 2011年，公司结合溧阳“十二五”发展纲要，开展“‘十二五’发展，我能做什么”主题活动，重点就如何促进地方经济发展，满足企业用电需求，保障居民安全可靠用电；如何做到工作创新；如何转变人员工作作风等方面进行具体的一系列实践活动，主动走进企业，与企业建立面对面的交流平台，及时了解企业接电过程中的困难与需求，制订切实可行的供电方案，为企业排忧解难。广泛听取社会各界对供电服务的意见和建设，不断改进自身服务方式，提高服务质量。

【220千伏余桥输变电工程】 220千伏余桥输变电工程位于溧城镇开发区吴潭渡村，总投资28571万元，占地30248平方米。工程本期安装180兆伏安变压器两台，远景4×240兆伏安，电压等级220/110/10千伏，220千伏出线远景8回，本期4回，110千伏出线远景12回，本期6回，10千伏出线远景30回，本期20回。

【110千伏王家输变电工程】 110千伏王家变电站位于社渚镇工业园社渚村，总投资5125万元，全所占地6.9亩，总建筑面积2206.1平方米。工程本期安装50兆伏安变压器两台，远景3×80兆伏安，电压等级110/10千伏；110千伏出线远景3回，本期2回；10千伏出线远景36回，本期24回。

（阮　涛）

2011年溧阳用电结构变化

表24

行业名称	本年累计（万千瓦时）	上年累计（万千瓦时）	同比（%）
全社会用电总计	565572	472502	19.70
全行业用电合计	527563	435796	21.06
第一产业	5407	5151	4.97
第二产业	493055	406943	21.16
第三产业	29101	23702	22.78
城乡居民生活用电合计	38009	36706	3.55
城镇居民	14286	14156	0.92
乡村居民	23723	22550	5.20
全行业用电分类	527563	435796	21.06
农、林、牧、渔业	5407	5151	4.97
工业合计	488742	404237	20.90
轻工业	29381	24368	20.57
重工业	459361	379869	20.93
建筑业	4313	2706	59.39
交通运输、仓储和邮政业	1081	1097	-1.46
信息传输、计算机服务和软件业	2147	1758	22.13
商业、住宿和餐饮业	13639	9937	37.25
金融、房地产、商务及居民服务业	4639	4144	11.94
公共事业及管理组织	7595	6766	12.25

2011年溧阳供电系统主要指标

表25

指标	单位	数值	指标	单位	数值
35千伏及以上变电所	座	34	日最高负荷	万千瓦	102.91
主变压器	台	60	同比增长	%	36.21
总容量	兆伏安	3267	日最大用电量	万千瓦时	1844.92
35千伏及以上输电线路条数	条	93	同比增长	%	19.61
长度	千米	1034	线损率（全口径）	%	6.65
10千伏配电线路条数	条	202	城市综合电压合格率	%	99.979
长度	千米	2738	城市供电可靠率	%	99.9551
供电量	亿千瓦时	51.25	城市D类电压合格率	%	99.979
同比增长	%	19.19	农网综合电压合格率	%	99.964
售电量	亿千瓦时	47.84	农网供电可靠率	%	99.908
同比增长	%	19.25	农网D类电压合格率	%	99.96

中国邮政
CHINA POST

溧阳市邮政局

溧阳市邮政局现下设四个专业局以及遍布全市城乡的39个邮政服务窗口，履行着为全社会提供邮政通信普遍服务的义务。2011年，溧阳市邮政局按照建设“中国特色邮政事业”的要求，坚持以科学发展观统领全局，坚持把发展作为第一要务，坚持以效益型增长为工作主题，紧紧围绕发展方式的转变和经济结构调整，着力推进体制机制改革和实体化运作，着力增强企业核心竞争力，着力提高科学发展能力，进一步营造和谐的发展氛围，努力实现主营业务持续增长、公司价值持续提升、员工收益持续增加。在上级局和市委市政府的正确领导下，经全局干部职工的艰苦努力和奋力拼搏，各项工作都取得了一定的成绩。2011年，溧阳市邮政局实现总业务收入7332.44万元，完成计划的101.26%，同比增长29.13%，其中代理金融实现业务收入4681.24万元，完成计划的106.44%，同比增幅44.38%；邮政类（邮务类）业务实现收入2042.49万元，完成计划的91.63%，同比增幅44.38%；速递物流类业务实现453.38万元，完成计划的102.11%，同比增幅33.26%。2011年，邮政储蓄平均余额为24.5亿元，较上年净增3.1亿元，增幅达14.5%。2011年，溧阳市邮政局在超额完成业务收入指标的前提下，收支差额再创新高，完成971.51万元，完成计划的100.01%，同比增幅235.89%。全面完成了常州局下达的计划。

副市长张爱文在亚洲集邮展活动上致辞

向新四军江南指挥部纪念馆捐赠老式电话机

全体员工为困难职工进行爱心捐款

江苏通用路桥工程有限公司

企业精神：同心协力、众志成城，描绘发展蓝图；求真务实、埋头拼搏，共创通用辉煌！

服务宗旨：诚信，务实，优质，高效。

经营理念：以质量求生存，以效益求发展。

质量方针：持续改进，信守质量承诺；通顾客满意之路，达多方共赢之果。

沥青混合料拌合场

3000型沥青拌和楼

江苏通用路桥工程有限公司系国家壹级路桥施工企业，始建于1993年，原隶属溧阳市公路管理处，于2003年改制为有限公司，专业从事公路、市政、桥梁、国省干线养护、设备租赁、交通工程、建材、预制构件的路桥施工企业，具有公路工程施工总承包一级、公路路面工程专业承包一级、公路路基工程专业承包一级、市政公用工程施工总承包二级、公路养护工程专业承包二级、爆破与拆除工程专业承包三级、城市园林绿化三级的资质。

公司总部现设三总师室、工程管理部、经营部、安全管理部、机务管理部、养护管理部、材料供应部、财务管理部、人力资源部、办公室，下辖道路施工项目部6个、桥梁项目部2个、养护工区5个、绿化养护队3个、养护工程队2个、大型沥青拌和场、中心试验室等，三产方面有生态农业山庄、水运码头、交通设施厂、修理厂、加油站、停车场等。

公司拥有一大批专业技术人才，其中高级工程师、高级会计师、高级经济师35名，中级专业技术人员152名，初级专业技术人员134名。一级建造师16人、二级建造师12人。同时公司还拥有人数众多、施工经验丰富、工种齐备的技术工人队伍。

公司现有固定资产11000万元，拥有各类先进的筑路架桥设备500多台套，包括大型路基土石方施工机械、进口沥青砼拌和设备、进口沥青摊铺设备、沥青热再生设备、大型桥梁设备、机械化养护设备、试验仪器等，年综合施工能力6亿元，可同时承担十几个大型工程项目的施工。同时承担着溧阳市内国、省主干道和县（市）乡公路的维修养护任务，其中国道45公里、省道123公里、县道98公里。

公司坚持“同心协力、众志成城，共绘发展蓝图；求真务实、埋头拼搏，再创通用辉煌！”的企业精神，自成立以来，积累了丰富的公路建设经验，拥有一大批各类经营管理人才，具有公路建设行业优势，在公路、桥梁工程建设中发挥了骨干作用。修建各级公路里程达1000多公里，其中高速公路和一级公路里程达200多公里，建设项目均因质量优、进度快、履约强，受到省、市政府和交通主管部门的多次表彰，先后荣获省建设厅“扬子杯”优质工程、省交通厅“十佳项目部”、省交通厅“质量信得过先进单位（项目部）”、常州市总工会“优秀项目部”等荣誉称号，　连续多年被评为常州市“重合同守信用”企业和信用等级AAA级企业。

公司坚持走诚信树品牌、以品牌促发展之路。公司历来重视工程质量管理，质量管理机构健全、制度完备、措施有力，2003年通过了ISO9001：2000国际质量认证、14000（环境）、18000（职工健康及安全）体系认证。公司将继续奉行“持续改进，信守质量承诺；通顾客满意之路，达多方共赢之果。”的质量方针，坚持以人为本、科技兴企及和谐发展的战略，用激励创新的机制，造就一支能应对任何挑战的优秀团队；以构筑优质精品工程为企业使命，以诚信铸就品牌，用品牌编织未来，竭诚为国内外交通及其他基础建设提供优质服务，为社会奉献更多的优质、精品工程。

玛连尼4000型拌和楼

104国道

市境内国、省、县道管养

104国道溧阳段

S333省道高邮段

239省道

241省道

公司地址：江苏省溧阳市溧城镇平陵东路168号　邮政编码：213300
联系电话：0519-88302001　传　真：0519-88302006　E－mail：lytdlj2003@163.com

江苏华晨路桥有限公司

公司办公大楼

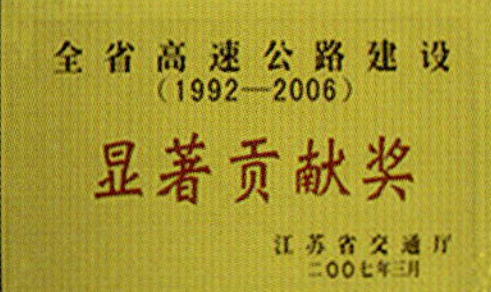

江苏华晨路桥有限公司于 2000 年 9 月由原溧阳市交通工程公司改制为溧阳市路桥工程有限责任公司，并于 2010 年 5 月更名为江苏华晨路桥有限公司，属民营企业。企业资质为公路工程施工总承包壹级，企业注册资本 2 亿元。主要承建高速公路路基、路面、桥梁等工程。参加过江苏宁连、沿海、宁通、沪宁、宁靖盐、宁杭、镇溧、常州西绕城高速和安徽、浙江、四川等高速公路建设，也参加过地方一、二级道路和盐城、海门等开发区道路 BT 项目及航道、大型桥梁的施工。拥有国际先进的专业施工机械和进口沥青拌和楼六台套。并拥有高级工程师 30 余名、一级建造师 20 余名、二级建造师 10 余名。公司年施工能力：产值超 10 亿元。

公司曾被省厅授予“江苏省建筑业最具成长性百强企业”、“江苏省建筑业最佳企业”、“有功集体”、“质量信得过单位”、“十佳项目经理部”、“建筑施工安全生产先进集体”等称号，获“1992-2006 年度江苏省高速公路建设显著贡献奖”、“扬子杯”优质工程奖、“交通部优质工程奖”和“省级 AAA 级资信企业”、常州市“文明单位”等荣誉。

团结拼搏、开拓创新的江苏华晨路桥人将继续本着“以质量求发展，以信誉拓市场”的宗旨，坚持“全员求实抓过程、规范施工创精品、科学管理求效益、优良服务树信誉”的质量方针，在激烈的市场竞争中全面实现“优质、高效、安全、文明”的工作目标，为我国交通基础设施建设作出新的更大的贡献。

英国进口 ACP4000 型沥青拌和楼

机械化配套施工现场

公司承建的交通部优质工程、省扬子杯优质工程——盐通高速公路

公司承建的扬溧高速公路

公司承建的宜兴氿西大桥

公司承建的溧阳芜太运河特大桥

电话：0519-87697808　传真：0519-87697878　网址：www.jshclq.com　E-mail：jshclq@163.com
地址：江苏省溧阳市南大街 169 号　邮编：213300

信息化建设

栏目编辑　虞燕娟

中国电信股份有限公司溧阳分公司

【概　况】 中国电信股份有限公司溧阳分公司（溧阳市电信局）是为全市各企事业单位和居民提供话音及数据通信服务的主要电信运营商，同时承担着全市党、政、军（党政专门网、应急通信）特殊通信服务和地方信息化建设的重任。业务范围主要包括固定电话、天翼移动业务、宽带业务、数据业务、网络电视等诸多电信业务。截至2011年年底，全市有电话交换机容量31.8万门，宽带用户端口12.55万个，开通C网基站170个，光缆总里程11.7万芯公里，电缆主干29.4万对公里，配线26.6万对公里。

2011年，中国电信股份有限公司溧阳分公司（溧阳市电信局）全面推进聚焦客户的信息化创新战略，强力落实融合式差异化发展策略，紧盯目标市场、抢抓发展机遇、强化内部管理、增强保障能力、提升客户感知、巩固品牌形象，公司先后荣获“江苏省保护消费者权益先进集体”，“常州市消费者放心消费创建活动先进单位”，“常州市治安保卫工作先进集体”，“常州市模范职工之家”，“常州市创建和谐劳动关系先进单位”等荣誉称号。

2011年公司业务收入实现预期目标。先后完成安监局EMA系统应用和移动办公、市公安局警务E通等项目，全年有数十个智能化系统集成项目的签约。

【通信建设】 2011年全年完成10个新建基站、10个室内分布系统和宁杭城铁C网专项工程建设任务，紧扣卓越行动要求，深入持久开展C网网络维护和优化，确保天翼手机信号覆盖和网络质量。

加快推进光纤到户、宽带提速和光进铜退工程是2011年的重点工作，通过FTTH、宽带提速点建设和光进铜退，提升宽带接入速率和网络质量，确保电信宽带的品牌优势和精品美誉。

【企业管理】 公司不断加强精确化管理，管理效率和服务质量不断提升。建立健全重要事项督办以及重要工作考评制度，确保重要目标任务的贯彻落实和执行到位。加强服务意识和服务标准建设，强化服务责任追究和考核力度，不断提高员工服务社会和服务客户的能力素质。建立各类工作通报制度，强化各层面重要工作和重大指标的管控。制定《员工绩效管理办法》等多项专项工作管理办法，使公司各项工作开展井然有序、有章可依。

推进“创先争优”主题实践活动，有序开展骨干人才的培养工作。加强教育培训，制订培训计划，努力提升各级各类员工的业务技术能力，持续推进学习型企业的创建。加强企业文化建设，激励员工斗志，鼓舞员工士气，树立优秀典型，推广成功经验。开展各类劳动竞赛和活动，引导和鼓励广大员工积极投身市场，争先创优。举行丰富多彩的文体活动丰富员工业余生活，有效缓解员工工作压力。增强员工的生产安全防范意识，严格落实安全生产责任制，认真做好安全生产工作。切实做好党风廉政建设，把廉政建设和改革发展同部署和同考核，形成自律和他律、要廉洁和促廉洁的良好工作机制。　（钟　峥）

中国移动通信集团江苏有限公司溧阳分公司

【概　况】 2011年，中国移动通信集团江苏有限公司溧阳分公司（以下简称溧阳移动分公司）以科学发展观为指导，坚持“业务领先”和“服务领先”的发展战略，提高综合营销能力、综合管理能力，增强核心竞争力，创造可持续发展的竞争优势。通过全体员工团结协作，共同努力，开展全年各项工作。

公司建有全球最先进、应用最为广泛的GSM移动通信网，该网络具有业务多元化、漫游国际化、手机个性化等众多优点和特点。历经14次扩容，实现城乡的无缝覆盖，与美国、加拿大、日本、韩国及欧洲地区等100多个国家和地区实现自动漫游，各项网络运行质量指标均具有明显优势。

2011年各项工作取得较好业绩，各类用户规模超过51万户。在争创“世界一流通信企业”战略目标指引下，充分发扬“正德厚生　臻于至善”的企业核心价值观，以“成为卓越品质的创造者”为企业愿景，以“追求客户满意服务”为宗旨，真正做到“创无限通信世界、做信息社会栋梁”。

【全业务运营】 中国移动重组后，中国铁通集团公司并入中国移动通信集团公司，成为其全资子企业。中国移动从传统的语音业务，扩展到增值业务、互联网、专线业务、固话业务等，从单一的大众市场拓展到集团市场、家庭市场。中国移动正式进军崭新的信息服务领域。涉及的业务种类分为手机、固话、互联网三大类，全业务运营下中国移动向全方位的信息服务扩展，为客户提供全方位、一站式的信息化服务。

【企业文化建设】 溧阳移动分公司始终把建立优秀的企业文化，塑造卓越的企业品牌，创建世界一流通信企业作为坚定不移的奋斗目标。公司先后荣获“全国用户满意企业”、“全国用户满意服务明星班组”、“ 全国优秀质量管理小组”、“省级青年文明号”、“江苏省巾帼文明岗称号”、“常州市零投诉创建优秀企业称号”、“常州市级消费者协会先进集体称号”、“常州市信用合同A级企业”、常州市文明单位荣誉称号、“工会工作先进单位”、“溧阳市巾帼建功活动先进集体”、“溧阳市双拥挂钩工作先进单位”、“溧阳市文明单位”、“重合同守信用企业”、“溧阳市妇女工作先进集体”、“诚信单位”、“保护消费权益先进集体” 等称号。

【基础设施建设】 截至2011年底，城区拥有公司自建营业厅有燕山手机卖场、江南春手机卖场南店、江南春手机卖场北店、南大街沟通100店、动感营业厅、综合楼手机卖场、华地营业厅、西平路营业厅、五星营业厅、昆仑营业厅等11个，农村自建营业厅有天目湖、南渡、竹箦、上兴、社渚、戴埠、周城、上沛、上黄、别桥、埭头、平桥、后周营业厅13个，以及各商场、车站等地的指定专营点、各乡镇合作营业厅等。

以实际行动践行“做优秀企业公民”的庄严承诺，全力做好重大节日和重大事件通信保障，话务预测，建立话务模型，建立完善的保障流程，制定严格的应急保障及演练制度，制定全面的应急方案，完成各项通信保障任务，服务地方发展。

【品牌建设】 2011年，溧阳移动公司在前期品牌建设基础，全力打造三大品牌：全球通、动感地带、神州行。针对全球通用户推出更多相关优惠政策“充话费送话费”、“专享客户回报活动”、“多样化的积分兑换”、“特约会所至尊享受”；针对动感地带用户，遵循时尚、探索、好玩的精神，细化动感任我行套餐，推出动感网聊套餐和动感音乐套餐，强化动感六大特权（资费节约权、手机尝鲜权、业务任选权、联盟专属权、回馈独享权、圈子扩张权）；针对月消费不高的市民及农村用户，倡导实惠便捷的生活方式。向社会公开8项服务承诺、多渠道提供消费清单服务、业内率先实行“错收话费或错收信息费，双倍返还”。 （蒋秋萍）

移动通信设施建设 （溧阳移动分公司 供稿）

中国联合网络通信有限公司溧阳市分公司

【概　况】 2011年是“十二五”规划的开局之年，中国联合网络通信有限公司溧阳市分公司(简称联通溧阳公司)深化实施“3G领先与一体化创新”战略，推动落实“行业地位提升，核心业务领先，运营效率提高，客户体验卓越，创新能力突破”，为尽快成为“信息生活的创新服务领导者” 奠定坚实的基础。

【网络建设】 经过融合重组改革实践，溧阳联通的移动网络覆盖与网络品质显著提升，宽带基础网络能力进一步增强，为市场拓展提供强有力的保障。

2011年，联通溧阳公司全力打造优势网络，提升支撑能力。以市场为导向，重点加强移动网络和宽带网络接入能力建设。投资额近6000万，全年新增基站30个，核心区覆盖率94%；完成宁杭高速专项优化，W 网覆盖指标提升至98%，W网的掉话率保持在0.4%以下。

【营销服务】 强化信息化支撑，建设统一通信平台，将纵向和横向流程贯穿起来。加强销售管理系统建设，继续深化准利润中心管理的服务支撑。全力强化服务质量，逐步构建和完善客户感知保障体系，建立服务质量即时评价制度，不断提升客户满意度、感知度。

为深入开展“为民服务创先争优”的活动，贯彻执行“以客户感知为中心”的大服务体系，联通溧阳公司聘请关注联通发展的人士为服务质量社会监督员，旨在加强服务质量社会监督力度，促进公司服务质量监督社会化，透过客户的视角与感受，发现存在的问题，使企业服务质量的改进更加契合客户感知，进一步提升溧阳联通客户服务品牌及客户口碑。

【企业管理】 2011年，联通溧阳公司有从业人员62人，合同制员工11人，非合同制员工51人，本科学历以上员工占比达到40%。公司注重企业文化建设和职工政治思想工作落实，围绕企业生产经营任务开展形式多样的劳动竞赛、文体活动、技术培训，增加员工凝聚力。组织党员开展“营业厅共产党员示范岗活动”。溧阳公司燕山路主营业厅作为文明创建标兵窗口接受省市领导的现场参观和考察，得到高度评价。2011年，公司被常州放心消费创建活动办公室授予“常州市放心消费创建活动先进单位”称号。 （刘　军）

江苏省电信公司溧阳市电信局
中国电信股份有限公司溧阳分公司

电信版 iphone4S 隆重上市

常务副市长周卫中出席公司四届三次职代会

中国电信溧阳分公司（溧阳市电信局）是为溧阳地区各党政机关、企事业单位和居民提供话音及数据通信服务的主要电信运营商，同时承担着全市党、政、军特殊通信（党政专门网、应急通信）重任。公司经营业务范围包括固定电话、宽带、天翼手机、网络电视和社会信息化应用等诸多电信业务。全市现有电话交换机容量 31.8 万门，宽带端口达 12.55 万，C 网在用基站 170 个，光缆总里程达 11.7 万芯公里。

中国电信溧阳分公司（溧阳市电信局）始终以满足居民消费需求，不断提高居民生活品质，大力让利消费者为根本宗旨，充分发挥电信技术、网路、人才、管理等优势，坚持开展天翼手机、固定电话等多产品深度融合，及时推出互通免费及漫游费取消政策，切实降低居民通讯费用支出；加快光网城市和光纤入户建设，全面满足居民日趋丰富的宽带互联网需求；积极推动三网融合，高清网络电视等极大丰富居民的业余生活和精神享受，为全市精神文明创建做出了积极努力；认真履行信息化建设主力军职能，先后完成市公安局警务 E 通等多项重大信息化工程，为全市信息化建设水平再上新台阶发挥了无以替代的作用；狠抓内部管理，完善服务流程，强化服务监督，增强员工素质，提高服务技能，加强文明创建，努力确保各项服务举措真正落到实处，促进了电信服务质量取得长足进步，得到社会各界及广大客户的广泛认同和普遍欢迎。

分公司先后荣获“江苏省保护消费者权益先进集体”，“常州市消费者放心消费创建活动先进单位”，“常州市治安保卫工作先进集体”，“常州市模范职工之家”，“常州市创建和谐劳动关系先进单位”等荣誉，连续多年保持“江苏省文明行业”称号。

公司各级管理人员接受反腐倡廉教育

“世界电信和信息社会日”主题文艺晚会

员工业余活动丰富多彩

商　贸　流　通

栏目编辑　虞燕娟

综　　述

【概　况】2011年是“十二五”开局之年，随着一系列扩内需、保民生政策的宏观政策调控下，溧阳市城乡消费品市场呈现出兴旺繁荣、购销活跃、购买力日益增强的态势。消费品市场行业规模不断壮大，经营形式日趋丰富，不仅满足了居民不同层次的消费需求，也为繁荣市场、安置就业和扩大内需发挥了积极作用。

批零贸易业引领发展，市场支撑作用明显。溧阳市批发零售贸易企业发展加快，市场销售总体活跃，市场规模不断扩大，购物环境不断改善，消费领域不断扩展。2011年全市全年实现社会消费品零售总额173.2亿元，同比增长17.4%。从消费品市场中的行业内部看，批发和零售贸易业占据主导地位，对消费品市场的快速发展起到重要的支撑作用。2011年，批发和零售业实现消费品零售额156.82亿元，比上年同期增长16.6%，占全市社会消费品零售总额的90.5%。

城镇市场占据主导，城乡消费同步增长。随着国家惠民富民政策实施力度的进一步加大，以及“家电下乡”、“以旧换新”等一系列拉动农村消费政策措施的稳步推进，全市城乡居民消费均保持平稳较快增长。2011年全市城镇实现社会消费品零售额110.38亿元，乡村实现社会消费品零售额62.83亿元，分别比上年同期增长20.1%、13%。

限上贸易企业规模不断壮大，企业经营水平提升。限额以上企业充分发挥流通主渠道作用，经济实力、市场占有率进一步提高。2011年，溧阳市限上批发零售贸易业市场规模迅速扩张，经营水平全面提升。据统计，全市限额以上批发零售贸易业单位19家，实现销售额46.7亿元，同比增长15.8%，销售额在亿元以上企业9家。

餐饮业快速发展，市场规模不断扩大。随着居民收入水平的增加、生活节奏加快、消费观念的更新，饮食习惯和家庭结构的变化，溧阳市餐饮行业得到迅速发展。2011年全市住宿餐饮业实现消费品零售额16.38亿元，同比增长26.0%，占全市社会消费品零售总额的9.4%。高于同期社会消费品零售总额增幅8.6个百分点。其中限上住宿餐饮单位22家，实现营业额5.35亿元，同比增长27.1%，销售额在亿元以上企业1家。餐饮消费成为拉动溧阳市消费需求稳定增长的重要力量。

消费结构升级加快，消费层次不断提升。伴随居民收入的增长和消费需求的提升，以金银珠宝类以及汽车类为代表的消费升级进程加快，成为2011年溧阳消费品市场的亮点。据对全市限额以上批发零售企业25类主要商品零售额的统计，汽车消费持续升温，油品消费处于高位。随着居民生活水平的提高，家用汽车在居民家庭中逐渐普及，加上国家一系列政策的出台，2011年全市汽车销售呈现快速增长，汽车类零售额6.93亿，同比增长20.4%；石油及制品类在高需求及高价格双重因素带动下，零售额持续走高，石油及制品类为17.73亿元，同比增长24.7%。提高生活质量的中高档商品仍旧热销。2011年溧阳市金银珠宝类热销，实现销售额1.00亿元，同比增长109.3%。基本生活类商品零售额继续走高。受节日和商品价格上涨等因素的影响，吃、穿类等基本生活用品继续保持快速增长的势头。2011年全市肉禽蛋类和水产品类零售额分别达1.25亿元和0.16亿元，同比分别增长14.2%和12.2%。

（陈建萍）

住宿餐饮业

【概　况】2011年，溧阳限上住宿餐饮业有22家。其中，住宿业17家、餐饮业5家。经营网店36个。其中，住宿业5个、餐饮业31个。营业总面积63005平方米，年末从员人数3740人。

2011年，溧阳限上住宿业和限上餐饮业营业额65878.9万元。其中，客房收入20732.1万元，餐费收入40153.5万元，商品销售额2488.6万元，其他收入2504.7万元。年末拥有床位数4687个，餐位数14622个，客房和公寓数2829个。限上住宿业营业额54690.9万元。其中，客房收入19941.4万元，餐费收入30123.6万元，商品销售额2226.7万元，其他收入2399.2万元。年末拥有床位数4404个，餐位数12128个，客房和公寓数2596个。限额以上餐饮业营业额11188万元。其中，客房收入790.7万元，餐费收入10029.9万元，商品销售额261.9万元，其他收入105.5万元。年末拥有床位数283个，餐位数2494个，客房和公寓数233个。

（汤竣程）

粮　　油

【概　况】 2011年，溧阳市粮食局（以下简称市粮食局）在市委、市政府领导和上级业务部门指导下，以“强调控、保供应、稳粮价、严监督、抓安全”为目标，围绕部门职能和全年工作目标，科学谋划，真抓实干，贯彻执行国家粮油政策，强化粮油市场监管，推进“放心粮油”工程建设，各项工作取得较好成绩。溧阳市粮食流通监督检查和安全生产工作分别被省粮食局评为先进单位。

【粮食购销】 2011年，市粮食局做好粮食购销工作。全市全年收购粮食216888吨，销售粮食214635吨，库存粮食46545吨、同比增16.4%。国有粮食企业收购粮食49693吨，同比增28.7%。其中，收购小麦25025吨、籼稻8138吨、粳稻16530吨。销售粮食47031吨（小麦26648吨，籼稻6816吨，粳稻13567吨），同比增8.9%，库存粮食37147吨，同比增5.9%。收购的数量、质量和进度创新高。最大限度满足和方便农民售粮需要，保质保量按时完成地方储备粮的轮换补库任务。

【保供稳价】 为确保全市粮油市场供应稳定，溧阳市采取有力措施，做好保供稳价工作。密切关注粮油市场供求和价格变化，建立多方位、多渠道的监测网点，实行每周报告制度，制定《溧阳市粮食应急预案》和《溧阳市粮食应急保障实施方案》。

开展粮油库存检查。根据国家统一部署，分别开展粮食和油脂专项检查，及时纠漏补缺，全市粮食库存账实相符、账账相符，库存数量真实、质量良好、储存安全，轮换时间符合要求，没有“架”空轮换和擅自轮换，确保应急状态时调得出、用得上。

落实保供措施。引导本市生产经营企业全力组织粮源，控制粮食外销，增加本地粮食市场投放数量，满足市场需求，平抑粮价。落实成品粮应急保供运输、加工和供应网点等工作，做到粮食供应不断档、不脱销，优先做好部队、学校和特困户、低保户的粮食供应保障工作。发挥地方储备粮的吸储投放功能，通过储备粮的适时投放与补库调节，有效保供、平抑市场粮价。

【依法治粮】 严格核发粮食收购许可证，对照许可证申领的必备条件审核把关，对符合条件的经营户，按工作承诺快捷办理相关手续。截至2011年11月底，市粮食局重新确认具有粮食收购资格的对象57户。其中，民营企业20户、个体经营户37户。

局领导视察江苏溧阳储备库小麦烘干情况　　（狄　云　供稿）

开展各项粮食执法检查。加大监督检查执法力度，在全市涉粮企业建立完善粮食质量台帐，实行诚信分级监管，加强对粮油市场及储备粮（油）和政策性用粮（油）的监督检查。2011年，市粮食局组织开展各项监督检查近100次，出动人员近400人次，检查粮食经营单位500多个次，查处各类粮食经营违规、违法案件数10余起。有效维护粮食市场秩序基本稳定，保障居民用粮安全，形成粮食执法良好氛围。

利用报刊、广播、电视等媒体宣传《粮食流通管理条例》。在夏、秋两季收购前，联合市相关部门发布《关于加强秋粮收购市场管理的通告》，张贴到全市各粮食收购场所。通过电视台连续滚动播出一周，《溧阳时报》全文刊登《通告》跟踪宣传等方式，向社会畅通信息渠道，公开举报电话，让群众卖明白粮、放心粮。

【安全生产】 坚持“安全第一，预防为主”方针，印发《溧阳市粮食局2011年度安全生产工作意见》和《溧阳市粮食局2011年度安全生产岗位责任制考核意见》，修订《溧阳市粮食系统安全生产事故应急救援预案》，与市粮食购销有限公司签订《2011年度安全生产目标责任书》。针对粮食系统的特点，对全市涉粮企业的负责人和机械操作人员进行安全生产培训，有效提高企业负责人和从业人员的安全生产知识。针对时节变化，超前部署汛期和高温天气的安全生产工作。在国庆、春节等重大节日期间有针对性地组织开展安全生产大检查，对存在的隐患及时督促，限期整改。2011年全年未发生一起安全生产事故。

【放心粮油】 推进“放心粮油”示范创建工程。在总结第一批放心粮油示范单位取得初步成效的基础上，2011年进一步推进第二批放心粮油示范企业（个体）的评审工作，评选出4家放心粮油示范加工企业（个体）和3家示范销售店。

根据《溧阳市放心粮油监管考评实施办法》有关规定，采取重大节假日集中查、平时适时查、接到举报及时查的办法，实行全程质量监管，确保粮油安全可靠，对考评中发现问题的企业进行摘牌处理。截至2011年，全市有国家级和常州市级“放心粮油”示范企业2家，市级“放心粮油”企业14家。以优质粮基地建设为载体，从源头上保障粮食质量安全。协调南渡镇与常州城北国家粮食储备库的合作，努力把优质粮基地做强做大。2011年，优质粮基地从11000亩发展到20000亩。为使基地粮食充分体现“优质”，市粮食局在产前开展市场调研，在产中邀请农林部门技术人员现场指导，做到区域化布局、规模化种植、模式化栽培、标准化作业，从源头上确保粮食的品质和安全。

【效能建设】 市粮食局结合粮食工作性质和服务对象的需求，确立“为耕者谋利、为食者造福”的服务理念和品牌，设计品牌标志，将涉及品牌创建的相关内容印制成宣传手册，接受群众和舆论的监督。明确品牌服务目标，从规范、优化工作流程入手，制定《溧阳市粮食局内部管理制度》，改进机关内部工作流程，提高工作效率。加大督察力度，每星期由局纪委、监察室进行定时、不定时检查。做到工作有守则，执行有遵循，管理有依据，监督有标准，以此推进机关服务的规范化、高效化和优质化。“机关服务品牌”建设工作被省粮食局评为创新创优成果鼓励奖。

【储备库建设】 南渡储备库建设项目位于南渡集镇新街，总占地面积100亩，由国家粮食储备局无锡粮科院规划设计，整个项目分三期实施。投资5000余万元的江苏溧阳储备库一期工程自2010年9月筹建开工，历时14个月，于2011年10下旬竣工投入使用，建设平房仓6幢，建筑面积为10700平方米，可储存粮食4.2万吨。配备日烘干稻谷能力200吨的烘干设备一套，已投入使用。 （狄 云）

烟 草

【概 况】 2011年，溧阳市烟草局（分公司）全体干部职工认真贯彻落实行业各项决策部署，围绕“卷烟上水平”行业发展方针和“全面建设现代烟草”战略任务，把“上水平、创一流”作为各项工作的目标追求，努力践行“四个引领”，按照年初工作会议确定的目标任务，把握主题，狠抓落实，实现了卷烟销量稳步增长、市场基础日趋牢固、内部监督效果明显、企业运行安全稳健、“基层创建”有序推进的既定目标，保持科学发展、和谐发展的良好态势。

全年实现系统外销售33152.1箱，同比增加1.98%；实现销售额9.5亿元，同比增加14.65%，单箱结构2.87万元／箱，同比增长12.43%；平均单价114.68元／条；人均卷烟消费10.63条。

【专卖管理】 全年查处各类案件88起，查获卷烟7872.7条，罚没款67万余元，移送案件8起（其中移送公安案件5起），破获符合国标的网络案件1起，被司法机关拘留、判刑的不法烟贩分别为10人、4人，市场净化率持续在98%以上，零售客户市场环境满意度在93%以上。

【企业管理】 坚持“一体系两规范”的企业管理要求，扎实推进基础管理。切实解决了“两标合一”在运行中“空转”和“两张皮”的问题，不断完善提升“三位一体”服务质量管理机制和服务保障信息系统。开展庆祝中国共产党成立90周年活动，组织文艺汇演、扑克赛、歌咏赛等专题庆祝活动。坚持落实党风廉政建设责任制，反腐倡廉工作有效开展，廉政文化建设工作获得上级领导的充分肯定，常州市纪委《党风》杂志专门进行经验介绍，被省纪委授予“江苏省廉政文化示范点”称号。

（吴 鹏）

盐 业

【概 况】 2011年，溧阳市盐务局（盐业分公司）工作以“跨越规模新台阶，率先转型新突破”为目标，坚持率先发展、转型发展、创新发展工作主线，深入推进渠道建设和门店建设工作，参与市场化经营体系取得突破性进展，企业发展后劲不断增强，经济规模逐年壮大，经营业绩增长显著，实现营业收入在溧盐史上首次突破3000万元（其中：主营收入1505万元，副营收入1504万元），较上年增长26.05%。

【盐政管理】 以巩固国家食盐专营政策，维护食盐市场秩序稳定、保证食盐消费安全为主要任务。2011年年初，针对日本地震核辐射谣言，面对突如其来的食盐抢购风潮，市盐务局果断应对，及时处置，在政府与各部门的密切配合下，迅速平息食盐抢购风波。

在盐政日常检查中，不断加大盐政与相关部门的联合执法力度，严厉打击非法经营等行为，提高市场监管效率，抓好食盐安全达标创建、食盐放心消费创建和农村食盐安全“三网”建设工作，全力提升碘盐“三率”水平，确保广大市民食用合格放心碘盐。

（袁进利）

供销合作

【概 况】 2011年，溧阳市供销合作社系统以科学发展观统揽全局，紧紧围绕“硬碰硬转型升级，实打实开局起步”工作主题，融入服务三农大局，新农村现代流通网络体系建设、社会化服务体系建设、农民专业合作社（联合社）建设、基层社“三位一体”建设全面推进。在社渚、南渡、上黄三镇试点成立农村合作经济组织联合会（简称“农合联”），获得成功。

7月8日，市总社下发文件《关于进一步规范社有资产经营管理的通知》，对全系统资产管理、资产经营、资产监督等三方面作出详细、严格的规定。

【“新网工程”建设】 根据全市新农村现代流通网络体系基本形成的实际，市供销社在继续扩大覆盖面的同时，注重对现有网点的巩固和提升，把扩充完善服务功能和提高服务水平作为重点，在强化配送服务，美化店容店貌、改善服务态度、增加服务项目等方面得到全面提高。农产品、再生资源、成品油网络建设已经迈出新的步伐。截至2011年年底，全市连锁经营网点达432家。其中，日用品消费品230家，农业生产资料125家，烟花爆竹52家，再生资源利用13家。扬子连锁生活资料配送中心投入运行，与海天酱油、奥妙、力士、夏士莲、联合利华旗下8个品牌、清风生活用品等十几个品牌达成代理协定，2011年实现销售额3000余万元。

【为农服务社（中心）建设】 按照"提升社区、覆盖农村"的工作方针，加大工作力度，深入调查研究，广泛踩点，合理选址，整合资源，多措并举，充分调动基层供销社的积极性。根据上级社下达的目标任务，市供销合作总社精心部署，落实工作措施。制订下发《2011年全系统业务工作实施意见》、《2011年全系统年度工作目标考核细则》。上下联动，整体推进，新办与提升相结合。在新办为农服务社（中心）的同时，对已在运行的为农服务社（中心）扩充服务项目，提升服务功能。全年新办为农服务社15家，提升功能2家。全系统累计建成为农服务社（中心）204家，其中服务中心28家，三星级社39家，基本覆盖全市行政村。

【农民专业合作社建设】 把合作社带动能力、合作能力和组织能力的提升作为全年工作的着力点。全年发展有品牌特色的农民专业合作社10家，截至2011年年底，由合作社牵头成立的农民专业合作社达到50家。上黄镇长荡湖水产专业合作社和天目湖伍员春茶果专业合作社，在多方沟通协调的基础上，发展成立"溧阳市湖东新联特种水产专业合作社联合社"和省级"江苏天目湖新农合茶果专业合作社联合社"。在组织农民进入市场上迈出更大的步伐。

【农资供应】 2011年，国内农资价格一直处于高位运行，给农资储备和供应带来较大风险。对此，市供销总社积极发挥农资供应主渠道作用和政府储备职能。会同市农资公司对全市肥、药用量、品种和农业种植结构进行深入调研，邀请市财政、发改、农林、农办、监察等部门召开农资政府储备工作汇报会，广泛征求意见和建议，确定合理的库存基数和建立有效的机制。结合全年农资市场趋势，及时向市政府作出专题汇报。督促下属企业和市农资公司根据溧阳市现代农业发展和农民需求，组织适销对路的货源，确保品种齐全，货源充足，质量保证。市、基两级农资供应网点，自觉履行农资商品质量承诺制度，配合有关部门打击销售假冒伪劣农资商品活动，防止坑农害农的不法行为发生。全年，全系统累计销售化肥58720吨，农药600吨。

（陈　燕）

春季农资保供座谈会　　（陈　燕　供稿）

边界市场

【概　况】 江苏苏浙皖边界市场1991年经省体改委批准建立，成立于1992年1月15日，是江苏省首家省际区域性大型综合市场。市场占地面积30万平方米，建筑面积27万平方米，总投资8亿多元。先后建立农副产品交易中心、竹木市场、清安茶叶市场、唐家建材城、白天鹅建材城、金三角建材城等17个商品交易中心。

截至2011年年底，市场有经营户1200余户，从业人员8000余人，相关源头产业及配套用工人员50000人。2011年全年总成交额 82亿元，上缴各项税费1000余万元，经营范围辐射全国10多个省市。连续被评为"江苏省文明市场"、"江苏农业产业化龙头企业"、"农业部定点市场"等先进称号，在常州市各类市场中名列前茅。

【市场经营】 苏浙皖边界市场作为一个经营的载体和平台，拥有中国著名商标、驰名商标300余个。市场经营向高品位发展，一些国际、国内的知名建材、家具品牌都在市场设立总经销、总代理，提升边界市场的品牌规模，为市场可持续发展提供基础。

【市场升级改造】 苏浙皖边界市场改扩建工程经市发改委立项，项目被列入2010年江苏省服务业重点项目。其主要建设内容为改造一期农副市场，兴建全国性的茶叶与副食品交易中心；扩建精品建材交易中心、一站式消费体验中心；外迁农副产品交易中心、"一村一品"展销中心；配套建设信息化服务，检验检测公共服务平台及物流中心等。工程计划总投资19亿元，总建筑面积959210平方米。外迁工程规划用地100公顷。其中，一期点供用地35公顷（525亩）。

精品建材城（新建一期）项目处于结构封顶阶段，占地面积88亩，建筑面积11万平方米。其中，地上商铺面积71000平方米、地下室37500平方米。截至11月底整体市场改扩建项目投入资金6.5亿元。　（邹荣军）

溧阳市粮食局

2011年，溧阳市粮食局在市委、市政府的正确领导和上级业务部门的指导下，以“强调控、保供应、稳粮价、严监督、抓安全”为目标，围绕部门职能和全年工作目标，科学谋划，真抓实干，认真贯彻执行国家粮油政策，强化粮油市场监管，推进“放心粮油”工程建设，各项工作取得较好成绩。溧阳市粮食流通监督检查和安全生产工作分别被省粮食局评为先进单位。

局长 汤敏骅

副市长夏国浩检查指导夏粮收购工作

领导干部下基层

为确保全市粮油市场供应稳定，市粮食局 采取有力措施，全力做好保供稳价工作。全市全年收购粮食216888吨、同比增75%，销售粮食214635吨、同比增74%，库存粮食46545吨、同比增16.4%。国有粮食企业收购粮食49693吨，同比增28.7%。其中，收购小麦25025吨；收购籼稻8138吨；收购粳稻16530吨；销售粮食47031吨，同比增8.9%（小麦26648吨，籼稻6816吨，粳稻13567吨），库存粮食37147吨，同比增5.9%。密切关注粮油市场供求和价格变化，建立了多方位、多渠道的监测网点，积极引导本市生产经营企业全力组织粮源，控制粮食外销，增加本地粮食市场投放数量，满足市场需求，平抑粮价。

2011年溧阳市种粮大户座谈会

加强监督检查，规范收购市场秩序。2011年以来，粮食局共组织开展各项监督检查近100次，出动人员近400人次，检查粮食经营单位500多个次，查处各类粮食经营违规、违法案件数10余起。充分利用报刊、广播、电视等媒体宣传《粮食流通管理条例》，在夏、秋两季收购前，联合市相关部门发布《关于加强秋粮收购市场管理的通告》，张贴到全市各粮食收购场所，通过电视台连续滚动播出一周，向社会畅通信息渠道，公开举报电话，让群众卖明白粮、放心粮。

局长汤敏骅检查指导夏粮收购工作

积极参加“学雷锋”活动宣传法律法规

绿色销毁假冒卷烟

溧阳市烟草专卖局(分公司)

示范店客户店堂布局

溧阳市烟草专卖局(分公司)成立于1984年，按照“统一领导、垂直管理、专卖专营”的行业管理体制，实行“两块牌子、一套机构”管理机制，受溧阳市委、市政府及常州市烟草专卖局(公司)的双重领导，负责全市卷烟经营服务与烟草专卖品的专卖管理工作。企业下设综合办公室、客户服务科、专卖监督管理科、财务委派室四个科室，共有员工126人，辖有卷烟零售户3550余户，年销售卷烟3万余箱、销售金额10亿余元，年创税利2.3亿余元。

慰问贫困群众

在溧阳市委、市政府和常州市烟草专卖局的正确领导下，溧阳烟草围绕行业“卷烟上水平”发展方针和溧阳“紧跟苏锡常、同步现代化”目标任务，认真践行“与客户共创成功”服务理念，以服务溧阳地方经济建设、服务零售户为己任，实现了卷烟销量稳步增长、市场基础日趋牢固、内部监督效果明显、基础管理扎实推进的目标。

一线人员进行市场服务

近年来，溧阳烟草开始实施“4321”工程。即：进一步打牢队伍、管理、市场、品牌四项基础，强化品牌培育、客户服务、基层执行三大功能，提升干部、职工两支队伍综合素质，增强基层创新发展活力。通过实现市场营销、市场监管、内部监管、基础管理、队伍建设、企业文化六个方面的“提升、跨越”，进一步促进了企业管理的提档升级和基层建设的跨越发展。

提供卷烟配送服务

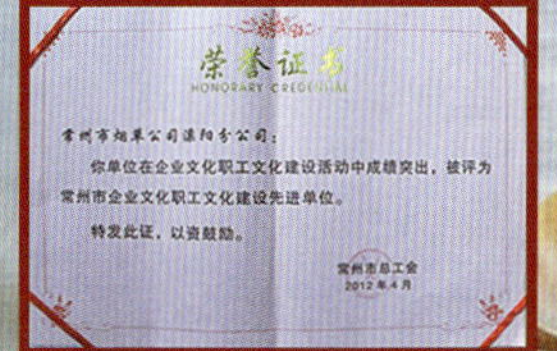

苏浙皖边界市场

相伴十年·见证辉煌

苏浙皖边界市场通过整体南移至今十年的快速发展，目前市场占地面积已达30万平方米，建筑面积27万平方米，已完成总投资8亿多元。市场南移后，交易额连年上升，经营品种不断增加、经营规模不断扩大，现已发展为拥有农副、建材、家具三大类数千种商品批发零售的综合性大型批发市场。至2011年底，市场共有经营户1200余户，从业人员8000余人，相关源头产业及配套用工人员已达50000人，2011年全年总成交额达82亿元，上缴各项税费1000余万元，经营范围辐射全国十多个省市。连续被评为“江苏省文明市场”、“江苏农业产业化龙头企业”、“农业部定点市场”等先进称号，在常州市各类市场中名列前茅。

市场经营目前也向高品位发展，目前市场拥有中国著名商标、驰名商标300余个，一些国际、国内的知名建材、家具品牌都在边界市场设立了总经销、总代理，提升了边界市场的品牌规模和可持续发展的基础。

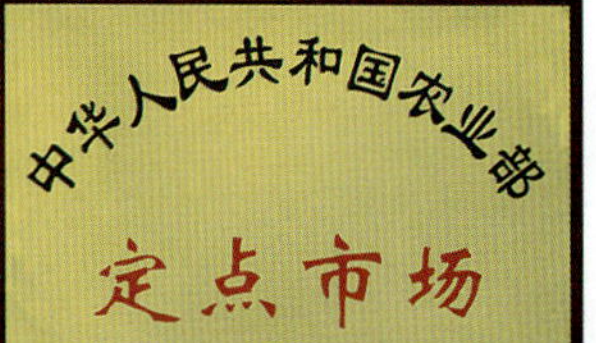

江苏省农业产业化
省级重点龙头企业
江苏省农业产业化经营工作领导小组
二〇一一年三月

2010-2012年江苏省重点投资项目
常州市文明企业
江苏省文明市场
江苏省重点物流企业
江苏省重点龙头企业
农业部定点市场

财政·税务·审计

栏目编辑　虞燕娟

财　　政

【概　况】 2011年，溧阳市财政局以科学发展观为工作统领，贯彻落实市第十一次党代会精神，围绕市委、市政府出台的“经济、民生、环境”40项重点工程，以“紧跟苏锡常，同步现代化”为目标定位，发挥责任部门的主体作用和配合部门的协调作用，重点做好财政各项工作。

财政总收入再创新高，突破100亿元大关（1003276万元），完成年度预算的120.25%，较上年增收203137万元，增长25.39%。地方一般预算收入371280万元，完成年度预算的110.36%，较上年增收81252万元，增长28.02%。在常州地区增幅排名由上年的第六位跃至第二位，高于常州平均增幅6.47个百分点，高于全省平均增幅1.84个百分点。2011年再获省政府“财政收入新增贡献先进单位”称号。

镇（区）一般预算收入196623万元，同比增收50631万元，增长34.68%。一般预算收入超亿元镇（区）由上年4个增加为5个（经济开发区、天目湖旅游度假区、社渚镇、上兴镇、埭头镇）。

多渠道融资19.5亿元，完成土地净收益6.5亿元。

2011年，市财政局在部委办局目标考核中名列前茅，获得市“目标管理考核一等奖”、“创新成果奖”、“服务经济优胜单位”、“2009～2011年度先进基层党组织”、“全市党政信息工作先进单位一等奖”。“理财为民”服务品牌获市级机关“五星级服务品牌”称号。获得常州市税政法制工作一等奖，获省财政厅2011年度财政预算管理工作一等奖。埭头、别桥财政所获“常州市市级文明财政所”；溧城镇、竹箦镇、社渚镇、埭头镇、别桥镇和天目湖旅游度假区财政所（局）获“江苏省档案工作三星级单位”称号。

【落实财税政策】 以财政政策和资金补贴为导向和工具，以税收优惠、财政补贴、土地保障、配套服务等四大举措为推手，促进企业“主辅分离”，15家企业分离出非核心业务。落实消费型增值税转型、高新技术产业税收优惠、行政事业性收费取消及降标等相关政策。在应收尽收的同时，做到应免尽免，应退尽退。全市落实各类财税优惠政策19.8亿元。其中，增值税转型减免4.2亿元、三废、福利企业退税4.2亿元、出口退税3.2亿元、农产品征前减免2.6亿元、企业所得税减免2.3亿元、高新技术企业优惠税率减免1亿元。

采取各种措施落实和完善家电、摩托车、汽车下乡和以旧换新政策，提高服务质量，确保资金及时发放。发放家电下乡补贴1084万元，34584人次受益；发放汽车、摩托车下乡补贴256万元，2972人次受益；发放家电以旧换新补贴2057万元，66939人次受益；发放油价补贴3807万元。2011年新增12个中央扩大内需投资项目，总投资83973万元。

研究各类政策措施，主动强化与上级协调联系，抓紧报项目、要政策、争资金，促进经济社会又好又快发展。2011年，累计向上申报项目358个，争取部、省、市各级各类资金8.6亿元。

【扶持企业发展】 安排各类扶持资金6268万元，贷款贴息213万元，人才开发资金和领军型创业人才资金917万元，其他专项资金1080万元，从而减轻企业发展压力，增强企业自我积累能力和自我发展能力。响应国家扶持中小企业发展的战略思路，加大对中小企业融资扶持力度。筹措440万元，发放金融机构新增中小企业贷款风险补偿奖励资金。

【资金保障】 按照财政支农支出“两个高于”政策，市本级支农支出32862万元。支持以水利为重点的农村生态环境建设，按土地出让总价的5%提取农田水利建设资金，专项用于水利建设，完成沙河、大溪、前宋和9座小水库除险加固工程，完成中央水利重点县第一批项目建设，筹资推进城区污水管网建设，扩大污水收集处理范围，加快城市治污步伐。市镇两级配套资金791万元，改造危旧农桥100座。发放粮食直补资金1153万元，农资综合补贴6330万元。财政投入1073万元，75个行政村实施公益事业建设一事一议财政奖补项目113个。市、镇两级投入小麦、油菜等农业保险564万元。实施城乡环境卫生三年整治行动，全市95%以上的自然村建立生活垃圾统筹处理机制，城中村、城郊村环境明显提升。

支持实施农业现代化工程。以财政资金为先导，吸引“三资”13.2亿元开发农业，新增高效农业面积9.2万亩、高标准农田6万亩，新认定无公害农产品、绿色食品、有机食品101只，国家地理标志登记保护农产品1只。粮食单产再创新高，溧阳市被评为全国粮食生产先进县。农业产业化步伐加快，曹山现代农业示范区等项目有序推进。农村“三大合作”不断深化，新增农民专业合作社132家、土地股份合作社7家。

财政教育拨款90884万元，同口径比上年增长19.65%。支持外国语学校、城南小学、职教中心等教育设施建设和教育资源整合，安排校舍安全工程7000多万元。安排义务教育学校专业保安经费247万元。高中和中职教育助学金950多万元，7049名学生受惠。免除职业学校农村困难家庭和涉农专业学费70万元。安排2900多万元用于提高教师住房公积金和发放教师绩效工资。建立中等职业教育经费保障机制，加大职业教育投入力度。

医疗卫生支出27729万元，比上年同期增长57%。增强新农合保障能力。住院结报10567万元，补偿率由上年的43.5%提高到47.34%。全面实施基本药物制度。安排2743万元，全市20所基层医疗卫生机构全面实施基本药物制度，对国家规定和省新增的599种基本药物实施零差价，药品价格平均下降25%以上，使广大人民群众在基层医疗机构就医普遍得到实惠。支持镇（区）卫生院改造建设。安排850万元，推进别桥、社渚等镇（区）卫生院基本建设，提高镇（区）医疗机构设备设施水平。

推进文化场所建设，筹资加强燕山公园、高静园、凤凰公园、沧屿公园、新四军江南指挥部、体育馆等公共群体活动场所的环境治理绿化和基础设施维护。安排300多万元，以“文化三送”、广播电视“村村通”、“农家书屋”和公益电影放映等重点项目为载体，加快完善农村和基层公共文化体系建设，丰富基层群众的文化生活。

支持城市基础设施建设。加快推进燕山新区安置房和道路建设，燕河湾安置小区主体工程完工。完成城区道路改造、背街小巷整治和老小区提档升级工程，实施东升路、奥体大道、清泓路等道路建设工程。

【民生保障】 提升三大保险覆盖范围。职工养老、医疗、失业三大保险覆盖率稳定在98%以上；居民养老保险、“新农合”参保率均达100%；新农合各级财政补助标准提高到200元。

健全社会救助体系。城镇和农村低保标准提高到360元／月和250元／月。向8.6万人次困难群众发放物价补贴670万元。五保集中、分散供养对象年供养标准稳步提高，确保五保对象的供养水平不低于溧阳市农村居民的平均生活水平。落实公益性岗位补贴资金，提高公益性岗位补贴标准，优先安置就业困难对象到公益性岗位就业。向4227名重残对象发放救助金1055万元。会同相关部门出台溧阳市享受对象基本丧葬服务费补贴办法。按每人每月672元的标准建立适度普惠型孤儿福利制度。拨付各类生活困难补助、转业安置、镇（区）解困等1942 万元。

实施“关爱工程”。发放80周岁以上老年人尊老金1000多万元，将百岁老人“长寿补贴”由300元／人月的标准提高到600元／人月，超过省定标准一倍。

推进保障性住房建设工作。发放经济适用房补贴838万元，惠及2169户。新建廉租房100套、公租房700套，租赁补贴200户。

【财政管理】 预算编制更趋科学合理。完善项目预算管理，坚持“政策性项目严格把关，经常性项目大力压缩，一次性项目一律取消”原则。加强成本管理，对非税收入的征收成本比照一次性项目实行项目化管理，杜绝“防空洞”现象，项目支出管理趋向精细化和规范化。

深化国库制度改革。对所有财政专户进行全面清理检查，对财政专户设置和账户管理进行整改，建立规范财政专户管理长效机制，实现财政专户精简统一。撤销、撤并财政专户88个。将财政专户中应上缴国库的非税收入及时足额缴入国库。将分散在财政相关职能科室的专户归口国库统一管理。扩大直接支付的范围，提高直接支付比例，实施《关于加强市级财政国库集中支付管理的通知》后，直接支付比例超过85%。

规范国有资产管理。规范处置粮食局部分下属单位的房产，资产拍卖净收益1206万元。对行政事业单位租期已到的15处资产，及时办理公开招租手续。规范回购车位、车库处置，防止国有资产流失。起草并以政府名义下发《溧阳市市级机关公用设施设备配置标准（试行）》，统一市级机关公用设施装修和通用办公设备配备、家具实物量和价格等配置标准，控制财政经费开支，构建资源节约型机关。全年出租出借资产累计收入1561万元。

政府采购工作实现突破。完成政府采购总额19663万元，增长18.4%，节约资金 2650万元，节约率12%。获省财政厅“政府采购监督管理工作二等奖”。燕山新区望湖景苑小区（罗庄小区）电梯设备招标项目被“第七届全国政府采购集采年会”评选为“2011年度政府采购精品项目”，成为2011年唯一一个入选的地市级以下政府采购项目。采购中心有效处理的国税局电子电梯招标案例被评选为“全国政府采购典型案例”。

严格控制一般支出。坚决贯彻落实厉行节约的有关要求，坚持量入为出，勤俭办事，加强支出管理，压减会议、因公出国、公车购置、公务接待等支出，硬化预算约束，降低行政运行成本。

创新保险缴费模式。联合有关部门，实行银行活期存折直接扣缴居民养老保险新办法，简化居民养老保险缴费程序，减少缴费流程，杜绝资金安全隐患。发放15万张银行代缴储蓄卡，通过银行卡缴费9.5万人，缴费金额5510万元，占全部缴费人数及金额的63%。

会计管理有序开展。完成5826人会计上岗证信息采集。500多人通过2011年度会计从业资格考试。组织531人参加会计职称考试。组织591人珠算定级。组织5491名会计人员继续教育。

组织高级会计师报名和评审工作。加强代理记账机构监管，确保代理记账依法有序进行。

绩效评价稳步实施。制定绩效评价实务操作提纲、内部操作流程，确定专项资金预算绩效管理试点工作方案。选取新四军江南指挥部纪念馆爱国主义教育基地免费开放奖励补助资金，开展绩效评价，取得良好效果。

【财政监督】 按省、市统一部署对全市党政机关、事业单位、社会团体和国有企业的“小金库”治理开展全面复查，纠正违规资金92万元。

开展政法专项转移支付资金、职教助学金、三公消费、旅游发展引导资金专项监督检查。在支出管理、会计核算、项目申报审核、资产管理等方面提出整改意见，提高预算单位财务管理水平。

强化城市建设、支农、社保等专项资金的跟踪管理，加强土地出让金、行政事业单位国有资产收益的征收管理，提高财政资金使用效益。

加大工程建设领域财政资金监督管理。加强对重点项目的招投标、政府采购、工程预结算和工程审计的监督管理；加强对拆迁资金的跟踪管理；加强对住房资金和彩票资金的监督管理。

建立政府采购预防腐败室，加大对政府采购活动全过程动态监控。加强企业会计执行和代理记账机构监管。专项调查全市大中型企业会计准则执行情况，推进企业会计准则和相关会计制度的贯彻实施。

【法治财政建设】 按照建设法治财政要求，加强财政政策法规制度建设，规范财政业务管理行为和行政行为，提高财政干部依法行政能力。确保财政权力公开、透明运行，打造“阳光财政”。建立完善信息公开和部门群众监督制度。发布财税政策、法规，搭建多渠道、多形式的信息公开载体，及时公开财政信息。调查并答复人大代表、政协委员的提案（议案）和建议。接受网络问政平台网民监督，及时出具答复意见。2011年，市财政局通过省厅法治财政建设验收，被评为“江苏省法治财政建设先进县市”。竹箦镇财政所法治财政建设工作受省厅领导高度肯定。

（杨梅娟）

国家税务

【概　况】 2011年，市国税局全体干部以“为国聚财”为天职，以组织收入为中心，以实施税源专业化管理为重点，以加强干部队伍建设为根本，深入推进依法治税，深化税收征管改革，扎实做好各项工作，实现税收与经济发展同步协调的良好态势。

2011年，市国税局入库各项税收收入29.58亿元，同比增加5.89亿元，增长24.85%。其中，增值税入库218716万元，同比增加33357万元，增长18%；企业所得税入库55552万元，同比增加22142万元，增长66.28%。与历年国税总收入相比较，2011年国税总收入是1994年的15.42倍，是2001年的7.05倍，收入总量超过1994～2002年总和29112万元，收入增幅位于历年第三位。

全年累计完成地方一般预算收入7.676亿元，同比增加1.76亿元，增长29.84%。其中，完成增值税一般预算收入54679万元，同比增加8339万元，增长18%；完成企业所得税一般预算收入22080万元，同比增加9300万元，增长72.77%。增幅分别超过常州和全省平均水平11.32和9.56个百分点。

【行业专业化管理】 市国税局在属地管理基础上，依照行业特点，对不同类型、不同规模、不同风险的纳税人，实施分行业管理的专业化管理体制。全局确定水泥、化工、钢结构等10个全市具有典型代表性的行业作为各分局专业化管理的重点。抽调市局和分局人员，组成行业管理专家小组，承担全市该行业的风险分析和风险特征库的建立，指导全局层面上的行业风险应对及行业应对后归类、总结、提升，最终形成行业风险分析指南。通过市局与分局的互动管理机制，开展行业分析、风险应对等专业化管理，以召开行业风险应对研讨会、组织进行评比交流等形式提升管理水平，行业管理取得初步成效，建立行业风险特征库7个，取得1622万元的风险应对成效，全市行业税收的管理水平得到提升。

【税收信息情报管理】 市国税局在巩固政府主导的综合治税的基础上，扩大涉税第三方信息采集部门与范围，强化税收信息情报的综合运用。经过多方协调，采集医保卡数据、矿山开采量数据、办理购物卡的企业的明细数据、质监局对小轧钢的罚没数据、自来水厂的取水数据、法院经济庭的审判数据等近6000余条，经风险分析团队梳理、归类，下发分局来比对、核实企业申报收入的真实性。通过第三方数据应用，补税466万元。通过对征管软件、防伪税控系统、税收执法信息系统等系统中的征管异常、执法风险信息开展深入分析应用，以促进征管，规避风险。特别针对零申报率等落后征管指标，逐户分析，采取严格户籍管理、以耗定产等有效措施加以改进，零申报率从年初的41.45%下降到25.83%。推广普通发票网上开具。全年推行网上开票1050户，网络开具推广面100%。依托“普通发票信息管理系统”，开展普通发票数据风险分析工作，查找疑点，提升发票信息情报化水平。市国税局被评为江苏省国税局税收信息情报管理标兵单位，标志着溧阳市国税系统以信息化建设为依托的税收征管工作进入新阶段。

【税收优惠政策】 市国税局全力落实节能减排、循环经济、绿色经济、环保产业、新能源等重点领域和资源再生企业的税收优惠政策。加大对高新技术企业、现代服务业、科技型中小企业的培育和扶持力度。引导传统制造业加快改造升级步伐。在加快重点项目、园区建设等方面，找准税收与发展的结合点，做好组织收入与培植税源，为转型升级提供更为灵活、广阔的政策平台。从税收视角入手，提供有利于结构调整的宏观经济报告和税收政策建议，拓展税收服务领域和范围，拿出有数据、有情况、有分析、有建议的调研成果，为党委、政府提供决策依据。

2011年，市国税局坚决贯彻执行各类税收优惠政策，做到执行政策准确、落实政策及时、兑现政策到位。全年兑现各类税收优惠15.38亿元，同比增长50%，分别高于常州市和全省平均水平15和25个百分点。其中，增值税先征后返退税4.68亿元，出口退税3.18亿元，饲料、农业产品等征前减免2.63亿元，所得税汇缴退税0.22亿元、税前减免0.53亿元、落实固定资产抵扣4.14亿元。办理免抵调库1.23亿元，有效缓解企业资金运转压力，促进地方经济发展。

【税收服务】　市国税局坚持以纳税需求为导向，大力优化纳税服务。服务内容“协约化”。推行征纳双向承诺互信制度，梳理并细化国税局七大服务内容，在《溧阳时报》进行公开承诺，接受纳税人监督。六分局、稽查局等单位试行与辖区纳税户、检查对象签订《服务承诺公约》，对征纳双方的权利、义务等用协约方式进行明确，接受纳税人监督。定期调查纳税人对国税服务情况的满意度，开展服务承诺履约情况督查，收集纳税人对税收服务的意见、建议。

服务平台“高效化”。制定办税服务大厅工作质量评价机制和工作人员的激励机制、轮岗机制，大厅人员的工作积极性和服务质量明显提升。将增值税一般纳税人资格认定审批、注销税务登记核批、个体定额核批及专用发票最高限额行政许可审批等审批权限下放至分局审批，从而提高办事效率。探索国地税联合办税模式，设置个体税收联合代征大厅，联合成立纳税人学校，与工商联、行业协会、地税局共同成立溧阳市纳税人之家、建材行业纳税人之家，为税企双方交流、纳税人维权提供新平台。

服务对象“分类化”。对重点税源企业、重点项目企业，深入开展“千企百项”专项服务，以“局长联系挂钩制度”、“税务指导师制度”、“企业联络员制度”为保障，设立办税快车道，建立服务团队，搞好政策调研，提供“一对一”、“面对面”全程跟踪服务。对中小税源企业，提供以政策咨询、财务辅导、法律救济为主要内容的特色服务。对个体工商户主要开展公开定额核定、公平税负为主的信息公开服务。

服务方式“电子化”。大力推广多元化电子申报面，加强宣传与业务指导，引导纳税人利用外网完成网上报税、网上认证、网上开票等业务。全面实施短信提醒服务，对纳税人的日常事项及重要涉税提醒尽可能通过短信平台进行信息传递，节省纳税人时间。通过“短信平台”与纳税人建立起全新的沟通渠道，为纳税人提供涉税提醒、信息查询、交流互动等服务。

【税收法制建设】　市国税局着力抓好干部执法规范性教育培训，利用“税收执法管理信息系统”，强化执法监督。对一般纳税人认定、税务登记、个体税收及代开票管理、行政处罚、福利企业、高新技术企业及研发费加计扣除税收优惠政策的执行情况等进行执法检查和监察，对检查中发现的问题及时要求分局进行整改，提出18条执法检查监察建议。

完善税务稽查方式，对日常检查、专项检查，采取先告知、后检查，先自查、再检查的方式。对重点骨干企业采取调研式检查，即先调查、先整改。在抓好日常稽查的同时，注重举报案件查处，开展打击制售假发票和非法代开发票专项行动，重点开展以服装生产及出口退免类、电子、汽修、建安、轧钢等7个行业的税收专项检查工作，找准问题，各个突破，取得一定实效。2011年，市国税局对125户纳税人进行检查，入库税款3660万元，查处60万元大要案1件，10万元以上案件10件。

【税法宣传】　围绕“税收、发展、民生”税收宣传主题，开展第20个税收宣传月活动，依托燕山公园建立税收主题公题，开展税宣电视剧《税收在我身边》巡播等活动。

坚持集中宣传的同时，做好日常税收宣传工作。组织政策解读日活动，不断丰富辅导内容，结合各阶段工作要求，通过政策解读日开展不同类型的经常性的业务培训活动，为纳税人解决实际问题。举办企业所得税汇算清缴、出口退税工作等培训班，实现纳税辅导课堂由过去单功能性向多功能性的转变。

建立外部平台。联合地税成立纳税人学校，为新办企业提供入门税收知识服务。力求宣传培训工作及时到位，具有针对性，确保各项工作顺利开展。

【“千企百项”专项服务】　为贯彻落实市委市政府“企业服务月”以及常州市国税系统开展“千企百项”专项活动要求，市国税局对全市103家重点企业以及15个重点投资项目作为重点服务对象，开展“千企百项”专题服务。

税收志愿者开展税法宣传　　（市国税局　供稿）

建立“局长挂钩联系制度”，每位局领导挂钩联系三个重点项目，对项目实行全程跟踪服务，协调解决或向上级反映挂钩企业提出的各类需求，加大税收政策的研究和使用力度，引导企业用足、用好税收优惠，推进项目建设进度，力争项目早日顺利完成，转化为税源。建立“税务指导师制度”，为每户重点企业配备一名税务指导师，实行定期走访，了解重点企业发展情况及涉税问题，现场接受咨询，辅导和解决各类涉税问题。

通过对103家重点企业和15项重点项目开展市局与分局两级联访，建立税企之间“点对点”联系机制，形成统一规范、信息共享、税企互动沟通的有效平台，为传递企业诉求，提供预警功能，统一政策执行，解决特殊、复杂的涉税问题，确保各项税收政策快速准确落实到位。

【“流动办税”服务】 为了方便边远地区企业办税，减轻纳税人办税负担，提高纳税人的满意度，溧阳市国税局创建“流动办税服务厅”，为纳税人提供流动办税服务，上门办理涉税事宜。流动办税涉及业务包括税务登记、申报缴税、办税咨询、涉税辅导等，以分头合作、内外结合的形式为纳税人提供服务，流动服务小组负责上门服务，大厅留守的同志负责相关电脑程序操作。税务干部充分利用下乡为纳税人提供流动办税服务的机会，与纳税人面对面的交流沟通，开展税收政策法规宣传、解读和办税辅导，解答纳税人涉税咨询，获取纳税人对国税机关纳税服务等方面的真实需求和建议。

【国税“道德讲堂”建设】 作为常州市局和溧阳市道德讲堂试点单位之一，市国税局认真按照“唱、诵、吟、观、讲、抒、评”（即唱道德歌、诵道德经、吟道德诗、观道德片、讲道德事、抒道德怀、作道德评）等形式，推进国税“道德讲堂”建设，通过“身边人讲身边税事、身边税事感化身边人”的活动形式，以朴实的故事颂扬中华美德，弘扬国税道德，从而达到规范干部日常行为，提高道德修养的目的。国税“道德讲堂”荣获常州市行业道德讲堂示范点称号，晏小春同志入选常州国税系统“道德模范”称号。

【政风行风民主评议】 市国税局对政风行风评议进行广泛宣传与动员，做到人人知晓，人人重视。党组成员带队开展税收服务性调研活动，公开“规范行政行为、树立行业新风”服务承诺，制定《溧阳市国税局工作人员下户工作规定》，开展“五个严禁”、“十条禁令”等多项效能建设及“庸懒散”专项治理，组织和主动接受上级的明察暗访活动，走访全市效能监察点企业、乡镇、部门，召开国税部门政风行风评议会，倾听纳税人、政府、社会各界对国税服务的需求、意见和建议。2011年全年走访对象57户，发放评议表378份，满意率93.2%，提出合理化建议6条。通过上下努力，溧阳市国税局在全市政风行风评议中，在12个参评单位中综合排名第三；在市级机关民主评议中，在27个垂直部门中排名第一，取得历史最好成绩。全系统继续保持省文明行业、常州市文明行业标兵称号；八个基层分局全部成功创建溧阳市“文明（标兵）单位”。

【党风廉政建设】 市国税局着重抓好《中国共产党党员领导干部廉洁从政若干准则》、《税务系统领导干部廉洁从政“八不准”》等相关内容的学习教育工作，贯彻落实上级关于学习《廉政准则》的各项要求，通过党组中心理论组、学习日等，组织学习教育，增强党员领导干部的党性修养、廉洁自律的自觉性。以“预防职务犯罪”专题教育活动和“纪律学习月”活动为载体，创新方式方法，通过“九个一”活动的开展，增强反腐倡廉教育的科学性、有效性和说服力、感染力。

开展干部家属参与的廉政创作作品征集活动，征集作品281件，提高干部、家属共同构筑家庭廉政防线的意识。开展“考廉日”活动、廉政谈话，在“述、听、看、评、访”活动上有所创新，做到干部与群众定期接受面对面的互相“揭短”、“擦背”，增强干部廉政执法服务的自觉性和基层领导的凝聚力。加强预算管理、规范财务收支、完善政府采购，开展“小金库”、“公务用车”两个专项治理。落实“五个严禁”、“十条禁令”等多项效能建设要求，开展“庸懒散”专项治理。全系统干部连续17年无重大违纪违规行为发生。

【党建主题教育】 通过追寻红色足迹，唱响红歌、学习党史、党建知识、观看《建党伟业》接受革命传统教育。通过聆听党员先进事迹报告会、红色短信征集活动、“我与共产党”感言，激发党员的社会责任感和使命感。在常州国税系统和地方政府举办的党史、党建知识竞赛中均获“组织奖”。晏小春光荣入选省局优秀党员报告团成员，全省仅8名党员入选。陈学忠荣获江苏省国税局优秀共产党员。祁银保1摄影作品获总局“优秀奖”。

【队伍建设】 市国税局在全系统组织实施“向日葵”凝聚力工程，推进法治、服务、责任、和谐、效能、廉洁机关建设，全面提升基层和队伍建设水平。

抓活力促和谐。切实推进“活力基层，和谐国税”建设，将和谐文化的理念融入干部工作、学习、生活各个环节，组织读书、演讲、拓展、文艺汇演等各种文体活动，营造国税文化氛围，释放干部工作压力，展示活力，增进交流、促进团队和谐，构建国税核心价值体系。

抓培养促成才。通过下基层与多岗位锻炼、指导老师培养、成长档案记载等措施，对干部培养成果实行全面综合、科学量化考核评价，对表现优秀的干部优先推荐任用，实行干部个人价值实现与职业发展空间的有机结合。

抓教育促规范。开展“创先争优”等各类主题教育，动员干部投身“党员示范岗”、“巾帼示范岗”等岗位实践活动，干部的职业道德在实践中得到培育。以开展“练好基本功、提升服务力”活动为契机，分阶段、分层次组织干部开展学习、培训和岗位练兵，全面提升青年干部岗位技能。开展机关作风教育规范、廉政文化进家庭、读书倡廉、强化廉政制度执行力等各种形式新、内容实的党纪政纪法纪和廉政纪律教育，干部队伍长期保持平安、稳定。

抓服务促经济。发挥“税收服务志愿者协会”、“青年创业辅导中心”的积极作用。对全市重大项目提供全方位服务。成立钢铁等五大主要行业税收服务小组，定期开展行业个性化税收服务。发挥“纳税人维权服务中心”的权益保障作用，通过第三方监督，为纳税人搭建政策咨询、法律援助、特殊困难救助平台。

抓创树促奉献。以文明创建创树活动为契机，组织干部开展扶贫帮困等各类公益活动，捐款10余万元，取得政府、群众、社会“三满意”实效，树立了溧阳国税的良好社会形象。

（王　栋）

地方税务

【概　况】 2011年，溧阳市地方税务局围绕中心工作，突出“依法治税、信息管税、服务兴税、人才强税”四大重点工作，组织收入实现“三个突破”。税费总额突破40亿。全年累计征收各项税费（含耕契两税，下同）43.98亿元，同比增收9.11亿元，增长25.9%。税收收入突破30亿。完成全口径税收收入31.66亿元，同比增收6.54亿元，增长26.01%，在全省50个县、市中排名第11位。一般预算收入突破20亿。完成一般预算收入23.31亿元，同比增收4.7亿元，增长25.23%。

2011年，累计征收各项基金费12.3亿元，其中社保费征缴9.42亿元，同比增长21.13%；征收教育费附加1.78亿元、其他地方基金费1.09亿元。

【税源专业化改革】 市地税局严格按照上级统一部署和税源专业化管理的统一要求，优化征管机构及内设机构的配置，创新管理员制度，完善机构设置和岗责体系，优化业务流程，实现工作格局、工作标准、工作评价的规范统一，严格遵循专业化管理流程业务处理，实现“征、评、管、查”闭环运行。

围绕“巩固、完善、深化、提高”的目标切实抓好税源专业化改革后续工作，促进管理质效持续提升。

进行机构变革，调整基层分局的管辖区域和职能，缩减一个基层分局，组建风险应对专业团队，人员交流面48.95%。实现征管改革，构建“征、评、管、查”四分离的税源专业化管理模式，对于重点税源由市局和基层分局实行“双重管理”，对一般税源以行业评估指标及预警值的设置来实现“临界线管理”，对零散税源以基层分局为主进行“团队管理”，提高分级分类管理的科学性。在税源管理中贯穿风险管理主线，实现“监控权”与“管理权”分离，促进“管户”向“管事”转变，实现按岗分工、分权制衡。全年推送34类2075条风险任务，通过风险有效应对实现税收收入1.09亿元。

成立税源专业化后续管理专项小组，制定改革后续工作专项实施方案、业务协调衔接办法及管理流程、各部门岗位职责及规范，邀请省局征科处钱俊文处长作税源专业化管理专题讲座，指导改革进一步向纵深发展。市地税局有1人抽调到省局征科处，1人参加大集中系统升级改造。

建立纵向互动、横向联动的协作机制，鼓励基层分局创新实践，二分局开发涉税风险流程模型、建立小组协作机制。五分局实施建筑业跟踪问效机制，积极探索行业专业化管理，建筑业规模以上项目登记率100%，项目清算比例达91%以上。六分局建立管理与评估互动机制、政策落实集体审议制度。

【“四轮驱动”税源分析机制】 加强税收预测，建立“四轮驱动”税源分析联动机制，每月召开税收分析工作例会，建立全市重点建设项目跟踪管理、服务制度，强化对收入目标的责任考核，建筑业税收入库6.9亿元，同比增长56.43%，成为2011年增量贡献最大的行业。通过“严、考、合、查”四字方针加强税种管理。严格执行预缴政策，强化考核力度，加强与财政、国税的信息合作共享，加强汇算清缴、纳税评估和税收检查。企业所得税全年入库7.06亿元，同比增长57.76%，高于常州平均增幅29.83个百分点，成为增收贡献最大的税种；营业税入库10.29亿元，同比增长36.20%，成为溧阳地税历史上首个总量突破10亿大关的税种；地方契税同比增收1.88亿元，增长33.33%。

【税源管理】 市地税局深化建筑业、房地产业等重点行业项目管理，探索建立各税种风险指标和模型，实施税种间风险联动管理。发挥存量房交易纳税评估系统的作用，加强土地增值税清算工作，提升二手房交易中土地增值税的管理水平。推动二、三产剥离，推进个人所得税全员全额管理，重点加强对高收入者和财产转让、利股红所得等非劳动所得的个人所得税征管，拓展转让限售股个人所得税税源。以资源税改革为契机，探索资源税多部门联合、源头控管的新模式。贯彻落实好《车船税法》，完善代收代缴办法，提高车船税源泉控管水平。

【税收政策】 密切关注和研究税制改革动向，加强调查研究，为全市加快实施“新兴产业千亿工程”等重大工作部署建言献策，提高税收工作的前瞻性和针对性。落实技术开发费用加计扣除政策，以及推动科技成果转化的政策，助推转型升级、促进科技创新。落实促进战略性新兴产业、现代服务业发展等税收政策，推动经济结构调整和产业升级。落实鼓励创业、支持就业、增加居民可支配收入等方面的政策，为保障民生助力。推动企业二三产分离，实现“企业减负担、地方增税收”的双赢局面，加强分离企业后续服务，助推企业做大做强。

【税收风险管理】 市地税局通过对业务流程的整理、重塑，实现风险管理流程与税收业务流程的高度融合，通过风险识别、推送、应对和反馈，实行高效的专业化税源管理，实现用风险管理替代传统的层级管理和经验管理。根据风险应对任务，合理配置征管资源，实施差别化应对策略。开展机关实体化运作，明确机关职能科室对税源实体化管理的权限和范围，加强机关统筹业务发起，实现地方税收征收管理模式的重大变革。

【税收数据质量管理】 制定严密有效的数据采集、利用、监控规范，切实将第三方数据采集利用摆在突出位置，发挥全市综合治税信息交换平台的作用，实现与30余个外部门信息交换的常态化、规范化、网络化。拓展第三方数据来源，完善综合治税信息数据分发和利用机制，通过数据分析比对，及时发现税收征管漏洞和重大税源线索，全年通过第三方数据采集利用实现税收逾3000万元。深化国地税数据交换，推进申报征收、发票管理、税源管理、税务稽查及其他信息的交换与应用，有效提升工作效率，减轻纳税人负担。

【发票综合改革】 建立健全发票电子化管理制度，推动发票管理方式由发票纸质载体管理向发票信息管理的转变。建立完善本级发票数据仓库，实现发票“全生命周期”信息化闭环管理，全面提升发票信息的增值应用水平。依托全省统一的查询认证平台，推动发票查询的便捷性，加大发票网上认证的推进力度。规范定额核定发票管理，引导和扩大网络发票开具范围。

【创新纳税评估方式】 开展“三位一体”评估式税收政策辅导，全面提升纳税评估质量和效率。税政、征管、稽查联合，抽调纳税评估人才库业务骨干，成立9个评估小组，对全市52户重点税源企业进行评估式政策辅导，评估贡献税款4800万元。狠抓日常评估工作，全年评估企业415户次，补缴税款、滞纳金8110.57万元，评估面3.45%，评估贡献率3.4%。在常州市地税系统纳税评估业务技能竞赛中获二等奖，两篇案例获得纳税评估优秀案例评选三等奖。

【国地税联合稽查】 为加强专业化稽查和专项整治，全面提升税务稽查效能，市地税局和国税局成立国地税稽查协作联络组，拟定《联合稽查实施办法》，召开5次联席会议，交换4件重大案件资料，完成3户联合检查，查补各项税收累计361万元，该项做法得到省地税稽查局的高度认可和支持，并作为常州地税稽查局重点项目继续深入开展。

加强专业化稽查和专项整治力度，对采掘业实施专业化稽查，对园林绿化和市政建设工程、股权转让和资本交易开展专项检查和整治，对政府融资平台企业进行专项调查。全年完成3件“一案双查”，查处50万元以上大要案4起，查补入库税款、滞纳金和罚款3172.39万元，1篇稽查案例在常州市局评比中获三等奖。

【税收征管】 制定《提高征管质量的工作意见》，建立指标三层剖析体制，按月进行考核，作为常规工作常抓不懈，在常州半年度和三季度指标分析通报中溧阳市地税局分别名列第一和第二。联合国税对户管信息进行比对清理，六分局积极探索基层国地税合作机制，通过多方努力、齐抓共管，征管基础有较大提升。

【餐饮业个体电子定税】 依托综合治税平台，收集供气、供水、供电等多部门信息，搭建餐饮业电子定税模型，项目成效显著。及时与上级局相关处室对接，选派3人参加常州市餐饮业税收风险识别模型构建，该项目被定为省局重点建模项目。以餐饮业为辐射，对全市个体工商业逐步推行建账、建制，全年对320户共管户、100户营业税户推行建账管理。

【存量房交易纳税评估系统】 为合理调整“二手房”交易价格，防止税款流失。综合协调建委、物价、房管等部门，采集存量房评估价格等数据资料，开发存量房评估软件。通过该系统评估“二手房”交易户900套，调整比例13%。通过其对“二手房”交易价格明显偏低的进行纳税调整，增收税款282万元，调增税额占当期申报税额的比例16.2%。

【构建水泥行业税收数据分析模型】 市地税局积极推进行业税收模型化管理，组织项目组先后到无锡、南通等地考察学习，深入水泥企业调研，借助质监局等外部力量进行调研，利用“投入产出法”搭建水泥行业税收数据分析模型，探寻构建税收分析模型的标准流程和长效机制，有效提升溧阳市这一重要支柱工业的税收征管水平，在模型构建、运行基础上总结行业税收分析模型搭建一般方法。该创新项目在全常州税务系统获得推广，调研成果被国家税务总局《税务研究》刊用。

【优化纳税服务】 与科技局、财政局、国税局等部门联动，完善高新技术企业申报联合初审机制，开展高新技术企业专项辅导；开通“税企直通车”，为华鹏、金源锻造等拟上市企业开辟绿色通道。各分局依托区位优势创新创优服务，三分局积极探索旅游业税收管理新模式，四分局继续深化资源税链条式管理，八分局开通“领航式”服务助推新办企业顺利起航，落实优惠政策帮扶民营企业。全年减免各项

局长服务团走进高校毕业生就业见习基地　　（市地税局　供稿）

税收4亿元，既帮助企业用足用活税收政策，又激励企业主动进行结构调整和产业技改升级。

【税收服务】 依托“办税服务厅、网上办税服务厅、12366、纳税人学校、纳税人之家”五大平台，构建“实体—网络—声讯—沟通”四位一体的多元化服务格局。一分局积极贯彻标准化大厅建设，建立健全各项纳税服务制度，拓展同城通办业务范围和数量。职能科室各司其职，大力推广网上办税，举办16场次网上申报纳税培训。设立纳税人维权中心、12366热线，建立“维权观察员”制度，开办“纳税人学校”并使之常态化运转，建立“分类科学、准确实用”纳税辅导机制，企业参训率32%，超过常州市局平均水平20个百分点，其中三分局、八分局均超过80%。整合全市“纳税人之家”，建立“纳税服务档案”，“建材行业纳税人之家”获得常州市局优秀纳税人之家三等奖，“绿色地税、满意到家”品牌获得溧阳市级机关“五星级”服务品牌。

深入地方五大产业中的重点企业走访调研，多形式多渠道广泛宣传新政执行口径，拓宽需求反映渠道，建立诉求响应机制。联合苏皖两省六县（市）税务局共建“税收主题园”，推动《税收在我身边》百场巡播，走进“民生聚焦”和“平陵茶馆”，召开税企恳谈会，开展“帮助企业解难题、扶持企业促发展”等系列宣传活动，及时沟通协调、答复解决企业各类难题，携手企业共渡难关、共谋发展。

【健全内部管理制度体系】 从税政执法、税收征管、信息化建设、税收计会统、人事教育和党建、纪检监察、行政管理等方面对原有的工作制度进行梳理整合和完善修订，探索适合专业化管理的制度体系，有效解决衔接不畅、沟通不力、职责不清、执行力不强等问题，提高各项工作的整体效能。完善综合绩效考评机制，全面对接专业化管理，简并考核指标，突出考核重点，形成组织严密、层次分明、导向突出的考核评价体系。加大机考比重，增加量化指标，提升考核工作的合理性和可操作性。加强日常考核和过程监督，强化考核反馈和沟通，重视考核结果应用。

【内部管理】 市地税局通过兴建行健馆、修缮网球场，丰富文化生活，释放工作压力，提升队伍素质。加强干部教育培训，1人在全省地税系统企业所得税岗位技能考试中获得第29名，7名干部通过“注册税务师”考试，干部职工的信息、科调研水平得到很大提升，汇集《行健》、《税海聆涛》、《思想库报告》等多部作品集，扩大溧阳地税文化品牌的影响力。各部门积极探索人性化管理方式，一分局实行“三维”考核、流动红旗窗口评比，三分局继续拓展完善《行政效能考核细则》，四分局积极倡导“每人每年进步一点，团队每年迈进一步”的理念等，全局工作活力得到有效提升。

注重上下联动，与上级局各处室对接项目开展情况。加强横向联动，科室与科室、科室与分局间密切配合，打造精品项目。通过“双五佳”评选、优秀“合理化建议”评选，激励干部争先创优。创建活动牵头科室认真负责，各单位通力协作、步调一致，全局顺利通过省五星级档案复查验收，各类创建成果丰硕。

开展道德讲堂活动，开展“老子道德经与人生智慧”等幸福课系列讲座，建立“空中道德讲堂”，“走出去、请进来”创新中心组理论学习方式，联合党、工、团、妇开展知识竞赛、岗村结对、挂钩帮扶、助学接力献爱心等活动，提升地税形象，全年捐款7万余元。“蓝色税苑道德讲堂”得到国学名家姚淦铭教授题词，被评为常州市道德讲堂示范点。

【岗位廉政教育】 加强政风行风建设，通过查找所有岗位风险点、评定风险级别，编写九大重点岗位风险案例，广大干部集思广益，以漫画和动漫的形式来以案说法，汇编成《溧阳地税岗位廉政教育读本》；细化行风评议责任制，落实领导挂钩联系制、实地督察制，成立督察组，引入“第三方”监督评价机制，畅通监督渠道。落实重大事项报告制度，全年有15人次报告个人重大事项，开展廉政提醒谈话，全年对56名干部进行廉政谈话。加强廉政档案管理，拓展廉政教育模式，强化宣教阵地建设。

【文化建设】 市地税局强化“人力资源是第一资源”的理念，以文化凝聚力量，昂扬精神，创新队伍建设的体制机制，不断提升干部队伍素质，为地税事业改革发展提供可靠的智力支持和人力保障。坚持以先进文化引领人，推进地税文化管理体制建设，尊重干部的首创精神，干部职工广泛参与，做到集思广益、群策群力、继承创新、全员共建，丰富地税文化的形式和内涵，发挥党、工、团、妇等群团组织的作用，开展健康、丰富的俱乐部活动，营造轻松活泼、积极进取的文化氛围，发挥地税文化引领风尚、凝聚人心、推动发展的重要作用。开展职业道德建设主题活动，激发干部职工的高尚情怀，励志鼓劲、爱国爱岗。深化合理化建议评选活动，解决工作生活中的实际问题。深化“以人为本”管理理念，积极探索，创新后勤服务新机制。

（彭　华）

审　　计

【概　况】 2011年，溧阳市审计局围绕市委、市政府工作中心，突出“紧跟苏锡常，同步现代化”工作主题，牢固树立科学审计理念，围绕科学发展主题和加快转变经济发展方式主线，履行审计监督职责，提升审计工作质量和水平，发挥审计的“免疫系统”功能，全力服务于溧阳市经济社会科学发展，为“十二五”审计工作布好开局。

全年完成审计项目26个，审计查出管理不规范金额9818万元，收缴违纪金额978万元，固定资产投资项目审计核减额3655万元，核减率11.02%。对审计发现的问题，注重从体制、机制、制度及政策措施层面分析问题、提出建议，向市委、政府提交报告38篇，提出审计建议54条，市委、市政府领导批示报告21条，上报审计信息被国家审计署、省审计厅、常州市审计局录用80多篇次。

【财政金融审计】 构建财政审计大格局下的预算执行审计体系，财政审计思路进一步拓宽，财政审计内容进一步拓展，审计方法更加灵活，重点关注财政支出结构、资金和项目的效益情况。“同级审”涉及财政、地税、国土、农林、人社、卫生等6个部门以及新农保基金、新农合基金、国有土地出让金、农发基金等4项重点资金，审计查出违规金额889万元，管理不规范金额8178万元。

【专项资金审计】 2011年，开展地方政府性债务情况专项审计调查、溧阳市国有土地出让金专项审计以及普通高中债务调查等专项审计项目。地方政府性债务情况专项审计调查项目是国务院部署的一项重要工作，由国家审计署统一组织、统一方案、统一实施，常州市审计局安排溧阳市审计局交叉审计金坛市。在审计过程中，克服审计时间紧、审计人员少且项目与“同级审”有冲突的困难，由局长带队，安排业务精、能力强的审计人员参与审计，按照“摸清规模，分清类型，分析结构，揭示问题，查找原因，提出建议”的工作思路，通过严谨细致的工作，完整、准确地反映金坛市三类债务、八个时间节点的政府性债务规模、结构、资金投向和管理现状等情况，深入分析地方政府性债务形成的主要原因，提出加强地方政府性债务管理，建立健全规范的地方举债融资机制，有效防范和化解潜在风险的意见和建议。

国有土地出让金专项审计项目是溧阳市人大交办项目，是为强化国有土地出让金征收使用管理，促进国有土地使用权交易和出让金收支管理的规范化而开展的专项资金审计。通过审计形成专项审计报告呈报溧阳市政府，提出编制土地出让预算、严格履行土地出让合同、违约加收违约金、规范土地出让收入使用范围和执行标准、降低土地收储成本等建议。

溧阳市委、市政府高度重视审计建议，市委书记盛建良、代市长苏江华分别批示要求相关部门根据审计建议研究制定相应的管理办法和改进措施，召开政府常务会议听取相关制度的情况汇报。市政府以溧政发〔2011〕67号文出台《市政府关于进一步规范土地市场加强土地出让管理的实施意见》，从适用范围、供地方式、出让方案、出让合同、出让金管理等16个方面对土地市场管理进行规范。

【民生资金审计】 开展新农合基金、新农保基金、政策性农业保险资金等事关民生的审计项目。新农保基金审计调查发现新农保信息化管理系统中存在身份证重号，产生重复领取老年直补或新农保养老金问题，存在经办单位收入过渡户资金余额和财政专户存款中活期存款数额较大的问题，不利于农保资金的保值增值；新农合基金审计发现新农合信息化管理系统中存在信息不完整和监督功能未发挥作用的问题，有少数镇存在配套资金不到位问题；政策性农业保险资金审计发现农业保险理赔手续不健全、病死家畜无害化处理不严格、存在村、镇财政代交农户保费、提取的管理费没有按照责权对等原则分配等问题。

针对上述审计发现的问题，市审计局分别提出审计建议，要求相关单位年内整改到位。市政府领导对报告反映的问题非常重视，批示要求相关单位严格按照报告进行整改落实。

【固定资产投资审计】 开展工程建设领域专项治理、校舍安全工程、太湖水污染治理等跟踪审计项目和燕山河整治工程绩效审计项目，南渡镇万顷良田安置房工程、燕京景观广场工程等竣工决算审计项目，项目送审总金额33170万元，审计核减3655万元，核减率11%。水利局污水收集系统二期工程、燕山新区站前路工程等跟踪审计项目正在实施之中，项目总造价约2.5亿元。

在固定资产投资审计中着重抓好规范审计程序、前移监督关口、创新审计方法三个方面。

规范审计程序，确保审计质量经得起历史检验。审计过程中，加强调查、复核、审理等环节控制，严把工程变更签证、工程量计算、套价三个关口，保证工程审计质量的准确性。

前移监督关口，加强中间环节监督。开展建设项目跟踪审计，关注工程质量，督促监理及时查找问题，跟踪落实整改，杜绝工程质量隐患；搜集各类工程量签证，留下现场施工记录，为核算工程造价搜集第一手数据。

创新审计方法，按时保质完成投资审计任务。针对投资审计业务量大，审计机关技术力量不足的实际困难，采取审计机关独立审计和外聘人员相结合的办法，加快完成审计项目任务；通过计算机辅助审计，提高工作效率。

【经济责任审计】 溧阳市委组织部委托8个经济责任审计项目，其中“三责联审”项目3个。市审计局主要抓好审计计划制定，前移审计关口。2011年初召开溧阳市经济责任审计工作联席会议，科学合理的制订经济责任审计计划任务。经济责任审计项目数量虽然减少，但是任中审计达到50%，前移审计关口，加强对权力重要岗位、关键环节的制约监督，做到惩防并治，预防为主，发挥审计对权力的控制预警和约束作用，增强经济责任审计评价的客观性和干部监督管理的规范性，加大经济责任追究和整改督察力度，充分发挥市委经济责任领导小组部门协作机制的综合效应。

抓好对中央两办《规定》学习、宣传和贯彻工作。召开党组会议进行专题学习，制订出学习、宣传《规定》的具体工作方案和措施。召开全体人员大会，组织全局干部职工集中学习，要求全局干部职工以科室集中学习和个人自学的方式，学深、学透、学好《规定》，在实施的经济责任审计项目中，结合《审计准则》规范要求，严格按照新《规定》组织实施。

抓好审计整改到位，提升审计成果。2011年经济责任审计查出违纪金额64万元、管理不规范金额1640万元，提出审计建议16条。审计局提出的改进意见和建议，得到被审计领导干部和所在单位高度重视。经对整改落实情况进行回访检查，审计意见和建议得到较好地落实，被审计单位在整改基础上，针对单位财务管理工作需要，建立和完善内部管理有关规章制度，促进单位财务管理工作上水平、上台阶。

【政府交办项目】 完成4个政府交办审计项目，血站财务收支审计、卫校财务收支审计、电力有限公司资产负债审计、客运公司2011年度镇村公交经营情况审计。抽调审计人员参与“小金库”专项治理、规范津补贴专项检查、基层医疗卫生机构债务清查审计等临时交办项目。对市血站财务收支审计过程中，审计人员采取详查法，对每笔收支都进行核查，从而反映出该单位存在招待费支出过大、报销手续不规范、违规收费等问题，审计及时将问题通报给卫生部门，建议加强财务管理，对有关问题立即进行处理；对溧阳市电力有限公司审计过程中，审计人员对多年积存的往来进行逐笔清理，并延伸至相关债权、债务单位进行核对，通过认真细致地工作，真实、完整的反映该公司资产负债现状，揭示该单位对资金出借款项管理和清收工作不到位，未能做到对出借资金的及时催收或续签借款合同，导致670万元的资金难以收回等问题。

【推行项目质量考核机制】 目标考核机制不断完善。在充分讨论和征求意见的基础上，制定《关于2011年度审计业务综合考评办法及相关考核办法》，从审计项目质量、绩效审计项目、审计信息、审计科研论文、计算机审计考核等五个方面进行考核，并制定详细的奖惩措施。通过审计业绩考核，创造竞争氛围，调动审计人员的积极性和创造性，增强审计人员的责任感和紧迫感。

【创新计算机审计】 计算机审计技术不断创新。在每个审计项目中大力推进计算机审计技术的运用，在联网审计、信息系统审计方面不断创新，不断总结、形成许多实例和方法。2011年上报审计方法18篇、AO实例11篇，比上年增长264%。在2011年“同级审”中，通过财政联网审计系统，对财政国库集中支付信息系统进行审计，发现部分支出未实行直接支付、预算单位经济科目使用不规范等问题，财政局采纳审计建议，出台《关于加强市级财政国库集中支付管理的通知》，要求全市各行政事业单位加强国库集中支付管理；通过对新农合信息系统的审计中，发现信息系统中缺乏审核、校验功能机制，部分数据的完整性、真实性存在问题；通过对新农保数据库的采集分析，发现信息系统中部分数据不完整，存在参保人员信息重复和重复领取保险金等问题。上述问题都得到市长的高度重视，批示要求相关部门年内整改到位。

【转化审计成果】 2011年，审计局继续将审计成果转化作为审计工作的重点，以成果利用促整改。向市委、市政府提交审计报告38篇，提出建议54条，领导批示21条，有些批示明确要求相关部门要按审计建议进行整改，将整改结果上报。为了进一步加强审计整改督办工作，制定《关于审计整改跟踪督办暂行办法》，办法中明确各科科长为审计整改督办工作的第一责任人，审计结束3个月内到被审计单位回访，检查审计整改落实情况，建立长效管理机制，推动审计整改依法落实到位。把信息宣传工作作为扩大审计影响，转化审计成果，辅助领导决策，服务经济建设，促进审计质量的一项重要工作来抓，加强审计宣传，落实审计整改，扩大审计成果，制定奖惩措施，把任务落实到人。全年撰写审计论文、信息120多篇，分别被国家审计署、省审计厅、常州市审计局等各级宣传媒体录用80多篇次。

【机关作风建设】 2011年，市审计局把“实”、“高”、“新”、“严”、“细”要求落实到各项工作中，不断增强审计干部的党员意识、公务员意识和审计人员意识。以治“庸懒散”、“娇骄暮”为重点，着力提高审计人员的思想、政治、理论和业务素质，努力打造一支能够适应新时代新要求的专业化审计队伍。

制订《溧阳市审计局机关作风建设“庸懒散”专项治理实施方案》，以提高干部执行为目标，以问事、问效、问责为抓手，分三个阶段集中查找问题并加以整改，切实解决机关工作人员中存在的“庸懒散”问题。

印发《“三重一大”议事规则实施细则》、《审计局领导班子成员作风建设测评表》等文件，进一步加强领导班子建设，以透明规范权力运行。

在全局党员干部中开展“硬碰硬转型升级、实打实开局起步”主题教育活动，成立领导小组，组织集中学习、开展广泛宣传，结合纪念中国共产党成立90周年，开展评优评先活动。在全局各科室、市审计学会开展“效率溧阳创品牌，机关服务争最优”主题实践活动，扎实推进工作，不断提升机关效能和服务水平，努力打造机关服务品牌。

【推进学习型机关建设】 在全局深入推进学习型审计机关建设，努力提高审计人员的学习能力，着力提高干部队伍的能力素质。

加强政治学习。2011年初制订《溧阳市审计局2011年度政治专题学习计划》，局党组按学习计划时间安排全局进行集中学习，为实现“十二五”良好开局提供强有力的思想保证和精神动力。

抓好新《国家审计准则》、《江苏省审计条例》和中央两办《规定》等文件的学习工作，提高审计业务水平。选送三名青年审计干部，参加审计署举办的计算机中级培训、考试，从而提高全局计算机审计水平。

修订完善《审计局行政管理制度》、《审计局审计人员行为规范》、《审计局内部综合考核办法》和《审计局影响机关行政效能行为责任追究的规定》等制度，让制度成为机关管理的主要依据和手段，形成靠制度管人的机关管理长效机制。

【党风廉政建设】 坚持不懈抓好党风廉政建设。根据上级审计机关和溧阳市委关于贯彻落实党风廉政建设的有关文件精神，将党风廉政建设始终摆入局党组议事日程。定期组织审计人员学习传达上级有关精神，正确引导审计干部牢固廉洁从审理念，筑牢拒腐防变思想防线。集中学习各级党组织有关党风廉政建设的文件精神，加强对审计人员在实施审计监督过程中的廉政建设情况实施全程监督。制定《党风廉政建设工作目标责任分解意见》，明确党风廉政建设责任内容、目标任务和责任领导、责任科室，提高单位领导以及审计人员的责任意识。

（张惠民）

溧阳市国税局

“创五星服务 建三型国税”动员、推进大会

市长苏江华视察国税工作

国税干部拾金不昧受表扬

建材行业纳税人之家成立

重温入党誓词

税收志愿者在服务

2011 年，溧阳市国税局在市委、市政府和常州市国税局的正确领导下，在广大纳税人和社会各界的关心支持下，以争创一流业绩为追求，以服务经济转型为目标，突出为社会服务，为经济护航，全面发挥税收“聚财”与“调控”两大职能作用，群策群力、攻坚克难，国税工作实现了“十二五”时期良好开局。

经济是税收之源，全市经济发展为税收提供了活水源泉。2011 年，溧阳国税深入推进税源专业化管理，坚持依法征收，尽责尽力为国聚财，保持了国税收入与经济的协调稳定增长。全年共入库各项税收收入 29.58 亿元，同比增加 5.89 亿元，增长 24.85%，税收总量分别是国地税分设之年和十年前的 15.42 倍和 7.05 倍；累计完成地方一般预算收入 7.676 亿元，同比增加 1.76 亿元，增长 29.84%，增幅位居周边 11 个县（市）区之首，分别超过常州和全省平均水平 11.32 和 9.56 个百分点，地方财力保障作用进一步凸显。

税收是调控经济的重要工具。2011 年，溧阳国税以服务发展为己任，紧扣全市经济社会发展目标，持续开展多形式、宽领域的税法宣传解读活动。深化服务型调研，组织税企恳谈，积极从税收视角入手，提供有利于结构调整的宏观经济报告和税收政策建议，进一步拓展税收服务领域和范围，拿出有数据、有情况、有分析、有建议的调研成果，积极为党委、政府提供决策依据。推进标准化模式下的服务措施，实施差别化的纳税服务。对全市重点税源企业、重点项目企业，推开“千企百项”专项服务，建立“点对点”沟通渠道，试行遵从风险计划，签订税企合作遵从备忘，推行客户协调员制度，提供更多的鼓励和更个性化的服务。对大量中小企业和个体户，按行业、按管片等实施集群化服务。围绕推动经济转型升级，全面落实各项税收优惠。全年共落实各项税收优惠、办理出口退（免）税 15.38 亿元，同比增长 50%，相当于同期组织国税收入的 50%。

2011 年，溧阳国税始终把队伍建设作为根本工程，全面启动“向日葵”五年培育工程。深入开展岗位练兵、能手竞赛、专业等级考试，扎实推进道德讲堂建设，构建起人才持续培养新格局。不断加强领导班子建设、基层建设和党风廉政建设，深入推进创先争优和民主评议政风行风工作。全市政风行风评议，溧阳国税局在 12 个参评单位中综合排名第三；市级机关民主评议，在 27 个垂直部门中排名第一。全系统继续保持省文明行业、常州市文明行业标兵称号；市国税局荣获常州市委、市政府 2006—2010 年法制宣传教育先进单位。八个基层分局全部成功创建溧阳市“文明（标兵）单位”；二分局荣获省级“巾帼示范岗”。国税“道德讲堂”荣获常州市行业道德讲堂示范点称号，“职工书屋”荣获常州市职工书屋示范点称号。

常州市溧阳地方税务局

市长苏江华出席半年度工作总结暨作风建设工作会议

局党组开展“帮助企业解难题、扶持企业促发展”活动

品书香 读税法 立税德

2011年，常州市溧阳地方税务局围绕市委市政府“紧跟苏锡常、同步现代化”工作主题，突出税收中心工作，强化“依法治税、信息管税、服务兴税、人才强税”四大重点工作，在严峻的形式下实现了组织收入工作“三大突破”。全年累计征收各项税费（含耕契两税）43.98亿元，同比增长25.9%。

2011年，溧阳地税局成功实行了税源专业化管理改革，优化征管机构及内设机构的配置，创新管理员制度，进一步完善机构设置和岗责体系，优化业务流程，实现工作格局、工作标准、工作评价的规范统一，严格遵循专业化管理流程业务处理，实现“征、评、管、查”四分离的闭环运行工作模式。

该局通过“税苑沙龙”模式积极推动地税文化发展和内部管理创新，建设合理化建议收集平台，提升普通干部在全局事务中的话语权和积极性，推动了水泥行业税收模型、餐饮业电子定税、岗位廉政教育读本等一批优秀创新项目的产生，积极推动道德讲堂建设和干部职业道德教育，“蓝色税苑道德讲堂”被评为常州市道德讲堂示范点。汇集了《行健》、《税海聆涛》、《思想库报告》等多部作品集，有力拓展了溧阳地税文化软实力。

2011年，该局成功创建江苏省爱国卫生先进单位，通过省级档案工作五星级复查，被评为2006-2010年常州市法制宣传教育先进单位、常州市“行业道德讲堂”示范点、2009－2010年度“四有五好”工会财务工作竞赛先进单位、常州市“职工书屋”示范点，获得溧阳市2010年度创新成果奖、溧阳市2010年度“服务经济优胜单位”；原三分局征收所成功创建“全国巾帼文明岗”、团支部被评为2010年度“江苏省五四红旗团支部”。

中心组理论学习走近大学生村官

国学名家姚淦铭为蓝色税苑道德讲堂题词

税收志愿服务贴近现代农业

金　融　业

栏目编辑　尹少鹏

综　　述

【概　况】 2011年，面对复杂的经济金融形势，金融部门紧紧围绕市委、市政府提出的“硬碰硬转型升级，实打实开局起步”工作主题和“紧跟苏锡常，同步现代化”的工作目标，认真贯彻落实国家稳健的货币政策，在宏观调控和信贷规模双重控制与企业资金矛盾日益显著的情况下，全市金融部门逆势而上、积极作为，继续加大对全市重点企业、重点项目、基础设施建设、小微企业和“三农”的信贷支持。进一步完善金融服务，积极推广使用新的金融产品和工具，多渠道、多途径解决企业融资需求，有力地促进了全市经济和社会各项事业的平稳快速发展。年末，金融机构本外币各项存款余额549.3亿元，比年初增加90.2亿元，增长19.6%；各项贷款余额371.9亿元，比年初增加70.6亿元，增长23.5%，完成政府目标任务的118%，新增贷存比78.3%；外汇存款余额1.2亿美元，外汇贷款余额0.7亿美元；全市6家主要保险公司完成保费收入6.6亿元，赔款支出1.3亿元；实现证券交易额298.9亿元。

2011年度溧阳市银行类业务情况

表26　　　　单位：万元（人民币）、万美元（外币）

项　目	工行	农行	中行	建行	农发行	江南银行	交行	邮储	中信	江苏银行	浦发村镇	华夏银行	招行	合计
各项人民币存款余额	722237	996640	500632	712923	7611	1492058	166124	289470	136145	109330	108203	86343	34358	5417952
比年初±%	15.28	10.54	13.05	8.74	−37.66	24.36	21.00	12.10	25.17	36.95	58.75	133.47	–	18.82
其中：储蓄存款余额	349048	634606	277613	388136	–	826739	29729	264008	27883	14740	31422	16551	5277	2865752
比年初±%	15.19	8.68	6.11	1.00	—	7.02	8.29	11.26	22.57	50.42	115.28	31.71	–	8.97
企业存款余额	370112	359180	222823	306907	7611	664642	133224	25462	107414	94456	76371	69791	29081	2467074
比年初±%	16.31	13.10	23.58	13.26	−37.66	55.70	21.29	21.57	29.41	35.06	42.58	185.84	–	30.68
各项人民币贷款余额	583259	584334	309047	526754	120940	996132	163548	50600	125387	69396	77560	44182	19447	3670586
比年初±%	14.13	13.22	11.02	21.83	15.55	29.89	9.92	96.03	26.69	28.68	53.46	1144.	–	22.72
外币存款余额	2382	4286	2349	2596	–	142	25	15	31	–	–	56	2	11828
外币贷款余额	3489	581	2750	477	–	21	–	–	–	–	–	–	–	7319
结售汇总额	–	–	–	–	–	–	–	–	–	–	–	–	–	114930
出口总额	–	–	–	–	–	–	–	–	–	–	–	–	–	90788
出口收汇	–	–	–	–	–	–	–	–	–	–	–	–	–	90788
进口付汇	–	–	–	–	–	–	–	–	–	–	–	–	–	22315
外资询证	–	–	–	–	–	–	–	–	–	–	–	–	–	38209
资本金结汇	–	–	–	–	–	–	–	–	–	–	–	–	–	38209
国际收支申报	–	–	–	–	–	–	–	–	–	–	–	–	–	178536

注：1.各项存款合计数中含地方财政存款11293万元。

2011年度溧阳市部分保险、证券机构业务情况

表27　　单位：亿元

险　种	单　　　位	保费收入	保险理赔(给付)
财产险	中国人民财产保险股份有限公司溧阳支公司	1.11	0.55
	中国太平洋财产保险股份有限公司溧阳支公司	0.69	0.35
	中国人寿财产保险股份有限公司溧阳支公司	0.31	0.15
	中国平安财产保险股份有限公司溧阳支公司	0.36	0.11
	财产险小计	2.47	1.16
人身险	中国人寿保险股份有限公司溧阳支公司	2.28	0.09
	中国太平洋人寿保险股份有限公司溧阳支公司	1.82	0.06
	人身险小计	4.10	0.15
保险业务合计		6.57	1.31
东海证券溧阳南大街营业部证券成交额		298.9	

（蔡　钰）

中国人民银行溧阳市支行

【货币政策】 2011年，人行溧阳市支行认真贯彻适度宽松的货币政策，制定下发了《2011年溧阳市信贷工作指导意见》，出台了《2011年溧阳市金融目标综合考核办法》，构建与政府领导和政府综合部门的日常汇报和交流制度，注重与金融办的日常沟通协调，经常深入各金融机构和企业实地了解具体情况，适时召开金融机构行长联席会和经济金融运行分析会，加强对全市经济金融运行情况的分析，及时提出政策建议，得到了市委、市政府和经济综合部门以及银企的充分肯定。人行溧阳市支行还加强监测分析，开展重点调研，建立涉及多部门、多项目、多数据的监测分析体系，形成的分析报告及时分发相关市领导、综合经济管理部门和各金融机构，促进了地方经济的稳健运行。

【金融创新】 中小企业发展得到重点支持，先后举办两次“中小企业银企对接”活动，活动对接企业76家，签约金额4750万元。会同市金融办组织开展“金融支持中小企业服务月”活动，活动对接企业208户，金额60.8亿元，其中小微企业82户，金额6.9亿元。积极引导金融机构与担保机构开展业务合作，共担保贷款106笔，金额4.2亿元，其中，为企业担保贷款60笔，金额3.3亿元。全力支持民生金融，积极推行“绿色信贷”，鼓励引导产品创新。2011年，全市工业企业净增融资总量88.2亿元，占净增融资总量的68%，净增基础设施和服务业贷款10.5亿元，占新增贷款的14.9%，新增“三农”贷款14.3亿元，占新增贷款的20.3%，新增各类民生金融贷款20.8亿元，占新增贷款的29.5%，其中，小微企业贷款12.8亿元、青年创业贷款4.6亿元、保障房贷款2.2亿元和妇女创业贷款0.3亿元。

【金融生态建设】 2011年，人行溧阳市支行立足于争创金融生态优秀县，不断夯实金融生态创建基础，继续发挥以信用村、金融生态镇创建和“银行信得过企业”评选为主要载体的创建平台作用，配合“诚信溧阳”建设，加强征信建设，通过持续不断的创建工作，社会信用意识明显提高，投融资环境更加优化，“资金洼地”效应进一步显现，四大国有商业银行分别被上级行确定为重点支持行，招商银行到溧阳开设分支机构，浦发村镇银行增设营业网点，5家小额贷款公司开业。9月，溧阳市成功创建江苏省首批“金融生态优秀县”。年末，新设银行机构人民币各项贷款余额55.3亿元，净增16.8亿元；7家小额贷款公司贷款余额29.9亿元，净增28.3亿元。正式启动金融消费者权益保护工作，成立了溧阳市金融消费者权益保护工作领导小组，制定下发《人民银行溧阳市支行金融消费者权益保护暂行办法》和《内部操作细则》等文件，成功举行溧阳市金融消费者权益保护暨宣传月活动启动仪式，签订《溧阳市金融消费者权益保护承诺书》，开展一系列宣传咨询活动。全年共受理和妥善处置8起来信来访和1起市人大代表提案，保障了全市金融消费者和金融机构双方的合法权益。

【外汇管理】 2011年，人行溧阳市支行正式启动跨境贸易人民币结算试点工作，进口付汇核销制度改革成效显著。出台支持地方外向型经济发展服务新措施，强化政策咨询和宣传培训，深入重点企业现场解决难题，主动落实外汇新政，指导企业灵活配置衍生避险金融产品，利用专业优势帮助企业规避汇率风险，创新外商投资企业联合年检工作方法，继续强化外汇业务监管，严厉打击违法违规行为，注重日常监管、非现场监测分析与现场检查的有机结合，牵头商务局约见全市各乡镇招商部门负责人谈话，对各外汇指定银行执行外汇政策开展合规性检查。配合常州中心支局对列入上级核查名录的外资企业和2010年度资本金结汇中发现的涉嫌违规结汇企业分别立案查处，有力遏制违规资本金结汇行为。年末，全辖结售汇总额11.5亿美元，出口收汇9.1亿美元，进口付汇2.2亿美元；国际收支申报17.9亿美元；资本金到位3.8亿美元。

【金融管理与服务】 2011年，人行溧阳市支行积极实施支付结算“快通工程”，重申支付结算纪律，畅通支付结算渠道。进一步加快辖内金融机构银行卡受理市场建设，积极协助公安部门调查银行卡犯罪案件，加快“一卡通”向农村地区推广，根据创建国家级旅游度假区要求，加快度假区银行机构设置、ATM机布放步伐。加强与财政、国税、地税协调配合，加快国库业务电子化建设，实现出口退税无纸化操作，快速高效办理税款入库，提高财政资金使用效率，及时、完整、准确的办理各级预算收入收纳、分成、报解，加强对预算收入退付、更正的管理，加强对预算支出的监管。强化反洗钱日常监管，加强人民币流通管理，积极部署辖内人民币流通满意工程和反假宣传月活动，广泛开展金融知识宣传普及活动。全市实现各级预算收入100亿元，共办理预算支出79亿元，办理集中支付20亿元，共对辖内3681个核准类账户进行了开销户处理，完成银行卡交易额35亿元，收缴各类假币22.7万元。

【内控内管与队伍建设】 2011年，人行溧阳市支行坚持党组专题研究党风廉政建设工作制度，继续实施党风廉政建设量化考核责任制，落实“制度完善月”活动各项要求。持续地对内控制度、岗位职责和操作流程进行有针对性的修订和完善，妥善处理各类来信来访，切实加强保密安全工作，落实“节能减排”工作责任制，成功创建三星级档案达标单位，积极开展争创会计二级单位、人事档案达标工作，不断完善支行应急预案机制，认真组织实施平安金融创建的辅导、督促和验收，扎实推进“法治央行”建设，推进支行依法行政。有针对性地开展各项特色调研，出版发行《溧阳市金融志》。大力开展“双争双创”、“创先争优”、“创新金融服务，支持经济发展”劳动竞赛、“党性修养年”、“光辉的历程”主题图片展、“缅怀之旅”特色党日活动、“慈善一日捐”、扶贫帮困助残助学等各类主题教育活动，牵头组织庆祝建党90周年和金融支持地方经济发展为主题的“和谐溧阳腾飞金融”大型广场文艺演出，积极配合做好文明城市创建、法治县创建、效率溧阳等各类创建活动，着力营造比、学、赶、超的浓厚进取氛围，员工整体素质有新的提升。

（蔡　钰）

中国银行业监督管理委员会常州监管分局溧阳办事处

【概　况】 2011年，常州银监分局溧阳监管办事处在常州银监分局和溧阳市委、市政府的正确领导下，认真履行职责，充分依托常州银监分局集中统一监管的体制优势，紧密结合辖区银行业发展实际，加强政策传导，突出重点，强化服务，全市银行业保持了持续稳健发展的良好态势。

【转变经营方式】 2011年，常州银监分局溧阳监管办事处认真贯彻稳健的货币政策和上级监管部门的工作部署，综合运用监管手段，引导和督促辖区银行业金融机构认真贯彻落实国家宏观调控政策，改变粗放经营模式。促进转变经营方式，优化信贷结构。积极引导辖区银行业金融机构着力保持贷款合理、均衡投放节奏，严控行业性风险，优化信贷结构，支持重点项目、重点企业的资金需求，重点支持小企业、三农、就业、消费、节能环保、科技创新等领域的资金需求，促进区域经济结构调整。积极推进和完善小微企业金融服务。针对辖区中小企业融资难、融资贵、经营环境差等问题，常州银监分局根据国务院“国九条”精神，围绕“转变姿态、转变理念、转变方法、转变模式”，重点就主动加强小微企业金融服务、银行减费让利为企业减负、完善金融服务体系和平台建设、落实小微企业贷款差别化监管政策、规范银行经营行为等提出十方面措施意见。推进“阳光信贷”服务“三农”。推动江南农商行发挥支农主力军作用，全市所有乡镇实施阳光信贷工程，积极探索城镇、专业市场小额贷款的阳光信贷模式，丰富和深化阳光信贷品牌内涵。

【提升风险防控水平】 2011年，常州银监分局溧阳监管办事处不断提升银行风险防控水平。扎实做好平台公司贷款风险转化。在全面清理、解包还原的基础上，按照评估分类和处置方案，认真落实整改保全措施，按照“成熟一家、申报一家”的原则，加强政府平台特殊公司类转化工作，全市7家政府融资平台贷款公司转化为特殊类公司，平台贷款风险得到有效化解。加强房地产贷款风险监控。抓住土地储备、房地产企业风险控制两大关键点，严格落实房地产开发企业“名单式”管理和实施“在建工程抵押”的要求。推进“三个办法，一个指引”落实。紧抓风险源头落实贷款新规。将“三个办法一个指引”落实情况与现场检查、市场准入、高管考核问责等紧密挂钩，建立贷款新规受托支付比例月度监测机制和巡访督导抽查机制，受托支付和合同补正率得到大幅提升。抓好案件防控工作和合规风险监管。深入推进辖区“银行业内控和案防制度执行年”活动，开展“违规经营自查自纠和监管意见整改落实月”活动，会同人行、公安部门深入推进“平安金融”建设，辖区银行业金融机构保持了持续稳定发展的良好态势，实现了“零案件”。加强对新设机构的内控监管，组织对华夏银行溧阳支行开展内控风险评估检查。

【提升服务水平】 2011年，常州银监分局溧阳监管办事处着力提升金融服务水平。持续推进和完善银行体系建设。招商银行溧阳支行完成筹建并核准开业，积极支持银行业金融机构面向农村延伸服务，核准工商银行设立溧阳移动公司社渚营业厅离行式自助银行；核准农行、中行、江苏银行开设离行式自助银行。进一步促进村镇银行健康发展。促进村镇银行开展增资扩股，增强资本实力，进一步优化股东结构，完善公司治理机制和内部管理架构。加强准入监管，促进网点优化布局。常州银监分局全年受理批准溧阳辖区设立县级支行1家、批准机构迁址2家、批准设立自助银行4家，核准高级管理人员任职资格21人。

（陈仲顺）

中国工商银行股份有限公司溧阳支行

【概　况】 2011年，工行溧阳支行认真贯彻上级行的战略决策，认真落实上级行工作会议精神，紧密结合本地区域经济特点，推进结构调整，突出改革创新，注重风险控制，紧抓核心指标，优化收益结构，强化同业竞争能力，各项工作步入新台阶。年末，本外币存款余额73.72亿元，比年初增加10.59亿元。本外币各项贷款余额60.52亿元，比年初增加8.58亿元，实现资产负债业务的稳定发展。工行溧阳支行获省分行“十佳县（市）支行第三名”、支行营业部获省行标杆网点等称号。

【拓展业务】 2011年，工行溧阳支行进一步拓展业务量，取得稳步发展。充分利用上级行给予重点县域支行的信贷政策优势，抢占给予苏南地区重点县域支行的信贷专项规模。加大拓展“两小贷款”业务，积极施行措施，全年为63户中小企业新增授信8.52亿元。大力拓展个人经营性贷款和个人消费贷款市场，保证个贷业务稳步全面发展，全年共发放个人经营性贷款近4亿元。积极采取商友俱乐部为平台，以存贷通和银商通为媒介，开展链式营销，进一步稳定、增加储蓄存款。

在传统融资方式的基础上工行溧阳支行积极推出多样化融资模式，将10户大型工业企业融资需求纳入项目委托理财资金池，新增发放委托理财贷款3.72亿元，海外代付贷款8.47亿元。为5户中小工业企业发放融资租赁贷款2.88亿元。为14户工业生产企业以存货商品质押方式投放贷款3.65亿元。通过多样化融资模式，产品创新，合理调配信贷资源，有效地化解信贷规模压力，有力地支持地方中小企业的发展，实现银、政、企三方的互利共赢局面。

【调整结构】 2011年，工行溧阳支行加大信贷结构的调整。对存量客户的贷款进行逐户逐笔摸底排查，对劳动密集型、产能低、耗能好、效益低、过度融资风险企业制定全年退出计划，调整信贷规模向高效、节能减排等低风险的行业和区域倾斜，调整退出企业4户，退出贷款0.4亿元，优化信贷资产质量，降低信贷资产风险。通过梳理信贷企业授信使用情况，合理调整授信分项，最大限度满足不同企业的资金需求，从而有效缓解企业融资问题。

加强渠道结构的优化。为每个网点配备专职大堂经理与保安，对客户进行引导与分流，减少客户排队等候时间。完成蛮家墩分理处迁址工作，对东方支行、昆仑支行两个网点的改造，通过增设自助机具设备，切实达到分流业务，减少柜面压力的目的。

【规范内控保障】 2011年，工行溧阳支行持续推进内控案防建设，完善内控管理纲要，健全管理人员尽职评审考核制度，坚持违规违章记分考核管理，认真落实思想行为动态排查，坚持用精细化的内控管理促进全行员工树立依法合规、稳健经营的思想，确保业务的安全平稳运行。通过进一步加强监管力度，进一步规范柜员操作流程，提高风险防范意识，促进核算质量稳步提高。

【企业文化】 2011年，工行溧阳支行不断开展企业文化建设。支行团支部组织了庆祝建党90周年诗歌朗诵节目，中秋节举办趣味体育竞赛，通过喜闻乐见的比赛项目，丰富职工的业余生活。组织开展团日活动，“反假币知识宣传”、“普及金融知识万里行——走进校园”、“青年文明号——号手在行动”等一系列活动。

不断加强员工素质培养。工行溧阳支行积极适应市场经济的迅速发展和金融改革的逐步深化，进一步提高管理人员和柜面一线人员规范操作和防范风险的能力，提升员工综合业务素质，通过组织员工进行《业务操作指南》等专业知识的学习和培训，使员工深刻领悟到业务操作流程合规性的重要性。不断提高新员工的业务水平，组织对新入行青年员工技能培训和专业知识辅导，提高员工的综合素质。

不断提供服务管理水平。在网点和一线员工中开展争创标杆、勇争标兵的“双标”专项竞赛活动，有力促进服务水平提升。支行合理调度人员，开通全部窗口，在每个网点增设低柜，细化业务种类。充分发挥自助设备作用，缓解柜面压力。加强大堂经理的识别推介工作，满足不同客户个性化服务要求。重视服务投诉和处理，开展“营业网点客户零投诉”活动，搞好后勤保障。　（钱　益）

中国农业银行股份有限公司溧阳市支行

【概　况】 2011年，中国农业银行股份有限公司溧阳市支行依据“发展、转型、提质、增效”的工作方针，紧扣市场发展脉搏，广筹资金扩大经营规模，负债规模连年创新高。年末，全行各项存款余额达102.36亿元，比年初净增11.38亿元，存款增量居四大国有商业银行首位，全行的储蓄净增5.35亿元，实现了储蓄存款快速稳定增长。

【资产发展】 2011年，农行溧阳市支行积极支持地方经济，加快经济结构调整，坚持科学的发展观来指导信贷工作，不断适应大局发展要求，及时调整信贷市场定位，不断创新信贷产品，大力发展优质客户，重点支持建材、机电、交通、旅游、基础设施等优势企业项目的发展，参与溧阳重大项目建设，加大对高成长型企业的信贷投放。全行新增实体贷款9.1亿元，较好的支持全市一批规模企业上台阶、增效益。全行累计清收不良贷款2970万元，清收表外息58.3万元，潜在风险客户退出3200万元，实现了不良贷款“双降”目标。

【个金业务】 2011年，农行溧阳市支行围绕零售大行的打造目标，旨在为广大客户提供更加方便、快捷、高效、科学的金融服务产品。年末，全行银行卡发卡量达35.4万张，其中贷记卡新增发卡3364张；安装转账电话883台，注册网银客户新增30000户，办理车贷117笔，合计2496万元，销售股票型基金8600万元，销售黄金产品20750克，新拓展第三方存管2133户，代理保险实现收入505万元。

【三农业务】 2011年，农行溧阳市支行深入贯彻落实"服务三农"政策，高度重视服务"三农"工作，深入农村基层开展调研工作，周密部署 "三农"发展策略，积极稳妥开展"三农"业务。灵活抓住一些"三农"优惠政策，结合本行实际，抢抓先机，通过营销各种经济合作社、个体工商等客户，强化宣传形势，灵活授信模式，简化放款手续。年末，全行共对991户农户累计发放小额贷款1.27亿元。

【完善管理】 2011年，农行溧阳市支行始终秉持"以客为先"的理念，不断深入转型工作， 不断完善管理手段，进一步提高服务效率和质量。支行完成营业部、城东、溧城、和平支行原址装修的申报工作，完成景鸿支行、天目路支行和苏浙皖边界市场自助银行的装修工作并投入使用，完成全行所有网点标志标牌更换工作，网点的布局进一步完善，硬件环境进一步改造。西大街支行成功搬迁至新省中对面并且更名为景鸿支行。支行的网点布置和环境得到进一步的提升，为更好的服务客户打下坚实基础。（苗 倩）

中国银行股份有限公司溧阳支行

【概 况】 2011年，中国银行溧阳支行按照市分行2011年度工作思路，认真贯彻落实省行提出的"决胜百亿，决战蓝图，提升三力"工作要求，紧紧围绕支行提出的"抓实负债业务，创新资产业务，提升中间业务，紧盯省辖重点支行目标不放松，确保亿元利润的实现和支行绩效的争先进位"工作思路，坚定信心、同心协力、迎难而上、奋力拼搏，开拓创新，不断夯实管理基础，着力创新服务手段，强树中行品牌效应，提升中行的影响力和美誉度，为溧阳经济健康快速发展提供有力的金融服务。年末，人民币存款余额为50亿元，外币存款余额0.24亿美元，人民币贷款余额30.90亿元，外币贷款余额0.28亿美元。

【国际结算业务】 国际结算业务是中行的传统业务。2011年，中国银行溧阳支行进一步做强出口商业票据贴现、远期结售汇、信用证打包、外汇资金、福费廷等国际结算业务，通过组合授信业务推动国际结算业务的发展，国际结算业务继续在溧阳同业中处于领先地位。利用中国银行海外分支机构多、外汇资金实力雄厚等优势，积极叙做"进口汇利达"、"海外代付"、"协议付款"、"跨境人民币贸易"、"供应链融资"、"易买宝"等业务，使有进口业务的企业在不增加任何成本的情况下，能获得额外的收入。同时推出转汇款业务、全额保证金人民币协议付款业务、协议融资业务、同业代付贴现业务、融资租赁业务、个人委托贷款业务、大额存单质押海外直贷业务、T+1超短期远期结汇等业务。完成国际结算业务量5.67亿美元。

【信贷业务】 2011年，中国银行溧阳支行坚持"转型进位，创新强行"的经营战略，积极转变增长方式，坚持综合平稳，强化资本约束，优化资产负债结构，走稳健协调、高效、可持续发展之路。坚持金融创新服务于实体经济的原则，积极推进产品创新，服务创新，管理创新和技能创新，加强对政府平台融资、基础设施、高新技术的进口、中小企业贷款、出口企业等方面进行重点支持。年末，授信企业客户数达110余户，授信总量突破70亿元，年累计发放贷款60余亿元，2011年纯投放3.91亿元。

【出国一站式金融服务】 2011年，中国银行溧阳支行利用中行推出的出国一站式金融服务产品，为有出国（境）需求的客户提供出国便利。出国一站式金融服务依托"中银汇兑"品牌，包含有五大类十多个产品。客户可以根据需要办理出国留学贷款、贷款资信证明、存款证明、全球汇款、旅行支票、中银国际卡、因私购汇、外币兑换、外币携带证，代理海外开户见证等业务。

【银行保管箱租赁业务】 2011年，为满足广大客户对金银珠宝、古玩字画、有价证券、文件及保密资料等贵重物品的保管需求，中国银行溧阳支行本着为客户提供方便、安全、保密的服务宗旨而开办此项业务。年末，已成功开箱2300户，开箱率达72%。

（姜田才）

中国建设银行股份有限公司溧阳支行

【概 况】 2011年，建行溧阳支行以科学发展观为统领，认真贯彻落实"坚持科学发展观，以转变发展方式为主线，全面提升市场竞争能力和可持续发展能力，抓好创新、调优结构、促进改革、防范风险，确保全面完成年度工作目标和任务，实现全年安全稳健运营"的工作主题，坚定信心，应对挑战，各项业务实现了健康稳定发展。年末，全行一般性存款余额71.29亿元，较年初新增5.73亿元；全行各类贷款余额52.68亿元，较年初新增9.44亿元；实现考核利润1.3亿元，同比增长5.7%；全年累计回收不良贷款263万元，不良率仅为0.024%，实现不良贷款余额与不良率双降；累计完成中间业务收入9165万元，增幅62.04%。支行获建行常州分行"会计管理工作先进集体"、"资金结算产品营销竞赛先进集体"、"旺季杰出管理奖"、常州市单位治安保卫先进集体，溧阳市"文明单位标兵"称号；支行党委获"建行江苏省分行先进基层党组织"、"建行总行先进基层党组织"称号。

【公司业务】 2011年，建行溧阳支行准确把握政策导向，合理把握投放节奏，强化银企合作，积极响应市委市政府"紧跟苏锡常，同步现代化"的目标定位，对全市重点优质项目、单位新增贷款投放10.42亿元，有力地支持地方经济发展；加强银企合作，与58家企业进行银企对接，签约金额14亿元；继续推进小企业中心建设，稳步推进中小企业信贷业务，做好"速贷通"和"成长之路"产品宣传和推广，服务中小企业做大做强，全年新增小企业客户19户，新增小企业贷款3.15亿元；积极抓好"民本通达"金融产品推广运用，积极服务和支持与百姓生活息息相关的教育、医疗、社保和环保领域，民生领域实现投放近亿元。

【国际业务】 加大对外商资本金项目的前期介入，服务地方招商引资工作。成功营销金鹰国际、亚美贸易、波士顿电池等有分量、高质量的资本金账户15户，占全市新开资本金户的46.8%，累计入账资金10173万美元，实现国际结算31220万美元，保持市场份额领先。

【住房金融】 2011年，建行溧阳支行大力推进"乐得家"住房金融品牌，发挥"要买房，到建行"的品牌号召力，加强与优质房地产企业合作，积极拓展住房金融业务，加快发展个人消费和个人助业贷款等经营性业务，不断为全市经济发展和居民住房条件改善提供强有力的金融支持。全年成功营销新开发楼盘5个，累计发放商业性个人贷款1371笔，发放金额52039万元，余额新增28481万元，其中商业性个人住房贷款累计发放1119笔，发放金额39570万元，余额新增21668万元。个人消费贷款累计发放252笔，发放金额12469万元。个人公积金贷款累计发放405笔，发放金额10074.8万元，余额新增3666万元，年末余额当地市场占比49%，继续保持第一位。

【个银业务】 2011年，建行溧阳支行巩固营业网点Ⅱ代转型工作成果，完善客户服务营销网络，着力打造"乐当家"专业理财服务品牌，组织开展形式多样的理财活动，进一步夯实客户基础。开展营销进街道、进社区活动，普及金融知识，提升市民理财意识。加大电子银行渠道建设和客户拓展，全年新增各类个人电子银行客户66548户，个人电子银行账务性交易性量比达70.49%。大力拓展龙卡通，全年累计新增龙卡借记卡47051张，借记卡总量达237636张。完成个人保险代理业务7197万元，实现基金销售10634万元，销售账户金1230659克，买卖个人实物黄金61818克。进一步优化居民用卡环境，在密切存量商户的基础上，努力拓展有上升潜能的商户进行合作，推进增值服务，有效提升建行龙卡信用卡的知名度，满足居民信用卡消费的需求，促进居民用卡消费习惯，全年累计发行龙卡信用卡5178张，实现信用卡消费额42229万元，分期付款交易额完成2553万元。

【内控管理】 2011年，建行溧阳支行深入推进案件专项治理工作，严格实施《违规失职行为处理办法》和《违规行为积分管理办法》，努力促进合规操作的制度化和经常化，加强风险排查，全面防控风险。扎实推进会计文化建设，加强会计队伍建设，以"三铁"工作为抓手，进一步规范业务操作流程，纠正柜员操作习惯，坚决遏制违规行为，杜绝案件风险隐患。开展现金出纳业务操作风险专项检查、非现场监控交叉检查、金库及非金库调拨机构自查、前台柜员系统操作权限设置规范性非现场检查。开展全行对公人民币支付结算业务检查。开展票据部位风险点排查、对单位活期、定期存款数据、CCBS系统柜员资料进行核查、反洗钱专项检查、对暂收暂付款等内部账户检查。开展会计核算检查、票据业务专项检查、批量代收付系统业务、印鉴卡业务、印章、"查隐患、防风险，创建平安支行"专项治理活动方等内容的专项检查。

对员工进行会计新系统、新业务、新制度培训、账户管理系统及新对账系统培训、基层行关键风险点监控检查培训、反洗钱工作培训、档案销毁培训、新版票据知识培训、柜面操作风险等内容的专项培训。组织员工到江苏省常州监狱接受警示教育，增强员工案防意识和拒腐防变能力。进一步完善行长责任区制度、营业主管委派制度和风险监控员制度，进一步细化重大事项报告、岗位轮换、强制休假等制度。落实抓好党风廉政建设，层层签署《廉洁从业承诺书》、《安全保卫责任书》，树立和保持建设银行良好的公众形象和积极构建防控案件的长效机制。

【客户服务】 2011年，建行溧阳支行坚持"以客户为中心"的服务理念，稳步提升客户服务水平。进一步巩固网点转型成果，完善服务流程，强化考核监督，严格落实神秘人检查制度，展示建行良好的服务品牌形象。继续把服务工作纳入全年星级网点考核和基层网点质量管理考核，提高服务督察的频率和考核的权重，加大通报与绩效挂钩考核力度，全面提升整体服务水平。加大渠道建设力度，全年改造网点2家，网点的环境得到进一步优化，服务能力进一步提升，竞争能力也进一步增强。加快自助银行、自助设备的布点投入和安全改造，全年增加离行式自助银行1个，安全性、便捷性进一步提升，为居民打造安全便捷的存取款环境。加强教育培训，开展多种形式的员工技能和业务知识比赛，提升员工技能水平，在系统内获一项第二名、一项第三名、一项第五名、一项第六名和一项团体第四名。

【企业文化】 2011年，建行溧阳支行加强企业文化建设，相继开展"三八"节踏青、"书香满建行"读书周等活动，丰富员工业余文化生活，增强团队合作精神。五四青年节开展"弘扬五四精神 开展创先争优"青春建行激情飞扬联欢会，展示青年人的风采。七一期间举办"高举旗帜跟党走 创先争优作表率"纪念建党90周年红歌赛，展示全行奋发进取的精神风貌；大力推进社会公益事业，履行社会责任，响应市委市政府号召，在全行开展慈善一日捐活动，累计募集资金1.74万元，为需要帮助的困难人员献上一份爱心，开展"捐助白血病患者宋倩云"活动，募集善款1.645万元，展示"善者建行 大爱无疆"的企业社会职责意识。积极响应政府号召，组织员工参加无偿献血活动，全年累计献血5400毫升，体现建行人热心公益、奉献社会的优良传统。与江苏省溧阳中学开展贫困高中生"成长计划"，资助10名困难高中生完成学业，直至考入大学。支行领导班子成员积极开展"一对一"帮扶活动，资助贫困学生，帮助他们渡过难关，顺利完成学业。

开展金融知识宣传进社区、进广场、进校园活动，员工走上街头、深入社区、来到课堂提供金融知识讲解、业务咨询办理、营销活动宣传、反假币知识银行政策解读等便民服务，受到一致好评。开展多种员工关爱活动，营造和谐的企业文化氛围，组织开展员工休假疗养活动，继续坚持行长接待日和五必访等制度，切实加强对困难党员、新进员工和单身员工的照顾，提高离退休人员待遇。支行通过把企业文化建设和业务发展紧密结合起来，激发全行干部员工的凝聚力和向心力，进一步丰富和谐建行的内涵，提升企业的社会形象。

【创先争优】 2011年，建行溧阳支行以建行江苏省分行党建工作联系点为契机，大力开展为民服务创先争优活动，推广党员责任区、党员示范岗、五好党支部建设活动，引导党员立足岗位发挥模范作用。在全行开展“基层网点比发展，看业务推进谁最强”、“职能部门比作风，看服务基层谁最好”、“干部员工比作为，看建功立业谁最行”的三比三看创先争优活动，充分调动全行上下干事创业、比学赶超、争先进位的积极性、主动性和创造性。与金峰水泥、溧阳市供电公司、常州监狱、新四军纪念馆等党建先进单位开展党建统筹共建活动，交流党建经验，促进各项工作的全面提高。建立党建工作专题网站，建立党员活动室等方式，将党建工作联系点建设、创先争优活动以及文明单位创建工作有机结合，形成了极具特色的“党旗飘扬 善建者行”的党建文化。支行成功承办建行总行为民服务创先争优现场调研会、江苏省分行创先争优工作座谈会暨党建工作现场交流会，受到建行总行和省分行好评。

（建行溧阳支行）

建行溧阳支行开展金融知识宣传活动　　（建行溧阳支行　供稿）

中国农业发展银行溧阳市支行

【概　况】 2011年，农发行溧阳市支行以科学发展观为指导，紧紧围绕“扩规模、调结构、防风险、优机制和塑文化”的工作主线，坚定进位发展的信心，鼓足争优发展的干劲，在宏观政策偏紧和金融同业剧烈竞争的环境中，迎难而上、顺势而为，完善优化贷款结构，科学把握贷款投放节奏，大力支持新农村建设。主要业务涉及涵盖地方农业农村基础设施建设、农业生态园建设、昆仑城建项目、天目湖旅游区建设、安顺燃气建设等。确保区域夏秋季粮油收购工作安全平稳有序开展，实现地储粮轮换任务完成，实现业务又好又快稳健可持续发展，为区域“三农”经济发展作出应有的贡献，为地方经济效益和社会效益起到积极的促进作用。年末，各项贷款余额12.09亿元，比年初增加1.63亿元，增幅15.6%；各项存款余额3.12亿元，比年初增加8592万元，增幅39.79%；账面利润为3232万元，比去年同期增加825万元，增幅34.28%。

【服务经济】 2011年，农发行溧阳市支行积极服务地方经济建设，多领域地全力支持地方经济发展。全年主要投放昆仑城建项目贷款10000万元、天目湖集团15000万元、天目湖旅游公司短期贷款5000万元、天目湖生态农业7100万元、安顺燃气等优质大客户分别新增流动资金贷款5000万元和3700万元。累计投放夏粮贷款2600万元，支持溧阳市粮食购销公司收购小麦1300万公斤。累计投放秋粮收购贷款6400万元，支持溧阳市粮食购销公司收购入库籼稻500万公斤，库存价值1400万元。收购优质粳稻1800万公斤、库存价值为5000万元。累计投放油菜子收购贷款4000万元，支持溧阳市正昌油脂有限公司收购油菜子840万公斤。

（管志农）

江苏江南农村商业银行股份有限公司溧阳市支行

【概　况】 2011年，江南银行溧阳市支行紧扣总行年初工作会议精神以及三年规划发展要求，深入贯彻落实“新的发展观、新的结构观和新的资本观”，突出“稳定、转型、提速”主攻方向，积极策应国家宏观调控和空前激烈的同业竞争，较好地完成了各项工作任务，为促进总行转型提速和地方经济稳健发展作出了新的贡献。年末，江南银行溧阳全辖各项存款余额为149.21亿元，比年初增长29.23亿元，增幅为24.2%；各项贷款余额为99.61亿元，比年初增长22.92亿元，增幅29.88%。被市政府授予“文明单位”，被江南银行评为“先进集体”和“优秀基层党组织”称号，在总行网点服务测评中取得一等奖。

【支持地方经济】 2011年，江南银行溧阳支行主动把贷款向“三农”和“实体经济”倾斜，加大信贷投放力度，优化信贷结构，全力以赴支持全市地方经济的发展，各项业务取得较快的发展。

突出对重点项目、重点产业和重点企业的资金支持。加大对辖区重点企业和项目的信贷支持，应对从紧的经济金融形势，江南银行溧阳市支行明确“有保有压促调整、明确投向调结构”的信贷投放思路，通过退出“两高一资”、产能过剩行业，腾出更多的信贷规模，保重点企业和项目，加大对七大产业市场、百强企业和上市后备企业的信贷投放，对溧阳建安业提供多方位的金融合作和信贷支持。

秉承总行聚焦“三农”和中小企业的双聚焦战略。优先满足三农、个体工商户和微小企业的贷款需求。积极主动支持小企业的融资，针对小企业财务报表不健全、信息不对称、抵押担保难等制约小企业融资难的问题，加强与专业担保机构的合作，缓解部分企业的资金需求，帮助企业恢复正常运行，有效地支持企业临时性资金需求，降低企业的财务成本。

加大对金融弱势群体的扶持。全面发放下岗失业人员贷款、青年创业贷款、经纪人贷款、阳光贷款。发挥网点机构覆盖广、布局合理的优势，全面代理全市农村有线电视收费、代理农村居民电费代收、全市罚没款的代收、代理粮食直补发放、代理社保、代理教师工资发放等代收代付业务，在每个网点设立ATM存取款机，开通残疾人专用通道，大力开办手机银行、网上银行，方便居民工作和生活。

加大银企联谊力度。根据总行的统一安排，支行相继举办中秋企业联谊会和新年客户答谢会，积极参加有关部门组织的银企洽谈会，通过宣传、洽谈等形式，在增强与企业交流了解的同时，拓展一批新的、优质的客户。积极开展挂钩村结对帮扶活动、资助困难儿童上学、向慈善总会捐赠善款、对驻溧部队官兵进行节假日慰问、开展集体献血、“青年文明号”创建单位对敬老院进行慰问等各类社会性、公益性活动，从各个方面展示地方金融和民生工程的作用。

【强化合规操作意识】 2011年，江南银行溧阳市支行紧扣总行合规文化建设相关要求，溧阳辖区积极推行“合规人人有责”、“主动合规”、“合规创造价值”等合规理念。深入开展“学制度、促合规”的学习活动，组织员工学习制度文件，通过对监管制度、内部规章的学习使员工时刻铭记和恪守自己必须遵守的基本行为准则。11月，以总行组织员工参加省联社合规知识考试为契机，通过集中学习、培训、交流等方式，使合规经营的观念与意识渗透到每个岗位、每个业务操作环节和全体员工的行动中，不断提升全行合规经营管理水平。

【风险管理】 2011年，江南银行溧阳全辖按照总行案件防控工作的实施步骤，在成立支行领导小组基础上，制定《江南银行溧阳市支行案件防控培训实施方案》。9月末，共组织集中专题培训6次，要求所辖支行每月培训不少于2次。突出案防关键部位，对所辖近300名员工进行“九种人”和涉及社会融资行为排查，突出对向客户借款，参与“黄”、“赌”、“毒”，经商办企业以及参与地下钱庄和非法集资等行为的监督。配合总行要求对授权卡、钱箱、查询对账、轮岗休假、印章管理、票据业务、ATM机具、监控运行等环节的检查监督工作，利用监控系统开展适时检查和后续检查，确保无事故。建立违规举报制度，一旦发现违规违纪行为的严明纪律，决不心慈手软，报总行相关部门严肃处理，从而共同缔造一个平安、有序的金融环境。

（刘莎莎）

交通银行股份有限公司常州溧阳支行

【概　况】 2011年，交行溧阳支行在上级行的领导下，面对宏观经济形势的不断变化，紧紧围绕总行推进“二次改革”总体要求及分行提出的开门红竞赛目标，进一步调整经营策略，优化发展格局，完善业务管理，强化队伍建设，全体员工克难奋进，众志成城，使溧阳支行全年各项业务持续保持了较快的发展，并在当地同业市场份额稳中有升，实现了规模、质量、效益的协调同步发展。年末，支行各项存款达16.61亿元，比年初新增2.88亿元，增幅20%。其中，人民币对公存款余额13.32亿元，比年初新增2.34亿元，增幅21%；人民币储蓄存款3.29亿元，比年初新增5446万元，增幅20%。人民币各项贷款余额16.35亿元，比年初新增1.48亿元，增幅10%。其中，人民币实质性贷款余额15.52亿元，比年初新增6400万元，增幅4%。

（狄霞波）

中信银行股份有限公司溧阳支行

【概　况】 2011年，中信银行溧阳支行各项业务稳步发展，市场份额进一步增加。年末，支行人民币各项存款达13.6亿元，比年初增加3.6亿元；各项贷款余额达12.5亿元，比年初增加2.6亿元，银行承兑汇票余额6.7亿元，比年初增加4.6亿元；个人贷款余额首次突破1亿元；国际业务结算量5418万美元。

【服务地方经济】 2011年，在国家宏观调控形势异常严峻的大环境下，中信银行溧阳支行积极顺应宏观形势，坚持围绕地方经济建设，通过调整信贷结构、创新业务产品，多渠道多纬度地为客户提供融资解决方案。特别针对小微企业融资困难问题，支行积极争取专项信贷规模，加大投放力度，全年累计向小微企业发放贷款人民币18700万元，有力地支持了溧阳当地小微企业的发展。

（王　荐）

江苏银行股份有限公司溧阳支行

【概　况】 2011年，江苏银行溧阳支行在总、分行的正确领导和关心支持下，面对持续复杂多变的外部经济金融形势，以实现科学可持续发展为指导，始终坚持“立足江苏、服务社会、大力支持地方经济发展，为构建和谐社会作贡献”的宗旨，紧扣地方经济发展的脉搏，脚踏实地深入企业、服务地方、谋求发展。经过全体员工的不懈努力，支行各项业务取得了良好的经营业绩，资产规模不断扩大，存贷款稳定增长，实现了低风险、快增长、高效益的战略目标，树立了“合规、业绩、责任”的江苏银行良好形象。年末，支行各项存款余额为10.93亿元，其中储蓄存款余额为1.47亿元，企业存款余额为9.46亿元；支行各项贷款余额为6.94亿元，办理贴现12.47亿元，办理借记卡1530张，贷记卡558张。

【支持建安企业】为加深与建筑企业的相互了解，进一步加强银企双方的交流与合作。2011年11月18日，江苏银行溧阳支行举行“江苏银行——溧阳市建筑企业交流座谈会”。年末，江苏银行溧阳支行为新增建安企业客户办理贴现2579万元，办理个人网银25个，信用卡58张，开立全额保证金银行承兑汇票2000万元，敞口银行承兑汇票18600万元，发放流动资金贷款2900万元，开立国内信用证4200万元。为全市建安企业提供了更加全面、优质、高效的金融产品和服务。

（孙 杰）

华夏银行股份有限公司溧阳支行

【概 况】2010年9月8日，华夏银行股份有限公司溧阳支行正式成立。在上级行的正确领导和支持下，在支行领导的统一协调、严密安排下，按照上级行工作会议所确定的指导思想和工作方针，结合实际情况，坚持开拓与管理并重的原则，紧紧围绕全年工作的总体目标和计划，通过全行员工的共同努力，克服种种困难，各项业务快速、健康、协调发展。2011年，华夏银行溧阳支行一般性存款余额为86343万元，当地市场份额1.6%，与当地其他股份制商业银行相比较，一般性存款增量排名第一。其中对公存款余额69791万元；对公客户211户，授信单位68户。储蓄存款余额16551万元，比年初新增3985万元；对私客户4000多户，其中贵宾客户485户。

【服务地方经济】2011年下半年，华夏银行常州分行入选华夏银行首批小企业金融服务特色试点分行。华夏银行推出了“龙舟计划”，以“小、快、灵”的融资方案，为中小企业提供快捷的融资，破解了中小企业融资难，成为服务中小企业的一道亮丽风景线。以扶持中小企业发展，向中小企业提供最好的金融服务为市场定位，全力打造中小企业金融服务商。授信2000万元以下的小企业客户115户，贷款余额24295万元。

【经营理念】华夏银行秉承“始终坚持质量、效益、速度、结构协调发展”的经营理念，稳步实施国际化改造战略。坚持依法合规经营，构建全方位、全过程的风险管理体系，加强风险管理制度建设，培育严格、规范、审慎、稳健的风险管理理念和良好的风险管理文化。按照“以客户为中心，以市场为导向”的原则，建立公司、个人、同业三大客户营销体系，全方位开拓市场，制定全行统一的客户服务标准，采用先进的电子化服务手段，建立专业化的客户经理队伍，为客户提供丰富的金融产品和个性的金融服务。拥有“现金新干线”、“融资共赢链”、“环球智赢”、“华夏丽人卡”等为代表的一批品牌产品，在市场上享有盛誉，市场份额在业内名列前茅。（高海洪）

招商银行股份有限公司溧阳支行

【概 况】2011年7月12日，招商银行股份有限公司溧阳支行正式成立。招商银行溧阳支行以敢为天下先的勇气，不断开拓，锐意进取，坚持以“科技兴行”的发展战略，立足于市场和客户需求，充分发挥拥有全行统一的电子化平台的巨大优势，充分利用招行“一卡通”、“一网通”、“金葵花理财”、“点金理财”、招商银行信用卡、“网上银行”等各类优质金融产品和金融服务，适应市场和客户不断变化的金融需求，获得广大客户的一致好评。年末，支行各项存款余额3.44亿元，其中：储蓄存款余额为0.53亿元，企业存款余额2.91亿元；支行各项贷款余额1.94亿元，累计发行一卡通1772张，信用卡993张。

【服务理念】招商银行溧阳支行秉承“因您而变、因势而变”的经营理念，通过各种方式改善客户服务条件，致力于为客户提供高效、便利、体贴、温馨的服务，拉近银行与客户的距离。支行营业大厅内有爱心伞、爱心眼镜、温馨提示、报刊架等一系列便民设施，坚持做到以客户利益为优先，保证质量与效益的完美结合。在做好大众化服务的同时，致力于为高端客户提供量身定制的“一对一”的尊贵服务，秉承“关注您所关注”的“金葵花”客户服务理念，支行“金葵花”高端客户不断增加，越来越多的客户对招行金融服务的专业化、个性化表示肯定。在快速稳健的发展中，坚持以“深化改革、提升管理、加快创新、稳健发展”为指导思想，大力推进各项业务的全面发展，实现效益、质量、规模协调发展的战略目标。

【内控管理】招商银行溧阳支行根据总行的内控评审会制度，针对内控管

招商银行股份有限公司溧阳支行开业庆典（招商银行溧阳支行 供稿）

理中的重点问题，定期进行自排自查，分析诊断并改进流程，推动全行内控管理和风险防范工作的深入开展。针对操作风险，标本兼治，组织实施“防患固本”工程，切实开展“银行业金融机构从业人员职业操守、廉洁从业主题教育活动”，支行的每一位干部员工和上级行签订“三自查”、“三负责”承诺书、《领导干部廉洁自律承诺书》和《员工合规守法、廉洁从业承诺书》。支行组织领导干部对各种风险隐患和员工异常行为进行深入排查，及时整合资料并上报排查结果。行内领导不定期上门对员工进行家访，排除一切不稳定的因素。各部门分管领导和主管每周、每月对员工的各项业务进行履职或突击检查，有力地排除隐患，及时规避风险。支行办公室每季度组织员工进行各种突发事件预案演练，提高员工的应急反应能力，加强员工的安全防范意识，为确保支行及客户的人身、财产安全奠定良好的基础。

【企业文化】 招商银行溧阳支行在日常经营管理的实践中，在全行干部员工认识不断提升的过程中总结提炼“招银文化”。招银文化精神层由九大部分内容组成。招银愿景——力创股市蓝筹，打造百年招银；招银使命——为客户提供最新最好的金融服务；核心价值观——服务、创新、稳健；经营理念——因势而变，因您而变；发展理念——效益、质量、规模协调发展；人本理念——尊重、关爱、分享；全局理念——全局至上，和谐为美；招银精神——挑战、自省、奉献；招银作风——严格、扎实、高效。全体干部员工在招银文化的指引下，坚持科学发展观，与时俱进，不断提升服务品质，改善各项业务水平，为客户提供更多更好的金融产品。

（王冬春　章媛媛）

中国邮政储蓄银行溧阳市支行

【概　况】 2011年，邮储银行溧阳市支行以党的十七届六中全会和省、市分行会议精神为指导，深入贯彻落实科学发展观，认真贯彻各项决策部署，以加快业务发展为重点，坚持转型跨越发展不动摇，坚持发展质量和经济效益同注重，坚持风险管控和服务能力同加强，着力推进机制创新，切实加强平台建设，夯实基础管理水平，努力构建和谐支行。年末，储蓄存款余额26.4亿元。公司业务余额2.55亿元，农户贷款余额占比达68.52%，个人贷款结存3.68亿元，小企业贷款1.38亿元。总资产规模已达5.06亿元，逾期率为0.09%。

【资产业务】 2011年，邮储银行溧阳市支行开展了小额贷款、商务贷款的“春雨行动”、小企业贷款“与客户共成长”等专项营销活动。在全市范围内召开银企对接会13场、行业商会推进会2场，与会企业达150多家。累计对中小企业、个体工商户发出《致中小企业的一封信》、《致个体工商户的一封信》13000余封，走访企业约120余家，电话咨询企业数量也超过300户。进一步加大对外宣传力度，通过户外广告、报纸、短信、信函等方式进行立体式宣传，不断扩大信贷产品知名度和社会影响力；加强市场调研，确保信贷业务稳步增长。

【公司业务】 公司业务实行总部营销和全员营销两条腿走路，以政务类资金为重点营销目标，项目营销为主要抓手，非税系统为重要平台，加大对重点企事业单位的公关力度。年末公司业务余额达2.55亿元，电力资金平均月归集额达1.1亿元；大力发展票据贴现业务。根据省分行业务发展要求，2011年8月正式开立票据贴现业务，对公司业务的全面开展起到示范带动作用。

【基础业务】 2011年，邮储银行溧阳市支行通过开展跨年度竞赛、“走千家、访万户”、联动营销等活动，明确目标，分解指标，同时制定相应的奖惩措施，采取旬通报、月总结等方法激发员工营销激情，将存款营销的理念深入人心。进一步强化渠道合作，创新合作模式，持续开展保险培训、内部对抗赛等活动，提升理财经理业务素质和营销能力。积极推进信用卡业务发展，在行内开展“信用卡营销竞赛”、“刷卡送礼”等系列活动，发展特惠商户，加强广告宣传，实现信用卡进件量的逐月增加。

【内控管理】 2011年，邮储银行溧阳市支行严格内部控制与风险管理。健全财务内控管理机制。积极做好资金入行工作，提高了资金效益。规范营销费使用管理，严格执行报账流程；加强固定资产管理，保证资产安全。加强合规管理。进一步深化全员、全过程、全方位的风险管理意识，探索建立内控长效机制，严格执行业务、风险、审计几道防线的防控体系。深入开展审计工作。加强安全保卫工作。督促网点开展各类应急预案演练，不断提高员工的安全意识和安全技能。开展金融机构安全评估活动，组织完善资料，并进行自查与整改。开展警示教育活动，进一步落实案件防范责任制。

【资产质量】 2011年，邮储银行溧阳市支行贷款逾期率为0.09%，资产质量处于全省领先地位。将控制贷款逾期放在重要位置，除严格按业务制度和操作流程规范操作外，坚持贷前调查做到深入细致，充分了解借款人的还款意愿，分析其还款能力。贷款审批及发放严格审查，审贷会不流于形式，审贷会成员坚持独立公正原则。贷后检查及管理重点在于关注客户经营情况，培育其诚实守信的良好习惯，坚持以诚相待，注重与客户之间的情感交流，成为客户的朋友。对待逾期贷款，坚持区别对待，注意方式方法，不断提高信贷人员的业务素质，提高专业技能、丰富社会经验。

【举办小企业贷款银企对接会】 3月29日，邮储银行溧阳市支行成功举办小企业贷款银企对接会。常务副市长汤如军出席会议并作重要讲话，人民银行溧阳支行行长冯晓欣主持了会议。会议邀请各镇政府、经信局领导以及100多位中小企业代表，分行梁亚东行长、张大江副行长和信贷部有关人员参加了本次对接会。

汤如军副市长对邮储银行服务三农、支持当地农业发展取得的成绩给予高度评价，并对邮储银行刚开办的小企业贷款给予充分的肯定，希望溧阳市支行能进一步深入农村和中小企业，为溧阳地区的经济发展做好服务，并表示政府会在银行和用户之间搭建桥梁，为双方合作创造良好的环境。对接会上，支行与3家企业现场签订了合作意向书。

【员工队伍建设】 2011年，邮储银行溧阳市支行根据分行文件精神，继续推进为期两年的员工素质提升工程，补充人员配备，盘活内部资源，提升队伍素质。进一步建立健全劳动用工台账，使用工管理制度化、规范化。开展大学生雏鹰培养计划，做好人才后备力量储备、培养。公开透明、积极稳妥地推进优秀劳务工的转聘工作。注重员工学习教育，开展多层次的学习活动，制订周三学习日制度，注重对一线员工的业务培训。

实行民主管理，严格执行“三重一大”规定，重大事项都召开民主会议讨论决定，切实增强集体决策、民主决策、科学决策、依法决策。不定期通过召开阶段性全行员工大会或座谈会、个别谈话等方式鼓舞全行员工的士气。提高全行员工的政治业务素质，营造干事创业氛围，做到人尽其才，才尽其用，发挥全行每个人的潜能。关心员工生活，开展节日慰问和高温慰问活动，举办迎新春联欢晚会，为员工定制服装，完成职工住房补贴发放，组织职工体检。

（刘光才　史志琴）

溧阳浦发村镇银行股份有限公司

【概　况】 2011年，溧阳浦发村镇银行在浦发银行总、分行领导下、在市政府以及各级监管部门的关心和指导下，坚持以服务三农为主轴，以支持中小企业为己任，以推动地方经济发展为目的，围绕年初制订的工作目标，夯实经营管理基础，拓展业务发展空间，在坚持合规经营、防范风险的前提下，积极扩展市场、培育客户、扩大影响，实现各项业务的快速、稳健增长。年末，各项存款余额为10.82亿元，比上年增长4亿元，增长58.75%；各项贷款余额7.76亿元，比上年增加2.7亿元，增长53.46%。获溧阳总工会“学习型班组”称号。

【第一家支行开业】 2011年3月28日，根据溧阳浦发村镇银行《三年发展规划》，由中国银监会常州监管分局核准，全国浦发村镇银行系统内第一家支行溧阳浦发村镇银行阳光支行在溧阳市天目路42号正式对外试营业。阳光支行的成立开启了浦发村镇银行开设分支机构的新篇章，是溧阳浦发村镇银行外延扩张的一次有益尝试，标志着溧阳浦发村镇银行为不断完善农村金融服务迈出了坚实的一步，为溧阳经济发展注入新的活力。

【服务地方经济】 2011年，溧阳浦发村镇银行坚持以溧阳地区居民、中小企业和个体工商户为主要服务对象，积极投放微小贷款、中小企业贷款、“惠农”贷款等适销对路的信贷产品，不断简化便捷贷款流程，坚持惠农适宜的利率定价，以满足溧阳人民的信贷需求，积极为当地农民和中小企业提供全方位金融服务。

坚持“立足县域、服务三农”为办行宗旨，明确以“立足县域、深入乡镇，扎根村社，以服务三农为主轴，以支持中小企业为己任，以农村金融市场的薄弱环节为突破口，以推动地方经济发展为目的，填补农村金融空白，把村镇银行办成地方自己的银行、三农依靠的银行、中小企业信任的银行”为市场定位和发展战略。为满足溧阳中小企业，特别是小微型企业正常生产经营提供了有效的信贷支撑。把国务院支持小、微型企业9条政策措施真正落到实处，并作为常态化的经营、授信理念。一方面，从拮据的信贷规模中挤出贴现规模，充实中小企业融资需求，以解客户燃眉之急。全年办理票据贴现3.6亿元，累计笔数274笔，平均每笔133万元，惠及70余户微小企业（包括15家贷款户）。另一方面，支持中小客户，特别是小微型企业和“三农”客户，树立金融民生理念、创建金融民生工程。对公贷款96%以上发放给溧阳中小和微型企业，授信支持近160户中小企业，占溧阳500万元以上销售规模企业比例近20%。纯“三农”贷款余额1.09亿元，普及全市主要涉农种、养户和农业深加工企业。溧阳浦发村镇银行贷款覆盖了溧阳金融授信盲区，增强了小、微型企业造血功能，为保民生促发展，为区域经济转型升级作出不懈努力。（骆　娟）

中国人民财产保险股份有限公司溧阳支公司

【概　况】 2011年，人保财险溧阳支公司以“强化整合发展、构建服务优势、促进创新驱动、坚持文化引领”为经营方针，利用公司品牌、人才、产品、技术、网络和服务等优势，不断优化、完善保险险种，取得了可喜的成果。全年实现保费收入11076万元，比上年增32%，其中车险7642万元，非车险3501万元。处理各种赔7736案件，支付各种赔款5438万元，其中车险赔款3601万元，非车险赔款1837万元。先后获人保财险江苏省分公司“政策性农业保险示范县”、人保财险江苏省分公司“先进单位”、人保财险常州分公司“先进单位”、常州市“平安金融单位”、溧阳市“精神文明标兵单位”等称号。

【优质服务】 2010年7月8日晚8时左右，位于溧阳市天目湖工业园区勤业路2号的开利地毯天目湖分公司簇绒车间发生重大火灾，造成14200平方米的簇绒车间仓库、机器设备、原材料及产成品全部烧毁，大火经过一昼夜扑救得已控制，所幸无人员伤亡。公司对此次事故高度重视，第一时间赶赴火灾现场了解情况，通过多方努力，最终准确、合理履行了赔偿义务。2011年3月8日，人保财险溧阳支公司向江苏开利地毯股份有限公司支付了850万元的火灾赔款，这是公司自成立以来支付的单笔最高赔款。

6月中旬，溧阳地区连降暴雨，导致小麦受潮后，大片倒伏、发芽变质。

人保财险溧阳支公司接到农户报案后高度重视，立即组织理赔人员迅速行动，冒着酷暑，赶赴受灾现场。经过近一个月科学、紧张的定损工作，最终确定小麦受灾面积3063亩，理赔总额82.7万元，并于7月底全额赔付，受到参保农户及政府相关部门的一致赞誉。

11月25日，人保财险溧阳支公司收到保户葛女士一面印有“理赔最快的保险公司”的锦旗。公司号召全体员工，特别是理赔人员要不断强化服务意识，树立高度廉洁的工作作风，严格按照保险条款处理赔案，不惜赔，不滥赔，为建设“人民满意的保险公司”尽一份力。

在拖拉机强制保险出险率高、赔付率高，农民投保较为困难的情况下，人保财险溧阳支公司想农民之所想，急农民之所急，特别为他们开设了一条绿色通道。积极与溧阳农机监理所联系，指定专门驻点出单人员，负责拖拉机保险的出单任务。每天前来投保的农民络绎不绝，他们纷纷表示，人保财险溧阳支公司不仅为他们解决保险难的问题，而且服务周到、信誉良好。

【人保品牌】 人保财险溧阳支公司坚持“量力而行，支农惠农，风险可控，规范经营”的经营原则，积极贯彻上级公司工作会议精神，认真做好政策性农业保险各项工作。加强与地方政府特别是涉农部门的联系、沟通，注重把公司农业保险融入地方政府建设社会主义新农村工作中。加强理赔服务，自政策性农业保险开办以来，人保财险溧阳支公司的广大理赔人员以高度的事业心和责任感，及时处理理赔案件，受到农户一致好评。

根据常州市政策性农险建设创新型国家战略推进委员会文件要求，在溧阳市建设创新型国家战略推进委员会的大力支持下，人保财险溧阳支公司完成农业保险基层服务队伍建设，建制乡镇全面完成队伍建设，新聘用人员21名，15名已取得资格证书，形成较强的农网人才，全力推进农网建设的发展。

11月25日，在溧阳市行政采购中心举行的全市五大行业安全生产责任险、环境污染责任险招标会上，溧阳支公司智胜其他财产险公司，取得独家承保资格。年末，人保财险溧阳支公司实现农险保费收入1057万元，同比增长25%，成为苏锡常地区第一个农险保费突破1000万元的县支公司。

（夏晶晶）

中国人寿保险股份有限公司溧阳支公司

【概　况】 2011年，中国人寿溧阳支公司围绕“做强基层、做实基础、做优基本”，立足“最具价值、最具品质、最具魅力”的标杆型公司建设，放大格局，求真务实，奋进超越，建立有效竞争机制。积极为溧阳经济发展、社会稳定和人民安居乐业服务。通过大力推行业务发展、创新发展模式，依法合规经营，队伍建设有了新的提高。个险、团险、银保三大渠道在发展、调整中形成新的竞争优势，实现协调发展，各项业务指标全辖排名实现新的提升。全年实现总保费收入2.28亿元，首年期交3445万元，短险保费1026万元。

【商业保险参与社会管理】 2011年，中国人寿溧阳支公司积极开展“诚信我为先”活动，利用专业经营优势，顺利承办“新农合”、“独生子女幸福家庭保险”等政府惠民工程。溧阳市新型农村合作医疗保险补偿案46841件（不含门诊），补偿支出1.39亿元，服务参合人数56万人；被征地农民养老保险，发放保养金1655万元，人数达21261人（次）；城镇居民医疗保险补偿案1862件（不含门诊），补偿支出568万元，服务参合人数4万人。“服务三农”便民工作有所成效，进一步促进商业保险在社会发展中有序、规范、有效地开展。

（中国人寿寿险）

中国人寿财产保险股份有限公司溧阳市支公司

【概　况】 2011年，人寿财险溧阳支公司以“效益经营、依法合规、提升能力、加快发展”十六字工作方针为指引，积极响应上级公司“提速增效特色常州”的目标定位，以“做优溧阳”为目标发展方向，大力弘扬总公司提出的“二次创业”精神加快发展，努力创一流财险公司，树一流品牌形象，提升公司的业务品质、队伍品质、管理品质、服务品质。紧紧围绕渠道优化、结构调整、队伍建设、客户服务、理赔管控、风险防范、文化建设等，做了大量扎实有效的工作。保费首次突破3000万元，同时在溧阳产险市场上的业绩排名又有上升，继人保财险溧阳支公司、太平洋财险溧阳支公司、平安财险三家公司后稳居第四位，市场份额超过10%。全年完成实收保费3135万元，较上年增长26.8%。其中车险业务2173万元，占比69.34%；非车险业务达到961万元，占比30.66%，满期赔付率为56%，实现利润超过百万，创造了三年连续赢利的好成绩。先后获中国人寿财产“四级机构100强”、中国人寿财险江苏省分公司“全省四级机构30强”、常州市分公司“双文明建设先进单位”、溧阳市“文明单位”等称号。

（王云红）

中国太平洋财产保险股份有限公司溧阳支公司

【概　况】 2011年，太保产险溧阳支公司秉承“诚信天下、稳健一生、追求卓越”的核心价值观，实施以客户需求为导向的战略转型，坚持推动和实现可持续的价值增长，开拓进取，锐意创新，积极为客户提供风险保障服务。公司承保人民币和外币的各种财产保险、短期健康险和意外伤害保险业务，涉及电力、汽车、机械、化工、电子、水利、建筑、桥梁、公路、航天航空、船舶以及高科技产业等各行各业、各个领域。公司以渠道建设为抓手，紧紧围绕年度经营思想和经营目标，以坚定的信心在激烈的市场竞争中积极推动各项工作的前进步伐，在竞争中抢占先机，保费规模实现了跨越式的发展，增速高于市场平均水平，市场份额稳步提高达23%，服务能力和水平大幅提升。全年完成保费收入6850万元，实现两年保费翻番。处理各险种理赔案件5000余件，赔款支出3457万元，公司的各项经营管理能力得到进一步的增强，各项经营指标均取得较大的进步。

（何丽薇）

中国太平洋人寿保险股份有限公司溧阳支公司

【概　况】 2011年，太保寿险溧阳支公司在市政府的正确领导和分公司的具体指导下，始终坚持“两个聚焦”的发展方针，致力于推动“以客户需求为导向”的战略转型，不断创新销售模式和管理体制，提升各条线销售能力，切实优化资源配置效率，提升绩效管理、基础管理及业务品质管理流程，实现了业务规模与内涵价值的可持续增长。全年实现规模保费1.82亿元，同比增长16.13%，继续保持两位数增长的良好态势。先后获总公司“辉煌20年、百团大战开门红”业务竞赛优秀组织奖、常州市妇女联合会和常州市城镇妇女“巾帼建功”活动领导小组“巾帼文明岗”、常州市平安金融创建活动领导小组“平安金融（单位）”、2009-2010年度溧阳市“文明单位标兵”等称号。

【内部管理】 2011年，太保寿险溧阳支公司继续深化全面预算管理，以财务集中，人力资源管理集中为主线，不断完善矩阵式经营模式，通过对各渠道资源的全面配置和不断优化，提升专业化经营水平，实现经营能力、盈利能力的不断提升。个险成功争取总公司精确营销试点，借助总公司有利政策和兄弟分公司成熟经验，大胆创新尝试。团体业务对现有传统销售模式和团队进行优化改良，同时积极探索职团新模式，打破常规，发挥潜能，试点工作走在系统前列。银保面对政策及市场的种种不利因素，主动出击，大胆创新寻求突破，团队共建、产说会联动等举措效果良好。全年交叉销售增势喜人，依托制度推动、职场进驻、荣誉激励等手段，确保提前、超额达成全年指标。财务管理进一步完善分渠道核算和考核，加强会计基础管理，切实提高财务在资源配置、经营预测、经营分析、风险管控等方面的支持作用。深入推动公司人力发展改革，不断完善考核激励机制，坚持做好人力资源集中管理工作，做到制度明确，执行有力。全面推广柜面标准化工作，提高营运操作水平，核保契约、理赔咨询、客户服务等方面的专业化程度得到明显提升。推动内控合规三项管理职能集中，完善内控体系，强化队伍建设，完善组织网络，促进全司合规系统管理体系建设日益健全。

【首推医保卡专用险种】 为完善溧阳社会健康保障体系，根据《关于江苏省城镇职工基本医疗保险制度改革的实施意见》及《常州市政府关于进一步提高常州市本级统筹区基本医疗保险保障水平的通知》等文件精神。本着服务于城市经济建设、社会发展，支持当地民生工程的精神，太保寿险溧阳支公司积极参与政府惠民工程，主动对接政府有关政策，为广大市民量身定制专用保险产品——“龙城健康宝”。溧阳市医保卡持卡人使用医保卡账户余额购买“龙城健康宝”后，个人账户余额转化为商业健康保险费，在实现个人账户有效积累的同时，发挥保险互济的实质，提升个人账户抵御医疗风险的能力，用更全面的医疗健康保障打造健康幸福的生活，受到广大持卡人的好评。

【赔付个人单笔最大寿险保单】 2010年4月9日，溧阳戴埠福利化工厂法人代表王某在江南银行戴埠支行贷款100万元用于企业生产，并投保了太平洋寿险“安贷宝”。2010年11月30日王某不慎从厂房房顶坠落，2011年6月7日常州市劳动能力鉴定委员会依据《劳动能力鉴定职工工伤与职业病致残等级》（GB/T16180-2006）标准，鉴定被保险人王某伤残等级为二级，生活自理障碍等级为完全护理依赖。2011年7月底，太保寿险溧阳支公司依据《人身保险残疾程度与保险金给付比例表》第一级第八项“中枢神经系统机能或胸、腹部脏器机能极度障碍，终身不能从事任何工作，为维持生命必要的日常生活活动，全需他人扶助”的标准，按保险金额的100%给付被保险人全残保险金100万元。该笔赔款成为太保寿险溧阳支公司成立以来个人单笔最大赔案。

【“信任二十年”司庆庆典】 为庆祝中国太平洋保险成立20周年，5月25日，太保寿险常州分公司隆重举办司庆联谊会，企事业单位、新闻界的近150位宾朋应邀出席。活动现场就医保卡惠民产品“龙城健康宝”进行了推介，与会人员共同观看了司庆短片《在你身边》，回顾了寿险常州分公司的成长历程，并为分公司未来可持续发展献计献策。为进一步突出服务民生，回报社会的司庆主题，经过民主商议，分公司员工自发成立的“爱心基金会”特别向常州市心理卫生中心捐赠5万元，用于帮助较为贫困的心理疾病患者改善治疗条件，重获幸福人生。5月28日，分公司还联合《常州晚报》举办“中考、高考前的心理调试讲座”，支持社会公益，关怀临考学生。

【通过“合格职工之家”验收】 12月23日，太平洋寿险总公司工会对太保寿险常州分公司工会创建“合格职工之家”情况进行验收。通过与工会会员代表座谈，检查相关台账，查看活动场所等硬件设施，太保寿险常州分公司顺利通过验收，被评为“合格职工之家”。太保寿险溧阳支公司工会在常州分公司党委和工会的领导下，不断加强工会组织建设，制度日趋完善。工会围绕公司中心工作，积极开展各项劳动竞赛，推动公司业务发展，并积极推进民主化管理进程，广泛听取广大职工意见和建议，促进公司各项工作透明度。工会十分重视员工业余文化生活，大力开展职工喜闻乐见的活动，开设了活动室、阅览室。工会努力提高和改善职工福利待遇，每月举办生日会，积极关心员工生活，做好帮困救助工作，并建立帮困基金，及时了解特殊困难员工情况，做好“献爱心、送温暖”工作。

（史和芝）

东海证券有限责任公司溧阳南大街证券营业部

【概　况】 东海证券有限责任公司拥有注册保荐机构、客户资产管理、短期融资券承销、经纪业务、网上交易、投资咨询、同业拆借、股票质押贷款、银行间市场交易、证券自营、基金管理公司设立、权证创设、权证一级交易商、资产证券化和代办转让市场、首批甲类结算人资格等证券公司业务经营的全部牌照和资格。东海证券有限责任公司溧阳南大街证券营业部于1994年设立，是溧阳第一家设立的证券营业部，现有员工39人，拥有营业面积6000多平方米，可以容纳现场交易客户千人以上，有贵宾、大户座位680多位，是全国券商中拥有最大营业面积的营业部之一。营业部对内加强对客户的咨询理财辅导和日常化服务，盘活存量资产，对外大力拓展市场，有效地提高市场份额，经济效益与社会效益双丰收，全年实现证券成交额298.9亿元，是东海证券A类营业部。营业部获“全国十大网上交易推广先进营业部”、“全国明星证券营业部”称号。

【企业文化】 2011年，东海证券溧阳营业部深入开展企业文化建设，始终坚持以人为本的经营理念，“自信、和谐、感恩、快乐”的企业文化造就了一支富有战斗力的员工队伍，崇尚“用微笑传递智慧，让事实缔造杰出”。通过企业文化建设，营业部全体员工正确处理国家、集体、个人三者的利益关系，正确树立爱岗敬业的观念，以饱满的精神、高昂的斗志，投入到工作中。关爱他人、奉献爱心是企业文化建设的一个丰硕之果。全体员工通过学习交流，社会责任感明显增强，无偿献血、捐款捐物、资助困难群体成为员工的自觉行动。

【企业管理】 2011年，东海证券溧阳营业部以严格管理作为营业部日常经营和团队建设的一项重要任务。从日常管理、业务管理、团队管理等各方面，凸显自身的管理特色。坚持每周一的早礼晨会，国歌、东海之歌、员工演讲、领导讲话，有效地激发起员工新一周的工作激情和动力。每位员工能够利用早礼晨会这个平台，在思想上有所收获，有所感悟，并落实到工作中。始终坚持严格、规范、有序的业务管理模式，在公司全范围合规的前提下，通过定期的业务学习和培训等，将业务风险控制放在首位。对于员工的日常工作，营业部通过制度化、系统化的培训使他们不断适应发展中的证券业务，使得营业部员工团队素质进一步提升，有效的规避业务风险。根据公司业务需要，制订系统化的培训方案，经过培训，员工业务素质与综合能力显著提升，满足证券业日常与专业业务的开展。同时，营业部充分注重团队综合素质的提升，要求所有员工不断学习，通过多门专业考试，获得多种资格，不断充实提升综合业务知识与综合业务能力，以适应不断发展的行业要求，更好地为投资者服务。

【提高服务质量】 2011年，东海证券溧阳营业部重理财，抓营销，大力发展营业部投资顾问理财力量，齐集精兵强将再次整合组成全新的理财中心，对客户的服务工作分片包干，责任到人。对于客户托管在营业部巨大的证券资产市值，依托公司总部理财中心，通过一对一、一对多的主动服务，对客户进行辅导、咨询，指导客户进行操作，不断使得客户资产保值增值。营业部投顾人员参加龙网在线咨询解答，利用龙网信息平台的优势指导投资者；并替贵宾、大户订阅《中国证券报》、《现代快报》等报纸杂志，开通多项包括“同花顺”、“大智慧”；手机短信点评、提醒电话等多项电子信息增值服务，供客户参考。聘请包括公司总部首席分析师、投资顾问在内的证券业专业人员来溧阳召开投资者分析报告会，现场点评股市，指导客户，解答疑难问题，帮助投资者扩展思路，拓宽视野。倡导正确的投资理念，引导投资者合理操作。

细化日常服务，实行亲情服务。营业部全体员工主动、热情、快速、准确为客户办理业务，在不违反规章制度的前提下，为客户解决实际困难，仅配股通知就达数千人次。充分发挥现代信息技术的优势，利用网上交易，扩大市场的覆盖率。对于网上交易客户，营业部提供从安装电脑系统程序、软件下载安装、使用培训等系列化服务，聘请专业电脑公司人员对客户网上交易电脑进行维护、保养，建立完善的客户回访制度。网上交易委托方式交易量占营业部总交易量的85%以上。

【制度保障】 2011年，东海证券溧阳营业部全面执行岗位责任制，严格遵守岗位操作流程，实行权限申报审批制，控制业务风险，严格各项规章制度的执行，杜绝漏洞。利用与沪深交易所接通点对点的交易通道，实行快速交易下单，速度比传统的行情与交易快了三倍多。利用地面线路，实行行情、交易双向备份。与公安、通信、供电、消防等部门保持良好的合作关系，制定详细可行的交易与三防一保应急预案，责任到人，职责明确，并及时演练，真正做到安全运行无事故。营业部认真抓落实，建立一支责任心强的保安队伍和警惕性高的员工队伍，法制意识和安全防范意识深入到每个人心中，制定了防盗、防抢、防火预案。配备了足够的消防器材和器械，设立110紧急按钮和CK报警系统，与当地公安、消防单位建立友好合作关系，做到警企互动，增强安全防范外围保障。营业部连续18年来安全无事故，保障了营业部的正常运行、客户交易通道的畅通。

【业务创新】 随着东海证券有限责任公司“程序化交易”等业务的日趋成熟，营业部对“程序化交易”等新业务，在客户群体中进行适当性分析，对于部分交易活跃且风险控制意识强的客户，进行业务创新的尝试工作，让客户切实感受到先进技术在投资领域运用带来的实效。营业部在经济开发区调研“新三板”业务拓展的可行性，积极进行融资融券业务的试点工作。稳步发展传统经纪业务，利用创新业务，通过公司内部合作沟通，进行资源的合理配置，走出传统“狭义营业部”向“广义营业部”发展的步伐。

（施陈梁）

华夏银行 HUAXIA BANK 溧阳支行

行长：周传芳（中）副行长：沈超军（左）刘忠新（右）

2010 年 9 月 8 日，华夏银行股份有限公司溧阳支行正式成立。在上级行的正确领导和支持下，在支行领导的统一协调，严密安排下，按照上级行工作会议所确定的指导思想和工作方针，结合溧阳支行的实际情况，坚持开拓与管理并重的原则，紧紧围绕今年工作的总体目标和计划，在经营环境异常艰苦的条件下，通过全行员工的共同努力，克服了种种困难，各项业务快速、健康、协调发展。截止 2011 年 12 月 31 日，溧阳支行一般性存款余额为 86343 万元，占当地市场份额 1.6%，与当地其他股份制商业银行相比较，一般性存款增量排名第一。其中对公存款余额 69791 万元；储蓄存款余额 20079 万元，比年初新增 3985 万元；对私客户 4000 多户，其中贵宾客户 485 户。

走进社区“嘉丰篇”

2011 年下半年，华夏银行常州分行入选华夏银行首批小企业金融服务特色试点分行。华夏银行一心为推动地方经济发展服务，推出了“龙舟计划”，以“小、快、灵”的融资方案，为中小企业提供快捷的融资，破解了中小企业融资难，成为服务中小企业的一道亮丽风景线。扶持中小企业发展，为中小企业提供最好的金融服务，是华夏银行成立之初的市场定位。如今，华夏银行正在全力打造中小企业金融服务商。授信 2000 万元以下的小企业客户 115 户，贷款余额 24295 万元。

华夏银行秉承“始终坚持质量、效益、速度、结构协调发展”的经营理念，稳步实施国际化改造战略．坚持依法合规经营，构建全方位、全过程的风险管理体系，加强风险管理制度建设，培育严格、规范、审慎、稳健的风险管理理念和良好的风险管理文化。按照“以客户为中心，以市场为导向”的原则，建立公司、个人、同业三大客户营销体系，全方位开拓市场，制定了全行统一的客户服务标准，采用了先进的电子化服务手段，建立了专业化的客户经理队伍，为客户提供丰富的金融产品和个性的金融服务。华夏银行拥有“现金新干线”、“融资共赢链”、“环球智赢”、“华夏丽人卡”等为代表的一批品牌产品，在市场上享有盛誉，市场份额在业内名列前茅。

环境优雅的营业大厅

东海证券

总经理　彭建福

东海证券有限责任公司溧阳南大街证券营业部的前身是常州证券溧阳营业部，成立于 1994 年，营业部在 19 年的发展过程中，在溧阳市委、市政府的关心和支持下，经过多年的努力，营业部已拥有营业面积 6000 多平方米，电脑终端 1000 多个，现有客户 3 万多户，发展规模在全国同行名列前茅。

多年来，东海证券溧阳营业部特别注重业务和服务的双向发展，取得了经济效益和社会效益的双丰收，真正成为了投资者投资理财的好场所。先后被评为“全国十佳网上交易推广营业部”，江苏省级“青年文明号”，常州市级“文明窗口”。2011 年被评为“中国明星证券营业部”。

在 2011 年度，营业场所进行全新装修，进一步增强基础硬件设施建设。更依托公司信息技术中心的支持，加强了软件设施的建设，进行了现场及网上交易的升级，提升了客户委托下单的成交速度。公司目前的行情系统和交易系统已达到国内券商先进水平。现已与工行、农行、中行、建行、交行和招商银行等多家商业银行实现了三方存管的顺利对接，满足客户不同需求。公司总部理财中心顺利推出“龙点金”理财服务，为营业部客户的投资理财进一步指明了方向。

公司始终秉承“用微笑传递智慧，让事实缔造杰出”的企业文化理念，坚持“客户至上”的服务宗旨，以全新、高效的管理模式，对内深化内部管理，对外大力拓展市场，增强核心竞争力，进一步做好证券投资服务工作，加快理财型营业部的转型，建立高素质投资理财队伍，为客户提供多种投资理财的途径并当好参谋，与客户共同分享中国经济发展和股市变革带来的巨大财富。

咨询电话：0519—80986088

委托电话：95531 4008888588

大厅

培训教室

大客户室

综 合 管 理

栏目编辑 虞燕娟 莫 俊 陈莉莉

发展改革管理

【概 况】2011年，市发改委认真贯彻落实科学发展观，围绕人代会确定的工作目标和全市中心工作，紧扣“硬碰硬转型升级、实打实开局起步”工作主题，求真务实，开拓创新，在深化规划研究、推动重大项目、扩大有效投入、监管价格收费、提高机关效能等方面取得新进展，较好完成全年工作任务，为推动全市经济社会又好又快发展作出积极贡献。获市委、市政府评选的2011年度目标管理奖、创新成果奖、服务经济优胜单位、服务业先进单位、信息工作先进单位；获市政府评选的“中国·溧阳”政府门户网站内容保障工作先进单位；被江苏省发改委评为2011年度全省能源工作先进单位和全省社会发展工作先进单位。

物价工作成绩显著，被常州市物价局评为2010～2011年度常州市“一村一品”特色农本调查工作先进集体、2011年度单项价格工作先进集体；被省物价局评为2011年度全省价格认证工作先进集体、2010～2011年度全省价格监督检查工作先进集体和2011年度全省价格监测工作先进集体。

【规划编制】 编制并颁布实施《溧阳市国民经济和社会发展“十二五”规划纲要》。为深入推进“十二五”规划实施，组织全市22个专项规划分解和推进工作，启动编制《溧阳市低碳经济规划》、《溧阳市市场物流集聚区规划》、《溧阳市旅游业集聚区规划》、《溧阳天目湖经济发展规划》、《溧阳长寿产业规划》、《溧阳市大中型水库移民后扶规划》等多项规划。

【目标管理考核】 配合常州做好科学发展评价体系考核。会同市委组织部将溧阳市科学发展评价体系分成经济发展类、社会民生类等4类16项，形成《溧阳市2011年年度工作目标任务书》，报常州综合考核委员会，并牵头逐月汇总上报目标完成进展。

牵头机关部门考核工作。编写《2011年市级机关部门目标任务书》，对2011年各项重点工作做具体分解，明确责任单位和要达到的目标要求，使考核体系统筹兼顾，科学合理，务实有效。

制定分解镇（区）考核目标。根据全市经济和社会发展情况，确定年度发展目标，提出调优产业结构、推动转型升级等工作重点。会同市经信、商务、工商等部门，确定年度地区生产总值、固定资产投资、私营企业培育、工业经济主要指标及规模以上工业企业主要指标的考核目标，并分解至各镇（区）。

【经济运行监测】 围绕年度工作目标和发展重点，加强全市经济形势分析。逐月对经济运行、固定资产投资、重点项目推进、服务业发展和主要商品市场价格走势进行分析、比较，形成月初分析、月中跟踪、月底预测的工作机制。加强与周边县（市）宏观经济比较性分析，对经济社会发展中存在的矛盾和问题提出对策和建议，为市委、市政府提供决策参考。

【固定资产投资】 按照任务早谋划、早分解、早落实的原则，做好全市重点项目储备、投资任务分解工作，编制《溧阳市2011年重点项目跟踪服务实施方案》、《溧阳市政府投资项目竣工验收办法(草案)》等指导性文件。根据全市“加快转型升级年”活动要求，确定全市重点项目243个（其中服务业项目20个，农水项目8个），项目总投资820.1亿元，同比增长53.5%；年内计划投资301亿元，同比增长42.8%。全年完成投资273.5亿元，完成目标任务的90.8%。

【项目动态管理】 做好各类项目的审批、核准和备案工作，全年审批项目323个，总投资240.7亿元。

招商引资。牵头和引进各类重大项目，实施“投资拉动、项目带动、政策驱动”战略，通过引进和参与通用航空、康缘产业、新誉风电、软件科创、金桥流通等战略性、全局性项目，为推动溧阳市经济稳步发展提供有力支撑。

跟踪服务。将工作重心前移，将工作中心聚焦，对重点项目不等不靠，主动出击，督促在谈项目和签约项目尽快落地开工。

推进管理。完善重点项目管理、服务和考评体系，加大重点项目的协调力度。会同市委办、政府办定期开展重点项目建设的督察工作。逐月逐季进行情况汇总、问题排解、分析报告，及时找准影响项目建设制约因素，破解项目制约瓶颈，加快项目推进进程。

【项目稽查】 做好国家、省对中央投资项目、太湖治理项目、各类引导资金项目的检查和对高尔夫球场、主题公园、重点工程建设领域的清理整顿等检查和稽查工作。督促指导项目建设单位对存在问题加强整改。多次组织协调会和汇报会，向市四套班子领导和上级部门领导汇报重点项目进程情况，协调解决土地点供等重点和难点问题。

【对上争取】 项目申报。围绕溧阳市产业发展方向，组织申报省重点项目，加大对项目申报的综合指导力度，做实做细项目申报的各项基础性工作。为苏浙皖物流中心二期、抽水蓄能电站和天目湖生态休闲文化创意产业园3个项目成功申报为省重点项目。

规划进笼。编制《溧阳市大中型水库移民后期扶持“十二五”规划》拟定项目297个，投资估算15898.53万元。编制《溧阳市大中型水库库区和移民安置区基础设施建设和经济发展“十二五”规划》拟定项目80个，投资估算38020万元。编制《溧阳市市场物流集聚区规划》和《溧阳市旅游集聚区规划》，打造省级服务业和旅游业集聚区，推动产业升级和结构调整。

资源争取。全年累计争取各级各类专项发展资金2.28亿元。为省重点项目、独立选址项目、重大产业项目、重大外资项目等争取土地点供，破解企业发展中遇到的土地征用难题。为鸿开铜杆、苏浙皖边界市场、物流中心、中心水厂等项目争取近1000亩可用土地指标。

牌子建设。为江苏华鹏变压器有限公司成功申报为“江苏省高压智能变压器工程中心”。

【服务业工作】 出台《关于开展企业非核心业务分离发展生产性服务业试点工作的政策意见》等政策文件，华朋集团等21家企业成功分离出非核心业务，超额完成目标任务。开展服务业集聚区建设和“非独商贸企业”规范工作，其中“大润发”变更为独立法人企业，全年新增入库税收2000多万元。推进20个总投资187.5亿元的服务业重点项目。开展“2011香港城市产业”项目招商工作，取得明显成效。

【低碳经济城市试点】 2011年溧阳市被列为全省首批低碳经济试点4个城市之一。牵头编制《溧阳市低碳经济发展规划》并通过专家评审，具体目标为：到“十二五”末，市民低碳意识普遍增强，低碳生产、生活方式得到基本推广，节能减排取得明显成效，万元地区生产总值能耗下降20%，城市绿化覆盖率提高到42%左右，三产增加值比重达到42%以上，区域可持续发展能力显著增强。

【医药卫生体制改革】 围绕医改目标和任务，发挥市医改办的综合协调作用，制定《溧阳市关于建立国家基本药物制度的实施方案》、《溧阳市关于建立健全基层医疗卫生机构补偿机制的实施意见》、《医疗卫生机构基本药物制度经费补助办法》等政策性文件，医药卫生体制改革工作稳步推进。

【扩权强镇综合改革】 根据上级要求，溧阳市天目湖镇为全省首批扩权强镇试点镇，南渡镇为常州中心镇试点镇。围绕“创新管理体制、扩大管理权限、强化公共服务、增强发展活力”目标，市发改委会同市委研究室、编办、农工委等部门深入调研，制定行政管理体制改革的建议方案。

【价格管理】 强化日常物价动态监测。开展对全市2大农贸市场经营的8大类、86个品种的农产品每周2次的采报价工作，重点加强市场肉、禽、蛋、水产品及蔬菜等食品零售价格和重大节假日价格情况监测。在价格波动异常时，向市政府及上级物价部门汇报原因及建议，确保市场供应平稳。针对“抢盐”风潮，市发改委及时组织力量，做好宣传、限供、稳价工作，保证盐业市场稳定。

落实民生改善政策。推进基本药物中标零售价，贯彻落实国家药品价格改革政策，开展经常性的督查。加强商品房价格监管，完善商品房价格备案制度。推进“平价商店”建设，有5家平价商店已正式挂牌营业。加强涉农价格监管。根据上级对种子、煤热、液化气价格调整政策，及时下达相关指导价格。按时完成春秋茧成本，夏秋粮生产成本、农资购买、农民存量等调查任务，引导农民调整种植结构。

【收费管理】 加强教育收费管理。会同财政、教育部门开展对全市部门中小学和幼儿园的教育收费执行情况进行督查，保障教育收费的规范透明。

加强行政事业性收费管理。会同财政部门对全市370多个单位和部门的行政事业性收费进行年审，形成并上报年度行政事业性收费情况分析报告，机关单位收费得到进一步规范。

加强培训收费管理。对全市各类培训班的收费进行清理，坚持成本测算，实行零利润管理，严格审批程序，杜绝“乱开办、乱收费”现象的发生。

加强小区物业收费管理。会同市住建委对普通住宅区物业服务等级和

市人大常委会视察服务业重点项目　　（市发改委 供稿）

收费进行评定，对不达标的小区实行降低物业服务等级及收费标准的处理，会同市住建委拟定《溧阳市物业服务收费管理办法》，经市政府同意后下发。

加强旅游收费管理。做好南山竹海景区改扩建后的成本测算和调价工作，于2011年10月1日起执行新票价。会同天目湖开发区管委会等单位对天目湖景区电瓶车收费进行规范，停止天目湖水电科普园的旅游门票，核定旅游延伸服务项目如动态影院票价和竹筏票价。

【价格检查】 加强市场监管，营造放心消费环境。以日常巡查为主，重大节假日检查和专项检查相结合，重点查处涉及民生和影响经济发展的价格违法行为。开展“春节”、“五一”、“中秋”“国庆”等重大节日市场价格巡查，对市场客运票价、旅游景点门票价格以及生活必需品价格进行检查。

加强民生服务，整治重点领域价格收费问题。拓宽价格检查领域，创新服务方式，开展对商场、超市的重点检查活动以及对装修建材、家具、汽车销售、医药卫生、农资农机价格、金融服务等领域的价格检查。

加强价格举报，切实提高为民维权水平。依托“12358”价格举报平台，及时解决群众反映和举报的价格投诉。全年受理各类价格咨询和投诉35件，清退不合理收费9万多元。

【价格鉴证】 涉案财产价格鉴证工作取得显著成效。配合公、检、法、司部门进行涉案财产价格鉴证工作。全年接受鉴证（认证）1991次，价格鉴证金额1655万元。

扩大行政价格鉴证服务领域。全年接受市财政局、技监局、工商局等机关部门以及城际高铁指挥部、市烟草公司等单位委托行政财产价格鉴证58次，鉴证金额136万余元。

推进存量房计税价格认定工作。根据市政府及上级要求，负责对全市96个小区存量房计税进行价格认定，建立信息平台，编制数据库，上报地税部门审核，完成一区一价、一栋一价认定工作。

【信息调研】 掌握经济社会发展动态，完善本委信息调研考核机制，调动全委人员积极性，围绕全市中心工作，抓住社会发展中的重点、热点、难点以及民生民本问题，组织开展信息汇总和调查研究，全年编辑上报信息200余条，溧阳政府门户网站录用156条，常州发改网站录用28条，《溧阳时报》录用54篇，溧阳电视新闻录用7篇，《关于溧阳市乡镇污水处理收费情况的调查报告》、《我市服务业发展现状、存在问题及思路对策》等7篇调研文章在《溧阳通讯》、《常州价格调研园地》等刊物发表。做好政务公开工作，配合市政府完善“三合一”平台管理，做好政府门户网站信息公开工作。

【队伍建设】 教育学习培训。制订年度理论学习计划和纪检宣传教育工作计划，重点抓好党委中心组学习计划，开展好“硬碰硬转型升级、实打实开局起步”等主题教育活动，结合新形势新任务、联系发改工作职能，做到学习内容、学习时间、学习效果三落实，通过学习使大家的思想理论素质和工作水平得到较大提高。参加各类培训班，加强干部的业务学习，深化学习内容，提高业务水平。

党风廉政建设。传达学习省、市关于党风廉政建设工作的要求，全面部署市发改委党风廉政建设工作，采取多种形式开展反腐倡廉教育，抓好党风廉政建设责任制、机关工作人员依法行政廉洁从政制度和违纪违规行为等制度体系的健全、完善和落实，提高机关干部的拒腐防变能力。

机关效能建设。围绕市发改委发展目标任务，组织开展学习实践科学发展观活动、创先争优活动、“五比五看”活动，开通“项目直通车”等活动，为全市重点项目提供高效便捷的服务。创建“谋远健行”五星级机关服务品牌，增强党组织的凝聚力和战斗力，提高党组织建设的整体水平。

（彭　瑛）

工商行政管理

【概　况】 2011年是“十二五”规划的开局之年，溧阳市工商局在市委、市政府和上级局领导下，围绕市委、市政府“紧跟苏锡常，同步现代化”目标定位，围绕“强服务、树权威、抓规范、求发展”总体工作思路，开展“党徽耀红盾”争创“群众满意的窗口服务单位”系列活动，以争创“红盾示范岗”和“科所一品”创建为抓手，推进“三型工商”建设，为促进全市经济社会又好又快发展作出积极贡献。

2011年市工商局荣获“服务经济优胜单位”、“2010～2011年度全市依法行政工作先进单位”、“2011年度市级机关五星级服务品牌”、“2011年度全市社会治安综合治理和平安建设先进单位”、“常州市2006～2010年法制宣传教育先进单位”、“2011年度常州

市发改委2011年工作总结会暨2012年工作思路研讨会（彭　瑛　供稿）

市工商系统民主评议政风行风工作先进集体”等多项荣誉称号。

【服务政府决策】 建立协调协作机制，加强信息服务和调研，服务政府决策。2011年，市工商局通过收集周边9县市的市场主体发展信息，加强信息资源的分析，将部门掌握的企业注册登记、监管动态信息，通过专用信息渠道，以“每月专递”、“私营企业发展报告”、“无照经营情况分析”等形式上报两办信息50余篇，为市委、市政府领导决策提供参考。

确定阶段性发展调研课题，与天目湖和经济开发区建立对接协调服务机制。定期召开联席会议，帮助其分析和解决私营经济发展过程中遇到的困难。编制各镇（区）私营经济发展形象进度表发送至各镇区，加强部门与镇区的联动，通过镇区党委、政府的力量推动私营企业发展。

【市场主体发展】 2011年，全市新设各类市场主体（含分支机构）5492户，同比增长16.13%，注册资本（金）总额178.07亿元，同比增长119.6%。新开企业户均注册资本1468万元，与上年户均注册资本同比增长97.05%。全市新增私营企业1074户，注册资本154.86亿元，同比分别增长21.08%和109.78%。新增个体工商户4189户，新增注册金3.74亿元，同比增长15.37%和28.08%。新增个私从业人员2.23万人，同比增长16.75%。

全市新设农民专业合作社136户，出资总额2.96亿元，新设立成员总数13243个（其中农民成员13035个），同比分别增长88.89%、增长70.11%、增长75.43%。

全市新设外资法人企业43家，投资总额、注册资本、外方认缴分别为10.82亿美元、6.19亿美元、6亿美元。同比分别增长22.9%、增长28.4%、增长6.2%、增长4.9%。

截至2011年底，全市有各类市场主体29539户（含分支机构），注册资本总额485.86亿元，与上年同比分别增长11.99%和27.84%。全市实有私营企业5372户，注册资本326.18元，同比分别增长24.61%和56.81%。实有个体工商户22632户，注册资金12.34亿元，同比分别增长8.6%和23.28%。

全市实有农民专业合作社449户，出资总额9.47亿元，成员总数97958个（其中农民成员96375个），同比分别增长116.02%、增长153.89%、增长216.27%。

全市实有外商投资企业309家，其中法人企业248家，各类分支机构61家，累计投资总额、注册资本、外方认缴分别为34.97亿美元、22.92亿美元、21亿美元。

【私营企业培育工程】 完善服务机制，提升工作效能。在全市所有登记注册窗口推行硬件、软件“六统一”建设和“四服务、二提高”创建目标，着力提升服务规范、提高工作效能。全年净增私营企业904户，净增个体工商户3165户，新增注册资本154.86亿元，发展数据再创新高。帮助33家个体户升级为私营企业，冠省级名称138家。帮助组建省级集团2家，冠国家级名称3家。帮助安靠电缆、维多生物等3家拟上市企业进行股份制改造。行政服务中心工商局窗口被市监察局、市行政服务中心评为2011年度“效率中心创品牌，窗口服务争最优”红旗窗口。

强化行政指导机制，营造企业发展良好环境。与规模企业、重点项目建立局领导联系挂钩制度，对全市重点企业和重大项目实施全程跟踪指导，帮助企业协调解决发展过程中遇到的问题和困难。通过股权出质、动产抵押等形式，利用私个协会等一系列平台，为92家企业融资近45亿元，较好缓解企业融资难的问题，其中竹箦分局办理全市首起最高额浮动抵押登记，为企业融资3000万元。

推行柔性监管措施，加强工商法律法规培训，指导企业规范经营。对全市1265户企业进行上门指导，发放《工商行政指导200问》3000余册，对6家出资未到位的外资企业进行约见谈话，对123户企业的轻微违法行为实施免予处罚。

【市场主体经营资格管理】 市工商局围绕规范市场经济秩序、服务地方经济发展大局，按照上级各项工作要求，立足工商职能，开展各项监督管理工作。2011年度，企业年检率96.6%，个体工商户验照率94.3%。验照期间规范登记90户，发出《行政监督管理通知书》574份，《责令改正通知书》255份，责令停业124户。全年清理无照经营2356户。其中，涉及前置许可的1487户（包括尚未明确前置许可部门的小作坊59户），涉及前置许可1676份，无前置许可的869户；涉及前置的许可证23种，涉及前置的许可部门17个，查处无照经营案件161件。

开展危化品等重、热点企业前置许可进行再次排查确认工作，出动执法人员325人(次)，排查市场主体285户，下发《责令限期改正通知书》1份。开展废旧金属收购专项整治，出动执法人员400余人次，检查各类经营主体272家。全市有废旧金属收购站点291户。其中，企业177户、个体工商户114户。

【校园及周边环境专项整治】 根据苏工商个企〔2011〕148号《关于进一步净化社会文化环境促进未成年人健康成长的通知》及常工商〔2011〕5号《关于推进未成年人思想道德建设工作的实施意见》等文件精神要求，结合日常巡查、个体工商户验照、企业年检、无照经营清理和证照规范化长效管理等工作，部署开展校园周边及“黑网吧”专项整治工作。对辖区内校园周边的文化、文具用品商店、小食杂店、网吧及娱乐场所等经营主体进行“拉网式”检查，出动检查人员476人次，车辆58台次。检查各类中小学校89所、幼儿园11个，校园周边有证照齐全的文化、文具用品(企业)商店419户(家)，检查419户(家)；小食杂店583家，检查583家；检查网吧79家，游戏厅7家。通过整治行动，取缔无照经营户37户，疏导发照47户，发出整改通知书132份，立案查处“黑网吧”1户。配合查处取缔无证无照电子游戏室2家，扣缴赌博机19台、电子游戏机19台，分别由文化、公安等部门调查处理。

【商标管理】 2011年，市工商局完成商标注册544件，完成率121%，注册商标总数突破2600只，跻身全国商标发展“百强县”。辅导江苏瑞阳化工股份有限公司和江苏竹箦阀业有限公司申报中国驰名商标认定，辅导“天目湖”旅游、“金石”锻造等4件商标申报江苏省著名商标认定，新申报常州市知名商标10件，辅导江苏瑞阳化工股份有限公司申请商标国际注册4件，辅导溧阳市长寿研究会为“长寿之乡”形象标志在11个大类上注册商标。在全市345户企业、20个专业村和专业园中建立党员商标发展联系点，通过联系点和联系人制度，指导企业注册商标1500多次。

开展第11个世界知识产权日暨全省商标知识产权宣传周活动，设立8个宣传咨询会场，拉宣传横幅8条，设宣传展板32块，发放宣传资料2000多份。结合建党90周年，开展“品牌照耀溧阳”系列宣传活动，会同溧阳电视台制作“商标战略助推经济发展——溧阳市实施商标战略综述”系列报道。将“上上”电缆、“山湖”电缆和“天目湖”茶叶商标确立为全市商标重点保护名录，陪同山湖电缆公司赴无锡取缔1个销售假冒该公司产品的窝点。

开展“打击侵犯知识产权和制售假冒伪劣商品专项行动”行动，出动执法人员2055人次，执法车辆665辆次，检查企业4275户，检查批发零售市场、集贸市场等各类市场74个次，整治重点区域75处，捣毁制假售假窝点2个，查处商标侵权案件13起。

【广告管理】 2011年，受理户外广告登记327件，向分局实行抄告327件，分局反馈327件。办理广告经营资格登记47个。其中，有限公司32个、个体15个。

开展2010年度广告经营资格检查工作，63家企事业单位、25家个体通过广告经营资格检查。查结各类违法广告案件62起。其中，违法医疗广告案件3件、违法食品广告案件1件、违法保健食品广告案件3件、违法药品广告案件1件、违法保健品广告案件1件、违法房地产广告案件1件、违法网络广告案件8件。监测电视电台广告110648条。其中，药品广告15163条、保健食品广告31976条、化妆品广告4456条、医疗广告16483条。对违法行为轻微的广告向媒体发出整改通知书，对情节较严重的进行立案查处。

组织12家广告公司参加“常州报业杯”平面公益广告大奖赛，报送55幅内容健康、主题鲜明的广告作品，获得优秀奖5个。组织广告公司参加江苏省第十七届全国优秀广告作品评选活动，获得铜奖1个，优秀奖3个。

【信用管理】 做好2010年度信用企业的复检工作和2011年常州市AAA级信用企业发展工作，召开2010年度溧阳市省级重合同守信用企业复检联谊会，开展2011年度常州市AAA级信用企业集中培训。

2011年新发展常州AAA级信用企业14户。其中，溧城镇4户、上兴镇4户、社渚镇2户、竹箦镇1户、别桥镇1户、戴埠镇1户、天目湖镇1户。截至2011年年底，全市拥有各级信用企业259户。其中，国家级7户、省级20户、常州市AAA级151户、常州市A级81户。

结合“红盾强农惠农示范岗”创建，推开合同行政指导工作，全市设立合同指导站42个。对全市商业、美容美发健身行业格式合同条款开展专项检查，重点整顿规范商业预付卡消费行为。受理拍卖监管备案38次，金额516万元，成交8份。查处合同违法案件7件。

【消费者权益保护】 2011年，溧阳市消费者协会受理消费者投诉308件，处理304件，争议金额48.64万元，挽回经济损失26.67万元。开展“3·15”等形式多样的纪念活动，发放宣传资料5000余份，现场接受消费者咨询200多人次，接受消费者现场投诉5件。

在全市范围内的商贸流通、公共服务等与消费者生活密切相关的行业内推进“诚信经营放心消费”承诺企业联盟的建立活动，全市新增入盟企业及个体工商户103家，累计入盟企业及个体工商户143家。制定《溧阳市食品安全进校园实施意见》和《实施方案》，开展食品安全进校园消费知识讲座、征文等活动。全年在10所中小学校开展宣传展板巡回展出、消费维权知识讲座各10场次，向有关学校赠送《青少年消费知识读本》5000册，在南渡小学开展“红盾牵手青少年，消费安全进校园”主题活动，在竹箦小学开展“荣昌”杯食品安全消费征文活动，在全市中小学开展中、小学生食品安全认知度的消费调查，接受调查学校20所，发放问卷调查问卷1100份，并完成相关调研报告。对10个基层分会及全市村级投诉联络站负责人进行投诉处理业务工作培训，印发培训资料2000份。

【食品安全监管】 2011年底，全市流通领域有在业食品经营者5460户。其中，企业299户、外资2户、个体工商户5159户。批发兼零售经营户66户，总经销商17户，500平方米以上大型商场（超市）45户。200平方米以上超市食品经营户175户。涉及食品的消费品市场33个，市场经营户4612户。

知识产权保护与行政执法工作推进会 （市工商局 供稿）

开展《清理清查食品经营主体的执法行动》、《乳制品市场专项整治执法行动》、《打击流通环节违法添加非食用物质和滥用食品添加剂及销售劣质食用油等专项整治执法行动》、《农村食品市场专项整治执法行动》、《对重点食品和重点区域、重点场所食品经营以及季节性、节日性食品市场的专项整治执法行动》和《对酒类市场专项整治执法行动》等六项专项执法检查。开展对“地沟油”整治工作及“筑牢红盾防线，维护食品安全”集中执法行动。全局出动执法人员2663人次，检查食品经营者7132余次。

结合专项整治，开展流通领域1600批次的食品快速检测。完成食品抽检271批次。完成婴幼儿奶粉抽检148批次，合格率100%。评定食品安全示范店214家。2011年办理食品案件58件，查扣假冒伪劣食品及不符合食品安全标准食品和超过保质期食品202公斤。受理消费者食品投诉31件，挽回经济损失2.29万元。在上年基础上完善全市食品安全手机短信平台，全年向3500多户食品经营户发送法律、法规等宣传短信25期，向乳制品经营户发送换发证友情提示3次。

【公平交易系列执法行动】 2011年，市工商局查结各类经济案件351件，涉及违法类型26种。其中，一般程序案件300件，罚没入库347.7万元，案值5058.56万元。

开展打击侵犯知识产权和制售假冒伪劣商品的“双打”专项行动，保护地方名优土特产商品商标使用情况检查，“两虚一抽”专项整治行动，打击虚假宣传和违法广告的专项整治行动，整顿和规范红酒行业专项行动。与企业联合打假19次，其中为本地企业赴外地打假1次，向其他部门移送（交）3件；没收假酒3602瓶，没收不合格食品397盒（袋），没收各类假冒商标包装或商标标志6987件。

出动执法人数1019人次，检查生产单位312家，检查经营单位1158家。开展打击传销和“扫黄打非”工作，出动执法车辆86车次、执法人员179人次，检查音像制品及书店72家，捣毁取缔传销窝点3个，驱散涉嫌传销人员63人，向公安部门移送传销骨干人员1名。

【依法行政】 全面贯彻落实国务院关于建立法治政府、国家工商总局关于加快推进法治工商的意见的精神及省、市局依法行政评价制度，成立依法行政领导小组，负责全局的依法行政的监督与指导。成立案卷评查领导小组，负责全局的案件交叉核审工作的监督与指导。完善依法行政的管理网络，将机关各业务科室法制员纳入依法行政管理网络，负责对全局各所在条线依法行政的监督。形成全局从纵向到横向都有法制员对行政执法工作有监督的局面，确保依法行政评价体系的落实。利用工作成果创新监督方式，促进执法水平提升。编制《工商行政管理行政处罚程序实用手册》。

发挥法制机构优势，对内强化服务，对外直面诉讼复议。全年受理和答复办案咨询2100余次，受理答复其他机关条线的咨询160余次，参与前期指导办案6次，参与相关业务条线的信访协调与答复8次，加强与政府相关部门和司法部门衔接协调、协助向相关部门移送案件5件。 （刘　进）

安全生产监督管理

【概　况】 2011年，市安监局贯彻落实国务院和省、市政府有关安全生产工作的重要指示精神，围绕“紧跟苏锡常，同步现代化”目标任务，层层落实安全责任，狠抓安全标准化建设和事故隐患排查，有效遏制重特大事故。

全市有综合监管生产经营单位4950家。其中，重点监管单位1222家。通过安全专项整治、环境治理及矿山资源整合，有非煤矿山26家，是江苏省安监局非煤矿山重点监控县（市）之一。有化工企业151家（其中危险化学品生产企业42家），经营单位588家（含储存单位82家），危险品运输单位6家，水泥生产企业6家，烟花爆竹经营户360家，冶金企业40家，砖瓦企业44家，石灰窑86座。

【安全生产责任体系】 市委、市政府将安全生产纳入全市经济社会发展大局，市政府常务会议每季度听取安全生产工作汇报，市四套班子领导多次带队进行安全生产检查。9月，市人大常委会组织对全市《安全生产法》贯彻实施情况进行专项督查，强调要形成“人人讲安全、事事为安全、时时想安全、处处要安全”的生产意识。10月，市政协主要领导带队调研全市安全生产工作情况，要求做到工作上无禁区，检查上无盲区，执法上无特区。在日常工作中，各级领导按照“一岗双责”要求认真做好分管工作内的安全生产工作。

2011年初，市政府与各镇和具有安全生产管理职能的20个部门签订安全生产目标管理责任书，实行安全工作绩效量化考核，严格落实“一票否决”。各镇、各部门通过签订安全生产

全市安全生产工作会议 （市安监局　供稿）

目标责任状等形式，将年度安全生产工作目标、任务和责任落实到基层及生产经营单位，严格考核，严格奖惩。各部门根据管理职责，做到全年监管有计划，季度有重点，每月有安排，周周有布置，有效推进安全监管工作，形成“政府统一领导、部门依法监管、企业全面负责、群众参与监督、全社会广泛支持”的工作格局。

【安全生产宣传教育】 发挥文化引领作用，创新宣传平台。利用“手机安全课堂”、交通信息平台等发送安全信息20万余条。发放安全生产专版18万份、《安监动态》4000余份。在溧阳电视台《人本安监》专栏播放专题报道82期。在全市180辆长途客车、176辆城市公交、252辆市镇公交、160辆镇村公交和335辆出租车上张贴或流动播放安全宣传短片、安全宣传标语。制作1000余张“12350”特服电话牌固定在全市重点企业和人员密集场所，在市区主要干道92个灯箱和报亭两侧制作20幅大型页面长期滚动宣传。结合“安全生产月”组织开展安全知识“六进”活动、安全咨询日、安全知识竞赛、镇（区）专题文艺巡演、应急预案演练等系列活动。通过悬挂宣传横幅、粘贴宣传标语、设置安全走廊等贴近群众的宣传形式，唱响“安全发展”总旋律。

严格落实安全培训和持证上岗制度，针对不同行业、不同类型企业安全生产培训的不同需求，举办各类培训班87期，6605人次。特种作业人员培训班62期，4314人；农民工11000余人，全民安全意识普遍提高。

【安全隐患排查治理】 按照“检查不留死角，整改不留后患”要求，开展道路交通、消防、烟花爆竹、建筑施工、非煤矿山、危险化学品等7个重点领域的专项整治，对排查确认的16个重点隐患落实领导挂牌督办制度。

2011年，市安监局把职业危害专项治理作为整治工作的重点。检查矿山、冶金、化工、木制家具、蓄电池等职业危害企业83家。按照“发现一家，规范一家”原则，指导、督促企业完成职业危害网上申报，网上通过申报354家，备案299家，重点企业职业危害申报率100%。根据市政府《水泥行业专项整治实施方案》，对全市12家水泥企业、26家矿山企业、46家石灰窑企业实施专项整治，取得明显效果，非煤矿山首次实现零死亡。

组织开展多项安全综合治理和拉网式大检查，把执法检查从“事后”推向“事前”，有效防范事故发生。各部门加强联合执法，齐抓共管，大大提高执法效果。强化日常监管。采取日常检查、抽查、巡查等形式，对全市重点行业开展长态化执法检查。联合市公安局、国土局、旅游局、住建委等部门重点开展了建筑工地、旅游景区、港口码头、涉铅企业、木质家具、人员密集场所、燃气等7个重点行业重点部位的安全检查。检查生产企业848家，发出整改指令书787份。

突出重点时段检查。围绕市政府中心工作和重大节日，组织大规模安全检查8次，检查单位1579家。

严格“打非治违”。5月，成立市分管领导任组长，各相关职能部门分管领导为成员的“打非治违专项行动”领导小组，通过严密组织、重点打击、联合执法等措施，打击安全生产领域比较突出的非法违法生产、经营和建设问题，落实企业安全生产主体责任和政府安全监督责任。2011年，组织执法行为3469人/次，检查单位2579家，查出隐患3337条，责令停产整顿15家。

【企业安全标准化建设】 贯彻国家、省、市关于“全面推进企业安全生产标准化建设”指示精神，加大安全标准化推进力度。市安委会制定标准化推进方案，细化目标任务、明确工作职责、落实保障措施。

市安监局组织企业内审人员培训和咨询服务。5月27日，市安委会组织召开全市危险化学品安全生产标准化建设动员大会，部署落实危化品企业安全标准化建设工作。9月8日，市安监局组织召开全市26家非煤矿山企业安全标准化建设现场会，推进非煤矿山安全达标工作。全市非煤矿山企业全部达到三级标准化水平，8家企业通过二级标准化考评。36家危化品企业全部进入标准化试运行阶段。冶金等工贸行业在两家水泥企业先行试点，全面推进达标工作。

【安全保障体系】 根据《国家安监总局中国保监会关于大力推进安全生产领域责任保险健全安全生产保障体系的意见》、《省政府办公厅关于转发〈省安监局江苏保监局关于在全省高危行业推行安全生产责任保险的意见〉的通知》精神，完成安责险的前期招标工作，在全市非煤矿山、化工等高危行业全面推行安全生产责任保险，提高企业抗风险能力。各级部门修订完善道路交通、水上交通、民爆器材、危险品、旅游等行业和涉及公共安全领域的专项应急预案。各镇和相关部门相互配合，组织水上搜救演习、工程施工消防演练、危险品泄漏消防演练和客运车辆消防演练等应急演练，提高各部门应对突发事件能力。2011年，全市“12350”安全生产举报投诉热线启动，畅通安全隐患、非法违法行为的举报渠道，全面构筑安全生产保障网络体系。 （蒋建成）

质量技术监督

【概　况】 2011年，常州市溧阳质量技术监督局（以下简称市质监局）高举质量兴市大旗，围绕“紧跟苏锡常，同步现代化”战略目标，严抓监管责任，提升服务效能，保持质监事业平稳发展，为溧阳经济社会可持续发展做出新贡献。

【质量管理】 截至2011年底，全市有中国名牌产品3只，江苏省名牌产品累计31只，常州市名牌产品70只。1家企业获江苏省质量管理奖，8家企业获常州市质量管理奖。全市3C认证获证企业32家122个产品，获证率98%以上。全年省质量监督抽查显示产品质量合格指数98.32%，产品质量指数99.97，高于常州市平均水平。4个标准化示范区通过验收，其中国家级1个（茶叶标准示范区），省级3个（溧阳白芹示范区、双底油菜示范区、溧阳板栗示范区）。5家省AAAA级标准化良好行为企业。参与制修订43项国家标准项目、17项行业标准。完成工业产品标准备案202个。条码发展新户10个，续展39个。

【计量管理】 市质监局实现对集贸市场、民用三表、加油站、医疗卫生机构等几大领域计量监管的全覆盖，完成32家集贸市场2274台（件）计量器具及147家村级卫生室855台医用计量器具的免费检定。完成2861只水表、5403只煤气表、405只出租汽车计价器的强制检定。计量监督检查保健品、大米、茶叶、酒精饮料、粽子、化妆品、化肥、农药、农膜、种子等19类242个批次产品。做好能源计量技术服务试点工作，帮助指导电力、钢铁、建材、等重点耗能行业节能降耗工作。

【食品生产安全监管】 开展"两节"专项、瘦肉精、食品添加剂标志标注、问题乳粉清缴检查等17次专项检查。153家食品生产加工企业签订质量安全承诺书，监督检查食品生产企业305家，使用快速检测设备检测企业75家。2011年全市无食品重特大事故。

【特种设备安全监管】 做好现场监察，开展气瓶充装单位"一瓶一码"专项整治，开展住宅电梯、自动扶梯、大型游乐设施等专项检查，参加市化工整治活动。完成对41台锅炉、108台压力容器、185台电梯、800台起重机械、21台厂内机动车辆进行登记发证。完成6658台在用设备分等监管，完成400余家特种设备使用单位分类分级监管。全年全市无特种设备重特大事故。

【打假治劣】 开展重点区域小轧钢企业专项整治，检查小轧钢企业150家次。开展特种设备使用单位全方位大检查，下达《责令改正通知书》67份，对问题单位进行追踪回访。开展农资产品专项整治和保温板专项检查。开展饮用水生产行业整治，规范饮用水桶采购和使用。开展复合肥生产企业专项抽查。开展黏土实心砖生产企业专项整治，检查企业35家。开展非法充装液化气专项检查。全局出动执法人员2900人次，立案查处案件81件，维护了公平、正义的市场经济秩序。 （陈颖锋）

人力资源和社会保障

【概　况】 2011年，全市人力资源和社会保障工作坚持以科学发展观为指导，按照"紧跟苏锡常，同步现代化"目标定位，围绕发展抓就业、惠民抓保障、创新抓人才、稳定抓管理，各项工作顺利推进，人力资源和社会保障事业呈现出创先争优和科学发展的良好态势，为全市"十二五"良好开局提供强有力的智力支撑和民生保障。

【就业创业】 实施积极的就业政策，优先安置困难群体就业，引导企业规范化、规模化用工。开展送岗位、送服务、送政策、送培训和进校园、进社区、进企业、进商铺"四送四进"活动，举办校企对接、村企对接等形式多样的招聘活动。全年新增就业11112人，失业人员再就业2147人，城镇登记失业率控制在2.1%以内。全市参加职业技能培训10187人，完成技能鉴定3851人、取证3311人。出台《溧阳市创业小额担保贷款管理办法》，为符合条件的创业人员提供贴息贷款，成功举办首届SYB（创办你的企业）培训班，扶持477人成功创业，创业带动就业2401人。加大公益性岗位开发力度，18名家庭困难和就业困难高校毕业生被招录到劳动保障协理员岗位。基层人力资源和社会保障公共服务平台建设取得突破，全市175个行政村人力资源和社会保障服务站建设达标率100%。

【社会保障】 将被征地农民和未参保集体企业退休人员纳入社会保障，解决其后顾之忧。职工养老、医疗、失业三大保险综合覆盖率达98%以上。职工养老、医疗、失业、工伤、生育五大保险分别净增参保6153人、8570人、4346人、7698人、7195人，均超过年度目标的120%以上。城乡居民养老保险缴费15.4万人，完成缴费任务的106.2%，基本实现全覆盖。提高3万多名企业退休人员基本养老金水平，增资后的平均养老金每人每月1589元，失业人员领取失业保险金期间免费参加职工医保，将老工伤人员有关待遇纳入工伤保险管理。

做好退休审批工作，为403位机关事业单位人员和4654位企业职工办理退休手续。累计发放各类社保基金7.72亿元，各类养老补贴、补助1.62亿元。企业退休人员社会化管理服务工作有效推进，为纳入社会化管理的企业退休人员免费健康体检。社保基金实现"应收尽收"，五大保险基金累计结余21.57亿元，其中基本养老保险基金累计结余17.5亿元，基金备付能力达到40个月。

【人才资源】 提高人才工作的组织化程度，建立镇（区）人才工作联络站。全年引进高层次研发人才25名、海外人才82名，获常州市领军型海归人才创业资助项目19个，总资助金额3200万元；有3人被评为省"双创人才"，创

特种设备作业人员考核管理平台专家评审会议 （市质监局 供稿）

溧阳市历史最好成绩。组织申报“江苏省博士集聚计划”15名，3人成功入选。潘洪强、朱顺才两位高技能人才获评首批“江苏省企业首席技师”。评选出第五批镇村优秀科技人才30名，服务农村经济社会发展。

加快博士后创新平台建设步伐，江苏金源锻造股份有限公司成功申报“省博士后创新实践基地”。在常州市仅有5人入选的情况下，溧阳市王松明、夏安扣被评为享受国务院特殊津贴的专家。

贯彻落实各项人才优惠政策，全年向120名高层次人才发放资助奖励金392.1万元，兑现2011年度获准设立省级企业博士后创新实践基地奖励资金30万元。

【劳动关系】 创建和谐劳动关系企业，正昌集团、上上电缆集团分别被评为全国和江苏省模范劳动关系和谐企业，另有30家企业被评为常州市劳动保障诚信示范企业和诚信企业。

有效维护劳动者合法权益，全年责令146户用人单位办理社会保险申报登记，为3939名职工补交社会保险费2007.1万元，为4410名职工追回工资2212.84万元。受理工伤认定申请1258起，认定为工伤和视同工伤1230起。

落实“阳光仲裁”制度，加大“以调促和”力度，劳动争议案件调解率77%。全年立案受理案件304件，同比下降28.6%，案件结案率和按期结案率均100%。全年接受群众咨询16000多人次，受理人民来信302件，所有信件得到及时有效的处理和答复，妥善处理群体性劳资纠纷14起，联合相关部门和镇区稳妥解决天目湖啤酒有限公司、天虹商场有限公司的职工群体性上访。

【人事管理】 完成全市3539名公务员考核工作，对年度考核优秀、连续三年考核优秀的公务员进行嘉奖和记三等功一次。开展公务员“四类培训”，对78名新录用公务员进行初任培训。

贯彻执行“考核考试积分选岗安置办法”，安置营职以下及技术级军转干部15人。做好企业军转干部补助金核实发放工作，为336人发放补助金720万元。

坚持“公开、公平、公正、择优”原则，完成37名公务员和157名事业单位工作人员招录工作。全面完成53个部门361家事业单位岗位设置管理工作。完成全市774名公务员和13028名事业单位工作人员工资晋升审批。成立绩效工资实施工作领导小组，完成全市公共卫生、基层医疗卫生和其他事业单位绩效工资实施方案。不断提高干部人事档案管理水平，收集、加工、归档各类档案材料5650份，提供档案及卡片利用350多人次。

【队伍建设】 打造“服务发展，奉献保障”人社品牌，在提升机关效能的同时，实现干部队伍素质的大提升。开展形式多样的培训教育，加强党委中心组学习，开展“中层干部授课日”活动，组织全体干部职工认真学习人力资源和社会保障业务知识。

行政许可、非许可类项目审批提速60%，开展窗口服务礼仪培训和“文明示范窗口”创建活动，努力提高窗口服务质量、水平和效率。推进党风廉政责任制建设，与各科室、事业单位签订党风廉政建设责任书。依托信息技术平台，开展“友言在先”教育之窗“金玉良言”征集活动，促进自我监督、互相监督，达到人人参与教育、人人思考教育、人人接受教育的目的。

（张治平）

统计管理

【概　况】 2011年，在市委、市政府和上级统计部门领导下，市统计局围绕政府中心工作，按照省、常州市局的统一部署，坚持以科学发展观为指导，以服务社会经济发展为目标，大力推进基层基础建设活动，较好完成年初预定的各项工作任务。

人口普查工作取得成功。做好第六次全国人口普查各类报表的逻辑审核工作以及数据处理、评估、上报工作，初步掌握溧阳市人口在数量、结构、分布和居住环境等方面的变化情况。抽调局内精干力量参与相关部门开展第一次全国水利普查工作。做好各项常规调查和专项调查，完成各专业年定报及价格、企业景气、城市住户、农村住户等常规调查。开展城市公共建筑、民用建筑能耗调查、非公有制企业人力资源调查、星级企业以外住宿业、百村万户调查等多种专项调查。

配合省调查总队开展创建文明城市问卷调查、法治财政抽样调查及对地试点调查等工作。做好科学发展考核评价体系监测工作。市统计局按照省、常州市制定的《科学发展评价考核体系》，开展跟踪监测工作，加强部门间协调合作能力，加强对科学发展评价考核指标数据的采集、整理和评估审核，以准确反映全市经济社会科学发展的成果。

强化GDP相关专业核算工作的规范性，努力确保GDP核算“条”、“块”相衔接。围绕调整产业结构着力做好“支柱产业”、“高新技术产业”统计工作。加大能源统计工作力度，加强能源统计力量配备，做好各专业能源统计和重点耗能企业的统计监测、报送工作，主动参与节能降耗考核等工作。

推进服务业统计工作，规范部门服务业统计，做好分析监测、服务业增加值核算和服务业名录库更新维护等各项工作。完成“十一五”妇儿规划终期评估的统计监测工作，通过省、常州市验收。

统计法制工作全面展开。印发《2011年全市统计法制工作要点》，组织对53家企事业单位进行统计监审和督查。全年举办25期学习“一法一规”培训班。统计“六五”普法正式启动，溧阳市委、市政府将深入学习统计法律法规纳入《关于在全市公民中开展法制宣传教育的第六个五年规划》。

推进统计从业资格考证和统计继续教育工作。2011年参加从业资格考试的统计人员有230名。市统计局统一编印继续教育培训教材，对360名参加继续教育的统计人员进行业务培训。

【主要数据质量核查工作】 自省和常州市统计局下发《关于开展主要数据质量核查工作的通知》后，市统计局在第一时间就上级统计部门开展主要数据质量核查的有关事项进行专题研究，向市委、市政府主要领导和分管领导作专门汇报。市委、市政府领导高度重视，要求统计部门根据上级要求，精心准备、全面部署、狠抓落实，确保主要数据质量核查顺利进行。溧阳市分管市长周卫中为此专程到统计局和溧城镇、天目湖镇督查统计工作，听取情况汇报，作出具体要求。按照上级部门统一部署，全市通过成立机构、宣传发动、自查自纠、督查、抽查等一系列工作，及时纠正一些统计违法违纪行为，达到预期效果，通过省级质量抽查。

【统计基层基础建设】 根据常州市统计局的统一部署，市统计局在全市开展统计基层基础建设推进年活动。重点从夯实统计基础、规范工作流程、严格制度执行、健全统计管理等方面入手，推进基层统计基础规范化达标工作。成立溧阳市“统计基础建设推进年”活动工作机构。组织力量对各镇（区）统计力量配备、机构设置及镇（区）基层基础建设情况进行督查，统一为各镇（区）统计站制作铜牌。根据常州市局的要求，通过市采购中心为各镇（区）统计站统一购置笔记本电脑。组织各镇（区）统计站负责人参加常州市统计局举办的镇(街道)统计站负责人轮训班。举行溧阳市统计系统“我为统计添光彩，统计有我更精彩”演讲比赛活动，组织优秀选手参加常州市级比赛。对照常州市规范化标准，组织镇（区）统计站负责人和相关人员进行培训，详细了解基层统计规范化建设各项标准及细则，对照规范化达标验收要求开展各项工作。溧阳市溧城镇、天目湖镇、埭头镇通过常州市统计局组织的验收。抓好镇（区）“三上”企业网上直报及各项业务建设工作，截至11月，溧阳市镇(区)规上工业企业网上直报率96.2%，为四大工程建设特别是一套表制度的顺利推进奠定扎实的基础。

加强全市基本单位名录库工作。基本单位名录库、企业一套表制度、数据采集处理软件系统和联网直报系统是统计建设四大工程，是统计工作的重中之重，其中基本单位名录库是四大工程顺利开展的基础。为此，市统计局建立健全基本单位名录库管理办法，以“三上”企业为重点，加快建立统一完整、不重不漏、动态维护、及时更新名录库，与工商、民政、编制、国税、地税、质监等部门进行衔接，规范和完善基层单位各项属性指标，抓全统计调查单位，为全市建立科学规范的统计调查体系奠定基础。

建立健全统计原始记录和台账。市统计局以双基建设为契机，按规范化内容为标准，建立和完善各类统计原始记录和台账制度，规范各镇（区）、部门以及各类调查对象的统计台账，督促基层单位建立必要的统计原始记录和台账。建立本地区重要统计指标数据的进度和年度统计台账，加强对基层电子台帐应用的培训、指导和检查，切实提高基层源头统计数据质量。

加强对基层统计业务考核。为提高全市统计业务水平，建立和完善基层统计业务考核办法，市统计局下发《溧阳市基层统计业务工作综合考核办法》，将基层年定报工作的及时性、准确性、统计台账、原始记录、名录库建设、网上直报等内容纳入考核体系，局（队）各业务科室都已实施考核登记工作。

【统计优质服务】 2011年，市统计局围绕市委、市政府中心工作，充分发挥统计在国民经济中的优势作用。开展全市经济运行统计监测分析。密切关注全市经济发展走势，加强对工业、能源、投资、服务业等统计专业的调研，对重点企业发展情况和重点项目进展情况进行跟踪调查。向市委、市政府报送经济发展信息，为党政领导判断经济走势、制定科学决策提供重要参考。做好横向统计信息交流工作，了解掌握周边县（市）区的经济社会发展信息。就溧阳与周边县（市）经济社会发展的主要经济指标进行不定期对比分析，将对比分析材料提供给党政领导和有关部门参考。

开展统计分析和课题调研。为了准确反映全市经济运行情况和发展态势，有效把握主要经济指标的数据质量，市统计局开展主要经济指标调研工作。

配合政府重大活动做好统计服务工作。为市“两会”、全市经济工作会议等重要会议提供全面翔实的统计资料，发布《2010年溧阳市国民经济和社会发展统计公报》，编辑发行《2011年溧阳统计年鉴》，为各级党政领导、各部门和社会各界人士提供统计服务。

2011年，市统计局共向市委、市政府提供各类统计分析资料35篇、编印《统计信息》12期、《统计内部专报》6期，被常州市统计局内网、中国溧阳、《溧阳信息》等录用信息160多篇。2011年，市统计局被溧阳市委、市政府办公室评为“全市党政信息工作先进单位”。

【机关效能建设】 根据溧阳市委统一部署，在全局开展“效率溧阳创品牌，机关服务争最优”主题实践活动，成立领导小组，制定相应的活动实施方案，对开展活动的指导思想、组织领导、工作目标、活动内容、实施步骤都作具体安排，保证市统计局开展“效率溧阳创品牌，机关服务争最优”主题实践活动有计划、有步骤地实施。

围绕“夯实统计基础，服务科学发展”服务品牌创建，增强全局人员依法、诚信、规范、高效的现代服务理念，提高数据质量、改进服务方式、创新服务手段、优化服务措施，切实提高统计工作效率和服务水平，不断提高统计行政效率。

开展社会主义核心价值教育，推进道德讲堂建设。局党支部通过“学习日”、“党员活动日”、走访慰问部队等活动，使全体党员和机关工作人员形成友善互助、正直宽容、明礼守信、热情诚恳、自强自立的风尚。市统计局围绕提高统计能力、做好政务公开、坚持依法行政、增强服务意识、坚持廉洁自律五个方面向全社会作出《溧阳市统计局机关作风公开承诺书》。开展“领导干部下基层”活动，根据溧阳市委文件精神，局党支部制定《溧阳市统计局（队）领导干部下基层活动实施方案》，局（队）领导通过和群众面对面交流，深入了解农民生产生活情况，倾听农民心声，为切实解决三农问题获得了第一手材料。

强化内部管理，强化制度建设，转变工作作风，提高依法行政能力，促进统计政风行风建设，提高统计工作效率和服务水平。2011年，市统计局党支部被中共溧阳市直属机关委员会评为“2010年度先进基层党组织”。

（李　莺）

常州市溧阳工商行政管理局

依法行政 高效服务

创建文明城市工作推进会

常州市溧阳工商行政管理局成立于 1975 年，为江苏省常州工商行政管理局的直属机构，现按编制设置 9 个内设机构：办公室、人事教育科、财务科、法规科、登记注册科（行政审批中心工商窗口）、外商投资企业登记管理科、监督管理科、市场合同监督管理科、消费者权益保护科；另按有关规定设置纪检监察室；1 个直属机构：经济监督检查大队；1 个事业单位：溧阳市工商企业咨询服务中心；4 个挂靠协会：溧阳市私营个体经济协会、溧阳市消费者协会、溧阳市广告协会、溧阳市经纪人协会。按经济区域设置溧城、城郊、埭头、戴埠、天目湖、南渡、社渚、上兴、竹箦、别桥 10 个基层分局。现有在职干部职工 181 名。截止 2011 年底，全局服务和监管的市场主体数共计 29539 户，其中私营企业 5372 户，外资企业 309 户，内资企业 777 户，个体工商户 22632 户，各类农村经济合作组织 449 家。

"红盾示范岗""科所一品"推进会

基层分局长公开选拔考试

2011 年，溧阳工商局紧紧围绕市委、市政府"紧跟苏锡常，同步现代化"的目标定位，围绕"强服务、树权威、抓规范、求发展"的总体工作思路，深入开展"党徽耀红盾"争创"群众满意的窗口服务单位"系列活动，以争创"红盾示范岗"和"科所一品"创建为抓手，扎实推进"三型工商"建设，为促进全市经济社会又好又快发展作出了积极的贡献。荣获了"2011 年溧阳市服务经济优胜单位"、"2010-2011 年度全市依法行政工作先进单位"、"2011 年度市级机关五星级服务品牌"、"2011 年度全市社会治安综合治理和平安建设先进单位"、"常州市 2006-2010 年法制宣传教育先进单位"、"2011 年度常州市工商系统民主评议政风行风工作先进集体"等多项荣誉称号。

面对新的形势和任务，溧阳工商局将进一步转变职能，提升队伍素质，按照打基础、提效能、树形象的总体工作思路，全面加强市场监管、服务发展、消费维权、依法行政效能建设，为促进全市经济平稳较快发展和社会和谐作出新的更大的贡献。

常州市溧阳质量技术监督局

CHANGZHOUSHILIYANGZHILIANGJISHUJIANDUJU

常州市溧阳质量技术监督局以科学发展观为指导，凭借科学公正的精神，廉洁高效的服务，坚定执着的信念，履行标准化、计量、质量和特种设备安全监察及食品生产加工环节的质量安全监管。质监局下辖溧阳计量所、溧阳质检所（江苏质检院溧阳检测中心）、溧阳农检中心（溧阳食品检测中心、溧阳粮油检测中心、溧阳建材检测中心）等法定技术机构。

质量服务创佳绩。溧阳市企业共获得：3 只中国名牌产品；31 只江苏省名牌产品；64 只常州市名牌产品；12 家企业获“C”标志使用权；江苏省质量管理奖 1 家；常州市质量管理奖 8 家。参与制修订国家标准项目 43 项，行业标准 14 项。5 家企业获评省 AAAA 级标准化良好行为企业。4 个国家、省级标准化示范区通过验收。

质量安全严把关。严厉打击涉及民生和重点工程的假冒伪劣行为；开展“两节”专项、瘦肉精、食品添加剂标识标注、问题乳粉清缴检查等 17 次专项检查。全面做好现场监察、气瓶充装单位专项整治。全市没有发生食品、特种设备安全重大事故。

技术服务促转型。积极宣贯节能减排国家标准、行业标准知识，鼓励企业运用先进标准知识促进节能减排。做好能源计量技术服务试点工作，继续帮助指导电力、钢铁、建材等重点耗能行业节能降耗工作。组建公共技术服务平台，为中小企业提供技术服务，现已具备开展包括金属材料、家具、建材等 13 大类 55 项 476 个参数的服务和检测能力。

惠民行动受欢迎。实现了对全市集贸市场、民用三表、加油站、医疗卫生机构等几大领域计量监管的全覆盖。定期开展定量包装商品、眼镜、乡镇医疗卫生机构等一系列计量专项检查。开通 12365 家电下乡质量服务热线，集中受理打假举报、质量申诉、业务咨询。

质监局将秉持“公正、精准、务实、创新”的理念，忠于职守、开拓创新，为促进地方发展、严把源头质量关、确保一方平安不懈努力。

举办中小企业定量包装管理办法专题讲座

食品质量安全突发事件应急演练

走进企业，开展食品安全培训。

协助申特钢铁发展余热利用

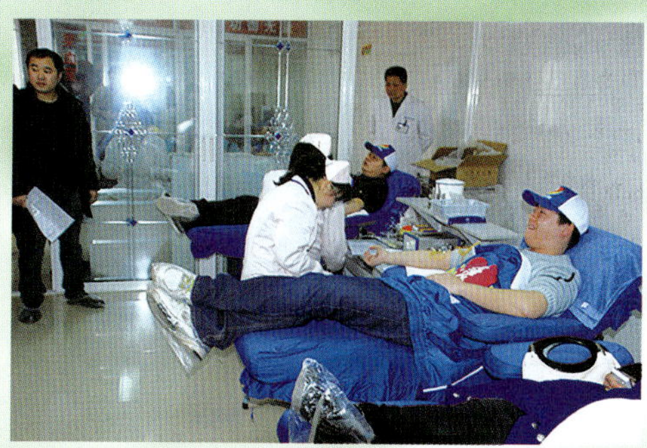
无偿献血活动

科　学　技　术

栏目编辑　尹少鹏

科技管理

【概　况】 2011年，全市科技工作在市委、市政府的正确领导下，以科学发展观统领全局，加快实施创新驱动战略。在推进高新技术产业化、深化产学研合作、完善公共技术服务平台、拓宽科技载体功能、提升创新创造力等方面加大工作力度，科技综合实力显著增强。全年全社会研发投入8.8亿元，占地区生产总值的比重达2.3%。地方财政预算对科技的投入占预算支出的比重达3%。高新技术产业投资高速增长，累计109.45亿元，同比增长144.3%，占工业投资的46.7%。完成高新技术产业产值408.7亿元，增长62.3%，占规模以上工业总产值的35.5%。连续八年4次获"全国科技进步考核先进县（市）"称号。连续两年被常州市委、市政府表彰为科技创新考核先进单位。

【高新技术企业】 2011年，全市新认定高新技术企业7家，分别是：常州时创能源科技有限公司、常州乔尔塑料有限公司、溧阳市虹翔机械制造有限公司、常州亚泰焊割科技有限公司、溧阳中材重型机器有限公司、江苏迪赛诺制药有限公司和溧阳市裕达机械有限公司。至此，全市共有高新技术企业34家。

【高新技术产品】 2011年，全市共培育高新技术产品135只，同比增204%。其中国家级重点新产品3只，分别是：江苏安靠智能输电科技股份有限公司的220kV交联聚乙烯电力电缆含绝缘填充剂瓷套管户外终端ankura－YJZWC4、江苏瑞阳化工股份有限公司的高纯度三季戊四醇和江苏冶建防腐材料有限公司的硅酸锌车间底漆。省高新技术产品76只。

2011年溧阳市新增省高新技术产品

表28

项目名称	承担单位	项目名称	承担单位
SRZG10乳猪教槽料生产线	江苏正昌粮机股份有限公司	双轴高效混合机	溧阳市裕达机械有限公司
SZCSTK在线水分检测及颗粒饲料优化系统	江苏正昌粮机股份有限公司	PMBCC高炉喷煤防爆除尘器	江苏南方机械有限公司
		精噁唑禾草灵	江苏天容集团股份有限公司
MZLH508环模制粒机	江苏正昌粮机股份有限公司	精噁唑禾草灵水乳剂	江苏天容集团股份有限公司
高原型风电变桨专用永磁直流伺服电动机	溧阳市宏达电机有限公司	齐多夫定中间体	江苏迪赛诺制药有限公司
		5MW风电齿轮锻件	江苏金源锻造股份有限公司
额定电压450/750伏及以下高性能电线电缆	江苏上上电缆集团有限公司	SFP10－610000/345站用升压无励磁调压变压器	江苏华鹏变压器有限公司
大型船用曲轴锻件	江苏金源锻造股份有限公司	ZQSC－2750/35干式牵引整流变压器	江苏华鹏变压器有限公司
高速冷轧工作辊	江苏金源锻造股份有限公司		
大型火电转子	江苏金源锻造股份有限公司	10kV级S11型油浸式配电变压器	江苏华鹏变压器有限公司
10千伏系列SC(H)B11干式电力变压器	江苏华鹏变压器有限公司		
		12%井冈苯醚甲可湿性粉剂	溧阳中南化工有限公司
OSFSZ11－180000/220智能型三相三绕组有载调压自耦变压器	江苏华鹏变压器有限公司	YTW2－220曳引机	江苏航天万源稀土电机有限公司
		YTW2－260　曳引机	江苏航天万源稀土电机有限公司
		IDM5381汽车发动机EGR阀	溧阳市科华机械制造有限公司
SZ11－50000/110智能型三相双绕组有载调压电力变压器	江苏华鹏变压器有限公司	2PC2022新型高效双转子单段锤式破碎机	溧阳中材重型机器有限公司
太阳能薄膜电池关键氧化锌铝靶材	溧阳高展光电材料有限公司	新型高效矿渣微粉辊式磨	溧阳中材重型机器有限公司
		新型高效双驱悬挂式重型板喂机	溧阳中材重型机器有限公司
三氯蔗糖	江苏巨邦制药有限公司		
维生素B1	江苏巨邦制药有限公司	DDZY83单相费控智能电能表	溧阳市华鹏电力仪表有限公司

续表 28

项目名称	承担单位	项目名称	承担单位
RG6 四屏蔽物理发泡聚乙烯绝缘同轴电缆	江苏山湖电缆有限公司	按IDM5399 标准生产的IDM5399 可变截面涡轮增压器中间体	溧阳市科华机械制造有限公司
RG11 四屏蔽物理发泡聚乙烯绝缘同轴电缆	江苏山湖电缆有限公司	汽车制动鼓	溧阳市虹翔机械制造有限公司
SYWY-75-9 物理发泡聚乙烯绝缘同轴电缆	江苏山湖电缆有限公司	工程机械 COLLAR	溧阳市虹翔机械制造有限公司
		24A 五十铃轻卡车驱动桥齿轮	江苏上齿集团有限公司
SYWY-75-12 物理发泡聚乙烯绝缘同轴电缆	江苏山湖电缆有限公司	庆铃轻卡车驱动桥齿轮	江苏上齿集团有限公司
		甲氧沙林溶液	江苏迪赛诺制药有限公司
SYWLY-75-9 物理发泡聚乙烯绝缘铝管同轴电缆	江苏山湖电缆有限公司	比阿培南	江苏迪赛诺制药有限公司
		额定电压110kV 交联聚乙烯绝缘电力电缆	江苏上上电缆集团有限公司
SYWLY-75-12 物理发泡聚乙烯绝缘铝管同轴电缆	江苏山湖电缆有限公司	防海水腐蚀及各种海生物污染特种涂料	冶建新材料股份有限公司
内清洗型防混双座阀	溧阳市四方不锈钢制品有限公司		
无菌型隔膜截止阀	溧阳市四方不锈钢制品有限公司	低密度可调聚酰亚胺软泡沫	溧阳华晶电子材料有限公司
4-12 米超长卫生级不锈钢深孔抛光管	溧阳市四方不锈钢制品有限公司	扩展式移动方舱（四川省气象应急指挥车）	溧阳二十八所系统装备有限公司
杀虫环	江苏天容集团股份有限公司	10kV 级D11 型单相配电变压器	江苏华鹏变压器有限公司
SFSP60 正昌优胜粉碎机	江苏正昌粮机股份有限公司	ZGS11 系列组合式变压器	江苏华鹏变压器有限公司
耐曲绕控制电缆	江苏上上电缆集团有限公司	YBW11-Z.F 系列风电预装式变电站	江苏华鹏变压器有限公司
石油平台用耐泥浆电缆	江苏上上电缆集团有限公司		
机场助航灯光回路用埋地电缆	江苏上上电缆集团有限公司	35kV 级SZ10（11）型油浸式电力变压器	江苏华鹏变压器有限公司
额定电压0.6/1kV 及以下拖令电缆	江苏上上电缆集团有限公司		
UFC 氨基模塑颗粒料	常州乔尔塑料有限公司	聚酰亚胺音圈震动膜	溧阳华晶合成材料有限公司
OSFSZ9-315000/400 三相三绕组有载调压自耦变压器	江苏华鹏变压器有限公司	按IDM5399 标准生产的IDM5399 可变截面涡轮增压器涡轮壳	溧阳市科华机械制造有限公司
OSFPSZ10-240000/330 三相三绕组强迫油循环有载调压自耦变压器	江苏华鹏变压器有限公司		
		鳞片状锌粉	江苏冶建锌业有限公司
		CLY1250/1+1+3 笼式成缆机	江苏苏阳电工机械有限公司
10～35kVSC(B)10 系列干式电力变压器	江苏华鹏变压器有限公司	K500/72 盘钢丝装铠机	江苏苏阳电工机械有限公司
		箱柜抽湿循环干燥器	溧阳市科燕新技术开发所
110kVS(S)Z10(11)型油浸式电力变压器	江苏华鹏变压器有限公司	单相普通电子式电能表（液晶显示，485+ 红外）	江苏盛德电子仪表有限公司
风力发电机组主轴承座	江苏兴盛风能科技有限公司	单相费控智能电能表	江苏盛德电子仪表有限公司
风力发电机组轮毂	江苏兴盛风能科技有限公司		

【科技项目申报实施】 2011 年，全市共组织申报实施各级各类科技项目391项，争取上级各类科技经费2564万元。其中国家级项目18项，省级项目136项，常州市级项目143项等。其中国家级项目中国家火炬计划重点高新技术企业2项、国家创新基金3项、国家火炬计划8项、国家星火计划1项、农业科技成果转化资金项目1项、国家重点新产品3只。

【创新领航企业】 2011 年，全市共新增常州市创新领航企业8家。分别是：江苏正昌粮机股份有限公司、江苏华鹏变压器有限公司、江苏上上电缆集团有限公司、江苏维多股份有限公司、布勒（常州）机械有限公司、江苏金源锻造股份有限公司、冶建新材料股份有限公司和溧阳二十八所系统装备有限公司。

【创业先锋企业】 2011 年，全市共新增常州市创业先锋企业8家。分别是：江苏瑞阳化工股份有限公司、江苏迪赛诺制药有限公司、常州时创能源科技有限公司、江苏巨邦制药有限公司、江苏迅隆科技发展有限公司、江苏强林生物能源材料有限公司、江苏阿格罗生物科技有限公司和常州乔尔塑料有限公司。

【民营科技企业】 2011 年，市科技局充分发挥职能作用，全力支持民营经济健康发展，构筑民营经济科技优势与核心竞争力。积极发挥科技三项经费的引导作用，培育壮大民营科技企业。新认定江苏省民营科技企业100家。

【创新型试点企业】 2011 年，全市共培育江苏省创新型试点企业8家。分别是：溧阳市科华机械制造有限公司、江苏苏阳电工机械有限公司、溧阳市虹翔机械制造有限公司、江苏迪赛诺制药有限公司、溧阳市四方不锈钢制品有限公司、常州乔尔塑料有限公司、江苏开利地毯股份有限公司和江苏南方机械有限公司。

【农村科技服务超市】 天目湖玉莲珍稀茶果场申报的天目湖经济林果产业便利店和长荡湖水产良种科技有限公司申报的溧阳特种水产产业分别通过江苏省科技厅确认，成为江苏省农村科技服务超市。创建江苏省农村科技服务超市推动了农村科技服务结合实际，丰富了有店面、有队伍、有网络、有基地、有成果、有品牌的“六有”内涵建设。

科技成果

【概　况】 2011年，全市共鉴定科技成果项目20项，验收科技成果项目25项。获江苏省科技进步奖2项、常州市科技进步奖10项，其中一等奖2项、二等奖3项，创历史新高。评定溧阳市级科技进步奖20项。

知识产权保护

【概　况】 2011年，全市专利申请与授权量实现连续平稳较快增长，发明专利再攀新高。专利申请量和授权量分别达3188件和2044件，其中发明专利申请量为838件，占26.29%。溧阳市被列为江苏省实施知识产权战略区域示范单位。

【宣传培训】 利用宣传栏、科技信息网站、科技简讯等多种形式和手段，结合“4·26世界知识产权日”和7月1日专利法实施等纪念日活动，全方位开展宣传培训活动，提高全社会知识产权意识。全年举办知识产权专题培训班、讲座5期，培训500人次以上。组织25人参加知识产权工程师培训。这些措施有效加强了全市的专利宣传氛围，得到了基层的普遍欢迎。

【专利资助】 2011年，共下达资助资金113.004万元。资助项目2816项，其中发明专利申请资助334项，实用新型专利申请资助264项，外观设计专利申请资助1246项，专利授权奖励972项。年内培育25家专利大户，为稳定和提高专利申请量打好基础。

表29　2011年溧阳市新认定省民营科技型企业

企业名称	企业名称	企业名称
溧阳市华鹏电机配件有限公司	溧阳市海斌农机专业合作社	溧阳市兴竹禽业专业合作社
江苏省奥谷生物科技有限公司	江苏山湖电缆有限公司	溧阳市南方工字轮制造有限公司
溧阳平陵林机有限公司	江苏永武羊绒纺织有限公司	溧阳市鸿岳机械制造有限公司
溧阳市正阳燃气设备制造有限公司	江苏永武钢结构工程有限公司	溧阳市华通建材有限公司
溧阳天力特种电机有限公司	常州中翔机械制造有限公司	江苏安靠智能输电工程科技股份有限公司
常州时创能源科技有限公司	溧阳市金龙涂塑防腐有限公司	中安（常州）电气有限公司
江苏绿成包装有限公司	溧阳市佳禾电子材料有限公司	溧阳市凌峰生态农业开发有限公司
溧阳市昆仑热电有限公司	溧阳市万正饲料机械有限公司	溧阳市凌峰生态农业开发有限公司
江苏保龙机电制造有限公司	溧阳市瑞丰金属制品有限公司	溧阳市远大机械有限公司
江苏迅隆精密机械有限公司	常州宏华机械制造有限公司	江苏南方机械有限公司
溧阳市恒通电源系统有限公司	溧阳市东官茶场	江苏威司顿印刷科技有限公司
溧阳市濑水白芹专业合作社	江苏苏阳电工机械有限公司	溧阳市天目湖时雨茶厂
溧阳市天龙湖珍珠专业合作社	江苏申芝机电设备有限公司	溧阳圣泰重型机械有限公司
溧阳市庆丰精细化工有限公司	常州乔尔塑料有限公司	江苏航天万源稀土电机有限公司
溧阳市大兴化工有限公司	溧阳市白云鹿场	溧阳机械厂
溧阳天目湖毫上瓜果专业合作社	常州通宇生物技术有限公司	溧阳市嘉雄不锈钢设备有限公司
溧阳天目湖吴村蚕桑专业合作社	溧阳市南渡食用菌专业合作社	溧阳市老黄牛茶场
溧阳市天目湖机电产业园有限公司	溧阳市乔森塑料有限公司	溧阳市丰林精密锻压件有限公司
溧阳汉达电子材料有限公司	江苏云源钢结构工程有限公司	江苏上齿集团有限公司
常州市伟洲电子有限公司	江苏云源环保工程有限公司	江苏龙翔石油化工装备制造有限公司
溧阳市中宇环保机械设备有限公司	溧阳华晶合成材料有限公司	溧阳天目湖毛尖花红生态农业有限公司
江苏全福农牧实业有限公司	江苏冶建锌业有限公司	溧阳市天目湖大紫王葡萄专业合作社
江苏晶瑞半导体有限公司	常州恒联把手有限公司	溧阳市绝创焊割技术有限公司
溧阳润州农业生态园	常州嘉仁禾化学有限公司	溧阳市利达有机硅科技有限公司
江苏兴盛风能科技有限公司	溧阳市寿春茶场	溧阳市星河精密机械有限公司
江苏华鹏变压器有限公司	溧阳市福昌机械有限公司	溧阳市四方不锈钢制品有限公司
常州日日春农业科技开发有限公司	溧阳市江南活性炭厂	江苏大洋冷却塔有限公司
常州祥龙冶金设备有限公司	溧阳市良友环保科技有限公司	溧阳市驰恒机械设备制造有限公司
江苏丽阳电子仪表有限公司	常州博尼特种钢管有限公司	溧阳市振和机械制造有限公司
溧阳市白露山生态农业发展有限公司	溧阳市有机合成化工厂	溧阳市天目湖田家山茶果场
江苏常净环保科技有限公司	溧阳市江南一叶茶场	溧阳市天目湖玉枝特种茶果园艺场
常州晶冷工业制冷设备有限公司	溧阳前马塘陈强特种水产养殖有限公司	布勒（常州）机械有限公司
常州亚泰焊材有限公司	溧阳市保珠建材厂	江苏中远机械设备制造有限公司
溧阳市溪佳塑料助剂厂		

表 30

2011 年鉴定科技成果项目

项目名称	成果完成单位	备注
低成本高性能氨基酸模塑料复合材料及其新工艺技术	常州乔尔塑料有限公司	国际先进
SZ11-50000/110 智能型三相双绕组有载调压电力变压器	江苏华鹏变压器有限公司	国际先进
OSFSZ11-180000/220 智能型三相三绕组有载调压自耦变压器	江苏华鹏变压器有限公司	国际先进
SZ11-40000/66 三相双绕组有载调压电力变压器	江苏华鹏变压器有限公司	国内领先
SC(H)B11-630~2500/10 H 级绝缘箔绕环氧浇注干式电力变压器	江苏华鹏变压器有限公司	国内先进
OSFZ10-280000/345 三相有载调压自耦变压器	江苏华鹏变压器有限公司	国内领先
SC(H)B11-2000/20 三相树脂干式电力变压器	江苏华鹏变压器有限公司	国内先进
右室流出道起搏与右室心尖部起搏对心功能的影响	溧阳市中医院	市内领先
强化开胸患者术后 72 小时内呼吸道管理的临床效果	溧阳市中医院	常州先进
高原型风电变桨专用永磁直流伺服电动机组	溧阳市宏达电机有限公司	国际先进
光纤复合低压电缆	江苏上上电缆集团有限公司	国内先进
中压耐火电缆	江苏上上电缆集团有限公司	国内领先
35KV 耐曲扰电缆	江苏上上电缆集团有限公司	国内领先
额定电压 26/35KV 及以下风能电缆	江苏上上电缆集团有限公司	国内领先
CTA 的三维重建和临床应用	溧阳市人民医院	
SXQG15 颗粒状牛、羊类畜牧饲料生产线	江苏正昌粮机股份有限公司	国内领先
SXQG50 蛋鸡饲料生产线	江苏正昌粮机股份有限公司	国内领先
SZLH1068 环模制粒机	江苏正昌粮机股份有限公司	国际先进
生物活性酶蛋白饲料	江苏正昌集团有限公司	国内领先
SYPM-35 多功能液体添加机	江苏正昌集团有限公司	国内领先

表 31

2011 年溧阳市获常州市级以上科技进步奖项目

成果名称	承担单位	奖励等级
单、双、三季戊四醇联产技术开发及应用	江苏瑞阳化工股份有限公司	省三等、常州市一等
5MW 风电齿轮锻件近净成形技术	江苏金源锻造股份有限公司	省三等、常州市二等
ODFS13-334000-500 单相三绕组无励磁调压自耦变压器	江苏华鹏变压器有限公司	常州市一等
额定电压 1kV 及以下乙丙绝缘低烟无卤耐扭风能电缆	江苏上上电缆集团有限公司	常州市二等
生态养殖“红膏”河蟹的技术研究	溧阳市长荡湖水产良种科技有限公司	常州市二等
SFZ10-400000-220 三相有载调压发电机升压变压器	江苏华鹏变压器有限公司	常州市三等
MZLH508 木屑制粒机	江苏正昌粮机股份有限公司	常州市三等
自动筋膜压测量仪在筋膜室综合症早期诊断中的应用	溧阳市人民医院	常州市三等
消毒供应中心区域化管理模式的应用研究	溧阳市人民医院	常州市三等
丹酚酸 B 在肾脏纤维化中的防治作用	溧阳市中医院、南京医科大学第二附属医院	常州市三等

表 32

2011 年获溧阳市科技进步奖项目

成果名称	承担单位	奖励等级
ODFS13-334000-500 单相三绕组无励磁调压自耦变压器	江苏华鹏变压器有限公司	一等奖
单、双、三季戊四醇联产技术开发及应用	江苏瑞阳化工股份有限公司	一等奖
3.6MW 风电齿轮箱锻件	江苏金源锻造股份有限公司	一等奖
额定电压 0.6/1kV 及以下乙丙绝缘低烟无卤耐扭风能电缆	江苏上上电缆集团有限公司	二等奖
生态养殖“红膏”河蟹技术研究	溧阳市长荡湖水产良种科技有限公司	二等奖
环保型高强度耐热缩醛漆包线漆	溧阳市佳禾电子材料有限公司	二等奖
拖链电缆	江苏上上电缆集团有限公司	二等奖
MZLH508 木屑制粒机	江苏正昌粮机股份有限公司	二等奖
消毒供应中心区域化管理模式的应用研究	溧阳市人民医院	二等奖
OSFZ11-320000-220 自耦三相高阻抗有载调压电力变压器	江苏华鹏变压器有限公司	三等奖
环保型抗湿耐油电磁线环氧自粘漆	溧阳市佳禾电子材料有限公司	三等奖

续表32

成　果　名　称	承　担　单　位	奖励等级
SRZG10乳猪教槽料生产线	江苏正昌粮机股份有限公司	三等奖
10kV级S13型系列油浸式配电变压器	江苏华鹏变压器有限公司	三等奖
额定电压0.6/1kV及以下拖令电缆	江苏上上电缆集团有限公司	三等奖
离心对流式高效旋流分离器	江苏天目建设集团溧阳市常兴环保工程有限公司	三等奖
溧阳市测土配方施肥技术研究与推广	溧阳市土壤肥料技术指导站	三等奖
优质、抗病、高产西瓜新品种“苏星058”的引种及栽培无公害技术研究和推广	溧阳市种子管理站	三等奖
自动筋膜压测量仪在筋膜室综合症早期诊断中的应用	溧阳市人民医院	三等奖
丹酚酸B在肾脏纤维化中的防治作用	溧阳市中医院	三等奖
中等职业教育校企合作模式的实践与研究	江苏省溧阳中等专业学校	三等奖

产学研合作

【概　况】 2011年，全市组织、参加大型重点产学研活动8次。全市企业与全国100余所高校、院所建立了产学研合作关系，为企业引进科技成果信息1500多条，引进合作项目30余项。

2011年溧阳市重大产学研合作活动主要有：

4月20日，市科技局组织江苏晶瑞半导体有限公司、溧阳光正电子有限公司等9家企业14人参加了由省科技厅、中科院举办的“2011中科院半导体照明产业科技成果（江苏扬州）对接会”，签订合作意向项目3项。

4月26日，溧阳市科技局、天目湖镇人民政府、溧阳市科协与东南大学机械工程学院在天目湖镇举办了“东南大学—天目湖工业园区（机电创业园）专题产学研对接”活动，东南大学机械工程学院院长汤文成率11位专家教授来溧阳，与全市60多家装备制造企业进行对接洽谈，签订正式合同4份，达成合作意向17份。

5月18日，全市180多家企业参加了“2011中国常州先进制造技术成果展示洽谈会”。企业家们与参会的80多家科研院所进行了广泛的对接洽谈，签订正式合作协议10份，达成合作意向8份。

6月24日，由市科技局、市委人才办、团市委牵头，召开了“助推转型升级峰会暨产学研项目对接人才供需合作论坛”。全市100多家规模以上企业负责人，南通大学等10多高校及科研院所专家160余人参加此次活动。江平开教授获2011年常州市产学研合作贡献奖。

7月26～27日，组织相关企业参加南京四校（南航、南工大、南理工、南邮）产学研对接活动。

9月，市科技局相关领导带领市生产力促进中心、保龙、华鹏等企业赴重庆大学开展产学研对接。

11月5日，组织80家企业参加江苏省第三届产学研对接洽谈活动。

11月25日，组织26家企业参加江苏大学和溧阳市产学研对接洽谈会。签订正式合同5份，成立了江苏大学技术转移中心溧阳分中心。

科技创新创业平台

【孵化器建设】 2011年，重点推动溧阳高新技术创业中心和天目湖机电产业园2家省级孵化器建设，引进和服务科技型中小企业发展。孵化器面积累计达20.5万平方米，在孵企业累计达95家。

【工程技术研究中心】 2011年，新增省工程技术研究中心4家，分别是江苏省粮食安全储贮工程技术研究中心、江苏省智能变压器工程技术研究中心、江苏省乔尔热固性新材料工程技术研究中心和江苏省汽车用圆锥滚子轴承工程技术研究中心，新增常州市工程技术研究中心6家。

【公共服务平台】 以正平公共技术服务平台为基础，重点引入提供技术研发、技术成果转化、检测实验、专利申请等有关科技服务的现代服务型企业和机构。加快建设专业化的科技信息平台，实现科技资源的充分共享。新建江苏省（溧阳溧城）风电装备公共技术服务中心。围绕乡镇风电装备特色产业发展需求，组建风电装备部件协会，建立网络信息中心，扩建培训操作中心和实验检测中心，引进风投机构，为企业提供创业融资、标准编制、产学研合作、信息共享及产品检验检测等服务。

（屈　彧）

防震减灾

【概　况】 2011年，全市防震减灾工作深入学习践行科学发展观，认真贯彻落实《防震减灾法》，紧紧围绕“紧跟苏锡常、同步现代化”的战略目标，立足防震减灾工作岗位，不断更新服务理念，牢固树立防震减灾的思想意识，始终坚持科学发展、转型发展、率先发展的工作大局，重视能力建设，强化职责意识，各项工作取得可喜成绩。市地震局分别被江苏省地震局和常州地震局评为“防震减灾先进集体”。

【地震监测】 2011年，市地震局扎实做好地震监测工作，不断提高监测水平。加强震情跟踪，制定下发了《关于做好2011年度地震短临异常跟踪工作的通知》、《2011年度溧阳市地震短临跟踪工作实施方案》，坚持异常落实不过夜和重大异常报告制度，及时做好监测资料分析处理工作。认真做好震情分析会商，坚持每季度召开一次震情分析会商会，向市委、市政府定期报送“震情简报”为领导提供决策服务。加强台站管理，更新了南渡地震测报站的电磁波观测仪，保障台站仪器运行正常，资料连续、可靠、完整。加强业务能力建设，以举办地震观测人员业务培训和业务考试的方式，不断提高工作人员的业务水平。

【抗震设防】 认真贯彻工程建设场地地震安全性评价工作管理规定，不断加强各项重要基础建设工程的地震安全管理工作，进一步提高全市重要工程的震灾防御能力。先后对溧阳市正昌房地产开发有限公司团结路西侧2号地块地震安全性评价进行了备案。同时通过政协调研等多渠道、多方面呼吁各级政府重视加强农村民居地震安全工作，为推进农村民居地震安全工作营造良好的氛围。

【地震安全示范社区】 以溧城嘉丰社区作为全市的首创之区，积极推进城市地震安全社区创建工作。通过建立健全组织机构和工作制度，制定地震灾害救助应急预案，配置基本应急设施，规范建设应急疏散通道和应急避难场所。开展防震减灾科普知识宣传活动，组建防震减灾志愿者队伍以及组织做好家庭防灾准备。重视建设工程抗震设防等各项工作。结合创建工作，积极开展了“五个一”活动，即送一册防震减灾科普知识书籍到家庭，组织一次社区防震应急疏散演练，举办一次地震科普知识讲座，制作一期地震科普宣传栏，播放一次地震科普宣传片，使社区的整体防灾减灾能力得到了极大提高。积极推进地震应急避难场所建设，按照“统一规划、因地制宜、平震结合、多灾种结合”的原则，在社渚镇汤上村、文化广场和溧城镇燕山公园建立了地震应急避难场所。

【应急处置】 全面完成市、镇政府地震应急预案编制工作，努力提高地震应急处置能力。认真扎实做好防震减灾进企业活动，联合市安监局下发了《关于开展地震应急预案编制工作的通知》。加强中小学校应急演练长效机制建设，与市教育局联合下发《关于在全市中小学和幼儿园开展防震减灾知识教育及防震减灾应急演练的通知》，并于全国第三个减灾日（5月12日），在江苏省溧阳职业中等学校举办了由全市中小学校长参加观摩的逃生演练，进一步推进了中小学校防震减灾工作的开展。全市在学校共进行应急演练80多次，完成全市“纵向到底，横向到边”的灾情速报网络。会同市民政局联合下发了《溧阳市地震灾情速报暂行规定》的通知，为震后救灾提供可靠依据。5月31日上午，溧城镇金禧园凤凰社区反映该小区内有十多株多年生的合欢树，飘着一层薄薄的白色味精状的粉末，并带有较强的黏性。市地震局接到电话后，迅速组织技术人员赶赴现场，通过走访调查，发现合欢树地下就像下过雪一样，脚踩上去还明显有一种粘鞋的感觉，针对这一情况立即和市园林局联系，园林局技术人员通过现场查看，发现合欢树的花蕾中有很多木虱，通过科学分析表示这些白色粉末是木虱的排泄物，是合欢树的一种虫害病状，与地震异常无关，很快平息了市民的恐慌，迅速处置疑似植物地震前兆异常。

【防震减灾宣传】 深入开展防震减灾宣传，公众防震减灾意识不断增强。在重大纪念日和科普宣传周等集中宣传活动中，面向社会公众广泛深入地开展防震减灾知识宣传。在溧阳电视台播放地震科普宣传片9分钟，科普集市咨询100多人次，开展专题讲座5次，发放宣传资料1000多份，展出展板93块次，受教育干群5000余人次。积极组织防震减灾知识“进机关、进学校、进社区、进农村、进企业”活动。大力推进“进学校”的工作，组织业务骨干深入学校进行地震科普知识辅导讲座6次，收到了良好效果。

【服务基层】 为深入贯彻落实科学发展观，进一步转变干部作风，密切党群干群关系，切实帮助基层解决困难。局副科以上干部，到戴埠镇松岭村，轻车简从，不向当地打招呼，事先不确定走访对象，不给基层增加负担，直接走进田头、生产一线，与农民群众和基层职工一起劳动，亲身感受他们辛苦和不易。倾听群众所忧所盼，共同谋划农村发展。短短几个月时间，先后走访村里20多家农户和老干部、老党员。并召开了5个座谈会，参加农业劳动8次，撰写民情日记10篇，解决2个问题。

积极为企业排忧解难，中材国际与市政府签订了上兴镇投资8000万元建设垃圾焚烧场的协议，在办理用地手续时，方知该区域内有两个地球形变监测点，是江苏省地震局形变测量研究的重要数据来源，也是中国地震局引用数据较多的点，受国家法规保护，已连续有30多年的观测数据资料。按监测环境保护管理规定在监测点500米半径内不能有影响观测的干扰源存在。市地震局积极与省地震局协调，省地震局多次委派专家到现场考察，在既不影响形变观测，又不影响工程选址的基础上反复进行研究论证，保证了该项目的顺利实施。

【志愿者队伍建设】 为进一步深化全市地震应急救援志愿者队伍建设，促进群众性防震减灾活动广泛、深入开展，市地震局积极协调团市委和市红十字会，组建了包含防震减灾方面在内的综合减灾志愿者队伍，不断完善志愿者队伍管理制度，并对志愿者进行防震减灾知识的培训，不断地充实志愿者的知识储备，提高他们防震减灾、应急自救、事故处置等方面能力，为全市防震救灾的应急处置机制的构建提供了强大的人员支撑和组织力量。

【效能建设】 深入组织开展“效能溧阳”建设活动，促进防震减灾工作上新台阶，结合实际制订了切实可行的实施意见，明确分工，职责到人。同时开展以“防震减灾、造福人民”为服务品牌创建活动，完善各类规章制度，严格监督考评，确保各项活动开展落到实处。努力加强自身建设，不断适应防震减灾工作新需要。加强机关政治理论和业务知识学习，不断提高干部职工的综合素质。加强组织工作，增强党组织的凝聚力、向心力。加强机关廉政建设，增强拒腐防变能力。加强机关行政效能建设，不断提高工作的执行力。

（张水庚）

教　育

栏目编辑　芮金川

综　述

【概　况】 2011年，是实施“十二五”规划的开局之年，也是《溧阳市中长期教育改革和发展实施意见（2010～2020年）》的持续推进年。在溧阳市委、市政府和上级教育行政部门的正确领导下，紧扣保规范、保平安、保质量、促发展的主题，全市教育实现了优质、均衡、高位发展，特别是以一流的质量，让老百姓享受到了最大的教育实惠。2011年，全市现有各级各类学校84所，其中小学40所，初级中学26所，完全中学2所，普通高中5所，九年一贯制学校4所，中专学校、公办独立幼儿园各2所，青少年体育运动学校、青少年活动中心、培智学校各1所。全市学校有在校学生10.08万名，在职教师7140名。2011年，被评为江苏省义务教育均衡发展先进县（市、区）和江苏省学生资助工作先进单位。

【办学条件】 重点项目有序实施。溧阳中专三期建设前期准备基本到位，10月开工建设。城南小学更名为第二实验小学，列为教育局直属单位，一期改扩建五栋校舍全部完工，9月1日投入使用，二期工程建设已全面展开，按计划推进。戴埠中心小学异地新建工程主体全部完工，9月1日投入使用。社渚中心小学异地新建工程已经开工建设。实验小学教学楼重建工程进展顺利，两幢教学楼分别于9月、11月投入使用。7所农村中小学新建塑胶跑道。文化小学、东升小学、昆仑实验幼儿园改扩建工程开始启动。资源整合平稳推进。实验小学、东升小学、马垫小学成功组建市实验小学教育集团；外国语学校、天目湖实验学校、天目湖中心小学组建成外国语学校教育集团；光华初中、市四中、市五中组建成光华初中教育集团，同时组建了实验初中、文化小学等10个教育共同体，教育集团、教育共同体正积极探索、创新机制，努力实现资源共享、优质均衡发展。市教师进修学校停止招生，招生计划全部纳入溧阳中专，教师进修学校、社区培训学院于8月成功地整合至溧阳中专，三校整合运转正常。持续推进部门办职业学校与溧阳中专的资源整合工作，深入整合的方案基本确定。以顺应民意和服务新农村建设为原则，平稳推进农村中小学资源整合工作，秋季开学前撤销了大溪初中和大溪小学，组建了新的大溪实验学校，古渎初中与别桥初中整合工作基本到位，原古渎初中校区已经停止办学。创优工程积极开展。10月24～26日，埭头中学接受省教育厅的江苏省四星级高中评估验收，获得较高评价。在连续三年大力度推进义务教育优质学校创建的基础上，2011年11月，汤桥初中、市五中、东升小学、马垫小学、蒋店小学等五所学校高水平通过常州市优质学校评估验收，全市义务教育优质学校比例将超过80%。同时，学校管理特色、一级校园网、依法治校、体卫艺工作先进学校、模范教职工之家、省级园林单位等各单项创建项目全面完成年初任务。教育投入均衡配置。年初安排义务教育阶段公用经费为小学生均450元、初中生均650元，现按照省财政厅和教育厅要求，提高至小学生均

市委书记盛建良教师节慰问教师　　（市教育局 供稿）

550元、初中生均750元。投入近700万元，用于创建优质学校和改善农村中小学、幼儿园办学条件，对12所学校的校园网进行了改造，完成10所学校的多媒体互动教学系统项目建设，添置计算机200多台、多媒体20多套。投入200万元，启动初中学校多媒体“班班通”工程。积极参与江苏省义务教育优质均衡改革发展示范区创建工作，被评为江苏省义务教育均衡发展先进县（市、区）。

【教育质量】 学前教育有新活力。分别制定了溧阳市学前教育三年和五年发展行动计划，将在经费投入、人事编制、管理体制等方面进行有效探索和改革，为全市学前教育的健康发展注入了新的活力。启动幼儿教师轮训计划，不断提升幼儿教师的整体素质。组织幼儿园园长赴上海、南京等地进行培训活动，不断提升园长的管理能力和办园水平。继续开展一园一特、公开教学、学术沙龙等活动，建立学习研究共同体，灵活实施园本特色课程，推进幼儿园内涵发展、特色文化和品牌建设，学前教育保教质量得到进一步提高。教育质量有新提高。全市义务教育阶段教育质量优质均衡化水平不断提高，城乡、校际差距不断缩小，义务教育入学率100%，巩固率小学为100%，初中为99.9%，小学、初中的校际差距逐步缩小，教育质量均衡化水平进一步提高；初中升入高中比例达98%以上；2011年，中考成绩继续保持全常州市领先位置。高考成绩呈现文、理、艺体三大类均衡发展和7所普高整体提升的良好格局，二本以上达线2436人，二本以上达线率47.5%，比2010年提高2.18个百分点，二本以上达线率超全省计划21个百分点，创历史最好成绩。名校录取有突破，3名考生被北京大学和香港中文大学录取，1名考生被中央音乐学院自主招生录取。职业教育有新突破。积极参与江苏省职业教育创新发展实验区创建，制定了溧阳市的创建工作实施意见和备忘录，并在常州市创建推进会上作大会交流。续写对口单招新辉煌，本专科达线总人数658人，达线率99%，其中本科达线425人，达线率64.3%，超常州大市本科达线率17.8个百分点，位居全省第二。强化实训和实践环节，定期举办师生技能操作竞赛，提升师生技能水平和教学效益。职校毕业生就业率达98.8%，中级工达标率100%。服务社会有新成效。组织埭头镇、戴埠镇成校开展了养蟹、水晶梨种植等实用技术培训，受到广大农民和养殖户的好评。采用集中与分散相结合、专家讲学与参观现场相结合的形式，积极推进“两后双百”培训服务，加快了培养溧阳市创业型农民的进程。成功申报了2项常州市社区教育实验项目、1所省级农科教结合示范基地、1所常州市标准化成校和5所常州市标准化村民学校。进一步加强了对社会办学机构和民办幼儿园的管理。逐步建立起终身教育工作机制，服务地方经济发展功能不断加强。

【常规管理】 德育实效不断提升。召开了溧阳市第二届德育专业委员会大会，选举产生了新一届德育理事会，组织全市少先队辅导员参加常州市辅导员轮训班，优化了德育工作组织保障。加强心理健康教育研究，组建溧阳市心理健康教育研究中心组，开展心理健康教育观摩活动，推动中小学心理健康教育全面开展。继续开展生命教育周、生命之水、红色经典诵读、童心向党、主题征文、环境教育等系列教育活动，各项德育活动内容丰富、形式多样、成效显著。各类劳科技、艺术、体育竞赛和活动全面推开，有效提升了学生的综合素质。教育方式不断优化。以教学方式和学习方式的转变为研究重点，进一步深化课堂教学改革，有效地落实减负增效的途径和策略。全面开展高中教育行政视导工作，总结和交流了各高中学校在教育教学方式改革中的先进经验和成功做法。教研部门深入课堂，扎根一线，潜心研究，悉心指导，有效地开展各项学科教学竞赛，务实组织多轮教育教学工作调研，切实优化教师的教学和学生的学习方式。教研人员上研究课近百节，共听课2170多节。继续优化各类教育质量监测和评估机制，及时做好考后的质量分析和跟踪调研工作。管理水平不断提高。对全市所有中小学进行了第四轮学校三年发展目标达成情况考核，涌现出一大批办学目标明确、办学措施扎实、办学成效显著的学校，启动了第五轮三年学校主动发展规划的研制和评审，促进学校主动发展。组织对7初中、11所小学、3所幼儿园进行了综合督导评估。组织高中校长和教研员赴无锡天一中学等学习研讨高中教育管理工作。修订出台了《关于进一步规范经费管理实行经费支出报批制度的通知》和《关于加强零星工程管理的规定》两个规范性文件。对7名校长进行了任期内经济责任审计、22名校长进行了离任审计，组织教育系统“小金库”专项治理复查工作，对非义务教育阶段学校开展了拉网式财务大检查。对外交流不断深入。4名教师、3名校长赴英国和加拿大接受培训。江苏省溧阳中学开设GAC—ACT国际课程班，高一、高二、高三全面开班，进入良性循环，开启了溧阳教育探索国际化办学的新征程。新聘外籍教师5名，组织108名学生暑期赴澳洲、英国、新加坡等国家进行修学旅行，开拓了学生的国际视野。组织教育代表团赴日本白山市进行青少年文化交流，正在积极筹划市实验初级中学与台湾省南投县国立中学的友好结对工作。

【队伍建设】 教师培训工作进一步加强。深入开展常州市“168”爱生行动，7名教师被评为常州市首批“168”爱生行动优秀教师，2所学校获得先进学校称号。严肃查处有偿家教、体罚学生等违规行为。进一步优化了市级、学区级、校本三级全员培训，确保全体教师达到每学年72学时的培训任务。264名教师参加省级培训，1000多名教师参加常州名师大课堂培训，19名教师参加了国家级二级心理咨询师培训，开展了四类优秀教师、心理健康教育等专题培训。继续组织和改革中小学教师基本功竞赛，有效地提高了广大教师的业务素质。干部队伍建设进一步加强。进一步加强了全市中小学校级领导上课、听课、评课工作，提高校级领导深入课堂、领航教育的教研能力。32名校长到苏州、南京等名校挂职培训，97名校级领导参加了第二轮校长远程培训，7名局领导和84名校长参加了学习贯彻全国教育工作会议精神和《教育规划纲要》的远程培训。有效地探索了正职校长民主推荐制度，实行学校中层干部竞聘上岗、择优录用制度，调整规范了学校内设机构和中层职数。胡建军、朱心红两位校长分别被授予“江苏省劳模”、“常州市劳模”称号，马田庆等3名校长被授予常州市“全心全意依靠教职工办学的好校长”称号。名优教师培养进一步加强。组织推荐5人参加申报省333高层次人才培养对象评选，1人参加2010常州市教育年度人物评选，1人申报2011年度全国教书育人楷模评选；评选出了37名第九批常州市学科带头人和骨干教师。组织职高21名教师，参加了第二批常州市职业教育骨干教师和学科带头人的评选。组建溧阳市中小学名师成长工作室15个（加上常州市级3个，共18个），招录了185名工作室成员，工作室已正式挂牌运行。实验小学张康桥、外国语学校陆丽萍被省教育厅确定为第二批“江苏省人民教育家培养工程”培养对象，全常州市共5名，全省共100名。至此，全市共有3人获此殊荣，居全省同等县市前列。现有江苏省特级教师17名，特级教师后备人才12名，常州市级以上各类优秀教师558名，优秀教师比例达20%。人事制度改革力度进一步加强。严格编制管理，改革教师招考方案，实行阳光招考。客观分析现状，科学制定政策，召开动员大会，积极稳妥地推进岗位设置管理工作。多次召开教师轮岗交流校长座谈会，探索教师轮岗交流的方式和途径。顺利地组织了教师职称网上申报、评审工作。严格按照程序，对136名申请人进行了教师资格认定。市教育局严格编制管理，优化招考方案，实行阳光招考，在575名报考者中，录用新教师53名，其中本科以上学历占92%。

【教育行风】 教育行风不断改善。扎实推进廉洁教育和廉洁文化进校园活动，召开了全市教育纪检监察工作暨行风建设会议，签订《溧阳市教育系统廉政建设责任书》。成功组织了民生聚焦网上面对面直播活动和关注教育民生大型现场咨询活动，及时解答了群众反映的教育热点和难点问题。认真处理好人民群众的来信来访，所有信访件均在规定时间内办结。主动发布信息，注重正面宣传，关注网络舆情，积极应对媒体，教育宣传工作有新成效。组织了教育行风建设和机关作风建设的明察暗访。各项招生考试工作组织严密、服务到位，继续保持高水平、高质量，社会满意度高。规范办学和规范收费情况实现省级零举报。平安建设继续加强。加强了学校安全教育和应急管理，切实做好学校及周边治安综合治理、食品安全卫生等情况排查，对53所学校进行了安全隐患整治。加强学生安全接送工作，出台了《2011年溧阳市学生安全接送分会工作考核细则》，配合有关部门努力取缔“黑车”接送现象。组织了全市防震逃生演练观摩活动，提升了应对突发事件的能力。正在组织25所学校申报创建江苏省平安校园和常州市平安校园。助学体系更加完善。从2011年春季开始，全市义务教育阶段家庭经济困难寄宿生生活补助经费和普通高中全面提升教育补助经费标准造福地方百姓助学金标准全面调高，其中家庭经济困难寄宿生生活补助经费小学阶段由原人均500元／年，上调至750元／年；初中阶段由原人均750元／年，上调至1000元／年；普高助学金由原人均1000元／年，上调至1500元／年，增幅分别为50%、33%、50%。召开了全市学生资助工作会议，全面实施义务教育阶段家庭贫困寄宿生免收寄宿费政策，受助学生1757人，补助金额17.57万元，补助家庭经济困难寄宿生179人，补助金额8.95万元。普高的政府助学金如期发放，补助学生1258人，资助金额94.35万元。全面落实中职国家助学金政策，资助学生5791人，资助金额521.19万元。对575名家庭经济困难和涉农专业的中职学生免收学费，资助金额63.3万元。高中阶段残疾学生免收学费政策落实到位。生源地助学贷款工作稳步推进，同时完成26名学生提前还贷工作。学生资助工作被省财政厅和省教育厅评为先进单位。教育党建扎实有效。以深入开展创先争优活动为主线，积极开展教育行风建设和机关效能建设，深入推进基层组织建设、党风廉政建设和党员队伍建设。开展了庆祝建党90周年系列活动，召开了庆祝大会，表彰了一批先进基层党组织、优秀党务工作者和优秀共产党员，组织学习了胡锦涛总书记“七一”讲话的重要精神。开展了“践行师德提升师能，办人民满意教育”主题实践活动，组织了“一校一品”党建品牌创建活动。成功地召开教育局党代会，选举产生了出席市第十一次党代会的6位代表；发展新党员20名，预备党员12名。

召开行风建设工作会议　　（市教育局 供稿）

【义务教育】 坚持均衡发展理念，办好每一所学校，发展好每一位学生；同时，坚持起点公平，到2012年，公办学校择校生比例低于10%，外来务工人员子女在公办学校就读率达100%，残疾儿童入学率保持98%以上；追求质量均衡，每所学校学生学业合格率达95%以上，《国家学生体质健康标准》测试合格率、优秀率分别达90%和10%以上，综合素质测评优良率达90%以上；实现师资配置均衡，每所学校师生比、教师学历均在省定标准，安排培训专项经费保障教师均衡发展；确保管理水平均衡，基本建立现代学校制度，每所学校形成较为科学的制度体系；办学条件优质均衡，每所学校装备水平达省定Ⅱ类标准，生均教学设备值大致相当，实行标准班额办学，在省政府提高教师编制标准的前提下，班容量小学40人以内，初中45人以内，30人左右的小班化教学比例不断扩大。

【省文明城市迎检】 根据创建省文明城市迎检工作的要求做到排查细致、整改到位、效果显化，避免带有应付心理；做到宣传到位，充分利用各种渠道、途径、形式向师生宣传创建精神和文明素养，布置优美的创建环境，营造良好的创建氛围；达到熟悉业务，进一步明确测评指标要求，熟悉对应的创建环节和目标任务，落实具体的创建行动；做好台账工作，抓住创建工作重点，突出创建得分点，做齐做全台帐资料；展示亮点，结合各校的实际情况，充分展示学校在创建过程中的亮点和特色工作。迎检中，落实责任，进一步明确任务、强化职责，做到谁的工作谁负责、谁出问题谁领责。

【"师德建设月"活动】 加强领导。出台了《关于开展第四个"师德建设月"活动的通知》指导性文件，召开全市"师德建月"活动动员大会，明确师德建设的重要性和紧迫性。建立各校以校长为组长的师德建设领导小组，制订师德建设活动月的实施方案，定期总结分析和检查实施意见的落实情况，确保师德建设活动取得实效；学习提升。认真学习贯彻全国、全省教育工作会议精神和教育规划纲要精神，学习《教育法》、《教师法》、《中小学教师职业道德规范》以及《常州市中小学教师违规违纪行政处罚办法》法律法规知识，积极培育、树立、推广教师身边的先进师德典型，使广大教师明确应当遵守的法律法规和职业道德规范；创新活动。深入开展"168"爱生行动，对贫困生、学困生、留守儿童、外来工子女等弱势群体实行定人帮扶，组织教师走近社区、村组，开展义工活动，举行教师宣誓仪式、签订《师德承诺书》、召开师德报告会、开展师德建设征文、师德演讲比赛等系列活动；榜样示范。建立健全师德考核监督机制，利用家长评议、学生评议、民主互评等方式，定期评价考核全体教职工师德水平，将考核结果纳入年度考核，评选优秀教师、优秀班主任和师德标兵的先进典型，引领师德建设，塑造新时期人民教师的崇高形象。

【机关作风建设】 8月31日，市教育局召开机关作风建设会议，对局机关作风建设作出全面部署。要求全体机关工作人员做到八个"进一步"，努力将教育局机关建设成为学习型、法制型、效率型、服务型的优秀政府部门。要进一步加强学习，完善自身的知识结构和储备；进一步振奋精神，提升工作过程中的精气神；要进一步转变作风，严格执行好"十个严禁"规范要求；要进一步服务民生，推进优质均衡，促进教育公平，真心实意为群众解忧排难；要进一步健全机制，落实好首长负责制、全员聘任制、轮岗交流制和基层评议制；要进一步提高效能，切实提高工作效率和办事能力；要进一步优化服务，勇于打破工作中的惯性思维和潜规则；要进一步提升形象，办好人民满意的教育。同时，要求各科室积极将机关作风建设的新精神、新要求，辐射到每一所学校，示范到每一所学校。

【春季"三免"普惠义务教育阶段学生】 免费提供教科书。中小学共计130种，788751册，总金额3495053.66元，享受学生61098人。免费提供作业本。中小学共计1052908册，总金额806842.14元，享受学生61098人。免费提供语音磁带。中小学共计12581盒，总金额54978.97元，享受学生12581人。

【省"金钥匙"科技竞赛中获团体赛特等奖】 10月28日～30日，第23届国际科学与和平周全国中小学生（江苏地区）金钥匙科技竞赛团体赛在南京科技馆举行，由西平小学、燕山中学、省溧中3所学校学生组成的溧阳市代表队，在比赛中以总分第一的优异成绩进入总决赛，最终获得团体赛特等奖。西平小学的狄子昂同学以总分第一夺得小学组第一名，被授予最佳选手称号。

【强化学生接送车辆管理】 严格把好接送资质准许关。对车辆车况、驾驶员驾照、车主管理严格审查，严禁黑车、无资质车辆接送，全市共有178辆车取得学生接送资质，日接送1102车次，接送学生8168人；严格把好安全警示教育关。市教育局联合公安等部门定期开展安全行车、乘车进校园等活动，对接送学生车辆驾驶员、车主及学生进行安全教育，要求做到不人货混装、不搭载危险品、合理选择停靠点，以此确保学生安全；严格把好常态管理督查关。采取定期督察和随机暗访等形式，对接送学生车辆进行常态管理督察和督促定期检修、检测，根据管理职能落实责任，并对违反法规和规定，超载、超速、擅自提价或"带病"运营的，一经查实，立即取消资质，造成严重后果的，依法追究当事人的责任。

【4名青年教师获常州表彰】 实验小学的张淑芳、市实验初级中学的朱爱兰、市外国语学校的宋超、市燕山中学的马艳等4名教师分别被授予首届常州市十佳青年教师、十佳青年教师师德标兵、优秀青年教师、青年教师师德先进个人称号。

【新增6所"江苏省平安校园"】 3月29日，省溧中、光华高中、外国语学校、西平小学、溧城中心小学、上兴中心小学6所学校被授予"江苏省平安校园"称号。全市中小学省级"平安校园"增至11所，实现连续两年创建通过率达100%。

【公办学校吸纳流动人员子女】 2011年，公办学校吸纳外来流动就业人员随迁子女已达7866人。其中，小学吸纳6424人，初中1442人，比上半年吸纳的流动就业人员随迁子女6774人，增加1092人，保持进入公办学校就读率达100%，保障到溧阳流动就业人员随迁子女与本市儿童享受同等的教育。

【义务教育阶段小班化教育试点工作】 确定试点学校。2011年秋季，全市确定了16所中小学校，首批推行义务教育阶段小班化教育试点工作，试点学校达25%；控制班额人数。选定的第一批实施小班化教育的试点学校，小学每班40人以内，初中每班45人以内，均逐步过渡到35人左右；建立研究机制。成立"小班化教学研究课题组"，着手探索具有地方、学校特色的小班化教育的有效形式和策略。

【师资队伍建设工作会议召开】 12月12日，全市师资队伍建设工作会议召开，会议提出"十二五"全市师资建设十大重点目标：师德素养全面提高，学生、家长、社会对教师工作满意率得到进一步提升；专业素养切实加强，全面实施5年360学时的全员培训；学历层次普遍提升，各级各类学校专任教师合格学历均达100%；师资管理力求科学高效，形成年龄结构、性别结构、学科结构、职称结构、师生比更加合理的教师队伍；优秀教师队伍进一步壮大，实施"138名师工程"、"优秀教师双千工程"和"名教师成长工作室"，优秀教师比例达20%；学前教育和职业学校师资队伍建设得到强化，增加学前教育公办编制，职教"双师型"教师达75%；进一步完善和实施绩效工资；岗位设置管理全面实施到位；干部队伍建设再上新台阶，培养3～5位省内外知名校长；师资队伍建设更加优质均衡，实施多样化教师交流模式。 出台师资建设五大配套文件：出台《进一步加强师资队伍建设的意见》、《关于印发〈溧阳市"十二五"中小学教师继续教育规划〉的通知》、《溧阳市中小学、幼儿园教师继续教育经费资助办法》、《关于进一步加强中小学、幼儿园教师学历层次提升工作的意见》、《关于转发常州市教育局〈关于治理中小学在职教师从事有偿家教的意见〉的通知》文件，保障全市师资队伍建设开创新局面，再上新台阶。

师德师风建设的关注重点：根据《溧阳市机关作风建设"庸懒散"专项治理实施方案》、《溧阳市机关作风建设"八小时外"行为规范专项治理实施方案》、《常州市教育局关于治理中小学在职教师从事有偿家教的意见》的文件精神，重点对有偿家教、体罚和变相体罚、酒驾和醉驾、赌博和放贷、出入低俗娱乐场所、工作精神涣散、收受学生家长礼金等行为展开专项治理行动。

在常州市教育督导中获好评　　（市教育局　供稿）

首届15个名师工作室成立：在溧阳市已经拥有3个常州市名师工作室的基础上，启动并组建15个溧阳市首届中小学名师成长工作室，涵盖幼儿园、小学、初中、普高和职教等所有学段和各类学科，由市内师德好、业务强、业绩优、能带头的名教师担当领衔人，引领教师专业成长，提升全市教育质量。

学前教育

【概　况】 2011年年末，全市有各级各类幼儿园45所，其中民办幼儿园17所。班级数501个，在园幼儿18230人，教职工1483人，其中园长及专人教师1015人，本科以上195人，大专以上学历839人，本科率20.4%，大专以上学历87.85%。全市幼儿园总占地199854平方米，校舍建筑面积116563平方米。全市已高水平普及了学前三年教育，学前一年、两年入园率达100%，学前三年入园率98.9%。全市有省示范性实验幼儿园13所，省优质幼儿园9所，常州市示范幼儿园6所，市优质幼儿园比例达66%。

【幼儿师范男生定向免费培养工作】 增加定向培养人数，全市今年面向参加中考学生定向免费培养幼儿师范男生为6名，较2010年增加4人；签订定向服务协议，与被录取者及其父母签订协议，承诺师范男生毕业被录用后，在生源地从事幼儿教学工作不少于5年；落实优惠培养政策，幼儿师范男生在校学习期间免除学费，免缴住宿费，对家庭经济困难学生补助生活费，毕业后择优安排就业岗位和编制；建立跟踪考核制度，全程了解师范男生在校学习及发展状况，对学期综合考核情况进行连续跟踪。

【实验幼儿园接受省优质园复评】 11月4日，省优质园复评组一行专家们，对实验幼儿园进行了为期一天的复查评估。专家组通过查看园容园貌、观摩半日活动、观摩教师主题沙龙、听取园长汇报、开展教师访谈、查看台账资料等多种形式，对幼儿园的办园条件、园务管理、保教队伍、保教水平等方面进行了全面细致的评估。

【优质幼儿园开展教研活动】 11月22日，全市22所省示范（优质）30多名幼儿园园长和骨干教师齐聚在实验幼儿园，针对园本教研的专题性、实效性进行了交流研讨。　　（黄全秀）

【昆仑实幼电子白板引入课堂】 12月15日，"白板在幼儿园教学中的应用"专题研讨活动在昆仑实验幼儿园举行。来自全市各幼儿园的80多位老师认真地观摩了昆仑实验幼儿园的3节白板应用活动：大班美术欣赏《异国风光》，中班数学《迷宫大营救》、大班美术绘画《苹果的联想》。在活动的过程中，3位老师将白板特有的功能与课堂紧密联系。通过整合网络技术优势，构造大屏幕、交互式的教学环境，实现了课堂上师生互动、生生互动、人机互动，增强了师生的参与性和体验性，得到了在场老师的一致好评。

【昆仑实幼接受省优质幼儿园复查评估】 11月2日，常州市"省优质幼儿园复查评估"专家组通过观看早操、查看园容园貌、观摩一课一游、教师访谈、聆听园长汇报、教师沙龙、查阅资料等环节，全方位、多层次地对昆仑实验幼儿园三年来的发展历程及现状做了深入的了解。

【"一园一特一专题"活动】 3月29日，来自常州、武进、金坛、溧阳四市区教育局的领导、专家和16所幼儿园的园长、骨干教师来到昆仑实验幼儿园，认真地倾听了昆仑实验幼儿园的美术特色办学经验介绍，观看了大班小朋友的主题想象绘画活动，并观摩了全园各班幼儿的美术特色活动。与会的专家、幼儿园园长对小朋友们的精彩活动也表示赞赏与鼓励。

（张丽琴）

表33　溧阳市"江苏省示范性实验幼儿园"（"江苏省优质幼儿园"）

园　名	地　址
溧阳市实验幼儿园	溧阳市昆仑花园
溧阳市戴埠中心幼儿园	戴埠镇镇善路
溧阳市竹箦中心幼儿园	竹箦镇北山东路6号
溧阳市南渡中心幼儿园	南渡镇中心街181号
溧阳市别桥中心幼儿园	别桥镇
溧阳市上沛中心幼儿园	上兴镇上沛集镇茂盛街
溧阳市实验小学幼儿园	溧阳市北大街18号
溧阳市社渚中心幼儿园	社渚镇新华街
溧阳市上黄中心幼儿园	上黄镇
溧阳市天目湖中心幼儿园	天目湖镇镇前街
溧阳市上兴中心幼儿园	上兴镇振兴路商业街
溧阳市城北幼儿园	溧阳市昆仑南路301号
溧阳市周城中心幼儿园	社渚镇周城集镇
溧阳市文化小学幼儿园	溧城镇燕园路59号
溧阳市濑江幼儿园	溧城镇
溧阳市埭头中心幼儿园	埭头镇
溧阳市横涧小学幼儿园	戴埠镇横涧集镇
溧阳市西平小学幼儿园	溧城镇
溧阳外国语学校幼儿园	溧城镇
溧阳市天目湖实验学校幼儿园	天目湖镇茶亭集镇
溧阳市前马小学幼儿园	竹箦镇前马集镇
溧阳市后周小学幼儿园	别桥镇后周集镇

小学教育

【概　况】 2011年年末，全市小学40所、教育点1个，小学占地总面积864459平方米，校舍总面积338970平方米。在校学生37308人、班级904个，当年毕业6371人、招生6666人，毕业班学生毕业率100%。教职工2669人，其中专任教师2341人，专任教师学历达标率100%，大专及以上达93.4%，本科及以上达70.6%，专任教师师生比15.94，班容量41.27。另有培智学校1所，学生36人，教师6名。

【外国语学校网站被评为全国中小学校优秀网站】 在教育部教育管理信息中心组织的2011年全国中小学校优秀网站评选活动中，外国语学校网站（http://www.lyfls.com）被评为"全国中小学校优秀网站"，该校熊明春、赵萍老师被评为"全国中小学网站建设先进工作者"。该校网站还获得溧阳市中小学网站评比一等奖、常州市十佳校园网和江苏省中小学网站评比一等奖。

【城南小学更名为第二实验小学】 城南小学南临104国道，西傍南门路，北靠罗湾路，东与时代景城毗邻。原有19个小学班，4个幼儿班，学生800余名，教职员工80名。2010年，溧阳市委、市政府决定总投资7500万元、不含土地2229.2万元，将城南小学改造扩建成占地3.996万平方米的10轨制现代化学校。2011年6月，学校更名为溧阳市第二实验小学，纳入市教育局直属单位序列。2011年9月1日，学校一期工程3幢教学楼、1幢食堂和1幢幼儿园已正式投入使用，所有教室配备多媒体电教平台。按预定计划，其余1幢教学楼、1幢综合楼和1幢体艺馆及250米跑道运动场将在2012年秋季投入使用。届时，溧阳市第二实验小学将是溧阳市规模最大、设施最优、环境最好、单个项目投入最多的小学。7月24日，江苏省教育厅为此发来贺信，希望学校坚持以"让学生健康地成长，让教师幸福地生活"的理念，努力把学校办成理念先进、管理科学、师生幸福、内涵

表 34 溧阳市“江苏省实验小学”（省优质小学）

校名	地址
溧阳市实验小学	溧阳市北大街18号
溧阳市竹箦中心小学	竹箦镇北山路6号
溧阳市南渡中心小学	南渡镇中心街181号
溧阳市社渚中心小学	社渚镇新华后街1号
溧阳市戴埠中心小学	戴埠镇河东新村83号
溧阳市前马小学	竹箦镇前马集镇育才路2号
溧阳市文化小学	溧阳市燕园路59号
溧阳市溧城镇昆仑小学	溧阳市昆仑花园
溧阳市埭头中心小学	埭头镇渡头街东侧
溧阳市新昌小学	溧城镇新昌集镇新溪路
溧阳市溧城中心小学	溧城镇燕山新村
溧阳市溧城镇西平小学	溧城镇西园路5号
溧阳市别桥中心小学	别桥镇上湖路
溧阳市周城小学	社渚镇周城集镇
溧阳市后周中心小学	别桥镇后周集镇
溧阳市上兴中心小学	上兴镇
溧阳市平桥小学	天目湖镇平桥集镇
溧阳市天目湖中心小学	天目湖镇
溧阳市上沛小学	上兴镇上沛集镇
溧阳市城南小学	溧城镇
溧阳市上黄中心小学	上黄镇
溧阳市天目湖实验学校小学部	天目湖镇
溧阳市泓口小学	溧城镇台港路
溧阳市清安小学	溧城镇平陵西路
溧阳市横涧小学	戴埠镇横涧集镇
溧阳市殷桥小学	社渚镇殷桥集镇
溧阳市旧县小学	南渡镇旧县西街3号
溧阳外国语学校小学部	溧城镇
溧阳市余桥实验学校小学部	竹箦镇余桥集镇
溧阳市后六小学	溧城镇后六村
溧阳市汤桥小学	南渡镇汤桥村
溧阳市绸缪小学	别桥镇绸缪集镇
溧阳市强埠小学	南渡镇强埠村
溧阳市溧城镇东升小学	溧城镇东升路
溧阳市马垫小学	溧城镇马垫路
溧阳市蒋店小学	溧城镇蒋店集镇

丰富、富有特色、充满活力的学校。9月1日，学校有小学班25个、幼儿班6个，学生1000余名；教职员工100余名，其中小学中学高级教师职称14人，江苏省特级教师等各级各类“四类”教师、优秀教师40余名。学校先后被评为江苏省未成年人科技创新教育先进学校、江苏省优质小学、常州市德育先进学校、常州市依法治校示范单位、常州市文明单位、常州市示范图书馆、溧阳市艺术特色学校、溧阳市示范家长学校和溧阳市教育科研先进单位。

【溧阳市实验小学教育集团成立】 10月20日，溧阳市首家教育集团——由溧阳市实验小学、溧阳市东升小学、溧阳市马垫小学3所学校合作组建成立的溧阳市实验小学教育集团的成立仪式举行。常州市教育局局长丁伟明、溧阳市人民政府副市长唐华新、溧阳市教育局局长范国华、副局长霍超群、溧城镇人大主席杨国平、溧阳市城区中小学校长等领导出席了成立仪式，溧阳市实验小学、东升小学、马垫小学三所学校的教师参加了本次活动。

成立仪式上，由溧阳市教育局局长范国华宣读了《溧阳市教育局关于成立实验小学教育集团的决定》，决定集团内设管理委员会，实验小学校长张康桥任管理委员会主任，东升小学校长车国浩、马垫小学校长阮建林任管理委员会副主任。溧阳市人民政府副市长唐华新、常州市教育局局长丁伟明在大会上讲话，他们表达了对溧阳市实验小学教育集团成立的祝贺，并对该集团提出了希望和要求。唐华新希望：牢记使命、提高认识；创新机制、科学运作；树立标杆、放大效应。丁伟明局长提醒大家认真思考3个问题：如何形成共同愿景和价值追求；课程与教学上如何充分发挥实验小学的优势；如何进一步提升教师的教科研水平。

溧阳市实验小学教育集团以“教育就是服务”为办学核心理念；以“择善而行”为集团校训；以“整合分享”为合作基本原则；强调共性与个性辩证统一；以“儿童化、个性化、国际化”为基本愿景，努力把各成员学校办成有鲜明特色的品牌学校。

【市外国语学校教育集团成立】 12月23日，市外国语学校、天目湖实验学校、天目湖中心小学组建而成的溧阳市外国语学校教育集团成立大会举行。

会上，范国华局长宣读了《溧阳市教育局关于成立外国语学校教育集团的决定》，外国语学校教育集团内设管理委员会，溧阳市教育局副局长、外国语学校校长芮火才任管理委员会主任，外国语学校党支部书记、副校长陆丽萍任管理委员会常务副主任，天目湖实验学校校长陈春芳、天目湖中心小学校长黄月忠任管理委员会副主任。集团三所成员学校的办学性质与法人地位不变。范国华局长指出，三所学校通过实行管理模式共建，教师相互合作，教育资源共享，一定能形成优势互补、共同进步的良好局面，为溧阳优质教育均衡发展作出新的、更大的贡献。

（成云超）

【常州市小学生科学素养大赛中获佳绩】 在12月13日举行的常州市“小哥白尼杯”小学生科学素养大赛中，溧阳市三支代表队取得了优异的成绩。东升小学代表队、外国语学校代表队获得常州市一等奖；新昌小学代表队获得常州市三等奖。

【少先队工作受到多项省级表彰】 10月13日，共青团江苏省委、江苏省教育厅、江苏省少工委表彰了一批先进典型。市实验小学少先队大队、西平小学五（1）中队被评为江苏省优秀少先队集体；外国语学校的刘章姿同学被评为江苏省优秀少先队员；文化小学的陈锋老师被评为江苏省优秀少先队辅导员。

（庄国华）

【省基础教育发展趋势研讨在溧阳举行】 9月29日，江苏省基础教育发展趋势研讨暨《江苏教育》选题策划会在市实验小学成功召开，省教育厅基础教育处处长马斌、省教育报刊总社社长孙其华、市教育局局长范国华和省内一批教育、教学专家参加了本次活动。

开幕式上，溧阳市教育局局长范国华代表东道主对参加本次活动的领导、专家致了热情洋溢的欢迎辞。在欢迎辞中，向与会人员介绍了溧阳基础教育的现状，溧阳教育以科学发展观为指导，以办人民满意教育为目标，以“保规范、保平安、保质量、促发展”为主题，办学条件不断改善，各类教育协调发展，教师素质明显提高，教育发展形势催人奋进，前景鼓舞人心。

研讨会上，马斌处长以《为高水平普及15年基础教育奋力》为题，从“明确举措，更优发展”、“重在建设，提升质量”、“开拓创新，领先率先”三个方面具体介绍了学前教育、义务教育、高中教育及特殊教育的现状、发展思路及重点工作。江苏基础教育发展趋势沙龙在溧阳市教育局副局长、省特级教师芮火才主持引领下，省内8位教育教学专家就江苏基础教育的重点、热点、难点问题进行了热烈而又深入的讨论与交流。主持人安排了台下观摩教师与台上嘉宾互动，与会专家还与《江苏教育》编辑部的同志就讨论出来的问题进行了选题论证。

【实验小学接待外地客人到校跟岗学习】 2011年，实验小学先后成功地接待14批外地客人到校学习，他们分别是广州市花都区两批教导主任、广州市增城区的一批分管德育校长、东莞市的一批教导主任、齐齐哈尔市的一批校长、东莞市语文骨干教师、数学骨干教师、教育部校长（广西、青海、西藏、重庆）影子培训班学员、广州市荔湾区的两批12位校长、广东省珠海市、普宁市、阳江市、阳春市的8位校长、广东省的广州市、广宁县、肇庆市、电白县、化州市的6位校长、广州花都区的两批德育主任和校长等来校学习。

（董 华）

【两校联合开展“模范女教师”颁奖典礼】 3月5日，实验小学、培智学校联合开展女教师成长论坛暨“模范女教师”颁奖典礼。本次活动分为两大环节——“模范女教师”颁奖典礼和女教师成长论坛。两所学校通过班组推荐、民意测评、行政评议等程序，有12位女教师入围“模范女教师”提名。活动中，特邀嘉宾陆续为大家揭开了6位“模范女教师”的名单。每位获奖者的出现，都成为现场的一次感动。不断出现获奖者或丈夫视频录像、或学生肺腑之言、或子女真情感言的VCR，组委会精心撰写的颁奖词，更是将感动推向极致，让获奖者和现场观众被一个个意外惊喜所感动，而这份感动也必将成为今后两所学校女教师成长的不竭动力。

（董 华）

【教育部中小学校长影子培训】 10月19日～27日，教育部组织的2011年中小学校长影子培训班的学员到溧阳市实验小学开展基地学校培训活动。本次培训班的学员分别来自广西、青海、西藏、重庆等地。培训期间，实验小学精心组织、统筹安排，开展了“校长介绍办学情况、德育工作交流、学校教科研工作交流、参加教研活动、参加学校各项会议、参观考察其他兄弟学校”等活动，全面了解了实验小学的办学情况。 （黄 平）

【二实小学掀起诵读经典国学热】 9月1日起，第二实验小学掀起了诵读经典国学热潮。全校学生人人参与，形式有集体诵读和自选表演，低年级的三字经、百家姓诵读与童话故事比赛；中年级的弟子规、千家诗诵读与诵读比赛；高年级的千字文、论语诵读与现场作文比赛。二实小以“国学伴我成长，做一个有根的中国人”为主题，开发编制的校本课程，即吟唱两册：《三字经》、《百家姓》；吟诵两册：《弟子规》、《千家诗》；解读两册：《千字文》、《论语名句》，分别对应低中高三个年段六个年级。学生人手一本教材，各年级根据自编教材，在校本课以读、写、背、演等形式诵读经典国学，让学生深刻感受到中华文化的博大精深，从小浸润其中，扎根其中。其中三年级学生诵读《弟子规》，促进了学生良好行为规范的养成。

（赵 静）

【光谷一小到文化小学开展课堂联谊活动】 4月28日，武汉市光谷一小的一行老师到文化小学开展苏鄂两省两校第三届课堂联谊活动。此次活动由武汉光谷一小和文化小学各推出语文、数学、英语、科学4节课。在课后的研讨中，两校就自己学科的见解和研究方向展开了热烈的讨论和交流。

【黄宇轩被评为常州市“十佳少先队员”】 10月14日，文化小学黄宇轩同学被常州市团市委、教育局、少工委评为常州市“十佳少先队员”。

【全国红领巾国学传承教育辅导员培训在溧举行】 4月26日，全国红领巾国学传承教育系列活动在文化小学举行。本次活动由中国少先队事业发展中心组织，来自全国各地的100多位领导、专家和实践基地的优秀辅导员参加了此次活动。专家、学员们参观了文化小学校园环境和德育少先队活动阵地，听取了文化小学林忠校长对学校办学思想和特色建设的介绍，对学校的国学建设、德育少先队工作有了深入的了解。文化小学被确定为“全国红领巾国学传承教育系列活动基地”，被授予“东方少年国学院”铜牌。

【徐鹭副部长调研文化小学少先队工作】 4月25日，团中央少年部副部长、全国少工委副主任徐鹭一行到文化小学，对文化小学少先队工作进行了走访调研。徐鹭通过现场察看、谈话等形式，观看了文化小学的队文化建设和少先队基地建设，了解了学校少先队的运作模式和辅导员工作情况。文化小学林忠校长结合学校的办学文化和理念，将少先队工作方面的创新内涵及做法，对调研组领导作了全面介绍。

（姜丽亚）

【东升小学少科院获省少科院创新组织奖】 12月3日，在江苏省少年儿童研究会少年科学院发展委员会年会上，东升小学少年科学院成绩突出，在江苏省104所少年科学院创新活动评比中脱颖而出，被评为“2011江苏省少年科学院创新组织奖（常州市唯一）”，王捷、吴宇等8位同学的作品获得省一、二、三等奖；辅导员史振华老师被评为“优秀园丁奖”，其论文在大会交流，并被评为一等奖。

【王东炎来后周小学作报告】 11月29日上午，原新四军第六师十六旅政治部副主任、福建省武警指挥学院副院长、福建省新四军研究会会长、开国少将王直之子王东炎，看望后周小学全体师生，并作了“革命精神代代相传”纪念塘马战斗70周年的报告。

（吕文浩）

【市食品安全进校园宣传活动现场会在昆小举行】 3月15日，溧阳市“食品安全消费维权”进校园宣传活动现场会在昆仑小学举行。来自省溧中、光华高中、南渡高中、南渡初中、外国语学校、社渚初中、上兴初中、文化小学等8所建立消费维权投诉站的学校代表，以及征文获奖学校参加了此次会议。会上，对溧阳市“食品安全消费维权”征文活动进行了颁奖，并就消费维权投诉站“12315”联络站授牌，昆仑小学被授予溧阳市首家青少年消费教育基地。

【昆小学生绘画作品入选国际画展】 2011年，经市政府外事办、市教育局选送，昆仑小学学生胡译丹、虞快、许可、缪舒雯、徐嘉璐和朱劲达6位学生的绘画作品参加了第16届国际友谊美术展，他们的作品受到了国际友人的称赞。

【昆仑小学积极开展传统武术教学】 2011年秋季，昆仑小学为了更好地继承和发扬民族文化和传统，积极开展传统武术教学。学校与溧阳市武术馆建立常态联系，聘请武术馆的教练针对武术基本手型、手法、步型、步法和腿法等进行专业的技术指导。

（陈云凤）

初中教育

【概　况】 2011年底，全市有初中学校27所，九年一贯制学校4所，完全中学2所，全市初中校园占地总面积938336平方米，校舍建筑面积354845平方米。在校学生21034人、529班，当年毕业9101人，初中毕业班学生毕业率98.7%，招生6231人。专任教师1882人，学科达标率99.78%，其中研究生35人，本科1724人，专科119人，专任教师师生比11.18。

【光华初级中学教育集团成立】 12月18日，由市第四中学、市第五中学、市光华初级中学组成的溧阳市首个初级中学教育集团——溧阳市光华初级中学教育集团成立。市教育局局长范国华在成立仪式上，宣读了《溧阳市教育局关于成立光华初级中学教育集团的决定》，决定集团内设管理委员会，光华初中校长陈海锡任管理委员会主任，第四中学校长谢江、第五中学校长石志强任管理委员会副主任。新组建的光华初级中学教育集团将以“用服务满足社会需求，以共赢创建教育团体”为理念，在实践中不断探索办学模式，在交流中不断提高办学品位，力争创建溧阳初中教育的新品牌。

【光华初中运动员在省青少年田径锦标赛获佳绩】 5月2日～6日，在2011年江苏省青少年田径锦标赛暨县组比赛中，代表溧阳市参赛的光华初中运动员薛储芸和王海分别在100米、200米项目中获得省第二名、第三名和在铁饼、铅球项目中获得省第三名、第四名的成绩。 （张银芳）

【市青少年交流团赴日本访问】 应溧阳市友好城市——日本白山市政府的邀请，由市教育局党委副书记范锡福任团长的溧阳市青少年交流团，于8月1日～9日进行了赴日访问交流。交流团的10名初中学生分别来自市二中、

溧阳市“江苏省实施教育现代化工程示范初中”（“江苏省优质初中”）

表35

校　名	地　址
溧阳市蒋店初级中学	溧城镇蒋店村
溧阳市新昌初级中学	溧城镇新昌镇
溧阳市南渡初级中学	南渡镇金渊街85号
溧阳市戴埠初级中学	戴埠镇荷花新村
溧阳市第二中学	溧城镇西园路62号
溧阳市燕山中学	溧城镇南环路35号
溧阳市上沛初级中学	上兴镇上沛集镇
溧阳市别桥初级中学	别桥镇爱国路
溧阳市实验初级中学	溧城镇平陵中路
溧阳市上兴初级中学	上兴镇
溧阳市社诸初级中学	社渚镇
溧阳市周城初级中学	社渚镇周城集镇
溧阳市天目湖实验学校初中部	天目湖镇
溧阳市上黄初级中学	上黄镇
溧阳市余桥实验学校初中部	竹箦镇余桥集镇
溧阳外国语学校初中部	溧城镇
溧阳市后六初级中学	埭头镇
溧阳市光华初级中学	溧城镇
溧阳市横涧初级中学	戴埠镇横涧集镇
溧阳市平桥初级中学	天目湖镇平桥集镇
溧阳市后周初级中学	别桥镇后周集镇
溧阳市第五中学	溧城镇
溧阳市汤桥初级中学	南渡镇汤桥集镇
溧阳市少体校	溧城镇（省三星级少体校）

外国语学校和实验初中。交流团抵日后，访问了松仁中学、美川中学、鹤来中学，欣赏了剑道、茶道、柔道等日本传统文化，并和日本师生一起开展了合唱、吹奏、打球等丰富多彩的娱乐活动。在日交流期间，同学们还和金城大学的中国留学生进行了交流，到金泽市参观了金箔工艺，体验了普通日本民众的日常生活；并瞻仰了坐落在京都岗山公园的周恩来总理诗碑。

（张待娣）

【胡昊丞获常州市红色经典诵读比赛一等奖】 6月14日，在常州市中小学“中华诵颂歌献给党”——纪念建党90周年红色经典诵读决赛中，上沛中学胡昊丞老师以9.67的高分获得一等奖。

（刘红兵）

普通高中教育

【概　况】 全市有普通高级中学5所，完全中学2所，校园总占地596533平方米，校舍总建筑面积293422平方米。2011年年末，在校学生13906人、班级283个。2011年，毕业生5037人，招生4479人。专任教师1058人，学历达标率99.62%，其中研究生72人，本科982人。现有江苏省四星级高中3所，江苏省三星级高中4所，2011年，溧阳市埭头中学接受了省四星级普高的检查验收。各校各种现代化教学设施齐全，理化生实验室、语音实验室、心理咨询室、微机教室、网络教室、多媒体教室、科技活动室、电子阅览室、多功能阶梯教室、校园网主控室、闭路电视系统、办公自动化等管理系统基本配备到位。各普通高中呈现特色差异发展，处理好了普高教育规模、质量与效益的关系。全市不断建立健全了普高教育质量保障和监控机制，大力提升普高教育质量，全市高考连续创造辉煌，二本以上录取率超江苏省计划20个百分点，保持高位均衡水平，处于全省第一方阵前列，以一流的质量让老百姓享受最大的教育实惠。全市高等教育毛入学率达52%。 江苏省溧阳中学投资2亿元、占地18万多平方米、总建筑面积9.2万平方米，是国家级示范高中、江苏省四星级高中。

【高考成绩】 2011年，高考取得辉煌成绩，二本以上达线2436人，二本以上达线率47.48%，比2010年提高2.15个百分点；二本以上上线率，超全省计划录取率近21个百分点，创历史最高水平。2011年，全市高考取得优异成绩，呈现的特点是：文、理、艺体三大类均衡发展，文科上线561人，理科上线1357人，艺体类上线518人，整体推高全市总达线率，呈现上线率稳步攀升的喜人局面；全市各高中呈现整体推进格局，7所高中，二本以上达线率都稳中有升，其中省溧中、光华高中、市三中的二本以上上线率增幅明显，南渡高中、埭头中学、戴埠高中、竹箦中学都有较大进步，使全市高中教育整体水平上了新的台阶；名校录取有突破，3名考生被北京大学和香港中文大学录取，1名考生被中央音乐学院自主招生录取。

【市人大领导视察教育工作】 7月22日，袁再保、高峰、彭留双、赵忠保、沈福新、张艳、武宝林等市人大常委会领导在副市长唐华新、市教育局局长范国华和党委书记陈黎明的陪同下，视察了2011年的教育惠民工程。市人大常委会领导先后察看了市第二实验小学一期工程建设现场、光华初级中学和光华高级中学，实地调研了教育惠民工程建设、义务教育均衡发展、优质学校创建、素质教育实施等情况；对各级各类教育取得的优异成绩，教育教学管理年年创新，教育资源整合和教育布局更为合理，表示充分肯定和高度赞赏。

表36

溧阳市星级高中

级　别	校　　名	地　　址
四星级普高3所	江苏省溧阳中学（国家级示范高中）	溧阳市南环西路88号
	溧阳市光华高级中学	溧阳市昆仑南路216号
	溧阳市南渡高级中学	南渡镇春晖路
三星级普高4所（省重点中学）	溧阳市埭头中学	埭头镇河西村1号
	溧阳市戴埠高级中学	戴埠镇镇善西路
	溧阳市第三中学	溧阳市溧罗路68号
	溧阳市竹箦中学	竹箦镇北山东路54号

【提升高中学校统招计划比例】 2011年，全市中考招生，继续实行将省溧阳中学、光华高级中学、南渡高级中学部分统招计划分配到全市初中校的做法，3校分配指标占统招计划的55%，比2010年再度提高5个百分点。3校共882个统招名额，分配到全市41所初中校，其中省溧中385名、光华高中257名、南渡高中240名，有效地缓解了全市中考学生的“择校热”问题。

【沈学础院士走访母校省溧中】 5月28日，省溧中杰出校友——中科院院士沈学础教授走访母校。沈学础是省溧中1956届的高中毕业生，他对母校取得的成绩感到非常的自豪和由衷的高兴。希望母校加强优秀学生的培养，继续努力建设成为一流的中华名校，为国家培育更多更杰出的民族英才。

【朱心红当选为“2010常州教育年度人物”】 9月7日，“2010常州教育年度人物”评选结果揭晓，江苏省溧阳中学校长朱心红当选，常州全市共评出10位，是常州市第二次举办年度人物评选。

（陈田坤）

【埭头中学接受省四星级高中现场评估】 11月24日～26日，江苏省教育评估院“四星”评估专家组对埭头中学进行了现场评估，给予较高的评价：三级政府、两级教育行政部门高度重视学校的创建工作；学校德育工作扎实有效，初步彰显人文德育特色；学校高度重视青年教师队伍的建设；课程改革意识增强，学生主体性突显，教师探究意识强，能用先进教学模式引领课堂，教学效果好。

【徐云峰出版散文集《禅的午后》】 7月，埭头中学徐云峰老师的散文集《禅的午后》计24万字由北京作家出版社出版。全书收集散文100篇。

（芮金川）

【常务副省长李云峰视察埭头中学】 9月29日下午，江苏省委常委、常务副省长、省委秘书长李云峰在溧阳市委书记盛建良、埭头镇党委书记朱志军的陪同下，视察了埭头中学。校长马建耀向李副省长汇报了学校创建江苏省四星级普通高中的各项准备工作，李副省长对此作了充分的肯定，并祝愿学校创建四星级普通高中一举成功。

【埭头中学在省教育装备专项督导中获得好评】 11月29日，江苏省教育技术装备专项督导专家组对埭头中学教育技术装备工作进行专项督导。专家们认真查阅了有关台账材料，查看了实验室、计算机网络教室、图书馆、阅览室、美术室、音乐室、探究室、通用技术教室等教育设施，对学校各功能室的工作给予了充分的肯定，认为学校位居农村，在学校有关硬件设施较为普通的条件下，取得这样好的成绩实属不易。

（程彧立）

职业教育

【概　况】 全市有职业学校2所，职业学校总占地323267平方米，校舍总面积149561平方米。在校学生9475人，其中五年制学生821人。当年毕业2570人，招生2765人（其中五年制学生250人）。教职工592人，专任教师488人。

全市职业学校“双师型”教师比例达63.4%；“电梯安装与维修保养”等5个专业，先后创建成为省级示范专业，全面推行工学结合、校企合作、顶岗实习、“订单式”等人才培养模式，强化职业道德教育和学生技能训练，连续多年取得了就业与对口高考“双丰收”，毕业生就业率和中级工达标率保持在99%以上，对口单招继续成绩连续多年保持较好成绩，位居全市乃至全省前列。江苏省溧阳中等专业学校要面向二产办学，集大专、中职、培训于一体，“数控综合加工技术”专业实训基地是国家级紧缺型人才技能培养培训基地；溧阳市天目湖中等专业学校重点面向第一产业、第三产业办学，以“农”字为特色的园艺等专业服务现代农业，旅游专业毕业生供不应求，电梯安装与维修保养专业依托“溧阳——电梯安装之乡”这张名片，紧贴地方经济发展，坚持校企深度合作，共建专业，已建成了省内独特、水平一流的电梯专业。

【SYB创业培训班开办】 6月20日，溧阳市首期SYB创业培训班在溧阳中等专业学校开班，SYB创业培训是国际劳工组织（ILO）和中国劳动与社会保障部积极倡导的专门为创业者、中小企业量身定做的社会化创业全程扶持指导体系，全市25名大学生自主创业者参加培训活动，由具有国家创业培训教师资格的教师，按照SYB培训课程安排对学员进行授课，培训结束后，还将对创办企业的培训人员进行后续跟踪服务。

【溧阳中专成为“国家网络教育数字化学习资源中心首批职业学校分中心”】 11月25日，溧阳中专学校被教育部、财政部正式确立为“国家网络教育数字化学习资源中心首批职业学校分中心”，成为全国29所中职院校分中心之一，该校将承担国家各类数字化教学资源的开放和共享任务，面向本地及周边区域提供数字化资源网络服务。

溧阳市职业学校（限教育系统学校）

表37

校　　名	地　　址	级　　别
江苏省溧阳中等专业学校（江苏省溧阳职业教育中心）	溧阳市南环路1号	江苏省四星级职业学校（国家级示范职高）
天目湖中等专业学校（江苏省溧阳市职业技术学校）	溧阳市歌岐路120号	江苏省三星级职业学校

【天目湖中专做强“电梯安装专业”】 2月18日，中央电视台财经频道《县域经济报道》栏目中，以《江苏溧阳：电梯安装之乡遭遇用工难 职技校毕业生成“香饽饽”》为题，播出市职技校电梯专业毕业生成为各家用人单位的追捧对象，在新学期尚未开始之前，就把用工订单下到了当地职业技术学校电梯安装专业班上。市职技校电梯安装专业是省示范专业，并逐步形成由电工、焊接工艺、电梯安装与维修等专业组成的电梯专业群，已多次承担国家级电梯专业研讨和鉴定会。2011年，电梯安装专业班上即将毕业的三年级100多名学生，已被三菱、日立、东芝等著名电梯公司抢购一空；一、二年级的300多名学生，也已被诸多公司纷纷开始预订，成为就业的“香饽饽”。

【职业学校对口单招成绩创辉煌】 2011年，职业学校参加江苏省对口单招文化统考学生共661人，本专科达线总人数658人，达线率99.55%，其中本科达线425人，达线率64.3%，超常州大市本科达线率17.8%，居江苏省第一方阵前列。在对口单招各专业中，3人摘得江苏省机械、机电、农业三大专业的状元桂冠，6人摘得常州市六个专业状元桂冠，其中囊括营销、农业、烹饪、旅游4大专业常州市前10名。

【电梯安装与维修保养专业成为省特色专业】 12月5日，江苏省职业学校特色专业建设视导专家组对天目湖中专电梯安装与维修保养专业，进行省特色专业建设视导。视导组通过听汇报，随堂听课，实地考察、查阅材料、访谈等视导程序，对天目湖中专电梯安装与维修保养专业创建省特色专业进行了全方位的视导。一流的校内实训设施设备、与企业零距离对接的人才培养模式、校企深度合作、适度超前的专业建设思路给全体视导组专家留下了深刻印象，对该校“走特色之路，办一流学校”创建省特色专业给予了充分肯定。天目湖中专校已成为中国电梯协会唯一学校成员单位、全国10个电梯职业技能鉴定点（站）之一。

【举行防震应急疏散演练】 5月12日，由溧阳市教育局、市民防局、市科协、市红十字会、市地震局主办，江苏省溧阳中等专业学校承办了溧阳市教育系统防震应急疏散演练观摩现场会，来自全市各中小学相关负责同志参加了地震科普知识培训，现场观摩了江苏省溧阳中等专业学校防震应急疏散演练活动。

【“校企对接”技能型人才供需洽谈会】 5月21日，溧阳市2011年“校企对接”技能型人才供需大型洽谈会在溧阳中专校燕山校区举行，本次洽谈会吸引了128家企业前来招聘，涉及100多个工种、共5000多个就业岗位，有2000多人前来应聘。市委常委副市长周卫中、教育局局长范国华、人社局局长陆卫林参加了洽谈会。

【溧阳中专校园网站获省一等奖】 在2011年江苏省中小学优秀校园网站评比中，溧阳中专校园网站经过专家评审，以职业教育组全省排名第一获得江苏省中小学优秀校园网站评比一等奖。

【溧阳中专学生在省技能比赛中获佳绩】 10月30日，江苏城市职业学院第二届五年制高职师生技能竞赛溧阳赛点的比赛圆满落下帷幕。在数控车工、数控铣工、车工、装配钳工、电子产品装配与调试等5个学生竞赛项目的比赛中，溧阳学院共获得4个一等奖，5个二等奖，1个三等奖。来自全省城市职业学院办学系统的16支代表队共计113位学生选手参加了本场比赛。

【溧阳中专被评为省第十二届中学生报务技术竞赛优胜单位】 8月，省军区组织了全省第十二届中学生无线电报务技术竞赛。溧阳中专校胡倩同学获得全省全能第二名、电子键发报全省第四名、音频报抄收（快速报收）全省第六名；沈珈屺同学获得汉字录入全省第三名，周斌抗干扰抄报获得全省第四名，马超群老师被评为优秀教练员，江苏省溧阳中等专业学校被评为“优胜单位”。（潘　敏）

高等教育　社会教育

【成人高等学校招生考试】 2011年，成人高考报名1436人，录取1162人（不含补录），录取率81%。

【高等教育自学考试】 2011年，全市高等教育自学考试上半年报名608人，下半年报名554人，全年合计1162人。上半年毕业生人数为32人，其中本科毕业18人，下半年毕业50人，其中本科42人。

【非学历证书考试】 2011年，全国计算机等级考试报名2286人次。教师资格证书考试报名197人。少儿书法等级考试报名1474人。

【社会教育】 2011年，整合各种教育资源，提供广覆盖、多类型、多层次、开放便捷的教育与培训，满足社会需求，促进市民的个性发展和全面发展。广泛开展农村劳动力转移培训、农业实用技术培训和农民创业培训。新增劳动力平均受教育年限达14年，各类成人教育年培训达10万人次。成功地创建了省级社区教育实验区和省级社区培训学院，创建了3个省级农科教结合示范基地，2个省级乡镇社区教育中心。认真落实职业教育和成人教育经费，保障了职业教育与成人教育的健康发展。成人教育和社区教育师资队伍建设得到加强，积极开展新形势下成人教育和社区教育服务新农村建设的课题研究。加强社区培训学院和成人教育中心校的管理，别桥镇成校创建成省级乡镇（街道）社区教育中心，溧城镇大石山旅游农庄确定为第七批江苏省农科教结合示范基地，社渚镇、上兴镇成校创建成常州市标准化成校。全市有214000余人参加了各类技术培训。

【成人教育和村民学校建设】 在2010年常州市乡镇（街道）成人教育中心校和居民（村民）学校标准化建设评估工作中，溧阳市天目湖镇成人教育中心校被确定为常州市级第三批成人教育中心校标准化建设达标单位，埭头镇余家坝村村民学校、天目湖镇桂林村村民学校、社渚镇丁山村村民学校、竹箦镇前村村村民学校、溧城镇蒋店村村民学校5所村民学校被确定为首批常州市级居民（村民）学校标准化建设达标单位。

【120名残疾人接受技能培训】 为提高残疾人的知识技能和劳动素质，让他们更好、更充分地参与到新农村建设中，并努力引导他们依靠科学技术增收致富，促进他们脱贫致富奔小康，9月开始，别桥镇社区教育中心(市残疾人培训基地)在溧阳市残联的指导下，对全市120名残疾人进行了集中培训，培训的项目有：长江高科技电脑培训、淡水养殖培训、种养殖业培训。培训时间跨度长达3个多月。

【别桥镇社区教育中心新大楼落成】 10月30日，别桥镇社区教育中心在新大楼广场举行新大楼落成和乔迁仪式。别桥镇社区教育中心新大楼总投入280多万元，现大楼内配套设施齐全，功能多样。

【溧城镇社区教育中心举办大闸蟹养殖技术培训】 11月2日，溧城镇社区教育中心在杨庄村举办河蟹养殖技术培训班。邀请了享受国务院特殊津贴、常州市水产研究所所长潘洪强为杨庄村的科技示范户、辐射户共40余人讲课。潘所长从池塘清淤改造、水草种植、水质管理、蟹种放养、饵料投喂、虫害病害防治等多个方面，系统地讲解了河蟹养殖过程中的一些关键环节。本次培训班旨在帮助杨庄村河蟹养殖户及早谋划新一年的生产布局，使养殖户从头开始全新掌握生产先进技术。

（史健勇）

【组织全国计算机等级考试】 9月17～18日，第34次全国计算机等级考试在江苏省溧阳中等专业学校考点举行。本次考试共有1110多人报名参加计算机一、二级考试，分笔试、上机考试两类，共计18个机试考场，1个笔试考场，其中27人报名参加笔试。

（除署名外，其余条目的作者是潘春明）

溧阳市教育局

市人大领导调研教育工作

教育系统行风建设工作会议

埭头高中创建四星级高中评估验收

组建溧阳市实验小学教育集团

局长范国华在大型直播节目《民生聚焦》现场介绍溧阳教育改革和发展情况

溧阳市委、市政府大力实施科教兴市和人才强市战略，坚持教育优先发展，高度重视教育工作。全市教育坚持从实际出发，从基础出发，从群众的需要出发，以办人民满意的教育为宗旨，以保规范、保平安、保质量、促发展为主题，务实创新，团结协作，教育事业呈现优质、均衡、高位发展的良好态势，实现了溧阳教育发展的新跨越。2011 年获江苏省义务教育均衡发展先进县（市、区）、江苏省学生资助工作先进单位等荣誉。

学生接送车安全工作会议

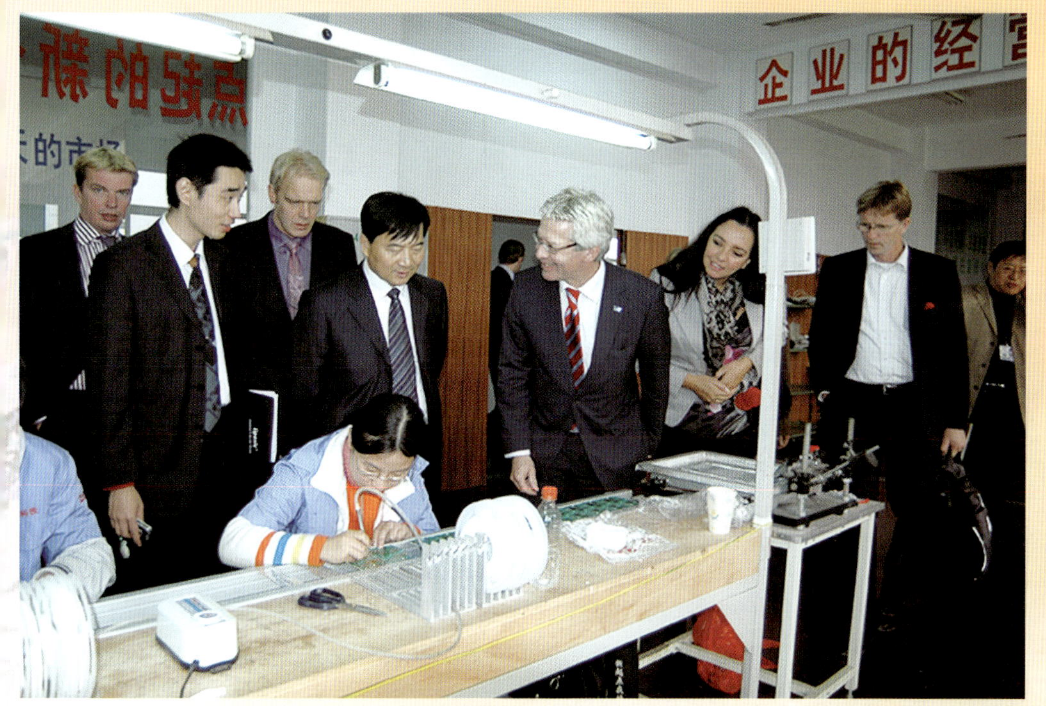

荷兰莱瓦顿市长率团在市委书记盛建良的陪同下来校视察太阳能船研发情况

江苏省义务教育均衡发展

先进县（市、区）

江苏省教育厅
二〇一一年一月

江苏省学生资助工作

先进单位

江苏省教育厅
江苏省财政厅
二〇一一年五月

全市有各级各类学校84所，其中小学40所，初级中学26所，完全中学2所，普通高中5所，九年一贯制学校4所，中专学校、公办独立幼儿园各2所，青少年体育运动学校、青少年活动中心、培智学校各1所。拥有一支结构合理、配置均衡、素质优良的教师队伍，有江苏省人民教育家培养工程培养对象3名（全省100名），江苏省特级教师17名，特级教师后备人才12名，常州市级以上各类优秀教师718名，优秀教师比例达20%。学前教育优质幼儿园比例为66%；义务教育优质学校比例为80%以上，在优质学校就读学生达85%以上；7所普通高中有省四星级高中4所，三星级高中3所，优质率100%；2所中等专业学校分别为省三星级和四星级职高，其中江苏省溧阳中等专业学校为国家级重点职高。全市学前教育一年、两年入园率均达100%，学前三年入园率为99%；义务教育入学率100%，巩固率为小学100%、初中99.9%以上，初中升入高中比例达98%以上，中考成绩位居常州市前列；高中阶段教育毛入学率98%，高等教育毛入学率52%，高考成绩处于全省第一方阵前列；中专毕业生就业率和中级工达标率均保持在99%以上，对口单招成绩连续多年保持较好成绩，位居全省前列。

常州市教育局局长丁伟明视察别桥小学幼儿园

局长范国华和书记陈黎明主持一年一度的暑期干部培训班

规范学生接送安全管理工作

名师成长工作室成立揭牌

现代化教育教学设备

杰出校友沈学础院士访问母校

江苏省溧阳中学紧邻风景秀丽的天目湖，她创建于 1946 年，现为江苏省最高星级学校——四星级普通高中。六十多个春秋，省溧中哺育了无数享誉中外的高素质、高品位人才，他们当中有两院院士、世界知名科学家、政治家、军事家、经济学家、艺术家、作家、高水平运动员、著名企业家、高级管理人才、工程技术专门人才等，数万名学子遍及各行各业，遍布全球。

在新的发展时期，省溧中秉承校训"求真"的思想传统，高举素质教育大旗，坚持"学生的健康成长与未来发展高于一切"的办学宗旨，践行"素质第一，发展至上"的理念，在育人目标"远大理想与现实表现统一、人文素养与科学素养俱佳、创新精神与实践能力兼备、身心健全与自强不息共存"引领下，学校建设和发展、教育质量和办学声誉取得了令人瞩目的成就。高考本科上线率，本一占有比例，录取清华大学、北京大学、香港中文大学、新加坡国立大学等中外一流名校以高位享誉省内外。学生参加全国、省、市各类竞赛及综合实践活动获奖人数多、级别高、覆盖面广。高等院校及社会各界一致称赞我校学生基础厚、后劲足，素质全面，创新精神强，实践能力佳。学校近年来先后被评为：江苏省文明单位、江苏省德育先进学校、江苏省实施素质教育先进学校、江苏省基础教育课程改革先进集体等，特别是 2011 年 2 月学校又光荣地被评为溧阳市"十一五"规划建功立业 5 个功勋单位之一。

省溧中是溧阳教育的骄傲，是溧阳人民敬重的教育圣地，也是溧阳和谐社会的窗口。省溧中人会在"自强不息"的学校精神激励下，瞄准更高远的发展目标，把学校建设成为具有国际视野、富有文化内涵及鲜明办学特色的高质量、高品位普通高中。

宜兴市高中教育考察团来省溧中访问

金坛市政府学习考察团来省溧中访问

"空军国防生优秀生源基地"授牌仪式

高三毕业班工作研讨会

省溧陽中學

沈鹏

新学年开学典礼及特别奖学金发放仪式

校训

2012届高三迎高考六十日冲刺誓师大会

省溧中高一新生军训

溧阳市光华高级中学

市委书记盛建良教师节慰问光华高中教师

2011 年 7 月 22 日市人大常委会领导视察光华高中

溧阳市光华高级中学是于 1939 年 8 月，在陈毅、粟裕等老一辈无产阶级革命家的亲切关怀、支持下创建，是一所具有光荣革命历史和优良传统的老校。1999 年评为江苏省重点高中。2003 年转为三星级高中。2005 年初高中分离，实现高中独立办学，2007 年通过江苏省四星级高中验收。

学校创办以来，为国家培养了大批优秀人才。如中科院院士、北大生命科学院教授翟中和，国务院学部委员、原西安交大校长史维祥，原安徽农大校长沈和湘，原中日友好医院院长强瑞春等都是我们的校友。

学校占地面积 48043 平方米，建筑面积 28500 平方米，现有高中 37 个班，在校学生约 2000 人。学校不断加大校园建设的投入，实施数字化校园工程，配有适应教育改革与发展的各种设施。良好的办学条件成为学校可持续发展的有力支撑。

学校师资队伍素质精良。现有专任教师 161 名，学历达标率 100%，硕士 20 人。高级职称 70 人，一级教师 59 人，中高级职称占专任教师的 78.8%。其中获“特级教师后备人才”称号 2 人，全国优秀教师 3 人，省级优秀教师 4 人，常州市“831 工程”培养对象 5 人，溧阳市拔尖人才 2 名。常州市、溧阳市级“四类”优秀教师达 71 人。

学校以“教育质量一流、人才培养多元、办学特色鲜明”为办学目标，坚持“人人是才”的办学理念，笃行“诚毅”的校训，积极开展革命传统教育，将丰厚的历史文化传统融入到新的教育理念和教育行为中，培养学生深厚的人文底蕴，提高学生的综合素质，为学生的成人成才提供坚实的平台。学校铸就了“爱国荣校、艰苦奋斗、团结实干、开拓创新”的光华精神，形成了良好的校风、教风、学风和领导作风。学校办学特色鲜明，既是省级田径传统项目学校和高水平田径试点学校，也是篮球传统项目学校，2011 年 10 月光华高中当选中国中学生体协篮球分会副主席单位，并获“中国中学生体协篮球分会特殊贡献奖”。竞技体育长期以来保持全省领先水平。学校的各项工作取得丰硕的成果，教育质量稳居常州市先进学校行列，办学效益和社会声誉不断提高。

今天，光华人正同心同德，顽强拼搏，开拓进取，为进一步提升学校办学水平，彰显办学特色，创建省市一流品牌学校而努力奋斗！

高三励志报告会，邀请全国励志专家王国权先生到现场指导

“品读经典 润泽人生”光华讲坛第四讲活动

隆重举行第十七次谈氏奖学金颁奖仪式

教育局局长范国华走进教室随堂听课

中国中学生体协篮球分会领导到光华高中指导工作

“在理想与现实的碰撞中升华教育情怀”主题沙龙活动在光华高中举行

办学理念：**人人是才**

校　　训：**诚毅**

光华精神：**爱国荣校**

艰苦奋斗

团结实干

开拓创新

南京财经大学和光华高中举行“南京财经大学人才培养基地”授牌仪式

举行 2012 迎新春文艺汇演

举行学生用餐家长体验日活动，并提宝贵意见。

副班主任拜师结对仪式

常州市首届高中学生峰会，光华高中获得优秀思辨奖、金话筒奖、优秀会员等奖项。

“中华诵·颂歌献给党”红色经典诵读比赛，光华高中喜获一等奖。

★★★★

江苏省四星级高中

溧阳市南渡高级中学

溧阳市南渡高级中学位于溧阳市经济重镇南渡镇。学校创建于1946年8月，起初名为“溧阳私立农业初级中学”，校址在今南渡镇大圩村。1947年2月，学校更名为“溧阳私立金渊初级中学”（简称“金中”），由溧阳县教育局备案。1948年8月，学校由大圩村迁至现南渡初级中学所在地（南渡镇金渊街58号）。1956年9月，学校改为公办，更名为“溧阳县南渡初级中学”。1958年7月26日，经溧阳县教育局批复，学校增设高中，成为完全中学，校名改为“溧阳县南渡中学”。1973年，学校被命名镇江地区“重点中学”（溧阳时属镇江地区）。1990年12月，溧阳撤县建市，学校更名为“溧阳市南渡中学”。1993年8月，庆丰乡撤归南渡镇，庆丰中学归南渡中学兼管。1995年5月17日，学校被溧阳市人民政府命名为重点中学，高中招收重点班。

校长　郑宇明

随着招生规模的扩大，为适应办学需要，1997年12月，学校先后两次在联盟村河西征地107.2亩，另建高中部，并于1998年6月6日正式动工。1999年8月，溧阳市上沛中学撤销高中部，其原有的2个高三班并入南中。同年，学校接受常州市教委重点中学评估，2000年3月，学校被命名为“常州市省标市级重点中学”。2000年8月，学校新高中部建成投入使用，初、高中分离办学，高中部迁至现址（南渡镇春晖路200号），正式改名为“溧阳市南渡高级中学”，初中部仍留原址，为“溧阳市南渡初级中学”。同年11月，学校接受江苏省教育厅重点中学评估验收，2001年5月，学校通过江苏省教育厅评估验收，成为江苏省“重点高中”。2003年4月，学校转评为首批“江苏省普通高中三星级学校”。2007年10月，学校接受江苏省教育厅评估验收，2008年1月，正式成为“江苏省普通高中四星级学校”。

南渡高中现占地面积71467平方米，建筑面积35152平方米，绿化面积为29335平方米，整个校园分为教学区、运动区、生活区、休闲区。学校布局合理，环境优美，先后被评为“江苏省绿色学校”、“江苏省园林式单位”。

学校按绿化、美化、静化要求，建有大面积绿化带，整个校园四季常春，四季飘香。文化广场、南湖、听雨亭、怡园、桂园、芷园、望霞桥等景致错落有序，诗情画意，情趣盎然。建筑物、绿化小品、人文景点、花卉植被共同构成一个清新和谐、意蕴丰厚的人文校园。

在办学过程中，学校秉承“稳定中求发展，继承中求创新”的办学思想，践行“科学+人文＝发展”的办学模式，以“学生的终身幸福和未来发展高于一切”办学理念，以“缔造阳光心态，构建和谐校园，建设精神家园”为办学目标，以“处处都精细、事事都精致”为行动准则，践行“德行、能力、责任”的校训，“扎扎实实抓规范、实实在在搞教育、理直气壮求质量、同心同德谋发展”，努力营造“积极向上、包容向善、追求卓越”的学校文化，使“求尊严、求幸福、求发展”成为全体师生的核心价值观，不断丰富和发展学校文化内涵，提升学校的办学品位，全校上下，凝心聚力，务实协作，形成了良好的教育教学氛围。

近年来，学校教学质量高位运行，成功跨入“常州市重点高中第一阵营”，高考二本以上达线率超过50%，并有多名毕业生被南京大学、复旦大学、厦门大学、东南大学等国内名校录取。学校管理科学规范，德育工作扎实有效，课堂改革成效显著，自主管理彰显特色，教育科研蔚然成风，师生素质明显提高，社会效应不断扩大。学校先后获得了“全国科学教育实验基地”、“江苏省德育先进学校”、“江苏省实施素质教育先进学校”、“江苏省优秀青少年科技教育先进学校”、“常州市教育科研基地”、“常州市生命教育实验学校”、“常州市信息技术特色学校”、常州市“依法治校”先进单位、“溧阳市文明单位标兵”、溧阳市学校管理特色项目评比“AA”级等荣誉称号。

六十多年的办学历史，学校培育出了一大批优秀学子：国防大学教授、博导黄龙保将军、建筑科学研究所所长闵明保教授、复旦大学教授、现任中山大学博导彭玉平教授、海南省邮电管理局局长王田春、中国书协委员、世界书画协会理事陈葆森、南京中医药大学研究员中医药文献研究所陈仁寿所长、美国加利福尼亚蓝盾公司总精算师沈乃秀博士、美国杜克大学沈应荃博士、华东师范大学狄侃教授……

“看似寻常最奇崛，成如容易却艰辛”，六十余年的风雨兼程，南中人一路走来，留下的是一串串沉甸甸的硕果。南渡高中以她独有的人文魅力，坚守着一条文化制胜的和谐发展之路。如今的南渡高中，依然成为“溧阳教育界的样本”、“老百姓心中的放心学校”。南渡高中斐然的办学实绩，得到了上级教育行政部门的充分肯定，赢得了社会的高度赞誉，在当地和周边引起了强烈的反响。《中国教育报》、《江苏教育报》、《常州日报》等相继对“南中现象”进行了全方位的深度报道，江苏、安徽、湖南等省内外县市教育局代表团以及徐州、溧水、武进、宜兴等县市兄弟学校也纷纷慕名前来……。

回首往昔，南中人一路艰辛勇开拓，放眼今朝，我们与时俱进谱新篇，极目未来，我们志存高远创辉煌。心中的理想，肩上的责任，社会的重托，人民的期盼，是我们奋进征途中强劲的动力，我们将一如既往齐心协力，务实进取，激情超越，为了我们共同的理想，扬帆远航。

继承“崇直”之风　发扬“笃行”精神

溧阳市埭头中学

LIYANGSHIDAITOUZHONGXUE

校长马建耀在埭中晋升四星级普通高中揭牌仪式上致辞

常州市教育局局长丁伟明(右)和溧阳市政协主席狄立新揭牌

这是一所办学历史悠久、文化底蕴深厚又充满现代气息的学校，这是一所文化古迹颇多、花草树木珍稀的省级园林式学校，这是一所师生风貌好、校园文化浓、发展意识强的学校，这是一所走出了许多杰出人才、有一定办学绩效和办学声誉的学校，这是一所得到三级政府、两级教育行政部门高度关注和大力支持的学校，同样这也是一所有发展潜力、值得期待的学校。这就是坐落于溧阳市北郊，背靠长荡湖，东邻団山，西邻中国族谱文化博物馆的埭头中学。她创建于 1937 年，初为湖埭小学，1952 年更名为溧阳初级师范学校，1958 年更名为溧阳县埭头中学，2000 年 3 月被评为省标常州市重点中学，2001 年 5 月被评为江苏省省级重点中学，2004 年 4 月转评为江苏省三星级

灵雨坊

汉风古韵的校大门

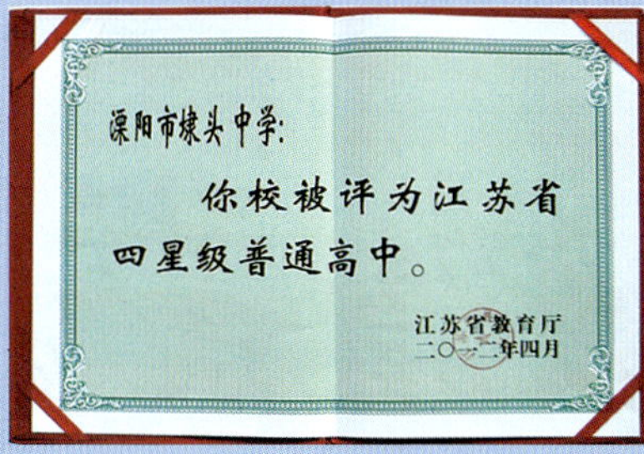

赴春秋淹城开展社会实践活动

普通高中。近年来，学校励精图治，全力以赴，办学绩效逐年提高，社会信誉不断提升，先后荣获江苏省优秀学生军训学校、江苏省园林式单位、常州市文明单位、常州市德育先进学校、常州市依法治校先进单位等 31 个地市级以上综合荣誉。2011 年 10 月 24 日至 26 日，学校接受了江苏省教育评估院专家组的“创建四星级普通高中”现场评估考察，在现场评估考察中获得专家组的一致好评。2012 年 4 月，江苏省教育评估院正式发文，批准学校成为江苏省四星级普通高中，5 月 20 日上午，学校隆重举行了四星揭牌仪式。在长期的办学实践中，学校形成了“继承‘崇直’之风，发扬‘笃行’精神”的特色建设，这是以师生品行建设为核心的，要求师生注重继承传统文化的精髓，崇尚正直、讲正气、有骨气，要脚踏实地，学以致用，讲究效率和注重执行力。并将其贯穿于学校制度管理、课程建设、德育工作、教学科研、校园文化等各个方面，以焕发整个校园的生机与活力，形成了有自己风格的教育信仰，而且学校“团结、进取、文明、创新”的校风和“修身、敬业、求真、育人”的教风以及“勤学、善思、求实、争先”的学风，得到社会各界的广泛认可。学校的办学特色建设与校训、办学理念、三风建设四者和谐统一(四者虽各有侧重，但核心都强调做人应该不断学习和追求真理，要注重实践、勇于创新)，共同构成了学校办学文化的整体哲学体系，形成了有特色的校园文化体系。

代表溧阳市参加常州红色经典诵读比赛

外教与师生一起课外活动

阳光体育

绿茵草地上交流学习

市长苏江华视察学校“三期工程”建设

三期工程效果图

“三期工程”加紧建设，将于2012年10月投入使用

加强国际友好合作 太阳能项目参加世界大赛

党委书记、校长 陈志平

江苏省溧阳中等专业学校是首批国家级重点中等职业学校、首批江苏省“四星级”中等职业学校和江苏省高水平示范性中等职业学校，“国家中等职业教育改革发展示范学校建设计划”第一批立项建设学校；与江苏广播电视大学溧阳学院等实行“一套班子、多块牌子”的办学机制。

学校占地面积465亩，分燕山和城中两个校区，现有校舍建筑面积12.5万平方米，固定资产总值1.5亿元，校内实验实训设备总值达3500万元。五年制高职、职业中专等全日制在校学生5800多人，各类成人本、专科学历教育在籍学员2000多人；举办各类岗位或等级培训年均达6000人次。

在溧阳市委、市政府的关心和支持下，总投资2.4亿元，占地108亩、建筑面积6万多平方米的“三期工程”正在加紧建设，将于2012年10月投入使用，届时学校将成为常州地区首屈一指的各类设施较为完善的超大规模职业学校。

部门工作汇报演出 团队合作意识强

国家中等职业教育改革发展示范学校

溧阳中等专业学校

学校坚持为地方经济社会发展服务。着力推进品牌专业建设，形成了机电技术、数控技术、电子技术、计算机及应用、财务会计等 5 大专业为骨干的专业群；拥有机电技术应用、电子技术应用、计算机及应用等 3 个江苏省重点骨干示范专业。建有机电、数控、电子技术、计算机、会计等五大校内实训基地；其中，电子技术实训基地是江苏省中等职业教育实训基地，数控技术实训基地是中央财政支持的国家级技能型紧缺人才培养培训基地。

坚持为学生的发展与就业服务。近几年来，毕业生参加普通高校对口单招考试成绩一直名列常州市、江苏省同类学校前茅。2012 年 413 名学生参加江苏省普通高校对口招生考试，269 名学生达到本科录取分数线，本科达线率 65.1%，专科达线率 100%。每年约有 5% 的毕业生应征入伍；毕业生当年就业率在 99% 以上，同时也涌现了一大批创业致富的毕业生典型。

坚持为教师的发展提高服务。现有专任教师 300 人，其中：具有副高级以上职称的教师 118 人，中级职称的教师 122 人。现有常州市特级教师后备人才、常州市名师工作室领衔人和溧阳市级以上“四类”优秀教师、“双师型”教师 80 多人；“双师型”教师占专任专业教师的 80% 以上。

办学以来，学校始终坚持“学生的未来幸福和终身发展高于一切”、“为经济建设与社会发展服务”的办学宗旨，立足地方，面向地方，服务地方，在“尊严、发展、幸福”为核心的价值观引领下，深入挖掘和大力构建“包容向善、积极进取、务实求精”的学校核心文化，着力提升师生的“德行、责任、能力”，努力打造“德育特色鲜明、管理科学规范、教学质量优质、办学内涵丰富”的办学品牌，提升办学水平，形成了“高职与中职教育、学历与非学历教育、职前与职后教育协调发展”的办学格局。

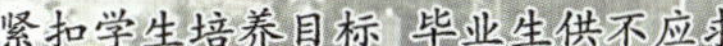
紧扣学生培养目标 毕业生供不应求

溧阳市实验初级中学

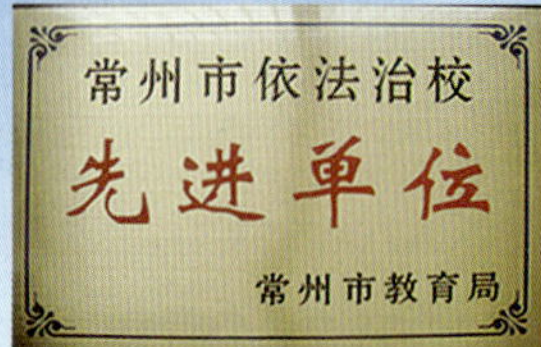

溧阳市实验初级中学创办于2000年8月，现为溧阳市教育局直属的一所初级中学。现有教学班级36个，学生1850人，在编在职教职工121人。

学校占地100亩，建筑面积4万多平方米，绿化覆盖率达81.2%。学校环境幽雅，小桥流水，绿树成荫，花团锦簇，有着浓郁的文化氛围和深厚的文化底蕴，是一个独特而理想的读书胜地。学校布局合理，分六大中心：教学中心、实验中心、艺术中心、体育中心、信息中心、后勤服务中心。学校教学设施设备先进，有现代化的教学楼、办公楼、实验楼、艺术楼、学生公寓楼、图书馆、体育馆。小岛信息中心功能齐全，学校校园网络终端布置到位，宽带接入课堂，并配有装备先进的网络教育设备。

学校师资力量雄厚，拥有一支学历基础高，业务能力强，师德修养好的师资队伍。中、高级职称教师占70%以上，本科以上学历达100%（其中硕士研究生4人），出国培训英语教师5人。全国、省、常州市评优课及基本功竞赛三等奖以上获奖者共计150人次，受省、常州市各类表彰共计200人次，承担了省、常州市多项教科研课题。

学校一直秉承“办优质教育、育杰出人才”的宗旨，确立了“提升优势，办出特色，打造品牌，和谐发展”的努力方向，坚持以德立校，依法治校，突出德育特色、课程特色、艺术特色，进一步规范办学行为，坚持“守底线，讲奉献，求尊严，促发展”的价值取向，努力打造一支特别能吃苦、特别能奉献、特别能增效的一流的教师队伍；强化“学生的健康成长和未来发展高于一切，让每一位学生走向成功”的教育理念，全面实施素质教育，全力发展学生思维能力、培养学生出众的思维品质，为学生的可持续发展、终身学习及高品质、高品位的美好人生创设条件。

办学至今，学校教育教学成绩斐然，受到社会、家长的一致肯定，学校先后荣获全国中小学图书馆先进集体、江苏省示范初中、江苏省和谐校园、江苏省平安校园、常州市德育特色学校、常州市依法治校先进单位等一系列称号。如今，在各级领导的关心和支持下，全体教职工团结一致，开拓创新，坚持高品位，追求新目标，为把学校办成理念先进、教风踏实、质量过硬，特色鲜明的省内窗口学校而奋斗。

教育局局长范国华来校指导工作

“青春励志”文艺汇演

“走进大别山—感悟责任”主题实践活动

溧阳市实验小学

省特级教师校长张康桥在绘声绘色的上课

由实验小学承办的2012江苏基础教育发展趋势研讨会在溧阳召开

天目湖畔，濑江之滨，矗立着一所百年老校---溧阳市实验小学。学校创建于1902年，是溧阳历史上第一所学校、第一所省级实验小学、第一所省级模范学校。她是溧阳最早的教育教学实验基地，是溧阳现代教育风采的窗口，演绎出了一篇篇现代教育动人的乐章。

学校现位于溧城镇北大街20号，占地面积为23000多平方米，建筑面积为17000多平方米，学校（含幼儿园）现有75个教学班，3000多名学生，在编教职工164人。

学校以“教育就是服务”为品牌标志，以“择善而行”为校训，致力于生长与服务的教育学建构，办一所基于儿童立场的个性化学校。学校坚持走以人为本、依法治校、科研兴校的发展之路，关注学生的个性化、可持续发展，取得了令人瞩目的丰硕成果。

丰厚的文化底蕴、优良的历史传统、浓郁的现代气息、鲜明的办学特色铸就了办学的高品位。学校曾先后被评为教育部中小学校长培训基地、江苏省文明单位、江苏省中小学校党建工作先进集体、江苏省教育科研先进集体、江苏省青少年科技教育特色学校、江苏省艺术教育特色学校等。

溧阳市外国语学校

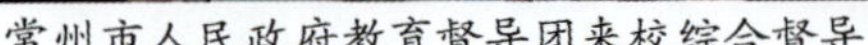
常州市人民政府教育督导团来校综合督导

提炼外校精神、提升学校品质座谈会

2007 年 9 月，溧阳城西、湾溪河畔，溧阳历史上第一所民办股份制学校——溧阳外国语学校在这里建成；2010 年 7 月，学校顺利改制转成公办，更名为“溧阳市外国语学校”；2011 年 12 月，溧阳市外国语学校教育集团成立，学校成为教育集团的核心。

溧阳市外国语学校占地近 80 亩，56 个教学班，学生 2000 多名，专任教师 175 名，其中研究生学历 3 人，本科以上学历达 156 人，学校现有各类优秀教师 63 名，其中省特级教师 3 人（含省人民教育家培养对象 2 人），常州市特级教师后备人才 1 人，常州市级、溧阳市级优秀教师 59 人，占在编教师人数的 38.4%。

学校以“培养社会精英，创造美好未来”为目标，坚持推进依法治校，规范办学行为；坚持教育就是服务，创建自由学校；坚持学生品行发展，提高教育质量；坚持强化师德建设，促进教师发展；坚持严抓教育常规，创新工作方法；坚持开源节流，发挥资源效益，最大程度地满足师生、家长合理需求……2012 年 5 月，学校代表溧阳市小学接受常州市人民政府督导团综合督导，受到督导团专家高度评价。

学校先后获得“全国中小学校优秀网站”、“全国作文教学先进单位”、“江苏省平安校园”、“江苏省生态园林式单位”、“江苏省语言文字规范化示范学校”、“江苏省防震减灾科普示范学校”、“江苏省工人先锋号”、“江苏省中小学管理规范特色项目学校”、“常州市优质学校”等 70 余项荣誉称号。

游泳课程

庆祝六一自由舞台表演

春、夏、秋、冬四季皆是景

唱红歌

溧阳市文化小学

林忠 溧阳市文化小学校长，江苏省数学特级教师，常州市劳动模范，国家级骨干教师培训对象，常州市“831”二期工程培养对象

2011年溧阳市教科研课题结题鉴定活动在该校举行

无数条道路，我们选择“文化”前行；无数种追求，我们依循“自由”发展。从一千余人到四千多人，从第一年的名声寂寂，到第十三年的声誉雀隆，文化小学在长大，在成熟。“做一个文化人”铭刻成教育的根基，如一粒种子播撒进一颗颗心灵，抽枝发芽，含苞待放。

平均36岁，30%市级以上优秀教师，30%小学中学高级教师的教师团队，是客观之因；“开放、博大、高尚、致远”，“用文化开启教育智慧”的办学精神是主观之因，合力造就了事业之果。创建“文化风筝节”等大型传统德育活动四项，创编《文化小学综合实践课程》等校本教材两套，创设“常州市小学生足球”等特色项目五类，创造“常州市教育科学研究先进集体”、“江苏省小学数学课程教材改革实验先进集体”、“全国少先队特色先进学校”等各级各类荣誉称号180余项。在所有的果中，形成“有灵气、有正气、有底气、显大气”的文化特质，是文小人最珍视的一枚！

省教科所对该校江苏省“十二五”规划课题进行论证

学校机器人工作室

文化·新闻

栏目编辑　晋阿彬

文化综述

【概　况】 2011年是十二五规划开局起步之年，市文化广电体育局认真贯彻落实市委第十一次党代会精神，紧紧围绕"紧跟苏锡常，同步现代化"的目标定位，凝心聚力谋发展、争先创优开新局，全面完成了年度各项工作任务，取得了实实在在的新成绩，文体工作再上一个新台阶。在2011年度市级机关目标管理考核中，再次获得"创新成果奖"，并获"2011年服务业先进集体"称号。天目湖桂林村农家书屋被江苏省新闻出版局评为"五星级"农家书屋（常州市唯一1家）。

【溧阳市被命名为"中国民间文化艺术之乡"】 2011年，经文化部评审，溧阳市被命名为2011～2013年度"中国民间文化艺术之乡"——少儿书法。这是溧阳市继2009年获得"中国民间文化艺术之乡"称号后再次获此殊荣。

【新四军江南指挥部纪念馆入选"全国红色旅游经典景区"】 2011年，由国家发改委、中宣部、国家旅游局等14个部委联合发文，公布了《全国红色旅游经典景区第二批名录》和《全国红色旅游经典景区第一批名录（修订版）》（发改社会〔2011〕692号）。新四军江南指挥部纪念馆入选《全国红色旅游经典景区第一批名录（修订版）》。

【举行纪念陈毅元帅诞辰110周年活动】 7月23日由中国人民对外友好协会、中共溧阳市委、溧阳市人民政府主办的"纪念陈毅元帅诞辰110周年暨'陈毅与张茜铜像'、'陈毅元帅诗词将军法书碑廊'落成仪式"，在竹箦镇水西村新四军江南指挥部纪念馆举行。陈毅长子、全国政协常委、中国人民对外友好协会会长陈昊苏偕夫人秦昭女士，中国人民解放军原副总参谋长钱树根上将，沈阳军区原司令员钱国梁上将、陈毅之子、标准国际投资管理公司董事长陈小鲁，中共江苏省委常委、宣传部部长杨新力，中共常州市委常委、宣传部部长徐缨等，以及溧阳市四套班子全体领导出席了仪式。中央军委原副主席、国防部原部长迟浩田上将和中共江苏省委书记罗志军分别发来贺信。市长苏江华主持仪式、市委书记盛建良在仪式上致辞。钱树根、徐缨、陈昊苏分别作了发言。钱树根及江苏五星集团董事长张云奎捐赠了将军法书原稿，陈小鲁捐赠了陈毅元帅服一套，钱树根与杨新力为"陈毅与张茜铜像"揭幕。

【纪念塘马战斗70周年活动】 11月28日由江苏省新四军研究会和溧阳市委、市政府共同主办，市委宣传部、市文广体局和新四军江南指挥部纪念馆承办的纪念塘马战斗70周年活动在溧阳市举行。江苏省新四军研究会第一副会长、南京军区空军原政委郑竹波，中国新四军研究会副会长、南京军区政治部原副主任王清葆，副会长、28军原副政委李剑锋，副会长兼秘书长肖茂修，北京新四军研究会副会长、海军少将朱介元，福建省新四军研究会副会长王东炎等有关省市新四军研究会领导，溧阳市委常委、宣传部长闵建平，副市长唐华新，政协副主席马小其，部分新四军老同志的子女以及江苏省党史军史专家等百余人参加了纪念活动。出席纪念活动的同志在西山烈士陵园，向罗忠毅、廖海涛烈士墓敬献花篮，在后周烈士陵园祭扫了塘马战斗烈士墓，在水西村新四军江南指挥部纪念馆进行参观学习。在纪念塘马战斗70周年座谈会上，举行了《罗忠毅传》、《廖海涛传》、《风云塘马》、《血战塘马》、《新四军在江南》等新书首发式。与会的新四军研究会领导、新四军塘马战斗老战士代表、新四军后代代表分别就塘马战斗的发生经过、历史意义、现实意义进行了分析阐述，使这一历史事件得到重新认识和评价。

【举办第23届群众文化活动周暨第3届民间艺术节系列文化活动】 为突出溧阳"生态、文化、魅力"，提升"天目湖"旅游品牌和溧阳宜游、宜商、宜居的"生态家园"城市形象，努力营造浓厚的节庆文化氛围，丰富城乡群众精神文化生活，提升城市文化品位，4月28日至5月28日，在中国溧阳第七届天目湖旅游节暨溧阳乡村旅游博览会期间，举办了第23届群众文化活动周暨第3届民间艺术节。活动周期间，精心策划组织了九大系列文化活动，营造了浓厚的节日文化氛围，丰富了群众精神文化生活。分别是：举办"清新溧阳 心灵故乡"文艺晚会与活动闭幕式晚会，邀请全国网络和当红歌手，营造“旅游节暨旅博会”的浓厚氛围。举办民间文化艺术展演，精选社渚蒋塘马灯舞、戴埠太平锣鼓等6支民间演出队伍，集中展示溧阳民间文化艺术瑰宝。举办非物质文化遗产展示，以弘扬八卦掌、锡剧等非物质文化遗产为主旨，融合茶艺、少儿书法表演，充分展示溧阳的特色文化元素。举办建行杯“清新溧阳 心灵故乡”乡村旅游文化征文，共收到来稿200余篇，40篇征文获各等次奖项，台湾中华文化协会会长范光陵院士的《天目湖组诗》获特别荣誉奖。举办魔术杂技专场晚会，邀请上海魔术团来溧阳演出，打造具有时代感和表现力的以魔术和杂技为主的大型综艺晚会，满足群众多样艺术需求。举办地方文史图书资料专题阅览，利用市图书馆馆藏地方文史资料，开辟专门阅览室，供群众借阅，满足群众了解地方文史知识的需求。举办民间工艺品展览展销，组织有关工艺品产销单位、商家、艺术家、收藏家展览展销石文化、玉文化以及陶艺、书画、古玩等各类艺术品，繁荣文化市场，满足群众多样文化需求，促进文化产业发展，丰富艺术节内容。开展“文化惠民乡村行”活动，组织送戏送书送电影下乡活动，丰富群众文化生活。

【举办“游子吟”江苏名家主题书画展】 为打造“游子吟”文化品牌，由江苏省文学艺术界联合会、中共溧阳市委、溧阳市人民政府主办的《游子吟》主题书画展，4月28日在市文化艺术中心举行。该活动邀请了省内94位书法名家和14位画坛翘楚，以“游子吟”为主题创作书画作品，通过书画艺术家们的纵情挥洒，表现感恩文化的博大深沉。展出的作品构思精巧、功力深厚、感动心灵，凝聚了感恩文化的深情，具有极高的艺术水准。举办该活动是溧阳文化建设的一大创举，对于弘扬地方特色文化，放大《游子吟》宣传效应，激发广大干部群众热爱家乡的热情，提高溧阳书画艺术创作水平具有重要的现实意义。

【“百万元图书”送下乡】 2011年，由江苏省新闻出版局下拨专项资金，用于农家书屋出版物更新工程。按照省局要求，精心选择采购了一批适合农村群众需求的图书，总价值超过105万元，共计7万余册，是历年来上级对溧阳扶持力度最大的一次。所有采购的图书全部由各镇文体站免费发放至各农家书屋，供群众借阅。

【确定“精彩文体，美好生活”服务品牌】 根据溧阳市委、市政府“效率溧阳”工作要求，市文广体局对“机关服务品牌”创建工作高度重视，结合文广体工作性质和服务对象的需求，确定“精彩文体，美好生活”服务品牌，设计品牌标志，定义了品牌内涵，即：更高水平创作文艺精品，更快速度发展文化产业，更强投入建设文化设施，更多活动丰富娱乐生活，更优服务提升工作效能。

旅博会锡剧展示 （市文广体局 供稿）

文学艺术生产

【2011年文学艺术成果奖】 2011年全市共有106位作者申报“溧阳市文学艺术成果奖”，评选出一等奖12个、二等奖7个、三等奖13个、鼓励奖33个，新苗奖29个（其中新苗二等奖1个、新苗三等奖20个、新苗鼓励奖8个）。

【组创新四军“红色”系列作品】 2011年，市文广体局开展组织有关新四军题材作品的创作，缅怀革命先烈，传承红色记忆。《风云塘马》、《血战塘马》、《罗忠毅传》、《廖海涛传》等历史小说相继由作家出版社、解放军出版社出版；与市邮政局合作，创作出版了漫画《新四军在江南》；市锡剧团创作了红色情景剧《水西往事》，反映陈毅、粟裕在水西村进行抗日斗争的事迹。

【参加常州市第十届小戏、小品、曲艺大赛】 2011年，市文广体局积极组织各乡镇开展文艺创作，全市共创作14个小品报送常州小戏小品新创作大赛，选出优秀作品参加“常州市第十届常州小戏、小品曲艺大赛”。其中，小品《信义夫妻》与《家家有本难念的经》获二等奖；童话剧《垃圾怪物》、小品《老两口进城》与小品《寻亲》分获三等奖。市文广体局荣获优秀组织奖。

【美术、书法、舞蹈作品获奖】 2011年，袁林的山水画作品在江苏省美术馆展出，其艺术成就得到省内外众多专家学者高度评价。蒋晓林的粉画作品在日本、厦门展出。朱国平创作的书法作品分别入展“全国首届书法作品展、”“全国第十届书法篆刻展”和“纪念中国书法家协会成立30周年——中国书法家协会会员优秀作品展”。市文化馆戴洪才、石寿华创作的舞蹈作品《储大钱、奔小康》在江苏舞蹈“莲花奖”第二届社会舞蹈（常青组）比赛中获得金奖。舞蹈作品《文具盒里的小伙伴》在《爱我中华》第七届全国青少年音乐舞蹈、才艺评选活动中获金奖，市文广体局获优秀组织奖。

表38

2011年度文学艺术成果奖

类别	作者姓名	作品名称	获奖（发表、入选）时间暨获奖次
文学	刘志庆、朱洪伟	小说《廖海涛传》	文学艺术创作类一等奖
	汤全明	小说《走读溧阳》	文学艺术创作类一等奖
	刘志庆	小说《罗忠毅传》	文学艺术创作类一等奖
	赵善坚	小说《老村纪事》	文学艺术创作类一等奖
	程思良	小说《迷宫》	文学艺术创作类一等奖
	杨远芝	小说《诗神》	文学艺术创作类一等奖
	史剑新	小说《凤凰谷》	文学艺术创作类一等奖
	王苏阳	小说《童花头》	文学艺术创作类一等奖
	陈云秋	小说《琉璃梦那么冷》	文学艺术创作类一等奖
	韦菊仙	散文《秋日读秋白》	文学艺术创作类三等奖
	杨奇时	诗歌《我要用诗歌筑一座城堡》	文学艺术创作类鼓励奖
	潘信如	散文《凤姑》	文学艺术创作类鼓励奖
	张国芳	散文《糊汤来块头和钉米粥》	文学艺术创作类鼓励奖
	尹少鹏	散文《寻找那永不褪色的丰碑》	文学艺术创作类鼓励奖
书法	黄　晖	书法《古代散文抄》	文学艺术创作类一等奖
	凌　丹	书刻	文学艺术创作类二等奖
	朱国平	书法《山水画论》	文学艺术创作类二等奖
	杨兴慧	书法《尽在山程水驿中》	文学艺术创作类三等奖
	沈爱琴	书法《古诗抄》	文学艺术创作类三等奖
	汪正兵	书法作品	文学艺术创作类三等奖
	蒋雪莲	篆刻作品	文学艺术创作类三等奖
	张　萍	书法作品	文学艺术创作类三等奖
	薛　勇	书法《史久恒诗》	新苗奖三等奖
	虞浩忠	书刻《雪里梅花》	新苗奖三等奖
	蒋经纬	书刻《心境双忘》	新苗奖三等奖
	凌志联	书法《琴心三叠》	新苗奖三等奖
	朱国荣	书法《毛泽东诗句》	新苗奖三等奖
	王亚云	书法《诗二首》	新苗奖三等奖
	张　云	隶书条幅	新苗奖三等奖
	姜定兴	行书条幅	新苗奖三等奖
	陶仁光	大篆对联	新苗奖三等奖
	沈毓恺	书法《唐诗一首》	新苗奖三等奖
	陈宝琪	书法《对联一副》	新苗奖三等奖
	蒋星卓	书法《唐诗一首》	新苗奖三等奖
	沈　隽	书法《唐诗隶书》	新苗奖三等奖
	张杭林	书法《唐诗一首》	新苗奖三等奖
	徐绎涵	书法《唐诗对联》	新苗奖三等奖
	邹馨慧	书法	新苗奖三等奖
	吴　昊	书法	新苗奖三等奖
	邵子凌	书法	新苗奖三等奖
	陆　斐	书法	新苗奖鼓励奖
	杨　帆	书法	新苗奖鼓励奖
	赵晨希	书法	新苗奖鼓励奖
	李　晟	书法	新苗奖鼓励奖
	葛艺昕	书法	新苗奖鼓励奖
	狄志杰	书法	新苗奖鼓励奖
	张译心	书法	新苗奖鼓励奖
	胡文博	书法	新苗奖鼓励奖
	彭宇杰	书法	文学艺术创作类鼓励奖
	周　頔	书法《唐诗一首》	文学艺术创作类鼓励奖
	曹瀚之	书法《唐诗一首》	文学艺术创作类鼓励奖
	史鑫宇	书法	文学艺术创作类鼓励奖
	潘子豪	书法	文学艺术创作类鼓励奖
	杨司婷	书法	文学艺术创作类鼓励奖

续表 38

类　别	作者姓名	作　品　名　称	获奖（发表、入选）时间暨获奖次
书　法	芮一鸣	书法	文学艺术创作类鼓励奖
	徐晨初	书法	文学艺术创作类鼓励奖
	陈圣祺	书法	文学艺术创作类鼓励奖
舞　蹈	戴洪才、石寿华	舞蹈《储大钱、奔小康》	文学艺术创作类一等奖
美　术	朱富平	粉画《天河细语》	文学艺术创作类一等奖
	蒋晓林、程安中	粉画《红场小水兵》	文学艺术创作类二等奖
	刘琴芳	国画《莲塘》	文学艺术创作类鼓励奖
	段贵卿	中国画《清夏》	文学艺术创作类鼓励奖
音　乐	胡　辉	歌曲《听海》	文学艺术创作类三等奖
	张立中	歌曲《礼仪花》	文学艺术创作类三等奖
	潘振新	歌曲《是否还记得我》	文学艺术创作类三等奖
	徐萍萍	戏剧《金瓜子》	文学艺术创作类三等奖
	朱　平	歌曲《黄河渔娘》	文学艺术创作类鼓励奖
	万良辉	小品《家家有本难念的经》	文学艺术创作类鼓励奖
	蒋冬、许秀荣、王丽娜	小品《信义夫妻》	文学艺术创作类鼓励奖
	谢莹露、陈果平	小品《信义夫妻》	文学艺术创作类鼓励奖
	滕春芳	歌曲《又见西北坡》	文学艺术创作类鼓励奖
	刘　艺	声乐《军营飞来一只百灵》	新苗奖二等奖
	赵文喻	笛子独奏《秦川护怀》	新苗奖三等奖
	缪佳辛	声乐	新苗奖三等奖
摄　影	潘金华	摄影《彩虹映渔排》	文学艺术创作类二等奖
	车保华	摄影《美丽家园》	文学艺术创作类二等奖
	方明泉	摄影《云是鹤家乡》	文学艺术创作类二等奖
	王晓云	摄影《春节回家》	文学艺术创作类二等奖
	刘　磊	摄影《看客》	文学艺术创作类三等奖
	陆　峰	摄影《翩然一叶舟》	文学艺术创作类三等奖
	沈佳宾	摄影《魅力古村》	文学艺术创作类三等奖
	刘法林	摄影《流动的音符》	文学艺术创作类鼓励奖
	夏尧楠	摄影《风雪南山》	文学艺术创作类鼓励奖
	闵庚富	摄影《茅山老区谱新曲》	文学艺术创作类鼓励奖
	丁　江	摄影《书法之乡》	文学艺术创作类鼓励奖
	马荷英	摄影《打雪杖》	文学艺术创作类鼓励奖
	徐　良	摄影《古镇南杨》	文学艺术创作类鼓励奖
	徐春来	摄影《夕照瑶寨》	文学艺术创作类鼓励奖
	周琴芳	摄影《美丽的乡村》	文学艺术创作类鼓励奖
	王生富	摄影《竹海之春》	文学艺术创作类鼓励奖
	胡盘金	摄影《交谊舞》	文学艺术创作类鼓励奖
	谢建新	摄影《木兰扇》	文学艺术创作类鼓励奖
	莫国生	摄影《英姿不减》	文学艺术创作类鼓励奖
	朱晓明	摄影《新四军江南指挥部展览馆》	文学艺术创作类鼓励奖

文化遗产保护

【开展第三次文物普查】 第三次全国文物普查自2007年4月开始，至2011年12月结束，历时5年，溧阳市圆满完成各项工作任务，并取得丰硕成果。经过省文物局的最终审核，溧阳登记的第三次全国文物普查不可移动文物点共有494处，其中新发现文物点303处，复查文物点191处，几项数据在常州地区均居首位。在这些文物点中，共有古遗址78处，古墓葬171处，古建筑140处，石刻46处，近现代代表性建筑56处，其他类别文物3处，另外已消失的文物点有45处。市文物管理委员会办公室被省第三次全国文物普查领导小组办公室评为江苏省第三次全国文物普查先进单位；市第三次全国文物普查办公室被省文物局评为档案资料先进单位。5处文物点入选第七批省级文保单位名录，新发现文物点“古官道”入选《江苏省第三次全国文物普查新发现》一书，牛场村窑址群、秦堂山遗址入选“常州市第三次全国文物普查十大新发现”。

【新增5处省级文物保护单位】 2011年12月，江苏省人民政府公布了第七批江苏省文物保护单位，溧阳有5处文物点被公布为江苏省级文物保护单位。分别是古遗址3处：神墩遗址、秦堂山遗址、牛场窑群；古建筑2处：观莲桥、舍头桥。至2011年底，全市省级文物保护单位共有10处。

表39 **溧阳市省、市级文物保护单位**

名　　称	时代	所在位置	省、市府公布日期	文保级别	备　注
新四军江南指挥部旧址	近代	竹箦镇水西村	苏政发〔1982〕51号1982.3.25	省级	省第三批
淳化阁帖石刻	明代	别桥房管所内		省级	省第三批
合剌普华墓	元代	溧城镇沙涨村	苏政发〔2002〕130号2002.10.25	省级	省第五批
史贻直墓	清代	溧城镇夏庄村	苏政发〔2006〕76号2006.6.5	省级	省第六批
中华曙猿化石地点	中始新世	上黄镇夏林村		省级	省第六批
神墩遗址	新石器	社渚镇下文村东	苏政发〔2011〕181号2011.12.19	省级	省第七批
秦堂山遗址	新石器	上兴镇东塘村委章村西		省级	
牛场窑群	宋代	分别位于戴埠镇东官村、坝上头村、下西窑村、大塘村、木竹颗村、杨山村、包家村、长岗村、新湾村		省级	
观莲桥	清代	溧城镇昆仑村		省级	
舍头桥	清代	埭头镇舍头村		省级	
楠木厅	明代	市凤凰园内	〔80〕溧革发字229号1980.11.5	市(县)级	第一批
乐官井	南唐	南渡镇旧县村	溧政发〔1998〕135号1998.6.16	市(县)级	第三批
侯庙遗址	宋代	埭头中学内		市(县)级	第三批
古城墙	明代	市民政局大楼南侧		市(县)级	第三批
贞节坊	清代	上黄镇洋渚		市(县)级	第三批
节孝坊	清代	上兴镇塘巷村		市(县)级	第三批
铁木厅	清代	市凤凰公园		市(县)级	第三批
唐　井	唐代	社渚镇东山庙村	溧政发〔1999〕74号1999.4.21	市(县)级	第四批
贞女墓	春秋	南渡镇木勺兜村		市(县)级	第四批
大石山摩崖石刻	宋至民	溧城镇大石山顶		市(县)级	第四批
太虚观遗址	宋代	天目湖镇观山西麓		市(县)级	第四批
太平桥	明代	上黄镇浒庄村		市(县)级	第四批
贞女祠	清代	南渡镇上吴村		市(县)级	第四批
陈氏宗祠	清代	市凤凰公园内		市(县)级	第四批
溧阳旱灾赈济纪念塔	民国	原市民政局大楼旁		市(县)级	第四批
《甘露禅院碑记》石刻	清代	昆仑南路西丁园内	溧政发〔2000〕111号2000.7.6	市(县)级	第五批
任兰枝墓址	清代	天目湖镇大卉村		市(县)级	第五批
一龙井	明代	别桥镇马家村		市(县)级	第五批
周氏佳城遗址	清代	戴埠镇颜巷里村		市(县)级	第五批
东野堂	清代	溧城镇胥渚村		市(县)级	第五批
唐石刻井栏	唐代	市凤凰公园内	溧政发〔2001〕103号2001.7.18	市(县)级	第六批
黄山观石刻	唐代	南渡镇黄山村		市(县)级	第六批
娑陀庙石刻	清代	南渡镇永丰村		市(县)级	第六批
太白楼		市高静园内		市(县)级	第六批
高静石	宋代	市高静园内		市(县)级	第六批
飞来石				市(县)级	第六批
玛瑙竹叶依门石	明代	别桥镇马家村		市(县)级	第六批
进士坊	明代	市人民医院内		市(县)级	第六批
蒙吉泉井	清代	社渚镇下文村东		市(县)级	第六批
欧冶子铸剑场遗址	春秋	社渚镇石屋山顶	溧政发〔2003〕122号2003.6.14	市(县)级	第七批
古代练兵场遗址	春秋	戴埠镇铜官岭北麓		市(县)级	第七批
和鹿岗桥	清代	戴埠镇和洛港村		市(县)级	第七批
善庆桥	清代	戴埠镇竹行头街双井1号屋西侧		市(县)级	第七批
平桥石坝	现代	天目湖镇平桥村	溧政发[2006〕164号2006.9.29	市(县)级	第八批
西山烈士陵园	现代	溧城镇西郊西山		市(县)级	第八批
《重修广惠庵碑记》石刻	明代	别桥中心小学内		市(县)级	第八批
古官道	清代	南山竹海风景区内		市(县)级	第九批
塘马战斗烈士陵园	近现代	别桥镇塘马村	溧政发[2009〕107号2009.9.30	市(县)级	第九批
《元教授林公殉节处》石刻	清代	溧城镇高静园		市(县)级	第九批

表40

溧阳市非物质文化遗产保护项目

名称	类别	所在位置	公布年代	文保级别	批次
焦尾琴的传说	民间文学	天目湖镇	2011	省级	第三批
伍员山神祐伍子胥的故事			2011	溧阳级	第三批
天目湖山歌	传统音乐		2006	溧阳级	第一批
虎头鞋制作技艺	传统技艺		2010	常州市级	第三批
古县乌米饭制作			2009	溧阳级	第二批
砂锅鱼头制作技艺			2011	溧阳级	第三批
游子吟的故事	民间文学		2011	溧阳级	第三批
李白高歌猛虎行的故事			2011	溧阳级	第三批
泓口丝弦	传统音乐	溧城镇	2009	省级	第二批
史式八卦掌	传统体育、游艺与杂技		2010	常州市级	第三批
少儿书法	传统美术		2006	溧阳级	第一批
徐角马灯	传统舞蹈		2011	溧阳级	第三批
溧阳白芹壅制技艺	传统技艺		2011	溧阳级	第三批
史贞女的传说	民间文学	南渡镇	2009	溧阳级	第二批
旧县唱春			2009	溧阳级	第二批
马一龙的故事	民间文学	别桥镇	2009	溧阳级	第二批
别桥龙灯	传统舞蹈		2009	溧阳级	第二批
下梅小马灯			2009	溧阳级	第二批
别桥放荷灯	民俗		2009	溧阳级	第二批
潮渚太平鼓	传统音乐	上兴镇	2006	溧阳级	第一批
上宅里将军马灯	传统舞蹈		2009	溧阳级	第二批
小杨舞双龙			2009	溧阳级	第二批
陶村荡旱船			2009	溧阳级	第二批
晋塘头马灯			2011	溧阳级	第三批
史贻直的故事	民间文学	埭头镇	2009	溧阳级	第二批
龙荡龙灯	传统舞蹈		2011	溧阳级	第三批
前六太平马灯			2011	溧阳级	第三批
金牛岭的传说	民间文学	戴埠镇	2009	溧阳级	第二批
太平锣鼓	传统音乐		2009	省级	第二批
溧阳绿茶制作工艺（戴埠镇、天目湖镇、竹箦镇、社渚镇）	传统技艺		2011	溧阳级	第三批
上黄民间谚语	民间文学	上黄镇	2009	溧阳级	第二批
水母山狮鼓	传统音乐		2011	溧阳级	第三批
周山祠山锣鼓			2011	溧阳级	第三批
上黄羊羔制作技艺	传统技艺		2011	溧阳级	第三批
上黄酱鹅制作			2011	溧阳级	第三批
前马舞青狮	传统舞蹈	竹箦镇	2006	溧阳级	第一批
曹林荡旱船			2009	溧阳级	第二批
洙汤马灯			2011	溧阳级	第三批
瓦屋山宝藏寺庙会	民俗		2009	溧阳级	第二批
竹箦风鹅制作技艺	传统技艺		2008	常州市级	第二批
溧阳扎肝制作技艺			2011	溧阳级	第三批
溧阳糊鲜螺蛳制作技艺			2011	溧阳级	第三批
蒋塘马灯舞	传统舞蹈	社渚镇	2010	国家级	第三批
跳幡神			2008	省级	第一批
跳五猖			2008	常州市级	第二批
跳祠山			2008	常州市级	第二批
冻煞窠			2008	常州市级	第二批
新塘跳观音			2011	溧阳级	第三批
周城荡旱船			2006	溧阳级	第一批
帐墓鼓乐	传统音乐		2009	溧阳级	第二批
欧冶子铸剑石屋山	民间文学		2011	溧阳级	第三批
祠山庙会	民俗		2011	省级	第三批

【焦尾琴的故事、祠山庙会入选省级非遗名录】 2011年9月，《省政府关于公布第三批省级非物质文化遗产名录的通知》（苏政发〔2011〕124号）。溧阳“焦尾琴的故事”和“祠山庙会”入选第三批江苏省级非物质文化遗产名录，焦尾琴的故事是流传于江苏省溧阳市天目湖镇观山、南渡镇黄山湖一带的民间故事。河口祠山庙会是流传于江苏省溧阳市社渚镇河口村的民俗。

【溧阳市第三批非物质文化遗产名录】 2011年，全市开展了第三批非物质文化遗产名录申报评选工作，经评审，“游子吟的故事”、“水母山狮鼓”等19个项目由市政府公布为溧阳市第三批非物质文化遗产名录。溧阳现有国家级非遗保护名录1项，省级非遗保护名录5项，常州市级非遗保护名录6项，溧阳市级非遗保护名录40项，共计各级非遗保护名录52项。

【溧阳旧县半头墩汉墓群考古发掘】 2011年，由于南渡镇的江苏弘博热电有限公司热电厂一期工程即将开工建设，该工程用地涉及一批汉墓群（溧阳旧县半头墩汉墓群）。为做好文物保护工作，市文广体局配合常州市博物馆对汉墓群进行抢救性考古发掘。共清理发掘汉墓17座，发掘出土各类文物110件，其中琉璃珠、铜印章、青铜矛、釉陶壶等一批文物较具地方代表性。

【文物收藏】 2011年，市文广体局收到南京禾德堂捐赠的59件古代兵器（青铜器18件，铁器41件。种类分戈、矛、刀、剑、钺、叉、锤等），入藏抽水蓄能电站考古发掘文物280件，收藏“游子吟”书画展中展出的87幅名人书画，征集到开国少将张鍟秀夫人丁亚华和新四军老战士捐赠的15件革命文物。

文化市场管理

【成立溧阳市文化行政综合执法大队】 根据省委办公厅、省政府办公厅《关于深化文化行政管理体制改革的实施意见》（苏办发〔2009〕36号）等文件精神，2011年，市编委下发《关于同意成立溧阳市文化行政综合执法大队的批复》（溧编〔2011〕19号），成立了“溧阳市文化行政综合执法大队”（副科级），性质为全额拨款全民事业单位，同时撤销溧阳市文化市场稽查队。市文化行政综合执法大队下设3个科室：综合科、综合执法一中队、综合执法二中队。

【行政管理】 建立健全文化市场日常巡查制度，对文化市场采取全天候、滚动式检查，建立和完善各种台账资料。同时建立整套制度来规范行政执法工作。坚持便民利民，热情服务，以“窗口”为主，抓好协调，减少流程，提高效率。加强对行政许可实施后的监管工作，注重做好对重点审批项目的跟踪服务工作，体现便民、高效、廉洁、规范。

【行政执法】 2011年，市文化广电体育局全年共检查文化市场经营场所5000余家次，出动检查人员1800余人次，收缴非法音像制品4万余张，非法书籍2000余册，配合公安机关收缴赌博型游戏机（电路板）64余台（块），立案查处83件，发出整改通知书36份，责令停业整顿8家。

【法制宣传培训】 加强对文化市场经营单位负责人、从业人员的法律法规的轮训。轮训的范围涉及文化市场的各个门类，轮训率达95%以上。通过轮训，提高了经营单位和从业人员依法经营、守法经营的自觉性。通过新闻媒体、画廊、宣传展板、文化网络平台及各种法律法规咨询活动，宣传文化市场法律法规，增强从业人员的法律意识。同时对违规经营单位进行曝光，加强案例教育，突出依法治理的重点，让全社会都来理解和支持文化市场管理工作。并向社会公布举报电话，认真办理群众举报，做到有报必接，有报必查，及时反馈查处结果，形成文化市场长效管理态势。

【网吧管理】 2011年，继续开展“文明网吧”的创建工作，并将创建活动列入2011年未成年人思想道德建设工作项目；抓好“净网先锋”第二代管理软件的正常运行工作，确保安装率和上线率在80%以上；继续发挥“五老”义务监督员作用，做好日常监管，严厉打击违规经营行为。2011年组织举办了溧阳市首届“五老”义务监督员培训班；根据《江苏省推进网吧连锁管理工作方案》以及常州市的统一部署，全力推进网吧连锁经营管理，实现网吧规范、有序、健康、协调发展。5月16日正式启动了网吧“单改连”工作，通过落地连锁企业和网吧业主之间的沟通，以及网吧业主的自由选择，圆满完成了网吧“单改连”第一阶段的工作（全市78家单体网吧100%签约，其中欣网易家签约74.36%，中电华通签约25.64%）。

【印刷企业管理】 根据省、常州市以及溧阳市2011年扫黄打非行动方案的要求，进一步加强了对印刷企业的监管力度，督促印刷企业建立健全各项规章制度，落实印刷经营单位承印验证、登记、保管、交付、残次品销毁等五项制度。并督促每一个印刷经营单位将五项管理制度张贴上墙，责任到人，落实到位，确保合法印刷、规范印刷。同时严厉打击承印手续不齐备、盗印以及超范围经营等各种违规违法经营活动。印刷企业常规检查工作开展以来，增强了印刷企业依法经营、守法经营意识，确保了印刷业的净化、有序、繁荣，同时也提高了管理部门的威信和地位。

【演出市场管理】 2011年，为加强对演出市场管理，市文化广电体育局制定了《关于切实加强演出市场管理的通知》（溧文广体发〔2011〕43号），进一步加强对营业性演出活动审批工作、加强演出场所经营单位管理、加强营业性演出活动的现场监管等举措，使演出市场规范有序。

【出版物市场专项整治】 2011年1～6月，开展了打击侵犯知识产权和制售假冒伪劣商品专项行动暨出版物市场专项整治行动。共检查文化市场经营场所1160余家次，出动检查人员450余人次，收缴盗版出版物3万余张（册），发出各类整改通知书31份，停业整顿7家。较好地遏制了违规现象的发生，规范了经营行为。

【文化市场专项保障和专项整治行动】 为营造庆祝中国共产党成立九十周年的浓厚氛围，进一步净化社会文化环境，2011年6～12月，组织开展了庆祝建党九十周年文化市场专项保障行动暨文化市场专项整治行动。在专项保障行动中，严格按照专项行动方案抓好落实，对于群众举报的案件，做到有报必接，有报必查，并及时反馈查处结果；各单位、各部门也进一步加强了与公安、工商、文明办、关工委的协作，强化联动，强化沟通。在专项整治运动中，规范执法，加强对违法、违规行为严格依法查处，该停业整顿的坚决停业整顿，该吊销证照的坚决吊销证照，情节严重的移送司法机关处理，形成了文化市场管理长效高压态势，文化市场经营秩序明显好转。

【校园周边环境专项整治】 2011年9月，联合市教育局对全市校园周边文化市场经营单位和学校使用的教材教辅的情况进行了联合检查。在近一个星期的联合执法检查中，共出动检查人员30多人次，检查文化经营单位100多家次，学校35所，立案查处违规经营案件4件，责令整改2家，为青少年学生营造良好学习环境。

【安全检查】 2011年，组织开展了对全市人员密集的公共娱乐场所安全生产专项整治行动。全年出动检查人员200人次，摸底普查单位400余家次，检查范围从城区到乡镇，检查重点是公共娱乐场所存在的安全隐患问题。通过对网吧、娱乐场所、印刷企业、文保单位、体育馆等单位的检查，共发现存在安全隐患问题4类，市文广体局针对存在有关问题已发函到消防大队进行备案，督促存在问题的单位搞好整改，消除安全隐患。

广播影视管理

【宣传管理】 认真贯彻落实国家广电总局宣传管理规定，确保全市广播电视正确的舆论导向。通过做好广播电视节目收听收看和阅评工作，推进广播电视节目的创新创优，以广播电视节目创优带动广播电视节目精品生产和广播电视人才队伍建设。建立健全预警、反馈、通报、责任追查、信息月报和应急处理等宣传管理机制，以社会主义核心价值观为价值取向，抵制低俗、媚俗、庸俗之风，净化荧屏声频，杜绝有偿新闻和虚假报道。认真贯彻落实广电总局61号令和66号令关于广播电视广告播出管理办法的要求，做好广播电视广告播出管理工作，不踩红线、不破底线。

【安全播出管理】 2011年，加强了广播影视安全播出管理，开展了境外卫星电视接收设施安全检查工作。对广播电视节目的广告播出进行定期和不定期收看、监督，净化荧屏环境，同时开展了对各大宾馆卫星电视接收的专项整治工作，收缴“小耳朵”26只，KU波段高频头79只，圆满完成了建党90周年等重要保障期安全播出保障工作。

【电影管理】 严格电影放映审批制度，加强电影市场监管，建立电影公共服务长效机制，推进城区、中心镇区数字影院建设，落实电影下乡惠民工程。2011年全年送电影下乡3750场，丰富了城乡居民的公共文化娱乐生活。积极落实广播影视产业发展优惠政策，鼓励和扶持民营资本投资广播影视产业发展。

文化产业发展

【积极争取上级专项资金支持】 2011年，组织江苏绿成包装、溧阳中影星美影城等6个项目参加省文化产业引导资金的申报工作；组织天目湖旅游股份有限公司申报了2011年度国家文化产业发展专项资金；对应“国家发改委2012年中央预算内投资计划草案”编报了水西纪念馆广场雕塑项目建议书；辅助天目湖十思园生态休闲文化创意产业园、水西村红色文化旅游区争取到省、市发改委的服务业引导资金410万元。

【实施重大项目带动战略】 谋划和启动一批具有示范性、基础性、战略性、带动性的重大项目，提升文化产业规模和整体素质，加快结构调整和整体升级。江苏绿成投资10.5亿元新建的年产7亿平方米新型绿色环保纸包装材料项目于8月竣工，并于12月试生产。预计总投资10亿元人民币的江苏软件园产业天目湖基地已编制规划，正进行开发建设的前期准备工作。

【演出市场发展态势良好】 市锡剧团通过“苏演院线”培育市场100万元，全年演出近200场次，收入75余万元；市影剧公司全年放映电影1666场，较上年增加742场，观众170余万。引进演出团队13个，演出30余场，全年收入230.6万元，较上年增长32%。其中电影发行放映收入122.6万元，较上年增长58.2%，演出收入13万元，综合收入95万元。

市图书馆

【文献信息资源建设】 2011年新书入库3.5万余册1万余种（含省、常州市下发茅山老区和农家书屋的图书），订阅报纸杂志750种，扫描反映溧阳上世纪历史风貌的老照片数千幅，可提供查询利用。更新《点点书库》电子漫画书发布平台，并新增漫画书2000余册。接收南京图书馆“共享工程1＋1”配送资源1TB并提供服务。

【建成常州市公共图书馆数字资源共享平台】 参与建成常州市公共图书馆数字资源共享平台，图书馆持证读者可凭借书证号和密码登录使用包括中国知网学术期刊全文数据库、点点书库少儿动漫书库、超星电子图书、尔雅百科视频、新东方英语学习视频、软件通软件学习视频等丰富、实用的资源。

【读者服务】 2011年接待读者18万人次，外借图书136695册次。开展“清新溧阳，心灵故乡” 溧阳乡村旅游文化主题征文、“听党话，跟党走”红领巾读书征文、“印象溧阳”专题图书资料展、纪念中国共产党成立九十周年图片展；与市文化馆、锡剧团联合举办元宵节灯谜戏曲广场晚会；邀请著名书画家周祥林、张公者、教育专家刘锁志、省溧中退休高级教师芮金川、市文广体局主任科员史剑新、南京大学历史系博士生导师史全生等举办讲座、培训等活动；送少儿图书下乡工作获市委宣传部未成年人思想道建设三等奖。在全省红领巾读书征文比赛中，溧阳市作者获得5个二等奖，5个三等奖，图书馆获得组织奖。

【专业研讨和文化交流】 2011年，市图书馆邀请加拿大维多利亚大学图书馆狄苏林博士、英国大英博物馆艺术品考古专业毛铭博士、杭州电视台国际部副主任、书画家宋一洲先生、东南大学图书馆馆长顾建新教授、中山大学图书馆童翠萍等专家学者到馆进行专业和文化交流，并派员前往张家港市图书馆、哈尔滨市图书馆、黑龙江医科大学图书馆等单位考察学习。

【流动图书服务】 2011年为部队、农村、社区、监狱、企业等120个流动服务点送书上门3万余册次，将图书馆服务的触角伸到民众身边。该项目已持续运作10年，2011年被评为江苏省公共图书馆优秀服务成果一等奖。

市文化馆

【获国家一级文化馆称号】 2011年11月15日至16日，文化部在江苏常熟召开了第三次全国文化馆评估定级命名颁牌仪式暨工作总结会议。会议公布了《文化部关于命名一、二、三级文化馆的决定》。溧阳市文化馆被正式命名为国家一级文化馆。

【专业创作】 2011年，朱富平作品《天河细语》获江苏省第六届水彩粉画展优秀奖（省美术家协会主办）；《祈福》获江苏省首届粉画展览优秀作品（省美术家协会主办，入选“第二届中国粉画展览”（中国美术家协会主办）；《决胜千里》入选江苏省文化干部书画作品展获金奖(江苏省文化厅主办)。朱国平书画作品入展《全国首届手卷书法作品展》、《纪念中国书法家协会成立30周年——中国书协会员优秀作品展》、《全国第十届书法篆刻作品展》、《江苏省人民政府与中国书法家协会联合主办的第三届“林散之奖”书法双年展》。戴洪才创作舞蹈《储大钱奔小康》获江苏省文联、省舞蹈家协会举办的第二届“莲花奖”社会舞蹈决赛获创作金奖、表演金奖。少儿群舞《文具盒里的小伙伴》获全国第七届“爱我中华”青少年音乐、舞蹈比赛，获创作金奖；《吉祥颂》 获全国第七届“爱我中华”青少年音乐、舞蹈比赛获创作金奖。刘磊的作品《流水不腐》在第八届全国法制宣传廉政建设书画摄影作品征集中获优秀奖，在“五彩昆山水墨玉峰”江苏省美术书法摄影作品大展中获铜奖。朱平演唱的《山水茶歌溧阳情》获江苏省文化厅主办的江苏省市县代表性优秀歌曲大赛作品奖。陈少华撰写的论文《提升服务功能，提高服务水平》被中国文联出版社出版的《全国群众文化、图书、博物论文集》一书录用，并获优秀论文奖。

【文艺演出】 配合市委市政府中心工作，组织筹划溧阳市委市政府新春团拜会，创先争优五比五看先进表彰会，第七届天目湖旅游节暨溧阳乡村旅游博览会，“湖光秀水，真情相约”简文秀、叶寅夫天目湖之行欢迎晚会、欢迎台湾光宝集团贵宾文艺演出。配合各大系统专场文艺晚会和全市性的专题文艺晚会，组织完成广场文艺演出22场。创编节目《竹韵》参加江苏省纪委“清风扬帆”献给中国共产党九十年华诞文艺汇演并获最高奖金奖，还参加“龙城清韵”常州市纪检监察系统纪念中国共产党成立90周年文艺演出；策划组织新四军江南指挥部联合主办的纪念新四军江南指挥部成立72周年文艺演出。精心组织、编排节目送文化下乡，分别到社渚镇、上黄镇埭头镇、社渚农场演出，受到农村群众的热烈欢迎。

【免费培训】 2011年继续开办书法、美术、摄影、声乐、舞蹈、电子琴、架子鼓等类别暑期免费艺术培训班，招收学生200多人，充分体现文化惠民，公益性的特点。

【艺术展览】 组织禾德堂藏品展、山河墨颂书袁林书画展、老年书画展、集邮展、天目湖城市广场杯书画摄影展、“游子吟”江苏名家主题书画作品邀请展。出版《游子吟江苏书画名家作品集》，江苏卫视、《美术报》、《书法报》、《书法导报》均作报道。《人民画廊》组织举办两会专版、“生态溧阳 绿色十思”摄影展、 “神州逢盛世 红歌颂党恩”专版、法治宣传月法治画廊、江苏省书画考级优秀辅导老师段贵卿师生作品展、优秀书画师生联展等专题展览。

新四军江南指挥部纪念馆

【新四军廉洁思想教育馆二期建设】 为弘扬新四军铁军精神，进一步开展岗位廉政教育，加强党风廉政建设。5月25日上午，由市纪委和市文广体局共建的新四军廉洁思想教育馆按时竣工并对外开放。教育馆二期工程主要搜集了以陈毅，粟裕为代表的新四军老领导，新四军老战士，新四军后代和在新四军中成长起来的领导干部在讲话中精选出来的80句廉洁语录，作为新四军廉洁思想内涵的延伸和扩充，以现代化的陈列方式，更加突出了视觉感染力，将新四军廉洁思想与新四军铁军精神融为一体，提升了新四军江南指挥部纪念馆的内涵。

【陈毅元帅诗词和将军法书碑廊落成】 2011年，值中国共产党成立90周年、陈毅元帅诞辰110周年之际，为了传承革命精神，彰显老一辈革命家的丰功伟绩，在中国人民对外友好协会和溧阳市人民政府的支持协助下，由江苏五星建设集团捐建了“陈毅元帅诗词将军法书碑廊”和“陈毅与张茜”全身铜像。碑廊于2011年7月23日正式对外开放，占地面积300平方米，展示了中华人民共和国110位将军怀着景仰和缅怀之情抄录的陈毅元帅诞辰110周年题书的作品诗词的书法作品，其中有迟浩田、于永波、万海峰等22位上将；王福义、张序三等29位中将，马树学、石祥彬等59位少将，该批书法作品原稿由江苏五星建设集团全部捐献给新四军江南指挥部纪念馆珍藏。中国著名教育家、书法家、文化大师欧阳中石先生为碑廊提名。碑廊的建成，是溧阳弘扬红色文化的创举，也是溧阳旅游项目建设的大事。

【校外德育教育基地】 2011年8月1日上午，新四军江南指挥部纪念馆与南京工程学院签订“大学生社会实践基地”协议书。建立大学生社会实践基地，旨在发挥纪念馆的社会教育功能，把“红色资源”教育引入课堂教学，对青年学生进行革命传统教育，达到以史育人的目的。至2011年底，纪念馆已与清华大学、南开大学、南京工程学院、常州大学、常州工程学院、江苏职业技术师范学院、上海海事大学等近十所高等院校以及溧阳十余所中、小学签订共建协议并挂牌，新四军江南指挥部正式成为大专院校、中小学校的校外德育教育基地。

【举办“镇江碑林名碑名帖展”】 为了宣传“保护文化遗产·共创美好家园”的主题，提高广大群众对文化遗产保护的意识。11月15日，由溧阳市文化广电体育局主办，新四军江南指挥部纪念馆承办的“镇江碑林名碑名帖展”开幕式在纪念馆举行。市人大常委会副主任沈福新、市政协副主席马小其、市文化广电体育局局长朱洪伟、副局长顾和庚、市老年大学副校长魏继川、市木兰拳协会主席陶鸿玲、市木兰拳协会副主席王梅英应邀出席。此次活动得到了江苏省文物局和焦山碑林纪念馆的大力支持，展出了以“大字之祖——瘗鹤铭”为代表的38幅名碑名帖。

【场馆改造】 2011年为进一步丰富纪念馆的宣传教育内容，采用多种形式开展教育、纪念馆充分利用现有场馆和设施，将原多功能厅改造成可容纳80余人就座的放映厅，利用红色影视加强对观众的教育。试运行期间，配合红色经典影视展播，来馆团队纷纷预约借用，开展现场教育。此次改造，提升了纪念馆的会务接待水平，推动了纪念馆红色教育职能的进一步实施。

市锡剧团

【专业创作】 2011年，市锡剧团新排演了两部大型剧目《三看御妹》和《夜明珠》。为配合新四军江南指挥部红色教育基地宣传，特新创作了一台反映陈毅、粟裕在水西村进行抗日斗争故事的情景剧《水西往事》。

【锡剧传承】 2011年，市锡剧团许良、徐萍萍、胡婷婷三名青年演员分别拜锡剧界的著名表演艺术家王建伟、沈惠兰和许美霞为师。这是市锡剧团努力培养造就年轻演员，传承锡剧事业，弘扬中国戏曲艺术的一项重要举措。

【演出活动】 2011年，市锡剧团与市戏剧家协会共同举办了《溧阳市第四届新春戏剧展演周》和《“天润杯”溧阳市首届戏曲节票友戏曲大赛》活动，和文化馆、图书馆等单位承办了《2011年元宵节戏曲灯谜晚会》，丰富了群众的文化生活，对锡剧艺术的推广和发展起到了积极的促进作用。2011年共送戏下乡宣传演出120多场，在扬中、宜兴、溧水、高淳等地演出50多场，配合市委市政府中心工作宣传演出40多场次，观众人数达十多万人。圆满完成了送戏下乡和其他演出任务，得到了广大观众的一致好评。

【加盟“苏演院线”】 2011年市锡剧团大众剧场加盟江苏省演艺集团“苏演院线”，1月11日举行了启动仪式，并推出首场演出《交响与芭蕾》音乐会。“苏演院线”是“国家十大文化创新工程”唯一一个演出院线类的项目，首批加入的共10家地方剧院。加盟“苏演院线”，不仅可以分享江苏省演艺集团艺术门类齐全、创作力量雄厚、精品力作众多的产品优势，而且可以借助“苏演院线”连锁体系的规模优势和谈判能力，以最小的成本吸引国内外的特色演艺产品，保证演出菜单的多样性和开放性，实现成本最小化，利润最大化。此外，还可以接受“苏演院线”的统一管理、科学经营，实现剧院管理的规范化、效益化、品牌化。2011年还举办了京剧《沙家浜》、《红灯记》，锡剧《玉蜻蜓》、《珍珠塔》和《东方小魔女严荷芝魔术》、《高胜美携北京同乐亚洲走进溧阳》等高雅艺术演出，进一步丰富了溧阳人民的文化生活。

市影剧公司

【经营状况】 2011年，市影剧公司完成经营收入230万元，电影放映场次5511场，其中送电影下乡3750场，电影院放映1666场，社区、社会商业性放映电影95场，观众170多万人次。引进专业剧团13个，演出30多场次，送电影下乡添置数字放映设备5套，银幕更换24块，购买16MM胶片拷贝40多部，调剂引进100多部故事片，数字影片节目引进300多个故事片。

【完成数字化改造】 为进一步提升电影的放映效果，使电影技术与国际水平接轨。市影剧公司自筹资金180万元，对市人民立体声电影院进行彻底更新换代。安装了2K数字NEC放映系统，购进全套美国进口JBL立体电影环音设备，并配备3D立体放映设备。市人民立体声电影院进行数字化改造后，视觉效果和音响效果进一步提升，立体感觉的效果更加明显，观众在看电影过程中，犹如身临其境，其电影的技术水平达到世界上最先进的水平。改造后的人民立体声电影院于2011年元月20日正式对外公映。

（晋　松）

溧阳广播电视台

【概　况】 2011年，广播电视台认真贯彻市委市政府做好文化事业（产业）的工作要求，围绕“做牢基业、做优事业、做大产业、做美形象”的工作目标，坚持改革创新，按照企业化的经营理念，尝试推行市场化运行机制，大力实施创新工程，着力在“作风、机制、节目、外宣、外联、经营、技术、内控”等八个方面尝试创新。积极探索发展广电事业和广电产业的新路径，全力构架“广播——电视——报纸——杂志——网站”全媒体、立体化、旗舰型的传播经营模式。溧阳广播电视台拍摄的电视专题片《品质溧阳欢歌行》荣获全国首届市县形象电视宣传片“好作品奖”。2011年溧阳广播电视台获广播电视节目质量最高奖“金鹿奖”、“金帆奖”。其中，国家级1个二等奖、2个三等奖，省级3个一等奖。同时还获得全省“十一五”期间有线电视村村通先进集体称号。

【新闻宣传】 2011年，广播电视台充分发挥主流媒体的舆论引导作用。做强主题宣传。围绕中心服务大局，关注民生化解矛盾，营造氛围优化环境，推出了一大批有深度、有张力、有影响的重点专栏和主题报道，圆满完成“庆祝建党九十周年”、“市十一次党代会”、“文明城市创建”、“村庄环境整治”等重点宣传任务。

做优对外宣传。广播电视台与央视财经频道、国际频道以及农业频道有着良好合作关系（溧阳是央视二套《县域经济报道》重点地区之一，全国200家，常州仅溧阳一家）。2011年对外宣传取得重大突破，溧阳市26次露脸央视。央视财经频道在黄金时间段里，以《天目湖畔觅“三白”》、《南山竹海寻“三黑”》为题，分两期节目播出了溧阳的旅游消费专题，每期节目长达20多分钟。央视农业频道《科技苑》栏目以“溧阳高效农业背后的科技”为主题，先后集中展播了5档时长30分钟的专题报道。9月27日，央视《乡约》栏目组到溧阳，专门邀请市委书记盛建良走进《乡约》节目录制现场，围绕解密长寿之乡——溧阳这个主题，精心制作了一档时长50分钟的户外访谈节目，该档节目于12月10日在央视七套黄金时间播出。还携手江浙沪13家电视台推出了大型综艺系列活动《唱游长三角》，开辟了一条电视传播的新途径。

做靓节目内容。广播电视台的无线、有线、影视三大主频道，节目更丰富，内容更健康；电视夜新闻《新闻915》、大型民生服务类广播直播节目《972畅通时间》，以平民化的视角，贴近性的解读来关注民生，服务社会；与市有关部门共同组织开播的29期《民生聚焦》广播电台直播节目，聚焦舆情热点，注重解决问题；6月份推出的少儿广播直播节目《少小有家》，设有《小手牵大手》、《上下五千年》、《今天我主播》、《英语学习角》等子栏目，深受青少年喜爱；拍摄了大型电视专题系列片《天南海北溧阳人》和电视情景剧《荼蘼花开》；《溧阳时空》杂志以全市重大题材、精英人物为主体，影响力越来越大，成为广电全媒体旗下又一朵奇葩。

【加强内部管理】 2011年，广播电视台以加强内部管理为重点，建立《新闻采编制度》、《广告播出制度》、《设备器材招标制度》、《后勤管理制度》等9个管理办法、16项规章制度。扎口审批采访权，杜绝有偿新闻；规范各部门、广电站的自主分配权，细化列支内容，改革资金下拨方式，增强透明度；规范招标采购，除政府采购外，台纪委全程参与各类广电设备和器材的招标采购工作，实行多部门联动机制；规范经济合同，严格器材库管理，强化资产管理；出台新的广告管理流程，形成多部门相互制衡格局；对车辆实行定点修理，对办公耗材通过招标确定供应单位。

推行绩效管理和严格考核，本着成熟一个推出一个的原则，在采编部、播控部先期试点，尝试实行多劳多得，优劳优得，少劳少得的分配新模式。

积极应对市场变化，对广告经营模式进行大胆改革。推行多部门联合创收，实行全员创收制；转换开办节目思路，围绕创收办好节目；深化绩效改革，实行广告创收业绩与收入相挂钩；打破身份终身制，实行广告经营部门人员流动制。通过以上改革，激发了广告创收活力，调动了工作人员积极性。

【队伍建设】 2011年，广播电视台制定了《青年培育成长纲要》，出台了青年人才培育计划。开展全员竞职竞岗活动，共有30人通过竞职竞岗走到中层和下属部门的领导岗位，共有25人重新选择和交流了自己的工作岗位。与中国传媒大学、浙江传媒学院、广播电影电视管理干部学院、中国传媒大学南广学院等开展产学研合作。通过请进来、送出去，常态化培养专业化人才，不断提高专业人才的业务素质。

建立职工利益保障机制，确保职工年收入每年有较大递增，达到常州广电系统平均水平。现职工平均收入跻身全市事业单位第一方阵。建成职工食堂、停车场等，解决职工多年的期盼。

【农村数字电视整转】 农村数字电视整转工作是市委市政府确定的2011年40项重点工程（工作）之一。为迅速圆满完成这项市重点工程，市委、市政府给予了大力支持，各镇（区）和市有关部门给予了有力配合。溧阳广播电视台克服丘陵山区村民居住分散，有线电视线路布长，投入资金大等各种困难，精心组织，周密部署，积极稳妥地推进全市农村数字电视整转各项工作。通过张贴宣传画、发放宣传资料等，提高农村用户对数字电视整转工作的知晓度；建成乡镇数字电视环网，增加农村数字电视整转稳妥度；拓展服务功能，增设服务网点，细化服务措施，提高农村用户对数字电视整转工作的满意度。全年整转农村数字电视用户11.33万户，超额完成了原定整转农村数字电视用户10万户的目标任务。

【成立溧阳市广播电视信息网络有限公司】 2011年溧阳广播电视台正式与江苏省网络公司合资合作组建了溧阳市广播电视信息网络有限公司。该合资公司运行后，增加资产9750万元，资产规模达到1.6亿元，实现营业收入4860万元，实现利税852万元，为做大做强溧阳广电产业开了个好头。

【溧阳时报】 2011年，《溧阳时报》紧紧围绕市委提出的“硬碰硬转型升级，实打实开局起步”的工作主题，坚持弘扬主旋律，打好主动战，在办报质量和办报水平上有了新的提升，在同类刊物质量评比中名列前茅。全年有80多篇新闻稿件被《新华日报》、《常州日报》等录用。其中《残疾男子打工13年资助13名贫困学生称为报恩》一文被《新华日报》头版录用，《溧阳阔步迈向新型工业化》、《北山巨变》两篇从工业、农业两个角度报道溧阳的稿件被《常州日报》头版头条录用。

（徐　亮）

溧阳广播电视台

溧阳广电首部电视情景剧《荼蘼花开》开机仪式

庆祝第十二个记者节表彰大会

全市农村有线电视数字化整体转换工作动员大会

青年文明号团委进社区

大型电视综艺节目"唱游长三角"走进溧阳

2011年，溧阳广播电视台紧紧围绕市委、市政府中心工作，大力实施创新工程，着力提高服务能力和水平，各项工作圆满完成，取得了丰硕的成果。

宣传水平得到提升。主题宣传常抓不懈，重点报道出色完成，民生新闻重磅出击，聚焦民生，外宣工作再上台阶。央视《乡约》栏目组首次走进溧阳，溧阳旅游消费专题在央视财经频道黄金时间段里播出，溧阳全年"露脸"央视26次。《溧阳时报》的办报能力和办报水平在同类刊物评比中名列前茅。《溧阳时空》杂志聚焦全市重大题材和精英人物，影响力越来越大，成为溧阳广电全媒体旗下又一朵奇葩。

节目质量显著提高。荣获广播电视节目质量最高奖"金鹿奖"、"金帆奖"省级3个一等奖，国家级1个二等奖、2个三等奖。拍摄的电视专题片《品质溧阳欢歌行》荣获全国首届市县形象电视宣传片"好作品奖"。

内部管理日益规范。各项规章制度得到健全，内控机制的作用充分发挥，"到一线、抓关键、走程序"成为鲜明的工作导向。

重点工作圆满完成。农村数字电视整转工作是市委、市政府确定的2011年40项重点工程(工作)之一。市委、市政府高度重视，各镇(区)和市有关部门全力配合，溧阳广播电视台领导职工通力合作，团结一心。经过近三个月的不懈努力，超额完成了整转10万户数字电视用户的目标任务，实际整转农村数字电视用户11.33万户，整转率达到113.33%。

队伍建设全面加强。牢固树立科技是第一生产力、人才是第一资源的科学理念，尊重知识、尊重人才、尊重劳动、尊重创造。媒校合作，常态化培养人才。搭建平台，提供舞台，让有才能者有施展才华的空间。人尽其才，才尽其用，成为溧阳广电工作中的一道亮丽的风景线。

产业发展不断壮大。溧阳市广播电视网络信息有限公司合资合作成功，发展能力显著增强；溧阳时空网站加快二期建设，全力向网络电视台发展方向推进。

溧阳市文化广电

市长苏江华在局长朱洪伟陪同下调研市文化艺术中心

纪念陈毅元帅诞辰110周年暨“陈毅与张茜铜像”落成仪式

新四军江南指挥部纪念馆新展览馆重修的沙盘模型

纪念塘马战斗七十周年座谈会

2011年，市文广体局在市委、市政府的正确领导下，在各镇（区）、各有关部门的密切配合下，深入贯彻落实党的十七届六中全会精神，紧紧围绕“紧跟苏锡常，同步现代化”的目标定位，创新工作思路、狠抓任务落实，取得了实实在在的成绩，文体工作再上新台阶，主要体现在几个方面：一是获得国家级荣誉4项，分别是水西村红色旅游区被列入全国红色旅游经典景区、溧阳市被文化部命名为中国民间文化之乡、市文广体局被国家体育总局评为全国全民健身活动先进单位、市文化馆被文化部命名为一级文化馆；二是获得省级荣誉成果21项，包括5处文物点被列入第七批省级文保单位、2个非遗项目被列入省第三批非遗名录、市图书馆被省文化厅评为第五届公共图书馆优秀服务成果奖、承办的中国乒超联赛被省体育局评为优秀赛区等；三是文体产业发展实现3大突破，分别是体育彩票销售突破亿元大关、获得省级产业引导资金130万元、局属文体产业收入较上年增长50%；四是组织举办和协助举办大型文体活动12项（次），包括纪念陈毅元帅诞辰110周年暨“陈毅与张茜铜像”、“陈毅元帅诗词将军书法碑廊”落成仪式、第23届群众文化活动周暨第3届民间艺术节系列文化活动等重大主题活动；五是文艺创作获奖15项；六是体育赛事获奖12项；七是免费服务群众超过100万人次；八是落实文体设施投入1100余万元；九是征集文物及藏品488件；十是培养优秀人才88名。

2011年市文广体局连续两年获得目标任务考核“创新成果奖”，同时获得了“服务业先进单位奖”，在创建省级文明城市中被评为先进集体。

南京禾德堂向溧阳市捐赠55件文物

市锡剧团大众剧场加盟苏演院线

送戏下乡演出活动

体育局

体育彩票销售超亿元

省体育局调研体育产业示范基地

中国乒超联赛溧阳绿城赛区比赛现场

举办的首届汽车场地越野赛

2011年度市文广体局主要荣誉成果

1.新四军江南指挥部纪念馆被国家发改委、中宣部等14个部委列入全国红色旅游经典景区。

2.溧阳市被文化部命名为2011—2013年度“中国民间文化艺术之乡”（少儿书法）。

3.溧阳市体育局被国家体育总局评为2010年全民健身活动先进单位。

4.“焦尾琴传说”、祠山庙会被列入江苏省第三批非物质文化遗产名录。

5.市文广体局被省文化厅评为“文化民生”先进集体。

6.组织创作的歌曲《山水茶歌溧阳情》荣获江苏省市县代表性优秀歌曲大赛作品奖。

7.市图书馆流动图书服务被省文化厅评为第五届公共图书馆优秀服务成果奖。

8.上黄镇被省体育局授予江苏省乡镇体育健身示范工程称号。

9.埭头镇文化体育工作站被省体育局表彰为2010年江苏省全民健身活动先进单位。

10.溧阳市体育彩票销售突破亿元，获省体育局体育彩票销售亿元县（市、区）荣誉称号。

11.溧阳市普查办被省文物局评为全省第三次全国文物普查调查资料档案工作先进单位。

12.溧阳市2个项目被列为省体育产业扶持项目，获省体育产业引导资金130万元。

13.溧阳市人民政府被常州市评为2010年全市贯彻《全民健身条例》先进单位。

14.组织市光华中学参加江苏省第十二届“江苏富仁杯”中学生（苏南）田径运动会获高中女子组团体总分第一名。（省教育厅、省体育局）

15.溧阳市代表队参加江苏省青少年篮球锦标赛（县组）荣获女子组第二名，并获体育道德风尚奖。（省体育局）

16.天目湖桂林村农家书屋被省新闻出版局评为常州地区唯一一家“五星级”农家书屋。

17.参加2011年江苏省青少年田径锦标赛（第一赛区）暨县组田径比赛，在64个县（市、区）中获混合团体总分第七名、道德风尚奖、高中组总分第四名。

18.组织创作的《风云塘马》、《血战塘马》、《罗忠毅传》、《廖海涛传》等作品相继由作家出版社、解放军出版社出版。

全民健身日健步走启动仪式

溧阳市新華書店

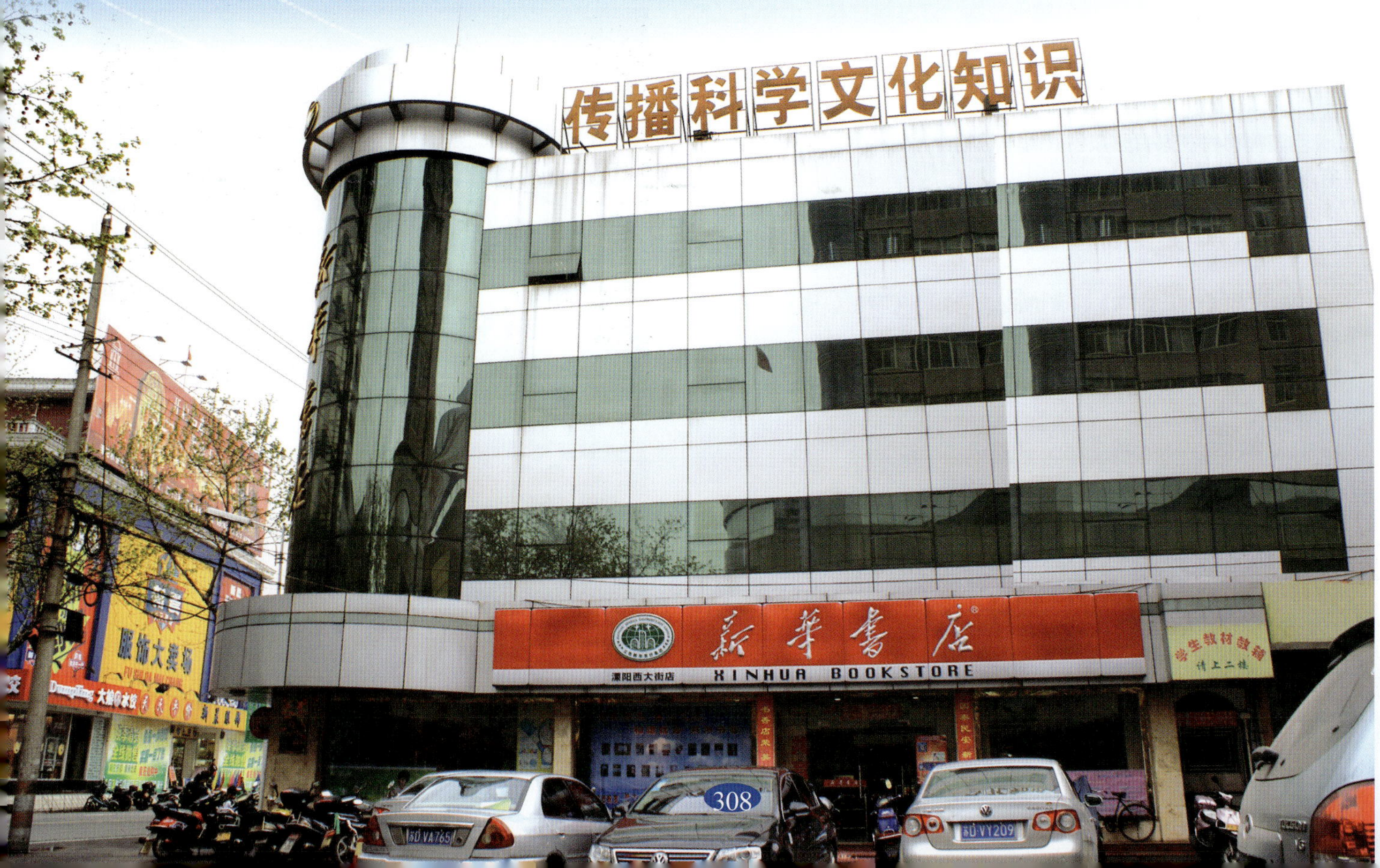

传播科学文化知识

新華書店

溧阳西大街店 XINHUA BOOKSTORE

溧阳市新华书店创建于 1949 年 5 月，经过六十多年的发展，现拥有城乡发行网点 12 个，主营图书、中小学教材、音像读物、电子产品、文化用品，经营品种 3.5 万个，总经营面积 5000 平方米。2011 年，全店发行图书 750 万册，总销售额 5516 万元，利润 256 万元，连续 33 年确保了全市中小学生“课前到书，人手一册”。

2006 年以来，书店加快体制、机制、业态、技术和服务等方面改革，实行了省内连锁经营，统一采购、统一信息、统一结算、统一管理、统一营销，完成了改制转制、资产划转、公司制改造等相关工作。其全资控股的凤凰出版传媒股份有限公司于 2011 年底成功上市，创下了文化传媒类市值最大企业，已连续三届入选“全国文化企业 30 强”。

展望未来，溧阳市新华书店按照十七届六中全会提出的文化大发展大繁荣的要求，以凤凰传媒集团为后盾，认真贯彻科学发展观，志存高远，锐意进取，努力打造具有现代书业特色的文化企业。经营上围绕做大做强文化产业的目标，充分发挥自身品牌优势，扩大图书主业相关的经营领域，实现主营业务向多元化经营转变。管理上按照股份公司的要求，不断创新管理举措，强化管理成效，建立科学、规范、高效的管理体系，实现管理工作向制度化、标准化、精细化管理提升。服务上通过完善服务网络，创新服务手段，延伸服务内涵，实现服务方式向经常化、个性化、多样化服务拓进。同时，加快溧阳书城规划建设，为企业新一轮发展，加档提速，蓄势腾飞。

体　　　育

栏目编辑　晋阿彬

综　述

【概　况】 2011年溧阳体育工作紧紧围绕市委、市政府提出的"紧跟苏锡常，同步现代化"的目标定位，创新工作思路、狠抓任务落实，主动作为，尽职尽责，取得了实实在在的成绩，全市体育事业、产业再上新台阶。尤其是在完善公共体育服务网络、加强体育基础设施建设、推动体育事业产业共同发展、保障群众基本体育权益等方面均取得了明显成效。

群众体育再上新台阶　2011年，为认真贯彻执行《全民健身条例》，推动全市群众体育事业的持续发展，市政府本着"亲民、利民、便民"的原则，着力加大城乡公共体育设施建设力度，全市10个镇（区）、175个行政村、51个社区均建有设施较为齐全的健身场地，实现了市、镇、村（区）体育健身设施和"十分钟健身圈"的全覆盖。调整了溧阳市全民健身工作指导委员会，编制了《溧阳市群众体育事业发展"十二五"规划》、《溧阳市全民健身实施计划（2011～2015)》，制定了《2011年溧阳市群众体育工作计划》。将全民健身工作列入《市政府工作报告》，把全民健身事业纳入《溧阳市国民经济和社会发展"十二五"规划》，确定了全市群众体育事业发展的指导思想和基本原则，以及群众体育事业发展的主要目标，理顺了群众体育事业发展的工作思路，确保全民健身工作有效推进。

2011年，市文广体局进一步优化社会体育指导员队伍。全年开设三级社会体育指导员单项技能培训班五期，1000余人参加了培训，通过培训，提高了业务水平和综合素质，壮大了全民健身骨干队伍。至2011年底，全市社会体育指导员总数达2329名，每万人健身群众中拥有体育指导员近30名。

2011年，市委办、市政府办下发了《2011年溧阳市全民健身日暨全民健身系列活动方案的通知》。成立了由市分管副市长为组长，各相关部门领导为成员的活动领导小组。明确了以"全民健身、你我同行"为活动主题，以全国第三个"全民健身日"为活动重点。以贴近生活、方便群众参与的体育健身展示、交流、比赛和培训等为活动形式。广泛开展丰富多彩、形式多样的全民健身活动。全年开展系列健身、培训、讲座等活动124余次，参与人数达10.3万多人次。各镇相继举行全民健身月活动启动仪式，镇区、企事业单位、单项体育协会也因地制宜地开展多项全民健身活动。全市形成了"市镇齐动、区域联动、人群互动"的全民健身格局。2011年市文化广电体育局被国家体育总局评为"2011年度全民健身活动先进单位"，2个镇被评为江苏省社区健身俱乐部，5个镇被评为常州市社区健身俱乐部，16个健身站（点）被评为省优秀站（点），25个健身站（点）被评为常州市优秀站（点）。

在群众健身活动中，市文化广电体育局高度关注健身项目的质量，努力提升健身项目的影响力，在自身加强锻炼提高的基础上，采用了以赛促进的方式，14次组建参赛队伍参加省内外各级各类社会体育比赛，取得了良好成绩。其中在7月18日举行的2011浙江国际武术比赛中溧阳市代表队勇夺14金10银8铜。在5月20日举行的苏浙皖毗邻县（市、区）乒乓球联谊赛中获得团体第一。在9月16日举行的2011年江苏省"国检杯"太极拳（械）比赛中夺得3金1银1铜。在9月11日举行的首届江苏省健身气功新功法交流比赛中，溧阳市代表常州市队参赛夺取团体第三。年底戴埠镇武术代表队前往苏州参加江苏省武协举办的武术比赛，一举夺得7个第一名的优异成绩。为培育群众健身市场，增强群众健身积极性，增进群众健身信心，创建群众健身品牌打下了坚实基础。同时，体育健身团队建设也得到加强，全市成立单项体育协会23个、体育类民办非企业单位2个、体育协会分会近90个，会员数量1万余名，数量、质量均处全省前列。全年组织国民体质测试4000余人次。

竞技体育再创新辉煌　2011年，市文化广电体育局围绕"备战省十八届运动会"这个目标，对溧阳市重点学校体育项目作了较大的调整。从原来的篮球、排球、足球、田径、乒乓球、象围棋等全面铺开，向以篮球、田径、乒乓球为主，抓精品人才，出高质量人才为目标过渡。少体校项目调整为田径、射击、举重、女子篮球，是为了便于向常州运动学校输送更多人才。全年已向常州各项目、各运动队输送了40多位运动员。在4月份举办的溧阳市

田径精英赛暨备战省十八届运动会选才比赛和10月份全市中小学生田径赛，邀请了常州市全部教练员到溧阳现场招生，并多次陪同常州市教练员到各个基层学校招生，至2011年底，在常州训练人数达到了100多人。同时制定相关激励政策，鼓励基层学校向常州各运动队输送人才。

2011年成功承办了多项全国性赛事。承办了中美篮球对抗赛、中国乒乓球俱乐部超级联赛，江苏主场VS浙商银行的比赛以及武林风中美泰武术国际争霸赛和2011年江苏省手球（甲组）锦标赛，全国汽车场地越野赛等一系列省级以上比赛，获得了主办方一致好评。组队参加了江苏省县级田径比赛，县级女篮比赛及江苏省（苏南片）中学生田径比赛，分别获得了团体第七名、第二名、第一名的好成绩。积极组队参加常州市各项中小学生竞赛，共获得团体冠军4项、第二名2项。组织了溧阳市中小学生田径、乒乓球、篮球、足球、排球、羽毛球、象棋、围棋等8项11次比赛，参赛人数达到了3000多人次。

组织参加常州市级以上各类群众体育比赛7次，获得金牌18枚、银牌11枚、铜牌11枚，2个团体第一，2个团体第三，1个个人优胜奖、3个个人优秀表演奖、1个个人体育道德风尚奖。

群众体育

【举办“体育大拜年”活动】 2011年春节期间，为贯彻落实省体育局《关于在春节期间开展“健身大拜年”全民志愿服务活动的通知》精神，发动各镇（区）文体站、各单项体育协会开展了形式多样的“健身大拜年”活动，丰富了民间体育文化和群众精神生活，烘托了节日气氛，进一步推动了全民健身的发展。制订切实可行方案，深入贯彻落实。市文广体局对开展本次活动给予高度重视，局务会专题研究，确立了活动方针，制订下发了实施方案，确保“健身大拜年”活动的贯彻实施。结合实际，努力培养科学锻炼习惯。在本次活动中，市文化广电体育局依据省局《通知》精神，将体育与民间文化、民间习俗相结合，使体育健身融入到民间、民俗和民众日常生活中，从而达到推动全民健身发展的目的。依托特色、多形式地开展“健身大拜年”活动。各镇（区）文体站充分利用当地体育资源，发动各行政村和居委会，单项体育协会依托自身特色，联合相关协会，深入村镇、街道、社区、旅游景点、敬老院开展活动。市电视台进行了全方位报道，2月6日中央电视台《新闻30分》栏目报道了社渚镇“健身大拜年”活动情况。

【在全国健身秧歌及腰鼓大赛中取得佳绩】 4月20日，由国家体育总局社体中心、江苏省体育局联合主办，江苏省社体中心、武进区政府承办的2011年“武进杯”全国健身秧歌及健身腰鼓大赛在武进举行。来自全国各地的41支代表队608人参加了比赛，溧阳市木兰拳协会和民间体育健身协会，经过顽强拼搏，木兰拳协会获得健身秧歌规定套路二等奖、自选套路三等奖，并获得体育道德风尚奖。民间体育健身协会获得健身腰鼓三等奖、优秀组织奖。

参加全国健身秧歌及腰鼓大赛　　（市文广体局　供稿）

【在全国标准舞、拉丁舞城市联谊赛上摘金夺银】 5月1日，由省体育舞蹈协会主办的“捷侨杯”全国标准舞、拉丁舞城市联赛在南京六合体育馆成功举办。来自全国各专业院团、艺术院校、少年宫和各社会舞蹈培训机构等38家单位参加了比赛，参赛选手近2000人。溧阳市体育舞蹈协会经过顽强拼搏，取得5金3银4铜的好成绩。

【市武术运动协会赴少林寺达摩院进行武术交流】 5月8日，市武术协会72名太极爱好者在武协主席戴水保老师的带领下，来到少林寺达摩院，进行武术交流。溧阳武协一行受到少林寺达摩院弟子的热烈欢迎。少林寺达摩院位于太室山与少室山之间，与“天下第一名刹”少林寺仅一水之隔，周围风景秀丽，环境优雅，有师生1800余人。院长释永坎大师（俗名陆海龙），江苏溧阳人，是少林寺曹洞正宗三十三代武功传人，现为少林十八罗汉称号，所教弟子遍及海内外，为继承、传播少林禅武文化作出了重要贡献。交流会上，达摩院弟子展示了卓越的少林功夫，包括小洪拳、大洪拳、七星拳、通背拳、十三刀、罗汉拳、螳螂拳、少林鞭、铁臂功等。溧阳武术协会的太极爱好者们也表演了24式太极拳、功夫扇、武当剑等节目。

【在苏浙皖毗邻县（市、区）乒乓球联谊赛上摘桂冠】 5月21日，2011年苏浙皖毗邻县（市、区）乒乓球联谊赛在浙江省长兴县圆满落下帷幕。经过两天激烈紧张比赛，溧阳市荣获男子团体第一名。本次比赛是延续2008年溧阳市发起的苏浙皖边界全民健身大联动的全民健身活动，本着“友谊、交流、提高”的原则，开展这次活动。本次乒乓球联谊赛项目为男子团体比赛，来自江苏省的溧阳市、宜兴市、吴江市；安徽省的广德县、郎溪县、宁国市；浙江省的德清县、安吉县、吴兴区、长兴县共10个县（市、区）的业余乒乓球运动员参加了比赛。通过比赛，球员们交流了球技，增进了友谊，进一步促进了三省毗邻地区全民健身运动的开展。

【“精益杯”武术（套路）交流大赛溧阳获佳绩】 2011年6月4日至6月6日，由江苏省武术协会主办、常州市武术协会承办的江苏省2011年“精益杯”武术（套路）交流大赛在常州举行。来自全省各武协、武馆、社区、大专院校和业余体校的1500多名参赛者同场切磋，还有不少国内武术名师名家到场助阵。溧阳市武术代表队一行79人参加了陈式太极拳、杨式太极拳、太极剑、武当剑、史式八卦掌、史式八卦游身掌、史式五形连环掌、史式子午鸳鸯钺等项目的比赛。经过运动员们的顽强拼搏，共取得了40枚金牌、32枚银牌、7枚铜牌的成绩。

【启动“全民健身日”活动仪式】 7月15日上午，由市人民政府主办，市委宣传部、市文化广电体育局、市公安局、市城管局、市卫生局、市广播电视台、团市委、市文明办、溧城镇政府协办的溧阳市庆祝建党九十周年健步走活动暨2011年全民健身日启动仪式，在燕山公园举行。市四套班子有关领导参加了启动仪式。市文化广电体育局党委书记王万鹏主持仪式，副市长唐华新致辞，市人大常委会副主任彭留双为健步走活动鸣枪发令。来自市机关党委、市住建委、市教育局、市公安局以及木兰拳协会、民间体育健身协会、武术协会、溧城镇各社区代表等18个方阵1700多人参加了本次健步走活动。其中年龄最大的88岁，年龄最小的5岁。本次活动持续时间70分钟，行程4.5千米，共计15000步。本次活动主题为“每天锻炼一小时，幸福生活一辈子”，为庆祝建党九十周年营造了浓厚氛围，掀起了全民健身活动新热潮。

【在苏沪浙皖友好城市武术交流展示大会上取得佳绩】 8月6日，由浙江省桐乡市人民政府主办，桐乡市体育局、桐乡市体育总会承办、桐乡市武术协会协办的2011苏沪浙皖友好城市武术交流展示大会在桐乡市拉开帷幕。来自江苏省、安徽省、浙江省、上海市共11个武术协会的100多名武林高手参加展示表演。溧阳市武术协会代表队组队25人参加了交流大会。代表队表演的少林双刀、武当太极剑、史式八卦掌、天罡北斗七星桩、杨式太极拳等节目，获得了与会各方的一致好评，并一举夺得了组委会颁发的优胜奖。

【获江苏省“国检杯”太极拳（械）比赛团体第一名】 9月17日至18日，2011年江苏省“国检杯”太极拳（械）比赛在吴江举行。全省太极拳爱好者欢聚一堂，展示精湛技艺，共同弘扬中华武术文化。太极拳是中华武术瑰宝，在国内外有着广泛影响。此次太极拳（械）比赛由吴江市体育局和吴江国检局承办，近百支代表队，1000多名运动员参加比赛。比赛项目分规定套路、传统套路和集体项目。参赛者从10岁的少年到70岁以上的老人。溧阳代表队在本次比赛中勇夺团体第一名、取得4枚金牌、2枚银牌、1枚铜牌好成绩。

【在首届江苏省健身气功新功法交流比赛中获佳绩】 10月13日，由省体育局主办，省社会体育管理中心、连云港市体育局、东海县人民政府承办的首届江苏健身气功新功法交流比赛在东海县体育馆拉开序幕。全省13个省级市代表队共70多人参加。溧阳选派了5名选手代表常州队进行了交流比赛，并夺得团体第三名。健身气功历史久远，流传广泛，是集形体活动、呼吸吐纳、心理调节为主要手段的传统气功健身方法。其功法内练脏腑，外强筋骨，达到疏通人体经络，流通气血，使人体的元气旺盛，增强机体的生命活力。长期坚持健身气功锻炼，能起到陶冶情操、开阔心胸、培养意志、增强心理适应能力的作用。通过健身气功锻炼，能使大脑的疲劳较快地消除，注意力集中，感知觉敏锐，思维能力提高，从而提高智能水平。

【常州体质监测车到溧阳进行国民体质监测】 10月20日至22日，常州市体育局体科所国民体质监测车到溧阳市机关、企事业单位，为机关干部职工、企事业单位员工作体质监测。本次国民体质监测内容主要包括：体质成分分析、超生波骨密度检测、血管机能、心肺功能等项目。通过对人体身体素质、形态、身体机能等状况，进行体质状况评定和健康分析评估，为受测者提供科学健身依据，当场提供检测健康报告，根据报告对受测者提出合理化健康建议。全市各个镇区文体站都配备了国民体质监测设备，每年受测人数都在4000人左右，并针对各个群体，各年龄层次展开监测，受到群众的一致好评。

全民健身日启动仪式　　（市文广体局　供稿）

【加强社会体育指导员队伍培训】 2011年全市共发展推荐5人参加国家级社会体育指导员培训班学习，58人参加8项次一级社会体育指导员单项技能培训班学习，30人参加二级社会体育指导员单项技能培训班学习。全年有5人被授予国家级社会体育指导员称号，80人授予一级社会体育指导员称号，35人授予二级社会体育指导员称号，294人授予三级社会体育指导员称号。截至2011年年底，全市共有社会指导员2329人，其中国家级13人，一级136人、二级349人、三级183人。

竞技体育

【举办中美男篮对抗赛（溧阳赛区）】 5月20日晚，2011“扬子水泥杯”中美篮球对抗赛在市天目湖城市广场体育馆举行。来自江苏龙南钢篮球俱乐部德玛斯特男子篮球队和美国犹他闪光明星职业男子篮球队的球员为溧阳观众带来一场精彩绝伦的篮球盛宴。参加比赛的两支球队分别来自中国CBA联盟和美国NBA发展联盟。江苏龙南钢篮球俱乐部德玛斯特男子篮球队是一支技术全面、细腻、进攻节奏快、投篮准、移动快、三分球命中率高、攻击点多的队伍。近几年来，该球队战术更加多变，得分手段更多，得分能力更强，队伍趋于更加成熟。美国犹他闪光明星职业男子篮球队的多数运动员绝大部分都来自于NBA发展联盟，与NBA的球队在战术打法甚至防守策略上一脉相承。球员在场上也有着鲜明的个人特点——速度快、身体强、弹跳好，具备很强的冲击力和得分能力。本次比赛是继去年中美男篮对抗赛以来溧阳引进举办的又一高水平体育赛事之一，两队球员在比赛中各展所长、激烈对抗。比赛前以及中场休息时，双方运动员进行了精彩的扣篮以及三分球远投表演，赢得全场观众掌声不断。比赛上半场，江苏队凭借主场优势以23:14领先，下半场美国队充分发挥身体强、弹跳好等特点，奋起直追，最终，把比分锁定在81:69，赢得本场比赛。本次篮球对抗赛的成功举办，既为第七届天目湖旅游节暨溧阳乡村旅游博览会增添了活力，又进一步丰富了溧阳市群众文化体育生活，对溧阳篮球运动的普及和发展以及篮球运动竞技水平的提高将起到积极的促进作用。

【举办中国乒乓球俱乐部超级联赛】 6月12日，2011年361°中国乒乓球俱乐部超级联赛第十八轮“绿成赛区”比赛在溧阳市天目湖城市广场体育馆举行。这是继去年成功举办两场乒超联赛以来，溧阳又一次举办江苏主场的乒乓球超级联赛。以陈玘领军的江苏金山环保中超电缆俱乐部主场迎战以马琳领军的浙商银行俱乐部。首盘江苏队的雷振华迎战浙商银行的马琳。马琳以两个11比6先胜两局，背水一战的雷振华，奋力搏杀，马琳则有些保守，雷振华以11比5、11比9连扳两局。决胜局，老将马琳充分发挥他的赛场经验，以11比3拿下决胜局，以3比2险胜的他为浙商银行拿到第一分。第二盘，陈玘迎战郝帅，陈玘一度以2比1领先，但他没能保住优势，郝帅连扳两局以3比2逆转，浙商银行以2比0领先。双打比赛中，郝帅/徐辉以11比4、13比11、11比3直落三局击败江苏队的雷振华/林晨。虽然江苏队占据主场优势，现场观众加油呐喊声此起彼伏，但仍未能够挽回败局，最终，浙商银行以总比分3比0获得本场比赛的胜利。

【举办江苏省青少年手球（甲组）锦标赛】 8月20日，江苏省青少年手球（甲组）锦标赛在溧阳市天目湖城市广场体育馆开赛。经过5天的比赛，苏州队获得男子甲组第一名，女子甲组第二名；镇江句容队获得女子甲组第一名；南通队获得男子甲组第二名。本次比赛还评出了体育道德风尚裁判员3名，体育道德风尚运动员8名。

【举办武林风中、美、泰国际武术争霸赛】 8月28日晚，由武林风国际俱乐部主办的国际武术争霸赛在天目湖城市广场体育馆举行，中国、美国和泰国的拳击运动员参加比赛，争夺拳王的“金腰带”。比赛采用现代化的舞美艺术，使比赛现场更激烈、火爆，给现场观众带来了无比强烈的震撼。

【举办首届全国“瓦屋山鸿鑫电缆”杯汽车场地越野英雄赛】 12月16日至18日由溧阳市竹箦镇人民政府、溧阳市文化广电体育局、江苏鸿鑫电缆有限公司联合主办的2011首届“瓦屋山鸿鑫电缆”杯汽车场地越野英雄赛在竹箦镇瓦屋山举行。此次汽车场地越野英雄赛有华东地区数十个车队的111位车手参赛。CCTV5、东方卫视、中国赛车报道、新浪网、搜狐网、《汽车杂志》等全国近30家媒体对比赛进行了全方位跟踪报道。此次比赛为打造溧阳汽车运动品牌，促进溧阳文化体育旅游产业的发展作出积极贡献。本次英雄赛主要设为场地障碍赛，涵盖了飞车台、双边桥、波浪路、炮弹坑、闪电勾、内侧坡、三连坑、沟渠弯、乱石阵、颠簸路、沙坑、外侧坡、轮胎坑、深水坑、三驼峰、回形弯等多种障碍地形。同时，本次比赛分为英雄组和友谊组两个组别，其中，友谊组分为A组、B组和女子组。

【在江苏省田径锦标赛暨县组田径比赛（第一赛区）中获佳绩】 5月6日，由江苏省体育局、江苏省教育厅主办，淮安市人民政府承办的“2011年江苏省青少年田径锦标赛暨县组田径比赛（第一赛区）”，在淮安市体育运动学校举行。此次比赛，第一赛区共有35支代表队参赛，溧阳市派出16名运动员参加100米、200米、跳高、跳远、铅球等多个项目比赛，最终以3金、5银、6铜，136分的总成绩获得高中组总分第四名，混合团体总分第七名，同时获得“体育道德风尚奖”代表队称号。圆满完成赛前进入前十名的目标任务。

【在江苏省青少年篮球锦标赛（县组）中获亚军】 5月24日至28日，由江苏省体育局、江苏省教育厅主办，海安县人民政府承办的，“2011年江苏省青少年篮球锦标赛暨县组篮球赛”在海安县奥林匹克体育中心体育馆举行。来自邳州、铜山、灌云、吴江、常熟、海安、溧阳等13支男女代表队参加了本次比赛。溧阳市派出16名运动员参加。比赛期间，经过5天的比赛，先后战胜灌云、楚州、丰县、吴江，在最后冠亚军争夺战中，最终以7分之差惜败铜山队，获得亚军。同时获得体育道德风尚运动队称号。刘颖、刘燕获得体育道德风尚运动员称号。在所有运动队队员身体素质测验中列第一，圆满完成赛前进入前十名的目标任务。

【国家女子手球队在溧阳圆满完成集训任务】 10月3日至9日，中国国家女子手球队为备战伦敦奥运会亚洲预选赛，在天目湖城市广场体育馆进行了为期一周的封闭式训练。本次集训主要围绕力量训练、战技术配合等方面展开。

国家女子手球队在溧阳集训 （市文广体局 供稿）

【陈燕在全国残运会上战绩斐然】 第八届全国残疾人运动会10月11日在浙江举行。代表江苏出战的溧阳籍17岁小将陈燕，夺得5枚奖牌。分别是女子T11级100米、200米和400米三个项目的个人银牌，女子T11-13级4×100米、4×400米接力冠军，创残运会个人最好成绩。

【举办8项全市中小学生比赛】 中小学生象围棋比赛 2011年溧阳市第七届“鑫隆杯”中小学生象围棋比赛于3月26日在外国语学校举行。获得高中组团体前两名的学校是：竹箦高中、戴埠高中；获得初中甲组团体前三名的学校是：光华初中、外国语学校、市二中；获得初中乙组团体前三名的学校是：别桥中学、实验初中、燕山中学；获得小学甲组团体前三名的学校是：西平小学、实验小学一队、外国语学校；获得小学乙组团体前三名的学校是：溧城中心小学、平陵小学、别桥小学。

中小学生乒乓球比赛 2011年5月27～28日，溧阳市中小学生乒乓球比赛在市体育馆举行。获得初中甲级团体总分前三名的学校分别是：市二中、光华初中、平桥初中；获得初中乙级团体总分前三名的学校分别是：绸缪初中、周城初中、市六中；获得小学甲级团体总分前三名的学校分别是：西平小学、实验小学、文化小学；获得小学乙级团体总分前三名的学校分别是：埭头小学、南门街小学、平桥小学。

中小学生羽毛球比赛 2011年5月27～28日，溧阳市中小学生羽毛球比赛在西平小学举行。获得小学甲级团体总分前三名的学校分别是：西平小学、天目湖小学、河口小学；获得小学乙级团体总分前三名的学校分别是：昆仑小学、上兴小学、竹箦小学；获得初中组团体前三名的学校是：天目湖实验学校、实验初中、光华初中。

中小学生足球比赛 2011年6月29～30日，溧阳市中小学生足球比赛在外国语学校举行。获小学男子组前三名的学校分别是：文化小学、东升小学、外国语学校；获小学女子组前两名的学校分别是：文化小学、南渡小学。获初中男子组第二名的学校是：燕山中学。

中小学生篮球比赛 2011年7月2日～5日，溧阳市中小学生篮球比赛在光华高中体育馆举行。获小学男子组前三名的学校分别是：戴埠小学、埭头小学、上黄小学；获小学女子组前三名的学校分别是：河口小学、社渚小学、马垫小学。获初中男子组前三名的学校分别是：燕山中学、戴埠初级中学、上黄初级中学；获初中女子组前两名的学校分别是：第二初级中学、社渚初级中学。获高中男子组前两名的学校分别是：戴埠高级中学、市三中。

中小学生排球比赛 溧阳市中小学生排球比赛于2011年7月9日至10日，在市第三中学举行。获小学男子组前两名的学校分别是：新昌小学、别桥小学；获小学女子组前三名的学校分别是：新昌小学、第二实验小学、外国语学校；获初中男子组前两名的学校分别是：后六中学、别桥中学；获初中女子组前三名的学校是：新昌中学、别桥中学、燕山中学；获高中男子组前两名的学校分别是：市第三中学、戴埠高中。

中小学生田径比赛 2011年10月5日～16日，溧阳市中小学生田径运动会在光华高中举行。本届运动会有来自全市85支代表队近600名运动员参加比赛，设高中组、初中甲、乙组、小学甲、乙组五个组别共78个单项比赛。共有2人打破了溧阳市最高纪录（他们是荣超以10秒90打破原11秒的男子100米全市最高纪录、葛毫斌以4分7秒4打破原4分9秒1的男子1500米全市最高纪录）和1人打破1项年龄组记录；中学8人达国家二级运动员标准，小学1人达国家三级运动员标准；本次比赛按规程有8所中小学由乙组晋升为甲组，有8所中小学由甲组降为乙组。

经过两天紧张激烈的比赛，获小学甲组团体前三名的学校分别是：外国语学校、竹箦小学、西平小学；获小学乙组团体前三名的学校分别是：别桥小学、平桥小学、上兴小学；获初中甲组团体前三名的学校分别是：光华初级中学、竹箦中学、上黄中学；获初中乙组团体前三名的学校分别是：平桥中学、戴埠外国语学校、前马中学；获高中组团体前三名的学校分别是：光华高级中学、竹箦中学、戴埠高级中学。

中小学生跳绳踢毽比赛 2011年12月，溧阳市中小学生跳绳踢毽比赛在兴华羽毛球馆举行。获小学跳绳团体前三名的学校是：东升小学、汤桥小学、西平小学；获小学踢毽团体前三名的学校是：东升小学、汤桥小学、西平小学；获初中跳绳团体前三名的学校是：横涧中学、后六中学、光华初级中学；获初中踢毽团体前三名的学校是：后六中学、横涧中学、竹箦中学。同年11月举行了第四届羽毛球“促进会杯”比赛，获小学组团体前三名的学校是：西平小学、上兴小学、昆仑小学；获初中组团体前三名的学校是：天目湖实验学校、光华初中、竹箦中学。

【加强等级裁判员队伍建设】 2011年，全市共培养新增国家一级裁判员2人，二级裁判员25人，三级裁判员113人，5人晋升国家级社会体育指导员，60人晋升一级社会体育指导员，35人晋升二级社会体育指导员，294人晋升三级社会体育指导员。截至2011年底，共培养各级各类社会体育指导员2300余人。

体育赛事与体育产业

举办重大活动和比赛情况

1月15日 方舟文化之夜演唱会

2月19日 群星闹元宵洲际演唱会

4月26～5月3日 第七届天目湖旅游博览会

5月7～8日 第二届“帝商杯”乒乓球邀请赛

5月8日 南京修诚武道馆VS国际剑道表演

5月20日 “扬子水泥杯”中美篮球对抗赛

5月28日 第七届天目湖旅游节闭幕晚会演出

5月27～28日 溧阳市中小学生乒乓球赛

6月3日 全市政法系统队列方队岗位练兵竞赛

6月4～5日 江苏国强“君悦豪庭杯”乒乓球邀请赛

6月12日 中国乒乓球俱乐部超级联赛

6月16日 “交通工程杯”职工篮球赛

6月24～25日 市第十届“光彩杯”乒乓球赛

6月26日 市纪念建党九十周年暨表彰·大型红歌会

8月18日 武林风庆祝成立5周年武术表演赛

8月19～20日 江苏省青少年手球(甲组)锦标赛

8月28日 武林风国际武术争霸赛

9月3日 肯德基三人篮球赛

9月7日 “时创杯”篮球赛

9月10日 中秋月园溧阳美“建设杯”中秋文艺晚会

9月11日 市首届“江苏银行杯”乒乓球邀请赛

9月30日 机关工委迎国庆“工会杯”乒乓球邀请赛

10月1～3日 庆国庆溧阳市“鹏程杯”男子篮球赛

10月3～8日 国家女子手球队训练

10月22日 市“健康杯”乒乓球邀请赛

10月27日～11月11日 江苏省女子手球队训练

11月6日 “广恒汽车杯”业余篮球联谊赛

11月9日 市社会体育指导员教学成果交流展示会

11月12日 2011年溧阳市“凯普杯”乒乓球邀请赛

11月26日 市第二届“侨商杯”乒乓球邀请赛

12月18日 市首届“四特东方韵杯”乒乓球友谊赛

【体育产业和基地建设】 2011年，市文化广电体育局突出科学发展主题，积极组织项目申报2011年省文化产业、体育产业发展引导资金。御水温泉、百事达2个项目获扶持资金130万元。体育彩票销售取得较大突破，全市新增传统体彩销售站点16个，新增竞彩站点2个，新增高频11选5站点53个。全年体彩销量超亿元，销量较去年上升15位，增幅超过100%，位居全省第二，被省体育局评为体育彩票销售先进单位。积极挖掘整合溧阳旅游资源优势，打造体育旅游产业，被省体育局命名为体育旅游综合示范基地。并与南京体育学院合作，开展规划编制，争创国家级体育产业基地。

【体育彩票销售】 2011年，市彩票管理中心逐步实现规范化管理，采取将销量任务按周、月、季度进行分割细化，每天上报销售数据，按周销量数据上墙公布，随时对销售动态进行跟踪、分析、管理。通过同期对照，准确掌握增幅情况，把阶段性销售任务落实到人、到每一个站点，建立健全各项规章制度，全力提升工作人员的综合素质。截至12月初，站点基础设施建设工作顺利通过省（市）中心的考核验收，综合标准率达68%以上。2011年3月、5月、7月、9月，对即开彩票、超级大乐透、高频上市等促销活动进行了4次大范围、高密度体彩宣传，累计投入达20万元。利用灯箱、DM单、横幅、海报、流动宣传车等多种宣传形式，营造强烈的体彩市场氛围，取得了良好的销售效果。实现了即开票单票销售两次达500万，大乐透连续三周增幅保持全省县市（区）的前三名，高频上市更使体彩销量迅速上升。对站点销售员集中培训8次，一对一培训300多人次，召开各种恳谈会8次，站点规范化服务巡查考核100多次，发放注意事项友情提醒单1000多份，发放互动信息反馈表500多份。2011年新增传统体彩销售站点16个，新增竞彩站点2个，新增高频11选5站点53个，合理调整布局站点8个，责令整改站点10个，淘汰并重新布点6个。

按上级中心部署，2011年体彩销售目标为7500万，力争突破8000万，市场份额达50%，传统销售站点的基础建设标准达68%，全年工作实现安全无重大责任事故。围绕目标任务，体育彩票中心全体人员，实现全年体彩销售1.28亿元，同比增幅110%，创溧阳体育彩票销售历史最好成绩。

（陶国栋）

卫　　生

栏目编辑　陈莉莉

综　　述

【概　况】 2011年年末，全市共有各级各类医疗卫生机构240家，其中，综合医院9家，中医院1家，皮防所1家，专科医院1家，社区卫生服务中心2家，皮防站1家，镇（区）卫生院18家，分支机构14家，厂矿医务室、个体诊所44家，村卫生室144家，公共卫生机构5家，医学在职培训机构1家。全系统卫技人员3100人，注册乡村医生数422人。全市医疗机构总诊疗人次数2241412人次，其中门急诊人次数2144739人次，入院74454人次，住院病人手术人次21597例，医疗机构总收入83661.9万元，同比增长18%。

【基础建设】 2011年，全市基本建设投资6800万元。别桥镇卫生院6000平方米新院建设、天目湖等7家卫生院改扩建工程竣工并投入使用。新开工面积2.3万平方米，其中，社渚镇卫生院新院面积1.8万平方米、竹箦镇卫生院新建门诊楼5000平方米。完成市人民医院新院、马垫卫生院、上兴镇卫生院、血站等建设的前期准备工作。

【行风建设】 健全完善内部管理机制，全面推行政务、院务公开制度，不断推进“廉政文化进医院”活动。认真落实党建工作目标责任制，加快推进基层党组织规范化、制度化建设。坚持“标本兼治、综合治理、惩防并举、注重预防”方针，加强领导干部道德教育，组织召开全市卫生系统机关作风建设动员大会。大力营造创先争优氛围，市局在全省卫生系统创先争优活动中被授予“先进基层党组织”称号。积极开展文明单位创建活动，23个医疗卫生机构创成市级文明单位，4个医疗卫生机构创成市级文明单位标兵，卫生系统创成市级文明行业。在《溧阳时报》开辟“白衣天使”专栏，系列宣传卫生行业先进典型，引导、强化广大医务人员依法执业、廉洁从医、诚信服务意识。

医学教育与科研

【概　况】 坚持以人为本，紧紧围绕全市卫生服务能力建设目标要求，集中力量在一些重点领域、关键技术方面取得新突破，使人才队伍与学科建设互为整体、互为促进，不断提升医学科技水平和卫生服务能力。

2011年，全市建成常州市级重点专科6个、溧阳市级重点专科10个；组织申报科研项目36个，26项课题立项，其中省卫生厅立项等4个、常州市卫生局指导项目4个、市科技局立项18个；获得常州市科技进步奖3项、市科技进步奖3项。全市卫技人员发表论文237篇，其中核心期刊70多篇，有2篇被SCI期刊收录；主编出版医学专著1本；实用新型专利2项。通过自主培养、以用为主，造就一批医德高尚、技术精湛的复合型、创新性、领军型高层次医学人才，构建学科带头人和技术带头人梯队，引领和推动相关学科的发展。市中医院潘荣华被确定“常州市高层次医学创新人才培养对象”、市中医院程立波、市人民医院徐清华被确定“常州市青年医学创新人才培养对象”。通过加强与省内外名院名校的教育交流和联合办学，有计划地培养和锻炼中青年科技人才，充分挖掘中青年科技人才的创新能力和发展潜力。市卫生培训中心与苏州大学联合举办在职研究生班、市中医院与南京中医药大学联合举办“中西医研究生”班，全市共有60余人参加学习。

规范继续医学教育管理，协助完成国家级继教项目1项，常州市级继教项目24项，参加培训卫技人员4000多人次。积极引导优秀毕业生就业招考，不断为卫生人才队伍建设注入新鲜血液，全年共招录毕业生68名，其中硕士生12名、本科生41名。完善城市医院对口支援农村制度，选派50名二级医疗机构卫技人员，到全市20所镇卫生院开展对口支援农村卫生建设工作。全面完成157名在岗乡村医生中专学历补偿教育教学管理工作，157名乡村医生获得中专学历，108名在岗乡村医生通过国家乡镇执业助理医师考试。依托“世界银行贷款”项目资金，紧密结合村卫生室公共卫生服务绩效考核10大项内容对全市340名乡村医生进行专题培训。完成“务实进修”计划11名、社区卫生服务中心主任培训1名、乡镇卫生院长培训6名、用药知识培训19名、社区卫生服务中心全科医师转岗培训（脱产一年）2名、新农合经办人员培训2名。加强市人民医院全科医师培训基地建设，47名镇（区）卫生院本科医生参加培训，为全科医师培训学员、用人单位及培训基地下拨经费共49万元。全市卫技人员到上级医院进修学习151名。

医 政

【医政管理】 以“三好一满意”创建活动为契机，全面落实省卫生厅制定的改善医疗服务24条。重点加强急诊科等重点部门规范化建设，加强医疗安全核心制度督查。推进医疗责任保险制度建设，协助相关部门大力推进医患纠纷人民调解组织建设，建立医疗纠纷第三方调处机制，规范医疗纠纷受理、办理、上报和反馈程序，落实医疗纠纷责任追究制度。

切实加大“打击非法行医工作”查办力度。全年共受理、立案18起，取缔24户，处罚18户。依法向公安部门移送涉嫌犯罪的案件2起。

【国家基本药物制度】 2011年6月1日起，全市所有政府举办的基层医疗卫生机构（包括村卫生室）全部配备和使用基本药物，并实行零差率销售。基本药物全部纳入基本医疗保障药物报销目录，报销比例明显高于非基本药物。按照国家基本药物临床应用指南和基本药物处方集，加强对医务人员使用基本药物知识的培训，培训率达100%，考核合格率达100%。按照卫生部制定的临床路径，加强合理用药管理，避免滥用药物，指导临床合理用药。建立基本药物质量监管机制和药品不良反应监测体系。建立基层卫生医疗机构稳定的财政补偿机制，通过基础性补助、考核奖励补助、专项补助等方式，妥善解决基层医疗卫生机构（包括村卫生室）的人员支出、业务支出等运行成本。按每万名常住人口配备18名医务人员的指标，科学核定政府办基层医疗卫生机构事业总编制，并在核定的事业编制总额内预留一定数量，适时进行动态调整。下拨1200名事业编制到20个乡镇卫生院，并根据《溧阳市卫生事业单位岗位设置管理实施方案》，在核准的岗位总量、结构比例和最高等级限额内按照“公开、公正、公平”的原则，实行竞聘上岗、全员聘用，建立“能进能出、能上能下”的灵活用人机制，政府办基层医疗卫生机构卫生技术人员占全部上岗人员的比例达86%。健全绩效考核机制，全面落实绩效工资。建立以服务数量、质量、效果和群众满意度为核心，公开透明、动态跟踪的工作任务考核机制，将考核结果与基层医疗卫生机构经费补助挂钩；建立按岗定酬、按工作业绩取酬的内部分配激励机制，将考核结果与职工个人收入挂钩。出台《关于解决全市乡村医生养老保障问题的实施意见》，及时发放补助资金，妥善解决乡村医生养老保障问题，确保基层卫生队伍稳定。基本药物制度实施以来，全市基层医疗卫生机构药品价格平均下降25%以上，门诊次均费用下降24%，住院次均费用下降9.5%，门诊人次增加10%以上，群众看病贵问题得到一定程度的缓解。

【血液管理】 全年无偿献血者8400余人次，采血量267万余毫升，分别比上年增长4.26%和5.51%，其中街头接待无偿献血2100余人次，采血量达70万余毫升。机采血小板264人次，共采集2640单位。无偿献血量占临床用血比列为100%，成分用血比例为99.87%，满足临床用血需求，确保了血液质量安全。

【卫生应急】 进一步加强卫生应急体系建设，完善应急工作制度，健全应急预案，继续加强监测预警、培训演练和物资储备保障，及时规范做好突发公共卫生事件和相关信息的报告及调查处置工作。全市各医疗单位切实加强医院急诊科室建设，配备急救人员，配齐急救设备，加强培训演练，完善接诊、会诊制度，进一步畅通急救绿色通道，极大地提高危重症病人抢救成功率。

初级卫生保健

【农村卫生】 2011年，顺利通过江苏省农民健康工程先进市专家组验收。按照省委省政府、市委市政府关于建设社会主义新农村的总体部署，继续以“农民健康工程”统领农村卫生工作全局，努力营造政府主导、卫生主管、多部门协作的工作局面。全市农村卫生工作质量和服务水平进一步提高，农民健康工程主要指标有效落实，社会影响力进一步扩大，受到广大农民的普遍欢迎。戴埠镇卫生院顺利通过省级示范乡镇卫生院专家组验收。妥善解决全市乡村医生的养老保障问题，稳定乡村医生队伍。

【社区卫生】 继续推进社区卫生服务机构标准化、示范化建设工作，继续推进居民健康档案工作，大力开展健康服务团队建设。

【新型农村合作医疗工作】 2011年，新农合共有549298人参保，参合率继续保持100%，农民个人筹资80元（其中茅山老区为70元），根据上级要求，

创建江苏省农民健康工程先进市工作汇报会 （市卫生局 供稿）

各级财政新农合补助不低于人均200元，其中镇级财政补助人均60元，省定额补助1590万元，常州市定额补助730万元，其余不足部分由本市财政补齐。2011年，筹资总额较2010年增加2500余万元，基金总量达1.514亿元，人均筹资达275元。2011年全市新农合住院结报44915人次，住院申报金额共计约26521万元，可报金额19151万元，可报金额占医疗总费用的72.21%，平均住院补偿率可达52.03%。其中镇级医疗机构补偿22123件，占总补偿件数的49.26%，申报金额6438万元，可报金额6045万元，实际补偿金额4130万元，补偿率64.15%；市内二级医疗机构17806件，占39.64%，申报金额11140万元，可报金额8057万元，实际补偿金额4759万元，补偿率42.72%；市外医疗机构4985件，占11.1%，申报金额8943万元，可报金额5049万元，实际补偿金额2407万元，补偿率26.92%。2011年，溧阳市总补偿金额12486万元，其中住院补偿金额11297万元；特殊病种补偿1614人次，补偿金额447万元；门诊补偿306755人次，补偿金额742万元。2011年年底，大病补助800万元。完成儿童先天性心脏病救治14例，儿童急性白血病救治2例，超额完成常州市下达的全年任务。

【城镇居民基本医疗保险】 2011年，市城镇居民基本医疗保险参保人数38992人，参保率达100%。参保居民个人按每人80元标准缴纳参保费；溧城镇财政按每人65元对参保居民实行补助，市财政按每人135元进行补助。2011年，城镇居民基本医疗保险筹资总额达1092万元。2011年，全市城镇居民基本医疗保险住院补偿1758人次，申报金额1269万元，可报金额816万元，实际补偿金额449万元，平均住院补偿率46.55%；特殊病种补偿57人次，补偿金额16万元；普通门诊补偿20564人次，补偿金额44.4万元。总计补偿金额约509.4万元。

妇幼卫生

【概　况】 2011年，以基本公共卫生和重大妇幼卫生服务项目为抓手，不断提高孕产妇系统管理和儿童系统管理质量，加强爱婴医院长效管理和托幼机构卫生保健管理，规范妇幼保健各项工作。免费建立孕产妇保健手册、儿童保健手册，免费提供孕早期相关检测、产前检查、产后访视、新生儿访视等服务。实施住院分娩补助2716人，补助金额108.64万元；免费发放叶酸3622人；为62名乙肝表面抗原阳性的产妇所生婴儿免费注射乙肝免疫球蛋白。全市无孕产妇死亡，婴儿死亡率2.45‰，5岁以下儿童死亡率3.60‰，新生儿出生缺陷率3.16‰，新生儿疾病筛查率97.20%，孕产妇艾滋病、梅毒和乙肝检测率分别为97.91%、99.27%和99.93%，孕产妇保健覆盖率98.21%，0～6岁儿童保健覆盖率99.94%，妇女病普查率91.22%，免费婚前医学检查率90.19%。

疾病控制和卫生监督

【疾病防控】 全年无甲类传染病报告，乙类传染病发病率同比下降25.54%。艾滋病、结核病、血吸虫病等重大传染病防控力度不断加强，组织开展两所监狱新入监人员和市看守所被监管人员艾滋病抗体筛查3100人。市人民医院及其燕山分院和市皮防所VCT门诊免费咨询检测1026人次。全市接受宣传咨询3657人次覆盖全市娱乐场所80余家。全年发现和新登记管理肺结核病人332例，并纳入结核病控制项目实行免费治疗。全市合计查螺面积417万平方米，查螺工日4407个，查螺框数34万框，无阳性钉螺发现。全市灭螺面积10.6万平方米。继续加强手足口病、流感、麻疹等重点传染病防控工作，规范落实传染病防控各项措施。全年完成适龄儿童一类疫苗接种150533针次。完成2010年度乙肝疫苗查漏补种第三针的补种工作，共接种2539人。对部分行政村的重点人群开展了两针次出血热疫苗的接种工作，共接种19870针次。按要求实施高血压、糖尿病等慢性病患者的调查摸底、建档、管理工作，全年规范管理高血压患者55853人、糖尿病患者13200人。认真开展食品污染物监测和社区人群食源性疾病主动监测工作，全年完成公共场所、食品从业人员体检24727人次。对全市2个市政水厂和14个农村水厂共42个监测点的397件水质样品进行监测。传染病疫情处理、地方病防治、健康教育、肿瘤监测和重性精神疾病管理等各项工作得到全面落实，学校、放射和职业卫生监测工作得到进一步加强。

【卫生监督】 2011年，出动卫生监督员13786人次，监督检查各类单位12742户次，责令整改825户次，立案查处170起。受理投诉举报70起，及时回复率100%。全年新发许可证1111家，变更延续448家，发放从业人员健康证21172人份。开展非法添加和滥用食品添加剂、无证经营、打击非法

全市卫生工作会议　　（市卫生局　供稿）

行医等专项整治和春秋季学校卫生以及酒类、食用油、瘦肉精、塑化剂、集中式中央空调等各类专项检查活动40次。深入推进餐饮单位、公共场所量化分级管理工作，城区餐饮单位、学校食堂量化分级管理率100%。继续推进“五小”行业示范街、示范店扩面工作，新增创建示范街2条、示范店70户。全面完成元旦、春节、国庆等节假日和“旅游博览会”、“两会”、中、高考等重大活动期间卫生监督保障任务，期间未发生食物中毒等突发公共卫生事件，圆满完成省文明城市考核验收相关工作。2011年，市卫生监督所顺利通过卫生监督体系建设省级评估，被评为江苏省卫生监督专项整治先进单位。

爱国卫生

【概　况】 巩固和推进国家卫生城市的长效管理，全面实施城乡环境卫生整洁行动。全年新建成省卫生村18个、常州卫生村15个，完成无害化卫生户厕1500户，全市改厕普及率达96%。全市14个农村集中式供水单位，共设监测点28个，监测覆盖率100%。在天目湖镇桂林村建成健康步道1条、健康小屋1个。市地税局荣获省爱国卫生先进单位称号。全市卫生系统36家单位全部建成“无烟医疗卫生机构”。

（殷向志）

食品药品监督管理

【概　况】 2011年，市食品药品监管局在市委、市政府和市食品药品安全委员会的领导下，以“三个代表”重要思想和科学发展观为指导，认真贯彻落实食品药品安全工作方针、政策和《食品安全法》、《药品管理法》等法律法规，紧紧围绕全市“紧跟苏锡常、同步现代化”目标，以保障公众饮食用药安全为中心，加强食品综合监管和药械质量全程监管，大力推进食品药品监管依法行政，深入整顿和规范食品药品市场秩序。全市食品药品安全工作持续健康稳定发展，溧阳市被评为常州市食品安全工作先进单位。

【食品安全综合监管】 认真贯彻落实“政府统一领导、部门指导协调、各方联合行动”的食品安全工作方针，切实履行市食品药品安全委员会办公室职能，发挥政府食品安全工作“抓手”作用，不断完善全市食品安全综合监管机制。

理顺监管职能。出台溧阳市食安委〔2011〕1号会议纪要，就小作坊监管存在的矛盾进行协调，进一步理顺食品生产加工小作坊监管机制。由市食品药品监管局牵头，各镇（区）政府负责，相关食品安全职能部门配合，利用2个月的时间，完成对全市食品生产加工小作坊和食品摊贩的调研，全面掌握第一手资料，建立健全监管数据库，为实施分类监管打下基础。

健全监管网络。重新明确全市10个镇（区）和21个食品安全委员会成员单位的分管负责人、协管员和联络员，以及全市175个行政村食品安全信息员、42个社区群众义务监督员，全市各镇（区）相关综合办公室增挂食品安全办公室牌子。

完善责任体系。落实“政府负总责，监管部门各负其责，企业是第一责任人”的食品安全责任制，市政府与全市食品安全主要职能部门及各镇（区）、各镇（区）与所辖行政村、相关食品安全职能部门分环节与重点企业逐级签订食品安全工作责任书，形成一级抓一级，一级对一级负责的责任机制，强化企业是食品安全第一责任人的责任。

加大考核力度。制定《溧阳市食品安全工作考核办法》，市食安办组织农林、质监、工商、卫生等职能部门组成考核组，对照食品安全工作责任书和“食品药品安全工程”目标任务，对全市主要食品安全职能部门和10个镇（区）政府食品安全工作进行考核。上兴镇、竹箦镇和市卫生局、市食品药品监管局被评为2011年度全市食品安全工作先进单位。

【食品药品安全工程】 2011年，市食安办牵头，市农林局、质监局、工商局、卫生局、粮食局、食品药品监管局及全市10个镇（区）配合，组织实施全市民生类重点工程——“食品药品安全工程”。协调相关部门分环节制定“食品药品安全工程”工作标准，明确职责分工，落实工作进度，强化跟踪督查，圆满完成重点工程目标任务。农林部门着力抓好农产品质量安全源头控制，大力推进“三品”认证工作，全市无公害农产品、绿色食品、有机食品认证总数达385个。质监部门加大食品安全抽样检测力度，配合省级监督抽查溧阳地产食品85只，合格率100%；开展对炒货、饮用纯净水、肉制品、糕点、大米、茶叶等10余类食品快速检测61批次，对花椒制品、饮用水产品、调味料产品等监督抽检13个批次，检测合格率100%。工商部门加强流通领域食品安全长效管理。全市45家大型超市、批发企业进销台账、索证索票实施率达1005415家其他食品经营户进货验收、索证索票实施率达100；创建食品安全示范店214家。卫生部门全面实施餐饮食品卫生量化分级管理。全市1468家餐饮业及食堂全面实施量化分级管理，其中A级单位73家、B级单位129家、C级单位1266家，新增6个学校A级食堂、3个社会餐饮A级单位。粮食部门大力推进“放心粮油”工程。开展“放心粮油”评审活动，全年新增示范企业7家，总数达14家；构建“放心粮油”示范销售店220个，实现镇区全覆盖，村覆盖率达85；开展“放心粮油”进学校、进军营等活动，完成“放心粮油”供需对接2000多吨。

【食品安全整顿】 市食安办根据国家、省和常州市的统一部署，针对社会关注的食品安全热点难点问题，组织协调市农林、质监、工商、卫生等职能部门，各司其职，协作配合，深入开展食品安全整顿。

开展乳品和含乳食品专项清查。相关职能部门建立领导联系点制度，与73家乳品生产企业和批发企业签订质量安全责任书，检查含乳食品生产企业20家，食品经营单位2981家，餐饮服务单位1740家，45家大中型超市和34个集贸市场，未发现含“三聚氰胺”问题乳品。

开展生猪及其产品“瘦肉精”类物质专项检查。对全市部分养殖场、9家屠宰场、24家肉制品生产企、33个农贸市场的500余个鲜肉经营户及双汇、雨润等30个专卖店（超市）、758家餐饮单位进行执法检查，没有发现“瘦肉精”等问题猪肉。相关部门进一步健全监管机制，加强源头管理，严防含“瘦肉精”问题猪肉流入。

开展严厉打击食品非法添加和滥用食品添加剂专项整治。在全市食品生产企业、超市、集贸市场、餐饮单位张贴整治公告1万多张；相关职能部门加强环节监管，建立农产品追溯体系，落实生产企业主体责任，开展日常区域巡查，严格规范餐饮服务单位使用食品添加剂行为，加大对相关产品的抽检力度，完善食品添加剂“五专”管理和备案制度、公示制度，对发现的违法违规案件立案查处。

开展“地沟油”专项整治。召开全市打击“地沟油”违法犯罪专项工作会议，组织公安、工商、质监、环保等部门开展“地沟油”黑作坊、黑窝点拉网式检查。同时，相关职能部门加强对豆制品、肉制品、乳制品、酒类等重点品种，餐饮“五小”行业、校园食品安全等重点环节，城郊结合部、天目湖旅游景区等重点区域的食品安全监管检查，维护食品市场秩序。据统计，全年相关职能部门共出动巡查执法人员1.5万余人次，检查食品生产经营和餐饮单位1.8万余家次，抽检食品8800余批次，立案查处违法违规案件252起，严厉打击生产销售假劣和不合格食品违法行为。

【药械日常监管】 市食品药品监管局严格落实药品生产企业质量授权人制度和驻厂监督员制度，与企业签订《确保药品质量安全承诺书》，强化企业第一责任人的责任。开展高风险企业飞行检查、“两证”换证的后续监管、企业变更检查、注册现场核查和抽样工作。加强药品经营企业监管，全年共新开办零售药店18家、医疗器械零售企业7家；完成行政许可变更17家、注销16家，许可证换证工作63家；完成52家零售药店的GSP跟踪检查，以及42家新开办和到期换证药店GSP认证工作。加强医疗机构药品使用管理，与市卫生局联合召开全市医疗机构药械管理培训班，对全市31家医疗机构实施《江苏省医疗机构药品使用质量管理规范》进行检查，其中二级医疗机构2家、乡镇卫生院22家、民营医院6家、计划生育指导站1家，各医疗机构均能较好地执行《江苏省医疗机构药品使用质量管理规范》。加强药品安全信用体系建设，严格按照《常州市药品医疗器械企业质量安全信用等级评定办法》，对辖区内药械经营企业进行信用等级评定，实施分类分级监管。

【基本药物质量监管】 市食品药品监管局把加强基本药物质量监管作为推进实施国家基本药物制度、服务市医改工作的一项重要政治任务。与企业签订《溧阳市基本药物生产企业质量安全责任状》、《加强基本药物配送质量监管2011年度主要工作任务责任书》和《关于实施基本药物电子监管码承诺书》，确保企业责任落到实处。稳步推进基本药物全品种电子监管工作，督促企业完成生产线电子监管码系统改造；根据江苏省增补药物目录（2011）版，对生产企业的品种进行核对梳理，整理出调出、调入品种，建立电子监管工作报表和品种监管档案。全年开展基本药物配送企业专项检查9次，对基本药物的购进、验收、仓储保管、销售出库和温湿度在线监控系统运行情况进行全面检查。全市基药配送企业均配备基本药物电子监管码接口上传软件，同时增加RF手持终端和电子扫描枪等硬件设备，对操作人员进行培训，基本药物配送企业对已赋码的基本药物数据能及时进行核注核销。

【药品安全监管】 制订《溧阳市高风险类药品生产企业专项检查方案》，对药品生产企业进行2次高风险类药品专项检查，对小容量注射剂的生产质量环节进行全面检查，对检查中发现的问题要求企业及时整改，并进行跟踪检查。开展重点品种处方工艺“回头看”检查，选择8个重点品种开展现场检查，核对注册、再注册申报资料与现执行的工艺规程、批生产记录、药品标准的相符情况，监督企业对F_0值小于8的小容量注射液品种开展研究工作，并在规定时限内上报资料。举办新版药品不良反应报告和监测管理办法培训班，全市各医疗机构药械分管领导、药剂科主任、个体诊所、厂矿医务室负责人共65人参加培训。根据“国家药品不良反应监测体系建设项目”试运行工作要求，对辖区内49家基层用户单位进行试运行培训。全年有37家单位共上报药品不良反应报告400例，每百万人口药品不良反应报告数为513例，达国际先进水平。按照规定频次开展特药日常检查工作，主要检查特药批发企业的麻醉药品、精神药品、蛋白同化制剂、含特殊药品复方制剂的经营状况、安全管理、销售流向、数据上传等情况，对二类精神药品零售企业每半年检查一次。开展盐酸克仑特罗专项监督检查，检查批发企业2家，抽查药店25家，没有超范围经营情况。现场监督溧阳药业有限公司销毁4种合计7.61公斤的毒性中药材。全市没有发生特药流弊事件。

【创建药品安全示范市】 为巩固江苏省农村药品两网建设示范市工作成效，提高全市药品监管水平，市食品药品监管局积极争取市政府支持，启动江苏省药品安全示范市创建工作。成立溧阳市创建江苏省药品安全示范市领导小组，制订创建工作3年行动方案，明确创建目标、主要任务、职责分工和实施步骤，并将创建工作纳入政府综合目标考核体系。召开全市创建江苏省药品安全示范市动员大会进行部署，市政府与各镇、各药品安全相关部门签订创建工作目标任务书。根据创建要求，市食品药品监管局投入20余万元，对原药品远程电子监控系统进行改版升级扩容，建立覆盖全市所有药品生产、批发企业和基层医疗机构的药品远程电子监控系统，新增视频监控、假药搜索等功能，简化操作，方便基层使用，提升监管能力。

【药械稽查执法】 2011年，市食品药品监管局根据上级部署，制定“2011年溧阳市药品安全专项整治打假行动方案”，开展假冒国内外知名品牌药械产品、通过互联网发布广告和寄递等渠道违法销售药品、制售假劣血液制品及生物制品等高危药品、药品非法交易、中药饮片等11项专项检查，建立稽查、抽样、举报“三位一体”打假格局，加大部门联合执法和区域协同办案力度，保持高压态势，严厉打击药品医疗器械违法违规行为。2011年，市食品药品监管局共出动执法人员1400余人次，检查监管单位282家，立案查处药品医疗器械违法案件28件，总案值4.62万元，没收假劣药械货值2.58万元。加强药品抽样工作，全年共抽检药品398批，其中基本药物100批，评价性抽样78批，针对性抽样220批，检出不合格药品16批，地产基本药物抽检合格率达100%。重视涉药投诉举报，全年共接到群众举报19起，受理率、办结率100%，通过举报查处无证经营隐形眼镜、经营假劣保健食品等违法案件，维护消费者合法权益。

【保健食品化妆品监管】 5月，市食品药品监管局正式履行保健食品化妆品监管职能。针对保化监管法规不健全、保化市场基本疏于监管的情况，根据上级要求，启动保健食品化妆品监管工作，对经营面积在200平方米以上的大中型商场、超市、专卖店，以及社会零售药店进行专项检查，重点检查各单位经营行为、索证索票、保健食品化妆品包装标签等内容，针对检查中发现的有关问题，以教育规范为主，指导和督促有关单位及时整改，并向全市各经营单位下发检查情况通报，提出规范管理要求，推进保化监管工作深入开展。

【依法行政工作】 市食品药品监管局坚持“依法行政、执法为民”的执法宗旨，以建设“依法、公正、廉洁、高效”的执法队伍为目标，积极推进依法行政工作。2011年，全局行政执法人员零投诉、零违纪，行政处罚案件办结率、正确率100%，无行政复议和行政诉讼案件，被省食品药品监管局评为2011年度全省药监系统药品监督行政处罚案卷质量“优胜单位”，被常州市局评为“案件质量优秀单位”。

推进执法规范化。健全案件合议、重大案件集体审议、案件内部审查等办案制度，实行行政处罚案件“查、审、定”三分离，严格执行行政执法责任制和责任追究制，形成按制度办事、用制度管权的良好工作机制；对行政执法实行全流程把关，突出立案审批、案件调查、行政处罚等重点环节，通过推进说理式执法文书、实行卷宗制作节点控制，不断提高办案质量，规范执法行为。

实施办案透明化。通过局网站、政务公开栏等向社会公开行政处罚依据、执法程序、投诉举报电话，主动接受群众监督；实行行政处罚案件评查制度，开展案件卷宗互查评审，通过检查办案程序规范性、违法事实认定合法性、自由裁量标准执行情况等内容，确保行政执法公正、公平、公开进行。

实现监督经常化。加大对行政许可、稽查执法等重点岗位、关键环节的监督力度，建立健全执法人员廉政档案，主动邀请市人大代表、政协委员视察食品药品监管工作，实行执法行为信息反馈制度，定期对行政处罚案件进行回访。积极畅通社会监督渠道，认真办理群众来信来访，2011年，共办理《民生聚焦》咨询投诉件1件，信访件2件、市长信箱2件、网络问政1件，做到及时调查，及时答复，群众满意率100%。

【队伍作风建设】 2011年，市食品药品监管局针对食品药品监管体制的新要求，组织干部职工认真学习食品药品监管法律法规，积极参加省、市局举办的药品稽查、监管和保化监管工作等各类业务培训班，并采取专家授课、知识竞赛、现场测试等形式，检验学习效果，全员参训率达100%。制订进一步加强机关作风建设行动方案，开展机关作风建设五项专项治理（民主集中制执行情况专项治理、项目保障和涉企服务专项治理、“庸懒散”专项治理、严控公款消费专项治理、“八小时外”行为规范专项治理），组织机关作风自查自纠和制度执行情况的明察暗访监督检查。深入开展“效率溧阳创品牌、机关服务争最优”主题实践活动，组织机关服务品牌大讨论，开展服务品牌征集活动，精心提炼形成契合部门职能、具有部门特色的“药监卫士、情系民生”服务品牌，建立健全服务品牌标准体系，积极开展服务品牌宣传，向社会公开机关作风效能建设承诺，并在实践工作中抓好贯彻落实，推动服务型机关建设的深入开展，提高服务发展、服务基层、服务群众的质量和效率。

【服务产业】 市食品药品监管局认真贯彻落实《常州市支持服务生物医药产业发展的十五项政策措施》，2011年，市食品药品监管局举办药品管理法律法规、监管制度和业务技能培训班10期，培训企业负责人、质量负责人、药学从业人员610人次，增强企业依法经营意识，帮助企业提高经营管理水平。将医药企业开展GMP、GSP认证等工作纳入局年度综合目标考核体系，落实工作目标责任制，积极为企业开办、变更、注册、换发证和GSP认证工作提供政策咨询、工作协调、资料把关和现场指导，组织开展对重点医药企业认证前的模拟认证，确保企业正常生产经营。积极帮扶企业推进实施新版GMP，深入辖区内药品生产企业进行广泛宣传和摸底，督促企业抓紧实施、科学改造，组织企业人员参加国家局、常州局举办的培训班，帮助企业更好了解新版GMP的内容和实施要点，指导企业及时制定并上报新版GMP实施计划，确保企业在规定期限内完成新版GMP实施工作。

【食品药品安全宣传】 2011年，市食品药品监管局组织开展“食品药品安全进万家”、“全国食品安全宣传周”、“全国药品安全月”等宣传活动，大力宣传食品药品监管法律法规、饮食用药安全知识，全年共制作宣传展板18块、宣传横幅126条，编印《食品药品安全手册》1万本，发放食品药品安全知识宣传资料1.5万余份；在《溧阳时报》开设食品药品安全宣传专版2期，编印《食品安全工作简报》12期，溧阳电视台专题报道5次；邀请江南大学教授举办一期食品安全知识专题讲座，全市各镇（区）、市食品安全委员会成员单位分管负责人和联络员，部分职能部门的中层干部共120余人参加。通过宣传培训，增强群众食品药品安全意识，提升群众食品药品消费信心，营造良好社会氛围。（陈国平）

市委书记盛建良（左三）出席卫生系统领导干部会议

副市长唐华新（左二）下基层调研镇教育卫生事业工作

溧阳市卫生局

LIYANGSHIWEISHENGJU

市卫生局局长王海保（右二）春节前慰问困难职工

2011 年，全市卫生工作紧紧围绕市委、市政府“紧跟苏锡常，同步现代化”的工作目标，坚持以办好人民满意的卫生事业为己任，着力解决涉及民生健康的热点难点问题，各项工作齐头并进，整体水平明显提升。截止 2011 年末，全市共有各级各类医疗卫生机构 240家，其中，综合医院9家，中医院1家，皮防所1家，专科医院1家，社区卫生服务中心 2 家，镇（区）卫生院 18 家，分支机构 14 家，厂矿医务室、个体诊所 44 家，村卫生室 144 家，公共卫生机构 5 家，医学在职培训机构 1 家。全系统卫技人员 3100 人，注册乡村医生数 422 人。全市医疗机构总诊疗人次数 2241412 人次，其中门急诊人次数 2144739 人次，入院 74454 人次，住院病人手术人次 21597 例；医疗机构总收入 83661.9 万元，同比增长 18%。

卫生系统管理培训班仪式

2011年度医改目标管理工作汇报会

2011年9月22日政协副主席马小其（左一）到卫生局督办重点提案

2011 年，卫生事业发展亮点纷呈

一：顺利创成江苏省农民健康工程先进县（市）。

二：暨南渡镇卫生院成功创成省级示范乡镇卫生院之后，戴埠镇卫生院再次获得此项殊荣。

三：去年 6 月 1 日起，基本药物制度全面推广实施。全市基层医疗机构药品价格平均下降 25% 以上，门诊次均费用下降 24%，住院次均费用下降 9.5%。

四：建设完成常州市级重点专科 6 个、溧阳市级重点专科 10 个。26 项科研课题立项，其中省卫生厅立项 4 项、常州市卫生局立项 4 项。区域化消毒供应中心管理模式被卫生部作为“溧阳模式”在全国推广应用。

五：市卫生监督所荣获“全省卫生监督体系建设工作先进单位”称号。

六：妇幼保健工作在常州地区名列前茅，全市孕产妇死亡为 0；婴儿死亡率 2.45‰，同比下降 1.23‰；新生儿出生缺陷率 3.16‰，同比下降 2.34‰。

中国医学科学院皮肤病研究所九三学社医学专家来溧阳开展义诊活动

2012年3月22日政协主席崔国伟（右）为南通大学附属溧阳医院揭牌

全市清理化解基层医疗机构债务

2012年度新农合筹资工作会议

卫生系统“关爱生命 奉献爱心”无偿献血活动

中医有特色　西医也一流

团结创新的院领导班子：书记、院长潘荣华（中）副院长陈欣杰(左一）
副书记徐春林（左二）副院长杨旭芒（右二）副院长邱余新（右一）

2012医院文化建设年

ISO9001–2008国际质量标准化认证管理

业务

业务收入1.82亿元，门诊35.9万人次，

住院12233人次，手术操作共6466例。

高端设备

配有德国西门子1.5T磁共振、德国西门子全身多排螺旋CT，日本岛津DSA，美国雅培全自动生化仪，美国成视准分子激光仪，荷兰飞利浦智能多普勒三维彩超，瑞士全自动酶免分析仪等大型先进医疗设备。

重点专科

江苏省中医临床重点专科建设单位——肾内科

常州市中医临床重点专科——骨伤科　肾内科

溧阳市临床重点专科——心内科　呼吸科　中医妇科　针灸推拿康复科　眼科

特色门诊

冬病夏治　吕氏中医　针灸减肥　小儿哮喘　整形美容　中医康复

服务中心：0519—87265900　急救中心：0519—87289999　87265999　网址：http://www.lyzyy.com

人才科技

拥有全国“五一”劳动奖章

江苏省劳动模范

省“333”高层次培养人才2名

常州市“831”人才

常州市名中医

常州市高层次医学创新人才培养对象

常州市青年医学创新人才培养对象

高级技术职称50名（中医21名）

溧阳市杰出人才

溧阳市政府津贴科技拔尖人才

引进研究生24名，培养在职博士、研究生共43名

溧阳市十佳优秀科技工作者、市拔尖人才

获得常州市科技进步奖 2项

获得溧阳市科技进步奖7项

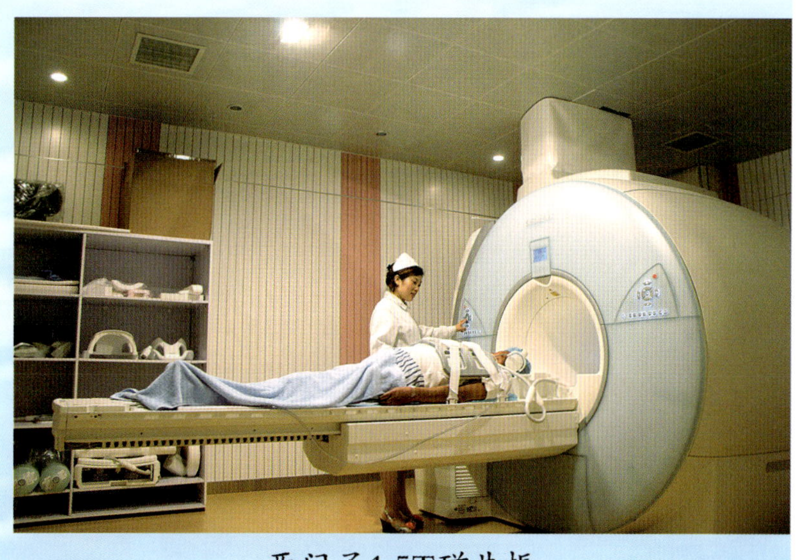

西门子1.5T磁共振

地　　址：江苏省溧阳市溧城镇西后街121号　　邮　　编：213300

溧阳市食品药品监督管理局

局长 严旭华

举办食品安全宣传周

食品药品安全关系人民群众身体健康和生命安全，关系经济发展和社会和谐。近年来，市委、市政府高度重视，把加强食品药品安全工作为保障和改善民生的重要举措，以“食品药品安全工程”为抓手，不断健全组织体系，完善监管网络，深化专项整治，推进示范创建，有力地促进了溧阳市食品药品安全工作的深入开展。全市食品药品安全保障水平逐年提高，连续多年没有发生重大食品药品安全事故。2011 年，溧阳市被评为常州市食品安全工作先进单位。

2012 年，是党的十八大召开的喜庆之年，是实施“十二五”规划承上启下的重要一年。全局将在市委、市政府的正确领导下，以邓小平理论和“三个代表”重要思想为指导，深入贯彻落实科学发展观，大力践行科学监管理念，坚持以确保公众饮食用药安全为中心任务，加快推进食品药品安全责任体系和监管体系建设，加快构建食品药品安全社会化治理格局，着力创新监管制度机制，着力提升监管队伍能力素质，着力促进医药产业又好又快发展，促进溧阳市食品药品监管工作持续稳定健康发展，助推溧阳“紧跟苏锡常、同步现代化”，以优异的工作业绩迎接党的十八大胜利召开。

开展食品安全联合检查

加强食品药品安全工作，离不开社会各界和广大人民群众的关心、支持和参与。全局将积极加强与社会各界的沟通，大力宣传食品药品法律法规、监管举措、工作成效和安全知识，让更多的人了解食品药品安全工作，同时，真诚地希望人民群众对食品药品监管工作进行监督，多提宝贵意见和建议。

局领导深入医药企业走访调研

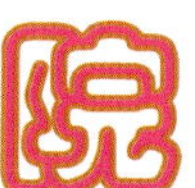

院长 周志浩

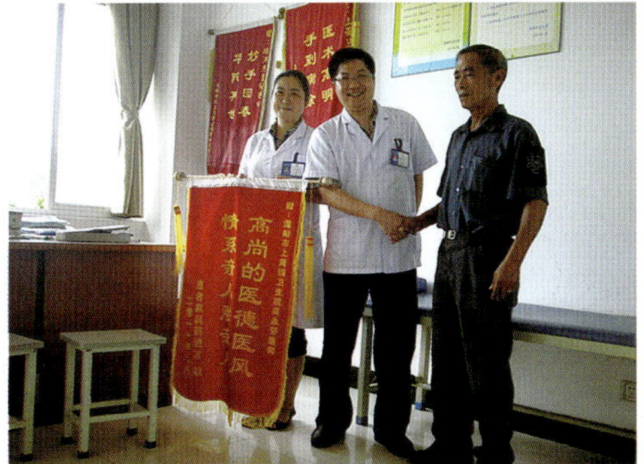
院长周志浩接受患者家属赠送的锦旗

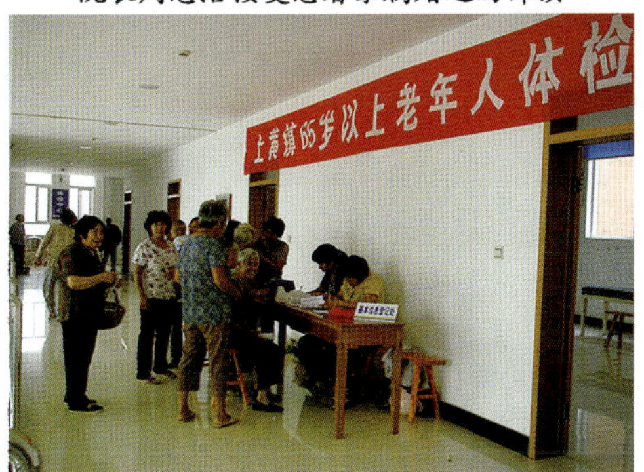

为全镇 65 岁以上的老人进行免费体检

邀请市人民医院专家来院授课

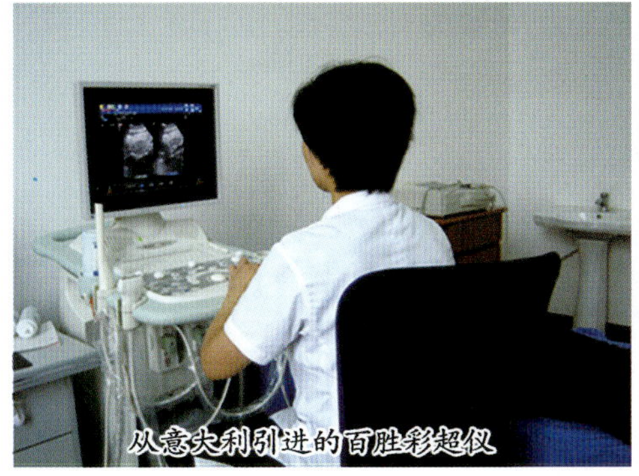
从意大利引进的百胜彩超仪

上黄卫生院创建于 1950 年，通过几代人的努力，现已建设成为一所科室设置齐全，服务优良，专业结构合理的常州市首批一级甲等卫生院和常州市示范社区卫生服务中心，其医院规模、诊疗水平、医疗设备、学科建设等在同级医疗机构中都名列前茅。

医院占地 20 余亩，建筑面积 8818 余平方米，配有电梯、中心供氧、中心传呼、层流净化手术室等先进设施，并引进加拿大 ICD 数字化 X 线摄影系统（DR）、德国 AGFA 干式数字化激光胶片打印机、意大利百胜彩超、韩国麦迪逊黑白超、德国 Wolf 腹腔镜、日本富士能电子胃镜、电子阴道镜、美国魅力 2000 型全自动生化分析仪、迈瑞 BC5380 无分类计数仪、智能型尿沉渣分析系统、彩色经颅多普勒血流诊断仪（TCD）、Holter 心电图机、卡式 C14 呼气检测仪及多种心电监护仪等现代化高精尖诊疗设备。

医院现有员工 80 名，医院实行手诊负责制、全程导诊制、专家预约制、服务礼仪制、收费清单制、环境园林化、服务礼仪化、治疗个性化、需求差异化、收费合理化、设备现代化、病房宾馆化等国际先进的医疗服务模式，都将为病人带来全新的就医感受。医院还与南京金域、爱迪康等国内知名医学检测中心进行长期的技术合作与交流，还定期邀请南京、镇江等著名专家来院技术指导，以此全面提升医院的诊疗水平和发展速度。

全院员工同心协力、成功创建了“常州市示范社区卫生服务中心”、“常州市示范产科”、“常州市规范化防保科”、“常州市规范化检验科”、“规范药房示范单位”、“江苏省现代化预防接种门诊”及“‘常州市廉政文化进医院’建设示范点”…….同时，医院在全市率先推行了“礼仪化服务”、率先创制了具有储存信息、上网查询等功能的“电子体检卡”，并分别受到《新华日报》、《常州日报》、“常州卫生信息网”、“溧阳信息港”等媒介、网络争相报道，省、市广播电视台也争相采访、录像和播放，取得了让百姓放心、社会认可、病人满意的社会效益，全面提升了医院的社会形象。医院多次在社会卫生服务、传染病防治、中医、初保、妇保、儿保、计划生育、新农合、文明建设等方面被上级部门评为先进单位或先进集体等荣誉称号。

上黄卫生院全体员工将一如既往地秉承“关爱生命，呵护健康，全心全意为病人服务！”的宗旨和理念，继续阔步前进，再创辉煌灿烂的明天。

社　会　生　活

栏目编辑　陈莉莉

居民生活

【概　况】 2011年年末，全市户籍人口达78.73万人（公安年报数），比上年增长0.74%，其中，男39.87万人，女38.86万人。常住人口75.58万人，比上年增长0.84%，其中，城镇人口39.01万人，城市化率为51.61%。总户数26.63万户，年内出生人口6312人，人口出生率为8.05‰，死亡人口2885人，死亡率为3.68‰，人口自然增长率4.37‰。

【城乡居民收入创新高】 2011年城镇居民人均可支配收入26418元，增长15.3%；农民人均纯收入13505元，增长18.8 %，居民收入比缩小到1:1.96。

【居民储蓄持续增加】 2011年年末，全市城乡居民储蓄存款余额288.2亿元，人均储蓄存款36606元，比上年增加2951元，比2007年年末翻了一番。

【居民消费水平提高】 2011年城镇居民人均消费性支出18081元，增长21.3%；农村居民人均生活消费支出12839元，比上年增长9.5%。

【家庭耐用消费品拥有量增加】 根据城乡抽样调查资料显示，2011年年末，平均每百户城镇居民家庭耐用消费品拥有电话（移动电话）274部，家用电脑87.6台，家用汽车26辆；平均每百户农村居民家庭耐用消费品拥有电话（移动电话）267部，家用电脑39台。

【城镇登记失业率下降】 2011年，全市积极促进和扩大就业。城镇新增就业11112人，城镇失业人员再就业2147人，就业困难人员再就业512人，城乡劳动者职业技能培训6543人，创业培训687人，扶持创业人数477人，创业带动就业人数2401人。城镇登记失业率逐年下降，年末控制在2%以内，连续7年下降。　（陈佩翔）

民　政

【概　况】 2011年是“十二五”开局之年，全市民政工作在市委、市政府的正确领导下，延续“十一五”快速发展良好势头，紧扣全市“紧跟苏锡常，同步现代化”大局，坚持改善民生、创新社会管理、加强基础建设，在转型升级、率先发展的道路上迈出坚实步伐，为全市民政事业又好又快发展奠定了良好基础。全年筹集各类民政事业经费1.28亿元，其中向上争取4041万元，福彩公益金筹集850万元，慈善资金到账1694万元，市级财政安排6281万元，全年民生类财政性支出共计1.31亿元，主要用于低保、社会福利、医疗救助、抚恤安置等社会保障工作。

【城乡低保】 有效落实自然增长机制，城乡低保月标准分别提高到360元／人和250元／人，按照动态管理、分类施保、应保尽保的工作要求，截至2011年年底，全市共有城乡低保对象6916户、13668人，其中城市低保对象913户、1789人，农村低保对象6003户、11879人。全年共发放城乡最低生活保障金2688万元，其中城市低保金464万元、农村低保金2224万元。针对城乡居民生活消费品价格上

开展贫困大学生救助活动　（市民政局　供稿）

涨的实际情况，及时启动困难群众物价动态补贴机制，全年向城乡低保对象、农村五保对象、重点优抚对象和孤儿发放物价补贴600万元，惠及2万多名困难群众，有效保障困难群众基本生活稳定。发放城乡低保、农村五保对象及全市城乡低保边缘家庭元旦、春节期间一次性生活补助金622.9万元。

【农村五保】 2011年末，全市共有五保对象2217人，五保对象集中和分散供养年标准分别提高到4400元／人和3000元／人，全市五保供养率达100%。2011年，实施竹箦敬老院改造工程。

【救灾救济】 开展春节送温暖活动，下拨送温暖慰问金31万元；开展全国综合减灾示范社区创建活动，联合嘉丰社区幼儿园开展逃生演练；加强灾情信息预报，全市共有灾害信息员227名，基本建成覆盖市、镇、村（社区）三级的灾害信息员队伍。

【慈善事业】 召开市慈善总会第二次会员代表大会，审议通过市慈善总会第一届理事会工作报告、财务收支报告，修改《溧阳市慈善总会章程》，选举产生第二届理事会和监事会。全年新增认捐慈善资金2390万元，慈善基金规模达到2.4亿元。围绕助医、助学、助困、助残、灾害救助等项目发放慈善救助金达1200万元，惠及困难群众2.8万人次。

【孤残保障】 出台《关于进一步加强我市孤儿保障工作的意见》（溧政发〔2011〕63号），从生活、医疗、教育等方面对孤儿进行保障，1月1日起，按照散居孤儿每人每月600元，集中养育孤儿每人每月1000元的标准落实孤儿养育经费，全年为157名孤儿发放保障金109.26万元。按城乡低保标准落实无固定收入重残人员救助标准，全年共为3990名重残对象发放救助金1046万元。

【老年人保障】 全面落实老年人优待政策，3月1日起，对全市2.3万名80周岁以上老年人发放每人每月50元、100元、600元不等的尊老金。加快养老机构建设步伐，完成65个居家养老服务站建设，启动市社会福利中心建设项目，完成土地预审和环评报告报有关部门审批。建立老人“爱心之家”30个，安装“爱心门铃”486只，结对帮扶空巢老人2018名，推出“爱心助餐”等特色为老服务项目。2011年，溧阳市荣获“中国长寿之乡”称号，有4位孝星被评为“全国孝亲敬老之星”。

【福彩销售】 2011年，全市共销售福彩9453万元，位列全省县（市）第十二位，比去年同期增长38.4%，超额完成常州市局考核指标43%，筹集公益金850万元，为社会福利、公益事业发展提供保障。

【村级民主建设】 全面启动农村和谐示范社区创建工作，按照《常州市农村和谐示范社区标准》，从社区组织管理、硬件设施、民主建设、治安管理等七个方面加强农村社区建设，全市有38个村通过常州市农村和谐社区验收，创建率达22%，其中埭头镇埭头村、天目湖镇桂林村被命名为常州市十佳农村和谐示范社区。全市所有农村社区（含村改居社区）村务监督委员会全部建设到位并正常开展工作。

【城乡社区建设】 成立市社区建设指导委员会，相继出台《关于加强新形势下城乡社区建设的意见》、《溧阳市社区专职工作者管理暂行办法》和《关于调整社区专职工作者工资福利待遇的通知》等社区建设相关文件。全市新设城市社区居委会6个，并对溧城镇所属城市社区进行优化整合，城市社区居委会（不含“村改居”社区、新设立社区）由原来的28个调整优化到26个。积极开展社区“道德讲堂”活动，燕山南苑等6个社区建成“道德讲堂”示范社区。

【殡葬改革】 启动殡葬基础设施建设，建成别桥镇生态安葬区，整个生态安葬区占地约10亩，墓葬穴位3600个。上黄镇公益性骨灰堂工程进行内部装潢，项目建筑面积1850平方米，总设计格位1万个。市级骨灰堂一期工程建设方案已经确定。切实加强市殡仪服务中心管理工作，内部管理秩序稳定，殡葬服务质量和水平明显提升。1月1日起对全市城乡低保对象、农村五保对象、城市“三无”对象、享受民政部门抚恤的残疾军人、烈士遗属、因公牺牲军人遗属等九类对象实行基本丧葬服务费补贴，每人最高补贴标准达1590元，全年共发放基本丧葬服务费补贴33.7万元。

【区划地名】 积极做好苏皖线界线联检工作，与周边7个县（市）签订创建平安边界的协议。出台《溧阳市城区地名规划（2011～2020）》，对市区有关道路名称进行更名，会同市相关部门及时做好道路更名后的相关后续工作。积极会同常州市测绘院编制并公开发行《溧阳市行政区划地图》。

【婚姻和收养登记】 坚持开展婚姻登记规范化建设活动，取得良好社会效应。2011年，全市共办理结婚登记8781对，离婚登记1802对，出具婚姻登记记录证明3986件，登记合格率达100%。同时配合市卫生局认真做好免费婚检工作，婚检率达92.4%。办理收养登记63件，登记合格率100%。

【社会组织】 2011年底，全市共有各类民间组织320家，其中社会团体239家，民办非企业单位81家。开展民间组织年检、审核工作，注销民间组织6家，年检、审核合格率达100%。开展社会组织“小金库”治理工作，维护社会组织健康发展。

【双拥工作】 春节、“八一”期间，组织各类走访慰问活动100多次，发放各类慰问品（金）330余万元，举办“心连心、情系情”军民联欢晚会。完成竹箦武警大队营区绿化、市人武部开设电子阅览室等实事拥军项目9项，投入专项经费138万元。市、镇两级政府把双拥经费列入年度财政预算，全年对国防教育和实事拥军的投入超过2000万元。

【优抚抚恤】 按照自然增长机制，提高重点优抚对象抚恤补助标准和一至四级革命残疾人员护理费标准，全年下拨抚恤补助金945万元。为784名已故复员军人、老残疾军人配偶发放定期生活补助338.6万元，为部分生活困难重点优抚对象发放解困帮扶资金258万元。认真开展部分农村籍退役士兵老年生活补助发放工作，惠及全市4052名退役老兵。

【安置保障】 2011年，共接收2010年冬季退役士兵和2011年春季转业士官348人。进一步落实退役士兵城乡一体化安置和城乡义务兵家庭一体化优待政策，全年共发放退役士兵一次性经济补偿金721万元，发放义务兵家属优待金597万元。退役士兵职业技能培训工作成效显著，参训人数达到应参训人数的104%，“双证”获取率、结业率、就业率均达98%以上。

【自身建设】 深入开展作风建设，开展“机关作风建设月”活动，召开动员大会和推进会议，下发相关配套文件，切实加强全系统思想作风、学习作风、工作作风、领导作风和生活作风建设。同时，以机关作风建设为契机，深入开展创先争优活动，制定《溧阳市民政局机关管理创先争优考核办法》，以作风推工作，用工作促创优，积极推动全局机关作风建设水平上新台阶。扎实创建学习型机关，坚持党委中心组学习制度，把中心组学习与干部教育相结合，确立10个专题开展理论学习；实施“两月一课”学习计划，邀请省委党校教授作专题学习讲座6场；出台《关于开展业务学习活动的通知》和《关于做好民政调研活动的通知》，促进民政干部整体素质提高。

（雷　婧）

老年人生活

【概　况】 2011年，全市老龄工作在市委、市政府的领导和高度重视下，坚持“党政主导、社会参与、全民关怀”的老龄工作方针，围绕“强基础、求创新、上台阶”，认真贯彻落实市委、市政府《关于加快我市老龄事业发展的意见》（溧发〔2010〕62号）和年度老龄工作意见，突出重点、创新发展，全神贯注抓推进，全力以赴抓落实，不断开拓老龄事业发展的新局面。2011年，19个村（居）达到规范化建设标准，并有3个镇、5个村（居）被常州市评为老龄工作先进单位。市政府被省老龄委授予“省尊老爱老先进单位”称号。夏国浩获“省尊老爱老先进个人”，何文华获“省百佳孝星”，李国雄、蒋洪芝获“省老有所为人物奖”称号。

截至2011年年底，溧阳市户籍总人口78.73万人，60岁及以上户籍老年人口156830人，占户籍总人口的19.92%；65岁及以上人口102585人，占总人口的13.03%；70岁及以上人口70385人，占总人口的8.94%；80岁及以上人口28119人，占总人口的3.57%，占老年人口数（指60岁及以上人口）的17.93%。全市有百岁老人56人，其中男性9人，女性47人。

【养老保障】 2011年，全市老年社会保障体系建设取得明显成效，政策体系更加完善，保障水平有新提高，覆盖群体更广，老年人实实在在共享经济社会发展成果。

政策性保险覆盖范围不断扩大。全市职工养老、医疗、失业三大保险覆盖率达98.00%以上，养老金正常增长机制逐步形成，连续11年对企业退休人员养老金进行调整。“知青半家户”及六十年代精简下放职工养老补贴标准提高到每人每月150元，被征地农民基本生活保障覆盖率达96.5%。新型居民养老保险累计参保15.4万人。自2008年1月1日起在全省率先为无收入保障的60岁以上老年人发放养老补贴（基础养老金），发放标准由30元／月提高到60元／月，已累计发放1.76亿元。

社会救助奖扶工作有序开展。全市最低生活保障制度在实现“应保尽保”的基础上，其待遇标准逐步提高，2011年，城镇和农村低保标准分别提高到360元和250元，保障人数分别是1789人和11879人。同时，对低收入困难家庭继续实行临时价格联动补贴机制，全年向2万多名困难人员发放物价补贴600万元。先后投入5000多万元实施“关爱工程”建设，全市五保供养水平显著提升。市慈善总会自成立以来，每年为“五保”老人、高龄老人、病残老人等弱势群体发放各种慰问金、救助金超过1000万元。农村部分计划生育家庭奖扶政策和持《独生子女父母光荣证》退休的企业职工一次性奖励政策得到很好落实。全年办理老年人《优待证》25000多张。

尊老金制度有效建立。每年敬老日期间，市四套班子领导都对百岁老人和特困老人进行慰问。从2011年3月起，根据省民政厅、财政厅有关文件，为80周岁以上的高龄老人发放每人每月尊老金50元、100元、600元不等的尊老金。全市29个经济条件较好的村集体也向本村老年人发放金额不等的养老补贴（最高的唐家村每人每月发养老金650元）。

【医疗保障】 2011年，全市新家合参合率继续保持100%，人均筹资标准为275元，全年共补偿1.524亿元，实际住院补偿率52.03%。城镇居民医保参保率100%，筹资总额1072万元，总补偿金额650万元，实际住院补偿率45%。免费为93358名65岁以上老年人进行体格检查和健康指导。三级医疗服务体系得到完善。市、镇（区）、村（居）三级公共卫生服务体系不断健全，已建市级卫生服务机构6个、社区卫生服务中心20个、农村卫生服务站142个，城市社区卫生服务站13个，健全率均达100%。基本形成以市级医院为龙头、社区卫生服务中心为骨干、社区卫生服务站为基础的结构合理、覆盖城乡的三级医疗服务体系。老年医疗康复事业起步良好。民营医院—天目湖老年康复医院开展老年医疗康复护理服务，采取医疗和生活护理相结合的服务模式，解决患病老人及其家属的护理困难。

【居家养老】 2011年，市委、市政府将爱心助老工程纳入全市“经济、民生、环境”重点工程（工作）之中，对全市范围内年满60周岁的一、二级重症残疾、无子女或子女没有照料能力的低保老人、城镇年满80周岁的“三无”老人、本市无子女照顾且年满60周岁的常州市级以上劳动模范、年满70周岁的归国华侨和孤老、独居、高龄的离休老干部实行政府购买服务，每天派护理人员上门为老人提供必需的服务。全市有市级居家养老服务中心1个，镇级居家养老服务站10个，村级居家养老服务站127个，享受政府购买服务的对象95人，持证上岗的居家养老服务人员12名。

《农村家庭养老义务书》签订工作取得新进展。在农村，结合开展《家庭养老义务书》签订，由村老年人协会监督执行，充分利用道德规范与法制机制，强化家庭养老功能，维护老年人受赡养的合法权益，促进老年人的家庭和睦，维护社会稳定。全市农村共签订《家庭养老义务书》5.98万份。截至2011年底，全市有敬老院11所，床位2151张，五保老人2217人，其中集中供养1700多人，集中供养率80%。全市有各类养老机构17家，共有床位3565张，占老年人口总数的2.27%；有养老护理员上岗证的服务人员127人。同时还制定《溧阳市养老服务机构服务质量规范》。

【爱心服务品牌建设】 本着“以人为本，以情感人，以爱助人”的服务理念，打造爱心服务品牌。建设爱心老年之家，让爱好、兴趣相近的老年人集中在有一技之长的老人家中，互帮互学，享受充分的“老有所学”、“老有所教”、“老有所乐”、“老有所为”。全市有30个“爱心老年之家”。建立爱心信息库。各镇（区）居家养老服务站将90岁以上高龄空巢老人的家庭情况、生活习惯、健康状况、子女及亲戚朋友联系方式、平时爱好的文体项目，希望得到的服务项目等相关资料逐一登记建档，并实施“经常联系、定期走访，动态管理”，为提供各类服务搭建了一个全新的信息平台。

设立爱心电话，各镇（区）居家养老服务站与高龄空巢老人保持经常的电话联系，及时了解老人的情况，发现情况，及时处理。安装爱心门铃，共为80岁以上的“空巢”老人安装爱心门铃486只，每个门铃都与结对的爱心志愿者相通，只要一遇情况，老人一按门铃，随时有爱心志愿者上门服务、解决急难。实施爱心助餐，由市居家养老服务中心食堂送餐上门，只收成本费，不收送餐服务费，每餐还为老人优惠1元，已上门为老人送餐1600多人次。

组建爱心助老志愿者服务队伍，全市已组建以低龄健康老人为主的爱心助老志愿者队伍2000多人，结对帮扶空巢高龄病残老人1018名（其中农村960多名）。组建爱心驿站，村（社区）爱心志愿者组织空巢老人到老年活动室参加谈心、唱歌等文体活动，不能出门的，有志愿者上门与他们聊天。实施爱心保健，由各村（社区）卫生服务站定期或不定期的为到老年活动室活动的老年人量血压、量体温，遇有不适，及时用药。实施爱心助浴，由于高龄空巢老人行走不便，他们洗浴时最容易出现问题，由结对帮扶的志愿者上门，提供爱心助浴服务。组织爱心理发活动，由村（社区）定期组织有理发技能的志愿者为高龄空巢老人上门理发。

【老龄宣传工作】 3月，市老龄办会同市级机关工委、市民政局、文明办、通讯报道组等部门联合开展“福彩杯”溧阳市“十佳爱心助老志愿者”评选活动。共收到市级机关各部门、各镇（区）推荐的候选人30位，经评选领导小组投票评选、公示，共选出“十佳爱心助老志愿者”10名，“十佳爱心助老志愿者”提名奖20名。做好老龄先进推荐工作。2011年，分别向省、常州市推荐了“省百佳孝星”、“老有所为人物奖”、“省尊老爱老先进单位、先进个人”和“常州市先进老龄协会”、“常州市老龄工作先进个人”等28个。注重老龄工作的宣传，2011年被《省老年周报》、《江苏老龄》、《常州日报》等报刊录用的稿件有200多篇。

【第二个“敬老月”系列活动】 2011年，市委办公室、市政府办公室下发关于在全市开展第二个“敬老月”活动的通知，市老龄办提出贯彻落实意见，制定“敬老月”活动的实施方案。溧阳时报、溧阳电视台等媒体深入到十佳爱心助老志愿者中进行采访，集中宣传其典型事迹。各镇（区）老龄委在镇（区）政府所在地悬挂横幅，各村张贴标语广泛进行宣传，有力地烘托“敬老月”活动的气氛。在“敬老月”活动中，市委书记盛建良、市长苏江华、市政协主席崔国伟、市人大常委会代理主任袁再保、市委副书记汤如军、市委常委、副市长夏国浩等四套班子领导率市民政局、老龄办等有关单位负责人，带着全市人民尊老敬老的深情厚谊走访慰问市老年大学、天目湖敬老院、老年活动室和部分贫困老人及百岁老人。其间，全市各镇（区）走访慰问90岁以上的老人2900多人，发慰问金20多万元；走访慰问贫困老人500多人，发慰问金9万元；走访慰问五保老人1500多人，发慰问金近10万元。

举办“福彩杯”“十佳爱心助老志愿者”颁奖晚会。9月28日，市老龄委在人民广场举办“福彩杯”“十佳爱心助老志愿者”颁奖晚会，市委副书记、市老龄委主任汤如军同志致辞，市委常委、副市长、市老龄委常务副主任夏国浩宣读表彰决定，市四套班子领导为获奖人员颁奖，市老年大学演出精彩的节目。9月30日，在市人民电影院举行溧阳市庆祝第24个敬老日大会，市四套班子领导参加大会，为8位百岁老人代表发放尊老金。活动期间，还开展《中华人民共和国＝老年法》宣传教育活动，强化社会维护老年人合法权益的意识。各镇（区）、村（居）老年人协会确定专人接待老年人信访，发挥老年人组织的作用，解决赡养、继承等家庭纠纷，最大限度维护老年人的合法权益。

【老年人精神关爱】 2011年，老年教育稳步发展，秋季市老年大学开设24个专业，55个教学班，6个专业活动组织，招收学员1600多人，2600多人次；全市10个镇都建有老年学校，各村（居）建有老年学校（学习点）190个。完成市老年大学建校二十周年的系列庆祝活动；组织136名市老年大学的学员参加纪念建党90周年表彰大会暨“颂歌献给党”大型红歌会；组织“迎党庆、颂党恩”老年人乒乓球邀请赛，老年书画展等活动，丰富老年人的精神文化生活。

【老年人权益保障】 2011年，市老龄办以贯彻落实《江苏省老年人保障条例》为契机，印发《条例》2万册，组织镇、村两级老龄干部培训学习，对《条例》内容展开全方位宣传，提高全社会敬老养老助老的法律意识；加大老年人合法权益保护工作力度，建立老年维权工作联系制度，推进基层老年维权站切实发挥作用，做好老年人来信来访和法律援助工作，依法严肃处理歧视、虐待、不赡养老人等行为。

进一步做好老年优待工作，主动与各相关职能部门沟通协调，加大检查督促力度，确保各项优待政策全面落实，为全市百岁老人发放尊老金38.882万元；各级医疗机构对老年人就医实行优先优惠，免收普通门诊挂号费；司法、法院对困难老年人建立司法救助机制，市客运有限公司免费为年满70周岁及以上老年人办理2.3万份《敬老乘车证》，为老年人免费乘坐城市公交车营造良好环境。

【溧阳市获“中国长寿之乡”称号】 根据市政府提出申报“中国长寿之乡”的工作要求，市老龄办积极开展相关的申报工作。5月13至15日，通过由中国老年学学会组成的专家评审组对本市申报“中国长寿之乡”的评审；7月15日，中国老年学学会正式授予溧阳市“中国长寿之乡”称号；10月12日，中国老年学学会和溧阳市联合举行溧阳“中国长寿之乡”授牌仪式暨新闻发布会。市老龄办根据市领导的要求，拟定长寿溧阳宣传活动方案，顺利完成长寿之乡标志的征集。

（朱梅琴）

残疾人事业

【概　况】 2011年，根据第二次全国残疾人抽样调查资料，常州市残疾人占总人口的5.92%。按溧阳市总人口77.83万人来测算，全市残疾人约46075人。截至2011年年底，全市已领证残疾人14494人，占全市残疾人总数的31.5%。其中，肢体残疾8507人，占58.6%；视力残疾1801人，占12.4%；听力语言残疾1403人，占9.6%；智力残疾1959人，占13.5%；精神残疾811人，占5.5%；重度残疾人5554人，占38.3%。

溧阳市残疾人联合会第三次代表大会　　（市残联　供稿）

【组织建设】 2011年，根据江苏省、常州市残联要求，及时完成全市基层残疾人组织规范化建设；根据《中国残疾人联合会章程》规定，完成市、镇两级残联换届选举工作；为市、镇两级残联配备残疾人专兼职委员，配合做好各项残疾人工作；专门协会工作活跃，积极配合市残联做好各项中心工作。

【残疾人社会保障体系】 完善生活保障政策。认真落实城乡低保政策，全市纳入低保的残疾人家庭达2820户，占全市低保总户数的40%，并享受比其他低保对象高出20%的低保金待遇；认真实施重残救助，全年共发放重残救助金1046万元，其中残保金支付605万元，镇财政支付441万元，累计受惠重度残疾人3990名，其中城镇442名、农村3548名；对纳入低保和享受重残救助后仍然生活困难的残疾人家庭发放临时救助金达30多万元；出台为低保家庭中的重度残疾人发放生活补贴金政策；对一户两残以上、依老养残的低保边缘家庭中的残疾人按每户2000元的标准救助。

落实社会保险政策。全市农村低保家庭免缴新农合个人缴费部分，城镇三级（含三级）以上持证残疾人免缴居民医保个人缴费部分。对于参加溧阳市城乡居民社会养老保险的享受残疾人专项补贴的“重度残疾人”（肢体、智力、精神、视力四类残疾人员中的1—2级持证残疾人员），由市财政按个人缴费最低缴费标准100元全额代缴。

制定护理补贴政策。2011年，溧阳市出台《关于对生活不能自理的贫困重度残疾人员发放护理补贴的暂行办法》（溧财社〔2011〕2号、溧残发[2011]11号）。自7月1日起，对379名16周岁～60周岁的一级重残人员发放护理补贴，城镇每人每月补贴100元，农村每人每月补贴50元，全年共发放13.14万元。

完善就学补贴政策。在义务教育阶段，残疾学生或贫困残疾人家庭子女在校寄宿，可享受生活补助，小学每年每人750元，初中每年每人1000元，对高中（职高）阶段残疾学生就学享受专项补贴和免除学费，对考取大专、本科以上学校的残疾学生和困难残疾人家庭子女给予奖励和救助。

新增交通补贴政策。凡是持证残疾人（包括到溧阳务工的持证残疾人）都享受免费乘坐市内公交车和免费游览旅游景点的政策，对残疾人购买机动轮椅车发放燃油补贴。

【残疾人服务体系】 根据常州市关于加大对残疾儿童康复救助力度的要求，结合本市实际，与市财政等相关部门联合出台《溧阳市0～6岁困难家庭残疾儿童抢救性康复救助实施办法》（溧财社〔2011〕3号、溧残发〔2011〕12号）。全年共对28名进入专业康复机构训练的贫困家庭残疾儿童按标准进行救助，发放救助金33.4万元；实施白内障复明工程，全年共有286名贫困白内障患者接受免费复明手术；为全市精神病患者免费供药，每季度为符合条件的贫困精神病患者上门服务，共为1100多名贫困精神病患者免费供药及体检；举办"聆聪行动"暨助听器免费捐赠活动，为全市93名贫困听力患者适配了助听器；发放辅助器具，根据残疾人的各种需求，为残疾人发放轮椅等辅助器具2800余件，为改善残疾人生活状况提供方便。

【托养服务】 根据省、市要求，为满足部分生活不能自理且无人照料的重度残疾人的托养需求，以及减轻重残家庭经济负担和精神压力，溧阳市把市级托养机构建设工作列入市委市政府40项重点工程。市残联充分利用马垫老年公寓，通过评估购买共建一所残疾人、老年人资源共享的托养服务中心，2011年，完成一期装修和无障碍改造并试运行。同时完成3个乡镇敬老院无障碍改造，在敬老院设立重残托养区，实现资源共享。

【就业培训】 加大残保金征收力度，推动企业按比例安排残疾人就业；新办福利企业，促进残疾人集中安置就业；鼓励残疾人自主创业，根据规模大小，对符合条件的给予一定经费补助；新建残疾人扶贫基地，吸纳、带动残疾人就业；举办残疾人就业招聘会，与企业联动，为残疾人就业提供平台；举办培训班，为160名残疾人免费提供劳动技能培训和农村实用技术培训，提高残疾人就业能力。2011年，全年共帮助残疾人实现就业126人。

(倪惠芬)

人口和计划生育

【概　况】 2011年，全市人口计生工作以胡锦涛总书记重要讲话精神为指针，紧紧围绕稳定低生育水平、统筹解决人口问题、促进人的全面发展中心任务，立足创先争优，狠抓工作落实，进一步提升人口计生工作内涵质量，为全市经济社会又好又快发展创造了良好的人口环境。据统计，全市全年出生4345人，人口出生率为5.32‰，人口自然增长率为−0.32‰，计划生育率达99.4%，孕前－围孕期保健率达96.8%，出生人口性别比基本正常，流动人口计划生育管理服务率达91.9%，计划生育奖励优惠政策全面兑现。依法管理、优质服务、群众满意率达97.8%，完成了全市人口和计划生育各项目标任务。4月，溧阳市被省政府表彰为"十一五"人口协调发展先进县(市)，市人口计生局被表彰为全省人口计生系统先进集体。

【组织领导】 2011年，市委、市政府定期听取人口计生工作汇报，先后专题研究"十二五"人口发展规划、企业持"独生子女父母光荣证"退休职工一次性奖励补充意见及国家免费孕前优生健康检查项目试点等工作，并制定出台相关政策。市人大、市政协对人口计生工作也给予高度关心和重视，先后多次到人口计生部门调研情况、听取汇报。年初，组织召开高规格的全市人口计生工作会议，会议全面回顾总结2010年及"十一五"期间全市人口计生工作情况，部署2011年及"十二五"工作任务，对"十一五"人口协调发展先进镇(区)及先进集体和先进个人、2010年示范镇及目标管理优胜单位等进行表彰。市政府与各镇(区)和市各相关部门，各镇(区)与各村(居)、企事业单位层层签订人口和计划生育目标管理责任书，落实任务，加强考核，确保责任落实到位。市镇两级不断加大对人口计生工作的经费投入，全市人口计生经费按省考核要求足额到位，确保人口计生事业各项工作有序开展。2011年，市、镇两级共投入人口计生经费4345.26万元，人均54.32元。市人口计生工作领导小组成员单位特别是各职能部门，坚持"党政领导、部门协作、优势互补、各负其责"的工作方针，在流动人口管理和服务、社会抚养费征收、孕前优生健康检查及计划生育"一票否决"等方面，严格履行职责，强化综合治理，形成齐抓共管、综合服务的良好格局。

【生育文化建设】 2011年，市人口计生局召开全市纪念"9·25"公开信发表31周年暨学习胡总书记重要讲话精神座谈会，广泛听取相关部门及基层人口计生工作者的意见及建议。积极推进"新农村新家庭计划"活动。与市委宣传部等15个部门联合下发《关于"十二五"期间全面推进婚育新风进万家活动的实施办法》，创新宣传教育的内容、形式和活动载体，加强阵地建设，实现人口计生新政策、婚育新理念等与广大群众之间的对接，营造良好的社会舆论氛围。全面启动"幸福家庭"志愿者行动。成立"幸福家庭"志愿者总队及十个镇级分队，通过开展家庭文化宣讲、育龄群众生殖保健服务、关爱留守儿童等一系列行动，扩大人口计生工作服务的深度与广度，满足家庭服务需求，着力构建家庭成员之间、家庭与社会之间、家庭与自然之间和谐相处的幸福家庭

举办《公开信》发表纪念活动　　(市人口计生局　供稿)

模式。开展集中整治“两非”专项行动。成立由分管副市长任组长、相关部门负责人为成员的市集中整治“两非”专项行动领导小组，并制订切实可行的行动实施方案，通过召开全市专项行动工作会议，部署集中整治工作，对全市所有计划生育服务机构、医疗服务单位、零售药品机构进行拉网式检查，对检查出的相关问题，及时整改到位。

【优质服务体系】 积极探索优质服务体系可持续发展的路径，推进全市各级服务中心拓展人口和家庭公共服务职能。成立市级人口和家庭公共服务中心，经市编办发文在市计生指导站增挂“溧阳市人口和家庭公共服务中心”牌子，深化服务内涵；积极开展计划生育示范站创建活动，市世代服务中心和社渚镇世代服务中心被评为国家级示范站，戴埠、竹箦、上兴、溧城、上黄等5家世代服务中心被评为省级和常州市级示范站；组织做好国家人口计生委人事司对溧阳市人口计生“强基提质”工程实施情况的调研，调研组实地考察市世代服务中心及别桥镇世代服务中心，对本市落实“六位一体”的人口和计划生育优质服务给予高度评价。

深入实施“国家免费孕前优生健康检查项目”，建立“政府主导、计生牵头、部门协作、社会联动、群众参与”的工作机制，2011年，全市开展免费孕前优生健康检查5400人次，完成全年目标任务的108%，群众优生优育知识知晓率达96%，群众满意率达98.4%，有效降低出生缺陷的风险和实际发生率。积极开展避孕节育随访服务、避孕药具不良反应监测与防治行动，2011年，规范随访服务率达96.5%，副反应防治率100%，重点对象跟踪随访服务率100%，市计生指导站被国家人口计生委评为全国避孕药具不良反应监测先进集体；开展避孕方法知情选择、新技术新方法的应用与推广行动，努力提高技术服务人员知情选择咨询能力及运用新技术新方法为群众服务的技能；开展孕环情监测、生殖道感染综合防治、宫颈癌早期筛查、艾滋病干预行动共实施RTI服务140250例，参检率达85%，发现多起乳腺癌、宫颈癌等恶性肿瘤及其他妇科严重疾病，有力保障育龄群众的身心健康。

【计生惠民政策】 继续实施农村部分计划生育家庭奖励扶助和计划生育家庭特别扶助制度。2011年，累计享受奖扶人数4837人、特扶人数422人，共发放奖扶金324.75万元、特扶金69.69万元。享受一次性奖励人员1134人，共发放奖励金399.7 万元；在抓好第二批发放的同时，为有效解决2008年以后持证退休企业职工的一次性奖励金发放问题和城镇无业人员的奖励问题，《补充意见》于市政府第23次常务会议讨论通过，在常州市范围内率先实现计划生育家庭一次性奖励全覆盖。

国家人口计生委人事司金小桃司长在溧阳调研工作（市人口计生局 供稿）

完善计生困难家庭社会扶助机制，分别在溧城、戴埠、别桥、上兴、社渚5个镇选择基层计生协会会员致富带头人5个典型，建立以种植业、养殖业为主的5个生育关怀基地，并给予一定的资金扶助。积极倡导计划生育家庭参加计划生育系列保险，推广独生子女保险新险种，提高独生子女费的使用效能；完善和落实人口和计划生育公益金制度，2011年，享受公益金人数为40人，共发放公益金7.3万元。

【依法阳光服务】 全面开展“诚信阳光计生行动”，进一步推动阳光管理、阳光服务和阳光维权。在溧阳市人口计生网站上开辟政策法规专栏，及时向群众提供计划生育政策法规、生殖健康常识和便民服务措施等动态信息，畅通群众计划生育和生殖健康诉求渠道；完善溧阳市人口和计划生育政策咨询语音系统，对证件办理及相关政策奖励事项进行提示；公开流动人口计生技术服务机构的电话及服务项目，全面接受群众的监督，使计生服务更温馨，惠民政策更“阳光”。规范社会抚养费征收及照顾再生育一个孩子的审批工作，2011年共审批通过1536例照顾再生育。规范“三合一”平台运行，所有依法行政事项全部实现“三合一”平台操作。

继续开展“请农民兄弟姐妹评计生”及“请流动人口评计生”的“双评”活动，共调查2900名农民兄弟及300名流动人口，群众满意率均达到98%以上。积极推行信访规范化管理和群众逐级上访与分级管理制度，对群众来信来访，不论事情大小，安排专人对信访问题进行调查处理，做到件件有回复，事事有结果。

【流动人口计划生育均等化服务】 继续开展创建流动人口合格社区和合格集贸市场的“双创”活动，严格对照创建标准来加强村（居）流动人口计生服务管理工作。2011年，在流动人口聚集地积极筹建62个流动人口计生协会，覆盖率达87.3%。重点开展“留守儿童家园”心理辅导咨询、“阳光驿站”、“关注、关心、关爱留守儿童”摄影展等帮困、爱心助学系列活动；认真落实流动人口计划生育“六免两优惠”政策，将流动人口纳入当地居民的计划生育服务。通过签订协作书来加强区域协作，积极与湖北宜昌市、贵州安顺县、福建仙游县、广东高州市、河南项城市等34个外县市签订流动人口计划生育服务管理双向协作协议书；充分发挥PADIS系统的网络化协作功能，定期对五类重点对象进行核查及反馈，构建流动人口综合治理的工作格局。

【构建“数字人口”】 核查和变更全员人口信息系统。着重要求基层工作人员认真进行数据的核查、比对及补充，保证信息准确率在95%以上，并形成相关制度，保证信息搜集的连续性和及时性；对PIS系统中8项主要数据完整，1项数据逻辑关系准确进行审查，及时完成数据完整性审核和修改工作。合并系统地址编码及数据。年初，召开全市规统人员数据合并工作培训班，确保规统员熟练掌握数据合并步骤；在各镇完成数据合并之后，进行综合审查，顺利完成在国家PADIS（国家“人口宏观管理与决策信息系统”项目）网上直报系统上对溧阳市区划代码变更。升级使用数据整合工具。根据上级工作要求，对数据整合工具进行升级，并根据数据整合要求对WIS与PIS数据库进行相关数据匹配，共修改丈夫信息15358条，补充子女信息63087条，及时完成WIS数据库所有育龄妇女信息与PIS数据库信息个案100%关联匹配。

【岗位创先争优活动】 抓好廉政作风建设。下发全市人口计生系统“岗位创先争优，诚信阳光服务”主题教育活动实施方案，全面开展岗位创先争优活动，强化队伍能力建设；举办全市基层人口和计划生育干部培训班，邀请市纪委领导讲授勤政廉政知识，进一步学习《党员领导干部廉洁从政若干准则》，夯实全市人口计生干部拒腐防变、廉洁从政的思想基础。确立“诚信计生，阳光服务”品牌，设计品牌标志，诠释品牌内涵，印发品牌手册发放到全市人口计生干部手中，落实服务举措。2011年，该服务品牌被市纪委评为2011年度机关“五星级”服务品牌。通过召开全系统干部会议、定期举办条线工作培训班、举办全市人口计生干部专题培训班、参加专业进修培训等多种形式，不断提升人口计生干部的思想认识水平和业务工作能力，着力打造一支素质高、能力强、作风好、群众公认的人口计生干部队伍。

（史益颖）

民族、宗教事务

【概　况】 2011年，市委统战部（市民宗局）紧扣市委、市政府提出的“紧跟苏锡常，同步现代化”目标定位，加强领导，落实责任，创新思路，务实工作，确保了全市民族和宗教领域营造和谐的发展环境。

【民族帮困】 市委统战部（市民宗局）深入走访慰问少数民族困难家庭，整合佛协等社会力量，民族助困86户，民族助残10户，民族助学18户，共发放资助金8万多元。

【民族致富】 市委统战部（市民宗局）继续加大推进少数民族致富工程的力度。通过召开全市少数民族致富项目推进表彰会，表彰王家秀等3名常州市致富奔小康优秀项目和梁贵平等5名溧阳市致富奔小康先进个人，引导少数民族奔小康。确定重点项目，确定戴埠镇苗族妇女黄祥妹“扫把加工项目”、南渡镇苗族妇女梁贵平“养猪、养鱼项目”、溧城镇布依族妇女王家秀“菌菇种植项目”、竹箦镇布依族妇女杨翠花的“养鱼、种植项目”、南渡镇苗族妇女杨芳的“养猪项目”、别桥镇黎族妇女王俊的“电器配件加工生产项目”为重点项目。启动新一轮少数民族致富项目，主要有：上黄镇侗族妇女张花妹的“五金配件加工生产项目”、上兴镇白族妇女吴小凤的养鱼项目和社渚镇苗族妇女谭生兰、天目湖镇苗族妇女杨万珍、王连芝的大棚种植项目。2011年，全年发放项目资金12万元。

【民族服务】 开展少数民族情况调查，摸清全市少数民族总体情况：族种26个，1398户，2968人。为90多名少数民族学生办理中、高考优惠手续或更改民族成分。成立溧阳市少数民族法律援助站，为困难少数民族群众无偿提供法律援助。

【场所管理】 各宗教团体、宗教场所严格按照“文明和谐宗教活动场所”的创建标准，加强自身基础管理，工作做到年初有工作计划、月月有活动安排，半年、年终有工作总结并及时上报；完善健全工作台账，各项制度规定统一规格，贴挂上墙。完善财务管理制度，推行场所财务账目公示制度；按照各场所全年工作目标管理百分制考核办法，严格督查和考核。

【队伍管理】 各宗教团体、场所按规定开展政治理论、时事政策、加强道风建设方面学习。佛教协会举办全市僧伽培训班、讲经说法演讲比赛、法务观摩交流活动和书法培训班。市基督教三自爱国会举办义工传道培训班和慕道友培训班。部（局）领导坚持谈心制度，不定期与宗教团体班子成员进行思想交流。

【基建管理】 市委统战部（市民宗局）根据各场所严格执行建设项目报批规定。基督教周城活动点危房改建工程得到落实；报恩禅寺两殿建设、场地改造，宝藏禅寺斋堂建设，崇宁寺天王殿建设，胜因寺斋堂建设，京林禅寺天王殿、山门重建，白龙寺娘娘殿建设等工程顺利实施。

（王志松）

关心下一代工作

【概　况】 2011年，在市委、市政府的正确领导和支持下，坚持“急党政所急，想青少年所需，尽关工委所能”的工作方针，坚持围绕“绿色崛起、跨越发展”的战略目标，服务大局，紧扣年初既定的工作目标，在抓创新、求突破、树亮点上下工夫，为提高青少年的思想道德素质，培养新一代溧阳人，做出了富有成效的工作。2011年，市关工委和溧城镇关工委被江苏省委组织部、江苏省精神文明建设指导委员会办公室、江苏省关心下一代工作委员会评为江苏省关心下一代工作先进集体，南渡镇关工委主任周罗根、上兴镇国强集团董事长、关工委主任袁国强、溧城镇唐家社区关工委主任唐卫新、社渚镇姚巷村关工委主任尹洪发被评为江苏省关心下一代工作先进个人。溧城镇燕山南苑社区校外教育辅导站（阳光驿站）得到了省关工委的专项资金奖励。

【深化主题教育】 2011年，市关工委以建党九十周年为契机，开展“颂党、爱党、跟党走”主题教育活动，与市教育局联合下发《关于开展“颂歌献给党”的文章、诗歌、楹联、短信征集活动的通知》。针对当前的新形势，结合青少年的需求，拟订宣讲课题，市关工委主任路发今撰写《只有共产党 才能带领全国人民 实现中华民族的伟大复兴》，并在溧阳市职业中专、天目湖中专作专场报告。6月，路发今主任到溧阳监狱对服刑人员进行宣讲报告，使服刑人员受到良好的教育。溧城镇“五老宣讲团”20余名宣讲团成员集中学习，组织精干人员编写教材，分别深入40多个学校、社区、农村、企业对青少年进行宣讲。上兴镇开展校内、校企、校村联动，用“童心献给党、小手牵大手、心相连心相印共同向前进，”等主题活动内容和形式，得到了社会的广泛好评。据不完全统计，全市举行宣讲报告会220多场，听众达6万余人。2011年，市关工委组织中小学生、退离休老同志参加 “颂歌献给党”为主题的文章、诗歌、楹联、短信征集活动。征集文稿2600多件，在全市各中小学、社区、农村形成立体的、全方位的“颂党、爱党、跟党走”主题教育氛围，这一系列行之有效的活动，坚定了青少年跟共产党走中国特色社会主义道路的信心。

2011年，市关工委在青少年中开展了认真学习、宣传“100位为新中国成立作出突出贡献的英雄模范人物和100位新中国成立以来感动中国人物”中的共产党员的先进事迹和崇高精神活动，学习“双百”人物，引导广大青少年牢固树立正确的世界观、人生观和价值观。市各学校、社区、村、企业关工委还充分利用板报、宣传橱窗、广播电视开辟“双百”人物专栏，让模范人物的事迹、精神再现，增强主题教育的吸引力和感染力。

9月，溧城镇关工委在城区7所中小学开展《弟子规》诵读教育活动，印发五千多册《弟子规》到学生手中，每天晨读前10分钟诵读《弟子规》，并于12月组织大赛，评选出一、二、三等奖和鼓励奖。共有七千多学子参加《弟子规》诵读活动，通过活动促进了未成年人良好日常行为的培养，促使他们学会做人、学会生活、学会创新。及时下发常州市关工委《阳光365》电子期刊光盘到各镇关工委、各学校，及时组织学生收看。据统计，有50所中小学放映了85场，收看的中小学生达35300多人次。

【青少年法制教育】 按照溧阳市《2011年关心下一代工作意见》，落实常州市关工委《关于开展帮教、帮扶调研活动的通知》，市、镇、社区（村）三级关工委围绕未成年人零犯罪社区村创建活动，开展帮教帮扶活动的调研。3月，出台溧关发〔2011〕3号文件《关于开展未成年人零犯罪社区创建活动情况调查的通知》，并于3月10日召开全市关心下一代工作会议，按照点面结合，重点与一般相结合，座谈与专访相结合的做法，三级关工委作了明确分工。4月，市关工委先后在溧城镇召开两个社区（村）专题座谈会，走访法院、检察院、司法局等有关部门以及溧城镇唐家社区、埭头镇埭西村、前六村，竹箦镇陆笪村、下宅村，社渚镇姚巷村等单位，对农村基层关于预防和减少未成年人违法犯罪情况作了深入细致的调研。5月，常州市关工委蒋溢涛主任、郭兴中副主任在溧阳调研时给以高度评价。

坚持把加强对青少年的法制教育工作作为新形势下青少年素质教育的重点来抓，自觉协调、积极配合政法等部门开展各种形式的法制宣传教育。全市各级关工委积极组织“五老”参加“宣讲团”“关爱工作团”，向青少年宣讲“二法一条例”；嘉丰社区关工委与学生、家长签约开展“绿色上网”，组织学生、家长共同收听市检察院夏红芬同志的“法在身边”法制报告，开办社区网络“阳光论坛”。大营巷社区开设谈心室，对厌学、逃学的学生进行心理疏导，杜绝辍、失学。南渡镇关工委同派出所社区民警深入全镇19个行政村，对2008～2010年全镇有不良行为、违法和犯罪三种类型的青少年逐一进行调查，登记造册，建立档案，探究分析不同类型对象的家庭和社会诱因根源，提出预防和减少青少年犯罪的应对策略和帮教措施。社渚镇从2003年开始成为未成年人零犯罪镇。溧城镇关工委组织113个帮教小组，先后帮教182名失足者，其中164名已解除了帮教，帮教人员中未发生有重新犯罪现象。据司法局统计，2011年全市32位未成年人在册矫正对象，通过社区教育与家庭教育相结合，没有一个脱管、漏管和重新犯罪。

各学校关工委发挥法制副校长和社区（村）校外辅导员的作用，每学期上1～2次法制教育课；市法制教育报告团成员深入学校、社区（村）、工厂企事业单位作法制教育报告。上兴镇各个学校每学期不少于三次进校举行法制宣传教育，2011年，共开展31场针对青少年的法制教育宣讲。积极引导青少年学法、知法、用法和守法，提高法制观念，促使他们健康成长。

【网吧义务监督】 继续抓好网吧和电子游戏经营场所的义务监督工作，净化社会文化环境。认真贯彻落实中央办公厅、国务院办公厅《关于进一步净化社会文化环境，促进未成年人健康成长的若干意见》（中办发〔2009〕6号），组织和优化“五老”网吧义务监督员对网吧的监督工作。2011年，全市共有网吧78个，电子游戏室44个，全部都配备“五老”义务监督员，并向社会进行公示。“五老”们以高度的政治责任感，对青少年无比关爱，认真负责地对网吧、电子游戏室进行义务巡查、监督，为青少年的健康成长放哨站岗。5月，认真学习常州市关工委蒋溢涛主任“给各市、区关工委主任的一封信”，及时召开会议迅速布置落实网吧义务监督工作。

8月，市关工委、市文广体局、市广播电视台、溧城镇关工委联合对市网吧进行检查，重点检查网吧是否接纳未成年人、警示牌是否设置到位、管理软件是否安装、上网人员是否实名登记等，经查，绝大部分网吧规范经营、守法经营，各项规章制度能落实到位。

9月20日，市关工委、文明办、文广体局、公安局、溧城镇关工委联合举办“五老”网吧义务监督员培训班，34名“五老”网吧义务监督员参加培训。全体学员系统地学习关于加强网吧管理的政策规定；市文广体局副局长徐跃飞和市公安局网警大队大队长陈建国分别就网吧经营管理规定、查处黑网吧、信息网络安全监管规定等方面，结合工作实践对网吧监督管理作全面系统、深入浅出的讲解。凤凰社区王田才等三位网吧义务监督员作了网吧义务监督工作方面的经验介绍和交流，市关工委主任路发令作培训班结业总结。并为“五老”网吧义务监督培训班学员统一发放“江苏省网吧、游戏室义务监督证”。

市工商局、关工委先后三次配合相关部门集中组织查处取缔“黑网吧”的专项行动。查处“黑网吧”一家，扣缴电脑主机7台，罚没金额1万元；查处取缔无证无照电子游戏室一家，扣缴赌博机2台，电子游戏机19台。

【加强调查研究】 2011年，市关工委特别注重基层调查研究，对全市的10个镇（区）、25个社区（村）、27所学校和5个民营企业进行走访调研工作。调研采取听汇报、座谈、看记录和参加活动等形式，挖掘典型，了解基层关工委工作，帮助出谋划策，寻找解决途径。如东方印务有限公司关工委举办“亲子夏令营”，华能集团的“青工内培、外培”，这些创新品牌使民营企业关工委的工作具有鲜明特色。市关工委先后前往金坛金标毛纺织集团学习民营企业关工委先进经验，与高邮市关工委代表团座谈交流。通过基层调查研究，探索关心下一代工作新情况、新问题、新路子、新方法；分析、了解、掌握青少年的需要和关心的热点，找准青少年工作的切入点，使关工委工作不断创出新路子，干出新亮点。

【民营企业关工委建设】 按照“先易后难，分类指导，典型引路，稳步推进”的原则，切实加强民营企业关工委建设，扩大组织有效覆盖面。2011年，全市共建有民营企业关工委340多家。市工商局、关工委主动作为，积极开展宣传服务，继续做好民营企业关工委的组建服务工作，到11月底，新建立民营企业关工委85家，其中溧城镇44家，埭头镇7家，天目湖镇19家，南渡镇6家，别桥镇9家。10个镇都有1家以上的企业关工委示范点。开展“五抓一促”工作。通过抓思想教育、法制宣传、技能培训、企业文化、助学帮困五方面，促进企业健康发展，不断强化企业关工委阵地、组织、队伍、机制建设。2011年，东方印务有限公司投入6万多元，在溧阳首家组织留守儿童亲子夏令营，除安排到天目湖、南山竹海游览外，还根据孩子们的兴趣分别组织围棋、手工制作、唱歌、跳舞、绘画、体操、书法等学习小班，中午孩子们在公司与家长一起吃亲子午餐，并为期45天的留守儿童亲子夏令营举行闭营仪式。2011年，各民营企业关工委举办开展各类思想教育讲座15次，受益人数2万余人；举办各种形式的普法活动24次，直接受教育青年员工2万多人次；组织开展各类技能培训27次；组织各类文体活动86次。

【关爱弱势群体工作】 坚持为青少年中的弱势群体和特殊群体办实事、做好事是关工委的工作重点之一，市关工委在为青少年服务上进一步加大力度。积极争取党委、政府领导的重视和支持，协调、配合团委、妇联等群团组织，面向社会各界多渠道筹集扶贫助困资金。切实关心好贫困儿童、孤残儿童、单亲儿童、留守儿童、外来工子女、服刑人员的未成年子女等弱势群体、特殊群体的生活和学习问题，继续在改善办学条件、扶贫助学、心理关怀等方面，做一些力所能及的好事、实事，为他们的健康成长创造良好的氛围和环境，不让一个学生因经济困难而完不成九年义务教育。

上黄镇关工委切实为青少年办事，把全镇14名“三失”未成年人、24名留守儿童、13名孤儿、17名未成年残疾人、37名特困儿童作为关爱的重点。通过结对帮扶，定向辅导等办法，做到生活上解困、学习上帮助、行为上纠偏。动员社会力量资助和激励青少年奋发向上，扬子水泥有限公司在上黄中学和小学出资10万元设立“扬子励志奖”；上黄镇商会为30名低保边缘的贫困学子提供助学金；上黄建忠建筑安装公司出资成立“大阿哥”奖学金等。通过减免和补助方式，解决当地和外来务工人员子女的入学问题，上黄幼儿园为每个贫困幼儿减免入园费500元，周山村为乘坐接送车上学的学生每人补助200元，还充分发挥“阳光驿站”作用，解决周末双职工家庭子女的临时教育和管理问题。江苏五星建设集团董事长张云奎专门在财政所设立了50万元“育才基金”，每年用6万元奖励品学兼优学生和特困学生。9月，竹箦镇濑阳村的大学生村官的王磊创办“1+X”爱心辅导站，每到双休日村里的中小学生就到村委大楼会议室参加辅导站的学习，开展文体活动，累计参加学习辅导站的学生达到360多人次。社渚镇河口驻军73041部队与河口小学军民共建创办少年军校，坚持以军促德、以军益智、以军健体、以军育劳、以军创美，使青少年学生学到不少军事知识和解放军的光荣传统、优良作风，部队还增订160份《周报》赠给河口小学学生。

【开展“五有五好”创建活动】 创建关心下一代工作先进社区、先进村的“双创”活动，是促进全市关心下一代工作落实到基层、夯实关工委工作的基础。在“五有五好”标准指导下，通过抓班子、抓队伍、抓阵地、抓活动、抓档案，坚持把工作重心放在基层，把不断强化基层关工委组织建设，特别是村（社区）关工委组织建设作为首要任务，以“五有五好”先进村（社区）创建活动为载体，坚定不移地做好强本固基工作。2011年，分批对溧城镇、竹箦镇、南渡镇、埭头镇、社渚镇、上兴镇、别桥镇等37个社区、村进行双创验收，发现许多新的典型和经验。南渡镇西湖村十分重视双创工作，书记多次主持召开关工委会议，明确提出村的创建工作坚持高标准，创出新特色，明确创建目标，制订创建规划，为使硬件、软件都达标，在原村小学基础上村里投入资金50多万元，建立5800平方米老少乐活动园，购置各种器材，创建青年政治科技学校、家长学校。2011年，借助溧阳创“中国长寿之乡”，依托镇村（社区），使老年活动中心注入青少年教育活动内容，力求达到共建、共享、共乐、共进的目的。燕山、码头街、甘露寺社区因用房紧张分别和燕山、西平、南门小学共创共建，整合学校资源开办社区家长学校、青少年活动中心，走出了资源共享、优势互补的新路子。 （尹耀东）

溧阳市民

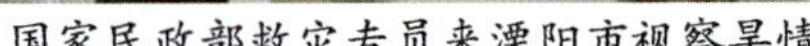

国家民政部救灾专员来溧阳市视察旱情

局长姚觉成节日慰问困难群众

2011 年是“十二五”开局之年，全市民政工作在市委、市政府的正确领导下，紧扣全市“紧跟苏锡常，同步现代化”大局，坚持改善民生、创新社会管理、加强基础建设，在转型升级、率先发展的道路上迈出坚实步伐，为全市民政事业又好又快发展奠定了良好基础。全年筹集各类民政事业经费 1.28 亿元，全年民生类财政性支出共计 1.31 亿元，主要用于低保、社会福利、医疗救助、抚恤安置等社会保障工作。

社会救助工作实现新突破，有效保障困难群众基本生活。

有效落实自然增长机制，城乡低保月标准分别提高到 360 元 / 人和 250 元 / 人，2011 年底，全市共有城乡低保对象 6916 户、13668 人。全年共发放城乡最低生活保障金 2688 万元，全年向城乡低保对象、农村五保对象、重点优抚对象和孤儿发放物价补贴 600 万元，惠及 2 万多名困难群众，有效保障困难群众基本生活稳定。发放城乡低保、农村五保对象及全市城乡低保边缘家庭元旦、春节期间一次性生活补助金 622.9 万元。2011 年实施竹箦镇敬老院改造工程。全年新增认捐慈善资金 2390 万元，慈善基金规模达到 2.4 亿元。围绕助医、助学、助困、助残、灾害救助等项目发放慈善救助金达 1200 万元，惠及困难群众 2.8 万人次。

双拥优抚安置工作再上新水平，有力维护军民团结大好局面。

春节、八一“两节”期间，广泛开展走访慰问和座谈活动，发放各类慰问品（金）330 余万元。举办“心连心、情系情”军民联欢晚会。完成为竹箦武警大队营区绿化、为市人武部开设电子阅览室等实事拥军项目 9 项，投入专项经费 138 万元。全年对国防教育和实事拥军的投入超过 2000 万元。全年下拨抚恤补助金 945 万元。为 784 名已故复员军人、老残疾军人配偶发放定期生活补助 338.6 万元。为部分生活困难重点优抚对象发放解困帮扶资金 258 万元。2011 年，全年共发放退役士兵一次性经济补偿金 721 万元，发放义务兵家属优待金 597 万元。退役士兵职业技能培训工作成效显著，参训人数达到应参训人数的 104%，“双证”获取率、结业率、就业率均达 98% 以上。

婚姻登记中心倡导微笑服务

5.12防灾减灾进社区消防演练活动

政　　局

市领导走访慰问驻溧部队

社会福利事业取得新成绩，进一步增强社会化福利服务能力。

从生活、医疗、教育等方面对孤儿进行保障，1月1日起，按照散居孤儿每人每月600元，集中养育孤儿每人每月1000元的标准落实孤儿养育经费，全年为157名孤儿发放保障金109.26万元。按城乡低保标准落实无固定收入重残人员救助标准，全年共为3990名重残对象发放救助金1046万元。全面落实老年人优待政策，3月1日起，对全市2.3万名80周岁以上老年人发放每人每月50元、100元、600元不等的尊老金。加快养老机构建设步伐，完成65个居家养老服务站建设。对全市城乡低保对象、农村五保对象、城市“三无”对象、享受民政部门抚恤的残疾军人、烈士遗属、因公牺牲军人遗属等九类对象实行基本丧葬服务费补贴，每人最高补贴标准达1590元，全年共发放基本丧葬服务费补贴33.7万元。2011年，全市共销售福彩9453万元，位列全省县（市）第十二位。

市人大调研《老年人权益保障条例》贯彻执行情况

社会事务工作取得新突破，进一步实现社会事务管理规范运行。

全面启动农村和谐示范社区创建工作，埭头镇埭头村、天目湖镇桂林村被命名为常州市十佳农村和谐示范社区。积极开展社区“道德讲堂”活动，燕山南苑等6个社区建成“道德讲堂”示范社区。

全市共有各类民间组织320家。为规范民间组织登记管理，开展民间组织年检、审核工作，注销民间组织6家，年检、审核合格率达100%。开展社会组织“小金库”治理工作，维护社会组织健康发展。积极做好苏皖线界线联检工作，与周边7个县（市）签订创建平安边界的协议。对市区有关道路名称进行了更名，并公开发行《溧阳市行政区划地图》。

召开五星级机关创建动员大会

以机关作风建设为契机，积极推动全局作风建设水平再上新台阶。

深入开展作风建设，开展“机关作风建设月”活动，召开动员大会和推进会议，切实加强全系统思想作风、学习作风、工作作风、领导作风和生活作风建设。同时，深入开展创先争优活动，制定《溧阳市民政局机关管理创先争优考核办法》，以作风推工作，用工作促创优，积极推动全局机关作风建设水平上新台阶。坚持党委中心组学习制度，确立10个专题开展理论学习；实施“两月一课”学习计划，邀请省委党校教授作专题学习讲座6场；出台《关于开展业务学习活动的通知》和《关于做好民政调研活动的通知》，促进民政干部整体素质提高。

2011年，溧阳市荣获“中国长寿之乡”称号，有4位孝星被评为“全国孝亲敬老之星”。

开展慈善一日捐活动　　召开市区道路更名工作会议

溧阳市人口和计划生育局

全市人口和计划生育工作会议

创造良好人口环境
促进社会和谐发展

2011年，全市人口计生工作以胡锦涛总书记重要讲话精神为指针，紧紧围绕稳定低生育水平、统筹解决人口问题、促进人的全面发展中心任务，立足创先争优，狠抓工作落实，进一步提升了人口计生工作内涵质量，为全市经济社会又好又快发展创造了良好的人口环境。据统计，全市全年出生4345人，人口出生率为5.32‰，人口自然增长率为-0.32‰，计划生育率达99.4%，孕前——围孕期保健率达96.8%，出生人口性别比基本正常，流动人口计划生育管理服务率达91.9%，计划生育奖励优惠政策全面兑现，依法管理、优质服务、群众满意率达97.8%，较好地完成了全市人口和计划生育各项目标任务。2011年4月，溧阳市被省政府表彰为“十一五”人口协调发展先进县（市），溧阳市人口计生局被表彰为全省人口计生系统先进集体。

国家人口计生委调研溧阳市人口计生“强基提质”工作

局领导班子赴上兴镇吐祥村开展下基层调研活动

省人口计生委何小鹏副主任在局长杨文艳陪同下视察别桥镇小石桥村世代服务室

镇（区）概览

栏目编辑　晋阿彬

江苏省溧阳经济开发区(溧城镇)

溧阳经济开发区党工委书记　王朝晖
溧阳经济开发区管委会主任　石伟期
溧城镇党委书记　王朝晖
溧城镇镇长　石伟期

表41　江苏省溧阳经济开发区（溧城镇）2011年主要社会经济指标

	项　　目	数　据
自然概况	年末土地总面积（平方公里）	155.2
	其中：镇区建成面积（平方公里）	35
	居民委员会、行政村委会（个）	72
	总人口（人）	294663
	其中：非农业人口（人）	183548
综合实力	国内生产总值（GDP，亿元）	222.3
	财政收入（亿元）	19.2
	全社会固定资产投资（亿元）	122.8
	实际利用外资（万美元）	19885
	农民人均纯收入（元）	17396
工业	工业企业（家）	1415
	工业企业职工（人）	56976
	工业总产值（亿元）	798
	工业增加值（亿元）	144
	工业销售收入（亿元）	789
	工业利税（亿元）	56.7
	工业固定资产净值（亿元）	63.1
农业	农林牧渔业总产值（万元）	88546
	其中：农业（万元）	48622
	林业（万元）	344
	牧业（万元）	11194
	渔业（万元）	27529
	农业服务业（万元）	857
	粮食产量（吨）	51972
	年末农机总动力（万千瓦）	6.27
社会事业	中学（所）	7
	在校中学生（人）	5615
	小学（所）	13
	在校小学生（人）	12090
	文化站馆（个）	1
	体育健身场所（个）	30

【工业经济高位增长】　重大项目顺利推进。2011年确定的40个重点项目进展顺利。其中24个新项目已全面进入基础设施建设期；40个重点项目中已有新时代控股、绿成包装、新力化纤、友邦新型建材等16个项目竣工投产。新兴产业发展速度加快。新兴产业占规模以上工业产值比重进一步扩大，同比增长153.3%。科技创新能力不断提高。全年培育省级以上高新技术产品42只，新增省级工程技术中心2家，新增省级以上科技项目26项，新增国家级高新技术企业2家；高新技术产业产值327.7亿元，占规模以上工业产值的41.1%。建筑业不断壮大。全年完成施工增加值11.1亿元。其中，华能集团年产值超20亿元，被评为江苏省建筑业百强企业之安装类10强企业，公司研发的超大型龙门起重机，整体提升安装施工工法获得了国家级工法，每小时260吨的干熄焦系统工程成套安装技术荣获“中国安装科技进步”一等奖，承建的首钢京唐钢铁有限公司一期二步干熄焦工程被评为“中国安装之星”。和平集团开发的建筑施工液压爬升脚手架技术获得了国家实用新型专利。

【招商引资成效显著】　2011年完成工商注册外资2.5亿美元，实际利用外资2亿美元。共引进项目26个，其中超亿元内资项目6个，超3000万美元外资项目5个。总投资5亿美元的波士顿电池、总投资10亿元的江苏国粮仓储等一批重大项目相继落户。全年上报双创项目45个，通过审核项目27个；引进海外人才12名，领军型海归创业项目12个。

【现代农业加快发展】　2011年，为加快农业基础设施建设，投资700多万元，完成蒋店、倪庄村高标准农田配套工程建设；投资200余万元，完成新昌大塘坝改造工程、胡桥朋程村基护工程、陶家沙仁垛绕山防渗渠和龙虎坝除险加固工程。粮油生产继续保持稳定，全年引进新品种20个、新技术模式17个，水稻、油菜应用新品种、新技术模式面积分别占98%和99%，水稻总产40000吨，小麦8438吨，油菜2506吨。农业常规技术应用水平又有新提高，方里百亩油菜丰产示范方获常州市粮油高产竞赛一等奖。农业机械化水平不断提高，全年新增各类农机180多台套，农业综合机械化水平达78%。农业示范园区建设稳步推进，大林百亩白芹基地、百亩高档果蔬园及宁丰千亩果蔬基地、陶峰山庄二期等示范园进一步提升，八字桥农业生态园建设全面启动，框架道路、水利基础设施建设有序推进。农村组织化程度不断提高，全年新增农民专业合作社8家，新增资产股份合作社2家，新增土地股份合作社1家，土地流转6800亩，农户参加各种合作经济组织比例达49.9%，农业适度规模经营比例达60%。

【服务业发展迅猛】 全年完成服务业增加值62.73亿元，完成服务业投入12.29亿元。服务业发展规划进一步完善，行业结构更加科学化、合理化。服务业项目建设加快，爱福物流的主体工程已完成，苏浙皖物流中心一期工程的五金仓储和生产资料仓储已竣工；奥迪4S店已营业，大众、尼桑、宝马等一线品牌4S店正在大力推进之中；月星家居生活广场、沃尔玛、金鹰国际已顺利开业，苏浙皖边界市场、平陵广场、上河城商业区建设明显提速。

【社会事业协调发展】 社区建设和管理得到进一步加强，“一居一品”创建活动深入开展。积极稳妥完成中小学招生工作，义务教育进一步合理规范。完成镇科协换届工作，科协自身建设得到加强。健康宣传教育全面推开，夏庄、蒋店、南村等3个创建省级卫生村已通过常州市验收。文体活动蓬勃开展。顺利完成文化“三送”工程，其中送电影下乡564场，送戏下乡8场，送图书下乡2万余册；举办文化展览、居民趣味健身赛、群众性文艺演出等大型活动10余次，群众日常文化生活不断丰富；积极开展“文化体育生活化”创建活动，基层文化体育管理服务水平不断提高；游子吟的故事、李白高歌《猛虎行》的故事、徐角马灯、溧阳白芹雍制技艺等4个项目被市政府确定为第三批非物质文化遗产保护项目。强化计生基础工作，深化计生优质服务，稳定低生育水平。人武、民族宗教、老龄等工作进一步得到加强。

【全面落实惠民政策】 进一步落实支农惠民政策，全年发放粮食直补、农资综合补贴、家电下乡补贴等1116万余元。城镇职工人均收入4.1万元，农民人均收入达17396元，同比分别增长15%和19.6%。新增职工养老保险1315人、失业保险1431人、医疗保险2025人、工伤保险982人、生育保险1235人，新增居民养老保险919人，完成农村合作医疗保险99604人；失地农民保险做到应保尽保。新增计划生育奖励扶助对象193人，兑现独生子女父母奖励金83万元，解决城镇低收入家庭的住房困难，完成申报城镇廉租房382户；加大贫困大学生救助力度，全年发放救助金36.7万元；规范临时困难救助体系，全年发放临时救济款20多万元，救济人数达1000多人。深入开展“平安溧城”创建，全力维护社会治安稳定。全面落实矛盾纠纷分片负责制和信访包案责任制，切实化解各种社会矛盾和群体性事件。加强应急队伍演练，应急处置能力不断增强。加强安全生产检查和督查，安全意识进一步增强，安全生产保持良好态势。

江苏省溧阳经济开发区（溧城镇）2011年各村基本情况

表42

村　名	村支部（总支、党委）书记	村委主任	村合作经济组织总收入（万元）
清　安	金赛宝	王遗福	124.12
南　村	王水福	葛建福	137.93
北水西	王建军	王建军	244.86
上阁楼	—	周治平	120.92
胥　泊	狄朝彬	狄朝彬	76.3
方　里	庄建云	庄建云	101.75
班　竹	罗保金	卢爱琴	55.37
泓　口	狄志伟	王惠平	173.61
吴潭渡	宋留平	李和平	252.92
湾　里	赵建富	赵建忠	655.02
大　林	潘荣生	张建春	88.16
罗　庄	包志斌	庄伟荣	52.9
新　联	潘建元	郝小庚	116.06
黄　墟	潘小芳	王曙洪	130.02
长　阳	唐小卫	王建华	80.96
徐格筸	王小彬	王小彬	71.52
马　垫	赵正荣	万洪富	56.3
倪　庄	吴全林	周勤保	63.61
歌　歧	周松海	周鹤年	113.16
八字桥	黄涵君	张建忠	82.06
昆　仑	罗海棠	蒋小元	101.8
夏　庄	施庆中	史顺祥	174.16
杨　庄	杨云富	杨建保	334.13
毛　场	史建才	史建才	104.41
新　昌	蒋火生	蒋晓华	76.38
胡　桥	宗夕民	宗夕民	71.37
陶　家	张志清	周乐祥	91.77
马　塘	李　琴	—	77.61
蒋　店	马叶平	房志林	166.73
合　心	黄生平	黄生平	100.77

江苏省溧阳经济开发区（溧城镇）2011年销售收入2000万元以上企业

表43

企业名称	法人代表	销售收入（万元）
江苏申特钢铁有限公司	袁永兴	3634916
江苏新时代控股集团有限公司	乐卫清	1045585
江苏上上电缆集团有限公司	丁山华	1016744
江苏华鹏变压器有限公司	钱洪金	514240
溧阳罗地亚稀土新材料有限公司	刘庆山	247662
江苏正昌集团有限公司	郝　波	187790
溧阳三元钢铁有限公司	李依明	122742
常州市盛东钢业有限公司	周定保	64026
江苏金源锻造股份有限公司	葛阿金	64024
溧阳市新力化纤有限公司	钱洪星	42094
江苏开利地毯股份有限公司	蒋夕生	38614
溧阳维多生物工程有限公司	罗春龙	31760
江苏冶建防腐材料有限公司	史优良	26531
江苏联盟化学有限公司	蒋全松	25365
江苏保龙机电有限公司	周水保	23642

续表43

企业名称	法人代表	销售收入（万元）
江苏宏光钢铁有限公司	王洪生	23119
溧阳市立洋纺织有限公司	邹幼农	19249
江苏盛昌钢铁有限公司	芮小明	18397
溧阳二十八所系统装备有限公司	蓝羽石	18211
溧阳市新光实业公司	吴建新	15845
江苏德盛食品有限公司	陈德起	15695
溧阳安顺燃气有限公司	邵　良	14951
常州海大生物饲料有限公司	刘江华	13705
溧阳市金昆锻压有限公司	徐海根	13455
溧阳市宝丽来塑胶纺织有限公司	梅丽萍	12592
江苏友邦新型建材有限公司	曹连生	12188
溧阳市昆达金属制品有限公司	周海坤	12051
江苏迪赛诺制药有限公司	李金亮	11823
江苏立达电梯有限公司	戴云松	11132
溧阳奔力轧钢有限公司	陈忠人	11109
溧阳市中纺联针织有限公司	吴　敏	10348
溧阳助剂化工有限公司	蒋志平	9633
溧阳联星混凝土有限公司	陈洪才	9586
溧阳市诚兴化工有限公司	唐师法	9286
溧阳新元窗帘制品有限公司	周伟坚	8846
溧阳市铁建特种混凝土有限公司	张加荣	8108
常州时创能源有限公司	符黎明	7848
溧阳华晨混凝土有限公司	葛小平	7566
溧阳市华力水泥制品有限公司	鲍富松	7383
溧阳市双马塑胶纺织有限公司	谈怀定	7352
溧阳市新宇纸品有限公司	黄梅芳	7167
溧阳新钢川空气体有限公司	单金铭	7160
溧阳市昆仑热电有限公司	李凯舟	6711
溧阳水务集团有限公司	彭云清	6683
溧阳诚谊稀土实业有限公司	庄维新	6577
溧阳怡合服饰有限公司	沈红娟	6521
溧阳市西郊轧钢厂	葛志华	5893
溧阳宏茂电气有限公司	蒋　红	5729
溧阳市梅龙建材厂	唐曙东	5685
溧阳市怡洲服饰有限公司	富生妹	5669
溧阳市振大铁路设备有限公司	沈宏峻	5045
溧阳市熊猫针纺有限公司	宋亚红	5000
溧阳市巨力轧钢厂	潘阿保	4984
溧阳市华杰轧钢厂	吴建华	4950
溧阳市云海混凝土有限公司	彭新华	4750
溧阳市正阳燃气设备制造有限公司	宋卫平	4625
溧阳市阳光纸业有限公司	陈阿保	4609
溧阳市胡桥轧钢厂	吴国强	4503
溧阳市鑫达轧钢厂	吴孝辉	4315
溧阳华荣锻造有限公司	钟荣庆	4303
溧阳市羚羊水泥有限公司	芮明先	4276
常州东亿电器有限公司	黄罗菊香	4212
溧阳欣大精密电子有限公司	周德良	4101
溧阳乐融电器有限公司	葛雪凯	4069
溧阳市沪溧金属有限公司	丁琴仙	4048
溧阳市华鹏电机配件有限公司	朱益民	4037
溧阳强鑫纺织有限公司	毕国强	3647
溧阳市信益化工设备有限公司	葛志勤	3647
溧阳市一昌化工厂	黄波达	3585

续表43

企业名称	法人代表	销售收入（万元）
溧阳市新联钢厂	胥志强	3577
溧阳市天盛纺织厂	黄益民	3546
溧阳市宏达电机有限公司	童小春	3454
溧阳市溧坝助剂有限公司	何建平	3434
溧阳市苏南机械有限公司	狄雪峰	3234
常州市百斯福模塑有限公司	周　伟	3188
溧阳市中豪热处理有限公司	孙志明	3036
溧阳市焦山金属材料厂	陈彩芳	2974
溧阳市雨田化工有限公司	余洪辉	2945
溧阳市特种变压器电器设备有限公司	杨亚平	2913
溧阳市林达机械有限公司	许炳龙	2873
溧阳市江南针织服饰有限公司	余勇华	2861
溧阳市翔龙矿山设备有限公司	黄建农	2795
溧阳华晶电子材料有限公司	钱时昌	2786
溧阳华通针织服饰有限公司	费国新	2767
溧阳市永昌热处理厂	吴洪法	2619
溧阳市华欣纺织有限公司	吕枝青	2532
溧阳市先进纸箱有限公司	徐卫文	2448
溧阳市中鹏染业有限公司	赵志松	2383
溧阳市昆仑钢管有限公司	蒋国金	2359
溧阳朋达服饰有限公司	黄水英	2328
溧阳市华安金属型材厂	袁再英	2304
溧阳市中大建材有限公司	王忠伟	2200
溧阳市苏豪制衣有限公司	叶伟宏	2183
溧阳市昆仑毛纺有限公司	宋志芳	2178
溧阳市中兴环保机械有限公司	余建军	2122

（范静怡　谢　杰）

天目湖旅游度假区（天目湖镇）

天目湖旅游度假区党工委书记　崔文敏（至2011年11月）
天目湖旅游度假区管委会主任　龚友强
天目湖镇党委书记　崔文敏（至2011年11月）
天目湖镇镇长　龚友强

表44　天目湖旅游度假区（天目湖镇）2011年主要社会经济指标

项目		数据
自然概况	年末土地总面积（平方公里）	239
	其中：镇区建成面积（平方公里）	3
	居民委员会、行政村委会（个）	19
	总人口（人）	72527
	其中：非农业人口（人）	3676
综合实力	国内生产总值（GDP，万元）	306479
	人均GDP（元）	42257
	财政收入（万元）	45800
	全社会固定资产投资（万元）	420176
	实际利用外资（万美元）	3901
	农民人均纯收入（元）	15970
	社会消费品零售总额（万元）	75000

续表 44

	项　　目	数　据
工业	工业企业（家）	512
	工业企业职工（人）	11533
	工业总产值（亿元）	80.5
	工业增加值（亿元）	15
	工业销售收入（亿元）	75.3
	工业利税（亿元）	8.1
	工业固定资产净值（亿元）	75
农业	农林牧渔业总产值（万元）	53085
	其中：农业（万元）	35968
	林业（万元）	5034
	牧业（万元）	7289
	渔业（万元）	4619
	农业服务业（万元）	175
	粮食产量（吨）	31050
	年末农机总动力（万千瓦）	40886
第三产业	第三产业实体（个）	2610
	第三产业从业人员（人）	10761
	第三产业增加值（亿元）	11.7
	集贸市场（个）	3
	注册工商经营户（户）	1637
社会事业	中学（所）	2
	在校中学生（人）	2013
	小学（所）	2
	在校小学生（人）	3252
	文化娱乐场馆（个）	3
	体育健身场所（个）	30
	人口自然增长率（‰）	−0.67

【天目湖镇农民新村引进物业管理】 为进一步提升农民安置小区的居住环境，加强对农民新村小区的物业管理。2011年天目湖镇经过挑选、招标确定专业物业管理公司——溧阳市好来屋物业管理有限公司。该公司负责对园区内翠屏一区、二区，岗头新村、滨河花园、林家坝等五个安置小区进行物业管理。这一举措使小区的物业管理走上了正常化、正规化轨道。

【天目湖生态园建立院士工作站】 3月31日，江苏天目湖生态农业有限公司与新疆农科院哈密瓜研究中心合作共建院士工作站签约仪式在天目湖生态园举行，这标志着天目湖生态园院士工作站正式成立。江苏天目湖生态农业有限公司与新疆农科院哈密瓜研究中心将围绕“生态、安全、优质、特色”及现代高效农业的要求，进行新技术、新品种、新农艺、新材料的研发及成果转化，促进农业增效、农民增收。

【天目湖启动第二轮饮用水源地生态环境保护工作】 为加强天目湖水源地生态环境保护，确保天目湖饮用水优质达标。2011年，天目湖镇启动第二轮饮用水源地生态环境保护工作。新一轮天目湖饮用水源地生态环境保护，将坚持保护与科学利用相结合，遵循“统筹协调、突出难点、内外结合、综合治理”的原则。通过源头控制、生态修复、工程治理和管理措施的落实，实行由湖内治理为主转向全流域治理、由专项治理转向综合治理、由专业重点部门治理为主转向全社会参与治理的方式，最大限度地减轻各类活动对水质的影响。确保天目湖饮用水源地生态环境不断改善，水质不断优化。

【江苏溧阳抽水蓄能电站主体工程开工】 4月22日，江苏溧阳抽水蓄能电站主体工程开工仪式在伍员山下举行。该项目于2008年11月通过国家发改委核准，电站装机为6台25万千瓦抽水蓄能机组，发电额定水头259.00米，设计年发峰荷电量20.07亿千瓦时，年抽水耗用低谷电量26.76亿千瓦时。工程动态总投资76.4亿元。该电站建成后，不仅可以优化电源结构，提高电网的供电质量和可靠性，还可以节省系统电源建设资金和运行费用，经济效益和社会效益显著。

【江苏顺风光电电力有限公司奠基】 4月28日，江苏顺风光电电力有限公司奠基仪式在天目湖工业园区隆重举行。该项目总投资1.5亿美元，总用地面积21万平方米，其中一期用地面积6.6万平方米。主要经营范围为：太阳能电池组件的研发、制造及技术服务，销售自产产品，太阳能电场的安装。建成达产后预计年销售达200亿元以上。

【江苏顶塑有限公司奠基】 8月1日上午，江苏顶塑有限公司开工奠基仪式在天目湖工业园区隆重举行。该项目投资总额为2980万美元，注册资本1500万美元，建成后预计年产值将超过3亿元。该公司主要经营：塑料软包装新技术、新产品开发与生产，弹性体、塑料体改性沥青防水卷材、三元乙丙橡胶防水卷材及配套材料的生产，销售自产产品。

【江苏软件园基地项目落户天目湖】 该项目总投资15亿元，注册资本1.5亿元，占地面积198亩，是国信集团成功开发徐庄和吉山两人软件基地后的又一举措。项目定位集商务办公、科技研发、企业公共服务平台、完善的商务配套等功能于一体的生态型、花园式的研发园区。项目的建成必将为天目湖镇增添新的发展后劲，对加快调整产业结构、转变经济发展方式产生积极的影响。

【江苏中兴西田数控科技有限公司揭牌】 江苏中兴西田数控科技有限公司是由中兴精密技术集团、日本西田精机株式会社等单位共同出资设立。该公司的正式揭牌，标志着天目湖工业园在装备制造业方面又增加了新的生力军，对加快天目湖工业园的建设、加快天目湖经济结构转型升级将发挥积极推动作用。

【安德里茨项目成功签约】 2011年，安德里茨集团在常州科技贸易洽谈会上与天目湖镇正式签约。该项目总投资9900万美元，注册资本3300万美元。计划用地200亩，主要从事开发、生产和销售动物饲料设备，生物燃料成套设备。据悉，安德里茨集团将把溧阳作为公司全球饲料与生物燃料基地。对于促进溧阳市饲料与生物燃料科技产业的不断发展，从而带动地方经济快速发展有积极作用。

【布勒科技研发中心落户天目湖】 该项目主要内容包括布勒科学技术研发中心、TP热处理设备制造、谷物储运设备制造、麦芽设备制造等。项目总投资8900万美元，注册资本3000万美元。该项目将为布勒各业务单元在中国乃至亚洲的进一步发展打好基础，并将布勒外部紧密层供应商吸引到溧阳来投资、发展。

表45

天目湖旅游度假区（天目湖镇）2011年各村基本情况

村　名	村支部（总支、党委）书记	村委主任	村合作经济组织总收入（万元）
天目湖	武爱斌	武爱斌	560.15
田家山	李汉生	李汉生	367.18
茶　亭	彭志新	彭志新	202.41
古　县	宋建平	宋建平	419.61
桂　林	雷维民	雷维民	312.44
南　钱	霍家喜	霍家喜	149.22
三　胜	钱保国	钱保国	210.5
吴　村	黄明君	黄明君	431.88
杨　村	朱建军	朱建军	101.28
平　桥	王荣建	王荣建	113.44
梅　岭	叶卫国	叶卫国	158.63
毛　尖	葛卫其	葛卫其	66.75
观　山	罗阿宝	罗阿宝	93.73
洙　漕	韩金华	韩金华	137.36

表46

天目湖旅游度假区（天目湖镇）2011年销售收入1000万元以上企业

企　业　名　称	法人代表	销售收入（万元）
溧阳中材重型机器有限公司	吴建宏	67696
布勒（常州）机械有限公司	孔云生	50024
江苏鹏程钢结构有限公司	史蒙杰	37262
江苏钢锐精密机械有限公司	张贤铭	34207
溧阳市鹏程彩钢有限公司	史蒙杰	26368
江苏顺风光电电力有限公司	汤国强	25862
溧阳东发纺织有限公司	蒋伟年	22174
溧阳金利宝胶粘制品有限公司	陈世忠	20586
江苏上齿集团有限公司	张焰庆	18945
江苏开利地毯股份有限公司天目湖分公司	蒋夕生	18841
溧阳市力士汽车配件制造有限公司	史长生	15495
江苏安靠智能输电工程科技股份有限公司	陈晓晖	15253
溧阳市南亚塑胶有限公司	莫志国	12945
江苏沙河抽水蓄能发电有限公司	徐祖坚	12854
溧阳市诚亿布业有限公司	袁　伟	11180
溧阳爱克斯箱包有限公司	黄富军	9618
溧阳阿兰迪地毯材料有限公司	蒋夕生	8575
江苏大峘集团溧阳冶金工程技术有限公司	朱炳安	8389

续表46

企　业　名　称	法人代表	销售收入（万元）
溧阳开盛毯业有限公司	蒋夕生	7785
溧阳市恒祥特钢机械制造有限公司	杨继根	7621
江苏上齿传动有限公司	张焰庆	7468
溧阳圣泰重型机械有限公司	葛芙妹	6221
江苏富昌机械设备有限公司	尹水富	6054
溧阳市宜林实业有限公司	董保林	5504
溧阳新建重型机械有限公司	葛芙妹	5426
溧阳市东方电力建设工程有限公司	陈建华	5380
江苏南方通达铁塔有限公司	史正明	5347
溧阳市东宇箱包有限公司	蒋伟年	5293
溧阳市力士冲压件有限公司	史长生	5292
溧阳市储丰钢板仓设备制造工程有限公司	赵菊荣	4339
江苏顶塑实业有限公司	丛桂阳	4083
溧阳康达威实业有限公司	胡良宏	4074
溧阳市馨泰塑胶有限公司	史红伟	3839
常州市宏寰机械有限公司	张富平	3671
江苏南方机械有限公司	钟爱心	3649
江苏天目固态科技照明有限公司	蒋伟年	3255
江苏通达机械设备制造有限公司	尹水保	3160
溧阳市恒力起重机厂	陈金林	3130
溧阳恒通线缆有限公司	陈献民	2846
溧阳江南涤化有限公司	葛芙妹	2803
中安（常州）电气有限公司	潘立群	2663
江苏毓恒机械制造有限公司	吴立华	2656
溧阳市冠鹏机械制造有限公司	谢国庆	2587
江苏欧标有限公司	周国平	2490
常州正华机电科技有限公司	蒋正华	2453
江苏航天万源稀土电机有限公司	宗新林	2412
江苏丰达电器设备有限公司	赵云龙	2327
江苏天煜港湾重工有限公司	任国富	2261
溧阳市华源电力工程有限公司	冯祥维	2175
溧阳市天煜港湾机械有限公司	任国富	2071
溧阳市众星环保机械有限公司	崔洪彬	1830
溧阳市塑胶电线电缆厂	陈献民	1730
溧阳市双友石粉有限公司	蒋梅芳	1722
溧阳市华能机械有限公司	王水荣	1699
溧阳市东诚机械制造有限公司	周小保	1698
溧阳市久隆工程机械有限公司	狄　胜	1650
江苏五洲机械有限公司	周际宇	1573
江苏华冶环保工程有限公司	钟爱心	1524
溧阳市鸿新气体有限责任公司	邓　君	1473
溧阳市金陵桥梁挂篮有限公司	陈金林	1464
溧阳市永立农牧机械有限公司	蒋立华	1406
溧阳市立方贵金属材料有限公司	周全芳	1390
溧阳市平桥梅岭建材厂	朱茂金	1287
溧阳市兴隆电站辅机厂	程国安	1209
溧阳市天目湖玉枝特种茶果园艺场	濮爱玉	1108

（张鸿浩）

埭 头 镇

党委书记 朱志军
镇　　长 夏国中

表47 埭头镇2011年主要社会经济指标

	项　　目	数　据
自然概况	年末土地总面积（平方公里）	43.7
	其中：镇区建成面积（平方公里）	7.3
	居民委员会、行政村委会（个）	8（7村、1居）
	总人口（人）	27636
	其中：非农业人口（人）	2466
综合实力	国内生产总值（GDP，亿元）	21.44
	人均GDP（万元）	7.7569
	财政收入（亿元）	3.78
	全社会固定资产投资（亿元）	22.04
	实际利用外资（万美元）	2015
	农民人均纯收入（元）	16022
工业	工业企业（家）	172
	工业企业职工（人）	11619
	工业总产值（亿元）	64.8938
	工业增加值（亿元）	17.41
	工业销售收入（亿元）	60.0631
	工业利税（亿元）	7.1074
	工业固定资产净值（亿元）	13.5841
农业	农林牧渔业总产值（万元）	23501
	其中：农业（万元）	8413
	林业（万元）	56
	牧业（万元）	1935
	渔业（万元）	12675
	农业服务业（万元）	422
	粮食产量（吨）	17183
	年末农机总动力（万千瓦）	2.26
第三产业	第三产业实体（个）	842
	第三产业从业人员（人）	2629
	第三产业增加值（亿元）	2.75
	集贸市场（个）	2
	年末个体工商经营户（户）	777
社会事业	中学（所）	2
	在校中学生（人）	2909
	小学（所）	2
	在校小学生（人）	1492
	文化站馆（个）	1
	体育健身场所（个）	30
	人口自然增长率（‰）	−3.16

【交通运输部副部长冯正霖等参观镇城乡道路客运一体化发展情况】 9月16日，在溧阳市出席“全国推进城乡道路客运一体化发展现场会”的交通运输部副部长冯正霖、江苏省副省长史和平、江苏省交通运输厅厅长游庆仲等领导以及来自全国各地的代表在市领导及镇领导的陪同下，参观了埭头镇城乡道路客运一体化发展情况，对全镇城乡道路客运一体化发展给予了高度肯定。同时希望埭头镇进一步做好城乡道路客运一体化发展工作，完善镇村路网及道路建设，努力让农村百姓享受到安全、便捷、经济、舒适、文明的公交服务。

【省委常委、常务副省长李云峰到埭头镇蹲点调研】 9月28～30日，省委常委、常务副省长李云峰在埭头镇前六村领导干部下基层“三解三促”活动联系点蹲点调研。调研期间，副省长李云峰与农户同吃、同住、同劳动，广泛听取民情，了解群众在生产、生活中的困难，及时帮助解决民忧。调研后，李云峰认为埭头镇是全面发展、科学发展的典型之一。

【常州市市长姚晓东教师节前夕来埭头镇进行慰问】 在第27个教师节来临之际，常州市市长姚晓东一行8人在溧阳市委副书记汤如军、市委常委、常务副市长周卫中、市人大副主任彭留双、副市长唐华新、市教育局局长范国华、埭头镇党委书记朱志军等陪同下，先后到埭头中学、埭头中心小学、后六中学对教育工作者致以节日问候。姚晓东对埭头中学、后六中学、埭头中心小学特别是后六中学近年来学校内涵的提升，在教育中所取得的显著成绩表示祝贺，希望三所学校进一步确立标杆，自我加压，突出特色，以点带面，不断推进教学质量的全面提升，并希望三所学校不断加强教师队伍建设，充分发挥和调动好教师的积极性。要求在座的各级政府领导以及教育主管部门领导多关心农村教师的工作、生活，关心农村教师的发展，加强城乡教育交流，促进城乡教育均衡发展。

【目标管理考核位居全市第一】 2011年，埭头镇在全市年度重点工作考核中，目标管理考核首超200分，列全市镇（区）第一名。

【招商引资成效明显】 2011年，全镇新增内资企业38家，新增内资注册资本4.82亿元，完成协议注册外资3600万美元，实际到账外资2015万美元。重大项目取得突破，总投资均超过10亿元的鹏程住宅材料和三元钢铁项目成功签约。

【骏益科创园一期工程竣工】 江苏骏益科技产业园有限公司的孵化器建设项目总规划用地135.43亩，一、二期注册资本3000万美元。园区定位为中小企业快速成长的运营孵化器和绿色建材产业园，一期建筑面积34410平方米，其中车间建筑面积21020平方米，综合服务楼建筑面积7390平方米，仓库建筑面积4970平方米，辅房建筑面积1030平方米。项目于2011年3月开工建设，现骏益科创园一期工程已经竣工，并与深圳硅谷动力谈成合作运行意向，已有鹏程住工、智能卫浴2家企业入驻。二期将再投资1.5亿元，建设多层标准厂房10万平方米，该项目已成为全市示范项目。

【农业经济再创佳绩】 全年完成农业增加值10793万元（首次突破1亿元），购买高速插秧机16台，推广机插秧面积13200亩（机插秧面积占全镇水稻面积的81.9%）。建设水稻万亩丰产方一个，百亩丰产方3个。分别获得常州市小麦百亩丰产方竞赛活动一等奖；常州市水稻百亩丰产方竞赛活动一等奖。

【水利建设力度加大】 2011年，全镇水利建设总投资近2000万元，新建改造箱式涵闸5座，排涝站6座，灌溉站13座，清淤疏浚河道13条，重点实施了常州河清淤工程，加固邹家东灌区北荒圩大坝，消除了重点险工隐患，前六、后六5800亩标准良田开工建设。

【环境整治荣获四连冠】 2011年，全镇村庄环境整治和垃圾统筹考核连续四个季度位居全市第一。

【信访维稳工作实现五连冠】 在8月18日上午召开的全市信访维稳工作会议上，埭头镇再次被市委、市政府授予“信访维稳工作先进集体”称号，自2006年以来，埭头镇已连续五年获得这一称号。

【埭西村通过省级民主法治示范村考核验收】 10月21日，省司法厅法制宣传处副处长朱学义率队对埭西村省级“民主法治示范村”创建工作进行考核验收。通过考核认为埭西村民主法治村创建认识到位，各项规章制度建立规范完整，创建工作取得成效明显，干群关系明显改善，村民法治意识不断提升。通过创建民主法治示范村活动，埭西村集体经济得到了长足发展。同时检查组希望埭头镇进一步加强民主法治建设，突出特色，打造亮点，将基层民主法治建设进一步引向深入。

【埭头镇被授予“江苏省五五普法先进集体”荣誉称号】 10月24日，在全市“六五”普法暨深化平安法治建设动员大会上，埭头镇被授予“江苏省五五普法先进集体”称号，是溧阳市唯一获此称号的单位。

【埭头中学进入江苏省四星级普通高中行列】 2011年10月，江苏省教育评估专家对埭头中学申报“江苏省四星级高中”进行了现场评估，顺利通过省里评估，成为江苏省四星级高中。

【埭头村被评为全国文明村】 埭头镇埭头村在抓好物质文明的同时，积极抓好精神文明建设，取得了明显成效，2011年12月被中央文明委评为全国文明村。

【埭头镇党委被常州市委评为先进基层党组织】 2011年，埭头镇党委高标准完成镇党委换届公推直选试点工作，“七一”期间被常州市委评为先进基层党组织。

埭头镇2011年各村基本情况

表48

村　名	村支部（总支、党委）书记	村委主任	村合作经济组织总收入（万元）
埭　头	史富波	史富波	558
埭　西	史卫平	史卫平	150
余家坝	史志春（至2011年4月）朱俊（2011年4月任）	史志春（至2011年4月）朱俊（2011年4月任）	98
后　六	王建良	王建良	102
前　六	周和平	周和平	98
邹　家	潘志洪	潘志洪	50
南　埝	薛元虎	薛元虎	53

埭头镇2011年销售收入1000万元以上企业

表49

企　业　名　称	法人代表	销售收入（万元）
溧阳军荣旅游用品有限公司	黄富军	72625
溧阳市宏瑞精密铸造有限公司	彭耀福	59507
重庆啤酒集团常州天目湖啤酒有限公司	刘明朗	34418
溧阳市瑞丰镍合金有限公司	彭耀福	28292
溧阳市埭头振达钢铁有限公司	管立平	26739
溧阳锦宏纺织有限公司	KHOUSHNOESH	24636
溧阳市四方不锈钢制品有限公司	史　铭	19118
江苏省溧阳市云龙设备制造有限公司	胡全明	12106
常州亚泰焊材有限公司	刘建华	11259
江苏苏阳电工机械有限公司	史米生	10079
溧阳市丰林精密锻压件有限公司	李　权	9255
江苏富利不锈钢精密焊管有限公司	史　铭	9252
溧阳市凯瑞地毯制造有限公司	谢建东	8824
溧阳市利达有机硅科技有限公司	陈拉克	8811
溧阳市胜大机械有限公司	沈顺年	7971
江苏云都混凝土有限公司	蒋建国	5437
溧阳市兴中锻造有限公司	阮国强	5231
溧阳好利医疗用品有限公司	ChrisThomps	4460
江苏精能建设工程有限公司	谈志刚	3637
溧阳市荣达饲料设备有限公司	管　君	3414
溧阳市嘉雄不锈钢设备有限公司	史　俊	3325
天昇塑料(常州)有限公司	佐藤敏男	3149
常州今能新能源有限公司	姚维敏	3024
江苏荣晖纸业有限公司	蒋培芝	2922
溧阳市展宏钢结构有限公司	彭君洪	2908
常州亚泰焊割科技有限公司	刘小华	2664
溧阳军荣塑料制品有限公司	黄富军	2655
江苏羚羊机械有限公司	芮明先	2621
溧阳市天健化工设备有限公司	俞全清	2620
江苏中远机械设备制造有限公司	陈志跃	2527
江苏龙跃锻造有限公司	张焰庆	2512
溧阳市佳禾电子材料有限公司	陈永凤	2477
常州拜尔斯塑胶制品有限公司	徐世武	2393
溧阳市鑫宇印刷有限公司	蒋宇桢	2066
江苏嘉成轨道交通安全保障系统有限公司	史和平	2004
溧阳市开来线业有限公司	魏阿庚	1952
溧阳市力功特钢有限公司	史锡金	1789
江苏维特科不锈钢制品有限公司	RAYMOND JOH	1632
江苏阳毅实业有限公司	杨志平	1566
瑞那斯铝业（常州）有限公司	Albertas	1536
溧阳杰隆酵母科技有限公司	李镇初	1372
溧阳市科达环保机械制造有限公司	马晓明	1369
溧阳尼克司电子有限公司	陈友爱	1237
溧阳市金宇包装印刷有限公司	蒋宇桢	1153
溧阳市科达化工有限公司	陈拉克	1125
溧阳市特佳机械有限公司	黄国伟	1090
溧阳市汇达机械有限公司	蒋希霖	1022
赫菲斯热处理系统江苏有限公司	陈　曦	1004

（李　丹）

上 黄 镇

党委书记 陈旭光
镇　　长 王国权

表50 上黄镇2011年主要社会经济指标

	项　　目	数　据
自然概况	年末土地总面积（平方公里）	47
	其中：镇区建成面积（平方公里）	2.3
	居民委员会、行政村委会（个）	9（8村、1居）
	总人口（人）	26576
	其中：非农业人口（人）	1503
综合实力	国内生产总值（GDP，亿元）	19.3102
	人均GDP（万元）	1.7672
	财政收入（亿元）	1.8484
	全社会固定资产投资（亿元）	14.5093
	实际利用外资（万美元）	109
	农民人均纯收入（元）	17672
工业	工业企业（家）	259
	工业企业职工（人）	6420
	工业总产值（亿元）	33
	工业增加值（亿元）	9.3970
	工业销售收入（亿元）	36.6
	工业利税（亿元）	3.33
	工业固定资产净值（亿元）	11.78
农业	农林牧渔业总产值（万元）	41217
	其中：农业（万元）	11544
	林业（万元）	526
	牧业（万元）	3823
	渔业（万元）	23267
	农业服务业（万元）	2057
	粮食产量（吨）	16239
	年末农机总动力（万千瓦）	6.2
第三产业	第三产业实体（个）	1990
	第三产业从业人员（人）	4428
	第三产业增加值（亿元）	6.74
	集贸市场（个）	2
	年末个体工商经营户（户）	2050
社会事业	中学（所）	1
	在校中学生（人）	358
	小学（所）	1
	在校小学生（人）	902
	文化站馆（个）	1
	体育健身场所（个）	30
	人口自然增长率（‰）	−1.75

【工业经济转型升级】 2011年，上黄镇以“科学规划、合理布局、节约资源、保护环境”为目标，坚持工业经济转型升级，走新型工业化道路。江苏晶瑞半导体、常州金祥龙聚氨酯杆塔、晨强化工新材料、汉达电子等一批科技含量高，市场前景广阔的企业相继落户。2011年全镇共实现工业总产值36.6亿元；实现纳税销售收入23.9亿元；完成工业投入12.5亿元；其中规模工业有效投入6.29亿元，全镇财政收入及一般预算收入均创历史新高，分别达到15695万元、7581万元。工业经济转型取得初步成效。

【加大旅游品牌建设】 2011年，上黄镇党委政府从本镇实际情况出发，以加快经济转型，打造和谐美丽新上黄为目标，进一步加大招商引资力度，取得了明显成效。长荡湖湿地公园开发作为上黄镇旅游资源开发的标志性项目，得到了外界的极大关注。为了打造好长荡湖湿地公园这一品牌，镇政府提出“游湿地公园、品上黄美食”的工作思路。8月3号上午，通过一系列的调研选择之后，镇政府与常州市常信鑫源房地产开发有限公司就长荡湖湿地公园美食街这一项目举行了签约仪式并在今后的五年时间里共同努力，把上黄长荡湖湿地公园打造成继天目湖、南山竹海、瓦屋山之后溧阳又一个特色旅游风景区。11月17日，由广东省东莞市台商同乡联谊会陈世锺会长带领的一批人到上黄镇进行投资考察活动。在欢迎会上，向来访宾客播放上黄镇新制作的《上黄旅游招商专题宣传片》，展示了环境优美、交通便利、历史悠久、人文和谐的新面貌。台商们通过实地考察，对上黄的整体优势，上黄的湖光山色与传统美食都留下了深刻的印象。

【民生事业持续改善】 2011年全镇“新农合”参保率继续保持100%，社会五项保险覆盖率达75%，居民养老保险覆盖率达91%，镇财政投入214万元用于各项保险补助。全年向困难群众发放困难补助7.6万元，发放低保金158.08万元。发放粮食直补和农资综合补贴129.48万元，发放渔业柴油补贴156万元。争取省级奖补资金 30万元。

【农业经济快速发展】 2011年全镇实现农业总产值5.8亿元，同比增长4.16%；实现农业增加值3.17亿元，同比增长5.95%。全镇农民人均纯收入17672元，增长22.8%。8个村集体经济总收入2080万元，村均260万元；集体总资产6806万元，村均850万元。

【加强水利设施建设】 2011年，全镇投资1177万元，完成华荡河2500米圩堤护坡、桥西河、北塘河河道疏浚及两座涵闸改建等水利工程。

【开展农村环境综合整治】 2011年，农村村庄环境卫生长效管理工作稳步推进，所有自然村生活垃圾都进行集中处理，农村环境卫生情况进一步改善。全镇新增绿化造林面积200亩，浒西村通过“绿色江苏”活动验收。完成长荡湖湿地修复一期工程2000亩，稳步推进长荡湖湿地二期500亩湿地修复工程。

【基层组织建设】 全面启动村级“五有一责”建设，规范完善村级综合服务中心建设，实现“党务公开、村务监督、集体‘三资’信息化管理”全覆盖。农村参事制、票决制、双评制管理稳步推进。周山村被评为“江苏省社会主义新农村建设先进村”。

【完成征兵工作】 2011年，上黄镇共为部队输送了14名优质新兵。其中本科学历3名，大专学历2名，高中学历7名，圆满完成上级下达的征兵任务。由于征兵工作的成绩突出，上黄镇被市政府、市人武部评为征兵工作达标先进单位。

表51 上黄镇2011年各村基本情况

村　名	村支部（总支、党委）书记	村委主任	村合作经济组织总收入（万元）
桥　西	黄进军	黄进军	285
上　黄	芮志明	芮志明	74
水母山	宣国才	宣国才	191
周　山	秦夕中	秦夕中	592
坡　圩	王国才	王国才	245
浒　西	谢　敏	谢　敏	143
山　下	李卫根	李卫根	245
西　埝	秦志成	秦志成	305

表52 上黄镇2011年销售收入1000万元以上企业

企业名称	法人代表	销售收入（万元）
江苏扬子水泥有限公司	秦三罗	91401
溧阳市东方水泥有限公司	马克西莫	22231
溧阳市飞跃机电有限公司	冯初华	20523
溧阳市上黄轧钢厂	王龙彬	14028
溧阳市振东水泥有限公司	朱生伢	12912
溧阳市大禾建材有限公司	冯永祥	11874
江苏申芝电梯部件有限公司	童益平	10634
溧阳亚邦建材有限公司	居　民	6971
溧阳维信化学有限公司	丁红辉	6576
溧阳金鹏特种水泥有限公司	阮绍忠	3145
常州祥龙冶金设备有限公司	孙岳林	2521
溧阳市夏林铸钢厂	胡炳兰	2204
溧阳市富成龙金属制品有限公司	王建福	1818

（倪　军）

戴　埠　镇

党委书记　董　昕

镇　　长　芮子遐（女）（2011年1～8月）

　　　　　周文光（2011年9～12月）

表53 戴埠镇2011年主要社会经济指标

	项　目	数　据
自然概况	年末土地总面积（平方公里）	1.37
	其中：镇区建成面积（平方公里）	5.3
	居民委员会、行政村委会（个）	20
	总人口（人）	52167
	其中：非农业人口（人）	7482
综合实力	国内生产总值（GDP，亿元）	18.14
	人均GDP（万元）	3.48
	财政收入（亿元）	2.30
	全社会固定资产投资（亿元）	22.16
	实际利用外资（万美元）	2537
	农民人均纯收入（元）	14138
工业	工业企业（家）	315
	工业企业职工（人）	10800
	工业总产值（亿元）	45.36
	工业增加值（亿元）	7.93
	工业销售收入（亿元）	41.33
	工业利税（万元）	4.03
	工业固定资产净值（亿元）	64.74
农业	农林牧渔业总产值（万元）	46041
	其中：农业（万元）	29775
	林业（万元）	3465
	牧业（万元）	4566
	渔业（万元）	6952
	农业服务业（万元）	1283
	粮食产量（吨）	28917
	年末农机总动力（万千瓦）	2.35
第三产业	第三产业实体（个）	2620
	第三产业从业人员（人）	7630
	第三产业增加值（亿元）	654
	集贸市场（个）	2
	年末个体工商经营户（户）	476
社会事业	中学（所）	4
	在校中学生（人）	4330
	小学（所）	2
	在校小学生（人）	1890
	文化娱乐场馆（个）	1
	体育健身场所（个）	20
	人口自然增长率（‰）	−1.41

【集镇新区建设】 2011年，戴埠镇着力推进集镇新区建设，按照新镇区规划的总体部署，坚持规划、建设、管理、经营“四位一体”的工作思路，搞好集镇建设。随着集镇新区各项设施的建设不断加快，服务功能也不断完善。进一步拉开集镇框架。投入1000多万元，新建了两条高等级集镇道路，将老镇区与新镇区自然连接，集镇规模不断扩大；投入400多万元完成新镇区两条主干道路建设；不断完善集镇新区各项功能。投入100多万元完善新镇区绿化亮化工程；投入200多万元在集镇区域新建了11座冲水式厕所；投入250多万元新建了镇老年活动中心；投入800多万元新建占地60亩的镇中心公园；现代化的居民小区金科城市华庭、万竹园小区已完成建设；总投资3500万元的戴埠温泉酒店和商业大楼也已完成主体工程建设。投资2000万元，新建

了占地40亩的戴埠小学。优化环境，加大集镇范围河道码头整治工作，进一步营造环境优美的生态宜居小城镇。自8月份起全面规范整治集镇沿线河道码头，年内已对溧戴河沿线集镇区域环境污染严重的48家装卸货码头全部关停，拆除工作正在有序进行中。注入文化元素，打造宜居古镇。重塑千年古镇之魂，恢复建设明清一条街。计划用3年时间，投入3个亿，将老集镇最脏最乱的北街沿河地段全部拆迁改造，建设一条长约800～1000米的古建筑街道——明清一条街。深度挖掘明清文化，恢复戴埠古镇风貌，再现当年商贾云集的繁华景象，提升戴埠的集镇品味和文化底蕴。目前明清一条街的概念性规划设计已经完成。

【大力推进惠民工程】 2011年，戴埠镇以民为本，以民为先，事关民生的各项惠民工程继续推进。全年批准立项并建设的农村道路有31千米，合计投入资金1000万元。全镇改造农桥4座，投入资金450万元。其他各村自建农村道路10多千米，合计投入资金250万元。按照上级部门“固基强村”工作要求，结合各村实际，戴埠镇17个行政村全面实施村级公共服务中心建设，除新桥、同官、黄岗岭3个村尚未建设完成外，其余各村公共服务中心建设和改造工程均已完成，并通过了上级部门的验收。另外，共投入资金450万元，分别完成了磨恒坝、文武岭水库、山东圩550米圩堤的除险加固工程，对百家塘中河、百家塘内河、破圩桥段的河道进行清淤工作，清理了横涧涧河、松岭涧河、南渚涧河共计5700米，完成松岭黄家村水库、伏金井水库溢洪道改造。全年共发放优抚经费185万元；兑现五保户供养金50多万元；发放各类救助金约15万元，其中，发放慈善救助金45万元；共发放低保金184.5万元；被征地农民基本生活保障制度逐步建立，失地农民保险参保人数达953人；新型农村合作医疗保险实现了全覆盖，农村居民养老保险参保人数15487人；镇财政配套补助共计510万元。

【工业经济再上新台阶】 2011年，戴埠镇党委政府通过加大招商引资力度、加快载体建设进度、鼓励技改扩能增效、提高优质服务水平等多项举措，加快工业经济发展步伐，全力向“百亿镇”目标冲刺，实现工业经济跨越式发展。全镇规模企业中纳税销售超千万元企业59家，比去年增加9家，超亿元企业10家，比去年增加6家。全镇纳税销售完成33.1亿元，同比增45%，完成年计划的100.3%。新办企业40家，其中外资企业6家。全年新开工投资5000万元以上的重点项目14个，总投资24.7亿元，其中总投资12亿元的鸿开有色金属项目一期已完成投产，二期建设正顺利推进。

【实施旅游提升工程】 2011年，戴埠镇坚持“生态立镇”的战略，积极实施旅游提升工程，使旅游业得到了快速发展。“御水温泉”在华东地区同行业中异军突起，翠谷庄园、欣龙生态园、吴楚文化园等一大批特色旅游景点档次得到有效提升，南山旅游大格局基本形成，戴埠镇已成为名副其实的“华东旅游名镇”。提升档次，加快南山大旅游建设。继续加大基础设施投入，准备投资3000万元修建贯通南山地区生态园区的三条通道。加大旅游环境综合整治力度，全面落实南山区域、李家园村及周边旅游区域环境整治措施，建立长效管理机制，力争把南部山区建设成山水秀美、环境靓丽的国家级生态旅游示范区。继续加大乡村旅游开发力度。大力推广以乡村旅游为主的经营模式，成立全市首家富民资产专业合作社——“快乐家园”，通过有规模、有组织地兴办农家乐，盘活农民闲置资产，增加农民收入，为农民增收和乡村旅游发展提供平台。积极鼓励民营资本、外资开发以生态休闲、旅游观光为主的现代设施农业、主题公园、健检中心等项目，认真做好生态旅游、休闲旅游的文章。

表54 戴埠镇2011年各村基本情况

村 名	村支部（总支、党委）书记	村委主任	村合作经济组织总收入（万元）
松 岭	万晓松	万晓松	60.75
南 渚	杭祥平	芮建亚	88.25
横 涧	姜建国	姜建国	102.19
黄岗岭	朱玉仙	朱玉仙	67.21
同 官	任建春	张利民	71.29
李家园	杨良清	杨良清	253.57
戴 南	杨旭宇	杨旭宇	109.49
山 口	何耀明	何耀明	91.52
红 武	汤卫民	汤卫民	63.33
河 西	魏福生	孔建平	502
牛 场	陶建洪	陶建洪	141.16
戴 北	杨国松	杨国松	116.04
高 桥	承建新	承建新	204.87
郑 墅	潘明华	潘明华	62.3
新 桥	陈朝辉	陈朝辉	78.43
百家塘	孔根生	阮阿兴	78.24
赵家桥	郑时建	郑时建	61.79

表55 戴埠镇2011年销售收入1000万元以上企业

企业名称	法人代表	销售收入（万元）
江苏天目建设集团钢机有限公司	周天喜	22829
常州市永兴轧钢有限公司	江永军	17751
溧阳市永鑫贸易有限公司	江永军	14034
常州市佰目合金有限公司	余清生	12848
溧阳市鑫溧起重机械工程有限公司	周小光	12839
江苏冶建锌业有限公司	史建群	11072
江苏威司顿印刷科技有限公司	李 明	10996
溧阳市布耐特胶乳剂有限公司	颜洪军	10214
常州博尼特种钢管有限公司	陈晓春	10125
江苏沪宁起重机械有限公司	戴进福	10116
常州雪奈利时装有限公司	庄子文	9156
常州嘉仁禾化学有限公司	沈卫峰	8153
溧阳市天鑫混凝土有限公司	李世明	6700
溧阳市华磊锻造有限公司	蒋小华	6492
溧阳市新亚化工有限公司	尤文新	6428
江苏省鼎盛强磁新材料有限公司	庄明福	6423
溧阳市戴西金属建材厂	王瑞伢	5171
溧阳市峻成机械有限公司	刘长平	5155

续表55

企　业　名　称	法人代表	销售收入（万元）
溧阳市天禾钢铁有限公司	潘志军	4403
常州市振顺建设机械有限公司	杨小青	4215
江苏维美轻工机械有限公司	何维忠	4190
溧阳康瑞德恒纸业有限公司	迟柳青	4046
溧阳市新建轧钢厂	孙玉凤	3815
溧阳市金泰锻造有限公司	王建庆	3634
江苏谦胜合成材料有限公司	邵建波	3606
江苏润昌机械设备有限公司	狄国平	3471
溧阳爱瑞特精密铸锻有限公司	陈　波	3396
溧阳市明鑫模具有限公司	吴　明	3361
溧阳市兴达机械有限公司	杨书平	3226
溧阳市戴埠南山水泥厂	王生洪	3225
常州市谦诚橡塑制品有限公司	冯郁凡	3131
溧阳市江南烘缸制造有限公司	何维忠	3117
江苏港鹏重工机电设备制造有限公司	王敏惠	3099
江苏爱卓电气制造有限公司	黄　莺	2710
溧阳市裕达机械有限公司	杨志忠	2420
溧阳华晶合成材料有限公司	钱　炜	2232
江苏万润化学有限公司	蒋毓琴	2184
溧阳市起重机厂有限公司（原溧阳市起重机厂）	周云忠	2043
溧阳市南山米业有限公司	史春保	1941
江苏锦源机械制造有限公司	王炳炎	1725
江苏祥云建陶有限公司	刘杏斌	1631
江苏谦容机械装备有限公司	邵建波	1605
江苏银洪机械有限公司	史洪卫	1568
常州安瑞环保电缆有限公司	周小光	1459
江苏晨丰机电设备制造有限公司	庄晓波	1281
江苏竹海活性炭有限公司	李正元	1276
溧阳市乾康木业有限公司	袁永泽	1272
溧阳市宏大机械设备有限公司	王小明	1243
溧阳市实达五金工具厂	罗雪琴	1189
溧阳市盛和碳酸钙有限公司	丁和平	1169
溧阳市格林机械有限公司	甘建树	1155
溧阳市帝商服装有限公司	庄子文	1150
溧阳中天农牧机械有限公司	甘雪峰	1097
溧阳市立源机械配件有限公司	陈　波	1065
溧阳三共精粉有限公司	刘知高	1058
溧阳市威克尔饲料机械制造有限公司	姜梅仙	1048
溧阳市苏南冶金工程材料有限公司	杨建国	1046
江苏益尔机电有限公司	管亚峰	1027
溧阳市富润机械有限公司	符润军	1008

（雷灵灵）

别　桥　镇

党委书记　蔡金龙（至2011年8月）
　　　　　唐洪祥（2011年8月任）
镇　　长　唐洪祥（至2011年8月）
　　　　　芮子遐（2011年8月任）

别桥镇2011年主要社会经济指标

表56

	项　　目	数　据
自然概况	年末土地总面积（平方公里）	128.5
	其中：镇区建成面积（平方公里）	3.2
	居民委员会、行政村委会（个）	21
	总人口（人）	69925
	其中：非农业人口（人）	5319
综合实力	国内生产总值（GDP，亿元）	28.35
	人均GDP（万元）	4.05
	财政收入（亿元）	1.63
	全社会固定资产投资（亿元）	27.62
	实际利用外资（万美元）	2593
	农民人均纯收入（元）	13117
工业	工业企业（家）	325
	工业企业职工（人）	21036
	工业总产值（亿元）	58.56
	工业增加值（亿元）	15.4
	工业销售收入（亿元）	55.43
	工业利税（亿元）	10.51
	工业固定资产净值（亿元）	7.62
农业	农林牧渔业总产值（万元）	74263
	其中：农业（万元）	24724
	林业（万元）	335
	牧业（万元）	5625
	渔业（万元）	42949
	农业服务业（万元）	630
	粮食产量（吨）	56684
	年末农机总动力（万千瓦）	5.98
第三产业	第三产业实体（个）	1578
	第三产业从业人员（人）	9534
	第三产业增加值（亿元）	8.41
	集贸市场（个）	3
	年末个体工商经营户（户）	1492
社会事业	中学（所）	3
	在校中学生（人）	1257
	小学（所）	4
	在校小学生（人）	1951
	文化场馆（个）	1
	体育健身场所（个）	13
	人口自然增长率（‰）	−2.1877

【实施农业“一二六”工程建设】 2011年，别桥镇充分利用现有资源优势，实施农业“一二六”工程建设。即启动一大开发、创建二大品牌、打造六大基地工程。正式启动以“塘马水库农业生态园”命名的开发规划，前期修建环湖公路5千米，整体搬迁水库边倪家村农户40多户，水库度假会所建设项目与投资商初步达成共识。海斌农机合作社创建“溧湖”牌优质软米品牌，年内取得溧阳市粮油企业品牌称号；缪氏大闸蟹专业合作社创建常州市知名品牌。“六大基地”初具规模，建成以黄金山、玉华山村为中心的3000亩苗木基地，以湖边村、镇东村为中心的3000亩特种水产基地，以海斌农机合作社为龙头的3000亩优质稻米基地，以小石桥村为中心的千亩药材基地，以西庄、后周村为中心的千亩蔬菜基地和以耕渎庐旅游观光园为中心的千亩旅游观光农业基地。年末，全镇有效设施农业面积1.8万

亩，其中高效种植业面积0.65万亩，当年平均亩产效益5000元；高效渔业面积1.15万亩，当年平均亩产效益3500元。

【加大水利设施建设力度】 2011年，别桥镇把农田水利作为农村基础设施建设的重中之重，把严格水资源管理作为加快转变经济发展方式的战略举措，大力发展民生水利。抗灾物资的储备得到了更好的落实，在汛期到来之前，储备麻袋1万只，编织袋3万只，木材26.3立方，铁丝220公斤，以确保安全度汛。年内投入35万元资金，对丹金溧漕河部分河堤和寿申圩部分圩堤进行了加固，总长度达370米；投入90多万元资金，对后周河、扁担河两河道进行了清淤，总长度达2132米。上半年，因天气持续干旱，塘马水库水位急剧下降，一度曾危及到全镇6.98万居民的生活用水，针对日益严重的旱情，及时组织人力对水库下游的竹箦河水源加强保护，以确保河内水质合格，在经环保部门检测水质完全达标后，及时地将河水翻入塘马水库内，从而缓解了灾情。为使农田水利工程建设达标，共投资2000多万元，整治土地3000多亩，圆满完成了上级下达的土地整治任务。投资400多万元，改造了社头浜排涝站和小石桥团结排灌站等高标准农业粮田水利配套设施。在全面完成全国水利普查工作的基础上，全镇小农水工程于年内全面启动，整个工程计划投资1490万元，其中用于改造排灌泵站22座，改造进水涵14座，建设高标准粮田1800亩，工程实施过程中将涉及12个行政村，受益农田面积达5万多亩。

【环境整治力度进一步加大】 2011年，别桥镇不断加大环境整治力度，区内环境状况有了明显的好转。加快了对全镇污水、雨水整治规划的实施步伐。完成了新集镇商业街两侧2.8千米的污水、雨水管道的铺设工作，对北山工业园区污水、雨水管网进行了具体规划，计划投资100万元，将北山工业园区与集镇的管网连通为一个整体。对尚存的一些环境污染问题及时进行整改，年初镇政府会同市环保局、水务局、城管局、农工办等部门编制出台了后周河整治方案，年内后周河河道清淤达1432米，以确保汛期河道泄洪畅通和水质达标。投资44万元，完成后周河两岸300米长的截污管道工程，完成生态景观驳岸600多米，采用A／O生化处理技术方式，日处理量达400吨污水处理设施建设正在启动。后周河上游污水、雨水管道及生态驳岸工程正在施工中，预计工程总投资将达200多万元。完成扁担河清淤工程，扁担河是镇区内北河与渎溪河之间的防洪抗旱引水河道，由于位于北河口的河道淤积严重，投资20多万元，采用挖泥船开挖的方法，将淤积严重的原河道中心位置再开挖12米宽、1.5米深，开挖总长度为700米，开挖总土方达1万多方，目前扁担河河道畅通了，清澈的河水再现了。按照上级关于“六整治”、“六提升”的具体要求，年内完成了塘马、东马、北山3个村的村庄环境整治工作，并顺利通过了相关部门的验收。全镇农村生活垃圾集中处理模式实现了全覆盖，年处理垃圾总量1万吨以上。

【着力保障和改善民生】 坚持以不断改善居民生活为根本目的，着力提高居民的生活质量。把社会保障作为民生之基。2011年，全镇超前5个月完成了市政府下达的养老、医疗、失业保险扩面任务。至年底，全镇18至60周岁农村居民养老保险参保达20587人。企业职工工伤保险和生育保险均走在了全市农村乡镇的前列，使全镇“五大保险”真正落到实处。不断强化企业劳动合同管理，年内指导各类企业签订劳动合同4300多份，签订率达95%以上。深入开展好社会弱势群体的求助工作，全镇年内发放各类优抚对象抚恤、定补资金380多万元，发放低保金268万元，发放重残救助金140多万元，发放临时救助金38万元，受益人员达858人，救助低保边缘对象217户，发放救助金36万元，救助大病医治对象105人，发放救助金34.35万元，用于一次性自谋职业补助金33万元，受益人员达25人。把改善居住环境当做民生之需。2011年全面启动农村安居工程，投入资金40多万元，建成绸缪至坝头村长1.2千米、宽6米的水泥混凝土大道，投入资金80多万元，建成道成至241省道长2.1千米、宽4.5米的水泥混凝土大道。计划投资300多万元，把塘马水库旁的环湖大道建成长5.1千米、宽6米的沥青大道，目前工程正在施工当中。2011年共改造农桥11座，建航道桥1座，建工业园区设施配套桥1座，总投资达800多万元。镇区内5条镇村小公交目前已全部开通，极大地方便了村民的出行。着力加大集镇建设力度，用于集镇建设资金达600多万元。集镇房地产开发年内驰入了快车道，建设面积达4.5万平方米的首期开发项目目前已基本完成。

【集镇建设彰显成效】 集镇建设立足实际、因地制宜，努力构建结构科学合理、产业支撑有力、镇域特色鲜明、服务功能完善、街道管理规范的集镇体系，不断加快小城镇建设步伐，取得了初步成效。进一步完善了集镇规划，按照集镇向园区衔接和拓展的思路，放大与园区同步开发效应，优化集镇发展空间和布局。加大基础设施建设力度，在供电、供水、通信等基础设施基本到位的前提下，进一步完善了镇区“三纵七横”道路框架。2011年总投资600多万元，重点完成集镇“二横一纵”道路建设等工程，“二横”道路之一是打通鑫林钢铁至集镇中心街的6米宽、2千米长的水泥混凝土道路，“二横”道路之二是打通盛大新材料至别桥老街长4.1千米、宽8米的砂石道路，“一纵”道路是指打通别桥新镇至周家湾的长3.5千米、宽7米 的水泥混凝土道路，目前路面平整工作已经基本到位。至2011年年末，一些集镇建设的大项目实施工程逐步到位，北河延伸段河道码头建设目前已经基本完成；投资150多万元的世代服务大楼已投入使用，使全镇计生优质服务上了一个新的台阶；投资280万元建成的社区教育中心大楼，内部配套设施齐全，功能多样化。投资1000多万元、占地19.94亩的卫生院新大楼主体工程已经竣工，一期建筑面积达6000多平方米，彻底改变了别桥医院硬件建设相对落后的面貌；投入10多万元，完成了集镇各行政服务中心大楼霓虹灯亮化工程。下一步的集镇建设将新建高标准的文化活动中心、体育活动中心等公共设施，完成新镇区农贸市场和农民公园建设，全面启动别桥镇中心小学搬迁工程。

【着力加大项目引进力度】 2011年，别桥镇紧紧围绕全镇产业特点，依托北山工业园和北郊工业园两个发展平台，积极采取“走出去、请进来”的招商策略，确立了以有利于结构调整、产业升级和节能减排为目标的招商方向，着力加大对大项目、好项目的引进力度。一年来全镇共引进各类项目20多个，结转项目1个，其中投资3000万元以上的项目14个。江苏盛大、江苏荣科、江苏广源金属、江苏申启星、江苏正茂、江苏万恒、璟隆特种纤维等16个新项目于年内相继开工建设。年末与香港富新科技发展有限公司就新材料无机超细纤维项目进行洽谈，目前已成功签约，此项目总投资1亿美元，拟建8条生产线，投产后将年产24万吨产品，年销售可达15亿元。年内另一个大项目正在洽谈之中，此项目是与上市企业山河智能装备集团就轻型小飞机、豪华游艇制造达成合作。全镇在项目引进过程中，初步形成“建成投产一批、加快建设一批、新开工一批、谋划储备一批”的良性滚动发展格局，从而确保全镇投资及经济增长后劲，2011年全镇年销售超亿元的企业已达15家。

【投资总量不断壮大】 别桥镇2011年完成协议利用外资7168万美元，实际到账外资2593万美元。新增外资企业4家，注册资本在1000万美元的企业达4家，外资项目正向科技创新、生态环保、资源节约等方面转变，在引进的项目中没有一个是化工类的。全年在利用内资方面成绩也比较突出，共注册成立私营企业65家，新增注册资本15亿元，注册资本在500万元以上的企业达26家，其中金久科技注册资本达2.68亿元，一些规模不大的老企业大都进行了增资扩能，2011年全镇新增注册资本在溧阳市农村乡镇中位居第一位。

表57 别桥镇2011年各村基本情况

村名	村支部（总支、党委）书记	村委主任	村合作经济组织总收入（万元）
镇东	吕建平	吕建平	113
马家	陈田荣	陈田荣	62
别桥	王洪喜	王洪喜	50
前程	谈洪志	谢志龙	39
合星	谭超	谭超	52
湖边	邢坤福	史敖林	298
古渎	潘田庆	潘田庆	55
两湾	范保新	范保新	41
道成	周国忠	周国忠	54
北山	吴信洪	吴信洪	57
绸缪	顾阿福	顾阿福	53
黄金山	徐月林	徐月林	68
玉华山	朱庚庆	朱庚庆	41
小石桥	周小保	袁立民	41
塘马	刘志华	刘志华	23
后周	高泓林	戴志强	24
西庄	龚雨生	龚雨生	51
西马	王荣于	杨志荣	29

表58 别桥镇2011年销售收入1000万元以上企业

企业名称	法人代表	销售收入（万元）
溧阳市万兴特种建材有限公司	汤益民	107034
江苏鑫林钢铁有限公司	李柯	33765
江苏汇大科技有限公司	李山川	25425
溧阳市新华机电设备制造有限公司	马建新	20593
常州市宏豪制钢有限公司	魏卫	20338
溧阳市鑫林金属材料有限公司	李文林	19059
常州九天协安化工有限公司	张天法	17596
江苏省溧阳市汽车座椅调角器总厂	马金保	17541
江苏云源钢结构工程有限公司	葛飞云	16929
溧阳市中山有机玻璃有限公司	高泓林	15788
溧阳市荣鑫轧钢有限公司	郑逢全	15690
江苏广源金属加工有限公司	赵政伟	14190
江苏三益化工有限公司	王金平	10823
溧阳福山铸业有限公司	宋保兴	10386
江苏兴盛风能科技有限公司	沈火元	10336
江苏名川防水材料有限公司	蔡建明	9970
江苏泽诚化工有限公司	殷春泽	9222
溧阳市华通稀土新材料有限公司	马勇	7366
江苏云源环保工程有限公司	葛飞云	6180
江苏山湖电缆有限公司	周阿林	6120
溧阳巨神科技材料有限公司	蒋志平	6004
溧阳市禾锋化学有限公司	周国成	5355
溧阳市航星金属制品有限公司	程科良	4201
溧阳鑫晨电子有限公司	吕东平	4200
溧阳市金联树脂有限公司	殷栋梁	3780
溧阳市昆仑锻造厂	施爱松	3492
江苏永武钢结构工程有限公司	吕永武	3303
溧阳市华邦高分子材料有限公司	孟宪俊	3270
溧阳市建盛轧钢有限公司	谈进芝	3021
溧阳市兴中锻造有限公司	阮国强	2897
常州市华丰集团有限公司	王琪	2458
溧阳市恒森化工有限公司	殷春凤	2277
溧阳市万金汽车配件有限公司	万良金	1818
江苏江南农化有限公司	刘海林	1746
江苏运通建设有限公司	马志良	1584
溧阳尼欧斯化工有限公司	滨野	1515
江苏京海钢机有限公司	张琪	1459
溧阳市中腾铸造有限公司	陈洪川	1318
溧阳市新方化工有限公司	潘跃庆	1297
江苏宏阳钢构有限公司	陈飞	1283
溧阳市圣邦铸造有限公司	王良炳	1282
溧阳市东风柴油机配件厂有限公司	李锁金	1222
常州市嘉盈服饰有限公司	汤烨	1176
江苏永武羊绒纺织有限公司	任国强	1162
常州市富月砝码有限公司	贺旺富	1157
溧阳市和平卫生用品有限公司	史和平	1001

（龚志新）

竹箦镇

党委书记 陈志豪

镇长 王耀庆

竹箦镇2011年主要社会经济指标

表59

	项　　目	数　据
自然概况	年末土地总面积（平方公里）	183.6
	其中：镇区建成面积（平方公里）	4.68
	居民委员会、行政村委会（个）	20
	总人口（人）	62172
	其中：非农　业人口（人）	6442
综合实力	国内生产总值（GDP，亿元）	17.7
	人均GDP(万元)	2.85
	财政收入（亿元）	1.8
	全社会固定资产投资（亿元）	15.82
	实际利用外资（万美元）	2519.14
	农民人均纯收入（元）	13729
工业	工业企业（家）	259
	工业企业职工（人）	9448
	工业总产值（亿元）	40
	工业增加值（亿元）	7.16
	工业销售收入（亿元）	32.11
	工业利税（亿元）	4.2
	工业固定资产净值（亿元）	6
农业	农林牧渔业总产值（万元）	57746
	其中：农业（万元）	30138
	林业（万元）	610
	牧业（万元）	9174
	渔业（万元）	17644
	农业服务业（万元）	180
	粮食产量（吨）	61116
	年末农机总动力（万千瓦）	4.49
第三产业	第三产业实体（个）	1822
	第三产业从业人员（人）	9629
	第三产业增加值（亿元）	6.53
	集贸市场（个）	4
	年末个体工商经营户（户）	1682
社会事业	中学（所）	3
	在校中学生（人）	3146
	小学（所）	3
	在校小学生（人）	2406
	文化站馆（个）	1
	体育健身场所（个）	25
	人口自然增长率（%）	

【工业经济迅猛增长】 2011年，全镇实现工业总产值40亿元，年均增长26.5%；实现应税销售收入30.5亿元，年均增长27.3%；国税1.1亿元，地税5900万元，规模以上工业纳税销售23.9亿元，纳税销售超亿元的企业达到了6家，超5000万元企业15家，规模企业平均每年增长10家。被市委、市政府授予“2009～2011年工业先进镇”称号、“2011年度开放型经济先进集体”称号。

【现代农业加快发展】 2011年，全镇进一步加大产业结构调整的力度，加强对高效设施农业的投入，培育高效农业基地5个，已形成高效设施农业面积1万多亩，高效渔业面积2.5万亩，苗木种植面积已接近1.8万亩，江苏全福农牧实业有限公司被评为江苏省级高效设施农业龙头企业和常州市现代农业产业园区。被市委、市政府表彰为2011年度农村工作先进单位。

【服务业发展彰显特色】 2011年完成服务业增加值6.5亿元，完成建安产值5.3亿元，同比增长23.2%；瓦屋山旅游开发稳步推进，红色旅游景点新四军江南指挥部纪念馆，来馆瞻仰、参观的人数逐年增加，农家乐旅游逐步上升。

【园区建设扎实推进】 2011年，全镇累计完成竹箦和前马工业集中区基础设施投入1.2亿元，进一步提高了工业集中区承载能力。前马工业集中区引进项目16个，总投资10亿元；竹箦工业园区引进项目30个，25家企业已建成投产。

【集镇建设规模不断扩大】 2011年完成新一轮的集镇建设总体规划，集镇的框架进一步拉开，集镇三横三纵的“井”字形的道路框架初具雏形，集镇建成区达到2.8平方公里。投资8000万元对税务巷进行改造提升，拆迁1.4万平方米，新建商住面积1.9万平方米；投资1500余万元对北山引水河进行综合整治和环境提升，建成沿河观光带，拦水坝文艺广场；修复老镇区1.2千米街道下水道工程。2011年被国家环境保护部授予“国家级生态镇”称号。

【社会事业协调发展】 新四军江南指挥部纪念馆被列为全国红色旅游经典景区；成功筹办首届瓦屋山鸿鑫电缆场地汽车拉力赛；投资350万元，改造敬老院1460平方米；投入1200多万元，扩建竹箦医疗楼5000平方米；投入300多万元，建成了广电大楼，有线电视数字化整转用户1.12万户，整转率达91.3%以上；投入450万元，建成2300平方米公共服务中心，全民健身活动蓬勃开展。

【编纂出版《竹箦镇志》】 2011年12月，《竹箦镇志》历经3年的编纂，由方志出版社正式出版。全志设25篇加附录，分109章358节，共77.7万字。《竹箦镇志》全面反映了竹箦现行区划自然、政治、经济、文化、社会的历史与现状，真实记载了竹箦人民反抗侵略、反抗压迫的斗争历程，客观展现了新中国建立以来、尤其是改革开放以来竹箦人民改造自然、艰苦创业的精神风貌和建设成就，内容丰富翔实。有助于社会各界人士全面客观地了解竹箦，认识竹箦。

竹箦镇2011年各村基本情况

表60

村　名	村支部（总支、党委）书记	村委主任	村合作经济组织总收入（万元）
竹　箦	葛国荣	吕生芳	80
中　梅	王志兰	王志兰	23
北　村	邱国良	季新富	52
南　旺	彭国才	彭国才	54
长　岗	李洪富	李洪富	51
前　村	万志强	丁全强	23
王　渚	朱初冬	杨玉娟	28
姜　下	张志刚	宋龙保	57
陆　笪	韦志明	陆和平	123
下　宅	宋卫民	宋卫民	58
陶　庄	许勤生	何荣保	114
前　马	赵文斌	陈国伟	103
洙　汤	缪留清	缪留清	48

续表 60

村 名	村支部（总支、党委）书记	村委主任	村合作经济组织总收入（万元）
西 芮	芮公兴	芮公兴	60
水 西	史志忠	祁洪保	69
余 桥	陈永球	陈阿明	51
濑 阳	朱玉林	朱国荣	34
道人渡	沈海金	沈海金	31

表 61 竹箦镇 2011 年销售收入 1000 万元以上企业

企 业 名 称	法人代表	销售收入（万元）
溧阳市光明金属有限责任公司	陈义永	41433
江苏全福农牧实业有限公司	杨林福	33002
江苏竹箦阀业有限公司	汤 伟	24736
溧阳市科华机械制造有限公司	陈洪明	20281
溧阳市虹翔机械制造有限公司	吕逸建	11374
溧阳市东晨服饰制伞有限公司	刘一东	10704
溧阳市金桥机械有限公司	王国强	8041
溧阳市濑江防火门有限公司	吕才林	8020
江苏晶阳加工有限公司	郑贤永	7504
常州永达金属制品有限公司	陈建华	7481
溧阳市恺源电池有限公司	陈国民	7064
常州市康宏装饰材料有限公司	葛寿康	6805
溧阳市万盛铸造有限公司	陈春花	6747
江苏竹溪活性炭有限公司	陈浩勤	5327
溧阳市联华机械制造有限公司	陈国香	5029
溧阳市新力机械铸造有限公司	陈信华	4704
溧阳市北方机械有限公司	巢卫东	4645
溧阳市宇鹰锻造有限公司	傅祖平	4408
溧阳市威达金属制品有限公司	沈菊明	4164
溧阳市新明机械配件制造有限公司	杨建明	4081
溧阳宏基兴业混凝土有限公司	曹芝芳	3869
溧阳市金盛金属加工厂	赵国庚	3639
溧阳市新世纪电器材料有限公司	宋 洁	3019
溧阳市双翔机械制造有限公司	吕燕虹	2821
溧阳市鑫源铜业有限公司	金正平	2594
常州恒欣仓储设备有限公司	操文武	2545
常州市宜宏耐火材料有限公司	蒋建平	2497
江苏晶竹服饰有限公司	毛勤华	2368
江苏苏泰机电设备科技有限公司	薛 飞	2288
溧阳市钟山化工有限公司	蒋玉清	2001
溧阳市长青化工有限公司	李建平	1651
溧阳市江南活性炭厂	徐传龙	1614
溧阳市天弈牛仔服饰有限公司	李菊明	1529
溧阳市良友活性炭厂	邱建冬	1415
溧阳市新成机电设备制造安装有限公司	陈 闯	1356
溧阳市晨丰活性炭厂	陈国忠	1351
溧阳市华星塑料厂	杨继生	1343
溧阳市飞达电化设备厂	蔡青松	1235
溧阳市东南活性炭厂	袁卫健	1178
溧阳市一大化工厂	陈一鸣	1133
溧阳市华顿轴承有限公司	张 峰	1040
溧阳市华田机械制造有限公司	吕燕翔	1014
溧阳市锦润机械有限公司	葛建松	1012

（吕 杰）

上 兴 镇

党委书记 陆卫林（至 2011 年 2 月）
　　　　 蒋 彤（2011 年 2 月任）
镇　　长 蒋 彤（至 2011 年 2 月）
　　　　 高 昱（2011 年 2 月任）

表 62 上兴镇 2011 年主要社会经济指标

项 目		数 据
自然概况	年末土地总面积（平方公里）	245.6
	其中：镇区建成面积（平方公里）	5.1
	居民委员会、行政村委会（个）	23
	总人口（人）	79561
	其中：非农业人口（人）	4666
综合实力	国内生产总值（GDP，亿元）	38.53
	人均GDP（万元）	4.84
	财政收入（亿元）	3.25
	全社会固定资产投资（亿元）	24.5
	实际利用外资（万美元）	2612
	农民人均纯收入（元）	13138
工业	工业企业（家）	185
	工业企业职工（人）	7560
	工业总产值（亿元）	78.9
	工业增加值（亿元）	23.10
	工业利税（亿元）	8.59
	工业固定资产净值（亿元）	22
农业	农林牧渔业总产值（万元）	34533
	其中：农业（万元）	26751
	林业（万元）	1924
	牧业（万元）	2146
	渔业（万元）	3474
	农业服务业（万元）	1138
	粮食产量（吨）	97381
	年末农机总动力（万千瓦）	5.2
第三产业	第三产业实体（个）	3169
	第三产业从业人员（人）	27460
	第三产业增加值（亿元）	10.11
	集贸市场（个）	4
	年末个体工商经营户（户）	1405
社会事业	中学（所）	3
	在校中学生（人）	1568
	小学（所）	4
	在校小学生（人）	2692
	文化站馆（个）	1
	体育健身场所（个）	2
	人口自然增长率（%）	−0.62

【工业经济快速增长】 2011年，全镇完成工业总产值78.9亿元，完成纳税销售71.66亿元，同比增长37.49%；实现利税总额8.59亿元，利润5.92亿元，同比分别增长36.5%和37.12%；完成工业有效投入22.04亿元，同比增28.51%，实现财政总收入3.25亿元，其中一般预算收入1.49亿元，分别较上年度增长41%和38%；完成协议利用外资4369万美元，实际到账外资2612万美元，均超额完成市下达的计计划指标。在全市主要经济指标完成情况年度考核中位居前列。

【曹山现代农业发展迅速】 2011年，全镇加快产业结构调整的步伐，农业结构调整呈现新格局，现代农业发展迅速。溧阳市曹山现代农业示范区常州市级农业示范园位于镇域西部，范围面积达5.2万亩。涉及农业人口近7000人。示范园建设总投资预计6.12亿元，是以曹山地区自然环境和条件为基础，依托示范区内现有十多家农业企业，沿15.8千米曹山公路东西两侧开发；西部为丘陵山区综合开发带，东部为现代高效设施农业带，最终形成生态林。2011年曹山现代农业示范区新增注册资本3500万元。

【基础设施不断完善】 实施104国道上兴段绿化亮化工程，宁杭城际铁路建设快速推进，启动实施了瓦屋山高铁路口区建设。全面完成23座中小型水库除险加固整治任务。继续加大对镇村道路的投入，全年新建农村公路20千米，拓宽改造农村公路3条18千米，并开通镇村公交，改造农危桥5座，推进实施220千伏宁杭高铁上兴牵引站输变电工程建设。

【农村面貌焕然一新】 2011年全镇新建和扩建村级综合服务中心22个。全面完成23个行政村的村庄绿化整治工作，完成植树造林3000亩，深入推进"万顷良田"建设，整治土地面积4000多亩。新建了李家新村、涧东新村生活污水处理示范点，全面实施水库周边环境整治及水源地保护工作，农村面貌焕然一新。进一步抓好中心村建设，完成练庄村前村组、老河村浪家山组、潘家组、杨家组整体拆迁，完成涧东等5个二星级康居乡村建设工程。

表63

上兴镇2011年各村基本情况

村　名	村支部（总支、党委）书记	村委主任	村合作经济组织总收入（万元）
分　界	胡明富	李明来	41
陶　村	葛建忠	徐江海	29
老　河	邹运胜	邹荣国	95
上　城	徐秀奎	史长明	37
上　兴	陆建春	胡树清	43
练　庄	杨小保	顾明法	41
赵　沛	何忠华	张顺根	41
余　巷	蒋志敏	蒋志敏	47
永　和	苗培洪	董明洪	34
步　村	蒋伟清	蒋伟清	62

续表63

村　名	村支部（总支、党委）书记	村委主任	村合作经济组织总收入（万元）
涧　东	蒋克春	蒋克春	115
万家边	强文俊	陈家孝	37
沛　民	王佩峰	刘贞明	53
龙　峰	余庆贵	余庆贵	33
东　塘	陈和国	黄建华	30
桥东干	张成保	张益安	31
毛　家	易国祥	许小龙	32
缪　巷	苏福清	江金财	42
祠　堂	林富春	余木狗	48
蒲　村	徐　挺	汤洲洋	41
吐　祥	芮爱国	芮爱国	42
圩　庄	伊水银	曹锦秀	82
汤　桥	汤爱民	杨生根	80

表64

上兴镇2011年销售收入1000万元以上企业

企业名称	法人代表	销售收入（万元）
江苏国强镀锌实业有限公司	袁国强	406991
溧阳市隆鑫合成粉末有限公司	袁国庆	65582
溧阳市华力金属有限公司	邹启清	64946
江苏天山水泥集团有限公司溧阳分公司	李炳柱	45400
江苏盛杰源浩机械有限公司	潘剑清	20484
溧阳盛杰机械有限公司	潘剑清	12491
江苏轩博金属制品有限公司	董天云	10818
江苏盛德电子仪表有限公司	吴建民	8928
溧阳市盛力橡塑制品有限公司	吴建民	8057
溧阳市高邦电缆材料有限公司	周建平	6561
溧阳市兴澄建材有限公司	张　健	6122
常州亚锋水泥有限公司	张忠明	4653
江苏兴源矿业有限公司	万三军	4163
江苏茂新钢构有限公司	陈茂勤	3183
溧阳宝源矿产资源综合利用有限公司	戴修华	2949
溧阳市欣荣密胺制品有限公司	袁海保	2586
江苏阳帆机电设备制造有限公司	杨宏伟	2441
溧阳市天山采矿有限公司	陈建良	2318
溧阳市嘉乐针纺织品有限公司	毛献金	2199
溧阳市康达化工有限公司	张建新	1974
溧阳市上沛山水采矿有限公司	黄国林	1822
江苏新曙锻造有限公司	周达明	1760
溧阳市塑宝化工有限公司	丁雪峰	1691
溧阳市南方活性炭厂	朱开财	1550
溧阳市亮亮金属制品厂	徐保英	1468
江苏溧阳锡湖电气设备制造有限公司	杨宏伟	1310
常州江帆冷却塔有限公司	江建华	1196
溧阳市天伦环保净化材料有限公司	许瑰瑛	1176
常州市天盾涂料有限公司	强国方	1023

（芮元林）

南　渡　镇

党委书记　吴旺志
镇　　长　张　顺

南渡镇2011年主要社会经济指标
表65

	项　　目	数　据
自然概况	年末土地总面积（平方公里）	124.53
	其中：镇区建成面积（平方公里）	2.5
	居民委员会、行政村委会（个）	19
	总人口（人）	75612
	其中：非农业人口（人）	10775
综合实力	国内生产总值（GDP，亿元）	28.1
	人均GDP（万元）	3.7
	财政收入（亿元）	2.1
	全社会固定资产投资（亿元）	17
	实际利用外资（万美元）	544
	农民人均纯收入（元）	14244
工业	工业企业（家）	268
	工业企业职工（人）	8629
	工业总产值（亿元）	46.4
	工业增加值（亿元）	12.4
	工业销售收入（亿元）	44.6
	工业利税（亿元）	6
	工业固定资产净值（亿元）	6.5
农业	农林牧渔业总产值（万元）	57817
	其中：农业（万元）	28424
	林业（万元）	1199
	牧业（万元）	6128
	渔业（万元）	19849
	农业服务业（万元）	2217
	粮食产量（吨）	69567
	年末农机总动力（万千瓦）	4.9
第三产业	第三产业实体（个）	172
	第三产业从业人员（人）	5648
	第三产业增加值（亿元）	10.6
	集贸市场（个）	5
	年末个体工商经营户（户）	2042
社会事业	中学（所）	5
	在校中学生（人）	5751
	小学（所）	5
	在校小学生（人）	6425
	文化站馆（个）	1
	体育健身场所（个）	1
	人口自然增长率（‰）	−0.26

【工业经济稳步增长】 全年实现工业总产值46.4亿元，同比增长11.8%；实现纳税销售收入36.6亿元，利税6亿元，其中利润3.2亿元，同比分别增长24.3%、33.3%和39.1%。全镇纳税销售超5亿元企业1家，超亿元企业8家，超2000万元以上企业23家，规模以上工业纳税销售达31.8亿元，同比增长25.9%，规模以上企业纳税销售占全镇的87%。转型升级步伐加快，完成工业投入15.1亿元，同比增长25.2%。完成规模工业有效投入8.7亿元，同比增长23.2%。加快科技创新，实现高新技术产业产值32.5亿元，占工业总产值的70%；获批国家级重大科技成果转化项目2个，国家重点新产品1项，江苏省新产品2项；新增高新技术企业1家、省级工程技术研究中心1家、省级民营科技企业9家；新申报科技项目14项，发明专利30件；引进本科以上人才167人。

【招商引资成效显著】 全年新办和增资企业22家，新增注册资本1.23亿元；成功签约5000万元以上项目18个，开工5000万元以上项目14个，其中弘博新材料一期扩能至10万吨项目、华菱新材料万吨涂料生产项目等8个项目顺利竣工投产；新奥安顺燃气等5个外资项目成功落户，注册外资4049万美元，实际到账外资544万美元。

【园区建设再上新台阶】 新材料工业集中区加速提档升级，被纳入市经济开发区“一区三园”区镇共建范畴，并成功通过省环保厅环评审查，规划面积最终被确认为3.93平方公里。产业定位以有机硅、多元醇、氨基模塑料为主，上下游延伸产品为辅，形成新材料研发、生产及应用开发的产业链；加大园区基础设施投入，集中区一期扩容项目正在加快推进，熊家村拆迁工作接近尾声，将新增建设用地1807亩；新增用地的三杆迁移工作和三通一平工程的设计工作顺利完成。

【民生民本持续改善】 2011年，新发展私营企业32户、个体工商户112户，新增个私注册资本3.5亿元。协助举办招聘活动4场次，输送员工980人次，其中外招520人；新增就业460人。保障体系日趋完善。新增五大社会保险参保人员2200人次；新农保普及率达95%以上，镇承担配套资金305万元；新型农村合作医疗参保率达100%，镇承担配套资金358万元；老年居民养老金、80岁以上老人尊老金和退伍士兵优抚金全部发放到位。

【社会事业协调发展】 深入贯彻实施“科教兴市”战略，教学质量稳步提升，南渡高中稳居农村中学排头兵位置。南渡初中中考成绩名列全市第5名；教育资源进一步整合，实施大溪中、小学合并办学，成立大溪综合实验学校；举行第二届五星“育才基金”发放仪式，80名贫困中小学生得到资助。基本药物制度全面实施，镇村卫生院（室）全部实行药物零差率销售。人口和计划生育工作有序推进，顺利完成镇计生协会换届工作。有线电视数字化整体转换工作顺利推进，实现整转用户1.1万户，整转率达92%以上。全民健身活动蓬勃开展，建有健身团队7支，实现健身点行政村全覆盖，全面完成现有健身器械检修工作。

【社会管理逐步完善】 继续深化“平安南渡”、“法制南渡”建设。破获各类刑事案件11起，调处矛盾纠纷65件，办理法律援助案件6件；办理人民来信112件，接待来访58批次135人次，处理率100%，办结率98.4%。成功化解一批农村重点信访问题，有效促进了社会和谐稳定。南渡镇荣获2007－2011年度常州市信访工作突出贡献单位称号。全面推进安全生产、食品药品安全、校园周边环境等整治活动。

【中心镇建设加快推进】 镇域规划体系逐步健全。按常州市重点中心镇建设考核意见，围绕规划年的主题，投入258万元设计费，实施新一轮镇总体规划（2011～2030）修编，编制镇北新区2平方公里的设计、镇南3平方公里的控制性详细规划、钱家圩特色村庄规划等5项规划，规划成果论证和验收工作按时序完成。

【基础设施进一步完善】 投资1980万元新建大溪路、强埠集镇道路和小金山园区金山路；实施农村公路提升工程，投资415万元实施公路两边各拓宽3米建绿化带；启动104国道改道段、拓宽段施工；投资85万元完成强埠污水处理厂外排管网4.2千米；实现天然气主管道镇域内主要居民点和工业集中区的全覆盖。市粮食储备中心一期工程建成使用；五星大楼、五星商业街和市民广场等正加快开发；万顷良田工程和增福安置小区全面建设，集中安置520多户居民。

【镇村管理力度不断加大】 市城管执法大队南渡中队成功创建省级三星级中队，全市农村环境综合整治年度考核名列前三位。基本实现城乡生活垃圾统筹处理，创新实施全镇保洁队伍统一管理，垃圾统一清运，年清运垃圾1.2万吨。投资25万元完成南渡农贸市场的下水系统统一改造，建成省级康居示范村1个。加快村级服务中心建设，新建3个村级综合服务中心，实现服务中心的建成率94.7%，切实提高中心村的服务功能。

南渡镇2011年各村基本情况

表66

村名	村支部（总支、党委）书记	村委主任	村合作经济组织总收入（万元）
联盟	朱和平	蒋国华	67.95
平城	吴文忠	杨国平	52.09
新河	王建中		51.75
大圩	张乾民	张乾民	31.00
西圩	成浩	成浩	32.89
庆丰	罗和忠	罗和忠	28.25
永丰	杨田云	杨田云	24.14
强埠	陈迎春	陈迎春	92.18
堑口	黄福新	蒋柏林	33.80
梅庄	许云亮	朱国震	69.13
福新	孙洪保	孙洪保	37.03
旧县	陈建泉	董保生	58.00
东湖	强志伟	强志伟	50.52
黄山	周德芳	周德芳	30.50
胜笪	沈水林	沈跃忠	51.00
腾村	姜荣海	徐国新	51.02
钱家圩	陈道荣		74.66
淦西	濮汉忠		57.24
石街	姜梦杰	冯八弟	54.32

南渡镇2011年销售收入1000万元以上企业

表67

企业名称	法人代表	销售收入（万元）
溧阳市三维铸造有限公司	李孝保	54030
江苏弘博新材料有限公司	蒋旭明	48075
江苏瑞阳化工股份有限公司	刘启东	40897
江苏力强化工有限公司	蒋明春	23248
溧阳兰天化工有限公司	董天才	18228
常州乔尔塑料有限公司	肖和平	14538
溧阳市乔森塑料有限公司	肖和平	12459
溧阳市乔迪塑料有限公司	肖和平	11976
江苏人民机具有限公司	陈俊春	11161
溧阳开成毯业有限公司	蒋夕生	10789
朗盛（溧阳）多元醇有限公司	陈飚	10681
江苏冠宇机械设备制造有限公司	陈国顺	9208
溧阳市濑江混凝土有限公司	李继平	8493
溧阳市濑江水泥有限公司	李继平	7096
江苏强林生物能源材料有限公司	蒋洪芝	6571
溧阳市金濑织物有限公司	黄凤平	5578
溧阳市山湖实业有限公司	李田春	4554
溧阳市山湖实业有限公司汽车装饰材料分公司	李田生	5702
常州市瑞腾塑胶有限公司	邱东兴	3253
溧阳市永安精细化工有限公司	董俊才	3162
溧阳市金濑水泥制造有限公司	余明法	3162
溧阳市新建化工有限公司	朱志荣	2891
常州金卡基材有限公司	邱东兴	2831
溧阳市庆丰精细化工有限公司	陈田民	2725
溧阳市庆福化工有限公司	陈水浩	2453
溧阳市瑞达塑料助剂厂	朱瑞芬	2065
溧阳市新宏有机硅化学有限公司	刘兴宏	1997
常州市华菱新材料有限公司	李道胜	1733
溧阳市濑江金属制品有限公司	杨珠清	1586
溧阳市江南水暖器材厂	芮傲芳	1440
溧阳市华强塑料助剂厂	施松伢	1317
溧阳市金阳化工厂	胡玲娣	1204
溧阳市圳宇化工有限公司	葛国福	1134
溧阳市嵘麒钢结构有限公司	史建伟	1089

（施留平）

社渚镇

党委书记　庄松年
镇　　长　花建国

社渚镇2011年主要社会经济指标

表68

项目		数据
自然概况	年末土地总面积（平方公里）	207
	其中：镇区建成面积（平方公里）	6.02
	居民委员会、行政村委会（个）	24
	总人口（人）	70416
	其中：非农业人口（人）	4298

续表68

项目		数据
综合实力	国内生产总值（GDP，亿元）	41.76
	人均GDP（万元）	5.93
	财政收入（亿元）	3.29
	全社会固定资产投资（亿元）	23.71
	实际利用外资（万美元）	1190
	农民人均纯收入（元）	13477
工业	工业企业（家）	310
	工业企业职工（人）	9360
	工业总产值（亿元）	80.01
	工业增加值（亿元）	22.12
	工业销售收入（亿元）	135.68
	工业利税（亿元）	14.43
	工业固定资产净值（亿元）	49.72
农业	农林牧渔业总产值（万元）	71307
	其中：农业（万元）	43002
	林业（万元）	2169
	牧业（万元）	6363
	渔业（万元）	18782
	农业服务业（万元）	991
	粮食产量（吨）	101617
	年末农机总动力（万千瓦）	5.72
第三产业	第三产业实体（个）	4014
	第三产业从业人员（人）	10629
	第三产业增加值（亿元）	12.99
	集贸市场（个）	4
	年末个体工商经营户（户）	3567
社会事业	中学（所）	2
	在校中学生（人）	1644
	小学（所）	5
	在校小学生（人）	3950
	文化站馆（个）	1
	体育健身场所（个）	2
	人口自然增长率（‰）	−0.05

【工业经济快速增长】 2011年，社渚镇始终坚持发展工业经济不动摇，坚持招商引资不动摇，坚持平台构建和项目推进不动摇。工业经济发展氛围日益浓厚，发展步伐不断加快，运行质量明显提高，综合实力显著增强。实现工业纳税销售121亿元，成为全市第一个工业经济超百亿元镇。

【江苏金峰水泥集团有限公司被评为中国民营企业500强】 由中华全国工商业联合会组织的2011年中国民营企业500强和中国民营企业制造业500强评选中，江苏金峰水泥集团有限公司分别位列第291位和第203位。

【自来水厂改造扩能全面完成】 根据社渚镇2011年第一届人民代表大会第四次会议关于加快社渚自来水厂改造的决议。社渚镇将自来水厂改造扩能作为2011年为民办实事的十大工程之一。由于社渚镇属丘陵山区，地理位置复杂，管网线路长，且严重老化，水压明显不足，给群众生活带来困难。为解决管网存在的突出问题，方便群众用水，自上半年开始，社渚镇就开始对自来水厂进行改造扩能，到11月份，正式竣工通水。改造扩能后的自来水水压明显提高，水质完全达标。使全镇人民喝上了放心水、安全水、优质水。

【以打造国际知名品牌为依托促轻纺传统企业转型升级】 2011年，社渚镇以打造国际知名品牌为依托促进轻纺传统企业转型升级。通过投资2900多万元创建中国化纤功能线研发中心、建立浙江大学等高等院校实验基地、引进海归博士人才、与外国企业联姻合资等多项举措，实现产业转型升级。先后与梦特娇、老人头、皮尔卡丹、鳄鱼等名牌企业携手开发新产品，与日本大南服饰合作生产阿迪达斯服装，最大限度地满足客户的需求，产品不仅成为国内服装行业的香饽饽，还出口到16个国家和地区。

【成立黄丝带基金会】 2011年9月8日，全市首个镇级黄丝带基金会在社渚镇成立。在成立仪式上，来自全镇机关、企业、学校、农村的干部群众踊跃捐款17万余元。该基金会主要资助对象为白血病患者。

【社渚镇举办庆“七一”红歌演唱会】 为庆祝中国共产党成立90周年，社渚镇党委、镇政府在“七一”前夕举办了一场别开生面的“红色社渚颂党恩”红歌演唱会。来自机关、学校、企业、社区的12支代表队300余人参加了演唱会。会上演唱了《没有共产党就没有新中国》、《歌唱祖国》、《咱们工人有力量》、《走向复兴》等24首大家熟悉的红色歌曲，旨在通过这一活动，激发广大党员、干部、群众爱党、爱祖国、爱家乡的热情。市委常委赵国兴、杨琪等领导观摩了演唱会。

【推进八大农业模式】 2011年，社渚镇结合本镇的实际情况，加速发展现代农业，突出资源节约型、环境友好型主题，采取培植现代农业生态园、特种养殖专业合作社、高效设施农业基地等探索“八大类型农业”新模式。

推进生态农业模式。积极发挥江苏省新农村生态发展有限公司、溧阳市锦天苑生态有限公司等企业的带头作用，充分利用生态资源丰富、亚热带湿润气候、温光水充沛等自然条件的优势，大力推进生态农业模式，突出“生态性”、“绿化性”、“可持续性”特征。

推进高效农业模式。按照农业部高产创建的标准，以溧阳市周城汤山茶厂和溧阳市金泉生态科技园等为载体，加强茶叶名贵花卉套栽和管理，茶叶突出品牌特色，水果推广乔木落叶果；以溧阳市春晖乳业有限公司为载体，加强养殖小区标准化建设；以溧阳市三塔生态园为载体，加强花果园建设；以溧阳市洪运蔬菜种植有限公司为载体，建立200余亩钢架大棚蔬菜基地。

推进立体农业模式。采取农林牧果渔商结合、植物套种间作等立体化经营方法，以溧阳市瑞丰生态园等为载体，在山顶上栽松树，在山腰栽茶叶和水果以及放养野兔，在山脚种植旱作粮油、牧草，水中养鱼、放鸭，鸭粪喂鱼，鱼鸭共养，彰显立体农业多种效应。

推进有机农业模式。推行有机果、有机茶、有机粮油栽培技术，以溧阳市天悦稻米研究所等为重点，对农作物、茶叶树、水果树禁用农药、除草剂和增长激素，全部追施有机肥料和采取物理、生物技术防治病虫害。其生产的大米在获得第三届中国特种稻米学术研讨会“优秀奖”的基础上品质再提高。

推进循环农业模式。延伸展示园内部生态链和食物链，合理利用生物间的互补性，以溧阳市群慧生态农业开发有限公司的“猪－沼－果”循环养殖为模式，以江苏省新农村发展有限公司和溧阳市天目林生态禽蛋有限公司的竹林果园林间养鸡等为养殖模式，大力推行农业废弃物循环利用和生态环境建设。

推进节约农业模式。以溧阳市芳伢农机专业合作社的节地、节本特点为发展模式，大力推进低产田改造，种、栽、收机械化进程。

推进休闲农业模式。以溧阳市和平生态园为载体，通过对荒山、荒水、荒坡改造，形成占地千余亩的集旅游休闲观光为一体的庄园式农业，并将其作为农、科、教实验基地。

推进创意农业模式。以溧阳市和平生态园、溧阳市百树人农业生态园等为载体，将园区装扮成“山上林木茂盛、山腰果茶争宠、池中鱼儿跳跃、满园鸟语花香”的优美景象，吸引游人在林中、在花下、在水旁、在田间享受自然，陶冶情操。

【青虾由圩区养殖发展到丘陵山区养殖】 2011年社渚镇青虾养殖面积3万亩、千亩以上青虾养殖园区7个、青虾养殖户982户、青虾企业和合作社22家、青虾经纪人32名。全年青虾产业总产值1.7亿元。

社渚镇的青虾养殖主要是池塘养殖，随着社渚镇打造的“青虾名镇”基础的不断夯实，当地农民对青虾生长特性、营养需求不断了解并掌握，青虾养殖已发展成为一项“低投入、高产出”的高效养殖业，并取得了很好的示范推广效应，青虾养殖已由圩区发展推广到了山区。在丘陵山区的丁山村、新山村、梅山村、金山村、上蒋和宜巷村等，有水源和池塘的地方，当地农民都饲养起了青虾。据不完全统计，社渚镇丘陵山区青虾饲养面积已达3000余亩，青虾成了社渚镇丘陵山区农民手中的“致富虾”。社渚镇青虾养殖已成为江苏省最大的淡水养殖基地，并被命名为江苏省无公害农产品产地，获得绿色产品认证。

表69 社渚镇2011年各村基本情况

村　名	村支部（总支、党委）书记	村委主任	村合作经济组织总收入（万元）
社　渚	蒋云虎	蒋云虎	115
下　西	虞鹏月	虞鹏月	26
王　家	霍亚萍	杨火保	21
新　塘	林　克	林　克	21
新　山	肖德顺	肖德顺	117
宋　村	汤应兵	宋德喜	59
宜　巷	肖国富	王仲喜	62
姚　巷	尹洪发	龚国强	55
殷　桥	吴玉凤	吴玉凤	27
上　蒋	戴明龙	戴明龙	56
孔　村	张春九	张春九	56
湖　西	彭金木	彭金木	28
大　田	吕三妹	吕三妹	59
东　升	韦阿明	韦阿明	63
河　口	杨海清	赵丽杰	75
乘马圩	张森林	赵荣华	23
金　峰	朱法金	朱法金	56
梅　山	吴长金	吴长金	33
金　庄	余顺湖	吴新中	60
丁　山	丁俊忠	张建刚	197
周　城	陈春雷	陈春雷	31
金　山	王全华	王全华	214

表70 社渚镇2011年销售收入1000万元以上企业

企　业　名　称	法人代表	销售收入（万元）
江苏金峰水泥集团	徐贵生	1119499
江苏溧阳南方水泥有限公司	闫建军	91188
常州宝丽丝纤维有限公司	张爱琴	16338
江苏省社渚轴承有限公司	吕长寿	14770
溧阳大成电工科技有限公司	潘习军	10596
江苏昆达锌业有限公司	王　俊	10472
江苏省前峰服饰有限公司	郭建明	10382
新山采石矿	杨友清	9982
溧阳广道针织有限公司	彭志伢	8246
溧阳市天目助剂有限公司	毛福生	7171
溧阳市周城采石场	雷　征	5484
江苏荣辉木业有限公司	毛银生	4934
溧阳市金盛炉料有限公司	丁金水	3663
溧阳市联成溶剂有限公司	王爱荣	3359
溧阳市长河金属材料有限公司	周球生	3143
溧阳市云凯化工有限公司	芮汉云	2770
溧阳市鑫荣米业有限公司	曾献荣	2554
江苏鸿鑫电缆有限公司	潘习军	2409
常州市星云润滑材料有限公司	王新明	2405
常州皓飞时装有限公司	陆小飞	2249
溧阳市天虹电玉粉有限公司	沈华俊	2095
常州市永春机电设备有限公司	毕春初	2083
溧阳市茅山石灰厂	刘国福	1636
溧阳市瑞象新型建材有限公司	陶建康	1602
溧阳市天茂服饰有限公司	沈青红	1554
溧阳市电子电器厂	郑有志	1520
溧阳市新宇净化科技有限公司	陈高明	1441
溧阳市戈平野营服饰有限公司	肖建华	1231
溧阳市宏达精密铸造公司	肖卫峰	1095
溧阳市华杰塑料助剂有限公司	吴震华	1037
溧阳市星河精密机械有限公司	刘毕胜	1020

（陆　平）

溧阳市埭头镇埭头村

村党支部书记 史富波

舍头自然村——江苏省“三星级“康居示范村

埭头村位于溧阳市北郊，是埭头集镇所在地。倚仗 239 线与临湖水网，水陆交通便捷。区域面积 5.78 平方公里，下辖 17 个自然村，43 个村民小组。全村现有农业人口 5060 人 1450 户、耕地面积 1800 亩。2011 年全村一、二、三产业总收入 1.85 亿元，村民人均收入 17555 元。

埭头村一直坚持实业强村、环境美村、文明新村的工作思路和“参事制”、“票决制”、“双票制”三位一体的民主管理方式，努力实现实力埭头村、和谐埭头村、幸福埭头村：一是村级经济发展迅速，目前拥有村办企业 1 家，门面房 40 多间，2011 年村级集体收入 386 万，资产结构优良，可持续发展性强，除此之外村里还积极寻求新的可持续经济增长点；二是 2012 年投入 250 余万元用于舍头自然村村庄环境整治，成功将舍头自然村创建成为江苏省“三星级”康居示范村，人居环境质量显著提高；三是注重精神文明建设，以文明创建为契机，积极发挥道德讲堂优势，以文明促建设，全面推进埭头村经济、社会、人居环境等各项发展，通过努力，2011 年底埭头村被表彰为第三批全国文明村。此外，自 2005 年起埭头村就坚持老年补贴的发放，目前每年发放资金达 150 多万元，享受老年补贴的人数达 762 人，大大提升了村民的幸福指数，做到了真正意义上的老有所养、老有所依。

埭头村道德讲堂活动

近年来，埭头村多次获上级表彰，先后获得全国文明村、全国民主法治示范村、江苏省新农村建设先进村、江苏省管理民主示范村、江苏省生态村、江苏省卫生村、常州市创建廉洁和谐好乡村先进集体、常州市人口与计划生育工作先进集体、溧阳市农村工作先进单位、溧阳市先进基层党组织、溧阳市五好村党支部等多项荣誉。

埭头村参事议事、票决

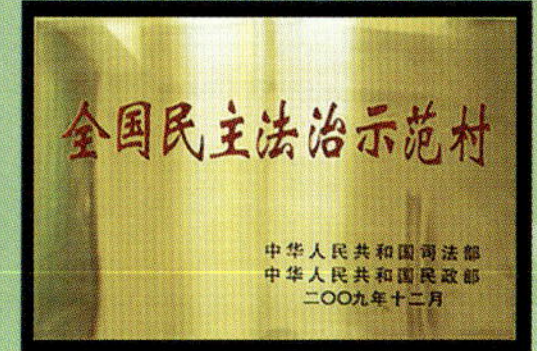

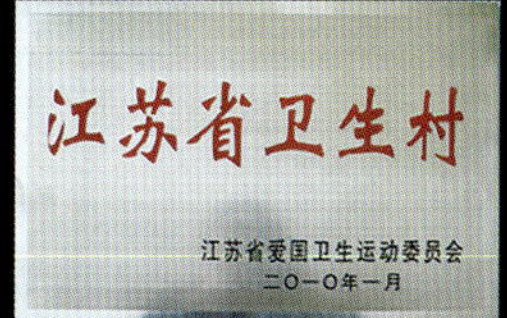

镇党委书记　朱志军

镇长　夏国中

钟灵毓秀　人杰地灵

溧阳市埭头镇

全镇公推直选党委领导班子党员大会主会场

埭头镇位于溧阳市东北郊，北依长荡湖，南枕芜太运河，239省道穿境而过。全镇总面积43.7平方公里，集镇建成区达7.3平方公里，辖7个行政村、1个居委会，总人口2.76万。2011年，先后获得了“江苏省创先争优科学发展争一流先进基层党组织”、“江苏省五五普法先进单位”、“常州市先进基层党组织”、“溧阳市五好镇党委”、“溧阳市开放型经济先进集体”、“溧阳市信访维稳工作先进集体”等一系列荣誉称号。

2011年，全镇完成地区生产总值21.44亿元，同比增长27.85%；完成财政总收入3.78亿元，同比增长34.52%；完成财政一般预算收入1.03亿元，同比增长27.3%；农民人均纯收入16022元，同比增长22.47%。在全市年度重点工作考核中，目标管理考核首超200分，列全市镇（区）第一；科学发展重点经济指标考核第4次位居全市第一方阵。

2011年，总规划面积15平方公里的镇工业园区成功纳入全市“一区三园”统筹发展布局，总投资均超10亿元的鹏程铸工、三元钢铁两个重大项目签约。骏益科创园一期已全面竣工，并已全部落实项目。骏益科创园与深圳知名园区运行商硅谷动力成功合作，形成了政府规划、企业投资、专业化管理“三位一体”招商新模式。园区目前入驻企业160多家，其中拥有日本、加拿大、美国、比利时、瑞典、阿联酋等外商投资企业近20家。

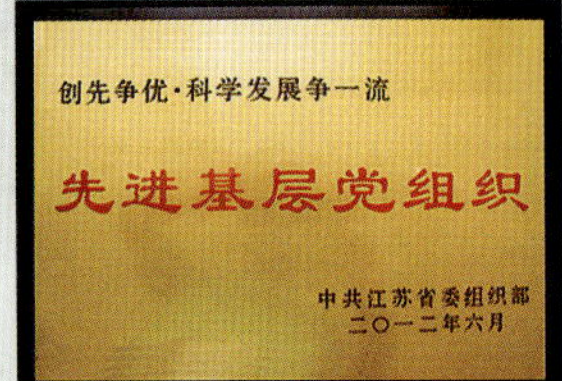

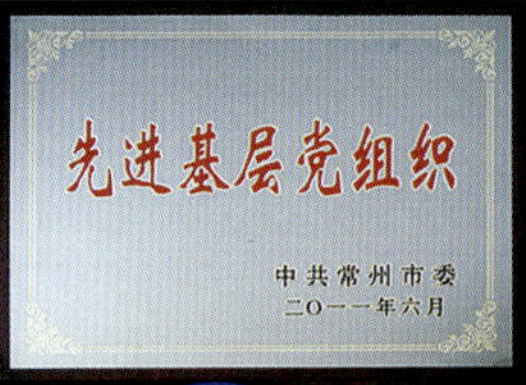

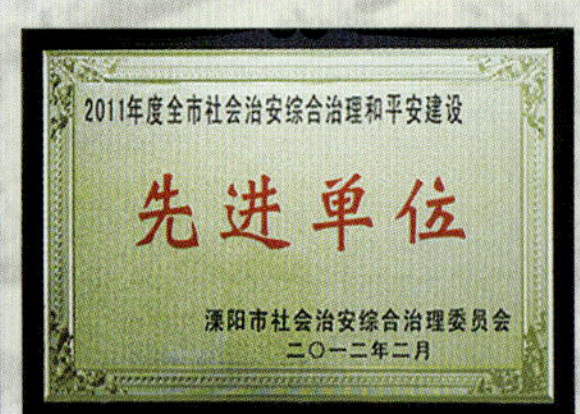

省委常委、常务副省长李云峰来埭头镇前六村开展“三解三促”活动

常州市市长姚晓东教师节来埭头镇后六中学慰问并和教师亲切交谈

2011 年，全镇粮食总产量 17587 吨，比上年增产 629 吨，增长 3.7 %，水稻平均亩产 625 公斤，比上年增长 3.6%。前六百亩水稻丰产方亩产达 730 公斤，获常州市水稻高产竞赛一等奖。

2011 年，投资近 1000 万元，实施了南埝路拓宽、山前路拓宽、石黄线改造和埭六路白改黑工程，全长 12.1 公里的农村公路提档升级工程全面推开，顺利开通南埝村镇村公交，实现了农村公交村村通。

2011 年，全镇新增“ 江苏省民主法治示范村 ”2 个，“ 常州市民主法治村（社区）”3 个，实现了常州市级以上民主法治示范村（社区）创建全覆盖。埭头村被授予全市唯一的“ 全国文明村 ”荣誉称号。信访维稳工作连续第五年被市委、市政府授予信访维稳工作先进集体。

2011 年，教育事业得到了均衡快速发展，埭头中学成功晋升省“ 四星 ”级高中，四所中小学均创建成常州市优质学校。卫生投入不断加大，全面建立了农民健康档案，村级卫生室规范化建设顺利全面完成，卫生服务普及率达 100%。农民运动会、文化三下乡等文体活动丰富多彩。

“ 无缝对接开发区，建设溧阳东大门 ”，率先基本实现现代化的新征程已全面开启。埭头，正以其优越的地理环境，完善的基础设施，悠久的人文历史吸引众多有识之士前来投资创业。

埭头中学晋升江苏省四星级普通高中揭牌仪式

民俗文艺汇演

硅谷动力—江苏溧阳绿色材料产业园

镇党委书记　唐云娟

镇长　王国权

人类发祥地　现代新城镇

溧阳市上黄镇

上黄镇位于溧阳市东北部，地处宜兴、溧阳、金坛三市交界，省道239线横贯全境，京杭运河纵横南北，境内万亩长荡湖烟波浩淼，距今4500万年中华曙猿化石的发现，被联合国教科文组织誉为人类发祥地。全镇总面积47平方公里，耕地面积2.56万亩，下辖1个居委会，8个行政村，总人口2.65万人，是常州市著名的水产之乡、建材之乡。

近年来，勤劳、淳朴、聪慧的上黄人民在改革开放的大好形势下，紧跟时代步伐，牢扣时代脉搏，着力打造生态、文明、和谐的“山水新集镇”。新一届党委、政府领导班子在发展工业经济的同时，努力营造悠闲、碧水蓝天的人居环境，致力于人与自然的和谐统一。

2011年，上黄镇以“科学规划、合理布局、节约资源、保护环境”为目标，坚持工业经济转型升级，走新型工业化道路。江苏晶瑞半导体、常州金祥龙聚氨酯杆塔、晨强化工新材料、汉达电子等一批科技含量高，市场前景广阔的企业相继落户。2011年全镇共实现工业总产值33亿元；实现纳税销售收入23.9亿元；完成工业投入12.5亿元；其中规模工业有效投入6.29亿元，全镇财政收入及一般预算收入均创历史新高，分别达到15695万元、7581万元，工业经济转型取得初步成效。为进一步拓宽工业发展思路，走高、尖、新的工业发展之路，首期开发工业园区300亩，完成了园区内的各项配套工程，镇经贸服务中心将以优质、高效、便捷的服务，通过全方位的招商来吸引更多企业进驻园区。

市委书记盛建良陪同国家环保模范城市复查工作检查组来镇检查

副省长史和平(左二)在市委书记盛建良(左一)陪同下视察长荡湖湿地公园

在农业经济发展上，该镇依托万亩长荡湖基地，培育环保、绿色的水产品，重点扶持中华绒螯蟹特种水产品，侧重发展青鱼、白壳虾、黄雀等支柱产业，使该镇成为远近闻名的“美食府”，长荡湖牌大闸蟹远销日本、韩国、台湾等东南亚地区，许多食客慕名而来。该镇还建立了农业四大基地，即湖区水产养殖基地，花卉苗木种植基地，坡圩新品粮种推广基地，白云鹿场和畜牧养殖基地，其中江苏省无公害农产品基地3个，“太云”牌绿茶和“长荡湖”螃蟹获江苏省无公害产品标志。2011年，农业总产值达5.8亿元。

上黄镇先后有六个村被评为“省级卫生村”，上黄镇被评为“省级卫生镇”、“全国群众体育先进单位”、“江苏省全民健身体系八个一工程先进镇”、“江苏省体育强镇”、“常州市教育先进镇”、“溧阳市文化工作先进镇”等荣誉称号。

以人为本、和谐发展、富民强镇是全镇上下的共同目标，发展经济、提升形象、安康祥和是广大群众孜孜不断的追求。该镇将会以更高的目标、更严的要求，更新举措与广大有识之士一道来描绘上黄更加灿烂辉煌的明天！

常州畅羚轻工产业园开工奠基

农民新村

园区企业奠基仪式

溧阳市戴埠镇

镇党委书记 董 昕

镇长 周文光

千年古镇戴埠历史悠久，宋元时称之为“举善镇”，俗称戴埠，地处苏、浙、皖三省交界处，东面与宜兴市西渚镇、太华镇接壤，南面与安徽省广德县新杭镇毗邻，西靠天目湖镇，北依溧城镇，是全国千家名镇、江苏百家名镇、苏浙皖三省边界的商埠重镇。全镇总面积162.99平方公里，人口5.22万人。因其独特的地理位置、丰厚的物产资源，便捷的交通条件，自古以来就是人杰地灵，人文荟萃，商埠繁茂。早在明弘治十一年（1498年）所修《溧阳县志》就有“两渚镇戴埠之集最盛”和“戴埠之集，盛于他镇”的记载。

2011年全镇实现国内生产总值18.1亿元，同比增长20.4%，其中第一产业2.53亿元，第二产业9.05亿元，第三产业6.52亿元，同比分别增长12.6%、24.2%、18.5%；实现财政收入1.8亿元，同比增长40.6%，实现地方一般预算收入1.02亿元，一般预算收入占财政收入达到56%，同比增长45%；农民人均收入达13800元，同比增长19.38%。

戴埠镇交通便捷，104国道、241省道、宁杭城际铁路、宁杭高速公路、扬溧高速公路纵横交错，溧戴观光大道贯穿至市区，宁杭城际铁路火车站距集镇仅8公里，凭借溧戴大河过境之便和众多港口码头的有利条件，戴埠镇水运能力超强，800吨位运输船只可直通芜太运河，距戴埠200公里内有上海、南京、杭州等地的4个国际机场。

御水温泉

南山花园

翠谷庄园

全国千家名镇
江苏百家名镇
苏浙皖商埠重镇

溧阳市鑫溧起重机械工程有限公司

近年来，戴埠经济突飞猛进，各项事业欣欣向荣。至2011年底，全镇拥有以机械制造、精密铸锻、电子设备、合成材料、轻纺服装等产业为主的各类企业340余家，其中外资企业31家。形成了向城区外围辐射的镇工业集中区和机械工业产业园等两大产业区。产业区以先进装备制造业、机械制造业为主导产业，重点培育以机械装备制造为龙头的产业链，目前区内已形成成套机械设备、热处理、金属表面处理、污水处理、模具、冲压、锻造、锻打、物流、机械外加工中心和机械配套大市场等配套产业。2011年戴埠镇工业纳税销售超过33.1亿元，同比增45%。

国家AAAA级风景区—南山竹海坐落于戴埠最南端的8万亩翠竹之中，吴楚农耕文化园、翠谷庄园等一批国家农业旅游示范点和AAA级景区星罗棋布，总投资3亿元的天目湖御水温泉，于2009年10月黄金周前正式向游客开放。在未来的旅游规划中，戴埠将以山、水、竹、寿、泉为基础，作好生态旅游开发的文章。

戴埠镇近年来城市化进程日新月异，高起点规划的新镇区建设如火如荼，文化广场、商业步行街、明清一条街、居民小区等公共基础设施完善，省重点高中、职高、戴埠中心小学及幼教中心、市第三人民医院均座落于新镇区，市各部门均在镇区设有办事机构，投资环境优越。一个设施齐全，功能完善，环境优美，社会稳定，市场繁荣，人民安居乐业，经济领先发展的工业旅游新镇正在加快形成。

勤劳、淳朴的戴埠人民热忱欢迎社会各界和国内外新老朋友前来观光考察、投资合作，共展蓝图！

江苏晨丰机电设备制造有限公司

江苏益尔机电有限公司

溧阳威克尔饲料机械制造有限公司

江苏维美轻工机械有限公司

溧阳运达机电有限公司

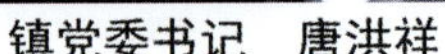

镇党委书记　唐洪祥

镇长 芮子遐

溧阳市别桥镇

全国五百家小城镇试点镇　江苏省卫生镇
江苏省219家重点中心镇之一　常州新型小城镇

溧阳市别桥镇位于溧阳市北部，北与金坛相邻，东临长荡湖，自古是交通枢纽，丹金溧漕河横穿全镇，241省道贯穿南北，扬溧高速公路在境内设有道口。全镇区域面积128.5平方公里，辖3个居委会、18个行政村，总人口6.99万，是全国五百家小城镇试点镇、江苏省219家重点中心镇之一、江苏省卫生镇、常州新型小城镇。

别桥镇文化底蕴深厚，是明代著名翰林少史马一龙、清代顺治状元马世俊的故乡。有省级文物保护单位 -- 明代《淳化阁帖》石刻，抗日战争时期，是新四军革命根据地，“塘马战斗”，“黄金山三战三捷”等是中国革命史的光辉篇章。

别桥是重要的粮油和水产品生产基地，盛产糯稻、鱼虾、螃蟹等，全镇水产养殖面积4万亩。自然环境优美，拥有碧波荡漾的长荡湖、水质清新的塘马水库，是典型的江南鱼米水乡。

别桥亦是新兴工业重镇，有各类企业325家，2011年别桥镇紧紧围绕全镇产业特点，依托北山工业园和北郊工业园两个发展平台，积极采取“走出去、请进来”的招商策略，确立了以有利于结构调整、产业升级和节能减排为目标的的招商方向，着力加大对大项目、好项目的引进力度。一年来全镇共引进各类项目20多个，结转项目1个，其中投资3000万元以上的项目就达14个，江苏盛大、江苏荣科、江苏广源金属、江苏申启星、江苏正茂、江苏万恒、璟隆特种纤维等16个新项目于年内相继开工建设。年末与香港富新科技发展有限公司就新材料无机超细纤维项目进行洽谈，目前已成功签约，此项目总投资1亿美元，拟建8条生产线，投产后将年产24万吨产品，年销售可达

长荡湖无公害养殖基地

15 亿元。全镇在项目引进过程中，初步形成“建成投产一批、加快建设一批、新开工一批、谋划储备一批”的良性滚动发展格局，从而确保了全镇投资及经济增长后劲，2011 年实现国内生产总值 28.35 亿元，工业总产值 58.56 亿元，工业纳税销售 40 亿元，完成实际利用外资 2593 万美元，财政收入 1.63 亿元，农民人均纯收入达 13117 元。

别桥北山工业集中区规划面积 18 平方公里，现已形成了以机械装备制造、轨道交通、节能建材等特色。北郊工业集中区重点发展新材料、金属加工、机械电子等产业，全力打造“生态型、安全型、科技型”的新园区。

溧阳市

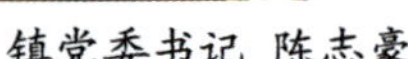

镇党委书记 陈志豪

镇长 王耀庆

竹箦镇位于溧阳西北部，地处溧阳、金坛、句容三市交界处，面积183.6平方公里，人口6.59万。区位优越，交通便捷，溧扬高速后周道口、104国道、宁杭高速上兴道口分别位于集镇东、西两侧各5公里处，宁杭高速铁路瓦屋山站距镇区3公里。竹箦河、北河、中河穿境而过，常年可通航500吨位驳船，并与芜太运河、丹金溧漕河等国家三级航道相连。

地方名优特产

竹箦镇历史悠久，是溧阳四大古镇之一。三千年前已属西周吴国都城之地，北宋年间便是溧阳北部地区的政治、经济、文化中心，素有"北山重镇"之称。水西村是陈毅、粟裕等老一辈无产阶级革命家创建的新四军江南指挥部所在地。素有"小九华"美誉的瓦屋山是茅山山系最南端的一脉奇峰，山顶古刹宝藏禅寺始建于唐朝天宝五年，距今已有1300多年历史，在我国宗教史上有着极深的渊源。碧波荡漾的神女湖，状如发髻的髻山，奇洞异石的青龙石，留下来许多美丽动人的传说。

竹箦镇物产富饶，经济发达。境内地势为北高南低走向。北部丘陵，地源辽阔，畜牧发达，茶时飘香；南部圩区，土地肥沃、河网纵横，水产发达。水西翠柏茶、竹箦风鹅和前马荡万亩水产更是闻名天下，素有"丝府茶乡"、"鱼米之乡"的美誉。

近年来，竹箦镇经济迅猛发展，投资环境日益完善，社会事业蓬勃发展，先后被评为"经济

景观河道

农民新村

竹 箦 镇

光明金属有限公司

全福农牧实业有限公司

科华机械制造有限公司

强镇"、"开放型经济先进单位"、"江苏省卫生镇"、"江苏省新型示范小城镇"、"全国环境优美乡镇"。

竹箦镇水、电、气、通讯、金融、商业、教育、医疗、文化娱乐等基础设施完备。

竹箦镇是溧阳市北山工业重镇,已形成机械铸造、轻纺、汽配、电子、建设、钢构、活性炭等多行业共同发展的良好格局,素有"常州市铸造中心"、"活性炭之乡"之称,拥有省高新技术企业、省铸造研发中心——溧阳市科华机械制造有限公司等规模铸造机械企业30多家,年产各类铸件80余万吨。

占地面积5.8平方公里的竹箦工业园区和占地面积2平方公里的前马工业园及2011年启动建设的6平方公里余桥工业园,园内工业基础设施不断完善。目前,园内已建有标准化厂房10万平方米,为中小企业投资者提供优越的创业发展平台。2011年全镇实现国内生产总值17.7亿元,实现工业总产值34.6亿元,实现销售收入32.1亿元,利税4.2亿元,完成财政收入17979万元。

竹箦,这颗镶嵌在长江三角洲绿色长廊上的宝石,正以它强劲的活力、巨大的潜力和迷人的魅力吸引着海内外有识之士的目光。

人居福地、投资乐园——竹箦欢迎您!

秀美的神女湖

新四军江南指挥部纪念馆

瓦屋山宝藏禅寺

上善之地

兴业热土

镇党委书记 蒋 形

镇长 高 昱

溧阳市上兴镇

上兴之地，禀赋于乡灵纯朴之趣，

上兴之景，掩映于山水生态之间，

上兴之兴，传承于世代亘古之力。

芳有四时评，景生万物馨。与山可对，与水可吟，与人可自然。

山光悦鸟性，潭影空人心。瓦屋山悠远的钟声，承传着千年而来的古朴气息。曹山庙不老的传说，承续着上善若水的普世佳话。

上兴镇地处长江三角洲腹地，位于溧阳市西北部，东与竹箦镇、南渡镇相连，南与社渚镇接壤，镶嵌于周边句容、溧水、高淳之间，呈众星捧月之势，地域面积245.6平方公里，镇域总人口7.86万。

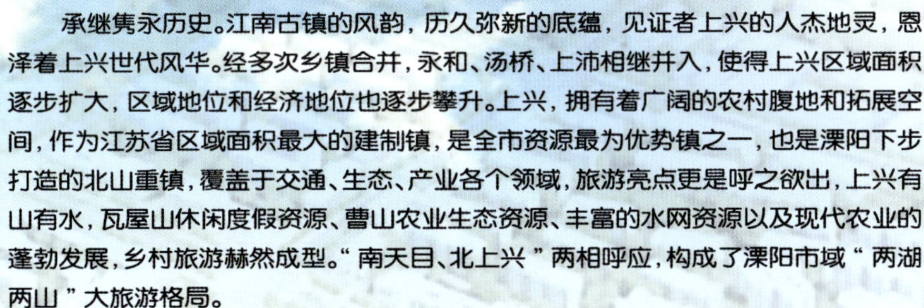

承继隽永历史。江南古镇的风韵，历久弥新的底蕴，见证者上兴的人杰地灵，恩泽着上兴世代风华。经多次乡镇合并，永和、汤桥、上沛相继并入，使得上兴区域面积逐步扩大，区域地位和经济地位也逐步攀升。上兴，拥有着广阔的农村腹地和拓展空间，作为江苏省区域面积最大的建制镇，是全市资源最为优势镇之一，也是溧阳下步打造的北山重镇，覆盖于交通、生态、产业各个领域，旅游亮点更是呼之欲出，上兴有山有水，瓦屋山休闲度假资源、曹山农业生态资源、丰富的水网资源以及现代农业的蓬勃发展，乡村旅游赫然成型。“南天目、北上兴”两相呼应，构成了溧阳市域“两湖两山”大旅游格局。

机遇孕育奇迹。上行发达的对外交通促使上兴的区位急剧提升，省道、国道、高速公路和即将竣工的宁杭高铁站，成就了水、陆、空无缝化、立体化的现代综合交通体系，上兴显然成为溧阳大交通的完美缩影。苏浙皖三省交界、长三角几何中心、上海、南京、杭州三大都市圈交汇地，便捷的交通使得上兴可以在2小时内快速抵达周边各大城市，接轨南京、融入南京1小时都市圈已成定局，借助道口经济，其潜在的物流、人流、旅游和产业流将极大地拉动上兴经济发展。上兴，市域的第一方阵就将创造全新的发展奇迹。

规划再续新篇。雄厚的产业基础、雅致的生态田园、新兴的休闲旅游，上兴，正经历着深刻嬗变，实现千年古镇向现代城镇的华丽转身。

“大镇变强镇”，全力打造工业强镇。科学发展，求上谋兴。“十二五”期间，依托全市“一区三园”平台基础，紧紧围绕打造双百亿上兴的要求，坚持量质并举，不断壮大工业经济规模，促进经济转型升级，着重扶持重点企业加快“二次创业”，国强企业规模力超百亿，培育形成2家超5亿元企业、8家超亿元企业。全镇至2012年末力争完成纳税销售100亿元。

“老镇变新镇”，强力打造门户新镇。充分考虑上兴偏离市区、紧邻要道的区位特点，积极实施“南拓、北优、东进、西固”战略，切实“做靓镇区、做美景区、做优示范区，做强工业园区，做精站区”，五区联动，同步发展，着力打造宜居、宜业、宜商的新兴上兴。

溧阳市南渡镇

镇党委书记 吴旺志

镇长 张 顺

南渡新材料工业园与溧阳中等专业学校联合筹建技能型人才培训基地

南渡镇位于溧阳市地理中心，是溧阳市唯一一家由中央六部委确定的全国重点镇和首家江苏省卫生镇，是规划中的溧阳市域副中心和常州市8个重点中心镇试点之一。全镇总面积124.53平方公里，辖18个行政村和1个居委会，总人口7.56万人。集镇建成区面积2.5平方公里，常住人口1.5万人。近年来先后被评为全国小城镇经济综合开发示范镇、全国村镇建设先进镇、全国环镜优美镇、江苏省新型示范小城镇和江苏省文明镇。2011年实现地区生产总值28.1亿元，同比增长36.4%；全社会固定资产投资17亿元，同比增长24.1%；工业纳税销售收入36.6亿元，同比增长24.3%；财政总收入2.04亿元、地方一般预算收入8622万元，同比分别增长21.4%、29.1%；农村居民人均纯收入14244元，同比增长21.4%。

南渡经济基础扎实，现有纳税销售超2000万元以上企业23家，其中超亿元以上企业11家。南渡新材料工业集中区初具雏形，初步形成了以有机硅、多元醇、氨基模塑料等新材料企业为龙头的产业基地,被纳入了市经济开发区“一区三园”区镇共建范畴，并成功通过省环保厅环评审查，规划面积最终被确认为3.93平方公里，产业定位以有机硅、多元醇、氨基模塑料为主，上下游延伸产品为辅，形成新材料研发、生产及应用开发的产业链。2011年区内新材料工业集中区共完成纳税销售23.2亿元，占全镇

南渡高级中学

镇北新区凯浪苑

坐落在镇区的第二人民医院

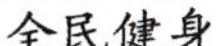

全民健身

浣沙公园整体鸟瞰图

南渡新材料工业集中区安置小区鸟瞰图

销售总量的63.5%。现代高效农业稳步推广，近年来先后规划建设了塘北白芹产业基地、前马塘特种水产养殖基地、腾村优质葡萄基地、南渡苗禽繁育基地、钱家圩食用菌生产基地和石街、淦西大棚蔬菜基地等十大基地。

南渡公共设施齐全，集镇功能比较完善，设有文化中心、万册图书馆、灯光篮球场等多种类型的文化活动场所，溧阳市第二人民医院是南渡的中心医院，镇幼教中心、小学、初中、高中均为省级示范重点学校，其中南渡高中高考成绩稳居溧阳市农村同类学校第一。集镇建有苏南地区最大的苗畜禽专业市场，拥有各类商铺1754家。集镇区的绿化覆盖率为31%，人均公共绿地面积9.8平方米；自来水普及率100%；覆盖城乡生活垃圾集中处理体系建成并运行良好，集镇区城乡生活垃圾无害化处理率100%；镇域内有一家日处理2000吨的生活污水厂，集镇区生活污水集中处理率76.8%。南渡交通便捷，宁杭高速和宁杭铁路都穿越镇境；芜申运河（规划中的四级航道）、中河、北河流经东西，104国道横贯南北，与S239公路、溧高公路等交汇贯通构成了交通路网。

南渡历史悠久，民风纯朴，文化底蕴深厚，是一座有着两千多年的文化古镇，得江南山水之灵气，集吴越文化之精华。拥有令人心旷神怡的人居环境，四通八达的有利区位，扎实完备的产业基础，周到便捷的服务平台，更有七万多热情淳朴、聪明善良的人民，是名副其实的投资福地。我们相信，有您的加盟，定将使得南渡这颗胥溪河畔的明珠更加璀璨！

江苏弘博新材料有限公司

常州乔森塑料有限公司

江苏强林生物能源材料有限公司

市领导视察南渡优质粮田

瑞阳化工厂区一角

溧阳市社渚镇

镇党委书记　庄松年

镇长　花建国

社渚镇始建于宋徽宗宣和七年，有"千年古镇"之美誉，现行政区划面积 207 平方公里，总人口 7.6 万人，辖 22 个行政村和两个居委会。社渚镇地处溧阳西南边陲溧（阳）、高（淳）、郎（溪）三市县交界，紧连 104 国道，芜申运河、扬（州）溧（阳）高速公路、239 省道穿境而过，为苏锡常与皖东南连接的交通枢纽，属茅山革命老区，是江苏省省政府确定的"江苏省重点中心镇"、"江苏省卫生镇"、"江苏省新型示范小城镇"。

社渚镇工业已形成了以省内最大绿色环保水泥企业金峰集团、南方水泥集团、荣辉木业为龙头的建材产业，以常州宝丽丝、黑牡丹（溧阳）服饰、广道针织、丝织地毯、溧阳云塔绿色食品为龙头的食品企业等六大类工业体系。2011 年，社渚镇克难攻坚、加快发展。全镇上下始终坚持以科学发展观为统领，坚定信心、抢抓机遇，开拓创新、矢志奋进，保持了经济社会快速健康平稳发展的良好势头，各项主要经济指标基本完成年初确定的目标任务。全镇实现国民生产总值 41.8 亿元，比上年增长 18.4%，完成工业纳税销售 135 亿元，比上年增长 42%，工业有效投入 11.7 亿元，比上年增长 11%，工商注册外资 2930 万美元，实际利用外资 1190 万美元，全年实现国税增值税、企业所得税超亿元，一般预算收入 1.68 亿元，比上年增长 31%，农民人均收入 12150 元，年递增率 10%。2011 年度经济总量稳居全市镇（区）第二，是该年度唯一跨入百亿行列的镇（区）。

社渚镇茶叶、无公害香肠、羊肉火锅、咸鹅、无籽黄瓜等高效优质农副产品驰名四海，市场繁荣商贾云集，全镇工商企业逾千家，基

市领导为落户社渚镇的高新技术企业通亿能源开业剪彩

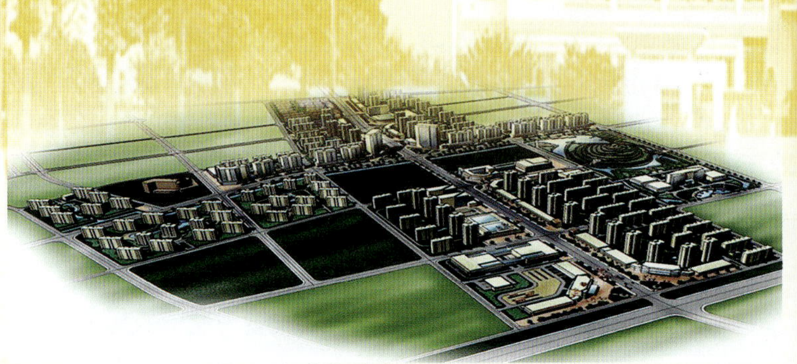

社渚镇新镇城市规划效果图

市委书记盛建良为社渚镇颁发工业百亿镇奖牌

中国共产党社渚镇第十四次代表大会胜利召开

础设施齐全功能完备。2006 年全国十大考古候选项目神墩遗址、欧冶子铸剑池等文物星罗棋布，幡神傩舞已列入省非物质文化保护遗产。悠久灿烂的历史文化、山清水秀的自然风光和淳朴浓郁的民俗风情使江南古镇活力飞扬、魅力无限。

近年来该镇上下牢固树立科学发展观，坚持富民强镇、先行“两个率先”和构建和谐社会为目标，解放思想，创新思路，真抓实干，努力破解发展难题，全镇的经济和社会事业突飞猛进，为新一轮的发展营造了良好环境。

2012 年，全镇干群牢牢把握“紧跟苏锡常，同步现代化”的目标定位，按照镇第十四次党代会部署的总体目标，全面贯彻落实科学发展观，紧紧围绕“科技、人才、环境、创新”八字方针，以项目建设为抓手，以干部队伍建设和制度建设为保障，着力加快转变发展方式，培强产业促增收、协调发展惠民生、维护稳定构和谐，全力冲刺两百亿，努力做到实力更强、产业更优、农民更富、环境更美、基础更牢、生活更好，为率先基本现代化奠定坚实基础。

广道针织有限公司

常州宝丽丝纤维有限公司

青虾养殖

人物·先进集体

栏目编辑　陈　莉

新任市领导

【盛建良】 2012年3月在溧阳市第十五届人民代表大会第一次会议上当选为溧阳市人大常委会主任。

1963年2月生，江苏常州人。大学学历、硕士学位。1991年11月加入中国共产党。1983年至1988年在中国地质大学地质专业在职学习，获理学学士学位，1991年至1993年在同济大学工业管理工程专业（在职）学习，获工学学士学位，1997年至1999年在上海外贸学院国际工商管理研究生课程班学习并结业，2003年12月至2005年9月在南京大学EMBA专业学习，获硕士学位。1981年7月南京地质学校毕业并参加工作，历任江苏地矿局第二地质大队技术员、金坛市计划委员会矿产办副主任、主任，薛埠镇科技副镇长兼镇工业公司经理，金坛市计划委员会主任助理、副主任，金坛市经济委员会副主任、党委副书记、主任，陕西省紫阳县县长助理（挂职），金坛市人民政府副市长，常州市经济贸易委员会副主任，常州市人民政府副秘书长，常州市农林局局长、党组书记。2009年1月至2009年2月任中共溧阳市委副书记、溧阳市人民政府副市长、代市长、党组书记、市行政学校校长（兼）。2009年2月至2011年6月任中共溧阳市委副书记、溧阳市人民政府市长、党组书记、市行政学校校长（兼）。2011年6月任中共溧阳市委书记，市人大党组书记，市委党校校长（兼）。

（市委办）

【苏江华】 2012年3月在溧阳市第十五届人民代表大会第一次会议上当选为溧阳市人民政府市长。

1974年10月生，江苏常州人。大学文化，工商管理硕士学位。1995年1月加入中国共产党。1993年9月至1997年7月在西安交通大学工商管理专业本科学习。1997年9月至2000年6月任武进市奔牛镇秘书、工业办主任，2000年6月至2000年11月在中共武进市委组织部干部一科工作，2000年11月至2002年4月任武进市孟河镇党委副书记，2002年4月至2002年11月任武进高新技术产业开发区管委会副主任，2002年11月至2004年4月任常州市武进区漕桥镇党委副书记、镇长，2004年4月至2004年5月任武进高新技术产业开发区党工委副书记、常州市武进区南夏墅镇党委副书记，2004年5月至2005年3月任武进高新技术产业开发区党工委副书记、管委会主任、常州市武进区南夏墅镇党委副书记，2004年7月获南京理工大学工商管理（MBA）硕士学位，2005年3月至2006年3月任武进高新技术产业开发区党工委副书记、管委会主任、常州市武进区南夏墅镇党委副书记、镇长，2006年3月至2010年4月任武进高新技术产业开发区党工委副书记、管委会主任（升格前），2010年4月至2010年12月任武进高新技术产业开发区党工委副书记、管委会主任，2010年12月至2011年5月任中共常州市武进区委常委、武进高新技术产业开发区党工委书记、管委会主任，2011年5月至2011年6月任中共常州市武进区委常委、武进高新技术产业开发区党工委书记。2011年6月任中共溧阳市委副书记、溧阳市人民政府副市长、代市长、党组书记、市行政学校校长（兼）。

（市政府办）

【狄立新】 2012年3月在政协溧阳市第十四届委员会第一次会议第三次全体会议上当选为溧阳市政协主席。

1962年10月生，江苏溧阳人。1986

年3月加入中国共产党。1982年2月至1985年3月在溧阳县林副业局下属单位从事专业技术行政管理工作，1985年3月至1986年5月任共青团溧阳县委员会干事，1986年5月至1987年4月任共青团溧阳县委员会学少部部长，1987年4月至1988年5月借调溧阳县委组织部工作，1988年5月至1990年6月任共青团溧阳县委员会副书记，1990年6月至1995年4月在强埠镇党委工作，历任副书记、书记，1995年4月至1998年3月任泓口乡党委书记，1998年9月至2000年12月中央党校函授学院经济管理专业本科毕业，1998年3月至2001年1月任中共溧阳市委常委，在新疆奎屯市工作（援疆），任中共奎屯市委副书记，兼任奎屯市经济开发区党工委书记、管委会主任，2001年1月至2001年4月任溧阳市人民政府副市长，2001年4月至2003年1月任溧阳市人民政府副市长，中共溧阳市委政法委副书记，溧阳市社会综合治理委员会副主任，2002年9月至2004年1月江苏省委党校政治经济学专业研究生毕业，2003年1月至2006年6月任溧阳市人民政府副市长，2006年6月至2009年2月任中共溧阳市委常委，溧阳市人民政府副市长，2009年2月至2010年2月任常州市农林局局长、党组书记，2010年2月至2010年12月任常州市农业委员会主任、党组书记，2010年12月至2012年1月任中共戚墅堰区委书记，区人武部党委第一书记，2011年1月至2012年1月任戚墅堰区人大党组书记、主任，2012年2月任溧阳市政协党组书记。

（市政协办）

【夏国浩】 2012年3月在溧阳市第十五届人民代表大会第一次会议上当选为溧阳市人民政府副市长。

1963年3月生，江苏溧阳人。1987年9月加入中国共产党。1983年7月起历任溧阳县统计局办事员、农业股副股长、工贸股副股长、股长，1991年4月起历任中共溧阳市委农工部村办企业管理科副科长、人秘科副科长，1995年5月任溧阳市人民政府办公室副主任，1996年4月任溧阳市戴埠镇党委副书记、提名戴埠镇镇长，1996年5月任溧阳市戴埠镇镇长，1998年3月任溧阳市强埠镇党委书记，2000年1月任溧阳市新昌镇党委书记，2001年2月任溧阳市南渡镇党委书记，2002年7月任中共溧阳市委常委，赴新疆挂职，任伊犁哈萨克自治州奎屯市人民政府副市长、党组成员，2005年8月任溧阳市人民政府副市长，2005年9月任溧阳市人民政府党组成员。2011年6月在中共溧阳市第十一届委员会第一次全体会议上当选为中共溧阳市委常委。

（市政府办）

【周卫中】 2012年3月在溧阳市第十五届人民代表大会第一次会议上当选为溧阳市人民政府副市长。

1966年4月生，江苏溧阳人。党校研究生文化，政工师。1989年2月加入中国共产党。1982年9月至1984年8月在武进师范学校学习。1984年9月至1988年4月任溧阳县清安小学教师，1988年4月至1989年3月在共青团溧阳县委员会工作，1989年3月至1991年9月任共青团溧阳市（县）委员会学少部副部长，1991年9月至1992年10月任共青团溧阳市委员会副书记，1992年10月至1996年4月任共青团溧阳市委员会书记，1995年3月至1996年4月任共青团溧阳市委员会党组书记，1996年4月至2000年1月任溧阳市大溪乡党委副书记、乡长，2000年1月至2000年6月任溧阳市南渡镇党委副书记、提名人大主席，2000年6月至2004年3月任溧阳市周城镇党委书记，2004年3月至2006年2月任江苏省溧阳经济开发区管委会主任，2004年3月至2010年5月任江苏省溧阳经济开发区党工委书记，2006年2月至2010年4月任溧阳市溧城镇党委书记，2007年12月至2009年4月任中共溧阳市委常委，2008年1月至2009年4月任中共溧阳市委宣传部部长。2009年4月任溧阳市人民政府副市长、党组成员。2011年6月在中共溧阳市第十一届委员会第一次全体会议上当选为中共溧阳市委常委。2011年7月任溧阳市人民政府党组副书记。

（市政府办）

【张培忠】 2012年3月任中共溧阳市委常委。

1963年4月生，江苏武进人。1988年8月加入中国共产党。1980年9月至1983年7月在江苏公安专科学校刑治专业学习。1983年8月至1987

年3月任常州市公安局刑警大队一中队内勤室民警，1987年3月至1990年7月任常州市公安局刑警大队情报队副队长、队长，1990年7月至1991年9月任常州市公安局刑警大队一中队政治指导员，1991年9月至1994年3月任常州市公安局刑警大队二中队中队长（1991年12月明确副科级），1994年3月至1995年6月任常州市公安局刑警大队一中队中队长，1995年6月至1995年8月任常州市公安局郊区分局刑警队队长，1995年8月至1998年9月任常州市公安局郊区分局刑警大队大队长，1998年9月至2001年12月任常州市公安局刑警支队三大队大队长，2001年12月至2003年7月任常州市公安局天宁分局副局长，2003年7月至2004年7月任常州市公安局刑事警察支队副支队长（试用期一年），2004年7月至2008年12月任金坛市公安局党委书记、局长（2005年6月明确副处级），2004年9月在中央党校法律专业学习。2008年12月起任溧阳市人民政府副市长、党组成员，溧阳市公安局党委书记、局长、中共溧阳市委政法委副书记。

（市公安局）

【刘　佩】 2012年1月任中共溧阳市委常委，2012年4月任中共溧阳市委组织部部长。

1972年7月生，江苏常州人。1996年9月加入中国共产党。党校研究生文化。1990年10月至1992年7月在长沙民政学校学习。1992年8月至1996年3月任常州市民政局政工科办事员、科员（1993年9月至1996年7月在常州市机械冶金职工大学财会管理专业学习），1996年3月至2001年10月任常州市民政局团委副书记（1999年8月至2001年12月在中央党校函授学院行政管理专业学习），2001年10月至2002年12月任常州市民政局组织宣传处副处长，2002年12月至2004年8月任常州市民政局组织宣传处（人事教育处）处长，2004年8月至2005年7月任常州市民政局局长助理、组织宣传处（人事教育处）处长，2002年9月至2005年7月在江苏省委党校区域经济学专业学习，2003年8月至2005年7月任常州市福利院党支部副书记、副院长（挂职），2005年7月至2006年3月任常州市民政局局长助理，2006年3月至2012年1月任常州市民政局副局长。

（市委组织部）

【周建明】 2012年3月在溧阳市第十五届人民代表大会第一次会议上当选为溧阳市人大常委会副主任。

1957年5月出生，江苏溧阳人，1984年 6月加入中国共产党。1978年10月至1980年5月任省地质二队测量员，1980年6月至1982年6月任溧阳县标准件厂仓库保管员，1982年7月至1984年3月任溧阳县第二经编厂厂长，1984年3月至1985年6月任溧阳县第五毛纺厂厂长，1985年6月至1986年6月任溧阳县裘皮厂厂长、书记，1986年6月至1992年9月任溧阳市（县）毛毯厂厂长、书记，1992年9月至1995年8月任河心乡党委副书记、乡长，1995年8月至1998年4月任河心乡党委书记，1998年4月至2000年1月任城南乡党委书记，2000年1月至2001年9月任社渚镇党委书记，2001年9月至2009年8月任溧阳市交通局（交通运输局）党委副书记、书记，2001年9月至2012年3月任溧阳市交通局（交通运输局）局长，2004年1月享受副处级待遇，2009年2月至2012年3月任政协溧阳市第十三届委员会副主席、党组成员，2012年3月任溧阳市第十五届人大常委会党组副书记。

（市人大办）

【张　艳】 2012年3月在溧阳市第十五届人民代表大会第一次会议上当选为溧阳市人大常委会副主任。

1956年10月生，江苏溧阳人。1975年5月至1978年2月在溧阳县清安乡小学任教，1981年1月至1984年2月任溧阳县南渡公社技术员，1984年2月至1988年12月任溧阳县林副业局蚕桑股、蚕技站技术员，1984年参加溧阳县蚕丝协会，任秘书长，1988年12月至1991年6月任溧阳市（县）林副业局蚕技站副站长，1991年6月至1992年10月任溧阳市林副业局副局长，1992年10月至1994年4月任溧阳市人民政府办公室副主任，1993年2月当选为常州市第十一届人民代表大会代表，1994年4月至2007年12月任溧阳市人民政府副市长，1994年4月为常州市妇女第十一次代表大会特邀代表，1998年参加溧阳市女领导干部联谊会，任名誉会长，1998年2月当选为常州市第十二届人民代表大会代表，1998年9月当选为中国妇女第八次代表大会代表，1999年10月为常州市妇女第十二次代表大会特邀代表，2001年12月任溧阳市红十字会第二届理事会会长，2003年1月为政协常州市第十一届委员会委员，2004年10月当选为常州市妇女第十三次代表大会代表，2004年10月

当选为常州市妇联第十三届执行委员会委员，2008年任溧阳市女领导干部联谊会会长。2007年12月任溧阳市第十四届人大常委会副主任。

（市人大办）

【武宝林】 2012年3月在溧阳市第十五届人民代表大会第一次会议上当选为溧阳市人大常委会副主任。

1957年9月生，江苏溧阳人。1976年5月加入中国共产党。1976年9月至1981年10月任溧阳县旧县公社杨笪大队党支部书记，1981年10至1982年12月为镇江地区干部学校学员，1982年12月至1983年7月任溧阳县旧县公社管委会副主任，1983年7月至1984年2月任溧阳县委政策研究室秘书，1984年2月至1984年11月任溧阳县政府办公室副主任，1984年11月至1985年12月任溧阳县委政策研究室副主任，1985年12月至1987年6月任溧阳县人大办公室主任，1985年6月至1987年6月兼任溧阳县委整党办公室副主任，1987年6月至1996年6月任溧阳市（县）委组织部副部长，1996年6月至2000年1月任溧阳市委组织部副部长、老干部局局长，2000年1月至2001年2月任溧阳市委组织部副部长、溧城镇党委书记，2001年3月至2001年12月任溧阳市人民法院党组书记、副院长，2001年12月至2002年1月任溧阳市人民法院党组书记、代院长，2002年1月至2009年12月任溧阳市人民法院党组书记、院长。2009年12月任溧阳市第十四届人大常委会党组成员，2010年1月任溧阳市第十四届人大常委会副主任，2012年3月任溧阳市第十五届人大常委会党组成员。中共溧阳县（市）委第五届、第九届、第十届委员，中共溧阳市第六届、第七届、第八届纪律检查委员会委员。

（市人大办）

【马小其】 2012年3月在溧阳市第十五届人民代表大会第一次会议上当选为溧阳市人大常委会副主任。

1957年6月生，江苏溧阳人。1978年5月加入中国共产党。1976年2月应征入伍，1976年2月至1977年3月陆一军坦克团管理股战士，1977年3月至1978年12月陆一军坦克团军人服务社战士，1978年12月至1980年5月任陆一军坦克团司令部管理排长，1980年5月至1983年3月任陆一军坦克团政治处书记，1983年3月至1983年7月任陆一军坦克团政治处副连干事，1983年7月至1983年9月任陆一军坦克团坦克二连指导员，1983年9月至1985年5月任第一集团军政治部正连干事（1984年9月至1987年7月上海华东师范大学汉语言文学专业大专毕业），1985年5月至1988年6月任第一集团军政治部副营干事，1988年6月至1991年6月任第一集团军政治部正营干事，1991年6月至1993年9月任第一集团军政治部副团干事，1993年9月至1995年8月任溧阳市交通局纪委书记（1994年1月至1996年12月河海大学行政管理学函授本科毕业），1995年8月至1996年12月任溧阳市交通局党委副书记，1996年12月至2003年1月任溧阳市人民政府办公室主任，1997年12月为政协溧阳市第十一届委员会委员，2003年1月至2007年12月任溧阳市人民政府副市长、党组成员，2007年12月至2012年3月任政协溧阳市第十三届委员会副主席、党组成员，2012年3月任溧阳市第十五届人大常委会党组成员。

（市人大办）

【唐华新】 2012年3月在溧阳市第十五届人民代表大会第一次会议上当选为溧阳市人民政府副市长。

1965年12月生，江苏溧阳人。1984年9月至1988年7月在河海大学陆地水文专业学习，工程师。1988年8月至1991年3月在溧阳市（县）环境保护局监测站工作，1991年3月至1994年3月任溧阳市环境保护局环境监测站副站长，1994年3月至1995年10月任溧阳市环境保护局管理科副科长，1995年10月至1997年1月任溧阳市环境保护局局长助理，1996年12月至2007年6月任溧阳市环境保护局副局长，2007年6月至2008年2月任溧阳市环境保护局局长，2007年12月任溧阳市人民政府副市长。

（市政府办）

【张爱文】 2012年3月在溧阳市第十五届人民代表大会第一次会议上当选为溧阳市人民政府副市长。

1966年10月生，江苏溧阳人。1991年6月加入中国共产党。省委党

校大学文化。1982年在武进师范学校学习，1985年9月在溧阳县戴埠小学任教，1991年9月任戴埠镇团委副书记、书记、党委委员，1993年6月任共青团溧阳市委员会副书记，1996年4月任共青团溧阳市委员会书记、党组书记（1994年1月至1996年12月在河海大学行政管理学专业函授毕业），2001年2月任溧阳市新昌镇党委副书记、镇长，2003年12月任溧阳市竹箦镇党委书记（2004年3月至2006年7月在省委党校经济管理专业本科班函授毕业），2008年6月任中共溧阳市委常委，赴新疆任职，任伊犁哈萨克自治州特克斯县县委副书记。2010年12月任溧阳市人民政府副市长，2011年1月任溧阳市人民政府党组成员。

（市政府办）

【蔡金龙】 2012年3月在溧阳市第十五届人民代表大会第一次会议上当选为溧阳市人民政府副市长。

1964年9月生，江苏溧阳人。1986年10月加入中国共产党。1984年7月至1989年12月任溧阳县统计局办事员、人秘股副股长，1990年1月至1995年8月历任溧阳市（县）人大常委会办公室科员、副科长、科长、副主任，1995年8月至1998年2月任溧阳市茶亭乡（镇）党委副书记，1998年3月至2001年9月任溧阳市戴埠镇党委副书记、镇长，2001年9月至2006年2月任溧阳市戴埠镇党委书记，2006年2月至2007年3月任溧阳经济开发区管委会主任、溧城镇镇长，2007年3月至2011年6月任别桥镇党委书记，2011年6月任溧阳市人民政府副市长、党组成员。

（市政府办）

【刘　敏】 2012年3月在溧阳市第十五届人民代表大会第一次会议上当选为溧阳市人民政府副市长。

1976年9月生，江苏南通人。2007年4月加入中国共产党。大学学历，公共管理硕士学位。1993年9月至1997年6月在扬州大学农业教育专业学习。1997年8月至2002年9月任常州市科技局农村与社会发展科技处科员，2002年9月至2005年4月任常州市科技局办公室副主任，2005年4月至2008年8月任常州市科技局办公室主任。2006年3月至2008年6月在复旦大学公共管理专业硕士学习，获公共管理硕士学位。2008年8月至2009年10月任常州市科技局科技服务处与技术市场处处长，2009年10月至2012年1月任常州市人民政府研究室副主任。2012年1月任溧阳市人民政府副市长，2012年2月任溧阳市人民政府党组成员。

（市政府办）

【赵国兴】 2012年3月在政协溧阳市第十四届委员会第一次会议第三次全体会议上当选为溧阳市政协副主席。

1956年11月生，江苏溧阳人。1983年9月加入中国共产党。1976年9月至1977年12月任溧阳县上黄镇周山小学初中教师，1978年3月至1979年12月在江苏省武进师范学校学习，1980年1月至1982年8月任溧阳县上黄镇周山小学初中教师，1982年9月至1984年8月任溧阳县上黄镇中心小学教导副主任（1984年9月常州教育学院中文专业大专毕业），1984年9月至1988年9月任溧阳县实验小学教导副主任，1988年9月至1989年11月任溧阳县教育局秘书，1989年11月至1993年5月历任溧阳市（县）人民政府办公室秘书、副科长、科长，1993年6月至1996年6月任溧阳市蒋店乡党委副书记、乡长，1996年6月至2000年1月任溧阳市南渡镇党委副书记、镇长（1997年9月至1999年12月中央党校函授学院经济管理专业本科毕业），2000年1月至2003年1月任溧阳市上兴镇党委书记，2003年1月至2007年12月任溧阳市人民政府副市长、党组成员，2007年12月至2011年6月任中共溧阳市委常委、政法委书记。2011年1月在溧阳市第十四届人民代表大会第四次会议上当选为溧阳市人大常委会副主任，2011年6月任溧阳市人大常委会党组成员，2012年3月任溧阳市政协党组副书记。

（市政协办）

【王勤月】 2012年3月在政协溧阳市第十四届委员会第一次会议第三次全体会议上当选为溧阳市政协副主席。

1960年11月生，江苏溧阳人，1990年加入民盟。中学高级教师，常州市学科带头人。1978年2月至1980年12月为镇江师范专科学校中文专业学员，1981年1月至1985年8月为溧阳县戴埠中学教师，兼任大队辅导员、团委副书记，1985年9月至1993年6月为溧阳市（县）光华中学教师（1989年9月至1990年6月为南师大汉语言专业学员），1989年2月至今分别担任溧阳市（县）政协委员及人大代表，1993年担任民盟溧阳支部宣传委员，1993年6月至今任溧阳市第一中学教师、教导副主任、副校长（1994年为南京师范大学中文专业研修班学员），1994年7月当选为溧阳市青联副主席，2000年任溧阳市中语会副会长，2003年1月当选为溧阳市第十三届人大常委会副主任。2005年3月任溧阳市妇女干部联谊会副会长，2005年4月至8月为中共中央党校“教育战略和发展”研究班学员。2007年12月任政协溧阳市第十三届委员会副主席。

（市政协办）

【罗志强】 2012年3月在政协溧阳市第十四届委员会第一次会议第三次全体会议上当选为溧阳市政协副主席。

1957年7月生，江苏溧阳人。1975年6月加入中国共产党。1980年8月至1983年6月任溧阳县后六公社文化站站长，1980年4月至1983年6月任后六公社团委副书记、团县委委员，1983年6月至1984年3月任溧阳县马垫乡党委秘书，1984年3月至1988年7月任溧阳县后六乡党委秘书，1988年7月至1989年4月任溧阳县埭头乡党委组织委员，1989年4月至1989年10月任溧阳县埭头乡政府副乡长，1989年10月至1990年1月任溧阳县埭头乡党委副书记，1990年1月至1992年6月任中共溧阳市（县）委组织部秘书科副科长，1992年6月至1993年6月任中共溧阳市委组织部乡镇干部科副科长，1992年6月至1993年5月任中共溧阳市委组织部干部培训科副科长，1993年5月至1993年6月任中共溧阳市委组织部干部培训科科长，1993年6月至1995年11月任中共溧阳市委组织部机关企事业干部科科长，1994年8月至1997年1月任中共溧阳市委组织员，1995年11月至1997年1月任中共溧阳市委组织部干部科科长，1996年12月至2006年6月任中共溧阳市委组织部副部长，2000年3月至2006年6月任中共溧阳市委老干部局局长，2001年3月至2006年6月任市纪委委员，2003年2月任市人大常委，2006年6月任中共溧阳市委委员、统战部部长，2006年12月任溧阳市海外联谊会会长，2007年1月起历任政协溧阳市第十二、十三届委员会副主席、党组成员。

（市政协办）

【韩金红】 2012年3月在政协溧阳市第十四届委员会第一次会议第三次全体会议上当选为溧阳市政协副主席。

1967年12月出生，辽宁大连人，南京航空航天大学电子信息专业硕士研究生学位。2004年江苏省委党校世界经济研究生学历。1990年8月至1991年5月任溧阳市（县）溧城房管所工作人员，1991年5月至1997年7月任溧阳市建委工程技术处、工程造价站办事员，1997年7月至2001年10月历任溧阳市招标办副主任、主任，2001年10月历任溧阳市建设局局长助理、副局长，2007年12月任政协溧阳市第十三届委员会副主席。

（市政协办）

【陆晓明】 2012年3月在政协溧阳市第十四届委员会第一次会议第三次全体会议上当选为溧阳市政协副主席。

1963年12月生，江苏溧阳人。1991年7月长春地质学院研究生毕业。历任溧阳市矿产资源管理办公室办事员、市建委办公室秘书、市矿产资源管理办公室副主任、市规划局副局长、市建委副主任、市建设局副局长、江苏省溧阳经济开发区管委会副主任、溧城镇副镇长、市规划局副局长、市工商业联合会主席（总商会会长）。2010年1月13日任政协溧阳市第十三届委员会副主席。

（市政协办）

新 闻 人 物

【胡建军】 溧阳市后六中学校长、党支部书记。2011年6月被中共江苏省委授予“优秀党务工作者”称号，7月被中共中央组织部授予“全国优秀党务工作者”称号（享受全国劳模待遇）。

1965年10月生，江苏溧阳人。2000年1月加入中国共产党。工作中，提出“教育是良心工作，办好一方教育，服

务一方百姓，成就一代孩子”的办学理念，坚持“规范科学，求真务实，低耗高效，追求卓越”的管理宗旨，倡导“释放潜能，挑战自我，抓住机遇，敢于争先”的办学精神，走出了一条低耗高效的“常规＋细节＋过程＝奇迹”的管理模式。后六中学被评为省中小学校长培训基地和江苏省最具影响力初中。

曾先后被评为全国教育系统先进工作者、全国优秀校长、全国中小学优秀德育课教师、常州市十大群众拥戴的好校长、常州市中青年专业技术拔尖人才、溧阳市第三届“杰出人才”、溧阳市十一五岗位建功十佳人物、溧阳市“十一五”岗位建功十佳人物、溧阳市“教育英才”。2011年11月当选为中国共产党江苏省第十二次代表大会代表。

（市教育局）

【狄跃庆】 溧阳市环保局党组书记。2011年9月被江苏省人民政府授予“全省民族团结进步模范个人”称号。

1960年10月生，江苏溧阳人。1979年入伍，1983年3月加入中国共产党，1983年退伍。历任县食品公司职工、团总支副书记、书记，县商业局团委书记、人武部副部长，市酱醋厂党支部书记、厂长，市计量局计量检验测试所所长，横涧乡副乡长、党委副书记，横涧镇镇长、党委副书记，市工商联（总商会）副会长（正科级），市委统战部副部长（正科级），市委统战部副部长、市民族宗教事务局局长，市环保局党组书记。在市委统战部工作期间，他热心统战事业和民族宗教事务工作，认真落实各项民族政策，依法管理宗教事务，特别在民族工作方面，紧紧围绕“共同团结奋斗，共同繁荣发展”的民族工作主题，高度重视扶贫帮困工作，竭尽全力，采取措施，切实解决少数民族家庭出现的困难；扎实推进少数民族项目致富工作，引导建立了“溧阳市少数民族百万元致富帮扶基金”；率先在全省创新建立镇级少数民族专项帮扶基金，加大对少数民族贫困家庭和致富项目的扶持力度，全市建立少数民族家庭致富项目20多个，形成溧阳市“一镇一品”的少数民族致富项目特色工作格局，他多次受到省民委和常州市民族宗教事务局的表扬。（市委统战部）

【王　芳】 中国建设银行股份有限公司溧阳支行党委书记、行长。2011年11月获中国建设银行总行授予的第五届“中国建设银行突出贡献奖”称号。

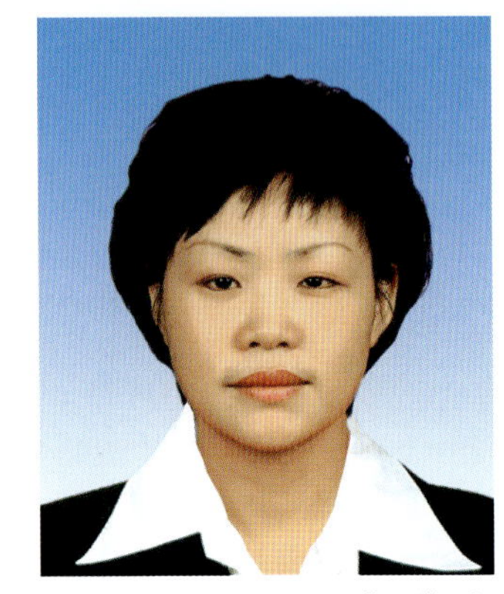

1972年10月生，江苏溧阳人。大学本科学历。自参加工作以来，她先后担任造价咨询、网点负责人、支行副行长等职。2007年，任支行行长。她带领全行干部员工把各项存款从2007年的30亿元增长到2011年来的71亿元，各项贷款由17亿元增长到53亿元。支行先后获总行“模范职工之家”、“工会工作一等奖”、“第二届中国建设银行文明单位”、“先进基层党组织”等称号；个人先后被评为江苏省分行“巾帼建功标兵”和常州分行“先进工作者”、“优秀党务工作者”。（市建行）

先 进 个 人

省级（条线）先进个人

（排名不分先后）

姓　名	工作单位	荣誉称号	授予单位
沈庆康	市老干部局	全省老干部系统先进工作者	省委组织部、省委老干部局、省人社厅
濮爱玉	天目湖玉枝特种茶果园艺场	2006～2010年全民科学素质工作先进个人	省委组织部、省科协等9个部门
赵琴芳	江苏华鹏变压器有限公司	江苏省五一劳动奖章	省总工会
蒋　阳	市人社局	全省新农保推进工作先进个人	省人社厅
谈备亮	市人社局	全省优秀仲裁员	省人社厅

姓　名	工作单位	荣誉称号	授予单位
陈继芳	市人社局	全省优秀老公保障监察员	省人社厅
史益颖	市计生局	全省人口和计划生育工作先进个人	省人口计生委
吴圣芳	市计生局	全省人口和计划生育信访工作先进个人	省人口计生委
宋玲娟	市档案局	全省档案系统先进工作者	省人社厅、省档案局
李　民	市工商局	农资监管工作先进个人	省工商局
姜云奎	市工商局	农资监管工作先进个人	省工商局
江　乔	市国土资源局	全省国土资源系统财务管理先进个人	省国土资源厅
郑　莉	市国土资源局	全省地籍管理先进个人	省国土资源厅
夏椿涛	市国土资源局	全省地籍管理先进个人	省国土资源厅
林　忠	市教育局	江苏省教育科研先进个人	省教育厅
蒋　杰	市环保局	2010 年度省排污收费工作先进个人	省环保厅
金　程	市环保局	2010 年度全省环保执法工作先进个人	省环保厅
吴爱民	市环保局	2010 年度省环境应急管理工作先进个人	省环保厅
管珍时	建行溧阳支行	省分行 2010 年个人金融业务现金个人	建行江苏省分行
黄志云	建行溧阳支行	2010 年度全省优秀委派营业主管	建行江苏省分行
赵云海	建行溧阳支行	2010 年度全省优秀会计工作者	建行江苏省分行
王　芳	建行溧阳支行	省分行精神文明建设先进工作者	建行江苏省分行
张爱彬	建行溧阳支行	省分行优秀党务工作者	建行江苏省分行
周　华	建行溧阳支行	个人贷款营销服务能手	建行江苏省分行
温宝州	建行溧阳支行	省分行 2011 年度优秀 IT 专管员	建行江苏省分行

常州市级先进个人

（排名不分先后）

姓　名	工作单位	荣誉称号	授予单位
孙　斌	市委办	2006～2010 年全市法制宣传教育先进个人	常州市委、市政府
苏　嘉	市人大内务司法工委	2006～2010 年全市法制宣传教育先进个人	常州市委、市政府
万　琦	市政府办	2006～2010 年全市法制宣传教育先进个人	常州市委、市政府
伏儒海	市政协社会事业法制委	2006～2010 年全市法制宣传教育先进个人	常州市委、市政府
董　荣	市纪委	2006～2010 年全市法制宣传教育先进个人	常州市委、市政府
姚觉成	市委组织部	2006～2010 年全市法制宣传教育先进个人	常州市委、市政府
沈黎敏	市委宣传部	2006～2010 年全市法制宣传教育先进个人	常州市委、市政府
沈　超	市委政法委	2006～2010 年全市法制宣传教育先进个人	常州市委、市政府
戴一平	市司法局	2006～2010 年全市法制宣传教育先进个人	常州市委、市政府
王克华	市住建委	2006～2010 年全市法制宣传教育先进个人	常州市委、市政府
颜国东	市经信局	2006～2010 年全市法制宣传教育先进个人	常州市委、市政府
谢少波	市教育局	2006～2010 年全市法制宣传教育先进个人	常州市委、市政府
董建新	市公安局	2006～2010 年全市法制宣传教育先进个人	常州市委、市政府
潘春保	市民政局	2006～2010 年全市法制宣传教育先进个人	常州市委、市政府
史福清	市司法局	2006～2010 年全市法制宣传教育先进个人	常州市委、市政府
蒋军明	市司法局	2006～2010 年全市法制宣传教育先进个人	常州市委、市政府
阮正华	市人社局	2006～2010 年全市法制宣传教育先进个人	常州市委、市政府
高怀猛	市交通运输局	2006～2010 年全市法制宣传教育先进个人	常州市委、市政府
徐玉琴	市农林局	2006～2010 年全市法制宣传教育先进个人	常州市委、市政府

姓　名	工作单位	荣誉称号	授予单位
江　峰	市文广体局	2006～2010年全市法制宣传教育先进个人	常州市委、市政府
吴　鹦	市卫生局	2006～2010年全市法制宣传教育先进个人	常州市委、市政府
陈万春	市安监局	2006～2010年全市法制宣传教育先进个人	常州市委、市政府
芮双美	市城管局	2006～2010年全市法制宣传教育先进个人	常州市委、市政府
沈建清	市法制办	2006～2010年全市法制宣传教育先进个人	常州市委、市政府
孙　艳	市广播电视台	2006～2010年全市法制宣传教育先进个人	常州市委、市政府
周　薇	市总工会	2006～2010年全市法制宣传教育先进个人	常州市委、市政府
李　詹	团市委	2006～2010年全市法制宣传教育先进个人	常州市委、市政府
胡雪芹	市妇联	2006～2010年全市法制宣传教育先进个人	常州市委、市政府
陆立民	市供电公司	2006～2010年全市法制宣传教育先进个人	常州市委、市政府
王　峰	市药监局	2006～2010年全市法制宣传教育先进个人	常州市委、市政府
程国勤	市质监局	2006～2010年全市法制宣传教育先进个人	常州市委、市政府
余建中	溧城镇司法所	2006～2010年全市法制宣传教育先进个人	常州市委、市政府
潘文军	天目湖镇综治办	2006～2010年全市法制宣传教育先进个人	常州市委、市政府
朱志军	埭头镇党委	2006～2010年全市法制宣传教育先进个人	常州市委、市政府
时玉宝	上黄镇司法所	2006～2010年全市法制宣传教育先进个人	常州市委、市政府
雷晓强	戴埠镇党委	2006～2010年全市法制宣传教育先进个人	常州市委、市政府
杨爱萍	别桥镇司法所	2006～2010年全市法制宣传教育先进个人	常州市委、市政府
史盛强	竹箦镇司法所	2006～2010年全市法制宣传教育先进个人	常州市委、市政府
蒋　彤	上兴镇党委	2006～2010年全市法制宣传教育先进个人	常州市委、市政府
陈金明	南渡镇政府	2006～2010年全市法制宣传教育先进个人	常州市委、市政府
王春明	社渚镇司法所	2006～2010年全市法制宣传教育先进个人	常州市委、市政府
郭焕春	江苏金峰集团有限公司	常州市五一劳动奖章	常州市政府
宋小华	江苏华能建设工程集团有限公司	常州市五一劳动奖章	常州市政府
李洪春	江苏华鹏变压器有限公司	常州市五一劳动奖章	常州市政府
沈留坤	江苏天目建设集团有限公司	常州市五一劳动奖章	常州市政府
徐　挺	溧阳市上兴镇农服中心	常州市五一劳动奖章	常州市政府
李海涛	溧阳市供电公司	常州市五一劳动奖章	常州市政府
戴　莉	中国农业银行溧阳城中支行	常州市五一劳动奖章	常州市政府
朱志新	溧阳市环卫处	常州市五一劳动奖章	常州市政府
彭继红	溧阳市中医院	常州市五一劳动奖章	常州市政府
陈芳梅	市文联	“十佳”双拥先进个人（关心国防建设好公民）	常州市委、常州市政府、常州军分区

先进集体

溧阳市获得的综合荣誉

（排名不分先后）

荣誉称号	授予单位
2011～2015年全国科普示范市	中国科协
全国农业标准化示范县（农场）	农业部
省“十一五”人口协调发展先进县（市）	省政府
建筑强县（市、区）	省政府
金融生态优秀县	省金融稳定工作协调小组

荣誉称号	授予单位
江苏省义务教育均衡发展先进县（市、区）	省教育厅
2011年度全省农业综合开发先进县	省农业资源开发局
平安农机示范县区	省农业机械管理局、省安监局
社会保险扩面征缴	常州市政府

全国（条线）先进集体

（排名不分先后）

获得单位	荣誉称号	授予单位
江苏国强镀锌实业有限公司环保中心污水站	全国工人先锋号	中华全国总工会
市检察院	全国优秀青少年维权岗	共青团中央、最高人民检察院
市检察院公诉科	全国巾帼文明岗	中华全国妇女联合会、全国妇女“巾帼建功”领导小组
市检察院控申科	全国检察机关文明接待示范窗口	最高人民检察院
市计划生育指导站	全国避孕药具不良反应监测先进集体	国家人口计生委药具不良反应监测中心
建行溧阳支行党委	总行先进基层党组织	建行总行党委
建行溧阳支行团委	中国建设银行五四红旗团委（团支部）	建行总行团委

省级（条线）先进集体

（排名不分先后）

获得单位	荣誉称号	授予单位
市纪委	全省纪检监察先进集体	省委、省政府
市科协	2006～2010年省全民科学素质工作先进集体	省委组织部、省科协等9个部门
市计生局	全省人口计生系统先进集体	省人社厅、省人口计生委
市工商局社渚分局	农资监管工作先进集体	省工商局
市工商局别桥分局	全省工商行政管理系统文明工商所（分局）	省工商局
市工商局别桥分局	“筑牢红盾防线 维护食品安全”集中执法行动先进集体	省工商局
溧阳宾馆有限公司中餐部	江苏省工人先锋号	省总工会
江苏省电力公司溧阳供电公司	江苏省五一劳动奖章	省总工会
市人社局	全省新农保推进工作先进集体	省人社厅
市教育局	江苏省学生资助工作先进单位	省教育厅、省财政厅
市国土资源局	全省国土资源系统信访工作先进集体	省国土资源厅
戴埠国土资源所	全省优秀国土资源所	省国土资源厅
上兴国土资源所	全省优秀国土资源所	省国土资源厅
市土地学会	江苏省土地学会先进单位	省土地学会
市文联	2011年江苏省、市、县（市、区）文联工作优秀成果奖	省文联
市环保局	2010年度省环境信访目标管理考核先进集体	省环保厅

获得单位	荣誉称号	授予单位
市环保局天目湖环保窗口	2011年度全省环保系统服务群众优秀窗口	省环保厅
市水利局	2009～2010年度全省防汛防旱先进集体	省防汛防旱指挥部
市水利局	2009～2010年度全省水利系统文明单位	省水利厅
市水利局	2010年度全省水利工作先进单位	省水利厅
市水利局	全省水利政策法规工作先进单位	省水利厅
市农林局	2011年度全省农机化工作先进单位	省农业机械管理局
市农林局	2011年度全省农机化科技创新与推广工作	省农业机械管理局
市农林局	2011年度江苏省渔业工作先进单位	省海洋与渔业局
市农林局	2011年全省农经农业系统工作效能考评优秀奖	省农业委员会
市农林局	2011年度粮油高产增效创建工作先进单位	省农业委员会

常州（条线）先进集体

（排名不分先后）

获得单位	荣誉称号	授予单位
市人民法院	2006～2010年全市法制宣传教育先进集体	常州市委、市政府
市人民检察院	2006～2010年全市法制宣传教育先进集体	常州市委、市政府
市委组织部	2006～2010年全市法制宣传教育先进集体	常州市委、市政府
市委宣传部	2006～2010年全市法制宣传教育先进集体	常州市委、市政府
市委政法委	2006～2010年全市法制宣传教育先进集体	常州市委、市政府
市教育局	2006～2010年全市法制宣传教育先进集体	常州市委、市政府
市公安局	2006～2010年全市法制宣传教育先进集体	常州市委、市政府
市司法局	2006～2010年全市法制宣传教育先进集体	常州市委、市政府
市财政局	2006～2010年全市法制宣传教育先进集体	常州市委、市政府
市人社局	2006～2010年全市法制宣传教育先进集体	常州市委、市政府
市人口计生局	2006～2010年全市法制宣传教育先进集体	常州市委、市政府
市国税局	2006～2010年全市法制宣传教育先进集体	常州市委、市政府
市地税局	2006～2010年全市法制宣传教育先进集体	常州市委、市政府
市工商局	2006～2010年全市法制宣传教育先进集体	常州市委、市政府
市国土局	2006～2010年全市法制宣传教育先进集体	常州市委、市政府
溧城镇政府	2006～2010年全市法制宣传教育先进集体	常州市委、市政府
戴埠镇政府	2006～2010年全市法制宣传教育先进集体	常州市委、市政府
别桥镇政府	2006～2010年全市法制宣传教育先进集体	常州市委、市政府
埭头镇埭头村委	2006～2010年全市法制宣传教育先进集体	常州市委、市政府
天目湖镇古县村委	2006～2010年全市法制宣传教育先进集体	常州市委、市政府
市实验小学	2006～2010年全市法制宣传教育先进集体	常州市委、市政府
正昌集团	2006～2010年全市法制宣传教育先进集体	常州市委、市政府
立洋纺织公司	2006～2010年全市法制宣传教育先进集体	常州市委、市政府
溧阳市科华机械制造有限公司	常州市五一劳动奖状	常州市政府
溧阳浦发村镇银行营业部	常州市五一劳动奖状	常州市政府
常州市溧阳地方税务局	常州市五一劳动奖状	常州市政府

文 件 摘 要

栏目编辑　芮金川

溧阳市国民经济和社会发展“十二五”规划纲要

溧政发〔2011〕43号

“十二五”时期（2011年至2015年）是我市全面贯彻落实科学发展观、建成更高水平小康社会、加快向率先基本实现现代化迈进的关键时期，更是我市抢抓新一轮发展机遇、加快经济发展方式转变、实现“绿色崛起、跨越发展”的攻坚时期。为了全面推进我市经济社会科学发展，引领“十二五”时期全市经济社会发展各项工作，制定本规划。

“十二五”发展环境

“十二五”期间，国际国内的宏观发展环境变得更为复杂，不确定因素增多，我市发展既面临难得的机遇，更面临严峻的挑战。

一、宏观形势

世界经济进入了后危机时代，新一轮产业革命正在孕育之中。“十二五”期间世界经济趋势将逐步回升，并有可能在后两年由于新技术的推动而进入新一轮发展周期。全球金融危机在给世界带来巨大冲击的同时，也促使世界各国、特别是发达国家重新审视发展模式，加快创新步伐，从而促进全球新一轮的科技创新，为未来发展孕育新的生机。美欧各国加紧开发新能源、新材料、新医药、新一代互联网等新技术，绿色低碳经济新模式有望成为支撑全球新一轮增长的主导产业。迎头赶上新一轮产业革命，实现绿色崛起，对我市既是机遇，更是挑战。

我国经济进入全面转型时期，改革创新将成为区域发展的主动力。过去30年我国经济实现了持续高速增长，但经济增长与社会发展不够协调，环境和资源的矛盾日益尖锐，加快转变经济发展方式、加快转型升级是“十二五”发展的中心任务。积极推进重点领域和关键环节的改革，突出抓好财税体制、文化体制、医药卫生体制和农村综合改革发展，着力构建有利于科学发展的体制机制，更多依靠科技创新推动，将成为区域发展的必由之路。率先转变经济发展方式，显著增强改革创新发展能力，实现科学发展，对我市既是机遇，更是挑战。

长三角世界级城市群加速崛起，苏南仍将保持快速发展态势。长三角地区是我国综合实力最强的区域，未来的发展定位是：亚太地区重要的国际门户，全球重要的现代服务业和先进制造业中心，具有较强国际竞争力的世界级城市群。苏南地区是长三角核心区域。随着高速铁路网的建设，整个苏南都进入了上海一小时都市圈，这将引发新一轮城市化高潮，推动经济继续快速增长。主动应对区域发展格局的新变化，创新发展路径，提升竞争能力，实现跨越发展，对我市既是机遇，更是挑战。

二、发展条件

1.发展机遇

“十二五”期间，我市发展不仅具备较好的基础，还面临以下有利机遇：

新一轮交通建设将极大提升溧阳的发展环境优势。在全球化时代，交通条件已成为区域竞争的重要因素。随着宁杭铁路客运专线开工建设，我市作为宁杭交通走廊中心以及南京、苏锡常和杭州三大都市圈的交汇点的区位优势日益凸现。常溧高速、溧芜高速、溧广高速的建设、104国道的改造、芜申运河和丹金溧漕河的拓浚整治等，将有力推动我市的对外开放交流和区域合作。

人文回归时代的来临将凸显溧阳的生态环境优势。随着经济的发展和人民生活水平的逐步提高，旅游度假休闲将成为增长最快的消费热点，发展空间巨大。在长三角地区，良好的生态环境已是稀缺资源，并将成为未来区域竞争的重要优势。我市是整个苏南地区生态环境保护最好的地区之一，山清水秀，景色宜人，空气清新，绿色环保，随着时间的推移，这一优势将会不断凸现。

拥有独特的地处苏浙皖边界区域开放优势。我市地处苏浙皖边界，经济发展水平的落差促进了要素流动和市场交易，形成了独特的区域市场开放优势。随着泛长三角一体化的推进，我市将成为长三角核心区连接泛长三角区域的重要节点，成为各种要素和资源流动的重要通道。这种区域开放优势也必将推动我市的进一步发展。

2.制约因素

“十二五”期间，我市经济社会也面临着严峻挑战和不利因素，突出表现在：

经济总量不大，综合竞争能力不够强。经济总量规模偏小，结构偏重；工业化水平还不高，产业层次有待提高；服务业水平不高，结构合理、优势突出的产业体系尚未形成。

城市规模较小，辐射带动能力不够强。城市化进程滞后，城市的功能尚不完善，还不足以带动全市域的发展，城乡合理布局尚未形成，影响区域综合竞争优势的发挥。

高端人才紧缺，创新发展能力不够强。人才的结构性矛盾突出，基础性、应用性人才不足，高层次创新、创业、管理人才缺乏，企业创业创新的主体作用尚不明显，这是影响我市未来发展的重要瓶颈。

开放水平尚低，要素集聚能力不够强。经济国际化、区域化程度滞后，与国际经济、区域经济广泛合作交流、良性循环的发展格局尚未形成，影响经济发展和产业提升。

因此，从总体上看，“十二五”期间，我市经济社会发展面临的机遇与困难并存，有利条件超过制约因素，面临的机会较多、发展的空间较大，具备了发展速度相对较快的条件。

发展定位和发展目标

一、指导思想

坚持以邓小平理论和“三个代表”重要思想为指导，以科学发展观统领全局，围绕“绿色崛起、跨越发展”的目标，以转变经济发展方式为主线，以民生福祉为追求，以改革创新为动力，深入实施“工业强市、开放活市、科教兴市、生态立市、城乡统筹”发展战略，不断增强发展动力，提升发展内涵，优化发展路径，促进经济发展又好又快、城乡统筹稳步推进、生态环境优化提升、和谐安康共建共享，努力把我市建设成为一个经济充满活力、科教文化发达、社会和谐稳定、生态环境优美、人民生活幸福的现代化特色生态城市、省级低碳示范市。

二、发展定位

1.绿色低碳的生态城

充分发挥良好的生态环境优势，大力发展低碳经济和生态产业，引导低碳生活和低碳消费，加快形成以高新技术产业为导向、先进制造业为主体、现代服务业和现代农业为支撑的现代产业体系，把我市建设成为名副其实的国家生态市。

2.宜居宜业的创新城

全面转变经济发展方式，创新体制机制，营造发展环境，大力引进高层次、高素质、高技能的人才，大力发展高科技、高价值、低污染、低排放产业，把我市建设成为主要依靠科技进步、智慧创造、宜居宜业的创新城市。

3.山清水秀的旅游城

以“合理开发、生态优先”为原则，全面提升开发理念，加强科学规划，以“两湖两山”为重点，彰显生态特色，突出休闲度假主题，把我市建设成自然山水与田园风光交融、传统与现代结合、旅游观光与文化娱乐一体，国内外知名、长三角都市圈著名的旅游城市。

4.三省通衢的中心城

充分发挥三省边界的独特区位优势，构建综合交通体系，做大做强边界商贸和物流园区，拉开城市框架，完善城市功能，提升城市化水平，把我市建设成为长三角都市圈重要节点城市、苏浙皖边界区域中心城市、江苏西南的门户城市。

5.和谐安康的幸福城

社会事业全面进步，社会保障日趋完善，社会管理规范有序，城乡统筹全面发展，城乡差距逐步缩小，人居环境更加优美，生活品质明显提高，民主法治得到加强，公平正义充分体现，人民群众安全感、幸福感居全省前列，把我市建设成为和谐安康的幸福城。

三、发展目标

经济结构进一步优化，经济运行质量进一步提高，形成以高新技术产业为导向、先进制造业为主体、现代服务业和现代农业为支撑的产业新格局；综合实力和县域经济基本竞争力在全国的位次进一步前移，人民生活品质进一步提升，全面建设惠及全市人民的更高水平的小康社会，率先向基本实现现代化迈进。

表71

溧阳市国民经济和社会发展“十二五”规划发展目标

指标	单位	属性	“十二五”目标
一、结构调整			
1．服务业增加值占地区生产总值比重	%	预期性	42以上
2．生产性服务业占服务业增加值比重	%	预期性	40以上
3．高新技术产业增加值占全市工业增加值比重（市口径）	%	预期性	45以上
4．新兴产业占规模工业比重	%	预期性	45以上
5．高效农业占农业比重	%	预期性	50以上
二、科技创新			
6．全社会研发投入占地区生产总值比重	%	预期性	2.5以上
7．百万人口发明专利授权数	件	预期性	260左右

续表 71

指　　标	单位	属性	“十二五”目标
8．科技进步贡献率	%	预期性	60以上
9．海归创业团队引进	个	预期性	50左右
10．引进海内外创新创业人才	名	预期性	500左右
三、资源环境			
11．单位地区生产总值能耗	%	约束性	完成省定考核目标
12．单位地区生产总值建设用地占用	%	约束性	
13．二氧化碳排放量削减率	%	约束性	
14．二氧化硫、氮氧化物排放量削减率	%	约束性	
15．化学需氧量、氨氮排放量削减率	%	约束性	
16．水（环境）功能区水质达标率	%	约束性	80以上
17．环境质量综合指数	分	约束性	90以上
18．城乡垃圾无害化处理率	%	约束性	80以上
19．城市绿化覆盖率	%	约束性	42左右
四、民生幸福			
20．高中阶段教育普及率	%	预期性	99以上
21．高等教育毛入学率	%	预期性	60以上
22．万人拥有病床数	张	约束性	35以上
23．新型农村合作医疗实际补偿比	%	约束性	50以上
24．城乡居民人均收入	万元	预期性	分别达3.7、1.85
25．城镇登记失业率	%	预期性	4以内
26．城乡基本社会保障覆盖率	%	约束性	基本全覆盖
27．平安社会指数	%	约束性	95以上
五、总量预期			
28．地区生产总值	亿元	预期性	900以上
29．人均地区生产总值（常住人口）	万元	预期性	11.6以上
30．地方一般预算收入	亿元	预期性	66.5以上
31．城市化率	%	预期性	60以上
32．全社会固定资产投资	亿元	预期性	累计2300

发展重点和政策取向

一、优化空间开发

围绕“魅力溧阳”建设，统筹谋划未来人口分布、生产力布局和城镇化格局，推进工业向园区集中、人口向城镇集中、居住向社区和中心村集中、土地向适度规模经营集中，促进区域协调发展。

1.优化国土开发利用

——稳定农用地空间。稳定农用地规模，切实保护基本农田，合理布局种植业、养殖业、畜牧业等农用地空间，形成各具特色的农业生产区。切实保护耕地资源，大力开展土地整理，落实耕地占补平衡。

——集聚工商用地空间。以“保护优先、保障发展、集约高效”为原则，依托区域产业发展基础与交通干线网络，构筑以经济开发区、天目湖科创园为核心，以宁杭（高速、高铁）、104国道、241省道、扬溧、溧广高速等南北纵轴和常溧、239省道等东西横轴以及外环交通通道为辅轴的产业布局脉络，形成各镇特色鲜明、功能完备的工业集中区。在集中区外，原则上不再布局新的工业项目。调整完善商业网点规划，构建城市商贸、农副产品等市场流通网络。

——保障生态用地空间。加强区域内土地利用与用途管制，针对不同区域的生态功能和主体功能，分别进行重点开发、优化开发、限制开发和禁止开发，保障区域生态安全。承载水源保护、生物多样性保护与水土保持功能的生态功能区内，除重大基础设施或公用设施等项目外禁止开发；承载水源涵养和水土保持生态功能的生态功能区内，在不危及区域生态系统安全的基础上可适度开发；承载农业生态功能和工业生态功能的生态功能区内，要提高土地的集约化利用程度。天目湖、长荡湖、南山、瓦屋山等主要旅游景区，森林、大中型水库、重要塘湖、湿地和饮用水源地，城市绿地、公共设施、文物古迹、地质遗址等区域禁止工业化开发，控制商业化开发。

2.合理构筑城镇体系

——完善城乡发展规划。按照“要素集聚、土地集约、区域协调、城乡统筹”的总体要求，充分发挥规划对城乡发展的引领作用，按照适度超前、分步实施、循序渐进的原则，高水平推进城乡规划一体化。强化功能片区规划理念，促进城乡建设、土地利用、产业发展、生态建设等规划的有机融合，形成科学指导城乡一体化发展的规划体系。

——优化城镇发展布局。按照“中等城市规模、中心城市功能、山水城市风格”的功能定位，从市域空间资源整合利用角度，大力促进人口和产业集聚，进一步优化城镇布局，形形成“以溧阳中心城区为核心，宁杭城镇发展轴为主线，扬溧—溧广、常溧城镇发展轴为补充，市域生态空间开敞，农业空间动态平衡，旅游发展空间互动”的空间格局。

——提升完善主城功能。充分发挥中心城区的龙头带动作用，围绕增强中心城区集聚辐射能力、完善城市功能的目标，精心打造城市核心区、城市门户、城市入口、城市主要节点，突出山水生态旅游城市的品位与特色。城市空间结构由圈层扩张向轴扩张转变、由单中心向“一核两翼”优化，紧扣“增强中心、发展两翼”的中心思路，加快推进城市“南拓西延”空间发展战略，向南重点将燕山新城、天目湖工业园区商住区建设成为集城市交通枢纽、商旅服务、生态居住为主导的综合片区；向西重点推进城西片区，打造先进制造业、高新技术产业和现代服务业发展的集聚区和制高地，实现城、园一体化发展。创新城市管理机制，推动社区管理建设，提升城市管理水平。有序推进老城区更新改造，促进老城区功能完善、结构升级、品质提升和传承历史文脉。

3.突出市域开发重点

第一板块（中心城区和2个省级开发区）：以科技创新和体制创新促进产业结构优化升级，全面提升产业和经济发展水平。重点发展先进制造业、现代服务业、高新技术产业和都市农业，使之成为全市跨越发展的先导区和带动区域经济增长的动力源。

第二板块（各镇工业集中区）：加快推进新型工业化进程，提高镇工业集中区聚集产业的能力。重点发展新型工业，配套发展服务业，使之成为全市经济增长的新动力。

第三板块（旅游景区和农业综合开发园区）：坚持差别竞争、特色取胜，重点发展特色农业、休闲度假、文化旅游，努力扩大经济总量，使之成为全市经济增长的新亮点。

二、调优产业结构

以建设“实力溧阳”为目标，丰富“天目湖”品牌的内涵，着力构建以高新技术产业为导向、先进制造业为主体、现代服务业和现代农业为支撑的现代产业体系，努力形成新兴产业的先发优势、现代服务业的增长优势、传统产业的品牌优势、现代农业的规模优势。

1.优先发展新型工业

——推进产业升级。坚持走新型工业化道路，以节能减排、绿色低碳为方向，大力实施“传统产业提升、优势产业扩张、新兴产业倍增”计划，重点发展科技含量高、产业链长、附加值高的新兴产业，加快淘汰落后产能，积极推进节能减排，推动信息化与工业化融合发展，提升发展输变电设备、机械设备制造、金属冶炼及加工、新型建材等优势支柱产业。加大企业技术改造力度，走企业内涵式发展之路。大力培育新材料、新能源、生物医药、节能环保等新兴产业。重点支持有机硅、多元醇、稀土深加工、太阳能电池、工程机械、风电装备、特种车辆等项目。

——促进产业集聚。加大规划引导和政策支持力度，加快企业向工业园区集中；加快特色化、专业化工业园区建设，形成良好的特色环境，为产业集聚提供支撑；积极组织实施重大产业化示范项目，通过技术链、产品链、价值链，引进优质资本、技术、装备和人才，加快优势产业集群。“十二五”期间，重点发展输变电、先进装备制造业、新能源和新材料等特色产业基地。

——鼓励企业做强。积极营造良好的发展环境，进一步完善基础设施和服务体系，为企业发展和做大做强提供必要条件；大力支持企业通过科技创新、品牌战略、资本经营等，实现做大做强、质量提升；鼓励本地企业与央企和国际知名企业合资合作、战略联盟，拓展产业链，提升发展水平。“十二五”期间，工业投入超1800亿元、年均增长20%以上，每年开工建设总投资10亿元以上项目至少10个。到2015年，力争销售收入超百亿元企业达8家以上、50—100亿元企业10家以上，上市企业达5家以上。

2.加快发展现代服务业

——全面提升旅游业。树立“大旅游、大产业”的观念，大力推动旅游业走集约发展道路，更好依托自然山水风光和田园特色，重点发展生态游、乡村游、文化游、美食游、养生游等特色旅游。加强资源整合，实施“两湖两山”旅游战略，进一步提升天目湖、南山竹海等重点景区的功能水平，抓好重点项目建设，天目湖争创5A级景区；加大旅游的宣传和营销，继续办好天目湖旅游节、中国溧阳茶叶节，把天目湖旅游度假区建成长三角地区重要的会务会展中心。

——重点发展物流业。充分发挥溧阳的区位优势，大力发展现代物流业。积极引进国内外著名物流企业参与物流基地建设，推进物流资源整合，加快苏浙皖物流园区建设，重点发展产品配送、零担快运、仓储分装、货代和信息服务等，努力建成人气旺、辐射广、影响大的区域现代物流中心。

——做大做强商贸业。积极吸引国内外品牌零售连锁企业入驻溧阳，规划建设汽车城。整合市场资源，改造扩建苏浙皖边界市场，加快建设农副产品、“一村一品”展销、建材、机电、轻纺等功能中心，建成区域性市场集聚区，不断增强本地产业配套服务功能。

——加快发展文化产业。坚持政府引导、市场主导、企业主体的发展模式，整合优化资源配置，推动文化产业集聚，培育新的经济增长点；加强文化和旅游深度融合，不断提高文化内涵。“十二五”期末，文化产业增加值占全市GDP比重力争达到10%左右。

3.加快发展现代农业

——合理布局。大力培育园艺业、养殖业、休闲观光农业三大特色产业集群，建设长三角绿色农业基地。重点打造以天目湖茶果产业园为中心的南山休闲旅游茶果农业圈，以天目湖农业生态园为核心的环天目湖休闲观光旅游有机农业圈，以曹山现代农业产业园为重点的曹山、瓦屋山、玉华山花木、林果农业圈，以城郊为重点的都市观光设施农业圈，以前马荡、黄家荡、三塔荡等为中心的现代渔业示范区，以竹箦畜牧重镇为重点的现代畜牧业区。

——优化投入。积极推进“双百万亩”工程、土地整治工程、万顷良田建设，加快农业资源综合开发，全面建设绿色、有机农产品基地。不断推进农业产业结构调整，切实转变农业经济增长方式。积极扶持和发展龙头企业，搞好特色农产品的深加工，创建一批优质农产品和名牌产品，拉长农业产业链，提高农产品附加值。

——强化组织。积极鼓励兴办各种专业合作经济组织，深化农村“三大合作”，大力发展农村服务业，健全农产品信息体系和质量标准体系，加快农业生产的产前、产中和产后服务体系建设。加强农产品营销，在上海、南京等大中城市设立溧阳名特优农产品直销店，把产品优势转化为市场优势。

4.提升发展建筑安装业

按照“大企业、大市场、大建筑”的思路，充分发挥队伍、人才、技术、装备、品牌等优势，彰显在电梯、锅炉、起重、设备安装等方面的特色。鼓励企业兼并重组，优化生产要素和资源配置，支持一批核心竞争力强、处于行业领先地位的大型建安企业组建特级资质企业集团。引导建安企业多元化发展，鼓励溧阳籍建安企业家回家乡“二次创业”。积极营造建安大产业发展氛围，拉长建安产业链。到2015年，全市实现建筑业施工产值500亿元，年均增幅15%；培育施工产值50亿元以上的企业1～2个，培育特级资质企业1～2个；创国家鲁班奖或国优工程1～3项；争创江苏省建筑强市。

三、推进科技进步

围绕“创新溧阳”建设，坚持把科技创新作为经济社会发展的原动力，以建设创新型城市为目标，完善科技创新体系，加强科普示范带动，促进产学研更加紧密结合，不断提升自主创新能力，把生态优势加快转变成创新优势。

1.培育创新主体

大力引进高新技术企业和项目，积极与高等院校科研院所合作，成立产学研联合体和研发中心；大力培养和引进领军型创新创业人才和团队，鼓励企业设立工程中心、企业技术中心、工程技术研究中心、博士后科研工作站和院士工作站。“十二五”期间，引进海内外创新创业人才500、重点产业紧缺人才100名，力争到2015年全市认定高新技术企业50家以上。

2.搭建创新平台

提升科技孵化器和企业加速器平台，扩建高新技术创业服务中心，建设天目湖科创园，到2015年建成个性化、专业化、社区化的孵化载体25万平方米；围绕输变电设备、光伏产业、生物医药、新材料、先进装备制造等新兴产业、现代服务业和现代农业，重点建设一批专业化、社会化的公共技术服务平台；完善公共服务平台，加强招智引技力度，打通科技成果转化的快捷通道，降低创新成本，提高创新效率。

3.强化创新能力

以提升产业核心竞争力为目标，大力推动自主技术创新，围绕优势支柱产业和战略新兴产业的关键共性技术，组织合作攻关；鼓励企业培育具有自主知识产权和自有品牌的高新技术产品；积极创造条件，推进科技创新成果迅速向现实生产力转化；“十二五”期间，实施重点高新技术产业化项目300项，专利申请量、授权量年均增长10%以上。

4.营造创新环境

充分发挥政策对创新的激励导向作用，创新投融资体制，积极发展创投、股权基金等融资平台。完善科技中介服务体系，提供科技信息及技术中介、培训等服务。更新创新理念、引导创新精神，培育创新人才。以一流的政策环境、人居环境和创业环境，把溧阳建成创新创业人才高地、科技成果和高新技术企业洼地。

四、扩大对外开放

围绕“活力溧阳”建设，创新发展路径，突破体制制约，搭建开放平台。注重实效，提高水平，积极稳妥地推进国际友好城市建设和区域合作，开创开放型经济的新局面。

1.提高利用外资质量

抢抓新一轮产业革命的机遇，加大对新兴产业的招商力度，重点引进高新技术项目和研发中心项目，利用外资数量有较大增长、结构和质量有明显突破；积极探索外资并购、境内外上市、创投、地区总部等外资利用新形式；鼓励民营企业与国际知名企业合作。“十二五”期间，每年至少要有1个超亿美元项目、3～5个超3000万美元项目成功落户。实际利用外资年均增幅在20%以上，累计超35亿美元。

2.改善外贸出口结构

稳定扩大传统劳动密集型产品出口，积极支持具有自主知识产权、自主品牌的产品出口，加快培育出口竞争新优势。重点推动加工贸易从单纯加工向研发、销售环节延伸。重点打造机电、轻工和农产品三大出口基地。优化出口产品结构，努力实现外贸出口量的扩张、质的提高。到“十二五”期末，全市自营出口总额达15亿美元，年均增长20%以上。

3.提升园区建设水平

按照“招商引资主阵地、工业强市主战场”的定位，继续汇全市之智、举全市之力推动经济开发区和各镇工业集中区的“二次创业”。科学定位、强化特色、错位发展、发挥比较优势，拉开布局框架，完善功能，提升配套，提高项目落户的承载能力。支持经济开发区和各镇工业集中区资源整合和资源共享力度，提高集约发展水平。统筹全市工业项目布局，促进工业项目按产业门类向各类产业园区集聚，推动各镇特色产业园区发展。

4.加强区域经济合作

积极对接上海，尽快融入上海、宁杭都市圈和长三角经济一体化发展。加快推进保税仓库的建设，强化与长三角地的合作，在人才引进、教育培育、产学研合作、产业转移等方面建立长效机制。

五、统筹城乡发展

围绕“品质溧阳”建设，加大统筹城乡发展力度，全面提升城乡规划、产业布局、基础设施、公共服务、劳动就业等“五个一体化”水平，进一步推动先进生产要素向农村流动、基础设施向农村延伸、公共服务向农村覆盖、现代文明向农村传播，基本形成“以城带乡、以工促农、城乡互动、共同繁荣”的城乡一体化发展格局。

1.全面提升小城镇发展水平

突出规划引领，合理布局城镇体系，科学定位城镇规模，做到“规划设计、建设开发、管理经营、园林绿化、环境整治、交通监管”六个全覆盖。进一步引导人口向城镇集聚、产业向园区集中、城镇建设向集约发展。从市域整体和功能要求确立各镇发展目标，因地制宜发展镇域经济，促进生产要素向发展轴或优先发展区集聚，形成竞相发展、各具特色的新格局。认真做好强镇扩权试点及重点镇规划建设工作，并进行政策性倾斜。

2.加快推进基础设施建设

——交通建设：以打造“公铁水运”齐头并进的“交通综合体”为目标，加强枢纽型、功能性、网络化重大基础设施建设，构筑“感知协调、衔接通畅、四通八达”的综合交通体系。完善高速公路网，加快建设常溧、溧广、溧芜高速公路；改造国、省道等干线公路，建成西环路、东环路，建设横涧至平桥至上兴的西南部地区通道和104国道沿上上线经上黄与宜兴接壤的北部地区通道，形成市域交通大外环。推进铁路建设，建成宁杭铁路客运专线溧阳段、综合枢纽溧阳站、客运专线瓦屋山站及配套工程；加快航道整治提升，推进芜申运河溧阳段、丹金溧漕河溧阳段三级航道建设；加快县乡道路桥梁建设改造；提升港口建设，建设城区千吨级港口。

——城市建设：以建设宜居城市为目标，按照“构筑骨架、完善路网、拓展新城、提升功能”的思路，继续加快城市化建设步伐，形成和优化通畅的纵横主次干道路网系统，完善街道、行人通行设施和智能交通管理系统。“十二五”期间围绕打通城区至东环路、西环路以及与高铁车站、高速东西互通连接的各条主线和支路，进一步优化交通环境。加大老城区、城中村和危旧房改造力度，规划建设城区停车场。

——园林绿化：大力推进城市园林绿化建设，突出“便民”要求和“亲水”特色，积极营造天蓝、水净、地绿、花香的绿色生态环境。在绿化建设中要重点利用好市区及周边的自然山体、水系、林地、文物古迹等加以绿化、美化，加强绿地和公园建设管理，构建“青山城中坐，碧水穿城流”的城市景观格局。

——水利设施：进一步完善防洪保安和水资源保障工程体系。全面完成水库的除险加固工程，启动和推进城市防洪工程建设。加强区域内中小流域治理，全面提高圩区防洪能力。大力推进农田水利配套设施建设，着力改善农业生产条件。

——公用设施：加快垃圾、粪便无害化设施建设，完成垃圾填埋场和粪便处理厂建设项目，筹建垃圾焚烧发电厂。全面启动《溧阳市市域供水工程规划》、《溧阳市市域污水工程规划》的实施，推进全市区域供水、治污一体化。加快推进天然气门站及管道建设，扩大天然气用户。加快推进殡葬改革以及配套设施建设。

——供电设施：按照“布局合理均衡，提高电网的受电能力和供电的可靠性，降低损耗”的要求，形成以500千伏溧阳变为枢纽，220千伏双环网为主干网架，以抽水发电、余热发电、燃煤发电等为平衡补充的电网结构，同时，优化110千伏网架和布点。“十二五”期间，新建500千伏溧阳变，作为全市主要的供电电源，新建余桥变等220千伏变、社渚变等110千伏变，实施220千伏溧阳变、旧县变增容。加快建设溧阳抽水蓄能电站和弘博热电厂，改善和优化电网结构。

3.扎实推进新农村建设

按照“生产发展、生活宽裕、乡风文明、村容整洁、管理民主”的要求，继续实施“固基强村”行动计划，扎实推进社会主义新农村建设。全面繁荣农村经济，鼓励农民自主创业、联合创业。加快富民强村步伐，发展壮大村级集体经济，推进农业、就业、创业、物业“四业富民”，提高农民职业技能和创收能力。加大政府对茅山老区开发投入和扶贫工作力度，适时提高扶贫标准，创新扶贫机制。加强农村基础设施建设，扩大政府对农村的公共服务。推进城乡公交一体化，解决农民饮水安全问题，改善农村生产生活条件。综合整治农村环境，实行生活垃圾无害化、资源化处理，推广生活污水处理技术，加快村庄河塘疏浚，提高农村生态环境质量。

六、发展社会事业

围绕“幸福溧阳”建设，以增加社会公共产品、强化社会公共服务、提升居民生活品质为重点，创新社会管理，繁荣社会事业，优化资源布局，促进公共服务均等化。

1.优先发展教育事业

坚持教育优先发展战略，加大教育投入，实现学前教育优质公益发展、义务教育优质均衡发展、普高教育优质特色发展、职业教育优质快速发展、特殊教育优质健康发展，全面促进教育公平。整合教育资源，健全终身教育体系，满足多样化的学习和发展需求。全面实施素质教育，进一步提高教育质量。“十二五”期间，确保优质幼儿园率达75%以上，义务教育阶段优质学校比例达80%以上，义务教育阶段巩固率99%以上，外来务工子女就学率达100%，普高建有省级特色发展项目，职高建成省级示范性、生产性实训基地。

2.完善医药卫生体系

加强公共卫生安全监督管理，提高公共卫生服务水平。深化医药卫生体制改革，整合医疗卫生资源，加大政府投入力度，基本建立覆盖城乡、完善规范的基本医疗卫生制度。加强镇、社区、村医疗卫生场所建设，强化食品药品监督，确保群众饮食用药安全。

3.繁荣文化体育事业

大力弘扬先进文化，积极挖掘、保护和推广地方特色传统文化，不断扩大地方特色文化的知名度和影响力；深入推进文化体制改革，转换运行机制，加强文化市场管理，提高公共文化产品质量和服务水平。积极创建“全国文化先进县（市）”，提高群众文体活动水平。加快城乡公益性群众文化体育活动设施建设，构建覆盖城乡的公共文化体育服务体系，广泛开展全民健身运动，提高全民健康素质。完成各镇（区）农村数字电视整体转换，改造电视网络，推进电信网、广电网、互联网“三网融合”。加强档案“三个体系”和档案数字化、信息化建设。加快整合综合性科普场所、青少年活动场所资源。“十二五”期间，建设全民健身中心和体育运动场等文化体育科普活动场所。

4.提升居民生活品质

实施民生改善工程，完善就业、社会保障和社会救助体系，全面提高城乡居民生活水平，让广大人民群众充分享受社会发展的成果。

——促进居民充分就业。从制度建设、政策导向和环境改善等方面入手，鼓励城乡居民自主创业，增加居民的工资性、经营性和财产性收入。改善城乡就业的市场环境，建立健全公共就业服务制度，着力提高就业率。积极稳妥地做好工业化和城市扩张过程中被征地农民生活保障和就业工作，加快劳动力市场建设和信息网络构建，逐步形成功能完善、连接城乡、覆盖全市的劳动力市场体系。

——健全社会保障体系。继续完善社会养老保险制度，逐步规范企业养老、医疗、工伤、失业、生育保险制度，建成高水平的社会保障体系。进一步提高居民养老、医疗保险覆盖水平。全面落实失业人员保障、城乡居民最低生活保障和企业离退休人员基本养老保障，确保保障对象应保尽保，并建立正常的增长机制。加大住房保障工作力度，切实改善住房困难家庭的居住条件。建设老年活动阵地，丰富老年人业余生活。加快推进社会化养老服务体系建设，逐步建立完善以居家养老为基础、社区服务为依托、政府养老机构为示范、民办养老机构为补充协调发展的养老服务体系。

——构建社会救助体系。建立覆盖城乡的以最低生活保障为基础、以各类专项救助为辅助、以其他救助救济和社会帮扶为补充的新型社会救助体系。加大就业、医疗、教育、住房救助力度，对贫困家庭和特殊群体实行扶贫帮困、廉租住房保障制度。帮助困难群众提供司法救助和法律援助。大力发展慈善事业和福利彩票事业，加强残疾人保障体系、服务体系建设，保障孤老妇幼、残障人士的合法权益。

——加强人口管理工作。坚持计划生育的基本国策，继续稳定低生育水平，计划生育率稳定在98%以上，继续改进和强化人口和计划生育服务工作，提高出生人口素质，确保人口和计生工作全省领先。切实保障妇女合法权益，加强未成年人保护工作。适度控制机械人口增长，加强流动人口管理。

七、建设生态文明

围绕“绿色溧阳”建设，实施绿色低碳工程，大力发展循环经济、低碳经济，建立农业生产生态化、工业生产清洁化、资源使用减量化、废物处置资源化、生活消费节约化的绿色经济体系，促进经济社会的可持续发展。

1.发展低碳产业

坚持“调高、调优、调轻”的方针，进一步加快经济结构调整，构建产业结构高级化、产业发展集聚化、产业竞争力高端化的现代产业体系。优先发展先进制造业和生产性服务业，构筑以新兴产业为先导、支柱产业为主体、现代服务业和现代农业为支撑的多元化低碳产业模式。

2.节约能源资源

调整能源的消费结构，逐步降低煤炭在能源消费中的比重，积极提高石油、天然气等的消费比例，加快推进水能、太阳能、生物质能和余热发电等开发利用。同时，珍惜保护水土资源。合理利用和节约水资源，增强节水意识，强化节水措施，建设节水型社会。

3.重视环境保护

以重点流域、重点区域及重点行业为突破口，有效降低二氧化碳及各种污染物排放量；以环境基础设施建设为重点，建设环境监测中心，加快城市污水、垃圾、粪便处理设施建设，推行生活垃圾分类回收及处理，加快再生资源加工产业化进程；以农村小康环保行动为重点，推广生物农药应用，控制农业面源污染，倡导低碳生活，提高农村生活垃圾收集率。继续加强饮用水水源地保护，确保水质控制在二类地表水标准。

4.发展循环经济

建立区域性的循环经济体系，全面推进循环型农业、循环型工业、循环型服务业、循环型社会和生态工业园区的建设，发展一批循环经济示范企业。高水平构建企业间生态产业链，发展企业内部“小循环”、产业园区“中循环”，实现资源在不同企业之间和不同产业之间的充分利用，建立以二次资源的再利用和再循环为重要组成部分的循环经济体制。

八、构建和谐社会

围绕“和谐溧阳”建设，加大依法治市力度，促进精神文明建设，为溧阳营造良好的法治环境、思想环境、社会环境和文化环境。

1.深化民主法治建设

坚持和完善人民代表大会和政治协商制度，密切人大代表、政协委员同人民群众的联系。充分发挥工会、共青团、妇联等人民团体的桥梁纽带作用和各民主党派、工商联和无党派人士的建言献策作用。切实做好民族、宗教、国防工作，保证公民依法实行民主选举、民主决策、民主管理和民主监督，进一步扩大基层民主，完善村民自治制度，加强社区民主建设。依法行政，推进法治政府建设。把依法行政与转变政府职能，行政管理改革和行政管理创新结合起来，切实向法治型政府、服务型政府、效率型政府转变。

2.强化社会公共管理

加强社会公共服务，着力构建社会公共安全工作责任网、监督网和保障网，提高事故防范能力、应急救援能力和事故处理能力，努力为全市经济社会又好又快发展创造良好的环境。

——深化平安创建。深入开展更高水平的“平安溧阳”建设。广泛开展“六五”普法工作，依法严厉打击各类违法犯罪活动，加强社会治安综合治理；大力发展基层公共服务，完善信访工作机制，多元化解社会矛盾纠纷；建立警用地理信息系统，构建智能化道路监控体系，建设设防城市；加强道路安全管理，深入开展交通安全示范镇、企业、学校和公路创建活动，不断改善道路安全通行条件，加强超载、超重车辆治理，全面压降交通事故。

——强化安全保障。保障市民食品安全，强化对食品、餐饮卫生的检测和监管。加强对药品生产和使用的监管，加大稽查打假力度，推进药品安全信用体系建设。以中小企业、危险化学品、建筑、特种设备、燃气等为重点，加强安全生产管理，保障职工安全。以人员密集场所和城市公共基础设施为重点对象，加强重大火灾隐患治理。

——健全应急体系。坚持以预防为主，防御、处置和救助相结合的方针，加快构建重大灾害、重大疫病和重大突发事件等社会应急体系。重点加强各类自然灾害监测预警体系、防洪重点工程、消防重点设施和疾病防控体系建设，加强各部门基础数据库的信息互通和资源共享，加强防灾减灾和应急救援知识在群众中的普及。新建救灾物资储备库。建立人防工程、物资储备、医疗救护相配套的工程防护体系，城市应急管理水平明显提高。

3.促进精神文明建设

坚持“三贴近”，唱响主旋律，加强理想信念教育和舆论引导能力建设，大力弘扬以爱国主义为核心的民族精神和以改革创新为核心的时代精神，树立倡导勇于创新的新溧阳精神，深化市民文明素质教育，深入推进社会公德、职业道德、家庭美德、个人品德以及公民思想道德和未成年人思想道德建设，扎实开展以文明城市创建为龙头的各项创建活动，深入开展科普工作，全面实施《全民科学素质纲要》，推进社会主义核心价值体系建设，整体提升文明程度。

规划实施和保障措施

为保障规划的有效实施，应在确定规划统领地位的基础上，进一步强化发展的战略支撑，完善各项政策，加强组织领导，落实保障措施，健全监督评估机制，确保溧阳市国民经济和社会发展“十二五”规划目标的圆满实现。

一、科学组织规划实施

1.建立完备的规划体系

本规划纲要是全市经济社会发展的总体纲领，是编制其他各类专项规划、年度计划及有关经济政策的重要依据。因此，要形成以规划纲要为统领，各类专项规划定位清晰、功能互补、统一衔接的规划体系，做深做实城市总体规划、土地利用规划、环境保护规划和其他专项规划。加强规划纲要与城市规划、土地利用规划和其他专项规划之间的衔接配合，将规划纲要确定的目标、任务和要求进行具体落实，突出建设性、控制性，确保在总体要求上方向一致，在空间配置上相互协调，在时序安排上科学有序，确保规划目标的顺利实现。

2.明确部门职责任务

各部门要按照职责分工，将规划纲要确定的相关任务纳入本部门年度计划，明确责任人和进度要求，并及时将进展情况向市政府报告。建立重大项目责任制，对规划纲要中确定的重大项目和重大工程进行分解落实，确保重大项目和重大工程的实施。同时要进一步改进考核评价机制，确保规划目标的落实。

3.建立公众参与制度

做好规划及相关信息的公开和宣传工作，不断提高公众规划意识，在全社会形成共同参与规划实施和依规划办事的良好环境。认真听取本级人大、政协的意见，充分发挥人大、政协等法律监督与民主监督作用。

4.健全监督评估机制

在本规划实施的中期阶段，要对规划实施情况进行中期评估，形成中期评估报告，提交市人民代表大会常务委员会审议。经中期评估，若需要对本规划进行修订，市政府提出修订方案，提请市人民代表大会常务委员会批准实施。“十二五”规划实施期间，如遇国内外环境发生重大变化或其他重要原因导致实际运行与规划目标发生重大偏离时，市政府将适时提出调整方案，提请市人民代表大会常务委员会审议批准。

二、完善政策保障措施

1.财税金融政策

积极组织财政收入，优化财政支出结构，确保重大项目实施。财政资金优先向农村、农业、教育卫生、公共安全、科技创新、城乡公共建设、环境保护和整治等方面倾斜。进一步拓宽项目融资渠道，发展多种融资方式。积极发展各类产业基金、创业风险投资基金和信用担保基金，加快资本市场融资步伐。

2.产业发展政策

进一步强化传统产业提升、新兴产业培育、服务业提速、产业集聚和企业主辅分离中政府引导和支持的作用；对关系全局、重点领域和薄弱环节的重大项目，在投融资政策、项目用地、建设保障、行政事业性收费等方面予以倾斜；制定并严格实施产业结构调整指导目录，发布产业导向，引导投资方向，严格控制“两高一资”产业。同时，要提高土地的投资强度和产出效益，实现资源的集约利用。

3.环境控制政策

建立政府、企业、公众等多方面参与和推进的环境监管体系，加大对企业的环保压力和监管力度。严格执行环境影响评价制度和能耗、技术、质量、安全等标准，规范行业准入。淘汰浪费资源、污染环境的落后产能和工艺装备。

4.民生优先政策

实行积极的就业政策，实现社会就业更加充分、更加公平、更加稳定、更加体面；进一步完善最低生活保障制度，重点抓好农村最低生活保障工作；改革社会保障管理体制，完善社会救济、社会福利、社会优抚和社会互助等制度，构筑新型社会保障体系。

5.人才提升政策

加快形成人才优先的战略布局。创新完善以用人制度、流动制度、评价制度、分配制度、保障制度为主要内容的人才管理机制，加大财政对人才资源开发和利用的投入，以丰厚收益和广阔发展空间吸引国内外创业人才、经营管理人才和科技人才，以人才优势抢占未来发展的战略制高点。

三、深化体制机制改革

积极推进体制改革、机制创新，努力解决制度缺失和体制障碍等突出问题，形成保障和促进科学发展的体制机制。

1.推进行政审批制度改革

切实转变政府职能，创新政府管理模式，减少和规范行政审批，积极利用市场机制和法律法规进行管理。简化审批手续，规范审批行为，提高办事效率，完善市、镇、村三级联动的行政服务体系，建立覆盖全市的网上审批和电子监察系统。

2.推进社会事业改革

加快社会事业改革步伐，建立政府调控机制同社会管理协调机制互联、政府行政功能同社会自治功能互补、政府管理力量同社会调节力量互动的社会管理网络，形成对全社会进行有效覆盖和全面管理的体系。加快培育各类功能性社会组织，满足多样化的公共服务需求。巩固完善市、镇、村（社区）三级公共卫生服务体系，为群众提供安全、有效、方便、价廉的医疗卫生服务。

3.推进投融资体制改革

积极推行“代建制”，创新政府投资项目的约束机制。加强对政府类投资项目的管理，提高政府投资效益。加快基础设施建设市场化进程，鼓励社会资金、国外资金采取融资、合资、合作等多种形式，参与我市基础设施建设。加快医疗卫生事业、文化教育、体育广电等领域的投融资体制改革。积极有效地扩大直接融资，加大企业上市力度，扩大企业债券融资渠道。积极稳妥发展农村小额贷款、融资担保等市场主体建设。

4.推进农村综合配套改革

根据城乡一体化要求，继续推进户籍管理、土地使用、劳动就业、社会保障等城乡配套改革和农村村级集体经济股份制改革，加快全市城乡统筹规划的编制和实施进程，逐步消除城乡二元结构。稳步推进天目湖镇强镇扩权试点工作，探索机构设置综合、管理扁平高效、人员编制精干、运行机制灵活的基层政府新型管理架构。

此外，还要进一步推行考核评价体系等方面的改革，加强体制改革创新力度。（2011年3月29日）

附表1：溧阳市国民经济和社会发展“十二五”规划主要指标

表72

指标名称	单位	2000年实绩	2005年实绩	“十五”年均(±%)	2010年目标	“十一五”年均(±%)	2010年实绩	五年年均(±%)	完成度(%)	2015年目标	“十二五”年均(±%)	备注
国内生产总值	亿元	81.3	178.2	17	400	17.6	424.66	19.0	106.2	900	16.2	“十五”期末三次产业比重：8.7:55.8:35.5 2010年三次产业比重：7.1:57.5:35.4 “十二五”期末三次产业比重（规划）：4.1:53.9:42
其中：一产	亿元	12.1	15.6	5.2	20	5.1	30.18	14.1	150.9	37	4.2	
二产	亿元	40.4	99.4	19.7	228	18.1	244.03	19.7	107.0	485	14.7	
其中：工业	亿元	29.7	84.2	23.2	205	19.5	218.73	21.0	106.7	445	15.3	
建筑业	亿元	10.7	15.2	7.3	23	8.6	25.3	10.7	110.0	40	9.6	
三产	亿元	28.8	63.2	17	152	19.2	150.45	18.9	99.0	378	20.2	
农业总产值	亿元	22.1	28.6	5.3	36.5	5	54.57	13.8	149.5	70	5.1	
工业总产值	亿元	135.23	365.04	22			1035.2	23.2		2200	16.3	
工业产品销售收入	亿元	120.3	340	23.1	820	19.3	1008.2	24.3	122.9	2150	16.4	
全社会固定资产投资完成额	亿元	20.4	88.3	34	200	17.8	276.6	25.7	138.3	630	20.0	“十二五”累计2300亿元
其中：工业投入	亿元	7	63.8	55.6	160	20.2	212.31	27.2	132.7	500	20.8	“十二五”累计1800亿元
社会消费品零售总额	亿元	39.2	65.2	10.7	106	10.2	146.19	17.5	137.9	300	15.5	
自营出口额	万美元	5346	23606	34.6	88000	30.1	55980	18.9	63.6	150000	21.8	
新增工商登记注册外资	万美元	6257	36600	42.4			74112	15.2		200000	22.0	
实际利用外资	万美元	5021	10009	14.8	37000	29.9	35432	28.8	95.8	100000	23.1	“十二五”累计35亿美元
财政一般预算收入	亿元		9.11		22.7	20	29	26.1	127.8	66.5	18.1	
城镇居民人均可支配收入	亿元		14117				22912	10.2	116.5	37000	10.1	
农民人均纯收入	亿元	4012	5947	8.2	9580	10	11368	13.8	118.7	18500	10.2	

表 73

附表2：溧阳市“十二五”规划重大项目

项目名称	建设内容	实施主体
一、农业区域产业化项目		
1．天目湖现代农业产业园	天目湖镇行政区域内 8 个行政村。重点规划建设“一心、二带、五区”。 一心：以天目湖为中心； 二带：以241 省道为中心的高效农业种植带和以东园路为中心的休闲农业观光带。 五区：1、高效经济林果种植区：从241 省道小陈庄到平桥社平线，沿公路两侧，特色经济林果发展到3 万亩，其中新增1 万亩，以种植高效茶果为主。主要企业有：天目湖玉枝茶果场、天目湖玉莲珍稀茶果场、凌峰生态农业有限公司、天目神生态农业园、天目湖茶叶研究所等。 2、现代设施农业种植区：位于天目湖下游平原地块，总面积1.5 万多亩。规划以发展设施种植为主。主要企业有：苏台农业创业园、天目湖亳上草莓专业村、天目湖桂林设施农业基地等。 3、休闲观光农业示范区：以东园路为中心，从天目湖到江苏天目湖生态农业园，总长13 公里，两侧进行生态修复和环境美化，重点发展以农业观光、休闲、农家乐为主的现代观光农业。总面积2 万亩。 4、农产品加工贸易集中区：在溧戴路的一定区域内，建立农产品精深加工区，为科技研究成果就地产业化开发提供配套服务。 5、自然景观及生态保护区：天目湖上游原平桥青山、徐家园、梅岭一带。总面积近2 万亩	天目湖镇
2．曹山现代农业示范区	上兴镇曹山为核心区域，重点规划建设“一轴、两带、五区、一中心”。 一轴：即沿项目区中心建设一条贯穿南北、连接各区的主干道路，形成园区发展的中心轴； 两带：即沿中心轴向西为丘陵山区综合开发带，主要结合丘陵岗地的地形发展绿化苗木、果树、茶叶、休闲观光等；沿中心轴向东为现代高效设施农业带，主要根据平原地形发展大棚花卉、蔬菜、瓜果等； 五区：即生态休闲观光区，积极发展水果采摘、野外烧烤、登山观景等休闲项目，同时提升农业园区旅游接待条件；苗木花卉栽培区，扩大优质绿化苗木栽培面积，发展大棚花卉和优质露地草花生产；茶果经济林生产区，形成茶叶、水果生产区；大棚设蔬菜栽培区，利用曹山以东大片平缓地块发展连片大棚蔬菜；桂花特色产业区，延伸桂花开发的产业链，新建桂花盆景园、大规格桂花容器苗栽培区、桂花加工区等，挖掘桂花产业潜力。 一中心：即在上兴曹山路进口西侧与老明路边规划建立农产品交易中心，既便于运输交易，同时也起到了窗口展示的作用。 项目总面积5.2万亩，其中瓦屋山森林公园保护区8000亩，已开发面积2.2万亩，待开发面积2 万亩	上兴镇
3．现代畜牧业区域化建设	以全福牧业、竹箦鹅业等企业为中心，推进北山片区现代畜牧业区域化建设： 1、新建大规模养殖场；2、新建一座年产15 万套的种鸡场；3、新建屠宰生产线，屠宰30 万羽；4、扩建肉品加工厂工程；5、新建10000 吨冷藏库一座；6、新建第二条饲料加工生产线，增加产量15 万吨	竹箦镇
4．东环路万亩高效设施观光农业示范区	基地面积10000 亩，发展以有机农产品、观光休闲为一体的“都市农业圈”。	溧城镇
5．瓦屋山现代农业生态园		竹箦镇
二、工业特色产业化项目	瓦屋山现代农业综合开发	
1．输变电产业基地	围绕“智能电网”，做大做强输变电产业。 变压器行业：做大做强华朋集团，形成以华朋集团为龙头的变压器产业链。在巩固发展110KV 和220KV 变压器的同时拓展500KV 及以上直流输变电设备，研制超高压、大容量交直流及特种变压器。 电线电缆行业：做大做强上上电缆集团，形成以上上电缆集团为龙头的电缆产业链。重点发展重量轻、强度大、柔性强、抗疲劳、耐高温、耐腐蚀等一系列优良物理和化学性能的电线电缆以及特种、高电压、超高电压、大容量、大跨度电线电缆。 高低压开关柜（板）及电缆附件：以安靠集团为核心，引进国内外电缆附件和高低压开关柜企业，形成高低压开关柜及电缆附件产业链。重点发展高端化电缆附件、电器开关元件、GIS 封闭式组合开关柜以及智能化、小型化、超高压的高低压开关柜（板）。 绝缘材料行业：进一步发展绝缘材料企业，开发新型绝缘材料产品，并实现产业化、规模化	相关企业

续表73

项目名称	建设内容	实施主体
2．先进装备制造业基地	发挥全市机械装备业优势，大力发展工程机械、港口机械、车辆零部件、环保节能机械、大型铸锻件、特种车辆等先进装备制造产品，加强产业协作能力，形成产业集聚效应	相关企业
3．新型建材产业基地	推进新型干法水泥产能整合向高标、特种水泥发展，大力发展新型节能环保墙体材料、绝热隔音材料、防水材料和建筑密封材料、建筑涂料等产品；在传统钢铁、建材的基础上，引导发展高强度节能钢筋、350毫帕以上罗纹钢、高速线材等项目	相关企业
4．新材料产业基地	有机硅新材料基地：以有机硅为主导产业的新材料工业区。依托弘博新材料，重点发展有机硅单体，并以此为基础研究开发有机硅下游产品，完善产业链配套，将旧县建设成我市的有机硅产业园。 多元醇产业基地：以发展多元醇系列产品为重点的相关产业链。依托力强集团、瑞阳化工，重点发展规模大、污染轻的多元醇化工新材料项目及配套产业。 稀土新材料基地：顺应国家稀土战略调整，在巩固现有稀土初加工的基础上，发挥国内资源优势和国外技术优势，积极开展稀土产业链招商引资，依托罗地亚稀土，重点发展稀土磁性材料、稀土储氢合金材料、抛光粉、荧光粉、稀土催化剂、稀土合金等稀土新材料产品	相关企业
三、服务业重大项目		
1．江苏苏浙皖边界市场改扩建工程、市场集聚区建设工程	建设一村一品展销中心、建材交易中心、五金汽摩配交易中心、家具交易中心、农副产品交易中心等专业交易中心，苏浙皖边界市场物流综合服务中心，并配套建设物流和市场信息化服务平台	江苏苏浙皖边界市场有限公司等企业
2．物流园区项目	1、苏浙皖物流中心：提升一期功能，完善配套建设。 2、海格大唐物流园区：在104国道以南、溧戴路以东区域，主要建设：冷链物流中心、信息化服务中心、区域配送中心、零担配载快件中心、商品存储中心、综合配套及行政中心。 3、沿芜申运河建设溧阳港区溧城作业区千吨级码头，并依托作业区建设一个为开发区制造业配套服务的物流园区	溧城镇 江苏苏浙皖物流中心 深圳海格物流等企业
3．南山竹海景区提升改造项目	地面缆车、鸡鸣村、竹文化中心、球幕影院、悬索景观桥、游客中心、停车场等新建和改造项目，提升南山竹海旅游功能	天目湖旅游有限公司
4．天目湖景区提升改造项目	1、天目湖游客中心项目：百花广场综合改造。 2、山水园景观提升：精品山水品质提升，对原山水园湖里山区域进行整体改造。 3、山水主题公园：在天目湖大溪滨水休闲度假区区域建成集山水旅游、生态休闲、度假体验于一体的综合性主题公园	天目湖旅游有限公司、天目湖镇
5．瓦屋山AAAA级景区建设项目	建议内容：游客服务中心、神女湖大坝改造与景观提升、宝藏禅寺建设以及景区道路等基础设施建设等。	瓦屋山开发投资公司、竹箦镇
6．天目湖科创园项目	研发、孵化、培育、生产、商务等于一体的2．5产业园	天目湖镇
7．天目湖文化产业园项目	以天目湖生态农业示范园为基础，建成一个集酒店商务区、会展交易区、教育培训区、生态科技产业园区、文化创意产业园区、一村一品展销区、综合服务区、新农村示范区及4A级旅游区于一体的生态休闲文化创意产业园区	江苏天目湖生态农业有限公司
8．上黄长荡湖旅游开发（长荡湖生态湿地）项目	包括湖区生态修复、湿地绿化观光、美食街、度假宾馆、湿地科普基地、垂钓中心和通湖道路、停车场等配套设施	上黄镇
9．中华曙猿地质公园项目	以古动物化石、地质现象为主题的综合性生态公园，规划范围258240平方米，其中保护区面积179220平方米，建设用地控制区79020平方米	上黄镇
10．天福天目湖服务区项目	建设茶博园、观光茶园、茶叶及茶食品加工以及天目湖服务区商业服务设施	溧阳市天福观光茶园有限公司
四、基础设施及社会事业重大项目 （一）交通 1．铁路		
(1)淮扬镇溧铁路客运专线	镇江至溧阳城际铁路客运专线18公里。	交通运输局
(2)宁杭铁路客运专线	客运专线、39.4公里	交通运输局

续表73

项目名称	建设内容	实施主体
2.航道		
(3)芜申运河溧阳段	三级航道、47 公里	交通运输局
丹金溧漕河溧阳段	三级航道、17.4 公里	交通运输局
(4)高速公路及互通		
(5)溧阳至广德高速公路	高速四车道、22.3公里	交通运输局
(6)溧阳至芜湖高速公路	高速四车道、24 公里	交通运输局
(7)常州至溧阳高速公路	高速四车道、21 公里	交通运输局
(8)宁杭高速溧阳东互通	双喇叭新建	交通运输局
(9)宁杭高速溧阳南互通	双喇叭新建	交通运输局
(10)宁杭高速溧阳西互通	双喇叭新建	交通运输局
(11)溧广高速互通	建设南渡互通、周城互通、社渚互通	交通运输局
(12)常溧高速溧阳北互通	建设溧阳北互通、上黄互通、埭头互通	交通运输局
4.国省道干线公路		
(13)宁杭高速溧阳西互通连接线工程（西环线）	一级、8.11 公里	交通运输局
(14)省道241 溧阳城区段复线工程（东环线）	一级、21.5 公里	交通运输局
(15)S239 石街头经社渚至郎溪改造工程	一级、18.8 公里	交通运输局
(16)S265 线公路	二级、11.9 公里(宁杭高速溧阳西互通向北至金坛境内)	交通运输局
(17)S341 公路	二级、56 公里（上兴经上沛、汤桥、河口、社渚至S241 平桥延伸至横涧）	交通运输局
(18)S239 线溧阳石街头至昆仑转盘段工程	一级、16.3 公里	交通运输局
(19)S241 线昆仑转盘至金坛公路改造工程	一级、13 公里	交通运输局
5.港口建设		
(20)溧城西作业区	9 个1000 吨级泊位，4 个500 吨级泊位	交通运输局
6.市域交通		
(21)天目湖中心大道延伸至溧戴线公路工程	一级、4 公里	交通运输局
(22)天目湖环大溪水库公路工程	二级、28 公里	交通运输局
(23)竹箦至农场二级公路改造工程	二级、11 公里	交通运输局
(24)社渚至农场二级公路改造工程	二级 、4.7 公里	交通运输局
(25)黄岗岭至南山竹海二期（改线段）工程	二级 、3.6 公里	交通运输局
(26)平桥经金山里至黄岗岭工程	二级、6 公里	交通运输局
(27)上姚竹箦线改造工程	二级 、8 公里	交通运输局
(28)竹箦镇至瓦屋山车站	二级 、3.5 公里	交通运输局
(29)上兴镇至瓦屋山车站	二级 、1.5 公里	交通运输局
(30)瓦屋山站至瓦屋山风景区	二级 、6 公里	交通运输局
(31)危旧农桥改造		交通运输局
(32)农村公路建设		交通运输局
(33)交通综合体	建筑面积3 万平方米，集长途汽车站、公交首末站、公交—公交换乘、社会停车场等功能于一体	交通运输局
（二）水利		
1.小型排灌泵站新建及改造	小型排灌泵站新建及改造281 座，其中灌排结合站163 座、排涝站35 座、进水涵洞83 座	各有关镇政府
2.戴埠河整治工程	河道整治、清淤11.5km，清障、清淤23 万方，新建提防、护岸19.5km。	有关单位
3.城市防洪工程	“一河七闸”城市防洪	市水利局
4.城乡污水管网工程	市镇污水工程	市水利局

续表73

项目名称	建设内容	实施主体
5．溧城镇内部排水片及圩区治理	圩区排涝站增容改造及河道整治（增容54.28立方米美秒）。	市水利局
6．溧城镇主要河道整治	丹金溧漕河、南河、竹箦河城区段及北环河、茶亭河、湾溪河整治。	市水源办
7．溧城镇山洪防治工程	鸡笼山、凤凰山撇洪沟及西山河、刘家河整治等。	市水利局
8．流域入湖河道综合整治	流域内河道	市水利局
9．水库清淤	湖底清淤	市水源办
10．退耕还林、退渔还湖扩面	两湖沿湖范围内300米内和第一山脊内	市水源办
（三）供电		
1.500kV溧阳变	新建500kV溧阳变，规划近期设置两台主变，主变容量1000MVA	供电公司
2.城区新建220kV 东郊变、余桥变、梅园变	近期均设置两台主变，主变容量240MVA	供电公司
3.市域新建220kV 后周变、埊口变	近期均设置两台主变，主变容量分别为240MVA和180MVA	供电公司
4.110kV变电所	城区规划新建4座110kV变电所：长阳变、天目湖变、城南变。市域新建7座110kV变电所：别桥变、社渚变、果园变、古渎变、社农变、竹农变、大溪变。近期设置一～两台主变，主变容量50MVA。	供电公司
5.220kV溧阳变增容	更换一台主变180MVA	供电公司
6.220kV旧县变增容	更换一台主变180MVA	供电公司
（四）市政		
1．凤凰路东延伸	经五路至东环路960M*36M路基路面人行道交通设施等	住建委
2．南环路东延伸	吕家村至东环路640M*40M路基路面人行道交通设施等	住建委
3．码头街延伸	清溪路至清泓路804M*40M桥梁道路下水等	住建委
4．清泓路延伸	建设路至南河1748M*40M桥梁道路下水等	住建委
5．奥体大道南延	104国道至天目湖1350M*30M路基路面人行道交通设施等	住建委、天目湖镇
6．西大街改造	平陵中路至东风桥960M*30M老路改造	住建委
7．南环路改造	昆仑南路至清溪路2100*15水泥砼路面改沥青路面	住建委
8．南大街改造、延伸	平陵中路至天目湖工业园商住区1000*15水泥砼路面改沥青路面；2500M ×60M，道路路基、路面、下水、路灯、交通安全设施及绿化等；900M*40M下穿高速	住建委、重大办、天目湖镇
9．燕山中路改造、燕山南路南延	南环路天目湖工业园商住区1200*15水泥砼路面改沥青路面；500M ×60M，道路路基、路面、下水、路灯、交通安全设施及绿化等；700M*60M上跨高速	住建委、重大办、天目湖镇
10．站前路	4464M ×60M，道路路基、路面、下水、路灯、交通安全设施及绿化等	重大办
11．罗庄路延伸	1700M ×56M，道路路基、路面、下水、路灯、交通安全设施及绿化等	重大办
12．育才路延伸	500M ×30M，道路路基、路面、下水、路灯、交通安全设施及绿化等	重大办
13．锦绣路延伸	1535M ×44M，道路路基、路面、下水、路灯、交通安全设施及绿化等	重大办
14．春晖路	1700M ×24M，道路路基、路面、下水、路灯、交通安全设施及绿化等	重大办
15．燕鸣南路	3000M ×30M，道路路基、路面、下水、路灯、交通安全设施及绿化等	重大办
16．燕鸣北路	2300M ×30M，道路路基、路面、下水、路灯、交通安全设施及绿化等	重大办
17．茶亭河、罗庄河改造	建筑面积720M²，绿地、广场铺装、景观小品、水电、停车场、驳岸等	重大办
18．燕湖公园	建筑面积9379M²，商业用房、人造沙滩、滨水栈道、园路、广场铺装、景观小品、驳岸等	重大办
19．垃圾焚烧发电		城管局
20．填埋场一期三区及二期建设	扩建	城管局
21．数字城管		城管局
22．中心水厂	在天目湖镇规划用地150亩，异地新建25万吨／日供水水厂1座，一期工程设计供水能力15万吨／日	水利局
23．市第二污水处理厂二期工程	新建市第二污水处理厂二期工程，增加日污水处理能力4万吨，配套管网99km	水利局
24．天然气门站及输气管道建设	门站、85公里管道	安顺公司
（五）社会事业		
1．市全民健身中心（游泳馆等）	市全民健身中心游泳馆、田径场、看台、比赛用房	文广体局
2．传媒大厦	传媒大厦	广播电视台
3．农村数字电视整体转换	网络建设	广播电视台
4．有线电视网络改造	网络改造	广播电视台

续表73

项目名称	建设内容	实施主体
5．学校改建、扩建、新建	改扩建城南小学、职教三期、文化小学、市三中	教育局
6．校舍安全工程	加固改造，提升校舍抗震级别	教育局
7．老年福利院		民政局
8．“思亲苑”项目	西山公墓殡仪馆外迁、骨灰堂新建	民政局
9．二级甲等医院建设	新市级医院建设	卫生局
10．溧阳市博物馆		文广体局
11．溧阳市科技馆		科协
12．溧阳市档案馆新馆		档案局
13．溧阳书城		文广体局
14．溧阳大剧院		文广体局
15．宝塔湾遗址公园		文广体局

溧阳市中长期人才发展规划纲要（2011～2020年）

溧委发〔2011〕45号

人才是经济社会发展的第一资源。市委、市政府历来高度重视人才工作，确立了“4+1”综合开发战略，把服务科学发展、实现“两个率先”作为人才工作的根本出发点和落脚点。在创新人才工作体制机制、加大人才资源开发投入力度、构建创新创业载体、大力引进海内外领军型创新创业人才、营造更加透明、开放和富有成效的人才政策和环境等方面不断取得突破，推动了人才优势向产业优势转化，促进了人才工作和经济社会发展的良性互动，逐步实现人才由适应发展向引领发展转变。但是，也必须清醒地认识到，现有人才队伍的总量、层次、结构与溧阳经济社会发展的要求差距较大；人才工作的机制体制还不够完善；企业在人才资源开发中的主体作用尚未充分发挥；人才对推动发展方式转变的作用不尽明显，缺少引领产业创新的战略型、领军型人才；全市的人才意识、人才观念有待增强。

未来十年，是溧阳加快经济转型升级、实现“绿色崛起，跨越发展”，率先基本实现现代化的关键阶段。未来十年，必须坚持把人才强市战略作为溧阳经济社会发展的主体战略，把人才队伍建设作为强市之基、竞争之本、转型之要，摆到特别突出的位置，科学规划、不断创新、加大投入、重点突破、整体推进，大力集聚高素质人才，大力推进创新创业，大力发展创新型经济，抢占新一轮发展制高点，以人才优先发展引领溧阳经济社会又好又快发展。

一、指导思想、基本原则和战略目标

（一）指导思想

高举中国特色社会主义伟大旗帜，以邓小平理论和“三个代表”重要思想为指导，深入贯彻落实科学发展观，以更加开放的胸襟和气魄，开发利用好市内外人才资源。坚持党管人才原则，以高层次创新创业人才为重点，统筹各类人才队伍建设，推动人才发展由物力资本优先积累向人力资本优先集聚转变、政府主导向多元开发转变、总量扩张向量质并举和结构优化转变、政策引导向环境凝聚转变，深入实施人才资源开发战略，实现人才强市目标，为溧阳率先发展、科学发展、和谐发展提供强有力的人才保证和广泛的智力支持。

（二）基本原则

人才优先，引领发展。把服务并引领率先发展、科学发展、和谐发展作为人才工作的根本出发点和落脚点，确立在经济社会发展中人才优先发展的战略布局，坚持人才资源优先开发、人才结构优先调整、人才投资优先保证、人才制度优先创新，以人才优先发展引领溧阳经济社会又好又快发展。

以用为本，优化结构。把用好用活人才、充分发挥人才作用作为人才工作的根本任务，坚持事业留人、感情留人、待遇留人，积极为各类人才创新创业搭建平台，引导和鼓励各类人才向经济发展一线集聚，使人才的劳动和创造得到充分尊重、价值得到充分体现，加快人才结构战略性调整，促进人才结构与经济社会发展相协调，让人才的创新智慧竞相迸发。

突出重点，整体推进。以培养造就高层次创新创业人才和我市经济社会发展急需紧缺人才为重点，统筹全社会力量，不断加大各类人才队伍建设力度，实现各类人才队伍协调发展，切实改善人才结构，提高人才素质，提升人才竞争力，使之与经济社会发展相协调。

创新机制，形成合力。把深化改革作为推动人才发展的根本动力，切实加大改革创新力度，采取有力措施，充分调动全社会人才开发的积极性，健全政府引导、用人单位主导、社会共同开发的多元投入机制，整合各方资源和力量，形成整体推动人才工作的强大合力。

优化环境，激发活力。着力打造有利于人才发挥作用的政策环境、工作环境、学术环境、社会环境、文化环境和生活环境，完善激励机制和保障机制，最大限度地激发人才的创造活力，吸引更多的人才到溧阳发展、更多的创新成果到溧阳转化，努力使溧阳成为各类优秀人才创新创业的首选地。

（三）战略目标

到2020年，我市人才的总体目标是：培养造就规模较大，结构优化、布局合理、素质优良的人才队伍，确立人才竞争的比较优势，推动“绿色崛起，跨越发展”，为溧阳全面实现“两个率先”奠定人才基础。具体指标如下：

——规模不断壮大。人才资源总量达16.14万人，年均增长7%左右，专业技术人才总量超过10.8万人，高技能人才总量达2.8万人。

——结构更趋合理。重点发展的新兴产业领域高层次、高技能人才实现“双倍增”目标；高层次人才数占人才资源总量的比例达6%，高技能人才数占技能劳动者总量的比例达35%，区域人才布局更趋优化。

——环境逐步优化。建立健全符合各类人才特点、有利于促进人才全面发展的人才开发制度体系，营造创新活力强、创业成本低、服务效能优、人居条件佳的人才环境；全市人力资本投资占GDP的比例达18%；各类科技平台规模保持同类城市领先水平。

——效能明显增强。人才对经济社会发展的促进作用明显增强，人才贡献率达50%；自主创新能力显著增强，形成一批具有核心技术的高新技术产业群；城市综合竞争力得到进一步增强。

表74 人才发展主要指标

指标	单位	溧阳		常州		江苏		国家	
		2015年	2020年	2015年	2020年	2015年	2020年	2015年	2020年
人才资源总量	万人	11.56	16.14	100	130	1100	1300	15625	18025
每万劳动力中研发人员	人年／万人	54	60	54	60	50	55	33	43
高技能人才占技能劳动者比例	%	32	35	32	35	30	32	27	28
主要劳动年龄人口受过高等教育的比例	%	24	30	24	30	21	26	15	20
人力资本投资占GDP的比例	%	16	18	16	18	15	17	13	15
人才贡献率	%	45	50	45	50	43	48	32	35

注：人才贡献率数据为区间年均值，其中2015年数据为2008～2015年的平均值，2020年数据为2008～2020年的平均值。

二、人才队伍建设重点和主要任务

（一）突出培养造就高层次创新创业人才

紧紧围绕发展创新型经济的需要，以领军型创新创业人才和团队为重点，培养造就一批能够突破关键技术、具有自主知识产权的创新型科技人才和依靠核心技术自主创业的科技企业家，建设较大规模的高层次创新创业人才队伍。到2020年，全市高层次创新创业人才总量超过1000人，其中领军型创新创业人才总量超过200人。

主要举措：创新人才培养模式，建立学校教育和实践锻炼相结合、国内培养和国际交流合作培养相结合的开放式培养体系。大力实施“创业创新领军人才计划”，切实加大高层次创新创业人才引进和资助力度。加强“科技创新团队”的引进和建设，重点支持海（境）内外领军型科技创新团队。深化产学研合作，重视发挥企业引才用才的主体作用，建设一批高层次人才创新创业基地，推动创新型科技人才向企业集聚和依靠核心技术自主创业。

（二）大力开发新兴产业领域急需紧缺人才

适应构建现代产业体系的需要，加大新兴产业领域急需紧缺人才开发力度。到2020年，在新能源、新材料、生物技术和新医药、节能环保、软件和服务外包、物联网等新兴产业领域培养开发急需紧缺人才1万人。新兴产业领域各类专业人才数量充足，整体素质和创新能力显著提升，人才结构明显优化。

主要举措：加强新兴产业领域人才发展统筹规划和分类指导，开展人才需求预测，定期发布急需紧缺人才专业目录。组织实施“创新型科技人才计划”和“重点产业紧缺人才计划”，引导和鼓励高校、科研院所和海（境）外高层次人才向新兴产业领域集聚；大规模开展新兴产业领域专门人才知识更新培训；加强与省内外相关产业领域的合作开发，建设一批产业化基地，引进和培养新兴产业领域发展急需紧缺人才。

（三）全面加强人才队伍建设

1.党政人才队伍。按照加强党的执政能力建设和先进性建设的要求，以提高领导水平和执政能力为核心，建设一支眼界宽善谋大势、思路宽善于创新、胸襟宽善聚人心的高素质党政人才队伍。到2020年，总量相对稳定，结构更加合理，专业化水平明显提高，全市党政人才大学本科及以上学历达95%。

主要举措：适应科学发展要求和干部成长规律，组织实施“党政人才能力提升工程”，构建理论教育、知识教育、党性教育和实践锻炼“四位一体”的干部培养教育体系，开展大规模干部教育培训。加强年轻干部、女干部、非中共党员干部的培养选拔和教育培训工作。坚持德才兼备、以德为先用人标准，树立坚定信念、注重品行、科学发展、崇尚实干、重视基层、鼓励创新、群众公认的用人导向，完善差额选拔等竞争性选拔干部方式，构建科学的党政人才实绩考评体系。

2.企业经营管理人才队伍。顺应经济一体化的要求，以提高现代经营管理水平和企业市场竞争力为核心，以企业家和职业经理人为重点，加快推进企业经营管理人才职业化、市场化和现代化，培养造就一批熟悉国际惯例、具有战略眼光、市场驾驭能力强的高素质企业家队伍。到2020年，企业经营管理人才总量达2万人。

主要举措：实施“企业经营管理人才计划”，依托知名跨国公司、国内外高水平大学和其他培训机构，加强企业经营管理人才培训。每年重点支持5名企业经营管理领军人才赴境外培训，50名企业经营管理团队核心人才参加国内著名高校专题研修，200名企业经营管理技术人才参加本地业务能力培训。完善以市场和出资人认可为核心的企业经营管理人才评价体系，建立社会化的职业经理人资质评价制度。

3.专业技术人才队伍。适应推动经济社会又好又快发展需要，以培养具有副高级以上职称或硕士以上学位的专业技术人才为重点，以提高科技创新能力和弘扬科学精神为核心，加大专业技术人才培养工作力度，造就一批在国内外具有较大影响的高级专家，打造一支规模宏大、素质优良、结构合理的专业技术人才队伍。到2020年，专业技术人才总量超过10.8万人。

主要举措：对接省“333”、常州市“831”人才培养工程，实施新一轮溧阳市“2356人才培养工程”。组织实施“专业技术人才创新能力提升工程”，着力打造一支能够加快企业科技进步、增强企业核心竞争力的科技人才队伍。实施专业技术人才知识更新工程，以提升创新能力和更新知识为主要目的，以重点行业领域的中高级人才培训为重点，开展大规模的继续教育活动，提高专业技术人才的科技创新与应用能力。深入推进“大学生立业计划”和“智力返乡工程”，大力引进高校毕业生。鼓励企业与高等院校和科研院所共同培养高层次工程技术人才。统筹推进专业技术职称和职业资格制度改革，改进专业技术人才收入分配等激励办法。

4.高技能人才队伍。适应建设先进制造业高地的要求，以提升职业素质和专业技能为核心，以技师和高级技师为重点，努力建设一支数量充足、门类齐全、梯次合理、技艺精湛的高技能人才队伍。到2020年，高技能人才总量达2.8万人，占技能劳动者总量的比例达35%。

主要举措：完善以企业为主体、职业院校为基础，学校教育与企业培养、政府推动与社会支持相结合的高技能人才培养体系。依托大型骨干企业、职教中心，建设高技能人才培养基地、公共实训基地。组织实施“高技能人才工程”，推进“技师工作室”建设，开展名师带徒活动，通过首席技师带出一批高技能人才。大力开展技术攻关、技能竞赛、创新创效等活动，促进岗位成才；大力推进“企业高技能人才计划”，每年面向企业培养1000名高技能人才，通过校企合作培养产业急需青年高技能人才200名。完善高技能人才评选表彰制度，进一步提升高技能人才的经济待遇和社会地位。

5.农村实用人才队伍。适应社会主义新农村建设需要，以提高科技素质、职业技能、经营能力为核心，以农村实用人才带头人和农村生产经营型人才为重点，培育一支服务农村经济社会发展、数量充足的农村实用人才队伍。到2020年，农村实用人才总量达1.5万人，每个行政村至少有10名示范带动能力较强的带头人。

主要举措：组织实施“农村实用人才致富创业能力提升工程”，充分发挥农村中小学校、职业学校、成人学校和农村党员干部现代远程教育系统等教育培训资源的主渠道作用，大规模开展农村实用人才培训。鼓励并支持农村实用人才带头人牵头建立专业合作组织和农业企业。在创业培训、项目审批、信贷发放、土地使用等方面制定优惠政策，积极扶持农村实用人才创业兴业。开展镇村优秀科技人才评选表彰活动，加大对农村实用人才的表彰激励和宣传力度，提高农村实用人才的社会地位。

6.社会工作人才队伍。围绕构建社会主义和谐社会的目标，以人才培训和岗位开发为基础，以培养中高级社会工作人才为重点，培养造就一支职业化、专业化的社会工作人才队伍。到2020年，社会工作人才总量达1000人。

主要举措：开展社会工作人才队伍现状调查，明确社会工作人才范畴，加强社会工作人才队伍建设，设立社会工作人才队伍建设专项资金，扶持民办社工机构发展，加大政府购买服务和岗位开发力度，落实薪酬待遇，完善激励措施。加快构建不同学历层次教育协调配套、专业培训和知识普及有机结合的社会工作人才培养体系。建设社会工作培训基地，加强社会工作从业人员专业知识培训，制定社会工作培训质量评估指标体系。

三、重点人才工程

（一）“双创”人才集聚工程

重点围绕发展新兴产业和提升传统产业的战略目标，大力引进一批能够突破关键核心技术、培育发展战略目标产品、支撑引领高新产业发展的高层次创新创业人才。到2020年，全市引进1000名高层次创新创业人才。重点支持一些能够突破核心技术、实现产业技术跨越的领军型创新创业人才和科技创新团队。

（二）产学研人才工程

深化与国内科研院所和高校的产学研战略合作机制，依托行业骨干企业，建立产学研合作长效机制；围绕新兴产业发展，开展建设性合作，初步形成产业技术创新合作联盟。到2020年，引进培养科技人才5000名，建设80个“两站三中心”，集聚3000名高层次产学研人才来溧阳服务。

（三）青年人才储备工程

着眼于提升溧阳未来人才竞争优势，对全市经济社会各领域具有培养潜质的青年人才进行提升性培养和战略性开发。每年从各行业领域选拔一批青年拔尖人才，采取脱产培训、学术交流、项目资助、结对培养等举措，进行重点培养扶持。到2020年，培养100名在各领域具有较高水平、取得显著成果和突出业绩，并能推动地区和行业发展的青年人才。

（四）新兴产业人才工程

制定优惠政策，吸引和扶持高校、科研院所和国内外高层次人才向新兴产业领域集聚。建立一批企业技术中心、工程中心、工程技术研究中心，引进和培养新兴产业发展急需紧缺人才。到2020年，我市重点发展的新能源、新材料、生物技术和新医药、节能环保和物联网等新兴产业领域的高层次专业人才新增1000名。

（五）企业经营管理人才竞争能力提升工程

以提高战略开拓能力和现代经营管理水平为核心，以青年企业家为重点，加快培养造就一批熟悉国际惯例、具有战略眼光、市场驾驭能力强的高素质企业家队伍。制定和完善各类企业经营管理人才培训计划，分级分层分类开展企业经营管理人才培训，鼓励企业经营管理人才到高等院校攻读工商管理硕士学位；在浙江大学等著名高校建立培训基地，每年选送10名左右企业副总以上的高级经营管理人才参加高级总裁班学习；重点突出培养青年企业家，开设EMBA课程班，每年培训50名规模以上企业的青年创业人才；每年举办2至3期的高级专家教授专场讲座，组织企业中层以上经营管理人才参加，开阔视野，增长见识，提高本领。

（六）高技能人才工程

大力实施"新技师培养倍增计划"。建立面向全体劳动者的职业培训制度，强化科教统筹、科教合作，加快建立现代企业职工培训制度和高技能人才校企合作培训制度。充分发挥企业培养高技能人才的主体作用，完善培养制度，有计划地培训高技能人才；开展技术攻关、技能竞赛、创新创效等活动，促进岗位成才；开展名师带徒活动，通过名师带出一批高技能人才。完善高技能人才评价体系，积极探索技能要素参与分配的有效形式和办法，充分激发广大高技能人才的积极性。到2020年，全市建成20个"技师工作室"，高级工、技师、高级技师达2.8万人。

（七）现代农业人才工程

围绕园艺业、养殖业、休闲观光农业三大特色产业集群建设，着眼于提高农业科技创新能力，加快发展现代农业。大力加强科技示范基地和优质农产品示范园建设，通过科技示范和成果展示，引导农民自觉学习运用先进实用技术。积极开展农业实用技术交流活动，鼓励农业技术骨干、科技示范户、种养能手开办农家课堂，进行现场技术指导。到2020年，引进和培育20个现代农业科技创新团队，培养1万名持有涉农专业学历教育毕业证书或农业岗位技能鉴定证书的农村实用人才；培育800名现代农业技术推广人才，800名农业产业化龙头企业负责人、农民专业合作组织带头人、农村经纪人等经营服务人才。

四、制度创新和政策取向

（一）深化人才管理体制改革

1.坚持党管人才领导体制。坚持党管人才原则，健全人才工作领导机构，完善科学的人才工作决策机制、运行机制、协调机制和督查机制，加强人才工作队伍建设，增强人才工作的整体合力。加强人才工作的宏观指导，建立党委、政府"一把手"抓"第一资源"的目标责任制，把人才发展主要指标纳入全市经济社会发展总体规划，把人力资本投资作为经济社会发展的重要考核指标。完善市委、市政府领导联系优秀人才制度，实行重大决策专家咨询制度。完善党委组织部门牵头抓总职责，发挥政府人力资源管理部门作用，强化各职能部门人才工作职责，充分调动各人民团体、企事业单位、社会中介组织的积极性，动员和组织全社会力量，形成人才工作整体合力。

2.改进人才管理方式。围绕用好用活人才，完善政府宏观管理、市场有效配置、单位自主用人、人才自主择业的人才管理体制，逐步建立与国际接轨的人才资源开发机制。积极探索人才政策创新举措，完善工作机制，加快政府人才行政管理职能向培育创新创业平台、激发企业主体作用、营造人才发展环境、提供优质高效服务转变，建成规范有序、公开透明、便捷高效的人才公共服务体系。深化事业单位人事制度改革，扩大和落实单位用人自主权，发挥用人单位在人才引进、培养和使用中的主体作用。形成政府调控引导、市场配置资源、用人单位依法自主管理的人才资源开发良性发展局面。

3.推进人才工作制度化进程。坚持用制度保障人才，完善人才制度管理体系，形成有利于人才全面发展的制度环境。围绕国家、省、常州市有关人才政策法规，结合溧阳实际，制定完善人才培养、引进、使用、评价、激励等人才资源开发管理各个环节的人才政策制度。认真贯彻各项人才法律法规，加大人才法规执行力度；严格执行各项人才政策制度，兑现各项人才优惠政策，切实保护人才和用人主体的合法权益。

（二）完善人才引进机制

1.需求发布机制。大力开展全市人才现状调研，加强高层次人才需求预测，逐步构建起企业、行业（协会）、人才中介服务组织与政府主管部门之间畅通、便捷的人才供需信息共享平台。围绕重点发展新兴产业、现代服务业和提升产业层次延伸产业链对高层次、高技能人才的需求，建立紧缺人才需求目录发布制度，并针对重点骨干企业建立紧缺人才引进"绿色通道"，从而进一步引导人才引进、培养和使用，增强人才工作的实效性。

2.推介对接机制。整合现有人才网站，建立覆盖全市集环境介绍、需求发布、个人求职、人才测评、职业论坛等功能于一体的在线人才招聘网络系统。充分利用各类人才项目成果交易会、科技对接会、中高端人才交流会、人才招聘会等交流平台，积极对外推介人才政策，公布重点行业、重点单位、重点项目的人才需求，实现人才供需顺畅对接。在国内主要城市和发达国家、地区建立引才工作网络，吸引高层次人才来溧阳创新创业。加大走出去招人才、请进来引人才的力度，提高人才工作的实效。建立高端人才供需数据库和人才猎头激励制度，完善行业定向引才机制。

3.柔性引进机制。不断拓宽人才引进渠道，提倡人才和智力的"柔性"引进，鼓励各类人才通过兼职、咨询、科研活动、讲学、技术合作、技术入股、投资办企业、结对挂靠等多种形式来溧阳创新创业；鼓励用人单位采取岗位聘用、项目聘用、任务聘用、项目交流等方式，灵活引进优秀人才和智力；鼓励企业在外设立研发机构，拓展柔性人才引进。大力开展国际项目合作，实现外国专家、留学人才、科技项目与我市需求项目的有效对接，提高海（境）外人才资源开发的针对性和有效性。

（三）创新人才发展机制

1.人才培养开发机制。优先发展教育事业，优化整合现有教育资源，大力推进素质教育，完善教育教学质量考评体系，强化教育在人才培养上的基础性作用。注重在实践中培养造就人才，构建人才培养目标与阶段性经济社会发展目标相适应、人才知识结构与产业结构升级相协调的人才培养开发机制。加强继续教育统筹规划，整合各类培训资源，完善继续教育配套政策。建立以重大人才工程为引领、行业人才工程为支撑、社会力量广泛参与的高端人才培养体系。加大政府对人才教育培训的投入，完善政府、单位和个人共担的人才培养投入机制。

2．人才评价发现机制。建立以岗位职责为基础，以品德、能力、业绩为导向，科学化、社会化的人才评价发现机制。建立体现各类人才特点的能力素质指标体系，推行党政人才群众认可、企业经营管理人才市场和出资人认可、专业技术人才和技能人才社会和业内认可的评价方法。发挥用人单位评价主体作用，大力发展专业化、社会化的人才评价组织。开发应用现代人才测评技术，提高人才评价的科学化水平。探索建立在重大科研、工程项目实施和急难险重工作中发现、识别人才的机制。建立健全社会化举才荐才机制。

3．人才选拔使用机制。坚持以用为本，按照民主、公开、竞争、择优原则，改革各类人才选拔使用方式，科学合理使用人才，促进人岗相适、用当其时、人尽其才，形成有利于各类人才脱颖而出、充分施展才能的选人用人机制。深化党政人才选拔任用制度改革，采用多种方式扩大党政领导干部选拔范围，推行党政机关专业技术岗位聘任制，建立党政人才正常退出机制。分类推进事业单位人事制度改革，完善事业单位岗位公开招聘、竞聘上岗和合同管理制度。健全企业经营管理人才市场化选聘机制。

4．人才流动配置机制。根据社会主义市场经济体制的要求，推进统一规范的人力资源市场体系建设，建立政府宏观调控、市场主体公平竞争、中介组织提供服务相配套的人才流动配置机制。落实党政人才、企业经营管理人才、专业技术人才交流融通的政策措施。健全人才的市场配置机制，引导人才合理有序流动。积极参与长三角人才资源共享体系的构建，实行城市互联、发展互动、证书互认，形成统一的人才流动制度框架。

5．人才激励保障机制。完善分配、激励、保障制度，建立健全与社会主义市场经济体制相适应、与工作业绩紧密联系、充分体现人才价值、鼓励人才创新创业的激励保障机制。鼓励企业建立产权激励制度，制定技术、管理等生产要素按贡献参与分配的办法。完善事业单位岗位绩效工资制度。积极倡导企业推广实施高层次人才、高技能人才年薪制、协议工资制和项目工资制等多种分配方式。对承担国家重点工程、涉及国家秘密和企业核心技术或商业秘密的人才权益依法实行保护。建立人才补充保险制度，设立人才社会保障基金，建立重要人才政府投保制度。

（四）重大政策

1．人才投入优先保证政策。不断增加人才开发投入，不断提高人才支出占财政支出比例，确保教育、科技支出增幅高于财政经常性收入增长幅度。逐步改善经济社会发展的要素投入结构，不断提高人力资本投资占GDP比重。设立人才发展专项资金，按照人才发展需要，全额纳入财政预算，用于人才引进、培养、使用和奖励等。积极利用财政税收和金融信贷政策，鼓励企业和社会组织建立人才发展资金，多形式投资人才资源开发，逐步建立政府引导、企业主体、社会参与的人才投入体系，加强人才投入产出效益评估，提高人才资金的使用效率。

2．产学研合作培养人才政策。建立以企业为主体的产学研战略联盟，支持和鼓励企业与高等院校、科研院所共建研究机构，促进高新科技成果转化及产业化。引导高层次人才到企业创新创业，对到企业工作的高层次人才由财政给予一定的资助奖励。按国家相关规定，对产学研结合的科技成果转化运用、接纳各类院校学生实习锻炼的企业实行财税优惠。鼓励支持企业在高校、科研院所设立人才基金，建立研发机构。

3．人才创新创业政策。进一步加大人才创新创业财政投入力度，整合科技计划项目资金、成果转化专项资金、中小企业扶持资金，重点支持符合全市产业发展方向、具有自主知识产权项目和技术的领军型人才创新创业。建立健全人才发展金融体系，推动知识资本和金融资本的深度融合。促进知识产权质押融资、创业贷款等业务的规范发展，完善知识产权、技术等作为资本参股的措施，积极运用税收、贴息贷款等优惠政策，支持和鼓励高层次人才领办和创办科技型企业。大力培育创投风投企业和担保公司，加快发展各类创投机构，为高层次人才创新创业提供投融资服务。按上级规定，对科技人才创业项目实行税收优惠政策，将科技创新产品优先列入政府采购目录，同等条件下优先获得政府采购合同。

4．人才创新创业服务平台建设政策。依托两大开发区和重点企业建立科技研发机构和科技企业孵化器，着力打造技术公共服务、技术成果交易、创新创业融资服务和社会化人才服务“四大平台”。加强省级科技创业中心建设，提升科技孵化和项目承载功能。围绕我市发展的重点产业，加快企业创新载体建设，大力引进国家级科研院所、重点实验室、企业技术中心和工程技术研究中心，扎实推进企业院士工作站、博士后工作站和研究生工作站建设，积极引导企业增加研发投入，全力支持企业建设研发平台。

5．促进人才发展的公共服务政策。提升人力资源市场人才服务的层次和水平，完善人才信息发布机制，大力推进人事代理，发展人才素质测评、择业指导、职业培训等新型人才中介服务。加强镇区人才服务平台建设，合理设置服务功能，科学编制工作流程，建立健全跟踪服务机制。建立溧阳市人才服务中心，开通溧阳人才服务热线，努力为高层次人才创新创业提供功能齐全、水平专业、标准规范的一站式服务。健全高层次人才在医疗、交通、子女入学等方面的优惠政策，完善引进高层次人才绿卡制度，建立高层次人才联谊会。支持人才公共服务产品开发，加强对公共服务产品的标准化管理。建立完善政府主导、市场和社会广泛参与的人才开发公共服务体系，实现人才公共服务投入多元化。

6．人才表彰奖励激励政策。规范调整人才奖项设置，完善各类人才表彰奖励制度，坚持精神奖励和物质奖励相结合，健全以政府奖励为导向、用人单位和社会组织奖励为主体的人才奖励体系。组织开展每两年一次的“溧阳市杰出人才奖”、“溧阳市专业技术拔尖人才”评先表彰活动，设立溧阳市创业创新人才奖、优秀引才工作奖，奖励在技术、研发、管理创新等方面作出突出贡献的创业创新人才和引育高层次创业创新人才方面成效显著的企业，进一步在全社会形成“尊重劳动、尊重知识、尊重人才、尊重创造”的浓厚氛围。

五、组织实施

（一）加强组织领导，明确责任分工。市人才工作领导小组负责规划纲要的组织实施、统筹协调和宏观指导。制定规划纲要落实的实施细则和重大人才工程的实施办法，分解细化规划纲要确定的各项目标任务，切实抓好规划纲要的贯彻落实。各部门按照责任分工，制定详细的贯彻落实计划，确保规划纲要各项目标任务落到实处。

（二）完善规划体系，制定配套措施。各镇（区）、各部门要根据经济社会发展目标，结合本规划纲要，编制本部门本单位的人才发展规划，注重与本规划纲要的配套衔接，突出本部门本单位人才发展重点，形成上下衔接、左右协调的全市人才发展规划体系。

（三）实施动态监控，强化督查考核。开展人才工作战略性研究，强化人才统计工作，完善人才信息网络和数据库，建立健全人才资源统计信息发布制度。制定规划纲要实施情况监控指标体系，组织开展中期评估，适时进行动态调整，建立规划纲要实施情况定期报告制度和考核制度，确保规划纲要有效实施。

（2011年5月21日）

关于实施农业现代化工程的意见

溧委发〔2011〕65号

为认真贯彻落实省委、省政府《关于实施农业现代化工程的意见》（苏发〔2011〕13号）精神，加快推进农业现代化建设，促进全市经济社会全面发展，现就我市实施农业现代化工程提出如下意见。

一、指导思想

深入贯彻落实科学发展观，紧紧围绕农业转型升级和促进农民增收，以建设“优质、高产、高效、生态、安全”现代农业为总体要求，用工业化的理念发展农业、产业化的方式经营农业、现代化的装备武装农业、品牌化的思路提升农业，加快传统农业向现代农业转变，努力把溧阳建设成为现代农业强市，争创全省率先基本实现农业现代化的先行区，争当常州率先基本实现农业现代化的排头兵。

二、目标任务

到2014年底，全市形成农业基础设施完善、农业科技先进、产业结构优化、服务体系健全、生态环境改善、支持保障有力、农民生活富裕的发展格局，在全省率先基本实现农业现代化。全市农林牧渔业增加值47.7亿元，粮食亩产565公斤，高效设施农业（渔业）面积比重20%（26%），高标准农田比重60%，农业综合机械化水平85%，农田水利现代化水平90%，农业科技进步贡献率70%，农业适度规模经营比重80%，农户参加专业合作经济组织比重80%，农民人均纯收入年均增长19%以上。

（一）实施农业产业发展能力提高工程

1.稳定发展粮食生产。认真落实扶持粮食生产的各项政策，保护和调动农民种粮积极性，稳定种植面积，把依靠科技提高单产作为主攻方向，优化品种结构，推进水稻直播改机插和高产增效创建工作，完善稻麦优良品种、先进适用技术、优质配方肥、高效低残留农药“四主推”制度，加快粮食高产技术普及化，促进大面积平衡增产，2014年底粮食亩产达565公斤。

2.突出发展高效设施农业。按照“提升南山，开发北山，中部联动”发展战略，深入实施丘陵山区综合开发，提高开发水平，加快实施“四圈、三区、二园、一重点”工程。着力推进天目湖、曹山现代农业产业园区建设，全市重点培育10个万亩高效农业示范区，各镇（区）每年重点建设一个千亩以上的高效设施农业园区，各村结合“一村一品”专业特色村培育，建设百亩高效设施农业基地。积极开展园艺作物标准园创建活动，重点发展钢架大棚、连栋大棚、智能温室、遮阳网、防虫网、微滴节水灌溉等设施栽培，推进蔬菜、茶叶、应时鲜果、花卉苗木、食用菌等高效园艺产业发展。大力发展畜禽规模养殖。提升畜禽良种化、养殖设施化、生产规范化、防疫制度化、粪污处理无害化、监管常态化水平。推进渔业标准化生产基地建设。推广微孔增氧养殖设施和养殖用水循环利用。推进前马荡、黄家荡、三塔荡三个万亩高效渔业园区建设，加快建设一批千亩标准化渔业基地。2014年底全市高效设施农（渔）业面积比重达20%（26%）。

3.加快发展农产品加工流通。积极推进现代农业产业园区、农产品加工集中区和农产品市场体系“三大载体”建设。大力发展农产品精深加工，提高农产品附加值，加快建设天目湖农产品加工集中区。加强农产品市场体系建设，推进苏浙皖边界市场国家级重点农产品批发市场建设，加快上黄水产品交易市场、竹箦花木市场建设，积极推进设施先进、功能完善、交易规范、辐射全国的天目湖农产品物流中心建设。加快发展现代流通业态，大力推进农村现代流通网络建设，推行农超对接、农校对接、场地挂钩、电子商务等营销模式，2014年底全市农产品现代流通业态销售率超过80%。

4.加快发展休闲观光农业。坚持以优势特色产业为支柱，一产和三产相结合，现代农业与新农村建设相结合，休闲观光农业与乡村旅游相结合，延伸农业产业链条。加快培育一批产业特色鲜明、乡土文化浓郁、田园风光优美的休闲观光农业示范点和示范村。加强休闲观光农业基础设施、公共服务平台建设，积极开发多功能、体验型、创意型的休闲观光农业项目，形成政府引导、农民主体、社会参与的休闲观光农业发展新格局。

（二）实施农业科技进步支撑工程

1.加强农业科技创新与推广。围绕种源农业、设施农业、农产品加工流通、信息农业等重点领域，加强农业科技创新，提升稻麦油、畜禽水产、设施园艺等主导产业和特色产业的科技竞争力。加快农业科技成果推广应用，实施农业重大技术推广计划，每年重点示范推广30个高产、高效、优质新品种，30项新技术、新模式。深入开展农业科技入户工程，推进科技与产业、专家与农户的对接，促进农业科技进村入户。2014年底农业科技进步贡献率提升到70%。

2.全面提高农民素质。大力实施现代农业人才培养工程，深入开展各类农民培训，加快培育与发展现代农业相适应的有文化、懂技术、会经营的新型农民。加大宣传力度，制订政策措施，鼓励农民参加以农业职业技能鉴定为主的培训。农林、人社等部门要通力协作，积极开展多种形式的获证培训，每年培训农民20000人次，其中7500人通过培训获证。2014年底持证农业劳动力比重达到35%。

（三）实施农业设施装备提升工程

1.加快高标准农田建设。按照灌排设施配套、土地平整肥沃、田间道路畅通、农田林网健全、生产方式先进、产出效益较高的标准，整合农林、国土、水利等各方面的力量，加快高标准农田建设。每年建设高标准农田4万亩以上。2014年底全市高标准农田面积达50万亩，占耕地面积的比重达60%。

2.提升农业综合机械化水平。积极推广农业机械化新技术、新机具，促进农机农艺融合。实施农业机械化示范镇创建工程，建设100个新型农机专业合作社，优化农机装备结构，大力发展粮食产地烘干机械、高效设施农业机械、特色农机，加快农机产业园区、农机维修中心、维修站建设，加强农机人才培训，提升农机公共服务能力。到2013年底，全市粮油生产机械化水平保持94%，畜禽养殖业机械化水平达到80%以上，水产养殖业机械化水平达到95%，蔬菜园艺、林果茶业机械化水平达到75%以上，农业综合机械化水平达85%，率先基本实现农业机械化。

3.加大农田水利建设力度。大兴农田水利建设，形成功能齐全、长效管护的农村水利工程体系。深入实施中央农田水利重点县项目建设，加强中小河流治理、丘陵山区小流域治理、圩区综合治理、小型泵站改造等水利建设，全面提升农业综合生产能力。推广应用节水灌溉技术，强化灌区用水管理，提高农业用水效率。大力推进标准圩堤建设，深入开展农村河道疏浚整治，建立河道疏浚和长效管护机制，实现农村河道疏浚整治和管理养护常态化、制度化。扎实推进农村饮水安全工程建设，积极推进区域供水，全面解决农村居民饮水安全问题。2014年底，农田水利现代化水平提升到90%。

（四）实施农业服务体系健全工程

1.健全农业公共服务体系。加快建设职能明确、机构完善、队伍精干、保障有力、运转高效的基层农技推广体系。实施基层农技推广体系示范县建设，创新农技推广服务机制，优化农技推广队伍结构，加快农业科技成果转化应用步伐，全面提升基层农技服务体系的公共服务能力。加快推进有先进手段、有优良人员、有规模示范基地、有严格责任制度、有稳定财政保障的“五有”镇级农业服务中心建设，全面实行人员聘用、绩效考评、推广责任、知识更新、多元推广服务“五项制度”，推行执业兽医制度，加强镇村兽医队伍管理，切实履行农业技术推广、动植物疫病防控和农产品质量监管职能。2014年底农业公共服务体系健全率达97%。

2.强化农业信息服务。结合村级“五有一责”建设行动计划，加强农业信息化基础设施建设，全市行政村通光缆、自然村通宽带、有线电视实现全覆盖。推进信息技术与农业技术的融合，加快传感、通讯、计算机网络在农业上的应用步伐，大力发展智能农业、精确农业。加强12316农业一线通、农务通、镇村信息站点等信息服务平台建设，努力提升农业信息服务质量和水平。2014年底农业信息化服务覆盖率达97%。

（五）实施农业经营机制创新工程

1.加快发展农民专业合作组织。深化完善农民专业合作、土地股份合作和社区股份合作改革，积极发展各类富民合作。2014年底，全市农村各类经济合作组织达到500家，80%以上的农户参加专业合作经济组织。

2.加快发展农业适度规模经营。有序推进农村土地承包经营权市场化流转，健全农村土地流转服务体系，探索组建农村产权交易市场，完善农村土地产权交易权益分配办法，建立农村承包土地退出补偿机制，保护农民土地收益。2014年底农业适度规模经营比重达80%。

3.加快发展农业龙头企业。积极培育优势特色产业型、加工增值型、基地带动型和外向合作型的龙头企业，制订完善市级现代农业产业园区和农业产业化龙头企业认定标准。“十二五”期间，力争培育一个国家级，新增两个省级、四个常州市级农业产业化龙头企业。2014年底规模以上农业龙头企业销售收入与农业总产值之比达到2.5。

（六）实施农业生态环境改善工程

1.加强农产品质量和品牌建设。大力推进标准化生产，全面落实农产品生产档案、用药登记、休药期等制度，严格按照规定使用农业投入品，建立健全农产品质量安全追溯体系，加强农产品“产地准出”和“市场准入”，实行农产品质量全程监管。大力加强农产品品牌建设，加大品牌管理和宣传力度，做强天目湖大品牌。利用好农产品地理标志品牌和“中国长寿之乡”称号，提高农产品品牌的市场知名度、美誉度和竞争力。大力推进“三品”认证工作，推行无公害整体认证，每年新认证“三品”30个以上，新增无公害基地3万亩以上。2014年底全市无公害绿色有机食品基地占耕地、水面的比重达到90%。

2.推进农业废弃物综合利用。深入开展农作物秸秆综合利用示范县建设，积极拓展秸秆肥料化、能源化、基料化和工业原料化等多种形式利用途径，秸秆肥料化利用率58%（其中稻麦秸秆机械化还田率达50%），能源化利用率35%，农作物秸秆综合利用率达96%以上。实施沼气工程治理，推进“三沼”综合利用。严格执行畜禽养殖功能区划定，继续推进畜禽养殖集中化、集约化、规模商品化，建设分散畜禽养殖粪便集中处理中心3个，形成年产1万吨商品有机肥能力，畜禽粪便综合利用率达91%以上。实施化肥减施工程，促进有机肥利用，2014年底，全市农业废弃物综合利用率达95%。

3.提升绿化水平。结合新农村建设，全力推进村庄绿化提升工程，完成50个村的村庄绿化美化工作；加快“四沿”绿化，营造绿色屏障；推进农田林网建设。培育健康森林，推进经济林与生态林建设共进，强化森林资源保护，有序开展湿地生态建设，提升森林资源数量和质量。

（七）实施农业支持保护保障工程

1.加大对“三农”的投入力度。市镇两级财政要持续增加对“三农”的投入，确保财政对农业投入的增幅高于经常性收入增长幅度。大幅度增加农业基础设施建设的投入，重点加大高标准农田建设和先进农机装备投入。大幅度增加发展现代农业的投入，重点加大现代农业示范区和高效设施农业的投入。大幅度增加农业科技创新推广、农业信息化建设投入，重点加大农业服务体系建设和现代农业人才培养及新型农民培训投入。

2.深化农村金融改革。引导和鼓励金融机构增加对“三农”的信贷投放。积极发展村镇银行、小额贷款公司、农民资金互助组织等新型农村金融组织，加大对“三农”的信贷支持。支持有条件的农民专业合作社开展内部信用合作，发展适合农村特点和需要的各种微型金融服务。确保农村金融支持“三农”的信贷规模有效增长。扩大农业政策性保险范围，加快向高效设施农业延伸，加大保费补助力度，提高农业保险保障水平。2014年底高效设施农业保险覆盖面达到60%。

三、组织领导

（一）加强领导

市委、市政府成立主要领导挂帅的实施农业现代化工程领导小组，对重大事项进行统一部署、科学决策。领导小组下设办公室，办公室设在市农林局，具体负责农业现代化工程建设工作的牵头协调，实行定期研究和会商制度，及时解决建设中的重大问题。各镇（区）、各指标责任部门（单位）要设置相应机构，明确分工，落实责任，完善工作机制，按照市委、市政府实施农业现代化工程工作领导小组总体工作部署和年度工作目标任务，全面推进和落实。

（二）明确职责

农业现代化工程是一项综合性的系统工程，涉及部门多、工作量大、时间紧、要求高，必须明确责任单位和协办单位，落实工作职责。各指标责任部门（单位）要把任务分解到基层，责任落实到人，对照指标制定实施工作方案和分年度实施计划，精心组织实施。要加强协作，密切配合，上下联动。各镇（区）要按照年度工作任务，认真抓好落实，全市各级、各部门都要层层动员，形成推进农业现代化建设的强大合力。

（三）强化考核

把实施农业现代化工程作为贯彻落实科学发展观考核体系的重要内容，将考核结果作为领导干部选拔任用的重要依据，切实增强紧迫感、责任感，推动各项工作的落实。2011年、2012年每年考核一次，2013年、2014年每半年考核一次。各有关部门要根据考核办法，按照时序进度，加大跟踪督察、指导力度。设立农业现代化目标完成奖和实施农业现代化工程重大贡献奖，对实施农业现代化工程成绩突出的单位和个人进行表彰奖励，对因工作不力造成严重后果的予以批评，并追究相关人员责任。

附件：

1.溧阳市实施农业现代化工程领导小组成员名单；

2.溧阳市实施农业现代化工程任务分解表。

（2011年8月30日）

附件1：

溧阳市实施农业现代化工程领导小组成员名单

组　长：盛建良　市委书记

　　　　苏江华　市委副书记、市政府代市长

副组长：夏国浩　市委常委、市政府副市长

成　员：姚觉成　市委组织部副部长、新经济社会组织工委书记

　　　　曹　俊　市政府办公室主任

　　　　甘正富　市政府办公室副主任

　　　　赵　明　市政府办公室副主任、市金融办副主任

　　　　王新民　市委农工办主任

　　　　柳建平　市发改委主任

　　　　蒋进章　市农林局局长

　　　　沈新章　市统计局局长

　　　　张夕仙　市财政局局长

　　　　王富康　市国土资源局局长

　　　　张旭平　市水利（水务）局局长

　　　　蒋海清　市科技局局长

　　　　陆卫林　市人社局局长

　　　　吴志东　市环保局局长

　　　　冯晓兴　人民银行溧阳市支行行长

领导小组下设办公室，办公室设在市农林局，由蒋进章同志兼任办公室主任，甘正富同志兼任办公室副主任。

附件2：

表75

溧阳市实施农业现代化工程任务分解表

	任务内容	溧阳市农业现代化工程目标值	2010年实绩	实施及完成时间	牵头单位	配合单位
一农业产出效益	1．农林牧渔业增加值（亿元）	47.7	30.2	年递增12.2%，2011年达33.8亿元，2012年达37.9亿元，2013年达42.5亿元，2014年达47.7亿元。	统计局	
	2．粮食亩产（公斤／亩）	565	501	2011年达516公斤／亩，2012年达533公斤／亩，2013年达549公斤／亩，2014年达565公斤／亩。	统计局	
	3．高效设施农业（渔业）面积比重（%）	20（26）	综合比重8.7	2011年达11.7（21），2012年达14.7（25），2013年达17.7（29），2014年达20（26）。	农林局	统计局
	4．农民人均纯收入（元）	23000	11368	年均增长19%，2011年达13500元，2012年达16000元，2013年达19000元，2014年达23000元。	统计局	农工办
二农业科技进步	5．农业科技进步贡献率（%）	70	62.5	年增2个百分点，2011年达64.5%，2012年达66.5%，2013年达68.5%，2014年达70%。	科技局	农林局
	6．持专业证书农业劳动力占农业劳动力的比重（%）	35	3.1	每年实现7500位农民通过培训持证，2011年达10%，2012年达19%，2013年达28%，2014年达35%。	农林局	人社局
	7．乡镇或区域农业公共服务体系健全率(%)	97	85	2011年达90%，2012年达95%，2013年达97%。	农林局	
	8．农业信息化服务覆盖率（%）	97	54.9	2011年达63%，2012年达73%，2013年达84%，2014年达97%。	农林局	
三农业产业化经营	9．农户参加专业合作经济组织比重（%）	80	16.2	2011年达50%，2012年达65%，2013年达75%，2014年达80%。	农工办	
	10．农业适度规模经营比重（%）	80	71.7	2011年增加农业适度规模经营面积8万亩，实现80%的目标。	农工办	
	11．规模以上农业龙头企业销售收入与农业总产值之比（倍）	2.5	0.29	2011年达1.5，2012年达2，2013年达2.3，2014年达2.5。	农林局	统计局
	12．农产品现代流通业态销售率（%）	80	70.7	2011年达73%，2012年达76%，2013年达78%，2014年达80%。	农林局	
四农业设施装备	13．高标准农田比重（%）	60	40.6	2011年增加高标准农田5万亩，达44.4%，其中农林局、国土资源局、水利局向上争取项目分别完成1万亩、1.4万亩、0.32万亩，本级财政资金建设2.28万亩；2012年增加4.5万亩，达49.8%，其中农林局、国土资源局、水利局向上争取项目分别完成1.2万亩、1.5万亩、0.31万亩，本级财政资金建设1.49万亩；2013年增加4.5万亩，达55.2%，农林局、国土资源局、水利局向上争取项目分别完成1.2万亩、0.75万亩、0.41万亩，本级财政资金建设2.14万亩；2014年增加4.07万亩，达60%，其中农林局、国土资源局、水利局向上争取项目分别完成1.2万亩、0.75万亩、0.38万亩，本级财政资金建设1.74万亩。	农林局	国土局 水利局
	14．农业综合机械化水平（%）	85	71	2011年达78%，2012年达82%，2013年达85%。	农林局	
	15．农田水利现代化水平（%）	90	71	2011年达77%，2012年达82%，2013年达85%，2014年达90%。	水利局	

续表 7 5

	任　务　内　容	溧阳市农业现代化工程目标值	2010 年实绩	实施及完成时间	牵头单位	配合单位
五农业生态环境	16．认定的无公害绿色有机食品基地占耕地、水面的比重（%）	90	76.7	2011 年达 80.6%，2012 年达 85.3%，2013 年达 90%。	农林局	
	17．农业废弃物综合利用率（%）	95	86	2011 年达 91%，2012 年达 92.5%，2013 年达 94%，2014 年达 95%。	农林局	环保局 发改委
	18．林木覆盖率（%）	23	28.53	继续提升绿化水平。	农林局	
六农业支持保障	19．财政支农增幅与一般预算支出增幅之比（倍）	≥ 1	4.3	2011 至 2014 年确保在此基础上每年有明显增长。	财政局	
	20．农业贷款增幅与贷款总额增幅之比(倍)	≥ 1	1.8	2011 至 2014 年确保在此基础上每年有明显增长。	金融办	人民银行
	21．高效农业保险覆盖面（%）	60	0.4	2011 年达 15%，2012 年达 30%，2013 年达 45%，2014 年达 60%。	农工办	财政局 农林局 金融办

溧阳市 2011 年新型农村合作医疗管理办法

溧政发〔2011〕8 号

第一章　总　则

第一条　为进一步完善新型农村合作医疗制度，缓解农村居民因病致贫、因病返贫现象，提高农村居民健康水平，根据《中共中央国务院关于进一步加强农村卫生工作的决定》（中发〔2002〕13 号）、《国务院办公厅转发卫生部等部门关于建立新型农村合作医疗制度意见的通知》（国办发〔2003〕3 号）、《中共中央国务院关于深化医药卫生体制改革的意见》、《江苏省农村初级卫生保健条例》、《省政府关于在全省建立新型农村合作医疗制度的实施意见》（苏政发〔2003〕75 号）和《常州市新型农村合作医疗保险暂行办法》（常政发〔2003〕259 号）和《常州市卫生惠民工程实施方案》（常发〔2008〕23 号）等文件精神，结合我市实际制定本办法。

第二条　本办法所称新型农村合作医疗（以下简称新农合）制度，是指由政府组织引导，农村居民自愿参加，按照个人缴费、集体扶持、政府补助的筹资方式，实行门诊统筹与住院统筹相结合的农村居民医疗互助共济制度。

第三条　新农合工作由征缴管理、支付管理、业务管理、监督管理四部分组成，实行“统一管理、统一筹集、征监管分离、专款专用、以收定支、收支平衡”的原则。

第四条　在本市行政区域内，各镇和新农合有关单位及参保个人必须遵守本办法。

第五条　各镇以及市委农工办、市卫生局、财政局、民政局、人寿保险公司等部门应当将新农合工作纳入社会事业发展规划和工作计划，实施目标管理、公平运作、民主监督。

第六条　市卫生局负责本办法的具体实施和管理。

第七条　市、镇两级人民政府和有关部门应将新农合工作纳入年度工作目标考核内容，对在新型农村合作医疗工作中作出显著成绩的单位和个人，给予表彰和奖励；对在新农合工作中没有完成任务或造成损失的，予以通报批评或按有关规定追究责任。

第二章　组织管理

第八条　市新农合制度由市人民政府统一组织实施。市成立由市委农工办、市卫生局、财政局、民政局、人社局、审计局、监察局、人寿保险公司、电信公司等相关部门负责同志组成的市新型农村合作医疗管理委员会(以下简称市合管委)，其主要职责是：

（一）制定新农合管理办法及实施细则；

（二）负责全市新农合工作的组织实施和监督检查；

（三）确定年度新农合基金的筹资标准、征缴办法、补偿标准；

（四）讨论决定其他有关重大事项。

第九条　市合管委下设办公室(即溧阳市新型农村合作医疗管理委员会办公室，以下简称市合管办)，作为新农合的办事机构，办公室设在市卫生局，属全额拔款事业单位，人员及工作经费列入财政预算。其主要职责是：

（一）贯彻执行市合管委的决定；

（二）负责对新农合工作的业务指导与日常管理，并对定点医疗机构及市新农合结算管理中心进行监督和管理，审核疑难案例。

（三）协助各镇做好新农合的宣传发动和筹资等工作；

（四）做好对新农合结报机构和结报工作的监督检查工作；

（五）进行调查研究，定期向市合管委报告工作。

第十条 各镇对辖区内的新农合基金征缴工作负总责，并相应成立镇新型农村合作医疗管理委员会(简称镇合管委)及其办事机构，其主要职责是：

（一）贯彻执行市合管委的决定；

（二）及时掌握辖区内农村居民基本医疗保障及卫生服务状况和预防保健需求；

（三）组织做好辖区内新农合制度的宣传、发动、筹资、落实、监督等工作；

（四）根据当地实际情况，拟定辖区内新农合年度计划、发展规划及配套方案；

（五）协助本镇政府做好农村医保基金的征缴工作。

第十一条 市合管委委托中国人寿保险股份有限公司溧阳支公司行使补偿服务、基金支付管理职责。中国人寿保险股份有限公司溧阳支公司设立新型农村合作医疗结算管理中心(以下简称市新农合结算管理中心)，市新农合结算管理中心履行市合管委委托的各项工作，并接受市财政、审计及市合管办的监督检查，其主要职责是：

（一）做好新农合的承保、补偿服务、基金支付等具体业务工作；

（二）协助做好新农合的统计、财务报表工作；

（三）协助做好新农合制度的宣传和新农合基金征缴工作；

（四）负责对农村医保专管员进行培训和业务管理。

第十二条 新农合实行定点医疗机构诊疗制度。由市合管委确定新农合定点医疗机构，并实施监管。

实行农村医保专管员制度，以方便群众就医和及时获得补偿。

农村医保专管员原则上从定点医疗机构工作人员中招聘产生，每次聘期为1～2年，其基本条件为：政治思想好、基本素质强、高中以上文化、懂计算机操作及财务统计基础知识，具有较强的业务工作能力，年龄一般在40周岁以下。

原则上每个定点医疗机构设一名农村医保专管员，其业务管理由市新农合结算管理中心负责，市合管办对其聘用、管理、调整、辞退进行监督。其主要职责是：

（一）管理参保人员的承保、补偿等有关资料；

（二）凭身份证核实病员的参保情况，确认病员的补偿申请资格；

（三）向参保人员如实告知有关新农合政策和补偿规定；

（四）对参保人员的转院进行登记和管理；

（五）应巡视病房核对身份证、农保卡、住院卡等病人真实信息；

（六）对参保人员的有关补偿申请材料进行初审和录入；

（七）按照市合管办的规定进行补偿支付；

（八）做好市合管办要求的其他工作。

第十三条 成立由市委农工办、市卫生、审计、监察、民政、财政、人社等部门负责同志和市人大代表、政协委员及参保对象代表组成的市新型农村合作医疗监督委员会(以下简称市合监委)。其主要职责是：

（一）对本市新农合运作情况进行监督；

（二）征集参保群众对新农合的意见和建议，定期向市合管办和市新农合结算管理中心通报；

（三）协助处理、协调在补偿时发生的纠纷等事件；

（四）参与本市新农合管理办法的修订与完善工作。

第三章 参保者的权利和义务

第十四条 参加新农合的对象：

（一）本市没有参加城镇企业职工基本医疗保险和城镇居民基本医疗保险的农村居民（含溧城镇以外的各镇集镇居民和2001年市属场圃管理体制改革时原在册和退休职工的配偶和子女）；

（二）外地在溧阳农村务工的居民。

第十五条 参加新农合的居民享有以下权利：

（一）按规定享受新农合规定范围内的医药费补偿；

（二）享受辖区内新农合管理机构组织实施的免费健康体检等卫生保健服务。

第十六条 参加新农合的居民应当履行下列义务：

（一）及时、足额、以户为单位(即整户参保)缴纳新农合费用；

（二）遵守本办法之规定；

（三）服从新农合管理机构的管理，遵守有关规章制度；

（四）履行其他相关义务。

第四章 基金的征缴、管理、使用与监督

第十七条 新农合基金以年度为单位征缴和补偿，参保费按年计收，并按整户参保的原则一次缴清。基金由各级财政补助、村民委员会等集体经济组织扶持和农村居民个人缴纳三部分组成，2011年人均筹资240元。

（一）各镇人民政府按辖区内参保人数每人60元的标准列入财政预算予以补助；

（二）茅山老区农村居民每人缴费70元；

（三）除茅山老区镇以外的农村居民每人缴费80元；

（四）不足部分由市财政补足；

（五）民政局核定的农村低保家庭和五保户，其个人缴费部分由各镇给予全额补助；

（六）外地在溧阳农村务工的居民每人每年缴纳240元。

（七）鼓励企事业单位、社会团体和个人资助新农合。

第十八条 各镇人民政府负责辖区内参保对象参保费的征缴工作，并确保农村居民参保率达100%。

第十九条 实行新农合基金征缴期限制度。各镇在每年的12月15日前必须统一按要求将市合管委印发的《新农合筹资统计表》栏目填写准确，并同时将次年度的参保对象个人缴纳参保费和镇级补助经费缴至市新农合基金财政专户。凡未在规定的征缴期限内缴纳新农合基金的人员，不得在次年度享受规定的新农合补偿待遇。

参保费征缴时，分别以村（居）为单位按户详细真实填写参保人员家庭信息登记表，各收费单位开具由财政部门统一制发的专用收款票据。新增参保人员、继续参保人员及退保人员分开统计输入计算机系统上报。参保费缴纳后，市新农合结算管理中心向新参保户发放新农合保险卡(继续参保的农村居民仍使用原发放的新农合保险卡)。

第二十条 新农合基金分为大病医疗统筹补偿、门诊统筹补偿两部分。用于住院医疗费用补偿，普通门诊补偿，尿毒症门诊血液（腹膜）透析费、器官移植后抗排斥反应治疗费、恶性肿瘤门诊化疗（药品目录范围内）或放疗费补偿。可视年底基金结余情况，实行大病医疗补助及健康体检补助。

第二十一条 新农合基金实行财政专户管理，开设新农合基金支出户，市财政部门在具有资质的江南农村商业银行溧阳市支行设立新农合基金财政专户。农民个人上缴的参保费以及各级财政补助的资金，集体经济组织、社会团体和个人对新农合的资助、捐赠直接汇入财政专户，市财政部门根据基金使用情况，按进度从财政专户中拨付资金到支出户，用于按规定支付农民的医疗补偿费用，确保专款专用。

所有新农合基金必须全部纳入财政专户实行收支两条线管理。如年度基金结余，则转入下一年度使用。

第二十二条 市新农合结算管理中心接受市合管委、合监委及合管办的管理和监督，严禁任何单位、个人借支、挪用基金和基金不合理补偿支出。

第五章 住院补偿

第二十三条 补偿范围：住院期间的治疗费、药费、化验费、检查费、手术费、材料费、住院费等（除不予补偿范围的费用）。

第二十四条 不予补偿范围：

一、综合服务类

1.挂号费、救护车费；

2.会诊费、出诊费、点名手术费、交通费、家庭巡诊费；

3.健康体检费、疾病健康教育费；

4.超标准部分床位费用、降温取暖费、陪护床费、静脉氧输液仪给氧、尸体料理费。

二、医技诊疗类

1.尸体解剖与防腐处理；

2.自身免疫病的实验诊断蛋白芯片法、遗传疾病的分子生物学诊断、分子病理学诊断技术等；

3.医疗咨询、鉴定及各种科研性诊疗项目；

4.正电子发射计算机断层显像（PET）、电子束CT、核磁共振、立体定向伽玛射线放射治疗（伽玛刀）、数字减影血管造影（DSA）、照相—录像监测；

5.省物价部门未定价的项目。

三、临床诊疗及手术项目类

1.自购药品和本市新农合药品目录以外的药品费用；

2.血液制品、输血费；

3.骨髓、角膜、瓣膜、肾、肝、肺组织移植的手术费用；

4.腔科类正畸、正颌、口腔种植、口腔修复等诊疗项目；

5.义眼、近视眼的诊疗项目；

6.各种美容、健美项目，减肥、增胖、增高项目以及非功能性整容、矫形手术、运动治疗等；

7.开展项目及其他功效不确切、科研性、临床验证性的诊疗项目。

四、中医及民族诊疗类

磁热疗法、内科病推拿、中药蒸汽浴、足底反射治疗、医疗气功治疗、辨证施膳指导等。

五、特殊医用材料类

1.器官、人工器官、钢板、钢钉、支架、导管、起搏器等特殊医用材料；

2.属于美容、健美、保健项目及非功能性整容、矫形手术使用的特殊医用材料；

3.自费治疗项目的医用材料；

六、生活服务项目和服务设施类

1.电视费、电话费、食品保温箱费、电炉费、电冰箱费及损坏公物赔偿费；

2.膳食费；

3.文娱活动费及其他特需生活服务费用。

七、其他

1.省物价、卫生部门未明确规定的医疗服务项目及价格的医疗费用；

2.工伤所发生的医疗费用；

3.机动车交通事故所支付的住院医疗费用；

4.有挂床不住院或冒名顶替住院等行为的；

5.门诊观察病人收住入院的；

6.单纯健康检查住院的；

7.术后复检，除检查费外无任何其他费用的；

8.因犯罪、打架、斗殴、酗酒、吸毒、自杀、自伤自残、蓄意违章、医疗事故和违反法律、法规规定的其他情形所发生的医疗费用；

9.分娩、剖宫产、流产、堕胎及采取其他计划生育措施所需的一切费用；

10.在本市不属市合管委确定的定点医疗机构发生的医疗费用；

11.在本市以外所有非政府举办的医疗机构（民营医院）发生的医疗费用；

12.在本市以外二级及二级以下医疗机构发生的医疗费用（急诊除外）；

13.在国外或港澳台地区医疗机构发生的医疗费用；

14.超过年度三个月无特殊原因的医疗费用；

15.意外伤害提供虚假证明的。

16.市合管委确定的其他不予补偿的费用。

第二十五条 补偿标准：

（一）参保人员符合补偿范围的每次住院费用，按下列规定补偿。具体标准如下：

市内一级医院300元以上部分补偿75%；

市内二级医院500元以上部分补偿63%；

市外政府举办的医院800元以上部分补偿48%。

参保人员在住院期间使用的中药饮片（药品目录范围内）按医院的不同级别相应提高10个百分点给予补偿。

（二）尿毒症门诊血液（腹膜）透析费、器官移植后抗排斥反应药品费、恶性肿瘤门诊化疗（药品目录范围内）或放疗费按60%给予补偿，如这三类特殊病种住院治疗，则按住院补偿规定执行。

以上补偿个人全年累计最高不超过10万元。

（三）实行按病种定额结算。参保人员患阑尾炎、胆囊炎胆囊结石、甲状腺良性肿瘤、下肢静脉曲张、异位妊娠、子宫肌瘤、卵巢良性肿瘤、乳房良性肿瘤、腹股沟疝、急性肾盂肾炎、急性细菌性痢疾等十一个病种之一，实行按病种定额结算。具体标准按照《溧阳市新农合住院按病种定额结算实施办法》执行。

第二十六条 个人全年多次住院的医疗费用分次结付，在同一医疗机构连续住院每三个月为一结算期，全年累计补偿金额不得超过最高补偿额。

第二十七条 实行参保人员市内自主择院制度。参保人员在本市定点医疗机构诊治，需凭身份证、农保卡登记入院；参保人员因病情需要转市外政府举办的三级医院诊治，须到市人民医院或市中医院医务科办理转诊手续（相关事宜详见《溧阳市新型农村合作医疗转外就医审核管理制度》）。外出诊治前若未按规定办理转诊手续的，结报时按补偿标准的90%结算。

第二十八条 参保人员凡因急诊、抢救不能在本市定点医疗机构诊治的，可在就近政府举办的医疗机构就诊住院，原则上出院后30天内，由参保人员或其家属凭急诊住院证明等相关资料到本市被市合管委确认的定点医疗机构办理补偿手续。

第二十九条 参保人员在本市定点医疗机构住院实行实时结报，办理出院手续时，其应得的补偿款直接从医疗总费用中扣除；在外市定点医疗机构诊治的参合人员，由本人或其直系亲属凭出院记录、身份证、费用清单、发票原件及农保卡等至农保专管员处按规定补偿；因意外伤害住院的参保人员，出院时全额付清住院医疗费用，出院后由本人或其直系亲属凭出院记录、身份证、费用清单、发票原件及农保卡等至农保专管员处或市新农合结算管理中心申请补偿，市新农合结算管理中心调查核实后按相关规定进行处理。

第三十条 经市新农合结算管理中心调查后，对不符合补偿规定的案例，应出具拟不补偿决定书，参保人员有异议的，市新农合结算管理中心必须收集好相关资料报市合管办会审后作出处理意见。会审后仍不能作出明确处理意见的，由市合管办报市合管委讨论，并作出最终处理决定，市新农合结算管理中心执行决定。

第六章 门诊补偿

第三十一条 补偿范围

在本市新农合定点一级医疗机构或社区卫生服务站（村卫生室）就诊时发生的符合市新农合门诊费用补偿范围的门诊、急诊药品费用。

第三十二条 门诊不予补偿范围

1.镶牙、口腔正畸、美容治疗等非医疗性服务所发生的门诊药品费用；

2.怀孕、流产、堕胎等所发生的门诊医药费用；

3.自购药品及私人诊所门诊医药费用；

4.去市内二级医疗机构或市外所有医疗机构的门诊医药费用及检查费用。

第三十三条 门诊补偿实行全市统筹。符合补偿范围的费用按25%补偿。

第三十四条 门诊补偿每日限报一次。

第三十五条 年度个人门诊最高补偿封顶额度为200元。

第三十六条 补偿办法：参保人员门诊时应得的个人补偿部分由就诊医疗机构在门诊总费用中直接予以扣除。

第七章 监督管理

第三十七条 对弄虚作假者的处理规定：

一、经查实医疗机构有关人员有弄虚作假行为的，给予严肃处理；情节特别严重构成犯罪的，移交司法机关处理，同时追究医疗机构及其主要负责人相应责任；

二、经查实发现参保人员有弄虚作假行为的，一律不予补偿；对已补偿的要通过行政、司法途径追回补偿款，追回的补偿款充入新农合基金。

第三十八条 市合管委通过卫生行政部门，督促有关医疗机构加强对医务人员的宣传教育，严格执行各项制度、规定，改善服务态度，规范医疗行为，控制不合理费用增长。市合管办和市新农合结算管理中心必须对各定点医疗机构参合病人发生的医疗费用进行核查，各定点医疗机构应及时提供相应资料，积极配合核查。对草率对待参保病人、违反各项管理制度侵害新农合利益的，要追究相关人员和主要负责人、分管负责人的责任，并按相关规定进行处罚；对违反新农合有关管理制度并造成严重后果的，将取消其定点医疗机构资格；造成新农合基金损失的，应由相关责任人或责任单位负责追回或赔偿，追回或赔偿的资金充入新农合基金。

第八章 附 则

第三十九条 本管理办法由市卫生局负责解释。

第四十条 本管理办法从2011年1月1日起开始实施，《溧阳市新型农村合作医疗管理办法》（溧政发〔2009〕128号）同时废止。此前由市合管委及合管办下发的其他有关规定与本办法不一致的，以本办法为准。

（2011年1月26日）

溧阳市2011年城镇居民基本医疗保险管理办法

溧政发〔2011〕10号

第一章 总 则

第一条 根据《省政府关于建立城镇居民基本医疗保险制度的意见》（苏政发〔2007〕38号），为了建立健全多层次、广覆盖的社会医疗保障体系，保障城镇居民的基本医疗，结合本市实际，特制定本办法。

第二条 建立城镇居民基本医疗保险制度，坚持以大病医疗统筹为主，重点解决住院和大病门诊医疗费用；坚持从经济发展水平和各方面承受能力出发，合理确定筹资标准和保障水平；坚持个人缴费和政府补助相结合；坚持以收定支、收支平衡、略有结余。

第三条 市新型农村合作医疗管理委员会（以下简称“市合管委”）负责全市城镇居民基本医疗保险的组织实施和监督检查。市卫生局主管城镇居民基本医疗保险工作。市新型农村合作医疗结算管理中心（以下简称“新农合结算管理中心”）负责城镇居民基本医疗保险的结报补偿及数据统计等工作。溧城镇负责辖区内居民资格认证、参保登记及医疗保险费的收缴工作。市人社局配合市卫生局做好城镇居民基本医疗保险工作，并负责向上报送有关资料。

第二章 参保范围和对象

第四条 城镇居民基本医疗保险的覆盖范围为户籍关系在本市溧城镇社区内且不属于城镇企业职工基本医疗保险和新农合参保范围的所有城镇居民（含儿童、学生和2001年市属场圃管理体制改革时原在册和退休职工的配偶和子女）。

参保居民必须以户为单位（即整户参保，剔除已参加城镇企业职工基本医疗保险和新农合的人员）参加城镇居民基本医疗保险。

具有劳动能力的参保居民实现就业后，应当按照规定参加城镇企业职工基本医疗保险。已享受城镇企业职工基本医疗保险、新农合的人员，不重复享受城镇居民基本医疗保险待遇。已享受异地退休金或养老保险待遇，退休后户籍迁入本市的人员，不属于本市城镇居民基本医疗保险的参保范围。

第三章 筹资标准和征缴

第五条 城镇居民基本医疗保险基金按以下办法筹集：按照个人缴费、政府补助、社会捐助的办法建立城镇居民基本医疗保险基金。今后根据经济社会发展水平和居民医疗保险基金的实际运行情况逐步调整。

2011年度筹资标准为240元，其中：

（一）参保居民个人按每人80元标准缴纳医疗保险费。

（二）市财政按每人95元，溧城镇财政按每人65元对参保居民实行补助。

凡属“五保户”、最低生活保障对象、三级以上残疾人员（按上年第三季度末认证为准）免缴个人缴费，个人缴费部分由市民政局筹资补助。

第六条 在基金征缴管理中，实行基金征缴期限制度。每年12月15日前对参保对象征缴下年度的基金。医疗补助费用补偿期限为下一年度的1月1日至12月31日。参保对象的保费必须在12月15日前交溧城镇社区，溧城镇在12月20日前将居民个人缴纳费用和镇财政补助费用交市财政专用账户，接受财政监督，而后按时序进度计划用款。凡不在规定的征缴期限内缴纳划转保险费，不得享受规定年度的补偿。

第四章 保险待遇和费用结算

第七条 参保居民就诊、转诊、结报、费用结算须遵守《溧阳市2011年新型农村合作医疗管理办法》（溧政发〔2010〕8号）的相关规定，享受与新农合同样的保险待遇，并与市新农合同步调整。

第五章 附 则

第八条 市卫生局可会同市人社局、财政局根据经济社会发展水平和城镇居民基本医疗保险基金的运行情况，提出筹资标准和结报待遇的调整意见，报市政府批准后执行。

第九条 本办法由市卫生局负责解释。

第十条 本办法自2011年1月1日起实施。《溧阳市城镇居民基本医疗保险暂行办法》（溧政发〔2009〕127号）同时废止。此前由市合管委及合管办下发的其他有关规定与本办法不一致的，以本办法为准。

（2011年1月26日）

统 计 资 料

栏目编辑 莫 俊

表 76

2011 年溧阳市人口、就业及土地面积基本情况

指标名称	计量单位	合计	指标名称	计量单位	合计
年末总人口	万人	78.73	居民服务和其他服务业	人	57
# 女	万人	38.86	教育	人	8638
年平均人口	万人	78.44	卫生、社会保障和社会福利业	人	3636
年末常住人口	万人	75.58	文化、体育和娱乐业	人	168
# 城镇人口	万人	39.01	公共管理和社会组织	人	6836
当年出生人口	人	6312	(二) 按登记注册类型分组		
当年死亡人口	人	2885	# 国有单位	人	25383
年末总户数	户	265333	城镇集体单位	人	754
从业人员	万人	48.67	港澳台商投资单位	人	2378
第一产业	万人	7.65	外商投资单位	人	4433
第二产业	万人	25.12	在岗职工人数	人	52850
# 工业	万人	14.65	# 国有单位	人	23153
第三产业	万人	15.90	城镇集体单位	人	569
年末单位从业人员	人	56576	港澳台商投资单位	人	2281
# 女	人	27226	外商投资单位	人	4433
(一) 按国民经济行业分组			在岗职工平均人数	人	52196
第一产业(农林牧渔业)	人	476	# 国有单位	人	22939
第二产业	人	25093	城镇集体单位	人	603
采矿业	人		港澳台商投资单位	人	2144
制造业	人	21521	外商投资单位	人	4411
电力、燃气及水的生产和供应业	人	980	私营企业从业人员	人	168239
建筑业	人	2592	# 城镇私营	人	122842
第三产业	人	31007	个体从业人员	人	47063
交通运输、仓储和邮政业	人	2122	# 城镇个体	人	38663
信息传输、计算机服务和软件业	人	355	年末城镇登记失业人员数	人	3362
批发和零售业	人	2537	行政区域土地面积	平方公里	1535
住宿、餐饮业	人	2258	# 建成区面积	平方公里	23
金融业	人	1011	城市建设用地面积	平方公里	23
房地产业	人	496	# 居住用地面积	平方公里	7
租赁和商业服务业	人	603	公共设施用地面积	平方公里	2
科学研究、技术服务和地质勘察业	人	291	工业用地面积	平方公里	6
水利、环境和公共设施管理业	人	1999	水资源总量	万立方米	

2011年溧阳市综合经济基本情况

表77

指标名称	计量单位	合计	指标名称	计量单位	合计
地区生产总值	亿元	503.78	租赁和商业服务业	亿元	10.40
第一产业	亿元	34.49	科学研究、技术服务和地质勘查业	亿元	1.02
农业	亿元	20.83	水利、环境和公共设施管理业	亿元	1.87
林业	亿元	0.34	居民服务和其他服务业	亿元	3.86
畜牧业	亿元	21.13	教育	亿元	8.79
渔业	亿元	9.64	卫生、社会保障和社会福利业	亿元	3.08
农林牧渔服务业	亿元	1.55	文化、体育和娱乐业	亿元	4.89
第二产业	亿元	283.92	公共管理和社会组织	亿元	14.49
工业	亿元	257.58	人均地区生产总值（按常住人口计算）	元	66934
采矿业	亿元	1.18	地区生产总值(2010年价格)	亿元	476.77
制造业	亿元	254.93	第一产业	亿元	32.26
电力、燃气及水的生产和供应业	亿元	1.47	第二产业	亿元	272.63
建筑业	亿元	26.34	# 工业	亿元	249.14
第三产业	亿元	185.37	第三产业	亿元	171.88
交通运输、仓储和邮政业	亿元	36.85	地区生产总值指数(上年=100)	—	112.3
信息传输、计算机服务和软件业	亿元	3.75	第一产业	—	106.9
批发和零售业	亿元	40.77	第二产业	—	111.7
住宿、餐饮业	亿元	10.09	# 工业	—	113.9
金融业	亿元	21.92	第三产业	—	114.2
房地产业	亿元	23.60	人均地区生产总值指数(上年=100)	—	

2011年溧阳市固定资产投资基本情况

表78

指标名称	计量单位	合计	指标名称	计量单位	合计
全社会固定资产投资完成额	万元	3111597	# 本年新开工	个	415
# 国有投资	万元	132561	商品房销售面积	万平方米	79.16
集体经济	万元	57071	# 住宅	万平方米	68.12
个体私营经济	万元	1211784	# 别墅、高档公寓	万平方米	1.80
城镇固定资产投资	万元	1945813	商品房销售额	万元	445362
# 房地产开发投资	万元	336584	# 住宅	万元	339170
# 住宅	万元	238285	# 别墅、高档公寓	万元	21274
农村固定资产投资	万元	1165784	待售面积	万平方米	12.49
城镇固定资产投资本年资金来源			# 住宅	万平方米	5.09
国家预算内资金	万元	5550	保障性住房本年完成投资	万元	
国内贷款	万元	509633	# 廉租房	万元	
利用外资	万元	3576	保障性住房施工面积	万平方米	
自筹资金	万元	1260306	# 廉租房	万平方米	
其他资金	万元	362454	保障性住房竣工面积	万平方米	
新增固定资产（城镇+房地产）	万元	1604113	# 廉租房	万平方米	
施工项目个数（城镇集体，不含房地产）	个	468			

2011年溧阳市交通运输、邮电通信、电力基本情况

表79

指标名称	计量单位	合计	指标名称	计量单位	合计
铁路营业里程	公里		邮政局所数	处	40
火车站个数	个		邮电业务总量	万元	66556
铁路客运量	万人		# 邮政业务总量	万元	5157
铁路货运量	万吨		邮政业务收入	万元	8184
公路里程	公里	2423	电信业务收入	万元	61399
# 等级公路	公里	2423	本地电话用户	户	241408
# 高速公路	公里	55	# 城市电话用户	户	104705
一级公路	公里	84	# 移动市话用户	户	7400
公路客运量	万人	2570.00	住宅电话用户	户	178328
公路货运量	万吨	2538	# 农村电话用户	户	138157
沿海港口货物吞吐量	万吨		移动电话年末用户	户	781600
内河港口货物吞吐量	万吨	3403	#3G移动电话用户	户	85500
水上客运量	万人	95.00	互联网宽带接入用户数	户	
水上货运量	万吨	373	能源消费量	万吨标煤	
民用航空客运量	人		全年用电量	万千瓦时	565572
民用航空货邮运量	吨		# 工业用电	万千瓦时	488742
民用汽车拥有量	辆	64271	城乡居民生活用电	万千瓦时	38009
# 私人汽车拥有量	辆	51379	# 城镇居民	万千瓦时	14286

2011年溧阳市规模以上工业、建筑业基本情况

表80

指标名称	计量单位	合计	指标名称	计量单位	合计
规模以上工业企业单位数	个	327	# 国有控股企业	万元	168770
1.内资企业	个	280	# 轻工业	万元	720887
# 国有企业	个	5	# 大型企业	万元	5942256
私营企业	个	266	中型企业	万元	2085454
# 私营独资企业	个	19	# 制造业	万元	11341866
私营股份有限公司	个	2	电力、燃气及水的生产和供应业	万元	42782
2.港澳台商投资企业	个	18	工业增加值	万元	2509089
3.外商投资企业	个	29	资产合计	万元	7378318
# 高技术产业企业	个	82	# 应收账款净额	万元	1235239
# 亏损企业	个	4	产成品	万元	292587
# 国有控股企业	个	6	# 流动资产合计	万元	4333249
# 轻工业	个	58	固定资产合计	万元	2214422
# 大型企业	个	5	固定资产原价	万元	2863781
中型企业	个	45	固定资本净值	万元	
工业总产值(当年价)	万元	11387309	负债合计	万元	5189668
1.内资企业	万元	6949816	所有者权益合计	万元	2188649
(1)国有企业	万元	155944	主营业务收入	万元	11421550
(2)集体企业	万元	21866	# 主营业务税金及附加	万元	42113
(3)股份合作企业	万元	2049	主营业务成本	万元	10001339
(4)联营企业	万元	0	利润总额	万元	648298
(5)有限责任公司	万元	98056	亏损企业亏损总额	万元	4369
(6)股份有限公司	万元	51136	利税总额	万元	1076098
(7)私营企业	万元	6620767	本年应交增值税	万元	383923
# 私营独资企业	万元	137366	全部从业人员年平均人数	人	75456
私营股份有限公司	万元	102093	建筑企业单位数	个	85
(8)其他企业	万元		建筑企业从业人员	人	147823
2.港澳台商投资企业	万元	308104	建筑业总产值	万元	3533204
3.外商投资企业	万元	4129389	房屋建筑施工面积	万平方米	2600.73
# 高技术产业企业	万元	4012137	房屋建筑竣工面积	万平方米	931.81

表81

2011年溧阳市财政、金融、保险基本情况

指标名称	计量单位	合计	指标名称	计量单位	合计
财政预算内总收入	万元	1003276	城乡社区事务	万元	37226
上划中央收入	万元	265226	交通运输	万元	9853
增值税(75%)	万元	158822	农林水事务	万元	61992
消费税	万元	4735	社会保险基金支出	万元	60513
企业所得税(60%)	万元	75473	年末金融机构各项存款余额	万元	5417952
个人所得税(60%)	万元	26196	# 企业存款(单位存款)	万元	2467074
地方财政收入	万元	738050	居民储蓄存款	万元	2865752
# 一般预算收入	万元	371280	# 定期	万元	2109538
# 税收收入	万元	308154	年末金融机构各项贷款余额	万元	3612607
# 增值税(25%)	万元	52941	# 短期贷款	万元	2205986
营业税	万元	87979	# 工业贷款	万元	
企业所得税(40%)	万元	50315	商业贷款	万元	
个人所得税(40%)	万元	17464	农业贷款	万元	3165920
地方财政支出	万元	822616	私营个体贷款	万元	
# 一般预算支出	万元	443228	个人短期消费贷款	万元	14042
# 一般公共服务	万元	51439	中长期贷款	万元	1341087
科学技术	万元	10130	# 个人消费贷款	万元	394012
教育	万元	90871	保费收入	万元	84378
文化体育与传媒	万元	10348	财产险	万元	30729
社会保障和就业	万元	38907	人寿险	万元	53649
财政对社会保障基金补助支出	万元	9437	赔款和给付	万元	17835
医疗卫生	万元	27729	财产险	万元	16201
环境保护	万元	48315	人寿险	万元	1634

表82

2011年溧阳市批发零售贸易、外经、旅游基本情况

指标名称	计量单位	合计	指标名称	计量单位	合计
社会消费品零售总额	万元	1732009	主营业务成本	万元	325513
# 城镇	万元	1103751	利润总额	万元	8226
农村	万元	628257	本年应交增值税	万元	5116
# 批发和零售业	万元	1568213	批发和零售业商品销售总额	万元	372799
住宿和餐饮业	万元	163795	# 零售业	万元	219967
限额以上批发和零售业住宿和餐饮业			住宿和餐饮业营业额	万元	66811
主要指标			进出口总额(海关数)	万美元	104062
法人企业个数	个	41	# 出口总额	万美元	89063
# 批发业	个	7	外国和港、澳、台地区在华直接投资		
零售业	个	12	新签项目(合同)个数	个	46
餐饮业	个	3	合同外资金额	万美元	67589
住宿业	个	19	实际到账外资(商务部口径)	万美元	40142
从业人员数	人	6489	国内旅游人数	万人	900
# 批发业	人	178	国内旅游收入	亿元	86
零售业	人	2571	接待海外旅游者人次数(含一日游)	人	10900
餐饮业	人	449	外国人	人	9379
住宿业	人	3291	港、澳、台同胞	人	1549
从业人员年平均人数	人	6303	旅游外汇收入	万美元	1200
流动资产合计	万元	121313	星级饭店数	个	20
固定资产合计	万元	59476	星级饭店客房总数	间	2997
主营业务收入	万元	396659	名胜风景区和文物保护区个数	个	47
# 主营业务税金及附加	万元	6175			

2011年溧阳市市政公用事业、环境保护基本情况

表83

指标名称	计量单位	合计	指标名称	计量单位	合计
城市维护建设资金支出	万元	19581	污水处理厂数	座	1
供水综合生产能力(包括自备水源)	万立方米/日	10	垃圾处理站数	个	2
供水总量	万立方米	1962	污水处理率	%	89.4
售水量	万立方米	1788	# 污水集中处理率	%	89.4
# 居民家庭用水	万立方米	714	生活垃圾无害化处理率	%	100.0
用水人口	万人	19.21	自然保护区个数	个	2
公共汽(电)车运营车辆数	辆	137	自然保护区面积	公顷	683
公共汽(电)车客运总量	万人次	2200.00	工业废水排放量	万吨	1749
出租汽车数	辆	335	工业废水排放达标量	万吨	1749
轨道交通线路长度	公里		工业废水排放达标率	%	100.0
轨道交通客运总量	万人次		工业二氧化硫排放量	吨	8863
煤气(人工煤气、天然气)供气总量	万立方米	6268	化学需氧量排放量	吨	1264
# 家庭用量	万立方米	515	工业烟尘去除量	吨	133424
煤气用气人口	人	135000	工业烟尘排放量	吨	7843
液化石油气供气总量	立方米	4369	工业烟尘排放达标率	%	100.0
# 家庭用量	立方米	2584	工业废气排放量	万标米	3347659
液化石油气用气人口	人	55600	工业固体废物产生量	万吨	10
道路面积	万平方米	353	工业固体废物综合利用率	%	92.3
排水管道长度	公里	303	环境污染治理本年投资总额	万元	6572
建成区绿化覆盖面积	公顷	957	环境噪声达标区总面积	平方公里	
绿地面积	公顷	1126	空气质量达标(API<100)天数	天	350
公园绿地面积	公顷	181			

2011年溧阳市人民生活基本情况

表84

指标名称	计量单位	合计	指标名称	计量单位	合计
人均住房使用面积	平方米	30	家用汽车	台	26.5
人均住房建筑面积	平方米	40.1	家用电脑	台	87.6
在岗职工工资总额	万元	216913	固定电话数	台	89.3
# 国有单位	万元	132071	移动电话数	台	185.1
城镇集体单位	万元	2534	电冰箱(柜)	户	101.7
港、澳、台商投资单位	万元	6177	彩色电视机	台	181.8
外商投资单位	万元	8005	钢琴	架	5.0
家庭总收入	元	29937.0	照相机	架	38.0
# 工资性收入	元	18674.0	摄像机	架	6.6
经营净收入	元	4193.0	洗衣机	台	98.4
财产性收入	元	970.0	互联网用户	户	74.4
转移性收入	元	6100.0	居民消费价格指数(上年=100)	—	
城镇居民人均可支配收入	元	26418.0	城镇企业职工基本养老保险参保人数	人	137240
# 最低10%户人均可支配收入	元	10093.0	城镇职工基本医疗保险参保人数	人	161868
最高10%户人均可支配收入	元	61404.0	城镇失业保险参保人数	人	103262
城镇居民人均消费性支出	元	18081.0	城镇工伤保险参保人数	人	87312
# 食品	元	6650.0	城镇生育保险参保人数	人	56266
衣着	元	2298.0	社会福利收养性单位数	人	18
居住	元	1309.0	社会福利收养性单位床位数	张	3565
家庭设备用品及服务	元	1161.0	社区服务设施数	个	155
医疗保健	元	924.0	城镇居民最低生活保障人数	人	1789
交通和通讯	元	2364.0	农村居民最低生活保障人数	人	11879
娱乐教育文化及服务	元	2797.0	农村五保供养人数	人	1620
每百户拥有			参加农村合作医疗的人数	人	549300
# 健身器材	台	4.1	参加农村养老保险的人数	人	157940

表 85

2011 年溧阳市教育、科技、卫生基本情况

指标名称	计量单位	合计	指标名称	计量单位	合计
学校总数	个	82	小学毕业生升学率	%	96.97
# 普通高等学校	个		初中毕业生升学率	%	99.87
普通中等专业学校	个	2	成人高等学校在校学生数	人	
普通中学	个	38	成人中专在校学生数	人	136
职业高中	个		成人高中在校学生数	人	0
技工学校	个	1	从事科技活动人员数	人	4184
小学	个	40	R&D 经费内部支出	万元	103229
毕业生总数	人	23344	各类专业技术人员数	人	58872
# 普通高等学校	人		# 中级技术职称以上人员	人	23158
普通中等专业学校	人	703	# 农业技术人员	人	
普通中学	人	14228	专利申请受理量	件	3224
职业高中	人	1977	# 发明	件	838
技工学校	人	0	专利申请授权量	件	2058
小学	人	6426	# 发明	件	49
招生总数	人	20151	体育场馆数	个	2
# 普通高等学校	人		广播覆盖率	%	100
普通中等专业学校	人	2765	电视覆盖率	%	100
普通中学	人	10710	有线电视入户率	%	69
职业高中	人		剧场、影剧院数	个	9
技工学校	人	0	公共图书馆	个	1
小学	人	6666	公共图书馆图书总藏量	千册、件	287
在校学生总数	人	81790	订销报纸杂志累计份数	千份	16307
# 普通高等学校	人		艺术馆、文化馆(站)数	个	11
普通中等专业学校	人	4763	卫生机构数	个	215
普通中学	人	34940	# 医院	个	11
# 女生	人	16044	卫生院	个	18
# 高中	人	13906	疾病预防控制中心(防疫站)	个	1
职业高中	人	4712	妇幼保健院(所、站)	个	1
技工学校	人	0	卫生机构床位数	张	2361
小学	人	37308	# 医院	张	1382
# 女生	人	17348	卫生院	张	836
专任教师总数	人	5760	卫生工作人员	人	4255
# 普通高等学校	人		卫生技术人员	人	3500
普通中等专业学校	人	477	# 执业(助理)医师	人	1326
普通中学	人	3191	注册护士	人	1196
职业高中	人		# 卫生防疫人员	人	69
技工学校	人	0	医院、卫生院技术人员	人	2552
小学	人	2090	# 执业(助理)医师	人	1062
幼儿园数	个	45	注册护士	人	1036
在园幼儿数	人	18230	5 岁以下儿童死亡率	‰	3.6
学龄儿童入学率	%	100.00	婴儿死亡率	‰	2.5
# 女童入学率	%	100.00	产妇住院分娩比例	%	100.0

表 86

2011 年溧阳市社会治安基本情况

指标名称	计量单位	合计	指标名称	计量单位	合计
刑事案件立案数	件	589	交通事故死亡人数	人	45
犯罪人数	人	840	交通事故损失额	万元	102
# 青少年 (16~25 岁)	件	283	火灾事故发生数	起	64
民事案件发案数	件	6960	火灾受伤人数	人	
交通事故发生数	起	207	火灾死亡人数	人	1
交通事故受伤人数	人	260	火灾损失金额	万元	73

附　　录

栏目编辑　陈　莉　陈莉莉　虞燕娟

表87

服务机构名录

单位名称	地址	电话
溧阳市安全生产宣传教育培训中心	溧阳市溧城镇平陵中路313号	87037602
溧阳市人防工程管理处	溧阳市溧城镇燕苑路20号	87209191
江苏省溧阳经济开发区农村工作局	溧阳市溧城镇银梧路89号	87281355
溧阳市卫生局卫生监督所	溧阳市南环路55号	87266207
溧阳市体育彩票管理中心	溧阳市体育中心体育馆副馆一楼	87922882
溧阳市药品检验所	溧阳市唐家三家村2幢办公楼	87209558
溧阳广播电视台	溧阳市昆仑北路25号	87302438
溧阳市城市管理行政执法大队	溧阳市燕山路22号	87259612
溧阳市安全生产监督管理监察大队（代码标志：46745497－0）	溧阳市溧城镇平陵中路313号	87037602
溧阳市建设工程交易中心	溧阳市燕园路20号	87272336
溧阳市水产良种场	溧阳市上黄镇闸头	87391103
溧阳市财政结算中心	溧阳市溧城镇燕苑路18号	87222637
溧阳市光华初级中学	溧阳市北河沿31号	87380368
溧阳市企业发展服务中心	溧阳市溧城镇南大街29号	87280114
溧阳市第六中学	溧阳市溧城镇清安南村	80697908
溧阳市国土资源信息中心	溧阳市罗湾路88号	87168971
溧阳市凤凰园	溧阳市溧城镇凤凰桥堍	87325020
溧阳市河道建设管理处	溧阳市溧城镇南门路7号	87228918
溧阳市淦西良种场	溧阳市淦西良种场	87198385
溧阳市城市防洪管理处	溧阳市溧城镇南门路7号	87222346
溧阳市农机技术推广服务站	溧阳市溧城镇南环路18号	87808010
溧阳市机关后勤服务部	溧阳市南环路18号	87269191
溧阳市路灯管理处	溧阳市清溪路3号	87870018
溧阳市工业展览馆	溧阳市人民路138号	87286030
溧阳市人民检察院后勤服务中心	溧阳市罗庄路2号	87224183
溧阳市农村社会养老保险基金管理中心（溧阳市机关事业单位养老保险基金管理中心）	溧阳市南环路65号	87269685
溧阳市给排水管理中心	溧阳市溧城镇安顺路七号	87225753

续表87

单 位 名 称	地 址	电 话
溧阳市瓦屋山林场	溧阳市上兴集镇永和	87770105
溧阳市地震局	溧阳市溧城镇南环路18号	87269368
溧阳市动物疫病预防控制中心	溧阳市溧城镇胡桥888号	87038286
溧阳市白蚁防治站	溧阳市溧城镇人民路139号	87575993
溧阳市别桥镇计划生育服务站	溧阳市别桥镇政府内	87877701
溧阳市档案局（溧阳市档案馆）	溧阳市溧城镇东大街118号	87285829
溧阳市园林绿化管理处（溧阳市园林绿化管理局）	溧阳市溧城镇燕山路22号	87216052
溧阳市市政工程养护队	溧阳市溧城镇燕园路20号建设大楼四楼	87228275
溧阳市教育局教学研究室	溧阳市溧城镇南环路45号	87215091
溧阳市教师进修学校（溧阳市艺术实验中学）	溧阳市溧城镇昆仑南路36号	87204039
溧阳市社会保险基金管理中心	溧阳市溧城镇南环路65号	87269659
溧阳市生产力促进中心（溧阳市高新技术创业服务中心）	溧阳市溧城镇东大街182号	87172800
溧阳市劳动就业培训中心	溧阳经济开发区金梧路138号	87303010
溧阳市民兵以劳养武办公室	溧阳市溧城镇南大街19号	85141538
溧阳市体育场	溧阳市溧城镇平陵中路315号	87922818
溧阳市老干部活动中心	溧阳市溧城镇东大街190号	87285597
溧阳市残疾人劳动服务所	溧阳市溧城镇体育巷35号	87288010
溧阳市渔政监督管理站	溧阳市溧城镇南环路18号	87269300
溧阳市水产技术推广站	溧阳市溧城镇南环路18号	87269300
溧阳市职工医疗保险基金管理中心	溧阳市溧城镇南环路65号	87269655
溧阳市绿化养护队	溧阳市溧城镇平陵西路197号	87212173
溧阳市土地交易中心	溧阳市罗湾路88号	87168971
溧阳市妇幼保健院	溧阳市溧城镇天目路157号	87039918
溧阳市疾病预防控制中心	溧阳市溧城镇南环路55号	87266202
溧阳市卫生培训中心（溧阳市卫生进修学校）	溧阳市溧城镇新庄路19号	87323141
溧阳市溧城镇水利农机管理服务站	溧阳市溧城镇平陵西路39号	87281355
溧阳市征地服务中心	溧阳市罗湾路88号	87168971
溧阳市市政公用事业处	溧阳市燕园路20号建设大楼四楼	87228275
溧阳市建设工程质量监督站	溧阳市罗湾路建设服务大楼二楼	87223280
溧阳市农业机械安全监理所	溧阳市溧城镇平陵西路358号	87101608
江苏省溧阳市沙河水库管理处	溧阳市沙河水库	87983298
溧阳市房产管理处	溧阳市罗湾路建设服务大楼	87575993
溧阳市职工学校	溧阳市溧城镇南环路	87260062
溧阳市农村财务辅导站	溧阳市溧城镇南环路18号	87269313
溧阳市青少年活动中心	溧阳市溧城镇台港路319号	87578831
溧阳市农业技术推广中心试验站	溧阳市溧城镇团结北路11号	87272206
溧阳市环境监察大队	溧阳市溧城镇昆仑南路263号	87322749
江苏省溧阳市公证处	溧阳市溧城镇建设路28号	87223969
溧阳市运输管理处	溧阳市南环路3号	87308700

续表 87

单　位　名　称	地　址	电　话
溧阳市航道管理处	溧阳市溧城镇凤凰路 50 号	87387002
溧阳市经济开发区小学	溧阳市经济开发区夏庄村	87036620
溧阳市人民政府血吸虫病地方病防治领导小组办公室	溧阳市溧城镇南环路 55 号	87223183
溧阳市投资公司	溧阳市溧城镇平陵中路 313 号	87270212
溧阳市国土资源执法监察大队	溧阳市罗湾路 88 号	87168971
溧阳市招生委员会办公室（溧阳市高等教育自学考试工作委员会办公室）	溧阳市溧城镇南环路 45 号	87219133
溧阳市农业区划办公室	溧阳市溧城镇南环路 18 号	87269627
溧阳市政府采购中心	溧阳市溧城镇燕园路 18 号	87222637
溧阳市房地产交易所	溧阳市罗湾路建设服务大楼	87575993
溧阳市溧城镇农村经济管理服务站	溧阳市溧城镇东大街 188 号	87285848
溧阳市老年大学	溧阳市溧城镇平陵中路 157 号	87281157
溧阳市殡葬管理所	溧阳市溧城镇体育巷 35 号	87037123
溧阳市城市房屋拆迁管理办公室	溧阳市溧城镇清溪路 6 号	87222502
溧阳市水政监察大队(代码标志：46745161－4)	溧阳市溧城镇南门路 7 号	87228608
溧阳市军队离休退休干部休养所	溧阳市溧城镇昆仑南路 317 号	87303167
溧阳市劳动就业管理处（溧阳市职业介绍所）	溧阳市南环路 65 号	87269623
溧阳市工人文化宫	溧阳市溧城体育路一号	87260062
溧阳市机电排灌所	溧阳市南大街 80 号防汛大楼	87223278
溧阳市人民政府住房制度改革办公室（溧阳市住房保障办公室）	溧阳市燕园路 20 号	87214427
溧阳市农业行政执法大队	溧阳市溧城镇南环路 18 号	87269312
溧阳市地方海事处	溧阳市溧城镇凤凰路 58 号	87304112
溧阳市水利综合经营管理所	溧阳市溧城镇南大街 72 号	87225028
溧阳市劳动监察大队	溧阳市溧城镇南环路 65 号	87269691
溧阳市文化馆	溧阳市育才路 55 号	87280715
溧阳市新型农村合作医疗管理委员会办公室	溧城镇南环路 55 号	87223183
溧阳市影剧公司	溧阳市溧城镇前街 26 号	87280454
溧阳市人民医院	溧阳市溧城镇东大街 129 号	87039818
溧阳市建设职工培训中心（溧阳市建筑工程职业学校）	溧阳市溧城镇清溪路 6 号	87227695
溧阳市图书馆	溧阳市育才路 55 号	87282839
溧阳市燕山中学	溧阳市溧城镇南环路旁	87037071
江苏省溧阳中学	溧阳市溧城镇南环西路 88 号	87107001
溧阳市种子管理站	溧阳市溧城镇南环路 18 号	87269363
溧阳经济开发区招商局	溧阳市溧城镇银梧路 89 号	87281355
溧阳市婚姻登记中心	江苏省溧阳市溧城镇安顺路 15 号	87037188
溧阳市公路管理处(溧阳市公路路政大队)	溧阳市罗庄路	87291001
溧阳市人才培训中心	溧阳市溧城镇南环路 12 号	87209097
溧阳市光华高级中学（溧阳市第一中学）	溧阳市昆仑南路 216 号	87302313

（市人社局）

交 通 指 南

城 市 公 交

1路：汽车总站—湾里村—妇保院—燕山南村—阳光城市—大统华—清溪小区—凤凰宾馆—濑江村—泓口医院—四中—泓口村—城北工业园—胥泊村（终点站）—城北工业园—泓口村—四中—泓口医院—濑江村—凤凰宾馆—清溪小区—大统华—阳光城市—燕山南村—妇保院—湾里村—汽车总站

2路：汽车总站—法院—人民广场—江南春—大统华—江南大酒店—清安村—毛毯厂—敬老院—液化气站—西郊公园—金源锻造公司—华荣锻造公司—义笪村—陶家村（终点站）—义笪村—华荣锻造公司—金源锻造公司—西郊公园—液化气站—敬老院—毛毯厂—清安村—江南大酒店—大统华—江南春—人民广场—法院—汽车总站

3路：汽车东站—东门—人民医院—电影院—劝业场—溧阳宾馆—江南春—人民广场—公安局—汽车总站（终点站）—大润发—公安局—人民广场—江南春—溧阳宾馆—劝业场— 电影院—人民医院—东门—汽车东站

5路：汽车东站—东门—人民医院—迎春楼—五亭园—南门街小学—文化新村—职工学校—燕山南苑—人民广场—公安局—汽车总站—水务公司—湾里村—妇保院—三和村—省溧高中—景鸿花园—三家村—永盛家园—外国语学校（终点站）—永盛家园—三家村—景鸿花园—省溧高中—三和村—妇保院—湾里村—水务公司—汽车总站—大润发—公安局—人民广场—燕山南苑—职工学校—文化新村—南门街小学—五亭园—迎春楼—人民医院—东门—汽车东站

6路：汽车东站—新江南商城—丁园—公路处—东华园—时代景城—交警大队—三中—交警大队—党校—阳光硅谷—福阳山庄—龙泉山庄—职教中心—汽车总站（终点站）—职教中心—龙泉山庄—福阳山庄—阳光硅谷—党校—交警大队—三中—交警大队—时代景城—东华园—公路处—丁园—新江南商城—汽车东站

7路：汽车总站—大润发—文化广场—嘉丰新城—水利局—移动公司—职工学校—文化新村—南门街小学—五亭园—人民医院—东门—环保局— 光华中学—沧屿桥—前棠下村—后棠下村—德盛公司—开发区中学—昆仑转盘—欣大公司—夏庄村—徐角村（终点站）—欣大公司—昆仑转盘—开发区中学—德盛公司—后棠下村—前棠下村—沧屿桥—光华中学—环保局—东门—人民医院—五亭园—南门街小学—文化新村—职工学校—移动公司—水利局—嘉丰新城—文化广场—大润发—汽车总站

8路：昆仑东苑—昆仑东苑菜场—昆仑管委会—华朋公司—劳动就业培训中心—华昆机械公司—德诚机械公司—昆德肉制品厂—胥渚村—教堂—昆仑西苑—二中—西平菜场—大统华—江南春—人民广场—公安局—汽车总站—边界市场（终点站）—汽车总站—公安局—人民广场—江南春—大统华—西平菜场—二中—昆仑西苑—教堂—胥渚村—昆德肉制品厂—德诚机械公司—华昆机械公司—劳动就业培训中心—华朋公司—昆仑管委会—昆仑东苑菜场—昆仑东苑

9路：昆仑东苑—昆仑东苑菜场—图塘村—昆仑花园—中医院—溧阳宾馆—江南春—人民广场—法院—汽车总站—边界市场—贝桥村—林家坝村—天目国际村—中央花园—天目星城—岗头新村—茶亭菜场—茶亭村—芳基村—亳上村—曾家村—旅游大厦—东陵—牌楼—天目湖宾馆—天目湖国际饭店（终点站）—天目湖宾馆—牌楼—东陵—旅游大厦—曾家村—亳上村—芳基村—茶亭村—茶亭菜场—岗头新村—天目星城—中央花园—天目国际村—林家坝村—贝桥村—边界市场—汽车总站—法院—人民广场—江南春—溧阳宾馆—中医院—昆仑花园—图塘村—昆仑东苑菜场—昆仑东苑

10路：汽车总站—法院—人民广场—江南春—平陵广场—实验初中—工商银行—人民银行—丁家园村—小吕家村—大吕家村— 花园村—葛渚村—歌岐村—通达公司—新村里村—大佛堂村—神堂口村—杨家村—塘南村—东墟（终点站）—塘南村—杨家村—神堂口村—大佛堂村—新村里村—通达公司—歌岐村—葛渚村—花园村—大吕家村—小吕家村—丁家园村—人民银行—工商银行—实验初中—平陵广场—江南春—人民广场—法院—汽车总站

11路：汽车总站—边界市场—金水苑—水西村—三家村—农业干校—小山头村—小圩里村—濑江花园—泓口医院—濑江村—凤凰公园—教堂—昆仑花园—沧屿公园—光华中学—环保局—汽车东站（终点站）—环保局—光华中学—沧屿公园—昆仑花园—教堂—凤凰公园—濑江村—泓口医院—濑江花园—小圩里村—小山头村—农业干校—三家村—水西村—金水苑—边界市场—汽车总站

12路：汽车总站—大润发—龙亭苑—文化广场—锦绣花园—燕园—文化新村—钱家菜场—实验初中—平陵广场—大统华—江南大酒店—水韵华庭—清溪小区—凤凰公园—教堂—热电厂—宋庄村—劳动就业培训中心—华昆机械公司—肇庄村（终点站）—华昆机械公司—劳动就业培训中心—宋庄村—热电厂—教堂—

凤凰公园—清溪小区—水韵华庭—江南大酒店—大统华—平陵广场—实验初中—钱家菜场—文化新村—燕园—锦绣花园—文化广场—龙亭苑—大润发—汽车总站

13路：汽车东站—顺达花园—雀干村—罗地亚公司—蚕场村—闸口村—西葛渚村— 旅游学校—歌岐村(终点站)—西葛渚村—闸口村—蚕场村—罗地亚公司—雀干村—顺达花园—汽车东站

15路：汽车总站—边界市场—贝桥村—林家坝村—天目国际村—翠屏新村—中央花园 —天目星城—天目星城东—美景天城—岗头新村（终点站）—美景天城—天目星城东—天目星城—中央花园—翠屏新村—天目国际村—林家坝村—贝桥村—边界市场—汽车总站

16路：汽车东站—东方花园—把家村—浪里村—张家村—张巷村—张家坝村—礼诗圩村—党城圩村—北干圩村—北圩村—八字桥（终点站）—北圩村—北干圩村—党城圩村—礼诗圩村—张家坝村—张巷村—张家村—浪里村—把家村—东方花园—汽车东站

17路：昆仑东苑—昆仑东苑菜场—沧屿公园—昆仑花园—教堂—凤凰公园—濑江村—泓口医院—四中—泓口村—正阳设备公司—上上电缆集团—大成桥村—东增家圩村—西增家圩村—安置小区—吴潭渡村（终点站）—安置小区—西增家圩村—东增家圩村—大成桥村—上上电缆集团 —正阳设备公司 —泓口村 —四中 —泓口医院 —濑江村 —凤凰公园 — 教堂—昆仑花园—沧屿公园—昆仑东苑菜场—昆仑东苑

18路：汽车总站—边界市场—贝桥村—林家坝村—天目国际村—中央花园—天目星城—岗头新村—罗家桥村—茶亭变电所—朱迈村—杨家边村—塘东村—小溪南村—天目湖客运站（终点站）—小溪南村—塘东村—杨家边村—朱迈村—茶亭变电所—罗家桥村—岗头新村—天目星城—中央花园—天目国际村—林家坝村—贝桥村—边界市场—汽车总站

镇　村　公　交

镇　名	线路名称	通达行政村
竹箦镇	竹箦至陆笪	陆笪村
	竹箦至煤矿	姜下村、下宅村、陶庄村
	竹箦至后周	中梅村、前村村
	竹箦至上兴	北村村、长岗村
	竹箦至茶场	竹箦村
	竹箦至水西	王渚村、水西村
	竹箦至前马	西芮村、前马村、洙汤村、道人渡村、余桥村
	竹箦至老河口	刘家棚、南旺村
	竹箦至瓦屋山站	竹箦村、姜下村
	前马至清水潭	洙汤村、清水潭
	溧城至濑阳	濑阳村
别桥镇	别桥至阴山	前程村、合星村
	别桥至后周	别桥村、后周村
	别桥至符家	镇东村、道成村
	别桥至黄金山	小石桥村、玉华山村、黄金山村
	别桥至下梅	西马村
	别桥至昆仑	马家村、湖边村
	阴山至绸缪	北山村、绸缪村
	后周至古渎	两湾村、古渎村
	后周至塘马	塘马村
	后周至竹箦	西庄村、塘马村
上黄镇	上黄至周山	上黄村、桥西村、周山村
	上黄至山下	西埝村、山下村
	上黄至白塔	浒西村
	上黄至埭头	水母山村、坡圩村
	上黄至枢巷	水母山村、夏林、坡圩村
	上黄至昆仑	浒西村、坡圩村
社渚镇	社渚至河口	社渚村、河口村
	社渚至河心	下西村、孔村村、湖西村
	社渚至殷桥	宜巷村、姚巷村、上蒋村、殷桥村
	社渚至社农	桃园、宋村村、新山村
	社渚至汤桥	社渚村、河口村、下马塘
	河口至汤桥	河口村、彭圩、乘马圩村
	社渚至周城	新塘村、金峰村、周城村
	周城至梅山	周城村、金庄村、梅山村
	河心至殷桥	湖西村、大田村、孔村、殷桥村
	周城至洙漕	周城村、洙漕村
	周城至金山	周城村、丁山村、金山村
	社渚至王家	社渚村、王家村
	周城至河口	周城、东升村、乘马圩村
南渡镇	南渡至大溪	平城村、胜笪村、腾村村
	南渡至钱家圩	大圩村、新河村、钱家圩村
	南渡至堑口	黄山村、堑口村
	南渡至强埠	永丰村、西圩村、庆丰村、梅庄村、强埠村
	南渡至上兴	福新村、旧县村
	旧县至水西	东湖村、安中村
	南渡至黄山	南渡村、黄山村
	南渡至西圩	南渡村、西圩村
	南渡至淦西	石街村、淦西村
	强埠至大溪	强埠村、胜笪村、堑口村、黄山村
溧城镇	东站至八字桥	倪庄村、八字桥村
	溧城至歌岐村	歌岐村
	溧城至陶家村	南村村、清安村、陶家村
	溧城至徐家村	昆仑村、夏庄村
	溧城至戴埠	罗庄村、黄墟村、长阳村、

		大林村
	溧城至大佛堂	新联村
	溧城至后六村	马垫村
	溧城至新昌	胡桥村、新昌村
	溧城至方里	泓口村、胥泊村、方里村
	溧城至蒋店	马塘村、蒋店村、吴潭渡村、合心村
	溧城至濑阳	班竹村
	徐格笪至上阁楼	徐格笪村、北水西村、上阁楼村
	夏庄至总站	杨庄村、毛场村、湾里村
	昆仑东苑至吴潭渡村	泓口村、城北工业园区、吴潭渡村
上兴镇	上沛至汤桥	沛民村、万家边村、缪巷村、蒲村、汤桥村
	上兴至分界	上兴村、余巷村、分界村
	上兴至竹箦	西圩村、上城村
	汤桥至河口	汤桥村、圩角
	上兴至上沛	赵沛村、沛民村
	上兴至永和	老河口村、涧东村、步村村、永和村
	强埠至汤桥	圩庄村
	上沛至东塘	沛民村、桥东干村、东塘村
	上沛至芳山	龙峰村、芳山
	上沛至祠堂	毛家村、祠堂村、吐祥村
	上沛至缪巷	沛民村、万家边村、缪巷村
	上兴至练庄	上兴村、沛民村、练庄村
	上兴至瓦屋山站	老河口村、上兴村、涧东村
	上兴至陶村	上兴村、陶村
	步村至永和	步村、永和村
埭头镇	埭头至后六	埭头村、前六村、后六村
	埭头至南埝	邹家村、南埝村
	溧城至埭头	埭西村、余家坝村
戴埠镇	戴埠至罗庄	百家塘村、新桥村、戴北村
	戴埠至横涧	高桥村、戴南村、黄岗岭村
	戴埠至李家园	同官村、李家园村
	横涧至松岭	南渚村、松岭村
	戴埠至张渚	河西村、牛场村
	横涧至深溪岭	横涧村、深溪岭
	戴埠至龙潭林场	高桥村、戴南村
	戴埠至红武	红武村
	戴埠至百家塘	郑墅村、赵家桥
	戴埠至山口	高桥村、山口村
天目湖镇	天目湖至十思园	天目湖、桂林村、三胜村
	天目湖至烈山	南钱村、茶亭村、洙漕村
	天目湖至戴埠	田家山村
	天目湖至平桥	杨村村、平桥村
	茶亭至毛尖	茶亭村、毛尖村
	平桥至吴村	平桥村、吴村村
	平桥至桥下	平桥村、杨村村、宋家村、桥下
	平桥至梅林	平桥村、梅林村
	平桥至青山	平桥村、青山村
	洙漕至周城	洙漕村、周城村
	观山至新昌	观山村、新昌村
	汽车总站至古县	古县村
	茶亭至宋塘	茶亭村、南钱村

农　村　公　交

全市农公车线路共13条，全部采用流水发班，班次间隔时间5～10分钟，具体线路为：

(1) 溧阳至上黄（途经埭头）
首班夏5：40冬6：00　　末班夏17：40冬17：30

(2) 溧阳至戴埠
首班夏5：30 冬6：00　　末班夏18：00冬17：20

(3) 溧阳至社渚（途经周城）
首班夏5：30 冬5：50　　末班夏17：40冬17：30

(4) 溧阳至桠溪（途经强埠、汤桥）
首班夏5：30冬5：50　　末班夏17：40冬17：00

(5) 溧阳至南渡
首班5：40　　末班17：45

(6) 溧阳至上沛（途经上兴）
首班夏5：30冬5：50　　末班夏17：40冬17：30

(7) 溧阳至平桥
首班夏5：30冬6：00　　末班夏17：30冬16：50

(8) 溧阳至李家园（途经横涧）
首班5：30　　末班17：40

(9) 溧阳至钱家圩
首班夏6：20冬6：20　　末班夏17：40冬17：00

(10) 溧阳至东王庙
首班夏6：12冬6：30　　末班夏17：20冬17：10

(11) 溧阳至别桥
首班夏5：40冬6：00　　末班夏17：40冬17：30

(12) 溧阳至后周
首班夏5：30冬5：50　　末班夏17：40冬17：30

(13) 溧阳至竹箦（途经前马）
首班夏5：30冬5：50　　末班夏17：40冬17：30

说明：“夏”指每年的4月—10月，“冬”指每年的11月—次年的3月，具体时间以车站当日公布的时间为准。

长　途　客　运

具体线路为：

(1) 溧阳至上海（每日20班）
首班6：30　　末班20：00

(2) 溧阳至上海浦东（每日1班）
14：30

(3) 溧阳至湖州（每日4班）
首班8：00　　末班15：30

(4) 溧阳至杭州（每日10班）
首班7：10　　末班17：00

(5) 溧阳至合肥（每日2班）
首班7：35　　末班13：00
(6) 溧阳至武汉（每日3班）
首班14：30　　末班20：15
(7) 溧阳至上海奉贤（每日2班）
首班8：20　　末班13：20
(8) 溧阳至芜湖（每日2班）
首班7：50　　末班12：40
(9) 溧阳至马鞍山（每日2班）
首班8：00　　末班11：40
(10) 溧阳至郎溪（每日18班）
首班6：30　　末班16：40
(11) 溧阳至泾县（每日1班）
14：00
(12) 溧阳至宣城（每日3班）
首班8：10　　末班15：40
(13) 溧阳至广德（每日2班）
首班8：00　　末班15：10
(14) 溧阳至长兴（每日3班）
首班 9：20　　末班14：20
(15) 溧阳至苏州（每日8班）
首班7：20　　末班16：40
(16) 溧阳至常熟（每日1班）
12：55
(17) 溧阳至南京（每日31班）
首班6：30　　末班18：00
(18) 溧阳至南京大厂（每日2班）
首班7：40　　末班13：30
(19) 溧阳至句容（每日8班）
首班7：05　　末班15：30
(20) 溧阳至溧水（每日12班）
首班7：30　　末班16：00
(21) 溧阳至高淳（每日4班）
首班7：00　　末班14：45
(22) 溧阳至镇江（每日12班）
首班7：00　　末班16：30
(23) 溧阳至扬州（每日4班）
首班8：00　　末班15：40
(24) 溧阳至金坛（每日16班）
首班6：40　　末班17：00
(25) 溧阳至丹阳（每日4班）
首班7：50　　末班15：00
(26) 溧阳至淮安 （每日1班）
8：30
(27) 溧阳至扬中（每日2班）
首班8：50　　末班13：40
(28) 溧阳至南通（每日2班）
首班7：20　　末班13：30
(29) 溧阳至泰州（每日2班）
首班7：40　　末班12：20
(30) 溧阳至盐城（每日1班）
8：15
(31) 溧阳至连云港（每日1班）
9：10
(32) 溧阳至宜兴（每日40班）
首班6：20　　末班17：30
(33) 溧阳至无锡（每日25班）
首班6：40　　末班17：30
(34) 溧阳至常州（每日54班）
首班5：50　　末班19：00
(35) 溧阳至常州花园（每日26班）
首班5：40　　末班19：00
(36) 溧阳至昆山（每日2班）
首班8：20　　末班13：20
(37) 溧阳至嘉兴（每日1班）
13：30
(38) 溧阳至张家港（每日2班）
首班7：45　　末班12：40
(39) 溧阳至太仓（每日2班）
首班7：50　　末班13：30
(40) 溧阳至徐州（每日1班）
8：10
(41) 溧阳至嘉定（每日1班）
13：40
(42) 溧阳至铜陵（每日1班）
8：00
(43) 溧阳至江宁（每日2班）
首班8：10　　末班14：40
(44) 溧阳至铜乡（每日1班）
9：40
(45) 溧阳至启东（每日2班）
首班7：55　　末班12：50
(46) 溧阳至温州（每日1班）
8：05

注：如有变动，请以当日电脑显示屏为准，或请向0519—87204202咨询。

表88

飞机、火车票预订

单位名称	地址	订票热线
溧阳宾馆票务中心	西大街118号（溧阳宾馆大门口）	87222782、87202784、87222777转票务中心
溧阳市金旅票务有限公司	新华街1号（原市公安局大门口）	87287368、87287358、88301122
溧阳市华达联运有限公司	昆仑南路165号（东门转盘旁）	87323220、88300737

（市交通运输局）

索

栏目编辑　陈　莉

说　明

一、本索引采用主题分析法编制，也有部分选用关键词。

二、本索引设有条目索引、表格索引、随文图片索引三个分目，按标引词首字的汉语拼音（同音字按声调）顺序排列；首字相同按第二个字的音序排列，依次类推。

三、类目、分目名称用黑体字标明。标引词后的阿拉伯数字表示内容所在的页码，数字后面的a、b、c分别表示从左至右第一、二、三栏。引标词后第二个页码起，表示该索引参见内容所在位置。

四、本年鉴的特载、大事记、人物、文件摘要、统计资料、附录等类目只索目题。

五、为便于读者检索，溧阳市的企事业单位以及在溧阳市发生的事件名称，除易产生歧义者外，省略“溧阳市”或“溧阳”。

条目索引

A

B

C

D

F

G

H

J

K

L

S

T

W

X

Y

Z

表格索引

B

C

D

F

G

J

K

L

M

N

R

S

随文图片索引

江苏华能建设工程集团有限公司

党委书记、董事长、法定代表人 宋小华

2011年度
中国安装协会科学技术进步奖
一等奖

2011年度
中国安装协会科学技术进步奖
二等奖

国家工程建设质量奖审定委员会审定，荣获二〇〇九年度国家优质工程银质奖。特发此证，以资鼓励。

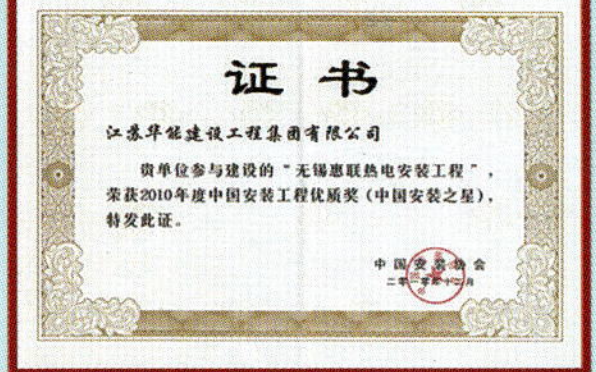
证书
江苏华能建设工程集团有限公司
贵单位参与建设的"无锡惠联热电安装工程"，荣获2010年度中国安装工程优质奖（中国安装之星），特发此证。
中国安装协会

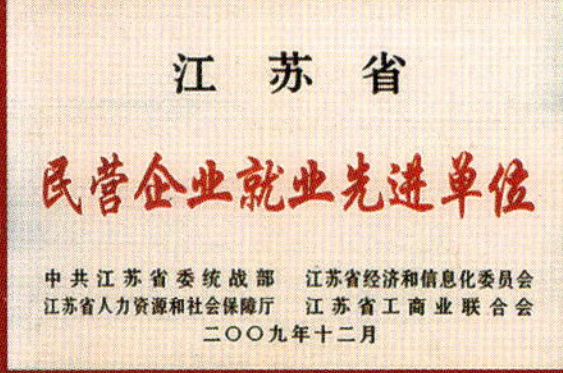
江苏省
民营企业就业先进单位
中共江苏省委统战部　江苏省经济和信息化委员会
江苏省人力资源和社会保障厅　江苏省工商业联合会
二〇〇九年十二月

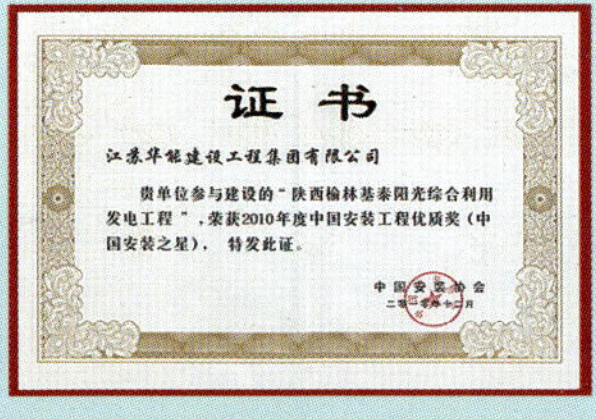
证书
江苏华能建设工程集团有限公司
贵单位参与建设的"陕西榆林慧泰阳光综合利用发电工程"，荣获2010年度中国安装工程优质奖（中国安装之星），特发此证。
中国安装协会

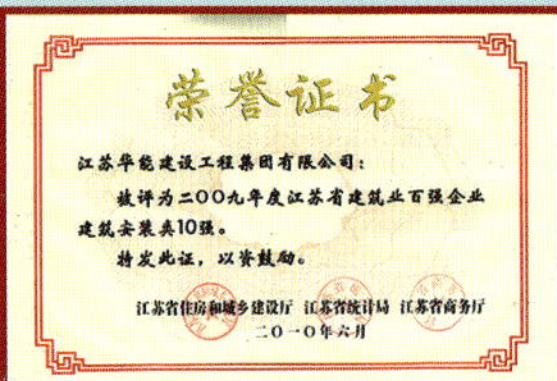
荣誉证书
江苏华能建设工程集团有限公司：
被评为二〇〇九年度江苏省建筑业百强企业建筑安装类10强。
特发此证，以资鼓励。
二〇一〇年六月

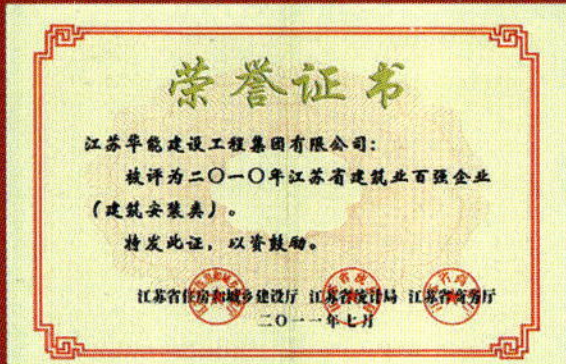
荣誉证书
江苏华能建设工程集团有限公司：
被评为二〇一〇年江苏省建筑业百强企业（建筑安装类）。
特发此证，以资鼓励。
二〇一一年七月

江苏华能建设工程集团有限公司创建于1976年，注册资本1.28亿元，为省级集团。公司是具有机电安装、房屋建筑工程施工总承包一级资质，锅炉安装改造一级许可证、起重机械安装维修改造A级许可证，以及市政公用工程施工总承包二级的综合性施工企业。业务范围涉及机电安装、锅炉、房屋建筑、市政公用、起重设备安装、钢结构、化工石油设备管道、火电设备安装等。

公司现有员工7000余人，其中高级职称46人，中级职称208人，一级建造师30人，二级建造师130人。业务遍及国内二十多个省、市、自治区以及印度尼西亚、泰国、越南、柬埔寨、巴西、伊朗、马来西亚等，在北京、天津、上海、南京、石家庄、西安等十多个省市，设立了办事机构。

公司基础管理工作扎实，专业管理和综合管理水平较高，通过了GB/19001-2000质量管理体系认证、 GB/T28001-2001职业健康管理体系认证和GB/T24001-2004环境管理体系认证。企业通过严格执行质量、安全体系，管理水平有较大幅度的提高，涌现出一批有代表性的工程：江苏华昌化工股份有限公司环保搬迁建设项目-高浓度复合肥系列产品项目荣获"国家优质工程银质奖"；水钢煤气系统节能改造炼钢转炉煤气柜工程、900T×208m造船门式起重机设备整体吊装工程、首钢京唐钢铁责任有限公司一期二步干熄焦工程获"中国安装工程优质奖"；多项工程获得省市级优质工程奖。

公司开发的《循环流化床锅炉安装工法》被评为国家级工法（一级）、《超大型龙门起重机整体提升安装施工工法(升级版)》被评为国家工法（二级）、与中国核工业华兴建设有限公司合作开发的《核电站倒U型预应力钢束整体穿束施工工法》被建设部评为国家级工法（二级），还有一些被评为省市级工法。《循环流化床锅炉施工技术》、《循环流化床垃圾焚烧锅炉安装技术》、《首钢京唐260t/h干熄焦系统工程成套安装技术》和《900吨龙门起重机整体提升施工技术》获中国安装协会科技成果一等奖，《大唐国际多伦46万吨煤基烯烃项目C3分离塔整体吊装施工技术》荣获中国安装科技进步二等奖。多项工程被评为"中国安装之星"。 双塔桅巨型自升降起重设备及其跟携吊装方法、跟携法刚柔铰接装置获得2项发明专利，穿心式千斤顶拉缆风绳、跟携法刚柔铰接装置、双塔桅巨型自升降起重设备、双塔桅巨型自升降起重设备的滑移装置获得4项实用新型专利。

公司承建的浙江绍兴美佳热电厂2×90t/h高温高压流化床锅炉安装工程

公司承建的首钢京唐钢铁联合有限公司一期260t/h干熄焦系统工程

公司承建的淮南舜岳水泥有限公司2×2500t/d水泥生产线余热发电工程